LEGISLAÇÃO DE DIREITO ECONÓMICO E DE DIREITO DA EMPRESA

EDUARDO PAZ FERREIRA
LUÍS D. S. MORAIS
MÓNICA VELOSA FERREIRA

LEGISLAÇÃO DE DIREITO ECONÓMICO E DE DIREITO DA EMPRESA

LEGISLAÇÃO DE DIREITO ECONÓMICO
E DE DIREITO DA EMPRESA

AUTOR
EDUARDO PAZ FERREIRA
LUÍS D. S. MORAIS
MÓNICA VELOSA FERREIRA

EDITOR
EDIÇÕES ALMEDINA. SA
Av. Fernão Magalhães, n.º 584, 5.º Andar
3000-174 Coimbra
Tel.: 239 851 904
Fax: 239 851 901
www.almedina.net
editora@almedina.net

PRÉ-IMPRESSÃO | IMPRESSÃO | ACABAMENTO
G.C. – GRÁFICA DE COIMBRA, LDA.
Palheira – Assafarge
3001-453 Coimbra
producao@graficadecoimbra.pt

Maio, 2008

DEPÓSITO LEGAL
275934/08

Os dados e as opiniões inseridos na presente publicação
são da exclusiva responsabilidade do(s) seu(s) autor(es).

Toda a reprodução desta obra, por fotocópia ou outro qualquer
processo, sem prévia autorização escrita do Editor, é ilícita
e passível de procedimento judicial contra o infractor.

Biblioteca Nacional de Portugal - Catalogação na Publicação

PORTUGAL. Leis, decretos, etc.

Legislação de direito económico e de direito da
empresa / [compil.] Eduardo Paz Ferreira, Luís V.
S. Morais, Mónica Velosa Ferreira. - (Colectâneas
de legislação)
ISBN   978-972-40-3504-8

I – FERREIRA, Eduardo Paz, 1953-
II – MORAIS, Luís D. S.
III – FERREIRA, Mónica Velosa

CDU 346
    347
    336
    338

ÍNDICE GERAL

Nota introdutória 9

TÍTULO I – ACTIVIDADE ECONÓMICA E SECTORES DE PROPRIEDADE 11

Lei n.º 88-A/97, de 25 de Julho (Regula o acesso da iniciativa económica privada a determinadas actividades económicas) 13

TÍTULO II – SECTOR EMPRESARIAL E PRIVATIZAÇÕES 15

1. Decreto-Lei n.º 558/99, de 17 de Dezembro, alterado pelo Decreto-Lei n.º 300/2007, de 23 de Agosto (Estabelece o regime jurídico do sector empresarial do Estado e das empresas públicas) 17

2. Lei n.º 53-F/2006, de 29 de Dezembro (Aprova o regime jurídico do sector empresarial local) 27

3. Decreto-Lei n.º 71/2007, de 27 de Março (Novo estatuto do gestor público) 35

4. Resolução do Conselho de Ministros n.º 49/2007, de 1 de Fevereiro de 2007, publicada no Diário da República, 1.ª série, de 28 de Março de 2007 (Aprova os princípios de bom governo das empresas do Sector Empresarial do Estado) 43

5. Lei n.º 11/90, de 5 de Abril, com as alterações introduzidas pela Lei n.º 102/2003, de 15 de Novembro (Lei quadro das privatizações) 47

6. Lei n.º 71/88, de 24 de Maio (Regime de alienação das participações do Estado) 51

7. Decreto-Lei n.º 328/88, de 27 de Setembro, com as alterações introduzidas pelo Decreto-Lei n.º 290/89, de 2 de Setembro (Regulamenta a alienação das participações do Estado) 53

TÍTULO III – CONCERTAÇÃO ECONÓMICA E SOCIAL E CONTRATAÇÃO ECONÓMICA 57

1. Lei n.º 108/91, de 17 de Agosto, com as alterações introduzidas pela Lei n.º 80/98, de 24 de Novembro, pela Lei n.º 128/99, de 20 de Agosto, pela Lei n.º 12/2003, de 20 de Maio e pela Lei n.º 37/2004, de 13 de Agosto (Lei do Conselho Económico e Social) 59

2. Decreto-Lei n.º 86/2003, de 26 de Abril, com as alterações introduzidas pelo Decreto-Lei n.º 141/2006, de 27 de Julho (Define as normas gerais aplicáveis às parcerias público-privadas) 63

3. Decreto-Lei n.º 203/2003, de 10 de Setembro (Aprova o regime especial de contratação de apoios e incentivos exclusivamente aplicável a grandes projectos de investimento enquadráveis no âmbito das atribuições da Agência Portuguesa para o Investimento) 71

4. Resolução do Conselho de Ministros n.º 95/2005, de 5 de Maio de 2005, publicada no Diário da República 1ª série, de 24 de Maio (Cria o sistema de reconhecimento e acompanhamento de projectos de potencial interesse nacional) 75

Legislação de Direito Económico e de Direito da Empresa

5. Decreto-Lei n.º 285/2007, de 17 de Agosto (Estabelece o regime jurídico aplicável aos projectos de potencial interesse nacional classificados como de importância estratégica *PIN* +) 77

6. Decreto-Lei n.º 287/2007, de 17 de Agosto (Aprova o enquadramento nacional de sistemas de incentivos ao investimento nas empresas aplicáveis no território do continente durante o período de 2007 a 2013) 85

TÍTULO IV – DEFESA DA CONCORRÊNCIA 93

1. Decreto-Lei n.º 10/2003, de 18 de Janeiro (Procede à criação da Autoridade da Concorrência e aprova os respectivos estatutos) 95

2. Lei n.º 18/2003, de 11 de Junho, com as alterações introduzidas pelo Decreto-Lei n.º 219/2006, de 2 de Novembro e pelo Decreto-Lei n.º 18/2008, de 29 de Janeiro (Aprova o regime jurídico da concorrência) 105

3. Decreto-Lei n.º 370/93, de 29 de Outubro, com as alterações introduzidas pelo Decreto-Lei n.º 140/98, de 16 de Maio e pelo Decreto-Lei n.º 10/2003, de 18 de Janeiro (Práticas individuais restritivas da concorrência) 117

4. Lei n.º 39/2006, de 25 de Agosto (Estabelece o regime jurídico da dispensa e da atenuação especial da coima em processos de contra-ordenação por infracção às normas nacionais de concorrência) 121

5. Decreto-Lei n.º 148/2003, de 11 de Junho, com as alterações introduzidas pelo Decreto-Lei n.º 120/2005, de 26 de Julho e pelo Decreto-Lei n.º 69/2007, de 26 de Março (Transpõe para o ordenamento jurídico interno a Directiva n.º 2000/52/CE, da Comissão, de 26 de Julho, que altera a Directiva n.º 80/723/CEE, da Comissão, de 25 de Junho, relativa à transparência das relações financeiras entre as entidades públicas dos Estados membros e as empresas públicas, bem como à transparência financeira relativamente a determinadas empresas) 123

TÍTULO V – REGULAÇÃO DA ECONOMIA E ACESSO À ACTIVIDADE ECONÓMICA 127

CAPÍTULO I – *GERAL* 129

Decreto-Lei n.º 214/86, de 2 de Agosto, com as alterações introduzidas pelo Decreto-Lei n.º 396/98, de 17 de Dezembro e pelo Decreto-Lei n.º 397/98, de 17 de Dezembro (Permite o estabelecimento a nacionais e estrangeiros em todos os sectores económicos abertos à actividade privada) 131

CAPÍTULO II – *REGULAÇÃO DO SECTOR FINANCEIRO* 133

SECÇÃO I – GERAL 135

1. Decreto-Lei n.º 228/2000, 23 de Setembro (Cria o Conselho Nacional de Supervisores Financeiros) 137

2. Decreto-Lei n.º 145/2006, de 31 de Julho (Transpõe para a ordem jurídica interna a Directiva n.º 2002/87/CE, do Parlamento Europeu e do Conselho, de 16 de Dezembro, relativa à supervisão complementar de instituições de crédito, empresas de seguros e empresas de investimento) 139

3. Decreto-Lei n.º 103/2007, de 3 de Abril (Transpõe para o ordenamento jurídico interno a Directiva n.º 2006/49/CE, do Parlamento Europeu e do Conselho, de 14 de Junho, relativa à adequação dos fundos próprios das empresas de investimento e das instituições de crédito) 155

SECÇÃO II – REGULAÇÃO DO SECTOR BANCÁRIO 163

1. Lei n.º 5/98, de 31 de Janeiro, com as alterações introduzidas pelo Decreto-Lei n.º 118/2001, de 17 de Abril, pelo Decreto-Lei n.º 50/2004, de 10 de Março e pelo Decreto-Lei n.º 39/2007, de 20 de Fevereiro (Lei Orgânica do Banco de Portugal) 165

Índice Geral

2. Decreto-Lei n.º 298/92, de 31 de Dezembro, com as alterações introduzidas pelo Decreto-lei n.º 246/95, de 14 de Setembro, pelo Decreto-Lei n.º 232/96, de 5 de Dezembro, pelo Decreto-Lei n.º 222/99, de 22 de Junho, pelo Decreto-Lei n.º 250/2000, de 13 de Outubro, pelo Decreto-Lei n.º 285/2001, de 3 de Novembro, pelo Decreto-Lei n.º 201/2002, de 26 de Setembro, pelo Decreto-Lei n.º 319/2002, de 28 de Dezembro, pelo Decreto-Lei n.º 252/ 2003, de 17 de Outubro, pelo Decreto-Lei n.º 145/2006, de 31 de Julho, pelo Decreto-Lei n.º 104/2007, de 3 de Abril, pelo Decreto-Lei n.º 357-A/2007, de 31 de Outubro e pelo Decreto-Lei n.º 1/2008, de 3 de Janeiro (Regime Geral das Instituições de Crédito e Sociedades Financeiras) 173

SECÇÃO III – REGULAÇÃO DE SEGUROS E FUNDOS DE PENSÕES 223

1. Decreto-Lei n.º 289/2001, de 13 de Novembro (Estatutos do Instituto de Seguros de Portugal) 225

2. Decreto-Lei n.º 94-B/98, de 17 de Abril, com as alterações introduzidas pelo Decreto-Lei n.º 8-A/2002, de 11 de Janeiro, pelo Decreto-Lei n.º 169/2002, de 25 de Julho, pelo Decreto-Lei n.º 72-A/2003, de 14 de Abril, pelo Decreto-Lei n.º 90/2003, de 30 de Abril, pelo Decreto-Lei n.º 251/2003, de 14 de Outubro, pelo Decreto-Lei n.º 76-A/2006, de 29 de Março, pelo Decreto-Lei n.º 145/2006, de 31 de Julho, pelo Decreto-Lei n.º 291/2007, de 21 de Agosto, pelo Decreto-Lei n.º 357-A/2007, de 31 de Outubro e pelo Decreto-Lei n.º 72/2008, de 16 de Abril (Regula as condições de acesso à actividade seguradora) 233

3. Decreto-Lei n.º 12/2006, de 20 de Janeiro, com as alterações introduzidas pelo Decreto-Lei n.º 180/2007, de 9 de Maio e pelo Decreto-Lei n.º 357-A/2007, de 31 de Outubro (Regula a constituição e o funcionamento dos fundos de pensões e das entidades gestoras de fundos de pensões) 293

4. Decreto-Lei n.º 144/2006, de 31 de Julho (Estabelece o regime jurídico de acesso e de exercício da actividade de mediação de seguros ou resseguros e procede à transposição para a ordem jurídica interna a Directiva n.º 2002/92, do Parlamento Europeu e do Conselho, de 9 de Dezembro) 317

5. Decreto-Lei n.º 176/95, de 26 de Julho, com as alterações introduzidas pelo Decreto-Lei n.º 60/2004, de 22 de Março, pelo Decreto-Lei n.º 357-A/2007, de 31 de Outubro e pelo Decreto-Lei n.º 72/2008, de 16 de Abril (Estabelece regras de transparência para a actividade seguradora e disposições relativas ao regime jurídico do contrato de seguro) 341

SECÇÃO IV – REGULAÇÃO DO MERCADO DE VALORES MOBILIÁRIOS 349

1. Decreto-Lei n.º 473/99, de 8 de Novembro, com as alterações introduzidas pelo Decreto-Lei n.º 232/2000, de 25 de Setembro e pelo Decreto-Lei n.º 183/2003, de 19 de Agosto (Estatuto da Comissão do Mercado de Valores Mobiliários) 351

2. Decreto-Lei n.º 486/99, de 13 de Novembro, com as alterações introduzidas pelo Decreto-Lei n.º 61/2002, de 20 de Março, pelo Decreto-Lei n.º 38/2003, de 8 de Março, pelo Decreto-Lei n.º 107/2003, de 4 de Junho, pelo Decreto--Lei n.º 183/2003, de 19 de Agosto, pelo Decreto-Lei n.º 66/2004, de 24 de Março, Decreto-Lei n.º 52/2006, de 15 de Março, pelo Decreto-Lei n.º 219/2006, de 2 de Novembro e pelo Decreto-Lei n.º 357-A/2007, de 31 de Outubro (Código dos Valores Mobiliários) 359

CAPÍTULO III – REGULAÇÃO DO SECTOR DE COMUNICAÇÕES ELECTRÓNICAS 469

1. Decreto-Lei n.º 309/2001, de 7 de Dezembro (Aprova os Estatutos do ICP – Autoridade Nacional de Comunicações – ICP – ANACOM) 471

2. Lei n.º 5/2004, de 10 de Fevereiro, com as alterações introduzidas pelo Decreto-Lei n.º 176/2007, de 8 de Maio (Lei das Comunicações Electrónicas) 481

3. Lei n.º 41/2004, de 18 de Agosto (Transpõe para a ordem jurídica nacional a Directiva n.º 2002/58/CE, do Parlamento Europeu e do Conselho, de 12 de Julho, relativa ao tratamento de dados pessoais e à protecção da privacidade no sector das comunicações electrónicas) 513

Legislação de Direito Económico e de Direito da Empresa

CAPÍTULO IV – *REGULAÇÃO DO SECTOR DA ENERGIA* 519

1. Decreto-Lei n.º 97/2002, de 12 de Abril, com as alterações introduzidas pelo Decreto-Lei n.º 200/2002, de 25 de Setembro (Transforma a Entidade Reguladora do Sector Eléctrico em Entidade Reguladora dos Serviços Energéticos e aprova os respectivos Estatutos) 521

2. Decreto-Lei n.º 29/2006, de 15 de Fevereiro (Estabelece as bases gerais da organização e funcionamento do Sistema Eléctrico Nacional (SEN), bem como as bases gerais aplicáveis ao exercício das actividades de produção, transporte, distribuição e comercialização de electricidade e à organização dos mercados de electricidade) 535

3. Decreto-Lei n.º 172/2006, de 23 de Junho (Desenvolve os princípios gerais relativos à organização e ao funcionamento do Sistema Eléctrico Nacional) 549

4. Resolução do Conselho de Ministros n.º 50/2007, de 15 de Fevereiro de 2007, publicada no Diário da República, 1.ª série, n.º 62 de 28 de Março de 2007 (Aprova medidas de implementação e promoção da Estratégia Nacional para a Energia) 587

5. Decreto-Lei n.º 30/2006, de 15 de Fevereiro (Estabelece as bases gerais da organização e do funcionamento do Sistema Nacional de Gás Natural (SNGN) em Portugal, bem como as bases gerais aplicáveis ao exercício das actividades de recepção, armazenamento, transporte, distribuição e comercialização de gás natural e à organização dos mercados de gás natural) 589

6. Decreto-Lei n.º 140/2006, de 26 de Julho, com as alterações introduzidas pelo Decreto-Lei n.º 65/2008, de 9 de Abril (Desenvolve os princípios gerais relativos à organização e ao funcionamento do Sistema Nacional de Gás Natural, aprovados pelo Decreto-Lei n.º 30/2006, de 15 de Fevereiro) 603

7. Decreto-Lei n.º 31/2006, de 15 de Fevereiro (Estabelece as bases gerais da organização e funcionamento do Sistema Petrolífero Nacional (SPN), bem com as disposições gerais aplicáveis ao exercício das actividades de armazenamento, transporte, distribuição, refinação e comercialização e à organização dos mercados de petróleo bruto e de produtos de petróleo) 655

TÍTULO VI – **INCENTIVOS A ACTIVIDADES ECONÓMICAS E COORDENAÇÃO DE ACTIVIDADES ECONÓMICAS** 663

1. Decreto-Lei n.º 245/2007, de 25 de Junho (Cria a Agência para o Investimento e Comércio Externo de Portugal, AICEP, E.P.E. e aprova os respectivos estatutos) 665

2. Decreto-Lei n.º 244/2007, de 25 de Junho (Procede à extinção do ICEP Portugal, I.P., transferindo a totalidade das suas atribuições e competências para a AICEP, E.P.E.) 671

3. Decreto-Lei n.º 140/2007, de 27 de Abril (Instituto de Apoio às Pequenas e Médias Empresas e à Inovação, I.P. IAPMEI) 673

NOTA INTRODUTÓRIA

A presente Colectânea de Legislação apresenta um duplo objectivo. Por um lado, pretende-se pôr ao alcance dos alunos da licenciatura e de mestrados em direito um elemento de trabalho, versando as matérias de *direito da economia* e matérias conexas, que – sem excessivas preocupações formais de qualificação sistemática – podemos referir globalmente como *direito da empresa* (congregando múltiplos aspectos de disciplina jurídica da actividade das empresas). Por outro lado, e considerando em especial esta vertente mais lata do *direito da empresa*, procura-se facultar também para juristas e gestores que actuem fora de um inverso estritamente académico um elemento prático de trabalho, que reúne de forma sistematizada e selectiva, apesar de tão exaustiva quanto possível, os principais normativos de pendor jurídico-económico que influem sobre a actividade das empresas (*maxime*, em domínios diversificados como os da concorrência, da regulação sectorial da economia, do acesso à actividade económica e dos incentivos a actividades económicas e respectiva coordenação).

Na realidade, têm os autores presente que esses normativos conheceram profundas alterações estruturais nos últimos anos – nem sempre com a necessária sedimentação técnico-jurídica em virtude da profusão de intervenções legislativas e do carácter dinâmico que estas matérias apresentam – o que justifica a presente iniciativa de compilação (a merecer a partir da presente edição actualizações regulares, a que os autores também se propõem).

Num plano mais centrado no *direito da economia* a presente Colectânea reflecte os dois vectores essenciais que têm caracterizado a evolução desta área do direito ao longo da última década: um primeiro vector correspondente à diminuição estrutural dos processos de *intervenção pública directa* na actividade económica e um segundo vector correspondente ao reforço e profunda transformação qualitativa dos processos de *intervenção pública indirecta* na economia (sobretudo através do direito da concorrência e da regulação sectorial da economia).

Concretizando esse primeiro vector estão os regimes legais de privatização de empresas públicas e a própria disciplina do sector empresarial público, profundamente transformada a partir de 1999. Neste último domínio, com grande mobilidade legislativa, são aqui apresentados de forma actualizada os normativos essenciais, compreendendo as importantes alterações de 2007 ao regime do sector empresarial do Estado, o novo Estatuto do Gestor Público – igualmente de 2007 e que influenciou significativamente aquela revisão do regime das empresas públicas – e o regime do sector empresarial público local, de 2006.

Os destinatários desta Colectânea podem, assim, encontrar acesso sistemático na mesma aos elementos normativos que traduzem novos parâmetros fundamentais de enquadramento de um sector empresarial público estruturalmente reduzido – mercê do processo de privatizações conduzido desde 1990 – mas que mantém considerável relevância na nossa economia, desmentindo algumas visões que anunciavam precipitadamente a sua 'morte' (tendo esse sector conhecido em paralelo uma profunda reestruturação que deverá ainda enfrentar o decisivo teste da '*praxis*' jurídica e das melhores práticas institucionais e de gestão que a nova disciplina legal procura promover). Entre outros aspectos, referimo-nos aqui a parâmetros orientados para a *contratualização* das relações entre o Estado e outros entes públicos e as empresas públicas (bem como para a *contratualização* das relações com os gestores públicos, num quadro de transparência jurídica e incentivos económicos acrescidos, mas simultaneamente de equilibrada responsabilização pelo cumprimento de objectivos de gestão).

Noutros planos, que marcam já áreas de transição para uma metodologia de menor intervenção directa na economia, mas sem abdicar da iniciativa pública neste domínio, encontram-se também compilados nesta Colectânea regimes fundamentais de concertação económica e social e de contratação económica.

Justificar-se-á destacar nesse domínio, entre outros aspectos, a inclusão do regime das parcerias público-privadas, compreendendo as importantes alterações introduzidas na reforma de 2006 (matéria de decisiva relevância, quer para os gestores e decisores públicos, quer para as empresas privadas e respectivos quadros que desenvolvam em colaboração com o Estado soluções contratuais, com complexidade muito variável, de parcerias público-privadas nalguns dos sectores mais importantes da nossa economia).

Concretizando o segundo vector do novo *direito da economia* – largamente desenvolvido em ruptura com a primeira geração de normas nacionais de *direito da economia* associadas à Constituição de 1976 e à década subsequente à adopção deste texto constitucional – são incluídos nesta Colectânea os principais regimes de direito da concorrência e de regulação sector sectorial da economia.

Apresenta-se, desse modo, um quadro completo da profunda reforma de 2003 do direito nacional da concorrência – associado à criação, nessa data, da Autoridade da Concorrência – e que compreende já desenvolvimentos mais recentes, como o usualmente regime de 'clemência', traduzido na adopção em 2006 de normas relativas à dispensa e atenuação especial de coimas em processos de contra-ordenação por infracção às normas nacionais de concorrência).

No domínio da regulação da economia, e face à multiplicidade de regimes sectoriais – com crescimento continuado nos últimos anos – impôs-se uma selecção criteriosa de algumas das mais importantes áreas em causa. Privilegiou-se, nesse sentido, a regulação do sector financeiro, do sector das comunicações electrónicas e do sector da energia.

Para o efeito, tomou-se em consideração o estado de consolidação entre nós dos vários domínios de regulação, a importância relativa dos sectores cobertos por tais intervenções e a preocupação de ilustrar modalidades qualitativamente distintas de regulação. Duas modalidades de regulação, em particular, se encontam aqui representadas:

· Por um lado, uma modalidade de regulação sectorial funcionalmente dirigida à promoção da abertura de mercados recentemente liberalizados e que deve ser objecto de especial articulação com o direito da concorrência – que conhece concretizações paradigmáticas na regulação das comunicações electrónicas e do sector da energia;

· Por outro lado, uma modalidade de regulação predominantemente dirigida à tutela de interesses públicos específicos associados por natureza às condições de funcionamento de certos sectores da economia – que apresenta uma área paradigmática de concretização na regulação do sector financeiro.

Nestes domínios, também esta publicação cumpre a sua vocação de servir um público jurídico-económico mais diversificado, podendo constituir um instrumento de trabalho actualizado para todos os que desenvolvam actividades nesses decisivos sectores da economia – sector financeiro, de comunicações electrónicas e da energia. No quadro do sector financeiro impõe-se sublinhar o esforço paralelo de síntese – por forma a manter a Colectânea como um instrumento facilmente manuseável – cobrindo normativos essenciais dos três subsectores no sistema financeiro (banca, seguros e fundos de pensões, e mercados de valores mobiliários) e de máxima actualização, compreendendo já importantes alterações de 2007 no regime geral das instituições de crédito e sociedades financeiras (incluindo as respeitantes à denominada supervisão de comportamentos).

Também aqui se imporá um trabalho de actualização periódica, que os autores se propõem realizar a partir da presente edição, por forma a que esse público destinatário mais vasto possa ter regularmente disponível uma compilação sintética e representativa dos normativos fundamentais e que reflicta o quase inevitável dinamismo da actividade legiferante e regulamentar neste domínio.

A colectânea dá, aliás, continuidade à nossa colaboração académica e profissional. Desta vez, com claro benefício para os leitores, juntou-se a nós a Dr.ª Mónica Ferreira.

Agradecemos à Almedina, nas pessoas do Eng. Carlos Pinto e da Dr.ª Paula Valente, pelo modo como foi possível fazer chegar ao público o presente livro, superando sempre da melhor forma os inevitáveis escolhos que a preparação de um trabalho com estas características e nas áreas em questão implica.

Lisboa, Abril de 2008

Eduardo Paz Ferreira
Luis D. S. Morais

TÍTULO I

Actividade Económica e Sectores de Propriedade

Lei n.º 88-A/97, de 25 de Julho – Regula o acesso da iniciativa económica privada a determinadas actividades económicas

Lei n.º 88-A/97

de 25 de Julho

A Assembleia da República decreta, nos termos dos artigos 164.º, alínea d), e 169.º, n.º 3, da Constituição, o seguinte:

ARTIGO 1.º

1 – É vedado a empresas privadas e a outras entidades da mesma natureza o acesso às seguintes actividades económicas, salvo quando concessionadas:

a) Captação, tratamento e distribuição de água para consumo público, recolha, tratamento e rejeição de águas residuais urbanas, em ambos os casos através de redes fixas, e recolha e tratamento de resíduos sólidos urbanos, no caso de sistemas multimunicipais e municipais;

b) Comunicações por via postal que constituam o serviço público de correios;

c) Transportes ferroviários explorados em regime de serviço público;

d) Exploração de portos marítimos.

2 – Para efeitos do disposto na alínea a) do número anterior, consideram-se, respectivamente, sistemas multimunicipais os que sirvam pelo menos dois municípios e exijam um investimento predominante a efectuar pelo Estado em função de razões de interesse nacional e sistemas municipais todos os outros, incluindo os geridos através de associações de municípios.

3 – No caso de sistemas multimunicipais, as concessões relativas às actividades referidas na alínea a) do n.º 1 serão outorgadas pelo Estado e só podem ser atribuídas a empresas cujo capital social seja maioritariamente subscrito por entidades do sector público, nomeadamente autarquias locais.

4 – O serviço público de correios a que se refere a alínea b) do n.º 1 será definido mediante decreto-lei.

5 – A concessão de serviço público a que se refere a alínea c) do n.º 1 será outorgada pelo Estado ou por municípios ou associações de municípios, carecendo, nestes casos, de autorização do Estado quando as actividades objecto de concessão exijam um investimento predominante a realizar pelo Estado.

ARTIGO 2.º

A exploração dos recursos do subsolo e dos outros recursos naturais que, nos termos constitucionais, são pertencentes ao Estado será sempre sujeita ao regime de concessão ou outro que não envolva a transmissão de propriedade dos recursos a explorar, mesmo quando a referida exploração seja realizada por empresas do sector público ou de economia mista.

ARTIGO 3.º

A proibição do acesso da iniciativa privada às actividades referidas nos artigos anteriores impede a apropriação por entidades privadas dos bens de produção e meios afectos às actividades aí consideradas, bem como as respectivas exploração e gestão, fora dos casos expressamente previstos no presente diploma, sem prejuízo da continuação da actividade das empresas com participação de capitais privados existentes à data da entrada em vigor da presente lei e dentro do respectivo quadro actual de funcionamento.

ARTIGO 4.º

1 – O regime de acesso à indústria de armamento e do exercício da respectiva actividade será definido por decreto-lei, por forma a salvaguardar os interesses da defesa e da economia nacionais, a segurança e a tranquilidade dos cidadãos e os compromissos internacionais do Estado.

2 – Do diploma relativo à actividade no sector da indústria de armamento constará, designadamente:

a) A obrigatoriedade de identificação dos accionistas iniciais, directos ou por interpostas pessoas, com especificação do capital social a subscrever por cada um deles;

b) Um sistema de controlo das participações sociais relevantes;

c) A subordinação da autorização para o exercício de actividade no sector da indústria de armamento, bem como para a sua manutenção, à exigência de uma estrutura que garanta a adequação e suficiência de meios financeiros, técnicos e humanos ao exercício dessa actividade;

d) A exigência de apresentação de lista de materiais, equipamentos ou serviços que a empresa se propõe produzir, bem como dos mercados que pretende atingir;

e) A exigência de submissão das empresas à credenciação de segurança nacional e a legislação especial sobre importação e exportação de material de guerra e seus componentes.

ARTIGO 5.º

É revogada a Lei n.º 46/77, de 8 de Julho.

Aprovada em 3 de Julho de 1997.

O Presidente da Assembleia da República, ANTÓNIO DE ALMEIDA SANTOS.

Promulgada em 18 de Julho de 1997.

Publique-se.

O Presidente da República, JORGE SAMPAIO.

Referendada em 24 de Julho de 1997.

O Primeiro-Ministro, em exercício, *António Manuel de Carvalho Ferreira Vitorino.*

TÍTULO II

Sector Empresarial e Privatizações

Decreto-Lei n.º 558/99, de 17 de Dezembro, alterado pelo Decreto-Lei n.º 300/2007, de 23 de Agosto
Estabelece o regime jurídico do sector empresarial do Estado e das empresas públicas

Decreto-Lei n.º 558/99,

de 17 de Dezembro

Na sequência das profundas alterações verificadas na composição e nas regras de funcionamento do sector empresarial do Estado ao longo dos últimos anos, procura-se com o presente diploma estabelecer um regime quadro aplicável às entidades que, hoje em dia, mais caracteristicamente integram tal sector.

A revisão do regime jurídico do sector empresarial do Estado segue-se à aprovação pela Assembleia da República de uma lei quadro das empresas públicas regionais e locais.

As soluções que agora se consagram são ditadas pela preocupação de criar um regime muito flexível, susceptível de poder abranger as diversas entidades que integram o sector empresarial do Estado e que deixaram de estar submetidas à disciplina do Decreto-Lei n.º 260/76, de 8 de Abril (lei de bases das empresas públicas), passando a actuar de harmonia com as regras normais do direito societário.

Essa é, aliás, a linha essencial do presente diploma, que consagra o direito privado como o direito aplicável por excelência a toda a actividade empresarial, seja ela pública ou privada.

Não se esquece, no entanto, que os estatutos das diferentes empresas consagram já, por vezes, excepções ao regime do direito das sociedades, prática que expressamente se legitima e admite dever continuar a ser utilizada.

A circunstância de, hoje em dia, apenas estar sujeito ao Decreto-Lei n.º 260/76 um grupo muito reduzido de empresas e a inadequação de tal diploma às actuais condições de desenvolvimento da actividade das empresas públicas aconselharam, por outro lado, a sua revogação.

O presente diploma procede, aliás, em obediência à lei de autorização, à redefinição do conceito de empresa pública, aproximando-o daquele que lhe é fornecido no direito comunitário, opção que implica um significativo aumento do universo das empresas abrangidas.

A extensão do universo regulado neste diploma e a variedade das figuras jurídicas que o integram determinaram, em qualquer caso, que se procurasse criar um regime geral que contemple diversas soluções.

Admitir-se-ia, eventualmente, que a revisão do conceito pudesse levar à exclusão total de formas especiais de organização, como são as actuais empresas públicas reguladas pelo Decreto-Lei n.º 260/76. Entendeu-se, no entanto, que se poderia continuar a justificar a existência de entidades empresariais de natureza pública, que se integrarão no regime geral agora estabelecido, nos termos do capítulo III.

Estas empresas continuarão a reger-se também elas em múltiplos aspectos pelo direito privado, mas ficarão sujeitas a um regime de tutela, ainda que mais aliviado do que o previsto no anterior diploma.

Naturalmente que em relação às entidades do sector empresarial que se revestem já da forma de sociedades comerciais se não prevê a subsistência da tutela governamental nos mesmos termos, procurando, no entanto, encontrar-se soluções que possam contribuir para uma maior eficácia do sector empresarial do Estado.

A experiência parece mostrar, de facto, que a simples remissão para o regime de direito privado não tem sido suficiente para assegurar uma correcta articulação entre as várias unidades do sector empresarial e o Estado accionista. No presente diploma procura-se responder a este problema basicamente através do reforço das obrigações de informação e prevendo-se a aprovação de orientações estratégicas de gestão que serão transmitidas a essas empresas.

Prevê-se, por outro lado, a manutenção dos actuais mecanismos de acompanhamento e controlo que poderão, todavia, ser exercidos em condições mais efectivas.

Constituiu preocupação essencial subjacente ao presente diploma o acompanhamento das mais recentes orientações relativas ao enquadramento das empresas públicas no âmbito da União Europeia, designadamente quanto à sua sujeição aos normativos de direito da concorrência, sem prejuízo das funções especiais que sejam cometidas no plano nacional ao sector empresarial do Estado.

Assim, tomaram-se em consideração as interpretações que vêm prevalecendo na prática decisória dos órgãos comunitários relativamente aos artigos 85.º, 86.º, 90.º e 92.º do Tratado de Roma (artigos 81.º, 82.º 86.º e 87.º, de acordo com as alterações a introduzir pelo Tratado de Amsterdão), no sentido de afastar à partida quaisquer hipotéticas questões de compatibilidade do novo regime nacional com o ordenamento comunitário.

Na realidade, as tendências de fundo neste domínio afirmam uma sujeição da generalidade das empresas públicas às normas de concorrência e a necessidade de afastar quaisquer distorções da concorrência especialmente emergentes do conteúdo e forma das relações entre o Estado e outros entes públicos e as empresas públicas que controlam.

Em contrapartida, pretendeu-se salvaguardar, no plano nacional, um conjunto de situações especiais - justificativas de derrogações ao regime geral aplicável às empresas públicas e ao princípio da sua plena sujeição às normas de concorrência - relacionado com a prossecução dos denominados serviços de interesse económico geral por parte de empresas públicas.

Um lugar à parte é ocupado pelas empresas que exploram serviços de interesse económico geral, reguladas no capítulo II, que consagra algumas soluções que levam em atenção a sua especial importância para o conjunto dos consumidores e para a própria coesão social.

Sem prejuízo de se tomarem em consideração diversos aspectos contemplados no projecto de carta europeia de serviço público do Centro Europeu de Empresas Públicas (CEEP), evitou-se deliberadamente qualquer tipificação exaustiva dessas categorias de serviços de interesse económico geral, por se afigurar solução demasiado limitativa e rígida.

Teve-se presente, designadamente, o princípio geral introduzido pelo Tratado de Amsterdão, através do novo artigo 7.º-D (inserido no Tratado que Institui a Comunidade Europeia), no sentido de que «a Comunidade e os seus Estados membros, dentro do limite das respectivas competências [...], zelarão por que esses serviços funcionem com base em princípios e em condições que lhes permitam cumprir as suas missões».

Foi também conferida a devida e necessária atenção ao princípio da transparência das relações financeiras entre o Estado e entes públicos e as empresas públicas que detenham, tendo presente, designadamente, as orientações comunitárias nesta matéria decorrentes da Directiva n.º 80/723/CEE, de 29 de Julho, alterada, no sentido da clarificação e reforço das imposições de transparência financeira, pela Directiva n.º 93/84/CEE, de 30 de Setembro.

O capítulo III ocupa-se do protótipo de empresa pública, como o moldou o Decreto-Lei n.º 260/76, enquanto pessoa colectiva de direito público.

O propósito essencial neste conjunto de disposições é simplificar quanto possível o estatuto legal dessa forma empresarial que traduz a manifestação mais apurada da iniciativa económica pública.

Não se vai ao ponto de inovar por inteiro quanto a um regime específico destas entidades, designadamente de criação e extinção (artigos 24.º e 34.º), sendo, aliás, mantida na denominação social a expressão ou sigla própria (EP), nem quanto à sujeição à tutela governamental.

Abandona-se, no entanto, a regulamentação pormenorizada, com carácter geral, de várias matérias cujo regime poderá com vantagem ser aquilatado em face das circunstâncias da cada caso - e que, por isso, é relegado expressamente, agora, ou para diploma especial, ou para os estatutos individuais das empresas (estes, de resto, também aprovados por decreto-lei).

Como já foi referido, aproxima-se, em toda a medida possível, o regime destas entidades públicas do paradigma jurídico-privado das restantes empresas. Salientem-se, a este propósito, não só a definição da própria orgânica das empresas (artigo 27.º) e a sua sujeição ao registo comercial (artigo 28.º) mas desde logo a regulação subsidiária da respectiva actividade pelo direito privado (artigo 23.º).

O diploma que agora se aprova é naturalmente apenas um primeiro passo na revisão do regime jurídico do sector empresarial do Estado, que deverá ser completado com outras alterações legislativas e, designadamente, com a revisão do estatuto do gestor público.

Foram ouvidos os órgãos de governo próprios das Regiões Autónomas e a Associação Nacional de Municípios Portugueses.

Assim, no uso da autorização legislativa concedida pela Lei n.º 47/99, de 16 de Junho, e nos termos da alínea b) do n.º 1 do artigo 198.º da Constituição, o Governo decreta, para valer como lei geral da República, o seguinte:

CAPÍTULO I
Disposições gerais

SECÇÃO I
Sector empresarial do Estado e empresas públicas

ARTIGO 1.º
Objecto

1 – O presente diploma tem por objecto estabelecer o regime do sector empresarial do Estado, incluindo as bases gerais do estatuto das empresas públicas do Estado.

2 – O regime previsto no presente diploma aplica-se ainda às empresas detidas, directa ou indirectamente, por todas as entidades públicas estaduais.

ARTIGO 2.º
Sector empresarial do Estado

1 – O sector empresarial do Estado integra as empresas públicas, nos termos do artigo 3.º, e as empresas participadas.

2 – Empresas participadas são as organizações empresariais que tenham uma participação permanente do Estado ou de quaisquer outras entidades públicas estaduais, de carácter administrativo ou empresarial, por forma directa ou indirecta, desde que o conjunto das participações públicas não origine qualquer das situações previstas no n.º 1 do artigo 3.º

3 – Consideram-se participações permanentes as que não tenham objectivos exclusivamente financeiros, sem qualquer intenção de influenciar a orientação ou a gestão da empresa por parte das entidades participantes, desde que a respectiva titularidade não atinja uma duração, contínua ou interpolada, superior a um ano.

4 – Presume-se a natureza permanente das participações sociais representativas de mais de 10 % do capital social da entidade participada, com excepção daquelas que sejam detidas por empresas do sector financeiro.

ARTIGO 3.º
Empresas públicas

1 – Consideram-se empresas públicas as sociedades constituídas nos termos da lei comercial, nas quais o Estado ou outras entidades públicas estaduais possam exercer, isolada ou conjuntamente, de forma directa ou indirecta, uma influência dominante em virtude de alguma das seguintes circunstâncias:

a) Detenção da maioria do capital ou dos direitos de voto;
b) Direito de designar ou de destituir a maioria dos membros dos órgãos de administração ou de fiscalização.

2 – São também empresas públicas as entidades com natureza empresarial reguladas no capítulo III.

ARTIGO 4.º[1]
Missão das empresas públicas
e do sector empresarial do Estado

A actividade do sector empresarial do Estado deve orientar-se no sentido da obtenção de níveis adequados de satisfa-

---

[1] *Redacção introduzida pelo Decreto-Lei n.º 300/2007, de 23 de Agosto.*

ção das necessidades da colectividade, bem como desenvolver-se segundo parâmetros exigentes de qualidade, economia, eficiência e eficácia, contribuindo igualmente para o equilíbrio económico e financeiro do conjunto do sector público.

ARTIGO 5.º
Sectores empresariais regionais e municipais

Além do Estado, apenas dispõem de sectores empresariais próprios as Regiões Autónomas, os municípios e as suas associações, nos termos de legislação especial, relativamente à qual o presente diploma tem natureza supletiva.

ARTIGO 6.º
Enquadramento das empresas participadas

1 – Sem prejuízo das autonomias atribuídas às entidades públicas estaduais, de carácter administrativo ou empresarial, detentoras de participações, ou reconhecidas às Regiões Autónomas, aos municípios e às suas associações, uma empresa participada por diversas entidades públicas integra-se no sector empresarial da entidade que, no conjunto das participações do sector público, seja titular da maior participação relativa.

2 – Sem prejuízo do disposto no número seguinte, a integração das empresas participadas no sector empresarial do Estado aplica-se apenas à respectiva participação pública, designadamente no que se refere ao seu registo e controlo, bem como ao exercício dos direitos de accionista, cujo conteúdo deve levar em consideração os princípios decorrentes do presente decreto-lei e demais legislação aplicável. [1]

3 – Os membros dos órgãos de administração das empresas participadas designados ou propostos pelo Estado, directamente ou através das sociedades a que se refere o n.º 3 do artigo 10.º, ficam sujeitos ao regime jurídico aplicável aos gestores públicos, nos termos do respectivo estatuto. [1]

SECÇÃO II
Direito aplicável

ARTIGO 7.º
Regime jurídico geral

1 – Sem prejuízo do disposto na legislação aplicável às empresas públicas regionais, intermunicipais e municipais, as empresas públicas regem-se pelo direito privado, salvo no que estiver disposto no presente diploma e nos diplomas que tenham aprovado os respectivos estatutos.

2 – As empresas públicas estão sujeitas a tributação directa e indirecta, nos termos gerais.

3 – As empresas participadas estão plenamente sujeitas ao regime jurídico comercial, laboral e fiscal, ou de outra natureza, aplicável às empresas cujo capital e controlo é exclusivamente privado.

ARTIGO 8.º
Sujeição às regras da concorrência

1 – As empresas públicas estão sujeitas às regras gerais de concorrência, nacionais e comunitárias.

2 – Das relações entre empresas públicas e o Estado ou outros entes públicos não poderão resultar situações que, sob qualquer forma, sejam susceptíveis de impedir, falsear ou restringir a concorrência no todo ou em parte do território nacional.

3 – As empresas públicas regem-se pelo princípio da transparência financeira e a sua contabilidade deve ser organizada de modo a permitir a identificação de quaisquer fluxos financeiros entre elas e o Estado ou outros entes públicos, bem como garantir o cumprimento das exigências nacionais e comunitárias em matéria de concorrência e auxílios públicos.

ARTIGO 9.º
Derrogações

O disposto nos n.os 1 e 2 do artigo anterior não prejudica regimes derrogatórios especiais, devidamente justificados, sempre que a aplicação das normas gerais de concorrência seja susceptível de frustrar, de direito ou de facto, as missões confiadas às empresas públicas incumbidas da gestão de serviços de interesse económico geral ou que apoiem a gestão do património do Estado.

SECÇÃO III
Outras disposições

ARTIGO 10.º
Função accionista do Estado

1 – Os direitos do Estado como accionista são exercidos através da Direcção-Geral do Tesouro e Finanças, sob a direcção do Ministro das Finanças, que pode delegar, em conformidade com as orientações previstas no artigo seguinte e mediante a prévia coordenação, por despacho conjunto, com os ministros responsáveis pelo sector. [1]

2 – Os direitos de outras entidades públicas estaduais como accionista são exercidos pelos órgãos de gestão respectivos, com respeito pelas orientações decorrentes da superintendência e pela tutela que sobre elas sejam exercidas.

3 – Os direitos referidos nos números anteriores podem ser exercidos indirectamente, através de sociedades de capitais exclusivamente públicos. [1]

4 – As entidades responsáveis pelo exercício da função accionista, nos termos do presente artigo, devem estar representadas no órgão de administração das empresas públicas, através de um membro não executivo, ou, caso a estrutura de gestão da empresa não preveja a existência destes membros, no respectivo órgão de fiscalização, não se aplicando naquele caso o disposto no n.º 1 do artigo 22.º do Decreto-Lei n.º 71/2007, de 27 de Março. [1]

ARTIGO 11.º [1]
Orientações de gestão

1 – Com vista à definição do exercício da gestão das empresas públicas, são emitidas orientações estratégicas destinadas à globalidade do sector empresarial do Estado, através de resolução do Conselho de Ministros. [2]

2 – Com a mesma finalidade, podem ainda ser emitidas as seguintes orientações:

---

[1] *Redacção introduzida pelo Decreto-Lei n.º 300/2007, de 23 de Agosto.*

[2] *Ver Resolução do Concelho de Ministros n.º 70/2008, de 27 de Março de 2008, publicada no DR, 1.ª Série, n.º 79, de 22 de Abril de 2008.*

Sector Empresarial e Privatizações

a) Orientações gerais, definidas através de despacho conjunto do Ministro das Finanças e do ministro responsável pelo sector e destinadas a um conjunto de empresas públicas no mesmo sector de actividade;

b) Orientações específicas, definidas através de despacho conjunto do Ministro das Finanças e do ministro responsável pelo sector ou de deliberação accionista, consoante se trate de entidade pública empresarial ou de sociedade, respectivamente, e destinadas individualmente a uma empresa pública.

3 – As orientações previstas nos números anteriores reflectem-se nas deliberações a tomar em assembleia geral pelos representantes públicos ou, tratando-se de entidades públicas empresariais, na preparação e aprovação dos respectivos planos de actividades e de investimento, bem como nos contratos de gestão a celebrar com os gestores públicos, nos termos da lei.

4 – As orientações gerais e específicas podem envolver metas quantificadas e contemplar a celebração de contratos entre o Estado e as empresas públicas, bem como fixar parâmetros ou linhas de orientação para a determinação da remuneração dos gestores públicos.

5 – Compete ao Ministro das Finanças e ao ministro responsável pelo sector, que podem delegar, directamente ou através das sociedades previstas no n.º 3 do artigo anterior, a verificação do cumprimento das orientações previstas nos n.os 1 e 2, podendo emitir recomendações para a sua prossecução.

6 – A verificação do cumprimento daquelas orientações é tida em conta na avaliação de desempenho dos gestores públicos, nos termos da lei.

7 – O disposto nos números anteriores não prejudica a especificação em cada diploma constitutivo de empresa pública dos demais poderes de tutela e superintendência que venham a ser estabelecidos.

Artigo 12.º
Controlo financeiro

1 – As empresas públicas estão sujeitas a controlo financeiro que compreende, designadamente, a análise da sustentabilidade e a avaliação da legalidade, economia, eficiência e eficácia da sua gestão. [1]

2 – Sem prejuízo das competências atribuídas pela lei ao Tribunal de Contas, o controlo financeiro das empresas públicas compete à Inspecção-Geral de Finanças.

3 – As empresas públicas adoptarão procedimentos de controlo interno adequados a garantir a fiabilidade das contas e demais informação financeira, bem como a articulação com as entidades referidas no número anterior.

Artigo 13.º
Deveres especiais de informação e controlo

1 – Sem prejuízo do disposto na lei comercial quanto à prestação de informações aos accionistas, devem as empresas públicas facultar ao Ministro das Finanças e ao ministro responsável pelo respectivo sector, directamente ou através das sociedades previstas no n.º 3 do artigo 10.º, os seguintes elementos, visando o seu acompanhamento e controlo: [1]

a) Projectos dos planos de actividades anuais e plurianuais;

b) Projectos dos orçamentos anuais, incluindo estimativa das operações financeiras com o Estado;

c) Planos de investimento anuais e plurianuais e respectivas fontes de financiamento; [1]

d) Documentos de prestação anual de contas;

e) Relatórios trimestrais de execução orçamental, acompanhados dos relatórios do órgão de fiscalização, sempre que sejam exigíveis; [1]

f) Quaisquer outras informações e documentos solicitados para o acompanhamento da situação da empresa e da sua actividade, com vista, designadamente, a assegurar a boa gestão dos fundos públicos e a evolução da sua situação económico-financeira.

2 – O endividamento ou assunção de responsabilidades de natureza similar fora do balanço, a médio-longo prazo, ou a curto prazo, se excederem em termos acumulados 30 % do capital e não estiverem previstos nos respectivos orçamento ou plano de investimentos, estão sujeitos a autorização do Ministro das Finanças e do ministro responsável pelo sector ou da assembleia geral, consoante se trate de entidade pública empresarial ou de sociedade, respectivamente, tendo por base proposta do órgão de gestão da respectiva empresa pública. [2]

3 – As informações abrangidas pelo n.º 1 são prestadas pelas empresas públicas nas condições que venham a ser estabelecidas por despacho do Ministro das Finanças. [1]

4 – As sociedades participadas pelas sociedades de capitais exclusivamente públicos a que se refere o n.º 3 do artigo 10.º remetem através destas as informações referidas no n.º 1 do presente artigo. [1]

Artigo 13.º-A [2]
Relatórios

Os relatórios anuais das empresas, além dos elementos que caracterizem as respectivas situações económicas e financeiras, contêm:

a) As orientações de gestão fixadas ao abrigo do artigo 11.º que sejam aplicáveis à empresa em causa;

b) A estrutura dos conselhos de administração e das suas comissões especializadas;

c) A identidade, os principais elementos curriculares e as funções exercidas por cada administrador;

d) Quando seja caso disso, as funções exercidas por qualquer administrador noutra empresa;

e) Os processos de selecção dos administradores independentes, quando existam;

f) Informação sobre o modo e as condições de cumprimento, em cada exercício, de funções relacionadas com a gestão de serviços de interesse geral, sempre que esta se encontre cometida a determinadas empresas, nos termos dos artigos 19.º a 22.º;

g) Informação sobre o efectivo exercício de poderes de autoridade por parte de empresas que sejam titulares desse tipo de poderes, nos termos previstos no artigo 14.º;

h) A indicação dos administradores executivos e não executivos ou, sendo caso disso, dos administradores executivos e dos membros do conselho geral e de supervisão;

i) A indicação do número de reuniões do conselho de administração com referência sucinta às decisões mais relevantes adoptadas pelo conselho de administração no exercício em causa;

---

[1] *Redacção introduzida pelo Decreto-Lei n.º 300/2007, de 23 de Agosto.*

[1] *Redacção introduzida pelo Decreto-Lei n.º 300/2007, de 23 de Agosto.*

[2] *Aditado pelo Decreto-Lei n.º 300/2007, de 23 de Agosto.*

Decreto-Lei n.º 558/99

j) A indicação das pessoas e das entidades encarregadas de auditoria externa;

l) Os montantes das remunerações dos administradores e o modo como são determinados, incluindo todos os complementos remuneratórios de qualquer espécie, os regimes de segurança social, bem como o valor global dos encargos respeitantes a cada administrador para a empresa em cada exercício;

m) Os relatórios dos administradores não executivos sobre o desempenho dos administradores executivos;

n) Os relatórios de auditoria externa.

ARTIGO 13.º-B [1]
Obrigação de informação

1 – Os órgãos de gestão das empresas públicas dão a conhecer anualmente, em aviso a publicar na 2.ª série do Diário da República, as seguintes informações, sem prejuízo de, por portaria do Ministro das Finanças, se determinar as condições da sua divulgação complementar:

a) A estrutura dos seus conselhos de administração e do conselho geral e de supervisão, quando exista;

b) A identidade dos administradores e dos membros do conselho geral e de supervisão, quando exista;

c) Os processos de selecção dos administradores independentes, quando existam, e, sendo caso disso, dos membros do conselho geral e de supervisão;

d) Os principais elementos curriculares e as qualificações dos administradores;

e) Quando seja o caso, os cargos ocupados pelos administradores noutra empresa;

f) A competência, as funções e o modo de funcionamento de todas as comissões especializadas dentro do conselho de administração e, sendo caso disso, do conselho geral e de supervisão;

g) As remunerações totais, fixas e variáveis, auferidas por cada um dos administradores, em cada ano, bem como as remunerações auferidas por cada membro do órgão de fiscalização;

h) Outros elementos que sejam fixados em resolução do Conselho de Ministros.

2 – As condições de publicação do aviso referido no número anterior são objecto de despacho do membro do Governo responsável pela edição do Diário da República e do Ministro das Finanças.

ARTIGO 14.º
Poderes de autoridade

1 – Poderão as empresas públicas exercer poderes e prerrogativas de autoridade de que goza o Estado, designadamente quanto a:

a) Expropriação por utilidade pública;

b) Utilização, protecção e gestão das infra-estruturas afectas ao serviço público;

c) Licenciamento e concessão, nos termos da legislação aplicável à utilização do domínio público, da ocupação ou do exercício de qualquer actividade nos terrenos, edificações e outras infra-estruturas que lhe estejam afectas.

2 – Os poderes especiais serão atribuídos por diploma legal, em situações excepcionais e na medida do estritamente necessário à prossecução do interesse público, ou constarão de contrato de concessão.

ARTIGO 15.º
Gestores públicos

Os membros dos órgãos de administração das empresas públicas, independentemente da respectiva forma jurídica, ficam sujeitos ao estatuto do gestor público. [1]

ARTIGO 16.º
Estatuto do pessoal

1 – O estatuto do pessoal das empresas públicas é o do regime do contrato individual de trabalho.

2 – A matéria relativa à contratação colectiva rege-se pela lei geral.

ARTIGO 17.º
Comissões de serviço

1 – Podem exercer funções de carácter específico nas empresas públicas, em comissão de serviço, funcionários do Estado e dos institutos públicos, das autarquias locais, bem como trabalhadores de quaisquer empresas públicas, os quais manterão todos os direitos inerentes ao seu quadro de origem, incluindo os benefícios de aposentação ou reforma e sobrevivência, considerando-se todo o período da comissão como serviço prestado nesse quadro.

2 – Os trabalhadores das empresas públicas podem exercer, em comissão de serviço, funções no Estado, institutos públicos, autarquias locais ou em outras empresas públicas, mantendo todos os direitos inerentes ao seu estatuto profissional na empresa de origem, considerando-se todo o período na comissão como serviço prestado na empresa de origem.

3 – Os trabalhadores em comissão de serviço, nos termos dos números anteriores, poderão optar pelo vencimento correspondente ao seu quadro de origem ou pelo correspondente às funções que vão desempenhar.

4 – O vencimento e demais encargos dos trabalhadores em comissão de serviço serão da responsabilidade da entidade onde se encontrem a exercer funções.

ARTIGO 18.º
Tribunais competentes

1 – Para efeitos de determinação da competência para julgamento dos litígios, incluindo recursos contenciosos, respeitantes a actos praticados e a contratos celebrados no exercício dos poderes de autoridade a que se refere o artigo 14.º, serão as empresas públicas equiparadas a entidades administrativas.

2 – Nos demais litígios seguem-se as regras gerais de determinação da competência material dos tribunais.

---

[1] *Aditado pelo Decreto-Lei n.º 300/2007, de 23 de Agosto.*

[1] *Redacção introduzida pelo Decreto-Lei n.º 300/2007, de 23 de Agosto.*

SECÇÃO IV[1]
Estruturas de gestão

Artigo 18.º-A
Estruturas de gestão das empresas públicas

Sem prejuízo do disposto no Código das Sociedades Comerciais, pode ser determinada pelo Ministro das Finanças e pelo ministro do respectivo sector de actividade a adopção das estruturas de gestão constantes dos artigos seguintes, atendendo designadamente à dimensão e à complexidade da respectiva gestão.

Artigo 18.º-B
Titulares de órgãos de gestão executivos e não executivos

1 – Sem prejuízo do disposto no n.º 3, o conselho de administração compreende administradores executivos e não executivos, sendo estes em número superior ao daqueles.

2 – Os administradores não executivos, ou alguns de entre eles, integram uma comissão de auditoria.

3 – O conselho de administração pode integrar exclusivamente administradores executivos, podendo ser, nesse caso, a sua actividade acompanhada por um conselho geral e de supervisão.

Artigo 18.º-C
Comissão executiva

1 – Os administradores executivos constituem a comissão executiva.

2 – Compete à comissão executiva assegurar a gestão quotidiana da empresa, bem como exercer as funções que o conselho de administração nela delegue.

Artigo 18.º-D
Comissões especializadas

1 – Os administradores não executivos designados para a comissão de auditoria nomeiam entre si o seu presidente.

2 – Os administradores não executivos designam entre si uma comissão de avaliação.

Artigo 18.º-E
Comissão de auditoria

1 – Compete à comissão de auditoria:

a) Escolher auditores externos independentes e qualificados, negociar as respectivas remunerações e velar por que lhes sejam proporcionadas dentro da empresa as condições adequadas à prestação dos seus serviços;

b) Definir o âmbito e a extensão das auditorias interna e externa;

c) Aprovar os planos, os programas e os manuais de auditoria;

d) Zelar pela manutenção da independência dos auditores externos;

e) Apreciar os relatórios dos auditores externos;

f) Avaliar os sistemas de controlo interno e de risco;

g) Comunicar ao conselho de administração e à assembleia geral os resultados da auditoria.

2 – Em caso de existência de um conselho geral e de supervisão, este nomeia, de entre os seus membros, uma comissão de auditoria destinada ao exercício das competências referidas no número anterior.

Artigo 18.º-F
Comissão de avaliação

1 – Compete à comissão de avaliação apresentar anualmente um relatório circunstanciado de avaliação do grau e das condições de cumprimento, em cada exercício, das orientações de gestão definidas nos termos da lei.

2 – Em caso de existência de um conselho geral e de supervisão, os respectivos membros designam entre si uma comissão de avaliação, à qual se aplica, com as devidas adaptações, o regime previsto no número anterior.

Artigo 18.º-G
Regimentos

1 – O conselho de administração elabora e aprova um regimento, do qual constam, designadamente:

a) As tarefas ou os pelouros atribuídos a cada administrador;

b) As comissões que entenda criar, para além das comissões de auditoria e de avaliação, e as respectivas funções;

c) A periodicidade e as regras relativas às reuniões;

d) A forma de dar publicidade às deliberações.

2 – O conselho geral e de supervisão, quando exista, aprova também um regimento, cujo conteúdo, com as devidas adaptações, deve integrar os elementos referidos no número anterior.

3 – A comissão de auditoria e a comissão de avaliação, integradas por administradores não executivos ou por membros do conselho geral e de supervisão, quando este exista, aprovam igualmente os seus regimentos.

CAPÍTULO II
Empresas públicas encarregadas da gestão de serviços de interesse económico geral

Artigo 19.º
Noção

1 – Para efeitos do presente diploma, são consideradas empresas encarregadas da gestão de serviços de interesse económico geral aquelas cujas actividades devam assegurar a universalidade e continuidade dos serviços prestados, a coesão económica e social e a protecção dos consumidores, sem prejuízo da eficácia económica e do respeito dos princípios de não discriminação e transparência.

2 – Salvo quando a lei dispuser diversamente, os termos em que a gestão é atribuída e exercida constarão de contrato de concessão.

Artigo 20.º
Princípios orientadores

As empresas públicas encarregadas da gestão de serviços de interesse económico geral devem prosseguir as missões que lhe estejam confiadas no sentido, consoante os casos, de:

a) Prestar os serviços de interesse económico geral no conjunto do território nacional, sem discriminação das zonas rurais e do interior;

---

[1] *Secção aditada pelo Decreto-Lei n.º 300/2007, de 23 de Agosto.*

b) Promover o acesso da generalidade dos cidadãos, em condições financeiras equilibradas, a bens e serviços essenciais, procurando, na medida do possível, que todos os utilizadores tenham direito a tratamento idêntico e neutro, sem quaisquer discriminações, quer quanto ao funcionamento dos serviços, quer quanto a taxas ou contraprestações devidas, a menos que o interesse geral o justifique;

c) Assegurar o cumprimento das exigências de prestação de serviços de carácter universal relativamente a actividades económicas cujo acesso se encontre legalmente vedado a empresas privadas e a outras entidades da mesma natureza;

d) Garantir o fornecimento de serviços ou a gestão de actividades cuja rendibilidade não se encontra assegurada, em especial devido aos investimentos necessários ao desenvolvimento de infra-estruturas ou redes de distribuição ou, ainda, devido à necessidade de realizar actividades comprovadamente deficitárias;

e) Zelar pela eficácia da gestão das redes de serviços públicos, procurando, designadamente, que a produção, o transporte e distribuição, a construção de infra-estruturas e a prestação do conjunto de tais serviços se procedam de forma articulada, tendo em atenção as modificações organizacionais impostas por inovações técnicas ou tecnológicas;

f) Cumprir obrigações específicas, relacionadas com a segurança, com a continuidade e qualidade dos serviços e com a protecção do ambiente, devendo tais obrigações ser claramente definidas, transparentes, não discriminatórias e susceptíveis de controlo.

ARTIGO 21.º
Contratos com o Estado

1 – Para realização das finalidades previstas no artigo anterior poderá o Estado recorrer à celebração de contratos com as empresas públicas encarregadas da gestão de serviços de interesse económico geral, contemplando, designadamente, a atribuição de indemnizações compensatórias na medida do estritamente necessário à prossecução do interesse público.

2 – Estes contratos visarão assegurar a adaptação permanente à evolução das circunstâncias, inclusive técnicas e tecnológicas, e à satisfação das necessidades colectivas, conciliando a eficácia económica dos operadores com a manutenção da coesão social e a luta contra a exclusão.

3 – Os contratos a que se refere o presente artigo, que envolvam a assunção de obrigações ou de compromissos financeiros por parte do Estado ou de outras entidades públicas, deverão prever a respectiva quantificação e validação, cabendo aos serviços competentes do Ministério das Finanças a emissão de parecer prévio à sua celebração, bem como o acompanhamento geral da execução das suas cláusulas financeiras.

4 – O regime das indemnizações compensatórias consta de decreto-lei especial.

ARTIGO 22.º
Participação dos utentes

1 – O Estado promoverá o desenvolvimento de formas de concertação com os utentes ou organizações representativas destes, bem como da sua participação na definição dos objectivos das empresas públicas encarregadas da gestão de serviços de interesse económico geral.

2 – O direito de participação dos utentes na definição dos objectivos das empresas públicas encarregadas da gestão de serviços de interesse económico geral será regulado por decreto-lei.

CAPÍTULO III
Entidades públicas empresariais

ARTIGO 23.º
Âmbito de aplicação

1 – Regem-se pelas disposições do presente capítulo e, subsidiariamente, pelas restantes normas deste diploma as pessoas colectivas de direito público, com natureza empresarial, criadas pelo Estado e doravante designadas «entidades públicas empresariais».

2 – O disposto no número anterior é aplicável às empresas públicas a que se refere o artigo 1.º do Decreto-Lei n.º 260/76, de 8 de Abril, existentes à data da entrada em vigor do presente diploma, as quais passam a adoptar a designação prevista no final do número anterior.

ARTIGO 24.º
Criação

1 – As entidades públicas empresariais são criadas por decreto-lei, o qual aprovará também os respectivos estatutos.

2 – A denominação das entidades públicas empresariais deve integrar a expressão «entidade pública empresarial» ou as iniciais «E. P. E.».

ARTIGO 25.º
Autonomia e capacidade jurídica

1 – As entidades públicas empresariais são dotadas de autonomia administrativa, financeira e patrimonial, não estando sujeitas às normas da contabilidade pública.

2 – A capacidade jurídica das entidades públicas empresariais abrange todos os direitos e obrigações necessários ou convenientes à prossecução do seu objecto.

ARTIGO 26.º
Capital

1 – As entidades públicas empresariais têm um capital, designado «capital estatutário», detido pelo Estado e destinado a responder às respectivas necessidades permanentes. [1]

2 – O capital estatutário poderá ser aumentado ou reduzido nos termos previstos nos estatutos.

3 – A remuneração do capital estatutário é efectuada de acordo com o regime previsto para a distribuição dos lucros do exercício nas sociedades anónimas. [1]

ARTIGO 27.º
Órgãos

1 – A administração e a fiscalização das entidades públicas empresariais devem estruturar-se segundo as modalidades e com as designações previstas para as sociedades anónimas.

2 – Os órgãos de administração e fiscalização têm as competências genéricas previstas na lei comercial, sem prejuízo do disposto no presente diploma.

3 – Os estatutos podem prever a existência de outros órgãos, deliberativos ou consultivos, definindo as respectivas competências.

---

[1] *Redacção introduzida pelo Decreto-Lei n.º 300/2007, de 23 de Agosto.*

Sector Empresarial e Privatizações

4 – Os estatutos regularão, com observância das normas legais aplicáveis, a competência e o modo de designação dos membros dos órgãos a que se referem os números anteriores.

Artigo 28.º
Registo comercial

As entidades públicas empresariais estão sujeitas ao registo comercial nos termos gerais, com as adaptações que se revelem necessárias.

Artigo 29.º
Tutela

1 – A tutela económica e financeira das entidades públicas empresariais é exercida pelo Ministro das Finanças e pelo ministro responsável pelo sector de actividade de cada empresa, sem prejuízo do respectivo poder de superintendência.

2 – A tutela abrange:

a) A aprovação dos planos de actividades e de investimento, orçamentos e contas, assim como de dotações para capital, subsídios e indemnizações compensatórias; [1]

b) A homologação de preços ou tarifas a praticar por empresas que explorem serviços de interesse económico geral ou exerçam a respectiva actividade em regime de exclusivo, salvo quando a sua definição competir a outras entidades independentes;

c) Os demais poderes expressamente referidos nos estatutos.

Artigo 30.º
Regime especial de gestão

1 – Em circunstâncias excepcionais devidamente justificadas, podem as entidades públicas empresariais ser sujeitas a um regime especial de gestão, por prazo determinado que não exceda dois anos, em condições fixadas mediante resolução do Conselho de Ministros.

2 – A resolução prevista no número anterior determina a cessação automática das funções dos titulares dos órgãos de administração em exercício.

Artigo 31.º
Plano de actividades e orçamento anual

1 – Os projectos do plano de actividades, do orçamento anual e dos planos de investimento anuais e plurianuais e respectivas fontes de financiamento são elaborados com respeito pelos pressupostos macroeconómicos, pelas orientações de gestão previstas no artigo 11.º e pelas directrizes definidas pelo Governo, bem como, quando for caso disso, por contratos de gestão ou por contratos-programa, e devem ser remetidos para aprovação, até 30 de Novembro do ano anterior, ao Ministro das Finanças e ao ministro responsável pelo respectivo sector de actividade. [1]

2 – Em casos especiais, pode o prazo referido no número anterior ser antecipado através de despacho conjunto do Ministro das Finanças e ministro responsável pelo sector de actividade. [1]

Artigo 32.º
Prestação de contas

1 – As entidades públicas empresariais devem elaborar, com referência a 31 de Dezembro do ano anterior, os documentos de prestação de contas, remetendo-os à Inspecção-Geral de Finanças e à Direcção-Geral do Tesouro e Finanças, nos prazos em que nas sociedades anónimas se deve proceder à disponibilização daqueles documentos aos accionistas. [1]

2 – Os documentos referidos no número anterior são aprovados pelo Ministro das Finanças e pelo ministro responsável pelo sector de actividade de cada empresa. [1]

Artigo 33.º
Transformação, fusão e cisão

A transformação das entidades públicas empresariais bem como a respectiva fusão ou cisão operam-se, em cada caso, através de decreto-lei e nos termos especiais nele estabelecidos.

Artigo 34.º
Extinção

1 – Pode ser determinada por decreto-lei a extinção de entidades públicas empresariais, bem como o subsequente processo de liquidação.

2 – Não são aplicáveis as regras gerais sobre dissolução e liquidação de sociedades, nem as dos processos especiais de recuperação e falência, salvo na medida do expressamente determinado pelo decreto-lei referido no número anterior.

CAPÍTULO IV
Disposições finais e transitórias

Artigo 35.º
Alteração dos estatutos

1 – Quando os estatutos das empresas públicas sejam aprovados ou alterados por acto legislativo, devem os mesmos ser republicados em anexo ao referido acto legislativo. [1]

2 – A alteração de estatutos de empresas públicas sob forma societária pode ser efectuada nos termos da lei comercial, carecendo de autorização prévia mediante despacho conjunto do Ministro das Finanças e do ministro responsável pelo sector de actividade. [1]

Artigo 36.º
Extensão a outras entidades

1 – Os direitos de accionista do Estado ou de outras entidades públicas estaduais a que se refere o presente diploma, nas sociedades em que, mesmo conjuntamente, não detenham influência dominante, são exercidos, respectivamente, pela Direcção-Geral do Tesouro e Finanças ou pelos órgãos de gestão das entidades titulares. [1]

---

[1] *Redacção introduzida pelo Decreto-Lei n.º 300/2007, de 23 de Agosto.*

[1] *Redacção introduzida pelo Decreto-Lei n.º 300/2007, de 23 de Agosto.*

2 – As sociedades em que o Estado exerça uma influência significativa, seja por detenção de acções que representam mais de 10 % do capital social, seja por detenção de direitos especiais de accionista, devem apresentar na Direcção-Geral do Tesouro e Finanças a informação destinada aos accionistas, nas datas em que a estes deva ser disponibilizada, nos termos da legislação aplicável às sociedades comerciais. [1]

3 – Os direitos referidos nos números anteriores poderão ser exercidos, indirectamente, nos termos previstos no n.º 3 do artigo 10.º

4 – Às empresas privadas encarregadas da gestão de serviços de interesse económico geral, por força de concessão ou da atribuição de direitos especiais ou exclusivos, é aplicável o disposto nos artigos 9.º, 12.º e 13.º e no capítulo ii do presente diploma.

5 – Podem ser sujeitas ao regime estabelecido no presente diploma, no todo ou em parte, com excepção do constante do seu capítulo iii, as empresas nas quais o Estado ou outras entidades públicas disponham de direitos especiais, desde que os respectivos estatutos assim o prevejam.

ARTIGO 37.º [1]
Constituição de sociedades e aquisição ou alienação de partes de capital

1 – Sem prejuízo do disposto em legislação especial, a participação do Estado ou de outras entidades públicas estaduais, bem como das empresas públicas, na constituição de sociedades e na aquisição ou alienação de partes de capital está sujeita a autorização do Ministro das Finanças e do ministro responsável pelo sector, excepto nas aquisições que decorram de dação em cumprimento, doação, renúncia ou abandono.

2 – Para efeitos do disposto no número anterior, o pedido de autorização deve ser acompanhado por um estudo demonstrativo do interesse e viabilidade da operação pretendida.

3 – O incumprimento do disposto no n.º 1 determina a nulidade do negócio jurídico em causa.

ARTIGO 38.º
Orientações estratégicas e contratos de gestão

1 – Por ocasião das assembleias gerais ordinárias realizadas no ano de 2000 serão aprovadas as primeiras orientações estratégicas a que se refere o artigo 11.º

2 – Durante o ano de 2000 celebrar-se-ão com os gestores contratos de gestão envolvendo metas quantificadas.

ARTIGO 39.º
Estatuto dos gestores públicos

Até ser aprovada a legislação prevista no artigo 15.º mantém-se em vigor o regime do estatuto dos gestores públicos, constante do Decreto-Lei n.º 464/82, de 9 de Dezembro.

Artigo 40.º

Revogação

1 – É revogado o Decreto-Lei n.º 260/76, de 8 de Abril, com as alterações que lhe foram introduzidas.

2 – As remissões constantes de quaisquer diplomas, legais ou regulamentares, para o regime do Decreto-Lei n.º 260/76 entendem-se feitas para as disposições do capítulo III, sem prejuízo da aplicação, quando for o caso, das demais disposições previstas no presente diploma.

ARTIGO 41.º
Entrada em vigor

O presente diploma entra em vigor no 1.º dia do mês subsequente ao da sua publicação.

---

[1] *Redacção introduzida pelo Decreto-Lei n.º 300/2007, de 23 de Agosto.*

Lei n.º 53-F/2006, de 29 de Dezembro – Aprova o regime jurídico do sector empresarial local

Lei n.º 53-F/2006
de 29 de Dezembro

A Assembleia da República decreta, nos termos da alínea c) do artigo 161.º da Constituição, o seguinte:

CAPÍTULO I
Disposições gerais

ARTIGO 1.º
Âmbito

1 – A presente lei estabelece o regime jurídico do sector empresarial local.

2 – O regime previsto na presente lei aplica-se a todas as entidades empresariais constituídas ao abrigo das normas aplicáveis às associações de municípios e às áreas metropolitanas de Lisboa e do Porto.

ARTIGO 2.º
Sector empresarial local

1 – O sector empresarial local integra as empresas municipais, intermunicipais e metropolitanas, doravante denominadas «empresas».

2 – As sociedades comerciais controladas conjuntamente por diversas entidades públicas integram-se no sector empresarial da entidade que, no conjunto das participações do sector público, seja titular da maior participação.

ARTIGO 3.º
Empresas municipais, intermunicipais e metropolitanas

1 – São empresas municipais, intermunicipais e metropolitanas as sociedades constituídas nos termos da lei comercial, nas quais os municípios, associações de municípios e áreas metropolitanas de Lisboa e do Porto, respectivamente, possam exercer, de forma directa ou indirecta, uma influência dominante em virtude de alguma das seguintes circunstâncias:

a) Detenção da maioria do capital ou dos direitos de voto;

b) Direito de designar ou destituir a maioria dos membros do órgão de administração ou de fiscalização.

2 – São também empresas municipais, intermunicipais e metropolitanas as entidades com natureza empresarial reguladas no capítulo VII da presente lei.

ARTIGO 4.º
Sociedades unipessoais

1 – Os municípios, as associações de municípios e as áreas metropolitanas de Lisboa e do Porto podem constituir sociedades unipessoais por quotas, nos termos previstos na lei comercial.

2 – Qualquer das entidades previstas no número anterior pode ainda constituir uma sociedade anónima de cujas acções seja a única titular, nos termos da lei comercial.

3 – A constituição de uma sociedade anónima unipessoal nos termos do número anterior deve observar todos os demais requisitos de constituição das sociedades anónimas.

ARTIGO 5.º
Objecto social

1 – As empresas têm obrigatoriamente como objecto a exploração de actividades de interesse geral, a promoção do desenvolvimento local e regional e a gestão de concessões, sendo proibida a criação de empresas para o desenvolvimento de actividades de natureza exclusivamente administrativa ou de intuito predominantemente mercantil.

2 – Não podem ser criadas, ou participadas, empresas de âmbito municipal, intermunicipal ou metropolitano cujo objecto social não se insira no âmbito das atribuições da autarquia ou associação de municípios respectiva.

3 – O disposto nos números precedentes é aplicável à mera participação em sociedades comerciais nas quais não exercem uma influência dominante nos termos da presente lei.

ARTIGO 6.º
Regime jurídico

As empresas regem-se pela presente lei, pelos respectivos estatutos e, subsidiariamente, pelo regime do sector empresarial do Estado e pelas normas aplicáveis às sociedades comerciais.

ARTIGO 7.º
Princípios de gestão

A gestão das empresas deve articular-se com os objectivos prosseguidos pelas respectivas entidades públicas participantes no capital social, visando a satisfação das necessidades de interesse geral, a promoção do desenvolvimento local e regional e a exploração eficiente de concessões, assegurando a sua viabilidade económica e equilíbrio financeiro.

ARTIGO 8.º
Criação

1 – A criação das empresas, bem como a decisão de aquisição de participações que confiram influência dominante, nos termos da presente lei, compete:

a) As de âmbito municipal, sob proposta da câmara municipal, à assembleia municipal;

b) As de âmbito intermunicipal, sob proposta do conselho directivo, à assembleia intermunicipal, existindo parecer favorável das assembleias municipais dos municípios integrantes;

27

Sector Empresarial e Privatizações

c) As de âmbito metropolitano, sob proposta da junta metropolitana, à assembleia metropolitana, existindo parecer favorável das assembleias municipais dos municípios integrantes.

2 – A criação das empresas ou a decisão de aquisição de uma participação social que confira influência dominante nos termos da presente lei deve ser obrigatoriamente comunicada à Inspecção-Geral de Finanças, bem como à entidade reguladora do sector.

3 – O contrato de constituição das empresas deve ser reduzido a escrito, salvo se for exigida forma mais solene para a transmissão dos bens que sejam objecto das entradas em espécie.

4 – Nos casos em que as empresas sejam constituídas por escritura pública, é também competente o notário privativo do município onde a empresa tiver a sua sede.

5 – A conservatória do registo competente deve, oficiosamente, a expensas da empresa, comunicar a constituição e os estatutos, bem como as respectivas alterações, ao Ministério Público e assegurar a respectiva publicação nos termos do disposto no Código das Sociedades Comerciais.

6 – A denominação das empresas é acompanhada da indicação da sua natureza municipal, intermunicipal ou metropolitana (EM, EIM, EMT).

7 – No sítio electrónico da Direcção-Geral das Autarquias Locais consta uma lista, permanentemente actualizada, de todas as entidades do sector empresarial local.

Artigo 9.º
Viabilidade económico-financeira e racionalidade económica

1 – Sob pena de nulidade e de responsabilidade financeira, a decisão de criação das empresas, bem como a decisão de tomada de uma participação que confira influência dominante, deve ser sempre precedida dos necessários estudos técnicos, nomeadamente do plano do projecto, na óptica do investimento, da exploração e do financiamento, demonstrando-se a viabilidade económica das unidades, através da identificação dos ganhos de qualidade, e a racionalidade acrescentada decorrente do desenvolvimento da actividade através de uma entidade empresarial.

2 – A atribuição de subsídios ou outras transferências financeiras provenientes das entidades participantes no capital social exige a celebração de um contrato de gestão, no caso de prossecução de finalidades de interesse geral, ou de um contrato-programa, se o seu objecto se integrar no âmbito da função de desenvolvimento local ou regional.

3 – No caso de a empresa beneficiar de um direito especial ou exclusivo, nos termos definidos no artigo 3.º do Decreto-Lei n.º 148/2003, de 11 de Julho, essa vantagem deve ser contabilizada para aferição da sua viabilidade financeira.

4 – Os estudos referidos no n.º 1, bem como os projectos de estatutos, acompanham as propostas de criação e participação em empresas, sendo objecto de apreciação pelos órgãos deliberativos competentes.

Artigo 10.º
Sujeição às regras da concorrência

1 – As empresas estão sujeitas às regras gerais de concorrência, nacionais e comunitárias.

2 – Das relações entre as empresas e as entidades participantes no capital social não podem resultar situações que, sob qualquer forma, sejam susceptíveis de impedir ou falsear a concorrência no todo ou em parte do território nacional.

3 – As empresas regem-se pelo princípio da transparência financeira e a sua contabilidade deve ser organizada de modo a permitir a identificação de quaisquer fluxos financeiros entre elas e as entidades participantes no capital social, garantindo o cumprimento das exigências nacionais e comunitárias em matéria de concorrência e auxílios públicos.

4 – O disposto nos n.os 1 e 2 não prejudica regimes derrogatórios especiais, devidamente justificados, sempre que a aplicação das normas gerais de concorrência seja susceptível de frustrar, de direito ou de facto, as missões confiadas às empresas locais encarregadas da gestão de serviços de interesse económico geral.

Artigo 11.º
Regulação sectorial

As entidades do sector empresarial local que prossigam actividades no âmbito de sectores regulados ficam sujeitas aos poderes de regulação da respectiva entidade reguladora.

Artigo 12.º
Normas de contratação e escolha do parceiro privado

1 – Sem prejuízo do disposto nas normas comunitárias aplicáveis, as empresas devem adoptar mecanismos de contratação transparentes e não discriminatórios, assegurando igualdade de oportunidades aos interessados.

2 – À selecção das entidades privadas aplicar-se-ão os procedimentos concursais estabelecidos no regime jurídico da concessão dos serviços públicos em questão e, subsidiariamente, nos regimes jurídicos da contratação pública em vigor, cujo objecto melhor se coadune com a actividade a prosseguir pela empresa.

3 – O ajuste directo só é admissível em situações excepcionais previstas nos diplomas aplicáveis, nos termos do número anterior.

Artigo 13.º
Proibição de compensações

Não são admissíveis quaisquer formas de subsídios à exploração, ao investimento ou em suplemento a participações de capital que não se encontrem previstos nos artigos anteriores.

Artigo 14.º
Parcerias público-privadas

Às parcerias público-privadas desenvolvidas pelas entidades a que se refere a presente lei é aplicável o regime jurídico das parcerias público-privadas desenvolvidas pela administração central, com as devidas adaptações.

Artigo 15.º
Função accionista

Os direitos dos titulares do capital social são exercidos, respectivamente, através da câmara municipal, do conselho directivo da associação de municípios ou da junta metropolitana, em conformidade com as orientações estratégicas previstas no artigo seguinte.

Artigo 16.º
Orientações estratégicas

1 – São definidas orientações estratégicas relativas ao exercício da função accionista nas empresas abrangidas pela pre-

sente lei, nos termos do número seguinte, devendo as mesmas ser revistas, pelo menos, com referência ao período de duração do mandato da administração fixado pelos respectivos estatutos.

2 – A competência para a aprovação das orientações estratégicas pertence:

a) Nas empresas municipais, à câmara municipal;

b) Nas empresas intermunicipais, ao conselho directivo;

c) Nas empresas metropolitanas, à junta metropolitana.

3 – As orientações estratégicas referidas nos números anteriores definem os objectivos a prosseguir tendo em vista a promoção do desenvolvimento local e regional ou a forma de prossecução dos serviços de interesse geral, contendo metas quantificadas e contemplando a celebração de contratos entre as entidades públicas participantes e as sociedades do sector empresarial local, previstos nos artigos 19.º e 22.º da presente lei.

4 – As orientações estratégicas devem reflectir-se nas orientações anuais definidas em assembleia geral e nos contratos de gestão a celebrar com os gestores.

ARTIGO 17.º
Delegação de poderes

1 – Os municípios, as associações de municípios e as áreas metropolitanas de Lisboa e do Porto podem delegar poderes nas empresas por elas constituídas ou maioritariamente participadas nos termos da presente lei, desde que tal conste expressamente dos estatutos.

2 – Nos casos previstos no número anterior, os estatutos da empresa definem as prerrogativas do pessoal da empresa que exerça funções de autoridade, designadamente no âmbito de poderes de fiscalização.

CAPÍTULO II
Empresas encarregadas da gestão de serviços de interesse geral

ARTIGO 18.º
Empresas encarregadas da gestão de serviços de interesse geral

Para efeitos da presente lei, são consideradas empresas encarregadas da gestão de serviços de interesse geral aquelas cujas actividades devam assegurar a universalidade e continuidade dos serviços prestados, a satisfação das necessidades básicas dos cidadãos, a coesão económica e social local ou regional e a protecção dos utentes, sem prejuízo da eficiência económica e do respeito dos princípios da não discriminação e da transparência.

ARTIGO 19.º
Princípios orientadores

As empresas encarregadas da gestão de serviços de interesse geral devem prosseguir as missões que lhes estejam confiadas no sentido, consoante os casos, de:

a) Prestar os serviços de interesse geral na circunscrição local ou regional, sem discriminação das zonas rurais e do interior;

b) Promover o acesso da generalidade dos cidadãos, em condições financeiras equilibradas, a bens e serviços essenciais, procurando, na medida do possível, adaptar as taxas e as contraprestações devidas às reais situações dos utilizadores, na óptica do princípio da igualdade material;

c) Assegurar o cumprimento das exigências de prestação de serviços de carácter universal relativamente a actividades económicas cujo acesso se encontre legalmente vedado a empresas privadas e a outras entidades da mesma natureza;

d) Garantir o fornecimento de serviços ou a gestão de actividades que exijam avultados investimentos na criação ou no desenvolvimento de infra-estruturas ou redes de distribuição;

e) Zelar pela eficácia da gestão das redes de serviços públicos, procurando, designadamente, que a produção, o transporte e distribuição, a construção de infra-estruturas e a prestação do conjunto de tais serviços se procedam de forma articulada, tendo em atenção as modificações organizacionais impostas por inovações técnicas ou tecnológicas;

f) Cumprir obrigações específicas, relacionadas com a segurança, com a continuidade e qualidade dos serviços e com a protecção do ambiente, devendo tais obrigações ser claramente definidas, transparentes, não discriminatórias e susceptíveis de controlo.

ARTIGO 20.º
Contratos de gestão

1 – A prestação de serviços de interesse geral pelas empresas do sector empresarial local depende da celebração de contratos de gestão com as entidades participantes.

2 – Os contratos referidos no número anterior definem pormenorizadamente o fundamento da necessidade do estabelecimento da relação contratual, a finalidade da mesma relação, bem como a eficácia e a eficiência que se pretende atingir com a mesma, concretizados num conjunto de indicadores ou referenciais que permitam medir a realização dos objectivos sectoriais.

3 – O desenvolvimento de políticas de preços das quais decorram receitas operacionais anuais inferiores aos custos anuais é objectivamente justificado e depende da adopção de sistemas de contabilidade analítica onde se identifique a diferença entre o desenvolvimento da actividade a preços de mercado e o preço subsidiado na óptica do interesse geral.

4 – O desenvolvimento de políticas de preços nos termos do número anterior depende de negociação prévia com os accionistas de direito público dos termos que regulam as transferências financeiras necessárias ao financiamento anual da actividade de interesse geral, que constam do contrato de gestão.

CAPÍTULO III
Empresas encarregadas da promoção do desenvolvimento local e regional

ARTIGO 21.º
Empresas encarregadas da promoção do desenvolvimento local e regional

1 – Para efeitos da presente lei, são consideradas empresas encarregadas da promoção do desenvolvimento económico local ou regional aquelas cujas actividades devam assegurar a promoção do crescimento económico local e regional, a eliminação de assimetrias e o reforço da coesão económica e social local ou regional, sem prejuízo da eficiência económica e do respeito dos princípios da não discriminação e da transparência.

2 – As empresas encarregadas da promoção do desenvolvimento económico local ou regional podem desenvolver actividades que se insiram no âmbito de atribuições das entidades instituidoras, designadamente:

Sector Empresarial e Privatizações

a) Promoção, manutenção e conservação de infra-estruturas urbanísticas e gestão urbana;

b) Renovação e reabilitação urbanas, gestão do património edificado e promoção do desenvolvimento urbano e rural;

c) Promoção e gestão de imóveis de habitação social;

d) Qualificação e formação profissional;

e) Desenvolvimento das valências locais e regionais;

f) Promoção e gestão de equipamentos colectivos e prestação de serviços educativos, culturais, de saúde, desportivos, recreativos e turísticos e sensibilização e protecção ambiental;

g) Criação de estruturas e prestação de serviços de apoio a idosos, crianças ou cidadãos desfavorecidos.

ARTIGO 22.º
Princípios orientadores

As empresas encarregadas da promoção do desenvolvimento económico local ou regional devem prosseguir as missões que lhes estejam confiadas no sentido, consoante os casos, de:

a) Conformar, regular e transformar a ordem económico-social na circunscrição local ou regional, sem discriminação das zonas rurais e do interior;

b) Promover o crescimento económico local e regional, apoiando as actividades e as valências próprias, eliminando assimetrias no território nacional;

c) Desenvolver actividades empresariais na circunscrição territorial e regional, integrando-as no contexto de políticas económicas estruturais de desenvolvimento tecnológico e criação de redes de distribuição;

d) Promover investimentos de risco e de actividades empreendedoras inovadoras;

e) Optimizar os recursos oriundos de programas de apoio financeiro nacionais e comunitários;

f) Garantir o fornecimento de serviços ou a gestão de actividades que exijam avultados investimentos na criação ou no desenvolvimento de infra-estruturas;

g) Cumprir obrigações específicas, relacionadas com a segurança, com a continuidade e qualidade dos serviços e com a protecção do ambiente e qualidade de vida, devendo tais obrigações ser claramente definidas, transparentes, não discriminatórias e susceptíveis de controlo.

ARTIGO 23.º
Contratos-programa

1 – As empresas encarregadas da promoção do desenvolvimento económico local ou regional devem celebrar contratos-programa onde se defina pormenorizadamente o seu objecto e missão, bem como as funções de desenvolvimento económico local e regional a desempenhar.

2 – Aos contratos-programa aplica-se o disposto nos n.ºs 2, 3 e 4 do artigo 20.º e deles consta obrigatoriamente o montante das comparticipações públicas que as empresas têm o direito de receber como contrapartida das obrigações assumidas.

CAPÍTULO IV
Empresas encarregadas da gestão de concessões

ARTIGO 24.º
Empresas encarregadas da gestão de concessões

Para efeitos da presente lei, são consideradas empresas encarregadas da gestão de concessões aquelas que, não se integrando nas classificações anteriores, tenham por objecto a gestão de concessões atribuídas por entidades públicas.

ARTIGO 25.º
Princípios orientadores

1 – As empresas encarregadas da gestão de concessões devem prosseguir as missões que lhes forem confiadas, sem prejuízo da eficiência económica e do respeito dos princípios de não discriminação e transparência, submetendo-se plenamente às normas da concorrência.

2 – As empresas encarregadas da gestão de concessões devem celebrar contratos com as entidades públicas concedentes e com as concessionárias, nos quais se identificam os direitos e obrigações do concedente que são assumidos pelas concessionárias, bem como os poderes de fiscalização que se mantêm na entidade pública.

3 – Não é permitida qualquer forma de financiamento por parte das entidades participantes às empresas encarregadas da gestão de concessões.

CAPÍTULO V
Regime económico e financeiro

ARTIGO 26.º
Controlo financeiro

1 – As empresas ficam sujeitas a controlo financeiro destinado a averiguar da legalidade, economia, eficiência e eficácia da sua gestão.

2 – Sem prejuízo das competências atribuídas pela lei ao Tribunal de Contas, o controlo financeiro de legalidade das empresas compete à Inspecção-Geral de Finanças.

3 – As empresas adoptam procedimentos de controlo interno adequados a garantir a fiabilidade das contas e demais informação financeira, bem como a articulação com as entidades referidas no número anterior.

ARTIGO 27.º
Deveres especiais de informação

Sem prejuízo do disposto na lei comercial quanto à prestação de informações aos titulares de participações sociais, devem as empresas facultar os seguintes elementos à câmara municipal, ao conselho directivo da associação de municípios ou à junta metropolitana, consoante o caso, tendo em vista o seu acompanhamento e controlo:

a) Projectos dos planos de actividades anuais e plurianuais;

b) Projectos dos orçamentos anuais, incluindo estimativa das operações financeiras com o Estado e as autarquias locais;

c) Documentos de prestação anual de contas;

d) Relatórios trimestrais de execução orçamental;

e) Quaisquer outras informações e documentos solicitados para o acompanhamento da situação da empresa e da sua actividade, com vista, designadamente, a assegurar a boa gestão dos fundos públicos e a evolução da sua situação económico-financeira.

ARTIGO 28.º
Fiscal único

A fiscalização das empresas é exercida por um revisor ou por uma sociedade de revisores oficiais de contas, que procede à revisão legal, a quem compete, designadamente:

a) Fiscalizar a acção do conselho de administração;

b) Verificar a regularidade dos livros, registos contabilísticos e documentos que lhes servem de suporte;

c) Participar aos órgãos competentes as irregularidades, bem como os factos que considere reveladores de graves dificuldades na prossecução do objecto da empresa;

d) Proceder à verificação dos valores patrimoniais da empresa, ou por ela recebidos em garantia, depósito ou outro título;

e) Remeter semestralmente ao órgão executivo do município, da associação de municípios ou da região administrativa, consoante o caso, informação sobre a situação económica e financeira da empresa;

f) Pronunciar-se sobre qualquer assunto de interesse para a empresa, a solicitação do conselho de administração;

g) Emitir parecer sobre os instrumentos de gestão previsional, bem como sobre o relatório do conselho de administração e contas do exercício;

h) Emitir parecer sobre o valor das indemnizações compensatórias a receber pela empresa;

i) Emitir a certificação legal das contas.

ARTIGO 29.º
Documentos de prestação de contas

1 – Os instrumentos de prestação de contas das empresas, a elaborar anualmente com referência a 31 de Dezembro, são os seguintes, sem prejuízo de outros previstos nos seus estatutos ou em outras disposições legais:

a) Balanço;

b) Demonstração dos resultados;

c) Anexo ao balanço e à demonstração dos resultados;

d) Demonstração dos fluxos de caixa;

e) Relação das participações no capital de sociedades e dos financiamentos concedidos a médio e longo prazos;

f) Relatório sobre a execução anual do plano plurianual de investimentos;

g) Relatório do conselho de administração e proposta de aplicação dos resultados;

h) Parecer do revisor oficial de contas.

2 – O relatório do conselho de administração deve permitir uma compreensão clara da situação económica e financeira relativa ao exercício, analisar a evolução da gestão nos sectores da actividade da empresa, designadamente no que respeita a investimentos, custos e condições de mercado, e apreciar o seu desenvolvimento.

3 – O parecer do revisor oficial de contas deve conter a apreciação da gestão, bem como do relatório do conselho de administração, e a apreciação da exactidão das contas e da observância das leis e dos estatutos.

4 – O relatório anual do conselho de administração, o balanço, a demonstração de resultados e o parecer do revisor oficial de contas são publicados no boletim municipal e num dos jornais mais lidos na área.

5 – O registo da prestação de contas das empresas é efectuado nos termos previstos na legislação respectiva.

ARTIGO 30.º
Reservas

1 – As empresas devem constituir as reservas e fundos previstos nos respectivos estatutos, sendo, porém, obrigatória a reserva legal imposta no Código das Sociedades Comerciais, podendo os órgãos competentes para decidir sobre a aplicação de resultados deliberar a constituição de outras reservas.

2 – À constituição da reserva legal deve ser afectada uma dotação anual não inferior a 10% do resultado líquido do exercício deduzido da quantia necessária à cobertura de prejuízos transitados.

3 – A reserva legal só pode ser utilizada para incorporação no capital ou para cobertura de prejuízos transitados.

4 – Os estatutos podem prever as reservas cuja utilização fique sujeita a restrições.

CAPÍTULO VI
Consolidação financeira

ARTIGO 31.º
Equilíbrio de contas

1 – As empresas devem apresentar resultados anuais equilibrados.

2 – Sem prejuízo do disposto no n.º 5 do presente artigo, no caso de o resultado de exploração anual operacional acrescido dos encargos financeiros se apresentar negativo, é obrigatória a realização de uma transferência financeira a cargo dos sócios, na proporção respectiva da participação social com vista a equilibrar os resultados de exploração operacional do exercício em causa.

3 – Os sócios de direito público das empresas prevêem nos seus orçamentos anuais o montante previsional necessário à cobertura dos prejuízos de exploração anual acrescido dos encargos financeiros que sejam da sua responsabilidade.

4 – No caso de o orçamento anual do ano em causa não conter verba suficiente para a cobertura dos prejuízos referidos no número anterior, deve ser inserida uma verba suplementar no orçamento do exercício subsequente, efectuando-se a transferência no mês seguinte à data de encerramento das contas.

5 – Sempre que o equilíbrio de exploração da empresa só possa ser aferido numa óptica plurianual que abranja a totalidade do período do investimento, é apresentado à Inspecção-Geral de Finanças e aos sócios de direito público um plano previsional de mapas de demonstração de fluxos de caixa líquidos actualizados na óptica do equilíbrio plurianual dos resultados de exploração.

6 – Na situação prevista no número anterior, os participantes de direito público no capital social das empresas prevêem nos seus orçamentos anuais o montante previsional necessário à cobertura dos desvios financeiros verificados no resultado de exploração anual acrescido dos encargos financeiros relativamente ao previsto no mapa inicial que sejam da sua responsabilidade, em termos semelhantes aos previstos nos n.os 3 e 4 do presente artigo.

7 – É permitida a correcção do plano previsional de mapas de demonstração de fluxos de caixa líquidos desde que os participantes procedam às transferências financeiras necessárias à sustentação de eventuais prejuízos acumulados em resultado de desvios ao plano previsional inicial.

ARTIGO 32.º
Empréstimos

1 – Os empréstimos contraídos pelas empresas relevam para os limites da capacidade de endividamento dos municípios em caso de incumprimento das regras previstas no artigo anterior.

Sector Empresarial e Privatizações

2 – É vedada às empresas a concessão de empréstimos a favor das entidades participantes e a intervenção como garante de empréstimos ou outras dívidas das mesmas.

3 – As entidades participantes não podem conceder empréstimos a empresas do sector empresarial local.

CAPÍTULO VII
Entidades empresarias locais

ARTIGO 33.º
Constituição

1 – Os municípios, as associações de municípios e as áreas metropolitanas de Lisboa e do Porto podem constituir pessoas colectivas de direito público, com natureza empresarial, doravante designadas «entidades empresariais locais».

2 – O contrato de constituição das entidades empresariais locais deve ser reduzido a escrito, salvo se for exigida forma mais solene para a transmissão dos bens que sejam objecto de entradas em espécie.

3 – Nos casos em que as entidades empresariais locais sejam constituídas por escritura pública, é também competente o notário privativo do município onde a entidade empresarial local tiver a sua sede.

4 – As entidades empresariais locais estão sujeitas ao registo comercial nos termos gerais, com as adaptações que se revelem necessárias.

5 – A conservatória do registo competente deve, oficiosamente, a expensas da entidade empresarial local, comunicar a constituição e os estatutos, bem como as respectivas alterações, ao Ministério Público e assegurar a respectiva publicação nos termos da lei de registo comercial.

ARTIGO 34.º
Regime jurídico

1 – As entidades criadas nos termos do artigo anterior regem-se pelas normas do presente capítulo e, subsidiariamente, pelas restantes normas desta lei.

2 – Às empresas de natureza municipal e intermunicipal constituídas nos termos da Lei n.º 58/98, de 18 de Agosto, existentes à data da entrada em vigor da presente lei, aplica-se o regime previsto no número anterior.

ARTIGO 35.º
Autonomia e capacidade jurídica

1 – As entidades empresariais locais têm autonomia administrativa, financeira e patrimonial.

2 – A capacidade jurídica das entidades empresariais locais abrange todos os direitos e obrigações necessários ou convenientes à prossecução do seu objecto.

ARTIGO 36.º
Denominação

A denominação das entidades empresariais locais deve integrar a indicação da sua natureza municipal, intermunicipal ou metropolitana (EEM, EEIM, EEMT).

ARTIGO 37.º
Capital

1 – As entidades empresariais locais têm um capital, designado «capital estatutário», detido pelas entidades prevista no n.º 1 do artigo 33.º ou por outras entidades públicas, e destinado a responder às respectivas necessidade permanentes.

2 – O capital estatutário pode ser aumentado nos termos previstos nos estatutos.

ARTIGO 38.º
Órgãos

1 – A administração e a fiscalização das entidades empresariais locais estruturam-se segundo as modalidades e com as designações previstas para as sociedades anónimas.

2 – Os órgãos de administração e fiscalização têm as competências genéricas previstas na lei comercial, sem prejuízo do disposto na presente lei.

3 – Os estatutos regulam, com observância das normas legais aplicáveis, a competência e o modo de designação dos membros dos órgãos a que se referem os números anteriores.

4 – Os estatutos podem prever a existência de outros órgãos, deliberativos ou consultivos, definindo, nomeadamente, as respectivas competências, bem como o modo de designação dos respectivos membros.

ARTIGO 39.º
Tutela

1 – A tutela económica e financeira das entidades empresariais locais é exercida pelas câmaras municipais, pelos conselhos directivos das associações de municípios e pelas juntas metropolitanas, consoante os casos, sem prejuízo do respectivo poder de superintendência.

2 – A tutela abrange:

a) A aprovação dos planos estratégico e de actividade, orçamento e contas, assim como de dotações para capital, subsídios e indemnizações compensatórias;

b) A homologação de preços ou tarifas a praticar por entidades empresariais que explorem serviços de interesse económico geral ou exerçam a respectiva actividade em regime de exclusivo, salvo quando a sua definição competir a outras entidades independentes;

c) Os demais poderes expressamente referidos nos estatutos.

ARTIGO 40.º
Instrumentos de gestão previsional

A gestão económica das entidades empresariais locais é disciplinada pelos seguintes instrumentos de gestão previsional:

a) Planos plurianuais e anuais de actividades, de investimento e financeiros;

b) Orçamento anual de investimento;

c) Orçamento anual de exploração, desdobrado em orçamento de proveitos e orçamento de custos;

d) Orçamento anual de tesouraria;

e) Balanço previsional.

ARTIGO 41.º
Contabilidade

A contabilidade das entidades empresariais locais respeita o Plano Oficial de Contabilidade e deve responder às necessidades de gestão empresarial, permitindo um controlo orçamental permanente.

ARTIGO 42.º
Documentos de prestação de contas

Os instrumentos de prestação de contas das entidades empresariais locais, a elaborar anualmente com referência a 31 de Dezembro, são os seguintes, sem prejuízo de outros previstos nos estatutos ou em outras disposições legais:

a) Balanço;

b) Demonstração dos resultados;

c) Anexo ao balanço e à demonstração dos resultados;

d) Demonstração dos fluxos de caixa;

e) Relação das participações no capital de sociedades e dos financiamentos concedidos a médio e longo prazos;

f) Relatório sobre a execução anual do plano plurianual de investimentos;

g) Relatório do órgão de administração e proposta de aplicação dos resultados;

h) Parecer do órgão de fiscalização.

CAPÍTULO VIII
Alienação, reestruturação, fusão, extinção e transformação

ARTIGO 43.º
Alienação do capital social

A alienação da totalidade ou de parte do capital social das empresas é deliberada, consoante o caso, pela assembleia municipal, assembleia intermunicipal ou assembleia metropolitana, sob proposta da respectiva câmara municipal, conselho directivo, ou junta metropolitana.

ARTIGO 44.º
Reestruturação, fusão, extinção e transformação

1 – A reestruturação, fusão ou extinção das entidades empresariais locais é da competência dos órgãos da autarquia ou associação competentes para a sua criação, a quem incumbe definir os termos da liquidação do respectivo património.

2 – As entidades empresariais locais devem ser extintas quando a autarquia ou associação responsável pela sua constituição tiver de cumprir obrigações assumidas pelos órgãos da entidade empresarial local para as quais o respectivo património se revele insuficiente.

3 – As entidades empresariais locais podem ser transformadas em empresas, devendo essa transformação ser precedida de deliberação dos órgãos competentes para a sua criação, nos termos da presente lei.

CAPÍTULO IX
Outras disposições

ARTIGO 45.º
Estatuto do pessoal

1 – O estatuto do pessoal das empresas é o do regime do contrato individual de trabalho.

2 – A matéria relativa à contratação colectiva rege-se pela lei geral.

ARTIGO 46.º
Comissões de serviço

1 – Os funcionários e agentes da administração central, regional e local, incluindo dos institutos públicos, podem exercer funções nas entidades do sector empresarial local em regime de afectação específica ou de cedência especial, nos termos da legislação geral em matéria de mobilidade.

2 – Podem ainda exercer funções nas entidades do sector empresarial local os trabalhadores de quaisquer empresas públicas, em regime de cedência ocasional, nos termos previstos no Código do Trabalho.

3 – O pessoal do quadro dos serviços municipalizados que venham a ser objecto de transformação em empresas, nos termos da presente lei, pode optar entre a integração no quadro da empresa ou no quadro do município respectivo, nos termos estabelecidos em protocolo a celebrar entre o município e a empresa, não podendo ocorrer, em qualquer caso, perda de remuneração ou de qualquer outro direito ou regalia.

ARTIGO 47.º
Estatuto do gestor local

1 – É proibido o exercício simultâneo de funções nas câmaras municipais e de funções remuneradas, a qualquer título, nas empresas municipais, intermunicipais e metropolitanas.

2 – É igualmente proibido o exercício simultâneo de mandato em assembleia municipal e de funções executivas nas empresas municipais, intermunicipais e metropolitanas detidas ou participadas pelo município no qual foi eleito.

3 – As remunerações dos membros dos órgãos de administração das empresas a que se refere o n.º 1, quando de âmbito municipal, são limitadas ao índice remuneratório do presidente da câmara respectiva e, quando de âmbito intermunicipal ou metropolitano, ao índice remuneratório dos presidentes das Câmaras de Lisboa e do Porto.

4 – O Estatuto do Gestor Público é subsidiariamente aplicável aos titulares dos órgãos de gestão das empresas integrantes do sector empresarial local.

CAPÍTULO X
Disposições finais

ARTIGO 48.º
Adaptação dos estatutos

1 – No prazo máximo de dois anos a contar da data da publicação, as empresas municipais e intermunicipais já constituídas devem adequar os seus estatutos ao disposto na presente lei.

2 – O disposto na presente lei prevalece sobre os estatutos das entidades referidas no número anterior que, decorrido o prazo aí mencionado, não tenham sido revistos e adaptados.

ARTIGO 49.º
Norma revogatória

São revogadas a Lei n.º 58/98, de 18 de Agosto, e a alínea c) do n.º 1 do artigo 7.º da Lei n.º 29/87, de 30 de Junho.

ARTIGO 50.º
Entrada em vigor

A presente lei entra em vigor em 1 de Janeiro de 2007.

Aprovada em 16 de Novembro de 2006.

O Presidente da Assembleia da República, *Jaime Gama.*

Promulgada em 28 de Dezembro de 2006.

Publique-se.

O Presidente da República, ANÍBAL CAVACO SILVA.

Referendada em 28 de Dezembro de 2006.

Pelo Primeiro-Ministro, *Luís Filipe Marques Amado*, Ministro de Estado e dos Negócios Estrangeiros.

Decreto-Lei n.º 71/2007, de 27 de Março – **Novo estatuto do gestor público**

Decreto-Lei n.º 71/2007

de 27 de Março

O estatuto do gestor público (EGP) foi aprovado pelo Decreto-Lei n.º 464/82, de 9 de Dezembro, que revogou o Decreto-Lei n.º 831/76, de 25 de Novembro, não tendo sido objecto, até hoje, de qualquer alteração.

Dadas as transformações entretanto ocorridas no sector empresarial do Estado (SEE), o contexto em que surgiu o EGP encontra-se hoje, todavia, substancialmente alterado.

Com efeito, após a 1.ª década de privatizações e de transformação de empresas públicas, o XIII Governo Constitucional iniciou a reforma do sector público empresarial, que veio a concretizar-se na Lei n.º 58/98, de 18 de Agosto – Lei das Empresas Municipais, Intermunicipais e Regionais –, e no Decreto-Lei n.º 558/99, de 17 de Dezembro, que aprova o regime do sector empresarial do Estado.

Do Decreto-Lei n.º 558/99, de 17 de Dezembro, ficou a constar, no n.º 1 do artigo 15.º, que os administradores designados ou propostos pelo Estado teriam estatuto próprio, a definir por legislação especial. Todavia, de harmonia com o artigo 39.º do mesmo decreto-lei, até ser aprovada a legislação prevista no artigo 15.º, manteve-se em vigor o regime do EGP. Decorridos mais de seis anos, a necessidade de adopção da referida legislação especial não foi ainda satisfeita, mas é cada vez mais premente.

O próprio Tribunal de Contas, em vários relatórios de auditoria, tem assinalado as disfunções decorrentes da ausência de uma regulamentação completa e coerente neste domínio, a começar pelas dúvidas sobre a aplicabilidade do EGP aos administradores das empresas públicas sob forma societária e a acabar em aspectos práticos e elementares atinentes, designadamente, ao estatuto remuneratório dos titulares de órgãos de gestão e administração nas empresas públicas.

É este vazio legislativo, que gera disfunções, disparidades e até alguns excessos na gestão das empresas públicas, que o Governo vem agora colmatar, no quadro de uma reforma mais abrangente, que inclui igualmente a revisão do próprio Decreto-Lei n.º 558/99, de 17 de Dezembro, e a adopção de uma resolução do Conselho de Ministros determinando a observância pelas empresas públicas de princípios de bom governo internacionalmente reconhecidos, designadamente as recomendações da Organização de Cooperação e Desenvolvimento Económicos (OCDE) e da Comissão Europeia.

Deste modo, dá-se concretização à vontade política consagrada no Programa do Governo e cumpre-se, também, o disposto no n.º 13 da Resolução do Conselho de Ministros n.º 121/2005, de 1 de Agosto.

Pretende-se instituir um regime do gestor público integrado e adaptado às circunstâncias actuais, que abranja todas as empresas públicas do Estado, independentemente da respectiva forma jurídica, e que fixe sem ambiguidades o conceito de gestor público, defina o modo de exercício da gestão no sector empresarial do Estado e as directrizes a que a mesma deve obedecer e regule a designação, o desempenho e a cessação de funções pelos gestores públicos.

O presente decreto-lei assenta, além do mais, no reconhecimento pelo Governo da importância das empresas públicas e dos gestores públicos na satisfação das necessidades colectivas e na promoção do desenvolvimento económico e social do País, seja pelo efeito directo da sua actividade na economia, seja pelo exemplo que devem constituir para a generalidade do tecido empresarial.

Esta importância social e económica é, todavia, indissociável de padrões elevados de exigência, rigor, eficiência e transparência, os quais são também decorrência de uma ética de serviço público que não pode ser aqui afastada apenas pelo modo empresarial de organização da actividade e da prossecução de finalidades públicas ou, pelo menos, com interesse público.

E é por isso que, no presente decreto-lei, se por um lado se aproxima o regime do gestor público da figura do administrador de empresas privadas, tal como regulado na lei comercial, por outro lado se atribui relevo e desenvolvimento acrescidos ao regime de incompatibilidades, à avaliação de desempenho, à determinação das remunerações, à definição do regime de segurança social aplicável e à observância das regras de ética e das boas práticas decorrentes dos usos internacionais.

Lugar de destaque, neste quadro, merecem a adopção generalizada do contrato de gestão envolvendo metas quantificadas – já previsto no Decreto-Lei n.º 558/99, de 17 de Dezembro, mas infelizmente com pouca ou nenhuma aplicação prática – e a possibilidade de afastamento do gestor público quando os objectivos fixados não forem alcançados sem que, com tal atitude, se gere prejuízo para o Estado.

Este decreto-lei estabelece também um processo de fixação das remunerações dos gestores públicos e de outros benefícios, tomando como base a distinção entre gestores executivos e não executivos e fazendo depender a remuneração variável, aplicável apenas aos gestores com funções executivas, da efectiva obtenção dos objectivos predeterminados, do mesmo passo que se limita a cumulação de funções e remunerações.

Assim:

Nos termos da alínea a) do n.º 1 do artigo 198.º da Constituição, o Governo decreta o seguinte:

Sector Empresarial e Privatizações

CAPÍTULO I
Âmbito

ARTIGO 1.º
Gestor público

Para os efeitos do presente decreto-lei, considera-se gestor público quem seja designado para órgão de gestão ou administração das empresas públicas abrangidas pelo Decreto-Lei n.º 558/99, de 17 de Dezembro.

ARTIGO 2.º
Extensão

1 – Aos titulares de órgão de gestão de empresa participada pelo Estado, quando designados pelo Estado, são aplicáveis, com as necessárias adaptações, os artigos 10.º a 12.º, 15.º a 17.º, o n.º 1 do artigo 22.º e o artigo 23.º

2 – O presente decreto-lei é subsidiariamente aplicável aos titulares dos órgãos de gestão das empresas integrantes dos sectores empresariais regionais e locais, sem prejuízo das respectivas autonomias.

3 – O presente decreto-lei é ainda aplicável, com as devidas adaptações, aos membros de órgãos directivos de institutos públicos, nos casos expressamente determinados pelos respectivos diplomas orgânicos, bem como às autoridades reguladoras independentes, em tudo o que não seja prejudicado pela legislação aplicável a estas entidades.

ARTIGO 3.º
Exclusão

Não é considerado gestor público quem seja eleito para a mesa da assembleia geral, comissão de fiscalização ou outro órgão a que não caibam funções de gestão ou administração.

CAPÍTULO II
Exercício da gestão

ARTIGO 4.º
Orientações

Na gestão das empresas públicas são observadas as orientações fixadas nos termos do artigo 11.º do Decreto-Lei n.º 558/99, de 17 de Dezembro, e as recomendações para a sua prossecução previstas no mesmo preceito, bem como outras orientações que sejam fixadas ao abrigo de lei especial.

ARTIGO 5.º
Deveres dos gestores

Sem prejuízo do disposto no artigo anterior, são deveres dos gestores públicos e, em especial, dos que exerçam funções executivas:

a) Cumprir os objectivos da empresa definidos em assembleia geral ou, quando existam, em contratos de gestão;

b) Assegurar a concretização das orientações definidas nos termos da lei, designadamente as previstas no artigo 11.º do Decreto-Lei n.º 558/99, de 17 de Dezembro, e no contrato de gestão, e a realização da estratégia da empresa;

c) Acompanhar, verificar e controlar a evolução das actividades e dos negócios da empresa em todas as suas componentes;

d) Avaliar e gerir os riscos inerentes à actividade da empresa;

e) Assegurar a suficiência, a veracidade e a fiabilidade das informações relativas à empresa bem como a sua confidencialidade;

f) Guardar sigilo profissional sobre os factos e documentos cujo conhecimento resulte do exercício das suas funções e não divulgar ou utilizar, seja qual for a finalidade, em proveito próprio ou alheio, directamente ou por interposta pessoa, o conhecimento que advenha de tais factos ou documentos;

g) Assegurar o tratamento equitativo dos accionistas.

ARTIGO 6.º
Avaliação do desempenho

1 – O desempenho das funções de gestão deve ser objecto de avaliação sistemática, tendo por parâmetros os objectivos fixados nas orientações previstas no artigo 11.º do Decreto-Lei n.º 558/99, de 17 de Dezembro, ou decorrentes do contrato de gestão, bem como os critérios definidos em assembleia geral.

2 – Nas entidades públicas empresariais, a avaliação do desempenho compete ao membro do Governo responsável pela área das finanças e ao membro do Governo responsável pelo respectivo sector de actividade.

3 – Nas restantes empresas, a avaliação do desempenho implica proposta do accionista único ou maioritário a formular em assembleia geral.

ARTIGO 7.º
Avaliação no âmbito da empresa

1 – Nos casos em que o modelo de gestão da empresa pública em causa compreenda gestores com funções executivas e não executivas, compete à comissão de avaliação, caso exista, apresentar anualmente um relatório circunstanciado de avaliação do grau e das condições de cumprimento, em cada exercício, das orientações previstas no artigo 11.º do Decreto-Lei n.º 558/99, de 17 de Dezembro.

2 – Em caso de existência de um conselho geral e de supervisão, os respectivos membros podem designar entre si uma comissão de avaliação, à qual se aplica, com as devidas adaptações, o regime previsto no número anterior.

ARTIGO 8.º
Sociedades participadas

Nas sociedades participadas pelo Estado, o administrador eleito sob proposta deste deve exercer as suas funções tendo em conta as orientações fixadas nos termos do artigo 11.º do Decreto-Lei n.º 558/99, de 17 de Dezembro.

ARTIGO 9.º
Poderes próprios da função administrativa

O exercício de poderes próprios da função administrativa, nos casos legalmente previstos, observa os princípios gerais de direito administrativo.

ARTIGO 10.º
Autonomia de gestão

Observado o disposto nas orientações fixadas ao abrigo da lei, designadamente as previstas no artigo 11.º do Decreto-Lei n.º 558/99, de 17 de Dezembro, e no contrato de gestão, o conselho de administração goza de autonomia de gestão.

Artigo 11.º
Despesas confidenciais

Aos gestores públicos é vedada a realização de quaisquer despesas confidenciais ou não documentadas.

CAPÍTULO III
Designação

Artigo 12.º
Requisitos

Os gestores públicos são escolhidos de entre pessoas com comprovadas idoneidade, capacidade e experiência de gestão, bem como sentido de interesse público.

Artigo 13.º
Designação dos gestores

1 – Os gestores públicos são designados por nomeação ou por eleição.

2 – A nomeação é feita mediante resolução do Conselho de Ministros, sob proposta do membro do Governo responsável pela área das finanças e do membro do Governo responsável pelo respectivo sector de actividade.

3 – Não pode ocorrer a nomeação ou proposta para eleição entre a convocação de eleições para a Assembleia da República ou a demissão do Governo e a investidura parlamentar do Governo recém-nomeado, salvo se se verificar a vacatura dos cargos em causa e a urgência da designação, caso em que as referidas nomeação ou proposta de que não tenha ainda resultado eleição dependem de confirmação pelo Governo recém-nomeado.

4 – A eleição é feita nos termos da lei comercial.

Artigo 14.º
Administradores cooptados

Nas empresas do sector empresarial do Estado sob forma societária é admitida a existência de administradores designados por cooptação, seguida de ratificação pela assembleia geral.

Artigo 15.º
Duração do mandato

1 – O mandato é exercido, em regra, pelo prazo de três anos, sendo os mandatos dos membros do mesmo órgão de administração coincidentes.

2 – A lei e os estatutos fixam, até ao limite máximo de três, o número de renovações consecutivas dos mandatos na mesma empresa pública.

3 – Na falta de disposição legal ou estatutária, é aplicável o número de mandatos previsto no número anterior.

Artigo 16.º
Comissão de serviço

Para o exercício das funções de gestor podem ser designados, em regime de comissão de serviço, trabalhadores da própria empresa, da empresa mãe, ou de outras relativamente às quais aquela ou a sua empresa mãe exerçam directa ou indirectamente influência dominante nos termos do n.º 1 do artigo 3.º do Decreto-Lei n.º 558/99, de 17 de Dezembro.

Artigo 17.º
Mobilidade

1 – Podem exercer funções de gestor público:

a) Funcionários, agentes e outros trabalhadores do Estado e de outras pessoas colectivas públicas, por tempo indeterminado, mediante acordo de cedência especial ou de cedência ocasional;

b) Trabalhadores de outras empresas, mediante acordo de cedência ocasional.

2 – À cedência especial e à cedência ocasional referidas na alínea a) do número anterior é aplicável, com as necessárias adaptações, o disposto na Lei n.º 23/2004, de 22 de Junho.

Artigo 18.º
Contratos de gestão

1 – Nas empresas que prestem serviços de interesse geral é obrigatória a celebração de um contrato de gestão, em que se definem:

a) As formas de concretização das orientações impostas nos termos do artigo 11.º do Decreto-Lei n.º 558/99, de 17 de Dezembro, envolvendo, sempre que tal se mostre exequível, metas quantificadas;

b) Os parâmetros de eficiência da gestão;

c) Outros objectivos específicos;

d) Os elementos referidos no n.º 1 do artigo 30.º

2 – O contrato de gestão é celebrado no prazo de três meses contado a partir da data da designação do gestor público entre este, os titulares da função accionista e o membro do Governo responsável pelo respectivo sector de actividade.

3 – O membro do Governo responsável pela área das finanças e o membro do Governo responsável pelo respectivo sector de actividade podem determinar, por despacho conjunto, a celebração de contratos de gestão relativamente a empresas não incluídas no n.º 1.

4 – Nos casos em que se estipularem objectivos de gestão de exigência acrescida, o contrato de gestão pode ainda, excepcionalmente, mediante despacho fundamentado do membro do Governo responsável pela área das finanças e do membro do Governo responsável pelo respectivo sector de actividade, estabelecer um regime específico de indemnização por cessação de funções.

CAPÍTULO IV
Exercício de funções

Artigo 19.º
Natureza das funções

Os gestores públicos podem ter funções executivas ou não executivas, de acordo com o modelo de gestão adoptado na empresa pública em causa, nos termos da lei e tendo ainda em conta as boas práticas reconhecidas internacionalmente.

Artigo 20.º
Gestores com funções executivas

1 – Para os efeitos do presente decreto-lei, consideram-se gestores com funções executivas os administradores designados nessa condição.

2 – O exercício de funções executivas tem lugar em regime de exclusividade, sem prejuízo do disposto no número seguinte e no n.º 4 do artigo 22.º

Sector Empresarial e Privatizações

3 – São cumuláveis com o exercício de funções executivas:

a) As actividades exercidas por inerência;

b) A participação em conselhos consultivos, comissões de fiscalização ou outros organismos colegiais, quando previstos na lei ou quando tal resulte de decisão do Governo;

c) As actividades de docência em estabelecimentos de ensino superior público ou de interesse público, mediante autorização, por despacho conjunto, do membro do Governo responsável pela área das finanças e do membro do Governo responsável pelo respectivo sector de actividade ou nos termos de contrato de gestão;

d) A actividade de criação artística e literária, bem como quaisquer outras de que resulte a percepção de remunerações provenientes de direitos de autor, sem prejuízo do disposto na alínea f) do artigo 5.º;

e) A realização de conferências, palestras, acções de formação de curta duração e outras actividades de idêntica natureza;

f) As actividades médicas dos membros executivos dos estabelecimentos do Serviço Nacional de Saúde, independentemente da sua natureza jurídica, nos termos dos n.ºs 3 e 4 do artigo 20.º do Estatuto do Serviço Nacional de Saúde.

4 – Sem prejuízo do disposto no n.º 6 do artigo 22.º, é ainda cumulável com o exercício de funções executivas o exercício de funções na empresa mãe ou em outras relativamente às quais a própria empresa ou a sua empresa mãe exerçam directa ou indirectamente influência dominante nos termos do n.º 1 do artigo 3.º do Decreto-Lei n.º 558/99, de 17 de Dezembro.

ARTIGO 21.º
Gestores com funções não executivas

1 – Para os efeitos do presente decreto-lei, consideram-se gestores com funções não executivas os administradores designados nessa condição.

2 – Os gestores com funções não executivas exercem as suas funções com independência, oferecendo garantias de juízo livre e incondicional em face dos demais gestores, e não podem ter interesses negociais relacionados com a empresa, os seus principais clientes e fornecedores e outros accionistas que não o Estado.

3 – Os gestores com funções não executivas acompanham e avaliam continuamente a gestão da empresa pública em causa por parte dos demais gestores, com vista a assegurar a prossecução dos objectivos estratégicos da empresa, a eficiência das suas actividades e a conciliação dos interesses dos accionistas com o interesse geral.

4 – Aos gestores com funções não executivas são facultados todos os elementos necessários ao exercício das suas funções, designadamente nos aspectos técnicos e financeiros, bem como uma permanente actualização da situação da empresa em todos os planos relevantes para a realização do seu objecto.

ARTIGO 22.º
Incompatibilidades e impedimentos

1 – É incompatível com a função de gestor público o exercício de cargos de direcção da administração directa e indirecta do Estado, ou das autoridades reguladoras independentes, sem prejuízo do exercício de funções em regime de inerência.

2 – Os gestores públicos com funções não executivas não podem exercer quaisquer outras actividades temporárias ou permanentes na mesma empresa.

3 – Os gestores públicos com funções não executivas e os membros das mesas de assembleias gerais não podem exercer quaisquer outras actividades temporárias ou permanentes em empresas privadas concorrentes no mesmo sector.

4 – A designação de gestores públicos do sector empresarial do Estado com funções não executivas para outras empresas que integrem o sector público empresarial deve ser especialmente fundamentada, atendendo à respectiva necessidade ou conveniência, carecendo ainda de autorização do membro do Governo responsável pela área das finanças e do membro do Governo responsável pelo respectivo sector de actividade da empresa em que se encontre a desempenhar funções, se, neste caso, aquela designação ocorrer no âmbito dos sectores empresariais regionais e locais.

5 – O disposto no número anterior não se aplica no caso de designação de gestores públicos do sector empresarial do Estado com funções não executivas nas empresas referidas no n.º 4 do artigo 20.º

6 – Os gestores públicos não podem celebrar, durante o exercício dos respectivos mandatos, quaisquer contratos de trabalho ou de prestação de serviços com as empresas mencionadas nos n.os 2, 3 e 4 que devam vigorar após a cessação das suas funções, salvo mediante autorização expressa do membro do Governo responsável pela área das finanças e do membro do Governo responsável pelo respectivo sector de actividade.

7 – O gestor deve declarar-se impedido de tomar parte em deliberações quando nelas tenha interesse, por si, como representante ou como gestor de negócios de outra pessoa ou ainda quando tal suceda em relação ao seu cônjuge, parente ou afim em linha recta ou até ao 2.º grau em linha colateral ou em relação com pessoa com quem viva em economia comum.

8 – Aos gestores públicos é ainda aplicável, com as necessárias adaptações, o disposto nos artigos 8.º, 9.º, 9.º-A, 11.º, 12.º e 14.º e no n.º 4 do artigo 13.º da Lei n.º 64/93, de 26 de Agosto.

9 – Sem prejuízo do disposto no artigo 11.º da Lei n.º 64//93, de 26 de Agosto, antes do início de funções, o gestor público indica, por escrito, à Inspecção-Geral de Finanças todas as participações e interesses patrimoniais que detenha, directa ou indirectamente, na empresa na qual irá exercer funções ou em qualquer outra.

CAPÍTULO V
Responsabilidade e cessação de funções

ARTIGO 23.º
Responsabilidade

Os gestores públicos são penal, civil e financeiramente responsáveis pelos actos e omissões praticados durante a sua gestão, nos termos da lei.

ARTIGO 24.º
Dissolução

1 – O conselho de administração, a comissão executiva ou o conselho de administração executivo podem ser dissolvidos em caso de:

a) Grave violação, por acção ou omissão, da lei ou dos estatutos da empresa;

b) Não observância, nos orçamentos de exploração e investimento, dos objectivos fixados pelo accionista de controlo ou pela tutela;

c) Desvio substancial entre os orçamentos e a respectiva execução;

d) Grave deterioração dos resultados do exercício ou da situação patrimonial, quando não provocada por razões alheias ao exercício das funções pelos gestores.

2 – A dissolução compete aos órgãos de eleição ou de nomeação dos gestores, requer audiência prévia, pelo menos, do presidente do órgão e é devidamente fundamentada.

3 – A dissolução implica a cessação do mandato de todos os membros do órgão dissolvido, não havendo lugar a qualquer subvenção ou compensação pela cessação de funções.

ARTIGO 25.º
Demissão

1 – O gestor público pode ser demitido quando lhe seja individualmente imputável uma das seguintes situações:

a) A avaliação de desempenho seja negativa, designadamente por incumprimento dos objectivos referidos nas orientações fixadas ao abrigo do artigo 11.º do Decreto-Lei n.º 558//99, de 17 de Dezembro, ou no contrato de gestão, desde que tal possibilidade esteja contemplada nesse contrato;

b) A violação grave, por acção ou por omissão, da lei ou dos estatutos da empresa;

c) A violação das regras sobre incompatibilidades e impedimentos;

d) A violação do dever de sigilo profissional.

2 – A demissão compete ao órgão de eleição ou nomeação, requer audiência prévia do gestor e é devidamente fundamentada.

3 – A demissão implica a cessação do mandato, não havendo lugar a qualquer subvenção ou compensação pela cessação de funções.

ARTIGO 26.º
Dissolução e demissão por mera conveniência

1 – O conselho de administração, a comissão executiva, o conselho de administração executivo ou o conselho geral e de supervisão podem ser livremente dissolvidos, ou o gestor público livremente demitido, conforme os casos, independentemente dos fundamentos constantes dos artigos anteriores.

2 – A cessação de funções nos termos do número anterior pode ter lugar a qualquer tempo e compete ao órgão de eleição ou nomeação.

3 – Nos casos previstos no presente artigo, o gestor público tem direito a uma indemnização correspondente ao vencimento de base que auferiria até ao final do respectivo mandato, com o limite de um ano.

4 – Nos casos de regresso ao exercício de funções ou de aceitação, no prazo a que se refere o número anterior, de função ou cargo no âmbito do sector público administrativo ou empresarial, ou no caso de regresso às funções anteriormente desempenhadas pelos gestores nomeados em regime de comissão de serviço ou de cedência especial ou ocasional, a indemnização eventualmente devida é reduzida ao montante da diferença entre o vencimento como gestor e o vencimento do lugar de origem à data da cessação de funções de gestor, ou o novo vencimento, devendo ser devolvida a parte da indemnização que eventualmente haja sido paga.

ARTIGO 27.º
Renúncia

1 – O gestor público pode renunciar ao cargo, nos termos da lei comercial.

2 – A renúncia não carece de aceitação, mas deve ser comunicada aos órgãos de eleição ou de nomeação.

CAPÍTULO VI
Remunerações e pensões

ARTIGO 28.º
Remuneração fixa e variável

1 – A remuneração dos gestores públicos integra uma componente fixa e pode integrar, no caso dos gestores com funções executivas, uma componente variável.

2 – A remuneração é fixada por deliberação em assembleia geral, no caso das sociedades anónimas, ou por despacho conjunto do membro do Governo responsável pela área das finanças e do membro do Governo responsável pelo respectivo sector de actividade, no caso das entidades públicas empresariais.

3 – A fixação da remuneração é sempre fundamentada e obedece aos critérios estabelecidos no n.º 7.

4 – A competência para a fixação da remuneração pode ainda ser atribuída a uma comissão de fixação de remunerações designada pela assembleia geral, pelo conselho geral e de supervisão, ou através de despacho conjunto, nos termos do n.º 2.

5 – A comissão referida no número anterior pode coincidir com a comissão de avaliação da empresa, quando exista.

6 – Com vista a assegurar a harmonia de critérios no exercício das competências previstas neste artigo relativamente a empresas públicas do mesmo sector de actividade, podem ser constituídas comissões de fixação de remunerações para o mesmo sector de actividade através de despacho conjunto do membro do Governo responsável pela área das finanças e do membro do Governo responsável pelo respectivo sector de actividade.

7 – As componentes fixa e variável da remuneração dos gestores públicos são determinadas, em concreto, em função da complexidade, exigência e responsabilidade inerentes às respectivas funções e atendendo às práticas normais de mercado no respectivo sector de actividade, sem prejuízo das orientações previstas no artigo 11.º do Decreto-Lei n.º 558/99, de 17 de Dezembro.

8 – A componente variável corresponde a um prémio estabelecido, nos termos dos números anteriores, atendendo especialmente ao desempenho de cada gestor público e dependendo a sua atribuição, nos termos do artigo 6.º, da efectiva concretização de objectivos previamente determinados.

9 – Nos casos previstos no artigo 16.º e na alínea a) do n.º 1 do artigo 17.º, e quando ocorrer autorização expressa do membro do Governo responsável pela área das finanças, os gestores podem optar pela remuneração do lugar de origem, mantendo as regalias ou benefícios remuneratórios que aí detinham.

Sector Empresarial e Privatizações

ARTIGO 29.º
Remuneração dos administradores não executivos

1 – Os administradores não executivos têm direito a uma remuneração fixa, correspondente à actividade normal que desempenhem, até ao limite de um terço da remuneração de igual natureza estabelecida para os administradores executivos.

2 – Quando os administradores não executivos tenham efectiva participação em comissões criadas especificamente para acompanhamento da actividade da empresa têm ainda direito a uma remuneração complementar, caso em que o limite da remuneração global é de metade da remuneração fixa estabelecida para os administradores executivos.

3 – A remuneração dos administradores não executivos não pode integrar qualquer componente variável.

ARTIGO 30.º
Remunerações decorrentes de contratos de gestão

1 – Os contratos de gestão a celebrar com gestores públicos que exerçam funções executivas, previstos no artigo 18.º, contemplam, além das matérias aí indicadas, os seguintes pontos, nos termos do presente decreto-lei:

a) Valores fixados para cada uma das componentes remuneratórias consideradas, incluindo, designadamente, a parte variável da remuneração, a qual pode integrar, sem prejuízo do limite fixado nos respectivos estatutos, prémios de gestão passíveis de atribuição no final do exercício ou do mandato, de acordo com o cumprimento dos critérios objectivos dos quais dependa a sua eventual atribuição;

b) Outras regalias ou benefícios com carácter ou finalidade social ou inseridas no quadro geral das regalias aplicáveis aos demais colaboradores da empresa.

2 – A graduação da componente variável de remuneração tem por base indicadores de gestão, que resultem do desenvolvimento estratégico preconizado para cada empresa, no âmbito do sector em que se insere.

3 – Os indicadores referidos no número anterior são definidos em cada contrato de gestão com base nas orientações estabelecidas ao abrigo do artigo 11.º do Decreto-Lei n.º 558/99, de 17 de Dezembro, e tendo em consideração as situações específicas em causa, designadamente as resultantes da prestação de serviços de interesse geral.

ARTIGO 31.º
Remunerações em caso de acumulação

1 – A acumulação de funções prevista no n.º 4 do artigo 20.º não confere direito a qualquer remuneração adicional.

2 – Nos casos de acumulação nos termos do n.º 4 do artigo 22.º, a remuneração acumulada dos administradores não executivos não pode exceder dois terços da remuneração fixa estabelecida para os administradores executivos com a remuneração mais elevada.

3 – No caso previsto no n.º 1, a remuneração que eventualmente caberia ao gestor reverte a favor da empresa em que o mesmo exerce ou passa a exercer funções.

ARTIGO 32.º
Utilização de cartões de crédito e telefones móveis

1 – A utilização de cartões de crédito por gestores públicos tem exclusivamente por objecto despesas ao serviço da empresa, sendo os documentos comprovativos de despesa entregues à empresa e arquivados, sob pena de reposição dos montantes não justificados.

2 – A utilização de telefones móveis por parte dos gestores está sujeita a limites máximos fixados pelo conselho de administração.

ARTIGO 33.º
Utilização de viaturas

1 – O valor máximo das viaturas de serviço afectas aos gestores públicos é fixado por deliberação em assembleia geral, no caso das sociedades anónimas, ou por despacho conjunto do membro do Governo responsável pela área das finanças e do membro do Governo responsável pelo respectivo sector de actividade, no caso das entidades públicas empresariais.

2 – O valor previsto no número anterior é fixado à luz das orientações que venham a ser estabelecidas para o efeito, ou pelos accionistas ou pelo membro do Governo responsável pela área das finanças e pelo membro do Governo responsável pelo respectivo sector de actividade, consoante o caso.

3 – O valor máximo de combustível afecto às viaturas de serviço é fixado pelo conselho de administração.

4 – É vedado o exercício de qualquer opção por parte dos gestores para aquisição de viaturas de serviço que lhes tenham sido afectas pela respectiva empresa pública.

5 – O disposto no presente artigo exerce-se em conformidade com as demais normas legais e regulamentares relativas à utilização de viaturas.

ARTIGO 34.º
Benefícios sociais

1 – Os gestores públicos gozam dos benefícios sociais conferidos aos trabalhadores da empresa em que exerçam funções, nos termos que venham a ser concretizados pelas respectivas comissões de fixação de remunerações, pela assembleia geral ou pelas respectivas tutelas, consoante o caso, com excepção dos respeitantes a planos complementares de reforma, aposentação, sobrevivência ou invalidez.

2 – Quando exerçam funções através de acordo de cedência especial, os gestores públicos podem optar pelos benefícios sociais do lugar de origem.

ARTIGO 35.º
Pensões

Os gestores públicos beneficiam do regime geral de previdência de que gozavam à data da respectiva designação ou, na sua ausência, do regime geral da segurança social.

CAPÍTULO VII
Governo empresarial e transparência

ARTIGO 36.º
Ética

Os gestores públicos estão sujeitos às normas de ética aceites no sector de actividade em que se situem as respectivas empresas.

ARTIGO 37.º
Boas práticas

1 – Sem prejuízo do disposto no artigo anterior, os gestores públicos estão igualmente sujeitos às boas práticas decor-

rentes dos usos internacionais, designadamente em matéria de transparência, respeito pela concorrência e pelos agentes do mercado e prestação de informação sobre a sua organização e as actividades envolvidas.

2 – O Conselho de Ministros pode fixar, mediante resolução, os princípios e regras a que se refere o artigo anterior que devem ser especialmente observados pelos gestores públicos no exercício das suas funções.

CAPÍTULO VIII
Disposições finais e transitórias

ARTIGO 38.º
Exercício de funções por beneficiário de complementos de reforma

Quem, tendo exercido funções de gestor público auferindo, por causa desse exercício, benefícios complementares de reforma, desempenhe funções em empresas ou outras entidades públicas tem o direito de optar entre uma terça parte da remuneração nesta empresa ou entidade e aqueles benefícios ou uma terça parte dos mesmos e aquela remuneração.

ARTIGO 39.º
Aplicação imediata

1 – O disposto no presente decreto-lei aplica-se aos mandatos em curso.

2 – Os gestores públicos que, até à entrada em vigor do presente decreto-lei, preencham os requisitos dos planos complementares de reforma, aposentação, invalidez ou sobrevivência por este suprimidos, beneficiam, na aplicação das regras de cálculo da respectiva pensão, apenas do tempo de exercício efectivo de funções verificado à data da sua entrada em vigor.

3 – As prestações complementares de reforma e aposentação apenas podem ser auferidas após a cessação de funções como gestores públicos e a partir do momento em que estejam cumpridos os requisitos gerais de acesso à aposentação ou reforma e esta tenha lugar.

4 – Os gestores públicos relativamente aos quais se verifiquem situações de incompatibilidade ou acumulação de funções em desconformidade com o disposto no presente decreto-lei devem pôr termo a essas situações no prazo máximo de um ano ou fazer cessar os respectivos mandatos.

5 – A cessação de mandato prevista no número anterior não confere direito a qualquer indemnização ou subvenção.

ARTIGO 40.º
Direito subsidiário

Em tudo quanto não esteja disposto no presente decreto-lei, aplica-se o Código das Sociedades Comerciais, salvo quanto aos institutos públicos de regime especial.

ARTIGO 41.º
Revisão e adaptação de estatutos

1 – Os estatutos de empresas públicas que contrariem o disposto no presente decreto-lei devem ser revistos e adaptados em conformidade com o mesmo, no prazo máximo de seis meses após o início de vigência do presente decreto-lei.

2 – O disposto no presente decreto-lei prevalece sobre os estatutos das entidades referidas no número anterior que, decorrido o prazo aí mencionado, não tenham sido revistos e adaptados, sem prejuízo do disposto em legislação sectorial especial.

ARTIGO 42.º
Norma revogatória

1 – São revogados:

a) O Decreto-Lei n.º 464/82, de 9 de Dezembro;

b) As alíneas a) e b) do artigo 3.º e os n.os 3 e 4 do artigo 7.º da Lei n.º 64/93, de 26 de Agosto;

c) A Resolução do Conselho de Ministros n.º 29/89, de 26 de Agosto.

2 – Até à entrada em vigor do novo regime remuneratório dos dirigentes dos institutos públicos, mantém-se transitoriamente em vigor a Resolução do Conselho de Ministros n.º 29//89, de 26 de Agosto, em relação àqueles dirigentes aos quais seja subsidiariamente aplicável o estatuto do gestor público.

ARTIGO 43.º
Entrada em vigor

O presente decreto-lei entra em vigor no prazo de 60 dias após a sua publicação, com excepção do disposto no artigo 37.º, que entra em vigor no dia seguinte ao da sua publicação.

Visto e aprovado em Conselho de Ministros de 1 de Fevereiro de 2007. – *José Sócrates Carvalho Pinto de Sousa – Fernando Teixeira dos Santos.*

Promulgado em 19 de Março de 2007.

Publique-se.

O Presidente da República, ANÍBAL CAVACO SILVA.

Referendado em 21 de Março de 2007.

O Primeiro-Ministro, *José Sócrates Carvalho Pinto de Sousa.*

Resolução do Conselho de Ministros n.º 49/2007, de 1 de Fevereiro de 2007, publicada no Diário da República, 1.ª série, n.º 62 de 28 de Março de 2007 – **Aprova os princípios de bom governo das empresas do Sector Empresarial do Estado**

Resolução do Conselho de Ministros n.º 49/2007

O sector público empresarial continua a representar uma parte importante da actividade económica nacional. Apesar das privatizações e reprivatizações que têm vindo a ter lugar desde 1989, tendo em vista a reestruturação do sector empresarial do Estado e a redução do peso do Estado na economia, os interesses empresariais directos e indirectos do Estado abrangem, ainda, um número muito elevado de empresas públicas e de sociedades comerciais. Além disso, são totalmente detidas pelo Estado algumas das maiores empresas nacionais. Note-se, igualmente, que a carteira de participações do Estado integra posições accionistas relevantes em algumas das maiores empresas portuguesas cotadas em bolsa.

Estas são, por si só, razões suficientes para que se possa afirmar que o sector empresarial do Estado pode e deve, pela sua dimensão e extensão, e sem prejuízo das privatizações em curso, dar um contributo relevante para o aumento da competitividade da economia nacional. Porém, tal afirmação resulta fortalecida se se tomar consciência de que algumas das empresas detidas ou participadas pelo Estado são, por via da sua visibilidade e importância, paradigmas em domínios de organização e de comportamento.

Acresce que, muitas das empresas do Estado – aqui se englobando as entidades públicas empresariais, as sociedades comerciais integralmente detidas pelo Estado e as empresas participadas – têm um papel preponderante em sectores em que se prestam serviços de interesse geral, de que depende o bem-estar dos cidadãos. Além disso, por algumas destas empresas são desenvolvidas ou operadas infra-estruturas de cuja eficiência e eficácia depende a competitividade de muitas unidades económicas empresariais situadas a montante e a jusante daquelas outras.

Importa notar que o sector empresarial do Estado (SEE) não incorpora apenas grandes empresas, mas também muitas pequenas ou médias empresas. Não obstante isso, o papel económico e social do SEE é da maior relevância, seja quando considerada a sua dimensão global, seja quando se atende a sua esfera geográfica e sectorial de actuação.

Por tudo isto, se torna claro o quão importante é que as empresas que integram o SEE tenham modelos de governo que não só atinjam elevados níveis de desempenho como, conjuntamente com os bons exemplos que existem na esfera empresarial privada, contribuam para a difusão das boas práticas nesta matéria, incluindo a adopção de estratégias concertadas de sustentabilidade nos domínios económico, social e ambiental. E, neste domínio, ainda que tal não resulte directamente da legislação aplicável, o Estado deve dar o exemplo, acompanhando as melhores práticas internacionais.

Não há hoje, pois, dúvidas sobre a importância de as empresas serem geridas por práticas correctas e visando os objectivos adequados. De igual modo se afigura claro que as empresas devem assumir responsabilidades sociais, nomeadamente, na igualdade de oportunidades, e ter práticas ambientalmente correctas, que sejam consentâneas com a sustentabilidade do crescimento e do desenvolvimento económico. Também não há dúvidas de que, para que tal aconteça, é necessário que sejam instituídos os mecanismos de tomada de decisões, de divulgação de informação e de fiscalização dessas decisões susceptíveis de induzir uma utilização eficiente dos recursos disponíveis, em benefício exclusivo dos fins para que as empresas hajam sido criadas e sejam mantidas. Noutros termos, é hoje claro que o bom governo das empresas tem um valor económico e social fundamental, quer para as próprias empresas, quer para as economias em que estas se inserem.

É também sabido que esse bom governo não se atinge apenas com a consagração na lei dos modelos e das estruturas jurídicas mais adequadas, há domínios de natureza ética e comportamental que são essenciais para que as empresas sejam geridas no efectivo interesse dos seus accionistas e demais stakeholders e prossigam os objectivos para que foram criadas e são mantidas. Por isso, são cada vez mais frequentes os códigos de bom governo das empresas, os quais mais não visam do que estimular os diversos agentes económicos a dar um contributo para que as empresas sejam governadas com eficiência e actuem com equidade perante os diferentes interesses que gravitam na sua órbita. No conjunto dos 25 Estados membros da União Europeia foram publicados cerca 80 códigos de bom governo, desde o início da década de 90. A própria Organização para a Cooperação e o Desenvolvimento Económico (OCDE) publicou em 1999 e actualizou em 2004 um conjunto de princípios recomendatórios sobre o governo das empresas. Em Portugal, a Comissão do Mercado dos Valores Mobiliários (CMVM) publicou em 1999 e actualizou sucessivamente em 2001, 2003 e 2005 recomendações dirigidas às empresas cotadas. Recentemente, também a sociedade civil, através do Instituto Português de Corporate Governance, se pronunciou sobre as práticas de governo das empresas portuguesas e emitiu o seu código de bom governo. São, pois, múltiplas as referências de boas práticas que as empresas nacionais têm ao seu dispor.

Porém, no que diz respeito à actuação do Estado enquanto accionista, e das empresas detidas ou participadas pelo Estado, são escassas as reflexões que visam sistematizar e divulgar as boas práticas de governo. A OCDE publicou em 2005 um texto com este intuito «OECD guidelines on corporate governance of state-owned enterprises». Neste documento, aquela organização procura alargar os seus princípios de bom

43

Sector Empresarial e Privatizações

governo às empresas públicas e aos comportamentos do Estado no seu relacionamento com essas empresas.

O documento anexo à presente resolução insere-se neste contexto de fomento das boas práticas de governo empresarial e visa prosseguir o Programa do Governo, em que se estabeleceu como objectivo a melhoria do governo societário das empresas do Estado e, pelo seu efeito catalizador, a adopção generalizada das boas práticas de governo das empresas.

Porém, melhorar as práticas de governo das empresas passa, desde logo, por melhorar as práticas do Estado ao nível dos diversos órgãos que actuam em seu nome e ao nível dos diferentes títulos pelos quais se relaciona com as empresas. Daí que um primeiro conjunto de princípios sejam dirigidos ao próprio Estado enquanto accionista e enquanto parte relacionada com essas empresas, seja como cliente, fornecedor, cobrador de impostos ou responsável pela defesa do interesse público consagrado nas legislações laboral, ambiental ou de outra natureza. As diferentes instâncias governamentais ou da Administração Pública que em cada momento exerçam este tipo de funções devem, pois, desejavelmente, tomar como referência os princípios e recomendações que esta resolução consagra.

Ainda no quadro dos princípios, o Estado deve analisar periodicamente o grau de cumprimento das obrigações e responsabilidades de que sejam incumbidas empresas públicas, tendo em conta os parâmetros qualitativos e quantitativos, os preços ou a sua forma de fixação e as eventuais indemnizações compensatórias.

O Estado não pode, nem deve, relacionar-se com as empresas públicas da mesma forma que se relaciona com as empresas por si apenas participadas. Neste último caso, o Estado deve actuar usando os instrumentos que estão juridicamente ao seu alcance, combinando a prossecução do interesse público com o respeito pelos demais accionistas e restantes stakeholders. Donde, para este universo de empresas, a presente resolução apenas aproveita por força dos princípios relativos à actuação do Estado enquanto accionista, não lhes sendo dirigidas especificamente nenhuma das boas práticas aqui consagradas.

A situação é, porém, distinta no que diz respeito às empresas integralmente detidas pelo Estado. A estas empresas e aos titulares dos seus órgãos de administração e fiscalização são dirigidos os princípios constantes do capítulo II. Note-se que a aplicação de tais princípios a cada empresa é precedida de um juízo de valor sobre a sua adequabilidade em função da sua dimensão e das suas demais características. Porém, igualmente se consagra o princípio básico de comply or explain, de acordo com o qual as empresas que não cumpram com estas estes princípios recomendatórios deverão fundamentar as razões pelas quais tal acontece.

Esta resolução também consagra novos princípios no que diz respeito à prestação de informação pelas empresas públicas aos cidadãos e contribuintes, que são afinal os titulares últimos dos direitos patrimoniais residuais dessas empresas. Nesse sentido, estabelece-se um amplo conjunto de informações que terão de ser divulgadas através de sítio na Internet das empresas do Estado, a disponibilizar agregadamente pela Direcção-Geral do Tesouro e Finanças para este fim específico, sem prejuízo da informação disponibilizada nos sítios na Internet das próprias empresas. Esta informação inclui ainda, designadamente, uma análise de sustentabilidade nos domínios económico, social e ambiental, no qual a empresa dará conta da sua estratégia, metas alcançadas e planos de acção

para o futuro. Além disso, consagra-se um princípio de divulgação de informação sobre factos ocorridos que possam afectar de modo relevante a situação económica, financeira ou patrimonial das empresas. A divulgação pública desta informação não só permitirá que os cidadãos, contribuintes e demais interessados estejam mais informados sobre a situação das empresas detidas pelo Estado, como igualmente servirá para que, numa sociedade plural, haja um maior escrutínio da opinião pública sobre as estruturas de governo e o desempenho destas empresas.

Assim:

Ao abrigo do disposto no n.º 2 do artigo 37.º do Decreto-Lei n.º 71/2007, de 27 de Março, e nos termos da alínea g) do artigo 199.º da Constituição, o Conselho de Ministros resolve:

1 – Aprovar os princípios de bom governo das empresas do sector empresarial do Estado constantes do anexo da presente resolução e que dela é parte integrante.

2 – Encarregar o Ministro das Finanças de promover uma avaliação anual global do grau de cumprimento dos princípios aprovados pela presente resolução, cujas conclusões devem constar do relatório anual sobre a situação do sector empresarial do Estado.

Presidência do Conselho de Ministros, 1 de Fevereiro de 2007. – O Primeiro-Ministro, José Sócrates Carvalho Pinto de Sousa.

ANEXO
Princípios de bom governo das empresas do sector empresarial do Estado

I – Princípios dirigidos ao Estado

i) Enquanto titular de participações no capital de empresas

1 – O exercício do poder da tutela e da função accionista do Estado deve ser transparente, pelo que devem ser claramente identificados os membros do Governo e, quando aplicável, os serviços e organismos da Administração Pública que o levam a cabo e devem ser objecto de divulgação pública os actos fundamentais em que essas funções se materializem.

2 – O Estado deve estabelecer as orientações estratégicas e os objectivos que devam ser prosseguidos pelas empresas de que directamente detenha o domínio total e participar de modo informado e activo nas assembleias gerais das empresas em que detém participação, contribuindo para a fixação das orientações estratégicas e dos objectivos dessas empresas. As orientações fixadas devem ser transmitidas pelas empresas às suas subsidiárias, nomeadamente quando exista o domínio total. Além disso, o Estado deve contribuir para a fixação dos princípios de responsabilidade social e de desenvolvimento sustentável que devam ser respeitados pelas empresas, bem como avaliar anualmente, com profundidade e rigor, o grau de cumprimento dessas estratégias, objectivos e princípios.

3 – O Estado deve exercer o seu poder de tutela ou os seus direitos accionistas no sentido de assegurar que as empresas disponham de adequados mecanismos de fiscalização, controlo e avaliação, que actuem com independência em relação aos gestores executivos e a quaisquer accionistas e que dêem garantia de que a informação económica e financeira prestada é exacta e retrata com rigor a situação da empresa. Além disso, o Estado deve assegurar que, quando admitidas à negociação em mercado regulamentado, as empresas em que participa cumprem com as melhores práticas de governo das sociedades nacional e internacionalmente aceites.

Resolução do Conselho de Ministros n.º 49/2007

4 – O Estado deve contribuir para que os accionistas minoritários das empresas em que participa possam exercer os seus direitos e vejam os seus interesses respeitados, designadamente assegurando que os órgãos de governo das empresas reflictam adequadamente a estrutura accionista.

ii) Enquanto parte relacionada (stakeholder)

5 – Enquanto cliente e fornecedor das empresas em que detém a totalidade ou parte do capital, o Estado deve agir em condições e segundo critérios de mercado, cumprir atempadamente todas as obrigações assumidas e exercer com rigor e plenitude os seus direitos.

6 – Os serviços e organismos da Administração Pública, independentemente da natureza das suas atribuições, devem agir perante as empresas do Estado de forma idêntica à que agem perante empresas privadas.

II – Princípios dirigidos às empresas detidas pelo Estado

i) Missão, objectivos e princípios gerais de actuação

7 – As empresas detidas pelo Estado devem cumprir a missão e os objectivos que lhes tenham sido determinados, de forma económica, financeira, social e ambientalmente eficiente, atendendo a parâmetros exigentes de qualidade, procurando salvaguardar e expandir a sua competitividade, com respeito pelos princípios de responsabilidade social, desenvolvimento sustentável, de serviço público e de satisfação das necessidades da colectividade que lhe hajam sido fixados. Além disso, cada empresa directamente dominada pelo Estado deve proceder à enunciação e divulgação da sua missão, dos seus objectivos e das suas políticas, para si e para as participadas que controla.

8 – As empresas detidas pelo Estado devem elaborar planos de actividades e orçamentos adequados aos recursos e fontes de financiamento disponíveis, tendo em conta o cumprimento das missões e objectivos de que estas empresas tenham sido incumbidas, bem como definir estratégias de sustentabilidade nos domínios económico, social e ambiental, identificando, para o efeito, os objectivos a atingir e explicitando os respectivos instrumentos de planeamento, execução e controlo.

9 – As empresas detidas pelo Estado devem adoptar planos de igualdade, após um diagnóstico da situação, tendentes a alcançar nas empresas uma efectiva igualdade de tratamento e de oportunidades entre homens e mulheres, a eliminar as discriminações e a permitir a conciliação da vida pessoal, familiar e profissional.

10 – Anualmente, cada empresa deve informar os membros do Governo e, quando aplicável, os serviços e organismos da Administração Pública que exerçam o poder da tutela ou a função accionista, e o público em geral, do modo como foi prosseguida a sua missão, do grau de cumprimento dos seus objectivos, da forma como foi cumprida a política de responsabilidade social, de desenvolvimento sustentável e os termos do serviço público e em que termos foi salvaguardada a sua competitividade, designadamente pela via da investigação, do desenvolvimento, da inovação e da integração de novas tecnologias no processo produtivo.

11 – As empresas detidas pelo Estado devem cumprir a legislação e a regulamentação em vigor. O seu comportamento deve, em particular, ser eticamente irrepreensível no que respeita à aplicação de normas de natureza fiscal, de branqueamento de capitais, de concorrência, de protecção do consumidor, de natureza ambiental e de índole laboral, nomeadamente relativas à não discriminação e à promoção da igualdade entre homens e mulheres.

12 – As empresas detidas pelo Estado devem tratar com respeito e integridade os seus trabalhadores, contribuindo activamente para a sua valorização profissional.

13 – As empresas detidas pelo Estado devem tratar com equidade todos os seus clientes e fornecedores e demais titulares de interesses legítimos, designadamente colaboradores da empresa, outros credores que não fornecedores ou, de um modo geral, qualquer entidade que tenha algum tipo de direito sobre a empresa. Neste contexto, as empresas devem estabelecer e divulgar os procedimentos adoptados em matéria de aquisição de bens e serviços e adoptar critérios de adjudicação orientados por princípios de economia e eficácia que assegurem a eficiência das transacções realizadas e a igualdade de oportunidades para todos os interessados habilitados para o efeito. Anualmente, as empresas detidas pelo Estado devem divulgar todas as transacções que não tenham ocorrido em condições de mercado, bem como uma lista dos fornecedores que representem mais de 5% do total dos fornecimentos e serviços externos, se esta percentagem corresponder a mais de 1 milhão de euros.

14 – Os negócios das empresas detidas pelo Estado devem ser conduzidos com integridade e devem ser adequadamente formalizados não podendo ser praticadas despesas confidenciais ou não documentadas. Cada empresa deve ter ou aderir a um código de ética que contemple exigentes comportamentos éticos e deontológicos, procedendo à sua divulgação por todos os seus colaboradores, clientes, fornecedores e pelo público em geral.

ii) Estruturas de administração e fiscalização

15 – Os órgãos de administração e de fiscalização das empresas detidas pelo Estado devem ser ajustados à dimensão e à complexidade de cada empresa, em ordem a assegurar eficácia do processo de tomada de decisões e a garantir uma efectiva capacidade de supervisão. O número de membros do órgão de administração deve ser o adequado a cada caso, não devendo exceder o número de membros de idênticos órgãos em empresas privadas comparáveis, de dimensão semelhante e do mesmo sector de actividade.

16 – As empresas detidas pelo Estado devem ter um modelo de governo que assegure a efectiva segregação de funções de administração executiva e de fiscalização. As empresas de maior dimensão e complexidade devem especializar a função de supervisão através da criação de comissões especializadas, entre as quais se deve incluir uma comissão de auditoria ou uma comissão para as matérias financeiras consoante o modelo de governo adoptado.

17 – Os membros não executivos dos órgãos de administração, os membros do conselho geral e de supervisão ou, quando estes não existam, os membros do órgão de fiscalização devem emitir anualmente um relatório de avaliação do desempenho individual dos gestores executivos, bem como uma apreciação global das estruturas e dos mecanismos de governo em vigor na empresa.

18 – As contas das empresas detidas pelo Estado de maior dimensão ou complexidade devem ser auditadas anualmente por entidades independentes. A auditoria deve observar padrões idênticos aos que se pratiquem para as empresas

Sector Empresarial e Privatizações

admitidas à negociação em mercado regulamentado. Os membros não executivos dos órgãos de administração, os membros do conselho geral e de supervisão ou, quando estes não existam, os membros do órgão de fiscalização devem ser os interlocutores da empresa com os auditores externos, competindo-lhes proceder à sua selecção, à sua confirmação, à sua contratação e, bem assim, à aprovação de eventuais serviços alheios à função de auditoria, a qual apenas deve ser concedida se não for colocada em causa a independência desses auditores.

19 – O órgão de administração deve criar e manter um sistema de controlo adequado à dimensão e à complexidade da empresa, em ordem a proteger os investimentos da empresa e os seus activos. Tal sistema deve abarcar todos os riscos relevantes assumidos pela empresa.

20 – As empresas detidas pelo Estado devem promover a rotação e limitação de mandatos dos membros dos seus órgãos de fiscalização.

iii) Remuneração e outros direitos

21 – As empresas públicas devem divulgar publicamente, nos termos da legislação aplicável, as remunerações totais, variáveis e fixas auferidas, seja qual for a sua natureza, em cada ano, por cada membro do órgão de administração, distinguindo entre funções executivas e não executivas, bem como as remunerações auferidas por cada membro do órgão de fiscalização. Com a mesma periodicidade, devem ser divulgados todos os demais benefícios e regalias, designadamente quanto a seguros de saúde, utilização de viatura e outros benefícios concedidos pela empresa.

iv) Prevenção de conflitos de interesse

22 – Os membros dos órgãos sociais das empresas públicas devem abster-se de intervir nas decisões que envolvam os seus próprios interesses, designadamente na aprovação de despesas por si realizadas. Além disso, no início de cada mandato, e sempre que se justificar, tais membros devem declarar ao órgão de administração e ao órgão de fiscalização, bem como à Inspecção-Geral de Finanças, quaisquer participações patrimoniais importantes que detenham na empresa, bem como relações relevantes que mantenham com os seus fornecedores, clientes, instituições financeiras ou quaisquer outros parceiros de negócio, susceptíveis de gerar conflitos de interesse.

v) Divulgação de informação relevante

23 – Os órgãos sociais das empresas públicas devem divulgar publicamente de imediato todas as informações de que tenham conhecimento que sejam susceptíveis de afectar relevantemente a situação económica, financeira ou patrimonial dessas empresas, ou as suas condições de prestação de serviço público, agindo de forma idêntica à que se encontre estabele-

cida para a prestação deste tipo de informação aos accionistas por parte das empresas admitidas à negociação em mercado regulamentado, salvo quando o interesse público ou o interesse de empresa impuserem a sua não divulgação, designadamente em caso de informação estratégica ou confidencial, segredo comercial ou industrial ou na protecção de dados pessoais.

vi) Ajustamento à dimensão e à especificidade de cada empresa

24 – As empresas públicas que, em razão da sua dimensão ou da sua especificidade, não estejam em condições de cumprir algum dos princípios anteriormente enunciados, ou por força do interesse público ou de interesses comerciais legítimos não o devam fazer, devem explicitar as razões pelas quais tal ocorre e enunciar as medidas de bom governo alternativas que tenham sido implementadas.

III – Princípios relativos à divulgação de informação

25 – Todas as informações que nos termos dos presentes princípios de bom governo devam ser divulgadas ao público devem estar disponíveis através de um sítio na Internet («sítio das empresas do Estado»), a criar pela Direcção-Geral do Tesouro e Finanças, sem prejuízo do disposto na legislação aplicável às empresas integradas no sector empresarial do Estado e da divulgação em sítio da Internet da própria empresa ou de remissão para este. Daquele sítio deve também constar, designadamente, informação financeira histórica e actual de cada empresa, a identidade e os elementos curriculares de todos os membros dos seus órgãos sociais.

26 – O sítio das empresas do Estado deve disponibilizar informação clara, relevante e actualizada sobre a vida da empresa, incluindo designadamente as obrigações de serviço público a que está sujeita, os termos contratuais da prestação de serviço público, o modelo de financiamento subjacente e os apoios financeiros recebidos do Estado nos últimos três exercícios.

27 – O acesso a toda a informação disponibilizada no sítio das empresas do Estado deve ser livre e gratuito.

28 – As empresas públicas devem nomear, quando se justifique, um provedor do cliente, de acesso livre e gratuito, junto do qual pode ser exercido o direito de reclamação dos clientes e dos cidadãos em geral, bem como a apresentação de sugestões, funcionando como elo de ligação entre a empresa e o público em geral.

29 – As empresas públicas devem incluir nos seus relatórios de gestão um ponto relativo ao governo das sociedades do qual conste, designadamente, os regulamentos internos e externos a que a empresa está sujeita, as informações sobre transacções relevantes com entidades relacionadas e as remunerações dos membros dos órgãos sociais, bem como uma análise de sustentabilidade e, em geral, uma avaliação sobre o grau de cumprimento dos presentes princípios de bom governo.

Lei n.º 11/90, de 5 de Abril, com as alterações introduzidas pela Lei n.º 102/2003, de 15 de Novembro
Lei quadro das privatizações

Lei n.º 11/90
de 5 de Abril

A Assembleia da República decreta, nos termos dos artigos 85.º, 164.º, alínea d), e 169.º, n.º 3, da Constituição, o seguinte:

ARTIGO 1.º
Âmbito

A presente lei aplica-se à reprivatização da titularidade ou do direito de exploração dos meios de produção e outros bens nacionalizados depois de 25 de Abril de 1974, nos termos do n.º 1 do artigo 85.º da Constituição.

ARTIGO 2.º
Empresas excluídas

O capital das empresas a que se refere o artigo 87.º, n.º 3, da Constituição e que exerçam a sua actividade principal em alguma das áreas económicas definidas na lei só poderá ser privatizado até 49%.

ARTIGO 3.º
Objectivos

As reprivatizações obedecem aos seguintes objectivos essenciais:

a) Modernizar as unidades económicas e aumentar a sua competitividade e contribuir para as estratégias de reestruturação sectorial ou empresarial;

b) Reforçar a capacidade empresarial nacional;

c) Promover a redução do peso do Estado na economia;

d) Contribuir para o desenvolvimento do mercado de capitais;

e) Possibilitar uma ampla participação dos cidadãos portugueses na titularidade do capital das empresas, através de uma adequada dispersão do capital, dando particular atenção aos trabalhadores das próprias empresas e aos pequenos subscritores;

f) Preservar os interesses patrimoniais do Estado e valorizar os outros interesses nacionais;

g) Promover a redução do peso da dívida pública na economia.

ARTIGO 4.º
Transformação em sociedade anónima

1 – As empresas públicas a reprivatizar serão transformadas, mediante decreto-lei, em sociedades anónimas, nos termos da presente lei.

2 – O diploma que operar a transformação aprovará também os estatutos da sociedade anónima, a qual passará a

reger-se pela legislação comum das sociedades comerciais em tudo quanto não contrarie a presente lei.

3 – A sociedade anónima que vier a resultar da transformação continua a personalidade jurídica da empresa transformada, mantendo todos os direitos e obrigações legais ou contratuais desta.

ARTIGO 5.º
Avaliação prévia

1 – O processo de reprivatização da titularidade ou do direito de exploração dos meios de produção e outros bens nacionalizados a que se refere o artigo 1.º será sempre precedido de uma avaliação, feita, pelo menos, por duas entidades independentes, escolhidas de entre as pré-qualificadas em concurso realizado para o efeito.

2 – Sem prejuízo da necessidade de abertura de novos concursos de pré-qualificação, mantém-se a validade do concurso de pré-qualificação já realizado.

ARTIGO 6.º
Processos e modalidades de reprivatização

1 – A reprivatização da titularidade realizar-se-á, alternativa ou cumulativamente, pelos seguintes processos:

a) Alienação das acções representativas do capital social;

b) Aumento do capital social.

2 – Os processos previstos no número anterior realizar-se-ão, em regra e preferencialmente, através de concurso público, oferta na bolsa de valores ou subscrição pública.

3 – Quando o interesse nacional ou a estratégia definida para o sector o exijam ou quando a situação económico-financeira da empresa o recomende, poderá proceder-se:

a) A concurso aberto a candidatos especialmente qualificados, referente a lote de acções indivisível, com garantias de estabilidade dos novos accionistas e em obediência a requisitos considerados relevantes para a própria empresa em função das estratégias de desenvolvimento empresarial, de mercado, tecnológicas ou outras;

b) Por venda directa, à alienação de capital ou à subscrição de acções representativas do seu aumento.

4 – Os títulos transaccionados por concurso público limitado ou venda directa são nominativos, podendo determinar-se a sua intransmissibilidade durante determinado período, a fixar no decreto-lei referido no artigo 4.º do presente diploma.

ARTIGO 7.º
Reprivatização por concurso público

1 – A reprivatização através de concurso público será regulada pela forma estabelecida no artigo 4.º, no qual se preverá a existência de um caderno de encargos, com a indicação de todas as condições exigidas aos candidatos a adquirentes.

47

Sector Empresarial e Privatizações

2 – É da competência do Conselho de Ministros a decisão final sobre a apreciação e selecção dos candidatos a que se refere o número anterior.

ARTIGO 8.º
Venda directa

1 – A venda directa de capital da empresa consiste na adjudicação sem concurso a um ou mais adquirentes do capital a alienar.

2 – Para efeitos do disposto no número anterior, é sempre obrigatória a existência de um caderno de encargos, com indicação de todas as condições da transacção.

3 – É da competência do Conselho de Ministros a escolha dos adquirentes, bem como a definição das condições específicas de aquisição do capital social.

ARTIGO 9.º
Obrigações de reprivatização

As sociedades anónimas resultantes da transformação de empresas públicas podem emitir «obrigações de reprivatização», sob a forma de obrigações convertíveis em acções ou de obrigações com direito a subscrever acções, salvaguardada a observância das exigências constantes da presente lei.

ARTIGO 10.º
Capital reservado a trabalhadores, pequenos subscritores e emigrantes

1 – Uma percentagem do capital a reprivatizar será reservada à aquisição ou subscrição por pequenos subscritores e por trabalhadores da empresa objecto da reprivatização.

2 – Os emigrantes poderão também ser abrangidos pelo disposto no número anterior.

ARTIGO 11.º
Regime de aquisição ou subscrição de acções por pequenos subscritores e emigrantes

1 – A aquisição ou subscrição de acções por pequenos subscritores e emigrantes beneficiará de condições especiais, desde que essas acções não sejam transaccionadas durante um determinado período a contar da data da sua aquisição ou subscrição.

2 – As acções adquiridas ou subscritas nos termos do número anterior não conferem ao respectivo titular o direito de votar na assembleia geral, por si ou por interposta pessoa, durante o período da indisponibilidade.

ARTIGO 12.º
Regime de aquisição ou subscrição de acções por trabalhadores

1 – Os trabalhadores ao serviço da empresa a reprivatizar, bem como aqueles que hajam mantido vínculo laboral durante mais de três anos com a empresa pública ou com as empresas privadas cuja nacionalização originou esta empresa pública, têm direito, independentemente da forma escolhida para a reprivatização, à aquisição ou subscrição preferencial de acções, podendo, para o efeito, atender-se, designadamente, ao tempo de serviço efectivo por eles prestado.

2 – A aquisição ou subscrição de acções pelos trabalhadores da empresa a reprivatizar beneficiará de condições especiais, não podendo essas acções ser objecto de negócio jurídico que transmita ou tenda a transmitir a sua titularidade, ainda que com eficácia futura, durante um determinado período a contar da data da sua aquisição ou subscrição, sob pena da nulidade do referido negócio.

3 – As acções adquiridas ou subscritas nos termos do presente artigo não conferem ao respectivo titular o direito de votar na assembleia geral por interposta pessoa durante o período de indisponibilidade a que se refere o número anterior.

4 – Não beneficiarão do regime referido no n.º 1 os antigos trabalhadores da empresa que hajam sido despedidos em consequência de processo disciplinar e ainda os que hajam passado a trabalhar noutras empresas com o mesmo objecto social daquela, por o contrato de trabalho ter cessado por proposta dos trabalhadores interessados.

ARTIGO 13.º
Regulamentação e restrições

1 – O decreto-lei referido no n.º 1 do artigo 4.º aprovará o processo, as modalidades de cada operação de reprivatização, designadamente os fundamentos da adopção das modalidades de negociação previstas nos n.os 3 e 4 do artigo 6.º, as condições especiais de aquisição de acções e o período de indisponibilidade a que se referem os artigos 11.º, n.º 1, e 12.º, n.º 2.

2 – Nas reprivatizações realizadas através de concurso público, oferta na bolsa de valores ou subscrição pública nenhuma entidade, singular ou colectiva, poderá adquirir ou subscrever mais do que uma determinada percentagem do capital a reprivatizar, a definir também no diploma a que se refere o n.º 1 do artigo 4.º, sob pena, consoante for determinado, de venda coerciva das acções que excedam tal limite, perda de direito de voto conferido por essas acções ou ainda de nulidade.

3 – (Revogado) [1]

4 – Para efeitos dos números anteriores, consideram-se como a mesma entidade duas ou mais entidades que tenham entre si relações de simples participação ou relações de participação recíprocas de valor superior a 50% do capital social de uma delas ou que sejam dominadas por um mesmo accionista.

ARTIGO 14.º
Competência do Conselho de Ministros

Cabe ao Conselho de Ministros aprovar, por resolução, de acordo com a lei, as condições finais e concretas das operações a realizar em cada processo de reprivatização.

ARTIGO 15.º
Administrador por parte do Estado e acções privilegiadas

1 – A título excepcional, e sempre que razões de interesse nacional o requeiram, o diploma que aprovar os estatutos da empresa a reprivatizar poderá prever, para garantia do interesse público, que as deliberações respeitantes a determinadas matérias fiquem condicionadas a confirmação por um administrador nomeado pelo Estado.

---

[1] Revogado pela Lei n.º 102/2003, de 15 de Novembro.

2 – Para efeitos do disposto no número anterior, o diploma referido deve identificar as matérias em causa, bem como o regime de exercício das competências do administrador nomeado pelo Estado.

3 – Poderá ainda o diploma referido no n.º 1 do artigo 4.º, e também a título excepcional, sempre que razões de interesse nacional o requeiram, prever a existência de acções privilegiadas, destinadas a permanecer na titularidade do Estado, as quais, independentemente do seu número, concederão direito de veto quanto às alterações do pacto social e outras deliberações respeitantes a determinadas matérias, devidamente tipificadas nos mesmos estatutos.

ARTIGO 16.º
Destino das receitas obtidas

As receitas do Estado provenientes das reprivatizações serão exclusivamente utilizadas, separada ou conjuntamente, para:

a) Amortização da dívida pública;
b) Amortização da dívida do sector empresarial do Estado;
c) Serviço da dívida resultante de nacionalizações;
d) Novas aplicações de capital no sector produtivo.

ARTIGO 17.º
Empresas públicas regionais

1 – A reprivatização de empresas públicas com sede e actividade principal nas Regiões Autónomas da Madeira e dos Açores revestir-se-á da forma estabelecida no artigo 4.º, mediante a iniciativa e com o parecer favorável do respectivo governo regional.

2 – Para efeito do número anterior, e durante o respectivo processo de reprivatização, a comissão de acompanhamento definida no artigo 20.º será integrada por um representante da respectiva região autónoma, proposto pelo governo regional e nomeado por despacho do Primeiro-Ministro.

3 – O produto das receitas provenientes das reprivatizações referidas no n.º 1 será exclusivamente aplicado na amortização da dívida pública regional e em novas aplicações de capital no sector produtivo regional.

ARTIGO 18.º
Inscrição orçamental

1 – O produto das receitas das reprivatizações, bem como a sua aplicação, terão expressão na lei do orçamento de cada ano.

2 – A expressão orçamental das receitas e das despesas resultantes das privatizações obedecerá às directivas da presente lei.

ARTIGO 19.º
Garantia dos direitos dos trabalhadores

Os trabalhadores das empresas objecto de reprivatização manterão no processo de reprivatização da respectiva empresa todos os direitos e obrigações de que sejam titulares.

ARTIGO 20.º
Comissão de Acompanhamento das Reprivatizações

1 – A Comissão de Acompanhamento das Reprivatizações é um órgão que tem por missão apoiar tecnicamente o Governo na prossecução dos objectivos estabelecidos no artigo 3.º e dos princípios de transparência, rigor e isenção dos processos de reprivatização.

2 – Compete à Comissão acompanhar todas as fases do processo de alienação de acções ou aumento de capital das empresas públicas transformadas em sociedade anónima de capitais maioritariamente públicos, nomeadamente:

a) Fiscalizar a estrita observância dos princípios e regras consagrados na lei, bem como da rigorosa transparência do processo de privatizações;

b) Elaborar os pareceres que o Governo entenda necessários sobre as matérias relacionadas com os processos de privatizações;

c) Verificar o cumprimento dos limites e regras estabelecidos no artigo 13.º da presente lei;

d) Apreciar e submeter aos órgãos e entidades competentes quaisquer reclamações que lhe sejam submetidas relativamente às operações de alienação de acções ou de aumentos de capital das empresas transformadas;

e) Elaborar e publicar, depois de homologado pelo Primeiro-Ministro, um relatório semestral das suas actividades, incluindo, designadamente, uma referência desenvolvida às operações realizadas nesse período.

3 – A escolha dos membros da Comissão deve fundar-se em critérios de competência, devidamente justificados, atendendo, essencialmente, à sua experiência em matéria económica, financeira e jurídica e garantindo a pluridisciplinaridade da Comissão.

4 – Os membros da Comissão ficam, durante e após os respectivos mandatos, vinculados ao dever de absoluto sigilo quanto a factos e informações relativos às empresas a que tenham acesso no exercício ou por força do exercício das suas funções.

5 – Os membros da Comissão são nomeados por despacho do Primeiro-Ministro.

6 – Os membros da comissão criada ao abrigo do artigo 10.º da Lei n.º 84/88, de 20 de Julho, que passa a denominar-se Comissão de Acompanhamento das Reprivatizações, mantêm-se em funções, independentemente de qualquer formalidade.

ARTIGO 21.º
Incompatibilidades

O exercício do cargo de membro da Comissão Acompanhamento das Reprivatizações é incompatível com as funções de membro do conselho de administração ou conselho de gestão das empresas públicas a privatizar.

ARTIGO 22.º
Proibição de aquisição

Não poderão adquirir acções das empresas públicas a privatizar, quando se trate de concurso aberto a candidatos pré-qualificados ou de venda directa:

a) Os membros do Governo em funções;

b) Os membros da comissão de Acompanhamento das Reprivatizações.

ARTIGO 23.º
Isenção de taxas e emolumentos

As alterações aos estatutos das empresas objecto de reprivatização ao abrigo da presente lei, bem como as alterações decorrentes da convolação a que se refere o n.º 1 do artigo 27.º, produzirão todos os seus efeitos desde que deliberadas nos termos legais e estatutários, devendo os respectivos regis-

Sector Empresarial e Privatizações

tos ser feitos oficiosamente com isenção de taxas e emolumentos.

Artigo 24.º
Mobilização de indemnizações pelos titulares originários

Os titulares originários da dívida pública decorrente das nacionalizações e expropriações têm o direito de mobilizar, ao valor nominal, títulos de indemnização para fins de pagamento das operações de reprivatização, relativamente ao valor que por si não tenha sido já mobilizado ou não haja sido chamado a amortização.

Artigo 25.º
Outras empresas

À reprivatização da titularidade das empresas nacionalizadas que não tenham o estatuto de empresa pública aplica-se, com as necessárias adaptações, o regime da presente lei.

Artigo 26.º
Direito de exploração

1 – O processo de reprivatização do direito de exploração dos meios de produção e outros bens nacionalizados realizar-se-á, em regra e preferencialmente, através de concurso público.

2 – A título excepcional, quando o interesse nacional ou a estratégia definida para o sector o exijam ou quando a situação económico-financeira da empresa o recomende, o processo da reprivatização referido no número anterior poderá revestir a forma de concurso aberto a candidatos especialmente qualificados ou de ajuste directo.

3 – Ao processo referido nos números anteriores aplica-se o disposto nos artigos 4.º, 6.º, 16.º, 19.º, 23.º e 25.º, com as necessárias adaptações.

Artigo 27.º
Disposição transitória

1 – Os processos de transformação operados nos termos da Lei n.º 84/88, de 20 de Julho, deverão concluir-se ao abrigo dessa legislação, salvo se o Governo preferir convolá-los em processo de reprivatização ao abrigo da presente lei, mediante prévia alteração do respectivo diploma de transformação.

2 – Nos processos que não forem convolados nos termos do número anterior poderá ser reduzido para um ano o prazo previsto no n.º 3 do artigo 5.º da Lei n.º 84/88, de 20 de Julho, devendo ser assegurado o cumprimento dos requisitos constantes das alíneas c) e d) do n.º 1 e do n.º 5 do artigo 5.º da mesma lei.

Artigo 28.º
Norma revogatória

É revogada a Lei n.º 84/88, de 20 de Julho, com salvaguarda do disposto no artigo 27.º da presente lei.

Aprovada em 8 de Fevereiro de 1990.

O Presidente da Assembleia da República, *Vítor Pereira Crespo.*

Promulgada em 21 de Março de 1990.

Publique-se.

O Presidente da República, Mário Soares.

Referendada em 22 de Março de 1990.

O Primeiro-Ministro, *Aníbal António Cavaco Silva.*

Lei n.º 71/88, de 24 de Maio – **Regime de alienação das participações do Estado**

Lei n.º 71/88
de 24 de Maio

A Assembleia da República decreta, nos termos da alínea d) do artigo 164.º e do n.º 2 do artigo 169.º da Constituição, o seguinte:

ARTIGO 1.º
Definições

1 – A alienação de participações sociais por parte de entes públicos fica sujeita ao regime previsto na Constituição e na presente lei.

2 – Para efeitos de aplicação deste diploma, consideram-se:

a) Participações sociais: todas e quaisquer acções ou quotas sociais representativas de partes de capital de sociedades civis ou comerciais, incluindo as sociedades de capitais públicos e de economia mista;

b) Participações públicas: participações sociais detidas por entes públicos;

c) Participação maioritária: o conjunto de acções ou quotas sociais detidas por um mesmo ente público numa mesma sociedade e que represente mais de 50% do respectivo capital, não contando, para este fim, as acções ou quotas sociais detidas pela própria sociedade;

d) Participação minoritária: o conjunto de acções ou quotas sociais detidas por um mesmo ente público na mesma sociedade e que não atinja a percentagem prevista na alínea anterior;

e) Entes públicos: o Estado, fundos autónomos, institutos públicos, instituições de segurança social, empresas públicas, sociedades de capitais exclusivamente públicos e sociedades de economia mista com maioria de capitais públicos.

ARTIGO 2.º
Regime geral

1 – A alienação de participações públicas realiza-se por concurso público, transacção de bolsa ou negociação particular, nos termos dos artigos seguintes.

2 – A alienação pode ter por objecto todas as acções ou quotas sociais de que o ente público for titular na sociedade participada ou apenas uma parte delas; em qualquer dos casos, as acções ou quotas sociais alienadas podem ser transaccionadas quer em bloco e como um todo, quer separada e parcialmente.

ARTIGO 3.º
Participações minoritárias

1 – A alienação de participações minoritárias pode efectuar-se por qualquer dos processos previstos no n.º 1 do artigo 2.º, com excepção do disposto no número seguinte.

2 – Se da agregação das participações minoritárias relativas a uma mesma sociedade e detidas pelo conjunto do sector público resultar uma posição maioritária, pode ser determinado, nos termos que vierem a ser regulamentados, que a alienação se realize por concurso público ou por transacção na bolsa de valores, desde que a sociedade participada se encontre nas condições referidas nos n.os 1 e 2 do artigo 4.º

ARTIGO 4.º
Participações maioritárias

1 – A alienação de acções ou quotas sociais que implique a perda de uma posição maioritária do ente alienante deve fazer-se por concurso público ou por transacção em bolsa de valores, designadamente por oferta pública de venda, sempre que o valor da sociedade participada seja superior a 500000 contos, devendo nos casos restantes observar-se o disposto no artigo 3.º

2 – Para efeito do número anterior considera-se que a sociedade participada tem um valor superior a 500000 contos quando a respectiva situação líquida, dada pelo último balanço aprovado, exceder aquele montante.

3 – O valor referido nos números anteriores é actualizado no primeiro dia de cada ano, tendo em atenção a taxa básica de desconto do Banco de Portugal em vigor no mesmo dia.

ARTIGO 5.º
Formalidades

1 – A decisão sobre alienação de acções ou quotas sociais que implique perda de uma posição maioritária do ente alienante deve ser devidamente fundamentada pelo respectivo órgão de gestão, o qual deve especificar também o processo e as condições a observar na transacção.

2 – A alienação referida no número anterior, bem como o processo e as condições observadas, deve ser comunicada aos Ministros das Finanças e da tutela sectorial nos quinze dias subsequentes à sua efectivação.

ARTIGO 6.º
Inalienabilidade

1 – Por despacho conjunto do Ministro das Finanças e do Ministro da tutela do sector da empresa participada pode ser determinada a inalienabilidade, total ou parcial, de qualquer participação pública, maioritária ou minoritária.

2 – Qualquer ente público titular de uma participação social que se encontre nas condições do número anterior e que considere ser do seu interesse aliená-la pode requerer aos Ministros das Finanças e da tutela a respectiva compra pelo Estado ou a autorização para a respectiva venda a outro ou outros entes públicos.

Artigo 7.º
Regimes especiais

1 – Pode ser dispensada de concurso público, nos termos que vierem a ser regulamentados, a alienação das participações referidas no n.º 1 do artigo 4.º sempre que se destine a realizar planos de aquisição de acções por parte de trabalhadores do ente público alienante ou da sociedade participada.

2 – O disposto no artigo 4.º não é aplicável aos entes públicos que sejam:

a) Entidades criadas por diploma legal em que expressamente se disponha sobre o regime de alienação das respectivas acções ou quotas sociais, designadamente o IPE – Investimento e Participações do Estado, S. A.;

b) Empresas do sector segurador;

c) Instituições de crédito, quanto aos elementos da rubrica contabilística «Acções, obrigações e quotas»;

d) Sociedades de investimento, sociedades gestoras de fundos de investimento ou de fundos de pensões, sociedades de capital de risco ou outras entidades que, por natureza ou objecto, recorram normalmente à compra e venda de acções ou quotas sociais.

Artigo 8.º
Legislação revogada

Ficam por esta lei revogados os seguintes diplomas:

a) Decreto-Lei n.º 322/79, de 23 de Agosto;

b) Portaria n.º 694/82, de 14 de Julho;

c) Portaria n.º 257/86, de 30 de Maio;

d) Portaria n.º 683/86, de 14 de Novembro;

e) Decreto-Lei n.º 148/87, de 28 de Março;

f) Lei n.º 26/87, de 29 de Junho;

g) Lei n.º 27/87, de 29 de Junho.

Artigo 9.º
Regulamentação

O Governo, nos 90 dias posteriores à entrada em vigor da presente lei, deve regulamentar a sua execução.

Aprovada em 18 de Março de 1988.

O Presidente da Assembleia da República, *Vítor Pereira Crespo.*

Promulgada em 26 de Abril de 1988.

Publique-se.

O Presidente da República, Mário Soares.

Referendada em 2 de Maio de 1988.

O Primeiro-Ministro, *Aníbal António Cavaco Silva.*

Decreto-Lei n.º 328/88, de 27 de Setembro, com as alterações introduzidas pelo Decreto-Lei n.º 290/89, de 2 de Setembro – **Regulamenta a alienação das participações do Estado**

Decreto-Lei n.º 328/88
de 27 de Setembro

O presente diploma, dando cumprimento ao disposto na Lei n.º 71/88, de 24 de Maio, visa proceder à regulamentação necessária à sua execução dentro do prazo que na mesma se prevê.

Assim:

No desenvolvimento do regime jurídico estabelecido pela Lei n.º 71/88, de 24 de Maio, e nos termos da alínea c) do n.º 1 do artigo 201.º da Constituição, o Governo decreta o seguinte:

ARTIGO 1.º
Regime geral

A alienação de participações sociais por parte de entes públicos realiza-se por concurso público, transacção em bolsa ou negociação particular, de harmonia com o regime estabelecido na Lei n.º 71/88, de 24 de Maio, a seguir designada por lei, e no presente diploma.

ARTIGO 2.º
Concurso público – regras gerais

O concurso público tem carácter obrigatório sempre que a alienação de acções ou quotas sociais implique perda de posição maioritária do ente público alienante, nas condições previstas no artigo 4.º da lei, ressalvadas as situações a que se refere o n.º 2 do seu artigo 7.º, ou quando se tenha verificado a decisão mencionada no n.º 2 do artigo 3.º da mesma lei, e obedecerá às seguintes regras:

a) A realização do concurso deve ser tornada pública por anúncio – donde conste o dia e a hora de abertura das propostas e o local onde podem ser obtidas as normas do concurso, nos termos do anexo I a este decreto-lei, de que faz parte integrante –, que a entidade alienante mandará publicar na 3.ª série do Diário da República, nos boletins de cotações das bolsas de valores e em dois jornais de grande circulação, um de Lisboa e outro do Porto, com a antecedência mínima de 30 e máxima de 60 dias sobre a data da abertura das propostas, tendo em conta o valor da participação a alienar;

b) Das normas do concurso devem constar obrigatoriamente os elementos identificadores da sociedade participada e da sua situação económico-financeira, o volume da participação a alienar, o preço base da licitação, a indicação da caução provisória a prestar pelos candidatos, através de depósito ou garantia bancária, o regime de prioridades a observar e as restantes condições em que a alienação se poderá efectuar, nos termos do anexo II ao presente diploma, de que faz parte integrante;

c) Nos serviços competentes da entidade alienante estará patente, para consulta pelos interessados, um processo do qual constará o pacto social da sociedade participada, os balanços e demais documentos de publicação obrigatória dos três últimos exercícios, a composição dos órgãos sociais, bem como os indicadores mais significativos da sociedade participada.

ARTIGO 3.º
Júri do concurso público

1 – O concurso é presidido por um júri, que delibera por maioria e é constituído por três elementos, sendo um designado pela entidade alienante, que presidirá, outro pela Câmara dos Revisores Oficiais de Contas e o terceiro escolhido por aqueles de entre pessoas de reconhecida competência e idoneidade.

2 – O júri procederá à abertura das várias propostas, podendo solicitar os esclarecimentos que entender aos proponentes.

3 – O júri reunirá e apreciará as propostas, considerando quer o preço oferecido quer as condições de pagamento, e procederá à graduação das que satisfaçam as condições mínimas indispensáveis.

4 – Do resultado do concurso será lavrada acta, que será assinada por todos os membros do júri e da qual constarão as propostas recebidas e seus autores, bem como todas as deliberações tomadas pelo júri e respectivos fundamentos, devendo ser acompanhada de declaração do órgão de fiscalização da entidade alienante de que foram cumpridas as disposições legais aplicáveis.

5 – Sempre que as propostas apresentem preços que não divirjam mais do que 5% do valor da proposta mais elevada, deverá o júri suspender a sessão para proceder a licitação até ao quinto dia útil imediato, prevalecendo a melhor oferta; no caso de nenhum proponente licitar, proceder-se-á à escolha da proposta de valor mais elevado ou, em caso de igualdade, à determinação por sorteio da proposta que prevalecerá.

ARTIGO 4.º
Adjudicação

1 – Salvo o disposto no n.º 3 do presente artigo, a entidade alienante procederá à adjudicação da proposta vencedora, ficando o proponente ou os titulares de eventuais preferências que tenham exercido o seu direito obrigados ao respectivo cumprimento, devendo a transmissão das quotas ou acções ser formalizada nos 60 dias subsequentes à data da decisão do concurso.

2 – Se a alienação não vier a consumar-se por motivo imputável ao adjudicatário, pode a entidade alienante adjudicar a participação ao candidato cuja proposta esteja graduada imediatamente a seguir, sem prejuízo do exercício do direito de indemnização que lhe assista.

53

Sector Empresarial e Privatizações

3 – A entidade alienante poderá, contudo, não proceder à adjudicação sempre que sobrevenham ponderosas razões de interesse público, devendo a respectiva decisão ser fundamentada, homologada pelo Ministro das Finanças e pelo ministro da tutela e levada ao conhecimento dos interessados por meio de carta registada com aviso de recepção.

4 – O órgão de gestão da entidade alienante dará conhecimento do resultado do concurso e da decisão tomada ao Ministro das Finanças e ao ministro da tutela no prazo de quinze dias.

5 – Sempre que, por duas vezes consecutivas, o concurso tenha ficado deserto ou não tenha sido apresentada proposta que reúna as condições mínimas indispensáveis, a alienação efectuar-se-á por transacção em bolsa.

ARTIGO 5.º
Transacção em bolsa

1 – A transacção em bolsa de valores, que é para todos os efeitos equiparada a concurso público, independentemente do regime constante de lei geral ou especial para cada tipo de empresa a alienar e da actividade prosseguida nos termos do respectivo objecto, rege-se pela legislação própria aplicável. [1]

2 – O órgão de gestão da entidade alienante dará conhecimento, no fim de cada trimestre, ao Ministro das Finanças e ao ministro da tutela do resultado das operações de transacção em bolsa referentes à alienação das participações efectuadas.

ARTIGO 6.º
Negociação particular – regras gerais

A alienação por negociação particular pode ter lugar quando respeite a participações minoritárias, observado o disposto no n.º 2 do artigo 3.º da lei, ou a participações maioritárias, nos casos em que o n.º 1 do artigo 4.º o permite, e obedece às seguintes regras:

a) A entidade pública alienante negociará autonomamente as alienações das participações nos termos que entender, obtido, porém, o parecer favorável do órgão de fiscalização sobre as condições mínimas a observar;

b) A fim de que possa ser respeitado o exercício dos eventuais direitos de preferência, legais ou contratuais, deverá ser dada publicidade do propósito de alienação nos termos previstos no contrato da sociedade ou através de anúncios, a publicar nos termos e prazos previstos na alínea a) do artigo 2.º, dos quais conste a indicação de que os eventuais preferentes poderão consultar o processo referente ao negócio projectado;

c) Concluída a transacção, e nos quinze dias subsequentes a esta, o órgão de gestão da entidade pública alienante dará conhecimento da mesma ao Ministro das Finanças e ao ministro da tutela.

ARTIGO 7.º
Negociação particular – regime de excepção

1 – Sempre que, tendo em atenção o disposto no n.º 2 do artigo 3.º da lei, se pretenda alienar a um ente não público por negociação particular uma participação minoritária de socie-

dade cujo capital, por efeito de outras participações públicas minoritárias, pertença maioritariamente ao sector público, o órgão de gestão da entidade alienante deverá, em requerimento único, dirigido aos Ministros das Finanças e da tutela e a enviar àquela primeira entidade, solicitar a necessária autorização.

2 – Os ministros referidos nos números anteriores podem determinar que a participação em causa só possa ser alienada por concurso público ou transacção em bolsa.

3 – A alienação realizada, seja qual for a sua forma, será sempre comunicada aos Ministros das Finanças e da tutela nos prazos previstos no presente diploma.

4 – Para efeitos de execução do disposto no presente artigo será publicada na 2.ª série do Diário da República, após aprovação, mediante despacho, dos Ministros das Finanças e da tutela, uma listagem das sociedades participadas nas condições do n.º 2 do artigo 3.º da Lei n.º 71/88, de 24 de Maio.

ARTIGO 8.º
Planos de aquisição para trabalhadores

1 – Sempre que a entidade alienante pretenda realizar planos de aquisição de participações sociais por parte dos seus trabalhadores ou de trabalhadores de sociedade participada, poderá, de harmonia com o disposto no n.º 1 do artigo 7.º da lei, solicitar aos Ministros das Finanças e da tutela, em requerimento único, a enviar àquela primeira entidade, a dispensa de realização de concurso público a que a alienação esteja sujeita.

2 – No requerimento deverá ser devidamente descrito o plano de aquisição proposto, devendo constar do mesmo, designadamente, as condições de aquisição, o preço e a modalidade de pagamento.

3 – Autorizada a dispensa do concurso público, a alienação processar-se-á por negociação particular.

4 – As acções adquiridas nos termos dos números anteriores não podem ser alienadas durante um período de dois anos.

ARTIGO 9.º
Preço base e montante de caução provisória

O preço base da alienação em concurso público e o preço em negociação particular, salvo nas situações a que se refere o artigo anterior, bem como o montante da caução provisória, devem ser estabelecidos tendo em conta o valor da sociedade participada, podendo este ser calculado de acordo com as regras constantes do anexo III a este decreto-lei.

ARTIGO 10.º
Direitos de preferência

1 – Serão respeitadas as preferências legais ou estatutárias a que respeitem as participações públicas a alienar.

2 – Os direitos de preferência devem ser exercidos até ao encerramento do acto de arrematação, sempre que haja lugar a concurso, e, no caso de negociação particular, tendo em atenção os termos legais e contratuais.

3 – Compete ao Governo regulamentar, mediante resolução, o exercício do direito de eventuais preferências legais, nos casos de concurso público e transacção em bolsa de valores. [1]

---

[1] *Redacção introduzida pelo Decreto-Lei n.º 290/89, de 2 de Setembro.*

[1] *Redacção introduzida pelo Decreto-Lei n.º 290/89, de 2 de Setembro.*

ARTIGO 11.º
Inalienabilidade

1 – Excepcionalmente, e quando razões de interesse público o justifiquem, o Ministro das Finanças e o ministro da tutela da empresa participada podem determinar, em despacho devidamente fundamentado, a inalienabilidade, total ou parcial, de qualquer participação pública, maioritária ou minoritária, conforme o disposto no artigo 6.º da lei.

2 – Qualquer entidade pública titular de participação social objecto de decisão nos termos do número anterior pode requerer aos Ministros das Finanças e da tutela a respectiva compra pelo Estado ou a autorização para a respectiva venda a outro ou outros entes públicos, devendo, para o efeito, justificar devidamente a sua pretensão com base em razões de racionalidade empresarial ou patrimonial e especificar as condições de venda.

3 – Se no prazo de doze meses não for concretizada a alienação nos termos do número anterior, os Ministros das Finanças e da tutela levantarão a restrição de inalienabilidade quanto à participação em causa desde que as invocadas razões de racionalidade empresarial ou patrimonial da entidade participante decorram da necessidade de reafectação de recursos para financiamento de investimento ou para reequilíbrio financeiro.

ARTIGO 12.º
Investimento estrangeiro

As entidades estrangeiras que pretendam intervir nas operações previstas no presente diploma devem fazê-lo através de instituições de crédito autorizadas a exercer a sua actividade em Portugal, ou mediante sociedades corretoras ou sociedades financeiras de corretagem, quando se trate de transacção em bolsa, as quais devem garantir o cumprimento das formalidades legais por parte dos investidores estrangeiros.

Visto e aprovado em Conselho de Ministros de 7 de Julho de 1988. – Eurico Silva Teixeira de Melo – *Miguel José Ribeiro Cadilhe.*

Promulgado em 9 de Setembro de 1988.

Publique-se.

O Presidente da República, MÁRIO SOARES.

Referendado em 13 de Setembro de 1988.

O Primeiro-Ministro, *Aníbal António Cavaco Silva.*

ANEXO I
Anúncio

Venda da participação do sector público no capital social da empresa ...

Aceitam-se propostas, em carta fechada e lacrada, até ao dia ..., para venda da participação do sector público no capital da sociedade ..., sita em ...

As normas a que deverão obedecer as propostas encontram-se à disposição dos interessados em ..., efectuando-se a abertura das propostas, em sessão pública, no dia ..., às ... horas, neste local (em ...).

ANEXO II
Condições gerais para a venda de participação do sector público no capital social da empresa ...

0 – Elementos identificadores da participação da empresa.
– O capital social apresenta a seguinte distribuição:
Por escritura: ...$00;
...
...
Distribuição:
Participação do sector público: ...; ...%;
Privados: ...; ...%;
Total: ...; ...%.

1 – O concurso tem por objecto a alienação da participação do sector público, com o valor de ...% do capital social, sendo a base de licitação mínima de ...$00 (...) (por extenso).

2 – Regime de prioridades a observar.

3 – A sociedade, sita em ..., pode ser visitada pelos interessados em qualquer dia útil, excepto ao sábado, das ... às ... e das ... às ... horas.

4 – As propostas deverão ser redigidas em português, com assinatura reconhecida notarialmente, remetidas dentro de sobrescrito fechado, lacrado pelos proponentes, e obrigatoriamente instruídas com os seguintes elementos:

a) Identificação completa do concorrente, designadamente, no caso de pessoas singulares, morada, estado, regime de bens, nome do cônjuge e número de contribuinte e do bilhete de identidade e, no caso de pessoas colectivas, nomes dos titulares dos corpos gerentes e de outras pessoas com poderes para as obrigarem, certidão do registo comercial contendo o registo de constituição e de alterações do pacto social e declaração de que têm a situação regularizada perante a Fazenda Nacional e as instituições da Segurança Social;

b) Declaração de aceitação das condições de concurso;

c) Indicação inequívoca do objecto da proposta;

d) O preço (por extenso) e condições de pagamento.

5 – No caso de o signatário ou signatários da proposta agirem em representação, deverão juntar procuração notarial donde constem os poderes em causa.

6 – É obrigatória a indicação no sobrescrito do nome e endereço da firma ou pessoa proponente, devendo constar do mesmo a expressão «Proposta para a compra da participação do sector público na empresa ...».

7 – É obrigatória a prestação de caução por parte dos candidatos, através de depósito ou garantia bancária, cujo montante é de ...

8 – As propostas serão recebidas até às ... horas do dia ..., em ..., à ...

9 – O júri procederá à abertura das propostas, em sessão pública, no último dia da recepção, uma hora após o seu encerramento, no local indicado no n.º 7 ou no que ali, na altura, se designe.

10 – No caso de as propostas apresentarem preços que não divirjam mais do que 10% do valor da proposta mais elevada, o júri suspenderá a sessão, procedendo à licitação até ao quinto dia útil imediato, prevalecendo a melhor oferta; no caso de nenhum proponente licitar, escolher-se-á a proposta de valor mais elevado ou, em caso de igualdade, proceder-se-á à determinação por sorteio da proposta que prevalecerá.

11 – Será lavrada uma acta, que será assinada por todos os membros do júri, da qual constarão as propostas recebidas e seus autores, bem como todas as deliberações tomadas pelo júri e respectivos fundamentos, a qual será acompanhada de

Sector Empresarial e Privatizações

declaração do órgão de fiscalização da entidade alienante de que foram cumpridas as disposições legais aplicáveis.

12 – A entidade alienante reserva-se o direito de não proceder à adjudicação caso o justifiquem razões de interesse público.

13 – Se a alienação não vier a consumar-se por motivo imputável ao adjudicatário, poderá a entidade alienante adjudicar a participação ao candidato cuja proposta tenha ficado graduada imediatamente a seguir, sem prejuízo do exercício do direito de indemnização que lhe assista.

14 – Todas as despesas relativas à venda da participação decorrerão por conta da entidade adquirente.

15 – Encontram-se à disposição dos interessados, na sede da empresa, os seguintes elementos:

Pacto social;

Balanços e demais documentos de publicação obrigatória dos três últimos exercícios;

Composição dos órgãos sociais;

Outros indicadores significativos de sociedade participada:

Relação do pessoal;

...

...

ANEXO III
Regras para o cálculo do preço base de alienação

O preço base de alienação será o que à participação corresponder em função do valor da sociedade objecto de participação, calculado segundo a aplicação da seguinte fórmula:

$$V = S + G$$

em que:

V é o valor da empresa;

S é o valor substancial: valor líquido dos activos e passivos reavaliados;

G é o goodwill; valor actualizado dos lucros futuros supranormais.

1 – Determinação do valor substancial (S). – Este valor calculado com base no valor contabilístico do património líquido da respectiva empresa apurado no último exercício, em relação ao qual haverá que:

a) Reavaliar o valor do activo imobilizado, actualizando o respectivo valor da aquisição. A actualização far-se-á por aplicação dos coeficientes anualmente publicados para a determinação do imposto de mais-valias e observando as regras que regulamentam o modo de reavaliar o activo imobilizado;

b) Ter em conta as provisões julgadas necessárias. Não deverão, em caso algum, ser omitidas as provisões para impostos sobre lucros e eventuais complementos de reforma ao pessoal, salvo se as responsabilidades estiverem asseguradas por terceiros, nomeadamente através de fundos de pensões;

c) Sujeitar as restantes rubricas do balanço a quaisquer correcções que, para este efeito, se revelem justificadas e tendo em conta os princípios que informam o Plano Oficial de Contabilidade;

d) Adicionar o resultado líquido esperado desde o encerramento do último exercício até à data prevista para a alienação.

2 – Cálculo do valor do goodwill (g):

2.1 – Para o cálculo do goodwill deverão ser elaboradas projecções das contas de exploração da empresa para os próximos cinco anos, tendo presentes os valores históricos, as potencialidades da empresa e as perspectivas de mercado.

2.2 – As projecções deverão ser efectuadas utilizando a metodologia dos preços correntes, devendo claramente ser explicitado o cenário das taxas de inflação e da evolução da taxa de juro para efeitos de actualização.

2.3 – Utilizar-se-á a seguinte fórmula:

$$G = \frac{\sum_{t=1}^{n} V_t L_t - S \sum_{t=1}^{n} V_t\, r_t\, k_t}{1 - \sum_{t=1}^{n} V_t\, r_t\, k_t}$$

em que:

L_t é o resultado líquido anual, depois de impostos, adicionado da **reserva** de reavaliação criada no ano. Esta é calculada aplicando a taxa de inflação anual ao valor do imobilizado;

n é o número de anos considerados para o apuramento dos lucros supranormais; toma-se n igual a 5;

$$V_t = \sum_{w=1}^{t} \frac{1}{1 - i_w}\ ;$$

$$K_t = \prod_{w=0}^{t-1} 1 - f_w\ ;\quad f_0 = 0;$$

f_w é a taxa de inflação considerada para o período w referida no n.° 2.2;

i_w é a taxa de actualização; corresponde à taxa de inflação anual acrescida de uma margem de 4%;

r_t é a remuneração do capital de risco $(S + G)$; será, pelo menos, igual à taxa de inflação adicionada de 6%, devendo ser superior nos ramos de actividade de manifesta sensibili-dade conjuntural.

2.4 – O valor de L(índice t) deverá ser estimado de acordo com as perspectivas de mercado e com as potencialidades da empresa, em termos de capacidade instalada, tendo em consideração as reintegrações do activo fixo que resultem da reavaliação referida no n.° 1, alínea a), deste anexo.

2.5 – Sempre que o valor do goodwill calculado nos termos anteriormente referidos for negativo, será o mesmo considerado igual a zero para efeitos de determinação do valor da empresa.

TÍTULO III

Concertação Económica e Social e Contratação Económica

> Lei n.º 108/91, de 17 de Agosto, com as alterações introduzidas pela Lei n.º 80/98, de 24 de Novembro, pela Lei n.º 128/99, de 20 de Agosto, pela Lei n.º 12/2003, de 20 de Maio e pela Lei n.º 37/2004, de 13 de Agosto – **Lei do Conselho Económico e Social**

Lei n.º 108/91
de 17 de Agosto

A Assembleia da República decreta, nos termos dos artigos 164.º, alínea d), 168.º, n.º 1, alínea m), e 169.º, n.º 3, da Constituição, o seguinte:

ARTIGO 1.º
Natureza

O Conselho Económico e Social, previsto no artigo 95.º da Constituição, é o órgão de consulta e concertação no domínio das políticas económica e social e participa na elaboração dos planos de desenvolvimento económico e social.

ARTIGO 2.º
Competência

1 – Compete ao Conselho Económico e Social:

a) Pronunciar-se sobre os anteprojectos das grandes opções e dos planos de desenvolvimento económico e social, antes de aprovados pelo Governo, bem como sobre os relatórios da respectiva execução;

b) Pronunciar-se sobre as políticas económica e social, bem como sobre a execução das mesmas;

c) Apreciar as posições de Portugal nas instâncias das Comunidades Europeias, no âmbito das políticas económica e social, e pronunciar-se sobre a utilização nacional dos fundos comunitários, estruturais e específicos;

d) Pronunciar-se sobre as propostas de planos sectoriais e espaciais de âmbito nacional e em geral sobre as políticas de reestruturação e de desenvolvimento sócio-económico que o Governo entenda submeter-lhe;

e) Apreciar regularmente a evolução da situação económica e social do País;

f) Apreciar os documentos que traduzam a política de desenvolvimento regional;

g) Promover o diálogo e a concertação entre os parceiros sociais;

h) Aprovar o seu regulamento interno.

2 – O Conselho Económico e Social, no quadro das suas competências, tem também o direito de iniciativa nos termos do artigo 15.º desta lei.

ARTIGO 3.º
Composição

1 – O Conselho Económico e Social tem a seguinte composição:

a) Um presidente, eleito pela Assembleia da República nos termos da alínea h) do artigo 166.º da Constituição;

b) Quatro vice-presidentes, eleitos pelo plenário do Conselho;

c) Oito representantes do Governo, a designar por resolução do Conselho de Ministros;

d) Oito representantes das organizações representativas dos trabalhadores, a designar pelas confederações respectivas;

e) Oito representantes das organizações empresariais, a designar pelas associações de âmbito nacional;

f) Dois representantes do sector cooperativo, a designar pelas confederações cooperativas;

g) Dois representantes, a designar pelo Conselho Superior de Ciência e Tecnologia;

h) Dois representantes das profissões liberais, a designar pelas associações do sector;

i) Um representante do sector empresarial do Estado, a designar por resolução do Conselho de Ministros;

j) Dois representantes de cada região autónoma, a designar pela respectiva assembleia regional;

l) Oito representantes das autarquias locais do continente, eleitos pelos conselhos de região das áreas de cada comissão de coordenação regional, sendo um para a do Alentejo, outro para a do Algarve e dois para cada uma das restantes;

m) Um representante das associações nacionais de defesa do ambiente;

n) Um representante das associações nacionais de defesa dos consumidores;

o) Dois representantes das instituições particulares de solidariedade social;

p) Um representante das associações de família;

q) Um representante das universidades, a designar pelo Conselho de Reitores;

r) Um representante das associações de jovens empresários;

s) Dois representantes de organizações representativas da agricultura familiar e do mundo rural; [1]

t) Um representante das associações representativas da área da igualdade de oportunidades para mulheres e homens; [1]

u) Um representante de cada uma das associações de mulheres com representatividade genérica; [2]

v) Um representante das associações de mulheres representadas no conselho consultivo da Comissão para a Igualdade e os Direitos das Mulheres, colectivamente consideradas; [2]

x) Um representante das organizações representativas das pessoas com deficiência, a designar pelas associações respectivas; [3]

---

[1] *Redacção introduzida pela Lei n.º 80/98, de 24 de Novembro.*

[2] *Redacção introduzida pela Lei n.º 128/99, de 20 de Agosto.*

[3] *Redacção introduzida pela Lei n.º 37/2004, de13 de Agosto.*

Concertação Económica e Social e Contratação Económica

z) Dois representantes das organizações representativas do sector financeiro e segurador;[1]

aa) Um representante das organizações representativas do sector do turismo;[1]

bb) Cinco personalidades de reconhecido mérito nos domínios económico e social, designadas pelo plenário.[1]

2 – A designação deve ter em conta a relevância dos interesses representados, não podendo a mesma organização exercer a representação em mais de uma categoria.[1]

3 – O mandato dos membros do Conselho Económico e Social corresponde ao período de legislatura da Assembleia da República e cessa com a tomada de posse dos novos membros.

4 – Os vice-presidentes referidos na alínea b) do n.º 1 podem ser eleitos de entre os membros do plenário ou fora dele.

5 – Para cada um dos sectores representados haverá um número de suplentes igual ao dos respectivos representantes no Conselho.

6 – Os representantes dos trabalhadores e dos empregadores referidos nas alíneas d) e e) do n.º 1 incluem obrigatoriamente os respectivos representantes na Comissão de Concertação Social.

Artigo 4.º
Designação dos membros

1 – Dentro dos primeiros 15 dias após a sua posse, o presidente do Conselho Económico e Social dá início ao processo de designação dos membros das categorias referidas nas alíneas c) a bb) do n.º 1 do artigo anterior.[2]

2 – Nos casos das alíneas c), d), g), i), j), l), p), q), u) e v) do n.º 1 do artigo anterior o presidente do Conselho Económico e Social dirige-se, por carta, aos presidentes ou outros responsáveis dos órgãos referidos solicitando a indicação, no prazo de 30 dias, dos membros que integrarão o Conselho.[3]

3 – Do início do processo de designação dos membros referidos nas alíneas e), f), h), m), n), o), r), s), t), x), z) e aa) do n.º 1 do artigo anterior deve ser dada publicidade, pelo presidente do Conselho, através de edital publicado em três jornais de grande circulação nacional, fixando um prazo de 30 dias dentro do qual devem candidatar-se, juntando elementos justificativos do seu grau de representatividade, todas as entidades que se julguem representativas das categorias em causa.[2]

4 – No prazo de 15 dias após o termo do prazo fixado no número anterior, o presidente do Conselho Económico e Social convoca para uma reunião todas as entidades que se tenham candidatado, em que deve ser procurado consenso entre os candidatos de cada categoria em relação à designação dos membros que as representarão no Conselho.

5 – Não se verificando consenso, compete ao presidente do Conselho Económico e Social, ouvido o conselho coordenador e tendo em conta a ponderação referida no n.º 2 do artigo anterior, decidir acerca da sua participação no Conselho.

6 – No acto inicial da instituição do Conselho Económico e Social, não estando ainda eleitos os vice-presidentes e os coordenadores das comissões permanentes, a decisão do presidente referida no número anterior é tomada sem parecer do conselho coordenador a que se refere o artigo 10.º

7 – Das decisões do presidente referidas nos números 5 e 6 cabe recurso, sem efeito suspensivo, para o plenário.

Artigo 5.º
Perda de mandato e substituição

1 – Perdem o mandato os membros que:

a) Deixem de ser reconhecidos como tais pelas entidades que representam, devendo estas dar conhecimento do facto, por escrito, ao presidente do Conselho;

b) Sejam representantes de entidades que deixem de ser participantes no Conselho Económico e Social;

c) Não cumpram os requisitos de participação previstos no regimento.

2 – Tendo conhecimento de qualquer renúncia ou perda de mandato pelos motivos referidos nas alíneas a) e b) do número anterior, o presidente do Conselho Económico e Social solicita à entidade de que esse membro faz parte que, no prazo de 30 dias, proceda à sua substituição.

3 – Se esta solicitação não for correspondida ou se a perda de mandato se verificar pelo motivo indicado na alínea b) do n.º 1, o presidente do Conselho Económico e Social deve seguir, em relação à categoria em causa, os trâmites indicados nos n.os 3 a 5 do artigo 4.º

Artigo 6.º
Órgão do Conselho

São órgãos do Conselho:

a) O presidente;

b) O plenário;

c) A Comissão Permanente de Concertação Social;

d) As comissões especializadas;

e) O conselho coordenador;

f) O conselho administrativo.

Artigo 7.º
Presidente

1 – Compete ao presidente:

a) Representar o Conselho;

b) Convocar, elaborar a ordem de trabalhos e dirigir as reuniões do plenário, do conselho coordenador e do conselho administrativo;

c) Solicitar às comissões especializadas a elaboração de estudos, pareceres, relatórios e informações no âmbito das suas competências;

d) Convidar a participar nas reuniões do plenário, ouvido o conselho coordenador, quaisquer entidades cuja presença seja julgada útil;

e) Celebrar com empresas ou entidades nacionais ou estrangeiras contratos para a elaboração de estudos e outros trabalhos cuja natureza específica o justifique;

f) Submeter ao Governo, após aprovação pelo conselho coordenador, a proposta orçamental do Conselho Económico e Social;

g) Fazer cumprir o presente diploma e o regulamento interno do Conselho;

h) Exercer quaisquer outros poderes que lhe sejam especificamente atribuídos por lei.

2 – O presidente do Conselho Económico e Social tem competência idêntica à de ministro no que respeita à autorização de despesas e prática de actos administrativos.

---

[1] *Redacção introduzida pela Lei n.º 80/98, de 24 de Novembro.*

[2] *Redacção introduzida pela Lei n.º 37/2004, de13 de Agosto.*

[3] *Redacção introduzida pela Lei n.º 128/99, de 20 de Agosto.*

Lei n.º 108/91

3 – O presidente pode delegar, total ou parcialmente, em qualquer dos vice-presidentes a competência que lhe é conferida nos números anteriores.

4 – O presidente é substituído, nas suas faltas ou impedimentos, por um vice-presidente, em sistema de rotação quadrimestral.

ARTIGO 8.º
Plenário

1 – O plenário é constituído por lodos os membros do Conselho Económico e Social referidos no n.º 1 do artigo 3.º

2 – Cabe ao plenário exprimir as posições do Conselho, sem prejuízo do disposto no artigo 9.º

3 – Até ao fim do primeiro semestre do ano seguinte, o Governo apresenta um relatório sobre o seguimento dado aos pareceres aprovados.

ARTIGO 9.º
Comissão Permanente de Concertação Social

1 – Compete à Comissão Permanente de Concertação Social, em especial, promover o diálogo e a concertação entre os parceiros sociais, contribuir para a definição das políticas de rendimentos e preços, de emprego e formação profissional.

2 – A Comissão Permanente de Concertação Social tem a seguinte composição: [1]

i) Quatro membros do Governo, a designar por despacho do Primeiro-Ministro;

ii) Dois representantes, a nível de direcção, da Confederação Geral dos Trabalhadores Portugueses – Intersindical Nacional, um dos quais o seu secretário-geral;

iii) Dois representantes, a nível de direcção, da União Geral de Trabalhadores, um dos quais o seu secretário-geral;

iv) O presidente da Confederação dos Agricultores Portugueses;

v) O presidente da Confederação do Comércio e Serviços de Portugal;

vi) O presidente da Confederação da Indústria Portuguesa;

vii) O presidente da Confederação do Turismo Português.

3 – A Comissão Permanente de Concertação Social é presidida pelo Primeiro-Ministro ou por um ministro em quem ele delegar.

4 – Os membros da Comissão podem fazer-se acompanhar de especialistas para os assistir nas reuniões da Comissão ou dos grupos de trabalho.

5 – Em matéria de concertação social, não carecem de aprovação pelo plenário as deliberações tomadas pela respectiva comissão especializada.

6 – Compete à Comissão Permanente de Concertação Social aprovar o seu regulamento específico.

ARTIGO 10.º
Comissões especializadas

1 – Para além dos trabalhos em plenário, a actividade dos membros do Conselho desenvolve-se na Comissão Permanente de Concertação Social e nas comissões especializadas. As comissões especializadas são permanentes e temporárias.

2 – São permanentes as comissões especializadas:

a) Da política económica e social;

b) Do desenvolvimento regional e do ordenamento do território;

c) Quaisquer outras que venham a ser decididas pelo plenário, por maioria qualificada de dois terços dos seus membros em efectividade de funções.

3 – Sempre que se mostre necessário, o Conselho pode criar comissões especializadas de carácter temporário, com a composição, objectivos e modo de funcionamento que o próprio Conselho definir.

4 – O plenário do Conselho Económico e Social designa os membros das comissões especializadas permanentes, tendo em atenção a natureza dos interesses representados.

5 – Compete às comissões especializadas:

a) Elaborar estudos, pareceres, relatórios e informações a pedido de outros órgãos do Conselho ou por sua iniciativa;

b) Propor ao presidente do Conselho a realização dos estudos que considerar necessários ao desempenho das suas funções;

c) Requerer, através do presidente do Conselho, as informações, depoimentos ou esclarecimentos necessários aos seus trabalhos, nos termos previstos nos n.os 2 e 3 do artigo 13.º desta lei;

d) Eleger de entre os seus membros um presidente, que assegurará a direcção e a condução dos trabalhos, tendo voto de qualidade nas deliberações a tomar, e que será o elemento de ligação com os restantes membros do Conselho, sendo ele próprio membro do conselho coordenador.

ARTIGO 11.º
Conselho coordenador

1 – O conselho coordenador é constituído pelo presidente do Conselho Económico e Social, pelos quatro vice-presidentes e pelos presidentes das comissões especializadas permanentes.

2 – Compete ao conselho coordenador:

a) Coadjuvar o presidente no desempenho das suas funções;

b) Aprovar a proposta orçamental e as suas alterações, bem como as contas do Conselho;

c) Dar parecer sobre a participação de entidades que se candidatem a membros do Conselho, nos casos e nos termos referidos nos n.os 3 a 5 do artigo 4.º;

d) Elaborar a ordem de trabalhos do plenário.

ARTIGO 12.º
Conselho administrativo

1 – O conselho administrativo é constituído pelo presidente do Conselho Económico e Social, que a ele preside, pelos vice-presidentes, pelo secretário-geral e por um chefe de repartição.

2 – Compete ao conselho administrativo:

a) Preparar as propostas orçamentais e as contas;

b) Controlar a legalidade dos actos do Conselho nos domínios administrativo e financeiro;

c) Autorizar a constituição do fundo de maneio e apreciar e controlar a sua utilização;

d) Exercer as demais competências previstas nos diplomas legais reguladores das despesas públicas.

3 – O presidente do Conselho Económico e Social pode delegar num dos vice-presidentes a competência que lhe é atribuída pelo n.º 1 deste artigo.

---

[1] *Redacção introduzida pela Lei n.º 12/2003, de 20 de Maio.*

ARTIGO 13.º
Sede e apoios

1 – O Conselho Económico e Social dispõe de sede própria e de serviços de apoio técnico e administrativo.

2 – Para o desempenho das suas atribuições, o Conselho Económico e Social pode dispor da informação estatística julgada necessária, designadamente a que é recolhida e tratada pelo Instituto Nacional de Estatística, pelo Departamento Central de Planeamento e pelo Banco de Portugal.

3 – Pode ainda o Conselho Económico e Social solicitar outras informações ao Governo, incluindo a presença de pessoas que possam contribuir para o esclarecimento dos pontos em análise.

ARTIGO 14.º
Autonomia do Conselho

1 – O Conselho é dotado de autonomia administrativa.

2 – Os meios financeiros necessários ao funcionamento do Conselho são inscritos no Orçamento do Estado.

ARTIGO 15.º
Regulamentação

A presente lei será regulamentada por decreto-lei no prazo de 90 dias.

ARTIGO 16.º
Organismos extintos

Trinta dias após a entrada em vigor do decreto-lei referido no artigo anterior e da eleição e tomada de posse do presidente do Conselho Económico e Social são extintos o Conselho Nacional do Plano, o Conselho de Rendimentos e Preços e o Conselho Permanente de Concertação Social.

ARTIGO 17.º
Pessoal

1 – Os serviços de apoio técnico e administrativo ao Conselho dispõem de pessoal constante de quadro próprio a fixar por portaria conjunta do Primeiro-Ministro e do Ministro das Finanças.

2 – O pessoal provido em lugares de quadro dos organismos referidos no artigo anterior transita para lugares do quadro do Conselho Económico e Social, na mesma categoria, nos termos da lei.

ARTIGO 18.º
Representação das regiões administrativas

A lei que criar as regiões administrativas, na sequência da lei quadro respectiva, instituirá o seu modo de representação no Conselho Económico e Social.

Aprovada em 19 de Junho de 1991.

O Presidente da Assembleia da República, *Vítor Pereira Crespo.*

Promulgada em 26 de Julho de 1991.

Publique-se.

O Presidente da República, MÁRIO SOARES.

Referendada em 31 de Julho de 1991.

O Primeiro-Ministro, *Aníbal António Cavaco Silva.*

Decreto-Lei n.º 86/2003, de 26 de Abril, com as alterações introduzidas pelo Decreto-Lei n.º 141/2006, de 27 de Julho – **Define as normas gerais aplicáveis às parcerias público-privadas**

Decreto-Lei n.º 86/2003
de 26 de Abril

A transformação dos sistemas sociais operada no decurso do século XX, em virtude das quais o Estado passou a assumir novas funções, inclusive produtivas, de satisfação das necessidades sociais e públicas, provocou, paralelamente, um elevado aumento da despesa pública, observando-se nas sociedades modernas um peso excessivo do Estado e níveis incomportáveis de endividamento público, sem o equivalente aumento da qualidade dos serviços públicos prestados aos cidadãos. Em resposta, tem vindo a assistir-se à alteração do entendimento quanto ao papel do Estado na economia e, mais genericamente, quanto à forma de satisfação das necessidades colectivas.

A similitude entre determinadas actividades prosseguidas por entidades privadas e as subjacentes à prestação de certos serviços públicos, tem levado à conclusão de que também nos serviços públicos é possível tirar proveito da tradicional melhor capacidade de gestão do sector privado, melhorando a qualidade do serviço prestado e gerando poupanças consideráveis na utilização de recursos públicos.

Uma das formas, internacionalmente consagrada e testada, de obtenção pelo Estado de tais competências de gestão, consiste no estabelecimento de relacionamentos duradouros com privados, em regime de parceria público-privada, no âmbito dos quais lhes são transferidos os riscos, nomeadamente tecnológicos e operacionais, com os quais se encontram mais familiarizados e para cujo manuseamento se encontram mais habilitados.

Neste âmbito, têm vindo o Estado e outros entes públicos a desenvolver modelos alternativos e experiências inovadoras de relacionamento com entidades privadas.

Essas inovações quase sempre passam por um relacionamento de longo prazo entre os parceiros públicos e privados, envolvendo a repartição de encargos e riscos entre as partes e o estabelecimento de compromissos de médio ou longo prazo que, quando implicam encargos a satisfazer pelos entes públicos envolvidos, afectam e condicionam imperativamente a totalidade ou parte dos respectivos orçamentos futuros, compreendidos no período de duração dos contratos celebrados.

Tais modelos, nos casos em que criam encargos de médio ou longo prazo para o parceiro público, e pelo reflexo que comportam em termos de alteração do perfil e características da despesa pública, acarretam, também, a necessidade de dar passos no sentido de uma orçamentação plurianual do sector público administrativo, que, por um lado, permita aos decisores públicos avaliar objectivamente, em toda a sua dimensão e projecção temporal, os custos e benefícios plurianuais das opções tomadas, bem como ponderar devidamente a responsabilidade que assumem ao decidi-las e, por outro, habilite o parceiro público a evidenciar e enquadrar orçamentalmente, em tempo útil e realisticamente, a integralidade dos compromissos financeiros que resultam das parcerias contratadas.

A implementação desse sistema de orçamentação plurianual, a qual se encontra em curso, não elimina, no entanto, a necessidade de estipulação de algumas regras gerais relativas aos procedimentos de assunção de responsabilidades e de partilha de riscos no âmbito de parcerias público-privadas, tendo em vista garantir a respectiva economia, eficiência e eficácia, bem como a respectiva articulação com as normas de enquadramento orçamental.

Em paralelo, o objectivo de melhorar os procedimentos de contratação e padronizar os instrumentos de regulação jurídica das parcerias, torna-se, assim, ainda mais imperioso e evidente, como forma determinante de extrair todo o valor implícito, em termos de racionalização, previsibilidade e legitimação da realização de despesa pública, na existência de um tal sistema de programação financeira.

Instituem-se, assim, princípios gerais de eficiência e economia relativos à repartição de riscos entre o parceiro público e o parceiro privado que permitam dotar a relação contratual subjacente de uma harmonia e equilíbrio ao nível da repartição dos encargos e da distribuição do risco.

Tais princípios deverão desempenhar a dupla função de, por um lado, enformar o conteúdo de cada parceria efectivamente concretizada e, por outro, de obrigar o decisor público a reflectir, na fase constitutiva, acerca da adequação do recurso à figura da parceria, em geral, ou de determinados modelos, em particular, sempre que a apresentação dos projectos de forma atractiva para o mercado privado implique a assunção de encargos, por parte do Estado, que, pela duração dos compromissos assumidos ou pela imprevisibilidade de determinadas matérias, coloquem em causa o valor acrescentado do recurso a este modo de relacionamento, em detrimento de outros alternativos, ou o normal exercício da prossecução do interesse público no longo prazo.

Estes princípios exigem também, nas fases preparatórias, uma mais cuidada avaliação da possível repartição do risco, e propiciam, durante a vigência da parceria, uma maior eficiência da mesma, criando incentivos à definição de parcerias financeiramente sustentáveis e bem geridas.

O presente diploma avança ainda na consagração plena, no ordenamento jurídico português, do princípio segundo o qual a parceria apenas se justifica quando se revelar vantajosa em confronto com o comparador de sector público.

A este nível, a inovação traduz-se no facto de a exigência constante do n.º 2 do artigo 16.º da lei de enquadramento orçamental receber um tratamento procedimental compatível com a complexidade do juízo subjacente, através da exigência, em várias fases processuais, do confronto do projecto de

Concertação Económica e Social e Contratação Económica

parceria com o comparador de sector público, de forma a preparar uma consistente justificação da economia, eficiência e eficácia daquele, para efeitos orçamentais.

Esta exigência de quantificação rigorosa e de avaliação da criação de valor acrescentado pelo recurso à parceria é transversal a todo o procedimento de constituição da mesma, incluindo na fase concursal, tendo-se atribuído às comissões de avaliação das propostas uma nova competência para o efeito, de forma a tomar em consideração o custo de oportunidade para o Estado, extravasando, assim, a tradicional restrição da sua actividade à mera análise do mérito relativo das propostas apresentadas.

Acresce que este diploma manifesta uma grande preocupação de articulação do regime geral, aplicável às parcerias público-privadas, com eventuais regimes sectoriais, os quais se podem revelar extremamente úteis para efeitos de lançamento de programas integrados de parcerias pelos vários ministérios. Assim, optou-se por uma concepção em que o regime ora aprovado funcionará como um regime de cúpula, que se atém ao essencial da disciplina que se pretende instituir, em detrimento de um regime mais vasto, contendo numerosas normas de natureza supletiva. Prevê-se, assim, a existência de regimes sectoriais, mas que surgirão com uma função complementar deste e não derrogatória.

Esta concepção inspira-se numa filosofia, por um lado, de criação no Estado de competências e procedimentos especializados, para fazer face ao crescimento expectável do sector das parcerias e, por outro, de estímulo de uma intensa colaboração interministerial, sistematizada, de forma a garantir que as diversas componentes do projecto são abordadas com a maior profundidade sem, no entanto, se perder a visão de conjunto.

A tramitação prevista no presente diploma responde à necessidade, de há muito sentida, de um enquadramento geral, contendo regras de disciplina genéricas e as linhas de conexão entre a realização deste novo tipo de despesa pública e a disciplina orçamental, convivendo harmonicamente com a eventual criação, quando se justifique, de regimes sectoriais para o lançamento de programas integrados de parcerias e a contratação dos parceiros nas várias áreas de actividade pública.

Assim:

Nos termos da alínea a) do n.º 1 do artigo 198.º da Constituição, o Governo decreta o seguinte:

CAPÍTULO I
Disposições gerais

ARTIGO 1.º
Objecto

O presente diploma tem por objecto a definição de normas gerais aplicáveis à intervenção do Estado na definição, concepção, preparação, concurso, adjudicação, alteração, fiscalização e acompanhamento global das parcerias público-privadas.

ARTIGO 2.º
Definição de parceria público-privada e âmbito de aplicação

1 – Para os efeitos do presente diploma, entende-se por parceria público-privada o contrato ou a união de contratos, por via dos quais entidades privadas, designadas por parceiros privados, se obrigam, de forma duradoura, perante um parceiro público, a assegurar o desenvolvimento de uma actividade tendente à satisfação de uma necessidade colectiva, e em que o financiamento e a responsabilidade pelo investimento e pela exploração incumbem, no todo ou em parte, ao parceiro privado.

2 – São parceiros públicos:

a) O Estado e entidades públicas estaduais;

b) Os fundos e serviços autónomos;

c) As entidades públicas empresariais.[1]

3 – O presente diploma é igualmente aplicável a todas as parcerias em que o equivalente ao parceiro não público seja uma empresa pública, uma cooperativa ou uma instituição privada sem fins lucrativos.

4 – Constituem, entre outros, instrumentos de regulação jurídica das relações de colaboração entre entes públicos e entes privados:

a) O contrato de concessão de obras públicas;

b) O contrato de concessão de serviço público;

c) O contrato de fornecimento contínuo;

d) O contrato de prestação de serviços;

e) O contrato de gestão;

f) O contrato de colaboração, quando estiver em causa a utilização de um estabelecimento ou uma infra-estrutura já existentes, pertencentes a outras entidades que não o parceiro público.

5 – Excluem-se do âmbito de aplicação do presente diploma:

a) As empreitadas de obras públicas;

b) Os arrendamentos;

c) Os contratos públicos de aprovisionamento;

d) Todas as parcerias público-privadas que envolvam, cumulativamente, um encargo acumulado actualizado inferior a 10 milhões de euros e um investimento inferior a 25 milhões de euros; [1]

e) Todos os outros contratos de fornecimento de bens ou de prestação de serviços, com prazo de duração igual ou inferior a três anos, que não envolvam a assunção automática de obrigações para o parceiro público no termo ou para além do termo do contrato.

6 – As parcerias público-privadas promovidas por empresas públicas sob a forma societária devem observar, com as devidas adaptações, as exigências materiais e os princípios constantes do presente decreto-lei, designadamente os resultantes dos artigos 4.º, 5.º, 6.º, 7.º, 14.º-C e 14.º-F, sendo o respectivo acompanhamento e controlo pelos Ministros das Finanças e da tutela sectorial exercidos através da função accionista do Estado.[1]

ARTIGO 3.º
Prevalência

1 – O disposto no presente diploma prevalece sobre quaisquer outras normas, relativas a parcerias público-privadas, tal como definidas no artigo 2.º

2 – Sem prejuízo do disposto no número anterior, quando a especificidade de determinado sector o justificar, podem ser criados regimes sectoriais especiais, nos termos dos quais são definidas as normas que se revelem necessárias ou conve-

---

[1] *Redacção introduzida pelo Decreto-Lei n.º 141/2006, de 27 de Julho.*

Decreto-Lei n.º 86/2003

nientes, em virtude das características particulares do sector em causa, para assegurar a prossecução dos fins e o cumprimento dos pressupostos gerais da constituição de parcerias público--privadas.[1]

3 – Os regimes sectoriais especiais referidos no número anterior podem compreender:

a) Princípios e regras económicos, financeiros e técnicos;

b) Normas procedimentais específicas;

c) A atribuição a uma entidade sob tutela sectorial das competências de identificação, preparação, avaliação prévia, acompanhamento e avaliação de constituição de projectos de parcerias.

Artigo 4.º
Fins

Constituem finalidades essenciais das parcerias público--privadas o acréscimo de eficiência na afectação de recursos públicos e a melhoria qualitativa e quantitativa do serviço, induzida por formas de controlo eficazes que permitam a sua avaliação permanente por parte dos potenciais utentes e do parceiro público.

Artigo 5.º [1]
Repartição de responsabilidades

No âmbito das parcerias público-privadas, incumbe ao parceiro público o acompanhamento e o controlo da execução do objecto da parceria, de forma a garantir que são alcançados os fins de interesse público subjacentes, e ao parceiro privado cabe, preferencialmente, o financiamento, bem como o exercício e a gestão da actividade contratada.

Artigo 6.º
Pressupostos

1 – O lançamento e a contratação da parceria público-privada pressupõem:

a) O cumprimento, quando for o caso, das normas relativas à programação financeira plurianual constantes da lei de enquadramento orçamental;

b) A clara enunciação dos objectivos da parceria, definindo os resultados pretendidos e permitindo uma adequada atribuição das responsabilidades das partes;

c) A configuração de um modelo de parceria que apresente para o parceiro público vantagens relativamente a formas alternativas de alcançar os mesmos fins, avaliadas nos termos previstos no n.º 2 do artigo 19.º da lei de enquadramento orçamental, e que, simultaneamente, apresente para os parceiros privados uma expectativa de obtenção de remuneração adequada aos montantes investidos e ao grau de risco em que incorrem;[1]

d) A prévia adequação às normas legais e demais instrumentos normativos, bem como a obtenção das autorizações e pareceres administrativos exigidos, tais como, entre outros, os de natureza ambiental e urbanísticos, dos quais dependa o desenvolvimento do projecto, de modo a permitir que todo o risco da execução seja ou possa ser transferido para o parceiro privado;

e) A concepção de modelos de parcerias que evitem ou menorizem, sempre que possível e salvo fundamentação adequada, a probabilidade da verificação de modificações unila-

terais dos contratos determinadas pelo parceiro público ou quaisquer outros factos ou circunstâncias geradores ou potenciadores da obrigação de reposição do equilíbrio financeiro, designadamente a indefinição das prestações contratuais, a imprevisibilidade da matéria, a extensão ou incerteza quanto à duração do compromisso, bem como a assunção de termos e condições de reposição desse equilíbrio ou outros regimes indemnizatórios que sejam excessiva ou injustificadamente onerosos ou inadequados em face do perfil de risco efectivo da parceria; [1]

f) A adopção, na fase prévia à contratação, das diligências e a consagração das exigências que se revelem adequadas à obtenção de um resultado negocial economicamente competitivo;

g) A identificação expressa da entidade pública que tem a responsabilidade de suportar os encargos decorrentes de pagamentos a realizar ao parceiro privado, quando se preveja que os mesmos venham a ter lugar, bem como a identificação da origem dos respectivos fundos.[1]

2 – Os estudos económico-financeiros de suporte ao lançamento da parceria utilizam os parâmetros macroeconómicos definidos por despacho do Ministro das Finanças, o qual determina, designadamente, a taxa de desconto, para efeitos de actualização, e as projecções de inflação.

3 – A verificação da conformidade do projecto de parceria com os pressupostos referidos no n.º 1 deve ser realizada com o maior grau de concretização possível em função da fase em que o projecto se encontre.

4 – No que respeita, em especial, à declaração de impacte ambiental, quando exigível segundo a lei aplicável, deve a mesma ser obtida previamente ao lançamento da parceria. [1]

5 – Nos casos a que se refere o número anterior, os prazos de caducidade previstos nos n.os 1 e 2 do artigo 21.º do Decreto-Lei n.º 69/2000, de 3 de Maio, são alargados para três anos.[1]

6 – Nos casos em que sejam apresentadas propostas com variantes assentes em pressupostos diferentes daqueles que serviram de base à declaração de impacte ambiental, os riscos inerentes à variante correm exclusivamente por conta do parceiro privado.[1]

Artigo 7.º
Partilha de riscos

A partilha de riscos entre as entidades públicas e privadas deve estar claramente identificada contratualmente e obedece aos seguintes princípios:

a) Os diferentes riscos inerentes à parceria devem ser repartidos entre as partes de acordo com a sua capacidade de gerir esses mesmos riscos;

b) O estabelecimento da parceria deverá implicar uma significativa e efectiva transferência de risco para o sector privado;

c) Deverá ser evitada a criação de riscos que não tenham adequada justificação na redução significativa de outros riscos já existentes;

d) O risco de insustentabilidade financeira da parceria, por causa não imputável a incumprimento ou modificação unilateral do contrato pelo parceiro público, ou a situação de força maior, deve ser, tanto quanto possível, transferido para o parceiro privado.

---

[1] *Redacção introduzida pelo Decreto-Lei n.º 141/2006, de 27 de Julho.*

[1] *Redacção introduzida pelo Decreto-Lei n.º 141/2006, de 27 de Julho.*

Concertação Económica e Social e Contratação Económica

CAPÍTULO II
Avaliação das parcerias

Artigo 7.º-A [1]
Programas sectoriais de parcerias

1 – De acordo com as prioridades políticas e de investimentos sectoriais podem ser desenvolvidos programas sectoriais de parcerias, envolvendo um conjunto articulado de projectos com recurso à gestão e ao financiamento privado, nos termos dos artigos 18.º e seguintes da lei de enquadramento orçamental.

2 – A coordenação e o apoio técnico à preparação dos projectos inseridos ou a inserir em programas sectoriais podem ser atribuídos, pelo ministro da tutela sectorial, a unidades ou estruturas técnicas especializadas, às quais cabe, nomeadamente, apresentar o respectivo estudo estratégico e minutas dos instrumentos jurídicos necessários ao início do procedimento prévio à contratação.

3 – O estudo previsto no número anterior deve demonstrar a aptidão do projecto para atrair o sector privado, tendo em conta os potenciais interessados e as condições de mercado existentes.

Artigo 8.º [2]
Preparação e estudo de parcerias

1 – Os ministros das tutelas sectoriais que pretendam iniciar processos de parceria público-privada devem notificar o Ministro das Finanças, para efeitos de constituição de uma comissão de acompanhamento da preparação e da avaliação prévia do projecto, apresentando o respectivo estudo estratégico e as minutas dos instrumentos jurídicos para a realização do procedimento prévio à contratação.

2 – As entidades mencionadas no n.º 2 do artigo 2.º que pretendam iniciar processos de parceria público-privada devem apresentar ao ministro da respectiva tutela sectorial uma proposta contendo os elementos a que se refere o número anterior.

3 – A comissão de acompanhamento é nomeada por despacho conjunto dos Ministros das Finanças e da tutela sectorial, no prazo de 15 dias após a notificação a que se refere o n.º 1.

4 – A comissão de acompanhamento é composta por três ou cinco membros efectivos e dois suplentes, sendo:

a) O respectivo coordenador indicado por acordo entre os Ministros das Finanças e da tutela sectorial;

b) Um ou dois membros efectivos, consoante a comissão seja constituída por três ou cinco membros, indicados por cada um dos ministros;

c) Cada um dos suplentes indicados por cada um dos ministros.

5 – O estudo e preparação da parceria devem ter em consideração a conveniência de averiguação prévia do posicionamento do sector privado relativamente ao tipo de parceria em estudo, tendo em vista, designadamente, a identificação de potenciais interessados e a análise das condições de mercado existentes, procedendo, quando aplicável, à actualização do estudo estratégico a que se refere o n.º 2 do artigo 7.º-A.

6 – No despacho a que se refere o n.º 3, é fixado o prazo em que a comissão de acompanhamento deve apresentar o seu relatório, o qual contém a recomendação de decisão a ser tomada, não podendo exceder 60 dias, salvo em casos devidamente fundamentados.

7 – Compete à comissão de acompanhamento apreciar os pressupostos a que obedeceu o estudo apresentado e desenvolver e aprofundar a análise estratégica e financeira subjacente, com vista à sua adequada inserção nos objectivos do Governo e a maximizar o seu impacte positivo na economia, bem como, especificamente:

a) Promover uma eficaz articulação entre as entidades envolvidas, com vista a imprimir maior celeridade e eficácia à respectiva acção;

b) Propor ao Governo as soluções e medidas que considere mais consentâneas com a defesa do interesse público;

c) Propor os instrumentos jurídicos adequados ao lançamento e execução do projecto de parceria;

d) Apresentar, quando solicitado, o desenvolvimento e aprofundamento do estudo estratégico da parceria e a justificação do modelo a adoptar, demonstrando a inexistência de alternativas equiparáveis dotadas de maior eficiência técnica e operacional ou de maior racionalidade financeira;

e) Demonstrar a comportabilidade orçamental da parceria;

f) Colaborar com as entidades incumbidas da fiscalização e acompanhamento global das parcerias público-privadas.

8 – A comissão de acompanhamento tem poderes para solicitar a qualquer serviço e organismo do ministério da tutela sectorial ou às entidades a que se refere o n.º 2 do artigo 2.º, consoante o caso, a informação e o apoio técnico que se revelem necessários ao desenvolvimento e execução do projecto.

9 – A comissão de acompanhamento deve envolver activamente no desenvolvimento do projecto as entidades que venham a assumir responsabilidades no acompanhamento e controlo da execução do contrato de parceria a celebrar, de forma que estas possam proceder, de forma eficaz, a um acompanhamento e controlo da execução do referido contrato.

10 – Em casos excepcionais, devidamente fundamentados, a constituição da comissão de acompanhamento pode ser dispensada, nos termos e no prazo referidos no n.º 3.

Artigo 9.º [2]
Comissão de avaliação das propostas

1 – Até ao início do procedimento prévio à contratação, a comissão de avaliação de propostas é designada por despacho conjunto dos Ministros das Finanças e da tutela sectorial, aplicando-se à respectiva composição, com as devidas adaptações, o disposto no n.º 4 do artigo anterior, podendo a mesma ser alargada, em casos devidamente fundamentados, até sete ou nove elementos, sendo observada a paridade entre ministérios na respectiva nomeação.

2 – A comissão de avaliação das propostas deve ter, entre as suas incumbências, a de avaliação quantitativa dos encargos para o parceiro público ou para o Estado, bem como a estimativa do impacte potencial dos riscos, directa ou indirectamente, afectos ao parceiro público, decorrentes do conteúdo e natureza de cada uma das propostas, para além da avaliação

---

[1] *Aditado pelo Decreto-Lei n.º 141/2006, de 27 de Julho.*
[2] *Redacção introduzida pelo Decreto-Lei n.º 141/2006, de 27 de Julho.*

[1] *Redacção introduzida pelo Decreto-Lei n.º 141/2006, de 27 de Julho.*

do respectivo mérito relativo, tendo especialmente em conta o pressuposto referido na alínea c) do n.º 1 do artigo 6.º

3 – É aplicável à comissão de avaliação das propostas, com as necessárias adaptações, o regime previsto nos n.os 6, 8 e 9 do artigo 8.º

Artigo 10.º [1]
Lançamento da parceria

1 – Até ao termo do prazo fixado nos termos do n.º 6 do artigo 8.º, a comissão de acompanhamento, ouvido o órgão de gestão da entidade pública interessada, quando for o caso, submete à consideração dos Ministros das Finanças e da tutela sectorial, em relatório fundamentado, uma recomendação da decisão a ser tomada.

2 – No relatório analisa-se, em especial, a conformidade da versão definitiva do projecto de parceria com o disposto no n.º 1 do artigo 6.º e no artigo 7.º e discrimina-se quantitativamente os encargos para o parceiro público ou para o Estado, bem como o impacte potencial dos riscos, directa ou indirectamente, afectos ao parceiro público.

3 – Os Ministros das Finanças e da tutela sectorial decidem quanto ao lançamento da parceria e respectivas condições, mediante despacho conjunto a emitir no prazo de 30 dias a contar da apresentação do relatório, competindo a execução daquele despacho, quando se trate de entidades com personalidade jurídica, ao respectivo órgão de gestão.

4 – Do teor do despacho conjunto, ou dos seus anexos, constam os seguintes elementos:

a) O programa do procedimento adjudicatório aplicável;

b) O caderno de encargos;

c) A análise das opções que determinaram a configuração do projecto;

d) A descrição do projecto e do seu modo de financiamento;

e) A demonstração do seu interesse público;

f) A justificação do modelo de parceria escolhida;

g) A demonstração da comportabilidade dos custos e riscos decorrentes da parceria em função da programação financeira plurianual do sector público administrativo;

h) A declaração de impacte ambiental, quando exigível nos termos da lei aplicável.

5 – O lançamento da parceria é feito segundo o procedimento adjudicatório aplicável, nos termos da legislação relativa à contratação pública.

Artigo 11.º [1]
Adjudicação e reserva de não atribuição

1 – Sem prejuízo da competência prevista na lei para autorização de despesa, a adjudicação é realizada mediante despacho conjunto dos Ministros das Finanças e da tutela sectorial ou, quando se trate de entidades com personalidade jurídica, por acto do respectivo órgão de gestão precedido de despacho conjunto favorável daqueles ministros, aos quais compete apreciar o relatório elaborado pela comissão de avaliação de propostas nos termos do artigo anterior e verificar a conformidade com o disposto no n.º 1 do artigo 6.º e no artigo 7.º, bem como nas alíneas c) a g) do n.º 4 do artigo anterior.

2 – O despacho conjunto referido no número anterior é emitido no prazo máximo de 30 dias a contar da recepção do relatório elaborado pela comissão de avaliação de propostas.

3 – A qualquer momento do processo de selecção do parceiro privado pode dar-se por interrompido ou anulado o processo em curso, mediante despacho conjunto dos Ministros das Finanças e da tutela sectorial e sem direito a qualquer indemnização, sempre que, de acordo com a apreciação dos objectivos a prosseguir, os resultados das análises e avaliações realizadas até então e os resultados das negociações levadas a cabo com os candidatos não correspondam, em termos satisfatórios, aos fins de interesse público subjacentes à constituição da parceria, incluindo a respectiva comportabilidade de encargos globais estimados.

4 – A interrupção ou anulação do processo de constituição da parceria é decidida com observância do procedimento previsto no n.º 1.

5 – A interrupção do procedimento de constituição da parceria é obrigatória sempre que se apresente apenas um concorrente no respectivo procedimento adjudicatório, salvo decisão expressa e fundamentada dos Ministros das Finanças e da tutela sectorial.

CAPÍTULO III
Fiscalização e acompanhamento das parcerias

Artigo 12.º
Fiscalização das parcerias

Os poderes de fiscalização e controlo da execução das parcerias são exercidos por entidade ou serviço a indicar pelo Ministro das Finanças para as matérias económicas e financeiras e pelo ministro da tutela sectorial para as demais.

Artigo 13.º
Acompanhamento global das parcerias

1 – Incumbe aos Ministros das Finanças e da tutela sectorial proceder ao acompanhamento permanente das parcerias tendo por objectivo avaliar os seus custos e riscos e melhorar o processo de constituição de novas parcerias.

2 – Os Ministros das Finanças e da tutela sectorial tomam as providências necessárias para uma eficaz divulgação dos conhecimentos adquiridos pelas entidades incumbidas do acompanhamento das parcerias, bem como para uma crescente colaboração entre elas.

3 – O Ministro das Finanças designa, mediante despacho, a entidade que lhe presta apoio técnico no acompanhamento global das parcerias e à qual podem ser atribuídas, designadamente, as seguintes funções: [1]

a) Emitir pareceres e recolher e disponibilizar informação relativa aos custos, riscos e impacte financeiro das parcerias;

b) Receber, em nome do Ministro das Finanças, os pedidos de constituição de comissões previstas no presente decreto-lei;

c) Receber, em nome do Ministro das Finanças, as comunicações previstas no presente decreto-lei que aquele indicar;

---

[1] *Redacção introduzida pelo Decreto-Lei n.º 141/2006, de 27 de Julho.*

[1] *Redacção introduzida pelo Decreto-Lei n.º 141/2006, de 27 de Julho.*

Concertação Económica e Social e Contratação Económica

d) Indicar, quando tal lhe seja solicitado pelo Ministro das Finanças, a identificação de membros para comissões previstas no presente decreto-lei;

e) Prestar apoio técnico às comissões previstas no presente decreto-lei;

f) Proceder ao acompanhamento dos processos em curso nos tribunais arbitrais, prestando apoio técnico ao parceiro público quando tal lhe seja determinado pelo Ministro das Finanças;

g) Proceder ao arquivo e registos de elementos relacionados com as parcerias.

4 – Os serviços e organismos do Estado e as entidades indicadas no n.º 2 do artigo 2.º devem prestar à entidade designada pelo Ministro das Finanças toda a colaboração que se revele necessária, designadamente fornecendo os elementos que lhes sejam solicitados relacionados com processos de parcerias.[1]

5 – O ministro da tutela sectorial designa igualmente, mediante despacho, a entidade que lhe presta apoio técnico no acompanhamento global do programa sectorial de parcerias, aplicando-se-lhe, correspondentemente, o disposto no número anterior.[1]

6 – Sem prejuízo do disposto nos números anteriores, quando a complexidade, o valor ou o interesse público da parceria o justifiquem, os Ministros das Finanças e da tutela sectorial podem designar uma comissão de acompanhamento da fase inicial da execução do contrato em causa, mediante despacho conjunto, que fixa o âmbito da missão atribuída à respectiva comissão, observando-se, com as devidas adaptações, o disposto nos n.os 3 a 9 do artigo 8.º [1]

Artigo 14.º
Alterações das parcerias

1 – Ficam sujeitas ao disposto nos números seguintes quaisquer alterações que, após a selecção do parceiro privado ou na vigência do respectivo contrato, por acordo dos dois parceiros ou por iniciativa de qualquer deles, ao abrigo de quaisquer disposições legal ou contratualmente aplicáveis, se pretenda introduzir nos termos da parceria ou nos compromissos a assumir ou já assumidos pelas partes.

2 – Quando um serviço ou organismo do Estado ou uma das entidades indicadas no n.º 2 do artigo 2.º pretender dar início ao estudo e preparação de uma alteração dos termos e condições de um contrato de parceria já celebrado, notifica por escrito o Ministro das Finanças ou a entidade que este para o efeito designar, constituindo-se uma comissão de negociação e observando-se, com as devidas adaptações, o disposto nos n.os 3 a 9 do artigo 8.º [1]

3 – Em casos excepcionais, devidamente fundamentados, a constituição da comissão de negociação pode ser dispensada, nos termos e no prazo referidos no n.º 3 do artigo 8.º [1]

4 – (Revogado.)[2]

5 – (Revogado.)[2]

Artigo 14.º-A [3]
Competências da comissão de negociação

1 – Compete à comissão de negociação representar o parceiro público nas negociações que venham a ocorrer com o

parceiro privado, bem como elaborar o correspondente relatório, submetendo-o à apreciação do órgão máximo do serviço do Estado que deu origem ao início do processo de alteração da parceria ou do órgão de gestão do respectivo parceiro público, quando se trate de entidade com personalidade jurídica.

2 – O relatório é apresentado, no prazo máximo de 60 dias, salvo casos devidamente fundamentados, e deve, designadamente:

a) Analisar a conformidade do projecto de alteração da parceria com o disposto no n.º 1 do artigo 6.º e no artigo 7.º;

b) Proceder à avaliação quantitativa dos encargos para o parceiro público ou para o Estado;

c) Proceder à estimativa do impacte potencial dos riscos, directa ou indirectamente, afectos ao parceiro público;

d) Fazer menção aos elementos indicados nas alíneas d), e) e g) do n.º 4 do artigo 10.º

Artigo 14.º-B [2]
Processo de alteração da parceria

1 – Quando o órgão máximo do serviço do Estado ou o órgão de gestão, quando se trate de entidades com personalidade jurídica, considerar que o processo de alteração da parceria se encontra em condições de ser concluído, deve remeter aos Ministros das Finanças e da tutela sectorial o relatório a que se refere o n.º 1 do artigo anterior, acompanhado da minuta das alterações contratuais e de todos os elementos considerados relevantes.

2 – A alteração da parceria deve ser precedida de um despacho conjunto dos Ministros das Finanças e da tutela sectorial, a emitir no prazo de 30 dias a contar da recepção do relatório da comissão de negociação, findo o qual se presume tacitamente emitido.

3 – Emergindo novas situações susceptíveis de fundamentarem outra alteração à mesma parceria ou situações que fundamentem a reposição do equilíbrio financeiro do respectivo contrato, compete à comissão de negociação que se encontre em funções conduzir o respectivo processo.

Artigo 14.º-C [1]
Equilíbrio financeiro e novas actividades

1 – Pode haver lugar à reposição do equilíbrio financeiro do respectivo contrato quando ocorra uma alteração significativa das condições financeiras de desenvolvimento da parceria, nomeadamente nos casos de modificação unilateral, imposta pelo parceiro público, do conteúdo das obrigações contratuais do parceiro privado ou das condições essenciais de desenvolvimento da parceria.

2 – O parceiro público tem direito à partilha equitativa com o parceiro privado dos benefícios financeiros que decorram para este do desenvolvimento da parceria, nomeadamente nos casos de melhoria das condições de financiamento da parceria por via da renegociação ou substituição dos contratos de financiamento.

3 – Devem constar expressamente das peças do procedimento adjudicatório aplicável ou do título contratual os pressupostos em que há lugar à reposição do equilíbrio financeiro ou à partilha a favor do parceiro público de benefícios financeiros do desenvolvimento da parceria.

---

[1] *Redacção introduzida pelo Decreto-Lei n.º 141/2006, de 27 de Julho.*

[2] *Revogado pelo Decreto-Lei n.º 141/2006, de 27 de Julho.*

[3] *Aditado pelo Decreto-Lei n.º 141/2006, de 27 de Julho.*

---

[1] *Aditado pelo Decreto-Lei n.º 141/2006, de 27 de Julho.*

4 – A aferição do equilíbrio financeiro da parceria tem em conta o modelo financeiro que constitui o respectivo caso--base, que deve ser anexo ao contrato de parceria e incluir todas as receitas do parceiro privado que sejam obtidas em resultado do desenvolvimento da parceria, incluindo as recebidas de terceiros ao abrigo de contratos de subconcessão ou cedência onerosa de espaços ou equipamentos para fins comerciais.

5 – A reposição do equilíbrio financeiro ou a partilha a favor do parceiro público de benefícios financeiros são efectuadas nas seguintes modalidades:

a) Alteração do prazo da parceria;

b) Aumento ou redução de obrigações de natureza pecuniária;

c) Atribuição de compensação directa;

d) Combinação das modalidades anteriores ou qualquer outra forma que venha a ser acordada entre as partes.

6 – Quando haja lugar à reposição do equilíbrio financeiro do contrato ou à partilha de benefícios entre o parceiro público e o parceiro privado, observa-se, com as necessárias adaptações, o procedimento de alteração da parceria previsto no n.º 2 do artigo 14.º e nos artigos 14.º-A e 14.º-B.

7 – Quando o parceiro privado pretenda exercer actividades não previstas expressamente no contrato de parceria, a autorização das entidades que aprovaram a celebração do contrato de parceria não pode, em caso algum, ser emitida quando as propostas não contenham a respectiva projecção económico-financeira e uma partilha da correspondente receita.

Artigo 14.º-D [1]
Acréscimo de encargos

1 – Sem prejuízo da observância do regime jurídico relativo à realização de despesas públicas, carece de despacho prévio de concordância dos Ministros das Finanças e da tutela sectorial, a emitir no prazo de 30 dias, findo o qual se presume tacitamente emitido, a realização, redução ou alteração de obras não previstas ou programadas em contrato de parceria já celebrado ou qualquer outra decisão susceptível de, no âmbito da execução do respectivo contrato e das condições aí fixadas, gerar um acréscimo dos encargos previstos para o parceiro público ou para o Estado, excepto se o respectivo valor não exceder, em termos acumulados anuais, (euro) 1000000.

2 – Para efeitos do disposto no número anterior, o pedido apresentado pelo serviço ou entidade que representa o parceiro público na execução do contrato em causa deve ser acompanhado da respectiva fundamentação, do orçamento apresentado pelo parceiro privado e das condições de execução e de pagamento.

3 – No caso de os ministros a que se refere o n.º 1 não aceitarem o orçamento apresentado, bem como as eventuais alterações que ao mesmo ocorram em função de um processo negocial, o parceiro público, obtido despacho de concordância daqueles ministros a emitir no prazo de 30 dias, findos os quais se presume tacitamente emitido, pode, unilateralmente e nos termos fixados no contrato ou na lei, tomar a decisão que acautele em melhores condições o interesse público.

4 – Quando o serviço ou a entidade que representa o parceiro público na execução dos contratos de parcerias toma-

rem conhecimento de situações susceptíveis de gerarem encargos adicionais para o parceiro público ou para o Estado, designadamente os decorrentes de atrasos imputáveis a entidades públicas intervenientes no desenvolvimento do processo, devem, de imediato, comunicar tais factos aos Ministros das Finanças e da tutela sectorial, sempre que possível com indicação dos valores estimados envolvidos.

Artigo 14.º-E [1]
Acompanhamento de processos arbitrais

1 – Quando, nos termos de contrato de parceria já celebrado, seja requerida a constituição de um tribunal arbitral para a resolução de litígios entre as partes, o serviço ou entidade que representar o parceiro público no contrato de parceria deve comunicar imediatamente aos Ministros das Finanças e da tutela sectorial a ocorrência desse facto, fornecendo todos os elementos que se revelem úteis ao acompanhamento do processo.

2 – Com vista ao acompanhamento do processo arbitral, os Ministros das Finanças e da tutela sectorial podem determinar, mediante despacho conjunto, a manutenção em funções da comissão de negociação anteriormente constituída em relação com o objecto do litígio.

3 – Devem ser remetidas, periodicamente, à entidade directamente incumbida de proceder ao acompanhamento do respectivo processo arbitral cópias dos actos processuais que sejam entretanto praticados por qualquer das partes e pelo tribunal, bem como dos pareces técnicos e jurídicos e quaisquer outros elementos relevantes para a compreensão, desenvolvimento ou desfecho da lide.

CAPÍTULO IV
Disposições finais

Artigo 14.º-F [1]
Consultores externos

1 – Sem prejuízo da observância do regime jurídico relativo à realização de despesas públicas, a decisão de contratar consultores para apoio no âmbito de processos de parcerias público-privadas deve identificar ou conter:

a) As razões objectivas que justificam essa contratação e a correspondente delimitação, em termos claros e precisos, do âmbito de intervenção do consultor externo;

b) Os encargos para o parceiro público ou para o Estado previsivelmente decorrentes dessa contratação e o seu cabimento orçamental;

c) O procedimento a adoptar na selecção do consultor externo, nos termos da lei aplicável.

2 – O consultor externo que venha a prestar serviços de consultoria ao parceiro público na preparação, avaliação, acompanhamento, renegociação ou outra intervenção referente a uma determinada parceria público-privada que lhe permita o acesso a informação não disponível publicamente fica impedido de prestar assessoria ao parceiro privado ou a qualquer entidade que se apresente como concorrente no âmbito dessa parceria.

---

[1] *Aditado pelo Decreto-Lei n.º 141/2006, de 27 de Julho.*

[1] *Aditado pelo Decreto-Lei n.º 141/2006, de 27 de Julho.*

Concertação Económica e Social e Contratação Económica

3 – A inobservância do disposto no número anterior é causa de exclusão do concorrente de qualquer procedimento tendente à adjudicação da parceria ou de cessação antecipada da mesma, por razões imputáveis ao parceiro privado, sem prejuízo da indemnização a que o parceiro público possa ter direito, nos termos legais ou contratuais aplicáveis.

ARTIGO 15.º
Delegação e subdelegação

As competências atribuídas no presente diploma aos Ministros das Finanças e da tutela sectorial podem ser delegadas ou subdelegadas.

ARTIGO 16.º
Aplicação imediata

O presente diploma aplica-se:

a) A todas as parcerias público-privadas que ainda não tenham sido objecto do despacho referido no n.º 9 do artigo 8.º;

b) Às renegociações, contratualmente previstas ou acordadas pelas partes, das parcerias já existentes, nos limites da disponibilidade negocial legalmente permitida.

ARTIGO 17.º
Alteração ao Decreto-Lei n.º 185/2002, de 20 de Agosto

Os artigos 1.º, 12.º e 18.º do Decreto-Lei n.º 185/2002, de 20 de Agosto, passam a ter a redacção seguinte:

«ARTIGO 1.º
Âmbito

O presente diploma define os princípios e os instrumentos para o estabelecimento de parcerias em saúde, em regime de gestão e financiamento privados, entre o Ministério da Saúde ou instituições e serviços integrados no Serviço Nacional de Saúde e outras entidades, nos termos do disposto no n.º 2 do artigo 3.º do Decreto-Lei n.º 86/2003, de 26 de Abril.

ARTIGO 12.º
Competências do Ministro da Saúde

1 – Compete ao Ministro da Saúde, com faculdade de delegação, a qual pode, por sua vez, ser subdelegada, o seguinte:

a) Autorizar o lançamento da parceria;

b) Escolher o co-contratante;

c) Decidir sobre a conveniência de declarar sem efeito os procedimentos iniciados, bem como da não adjudicação do contrato de gestão aos concorrentes;

d) Aprovar e autorizar a celebração dos contratos de gestão;

e) Autorizar a introdução de modificações aos contratos de gestão;

f) Declarar a utilidade pública das expropriações dos terrenos necessários à execução das actividades objecto do contrato de gestão e designar a entidade que, em nome do Estado, conduzirá a realização dos processos expropriativos dos bens ou direitos necessários à execução do contrato de gestão;

g) Superintender no acompanhamento e fiscalização dos contratos de gestão, sem prejuízo das competências do Ministro das Finanças;

h) Decidir sobre a aplicação de multas, o sequestro e a extinção do contrato de gestão.

2 – O disposto nas alíneas a) a e) do número anterior observa o regime previsto no Decreto-Lei n.º 86/2003, de 26 de Abril.

ARTIGO 18.º
Remuneração da entidade gestora

1 – ...

a) ...

b) ...

c) ...

d) Outra modalidade de pagamento a fixar no caderno de encargos específico.»

ARTIGO 18.º
Norma revogatória

É revogado o artigo 4.º do Decreto-Lei n.º 185/2002, de 20 de Agosto.

ARTIGO 19.º
Entrada em vigor

O presente diploma entra em vigor no dia seguinte ao da sua publicação.

Visto e aprovado em Conselho de Ministros de 28 de Fevereiro de 2003. – *José Manuel Durão Barroso – Maria Manuela Dias Ferreira Leite – Luís Filipe Pereira.*

Promulgado em 10 de Abril de 2003.

Publique-se.

O Presidente da República, JORGE SAMPAIO.

Referendado em 14 de Abril de 2003.

O Primeiro-Ministro, *José Manuel Durão Barroso.*

Decreto-Lei n.º 203/2003, de 10 de Setembro – **Aprova o regime especial de contratação de apoios e incentivos exclusivamente aplicável a grandes projectos de investimento enquadráveis no âmbito das atribuições da Agência Portuguesa para o Investimento**

Decreto-Lei n.º 203/2003

de 10 de Setembro

No sentido de adequar o quadro normativo português às mais recentes orientações da União Europeia e da OCDE, que apontam para a não discriminação do investimento em razão da nacionalidade, o Governo institui, com o presente diploma, um regime contratual único e revoga o regime de registo a posteriori das operações de investimento estrangeiro em Portugal. Desta forma, põe-se termo ao tratamento diferenciado do investimento estrangeiro face ao investimento nacional.

Por outro lado, importa referir que o regime contratual de investimento, a que se alude no diploma, é um regime especial de contratação de apoios e incentivos exclusivamente aplicável a grandes investimentos e que, por conseguinte, não exclui o regime geral de investimento que se rege pela legislação em vigor, nomeadamente no que se refere à regulamentação referente aos incentivos atribuídos pelo Estado Português, através dos fundos comunitários, ao abrigo do III Quadro Comunitário de Apoio.

Em matéria de promoção e captação de investimento, estão a desenvolver-se novas abordagens com vista a atrair mais e melhor investimento para Portugal. Ao nível dos grandes projectos de investimento, essa reorientação implica que o esforço da Agência Portuguesa para o Investimento (API), criada pelo Decreto-Lei n.º 225/2002, de 30 de Outubro, se concentre mais em investimentos que visem a produção de bens e serviços internacionalmente transaccionáveis. Tais investimentos deverão ainda ser geradores de mais valor acrescentado, criar elos mais elevados na cadeia de valor, reforçar directa ou indirectamente as capacidades de inovação, de investigação e desenvolvimento de produto, resultar numa melhoria da qualidade dos bens e serviços prestados, ou reunir condições para um melhor aproveitamento dos recursos endógenos existentes a nível nacional. Enfim, deverão traduzir-se em mais e melhor desenvolvimento e internacionalização da economia nacional.

Entende-se por grandes projectos de investimento, na senda do que está consagrado no n.º 2 do artigo 5.º dos Estatutos da API, os que apresentem um valor superior a 25 milhões de euros ou que, embora não atinjam esse valor, sejam promovidos por uma empresa cuja facturação anual consolidada seja superior a 75 milhões de euros ou por uma entidade de natureza não empresarial cujo orçamento anual seja superior a 40 milhões de euros, independentemente do sector de actividade ou da nacionalidade do investidor. Desta forma, desaparece a distinção entre investimento estrangeiro e investimento nacional, passando a existir em Portugal um regime contratual único, aplicável a todos os grandes projectos de investimento, quer de origem nacional quer estrangeira.

A API, enquanto interlocutor único para os promotores de investimentos de dimensão mais elevada, sejam eles nacionais ou estrangeiros, assumirá o papel de entidade competente para a recepção, análise, negociação, contratualização e acompanhamento dos grandes projectos que acedam ao regime contratual de investimento.

As vantagens do regime contratual de investimento assentam no facto de o mesmo permitir, por um lado, uma negociação directa entre o investidor e um único representante da Administração Pública e, por outro, na possibilidade de se celebrar um contrato de investimento (contrato principal) que consagra conjuntamente a atribuição dos incentivos financeiros, fiscais e, eventualmente, de outra natureza, conforme previsto nos Estatutos da API. Nestes termos, o cumprimento dos objectivos negociados é aferido concertadamente para efeitos de todos os incentivos concedidos. Os contratos que sejam apensos ao contrato de investimento submetem-se, pois, à disciplina jurídica do primeiro por forma que eventuais renegociações, sanções ou rescisões sejam coordenadas pela API, enquanto única entidade que, em representação do Estado, negoceia e assina o contrato de investimento.

A avaliação do mérito de grandes projectos de investimento é competência exclusiva da API, não tendo qualquer outra entidade pública que proceder a novas avaliações do mérito, sem prejuízo de consultas para o efeito da iniciativa da API. A avaliação do mérito dos grandes projectos de investimento rege-se por princípios fundamentais de adequação caso a caso que não são compatíveis com modelos ou fórmulas prefixados de medição de mérito. Por esta razão, o regime contratual de investimento é instrumento por excelência da API.

De facto, é frequente que os grandes investidores conduzam processos iterativos de negociação simultânea em vários países, baseando a sua decisão final nas melhores contrapartidas que possam alcançar. Para o efeito, a relativa rigidez de predeterminadas medições do mérito revelar-se-ia imprópria, porque redutora e inibidora de um processo negocial que sempre se caracteriza por elevadas exigências de profissionalismo dos negociadores e competitividade das contrapartidas.

O espírito de actuação da Agência há-de atender, tanto quanto possível, a referenciais qualitativos que possam ser subjacentes a tais medições do mérito expressas em formulários. Só deste modo é possível à Agência apresentar, em tempo útil, propostas de incentivos que sejam claras, evolutivas e

Concertação Económica e Social e Contratação Económica

competitivas face ao que países concorrentes tenham para oferecer aos grandes investidores.

Em suma, a flexível graduação, caso a caso, dos incentivos e contrapartidas bem como a sua contratação devem ser vistas como inerências do segmento de grandes projectos e da missão da API, estatutariamente definidos.

Ademais, a razoabilidade e a proporcionalidade de cada contrato de investimento estão sujeitas a decisão final do Governo, nos termos previstos no artigo 5.º, a qual pressupõe, naturalmente, a recolha de prévias anuências ao longo das negociações.

No âmbito do regime contratual de investimento poderão ser concedidas pelo Estado as contrapartidas que se mostrem qualitativa e quantitativamente adequadas ao mérito do projecto em causa, no respeito da legislação nacional e comunitária, nomeadamente em matéria de auxílios de Estado.

Por último, a revogação do regime de registo a posteriori, procedimento administrativo dificilmente justificável no actual quadro de globalização e que se veio a revelar pouco eficaz e útil face ao esforço que representava para o Estado e para os agentes públicos e privados envolvidos, enquadra-se num conjunto de medidas que visam reduzir os chamados «custos de contexto», tal como definido no artigo 7.º dos Estatutos da API. As operações de investimento estrangeiro, para efeitos de tratamento estatístico, no âmbito da Directiva Comunitária n.º 88/361/CE, de 24 de Julho, passarão pois a ser apenas as que como tal são registadas e divulgadas pelo Banco de Portugal.

Com o presente diploma simplifica-se e reduz-se a proliferação de diplomas legais aplicáveis a esta matéria, substituindo-os por um único aplicável a todos os grandes projectos, e cujas disposições são mais adequadas à execução das atribuições da API, nomeadamente através da celebração de contratos de investimento.

Foi ouvida a Associação Nacional de Municípios Portugueses.

Assim:

Nos termos da alínea a) do n.º 1 do artigo 198.º da Constituição, o Governo decreta o seguinte:

ARTIGO 1.º
Objecto

1 – O presente diploma estabelece um regime especial de contratação de apoios e incentivos exclusivamente aplicável a grandes projectos de investimento enquadráveis no âmbito das atribuições da Agência Portuguesa para o Investimento, E. P. E. (API), nos termos definidos no Decreto-Lei n.º 225/ /2002, de 30 de Outubro, doravante designado por regime contratual de investimento.

2 – Entendem-se por grandes projectos de investimento, para efeitos do presente diploma:

a) Os investimentos cujo valor exceda 25 milhões de euros, independentemente do sector de actividade, da dimensão ou da nacionalidade e da natureza jurídica do investidor, a realizar de uma só vez ou faseadamente até três anos;

b) Os projectos que, não atingindo o valor estabelecido na alínea anterior, sejam da iniciativa de uma empresa com facturação anual consolidada superior a 75 milhões de euros ou de uma entidade de tipo não empresarial com orçamento anual superior a 40 milhões de euros.

ARTIGO 2.º
Condição de acesso e entidade competente

1 – Podem ter acesso ao regime contratual de investimento os grandes projectos que, pelo seu mérito, demonstrem especial interesse para a economia portuguesa, conforme avaliação pela entidade competente.

2 – A API é a entidade competente para, em representação do Estado, proceder à recepção, análise, negociação e contratualização dos grandes projectos que acedam ao regime contratual.

3 – A avaliação do mérito dos grandes projectos de investimento é da competência exclusiva da API, que sobre ele deve decidir fundamentadamente, não estando vinculada a quaisquer medições prefixadas de mérito, para além do disposto no presente diploma.

4 – Compete, ainda, à API o acompanhamento, a verificação do cumprimento das obrigações contratuais e a eventual renegociação do contrato.

ARTIGO 3.º
Contrapartidas

1 – No âmbito do regime contratual de investimento poderão ser concedidas pelo Estado as contrapartidas que se mostrem qualitativa e quantitativamente adequadas ao mérito do projecto em causa.

2 – As contrapartidas referidas no número anterior podem revestir, cumulativamente ou não, as seguintes modalidades:

a) Concessão de incentivos financeiros, reembolsáveis ou a fundo perdido, nos termos e condições da legislação aplicável;

b) Atribuição de benefícios fiscais nos termos e condições da legislação aplicável;

c) Co-financiamento do projecto através da intervenção de capital de risco e de desenvolvimento, de origem pública.

3 – A título excepcional, podem ainda ser concedidas contrapartidas específicas para atenuar custos de contexto, de entre as quais:

a) Comparticipação em custos de formação profissional;

b) Compensação de custos de escassez de especialidades profissionais;

c) Compensação de custos de distância às fontes de saber e de inovação;

d) Realização pelo Estado e outras entidades do sector público de investimentos públicos em infra-estruturas.

4 – As contrapartidas concedidas nos termos do presente artigo estão condicionadas ao cumprimento dos objectivos e obrigações contratualmente fixados.

5 – Os compromissos a que se refere a alínea d) do n.º 3 do presente artigo carecem de prévia demonstração de cobertura orçamental e da necessária autorização dos competentes membros do Governo, ou dos Governos Regionais ou das autarquias, conforme os casos.

6 – A concessão das contrapartidas aqui previstas está sujeita às regras comunitárias aplicáveis em matéria de auxílios de Estado.

ARTIGO 4.º
Contratos de investimento

1 – Os grandes projectos que acedam ao regime contratual de investimento são objecto de contratos negociados e cele-

brados entre a API, em representação do Estado, e os investidores e as pessoas singulares ou colectivas que neles participem, directa ou indirectamente.

2 – Sempre que no decorrer da negociação contratual forem acordadas contrapartidas nos termos previstos no artigo 3.º, deve a API obter das entidades públicas ou privadas, directa ou indirectamente envolvidas ou interessadas no processo, a pré-vinculação das mesmas ao cumprimento dos compromissos por elas assumidos bem como a garantia da concretização das diligências e procedimentos necessários para esse efeito, sem prejuízo da competência exclusiva a que se refere o n.º 3 do artigo 2.º

3 – Para efeitos do número anterior, nomeadamente, a API informará os ministérios e as entidades públicas e privadas directamente envolvidas nos processos dos projectos de investimento que acedam ao regime contratual.

ARTIGO 5.º
Decisão final

1 – Concluídas as negociações, o texto final do contrato e de todos os documentos que o integram são rubricados pelos representantes das Partes, conforme disposto no n.º 1 do artigo 4.º

2 – O contrato é submetido a prévia aprovação por despacho conjunto do ministro que superintende a API e dos ministros da tutela dos sectores envolvidos, ou por resolução do Conselho de Ministros caso haja lugar à atribuição de benefícios fiscais ao investimento.

3 – O despacho ou resolução do Conselho de Ministros que aprova o contrato de investimento é objecto de publicação no Diário da República.

4 – O contrato é outorgado em documento particular, ficando o seu original, bem como o respectivo processo, arquivados na API.

5 – O processo é constituído por todos os documentos de natureza técnica ou jurídica, independentemente do respectivo suporte, que respeitam ao projecto objecto do contrato de investimento.

6 – O contrato de investimento e bem assim o respectivo processo estão abrangidos pelo disposto na lei em matéria de acesso aos documentos da Administração Pública e dever de sigilo.

ARTIGO 6.º
Renegociação

1 – O contrato de investimento pode ser objecto de renegociação, a pedido de qualquer das partes, caso ocorra algum evento que altere substancialmente as circunstâncias em que as partes fundaram a sua vontade de contratar.

2 – Qualquer alteração contratual decorrente da renegociação prevista no número anterior será submetida a decisão final nos termos do artigo 5.º

3 – Qualquer transmissão da posição contratual fica sujeita a autorização da API para efeitos do presente diploma.

ARTIGO 7.º
Participação de outras entidades

No decurso da análise, negociação e acompanhamento bem como da renegociação dos projectos que acedam ao regime contratual de investimento, e sem prejuízo da competência

exclusiva a que se refere o n.º 3 do artigo 2.º, a API pode solicitar aos ministérios e entidades públicas ou privadas, directa ou indirectamente envolvidas ou interessadas no processo, a prestação de toda a colaboração necessária, nomeadamente a emissão de pareceres ou outros contributos convenientes para o efeito.

ARTIGO 8.º
Rescisão

1 – O contrato de investimento pode ser rescindido, designadamente, nos seguintes casos:

a) Não cumprimento, imputável ao investidor ou às pessoas singulares ou colectivas que directa ou indirectamente nele participem, dos objectivos e obrigações contratuais, nos prazos estabelecidos no contrato;

b) Não cumprimento pelo investidor das suas obrigações legais e fiscais;

c) Prestação de informações falsas ou viciação de dados fornecidos à API.

2 – Para efeitos de verificação dos requisitos previstos na alínea a) do n.º 1, deve ser tido em conta o grau de cumprimento dos objectivos contratuais, acordado contratualmente.

3 – A rescisão do contrato, por iniciativa da API, será submetida a decisão final, nos termos previstos no artigo 5.º do presente diploma.

4 – A rescisão do contrato, por causa imputável ao investidor, determina a perda total ou parcial dos incentivos concedidos, acrescida de juros, quando devidos, ou de juros compensatórios, especialmente previstos para o efeito, que serão contados desde a atribuição desses incentivos até à rescisão do contrato, a que acresce nos termos legais.

5 – Para além do previsto no número anterior, a rescisão do contrato por causa imputável ao investidor poderá também determinar a restituição ou compensação das contrapartidas previstas nas alíneas a) a d) do n.º 3 do artigo 3.º do presente diploma, nos termos contratuais ou gerais de direito.

ARTIGO 9.º
Recurso à via arbitral

1 – Para dirimir os litígios emergentes da interpretação e aplicação dos contratos de investimento podem as partes convencionar o recurso à via arbitral, com excepção do que diga respeito a matéria relativa aos incentivos fiscais.

2 – Para os efeitos do número anterior, o Estado é representado no tribunal arbitral pela API.

ARTIGO 10.º
Direito da concorrência

O disposto no presente diploma não dispensa a observância dos procedimentos previstos pela legislação em vigor em matéria de defesa e promoção da concorrência.

ARTIGO 11.º
Legislação especial

Os projectos de investimento que pela sua natureza, forma ou condições de realização possam afectar a ordem, a segurança ou a saúde públicas, assim como aqueles que respeitem à produção e comércio de armas, munições e material de guerra ou que envolvam o exercício da autoridade pública, estão sujeitos ao estabelecido na respectiva legislação especial.

Artigo 12.º
Revogação

São revogados o Decreto-Lei n.º 246/93, de 8 de Julho, o Decreto-Lei n.º 321/95, de 28 de Novembro, e o Decreto Regulamentar n.º 2/96, de 16 de Maio, na redacção que lhe foi dada pelo Decreto Regulamentar n.º 4/2000, de 24 de Março.

Visto e aprovado em Conselho de Ministros de 10 de Julho de 2003. – *José Manuel Durão Barroso – Maria Manuela Dias Ferreira Leite – Carlos Manuel Tavares da Silva – António José de Castro Bagão Félix – Amílcar Augusto Contel Martins Theias.*

Promulgado em 1 de Setembro de 2003.

Publique-se.

O Presidente da República, Jorge Sampaio.

Referendado em 3 de Setembro de 2003.

O Primeiro-Ministro, *José Manuel Durão Barroso.*

Resolução do Conselho de Ministros n.º 95/2005, de 5 de Maio de 2005, publicada no Diário da República 1ª série, de 24 de Maio – **Cria o sistema de reconhecimento e acompanhamento de projectos de potencial interesse nacional**

Resolução do Conselho de Ministros n.º 95/2005

Portugal precisa de mais e melhor investimento. A construção de uma economia mais competitiva exige empresas fortes, dinâmicas, social e ambientalmente sustentáveis e capazes de serem concorrenciais num ambiente económico globalizado.

Dinamizar o investimento empresarial associado a actividades que diversifiquem a base económica existente, criem emprego qualificado e apresentem características que lhes permitam gerar mais valor acrescentado é o objectivo central a prosseguir, no quadro do novo contrato para a confiança lançado pelo Governo.

Apesar das experiências e iniciativas anteriores para aligeirar custos de contexto associados à vida das empresas, ainda se verifica, no plano da acção pública, um défice claro na tramitação administrativa dos processos, na adequação dos mecanismos regulamentares e nas normas processuais de aplicação dos sistemas de incentivo às iniciativas de investimento empresarial.

Deste modo, a dinamização do investimento, através da criação de uma envolvente favorável, é hoje um desafio decisivo das políticas públicas, que exige medidas concretas e eficazes.

Assim, o Governo, através da presente resolução, decide adoptar novos mecanismos de acompanhamento e desenvolvimento processual dos projectos que sejam reconhecidos como sendo de potencial interesse nacional (PIN).

Para tanto, definem-se os critérios para a qualificação dos projectos como PIN, em razão da sua especial valia nos planos económico, social, tecnológico, energético e de sustentabilidade ambiental.

O que se pretende é favorecer a concretização de diversos tipos de projectos de investimento, assegurando um acompanhamento de proximidade, promovendo a superação dos bloqueios administrativos e garantindo uma resposta célere, sem prejuízo dos dispositivos legais necessários à salvaguarda do interesse público, nomeadamente ao nível da segurança e do ambiente. Estes objectivos serão prosseguidos não apenas por via da institucionalização de um adequado sistema de acompanhamento e monitorização dos projectos, mas também por via das alterações legislativas necessárias.

Assim:

Nos termos da alínea g) do artigo 199.º da Constituição, o Conselho de Ministros resolve:

1 – Criar o Sistema de Reconhecimento e Acompanhamento de Projectos de Potencial Interesse Nacional (PIN).

2 – Estabelecer como objectivo do Sistema referido no número anterior a dinamização do investimento empresarial associado a actividades que diversifiquem a base económica existente, criem emprego qualificado e apresentem características de inovação que lhes permitam gerar mais valor acrescentado.

3 – Definir que podem ser reconhecidos como projectos PIN aqueles que, sendo susceptíveis de adequada sustentabilidade ambiental e territorial, representem um investimento global superior a 25 milhões de euros e apresentem um impacte positivo em pelo menos quatro dos seguintes domínios:

a) Produção de bens e serviços transaccionáveis, de carácter inovador e em mercados com potencial de crescimento;

b) Efeitos de arrastamento em actividades a montante ou a jusante, particularmente nas pequenas e médias empresas;

c) Interacção e cooperação com entidades do sistema científico e tecnológico;

d) Criação e ou qualificação de emprego;

e) Inserção em estratégias de desenvolvimento regional ou contribuição para a dinamização económica de regiões com menor grau de desenvolvimento;

f) Balanço económico externo;

g) Eficiência energética e ou favorecimento de fontes de energia renováveis.

4 – Definir que podem, ainda, ser reconhecidos como PIN projectos de valor igual ou inferior a 25 milhões de euros desde que tenham uma forte componente de investigação e desenvolvimento (I&D), de inovação aplicada ou de manifesto interesse ambiental e desde que satisfaçam as condições fixadas nos termos do número anterior.

5 – Estabelecer que a aplicação dos critérios referidos no n.º 3 é efectuada de acordo com os parâmetros fixados no anexo à presente resolução e que dela faz parte integrante.

6 – Criar a comissão de avaliação e acompanhamento dos projectos PIN, adiante abreviadamente designada como comissão.

7 – Determinar que a comissão é composta por representantes dos seguintes serviços e organismos:

a) Agência Portuguesa para o Investimento, que coordena;

b) Direcção-Geral da Empresa;

c) Direcção-Geral do Turismo;

d) Direcção-Geral de Ordenamento do Território e Desenvolvimento Urbano;

e) Instituto do Ambiente;

f) Instituto da Conservação da Natureza.

8 – Determinar que a representação dos serviços e organismos referidos no número anterior é feita pelos seus dirigentes máximos, com possibilidade de delegação em titulares de cargos de direcção superior de 2.º grau, ou equiparados, não implicando, em qualquer dos casos, atribuição de remuneração.

Concertação Económica e Social e Contratação Económica

9 – Cometer à comissão o reconhecimento e acompanhamento dos projectos PIN.

10 – Determinar que, para efeitos do número anterior:

a) O reconhecimento dos projectos PIN depende de requerimento a apresentar pelos interessados, nos termos a definir por despacho conjunto dos Ministros do Ambiente, do Ordenamento do Território e do Desenvolvimento Regional e da Economia e da Inovação;

b) A decisão final sobre o reconhecimento é comunicada aos interessados no prazo de 30 dias úteis a contar da entrada do pedido, salvo quando sejam solicitados ao requerente esclarecimentos adicionais;

c) O acompanhamento dos projectos reconhecidos como PIN assegure a celeridade dos procedimentos necessários à sua viabilização, nomeadamente em matéria de licenciamento e acesso a incentivos financeiros e fiscais;

d) Em função da natureza ou localização de um projecto PIN, a comissão deve solicitar a participação nas suas reuniões de outras entidades, sem direito a voto.

11 – Estabelecer que a organização e o funcionamento da comissão são fixados por regulamento interno.

12 – Incumbir a comissão de elaborar trimestralmente um relatório da sua actividade, a remeter aos Ministros do Ambiente, do Ordenamento do Território e do Desenvolvimento Regional e da Economia e da Inovação, e ao Ministro de Estado e dos Negócios Estrangeiros, no que diz respeito às questões relacionadas com a aplicação do direito comunitário.

13 – Estabelecer que a comissão inicia funções com a entrada em vigor da presente resolução e permanece em funcionamento até 31 de Dezembro de 2007, sendo o respectivo apoio logístico assegurado pela Agência Portuguesa para o Investimento.

14 – Mandatar os Ministros do Ambiente, do Ordenamento do Território e do Desenvolvimento Regional e da Economia e da Inovação para, no prazo de 30 dias, proporem ao Conselho de Ministros as alterações legislativas, regulamentares e procedimentais necessárias à apreciação célere dos projectos PIN.

Presidência do Conselho de Ministros, 5 de Maio de 2005. – O Primeiro-Ministro, *José Sócrates Carvalho Pinto de Sousa.*

ANEXO
(parâmetros referentes ao n.º 5)

Produção de bens e serviços transaccionáveis de carácter inovador e em mercados com potencial de crescimento:

a) Inovação de serviços, processos e produtos, ponderando o grau de novidade em termos de empresa, região ou sector;

b) Produção de bens e serviços que podem ser objecto de troca internacional ou expostos à concorrência externa;

c) Inserção em sectores com procura dinâmica no mercado global.

Efeitos de arrastamento em actividades a montante ou a jusante, principalmente nas pequenas e médias empresas:

a) Valorização da cadeia de fornecimentos de modo a incorporar efeitos estruturantes, designadamente em actividades de concepção, design e certificação de sistemas de qualidade, ambiente, higiene e segurança e saúde no trabalho e responsabilidade social;

b) Estimular abertura a novos canais de distribuição, bem como o processo de internacionalização de fornecedores e clientes;

c) Valorização de recursos endógenos, designadamente os renováveis, e de resíduos com valorização das situações associadas à redução dos impactes ambientais.

Interacção e cooperação com entidades do sistema científico e tecnológico:

a) Envolvimento em acordos de cooperação de carácter relevante com instituições do ensino superior, centros tecnológicos e outras entidades no âmbito do desenvolvimento científico e tecnológico em novos processos, produtos e serviços ou a sua melhoria significativa;

b) Criação de estruturas comuns de investigação e desenvolvimento.

Criação e ou qualificação de emprego:

a) Criação e qualificação de emprego directo local ou regional;

b) Efeitos indirectos na criação e qualificação de emprego;

c) Desenvolvimento de iniciativas em parceria visando a criação de estruturas de formação e qualificação profissional;

d) Qualificação do emprego, nomeadamente através de estágios profissionais ou acções de formação.

Inserção em estratégias de desenvolvimento regional ou contribuição para a dinamização económica de regiões com menor grau de desenvolvimento:

a) Localização em regiões objecto de tratamento prioritário no âmbito de sistemas de incentivo ao investimento;

b) Enquadramento regional com impacte relevante na dinamização e promoção das regiões, visando o aproveitamento dos seus recursos e potencialidades.

Balanço económico externo:

a) Impacte positivo nas relações de troca da economia da região e no grau de exposição aos mercados externos.

Eficiência energética e ou favorecimento de fontes de energia renováveis:

a) Introdução de processos e métodos de gestão/controlo visando a optimização na utilização de recursos energéticos com impacte significativo ao nível do reaproveitamento da energia, pela introdução de sistemas de co-geração e de técnicas que visem especificamente a redução do consumo de energia;

b) Diversificação de fontes energéticas privilegiando as renováveis e as de menor impacte ambiental.

Decreto-Lei n.º 285/2007, de 17 de Agosto – Estabelece o regime jurídico aplicável aos projectos de potencial interesse nacional classificados como de importância estratégica *PIN +*

Decreto-Lei n.º 285/2007

de 17 de Agosto

Sucessivos diagnósticos da economia portuguesa têm identificado como causas de um menor grau de desenvolvimento um conjunto de «custos de contexto». Para responder a este problema, o Programa do XVII Governo Constitucional reconheceu ser «essencial promover a simplificação da legislação e dos procedimentos em áreas centrais à actividade das empresas, bem como desenvolver práticas de avaliação sistemática do seu impacto» como forma de acelerar o desenvolvimento económico e de aumentar o emprego.

Neste sentido, o Governo tem vindo a adoptar numerosas iniciativas de combate à burocracia tendo em vista um ambiente mais favorável para os negócios e para a actividade das empresas.

Portugal tem de ser capaz de atrair investimentos e projectos, nacionais e estrangeiros, de qualidade, que criem valor acrescentado e que alterem o perfil das exportações. A concretização de um projecto de excelência tem um efeito multiplicador do crescimento económico e do emprego por via da modernização das empresas a montante e a jusante e produz um efeito de arrastamento, contribuindo para a atracção de outros projectos de excelência. O presente decreto-lei visa criar condições para atrair os melhores investidores e os melhores projectos, integrando um conjunto de boas práticas já identificadas na Administração Pública que respondem às crescentes exigências colocadas pelos desafios da modernização e da competitividade.

No caso dos projectos de excelência, é necessário que se estabeleça um procedimento capaz de rapidamente os identificar como tal. Nesse sentido, o presente decreto-lei estabelece um mecanismo célere de classificação de projectos de potencial interesse nacional com importância estratégica (PIN +). Uma vez obtida essa classificação, o Governo, em estreita cooperação com as autarquias territorialmente competentes, compromete-se a assegurar uma tramitação célere dos procedimentos autorizativos.

A celeridade desejada é fruto da consagração de um mecanismo de conferência de serviços, que reúne todas as entidades da administração central que se devam pronunciar sobre o projecto, permitindo, assim, a integração de diversos procedimentos e a emissão dos pareceres, aprovações, autorizações, decisões ou licenciamentos da responsabilidade daquelas entidades num prazo global que, tendencialmente, será de 60 dias, não ultrapassando, mesmo nos casos mais complexos, os 120 dias.

Para a referida celeridade contribuirá ainda a existência de um único interlocutor entre o investidor e os diversos serviços da Administração Pública, permitindo evitar a prestação da mesma informação, em momentos sucessivos do procedimento, aos vários serviços e organismos e assegurando a respectiva articulação.

Prevê-se, ainda, a emissão de um documento único, que integra num mesmo instrumento todos os pareceres, aprovações, autorizações, decisões ou licenciamentos da responsabilidade da administração central necessários à concretização do projecto PIN +.

As soluções propostas para os projectos PIN + apostam no ambiente como factor de competitividade, assegurando-se uma análise integrada dos seus impactes ambientais, territoriais, económicos e sociais, por forma a encontrar soluções óptimas de desenvolvimento sustentável.

Foi ouvida a Associação Nacional de Municípios Portugueses.

Assim:

Nos termos da alínea a) do n.º 1 do artigo 198.º da Constituição, o Governo decreta o seguinte:

CAPÍTULO I
Projectos PIN +

ARTIGO 1.º
Objecto

1 – O presente decreto-lei estabelece o regime jurídico aplicável aos projectos de potencial interesse nacional (PIN) classificados como de importância estratégica e doravante designados como projectos PIN +.

2 – Os projectos PIN + regem-se pelas normas legais e regulamentares aplicáveis em razão da sua natureza, com as alterações e derrogações decorrentes do presente decreto-lei.

ARTIGO 2.º
Classificação

1 – Para efeitos do presente decreto-lei, são projectos PIN + os que como tal sejam classificados pelos ministros competentes em razão da matéria, nos termos do disposto no n.º 1 do artigo 6.º

2 – São susceptíveis de classificação como projectos PIN + os projectos que para esse efeito sejam propostos pela comissão de avaliação e acompanhamento dos projectos PIN, prevista na Resolução do Conselho de Ministros n.º 95/2005, de 24 de Maio, adiante designada como CAA-PIN, de entre os projectos candidatos ao reconhecimento como PIN.

3 – A CAA-PIN pode propor a classificação como PIN + dos projectos que preencham os critérios PIN nos termos previstos na Resolução do Conselho de Ministros n.º 95/2005, de 24 de Maio, e, cumulativamente, os seguintes:

Concertação Económica e Social e Contratação Económica

a) Investimento superior a (euro) 200 000 000, ou, excepcionalmente, a (euro) 60 000 000, no caso de projectos de indiscutível carácter de excelência pelo seu forte conteúdo inovador e singularidade tecnológica ou, tratando-se de um projecto turístico, quando promova a diferenciação de Portugal e contribua decisivamente para a requalificação, para o aumento da competitividade e para a diversificação da oferta na região onde se insira;

b) Utilização de tecnologias e práticas eco-eficientes que permitam atingir elevados níveis de desempenho ambiental, nomeadamente nos domínios da água, dos solos, dos resíduos e do ar, através do recurso às melhores práticas internacionais no respectivo sector;

c) Promoção da eficiência e racionalização energéticas, maximizando a utilização de recursos energéticos renováveis;

d) Integração nas prioridades de desenvolvimento definidas em planos e documentos de orientação estratégica em vigor, designadamente os seguintes: Estratégia Nacional de Desenvolvimento Sustentável, Plano Tecnológico, Programa Nacional da Política do Ordenamento do Território, Plano Estratégico Nacional do Turismo, Estratégia Nacional para a Energia e Portugal Logístico;

e) Comprovada viabilidade económica do projecto;

f) Comprovada idoneidade e credibilidade do promotor do projecto, bem como experiência reconhecida no sector e capacidade técnica e financeira para o desenvolvimento do projecto.

4 – No caso de projectos turísticos, devem ainda verificar-se, cumulativamente, os seguintes requisitos:

a) Estabelecimentos hoteleiros com um mínimo de 5 estrelas ou conjuntos turísticos que integrem, pelo menos, um estabelecimento hoteleiro de 5 estrelas, não podendo os restantes estabelecimentos hoteleiros e meios complementares de alojamento possuir classificação inferior a 4 estrelas;

b) Criação de mais de 100 postos de trabalho directos;

c) Mínimo de 70 % de unidades de alojamento de cada empreendimento turístico afectas à exploração turística.

Artigo 3.º
Requerimento

1 – Os projectos PIN + são seleccionados de entre os projectos cujo reconhecimento como PIN haja sido requerido nos termos previstos no n.º 1 do artigo 4.º do Regulamento do Sistema de Reconhecimento e Acompanhamento de Projectos de Potencial Interesse Nacional, aprovado pelo Decreto Regulamentar n.º 8/2005, de 17 de Agosto.

2 – Para que um projecto possa vir a ser seleccionado como PIN +, o requerimento deve ser instruído, para além dos elementos previstos no n.º 2 do despacho conjunto n.º 606/2005, publicado no Diário da República, 2.ª série, n.º 160, de 22 de Agosto de 2005, com os seguintes elementos:

a) Demonstração do preenchimento dos critérios estabelecidos nos n.os 3 e 4 do artigo anterior;

b) Justificação da localização prevista;

c) Proposta de definição de âmbito do estudo de impacte ambiental (EIA), quando o projecto esteja abrangido pelos anexos i e ii do Decreto-Lei n.º 69/2000, de 3 de Maio, que estabelece o regime jurídico da avaliação de impacte ambiental (AIA);

d) Análise de incidências ambientais, elaborada nos termos previstos no n.º 6 do artigo 10.º do Decreto-Lei n.º 140//99, de 24 de Abril, na redacção do Decreto-Lei n.º 49/2005, de 24 de Fevereiro, nos casos em que o projecto seja susceptível de afectar sítios da Rede Natura 2000 de forma significativa, individualmente ou em conjugação com outras acções ou projectos, e não esteja abrangido pelo disposto na alínea anterior.

Artigo 4.º
Apreciação liminar

1 – A CAA-PIN pode convidar o interessado a juntar os elementos instrutórios necessários à consideração do projecto como PIN +, nos termos do disposto no n.º 2 do artigo 4.º do Regulamento do Sistema de Reconhecimento e Acompanhamento de Projectos de Potencial Interesse Nacional, aprovado pelo Decreto Regulamentar n.º 8/2005, de 17 de Agosto.

2 – A proposta de classificação de um projecto como PIN + é sempre precedida da audição das câmaras municipais territorialmente competentes, que se pronunciam, no prazo máximo de 10 dias, sobre o interesse do projecto, a admissibilidade da localização proposta em face dos instrumentos municipais de ordenamento do território vigentes, identificando, se for o caso, aqueles que têm de ser elaborados, alterados ou, eventualmente, suspensos.

3 – A CAA-PIN deve consultar outras entidades cujo parecer seja relevante para a apreciação do pedido e elaboração de proposta de classificação do projecto como PIN +, devendo tais entidades pronunciar-se no prazo máximo de 10 dias.

Artigo 5.º
Proposta de classificação

1 – A proposta de classificação de um projecto como PIN + é apresentada pela CAA-PIN aos ministros competentes em razão da matéria no prazo máximo de 30 dias.

2 – A proposta a que se refere o número anterior é apresentada de modo fundamentado, através de um relatório síntese conclusivo e dos elementos necessários à elaboração do despacho conjunto previsto no artigo seguinte.

3 – A proposta referida no número anterior contém, ainda, a identificação dos licenciamentos, autorizações ou aprovações da competência da administração central necessários para a concretização do projecto, que sejam determináveis nesta fase do procedimento.

4 – No dia seguinte à apresentação da proposta de classificação prevista no n.º 1, a CAA-PIN divulga em sítio na Internet a identificação do projecto, com a indicação da respectiva actividade económica e localização prevista.

Artigo 6.º
Despacho conjunto

1 – A classificação de um projecto como PIN + é efectuada por despacho conjunto dos ministros responsáveis pelas áreas do ambiente, do ordenamento do território e desenvolvimento regional e da economia, bem como dos demais ministros competentes em razão da matéria.

2 – O despacho conjunto referido no número anterior é proferido no prazo máximo de 15 dias a contar da recepção da proposta da CAA-PIN, considerando-se a proposta indeferida na falta de decisão expressa dentro desse prazo.

3 – Em caso de indeferimento da proposta, pode a CAA-PIN, no prazo de 10 dias, proceder ao reconhecimento do projecto como PIN para efeitos do disposto na Resolução do Conselho de Ministros n.º 95/2005, de 24 de Maio.

4 – O despacho conjunto contém necessariamente:

a) A fundamentação da classificação do projecto como PIN +;

b) A identificação do interlocutor único e a composição mínima da conferência decisória.

5 – O despacho conjunto contém ainda, quando aplicável:

a) A identificação dos instrumentos de gestão territorial cuja elaboração, alteração ou, eventualmente, suspensão seja necessária;

b) O reconhecimento do interesse público do projecto para os efeitos do regime jurídico da Reserva Ecológica Nacional;

c) O reconhecimento do interesse público do projecto, bem como da inexistência de soluções alternativas, para os efeitos do artigo 10.º do Decreto-Lei n.º 140/99, de 24 de Abril, na redacção do Decreto-Lei n.º 49/2005, de 24 de Fevereiro, nos casos previstos na alínea b) do n.º 3 do artigo 19.º do presente decreto-lei;

d) Os actos previstos nos regimes jurídicos de servidões administrativas ou restrições de utilidade pública, aplicáveis ao projecto, que sejam da competência de membros do Governo;

e) A eventual sujeição do projecto a AIA, quando tal não resulte já da tipificação e limiares legalmente estabelecidos, não sendo aplicável o disposto no n.º 4 do artigo 1.º do Decreto-Lei n.º 69/2000, de 3 de Maio;

f) A eventual dispensa do procedimento de AIA, nos termos previstos na lei;

g) O alargamento do prazo global de decisão previsto no n.º 2 do artigo 26.º

6 – Em situações excepcionais, quando os elementos instrutórios disponíveis nesta fase do procedimento não sejam suficientes para habilitar à prática dos actos referidos no número anterior, podem estes, com excepção dos actos previstos nas alíneas e) e f), ser praticados em fase ulterior do procedimento, devendo, nesse caso, ser comunicados ao interlocutor único.

7 – Nos casos referidos na alínea a) do n.º 5, o despacho conjunto determina o início do procedimento de elaboração ou alteração dos instrumentos de gestão territorial da competência da administração central e, quando seja caso disso, menciona as deliberações municipais que tenham determinado a elaboração ou alteração de instrumentos de gestão territorial de âmbito municipal.

8 – Nos casos referidos na primeira parte do número anterior, o despacho conjunto tem o conteúdo e os efeitos estabelecidos no Decreto-Lei n.º 380/99, de 22 de Setembro, para o acto que determina o início do procedimento de elaboração ou alteração do instrumento de gestão territorial em causa.

9 – O despacho previsto no presente artigo é publicado na 2.ª série do Diário da República.

ARTIGO 7.º
Efeitos da classificação

1 – Para além da sujeição ao regime especial previsto no presente decreto-lei, a classificação de um projecto como PIN + implica:

a) O reconhecimento do projecto como sendo de relevante interesse geral;

b) A apreciação prioritária junto de quaisquer entidades, órgãos ou serviços da Administração.

2 – A classificação do projecto como PIN + não é constitutiva de direitos.

CAPÍTULO II
Regime especial

ARTIGO 8.º
Disposição geral

O regime especial do procedimento administrativo aplicável aos projectos PIN + traduz-se em:

a) Existência de um interlocutor único;

b) Apreciação e decisão por todas as entidades administrativas competentes da administração central em sede de conferência decisória;

c) Tramitação simultânea dos procedimentos administrativos da competência da administração central;

d) Redução e decurso simultâneo de prazos procedimentais;

e) Obrigatoriedade da definição do âmbito do EIA nos casos em que o projecto esteja abrangido pelos anexos I e II do Decreto-Lei n.º 69/2000, de 3 de Maio;

f) Período único de consulta pública para efeitos dos diversos procedimentos administrativos;

g) Simplificação dos procedimentos relativos aos instrumentos de gestão territorial relevantes para o projecto;

h) Prazo global de decisão;

i) Pareceres tácitos positivos e deferimento tácito no âmbito dos diversos procedimentos aplicáveis;

j) Documento único contendo os pareceres, aprovações, autorizações, decisões ou licenças, da competência das entidades da administração central;

l) Aprovação de resolução do Conselho de Ministros exprimindo, em termos definitivos, a concordância do Governo com o projecto;

m) Simplificação dos procedimentos relativos às operações urbanísticas necessárias.

SECÇÃO I
Entidades intervenientes

ARTIGO 9.º
Interlocutor único

1 – Para cada projecto PIN + existe um interlocutor único, identificado no despacho conjunto previsto no artigo 6.º

2 – O interlocutor único referido no número anterior relaciona-se directamente com o promotor do projecto PIN + no âmbito e para efeitos de todos os procedimentos legais e regulamentares que prevejam a emissão de pareceres, aprovações, autorizações, decisões ou licenciamentos da responsabilidade da administração central necessários à concretização do projecto PIN +.

3 – Compete ao interlocutor único, designadamente:

a) Indicar as entidades que integram a conferência decisória nos termos previstos no n.º 3 do artigo 10.º;

b) Definir o cronograma dos procedimentos da competência das diversas entidades representadas na conferência decisória, em conjunto com essas mesmas entidades;

c) Solicitar elementos, informações ou documentação directamente ao promotor;

d) Receber do promotor os elementos, informações ou documentação que lhe hajam sido solicitados e distribuí-los pelas entidades competentes no próprio dia da sua recepção;

e) Convocar as reuniões da conferência decisória;

Concertação Económica e Social e Contratação Económica

f) Promover a concertação das diversas entidades representadas na conferência decisória e assegurar a coerência das respectivas apreciações;

g) Contratar peritos e especialistas que colaborem com a conferência decisória;

h) Assegurar a articulação necessária com a administração local.

4 – Todas as entidades integradas na conferência decisória devem colaborar activamente com o interlocutor único e responder às suas solicitações nos prazos fixados para o efeito, sendo obrigatório o reporte de eventuais incumprimentos à tutela respectiva.

ARTIGO 10.º
Conferência decisória

1 – Os projectos classificados como PIN + são objecto de apreciação e decisão, no âmbito das suas atribuições e competências próprias, pelas entidades que integram a conferência decisória.

2 – A conferência decisória é presidida pelo interlocutor único, que coordena os trabalhos da mesma.

3 – Para além da composição mínima definida no despacho conjunto previsto no artigo 6.º, a conferência decisória integra todas as entidades da administração central responsáveis pela emissão de pareceres, aprovações, autorizações, decisões ou licenciamentos necessários à apreciação e decisão do projecto PIN +.

4 – Sem prejuízo do disposto no número anterior, a comissão de coordenação e desenvolvimento regional (CCDR) territorialmente competente integra a conferência decisória sempre que decorra procedimento de elaboração ou alteração de plano municipal de ordenamento do território conexionado com um projecto PIN +.

5 – Nos casos em que o projecto esteja sujeito a AIA, o ministro responsável pela área do ambiente é representado na conferência decisória pela autoridade de AIA, sem prejuízo das suas competências legais quanto à emissão da declaração de impacte ambiental (DIA).

6 – Os municípios territorialmente competentes acompanham em permanência os trabalhos da conferência decisória.

7 – A representação dos serviços, organismos e outras entidades referidos nos n.os 3, 4 e 5 é feita pelos respectivos dirigentes máximos, com possibilidade de delegação em titulares de cargos de direcção superior de 2.º grau ou equiparados, os quais podem fazer-se acompanhar por técnicos ou peritos quando tal se revele adequado em função da natureza das questões a tratar.

8 – Excepcionalmente, quando for determinada a realização de reuniões de âmbito exclusivamente técnico, os representantes referidos no número anterior designam os técnicos dos respectivos serviços que devem comparecer à reunião.

ARTIGO 11.º
Funcionamento da conferência decisória

1 – A conferência decisória pode reunir:

a) Em plenário;

b) Sectorialmente, com os membros cuja presença se justifique em função da matéria a tratar.

2 – A conferência decisória reúne, sempre que necessário, por convocação do interlocutor único e segundo as modalidades por este definidas.

3 – Sem prejuízo do disposto no número anterior, a conferência decisória reúne quinzenalmente, em plenário, ao nível de dirigentes máximos e com a presença do presidente da câmara municipal territorialmente competente respectiva ou de seu representante.

4 – Sempre que tal se revele necessário ou útil ao desenrolar dos trabalhos, designadamente para permitir uma apreciação mais célere e mais informada do projecto, as entidades representadas na conferência decisória podem propor ao interlocutor único a contratação da realização de estudos e trabalhos técnicos ou a colaboração de peritos.

SECÇÃO II
Regras procedimentais

ARTIGO 12.º
Simultaneidade dos procedimentos

1 – Todos os procedimentos legais e regulamentares que prevejam a emissão de pareceres, aprovações, autorizações, decisões ou licenciamentos da responsabilidade da administração central e que sejam necessários para a concretização do projecto PIN + correm em simultâneo.

2 – Todos os procedimentos que, de acordo com a legislação aplicável, sejam sequenciais relativamente a outros procedimentos da responsabilidade da administração central passam, no caso de projectos PIN +, a ser tramitados de forma paralela e simultânea.

3 – A audiência dos interessados prevista nos artigos 100.º e seguintes do Código do Procedimento Administrativo é realizada em simultâneo para todos os procedimentos referidos no n.º 1 em que deva ter lugar, sendo promovida pelo interlocutor único.

4 – Os procedimentos de elaboração, alteração ou suspensão de instrumentos de gestão territorial e ou relativos a servidões e restrições de utilidade pública conexionados com o projecto PIN + correm em simultâneo com os procedimentos referidos no n.º 1.

ARTIGO 13.º
Prazos endoprocedimentais

1 – Para efeitos de análise dos projectos PIN +, todos os prazos intercalares previstos na legislação aplicável são reduzidos a metade.

2 – Em casos devidamente justificados, o cronograma previsto na alínea b) do n.º 3 do artigo 9.º pode derrogar o disposto no número anterior, embora tendo sempre por referência o prazo global de decisão estabelecido nos termos do artigo 26.º

3 – Sem prejuízo dos prazos mais curtos previstos na legislação específica aplicável e do disposto no presente decreto-lei, o prazo máximo para emissão de pareceres por parte das entidades que legalmente se tenham de pronunciar sobre o projecto é de 20 dias.

4 – O prazo para a emissão dos pareceres referidos no número anterior conta-se, consoante o caso, a partir da primeira reunião da conferência decisória ou da recepção dos elementos adicionais solicitados pelo interlocutor único nos termos previstos no artigo 23.º, salvo se o cronograma de trabalhos dispuser de outro modo.

Artigo 14.º
Consulta pública e publicitação

1 – Decorre um único período de consulta pública e de publicitação para efeito de todos os procedimentos previstos no n.º 1 do artigo 12.º, bem como, sempre que possível, para efeitos dos procedimentos previstos no n.º 3 do artigo 12.º

2 – O disposto no número anterior não prejudica as competências próprias das diversas entidades intervenientes ao abrigo da legislação específica aplicável.

3 – O prazo mínimo de consulta pública e de publicitação nos procedimentos referidos no n.º 1 é de 22 dias, sem prejuízo do disposto no n.º 6 do artigo 77.º do Decreto-Lei n.º 380/99, de 22 de Setembro, na redacção do Decreto-Lei n.º 310/2003, de 10 de Dezembro.

4 – O disposto no número anterior não é aplicável aos procedimentos de elaboração e de revisão do plano director municipal.

5 – Toda a informação sobre o projecto PIN + é disponibilizada para consulta nos locais designados para o efeito.

6 – Independentemente do disposto no número anterior, toda a informação é reunida num único sítio na Internet.

SECÇÃO III
Adaptação de regimes jurídicos gerais

Artigo 15.º
Localização

A localização dos projectos PIN + é apreciada no âmbito da respectiva classificação como PIN +, ficando estes projectos dispensados de qualquer acto posterior de aprovação de localização previsto em legislação específica.

Artigo 16.º
Definição do âmbito do EIA

1 – Para os projectos PIN + abrangidos pelos anexos i e ii do Decreto-Lei n.º 69/2000, de 3 de Maio, é obrigatória a definição do âmbito do EIA.

2 – Não é aplicável à proposta de definição do âmbito do EIA o disposto nos n.os 5 e 6 do artigo 11.º do decreto-lei referido no número anterior.

3 – O prazo para decisão, pela comissão de avaliação prevista no artigo 9.º do Decreto-Lei n.º 69/2000, de 3 de Maio, sobre a proposta de definição do âmbito do EIA, é de 15 dias.

4 – A decisão da comissão de avaliação relativamente à proposta de definição do âmbito do EIA é anexada ao despacho conjunto referido no artigo 6.º

Artigo 17.º
Procedimento de avaliação de impacte ambiental

1 – O procedimento de AIA corre os seus trâmites nos termos do respectivo regime jurídico, com as especialidades constantes do presente decreto-lei e sem prejuízo da sua tramitação simultânea com os procedimentos referidos no n.º 1 do artigo 12.º

2 – Os projectos PIN + são apresentados sob a forma de projecto de execução.

3 – O EIA e toda a documentação relevante para a AIA são apresentados, pelo proponente, junto do interlocutor único, que os envia à autoridade de AIA no próprio dia da sua recepção.

4 – O prazo para decisão sobre a conformidade do EIA, previsto no n.º 4 do artigo 13.º do Decreto-Lei n.º 69/2000, de 3 de Maio, é de 15 dias.

5 – Nos casos em que a comissão de avaliação careça de informação adicional para a apreciação técnica do EIA, o respectivo pedido é apresentado, nos termos previstos no artigo 23.º, pela autoridade de AIA.

6 – As consultas previstas no n.º 9 do artigo 13.º do Decreto-Lei n.º 69/2000, de 3 de Maio, são efectuadas no âmbito da conferência decisória quando as entidades a consultar aí estejam integradas.

7 – Sempre que o interlocutor único assim o entenda, o presidente da comissão de avaliação prevista no artigo 9.º do Decreto-Lei n.º 69/2000, de 3 de Maio, participa nas reuniões da conferência decisória para prestar informações sobre o andamento do procedimento de AIA e quanto às questões aí analisadas.

8 – A DIA é comunicada ao interlocutor único no próprio dia da sua emissão.

Artigo 18.º
Dispensa de avaliação de impacte ambiental

1 – Nos casos em que o interessado pretenda obter a dispensa total ou parcial do procedimento de AIA, o respectivo requerimento é apresentado, em conjunto com o requerimento previsto no artigo 3.º, junto da CAA-PIN, que o remete, no mesmo dia, à entidade competente.

2 – No caso previsto no número anterior, os prazos constantes do n.os 3, 4 e 7 do artigo 3.º do Decreto-Lei n.º 69/2000, de 3 de Maio, são reduzidos a metade, passando o prazo previsto no n.º 6 do mesmo preceito para 30 dias.

3 – A decisão sobre o pedido de dispensa de AIA é proferida, pelos ministros competentes, no despacho conjunto previsto no artigo 6.º

Artigo 19.º
Rede Natura 2000

1 – Nos casos em que o projecto seja susceptível de afectar sítios da Rede Natura 2000 de forma significativa, individualmente ou em conjugação com outras acções ou projectos, e não se encontre sujeito a AIA, a decisão sobre a análise de incidências ambientais é tomada pela entidade competente no prazo fixado para a decisão da CAA-PIN.

2 – Nos casos em que o projecto se localize em sítios da Rede Natura 2000 e se encontre sujeito a AIA, não há lugar à emissão do parecer previsto no n.º 2 do artigo 9.º do Decreto-Lei n.º 140/99, de 24 de Abril, na redacção do Decreto-Lei n.º 49/2005, de 24 de Fevereiro, devendo as eventuais condicionantes ao projecto ser estabelecidas, pela entidade competente, em sede de comissão de avaliação.

3 – O despacho conjunto previsto no n.º 10 do artigo 10.º do Decreto-Lei n.º 140/99, de 24 de Abril, na redacção do Decreto-Lei n.º 49/2005, de 24 de Fevereiro, quando haja lugar à sua emissão, é:

a) Comunicado ao interlocutor único dentro do prazo previsto no n.º 1 do artigo 28.º;

b) Proferido no despacho conjunto referido no artigo 6.º, nos casos em que haja lugar a análise de incidências ambientais, devendo nessa sede estabelecer-se as eventuais condicionantes ao projecto;

Concertação Económica e Social e Contratação Económica

c) Proferido no prazo de 10 dias após o parecer da Comissão Europeia, nos casos em que haja lugar à emissão deste parecer.

4 – Nos casos referidos na alínea b) do número anterior, não há lugar à emissão do parecer previsto no n.º 2 do artigo 9.º do Decreto-Lei n.º 140/99, de 24 de Abril, na redacção do Decreto-Lei n.º 49/2005, de 24 de Fevereiro.

ARTIGO 20.º
Planos municipais de ordenamento do território

1 – À decisão de elaboração de plano municipal de ordenamento do território conexionado com a concretização de um projecto PIN + não é aplicável o disposto no n.º 2 do artigo 77.º do Decreto-Lei n.º 380/99, de 22 de Setembro, sem prejuízo da respectiva publicitação nos termos legais.

2 – Quando as entidades que integram a conferência decisória tenham de se pronunciar sobre a proposta de plano ou de alteração de plano, nos termos previstos no Decreto-Lei n.º 380/99, de 22 de Setembro, os respectivos pareceres são solicitados pela CCDR através do interlocutor único, sendo emitidos no âmbito da conferência decisória, excepto se esta já tiver emitido o documento único referido no artigo 28.º

3 – Quando sejam promovidas reuniões de concertação nos termos no Decreto-Lei n.º 380/99, de 22 de Setembro, as mesmas são realizadas no âmbito da conferência decisória, sempre que as entidades que hajam manifestado discordância relativamente ao plano municipal de ordenamento do território nela estejam integradas.

4 – O disposto nos números anteriores não se aplica aos procedimentos de elaboração e de revisão de plano director municipal.

5 – A suspensão de planos municipais de ordenamento do território prevista na alínea a) do n.º 2 do artigo 100.º do Decreto-Lei n.º 380/99, de 22 de Setembro, é efectuada, com as condições aí previstas, por resolução do Conselho de Ministros.

CAPÍTULO III
Tramitação

ARTIGO 21.º
Pedido de apreciação e decisão

1 – Após a publicação do despacho conjunto referido no artigo 6.º, o requerente apresenta ao interlocutor único um pedido com vista à emissão de todos os pareceres, aprovações, autorizações ou licenças necessários à concretização do projecto PIN +.

2 – O pedido é acompanhado dos seguintes elementos:
a) Projecto de execução;
b) EIA, sempre que necessário;
c) Estudo preliminar dos elementos constitutivos de planos municipais de ordenamento do território, nos casos em que a sua elaboração ou alteração seja necessária, a remeter pelo interlocutor único ao município territorialmente competente como elemento de trabalho;
d) Todos os elementos instrutórios previstos na legislação específica aplicável que não tenham sido já entregues;
e) Comprovativo do pagamento da taxa devida pela apreciação e decisão dos projectos PIN +.

3 – No caso de projectos PIN + de execução faseada, o projecto de execução previsto na alínea a) do número ante-

rior apenas diz respeito à primeira fase e deve ser acompanhado dos elementos necessários a uma apreciação global do projecto, ficando o desenvolvimento das fases subsequentes sujeito a apreciação e decisão nos termos gerais aplicáveis.

4 – A taxa prevista na alínea e) do n.º 2 destina-se a financiar os encargos adicionais envolvidos na apreciação de projectos PIN +, nomeadamente com a contratação de estudos e trabalhos técnicos ou com a colaboração de peritos e especialistas, nos termos da alínea g) do n.º 3 do artigo 9.º

5 – Os critérios para a fixação da taxa referida no número anterior, bem como para a respectiva repartição pelas entidades beneficiárias, são estabelecidos em portaria conjunta dos Ministros do Ambiente, do Ordenamento do Território e do Desenvolvimento Regional e da Economia e da Inovação.

ARTIGO 22.º
Instrução

1 – Quando o promotor entregue a documentação referida no artigo anterior:
a) Constitui-se e dá-se início ao funcionamento da conferência decisória;
b) Inicia-se ou prossegue, consoante os casos, a tramitação dos diversos procedimentos legais e regulamentares que prevejam a emissão de pareceres, aprovações, autorizações, decisões ou licenciamentos da responsabilidade da administração central necessários à concretização do projecto PIN +;
c) Inicia-se a contagem do prazo global de decisão previsto no artigo 26.º;
d) Começam a ser negociados com a Agência para o Investimento e Comércio Externo de Portugal, E. P. E., os termos do contrato de investimento a celebrar entre o promotor e o Estado Português, quando aplicável.

2 – Sem prejuízo do disposto na alínea d) do número anterior, os procedimentos de concessão de benefícios financeiros e ou fiscais seguem a tramitação e obedecem às regras previstas na legislação específica aplicável, não se encontrando sujeitos ao regime procedimental previsto no presente decreto-lei.

3 – No prazo de dois dias após a entrega da documentação pelo promotor, o interlocutor único convoca a primeira reunião plenária da conferência decisória.

ARTIGO 23.º
Informação adicional

1 – O interlocutor único apenas pode solicitar elementos adicionais ao promotor por uma única vez, fixando um prazo para o fornecimento das mesmas, o qual só pode ser objecto de uma única prorrogação, ficando o prazo global de decisão previsto no artigo 26.º suspenso pelo correspondente período.

2 – Quando o interlocutor único agir ao abrigo da faculdade prevista no número anterior, deve fazê-lo de modo a satisfazer as necessidades de informação adicional de todas as entidades representadas na conferência decisória, as quais devem ser consultadas previamente quanto aos elementos a solicitar ao promotor.

ARTIGO 24.º
Reformulação do projecto

1 – O promotor apenas pode introduzir alterações ao projecto, por uma única vez, a pedido da conferência decisória e como forma de o viabilizar.

2 – No caso previsto no número anterior, a conferência decisória fixa o prazo máximo para concretização das alterações propostas, suspendendo-se o prazo para a decisão final pelo período correspondente.

Artigo 25.º
Apreciação

1 – Os projectos PIN + são objecto de uma apreciação global e harmonizada no âmbito da conferência decisória.

2 – Não obstante o disposto no número anterior, todos os pareceres, aprovações, autorizações, decisões ou licenças relativos ao projecto PIN + são autónomos e emitidos ao abrigo das respectivas normas procedimentais e de competência previstas nos regimes jurídicos especificamente aplicáveis, sem prejuízo da sua tramitação em simultâneo e da sua posterior incorporação num documento único.

3 – Todas as entidades da administração central que sejam chamadas a pronunciar-se sobre o projecto PIN +, no âmbito da conferência decisória, devem fazê-lo exclusivamente quanto às matérias abrangidas pelas respectivas atribuições, apreciando apenas as questões que lhes tenham sido expressamente cometidas por lei, em função do interesse público que a cada uma dessas entidades incumbe prosseguir.

4 – Quando o despacho conjunto referido no artigo 6.º haja identificado a necessidade de elaborar, alterar ou suspender instrumentos de gestão territorial e o respectivo procedimento esteja em curso, as entidades representadas na conferência decisória não podem pronunciar-se negativamente quanto ao projecto PIN + com fundamento na sua contrariedade face aos instrumentos de gestão territorial aplicáveis que venham a sofrer modificações com a conclusão dos procedimentos anteriormente referidos.

Artigo 26.º
Prazo global de decisão

1 – Todos os pareceres, aprovações, autorizações, decisões ou licenças da responsabilidade da administração central, incluindo a DIA, necessários à concretização do projecto PIN + são proferidos dentro do prazo global de 60 dias.

2 – Em casos particulares, designadamente em função da complexidade do projecto, o despacho conjunto referido no artigo 6.º pode alargar o prazo referido no número anterior até ao máximo de 120 dias.

3 – O prazo global de decisão regulado no presente artigo não se aplica aos procedimentos de elaboração, alteração ou suspensão de instrumentos de gestão territorial.

Artigo 27.º
Efeitos do silêncio

1 – A falta de qualquer parecer obrigatório mas não vinculativo no prazo previsto para a sua emissão tem os efeitos previstos no n.º 3 do artigo 99.º do Código do Procedimento Administrativo.

2 – Os pareceres vinculativos que não sejam emitidos no prazo estabelecido para a respectiva emissão têm o efeito de parecer tácito positivo.

3 – A falta de emissão, nos prazos estabelecidos para o efeito, de alguma aprovação, autorização ou licenciamento necessário à concretização do projecto conduz ao respectivo deferimento tácito.

Artigo 28.º
Documento único

1 – Nos 10 dias posteriores ao decurso do prazo previsto no artigo 26.º, a conferência decisória elabora um documento único, que integra no mesmo instrumento todos os pareceres, aprovações, autorizações, decisões ou licenças da responsabilidade da administração central, incluindo a DIA, necessários à concretização do projecto PIN +.

2 – O documento único é o resultado de uma apreciação global e harmonizada do projecto PIN +, devendo todos os pareceres, aprovações, autorizações, decisões ou licenças dele constantes compatibilizar-se entre si de forma coerente, respeitando e internalizando as respectivas condicionantes, bem como as medidas de minimização e ou soluções compensatórias que resultem da DIA.

3 – O documento único faz menção expressa aos pareceres, aprovações, autorizações, decisões ou licenças que foram objecto de deferimento tácito ou de parecer tácito positivo e aos efeitos daí decorrentes.

4 – O documento único é entregue pelo interlocutor único ao requerente no dia seguinte ao da publicação da resolução do Conselho de Ministros referida no artigo 29.º

Artigo 29.º
Resolução do Conselho de Ministros

1 – Relativamente a cada PIN +, é aprovada uma resolução do Conselho de Ministros que exprime, em termos definitivos, a concordância do Governo com o projecto.

2 – A resolução do Conselho de Ministros prevista no número anterior:

a) Aprova o contrato de investimento, nos termos do Decreto-Lei n.º 203/2003, de 10 de Setembro, quando aplicável;

b) Pode ainda aprovar, alterar, suspender ou ratificar, consoante o caso, os instrumentos de gestão territorial pertinentes.

3 – As aprovações, autorizações, decisões ou licenças contidas no documento único apenas produzem efeitos com a entrada em vigor da resolução do Conselho de Ministros referida no n.º 1.

CAPÍTULO IV
Operações urbanísticas

Artigo 30.º
Disposições gerais

1 – A realização de operações urbanísticas necessárias à concretização de um projecto PIN + obedece ao disposto no regime jurídico da urbanização e da edificação, aprovado pelo Decreto-Lei n.º 555/99, de 16 de Dezembro, com as especialidades decorrentes do presente decreto-lei.

2 – Sem prejuízo dos elementos instrutórios legalmente exigíveis, o pedido de realização de operações urbanísticas é acompanhado do documento único e faz menção à resolução do Conselho de Ministros emitida nos termos do artigo anterior.

3 – O documento único produz, relativamente aos pareceres, aprovações, autorizações e licenças que incorpora, os efeitos previstos no n.º 2 do artigo 19.º e no n.º 2 do artigo 37.º do Decreto-Lei n.º 555/99, de 16 de Dezembro.

Concertação Económica e Social e Contratação Económica

4 – O prazo máximo de suspensão do procedimento para o efeito de apresentação de elementos adicionais pelo requerente em sede de instrução do pedido de realização de operações urbanísticas é de 10 dias.

5 – Nos procedimentos de licenciamento, caso seja legalmente exigido parecer, aprovação ou autorização que não conste do documento único, deve ser promovida, no prazo de 5 dias, a consulta da entidade respectiva, a qual dispõe do prazo de 20 dias para se pronunciar, considerando-se haver a sua concordância se o parecer não for recebido naquele prazo.

6 – Aos pedidos de realização de operações urbanísticas referentes a projectos PIN + não é aplicável o disposto no artigo 117.º do Decreto-Lei n.º 380/99, de 22 de Setembro, bem como o disposto no artigo 13.º do Decreto-Lei n.º 555/99, de 16 de Dezembro.

Artigo 31.º
Operações de loteamento, obras de urbanização e trabalhos de remodelação de terrenos

1 – Quando se revele necessária a realização de operação de loteamento, de obras de urbanização ou de trabalhos de remodelação de terrenos, os respectivos pedidos são apresentados em simultâneo, procedendo-se à sua apreciação e decisão conjunta.

2 – Nos casos de pedidos de licenciamento para realização das operações urbanísticas referidas no número anterior, o prazo de decisão é de 30 dias, contado nos termos previstos nos n.os 2 e 3 do artigo 23.º do Decreto-Lei n.º 555/99, de 16 de Dezembro, na redacção do Decreto-Lei n.º 177/2001, de 4 de Junho, não sendo aplicável na presente situação o disposto no n.º 5 do mesmo preceito.

3 – Nos casos de pedidos de autorização para realização das operações urbanísticas referidas no n.º 1, o prazo de decisão é de 20 dias, contado nos termos previstos no n.º 2 do artigo 30.º do Decreto-Lei n.º 555/99, de 16 de Dezembro, na redacção do Decreto-Lei n.º 177/2001, de 4 de Junho, não sendo aplicável na presente situação o disposto no n.º 4 do mesmo preceito.

4 – Não há lugar à aplicação do disposto no artigo 22.º do Decreto-Lei n.º 555/99, de 16 de Dezembro, na redacção do Decreto-Lei n.º 177/2001, de 4 de Junho, nos casos em que:

a) O projecto PIN + tenha sido sujeito a avaliação de impacte ambiental; ou

b) Tenha decorrido procedimento de elaboração ou alteração de instrumento de gestão territorial vinculativo dos particulares conexionado com o projecto PIN +; ou

c) Esteja em curso procedimento de elaboração ou alteração de instrumento de gestão territorial vinculativo dos particulares conexionado com o projecto PIN + e já tenha decorrido, à data do pedido de licenciamento de operação de loteamento, a fase de discussão pública.

Artigo 32.º
Realização de obras

1 – No caso de realização de operações urbanísticas referidas nas alíneas c) e d) do n.º 2 do artigo 4.º do Decreto-Lei n.º 555/99, de 16 de Dezembro, o prazo para a deliberação da câmara municipal sobre o projecto de arquitectura é de 20 dias.

2 – Os prazos estabelecidos nos n.os 4, 5 e 7 do artigo 20.º do diploma referido no número anterior são, respectivamente, de 30, 22 e 5 dias.

3 – O prazo estabelecido na alínea c) do n.º 1 do artigo 23.º do Decreto-Lei n.º 555/99, de 16 de Dezembro, é de 15 dias.

4 – Quando os projectos de especialidades tenham sido apresentados conjuntamente com o projecto de arquitectura, não há lugar a deliberação autónoma referente ao projecto de arquitectura, sendo o pedido objecto de uma deliberação única no prazo de 30 dias contados:

a) Da apresentação do pedido ou dos elementos adicionais solicitados em sede de instrução do pedido;

b) Da recepção do último dos pareceres, aprovações, autorizações emitidos por entidades exteriores ao município, quando tenha havido lugar a consultas; ou ainda

c) Do termo do prazo para a recepção dos pareceres, aprovações ou autorizações, sempre que alguma das entidades consultadas não se pronuncie até essa data.

CAPÍTULO V
Disposições finais e transitórias

Artigo 33.º
Caducidade

1 – A classificação do projecto como PIN + caduca automaticamente caso a resolução do Conselho de Ministros referida no artigo 29.º não seja aprovada no prazo de um ano a contar da publicação do despacho conjunto referido no artigo 6.º

2 – Em casos excepcionais devidamente justificados, o prazo referido no número anterior pode ser prorrogado até ao máximo de um ano, por despacho conjunto emitido pelos ministros competentes nos termos do artigo 6.º

3 – Todos os pareceres, aprovações, autorizações, decisões e licenças constantes do documento único referido no artigo 28.º caducam automaticamente caso as operações urbanísticas necessárias à concretização do projecto não se iniciem no prazo de 18 meses a contar da entrada em vigor da resolução do Conselho de Ministros referida no artigo 29.º

4 – O regime de caducidade previsto no presente artigo não confere direito a indemnização.

Artigo 34.º
Aplicação no tempo

O disposto no presente decreto-lei é aplicável, com as necessárias adaptações, aos procedimentos de autorização ou licenciamento de projectos que se encontrem em curso.

Artigo 35.º
Entrada em vigor

O presente decreto-lei entra em vigor no dia seguinte ao da sua publicação.

Visto e aprovado em Conselho de Ministros de 14 de Junho de 2007. – *José Sócrates Carvalho Pinto de Sousa – Fernando Teixeira dos Santos – Manuel Pedro Cunha da Silva Pereira – Humberto Delgado Ubach Chaves Rosa – Fernando Pereira Serrasqueiro.*

Promulgado em 7 de Agosto de 2007.

Publique-se.

O Presidente da República, ANÍBAL CAVACO SILVA.

Referendado em 9 de Agosto de 2007.

Pelo Primeiro-Ministro, *Fernando Teixeira dos Santos,* Ministro de Estado e das Finanças.

Decreto-Lei n.º 287/2007, de 17 de Agosto – **Aprova o enquadramento nacional de sistemas de incentivos ao investimento nas empresas aplicáveis no território do continente durante o período de 2007 a 2013**

Decreto-Lei n.º 287/2007

de 17 de Agosto

Os sistemas de incentivos ao investimento das empresas são um dos instrumentos fundamentais das políticas públicas de dinamização económica, designadamente em matéria da promoção da inovação e do desenvolvimento regional.

Tendo em conta o actual estádio de desenvolvimento da economia portuguesa e a sua inserção no mosaico competitivo internacional, os incentivos ao investimento empresarial devem visar o acréscimo de produtividade e de competitividade das empresas e a melhoria do nosso perfil de especialização, favorecendo o desenvolvimento territorial e a internacionalização da economia e priorizando o apoio a projectos de investimento em actividades de produção de bens e serviços transaccionáveis ou internacionalizáveis.

No Quadro de Referência Estratégico Nacional (QREN), que irá orientar a programação da utilização de fundos estruturais comunitários no período de 2007-2013, os sistemas de incentivos ao investimento nas empresas assumirão uma relevância significativa no domínio da prioridade «Factores de competitividade», a ser executada não só através do respectivo programa operacional temático, mas também pela via dos programas operacionais regionais.

Neste contexto, torna-se necessário estabelecer um enquadramento nacional dos sistemas de incentivos ao investimento nas empresas, por três razões básicas: em primeiro lugar, a diversidade de actores institucionais, nacionais e regionais, decorrente das opções do QREN, torna indispensável o estabelecimento de condições comuns que orientem as suas intervenções; em segundo lugar, a opção por uma maior selectividade, através de uma focalização dos sistemas de incentivos ao investimento na promoção da inovação nas empresas e na dinamização de um perfil de especialização assente em actividades com potencial de crescimento, exige coerência estratégica e operacional em matéria de criação de sistemas de incentivos; finalmente, a existência de novos enquadramentos comunitários, que reforçam as competências nacionais e os diferentes estatutos das regiões portuguesas, aconselham à criação de uma coordenação nacional mais eficiente.

Deste modo, o Governo entendeu adoptar um enquadramento nacional em matéria de sistemas de incentivos ao investimento empresarial, que define, no respeito pelo normativo comunitário aplicável, as condições a que deve estar sujeita a utilização deste tipo de instrumentos no âmbito das políticas públicas, independentemente da sua fonte de financiamento comunitária, nacional ou de outra natureza. Os regulamentos específicos de cada um dos sistemas de incentivos subordinar-se-ão ao conjunto de normas estabelecidas no pre-sente enquadramento, não obstante poderem ser aí definidos critérios mais restritivos. Atendendo ao enquadramento legislativo próprio ou à sua especificidade, ficam excluídos do âmbito desta disciplina os incentivos de natureza fiscal, os incentivos ao emprego e à formação profissional e os regimes de incentivos específicos co-financiados pelo Fundo Europeu Agrícola de Desenvolvimento Rural (FEADER) e pelo Fundo Europeu para as Pescas (FEP). O âmbito de aplicação territorial do presente enquadramento restringe-se às regiões do continente.

O presente enquadramento nacional define, sem prejuízo da necessidade de observância dos normativos comunitários aplicáveis, as condições e as regras a observar na criação de sistemas de incentivos ao investimento empresarial, nomeadamente nos seguintes aspectos:

a) Identifica os enquadramentos comunitários aplicáveis e a necessidade de lhes dar cumprimento;

b) Define o âmbito sectorial e territorial e as tipologias de incentivos abrangidas;

c) Estabelece as tipologias de projectos a apoiar, privilegiando os investimentos ligados à inovação, ao empreendedorismo e aos factores mais imateriais da competitividade;

d) Reflecte as prioridades das políticas públicas de apoio à inovação e de desenvolvimento territorial;

e) Define os limites percentuais máximos de incentivos, privilegiando a inovação e os factores qualitativos da competitividade empresarial;

f) Impõe as condições mínimas de elegibilidade dos promotores e dos projectos e define as despesas não elegíveis;

g) Determina o processo administrativo de criação de sistemas de incentivos às empresas, estabelecendo o princípio de coordenação nacional;

h) Estabelece as linhas de orientação para a definição das responsabilidades regionais e nacionais em matéria de gestão de sistemas de incentivos.

Assim:

Nos termos da alínea a) do n.º 1 do artigo 198.º da Constituição, o Governo decreta o seguinte:

Artigo 1.º
Objecto

É aprovado o enquadramento nacional de sistemas de incentivos ao investimento nas empresas, doravante designado por enquadramento nacional, que define as condições e as regras a observar pelos sistemas de incentivos ao investimento nas empresas aplicáveis no território do continente durante o período de 2007 a 2013.

Artigo 2.º
Âmbito

São abrangidos pelo enquadramento nacional todos os sistemas de incentivos ao investimento nas empresas, independentemente de beneficiarem ou não de co-financiamento comunitário, com excepção dos regimes de natureza fiscal, de apoio ao emprego e à formação profissional, dos regimes aplicáveis aos investimentos sujeitos às restrições comunitárias existentes no quadro da Política Agrícola Comum (PAC) e dos regimes de incentivo específicos orientados para os investimentos apoiáveis pelo Fundo Europeu Agrícola de Desenvolvimento Rural (FEADER) e pelo Fundo Europeu para as Pescas (FEP).

Artigo 3.º
Definições

Para efeitos do presente decreto-lei, entende-se por:

a) «Actividades de alto valor acrescentado» os sectores de actividade classificados como sendo de alta e média/alta tecnologia ou de actividades de conhecimento intensivas;

b) «Bens e serviços transaccionáveis ou internacionalizáveis» os bens e serviços produzidos em sectores expostos à concorrência internacional e que podem ser objecto de troca internacional;

c) «Empreendedorismo qualificado» a criação de empresas, incluindo as actividades nos primeiros anos de desenvolvimento, dotadas de recursos qualificados ou em sectores com fortes dinâmicas de crescimento;

d) «Empresa de base tecnológica» a empresa que reúne algumas das seguintes características: i) um valor elevado em actividades de investigação & desenvolvimento em relação ao volume de vendas; ii) a nova actividade a realizar baseia-se na exploração económica de tecnologias desenvolvidas por centros de investigação e ou empresas; iii) a base da actividade a realizar é a aplicação de patentes, licenças de exploração ou outra forma de conhecimento tecnológico, preferencialmente de forma exclusiva e protegida; iv) converte o conhecimento tecnológico em novos produtos ou processos a serem comercializados no mercado;

e) «Entidade credenciada para o fomento do empreendedorismo feminino» a entidade devidamente reconhecida pela Comissão para a Cidadania e Igualdade de Género;

f) «Estratégias de eficiência colectiva» as estratégias que visem a inovação, qualificação ou modernização de um agregado de empresas situadas num determinado território ou num determinado pólo, cluster, rede colaborativa ou fileira de actividades inter-relacionadas, estimulando, sempre que pertinente, a cooperação e o funcionamento em rede entre as empresas e entre estas e os centros de conhecimento e de formação;

g) «Inovação de marketing» a introdução de novos métodos de marketing, envolvendo melhorias significativas no design do produto ou embalagem, preço, distribuição e promoção;

h) «Inovação de processo» a adopção de novos ou significativamente melhorados, processos ou métodos de fabrico de bens ou serviços, de logística e de distribuição;

i) «Inovação de produto (bem ou serviço)» a introdução no mercado de novos ou significativamente melhorados, produtos ou serviços, incluindo alterações significativas nas suas especificações técnicas, componentes, materiais, software incorporado, interface com o utilizador ou outras características funcionais;

j) «Inovação organizacional» a utilização de novos métodos organizacionais na prática de negócio, organização do trabalho e ou relações externas;

l) «Inovação» a implementação de uma nova ou significativamente melhorada solução para a empresa, novo produto, processo, método organizacional ou de marketing, com o objectivo de reforçar a sua posição competitiva, aumentar o desempenho, ou o conhecimento, existindo quatro tipos de inovação: inovação de produto, inovação de processo, inovação organizacional e inovação de marketing;

m) «Investigação e desenvolvimento (I&D)» todo o trabalho criativo realizado de forma organizada e sistemática com o objectivo de aumentar o conhecimento e o seu uso para inventar novas aplicações, distinguindo-se do ponto de vista funcional as seguintes categorias de actividades de I&D: investigação fundamental, investigação aplicada e desenvolvimento experimental;

n) «Melhoria significativa da produção actual» o produto (bem ou serviço) melhorado com base num já existente, cujo desempenho foi significativamente alargado ou desenvolvido; um produto simples pode ser melhorado (em termos de melhor desempenho ou menor custo) através da utilização de componentes ou materiais de características técnicas mais avançadas; um produto complexo, composto por um conjunto integrado de subsistemas técnicos, pode ser melhorado através de mudanças parciais em um ou mais dos subsistemas;

o) «PME» a pequena e média empresa na acepção da Recomendação n.º 2003/361/CE, da Comissão, de 6 de Maio, relativa à definição de micro, pequenas e médias empresas;

p) «Procuras internacionais dinâmicas» os bens ou serviços ou grupos homogéneos dos mesmos, com excepção dos produtos energéticos, cujas exportações mundiais tenham crescido, nos últimos três anos, a uma taxa superior à taxa de crescimento do total das exportações mundiais de bens e serviços, ou, em alternativa, com previsões de crescimento potencial de intensidade ou dimensão semelhantes;

q) «Projectos estruturantes de grande dimensão inseridos no regime contratual» os projectos de investimento elegível superior a 25 milhões de euros que se revelem de especial interesse para a economia nacional pelo seu efeito estruturante para o desenvolvimento, diversificação e internacionalização da economia portuguesa e que se enquadrem no Decreto-Lei n.º 203/2003, de 10 de Setembro;

r) «Sistemas de incentivos ao investimento» os regimes de apoios a empresas que envolvam auxílios estatais, na acepção dos regulamentos comunitários em matéria de política da concorrência.

Artigo 4.º
Princípios orientadores

A criação de sistemas de incentivos ao abrigo do presente decreto-lei respeita os seguintes princípios orientadores:

a) Focalização em investimentos que visam o acréscimo de produtividade e de competitividade das empresas e a promoção de novos potenciais de crescimento económico, favorecendo o desenvolvimento territorial e a internacionalização da economia;

b) Concentração do apoio em actividades que produzam resultados e efeitos económicos positivos nos territórios onde se inserem e em prioridades bem delimitadas no âmbito da melhoria da competitividade, focalizando e restringindo, nomeadamente, o âmbito das actividades cobertas, as tipologias de projectos de investimentos a apoiar, as despesas elegíveis e os critérios de selecção;

c) Sustentabilidade dos investimentos apoiados garantida pela respectiva viabilidade económica;

d) Selectividade nos investimentos a financiar, com vista à satisfação de metas de eficácia na produção de resultados, complementada com a satisfação de objectivos de eficiência na realização física e financeira;

e) Proporcionalidade entre o incentivo e as externalidades positivas geradas pelos investimentos apoiados, ao nível nacional ou regional;

f) Adicionalidade garantida através da promoção da realização de um nível de investimento privado, superior ao que existiria na ausência do incentivo, alavancando os recursos públicos afectos;

g) Fomento da cooperação através do incentivo aos investimentos assentes num funcionamento em rede;

h) Simplicidade administrativa, procurando o melhor compromisso entre a redução da carga administrativa sobre os promotores e o rigoroso respeito pelo quadro jurídico nacional e comunitário;

i) Respeito pelos princípios da igualdade de género e da igualdade de oportunidades;

j) Subsidiariedade na gestão dos sistemas de incentivos, tendo em consideração a sua eficácia e eficiência e a natureza dos promotores e dos investimentos a apoiar;

l) Celeridade de decisão proporcionada pelo modelo de gestão dos sistemas de incentivos, compatível com o ritmo normal da decisão dos investimentos empresariais e de realização de negócios;

m) Prioridade aos projectos de investimento em actividades de produção de bens e serviços transacionáveis ou internacionalizáveis, bem como em outras actividades de serviços e de distribuição que contribuam para o desenvolvimento daqueles.

ARTIGO 5.º
Compatibilidade com a regulamentação comunitária

A criação dos sistemas de incentivos às empresas subordina-se às normas comunitárias de concorrência em matéria de auxílios de Estado, observando, consoante a natureza dos projectos a apoiar, nomeadamente, os seguintes enquadramentos:

a) Auxílios com finalidade regional;

b) Auxílios às PME;

c) Auxílios à investigação & desenvolvimento & inovação;

d) Auxílios ao ambiente;

e) Auxílios de minimis.

ARTIGO 6.º
Processo de criação de sistemas de incentivos

1 – Os sistemas de incentivos às empresas devem ser criados através de regulamentos específicos a aprovar por portaria dos membros do Governo responsáveis pelas áreas da economia e da inovação e do desenvolvimento regional e, quando os sistemas beneficiarem de co-financiamento comunitário, do membro do Governo que coordena a comissão ministerial de coordenação do programa operacional financiador e, ainda, de outros membros do Governo responsáveis pela política visada ou pelo financiamento, quando for o caso.

2 – A proposta de criação de cada sistema de incentivos deve conter a seguinte informação:

a) Fundamentação da necessidade da sua criação;

b) Âmbito sectorial e territorial;

c) Tipo e natureza dos projectos;

d) Enquadramento comunitário aplicável;

e) Entidades beneficiárias;

f) Condições de elegibilidade do promotor e do projecto;

g) Despesas elegíveis e não elegíveis;

h) Critérios de selecção;

i) Taxas de incentivo;

j) Natureza dos incentivos;

l) Fundamentação de eventual modulação regional das taxas de incentivo;

m) Fundamentação de eventual modulação das taxas de incentivo nos projectos de fomento do empreendedorismo feminino e do empreendedorismo jovem ou que promovam a conciliação entre a actividade profissional e a vida familiar e pessoal;

n) Modelo de gestão;

o) Orçamento e fontes de financiamento;

p) Controlo e avaliação global.

3 – As propostas de criação dos sistemas de incentivos, bem como as alterações substanciais aos mesmos, são objecto de um parecer técnico sobre a sua compatibilidade com o presente decreto-lei e com os normativos comunitários aplicáveis, bem como sobre a sua articulação e coerência com os outros sistemas de incentivos em vigor.

4 – O parecer referido no número anterior é emitido por uma comissão técnica presidida pelo ministério que tutela a economia e a inovação e que integra dois representantes desse ministério e dois representantes do ministério que tutela o desenvolvimento regional.

5 – A comissão técnica deve ainda integrar um representante de outros ministérios quando em razão da matéria tal se justifique.

6 – O parecer referido no n.º 3 é submetido aos membros do Governo indicados no n.º 1.

ARTIGO 7.º
Natureza dos projectos elegíveis

1 – São susceptíveis de apoio no âmbito dos sistemas de incentivos os seguintes tipos de projectos de investimento:

a) Actividades de I&D nas empresas, incluindo as de demonstração e as actividades de valorização de resultados nas empresas, estimulando a cooperação em consórcio com instituições do sistema científico e tecnológico e com outras empresas e entidades;

b) Inovação produtiva: i) produção de novos bens e serviços no País ou melhoria significativa da produção actual através da transferência e aplicação de conhecimento; ii) expansão de capacidades de produção em sectores de alto conteúdo tecnológico ou com procuras internacionais dinâmicas; iii) inovação de processo, organizacional e de marketing; iv) investimentos estruturantes de grande dimensão inseridos no regime contratual; v) empreendedorismo qualificado, privilegiando a criação de empresas de base tecnológica ou em actividades de alto valor acrescentado;

c) Desenvolvimento de factores dinâmicos de competitividade nas PME, designadamente nos domínios de organização e gestão, concepção, desenvolvimento e engenharia de produtos e processos, presença na economia digital, eficiência energética, ambiente, certificação de sistemas de qualidade, gestão da inovação, segurança, saúde e responsabilidade

Concertação Económica e Social e Contratação Económica

social, moda e design, marcas, internacionalização, inserção e qualificação de recursos humanos, bem como a implantação de planos de igualdade com contributos efectivos para a conciliação da vida profissional com a vida familiar e pessoal.

2 – São ainda susceptíveis de apoio os projectos de investimento enquadrados em estratégias de eficiência colectiva de base territorial ou sectorial do seguinte tipo:

a) Promoção do desenvolvimento a nível nacional ou territorial de pólos de competitividade e tecnologia;

b) Desenvolvimento de estratégias assentes em lógicas sectoriais, intersectoriais ou territoriais, incidentes em conjuntos de actividades inter-relacionadas e organizadas em clusters ou redes que permitam potenciar economias de aglomeração ou outras externalidades positivas;

c) Promoção de dinâmicas territoriais de novos pólos de desenvolvimento, nomeadamente, em torno de projectos âncora ou de requalificação/reestruturação de actividades económicas já existentes;

d) Dinamização da renovação económica urbana através da: i) revitalização da actividade económica em centros urbanos; ii) relocalização e reordenamento de actividades económicas, e iii) atracção e desenvolvimento de novas actividades económicas centradas na criatividade e inovação.

3 – Os apoios a projectos de investimento enquadrados em estratégias de eficiência colectiva apenas podem ser accionados após o cumprimento das condições e o modo de reconhecimento dessas estratégias de eficiência colectiva, objecto de especificação em diploma autónomo da iniciativa conjunta dos membros do Governo responsáveis pelas áreas da economia e da inovação e do desenvolvimento regional.

4 – Os sistemas de incentivos associados às estratégias de eficiência colectiva identificadas nos n.os 2 e 3, bem como os sistemas não co-financiados por fundos comunitários, podem prever o incentivo a outras tipologias de investimento para além das referidas no n.º 1, designadamente investimentos de criação, modernização, requalificação, racionalização ou reestruturação de empresas.

5 – Podem ainda ser susceptíveis de incentivos os investimentos considerados de interesse estratégico para a economia nacional ou de determinada região, como tal reconhecidos, a título excepcional, por resolução do Conselho de Ministros.

Artigo 8.º
Beneficiários

1 – Podem beneficiar dos apoios previstos nos sistemas de incentivos as empresas de qualquer natureza e sob qualquer forma jurídica, incluindo, para além das sociedades comerciais, outro tipo de organização empresarial, designadamente agrupamentos complementares de empresas e, ainda, entidades sem fins lucrativos que prestem serviços de carácter inovador, visando a promoção e acompanhamento de projectos em PME nas diversas áreas que integram os sistemas de incentivos.

2 – A regulamentação específica de cada sistema de incentivos deve conter a explicitação dos respectivos beneficiários.

Artigo 9.º
Âmbito sectorial dos projectos

1 – Os sistemas de incentivos às empresas podem apoiar projectos de investimento nas seguintes actividades, de acordo com a Classificação Portuguesa das Actividades Econó-

micas (CAE), revista pelo Decreto-Lei n.º 197/2003, de 27 de Agosto:

a) Indústria – actividades incluídas nas divisões 10 a 37 da CAE;

b) Energia – actividades incluídas na divisão 40 da CAE (só actividades de produção);

c) Comércio – actividades incluídas nas divisões 50 a 52 da CAE, apenas para PME;

d) Turismo – actividades incluídas nos grupos 551, 552, 553, 554, 633 e 711 e as actividades declaradas de interesse para o turismo nos termos da legislação aplicável e que se insiram nas classes 9232, 9233, 9261, 9262 e 9272, e nas subclasses 92342, 93041 e 93042 da CAE;

e) Transportes e logística – actividades incluídas nos grupos 602, 622, 631, 632 e 634 da CAE;

f) Serviços – actividades incluídas nas divisões 72, 73, 74, 90, actividades incluídas nos grupos 921 e 925, na classe 9231 e nas subclasses 01410, 02012, 02020 da CAE.

2 – Para além das actividades indicadas no número anterior, podem ser consideradas na regulamentação específica de cada sistema de incentivos como elegíveis outras actividades, quando se trate de projectos inseridos nas tipologias referidas na alínea a) do n.º 1 e no n.º 2 do artigo 7.º

3 – A regulamentação específica de cada sistema de incentivos pode prever ainda a possibilidade de se considerar objecto de apoio, casuisticamente e a título excepcional, projectos em actividades não incluídas nos números anteriores do presente artigo, mediante proposta devidamente justificada e em função da sua dimensão estratégica.

4 – Respeitando os limites impostos pelos números anteriores, a regulamentação específica pode definir de forma particular as actividades abrangidas por cada sistema de incentivos.

Artigo 10.º
Âmbito territorial

1 – Os sistemas de incentivos às empresas devem ter um âmbito de aplicação que cubra a totalidade do território do continente, sem prejuízo da sua aplicação modulada em função das especificidades reconhecidas aos diversos territórios, incluindo os recursos financeiros públicos disponíveis e o regime comunitário em termos de auxílios de Estado.

2 – Em casos de necessidade fundamentada de instrumentos específicos de natureza regional ou infra-regional, podem ser estabelecidos sistemas de incentivos de aplicação territorial mais restrita.

Artigo 11.º
Condições gerais de elegibilidade do promotor

O promotor do projecto de investimento deve observar as seguintes condições gerais de elegibilidade:

a) Encontrar-se legalmente constituído;

b) Cumprir as condições legais necessárias ao exercício da respectiva actividade;

c) Possuir a situação regularizada face à administração fiscal, à segurança social e às entidades pagadoras dos incentivos;

d) Possuir ou assegurar os recursos humanos e físicos necessários ao desenvolvimento do projecto;

e) Dispor de contabilidade organizada nos termos da legislação aplicável;

f) Apresentar uma situação económico-financeira equilibrada ou, tratando-se de projectos de elevada intensidade tecnológica, demonstrar ter capacidade de financiamento do projecto.

ARTIGO 12.º
Condições gerais de elegibilidade do projecto de investimento

O projecto de investimento deve observar as seguintes condições gerais de elegibilidade:

a) Ter início, em termos de execução física, em momento posterior à data da candidatura ou da decisão de concessão de incentivos, respeitando o normativo aplicável;

b) Apresentar viabilidade económico-financeira e, quando aplicável, ser financiado adequadamente por capitais próprios;

c) Manter afectos à respectiva actividade os activos respeitantes ao investimento apoiado, bem como a localização geográfica definida no projecto, durante o período de vigência do contrato de incentivos, no mínimo, durante cinco anos após o encerramento do projecto, no caso de empresa não PME e, no mínimo, durante três anos, no caso de PME, podendo os sistemas de incentivos prever a possibilidade de se autorizar prazos diferentes, desde que permitidos pela legislação comunitária e nacional aplicável.

ARTIGO 13.º
Obrigações das entidades beneficiárias

1 – Todos os apoios financeiros concedidos são objecto de um contrato de concessão de incentivo e ficam sujeitos ao acompanhamento e controlo da sua utilização, em conformidade com o projecto de investimento e com as normas nacionais e comunitárias aplicáveis, nas suas componentes material, financeira e contabilística.

2 – Os bens e serviços adquiridos no âmbito dos projectos apoiados não podem, durante o período de vigência do contrato, ser afectos a outras finalidades, nem locados, alienados ou por qualquer modo onerados, no todo ou em parte, sem prévia autorização da entidade competente para a decisão.

3 – As entidades beneficiárias de qualquer tipo de apoio ficam obrigadas por si ou através dos seus representantes legais ou institucionais a permitir o acesso aos locais de realização do investimento e das acções, e àqueles onde se encontrem os elementos e documentos necessários, nomeadamente os de despesa, para o acompanhamento e controlo previsto no n.º 1.

4 – As entidades beneficiárias ficam obrigadas a publicitar os apoios concedidos nos termos a fixar em regulamentação específica.

ARTIGO 14.º
Despesas não elegíveis

1 – Não são elegíveis despesas com:

a) Aquisição de terrenos;

b) Compra de imóveis;

c) Construção ou obras de adaptação de edifícios;

d) Trespasses e direitos de utilização de espaços;

e) Aquisição de veículos automóveis e outro material de transporte;

f) Aquisição de aeronaves e outro material aeronáutico;

g) Aquisição de bens em estado de uso;

h) Juros durante o período de realização do investimento;

i) Fundo de maneio;

j) Trabalhos da empresa para ela própria, excepto para projectos no âmbito da alínea a) do n.º 1 do artigo 7.º;

l) Publicidade corrente.

2 – Os regulamentos específicos de cada sistema de incentivos podem considerar elegíveis, a título excepcional, as despesas referidas no número anterior em função da natureza específica das actividades, dos territórios e dos projectos, desde que tal seja admitido nos normativos comunitários aplicáveis.

ARTIGO 15.º
Natureza dos incentivos

1 – A natureza dos incentivos a conceder deve ser objecto de regulamentação específica, podendo revestir, entre outras, as seguintes formas:

a) Incentivos não reembolsáveis;

b) Incentivos reembolsáveis;

c) Bonificações da taxa de juro.

2 – As condições de atribuição dos apoios financeiros, nomeadamente, natureza, taxas, montantes, limites e prazos, são fixadas na regulamentação específica de cada sistema de incentivos, observados os limites expressos no artigo 16.º

3 – Os activos de natureza corpórea relativos a investimentos produtivos devem ser, regra geral, apoiados através de incentivos reembolsáveis podendo estes últimos ser complementados com um mecanismo de prémio de execução, a atribuir em função da superação das metas económicas contratadas.

4 – Os reembolsos provenientes de projectos apoiados com financiamento comunitário devem ser utilizados para os mesmos fins em moldes a definir em diploma específico da iniciativa conjunta dos membros do Governo responsáveis pelas áreas da economia e da inovação e do desenvolvimento regional.

5 – Em projectos situados em áreas prioritárias, os instrumentos de incentivo referidos no n.º 1 podem ser complementados com outros derivados da inovação financeira, designadamente capital de risco, garantias mútuas ou outros mecanismos de facilitação de acesso ao crédito, os quais, no seu conjunto, devem ter em conta as especificidades do empreendedorismo feminino e do empreendedorismo jovem.

ARTIGO 16.º
Limites máximos de incentivos

1 – Sem prejuízo da observância dos regulamentos comunitários aplicáveis, os incentivos aos investimentos previstos nas alíneas b) e c) do n.º 1 e n.os 2 e 4 do artigo 7.º não podem ultrapassar os limites, definidos em equivalente de subvenção bruta (ESB), estabelecidos no anexo do presente decreto-lei, do qual faz parte integrante.

2 – Os limites máximos dos incentivos relativos aos projectos referidos na alínea a) do n.º 1 do artigo 7.º são os definidos nos respectivos enquadramentos comunitários aplicáveis.

3 – No caso de projectos de investimento estruturante de grande dimensão inseridos no regime contratual, os limites definidos no anexo referido no n.º 1 podem, a título excepcional e em situações devidamente fundamentadas, ser ultrapassados, até aos máximos definidos nos enquadramentos comunitários aplicáveis.

Concertação Económica e Social e Contratação Económica

ARTIGO 17.º
Critérios de selecção

Os projectos são analisados em função de critérios, a estabelecer nos regulamentos específicos, considerando os seguintes factores:

a) Contributo para a competitividade da economia nacional, definido em função do seu enquadramento na estratégia de desenvolvimento económico geral a nível do País ou do cluster em que se insere;

b) Contributo para a competitividade regional e para a coesão económica territorial, definido em função do seu impacte no território onde se localiza o projecto;

c) Valia do projecto para a competitividade da empresa/ /promotor.

ARTIGO 18.º
Modelo de gestão dos sistemas de incentivos

1 – Os apoios previstos nos sistemas de incentivos às empresas são decididos a nível nacional ou a nível regional de acordo com os seguintes critérios:

a) Gestão nacional – projectos promovidos por médias (ME) e grandes empresas (Não PME);

b) Gestão regional – projectos promovidos por pequenas empresas (PE).

2 – Nas situações referidas no número anterior, as tarefas de apreciação técnica e acompanhamento devem ser da responsabilidade de entidades públicas com competências legalmente atribuídas nos domínios em causa.

3 – No caso de sistemas de incentivos co-financiados por fundos comunitários, a intervenção das entidades referidas no número anterior deve ser objecto de protocolos a celebrar com as autoridades de gestão dos programas operacionais financiadores, os quais devem definir os procedimentos, prazos e outras condições a observar.

4 – Os incentivos a conceder carecem de aprovação das autoridades de gestão ou de outras entidades responsáveis pelas respectivas fontes de financiamento.

5 – Nos casos previstos nos regulamentos específicos, os incentivos devem ser submetidos à homologação ministerial, que é obrigatória nos projectos do regime contratual de investimento.

6 – No caso dos sistemas de incentivos não co-financiados por fundos comunitários, bem como nos referidos no n.º 2 do artigo 7.º, podem ser estabelecidos nos respectivos regulamentos específicos, modelos de gestão diversos do definido nos números anteriores.

ARTIGO 19.º
Rede de informação sobre auxílios de Estado

O Governo promove, em diploma regulamentar autónomo, a criação de uma rede técnica de apoio à observância das regras comunitárias em matéria de auxílios de Estado.

ARTIGO 20.º

Prazo de regulamentação dos sistemas de incentivos de natureza transversal

As portarias que estabelecem os regulamentos dos sistemas de incentivos de natureza transversal aos projectos de investimento referidos nas alíneas a), b) e c) do n.º 1 do artigo 7.º são aprovadas no prazo de 30 dias a contar da data de entrada em vigor do presente decreto-lei.

ARTIGO 21.º
Entrada em vigor

O presente decreto-lei entra em vigor no dia seguinte ao da sua publicação.

Visto e aprovado em Conselho de Ministros de 12 de Julho de 2007. – José Sócrates Carvalho Pinto de Sousa – João Titterington Gomes Cravinho – Fernando Teixeira dos Santos – Manuel Pedro Cunha da Silva Pereira – Francisco Carlos da Graça Nunes Correia – Manuel António Gomes de Almeida de Pinho.

Promulgado em 2 de Agosto de 2007.

Publique-se.

O Presidente da República, Aníbal Cavaco Silva.

Referendado em 9 de Agosto de 2007.

Pelo Primeiro-Ministro, Fernando Teixeira dos Santos, Ministro de Estado e das Finanças.

ANEXO

(a que se refere o n.º 1 do artigo 16.º)

Limites máximos de incentivos às empresas

[expressos em equivalente de subvenção bruta (1)]

Tipos de investimento		Referência ao artigo 7.º	Aplicação geral		Aplicação a estratégias de eficiência colectiva (definidas no n.º 2 do artigo 7.º)	
Investimentos em I&D nas empresas.........		N.º 1, alínea a)	Máximos dos enquadramentos comunitários.		Máximos dos enquadramentos comunitários.	
Investimentos produtivos.	Inovação incluindo os projectos estruturantes, empreendedorismo e projectos estratégicos.	N.ºs 1, alínea b), e 5	PE	40 %	PE	50 %
			ME	30 %	ME	40 %
			Não PME	20 %	Não PME	30 %
	Criação, modernização, reestruturação e requalificação.	N.º 2	Sem incentivo		PE	35 %
					ME	25 %
					Não PME	15 %
		N.º 4	PE	35 %	PE	35 %
			ME	25 %	ME	25 %
			Não PME	15 %	Não PME	15 %
Investimentos em outros factores dinâmicos (PME).		N.º 1, alínea c)	PE	45 %	PE	50 %
			ME	35 %	ME	40 %

(1) Taxa ESB — valor do incentivo (em percentagem do investimento elegível), convertido em subsidio não reembolsável, actualizado para o momento da concessão.

TÍTULO IV

Defesa da Concorrência

Decreto-Lei n.º 10/2003, de 18 de Janeiro – **Procede à criação da Autoridade da Concorrência e aprova os respectivos estatutos**

Decreto-Lei n.º 10/2003

de 18 de Janeiro

1 – A competitividade internacional da economia portuguesa não depende apenas da eficácia das suas empresas, mas também da qualidade do seu enquadramento normativo e da resposta do sistema jurídico às exigências da vida económica num contexto de mercado aberto.

Num tal contexto, as decisões dos operadores económicos quanto à escolha e à localização dos seus investimentos e quanto aos modos e métodos de prosseguimento das suas actividades têm cada vez mais em conta não só a qualidade das regras de concorrência em vigor, mas também, muito em particular, a eficácia com que são aplicadas pelas autoridades reguladoras e pelos tribunais competentes.

Em Portugal, após 20 anos de experiência de aplicação dos diplomas que instituíram o regime nacional de promoção e defesa da concorrência (essencialmente o Decreto-Lei n.º 422/83, de 3 de Dezembro, o Decreto-Lei n.º 428/88, de 19 de Novembro, e, por último, o Decreto-Lei n.º 371/93, de 29 de Outubro, que procedeu à revogação dos primeiros), vem-se sentindo com especial premência a necessidade de criação de uma autoridade prestigiada e independente, que contribua, em primeira linha, para assegurar o respeito das regras de concorrência pelos operadores económicos e outras entidades e para criar em Portugal uma verdadeira cultura da concorrência.

2 – O diploma que agora se publica constitui o primeiro passo para a reforma que se impõe no quadro jurídico da concorrência em Portugal, indispensável à modernização e competitividade da nossa vida económica.

Procede-se assim à criação da Autoridade da Concorrência e aprovam-se os respectivos estatutos, revogando-se, em consequência, o Decreto-Lei n.º 371/93, de 29 de Outubro, no que respeita à estrutura institucional de aplicação da legislação de concorrência aí prevista.

O presente diploma será seguido, a muito curto prazo, pela revisão dos aspectos substantivos e processuais da legislação da concorrência, vertidos igualmente no Decreto-Lei n.º 371/93, de 29 de Outubro, diploma cuja modernização e actualização se impõem no actual quadro comunitário e no contexto de internacionalização e de globalização crescente das economias.

3 – Ao reconhecer à Autoridade o estatuto de independência compatível com a lei e a Constituição da República e ao conferir-lhe as atribuições, os poderes e os órgãos indispensáveis ao cumprimento da sua missão, o Governo pretende, antes de mais, restaurar a credibilidade das instituições responsáveis pela defesa da concorrência em Portugal e assegurar a sua plena integração no sistema comunitário e internacional de reguladores da concorrência.

Em especial, a profunda evolução em curso na legislação comunitária impõe a existência de uma autoridade da concorrência que seja efectivamente capaz de promover a aplicação das normas comunitárias em vigor e de se inserir com eficácia na rede de reguladores da concorrência que, sob a égide da Comissão Europeia, se estenderá a todos os Estados membros da Comunidade.

4 – O primeiro traço característico desta nova entidade é o seu carácter transversal no que respeita à missão de defesa da concorrência: a nova Autoridade terá pois a sua jurisdição alargada a todos os sectores da actividade económica.

Além disso, reunirá quer os poderes de investigação e de punição de práticas anticoncorrenciais e a instrução dos correspondentes processos, quer os da aprovação das operações de concentração de empresas sujeitas a notificação prévia, sem prejuízo, relativamente aos sectores objecto de regulação, da desejável e necessária articulação com as respectivas autoridades reguladoras sectoriais.

Desta forma, por um lado, confere-se unidade orgânica às funções actualmente repartidas, em termos nem sempre claros, entre a Direcção-Geral do Comércio e da Concorrência (DGCC) e o Conselho da Concorrência, pondo-se termo a uma experiência que, com a prática, se revelou fonte de ineficiências e divergências de orientação susceptíveis de minar a credibilidade da política de concorrência em Portugal.

Por outro lado, acentua-se, sem prejuízo da criação de vias de recurso extraordinárias, a desgovernamentalização do processo de apreciação prévia das operações de concentração.

Finalmente, sublinha-se o estatuto de independência que, pelo presente diploma, é conferido à Autoridade, seja pela sua qualificação como pessoa colectiva de direito público de carácter institucional, seja pela atribuição de autonomia patrimonial e financeira, seja ainda pelos requisitos de nomeação, duração do mandato e regime de incompatibilidades e impedimentos dos membros do seu órgão directivo.

5 – São igualmente de realçar as alterações introduzidas no actual regime dos recursos das decisões em matéria de concorrência, as quais passam a ser impugnáveis junto do Tribunal de Comércio de Lisboa, independentemente de serem proferidas em sede de processos de contra-ordenação ou de procedimentos administrativos, evitando-se assim, no contexto de uma indispensável e progressiva especialização dos nossos tribunais, que decisões sobre matérias da mesma natureza sejam apreciadas ora por tribunais judiciais, ora por tribunais administrativos.

É ainda de referir, relativamente ao sistema de controlo prévio das concentrações, a possibilidade, inovadora e inspirada no regime alemão, de os autores da notificação interporem, para o ministro responsável pela área da economia, com fundamento no interesse geral para a economia nacional, um recurso extraordinário das decisões da Autoridade que proíbam operações de concentração de empresas.

Defesa da Concorrência

6 – Finalmente, em sede de disposições finais e transitórias, registe-se a preocupação de regular com o maior cuidado os problemas suscitados pela transferência de competências dos actuais organismos responsáveis pela aplicação da política de concorrência – Direcção-Geral do Comércio e da Concorrência e Conselho da Concorrência – para a nova Autoridade, no período que medeia entre a sua criação e o momento em que a Autoridade será considerada como estando em condições de exercer a plenitude das suas atribuições.

Define-se igualmente um regime transitório para alguns aspectos processuais e de competência jurisdicional, na medida necessária a evitar situações de vazio legal enquanto não se procede à revisão dos aspectos substantivos e processuais da legislação de concorrência contidos no Decreto-Lei n.º 371/93, de 29 de Outubro. É assim que, entre outros aspectos, se prevê que, transitoriamente, a fiscalização das decisões em matéria de controlo prévio das concentrações continue a ser assegurada pelos tribunais administrativos, mas de acordo com as regras gerais do contencioso administrativo.

7 – Está o Governo plenamente consciente de que a criação da Autoridade da Concorrência, juntamente com a modernização e aperfeiçoamento da legislação de defesa e promoção da concorrência, abre uma nova era no quadro legal de funcionamento da economia portuguesa, assegurando a sua plena inserção nos sistemas mais evoluídos e permitindo aos agentes económicos dispor de um ordenamento concorrencial seguro e moderno, capaz de promover o funcionamento eficiente dos mercados, a repartição eficaz dos recursos nacionais e, sobretudo, a satisfação dos interesses dos consumidores.

Assim:

No uso da autorização legislativa concedida pela Lei n.º 24/2002, de 31 de Outubro, e nos termos das alíneas a) e b) do n.º 1 do artigo 198.º da Constituição, o Governo decreta o seguinte:

CAPÍTULO I

Artigo 1.º

Objecto

É criada a Autoridade da Concorrência, adiante designada por Autoridade, à qual caberá assegurar o respeito pelas regras de concorrência, tendo em vista o funcionamento eficiente dos mercados, a repartição eficaz dos recursos e os interesses dos consumidores.

ARTIGO 2.º
Natureza e regime jurídico

A Autoridade é uma pessoa colectiva de direito público, de natureza institucional, dotada de órgãos, serviços, pessoal e património próprios e de autonomia administrativa e financeira, sendo o seu regime jurídico definido nos Estatutos anexos ao presente diploma.

ARTIGO 3.º
Estatutos da Autoridade

São aprovados os Estatutos da Autoridade, os quais constam de anexo ao presente diploma, de que fazem parte integrante.

CAPÍTULO II
Disposições finais e transitórias

ARTIGO 4.º
Período de instalação

1 – A Autoridade é considerada como estando em condições de desempenhar a plenitude das suas atribuições no prazo de 60 dias contados a partir da data da entrada em vigor do presente decreto-lei.

2 – Os membros do conselho da Autoridade devem ser nomeados no prazo máximo de 30 dias contados a partir da data da entrada em vigor do presente diploma.

3 – Compete aos membros do conselho da Autoridade, no decurso do prazo referido no n.º 1 deste artigo, praticar os actos necessários à assunção, pela Autoridade, da plenitude das suas atribuições, designadamente aprovar os regulamentos internos a que se referem os artigos 26.º e 27.º dos Estatutos e contratar o pessoal indispensável ao início das suas actividades.

4 – Os encargos decorrentes do funcionamento da Autoridade, até ao termo do prazo referido no n.º 1 deste artigo, são suportados pelo orçamento do Ministério da Economia, podendo, para o efeito, ser movimentadas verbas dos capítulos I e II do referido orçamento.

5 – A Secretaria-Geral do Ministério da Economia assegurará as instalações, equipamentos e outros meios necessários à actividade da Autoridade, durante o período referido no n.º 1 do presente artigo.

ARTIGO 5.º
Conselho da Concorrência e Direcção-Geral do Comércio e da Concorrência

1 – No termo do prazo referido no n.º 1 do artigo anterior:

a) É extinto o Conselho da Concorrência;

b) A Autoridade passa a exercer as competências conferidas à Direcção-Geral do Comércio e da Concorrência pelo Decreto-Lei n.º 370/93, de 29 de Outubro, na redacção que lhe foi dada pelo Decreto-Lei n.º 140/98, de 16 de Maio, sem prejuízo do disposto no número seguinte.

2 – A Direcção-Geral do Comércio e da Concorrência continua a exercer, até à publicação de novo diploma orgânico, as competências que lhe estão legalmente conferidas que não colidam com as atribuições cometidas à Autoridade pelo presente diploma.

ARTIGO 6.º
Articulação com autoridades reguladoras sectoriais

1 – As atribuições cometidas à Autoridade pelos Estatutos anexos ao presente diploma são por aquela desempenhadas sem prejuízo do respeito pelo quadro normativo aplicável às entidades reguladoras sectoriais.

2 – A lei definirá os modos de intervenção ou participação da Autoridade em questões ou processos relativos a domínios submetidos a regulação sectorial, na medida necessária à salvaguarda dos objectivos prosseguidos pela legislação de concorrência.

3 – A lei definirá, igualmente, as obrigações das autoridades reguladoras sectoriais relativamente às práticas restritivas da concorrência de que tenham conhecimento no desempenho das suas atribuições, bem como à colaboração com a Autoridade em matérias sujeitas a regulação sectorial.

4 – Para efeitos do disposto neste artigo, constituem entidades reguladoras sectoriais, entre outras, as seguintes:

a) Banco de Portugal (BP);
b) Instituto de Seguros de Portugal (ISP);
c) Comissão do Mercado de Valores Mobiliários (CMVM);
d) Entidade Reguladora dos Serviços Energéticos (ERSE);
e) ICP – Autoridade Nacional de Comunicações (ICP – ANACOM);
f) Instituto Regulador das Águas e Resíduos (IRAR);
g) Instituto Nacional do Transporte Ferroviário (INTF);
h) Instituto Nacional de Aviação Civil (INAC);
i) Instituto dos Mercados de Obras Públicas e Particulares e do Imobiliário (IMOPPI).

ARTIGO 7.º
Referências legais

As referências, contidas em preceitos legais não revogados pelo presente diploma, ao Conselho da Concorrência e à Direcção-Geral do Comércio e da Concorrência, neste último caso apenas quando estejam em causa aspectos relacionados com as atribuições deste serviço em matéria de concorrência, consideram-se feitas à Autoridade, a partir do termo do prazo referido no n.º 1 do artigo 4.º do presente diploma.

ARTIGO 8.º
Transmissão de processos

1 – Os processos que se encontrem pendentes na Direcção-Geral do Comércio e da Concorrência e no Conselho da Concorrência no 30.º dia anterior ao termo do prazo referido no n.º 1 do artigo 4.º do presente diploma são, nessa data, remetidos oficiosamente à Autoridade.

2 – Nos casos a que se refere o número anterior, os prazos procedimentais, processuais ou substantivos consideram-se automaticamente suspensos, na primeira data ali referida, reiniciando-se a sua contagem no 30.º dia posterior ao termo do prazo referido no n.º 1 do artigo 4.º deste diploma, sem prejuízo do disposto no número seguinte

3 – Os prazos procedimentais em procedimentos de autorização prévia de operações de concentração de empresas abrangidos pelo disposto no n.º 1 do presente artigo interrompem-se no 30.º dia anterior ao termo do prazo referido no n.º 1 do artigo 4.º do presente diploma, iniciando-se nova contagem no dia seguinte ao termo do referido prazo.

4 – Nos casos abrangidos pelo disposto no número anterior, o prazo máximo de decisão do Conselho é, sob pena de deferimento tácito, de 30 ou 60 dias, consoante estejam em causa processos que se encontravam pendentes, na data referida no n.º 1 do presente artigo, respectivamente, no Conselho da Concorrência ou na Direcção-Geral do Comércio e da Concorrência.

5 – As notificações, denúncias, comunicações e demais documentos recebidos na Direcção-Geral do Comércio e da Concorrência ou no Conselho da Concorrência posteriormente ao 30.º dia anterior ao termo do prazo referido no n.º 1 do artigo 4.º deste diploma são imediatamente remetidos à Autoridade, iniciando-se, nestes casos, o cômputo dos prazos procedimentais, processuais ou substantivos a que houver lugar no dia seguinte ao termo do prazo referido no citado preceito legal.

ARTIGO 9.º
Operações de concentração

Até à publicação de diploma que estabeleça novas regras procedimentais em matéria de procedimentos de autorização prévia de operações de concentração de empresas, o n.º 1 do artigo 31.º do Decreto-Lei n.º 371/93, de 29 de Outubro, passa a ter a seguinte redacção:

«A Autoridade decide no prazo máximo de 60 dias, contado a partir da data da recepção da notificação, valendo a ausência de decisão no referido prazo como não oposição à operação de concentração.»

ARTIGO 10.º
Recursos

Até à entrada em vigor de diploma que estabeleça o regime processual dos recursos a que refere o n.º 2 do artigo 38.º dos Estatutos anexos a este diploma, as decisões aí previstas são impugnáveis junto dos tribunais administrativos, de acordo com as regras gerais aplicáveis ao contencioso administrativo.

ARTIGO 11.º
Norma revogatória

No termo do prazo referido no n.º 1 do artigo 4.º, são revogados:

a) Os artigos 12.º a 20.º, 27.º, 28.º, 32.º, 33.º, 34.º, n.ᵒˢ 1 e 2, 35.º e 39.º, todos do Decreto-Lei n.º 371/93, de 29 de Outubro, na redacção que lhe foi dada pela Lei n.º 3/99, de 13 de Janeiro;

b) O n.º 3 do artigo 5.º, o artigo 6.º, na parte respeitante à competência para instrução de processos, e o artigo 7.º, todos do Decreto-Lei n.º 370/93, de 29 de Outubro, na redacção que lhe foi dada pelo Decreto-Lei n.º 140/98, de 16 de Maio;

c) A alínea a) do artigo 9.º e o artigo 33.º do Decreto-Lei n.º 222/96, de 25 de Novembro.

Visto e aprovado em Conselho de Ministros de 20 de Novembro de 2002. – *José Manuel Durão Barroso – Maria Manuela Dias Ferreira Leite – Maria Celeste Ferreira Lopes Cardona – Luís Francisco Valente de Oliveira – Isaltino Afonso de Morais.*

Promulgado em 8 de Janeiro de 2003.

Publique-se.

O Presidente da República, JORGE SAMPAIO.

Referendado em 9 de Janeiro de 2003.

O Primeiro-Ministro, *José Manuel Durão Barroso.*

Defesa da Concorrência

ESTATUTOS DA AUTORIDADE DA CONCORRÊNCIA

CAPÍTULO I
Disposições gerais

ARTIGO 1.º
Natureza e finalidade

1 – A Autoridade da Concorrência, adiante designada por Autoridade, é uma pessoa colectiva de direito público, de natureza institucional, dotada de património próprio e de autonomia administrativa e financeira.

2 – A Autoridade tem por missão assegurar a aplicação das regras de concorrência em Portugal, no respeito pelo princípio da economia de mercado e de livre concorrência, tendo em vista o funcionamento eficiente dos mercados, a repartição eficaz dos recursos e os interesses dos consumidores, nos termos previstos na lei e nos presentes Estatutos.

ARTIGO 2.º
Regime jurídico

A Autoridade rege-se pelos presentes Estatutos, pelas disposições legais que lhe sejam especificamente aplicáveis e, supletivamente, pelo regime aplicável aos fundos e serviços autónomos.

ARTIGO 3.º
Sede

A Autoridade tem sede em Lisboa.

ARTIGO 4.º
Independência

A Autoridade é independente no desempenho das suas atribuições, no quadro da lei, sem prejuízo dos princípios orientadores de política da concorrência fixados pelo Governo, nos termos constitucionais e legais, e dos actos sujeitos a tutela ministerial, nos termos previstos na lei e nos presentes Estatutos.

ARTIGO 5.º
Capacidade

1 – A capacidade jurídica da Autoridade abrange os direitos e obrigações necessários à prossecução das suas atribuições.

2 – A Autoridade goza de capacidade judiciária activa e passiva.

ARTIGO 6.º
Atribuições

1 – Para garantia da realização das finalidades previstas no artigo 1.º dos presentes Estatutos, incumbe à Autoridade:

a) Velar pelo cumprimento das leis, regulamentos e decisões destinados a promover a defesa da concorrência;

b) Fomentar a adopção de práticas que promovam a concorrência e a generalização de uma cultura de concorrência junto dos agentes económicos e do público em geral;

c) Difundir, em especial junto dos agentes económicos, as orientações consideradas relevantes para a política da concorrência;

d) Acompanhar a actividade das autoridades de defesa da concorrência em outros países e estabelecer, com elas e com os organismos comunitários e internacionais competentes relações de cooperação;

e) Promover a investigação em matéria de defesa da concorrência, desenvolvendo as iniciativas e estabelecendo os protocolos de associação ou de cooperação com entidades públicas ou privadas que se revelarem adequados para esse efeito;

f) Contribuir para o aperfeiçoamento do sistema normativo português em todos os domínios que possam afectar a livre concorrência, por sua iniciativa ou a pedido do Governo;

g) Exercer todas as competências que o direito comunitário confira às autoridades administrativas nacionais no domínio das regras de concorrência aplicáveis às empresas;

h) Assegurar a representação técnica do Estado Português nos organismos comunitários ou internacionais em matéria de política de concorrência;

i) Exercer as demais atribuições que lhe sejam legalmente cometidas.

2 – O ministro responsável pela área da economia pode solicitar à Autoridade da Concorrência a elaboração de estudos e análises relativos a práticas ou métodos de concorrência que possam afectar o fornecimento e distribuição de bens ou serviços ou a qualquer outra matéria relacionada com a concorrência.

3 – Os estudos e análises mencionados no número anterior serão objecto de relatório a enviar ao ministro responsável pela área da economia.

ARTIGO 7.º
Poderes

1 – Para o desempenho das suas atribuições, a Autoridade dispõe de poderes sancionatórios, de supervisão e de regulamentação.

2 – No exercício dos seus poderes sancionatórios, cumpre à Autoridade:

a) Identificar e investigar as práticas susceptíveis de infringir a legislação de concorrência nacional e comunitária, proceder à instrução e decidir sobre os respectivos processos, aplicando, se for caso disso, as sanções previstas na lei;

b) Adoptar medidas cautelares, quando necessário.

3 – No exercício dos seus poderes de supervisão, compete à Autoridade:

a) Proceder à realização de estudos, inquéritos, inspecções ou auditorias que, em matéria de concorrência, se revelem necessários;

b) Instruir e decidir procedimentos administrativos relativos à compatibilidade de acordos ou categorias de acordos entre empresas com as regras de concorrência;

c) Instruir e decidir procedimentos administrativos respeitantes a operações de concentração de empresas sujeitas a notificação prévia.

4 – No exercício dos seus poderes de regulamentação, pode a Autoridade:

a) Aprovar ou propor a aprovação de regulamentos, nos termos legalmente previstos;

b) Emitir recomendações e directivas genéricas;

c) Propor e homologar códigos de conduta e manuais de boas práticas de empresas ou associações de empresas.

ARTIGO 8.º
Obrigações das empresas quanto à informação

As empresas, associações de empresas ou quaisquer outras pessoas ou entidades devem prestar à Autoridade todas as informações e fornecer todos documentos que esta lhes solicite em ordem ao cabal desempenho das suas atribuições.

ARTIGO 9.º
Cooperação de autoridades públicas

As autoridades e serviços públicos integrantes da administração directa, indirecta ou autónoma do Estado colaborarão com a Autoridade em tudo o que for necessário ao cabal desempenho das atribuições desta.

CAPÍTULO II
Organização

SECÇÃO I

ARTIGO 10.º
Órgãos

São órgãos da Autoridade:
a) O conselho;
b) O fiscal único.

SECÇÃO II
Conselho

ARTIGO 11.º
Conselho

O conselho é o órgão máximo da Autoridade, responsável pela aplicação da legislação de promoção e defesa da concorrência, bem como pela direcção dos respectivos serviços, nos termos definidos nos presentes Estatutos.

ARTIGO 12.º
Composição e nomeação

1 – O conselho é composto por um presidente e dois ou quatro vogais, devendo, neste último caso, ser designado, de entre estes, um vice-presidente.

2 – Os membros do conselho são nomeados por resolução do Conselho de Ministros, sob proposta do ministro responsável pela área da economia, ouvidos os ministros responsáveis pelas áreas das finanças e da justiça, de entre pessoas de reconhecida competência, com experiência em domínios relevantes para o desempenho das atribuições cometidas à Autoridade.

3 – Não pode haver nomeação de membros do conselho depois da demissão do Governo ou da convocação de eleições para a Assembleia da República nem antes da confirmação parlamentar do Governo recém-nomeado.

ARTIGO 13.º
Duração do mandato

1 – O mandato dos membros do conselho tem a duração de cinco anos, renovável uma vez nos termos do número seguinte.

2 – Na primeira nomeação do conselho, ou após dissolução, os membros serão divididos em dois grupos, sendo um deles nomeado por três anos, renováveis por mais cinco, e os demais nomeados por cinco anos.

3 – Em caso de vaga, os novos membros são designados por um novo mandato de cinco anos.

ARTIGO 14.º
Incompatibilidades e impedimentos

1 – Durante o seu mandato, os membros do conselho não podem:

a) Desempenhar quaisquer outras funções públicas ou privadas, ainda que não remuneradas, com excepção das funções docentes no ensino superior em regime de tempo parcial;

b) Participar em deliberações do conselho relativas a empresas em que detenham interesses significativos, tal como definidas no artigo 8.º da Lei n.º 64/93, de 26 de Agosto, na redacção que lhe foi dada pela Lei n.º 28/95, de 18 de Agosto, ou com as quais tenham mantido relações profissionais de qualquer tipo, nos últimos dois anos.

2 – Os membros do conselho estão sujeitos às demais incompatibilidades e impedimentos dos titulares de altos cargos públicos, em geral, e do pessoal dirigente dos institutos públicos, em especial, bem como aos deveres de discrição e reserva exigidos pela natureza das suas funções, quer durante quer após o termo dos seus mandatos.

3 – Nos dois anos seguintes à cessação do seu mandato, os membros do conselho não podem estabelecer qualquer vínculo ou entrar em qualquer relação profissional, remunerada ou não, com entidades que durante esse período tenham participado em operações de concentração de empresas sujeitas a jurisdição da Autoridade ou que tenham sido objecto de processos de contra-ordenação pela adopção de comportamentos restritivos da concorrência.

ARTIGO 15.º
Cessação do mandato

1 – Os membros do conselho não podem ser exonerados do cargo antes de terminar o mandato, salvo o disposto nos números seguintes.

2 – O conselho só pode ser dissolvido mediante resolução do Conselho de Ministros, em caso de falta grave, de responsabilidade colectiva.

3 – Constituem falta grave, para efeitos do número anterior:

a) O desrespeito grave ou reiterado dos Estatutos ou das normas por que se rege a Autoridade;

b) O incumprimento substancial e injustificado do plano de actividades ou do orçamento.

4 – O mandato dos membros do conselho cessa também colectivamente com a extinção da Autoridade ou com a sua fusão com outro organismo.

5 – Os mandatos individuais podem cessar:

a) Por incapacidade permanente;
b) Por renúncia;
c) Por incompatibilidade;
d) Por condenação por crime doloso ou em pena de prisão;
e) Por falta grave, nos termos do n.º 3.

6 – No caso de cessação do mandato, os membros do conselho mantêm-se no exercício de funções até à sua efectiva substituição, salvo declaração ministerial de cessação de funções.

Defesa da Concorrência

ARTIGO 16.º
Estatuto remuneratório

1 – Os membros do conselho estão sujeitos, para efeitos remuneratórios, ao estatuto do gestor público, sendo a sua remuneração fixada em despacho conjunto dos ministros responsáveis pelas áreas das finanças, economia e administração pública.

2 – É aplicável aos membros do conselho o regime geral da segurança social, salvo quando pertencerem aos quadros da função pública, caso em que lhes será aplicável o regime próprio do seu lugar de origem.

3 – Nos dois anos seguintes à cessação do seu mandato, os antigos membros do conselho têm direito a um subsídio equivalente a dois terços da respectiva remuneração, cessando esse abono a partir do momento em que estes sejam contratados ou nomeados para o desempenho, remunerado, de qualquer função ou serviço público ou privado.

4 – O subsídio a que se refere o número anterior não é acumulável com indemnizações a que haja lugar por força da cessação de funções nos termos do n.º 4 do artigo 15.º, podendo, neste caso, os membros do conselho optar entre o subsídio e a indemnização.

ARTIGO 17.º
Competências do conselho

1 – Compete ao conselho:

a) Ordenar a abertura e decidir os processos relativos às práticas restritivas da concorrência, aplicando as coimas previstas na lei e adoptando as medidas cautelares que se revelarem necessárias, no quadro da legislação nacional ou comunitária;

b) Tomar as decisões que por lei são atribuídas à Autoridade relativamente às operações de concentração de empresas sujeitas a notificação prévia;

c) Decidir procedimentos administrativos relativos à compatibilidade de acordos ou categorias de acordos entre empresas com as regras de concorrência;

d) Ordenar a realização de investigações, inquéritos, inspecções ou auditorias;

e) Pronunciar-se, nos termos previstos na lei, relativamente a auxílios públicos susceptíveis de afectar a concorrência;

f) Pronunciar-se, por sua iniciativa ou a pedido do Governo, sobre quaisquer questões ou normas que possam pôr em causa a liberdade de concorrência;

g) Propor ao Governo quaisquer alterações legislativas ou regulamentares que contribuam para o aperfeiçoamento do regime jurídico de defesa da concorrência;

h) Aprovar regulamentos, sempre que tal competência se encontre legalmente atribuída à Autoridade, incluindo a definição das taxas a que se refere o artigo 31.º dos presentes Estatutos;

i) Adoptar e dirigir às empresas e agentes económicos as recomendações e directrizes que se mostrem necessárias à boa aplicação das regras de concorrência e ao desenvolvimento de uma cultura favorável à liberdade de concorrência.

2 – Compete ao conselho, no que respeita ao funcionamento da Autoridade:

a) Definir a orientação geral dos serviços da Autoridade e acompanhar a sua execução, sem prejuízo do disposto no n.º 2 do artigo 20.º;

b) Decidir sobre a contratação de pessoal e exercer os poderes de direcção, gestão e disciplina do mesmo;

c) Aprovar os regulamentos internos relativos à organização e funcionamento dos órgãos e serviços da Autoridade, bem como praticar os demais actos de gestão necessários ao bom funcionamento dos mesmos;

d) Constituir mandatários e designar representantes da Autoridade junto de outras entidades, nacionais ou estrangeiras;

e) Administrar o património da Autoridade, arrecadar as receitas e autorizar a realização das despesas;

f) Proceder à aquisição de bens e à contratação de serviços necessários ao exercício das funções da Autoridade;

g) Elaborar os planos de actividades e os orçamentos, bem como os relatórios de actividades e contas da Autoridade.

3 – Compete ainda ao conselho praticar todos os demais actos necessários à realização das atribuições cometidas à Autoridade para que não seja competente outro órgão.

ARTIGO 18.º
Delegação de poderes

1 – O conselho pode delegar, por acta, poderes em um ou mais dos seus membros, no que respeita à direcção dos serviços da Autoridade, e autorizar a que se proceda à subdelegação desses poderes, estabelecendo em cada caso os respectivos limites e condições.

2 – Sem prejuízo da inclusão de outros poderes, a atribuição de um pelouro a um membro do conselho implica a delegação das competências necessárias para dirigir e fiscalizar os serviços respectivos e para praticar os actos de gestão corrente das unidades organizacionais envolvidas.

ARTIGO 19.º
Funcionamento

1 – O conselho reúne ordinariamente com a periodicidade que o seu regulamento interno fixar e extraordinariamente sempre que for convocado pelo seu presidente ou a pedido de, pelo menos, dois dos seus membros.

2 – Os directores dos serviços da Autoridade, bem como outros funcionários da mesma, podem ser chamados a participar nas reuniões do conselho, sem direito a voto.

3 – As deliberações são tomadas por maioria dos votos dos membros presentes, não sendo admitidas abstenções.

4 – Das reuniões do conselho são lavradas actas, as quais serão assinadas pelos membros presentes.

ARTIGO 20.º
Competência do presidente do conselho

1 – Compete ao presidente do conselho:

a) Convocar, presidir e dirigir as reuniões do conselho;

b) Assegurar as relações da Autoridade com as autoridades públicas nacionais e comunitárias, bem como com instituições internacionais e com as autoridades de concorrência de outros países;

c) Assegurar a representação da Autoridade em juízo e fora dele.

2 – Compete ainda ao presidente da Autoridade, sem faculdade de delegação, definir a orientação geral dos serviços em matéria de investigação e instrução de práticas anticoncorrenciais e acompanhar a respectiva execução.

3 – O presidente do conselho é substituído, nas suas ausências ou impedimentos, pelo vice-presidente e, na falta deste, pelo vogal mais antigo ou, em caso de igual antiguidade, pelo vogal de mais idade.

100

4 – Por razões de urgência, devidamente fundamentadas, o presidente do conselho, ou quem o substituir nas suas ausências e impedimentos, pode praticar quaisquer actos da competência do conselho, os quais deverão, no entanto, ser sujeitos a ratificação na primeira reunião realizada após a prática do acto.

ARTIGO 21.º
Responsabilidade dos membros

1 – Os membros do conselho são solidariamente responsáveis pelos actos praticados no exercício das suas funções.

2 – São isentos de responsabilidade os membros que, tendo estado presentes na reunião em que foi tomada a deliberação, tiverem manifestado o seu desacordo, em declaração registada em acta, bem como os membros ausentes que tenham declarado por escrito o seu desacordo, que igualmente será registado em acta.

ARTIGO 22.º
Vinculação

1 – A Autoridade obriga-se pela assinatura:

a) Do presidente do conselho ou, no caso de ausência ou impedimento deste, do vice-presidente;

b) De dois membros do conselho, no caso de ausência ou impedimento do presidente e do vice-presidente;

c) Do membro do conselho que, para tanto, tenha recebido, em acta, delegação do conselho para a prática de acto ou actos determinados.

2 – Os actos de mero expediente podem ser assinados por qualquer membro do conselho ou por funcionários da Autoridade a quem tal poder tenha sido expressamente conferido por deliberação do conselho.

3 – A Autoridade obriga-se ainda pela assinatura de mandatários, no âmbito restrito dos poderes que lhes hajam sido conferidos.

SECÇÃO III
Fiscal único

ARTIGO 23.º
Fiscal único

O fiscal único é o órgão responsável pelo controlo da legalidade e economia da gestão financeira e patrimonial da Autoridade e de consulta do conselho, nos termos previstos nos artigos seguintes.

ARTIGO 24.º
Nomeação, mandato e remuneração

1 – O fiscal único é um revisor oficial de contas ou uma sociedade de revisores oficiais de contas, nomeado por despacho conjunto dos ministros responsáveis pelas áreas das finanças e da economia, após consulta do conselho.

2 – O mandato do fiscal único tem a duração de três anos, sendo renovável por igual período de três anos, pela forma prevista no número anterior.

3 – À cessação do mandato do fiscal único aplica-se, com as devidas adaptações, o disposto no artigo 15.º dos presentes Estatutos.

4 – A remuneração do fiscal único é fixada em despacho conjunto dos ministros responsáveis pelas áreas das finanças, economia e administração pública.

ARTIGO 25.º
Competências

Compete ao fiscal único:

a) Acompanhar e controlar a gestão financeira e patrimonial da Autoridade;

b) Examinar periodicamente a situação financeira e económica da Autoridade e verificar o cumprimento das normas que regulam a sua actividade;

c) Emitir parecer sobre a aquisição, alienação, oneração ou arrendamento de bens imóveis;

d) Emitir parecer sobre o orçamento e as contas anuais da Autoridade;

e) Emitir parecer sobre o plano anual de actividades, na perspectiva da sua cobertura orçamental;

f) Emitir parecer sobre qualquer assunto que lhe seja submetido pelo conselho da Autoridade, no âmbito das suas competências genéricas;

g) Participar às entidades competentes as irregularidades que detecte.

SECÇÃO IV
Serviços e pessoal

ARTIGO 26.º
Serviços

A Autoridade dispõe dos serviços necessários ao desempenho das suas atribuições, sendo a respectiva organização e funcionamento fixados em regulamento interno, sem prejuízo do disposto no artigo seguinte.

ARTIGO 27.º
Pessoal

1 – A Autoridade dispõe de um quadro de pessoal próprio estabelecido em regulamento interno.

2 – O pessoal da Autoridade encontra-se sujeito ao regime do contrato individual de trabalho, sendo abrangido pelo regime geral da segurança social.

3 – As condições de prestação e de disciplina de trabalho são definidas em regulamento próprio da Autoridade.

4 – O regulamento de carreiras e o regime retributivo do pessoal da Autoridade carece de homologação dos ministros responsáveis pelas áreas das finanças, economia e administração pública.

5 – A Autoridade pode ser parte em instrumentos de regulamentação colectiva de trabalho.

6 – O pessoal da Autoridade não pode prestar trabalho ou outros serviços, remunerados ou não, quer a empresas quer a outras entidades cuja actividade colida com as atribuições da Autoridade.

ARTIGO 28.º
Mobilidade

1 – A Autoridade pode solicitar a colaboração de pessoal vinculado à Administração Pública ou pertencente a quadros de empresas públicas ou privadas, para o desempenho de funções inerentes às respectivas atribuições.

2 – Ao pessoal vinculado à Administração Pública aplica-se o regime de destacamento e requisição ou de comissão de serviço, com garantia do lugar de origem e dos direitos nele adquiridos.

Defesa da Concorrência

3 – O período de destacamento, requisição ou de comissão conta-se como tempo de serviço prestado nos quadros de proveniência, designadamente para efeitos de aposentação.

4 – A Autoridade suporta todas as despesas inerentes à requisição ou comissão de serviço, podendo o pessoal requisitado optar pelo vencimento de origem ou pelo correspondente às suas funções na Autoridade.

5 – A Autoridade contribuirá para o financiamento da Caixa Geral de Aposentações com uma importância mensal de montante igual ao das quotas pagas pelos trabalhadores abrangidos pelo regime de protecção social da função pública ao seu serviço.

6 – A requisição de outros trabalhadores depende igualmente de solicitação da Autoridade aos órgãos dirigentes das empresas em cujos quadros o funcionário se integra, bem como da aquiescência deste.

CAPÍTULO III
Gestão financeira e patrimonial

ARTIGO 29.º
Regime orçamental e financeiro

A Autoridade encontra-se sujeita ao regime orçamental e financeiro dos serviços e fundos autónomos.

ARTIGO 30.º
Património

1 – A Autoridade dispõe de património próprio, constituído pela universalidade dos seus bens, direitos, garantias ou obrigações de conteúdo económico.

2 – A Autoridade pode ter sob a sua administração bens do património do Estado que sejam afectados ao exercício das suas funções, por lei ou por despacho conjunto dos ministros responsáveis pelas áreas das finanças e da economia.

3 – Os bens da Autoridade que se revelem desnecessários ou inadequados ao cumprimento das suas atribuições serão incorporados no património do Estado, salvo quando devam ser alienados, sendo essa incorporação determinada por despacho conjunto dos ministros responsáveis pelas áreas das finanças e da economia.

4 – Em caso de extinção, o património da Autoridade reverte para o Estado, salvo quando se tratar de fusão ou incorporação, caso em que o património pode reverter para o novo organismo.

ARTIGO 31.º
Receitas

Constituem receitas da Autoridade:

a) As taxas cobradas pelos serviços prestados;

b) 40% do produto das coimas aplicadas pelas infracções que lhe compete investigar e sancionar, revertendo os 60% remanescentes para o Estado;

c) O produto da venda de estudos, publicações ou outros documentos;

d) Quaisquer outras receitas, rendimentos ou valores que provenham da sua actividade ou que por lei ou contrato lhe venham a pertencer ou a ser atribuídos, bem como quaisquer doações, legados ou outras formas de apoio financeiro;

e) Supletivamente, as dotações do Orçamento do Estado, na medida necessária a assegurar o cabal desempenho das suas atribuições, inscritas para o efeito no orçamento do ministério responsável pela área da economia.

ARTIGO 32.º
Despesas

Constituem despesas da Autoridade as que, realizadas no exercício das atribuições e competências que lhe estão cometidas, respeitem a encargos decorrentes da sua actividade e da aquisição de bens de imobilizado.

CAPÍTULO IV
Tutela e responsabilidade

ARTIGO 33.º
Tutela

1 – No estrito respeito pela sua independência, a Autoridade está sujeita à tutela do ministro responsável pela área da economia, nos termos dos presentes Estatutos e demais legislação aplicável.

2 – Carecem de aprovação do ministro da tutela:

a) O plano de actividades e o orçamento;

b) O relatório de actividades e as contas anuais;

c) A aquisição ou alienação de bens imóveis, nos termos da lei;

d) Outros actos de incidência financeira ou orçamental previstos na lei.

3 – Carecem também de aprovação do ministro responsável pela área das finanças os documentos e actos previstos nas alíneas b), c) e d) do número anterior.

ARTIGO 34.º
Recurso extraordinário

1 – Em recurso para o efeito interposto pelos autores da notificação, o membro do Governo responsável pela área da economia pode, mediante decisão fundamentada, autorizar uma operação de concentração proibida por decisão da Autoridade, quando os benefícios dela resultantes para a prossecução de interesses fundamentais da economia nacional superem as desvantagens para a concorrência inerentes à sua realização.

2 – A decisão ministerial que autorize uma operação de concentração nos termos do número anterior pode ser acompanhada de condições e obrigações tendentes a minorar o impacte negativo sobre a concorrência decorrente da sua realização.

3 – O recurso extraordinário previsto neste artigo é interposto no prazo de 30 dias contados da data de notificação da decisão da Autoridade que proíbe a operação de concentração, suspendendo-se com a sua interposição o prazo de impugnação judicial desta decisão.

ARTIGO 35.º
Responsabilidade financeira, civil, penal e disciplinar

1 – Os titulares dos órgãos da Autoridade, bem como o seu pessoal, respondem financeira, civil e criminalmente pelos actos e omissões que pratiquem no exercício das suas funções, nos termos da Constituição e demais legislação aplicável, sem prejuízo da responsabilidade disciplinar a que houver lugar.

2 – A responsabilidade financeira é efectivada pelo Tribunal de Contas, nos termos da respectiva legislação.

Artigo 36.º
Sigilo

Os titulares dos órgãos da Autoridade, bem como o seu pessoal, estão especialmente obrigados a guardar sigilo dos factos cujo conhecimento lhes advenha pelo exercício das suas funções e que não possam ser divulgados, nos termos do disposto na lei.

Artigo 37.º
Responsabilidade pública

A Autoridade elabora e envia, anualmente, ao Governo, que o remete, nesse momento, à Assembleia da República, um relatório sobre a respectiva actividade no domínio da defesa e promoção da concorrência, o qual será publicado.

Artigo 38.º
Controlo jurisdicional

1 – As decisões da Autoridade proferidas em processos de contra-ordenação são impugnáveis junto do Tribunal de Comércio de Lisboa.

2 – As decisões da Autoridade em procedimentos administrativos, respeitantes a matéria de concorrência, bem como a decisão ministerial a que alude o artigo 34.º deste diploma, são igualmente impugnáveis junto do Tribunal de Comércio de Lisboa.

Artigo 39.º
Página electrónica

A Autoridade deve disponibilizar um sítio na Internet, com todos os dados relevantes, nomeadamente os diplomas legislativos que lhe dizem respeito, os Estatutos e regulamentos internos, a composição dos seus órgãos, incluindo os correspondentes elementos biográficos, os planos, orçamentos, relatórios e contas dos últimos dois anos, bem como os principais instrumentos regulatórios em vigor.

> Lei n.º 18/2003, de 11 de Junho, com as alterações introduzidas pelo Decreto-Lei n.º 219/2006, de 2 de Novembro e pelo Decreto-Lei n.º 18/2008, de 29 de Janeiro – **Aprova o regime jurídico da concorrência**

Lei n.º 18/2003
de 11 de Junho

A Assembleia da República decreta, nos termos da alínea c) do artigo 161.º da Constituição, para valer como lei geral da República, o seguinte:

CAPÍTULO I
Das regras de concorrência

SECÇÃO I
Disposições gerais

ARTIGO 1.º
Âmbito de aplicação

1 – A presente lei é aplicável a todas as actividades económicas exercidas, com carácter permanente ou ocasional, nos sectores privado, público e cooperativo.

2 – Sob reserva das obrigações internacionais do Estado Português, a presente lei é aplicável às práticas restritivas da concorrência e às operações de concentração de empresas que ocorram em território nacional ou que neste tenham ou possam ter efeitos.

ARTIGO 2.º
Noção de empresa

1 – Considera-se empresa, para efeitos da presente lei, qualquer entidade que exerça uma actividade económica que consista na oferta de bens ou serviços num determinado mercado, independentemente do seu estatuto jurídico e do modo de funcionamento.

2 – Considera-se como uma única empresa o conjunto de empresas que, embora juridicamente distintas, constituem uma unidade económica ou que mantêm entre si laços de interdependência ou subordinação decorrentes dos direitos ou poderes enumerados no n.º 1 do artigo 10.º

ARTIGO 3.º
Serviços de interesse económico geral

1 – As empresas públicas e as empresas a quem o Estado tenha concedido direitos especiais ou exclusivos encontram-se abrangidas pelo disposto na presente lei, sem prejuízo do disposto no número seguinte.

2 – As empresas encarregadas por lei da gestão de serviços de interesse económico geral ou que tenham a natureza de monopólio legal ficam submetidas ao disposto no presente diploma, na medida em que a aplicação destas regras não constitua obstáculo ao cumprimento, de direito ou de facto, da missão particular que lhes foi confiada.

SECÇÃO II
Práticas proibidas

ARTIGO 4.º
Práticas proibidas

1 – São proibidos os acordos entre empresas, as decisões de associações de empresas e as práticas concertadas entre empresas, qualquer que seja a forma que revistam, que tenham por objecto ou como efeito impedir, falsear ou restringir de forma sensível a concorrência no todo ou em parte do mercado nacional, nomeadamente os que se traduzam em:

a) Fixar, de forma directa ou indirecta, os preços de compra ou de venda ou interferir na sua determinação pelo livre jogo do mercado, induzindo, artificialmente, quer a sua alta quer a sua baixa;

b) Fixar, de forma directa ou indirecta, outras condições de transacção efectuadas no mesmo ou em diferentes estádios do processo económico;

c) Limitar ou controlar a produção, a distribuição, o desenvolvimento técnico ou os investimentos;

d) Repartir os mercados ou as fontes de abastecimento;

e) Aplicar, de forma sistemática ou ocasional, condições discriminatórias de preço ou outras relativamente a prestações equivalentes;

f) Recusar, directa ou indirectamente, a compra ou venda de bens e a prestação de serviços;

g) Subordinar a celebração de contratos à aceitação de obrigações suplementares que, pela sua natureza ou segundo os usos comerciais, não tenham ligação com o objecto desses contratos.

2 – Excepto nos casos em que se considerem justificadas, nos termos do artigo 5.º, as práticas proibidas pelo n.º 1 são nulas.

ARTIGO 5.º
Justificação das práticas proibidas

1 – Podem ser consideradas justificadas as práticas referidas no artigo anterior que contribuam para melhorar a produção ou a distribuição de bens e serviços ou para promover o desenvolvimento técnico ou económico desde que, cumulativamente:

a) Reservem aos utilizadores desses bens ou serviços uma parte equitativa do benefício daí resultante;

b) Não imponham às empresas em causa quaisquer restrições que não sejam indispensáveis para atingir esses objectivos;

c) Não dêem a essas empresas a possibilidade de eliminar a concorrência numa parte substancial do mercado dos bens ou serviços em causa.

Defesa da Concorrência

2 – As práticas previstas no artigo 4.º podem ser objecto de avaliação prévia por parte da Autoridade da Concorrência, adiante designada por Autoridade, segundo procedimento a estabelecer por regulamento a aprovar pela Autoridade nos termos dos respectivos estatutos.

3 – São consideradas justificadas as práticas proibidas pelo artigo 4.º que, embora não afectando o comércio entre os Estados membros, preencham os restantes requisitos de aplicação de um regulamento comunitário adoptado ao abrigo do disposto no n.º 3 do artigo 81.º do Tratado que institui a Comunidade Europeia.

4 – A Autoridade pode retirar o benefício referido no número anterior se verificar que, em determinado caso, uma prática por ele abrangida produz efeitos incompatíveis com o disposto no n.º 1.

ARTIGO 6.º
Abuso de posição dominante

1 – É proibida a exploração abusiva, por uma ou mais empresas, de uma posição dominante no mercado nacional ou numa parte substancial deste, tendo por objecto ou como efeito impedir, falsear ou restringir a concorrência.

2 – Entende-se que dispõem de posição dominante relativamente ao mercado de determinado bem ou serviço:

a) A empresa que actua num mercado no qual não sofre concorrência significativa ou assume preponderância relativamente aos seus concorrentes;

b) Duas ou mais empresas que actuam concertadamente num mercado, no qual não sofrem concorrência significativa ou assumem preponderância relativamente a terceiros.

3 – Pode ser considerada abusiva, designadamente:

a) A adopção de qualquer dos comportamentos referidos no n.º 1 do artigo 4.º;

b) A recusa de facultar, contra remuneração adequada, a qualquer outra empresa o acesso a uma rede ou a outras infra-estruturas essenciais que a primeira controla, desde que, sem esse acesso, esta última empresa não consiga, por razões factuais ou legais, operar como concorrente da empresa em posição dominante no mercado a montante ou a jusante, a menos que a empresa dominante demonstre que, por motivos operacionais ou outros, tal acesso é impossível em condições de razoabilidade.

ARTIGO 7.º
Abuso de dependência económica

1 – É proibida, na medida em que seja susceptível de afectar o funcionamento do mercado ou a estrutura da concorrência, a exploração abusiva, por uma ou mais empresas, do estado de dependência económica em que se encontre relativamente a elas qualquer empresa fornecedora ou cliente, por não dispor de alternativa equivalente.

2 – Pode ser considerada abusiva, designadamente:

a) A adopção de qualquer dos comportamentos previstos no n.º 1 do artigo 4.º;

b) A ruptura injustificada, total ou parcial, de uma relação comercial estabelecida, tendo em consideração as relações comerciais anteriores, os usos reconhecidos no ramo da actividade económica e as condições contratuais estabelecidas.

3 – Para efeitos da aplicação do n.º 1, entende-se que uma empresa não dispõe de alternativa equivalente quando:

a) O fornecimento do bem ou serviço em causa, nomeadamente o de distribuição, for assegurado por um número restrito de empresas; e

b) A empresa não puder obter idênticas condições por parte de outros parceiros comerciais num prazo razoável.

SECÇÃO III
Concentração de empresas

ARTIGO 8.º
Concentração de empresas

1 – Entende-se haver uma operação de concentração de empresas, para efeitos da presente lei:

a) No caso de fusão de duas ou mais empresas anteriormente independentes;

b) No caso de uma ou mais pessoas singulares que já detenham o controlo de pelo menos uma empresa ou de uma ou mais empresas adquirirem, directa ou indirectamente, o controlo da totalidade ou de partes de uma ou de várias outras empresas.

2 – A criação ou aquisição de uma empresa comum constitui uma operação de concentração de empresas, na acepção da alínea b) do número anterior, desde que a empresa comum desempenhe de forma duradoura as funções de uma entidade económica autónoma.

3 – Para efeitos do disposto nos números anteriores o controlo decorre de qualquer acto, independentemente da forma que este assuma, que implique a possibilidade de exercer, isoladamente ou em conjunto, e tendo em conta as circunstâncias de facto ou de direito, uma influência determinante sobre a actividade de uma empresa, nomeadamente:

a) Aquisição da totalidade ou de parte do capital social;

b) Aquisição de direitos de propriedade, de uso ou de fruição sobre a totalidade ou parte dos activos de uma empresa;

c) Aquisição de direitos ou celebração de contratos que confiram uma influência preponderante na composição ou nas deliberações dos órgãos de uma empresa.

4 – Não é havida como concentração de empresas:

a) A aquisição de participações ou de activos no quadro do processo especial de recuperação de empresas ou de falência;

b) A aquisição de participações com meras funções de garantia;

c) A aquisição por instituições de crédito de participações em empresas não financeiras, quando não abrangida pela proibição contida no artigo 101.º do Regime Geral das Instituições de Crédito e Sociedades Financeiras, aprovado pelo Decreto-Lei n.º 298/92, de 31 de Dezembro.

ARTIGO 9.º
Notificação prévia

1 – As operações de concentração de empresas estão sujeitas a notificação prévia quando preencham uma das seguintes condições:

a) Em consequência da sua realização se crie ou se reforce uma quota superior a 30% no mercado nacional de determinado bem ou serviço, ou numa parte substancial deste;

b) O conjunto das empresas participantes na operação de concentração tenha realizado em Portugal, no último exercício, um volume de negócios superior a 150 milhões de euros, líquidos dos impostos com este directamente relacionados, desde que o volume de negócios realizado individualmente em Portugal por, pelo menos, duas dessas empresas seja superior a dois milhões de euros.

2 – As operações de concentração abrangidas pela presente lei devem ser notificadas à Autoridade no prazo de sete dias

úteis após a conclusão do acordo ou, sendo caso disso, após a data da divulgação do anúncio preliminar de uma oferta pública de aquisição ou de troca ou da divulgação de anúncio de aquisição de uma participação de controlo em sociedade emitente de acções admitidas à negociação em mercado regulamentado.[1]

3 – As operações de concentração projectadas podem ser objecto de avaliação prévia pela Autoridade, segundo procedimento a estabelecer pela Autoridade nos termos dos respectivos estatutos.[1]

ARTIGO 10.º
Quota de mercado e volume de negócios

1 – Para o cálculo da quota de mercado e do volume de negócios previstos no artigo anterior ter-se-ão em conta, cumulativamente, os volumes de negócios:

a) Das empresas participantes na concentração;

b) Das empresas em que estas dispõem directa ou indirectamente:

De uma participação maioritária no capital;

De mais de metade dos votos;

Da possibilidade de designar mais de metade dos membros do órgão de administração ou de fiscalização;

Do poder de gerir os negócios da empresa;

c) Das empresas que dispõem nas empresas participantes, isoladamente ou em conjunto, dos direitos ou poderes enumerados na alínea b);

d) Das empresas nas quais uma empresa referida na alínea c) dispõe dos direitos ou poderes enumerados na alínea b);

e) Das empresas em que várias empresas referidas nas alíneas a) a d) dispõem em conjunto, entre elas ou com empresas terceiras, dos direitos ou poderes enumerados na alínea b).

2 – No caso de uma ou várias empresas envolvidas na operação de concentração disporem conjuntamente dos direitos ou poderes enumerados na alínea b) do n.º 1, há que no cálculo do volume de negócios das empresas participantes na operação de concentração:

a) Não tomar em consideração o volume de negócios resultante da venda de produtos ou da prestação de serviços realizados entre a empresa comum e cada uma das empresas participantes na operação de concentração ou qualquer outra empresa ligada a estas na acepção das alíneas b) a e) do número anterior;

b) Tomar em consideração o volume de negócios resultante da venda de produtos e da prestação de serviços realizados entre a empresa comum e qualquer outra empresa terceira, o qual será imputado a cada uma das empresas participantes na operação de concentração na parte correspondente à sua divisão em partes iguais por todas as empresas que controlam a empresa comum.

3 – O volume de negócios a que se refere o número anterior compreende os valores dos produtos vendidos e dos serviços prestados a empresas e consumidores em território português, líquidos dos impostos directamente relacionados com o volume de negócios, mas não inclui as transacções efectuadas entre as empresas referidas no mesmo número.

4 – Em derrogação ao disposto no n.º 1, se a operação de concentração consistir na aquisição de partes, com ou sem

personalidade jurídica própria, de uma ou mais empresas, o volume de negócios a ter em consideração relativamente ao cedente ou cedentes será apenas o relativo às parcelas que são objecto da transacção.

5 – O volume de negócios é substituído:

a) No caso das instituições de crédito e de outras instituições financeiras, pela soma das seguintes rubricas de proveitos, tal como definidas na legislação aplicável:

i) Juros e proveitos equiparados;

ii) Receitas de títulos:

Rendimentos de acções e de outros títulos de rendimento variável;

Rendimentos de participações;

Rendimentos de partes do capital em empresas coligadas;

iii) Comissões recebidas;

iv) Lucro líquido proveniente de operações financeiras;

v) Outros proveitos de exploração;

b) No caso das empresas de seguros, pelo valor dos prémios brutos emitidos, pagos por residentes em Portugal, que incluem todos os montantes recebidos e a receber ao abrigo de contratos de seguro efectuados por essas empresas ou por sua conta, incluindo os prémios cedidos às resseguradoras, com excepção dos impostos ou taxas cobrados com base no montante dos prémios ou no seu volume total.

ARTIGO 11.º
Suspensão da operação de concentração

1 – Uma operação de concentração sujeita a notificação prévia não pode realizar-se antes de ter sido notificada e antes de ter sido objecto de uma decisão, expressa ou tácita, de não oposição.

2 – A validade de qualquer negócio jurídico realizado em desrespeito pelo disposto na presente secção depende de autorização expressa ou tácita da operação de concentração.

3 – O disposto nos números anteriores não prejudica a realização de uma oferta pública de compra ou de troca que tenha sido notificada à Autoridade ao abrigo do artigo 9.º, desde que o adquirente não exerça os direitos de voto inerentes às participações em causa ou os exerça apenas tendo em vista proteger o pleno valor do seu investimento com base em derrogação concedida nos termos do número seguinte.

4 – A Autoridade pode, mediante pedido fundamentado da empresa ou empresas participantes, apresentado antes ou depois da notificação, conceder uma derrogação ao cumprimento das obrigações previstas nos n.os 1 ou 3, ponderadas as consequências da suspensão da operação ou do exercício dos direitos de voto para as empresas participantes e os efeitos negativos da derrogação para a concorrência, podendo, se necessário, acompanhar a derrogação de condições ou obrigações destinadas a assegurar uma concorrência efectiva.

ARTIGO 12.º
Apreciação das operações de concentração

1 – Sem prejuízo do disposto no n.º 5 do presente artigo, as operações de concentração, notificadas de acordo com o disposto no artigo 9.º, serão apreciadas com o objectivo de determinar os seus efeitos sobre a estrutura da concorrência, tendo em conta a necessidade de preservar e desenvolver, no interesse dos consumidores intermédios e finais, uma concorrência efectiva no mercado nacional.

2 – Na apreciação referida no número anterior serão tidos em conta, designadamente, os seguintes factores:

---

[1] *Redacção introduzida pelo Decreto-Lei n.º 219/2006, de 2 de Novembro.*

Defesa da Concorrência

a) A estrutura dos mercados relevantes e a existência ou não de concorrência por parte de empresas estabelecidas nesses mercados ou em mercados distintos;

b) A posição das empresas participantes no mercado ou mercados relevantes e o seu poder económico e financeiro, em comparação com os dos seus principais concorrentes;

c) A concorrência potencial e a existência, de direito ou de facto, de barreiras à entrada no mercado;

d) As possibilidades de escolha de fornecedores e utilizadores;

e) O acesso das diferentes empresas às fontes de abastecimento e aos mercados de escoamento;

f) A estrutura das redes de distribuição existentes;

g) A evolução da oferta e da procura dos produtos e serviços em causa;

h) A existência de direitos especiais ou exclusivos conferidos por lei ou resultantes da natureza dos produtos transaccionados ou dos serviços prestados;

i) O controlo de infra-estruturas essenciais por parte das empresas em causa e as possibilidades de acesso a essas infra-estruturas oferecidas às empresas concorrentes;

j) A evolução do progresso técnico e económico, desde que a mesma seja vantajosa para os consumidores e não constitua um obstáculo à concorrência;

l) O contributo da concentração para a competitividade internacional da economia nacional.

3 – Serão autorizadas as operações de concentração que não criem ou não reforcem uma posição dominante de que resultem entraves significativos à concorrência efectiva no mercado nacional ou numa parte substancial deste.

4 – Serão proibidas as operações de concentração que criem ou reforcem uma posição dominante da qual possam resultar entraves significativos à concorrência efectiva no mercado nacional ou numa parte substancial deste.

5 – A decisão que autoriza uma operação de concentração abrange igualmente as restrições directamente relacionadas com a realização da concentração e a ela necessárias.

6 – Nos casos previstos no n.º 2 do artigo 8.º, se a criação da empresa comum tiver por objecto ou efeito a coordenação do comportamento concorrencial de empresas que se mantêm independentes, tal coordenação é apreciada nos termos previstos nos artigos 4.º e 5.º da presente lei.

SECÇÃO IV
Auxílios de Estado

ARTIGO 13.º
Auxílios de Estado

1 – Os auxílios a empresas concedidos por um Estado ou qualquer outro ente público não devem restringir ou afectar de forma significativa a concorrência no todo ou em parte do mercado.

2 – A pedido de qualquer interessado, a Autoridade pode analisar qualquer auxílio ou projecto de auxílio e formular ao Governo as recomendações que entenda necessárias para eliminar os efeitos negativos desse auxílio sobre a concorrência.

3 – Para efeitos do disposto no presente artigo, não se consideram auxílios as indemnizações compensatórias, qualquer que seja a forma que revistam, concedidas pelo Estado como contrapartida da prestação de um serviço público.

CAPÍTULO II
Autoridade da Concorrência

ARTIGO 14.º
Autoridade da Concorrência

O respeito pelas regras da concorrência é assegurado pela Autoridade da Concorrência, nos limites das atribuições e competências que lhe são legalmente cometidas.

ARTIGO 15.º
Autoridades reguladoras sectoriais

A Autoridade da Concorrência e as autoridades reguladoras sectoriais colaboram na aplicação da legislação de concorrência, nos termos previstos no capítulo III da presente lei.

ARTIGO 16.º
Relatório

A Autoridade da Concorrência elabora e envia anualmente ao Governo, que o remete nesse momento à Assembleia da República, um relatório sobre as actividades e o exercício dos seus poderes e competências, em especial quanto aos poderes sancionatórios, de supervisão e de regulamentação, o qual será publicado.

CAPÍTULO III
Do processo

SECÇÃO I
Disposições gerais

ARTIGO 17.º
Poderes de inquérito e inspecção

1 – No exercício dos poderes sancionatórios e de supervisão, a Autoridade, através dos seus órgãos ou funcionários, goza dos mesmos direitos e faculdades e está submetida aos mesmos deveres dos órgãos de polícia criminal, podendo, designadamente:

a) Inquirir os representantes legais das empresas ou das associações de empresas envolvidas, bem como solicitar-lhes documentos e outros elementos de informação que entenda convenientes ou necessários para o esclarecimento dos factos;

b) Inquirir os representantes legais de outras empresas ou associações de empresas e quaisquer outras pessoas cujas declarações considere pertinentes, bem como solicitar-lhes documentos e outros elementos de informação;

c) Proceder, nas instalações das empresas ou das associações de empresas envolvidas, à busca, exame, recolha e apreensão de cópias ou extractos da escrita e demais documentação, quer se encontre ou não em lugar reservado ou não livremente acessível ao público, sempre que tais diligências se mostrem necessárias à obtenção de prova;

d) Proceder à selagem dos locais das instalações das empresas em que se encontrem ou sejam susceptíveis de se encontrar elementos da escrita ou demais documentação, durante o período e na medida estritamente necessária à realização das diligências a que se refere a alínea anterior;

e) Requerer a quaisquer outros serviços da Administração Pública, incluindo os órgãos de polícia criminal, através dos respectivos gabinetes ministeriais, a colaboração que se mostrar necessária ao cabal desempenho das suas funções.

Artigo 18.º
Prestação de informações

2 – As diligências previstas na alínea c) do número anterior dependem de despacho da autoridade judiciária que autorize a sua realização, solicitado previamente pela Autoridade, em requerimento devidamente fundamentado, devendo a decisão ser proferida no prazo de quarenta e oito horas.

3 – Os funcionários que, no exterior, procedam às diligências previstas nas alíneas a) a c) do n.º 1 deverão ser portadores:

a) No caso das alíneas a) e b), de credencial emitida pela Autoridade, da qual constará a finalidade da diligência;

b) No caso da alínea c), da credencial referida na alínea anterior e do despacho previsto no n.º 2.

4 – Sempre que tal se revelar necessário, as pessoas a que alude o número anterior poderão solicitar a intervenção das autoridades policiais.

5 – A falta de comparência das pessoas convocadas a prestar declarações junto da Autoridade não obsta a que os processos sigam os seus termos.

Artigo 18.º
Prestação de informações

1 – Sempre que a Autoridade, no exercício dos poderes sancionatórios e de supervisão que lhe são atribuídos por lei, solicitar às empresas, associações de empresas ou a quaisquer outras pessoas ou entidades documentos e outras informações que se revelem necessários, esse pedido deve ser instruído com os seguintes elementos:

a) A base jurídica e o objectivo do pedido;

b) O prazo para a comunicação das informações ou o fornecimento dos documentos;

c) As sanções a aplicar na hipótese de incumprimento do requerido;

d) A informação de que as empresas deverão identificar, de maneira fundamentada, as informações que consideram confidenciais, juntando, sendo caso disso, uma cópia não confidencial dos documentos em que se contenham tais informações.

2 – As informações e documentos solicitados pela Autoridade ao abrigo da presente lei devem ser fornecidos no prazo de 30 dias, salvo se, por decisão fundamentada, for por esta fixado um prazo diferente.

Artigo 19.º
Procedimentos sancionatórios

Sem prejuízo do disposto na presente lei, os procedimentos sancionatórios respeitam o princípio da audiência dos interessados, o princípio do contraditório e demais princípios gerais aplicáveis ao procedimento e à actuação administrativa constantes do Código do Procedimento Administrativo, aprovado pelo Decreto-Lei n.º 442/91, de 15 de Novembro, na redacção resultante do Decreto-Lei n.º 6/96, de 31 de Janeiro, bem como, se for caso disso, do regime geral dos ilícitos de mera ordenação social, aprovado pelo Decreto-Lei n.º 433//82, de 27 de Outubro, na redacção resultante da Lei n.º 109//2001, de 24 de Dezembro.

Artigo 20.º
Procedimentos de supervisão

Salvo disposição em contrário da presente lei, as decisões adoptadas pela Autoridade ao abrigo dos poderes de supervisão que lhe são conferidos por lei seguem o procedimento administrativo comum previsto no Código do Procedimento Administrativo.

Artigo 21.º
Procedimentos de regulamentação

1 – Antes da emissão de qualquer regulamento com eficácia externa, adoptado ao abrigo dos poderes de regulamentação previstos no n.º 4 do artigo 7.º dos respectivos estatutos, a Autoridade deverá proceder à divulgação do respectivo projecto na Internet, para fins de discussão pública, durante um período que não deverá ser inferior a 30 dias.

2 – No relatório preambular dos regulamentos previstos no número anterior a Autoridade fundamentará as suas opções, designadamente com referência às opiniões expressas durante o período de discussão pública.

3 – O disposto nos números anteriores não será aplicável em casos de urgência, situação em que a Autoridade poderá decidir pela redução do prazo concedido ou pela sua ausência, conforme fundamentação que deverá aduzir.

4 – Os regulamentos da Autoridade que contenham normas com eficácia externa são publicados na 2.ª série do Diário da República.

SECÇÃO II
Processos relativos a práticas proibidas

Artigo 22.º
Normas aplicáveis

1 – Os processos por infracção ao disposto nos artigos 4.º, 6.º e 7.º regem-se pelo disposto na presente secção, na secção I do presente capítulo e, subsidiariamente, pelo regime geral dos ilícitos de mera ordenação social.

2 – O disposto no número anterior é igualmente aplicável, com as necessárias adaptações, aos processos por infracção aos artigos 81.º e 82.º do Tratado que institui a Comunidade Europeia instaurados pela Autoridade, ou em que esta seja chamada a intervir, ao abrigo das competências que lhe são conferidas pela alínea g) do n.º 1 do artigo 6.º do Decreto-Lei n.º 10/2003, de 18 de Janeiro.

Artigo 23.º
Notificações

1 – As notificações são feitas pessoalmente, se necessário com o auxílio das autoridades policiais, ou por carta registada com aviso de recepção, dirigida para a sede social, estabelecimento principal ou domicílio em Portugal da empresa, do seu representante legal ou para o domicílio profissional do seu mandatário judicial para o efeito constituído.

2 – Quando a empresa não tiver sede ou estabelecimento em Portugal a notificação é feita por carta registada com aviso de recepção para a sede social ou estabelecimento principal.

3 – Quando não for possível realizar a notificação, nos termos dos números anteriores, a notificação considera-se feita, respectivamente, nos 3.º e 7.º dias úteis posteriores ao do envio, devendo a cominação aplicável constar do acto de notificação.

Artigo 24.º
Abertura do inquérito

1 – Sempre que a Autoridade tome conhecimento, por qualquer via, de eventuais práticas proibidas pelos artigos 4.º, 6.º e 7.º, procede à abertura de um inquérito, em cujo âmbito promoverá as diligências de investigação necessárias à identificação dessas práticas e dos respectivos agentes.

Defesa da Concorrência

2 – Todos os serviços da administração directa, indirecta ou autónoma do Estado, bem como as autoridades administrativas independentes, têm o dever de participar à Autoridade os factos de que tomem conhecimento susceptíveis de serem qualificados como práticas restritivas da concorrência.

ARTIGO 25.º
Decisão do inquérito

1 – Terminado o inquérito, a Autoridade decidirá:

a) Proceder ao arquivamento do processo, se entender que não existem indícios suficientes de infracção;

b) Dar início à instrução do processo, através de notificação dirigida às empresas ou associações de empresas arguidas, sempre que conclua, com base nas investigações levadas a cabo, que existem indícios suficientes de infracção às regras de concorrência.

2 – Caso o inquérito tenha sido instaurado com base em denúncia de qualquer interessado, a Autoridade não pode proceder ao seu arquivamento sem dar previamente conhecimento das suas intenções ao denunciante, concedendo-lhe um prazo razoável para se pronunciar.

ARTIGO 26.º
Instrução do processo

1 – Na notificação a que se refere a alínea b) do n.º 1 do artigo precedente, a Autoridade fixa às arguidas um prazo razoável para que se pronunciem por escrito sobre as acusações formuladas e as demais questões que possam interessar à decisão do processo, bem como sobre as provas produzidas, e para que requeiram as diligências complementares de prova que considerem convenientes.

2 – A audição por escrito a que se refere o número anterior pode, a solicitação das empresas ou associações de empresas arguidas, apresentada à Autoridade no prazo de cinco dias a contar da notificação, ser completada ou substituída por uma audição oral, a realizar na data fixada para o efeito pela Autoridade, a qual não pode, em todo o caso, ter lugar antes do termo do prazo inicialmente fixado para a audição por escrito.

3 – A Autoridade pode recusar a realização de diligências complementares de prova sempre que for manifesta a irrelevância das provas requeridas ou o seu intuito meramente dilatório.

4 – A Autoridade pode ordenar oficiosamente a realização de diligências complementares de prova, mesmo após a audição a que se referem os n.ºs 1 e 2, desde que assegure às arguidas o respeito pelo princípio do contraditório.

5 – Na instrução dos processos a Autoridade acautela o interesse legítimo das empresas na não divulgação dos seus segredos de negócio.

ARTIGO 27.º
Medidas cautelares

1 – Sempre que a investigação indicie que a prática objecto do processo é susceptível de provocar um prejuízo iminente, grave e irreparável ou de difícil reparação para a concorrência ou para os interesses de terceiros, pode a Autoridade, em qualquer momento do inquérito ou da instrução, ordenar preventivamente a imediata suspensão da referida prática ou quaisquer outras medidas provisórias necessárias à imediata reposição da concorrência ou indispensáveis ao efeito útil da decisão a proferir no termo do processo.

2 – As medidas previstas neste artigo podem ser adoptadas pela Autoridade oficiosamente ou a requerimento de qualquer interessado e vigorarão até à sua revogação pela Autoridade e, em todo o caso, por período não superior a 90 dias, salvo prorrogação devidamente fundamentada.

3 – Sem prejuízo do disposto no n.º 5, a adopção das medidas referidas nos números anteriores é precedida de audição dos interessados, excepto se tal puser em sério risco o objectivo ou a eficácia da providência.

4 – Sempre que esteja em causa um mercado objecto de regulação sectorial, a Autoridade solicita o parecer prévio da respectiva autoridade reguladora, o qual é emitido no prazo máximo de cinco dias úteis.

5 – O disposto no número anterior não prejudica a possibilidade de a Autoridade, em caso de urgência, determinar provisoriamente as medidas que se mostrem indispensáveis ao restabelecimento ou manutenção de uma concorrência efectiva.

ARTIGO 28.º
Conclusão da instrução

1 – Concluída a instrução, a Autoridade adopta, com base no relatório do serviço instrutor, uma decisão final, na qual pode, consoante os casos:

a) Ordenar o arquivamento do processo;

b) Declarar a existência de uma prática restritiva da concorrência e, se for caso disso, ordenar ao infractor que adopte as providências indispensáveis à cessação dessa prática ou dos seus efeitos no prazo que lhe for fixado;

c) Aplicar as coimas e demais sanções previstas nos artigos 43.º, 45.º e 46.º;

d) Autorizar um acordo, nos termos e condições previstos no artigo 5.º

2 – Sempre que estejam em causa práticas com incidência num mercado objecto de regulação sectorial, a adopção de uma decisão ao abrigo das alíneas b) a d) do número anterior é precedida de parecer prévio da respectiva autoridade reguladora sectorial, o qual será emitido num prazo razoável fixado pela Autoridade.

ARTIGO 29.º
Articulação com autoridades reguladoras sectoriais

1 – Sempre que a Autoridade tome conhecimento, nos termos previstos no artigo 24.º da presente lei, de factos ocorridos num domínio submetido a regulação sectorial e susceptíveis de serem qualificados como práticas restritivas da concorrência, dá imediato conhecimento dos mesmos à autoridade reguladora sectorial competente em razão da matéria, para que esta se pronuncie num prazo razoável fixado pela Autoridade.

2 – Sempre que, no âmbito das respectivas atribuições e sem prejuízo do disposto no n.º 2 do artigo 24.º, uma autoridade reguladora sectorial apreciar, oficiosamente ou a pedido de entidades reguladas, questões que possam configurar uma violação do disposto na presente lei, deve dar imediato conhecimento do processo à Autoridade, bem como dos respectivos elementos essenciais.

3 – Nos casos previstos nos números anteriores a Autoridade pode, por decisão fundamentada, sobrestar na sua decisão de instaurar ou de prosseguir um inquérito ou um processo, durante o prazo que considere adequado.

4 – Antes da adopção da decisão final a autoridade reguladora sectorial dá conhecimento do projecto da mesma à

Autoridade, para que esta se pronuncie num prazo razoável por aquela fixado.

SECÇÃO III
Procedimento de controlo das operações de concentração de empresas

ARTIGO 30.º
Normas aplicáveis

O procedimento em matéria de controlo de operações de concentração de empresas rege-se pelo disposto na presente secção, na secção I do presente capítulo e, subsidiariamente, no Código do Procedimento Administrativo.

ARTIGO 31.º
Apresentação da notificação

1 – A notificação prévia das operações de concentração de empresas é apresentada à Autoridade pelas pessoas ou empresas a que se referem as alíneas a) e b) do n.º 1 do artigo 8.º

2 – As notificações conjuntas são apresentadas por um representante comum, com poderes para enviar e receber documentos em nome de todas as partes notificantes.

3 – A notificação é apresentada de acordo com o formulário aprovado pela Autoridade e conterá as informações e documentos nele exigidos.

ARTIGO 32.º
Produção de efeitos da notificação

1 – Sem prejuízo do disposto no número seguinte, a notificação produz efeitos na data do pagamento da taxa devida, determinada nos termos previstos no artigo 57.º

2 – Sempre que as informações ou documentos constantes da notificação estejam incompletos ou se revelem inexactos, tendo em conta os elementos que devam ser transmitidos, nos termos previstos no n.º 3 do artigo 31.º, a Autoridade convida, por escrito e no prazo de sete dias úteis, os autores da notificação a completar ou corrigir a notificação no prazo que lhes fixar, produzindo, neste caso, a notificação efeitos na data de recepção das informações ou documentos pela Autoridade.

3 – A Autoridade pode dispensar a apresentação de determinadas informações ou documentos, caso não se revelem necessários para a apreciação da operação de concentração.

ARTIGO 33.º
Publicação

No prazo de 5 dias contados da data em que a notificação produz efeitos, a Autoridade promove a publicação em dois jornais de expansão nacional, a expensas dos autores da notificação, dos elementos essenciais desta, a fim de que quaisquer terceiros interessados possam apresentar observações no prazo que for fixado, o qual não pode ser inferior a 10 dias.

ARTIGO 34.º
Instrução

1 – No prazo de 30 dias contados da data de produção de efeitos da notificação, a Autoridade deve completar a instrução do procedimento respectivo.

2 – Se, no decurso da instrução, se revelar necessário o fornecimento de informações ou documentos adicionais ou a correcção dos que foram fornecidos, a Autoridade comunica tal facto aos autores da notificação, fixando-lhes um prazo

razoável para fornecer os elementos em questão ou proceder às correcções indispensáveis.

3 – A comunicação prevista no número anterior suspende o prazo referido no n.º 1, com efeitos a partir do 1.º dia útil seguinte ao do respectivo envio, terminando a suspensão no dia seguinte ao da recepção, pela Autoridade, dos elementos solicitados.

4 – No decurso da instrução, a Autoridade solicita a quaisquer outras entidades, públicas ou privadas, as informações que considere convenientes para a decisão do processo, as quais serão transmitidas nos prazos por aquela fixados.

ARTIGO 35.º
Decisão

1 – Até ao termo do prazo referido no n.º 1 do artigo 34.º, a Autoridade decide:

a) Não se encontrar a operação abrangida pela obrigação de notificação prévia a que se refere o artigo 9.º; ou

b) Não se opor à operação de concentração; ou

c) Dar início a uma investigação aprofundada, quando considere que a operação de concentração em causa é susceptível, à luz dos elementos recolhidos, de criar ou reforçar uma posição dominante da qual possam resultar entraves significativos à concorrência efectiva no mercado nacional ou numa parte substancial deste, à luz dos critérios definidos no artigo 12.º.

2 – A decisão a que se refere a alínea b) do n.º 1 será tomada sempre que a Autoridade conclua que a operação, tal como foi notificada ou na sequência de alterações introduzidas pelos autores da notificação, não é susceptível de criar ou reforçar uma posição dominante da qual possam resultar entraves significativos à concorrência efectiva no mercado nacional ou numa parte substancial deste.

3 – As decisões tomadas pela Autoridade ao abrigo da alínea b) do n.º 1 podem ser acompanhadas da imposição de condições e obrigações destinadas a garantir o cumprimento de compromissos assumidos pelos autores da notificação com vista a assegurar a manutenção de uma concorrência efectiva.

4 – A ausência de decisão no prazo a que se refere o n.º 1 vale como decisão de não oposição à operação de concentração.

ARTIGO 36.º
Investigação aprofundada

1 – No prazo máximo de 90 dias contados da data da notificação a que se refere o artigo 31.º, a Autoridade procede às diligências de investigação complementares que considere necessárias. [1]

2 – Às diligências de investigação referidas no número anterior é aplicável, designadamente, o disposto nos n.os 2 a 4 do artigo 34.º

3 – Nas operações de concentração, as suspensões do prazo previsto no n.º 1 para solicitação de informações adicionais não podem exceder um total de 10 dias úteis. [1]

---

[1] *Redacção introduzida pelo Decreto-Lei n.º 219/2006, de 2 de Novembro.*

Defesa da Concorrência

Artigo 37.º
Decisão após investigação aprofundada

1 – Até ao termo do prazo fixado no n.º 1 do artigo anterior, a Autoridade pode decidir:

a) Não se opor à operação de concentração;

b) Proibir a operação de concentração, ordenando, caso esta já se tenha realizado, medidas adequadas ao restabelecimento de uma concorrência efectiva, nomeadamente a separação das empresas ou dos activos agrupados ou a cessação do controlo.

2 – À decisão referida na alínea a) do número anterior aplica-se, com as devidas adaptações, o disposto nos n.ºs 2 e 3 do artigo 35.º

3 – A ausência de decisão no prazo a que se refere o n.º 1 vale como decisão de não oposição à realização da operação de concentração.

Artigo 38.º
Audiência dos interessados

1 – As decisões a que se referem os artigos 35.º e 37.º são tomadas mediante audiência prévia dos autores da notificação e dos contra-interessados.

2 – Nas decisões de não oposição referidas na alínea b) do n.º 1 do artigo 35.º e na alínea a) do n.º 1 do artigo 37.º, quando não acompanhadas da imposição de condições ou obrigações, a Autoridade pode, na ausência de contra-interessados, dispensar a audiência dos autores da notificação.

3 – Consideram-se contra-interessados, para efeitos do disposto neste artigo, aqueles que, no âmbito do procedimento, se tenham manifestado desfavoravelmente quanto à realização da operação de concentração em causa.

4 – A realização da audiência de interessados suspende o cômputo dos prazos referidos no n.º 1 dos artigos 34.º e 36.º

Artigo 39.º
Articulação com autoridades reguladoras sectoriais

1 – Sempre que uma operação de concentração de empresas tenha incidência num mercado objecto de regulação sectorial, a Autoridade da Concorrência, antes de tomar uma decisão ao abrigo do n.º 1 do artigo 35.º ou do n.º 1 do artigo 37.º, consoante os casos, solicita que a respectiva autoridade reguladora se pronuncie, num prazo razoável fixado pela Autoridade.

2 – O disposto no número anterior não prejudica o exercício pelas autoridades reguladoras sectoriais dos poderes que, no quadro das suas atribuições específicas, lhes sejam legalmente conferidos relativamente à operação de concentração em causa.

Artigo 40.º
Procedimento oficioso

1 – Sem prejuízo da aplicação das correspondentes sanções, são objecto de procedimento oficioso:

a) As operações de concentração de cuja realização a Autoridade tome conhecimento e que, em incumprimento do disposto na presente lei, não tenham sido objecto de notificação prévia;

b) As operações de concentração cuja decisão expressa ou tácita de não oposição se tenha fundado em informações falsas ou inexactas relativas a circunstâncias essenciais para a decisão, fornecidas pelos participantes na operação de concentração;

c) As operações de concentração em que se verifique o desrespeito, total ou parcial, de obrigações ou condições impostas aquando da respectiva decisão de não oposição.

2 – Na hipótese prevista na alínea a) do número anterior, a Autoridade notifica as empresas em situação de incumprimento para que procedam à notificação da operação nos termos previstos na presente lei, num prazo razoável fixado pela Autoridade, a qual poderá ainda determinar a sanção pecuniária a aplicar em execução do disposto na alínea b) do artigo 46.º

3 – Nas hipóteses previstas nas alíneas a) e b) do n.º 1, a Autoridade não está submetida aos prazos fixados nos artigos 32.º a 37.º da presente lei.

4 – Nos casos previstos na alínea c) do n.º 1, a decisão da Autoridade de dar início a um procedimento oficioso produz efeitos a partir da data da sua comunicação a qualquer das empresas ou pessoas participantes na operação de concentração.

Artigo 41.º
Nulidade

São nulos os negócios jurídicos relacionados com uma operação de concentração na medida em que contrariem decisões da Autoridade que hajam:

a) Proibido a operação de concentração;

b) Imposto condições à sua realização; ou

c) Ordenado medidas adequadas ao restabelecimento da concorrência efectiva.

CAPÍTULO IV
Das infracções e sanções

Artigo 42.º
Qualificação

Sem prejuízo da responsabilidade criminal e das medidas administrativas a que houver lugar, as infracções às normas previstas no presente diploma e às normas de direito comunitário cuja observância seja assegurada pela Autoridade constituem contra-ordenação punível nos termos do disposto no presente capítulo.

Artigo 43.º
Coimas

1 – Constitui contra-ordenação punível com coima que não pode exceder, para cada uma das empresas partes na infracção, 10% do volume de negócios no último ano:

a) A violação do disposto nos artigos 4.º, 6.º e 7.º;

b) A realização de operações de concentração de empresas que se encontrem suspensas, nos termos previstos no n.º 1 do artigo 11.º, ou que hajam sido proibidas por decisão adoptada ao abrigo da alínea b) do n.º 1 do artigo 37.º;

c) O desrespeito por decisão que decrete medidas provisórias, nos termos previstos no artigo 27.º;

d) O desrespeito de condições ou obrigações impostas às empresas pela Autoridade, nos termos previstos no n.º 4 do artigo 11.º, no n.º 3 do artigo 35.º e no n.º 2 do artigo 37.º;

2 – No caso de associações de empresas, a coima prevista no número anterior não excederá 10% do volume de negócios agregado anual das empresas associadas que hajam participado no comportamento proibido.

Decreto-Lei n.º 18/2003

3 – Constitui contra-ordenação punível com coima que não pode exceder, para cada uma das empresas, 1% do volume de negócios do ano anterior:

a) A falta de notificação de uma operação de concentração sujeita a notificação prévia nos termos do artigo 9.º;

b) A não prestação ou a prestação de informações falsas, inexactas ou incompletas, em resposta a pedido da Autoridade, no uso dos seus poderes sancionatórios ou de supervisão;

c) A não colaboração com a Autoridade ou a obstrução ao exercício por esta dos poderes previstos no artigo 17.º

4 – Em caso de falta de comparência injustificada, em diligência de processo para que tenham sido regularmente notificados, de testemunhas, peritos ou representantes das empresas queixosas ou infractoras, a Autoridade pode aplicar uma coima no valor máximo de 10 unidades de conta.

5 – Nos casos previstos nos números anteriores, se a contra-ordenação consistir na omissão do cumprimento de um dever jurídico ou de uma ordem emanada da Autoridade, a aplicação da coima não dispensa o infractor do cumprimento do dever, se este ainda for possível.

6 – A negligência é punível.

ARTIGO 44.º
Critérios de determinação da medida da coima

As coimas a que se refere o artigo anterior são fixadas tendo em consideração, entre outras, as seguintes circunstâncias:

a) A gravidade da infracção para a manutenção de uma concorrência efectiva no mercado nacional;

b) As vantagens de que hajam beneficiado as empresas infractoras em consequência da infracção;

c) O carácter reiterado ou ocasional da infracção;

d) O grau de participação na infracção;

e) A colaboração prestada à Autoridade, até ao termo do procedimento administrativo;

f) O comportamento do infractor na eliminação das práticas proibidas e na reparação dos prejuízos causados à concorrência.

ARTIGO 45.º [1]
Sanções acessórias

1 – Caso a gravidade da infracção e a culpa do infractor o justifiquem, a Autoridade da Concorrência determina a aplicação, em simultâneo com a coima, das seguintes sanções acessórias:

a) Publicação no Diário da República e num jornal nacional de expansão nacional, regional ou local, consoante o mercado geográfico relevante em que a prática proibida produziu os seus efeitos, a expensas do infractor, da decisão de condenação proferida no âmbito de um processo instaurado ao abrigo da presente lei;

b) Privação do direito de participar em procedimentos de formação de contratos cujo objecto abranja prestações típicas dos contratos de empreitada, de concessão de obras públicas, de concessão de serviços públicos, de locação ou aquisição de bens móveis e de aquisição de serviços ou ainda em procedimentos destinados à atribuição de licenças ou alvarás, desde que a prática que constitui contra-ordenação punível com coima se tenha verificado durante ou por causa do procedimento relevante.

---
[1] *Redacção introduzida pelo Decreto-Lei n.º 18/2008, de 29 de Janeiro.*

2 – A sanção prevista na alínea b) do número anterior tem a duração máxima de dois anos, contados da decisão condenatória.

ARTIGO 46.º
Sanções pecuniárias compulsórias

Sem prejuízo do disposto no artigo 43.º, a Autoridade pode decidir, quando tal se justifique, aplicar uma sanção pecuniária compulsória, num montante que não excederá 5% da média diária do volume de negócios no último ano, por dia de atraso, a contar da data fixada na decisão, nos casos seguintes:

a) Não acatamento de decisão da Autoridade que imponha uma sanção ou ordene a adopção de medidas determinadas;

b) Falta de notificação de uma operação de concentração sujeita a notificação prévia nos termos do artigo 9.º;

c) Não prestação ou prestação de informações falsas aquando de uma notificação prévia de uma operação de concentração de empresas.

ARTIGO 47.º
Responsabilidade

1 – Pela prática das contra-ordenações previstas nesta lei podem ser responsabilizadas pessoas singulares, pessoas colectivas, independentemente da regularidade da sua constituição, sociedades e associações sem personalidade jurídica.

2 – As pessoas colectivas e as entidades que lhes são equiparadas, nos termos do disposto no número anterior, são responsáveis pelas contra-ordenações previstas nesta lei quando os factos tiverem sido praticados, no exercício das respectivas funções ou em seu nome ou por sua conta, pelos titulares dos seus órgãos sociais, mandatários, representantes ou trabalhadores.

3 – Os titulares do órgão de administração das pessoas colectivas e entidades equiparadas incorrem na sanção prevista para o autor, especialmente atenuada, quando, conhecendo ou devendo conhecer a prática da infracção, não adoptem as medidas adequadas para lhe pôr termo imediatamente, a não ser que sanção mais grave lhe caiba por força de outra disposição legal.

4 – As empresas que integrem uma associação de empresas que seja objecto de uma coima ou de uma sanção pecuniária compulsória, nos termos previstos nos artigos 43.º e 46.º, são solidariamente responsáveis pelo pagamento da coima.

ARTIGO 48.º
Prescrição

1 – O procedimento de contra-ordenação extingue-se por prescrição no prazo de:

a) Três anos, nos casos previstos nos n.os 3 e 4 do artigo 43.º;

b) Cinco anos, nos restantes casos.

2 – O prazo de prescrição das sanções é de cinco anos a contar do dia em que se torna definitiva ou transita em julgado a decisão que determinou a sua aplicação, salvo no caso previsto no n.º 4 do artigo 43.º, que é de três anos.

3 – O prazo de prescrição suspende-se ou interrompe-se nos casos previstos nos artigos 27.º-A e 28.º do Decreto-Lei n.º 433/82, de 27 de Outubro, na redacção resultante do Decreto-Lei n.º 109/2001, de 24 de Dezembro.

CAPÍTULO V
Dos recursos

SECÇÃO I
Processos contra-ordenacionais

ARTIGO 49.º
Regime jurídico

Salvo disposição em sentido diverso da presente lei, aplicam-se à interposição, ao processamento e ao julgamento dos recursos previstos na presente secção os artigos seguintes e, subsidiariamente, o regime geral dos ilícitos de mera ordenação social.

ARTIGO 50.º
Tribunal competente e efeitos

1 – Das decisões proferidas pela Autoridade que determinem a aplicação de coimas ou de outras sanções previstas na lei cabe recurso para o Tribunal de Comércio de Lisboa, com efeito suspensivo.

2 – Das demais decisões, despachos ou outras medidas adoptadas pela Autoridade cabe recurso para o mesmo Tribunal, com efeito meramente devolutivo, nos termos e limites fixados no n.º 2 do artigo 55.º do Decreto-Lei n.º 433/82, de 27 de Outubro.

ARTIGO 51.º
Regime processual

1 – Interposto o recurso de uma decisão da Autoridade, esta remete os autos ao Ministério Público no prazo de 20 dias úteis, podendo juntar alegações.

2 – Sem prejuízo do disposto no artigo 70.º do Decreto-Lei n.º 433/82, de 27 de Outubro, na redacção resultante do Decreto-Lei n.º 244/95, de 14 de Setembro, a Autoridade pode ainda juntar outros elementos ou informações que considere relevantes para a decisão da causa, bem como oferecer meios de prova.

3 – A Autoridade, o Ministério Público ou os arguidos podem opor-se a que o Tribunal decida por despacho, sem audiência de julgamento.

4 – A desistência da acusação pelo Ministério Público depende da concordância da Autoridade.

5 – Se houver lugar a audiência de julgamento, o Tribunal decide com base na prova realizada na audiência, bem como na prova produzida na fase administrativa do processo de contra-ordenação.

6 – A Autoridade tem legitimidade para recorrer autonomamente das decisões proferidas no processo de impugnação que admitam recurso.

ARTIGO 52.º
Recurso das decisões do Tribunal
de Comércio de Lisboa

1 – As decisões do Tribunal de Comércio de Lisboa que admitam recurso, nos termos previstos no regime geral dos ilícitos de mera ordenação social, são impugnáveis junto do Tribunal da Relação de Lisboa, que decide em última instância.

2 – Dos acórdãos proferidos pelo Tribunal da Relação de Lisboa não cabe recurso ordinário.

SECÇÃO II
Procedimentos administrativos

ARTIGO 53.º
Regime processual

À interposição, ao processamento e ao julgamento dos recursos referidos na presente secção é aplicável o disposto nos artigos seguintes e, subsidiariamente, o regime de impugnação contenciosa de actos administrativos definido no Código de Processo nos Tribunais Administrativos.

ARTIGO 54.º
Tribunal competente e efeitos do recurso

1 – Das decisões da Autoridade proferidas em procedimentos administrativos a que se refere a presente lei, bem como da decisão ministerial prevista no artigo 34.º do Decreto-Lei n.º 10/2003, de 18 de Janeiro, cabe recurso para o Tribunal de Comércio de Lisboa, a ser tramitado como acção administrativa especial.

2 – O recurso previsto no número anterior tem efeito meramente devolutivo, salvo se lhe for atribuído, exclusiva ou cumulativamente com outras medidas provisórias, o efeito suspensivo por via do decretamento de medidas provisórias.

ARTIGO 55.º
Recurso das decisões do Tribunal
de Comércio de Lisboa

1 – Das decisões proferidas pelo Tribunal de Comércio de Lisboa nas acções administrativas a que se refere a presente secção cabe recurso jurisdicional para o Tribunal da Relação de Lisboa e deste, limitado à matéria de direito, para o Supremo Tribunal de Justiça.

2 – Se o recurso jurisdicional respeitar apenas a questões de direito, o recurso é interposto directamente para o Supremo Tribunal de Justiça.

3 – Os recursos previstos neste artigo têm efeito devolutivo.

CAPÍTULO VI
Taxas

ARTIGO 56.º
Taxas

1 – Estão sujeitos ao pagamento de uma taxa:

a) A apreciação de operações de concentração de empresas, sujeitas a obrigação de notificação prévia, nos termos do disposto no artigo 9.º;

b) A apreciação de acordos entre empresas, no quadro do procedimento de avaliação prévia previsto no n.º 2 do artigo 5.º;

c) A emissão de certidões;

d) A emissão de pareceres;

e) Quaisquer outros actos que configurem uma prestação de serviços por parte da Autoridade a entidades privadas.

2 – As taxas são fixadas, liquidadas e cobradas nos termos definidos em regulamento da Autoridade.

3 – A cobrança coerciva das dívidas provenientes da falta de pagamento das taxas far-se-á através de processo de execução fiscal, servindo de título executivo a certidão passada para o efeito pela Autoridade.

CAPÍTULO VII
Disposições finais e transitórias

ARTIGO 57.º
Alteração à Lei n.º 2/99, de 13 de Janeiro

O n.º 4 do artigo 4.º da Lei n.º 2/99, de 13 de Janeiro, passa a ter a seguinte redacção:

«ARTIGO 4.º
[...]

1 – ...

2 – ...

3 – ...

4 – As decisões da Autoridade da Concorrência relativas a operações de concentração de empresas em que participem entidades referidas no número anterior estão sujeitas a parecer prévio vinculativo da Alta Autoridade para a Comunicação Social, o qual deverá ser negativo quando estiver comprovadamente em causa a livre expressão e confronto das diversas correntes de opinião.»

ARTIGO 58.º
Norma transitória

Até ao início da vigência do Código de Processo nos Tribunais Administrativos, aprovado pela Lei n.º 15/2002, de 22 de Fevereiro, à interposição, ao processamento e ao julgamento dos recursos referidos na secção II do capítulo V da presente lei é aplicável, subsidiariamente, o regime de impugnação contenciosa dos actos administrativos actualmente em vigor.

ARTIGO 59.º
Norma revogatória

1 – É revogado o Decreto-Lei n.º 371/93, de 29 de Outubro.

2 – São revogadas as normas que atribuam competências em matéria de defesa da concorrência a outros órgãos que não os previstos no direito comunitário ou na presente lei.

3 – Até à publicação do regulamento da Autoridade a que se refere o n.º 2 do artigo 5.º do presente diploma mantém-se em vigor a Portaria n.º 1097/93, de 29 de Outubro.

ARTIGO 60.º
Revisão

1 – O regime jurídico da concorrência estabelecido na presente lei, bem como no diploma que estabelece a Autoridade, será adaptado para ter em conta a evolução do regime comunitário aplicável às empresas, ao abrigo do disposto nos artigos 81.º e 82.º do Tratado que institui a Comunidade Europeia e dos regulamentos relativos ao controlo das operações de concentração de empresas.

2 – O Governo adoptará as alterações legislativas necessárias, após ouvir a Autoridade da Concorrência.

Aprovada em 10 de Abril de 2003.

O Presidente da Assembleia da República, *João Bosco Mota Amaral.*

Promulgada em 26 de Maio de 2003.

Publique-se.

O Presidente da República, JORGE SAMPAIO.

Referendada em 28 de Maio de 2003.

O Primeiro-Ministro, *José Manuel Durão Barroso.*

Decreto-Lei n.º 370/93, de 29 de Outubro, com as alterações introduzidas pelo Decreto-Lei n.º 140/98, de 16 de Maio e pelo Decreto-Lei n.º 10/2003, de 18 de Janeiro – **Práticas individuais restritivas da concorrência**

Decreto-Lei n.º 370/93
de 29 de Outubro

O Decreto-Lei n.º 422/83, de 3 de Dezembro, ocupou-se não só dos efeitos económicos danosos decorrentes de acordos e práticas concertados entre empresas, de decisões de associações de empresas e de abusos de posição dominante, como ainda da proibição de certas práticas individuais restritivas da concorrência.

A inclusão das práticas individuais no diploma funcionou como instrumento pedagógico do comportamento dos agentes económicos e simultaneamente contribuiu para a transparência do mercado.

Ao proceder à revisão do Decreto-Lei n.º 422/83, houve que ponderar entre a manutenção deste conjunto de práticas na lei nacional de defesa da concorrência ou – seguindo as tendências e soluções de outros países – o seu deslocamento para sede legislativa mais adequada à realidade.

Adoptando esta última solução, evita-se que o Conselho da Concorrência se pronuncie sobre práticas que já no actual quadro legislativo não eram ponderadas à luz dos critérios enunciados no artigo 15.º do Decreto-Lei n.º 422/83 (balanço económico) mas que de per se constituem comportamentos menos transparentes embora sem efeitos graves a nível de concorrência.

Não obstante, porque não raro certas práticas individuais são consequência de acordos restritivos da concorrência, ou de abusos de poder económico, que, enquanto tal, devem ser apreciados em sede de legislação de defesa da concorrência, quer para efeitos de condenação, quer de isenção, houve o cuidado de distinguir claramente o âmbito de aplicação de ambas as disciplinas.

Retomam-se assim neste diploma as figuras das práticas individuais que constavam do Decreto-Lei n.º 422/83, acrescentando-lhe a figura de «venda com prejuízo» já existente na legislação nacional na actividade do comércio a retalho (Decreto-Lei n.º 253/86, de 25 de Agosto), abrangendo agora as relações entre agentes económicos. Evita-se, desta forma, a ocorrência de tratamento legal discriminatório mais susceptível de ocorrer dado que se esbateram as fronteiras anteriormente rigidamente definidas.

Assim:

Nos termos da alínea a) do n.º 1 do artigo 201.º da Constituição, o Governo decreta o seguinte:

Artigo 1.º
Aplicação de preços ou de condições de venda discriminatórios

1 – É proibido a um agente económico praticar em relação a outro agente económico preços ou condições de venda discriminatórios relativamente a prestações equivalentes, nomeadamente quando tal prática se traduza na aplicação de diferentes prazos de execução das encomendas ou de diferentes modalidades de embalamento, entrega, transporte e pagamento, não justificadas por diferenças correspondentes no custo de fornecimento ou do serviço.[1]

2 – São prestações equivalentes aquelas que respeitem a bens ou serviços similares e que não difiram de maneira sensível nas características comerciais essenciais, nomeadamente naquelas que tenharn uma repercussão nos correspondentes custos de produção ou de comercialização.

3 – Não se consideram prestações equivalentes aquelas entre cujas datas de conclusão se tenha verificado uma alteração duradoura dos preços ou das condições de venda praticados pelo vendedor.

4 – Não são consideradas discriminatórias as ofertas de objectos desprovidos de valor comercial.

Artigo 2.º
Tabelas de preços e condições de venda

1 – Os produtores, fabricantes, importadores, distribuidores, embaladores e grossistas de bens e os prestadores de serviços são obrigados a possuir tabelas de preços com as correspondentes condições de venda e facultá-las, quando solicitados, a qualquer revendedor ou utilizador.

2 – As condições de venda devem referenciar, nomeadamente, os prazos de pagamento, as diferentes modalidades de descontos praticados e respectivos escalões.

3 – As condições em que um agente económico obtenha uma remuneração financeira ou de outra natureza dos seus fornecedores, como contrapartida da prestação de serviços específicos, devem ser reduzidas a escrito.

Artigo 3.º
Venda com prejuízo

1 – É proibido oferecer para venda ou vender um bem a um agente económico ou a um consumidor por um preço inferi or ao seu preço de compra efectivo, acrescido dos impostos aplicáveis a essa venda e, se for caso disso, dos encargos relacionados com o transporte.[1]

---

[1] *Redacção introduzida pelo Decreto-Lei n.º 140/98, de 16 de Maio.*

Defesa da Concorrência

2 – Entende-se por preço de compra efectivo o preço constante da factura de compra, após a dedução dos descontos directamente relacionados com a transacção em causa que se encontrem identificados na própria factura ou, por remissão desta, em contratos de fornecimento ou tabelas de preços e que sejam determináveis no momento da respectiva emissão.[1]

3 – Entende-se por descontos directamente relacionados com a transacção em causa os descontos de quantidade, os descontos financeiros e os descontos promocionais desde que identificáveis quanto ao produto, respectiva quantidade e período por que vão vigorar.[1]

4 – O disposto no n.º 1 não é aplicável a:

a) Bens perecíveis, a partir do momento em que se encontrem ameaçados de deteriorização rápida;

b) Bens cujo valor comercial esteja afectado, quer por ter decorrido a situação que determinou a sua necessidade, quer por redução das suas possibilidades de utilização, quer por superveniência de importante inovação técnica;

c) Bens cujo reaprovisionamento se efectue a preço inferior, sendo então o preço efectivo de compra substituído pelo preço resultante da nova factura de compra;

d) Bens cujo preço se encontre alinhado pelo preço praticado para os mesmos bens por um outro agente económico do mesmo ramo de actividade que se encontre temporal e espacialmente em situação de concorrência efectiva com o autor do alinhamento;[1]

e) Bens vendidos em saldo ou liquidação.[1]

5 – Incumbe ao vendedor a prova documental do preço de compra efectivo, bem como das justificações previstas no número anterior.

Artigo 4.º
Recusa de venda de bens ou de prestação de serviços

1 – É proibido a um agente económico recusar a venda de bens ou a prestação de serviços a outro agente económico, segundo os usos normais da respectiva actividade ou de acordo com as disposições legais ou regulamentares aplicáveis, ainda que se trate de bens ou de serviços não essenciais e que da recusa não resulte prejuízo para o regular abastecimento do mercado.[1]

2 – É equiparada à recusa de venda a subordinação da venda de um bem ou da prestação de um serviço à aquisição de outro bem ou serviço.

3 – São consideradas causas justificativas de recusa:

a) A satisfação das exigências normais da exploração industrial ou comercial do vendedor, designadamente a manutenção dos seus stocks de segurança ou das necessidades de consumo próprio;

b) A satisfação de compromissos anteriormente assumidos pelo vendedor;

c) A desproporção manifesta da encomenda face às quantidades normais de consumo do adquirente ou aos volumes habituais das entregas do vendedor;

d) A falta de capacidade do adquirente para, face às características do bem ou serviço, assegurar a sua revenda em condições técnicas satisfatórias ou manter um adequado serviço de pós-venda;

e) A fundada falta de confiança do vendedor quanto à pontualidade do pagamento pelo adquirente, tratando-se de vendas a crédito;

f) A existência de débitos vencidos e não liquidados referentes a fornecimentos anteriores;

g) A ocorrência de qualquer outra circunstância inerente às condições concretas da transacção que, segundo os usos normais da respectiva actividade, tornaria a venda do bem ou a prestação do serviço anormalmente prejudicial para o vendedor.

4 – Incumbe ao vendedor a prova das causas justificativas a que se refere o número anterior.

Artigo 4.º-A[1]
Práticas negociais abusivas

1 – É proibido obter de um fornecedor preços, condições de pagamento, modalidades de venda ou condições de cooperação comercial exorbitantes relativamente às suas condições gerais de venda.

2 – Para efeitos do número anterior, consideram-se como exorbitantes relativamente às condições gerais de venda do fornecedor os preços, condições de pagamento, modalidades de venda ou condições de cooperação comercial que se traduzam na concessão de um benefício ao comprador não proporcional ao seu volume de compras ou, se for caso disso, ao valor dos serviços por ele prestados a pedido do fornecedor.

Artigo 5.º[2]
Infracções

1 – Constituem contra-ordenações, quando cometidas por pessoa singular:

a) As infracções ao disposto no n.º 1 do artigo 1.º, no n.º 1 do artigo 3.º, nos n.ºs 1 e 2 do artigo 4.º e no n.º 1 do artigo 4.º-A, puníveis com coima de 150000$00 a 750000$00;

b) A infracção ao disposto nos n.ºs 1 e 3 do artigo 2.º, punível com coima de 50000$00 a 250000$00.

2 – Constituem contra-ordenações, quando cometidas por pessoa colectiva:

a) As infracções ao disposto no n.º 1 do artigo 1.º, no n.º 1 do artigo 3.º, nos n.ºs 1 e 2 do artigo 4.º e no n.º 1 do artigo 4.º-A, puníveis com coima de 500000$00 a 3000000$00;

b) A infracção ao disposto nos n.ºs 1 e 3 do artigo 2.º, punível com coima de 100000$00 a 500000$00.

3 – A competência para aplicação das respectivas coimas cabe ao director-geral do comércio e da concorrência.[3]

4 – A negligência é punível.

Artigo 6.º[2]
Fiscalização e instrução dos processos

A fiscalização do cumprimento do disposto no presente diploma compete à Inspecção-Geral das Actividades Económicas e a instrução dos respectivos processos cabe à Direcção-Geral do Comércio e da Concorrência.[3]

---

[1] *Redacção introduzida pelo Decreto-Lei n.º 140/98, de 16 de Maio.*

[2] *Redacção introduzida pelo Decreto-Lei n.º 140/98, de 16 de Maio.*

[3] *O artigo 11.º do Decreto-Lei n.º 10/2003, de 18 de Janeiro, procedeu à revogação deste preceito na parte respeitante à competência para instrução de processos.*

---

[1] *Redacção introduzida pelo Decreto-Lei n.º 140/98, de 16 de Maio.*

ARTIGO 7.º [1]
Destino do montante das coimas

O produto das coimas cobradas por infracção ao disposto no presente diploma reverte em 60% para os cofres do Estado, em 20% para a Inspecção-Geral das Actividades Económicas e em 20% para a Direcção-Geral do Comércio e da Concorrência.[2]

ARTIGO 8.º
Entrada em vigor

O presente diploma entra em vigor no dia 1 de Janeiro de 1994.

Visto e aprovado em Conselho de Ministros de 29 de Julho de 1993. – *Joaquim Fernando Nogueira – Alexandre Carlos de Mello Vieira Costa Relvas.*

Promulgado em 12 de Outubro de 1993.

Publique-se.

O Presidente da República, MÁRIO SOARES.

Referendado em 14 de Outubro de 1993.

O Primeiro-Ministro, *Aníbal António Cavaco Silva.*

---

[1] *Redacção introduzida pelo Decreto-Lei n.º 140/98, de 16 de Maio.*
[2] *O artigo 11.º do Decreto-Lei n.º 10/2003, de 18 de Janeiro, procedeu à revogação deste preceito.*

Lei n.º 39/2006, de 25 de Agosto – Estabelece o regime jurídico da dispensa e da atenuação especial da coima em processos de contra-ordenação por infracção às normas nacionais de concorrência

Lei n.º 39/2006

de 25 de Agosto

Estabelece o regime jurídico da dispensa e da atenuação especial da coima em processos de contra-ordenação por infracção às normas nacionais de concorrência

A Assembleia da República decreta, nos termos da alínea c) do artigo 161.º da Constituição, o seguinte:

CAPÍTULO I
Disposições gerais

ARTIGO 1.º
Objecto

A presente lei estabelece o regime jurídico da dispensa e atenuação especial da coima, concedidas pela Autoridade da Concorrência nas condições nele previstas, em processos de contra-ordenação por infracção ao regime jurídico da concorrência e, se aplicáveis, às normas comunitárias de concorrência cujo respeito deva ser assegurado pela Autoridade da Concorrência.

ARTIGO 2.º
Âmbito objectivo

A dispensa ou atenuação especial da coima são concedidas no âmbito de processos de contra-ordenação que tenham por objecto acordos e práticas concertadas entre empresas proibidos pelo artigo 4.º da Lei n.º 18/2003, de 11 de Junho, e, se aplicável, pelo artigo 81.º do Tratado que institui a Comunidade Europeia.

ARTIGO 3.º
Âmbito subjectivo

Podem beneficiar de dispensa ou atenuação especial da coima:

a) As empresas na acepção do artigo 2.º da Lei n.º 18/2003, de 11 de Junho;

b) Os titulares do órgão de administração das pessoas colectivas e entidades equiparadas, responsáveis nos termos do disposto no n.º 3 do artigo 47.º da Lei n.º 18/2003, de 11 de Junho.

CAPÍTULO II
Requisitos

ARTIGO 4.º
Dispensa

1 – A Autoridade da Concorrência pode conceder dispensa da coima que seria aplicada nos termos do disposto na alínea a) do n.º 1 do artigo 43.º e no artigo 44.º da Lei n.º 18/2003, de 11 de Junho, à empresa que cumpra, cumulativamente, as seguintes condições:

a) Seja a primeira a fornecer à Autoridade da Concorrência informações e elementos de prova sobre um acordo ou prática concertada que permitam verificar a existência de uma infracção às normas referidas no artigo 2.º, relativamente à qual a Autoridade da Concorrência não tenha ainda procedido à abertura de um inquérito nos termos do disposto no n.º 1 do artigo 24.º da Lei n.º 18/2003, de 11 de Junho;

b) Coopere plena e continuamente com a Autoridade da Concorrência desde o momento da apresentação do pedido de dispensa ou atenuação especial da coima, estando a empresa obrigada, designadamente, a:

i) Fornecer todos os elementos de prova que tenha ou venha a ter na sua posse;

ii) Responder prontamente a qualquer pedido de informação que possa contribuir para a determinação dos factos;

iii) Abster-se da prática de actos que possam dificultar o curso da investigação;

iv) Não informar as outras empresas participantes no acordo ou prática concertada do seu pedido de dispensa ou atenuação especial da coima;

c) Ponha termo à sua participação na infracção o mais tardar até ao momento em que forneça à Autoridade da Concorrência as informações e os elementos de prova a que se refere a alínea a);

d) Não tenha exercido qualquer coacção sobre as outras empresas no sentido de estas participarem na infracção.

2 – As informações e elementos de prova referidos na alínea a) do número anterior devem conter indicações completas e precisas sobre as empresas envolvidas na infracção, o produto ou serviço em causa, a natureza da infracção, o seu âmbito geográfico, a sua duração e a forma pela qual foi executada.

ARTIGO 5.º
Atenuação especial da coima a partir de 50%

1 – A Autoridade da Concorrência pode conceder uma atenuação especial de, pelo menos, 50% do montante da coima que seria aplicada nos termos do disposto na alínea a) do n.º 1 do artigo 43.º e no artigo 44.º da Lei n.º 18/2003, de 11 de Junho, caso já tenha procedido à abertura de inquérito nos termos do n.º 1 do artigo 24.º da Lei n.º 18/2003, de 11 de Junho, à empresa que cumpra, cumulativamente, as seguintes condições:

a) Seja a primeira a fornecer à Autoridade da Concorrência informações e elementos de prova sobre um acordo ou prática concertada em investigação pela Autoridade da Concorrência, relativamente ao qual ainda não tenha sido efectu-

Defesa da Concorrência

ada a notificação a que se refere a alínea b) do n.º 1 do artigo 25.º e o n.º 1 do artigo 26.º daquele diploma;

b) As informações e os elementos de prova fornecidos contribuam de forma determinante para a investigação e prova da infracção;

c) Estejam verificadas as condições previstas nas alíneas b) a d) do n.º 1 do artigo anterior.

2 – Na determinação do montante da redução, a Autoridade da Concorrência tem em consideração a importância do contributo da empresa para a investigação e prova da infracção.

ARTIGO 6.º
Atenuação especial da coima até 50%

1 – A Autoridade da Concorrência pode conceder uma atenuação especial até 50% do montante da coima que seria aplicada nos termos do disposto na alínea a) do n.º 1 do artigo 43.º e no artigo 44.º da Lei n.º 18/2003, de 11 de Junho, à empresa que cumpra, cumulativamente, as seguintes condições:

a) Seja a segunda a fornecer à Autoridade da Concorrência informações e elementos de prova sobre um acordo ou prática concertada em investigação pela Autoridade da Concorrência, relativamente ao qual ainda não tenha sido efectuada a notificação a que se refere a alínea b) do n.º 1 do artigo 25.º e o n.º 1 do artigo 26.º daquele diploma;

b) As informações e os elementos de prova fornecidos contribuam de forma significativa para a investigação e prova da infracção;

c) Estejam verificadas as condições previstas nas alíneas b) a d) do n.º 1 do artigo 4.º

2 – Na determinação do montante da redução, a Autoridade da Concorrência tem em consideração a importância do contributo da empresa para a investigação e prova da infracção.

ARTIGO 7.º
Atenuação adicional de coima

A Autoridade da Concorrência pode conceder uma atenuação especial ou uma atenuação adicional da coima que lhe seria aplicada no âmbito de um processo de contra-ordenação relativo a um acordo ou prática concertada, se a empresa for a primeira a fornecer informações e elementos de prova, nos termos do disposto na alínea a) do n.º 1 do artigo 4.º ou do disposto nas alíneas a) e b) do n.º 1 do artigo 5.º, referentes a um outro acordo ou prática concertada relativamente aos quais aquela empresa também apresente pedido de dispensa ou atenuação especial de coima.

ARTIGO 8.º
Titulares do órgão de administração

1 – Os titulares do órgão de administração podem beneficiar, relativamente à coima que lhes seria aplicada nos termos do disposto no n.º 3 do artigo 47.º da Lei n.º 18/2003, de 11 de Junho, da dispensa ou atenuação especial concedida à respectiva pessoa colectiva ou entidade equiparada, se cooperarem plena e continuamente com a Autoridade da Concorrência, nos termos do disposto na alínea b) do n.º 1 do artigo 4.º

2 – Aos titulares do órgão de administração, responsáveis nos termos do disposto no n.º 3 do artigo 47.º da Lei n.º 18/2003, de 11 de Junho, que apresentem pedido a título individual é aplicável, com as devidas adaptações, o disposto nos artigos 4.º a 7.º

CAPÍTULO III
Procedimento e decisão

ARTIGO 9.º
Procedimento

O procedimento administrativo relativo à tramitação necessária para a obtenção de dispensa ou atenuação especial da coima é estabelecido por regulamento a aprovar pela Autoridade da Concorrência, nos termos do disposto na alínea a) do n.º 4 do artigo 7.º dos respectivos Estatutos, aprovados pelo Decreto-Lei n.º 10/2003, de 18 de Janeiro, e de acordo com o previsto no artigo 21.º da Lei n.º 18/2003, de 11 de Junho.

ARTIGO 10.º
Decisão sobre o pedido de dispensa
ou atenuação especial da coima

1 – A decisão sobre o pedido de dispensa ou atenuação especial da coima é tomada na decisão da Autoridade da Concorrência a que se refere a alínea c) do n.º 1 do artigo 28.º da Lei n.º 18/2003, de 11 de Junho.

2 – A dispensa ou atenuação especial de coima incide sobre o montante da coima que seria aplicada nos termos da alínea a) do n.º 1 do artigo 43.º e do artigo 44.º da Lei n.º 18/2003, de 11 de Junho.

3 – Na determinação da coima que seria aplicada não é tido em consideração o critério previsto na alínea e) do artigo 44.º da Lei n.º 18/2003, de 11 de Junho.

4 – O recurso da parte da decisão da Autoridade da Concorrência relativa à dispensa ou atenuação especial da coima tem efeito meramente devolutivo.

Aprovada em 29 de Junho de 2006.

O Presidente da Assembleia da República, em exercício, *Manuel Alegre de Melo Duarte.*

Promulgada em 8 de Agosto de 2006.

Publique-se.

O Presidente da República, ANÍBAL CAVACO SILVA.

Referendada em 12 de Agosto de 2006.

O Primeiro-Ministro, *José Sócrates Carvalho Pinto de Sousa.*

Decreto-Lei n.º 148/2003, de 11 de Junho, com as alterações introduzidas pelo Decreto-Lei n.º 120/2005, de 26 de Julho e pelo Decreto-Lei n.º 69/2007, de 26 de Março – **Transpõe para o ordenamento jurídico interno a Directiva n.º 2000/52/CE, da Comissão, de 26 de Julho, que altera a Directiva n.º 80/723/ /CEE, da Comissão, de 25 de Junho – relativa à transparência das relações financeiras entre as entidades públicas dos Estados membros e as empresas públicas, bem como à transparência financeira relativamente a determinadas empresas**

Decreto-Lei n.º 148/2003

de 11 de Julho

A Directiva n.º 80/723/CEE, da Comissão, de 25 de Junho, com a última redacção que lhe foi dada pela Directiva n.º 2000/ /52/CE, de 26 de Julho, exige que os Estados membros garantam a transparência das relações financeiras entre as entidades públicas e determinadas empresas e que recolham e comuniquem à Comissão, a pedido desta, determinados dados financeiros, devendo ser fornecidas informações adicionais sob a forma de relatórios anuais.

Diversos sectores da economia que se caracterizavam no passado pela existência de monopólios nacionais, regionais ou locais foram ou estão a ser abertos parcial ou totalmente à concorrência, por força do Tratado que instituiu a Comunidade Europeia ou de normas adoptadas pelos Estados membros e a Comunidade. Este processo evidencia a importância de uma aplicação equitativa e efectiva a estes sectores das regras de concorrência do Tratado, nomeadamente para que não se verifique um abuso de posição dominante nos termos do artigo 82.º do Tratado, bem como a concessão de auxílios estatais nos termos do artigo 87.º do Tratado, a menos que tal seja compatível com o mercado comum, sem prejuízo da eventual aplicação do n.º 2 do artigo 86.º do Tratado.

Nos sectores acima referidos, os Estados membros concedem frequentemente direitos especiais ou exclusivos a determinadas empresas ou efectuam pagamentos ou concedem outros tipos de compensação a determinadas empresas encarregadas da gestão de serviços de interesse económico geral. Frequentemente, estas empresas encontram-se em concorrência com outras empresas.

O n.º 1 do artigo 86.º do Tratado exige que, no que respeita às empresas públicas e às empresas a que concedam direitos especiais ou exclusivos, os Estados membros não tomem nem mantenham qualquer medida contrária às disposições do Tratado. O n.º 2 do artigo 86.º do Tratado é aplicável às empresas encarregadas da gestão de serviços de interesse económico geral.

Situações complexas decorrentes da diversidade de formas que assumem as empresas públicas e privadas às quais foram concedidos direitos especiais ou exclusivos ou que foram encarregues da gestão de serviços de interesse económico geral, bem como a gama de actividades que podem ser exercidas por uma só empresa e o diferente grau de liberalização dos mercados nos diversos Estados membros, podem dificul-

tar a aplicação das regras de concorrência, em especial do artigo 86.º do Tratado.

É, pois, este o fundamento para que os Estados membros disponham de informações pormenorizadas sobre a estrutura interna destas empresas, em termos financeiros e organizacionais, em especial de contas distintas e fiáveis relativas às diferentes actividades exercidas pela mesma empresa.

Foram ouvidas a Associação Nacional de Municípios Portugueses, a Associação Nacional de Freguesias e a Comissão de Normalização Contabilística.

Assim:

Nos termos da alínea a) do n.º 1 do artigo 198.º da Constituição, o Governo decreta o seguinte:

Artigo 1.º [1]
Objecto

O presente diploma transpõe para o ordenamento jurídico interno a Directiva n.º 2000/52/CE, da Comissão, de 26 de Julho, que altera a Directiva n.º 80/723/CEE, da Comissão, de 25 de Junho, cujo objectivo consiste em garantir que os Estados membros assegurem quer a transparência das relações financeiras entre os poderes públicos e as empresas públicas, por via da imposição de determinados deveres de informação, quer a exigência de que a estrutura financeira e organizativa de quaisquer empresas obrigadas a manter contas distintas seja reflectida de forma adequada nessas contas. [2]

Artigo 2.º
Âmbito de aplicação

1 – Estão sujeitas ao regime de transparência financeira, nos termos do disposto no presente diploma, as empresas públicas, na acepção dos artigos 3.º e 5.º do Decreto-Lei n.º 558/99, de 17 de Dezembro.

2 – Estão ainda sujeitas ao regime da transparência financeira as empresas que:

a) Beneficiem de um direito especial ou exclusivo, concedido por um Estado membro ao abrigo do n.º 1 do artigo 86.º do Tratado das Comunidades Europeias;

---

[1] *A Directiva 80/723/CEE, com as alterações introduzidas pelas Directivas 85/413/CEE, 93/84/CEE, 2000/52/CE e 2005/81/CE da Comissão encontra-se revogada nos termos do disposto no artigo 10.º da Directiva 2006/111/CE da Comissão, de 16 de Novembro de 2006, publicada no Jornal Oficial da União Europeia L 318/17.*

[2] *Redacção introduzida pelo Decreto-Lei n.º 148/2003, de 11 de Junho.*

Defesa da Concorrência

b) Tenham sido classificadas como encarregadas da gestão de um serviço de interesse económico geral, ao abrigo do n.º 2 do artigo 86.º do Tratado das Comunidades Europeias e nos termos do disposto no artigo 19.º do Decreto-Lei n.º 558/99, de 17 de Dezembro, e que recebam uma compensação em relação ao serviço público prestado, qualquer que seja a forma que a mesma assuma, e que prossigam outras actividades.[1]

ARTIGO 3.º
Definições

Para efeitos do artigo anterior entende-se por:

1) «Direitos exclusivos» aqueles que, tendo sido conferidos por uma entidade pública, mediante acto legislativo, regulamentar ou administrativo, reservem a prestação de um serviço ou o exercício de uma actividade, numa determinada área geográfica, a uma única empresa;

2) «Direitos especiais» aqueles que, tendo sido conferidos, sem ser em função de critérios objectivos, proporcionais e não discriminatórios, por uma entidade pública, mediante acto legislativo, regulamentar ou administrativo:

a) Apenas autorizem duas ou mais empresas, em regime de concorrência ou não, a prestar um serviço ou exercer uma actividade numa determinada área geográfica;

b) Concedam, a uma ou mais empresas, quaisquer vantagens de carácter legal ou regulamentar que afectem substancialmente a capacidade de qualquer outra empresa de prestar o mesmo serviço ou exercer a mesma actividade, na área geográfica abrangida, em condições substancialmente equivalentes.

ARTIGO 4.º
Exclusões

1 – Estão excluídas do âmbito de aplicação do presente diploma as seguintes empresas:

a) Empresas públicas, no que se refere à prestação de serviços não susceptíveis de afectar sensivelmente o comércio entre os Estados membros;

b) Empresas públicas que tenham apresentado um volume de negócios líquido total de montante inferior a 40 milhões de euros ou um balanço total máximo de 800 milhões de euros, se se tratar de instituições públicas de crédito, durante os dois exercícios anteriores àqueles em que os recursos públicos foram utilizados ou colocados à disposição, ou em que os direitos exclusivos ou especiais foram conferidos, consoante o caso;

c) Instituições públicas de crédito não abrangidas na alínea anterior, apenas no tocante às obrigações decorrentes do n.º 1 do artigo 6.º, caso as relações financeiras que mantenham com o Estado ou qualquer outra entidade pública estadual respeitem ao depósito de fundos públicos por aquelas entidades, em condições comerciais normais.[2]

2 – As relações de transparência financeira reguladas no presente diploma não se aplicam ao Banco de Portugal.

3 – Sem prejuízo do disposto no n.º 1 do presente artigo, o n.º 2 do artigo 2.º não se aplica às empresas cujo direito aos auxílios tenha sido fixado por determinado período e na sequência de um procedimento aberto, transparente e não discriminatório.

ARTIGO 5.º
Transmissão e conservação de dados

1 – As informações previstas nos artigos 6.º e 7.º devem ser enviadas pelas empresas anualmente, no prazo de seis meses a contar da aprovação das contas do exercício, à Inspecção-Geral de Finanças, devidamente certificados por revisor oficial de contas.

2 – A Direcção-Geral do Tesouro tem acesso às informações previstas nos artigos 6.º e 7.º, relativamente às empresas públicas, nos termos estabelecidos por despacho do Ministro das Finanças.

3 – As empresas são obrigadas a conservar os dados exigidos nos termos do presente diploma por um período de cinco anos a contar do final do exercício ao qual a informação diga respeito ou no qual tenha sido utilizado o benefício, consoante o caso.

ARTIGO 6.º
Regime da transparência financeira

1 – Sem prejuízo do disposto no artigo 13.º do Decreto-Lei n.º 558/99, de 17 de Dezembro, as empresas públicas devem prestar informação, nos documentos de prestação de contas, em nota constante dos anexos às demonstrações financeiras, sobre as relações financeiras estabelecidas com o Estado ou qualquer entidade pública que envolvam, nomeadamente:[1]

a) Compensação de perdas de exploração;

b) Entradas de capital, dotações ou liberalidades e respectivas condições;

c) Subsídios não reembolsáveis ou os empréstimos em condições privilegiadas;

d) Concessão de vantagens financeiras sob a forma de não percepção de benefícios ou de não cobrança de créditos;

e) Renúncia a uma remuneração normal dos recursos públicos utilizados;

f) Compensação de encargos impostos por qualquer entidade pública, territorial ou não.

2 – Sem prejuízo das obrigações de informação previstas no número anterior, as empresas públicas cujo volume de negócios anual total do exercício mais recente seja superior a 250 milhões de euros e que resulte, em pelo menos 50%, de actividades de transformação, nos termos definidos na Classificação das Actividades Económicas – Rev. 2, secção D, devem ainda prestar, sobre as relações financeiras estabelecidas com o Estado ou qualquer entidade pública, a informação seguinte:

a) Concessão de empréstimos à empresa, incluindo os empréstimos a descoberto e os adiantamentos sobre entradas de capital, bem como as taxas de juro aplicadas, as respectivas condições e eventuais garantias prestadas ao mutuante pela empresa beneficiária;

---

[1] *Redacção introduzida pelo Decreto-Lei n.º 69/2007, de 26 de Março, que transpõe para o ordenamento jurídico interno a Directiva n.º 2005/81/CE, da Comissão, de 28 de Novembro, que altera a Directiva n.º 80/723/CEE, da Comissão, de 25 de Junho, relativa à transparência das relações financeiras entre as entidades públicas dos Estados membros e as empresas públicas, bem como à transparência financeira relativamente a determinadas empresas.*

[2] *Redacção introduzida pelo Decreto-Lei n.º 120/2005, de 26 de Julho.*

[1] *Redacção introduzida pelo Decreto-Lei n.º 120/2005, de 26 de Julho.*

b) Concessão de garantias à empresa, bem como as condições e prémios da respectiva emissão;

c) Dividendos pagos e lucros não distribuídos.

d) As convocatórias das assembleias de sócios e quaisquer outras informações pertinentes. [1]

3 – As informações previstas no número anterior podem ser prestadas em documento autónomo. [1]

ARTIGO 7.º
Regime de apresentação de contas de exploração separadas

1 – As empresas referidas no n.º 2 do artigo 2.º estão obrigadas a manter em contas de exploração separadas as actividades previstas nas alíneas a) e b) do mesmo número, bem como as restantes actividades que prossigam. [1]

2 – A afectação de custos e proveitos às diferentes actividades previstas no número anterior, por parte das empresas no mesmo referidas, resulta da aplicação coerente de princípios contabilísticos de custeio, a estabelecer claramente e em bases objectivas, devidamente fundamentadas e explicitadas, carecendo de concordância da Inspecção-Geral de Finanças. [1]

3 – (*Revogado*). [2]

Visto e aprovado em Conselho de Ministros de 27 de Maio de 2003. – *José Manuel Durão Barroso – Maria Manuela Dias Ferreira Leite – António Manuel de Mendonça Martins da Cruz.*

Promulgado em 26 de Junho de 2003.

Publique-se.

O Presidente da República, JORGE SAMPAIO.

Referendado em 2 de Julho de 2003.

O Primeiro-Ministro, *José Manuel Durão Barroso.*

---

[1] *Redacção introduzida pelo Decreto-Lei n.º 120/2005, de 26 de Julho.*

[1] *Redacção introduzida pelo Decreto-Lei n.º 120/2005, de 26 de Julho.*
[2] *Revogado pelo Decreto-Lei n.º 120/2005, de 26 de Julho.*

TÍTULO V

Regulação da Economia e Acesso à Actividade Económica

CAPÍTULO I

GERAL

Decreto-Lei n.º 214/86, de 2 de Agosto, com as alterações introduzidas pelo Decreto-Lei n.º 396/98, de 7 de Dezembro e pelo Decreto-Lei n.º 397/98, de 17 de Dezembro – **Permite o estabelecimento a nacionais e estrangeiros em todos os sectores económicos abertos à actividade privada.**

Decreto-Lei n.º 214/86

de 2 de Agosto

A adesão de Portugal às Comunidades Europeias implica a derrogação das normas legais que estabelecem limitações ao investimento no País por parte de entidades comunitárias, quando estas limitações se baseiam, exclusivamente, em razões de nacionalidade.

Grande parte desses condicionamentos, ao menos pela importância dos sectores envolvidos, fundamenta-se – de modo directo ou por expressa remissão – na Lei n.º 1994, de 13 de Abril de 1943, e no Decreto-Lei n.º 46312, de 28 de Abril de 1965, diplomas de que resulta a exigência de maioria de capital e de administração, por parte de cidadãos portugueses, em actividades e sectores de relevante interesse económico.

Esse tipo de exigências, além de não poder subsistir no âmbito das relações com investidores comunitários, não se justifica também quanto aos demais investidores, até pela sua inoperância: o maior ou menor poder de decisão de interesses estrangeiros sobre a economia do País não se estimula nem se limita pela simples demarcação, tantas vezes só formal e de aparência, entre o capital e a gestão de portugueses e de não portugueses.

O Governo entendeu adequado, por isso, formalizar o princípio geral de liberdade de estabelecimento de não residentes no País, comunitários ou não, em plano de igualdade com os investidores nacionais, sujeitar ao regime de contrato de concessão temporária todos os projectos que, de acordo, aliás, com o permitido pelo Tratado de Roma, se liguem, mesmo ocasionalmente, ao exercício de autoridade pública e que, pela sua natureza, forma ou condições de realização, possam afectar a ordem, a segurança ou a saúde públicas ou respeitem, de modo directo ou indirecto, à produção ou ao comércio de armas, munições e material de guerra.

O artigo 3.º deste decreto-lei determina que ficam necessariamente sujeitos a esse condicionamento os projectos que impliquem, principal ou acessoriamente, a detenção, a posse, a utilização ou a exploração de bens do domínio público, não susceptíveis de renovação, e estabelece que o Conselho de Ministros defina, por resolução, quais os sectores económicos que ficam enquadrados nas especificações acima referidas e sujeitos, portanto, ao regime de contrato de concessão temporária, cujas características substanciais e formais constarão de diplomas especiais, consoante os sectores envolvidos.

Nestes termos:

O Governo decreta, nos termos da alínea a) do n.º 1 do artigo 201.º da Constituição, o seguinte:

Artigo 1.º

É permitido o estabelecimento a nacionais e estrangeiros em todos os sectores económicos abertos à actividade privada, nos termos da Lei n.º 46/77, de 8 de Julho, e legislação complementar, com ressalva das limitações e condicionamentos fixados ou previstos em acordos e tratados internacionais a que Portugal se encontre vinculado.

Artigo 2.º

1 – Só mediante contratos de concessão temporária se pode efectivar o estabelecimento em sectores onde se verifiquem algumas das seguintes circunstâncias:

a) A actividade estar ligada, mesmo só ocasionalmente, ao exercício da autoridade pública;

b) Os projectos de investimento, pela sua natureza, forma ou condições de realização, poderem afectar a ordem, a segurança ou a saúde públicas;

c) Os projectos de investimento, de modo directo ou indirecto, respeitarem à produção ou ao comércio de armas, munições e a material de guerra.[1]

2 – Os condicionalismos substanciais e formais da negociação e contratação das concessões temporárias serão estabelecidos em decreto-lei, consoante os sectores envolvidos.

Artigo 3.º

1 – Consideram-se abrangidos pelo disposto no n.º 1 do artigo 2.º, independentemente da sua natureza e características, os projectos de investimento que impliquem, principal ou acessoriamente, a detenção, a posse, a utilização ou a exploração de bens do domínio público não renováveis.

2 – Serão estabelecidos em decreto-lei os sectores económicos que ficam submetidos ao disposto no n.º 1 do presente artigo.

Artigo 4.º

1 – Ficam revogadas todas as disposições legais que, de modo directo ou indirecto, limitam ou condicionam o direito de estabelecimento por critérios baseados na nacionalidade dos investidores ou dos gestores das empresas respectivas.

---

[1] *Revogada pelo Decreto-Lei n.º 396/98, de 17 de Dezembro que regula as condições de acesso e de exercício da actividade de indústria de armamento por empresas privadas, bem como pelo Decreto-Lei n.º 397/98, de 17 de Dezembro que regula as condições de acesso e de exercício da actividade de comércio de armamento por empresas privadas.*

Regulação da Economia e Acesso à Actividade Económica – Geral

2 – Ficam expressamente revogados:

a) A Lei n.º 1994, de 13 de Abril de 1943;

b) O Decreto-Lei n.º 46312, de 28 de Abril de 1965.

Visto e aprovado em Conselho de Ministros de 3 de Julho de 1986. – *Aníbal António Cavaco Silva – Miguel José Ribeiro Cadilhe.*

Promulgado em 17 de Julho de 1986.

Publique-se.

O Presidente da República, MÁRIO SOARES.

Referendado em 18 de Julho de 1986.

O Primeiro-Ministro, *Aníbal António Cavaco Silva.*

CAPÍTULO II

REGULAÇÃO DO SECTOR FINANCEIRO

SECÇÃO I

Geral

Decreto-Lei n.º 228/2000, 23 de Setembro – Cria o Conselho Nacional de Supervisores Financeiros

Decreto-Lei n.º 228/2000
de 23 de Setembro

A supervisão do sistema financeiro nacional cabe a três autoridades distintas e independentes entre si, o Banco de Portugal (BP), a Comissão do Mercado de Valores Mobiliários (CMVM) e o Instituto de Seguros de Portugal (ISP).

A eliminação das fronteiras entre os diversos sectores da actividade financeira, de que os conglomerados financeiros são corolário, reforça a necessidade de as diversas autoridades de supervisão estreitarem a respectiva cooperação, criarem canais eficientes de comunicação de informações relevantes e coordenarem a sua actuação com o objectivo de eliminar, designadamente, conflitos de competência, lacunas de regulamentação, múltipla utilização de recursos próprios.

É nesse quadro com tais propósitos que o Governo decide instituir o Conselho Nacional de Supervisores Financeiros.

Justifica-se que o Conselho seja presidido pelo governador do Banco de Portugal, em virtude de essa entidade ser a principal responsável pela estabilidade do sistema financeiro. Para alem do seu presidente, no Conselho terão assento permanente representantes das três autoridades de supervisão, estando prevista a possibilidade de serem chamados a participar nas suas reuniões outras entidades, públicas ou privadas, em especial representantes do Fundo de Garantia de Depósitos, do Fundo de Garantia do Crédito Agrícola Mútuo, do Sistema de Indemnização aos Investidores, das entidades gestoras de mercados regulamentados.

A criação do Conselho de Supervisores Financeiros, sem afectar a competência e a autonomia das diferentes autoridades, tem por objectivo institucionalizar e organizar a cooperação entre elas, criando um fórum de coordenação da actuação de supervisão do sistema financeiro para facilitar o mútuo intercâmbio de informações.

Os membros do Conselho, bem como todas as outras pessoas que com ele colaborem, ficam obrigados ao dever de segredo, sendo suposto que as informações a que cada autoridade tenha acesso no Conselho sejam utilizadas na perspectiva do interesse público que a criação do Conselho visa acautelar.

Foram ouvidos o Banco de Portugal e a Comissão do Mercado de Valores Mobiliários.

Assim:

Nos termos da alínea a) do n.º 1 do artigo 198.º da Constituição, o Governo decreta o seguinte:

ARTIGO 1.º
Criação

É criado o Conselho Nacional de Supervisores Financeiros (CNSF), adiante designado por Conselho, com as finalidades a seguir definidas, sem prejuízo das competências e autonomia das diferentes autoridades que o compõem.

ARTIGO 2.º
Competência

O Conselho tem por competências:

a) Promover a coordenação da actuação das autoridades de supervisão do sistema financeiro (autoridades de supervisão);

b) Facilitar e coordenar o intercâmbio de informações entre as autoridades de supervisão;

c) Promover o desenvolvimento de regras e mecanismos de supervisão de conglomerados financeiros;

d) Formular propostas de regulamentação de matérias conexas com a esfera de acção de mais de uma das autoridades de supervisão;

e) Emitir pareceres, nos termos do artigo 7.º;

f) Promover a formulação ou a adopção de políticas de actuação coordenadas junto de entidades estrangeiras e organizações internacionais;

g) Realizar quaisquer acções que, consensualmente, sejam consideradas, pelos seus membros, adequadas às finalidades indicadas nas alíneas precedentes e que caibam na esfera de competência de qualquer das autoridades de supervisão.

ARTIGO 3.º
Definições

Para efeitos deste diploma, são considerados:

a) Autoridades de supervisão do sistema financeiro as autoridades a quem compete, em Portugal, a supervisão prudencial:

i) Das instituições de crédito e sociedades financeiras, incluindo as empresas de investimento na acepção do Regime Geral das Instituições de Crédito a Sociedades Financeiras;

ii) Da actividade seguradora, resseguradora e de intermediação de seguros, das empresas conexas ou complementares daquelas e das actividades dos fundos de pensões;

iii) Do mercado de valores mobiliários;

b) Conglomerados financeiros: grupos de empresas que abranjam, simultaneamente, entidades sujeitas a supervisão prudencial do Banco de Portugal e do Instituto de Seguros de Portugal.

ARTIGO 4.º
Composição

1 – São membros permanentes do Conselho:

a) O governador do Banco de Portugal, que preside;

b) O membro do conselho de administração do Banco de Portugal com o pelouro da supervisão das instituições de crédito e das sociedades financeiras;

c) O presidente do Instituto de Seguros de Portugal;

d) O presidente da Comissão do Mercado de Valores Mobiliários.

Regulação do Sector Financeiro – Geral

2 – Em caso de ausência, por motivos justificados, os membros permanentes referidos nas alíneas b), c) e d) do número anterior podem fazer-se representar pelos substitutos legais ou estatutários, os quais terão todos os direitos e obrigações dos representados.

3 – Poderão ser convidados a participar nos trabalhos do Conselho outras entidades públicas ou privadas, em especial representantes do Fundo de Garantia de Depósitos, do Fundo de Garantia do Crédito Agrícola Mútuo, do Sistema de Indemnização aos Investidores, das entidades gestoras de mercados regulamentados e associações representativas de quaisquer categorias de instituições sujeitas a supervisão prudencial.

Artigo 5.º
Coordenação

1 – Na ausência ou impedimento do presidente, os trabalhos são coordenados por um dos restantes membros do Conselho, que servirá de suplente.

2 – As funções de suplente, a que se refere o número anterior, são exercidas rotativamente, por períodos de um ano, coincidentes com o ano civil.

Artigo 6.º
Deliberações

1 – As conclusões das reuniões do Conselho serão objecto de uma súmula, que será apresentada em sessão do órgão de administração de cada uma das autoridades representadas.

2 – As conclusões consensuais que não contenham elementos por lei sujeitos a sigilo poderão ser levadas ao conhecimento do Ministro das Finanças, de quaisquer entidades do sector público ou privado, bem como do público em geral, se tal for consensualmente considerado conveniente.

Artigo 7.º
Emissão de pareceres

1 – O Ministro das Finanças e o governador do Banco de Portugal, este em representação do Banco enquanto entidade responsável pela estabilidade do sistema financeiro nacional, podem solicitar pareceres ao Conselho ou enviar-lhe comunicações sobre quaisquer assuntos do seu âmbito de competência.

2 – O Conselho poderá tomar a iniciativa de emitir pareceres sobre quaisquer assuntos da sua competência.

Artigo 8.º
Sessões

1 – As sessões do Conselho não têm periodicidade definida, são marcadas com uma antecedência de 15 dias e convocadas pelo presidente, por sua iniciativa ou a solicitação de qualquer dos restantes membros permanentes.

2 – Em caso de urgência, podem ser marcadas sessões sem a antecedência referida no número anterior.

Artigo 9.º
Apoio técnico

Mediante prévio acordo entre os membros do Conselho, os mesmos podem fazer-se acompanhar por colaboradores, que terão o estatuto de observadores, ou determinar a criação de grupos de trabalho para o estudo de questões comuns às autoridades que integram o Conselho.

Artigo 10.º
Dever de segredo

Os membros do Conselho, bem como todas as outras pessoas que com ele colaborem, ficam sujeitos ao dever de segredo, relativamente a factos e elementos cobertos por tal dever, nos termos previstos na lei aplicável a cada caso.

Artigo 11.º
Entrada em vigor

Este diploma entra em vigor no dia imediato ao da respectiva publicação.

Visto e aprovado em Conselho de Ministros de 10 de Agosto de 2000. – *Jaime José Matos da Gama – Fernando Manuel dos Santos Vigário Pacheco.*

Promulgado em 31 de Agosto de 2000.

Publique-se.

O Presidente da República, Jorge Sampaio.

Referendado em 14 de Setembro de 2000.

O Primeiro-Ministro, *António Manuel de Oliveira Guterres.*

Decreto-Lei n.º 145/2006, de 31 de Julho – **Transpõe para a ordem jurídica interna a Directiva n.º 2002/87/CE, do Parlamento Europeu e do Conselho, de 16 de Dezembro, relativa à supervisão complementar de instituições de crédito, empresas de seguros e empresas de investimento**

Decreto-Lei n.º 145/2006

de 31 de Julho

A recente evolução dos mercados financeiros tem conduzido à criação de grupos que fornecem serviços e produtos em diferentes sectores, denominados «conglomerados financeiros». Alguns destes conglomerados encontram-se entre os maiores grupos financeiros prestadores de serviços ao nível mundial. Se as instituições de crédito, empresas de seguros e empresas de investimento que pertencem a estes conglomerados forem confrontadas com dificuldades financeiras, estas podem desestabilizar seriamente o sistema financeiro e afectar os depositantes, os tomadores de seguros e os investidores.

Até agora a legislação comunitária apenas previa um conjunto global de regras sobre a supervisão prudencial das instituições de crédito, empresas de seguros e empresas de investimento numa base individual e das entidades integradas num grupo bancário e de investimento ou num grupo segurador, ou seja, grupos com actividades financeiras homogéneas. Não existia qualquer regulamentação prudencial que permitisse a supervisão, ao nível do conglomerado, das entidades nele integradas, nomeadamente quanto a solvabilidade, concentração de riscos, operações intragrupo, processos internos de gestão de riscos e aptidão e idoneidade dos dirigentes.

O plano de acção para os serviços financeiros elaborado pela Comissão Europeia identifica um conjunto de acções para assegurar a realização do mercado único dos serviços financeiros e anuncia a elaboração de legislação complementar sobre os conglomerados financeiros susceptível de colmatar as lacunas na regulamentação sectorial actual. Outros fóruns internacionais identificaram, igualmente, a necessidade de desenvolver conceitos adequados neste âmbito. Em Portugal, o reconhecimento da importância da actividade prosseguida pelos conglomerados financeiros e da oportunidade de as diversas autoridades de supervisão estreitarem a respectiva cooperação, criarem canais eficientes de comunicação de informações relevantes e coordenarem a sua actuação conduziu à instituição do Conselho Nacional dos Supervisores Financeiros, pelo Decreto-Lei n.º 228/2000, de 23 de Setembro.

Considerando que um objectivo tão ambicioso só se alcançaria por etapas e que a introdução de uma supervisão complementar das instituições de crédito, empresas de seguros e empresas de investimento de um conglomerado financeiro consubstanciasse uma dessas etapas, o Parlamento Europeu e o Conselho da União Europeia adoptaram, em finais de 2002, a Directiva n.º 2002/87/CE, de 16 de Dezembro, relativa à supervisão complementar de instituições de crédito, empresas de seguros e empresas de investimento de um conglomerado financeiro.

Para ser eficaz, a supervisão complementar deve abranger todos os conglomerados com actividades financeiras intersectoriais significativas, daí que a regulamentação estabeleça limiares para a sua aplicação aos grupos financeiros, independentemente da forma como os mesmos se encontrem estruturados.

Por outro lado, as autoridades de supervisão devem ter poderes para avaliar, ao nível do grupo, a situação financeira das instituições de crédito, empresas de seguros e empresas de investimento do conglomerado financeiro, nomeadamente quanto à solvência, à concentração de riscos e às operações intragrupo.

Tendo em vista facilitar a supervisão complementar dos conglomerados financeiros, as autoridades de supervisão envolvidas deverão nomear de entre elas um coordenador, cujas atribuições não deverão afectar as funções e responsabilidades das autoridades de supervisão previstas na regulamentação sectorial.

No que se refere à obtenção de informação, a nova regulamentação exige que as autoridades de supervisão envolvidas, e em especial o coordenador, disponham dos meios apropriados para obter das entidades de um conglomerado financeiro, ou de outras entidades competentes, os elementos pertinentes à execução das suas funções. Para o efeito, torna-se necessária a cooperação entre as autoridades supervisoras, designadamente mediante a celebração de acordos de cooperação.

Relativamente às instituições de crédito, às empresas de seguros e às empresas de investimento sediadas na União Europeia que integrem um conglomerado financeiro mas cuja empresa-mãe seja de um país terceiro, há que sujeitá-las a um regime de supervisão complementar equivalente, que atinja objectivos e resultados semelhantes aos prosseguidos pela directiva. Para o efeito, são de maior importância a transparência das regras e o intercâmbio de informações com as autoridades de países terceiros, sempre que as circunstâncias o exijam. A existência de um regime de supervisão complementar equivalente pressupõe que as autoridades de supervisão do país terceiro acordem em cooperar com as autoridades de supervisão interessadas quanto às modalidades e aos objectivos do exercício da supervisão complementar.

Para evitar discrepâncias entre as regras sectoriais e as regras relativas aos conglomerados financeiros, as primeiras devem ser minimamente complementadas.

Aproveita-se o ensejo para, no que respeita ao regime do co-seguro, introduzir regras relativas à assinatura da apólice consentâneas com os novos sistemas de contratação entre as co-seguradoras e com a manutenção da protecção dos interesses dos tomadores. Finalmente, utiliza-se ainda esta opor-

Regulação do Sector Financeiro – Geral

tunidade para transpor a Directiva n.º 2005/1/CE, do Parlamento Europeu e do Conselho, de 9 de Março, que estabelece uma nova estrutura orgânica para os comités no domínio dos serviços financeiros, por forma a evitar modificações legislativas sucessivas nos regimes sectoriais.

Assim, vem prever-se que a comunicação do Banco de Portugal e do Instituto de Seguros de Portugal à Comissão Europeia sobre certas ocorrências registadas relativamente ao acesso aos mercados nacionais, respectivamente bancário e financeiro e segurador, por empresas de países terceiros passa a ser efectuada, também respectivamente, às autoridades de supervisão bancárias e de sociedades financeiras e às autoridades de supervisão de seguros dos demais Estados membros.

Foi ouvida a Comissão Nacional de Protecção de Dados.

Assim:

No uso da autorização legislativa concedida pela Lei n.º 10/2006, de 4 de Abril, e nos termos das alíneas a) e b) do n.º 1 do artigo 198.º da Constituição, o Governo decreta o seguinte:

CAPÍTULO I
Disposições gerais

ARTIGO 1.º
Objecto

O presente decreto-lei transpõe para a ordem jurídica interna a Directiva n.º 2002/87/CE, do Parlamento Europeu e do Conselho, de 16 de Dezembro, relativa à supervisão complementar de instituições de crédito, empresas de seguros e empresas de investimento de um conglomerado financeiro e que altera as Directivas n.os 73/239/CEE, 79/267/CEE, 92/49/CEE, 92/96/CEE, 93/6/CEE e 93/22/CEE, todas do Conselho, e as Directivas n.os 98/78/CE e 2000/12/CE, do Parlamento Europeu e do Conselho, bem como a Directiva n.º 2005/1/CE, do Parlamento e do Conselho, de 9 de Março, que altera as Directivas n.os 73/239/CEE, 85/611/CEE, 91/675/CEE, 92/49/CEE e 93/6/CEE, todas do Conselho, e as Directivas n.os 94/19/CE, 98/78/CE, 2000/12/CE, 2001/34/CE, 2002/83/CE e 2002/87/CE, com vista a estabelecer uma nova estrutura orgânica para os comités no domínio dos serviços financeiros.

ARTIGO 2.º
Definições

Para efeitos do presente decreto-lei, entende-se por:

a) «Instituição de crédito» uma empresa na acepção do artigo 2.º do Regime Geral das Instituições de Crédito e Sociedades Financeiras, aprovado pelo Decreto-Lei n.º 298/92, de 31 de Dezembro, e alterado pelos Decretos-Leis n.os 246/95, de 14 de Setembro, 232/96, de 5 de Dezembro, 222/99, de 22 de Junho, 250/2000, de 13 de Outubro, 285/2001, de 3 de Novembro, 201/2002, de 26 de Setembro, 319/2002, de 28 de Dezembro, e 252/2003, de 17 de Outubro;

b) «Empresa de seguros» uma empresa na acepção da alínea b) do n.º 1 do artigo 2.º do Decreto-Lei n.º 94-B/98, de 17 de Abril, republicado pelo Decreto-Lei n.º 251/2003, de 14 de Outubro, com exclusão das empresas de resseguros, ou uma empresa de um país terceiro na acepção da alínea b) do artigo 172.º-A do mesmo decreto-lei;

c) «Empresa de investimento» uma empresa na acepção do n.º 3 do artigo 199.º-A do Regime Geral das Instituições de Crédito e Sociedades Financeiras;

d) «Entidade regulamentada» uma instituição de crédito, uma empresa de seguros ou uma empresa de investimento;

e) «Regras sectoriais» a legislação e regulamentação relativa à supervisão prudencial das entidades regulamentadas estabelecida, nomeadamente, no Decreto-Lei n.º 94-B/98, de 17 de Abril, e no Regime Geral das Instituições de Crédito e Sociedades Financeiras;

f) «Sector financeiro» o sector composto por uma ou mais das seguintes entidades:

   i) Instituições de crédito, sociedades financeiras, instituições financeiras ou sociedades de serviços auxiliares (subsector bancário);

   ii) Empresas de seguros, empresas de resseguros ou sociedades gestoras de participações no sector dos seguros (subsector dos seguros);

   iii) Empresas de investimento, sociedades financeiras ou instituições financeiras (subsector dos serviços de investimento);

   iv) Companhias financeiras mistas;

g) «Empresa-mãe» uma empresa relativamente à qual se verifique alguma das seguintes situações:

   i) Ter a maioria dos direitos de voto de uma empresa, por si só ou na sequência de um acordo concluído com outros titulares de capital;

   ii) Ter o direito de designar ou de destituir a maioria dos membros do órgão de administração ou de fiscalização de uma outra empresa, sendo simultaneamente titular de capital dessa empresa;

   iii) Ter o direito de exercer uma influência dominante sobre uma empresa, por força de um contrato celebrado ou de uma cláusula dos estatutos, sendo simultaneamente titular de capital dessa empresa;

   iv) Ter nomeado, por efeito do exercício dos seus direitos de voto, a maioria dos membros do órgão de administração ou de fiscalização de uma empresa em funções durante o exercício em curso, bem como no exercício anterior e até à elaboração das contas consolidadas, sendo simultaneamente titular de capital dessa empresa;

   v) Exercer efectivamente uma influência dominante sobre outra empresa, no parecer das autoridades de supervisão;

h) «Empresa filial» uma pessoa colectiva relativamente à qual outra pessoa colectiva, designada por empresa-mãe, se encontra numa das situações previstas na alínea anterior, considerando-se que a filial de uma filial é igualmente filial da empresa-mãe de que ambas dependem;

i) «Participação» os direitos no capital de outras empresas desde que criem ligações duradouras com estas e se destinem a contribuir para a actividade da empresa, sendo que é sempre considerada uma participação a detenção, directa ou indirecta, de pelo menos 20% ou dos direitos de voto ou do capital de uma empresa;

j) «Grupo» um conjunto de empresas:

   i) Constituído por uma empresa-mãe, pelas suas filiais e pelas participações da empresa-mãe e das filiais; ou

   ii) Colocadas sob uma direcção única por força de um contrato ou de cláusulas estatutárias; ou

   iii) Cujos órgãos de administração ou de fiscalização sejam compostos na maioria pelas mesmas pessoas que exerciam funções durante o exercício e até à elaboração das contas consolidadas;

l) «Companhia financeira mista» uma empresa-mãe, que não é uma entidade regulamentada, a qual, em conjunto com as suas filiais, de que pelo menos uma é uma entidade regulamentada sediada na União Europeia, e com quaisquer outras entidades, constitui um conglomerado financeiro;

m) «Autoridades de supervisão» as autoridades nacionais dos Estados membros da União Europeia dotadas dos poderes legais ou regulamentares para supervisionar as instituições de crédito, as empresas de seguros ou as empresas de investimento, quer individualmente quer ao nível do grupo;

n) «Autoridades de supervisão relevantes»:

i) As autoridades responsáveis pela supervisão sectorial de qualquer das entidades regulamentadas de um conglomerado financeiro;

ii) O coordenador nomeado em conformidade com o artigo 17.º, se for diferente das autoridades referidas na subalínea anterior;

iii) Outras autoridades de supervisão interessadas, consideradas relevantes na opinião das autoridades de supervisão e do coordenador, tendo essa opinião especialmente em conta a quota de mercado das entidades regulamentadas do conglomerado financeiro noutros Estados membros, em particular sendo superior a 5%, e a importância de qualquer entidade regulamentada de outro Estado membro nesse conglomerado;

o) «Operações intragrupo» todas as operações, para cumprimento de uma obrigação, contratual ou não, e a título oneroso ou não, em que as entidades regulamentadas recorrem directa ou indirectamente a outras empresas do mesmo grupo ou a qualquer pessoa, singular ou colectiva, ligada às empresas pertencentes a esse grupo:

i) Através de uma participação;

ii) Através de uma relação de controlo, ou seja, a relação entre uma empresa-mãe e uma filial, ou uma relação da mesma natureza entre qualquer pessoa singular ou colectiva e uma empresa;

iii) De modo duradouro a uma mesma entidade através de uma relação de controlo;

p) «Concentração de riscos» qualquer exposição a riscos, designadamente a riscos de contraparte ou de crédito, de investimento, de seguro ou de mercado ou de uma combinação destes riscos que implique eventuais perdas a suportar pelas entidades de um conglomerado financeiro, desde que essa exposição ponha em perigo a solvência ou a situação financeira geral das entidades regulamentadas desse conglomerado;

q) «Subsector financeiro de menor dimensão» o subsector de um conglomerado financeiro com a média mais baixa, calculada de acordo com as regras da subalínea i) da alínea b) do n.º 2 do artigo 3.º, sendo que para este cálculo o subsector bancário e o subsector dos serviços de investimento são considerados conjuntamente;

r) «Subsector financeiro de maior dimensão» o subsector de um conglomerado financeiro com a média mais elevada, calculada nos termos da alínea anterior.

CAPÍTULO II
Identificação de um conglomerado financeiro

ARTIGO 3.º
Condições

1 – Considera-se um conglomerado financeiro um grupo que satisfaz uma das seguintes condições:

a) Ser liderado por uma entidade regulamentada autorizada na União Europeia que é uma empresa-mãe de uma entidade do sector financeiro, uma entidade detentora de uma participação numa entidade do sector financeiro ou uma entidade ligada a uma entidade do sector financeiro por uma relação de grupo;

b) Não sendo liderado por uma entidade regulamentada autorizada na União Europeia, pelo menos uma das filiais do grupo ser uma entidade regulamentada autorizada nesse espaço e o rácio entre o total do balanço das entidades do sector financeiro regulamentadas e não regulamentadas do grupo e o total do balanço de todo o grupo exceder 40%.

2 – Verificada uma das situações previstas no número anterior, para que um grupo possa ser considerado um conglomerado financeiro devem ainda ser satisfeitas, cumulativamente, as seguintes condições:

a) Pelo menos uma das entidades do grupo deve pertencer ao subsector dos seguros e outra ao subsector bancário ou dos serviços de investimento;

b) As actividades consolidadas e ou agregadas do grupo no subsector dos seguros e as actividades consolidadas e ou agregadas do grupo nos subsectores bancário e dos serviços de investimentos serem significativas, ou seja:

i) Evidenciarem, para cada subsector, uma média do rácio entre o total do seu balanço e o total do balanço das entidades do sector financeiro do grupo e do rácio entre os requisitos de solvência do mesmo subsector e os requisitos de solvência totais das entidades do sector financeiro do grupo superior a 10%; ou

ii) O total do balanço do subsector financeiro de menor dimensão do grupo exceder 6 mil milhões de euros.

3 – Para efeitos do número anterior, o subsector bancário e o subsector dos serviços de investimento são considerados em conjunto.

4 – Qualquer subgrupo de um grupo que satisfaça as condições dos números anteriores é um conglomerado financeiro.

ARTIGO 4.º
Regras especiais

1 – Para efeitos da identificação de um conglomerado financeiro nos termos do artigo anterior, as autoridades de supervisão relevantes podem, de comum acordo:

a) Excluir uma entidade do cálculo dos rácios, nos casos referidos no n.º 1 do artigo 12.º;

b) Tomar em consideração o cumprimento dos limiares previstos na alínea b) do n.º 1 do artigo anterior e na subalínea i) da alínea b) do n.º 2 do mesmo artigo durante três anos consecutivos, de modo a evitar alterações súbitas de regime, e não ter em conta esse cumprimento verificando-se alterações significativas da estrutura do grupo;

c) Em casos excepcionais, substituir ou acrescentar ao critério baseado no total do balanço a estrutura dos proveitos e ou as rubricas extrapatrimoniais, desde que estes assumam especial importância para efeitos da supervisão complementar prevista nos termos do presente decreto-lei.

2 – Identificado um conglomerado financeiro nos termos do disposto na alínea b) do n.º 1 do artigo anterior e na subalínea i) da alínea b) do n.º 2 do mesmo artigo, as decisões referidas nas alíneas a) e b) do número anterior tomam-se com base numa proposta apresentada pelo respectivo coordenador.

3 – Para efeitos de aplicação da alínea b) do n.º 1 do artigo anterior e da subalínea i) da alínea b) do n.º 2 do mesmo artigo, se os rácios nelas referidos forem inferiores, respectivamente, a 40% e a 10% para os conglomerados financeiros

Regulação do Sector Financeiro – Geral

já sujeitos a supervisão complementar, aplica-se, durante os três anos subsequentes, um rácio de 35% e de 8%, respectivamente, por forma a evitar alterações súbitas de regime.

4 – Para efeitos de aplicação da subalínea ii) da alínea b) do n.º 2 do artigo anterior, se o total do balanço do subsector financeiro de menor dimensão for inferior a 6 mil milhões de euros para os conglomerados financeiros já sujeitos a supervisão complementar, aplica-se, durante os três anos subsequentes, um valor de 5 mil milhões de euros, por forma a evitar alterações súbitas de regime.

5 – Durante o período referido nos n.os 3 e 4, o coordenador pode, com o acordo das demais autoridades de supervisão relevantes, decidir que os limites mais baixos referidos nesses números deixem de se aplicar.

ARTIGO 5.º
Exclusão do regime de supervisão complementar

1 – Se o total do balanço de um grupo exceder os 6 mil milhões de euros previstos na subalínea ii) da alínea b) do n.º 2 do artigo 3.º, mas não atingir o rácio dos 10% referido na subalínea i) da alínea b) do n.º 2 do mesmo artigo, as autoridades de supervisão relevantes podem decidir de comum acordo não considerar o grupo um conglomerado financeiro ou não aplicar as regras da supervisão complementar relativas à concentração de riscos, às operações intragrupo, aos processos de gestão de riscos e aos mecanismos de controlo interno, se entenderem que a inclusão do grupo no âmbito do presente decreto-lei ou a aplicação das referidas regras não é necessária, não é adequada ou induz em erro relativamente aos objectivos de supervisão complementar, designadamente quando:

a) O peso relativo do subsector financeiro de menor dimensão, calculado quer em termos da média a que se refere a subalínea i) da alínea b) do n.º 2 do artigo 3.º quer do total do balanço ou ainda dos requisitos de solvência desse subsector, não excede 5%; ou

b) A quota de mercado, calculada em termos do total do balanço no subsector bancário ou no subsector dos serviços de investimento e em termos de prémios brutos emitidos no subsector dos seguros, não excede 5% em nenhum Estado membro.

2 – As decisões tomadas de acordo com o número anterior são notificadas às restantes autoridades de supervisão interessadas pelo coordenador, ou pela autoridade que seria o coordenador caso o grupo fosse considerado um conglomerado financeiro.

ARTIGO 6.º
Regras de cálculo

1 – O cálculo relativo ao total do balanço a que se refere o artigo 3.º efectua-se com base no balanço consolidado, quando disponível, ou no total do balanço agregado das entidades do grupo, de acordo com as respectivas contas anuais.

2 – O cálculo do total do balanço agregado toma em consideração a quota-parte proporcional agregada do total do balanço das empresas em que o grupo detenha uma participação.

3 – O cálculo dos requisitos de solvência a que se refere a alínea b) do n.º 2 do artigo 3.º segue o disposto nas regras sectoriais relevantes.

ARTIGO 7.º
Processo de identificação

1 – As entidades regulamentadas informam as autoridades de supervisão relevantes de que constituem um conglomerado financeiro, caso considerem preenchidas as condições previstas no artigo 3.º

2 – A identificação dos conglomerados financeiros cabe às autoridades de supervisão que autorizaram as entidades regulamentadas desse grupo, as quais cooperam estreitamente entre si.

3 – Se uma autoridade de supervisão considerar que uma entidade regulamentada, por si autorizada, é membro de um grupo que pode ser considerado um conglomerado financeiro, que não tenha ainda sido identificado como tal, informa de tal facto as demais autoridades competentes interessadas.

4 – Compete ao coordenador informar as seguintes entidades da identificação de determinado grupo como conglomerado financeiro e da sua nomeação como coordenador:

a) A empresa-mãe líder do grupo ou, na sua falta, a entidade regulamentada com o total do balanço mais elevado do subsector financeiro de maior dimensão;

b) As autoridades de supervisão que autorizaram as entidades regulamentadas do grupo;

c) As autoridades de supervisão dos Estados membros onde a companhia financeira mista tem a sua sede;

d) A Comissão Europeia.

CAPÍTULO III
Supervisão complementar

SECÇÃO I
Âmbito de aplicação

ARTIGO 8.º
Regras sectoriais

O presente capítulo aplica-se à supervisão complementar, sem prejuízo das disposições em matéria de supervisão constantes das regras sectoriais.

ARTIGO 9.º
Entidades sujeitas a supervisão complementar

1 – Está sujeita a supervisão complementar ao nível do conglomerado financeiro qualquer entidade regulamentada autorizada na União Europeia que satisfaça uma das seguintes condições:

a) Lidere um conglomerado financeiro;

b) A respectiva empresa-mãe seja uma companhia financeira mista sediada na União Europeia;

c) Esteja ligada a outra entidade do sector financeiro por uma relação de grupo.

2 – Sendo o conglomerado financeiro um subgrupo de outro conglomerado financeiro que satisfaça os requisitos do número anterior, ficam ambos sujeitos a supervisão complementar.

3 – As autoridades de supervisão relevantes podem decidir de comum acordo dispensar o subgrupo da supervisão complementar se considerarem que a mesma não se justifica no caso de um conglomerado financeiro ser liderado por uma entidade regulamentada autorizada em Portugal.

4 – Qualquer entidade regulamentada que não esteja sujeita a supervisão complementar em conformidade com o n.º 1 e cuja empresa-mãe seja uma entidade regulamentada ou uma companhia financeira mista sediada fora da União Europeia fica sujeita a supervisão complementar ao nível do conglomerado financeiro, na medida e na forma previstas nos artigos 29.º e 30.º

5 – Nos casos em que pessoas detêm participações no capital de uma ou mais entidades regulamentadas ou têm com elas ligações de capital, ou exercem uma influência significativa sobre tais entidades sem deterem uma participação ou uma ligação de capital, com exclusão dos casos referidos nos números anteriores, as autoridades de supervisão relevantes determinam, de comum acordo, se e em que medida as entidades regulamentadas são sujeitas a supervisão complementar e se estas constituem um conglomerado financeiro.

6 – Para efeitos da aplicação da supervisão complementar prevista no número anterior, pelo menos uma das entidades deve ser uma entidade regulamentada autorizada num dos Estados membros e devem ser satisfeitas as condições referidas no n.º 2 do artigo 3.º

7 – Estão ainda sujeitas a supervisão complementar as sociedades gestoras de fundos de investimento mobiliário, na acepção do n.º 4 do artigo 199.º-A do Regime Geral das Instituições de Crédito e Sociedades Financeiras.

Artigo 10.º
Domínios da supervisão complementar

A supervisão complementar abrange os seguintes domínios:

a) A adequação de fundos próprios;
b) A concentração de riscos;
c) As operações intragrupo;
d) Os processos de gestão de riscos;
e) Os mecanismos de controlo interno.

SECÇÃO II
Domínios da supervisão complementar

Artigo 11.º
Adequação de fundos próprios

1 – As entidades sujeitas a supervisão complementar devem dispor de fundos próprios cujo montante, ao nível do conglomerado financeiro, é pelo menos igual aos requisitos de fundos próprios, calculados em conformidade com um dos métodos previstos no anexo relativo à adequação de fundos próprios, que faz parte integrante do presente decreto-lei.

2 – Quando um conglomerado financeiro seja liderado por uma entidade regulamentada autorizada em Portugal ou por uma entidade não regulamentada e todas as autoridades de supervisão relevantes são nacionais, o cálculo referido no número anterior é efectuado de acordo com o método de consolidação contabilístico previsto no anexo.

3 – Na ausência de contas consolidadas ao nível do conglomerado financeiro, mediante a consolidação dos subsectores bancário e dos serviços de investimentos com o subsector dos seguros, o cálculo é realizado pela conjugação dos métodos da consolidação contabilística e da dedução e agregação.

4 – Nos restantes casos, o cálculo realiza-se segundo o método a decidir pelo coordenador, após consulta das restantes autoridades de supervisão relevantes e do conglomerado financeiro.

5 – Todas as entidades do conglomerado financeiro que integram o sector financeiro são incluídas no cálculo da adequação de fundos próprios, na forma e na medida definidas no anexo.

Artigo 12.º
Exclusão de entidades para efeitos de cálculo de adequação de fundos próprios

1 – O coordenador pode decidir não incluir uma determinada entidade no âmbito do cálculo do requisito de adequação de fundos próprios nos seguintes casos:

a) Se a entidade estiver estabelecida num país terceiro onde existam obstáculos jurídicos à transferência das informações necessárias;
b) Se a entidade apresentar um interesse negligenciável relativamente aos objectivos da supervisão complementar;
c) Se a inclusão da entidade for inadequada ou for susceptível de induzir em erro do ponto de vista dos objectivos da supervisão complementar.

2 – Quando houver lugar à exclusão de várias entidades nos termos do disposto na alínea b) do número anterior, estas são incluídas se no seu conjunto apresentarem um interesse não negligenciável.

3 – Para efeitos do disposto na alínea c) do n.º 1, o coordenador, salvo em caso de urgência, consulta as demais autoridades de supervisão relevantes antes de tomar a decisão.

4 – Nas situações previstas nas alíneas b) e c) do n.º 1, as autoridades de supervisão do Estado membro da entidade regulamentada excluída podem requerer à entidade que lidera o conglomerado financeiro as informações susceptíveis de facilitar a supervisão dessa entidade.

Artigo 13.º
Concentração de riscos e operações intragrupo

1 – Na supervisão complementar nos domínios da concentração de riscos e das operações intragrupo cabe ao coordenador, após consulta das restantes autoridades de supervisão relevantes:

a) Determinar o tipo dos riscos e das operações sobre os quais são prestadas informações;
b) Definir os limiares adequados, baseados nos fundos próprios regulamentares ou nas provisões técnicas, ou em ambos, para efeitos de determinar quais são as operações intragrupo e as concentrações de risco significativas a notificar.

2 – Sem prejuízo do disposto na alínea b) do número anterior, considera-se significativa a operação intragrupo cujo valor exceda, pelo menos, 5% do valor total dos requisitos de fundos próprios ao nível de um conglomerado financeiro.

3 – Para efeitos do disposto nos números anteriores, são tomadas em consideração a estrutura específica do grupo e a da sua gestão dos riscos.

4 – Ao proceder à supervisão das concentrações de riscos e das operações intragrupo, o coordenador atende, em especial, ao eventual risco de contágio no conglomerado financeiro, ao risco de conflito de interesses e ao risco de incumprimento das regras sectoriais, bem como ao nível e ao volume desses riscos.

5 – Sendo o conglomerado financeiro liderado por uma companhia financeira mista, as regras sectoriais relativas à

Regulação do Sector Financeiro – Geral

concentração de riscos e às operações intragrupo do subsector financeiro de maior dimensão, se existirem, aplicam-se a todo o sector financeiro, incluindo a companhia financeira mista.

ARTIGO 14.º
Prestação de informação

1 – No âmbito da supervisão complementar, devem ser submetidas ao coordenador informações relativamente:

a) Ao cálculo da adequação de fundos próprios, bem como aos dados que o suportem;

b) Às concentrações de riscos importantes à escala do conglomerado financeiro;

c) Às operações intragrupo significativas no quadro do conglomerado financeiro.

2 – Os resultados do cálculo da adequação de fundos próprios e os dados que o suportam, bem como a informação relativa à concentração de riscos, reportam-se ao final de cada semestre e são enviados ao coordenador no prazo de 60 dias após a data a que se referem.

3 – A informação relativa às operações intragrupo realizadas durante o semestre é enviada ao coordenador no prazo de 60 dias após o final daquele período.

4 – O coordenador pode determinar o envio da informação noutras datas, ou com uma periodicidade diferente da definida.

5 – Para efeitos do presente artigo, as informações são submetidas ao coordenador pela entidade regulamentada autorizada na União Europeia que lidere o conglomerado financeiro ou, não existindo, pela companhia financeira mista ou pela entidade regulamentada do conglomerado financeiro identificado pelo coordenador após consulta das demais autoridades de supervisão relevantes e do conglomerado financeiro.

ARTIGO 15.º
Processos de gestão de riscos

1 – As entidades sujeitas a supervisão complementar devem possuir, ao nível do conglomerado financeiro, processos adequados de gestão de riscos.

2 – Os processos adequados de gestão de riscos incluem:

a) A boa gestão e governação, com a aprovação e a revisão periódica das estratégias e políticas pelos órgãos de administração competentes ao nível do conglomerado financeiro, relativamente a todos os riscos assumidos;

b) Uma política de adequação de fundos próprios que permita antecipar o impacte da sua estratégia de negócio no perfil de risco e nos requisitos de fundos próprios;

c) Procedimentos que garantam a boa integração dos sistemas de acompanhamento do risco na organização e a consistência dos sistemas implementados de forma a medir, acompanhar e controlar os riscos.

ARTIGO 16.º
Mecanismos de controlo interno

1 – As entidades sujeitas a supervisão complementar devem possuir, ao nível do conglomerado financeiro, mecanismos adequados de controlo interno, incluindo procedimentos administrativos e contabilísticos sólidos.

2 – Os mecanismos adequados de controlo interno incluem:

a) Procedimentos relativos à adequação de fundos próprios que permitam identificar e medir os riscos materiais incorri-

dos e que estabeleçam uma relação adequada entre os fundos próprios e os riscos;

b) Procedimentos de prestação de informações e contabilísticos sólidos que permitam medir, acompanhar e controlar as operações intragrupo e as concentrações de riscos;

c) Mecanismos que assegurem a produção de quaisquer dados e informações pertinentes.

SECÇÃO III
Coordenador

ARTIGO 17.º
Nomeação do coordenador

1 – As autoridades de supervisão dos Estados membros interessados, incluindo as do Estado membro em que a companhia financeira mista tem sede, nomeiam, de entre si, um único coordenador, responsável pela coordenação e pelo exercício da supervisão complementar das entidades sujeitas a supervisão complementar.

2 – A nomeação do coordenador baseia-se nos seguintes critérios:

a) Quando a empresa-mãe que lidera um conglomerado financeiro seja uma entidade regulamentada, a função de coordenador é desempenhada pela autoridade de supervisão que autorizou essa entidade;

b) Quando um conglomerado financeiro não seja liderado por uma entidade regulamentada, a função de coordenador é desempenhada pela autoridade de supervisão identificada em conformidade com os seguintes princípios:

i) Quando a empresa-mãe de uma entidade regulamentada seja uma companhia financeira mista, a função de coordenador é desempenhada pela autoridade de supervisão que autorizou essa entidade;

ii) Quando várias entidades regulamentadas sediadas na União Europeia tenham como empresa-mãe a mesma companhia financeira mista e uma dessas entidades tenha sido autorizada no Estado membro em que a companhia financeira mista tem a sua sede, a função de coordenador é desempenhada pela autoridade de supervisão que autorizou a referida entidade regulamentada;

iii) Quando várias entidades regulamentadas que operam em diferentes subsectores financeiros tenham sido autorizadas no Estado membro em que a companhia financeira mista que lidera o conglomerado financeiro tem a sua sede, a função de coordenador é desempenhada pela autoridade de supervisão da entidade regulamentada que opera no subsector financeiro de maior dimensão;

iv) Quando várias entidades regulamentadas sediadas na União Europeia tenham como empresa-mãe a mesma companhia financeira mista e nenhuma dessas entidades regulamentadas tenha sido autorizada no Estado membro em que a companhia financeira mista tem a sua sede, a função de coordenador é desempenhada pela autoridade de supervisão que autorizou a entidade regulamentada com o total do balanço mais elevado do subsector financeiro de maior dimensão;

v) Quando o conglomerado financeiro seja liderado por várias companhias financeiras mistas sediadas em diferentes Estados membros e exista uma entidade regulamentada em cada um destes Estados membros, a função de coordenador é desempenhada pela autoridade de supervisão da entidade regulamentada com o total do balanço mais elevado, se essas entidades operarem no mesmo subsector financeiro, ou pela autoridade de supervisão da entidade regulamentada que opera no subsector financeiro de maior dimensão;

vi) Quando o conglomerado financeiro seja um grupo sem uma empresa-mãe, ou em qualquer outro caso, a função de coordenador é desempenhada pela autoridade de supervisão que autorizou a entidade regulamentada com o total do balanço mais elevado do subsector financeiro de maior dimensão.

3 – Em casos especiais, as autoridades de supervisão relevantes podem, de comum acordo, não aplicar os critérios do número anterior se a sua aplicação for inadequada, tendo em conta a estrutura do conglomerado financeiro e a importância relativa das suas actividades em diferentes países, e nomear uma autoridade de supervisão diferente como coordenador.

4 – Nos casos referidos no número anterior, antes de tomarem uma decisão, as autoridades de supervisão relevantes dão ao conglomerado financeiro a oportunidade de se pronunciar sobre essa nomeação.

Artigo 18.º
Funções do coordenador

1 – No âmbito da supervisão complementar, são funções do coordenador:

a) Coordenar a recolha e a difusão das informações pertinentes ou essenciais, tanto no que respeita a questões correntes como a situações de emergência ao nível de um conglomerado financeiro, bem como das informações importantes para o exercício da supervisão no âmbito das regras sectoriais;

b) Avaliar a situação financeira de um conglomerado financeiro e proceder à sua supervisão;

c) Avaliar a conformidade com as regras relativas à adequação de fundos próprios, à concentração de riscos e às operações intragrupo;

d) Avaliar a estrutura, a organização e os sistemas de controlo interno do conglomerado financeiro;

e) Planificar e coordenar as actividades de supervisão ao nível do conglomerado financeiro, tanto no que respeita a questões correntes como a situações de emergência, em cooperação com as autoridades de supervisão relevantes envolvidas;

f) Realizar quaisquer outras tarefas ou tomar medidas ou decisões atribuídas por acordos de cooperação ou em consequência da aplicação do presente decreto-lei.

2 – Sem prejuízo da possibilidade de delegação de competências, a presença de um coordenador responsável pelas tarefas específicas da supervisão complementar em nada afecta as tarefas e responsabilidades que incumbem às autoridades de supervisão ao abrigo das regras sectoriais.

3 – O tratamento de dados pessoais de accionistas e membros dos órgãos de administração e fiscalização de entidades sujeitas a supervisão complementar, quando o coordenador seja uma autoridade de supervisão nacional, deve respeitar as normas procedimentais, as normas de protecção de dados pessoais e as medidas especiais de segurança previstas na Lei n.º 67/98, de 26 de Outubro.

SECÇÃO IV
Cooperação

Artigo 19.º
Autoridades abrangidas pela cooperação

1 – As autoridades de supervisão das entidades sujeitas a supervisão complementar e o coordenador do conglomerado financeiro operam em estreita cooperação entre si.

2 – As autoridades de supervisão nacionais trocam entre si e com as autoridades de supervisão de outros Estados membros, sempre que tal lhes for pedido ou por sua iniciativa, quaisquer informações essenciais ou pertinentes para a execução das tarefas de supervisão ao abrigo das regras sectoriais e do presente decreto-lei.

3 – Sempre que tal for necessário para a execução das respectivas funções e sem prejuízo das respectivas regras sectoriais, as autoridades de supervisão podem trocar informações com os bancos centrais e com o Banco Central Europeu.

4 – O tratamento de dados pessoais de accionistas e membros dos órgãos de administração e fiscalização de entidades sujeitas a supervisão complementar, por autoridade de supervisão nacional, deve respeitar as normas procedimentais, as normas de protecção de dados pessoais e as medidas especiais de segurança previstas na Lei n.º 67/98, de 26 de Outubro.

Artigo 20.º
Âmbito da cooperação

A cooperação a que se refere o artigo anterior deve assegurar, no mínimo, a recolha e a troca de informações relativamente aos seguintes elementos:

a) Identificação da estrutura do grupo, de todas as entidades importantes do conglomerado financeiro e das autoridades de supervisão das entidades sujeitas a supervisão complementar;

b) Política estratégica do conglomerado financeiro;

c) Situação financeira do conglomerado financeiro, nomeadamente em termos de adequação de fundos próprios, de concentrações de riscos, de operações intragrupo e de rendibilidade;

d) Principais accionistas e membros dos órgãos de administração e de fiscalização das entidades do conglomerado financeiro;

e) Organização, gestão dos riscos e sistemas de controlo interno ao nível do conglomerado financeiro;

f) Procedimentos de recolha de informações junto das entidades de um conglomerado financeiro e verificação destas informações;

g) Dificuldades enfrentadas pelas entidades regulamentadas, ou por outras entidades do conglomerado financeiro, susceptíveis de as afectar seriamente;

h) Sanções importantes e outras medidas excepcionais tomadas pelas autoridades de supervisão ao abrigo das regras sectoriais ou do presente decreto-lei.

Artigo 21.º
Consultas

1 – As autoridades de supervisão nacionais consultam-se mutuamente e consultam as autoridades de supervisão interessadas de outros Estados membros antes de tomarem uma decisão relevante para as funções de supervisão exercidas pelas

Regulação do Sector Financeiro – Geral

outras autoridades de supervisão, designadamente quando essas decisões se referem aos seguintes domínios:

a) Alterações ao nível da estrutura dos accionistas, da organização ou da gestão das entidades sujeitas a supervisão complementar que requeiram uma aprovação ou autorização das autoridades de supervisão;

b) Sanções importantes e outras medidas excepcionais tomadas pelas autoridades de supervisão.

2 – Em caso de urgência ou quando a consulta possa comprometer a eficácia das decisões, a autoridade de supervisão pode prescindir dessa consulta, informando sem demora as demais autoridades de supervisão.

ARTIGO 22.º
Acordos de cooperação

A fim de facilitar a supervisão complementar, podem ser celebrados acordos de cooperação entre o coordenador e as demais autoridades de supervisão, através dos quais podem, designadamente, ser confiadas funções suplementares ao coordenador e ser especificadas as regras do processo de tomada de decisões entre as autoridades de supervisão relevantes, bem como as regras de cooperação com outras autoridades de supervisão.

ARTIGO 23.º
Sigilo

As informações trocadas no quadro da supervisão complementar estão sujeitas às disposições que regem o sigilo profissional e a comunicação de informações confidenciais estabelecidas nas regras sectoriais.

SECÇÃO V
Informação

ARTIGO 24.º
Acesso à informação

1 – As entidades sujeitas à supervisão complementar ao nível do conglomerado financeiro trocam entre si todas as informações pertinentes para efeitos do exercício dessa supervisão.

2 – As autoridades de supervisão responsáveis pela supervisão complementar têm acesso a quaisquer informações pertinentes para efeitos da supervisão complementar, mediante contacto directo ou indirecto com as entidades, regulamentadas ou não, de um conglomerado financeiro.

ARTIGO 25.º
Obtenção de informação

1 – Quando o coordenador necessite de informações já prestadas a outra autoridade de supervisão em conformidade com as regras sectoriais, obtém-nas, se possível, junto dessa autoridade.

2 – Não sendo possível obter a informação nos termos do número anterior, o coordenador pode solicitá-la à entidade sobre quem recai o dever de prestação de informação, caso esta esteja sediada em Portugal.

3 – Estando a entidade supervisionada sobre quem recai o dever de prestação de informação sediada noutro Estado membro, o coordenador pode solicitar à respectiva autoridade de supervisão a obtenção junto dessa entidade de quaisquer informações pertinentes.

ARTIGO 26.º
Verificação da informação

1 – As autoridades de supervisão nacionais podem proceder ou mandar proceder à verificação das informações relativas a uma entidade, regulamentada ou não, de um conglomerado financeiro estabelecida em Portugal.

2 – Se as autoridades de supervisão nacionais necessitarem de proceder à verificação de informações relativas a uma entidade, regulamentada ou não, que esteja estabelecida num outro Estado membro, solicitam às autoridades de supervisão desse Estado membro que procedam a essa verificação ou que autorizem que essas informações sejam verificadas pelas autoridades de supervisão nacionais, quer directamente quer através de pessoa ou entidade mandatada para o efeito.

3 – As autoridades de supervisão nacionais procedem ainda à verificação de informações a pedido de autoridades de supervisão de outros Estados membros que nela podem participar, ou permitem a sua realização por essas autoridades, quer directamente quer através de pessoa ou entidade mandatada para o efeito.

SECÇÃO VI
Outras medidas relativas à supervisão complementar

ARTIGO 27.º
Órgão de administração e fiscalização
das companhias financeiras mistas

1 – Os membros dos órgãos de administração e de fiscalização de uma companhia financeira mista, incluindo os membros do conselho geral e os administradores não executivos, estão sujeitos às disposições sobre requisitos de idoneidade constantes do artigo 30.º do Regime Geral das Instituições de Crédito e Sociedades Financeiras ou do artigo 51.º do Decreto-Lei n.º 94-B/98, de 17 de Abril, consoante a autoridade de supervisão responsável pelo exercício da supervisão complementar ao nível de um conglomerado financeiro seja o Banco de Portugal ou o Instituto de Seguros de Portugal.

2 – As pessoas referidas no número anterior estão igualmente sujeitas às disposições sobre registo constantes dos artigos 65.º e seguintes do Regime Geral das Instituições de Crédito e Sociedades Financeiras ou do artigo 54.º do Decreto-Lei n.º 94-B/98, de 17 de Abril, consoante a autoridade de supervisão responsável pelo exercício da supervisão complementar ao nível de um conglomerado financeiro seja o Banco de Portugal ou o Instituto de Seguros de Portugal.

3 – Os membros do órgão de administração a quem caiba assegurar a gestão corrente da companhia financeira mista e os revisores oficiais de contas do órgão de fiscalização estão sujeitos, com as devidas adaptações, às disposições relativas aos requisitos de experiência profissional constantes do artigo 31.º do Regime Geral das Instituições de Crédito e Sociedades Financeiras ou do artigo 51.º do Decreto-Lei n.º 94-B/98, de 17 de Abril, consoante a autoridade de supervisão responsável pelo exercício da supervisão complementar ao nível de um conglomerado financeiro seja o Banco de Portugal ou o Instituto de Seguros de Portugal.

Decreto-Lei n.º 145/2006

ARTIGO 28.º
Adopção de medidas de execução

1 – Sempre que as entidades regulamentadas de um conglomerado financeiro não satisfizerem as condições enunciadas nos artigos 11.º a 16.º, ou se estas condições estiverem verificadas mas a capacidade de solvência das entidades sujeitas a supervisão complementar estiver comprometida, ou ainda se as concentrações de riscos ou as operações intragrupo constituírem uma ameaça para a situação financeira das entidades regulamentadas, devem ser adoptadas, o mais rapidamente possível, as medidas de execução necessárias para sanar as referidas situações.

2 – As medidas a adoptar nos termos do número anterior são tomadas:

a) Pelo coordenador, no que diz respeito às companhias financeiras mistas;

b) Pelas autoridades de supervisão nacionais, no que diz respeito às entidades regulamentadas, devendo, para o efeito, o coordenador informar as autoridades de supervisão das suas conclusões.

3 – O coordenador e as autoridades de supervisão envolvidas na supervisão complementar coordenam, se for caso disso, a adopção das medidas de execução necessárias.

4 – As medidas a adoptar nos termos dos números anteriores correspondem às providências de saneamento e recuperação e aos procedimentos por contra-ordenação e ainda a outras medidas consideradas necessárias previstas nos respectivos regimes sectoriais.

SECÇÃO VII
Países terceiros

ARTIGO 29.º
Verificação da equivalência dos regimes de supervisão

1 – A autoridade de supervisão que seria o coordenador caso fossem aplicáveis os critérios enunciados no n.º 2 do artigo 17.º verifica se as entidades regulamentadas cuja empresa-mãe está sediada num país terceiro estão sujeitas, nesse país, a uma supervisão complementar equivalente à prevista nas disposições do presente decreto-lei.

2 – A verificação é efectuada a pedido da empresa-mãe, de qualquer das entidades sujeitas a supervisão complementar autorizadas na União Europeia ou por iniciativa própria.

3 – A referida autoridade de supervisão consulta as demais autoridades de supervisão relevantes e o Comité dos Conglomerados Financeiros, cujas orientações aplicáveis tem em consideração.

ARTIGO 30.º
Métodos aplicáveis na ausência de supervisão equivalente

1 – Na ausência de uma supervisão complementar equivalente, aplicam-se, com as devidas adaptações, as disposições sobre a supervisão complementar previstas no presente decreto-lei.

2 – Em alternativa ao disposto no número anterior, o coordenador, depois de consultar as demais autoridades de supervisão relevantes, pode aplicar outros métodos que garantam uma supervisão complementar adequada, podendo, nomeadamente, exigir a constituição de uma companhia financeira mista sediada na União Europeia e aplicar às enti-

dades regulamentadas do conglomerado financeiro liderado por essa companhia financeira mista as disposições do presente decreto-lei.

3 – Os métodos a adoptar nos termos do número anterior devem permitir a prossecução dos objectivos da supervisão complementar, tal como definidos no presente decreto-lei, sendo notificados às demais autoridades de supervisão envolvidas e à Comissão Europeia.

ARTIGO 31.º
Acordos de cooperação com autoridades de supervisão de países terceiros

1 – As autoridades de supervisão nacionais podem celebrar acordos de cooperação, em regime de reciprocidade, com as autoridades de supervisão de países terceiros, tendo em vista a troca de quaisquer informações essenciais ou pertinentes para efeitos do exercício da supervisão complementar.

2 – Quando a troca de informações prevista no número anterior envolva o tratamento de dados pessoais de accionistas e membros dos órgãos de administração e fiscalização de entidades sujeitas a supervisão complementar, deve respeitar as normas procedimentais, as normas de protecção de dados pessoais e as medidas especiais de segurança previstas na Lei n.º 67/98, de 26 de Outubro.

CAPÍTULO IV
Disposições finais

ARTIGO 32.º
Alteração ao Decreto-Lei n.º 94-B/98, de 17 de Abril

Os artigos 15.º, 44.º, 51.º, 96.º, 98.º, 135.º, 157.º-B a 157.º-D, 172.º-A, 172.º-E e 236.º do Decreto-Lei n.º 94-B/98, de 17 de Abril, republicado pelo Decreto-Lei n.º 251/2003, de 14 de Outubro, passam a ter a seguinte redacção:

«ARTIGO 15.º
[...]

1 – ...

2 – ...

3 – ...

4 – O Instituto de Seguros de Portugal consulta a autoridade de supervisão do Estado membro envolvido responsável pela supervisão da empresa de seguros, instituição de crédito ou empresa de investimento previamente à concessão de uma autorização a uma empresa de seguros que seja:

a) Uma filial de uma empresa de seguros, de uma instituição de crédito ou de uma empresa de investimento autorizada noutro Estado membro; ou

b) Uma filial da empresa-mãe de uma empresa de seguros, de uma instituição de crédito ou de uma empresa de investimento autorizada noutro Estado membro; ou

c) Controlada pela mesma pessoa singular ou colectiva que controla uma empresa de seguros, uma instituição de crédito ou uma empresa de investimento autorizada noutro Estado membro.

5 – O Instituto de Seguros de Portugal consulta o Banco de Portugal previamente à concessão de uma autorização a uma empresa de seguros que seja:

a) Uma filial de uma instituição de crédito ou de uma empresa de investimento autorizada em Portugal; ou

Regulação do Sector Financeiro – Geral

b) Uma filial da empresa mãe de uma instituição de crédito ou de uma empresa de investimento autorizada em Portugal; ou

c) Controlada pela mesma pessoa singular ou colectiva que controla uma instituição de crédito ou uma empresa de investimento autorizada em Portugal.

6 – O Banco de Portugal dispõe de um prazo de dois meses para efeitos da consulta prevista no número anterior.

7 – Nos termos dos n.os 4 e 5, o Instituto de Seguros de Portugal consulta as autoridades de supervisão, designadamente para efeitos de avaliação da adequação dos accionistas para garantir a gestão sã e prudente da empresa e quanto a matérias que sejam de interesse para a concessão da autorização.

8 – (Anterior n.º 4.)

ARTIGO 44.º
[...]

1 – ...
2 – ...
3 – ...
4 – ...

5 – Se o adquirente da participação referida no presente artigo for uma empresa de seguros, uma instituição de crédito ou uma empresa de investimento autorizada noutro Estado membro, ou a empresa-mãe dessa entidade, ou uma pessoa singular ou colectiva que controle essa entidade, e se, por força desta aquisição, a empresa na qual o adquirente tenciona deter uma participação passar a ser uma filial do adquirente ou a ser controlada por este, a avaliação da sua aquisição fica sujeita a consulta prévia da autoridade competente.

6 – Se o adquirente da participação referida no presente artigo for uma instituição de crédito ou uma empresa de investimento autorizada em Portugal, ou a empresa-mãe dessa entidade, ou uma pessoa singular ou colectiva que controle essa entidade, e se, por força desta aquisição, a empresa na qual o adquirente tenciona deter uma participação passar a ser uma filial do adquirente ou a ser controlada por este, a avaliação da sua aquisição fica sujeita a consulta prévia do Banco de Portugal, que dispõe para o efeito de um prazo de um mês.

ARTIGO 51.º
[...]

1 – ...
2 – ...
3 – ...
4 – ...

5 – O Instituto de Seguros de Portugal, para efeitos da verificação dos requisitos previstos no presente artigo, consulta as autoridades de supervisão previstas nos n.os 4 e 5 do artigo 15.º e a Comissão do Mercado de Valores Mobiliários.

6 – ...
7 – ...
8 – ...

96.º
[...]

1 – ...
2 – ...
3 – ...
4 – ...
a) ...

b) ...

c) ...

d) Participações, na acepção da alínea f) do artigo 172.º-A, detidas pela empresa de seguros:

i) Em empresas de seguros na acepção das alíneas a) e b) do artigo 172.º-A;

ii) Em empresas de resseguros na acepção da alínea c) do artigo 172.º-A;

iii) Em sociedades gestoras de participações no sector dos seguros na acepção da alínea i) do artigo 172.º-A;

iv) Em instituições de crédito, sociedades financeiras e instituições financeiras na acepção, respectivamente, dos artigos 2.º, 5.º e 13.º, n.º 4, do Regime Geral das Instituições de Crédito e Sociedades Financeiras;

v) Em empresas de investimento na acepção do n.º 3 do artigo 199.º-A do referido Regime Geral das Instituições de Crédito e Sociedades Financeiras;

e) Os instrumentos referidos no n.º 2 que a empresa de seguros detenha relativamente às entidades definidas na alínea anterior em que detém uma participação;

f) Os empréstimos subordinados e os instrumentos referidos nos n.os 8), 9), 11), 12) e 13) do n.º 3 do aviso do Banco de Portugal n.º 12/92, publicado no Diário da República, 2.ª série, n.º 299, de 29 de Dezembro de 1992, que a empresa de seguros detenha relativamente às entidades definidas na alínea d) em que detém uma participação;

g) [Anterior alínea d).]

5 – Sempre que haja detenção temporária de acções de uma outra instituição de crédito, empresa de investimento, sociedade financeira, instituição financeira, empresa de seguros ou de resseguros ou sociedade gestora de participações no sector dos seguros para efeitos de uma operação de assistência financeira destinada a sanear e recuperar essa entidade, o Instituto de Seguros de Portugal pode autorizar derrogações às disposições em matéria de dedução a que se referem as alíneas d) a f) do número anterior.

6 – Em alternativa à dedução dos elementos previstos nas alíneas d) a f) do n.º 4, o Instituto de Seguros de Portugal pode autorizar que a empresa de seguros efectue, com as devidas adaptações, o cálculo da adequação de fundos próprios previsto no artigo 11.º do decreto-lei que transpõe a Directiva n.º 2002/87/CE, do Parlamento Europeu e do Conselho, de 16 de Dezembro, relativa à supervisão complementar de instituições de crédito, empresas de seguros e empresas de investimento de um conglomerado financeiro.

7 – A opção prevista no número anterior, assim como a forma de cálculo da adequação de fundos próprios, deve ser aplicada de modo consistente ao longo do tempo.

8 – A dedução dos elementos previstos nas alíneas d) a f) do n.º 4 não tem de ser efectuada sempre que a empresa de seguros esteja sujeita à supervisão complementar ao nível do grupo de seguros ou à supervisão complementar ao nível do conglomerado financeiro.

9 – (Anterior n.º 5.)

10 – (Anterior n.º 6.)

11 – Para efeitos da determinação da margem de solvência disponível das sucursais com sede fora do território da União Europeia, devem ser deduzidos aos elementos referidos no número anterior os montantes mencionados nas alíneas b) a g) do n.º 4 e no n.º 5, aplicando-se igualmente o disposto nos n.os 6 a 9.

Decreto-Lei n.º 145/2006

98.º
[...]

1 – ...

2 – ...

3 – ...

4 – ...

a) ...

b) ...

c) ...

d) Participações, na acepção da alínea f) do artigo 172.º-A, detidas pela empresa de seguros:

i) Em empresas de seguros na acepção das alíneas a) e b) do artigo 172.º-A;

ii) Em empresas de resseguros na acepção da alínea c) do artigo 172.º-A;

iii) Em sociedades gestoras de participações no sector dos seguros na acepção da alínea i) do artigo 172.º-A;

iv) Em instituições de crédito, sociedades financeiras e instituições financeiras na acepção, respectivamente, dos artigos 2.º, 5.º e 13.º, n.º 4, do Regime Geral das Instituições de Crédito e Sociedades Financeiras, aprovado pelo Decreto-Lei n.º 298/92, de 31 de Dezembro;

v) Em empresas de investimento na acepção do n.º 3 do artigo 199.º-A do referido Regime Geral das Instituições de Crédito e Sociedades Financeiras;

e) Os instrumentos referidos no n.º 2 que a empresa de seguros detenha relativamente às entidades definidas na alínea anterior em que detém uma participação;

f) Os empréstimos subordinados e os instrumentos referidos nos n.ºs 8), 9), 11), 12) e 13) do n.º 3 do aviso do Banco de Portugal n.º 12/92, publicado no Diário da República, 2.ª série, n.º 299, de 29 de Dezembro de 1992, que a empresa de seguros detenha relativamente às entidades definidas na alínea d) em que detém uma participação;

g) [Anterior alínea d).]

5 – Sempre que haja detenção temporária de acções de uma outra instituição de crédito, empresa de investimento, sociedade financeira, instituição financeira, empresa de seguros ou de resseguros ou sociedade gestora de participações no sector dos seguros para efeitos de uma operação de assistência financeira destinada a sanear e recuperar essa entidade, o Instituto de Seguros de Portugal pode autorizar derrogações às disposições em matéria de dedução a que se referem as alíneas d) a f) do número anterior.

6 – Em alternativa à dedução dos elementos previstos nas alíneas d) a f) do n.º 4, o Instituto de Seguros de Portugal pode autorizar que a empresa de seguros efectue, com as devidas adaptações, o cálculo da adequação de fundos próprios previsto no artigo 11.º do decreto-lei que transpõe a Directiva n.º 2002/87/CE, do Parlamento Europeu e do Conselho, de 16 de Dezembro.

7 – A opção prevista no número anterior, assim como a forma de cálculo da adequação de fundos próprios, deve ser aplicada de modo consistente ao longo do tempo.

8 – A dedução dos elementos previstos nas alíneas d) a f) do n.º 4 não tem de ser efectuada sempre que a empresa de seguros esteja sujeita à supervisão complementar ao nível do grupo de seguros ou à supervisão complementar ao nível do conglomerado financeiro.

9 – (Anterior n.º 5.)

10 – (Anterior n.º 6.)

11 – Para efeitos da determinação da margem de solvência disponível das sucursais com sede fora do território da União Europeia, devem ser deduzidos aos elementos referidos no número anterior os montantes mencionados nas alíneas b) a g) do n.º 4 e no n.º 5, aplicando-se igualmente o disposto nos n.ºs 6 a 9.

135.º
[...]

1 – ...

2 – ...

3 – No caso previsto na alínea a) do artigo 138.º, em derrogação do previsto na alínea c) do n.º 1, a apólice pode ser assinada apenas pela co-seguradora líder, em nome de todas as co-seguradoras, mediante acordo escrito entre todas, que deve ser mencionado na apólice.

157.º-B
[...]

1 – ...

2 – Às sociedades gestoras de participações sociais sujeitas à supervisão do Instituto de Seguros de Portugal nos termos do número anterior é aplicável o disposto no capítulo II do título VI deste diploma.

3 – Quando o Instituto de Seguros de Portugal seja a autoridade de supervisão responsável pelo exercício da supervisão complementar a nível de um conglomerado financeiro, a companhia financeira mista que lidere o conglomerado financeiro fica sujeita ao disposto no capítulo II do título VI pelas infracções às disposições legais ou regulamentares aplicáveis à supervisão complementar no âmbito de um conglomerado financeiro.

4 – Se duas ou mais sociedades gestoras de participações sociais estiverem entre si em relação de grupo, ou por outro qualquer modo actuarem concertadamente, são consideradas como uma única sociedade para os efeitos do n.º 1.

5 – A Inspecção-Geral de Finanças informa o Instituto de Seguros de Portugal das situações referidas no n.º 1 e que sejam do seu conhecimento.

6 – (Anterior n.º 4.)

7 – (Anterior n.º 5.)

157.º-C
[...]

1 – ...

2 – ...

3 – ...

4 – ...

5 – Ainda que a verificação seja efectuada pelo Instituto de Seguros de Portugal, a autoridade de supervisão que apresentou o pedido pode, se o desejar, participar na verificação.

157.º-D
[...]

1 – (Anterior corpo do artigo.)

2 – No caso de uma empresa de seguros estabelecida em Portugal estar em relação de participação com uma empresa de seguros estabelecida num país terceiro e seja pela União Europeia negociado um acordo com esse país relativamente às modalidades de exercício da supervisão complementar, o Instituto de Seguros de Portugal pode trocar com as autoridades de supervisão desse país informações necessárias à supervisão complementar.

Regulação do Sector Financeiro – Geral

ARTIGO 172.º-A
[...]

Para os efeitos da supervisão complementar de empresas de seguros que fazem parte de um grupo segurador, considera-se:

a) ...
b) ...
c) ...
d) ...
e) ...
f) ...

g) 'Empresa participante' uma empresa-mãe, uma empresa que detenha uma participação ou uma empresa ligada a outra empresa por uma relação tal como previsto nas subalíneas ii) e iii) da alínea j) do artigo 2.º do decreto-lei que transpõe a Directiva n.º 2002/87/CE, do Parlamento Europeu e do Conselho, de 16 de Dezembro;

h) 'Empresa participada' uma empresa que seja uma filial, qualquer outra empresa na qual se detenha uma participação ou uma empresa ligada a outra empresa por uma relação tal como previsto nas subalíneas ii) e iii) da alínea j) do artigo 2.º do decreto-lei que transpõe a Directiva n.º 2002/87/CE, do Parlamento Europeu e do Conselho, de 16 de Dezembro;

i) 'Sociedade gestora de participações no sector dos seguros' uma empresa-mãe cuja actividade principal consista na aquisição e na detenção de participações em empresas filiais quando essas empresas sejam exclusiva ou principalmente empresas de seguros, empresas de resseguros ou empresas de seguros de um país terceiro, sendo pelo menos uma destas filiais uma empresa de seguros e que não seja uma companhia financeira mista na acepção da alínea l) do artigo 2.º do decreto-lei que transpõe a Directiva n.º 2002/87/CE, do Parlamento Europeu e do Conselho, de 16 de Dezembro;

j) 'Sociedade gestora de participações mistas de seguros' uma empresa-mãe que não seja uma empresa de seguros, uma empresa de seguros de um país terceiro, uma empresa de resseguros ou uma companhia financeira mista na acepção da alínea l) do artigo 2.º do decreto-lei que transpõe a Directiva n.º 2002/87/CE, do Parlamento Europeu e do Conselho, de 16 de Dezembro, sendo pelo menos uma das suas filiais uma empresa de seguros.

ARTIGO 172.º-E
[...]

1 – ...
2 – ...
3 – As empresas de seguros devem possuir processos de gestão dos riscos e mecanismos de controlo interno adequados, incluindo procedimentos de prestação de informações e contabilísticos sólidos que lhes permitam identificar, medir, acompanhar e controlar, de modo adequado, as operações referidas no presente artigo.
4 – (Anterior n.º 3.)
5 – (Anterior n.º 4.)

ARTIGO 236.º
**Comunicações relativas ao acesso
de empresas de países terceiros**

O Instituto de Seguros de Portugal informa a Comissão Europeia e as autoridades competentes dos outros Estados membros das seguintes situações:

a) ...

b) ...»

ARTIGO 33.º
Aditamento ao Decreto-Lei n.º 94-B/98, de 17 de Abril

São aditados ao Decreto-Lei n.º 94-B/98, de 17 de Abril, republicado pelo Decreto-Lei n.º 251/2003, de 14 de Outubro, os artigos 172.º-H e 172.º-I, com a seguinte redacção:

«ARTIGO 172.º-H
**Órgãos de administração e de fiscalização das sociedades
gestoras de participações no sector dos seguros**

Aos membros dos órgãos de administração e de fiscalização de uma sociedade gestora de participações no sector dos seguros são aplicáveis os requisitos de qualificação e idoneidade previstos no artigo 51.º

ARTIGO 172.º-I
**Supervisão complementar de empresas de seguros
que sejam filiais de uma companhia financeira mista**

Sem prejuízo da aplicação das disposições relativas à supervisão complementar ao nível do conglomerado financeiro, nos casos em que a empresa-mãe de uma empresa de seguros seja uma companhia financeira mista, o Instituto de Seguros de Portugal pode continuar a aplicar as disposições relativas à supervisão complementar ao nível do grupo de seguros na mesma medida em que tais disposições seriam aplicadas caso não existisse a supervisão complementar ao nível do conglomerado financeiro.»

ARTIGO 34.º
**Alteração ao Regime Geral das Instituições
de Crédito e Sociedades Financeiras**

Os artigos 16.º, 18.º, 30.º, 58.º, 100.º, 103.º, 117.º, 130.º, 132.º e 137.º do Regime Geral das Instituições de Crédito e Sociedades Financeiras, aprovado pelo Decreto-Lei n.º 298/92, de 31 de Dezembro, e alterado pelos Decretos-Leis n.os 246/95, de 14 de Setembro, 232/96, de 5 de Dezembro, 222/99, de 22 de Junho, 250/2000, de 13 de Outubro, 285/2001, de 3 de Novembro, 201/2002, de 26 de Setembro, 319/2002, de 28 de Dezembro, e 252/2003, de 17 de Outubro, passam a ter a seguinte redacção:

«ARTIGO 16.º
[...]

1 – ...
2 – ...
3 – ...
4 – Se a instituição de crédito se encontrar nas situações a que se refere o n.º 2, a comunicação prevista no número anterior deve especificar a estrutura do grupo a que pertence e é ainda comunicada às autoridades competentes dos outros Estados membros.
5 – ...
6 – ...

ARTIGO 18.º
[...]

1 – ...
2 – ...
3 – O disposto no n.º 1 é também aplicável quando a instituição a constituir for filial de empresa de seguros autoriza-

da em país estrangeiro, ou seja filial da empresa-mãe de empresa nestas condições ou for dominada pelas mesmas pessoas singulares ou colectivas que dominem uma empresa de seguros autorizada noutro país.

ARTIGO 30.º
[...]

1 – ...
2 – ...
3 – ...
4 – O Banco de Portugal, para efeitos do presente artigo, troca informações com o Instituto de Seguros de Portugal e com a Comissão do Mercado de Valores Mobiliários, bem como com as autoridades de supervisão referidas no artigo 18.º

ARTIGO 58.º
[...]

1 – ...
2 – ...
3 – ...
4 – O Banco de Portugal notifica a Comissão Europeia e o Comité Bancário Europeu das autorizações concedidas ao abrigo do disposto no n.º 1 deste artigo.

ARTIGO 100.º
[...]

1 – ...
2 – ...
3 – ...
4 – ...
5 – ...
6 – O disposto no presente artigo não se aplica às participações noutras instituições de crédito, em sociedades financeiras, em instituições financeiras, em sociedades gestoras de fundos de pensões, em empresas de seguros e em empresas de resseguros.

ARTIGO 103.º
[...]

1 – ...
2 – ...
3 – ...
4 – Se o interessado for uma instituição de crédito ou uma empresa de seguros autorizada noutro Estado membro da União Europeia ou uma empresa-mãe de uma entidade nestas condições, ou pessoa singular ou colectiva que domine aquelas entidades, e se, por força da operação projectada, a entidade em que a participação venha a ser detida se transformar em sua filial, o Banco de Portugal, para apreciação do projecto, solicitará parecer da autoridade de supervisão do Estado membro de origem.
5 – ...
6 – O Banco de Portugal informa a Comissão Europeia e as autoridades competentes dos outros Estados membros de qualquer tomada de participações numa instituição de crédito sempre que o participante seja pessoa singular não nacional de Estados membros da União Europeia, ou pessoa colectiva que tenha a sua sede principal e efectiva de administração em país terceiro à União Europeia, e, em virtude da participação, a instituição se transforme em sua filial.
7 – ...

8 – ...
9 – Sempre que as condições referidas no n.º 4 se verifiquem relativamente a uma empresa de seguros sujeita à supervisão do Instituto de Seguros de Portugal, o Banco de Portugal solicita informações àquela autoridade de supervisão, a qual, se for caso disso, presta as referidas informações no prazo de um mês.

ARTIGO 117.º
[...]

1 – ...
2 – ...
3 – ...
4 – O disposto nos artigos 30.º, 31.º e 43.º-A é aplicável às sociedades gestoras de participações sociais sujeitas à supervisão do Banco de Portugal.

ARTIGO 130.º
[...]

1 – ...
2 – ...
a) ...
b) Companhia financeira: alguma das entidades equiparadas a instituições de crédito, cujas filiais sejam exclusiva ou principalmente instituições de crédito ou entidades equiparadas, sendo pelo menos uma destas filiais uma instituição de crédito, e que não seja uma companhia financeira mista na acepção da alínea l) do artigo 2.º do decreto-lei que transpõe a Directiva n.º 2002/87/CE, do Parlamento Europeu e do Conselho, de 16 de Dezembro, relativa à supervisão complementar de instituições de crédito, empresas de seguros e empresas de investimento de um conglomerado financeiro;
c) Companhia mista: qualquer empresa-mãe que não seja uma companhia financeira ou uma instituição de crédito ou uma companhia financeira mista na acepção da alínea l) do artigo 2.º do decreto-lei que transpõe a Directiva n.º 2002/87//CE, do Parlamento Europeu e do Conselho, de 16 de Dezembro, em cujas filiais se inclua, pelo menos, uma instituição de crédito;
d) Participação: os direitos no capital de outras empresas desde que criem ligações duradouras com estas e se destinem a contribuir para a actividade da empresa, sendo sempre considerada uma participação a detenção, directa ou indirecta, de pelo menos 20% ou dos direitos de voto ou do capital de uma empresa;
e) ...

ARTIGO 132.º
[...]

1 – ...
2 – ...
3 – ...
4 – Sem prejuízo da aplicação das disposições relativas à supervisão complementar de instituições de crédito, empresas de seguros e empresas de investimento de um conglomerado financeiro, nos casos em que a empresa-mãe de uma instituição de crédito for uma companhia financeira mista, o Banco de Portugal pode aplicar as disposições relativas à supervisão em base consolidada, na mesma medida em que tais disposições seriam aplicadas caso não existisse a referida supervisão complementar.

Regulação do Sector Financeiro – Geral

ARTIGO 137.º
[...]

1 – ...

2 – ...

3 – Quando não efectua ela própria a verificação, a autoridade de supervisão que apresenta o pedido pode, se o desejar, participar na verificação.»

ARTIGO 35.º
Aditamento ao Regime Geral das Instituições de Crédito e Sociedades Financeiras

São aditados ao Regime Geral das Instituições de Crédito e Sociedades Financeiras, aprovado pelo Decreto-Lei n.º 298//92, de 31 de Dezembro, e alterado pelos Decretos-Leis n.ºˢ 246/95, de 14 de Setembro, 232/96, de 5 de Dezembro, 222//99, de 22 de Junho, 250/2000, de 13 de Outubro, 285/2001, de 3 de Novembro, 201/2002, de 26 de Setembro, 319/2002, de 28 de Dezembro, e 252/2003, de 17 de Outubro, os artigos 29.º-B, 132.º-A e 132.º-B, com a seguinte redacção:

«ARTIGO 29.º-B
Intervenção do Instituto de Seguros de Portugal

1 – A concessão da autorização para constituir uma instituição de crédito filial de uma empresa de seguros sujeita à supervisão do Instituto de Seguros de Portugal, ou filial da empresa-mãe de uma empresa nestas condições, deve ser precedida de consulta àquela autoridade de supervisão.

2 – O disposto no número anterior é igualmente aplicável quando a instituição de crédito a constituir seja dominada pelas mesmas pessoas singulares ou colectivas que dominem uma empresa de seguros nas condições indicadas no número anterior.

3 – Se for caso disso, o Instituto de Seguros de Portugal presta as informações no prazo de dois meses.

ARTIGO 132.º-A
Empresas-mães sediadas em países terceiros

1 – Quando uma instituição de crédito, cuja empresa-mãe seja uma instituição de crédito ou uma companhia financeira sediada fora da União Europeia, que não esteja sujeita a supervisão em base consolidada em termos equivalentes aos da presente secção, deve ser verificado se está sujeita, por parte de uma autoridade de supervisão do país terceiro, a uma supervisão equivalente à exigida pelos princípios estabelecidos na presente secção.

2 – A verificação referida no número anterior é efectuada pelo Banco de Portugal no caso em que, pela aplicação dos critérios estabelecidos nos artigos 130.º e seguintes, este seria a autoridade responsável pela supervisão em base consolidada se esta fosse realizada.

3 – Compete ao Banco de Portugal proceder à verificação referida no n.º 1:

a) A pedido da empresa-mãe;

b) A pedido de qualquer das entidades sujeitas a supervisão autorizadas na União Europeia;

c) Por iniciativa própria.

4 – O Banco de Portugal deve consultar as demais autoridades de supervisão das referidas filiais e o Comité Bancário Europeu.

5 – Na ausência de uma supervisão equivalente, aplicam-se, por analogia, as disposições da presente secção.

6 – Em alternativa ao disposto no número anterior, o Banco de Portugal, quando for a autoridade responsável e após consulta às autoridades referidas no n.º 3, pode adoptar outros métodos adequados que permitam atingir os objectivos da supervisão numa base consolidada, nomeadamente exigindo a constituição de uma companhia financeira sediada na União Europeia e aplicando-lhe as disposições sobre a supervisão numa base consolidada.

7 – No caso referido no número anterior, o Banco de Portugal notifica às autoridades de supervisão referidas no n.º 3 e à Comissão Europeia os métodos adoptados.

ARTIGO 132.º-B
Operações intragrupo com as companhias mistas

1 – As instituições de crédito devem informar o Banco de Portugal de quaisquer operações significativas que efectuem com a companhia mista em cujo grupo estão integradas e com as filiais desta companhia, devendo, para o efeito, possuir processos de gestão dos riscos e mecanismos de controlo interno adequados, incluindo procedimentos de prestação de informação e contabilísticos sólidos que lhes permitam identificar, medir, acompanhar e avaliar, de modo adequado, estas operações.

2 – O Banco de Portugal toma as medidas adequadas quando as operações previstas no número anterior possam constituir uma ameaça para a situação financeira de uma instituição de crédito.»

ARTIGO 36.º
Regulamentação da composição dos fundos próprios

1 – O Banco de Portugal fica autorizado a modificar as regras sobre a composição dos fundos próprios das instituições sujeitas à sua supervisão, de acordo com o previsto neste artigo.

2 – Para além das deduções previstas no n.º 9 do aviso do Banco de Portugal n.º 12/92, publicado no Diário da República, 2.ª série, n.º 299, de 29 de Dezembro de 1992, as instituições devem deduzir aos fundos próprios:

a) As participações detidas em:

i) Empresas de seguros;

ii) Empresas de resseguros;

iii) Sociedades gestora de participações no sector dos seguros;

b) Os instrumentos enquadráveis no n.º 2 do artigo 96.º e no n.º 2 do artigo 98.º do Decreto-Lei n.º 94-B/98, de 17 de Abril, republicado pelo Decreto-Lei n.º 251/2003, de 14 de Outubro, que as instituições detenham relativamente às entidades definidas na alínea anterior em que participem.

3 – Em alternativa à dedução prevista no número anterior, as instituições podem ser autorizadas a aplicar, com as devidas adaptações, o cálculo da adequação de fundos próprios previsto no artigo 11.º do decreto-lei que transpõe a Directiva n.º 2002/87/CE, do Parlamento Europeu e do Conselho, de 16 de Dezembro.

4 – A opção prevista no número anterior deve ser aplicada de modo consistente ao longo do tempo.

ARTIGO 37.º
Produção de efeitos

O presente decreto-lei produz efeitos relativamente às contas do semestre que termine após a respectiva entrada em vigor.

ARTIGO 38.º
Entrada em vigor

O presente decreto-lei entra em vigor 15 dias após a data da sua publicação.

Visto e aprovado em Conselho de Ministros de 18 de Maio de 2006. – *José Sócrates Carvalho Pinto de Sousa – João Titterington Gomes Cravinho – Fernando Teixeira dos Santos – Alberto Bernardes Costa.*

Promulgado em 13 de Julho de 2006.

Publique-se.

O Presidente da República, ANÍBAL CAVACO SILVA.

Referendado em 17 de Julho de 2006.

O Primeiro-Ministro, *José Sócrates Carvalho Pinto de Sousa.*

ANEXO
(a que se refere o artigo 11.º)
Adequação de fundos próprios

O cálculo da adequação complementar dos fundos próprios das entidades sujeitas a supervisão complementar realiza-se em conformidade com os princípios técnicos e com um dos métodos descritos no presente anexo.

CAPÍTULO I
Princípios técnicos

1 – Independentemente do método utilizado para o cálculo de adequação dos fundos próprios das entidades do conglomerado financeiro, o coordenador e, se necessário, as restantes autoridades de supervisão envolvidas zelam para que se apliquem os princípios técnicos relevantes.

2 – Princípio da proporcionalidade:

a) No cálculo da adequação de fundos próprios considera-se a parte proporcional detida pela empresa participante nas suas empresas participadas;

b) Por parte proporcional entende-se:

i) A fracção do capital subscrito detida, directa ou indirectamente, pela empresa participante, no caso da aplicação dos métodos 2 e 3;

ii) As percentagens utilizadas para a elaboração das contas consolidadas, no caso da aplicação do método 1;

c) Não existindo ligações de capital entre as entidades de um conglomerado financeiro, o coordenador, depois de consultar as restantes autoridades de supervisão relevantes, determina a parte proporcional a considerar, tendo em conta a responsabilidade decorrente das relações existentes;

d) Independentemente do método utilizado, sempre que a empresa participada é uma filial e, em termos individuais, apresenta insuficiência da margem de solvência/fundos próprios, ou se é uma entidade não regulamentada do sector financeiro que apresenta um défice de solvência nocional, a insuficiência total verificada integra o cálculo da adequação de fundos próprios;

e) Estando a responsabilidade da empresa-mãe que detém uma parte do capital claramente limitada a essa parte do capital, o coordenador pode permitir que o défice de solvência da filial se calcule numa base proporcional.

3 – Princípio da eliminação da utilização múltipla de fundos próprios:

a) No cálculo de adequação de fundos próprios, elimina-se a múltipla utilização dos elementos elegíveis para esse cálculo e a criação inadequada destes fundos ao nível do conglomerado financeiro;

b) Para garantir a eliminação da utilização múltipla de capitais e da criação de fundos próprios no âmbito do grupo, aplicam-se os princípios pertinentes estipulados nas regras sectoriais.

4 – Princípio da elegibilidade de fundos próprios:

a) Os requisitos de solvência aplicáveis aos diferentes subsectores representados num conglomerado financeiro devem estar cobertos por elementos de fundos próprios, em conformidade com as regras sectoriais;

b) Verificando-se um défice de fundos próprios ao nível do conglomerado financeiro, só os elementos de fundos próprios elegíveis ao abrigo de todas as regras sectoriais (fundos próprios intersectoriais) podem considerar-se para efeitos de verificação do respeito pelos requisitos complementares de solvência;

c) Sempre que as regras sectoriais estabeleçam limites à elegibilidade de determinados instrumentos de fundos próprios susceptíveis de serem considerados como fundos próprios intersectoriais, esses limites aplicam-se, com as devidas adaptações, ao cálculo dos fundos próprios ao nível do conglomerado financeiro.

5 – Princípio da transferência de fundos próprios – as autoridades de supervisão têm em conta a disponibilidade e a possibilidade de transferência dos fundos próprios entre as diferentes entidades do grupo, face aos objectivos fixados pelas regras relativas à adequação dos fundos próprios.

6 – Regras sectoriais pertinentes:

a) O cálculo dos elementos relativos aos fundos próprios e aos requisitos de solvência para cada subsector realizam-se em conformidade com as regras sectoriais correspondentes;

b) As regras sectoriais são as constantes dos avisos n.os 12/ /92, publicado no Diário da República, 2.ª série, n.º 299, de 29 de Dezembro de 1992, 1/93, publicado no Diário da República, 2.ª série, n.º 133, de 8 de Junho de 1993, e 7/96, publicado no Diário da República, 2.ª série, n.º 297, de 24 de Dezembro de 1996, relativamente às instituições de crédito e empresas de investimento, e dos artigos 93.º a 101.º do Decreto-Lei n.º 94-B/98, de 17 de Abril, relativamente às empresas de seguros;

c) No caso das sociedades gestoras de fundos de investimento mobiliário, o requisito de solvência corresponde ao requisito de capital constante da alínea a) do n.º 1 do artigo 16.º-A do Decreto-Lei n.º 319/2002, de 28 de Dezembro.

7 – Entidade não regulamentadas do sector financeiro:

a) Aplicam-se aos fundos próprios e aos requisitos de solvência das entidades não regulamentadas do sector financeiro as regras sectoriais aplicáveis às entidades regulamentadas do subsector em que se incluam;

b) As companhias financeiras mistas estão sujeitas ao requisito de solvência nocional calculado em conformidade com as regras sectoriais do subsector mais importante do conglomerado financeiro.

CAPÍTULO II
Métodos de cálculo

8 – Método 1 – método da «consolidação contabilística»:

a) A adequação de fundos próprios corresponde à diferença entre:

Regulação do Sector Financeiro – Geral

i) Os fundos próprios do conglomerado financeiro calculados a partir da posição consolidada do grupo; e

ii) A soma dos requisitos de solvência para cada subsector financeiro diferente representado no grupo;

b) A diferença prevista na alínea anterior não deve ser negativa;

c) O cálculo de adequação dos fundos próprios é efectuado a partir das contas consolidadas, tendo em conta as regras sectoriais correspondentes relativas à forma e ao âmbito da consolidação, tal como fixadas, nomeadamente, no artigo 131.º do Regime Geral das Instituições de Crédito e Sociedades Financeiras e no artigo 3.º da Norma Regulamentar n.º 23-R/ /2002, de 5 de Dezembro, publicada como regulamento n.º 48/2002, no Diário da República, 2.ª série, n.º 299, de 17 de Dezembro de 2002.

9 – Método 2 – método de «dedução e agregação»:

a) A adequação de fundos próprios corresponde à diferença entre:

i) A soma dos fundos próprios de cada entidade do sector financeiro regulamentada e não regulamentada do conglomerado financeiro; e

ii) A soma:

Dos requisitos de solvência para cada entidade do sector financeiro regulamentada e não regulamentada do grupo; e

Do valor contabilístico das participações noutras entidades do grupo;

b) A diferença prevista na alínea anterior não deve ser negativa;

c) O cálculo de adequação dos fundos próprios efectua-se a partir das contas de cada uma das entidades do grupo;

d) Os fundos próprios e os requisitos de solvência são tidos em conta pela sua parte proporcional, conforme o estabelecido no n.º 2 do artigo 6.º e em conformidade com o capítulo I do presente anexo.

10 – Método 3 – método da «dedução do valor contabilístico/de um requisito»:

a) A adequação de fundos próprios corresponde à diferença entre:

i) Os fundos próprios da empresa-mãe ou da entidade que lidera o conglomerado financeiro; e

ii) A soma:

Do requisito de solvência da empresa-mãe ou da empresa que lidera o conglomerado referida na subalínea anterior; e

Do valor contabilístico das participações desta noutras entidades do grupo ou o requisito de solvência destas entidades, consoante o valor que for mais elevado;

b) Os requisitos de solvência referidos na alínea anterior são tidos em conta pela sua parte proporcional, conforme o estabelecido no n.º 2 do artigo 6.º e em conformidade com o capítulo I do presente anexo;

c) A diferença prevista na alínea a) não deve ser negativa;

d) O cálculo de adequação dos fundos próprios é efectuado a partir das contas de cada uma das entidades do grupo;

e) Ao avaliar os elementos elegíveis para o cálculo de adequação de fundos próprios, as participações podem ser avaliadas pelo método de equivalência patrimonial.

11 – Método 4 – combinação dos métodos 1, 2 e 3 – as autoridades de supervisão podem permitir uma combinação dos métodos 1, 2 e 3 ou uma combinação de dois destes métodos.

> Decreto-Lei n.º 103/2007, de 3 de Abril – **Transpõe para o ordenamento jurídico interno a Directiva n.º 2006/49/CE, do Parlamento Europeu e do Conselho, de 14 de Junho, relativa à adequação dos fundos próprios das empresas de investimento e das instituições de crédito**

Decreto-Lei n.º 103/2007

de 3 de Abril

O sector bancário tem vindo a adoptar técnicas progressivamente mais sofisticadas de avaliação dos riscos, em especial nas vertentes do risco de crédito, dos riscos de mercado e do risco operacional. Na vertente dos riscos de mercado, essa realidade pode ser ilustrada através do desenvolvimento de instrumentos financeiros de maior complexidade e dos avanços nas técnicas de medição e gestão dos riscos.

No contexto anterior têm surgido iniciativas, de âmbito internacional, centradas na adaptação das regras de adequação de fundos próprios às novas realidades dos serviços financeiros.

As iniciativas mais recentes sobre regulamentação prudencial da actividade bancária foram incorporadas no quadro legislativo comunitário através da reformulação da directiva bancária codificada (Directiva n.º 2000/12/CE, do Parlamento Europeu e do Conselho, de 20 de Março) e de alterações à directiva relativa à adequação de fundos próprios (Directiva n.º 93/6/CEE, do Conselho, de 15 de Março), conjunto habitualmente conhecido por Capital Requirements Directive.

Com o presente decreto-lei procede-se à transposição da Directiva n.º 2006/49/CE – que altera a Directiva n.º 93/6/CEE, do Conselho, de 15 de Março – para a ordem jurídica interna.

As alterações a introduzir na regulamentação em vigor justificam-se, designadamente, devido ao facto de o novo regime de adequação de fundos próprios se estender, na União Europeia, às empresas de investimento, à revisão do conceito de carteira de negociação, à introdução de requisitos de fundos próprios para cobertura de riscos de mercado relativamente a posições sobre novos instrumentos, à modificação dos requisitos para risco de taxa de juro e à alteração do método de cálculo dos requisitos de fundos próprios para risco de liquidação.

Foram ouvidos, a título facultativo, o Banco de Portugal e a Comissão do Mercado de Valores Mobiliários.

Foi promovida a audição, a título facultativo, do Instituto de Seguros de Portugal, da Associação Portuguesa de Bancos, da Associação Portuguesa de Leasing e Factoring, da Associação de Sociedades Financeiras para Aquisições a Crédito, da Associação Portuguesa das Sociedades Corretoras e Financeiras de Corretagem e da Associação Portuguesa de Fundos de Investimento, Pensões e Patrimónios.

Assim:

Nos termos da alínea a) do n.º 1 do artigo 198.º da Constituição, o Governo decreta o seguinte:

Artigo 1.º
Objecto

1 – O presente decreto-lei estabelece os requisitos de adequação de fundos próprios aplicáveis às empresas de investimento e às instituições de crédito, sem prejuízo do disposto no n.º 2 do artigo seguinte, bem como as respectivas regras de cálculo e o regime de supervisão prudencial.

2 – O presente decreto-lei transpõe para a ordem jurídica interna a Directiva n.º 2006/49/CE, do Parlamento Europeu e do Conselho, de 14 de Junho, relativa à adequação dos fundos próprios das empresas de investimento e das instituições de crédito e que procede à reformulação da Directiva n.º 93//6/CEE, do Conselho, de 15 de Março.

Artigo 2.º
Âmbito de aplicação

1 – Sem prejuízo do disposto no n.º 2, o presente decreto-lei é aplicável:

a) Às instituições de crédito e ao Sistema Integrado de Crédito Agrícola Mútuo (SICAM);

b) Às sociedades financeiras de corretagem, sociedades corretoras, sociedades mediadoras dos mercados monetário ou de câmbios e sociedades gestoras de patrimónios;

c) Às sucursais de instituições de crédito com sede em países não membros da União Europeia;

d) Às sociedades gestoras de fundos de investimento mobiliário que exerçam as actividades referidas no n.º 4 do artigo 31.º do Regime Jurídico dos Organismos de Investimento Colectivo, aprovado pelo Decreto-Lei n.º 252/2003, de 17 de Outubro;

e) Às sucursais de outras empresas, que exerçam actividades próprias das sociedades financeiras referidas nas alíneas b) e d), com sede em países não membros da União Europeia.

2 – Com excepção do disposto sobre requisitos de fundos próprios para riscos cambiais, o presente decreto-lei não é aplicável às caixas económicas cujo activo seja inferior a 50 milhões de euros nem às caixas de crédito agrícola mútuo pertencentes ao SICAM.

Artigo 3.º
Definições

Para efeitos do presente decreto-lei, entende-se por:

a) «Instituições de crédito» as instituições definidas no artigo 2.º do Regime Geral das Instituições de Crédito e Sociedades Financeiras, aprovado pelo Decreto-Lei n.º 298/92, de 31 de Dezembro, doravante designado RGICSF;

Regulação do Sector Financeiro – Geral

b) «Empresas de investimento» as sociedades financeiras referidas no n.º 1 do artigo 2.º deste decreto-lei e todas as instituições, com sede em Estados membros da União Europeia, na acepção do ponto 1 do n.º 1 do artigo 4.º da Directiva n.º 2004/39/CE, do Parlamento Europeu e do Conselho, de 21 de Abril, relativa aos mercados de instrumentos financeiros, que estejam sujeitas aos requisitos previstos na mesma directiva, com excepção das instituições de crédito;

c) «Instituições» as entidades referidas no artigo anterior;

d) «Empresas de investimento reconhecidas de países terceiros» as empresas autorizadas num país terceiro que, se estivessem estabelecidas na União Europeia, seriam abrangidas pela definição de empresa de investimento a que se refere a alínea b) e que estão sujeitas a regras prudenciais pelo menos tão rigorosas como as estabelecidas no presente decreto-lei. O Banco de Portugal fixa a lista dos países cujas empresas de investimento neles sediadas são automaticamente reconhecidas. Por outro lado, o Banco de Portugal, a requerimento fundamentado de qualquer interessado, pode reconhecer, caso a caso, empresas de investimento com sede em países não incluídos na referida lista;

e) «Instrumentos financeiros» qualquer contrato que dê origem, simultaneamente, a um activo financeiro de uma parte e a um passivo financeiro ou instrumento de capital de outra parte, incluindo, no mínimo, os instrumentos referidos na secção C do anexo I da Directiva n.º 2004/39/CE, do Parlamento Europeu e do Conselho, de 21 de Abril;

f) «Instrumentos de derivados do mercado de balcão» os elementos constantes da lista a publicar por aviso do Banco de Portugal, com excepção daqueles a que a mesma regulamentação atribua um risco nulo;

g) «Empresa de investimento-mãe em Portugal», uma empresa de investimento que tenha como filial uma instituição ou uma entidade equiparada a uma instituição de crédito, de acordo com a definição prevista no artigo 130.º do RGICSF, ou que detenha uma participação em tais entidades, e que não seja filial de outra instituição ou de uma companhia financeira sediada em Portugal;

h) «Empresa de investimento-mãe em Portugal e na União Europeia» uma empresa de investimento-mãe em Portugal que não seja filial de outra instituição autorizada em outro Estado membro ou de companhia financeira estabelecida em outro Estado membro;

i) «Mercado regulamentado» um mercado que corresponde à definição dada no ponto 14 do artigo 4.º da Directiva n.º 2004/39/CE, do Parlamento Europeu e do Conselho, de 21 de Abril;

j) «Título convertível» um valor mobiliário que pode ser trocado, por opção do seu detentor, por outro valor mobiliário;

l) «Warrant» um valor mobiliário que confere ao seu detentor o direito de adquirir, até à data ou na data em que expira o warrant, um activo subjacente, a um determinado preço, podendo a sua liquidação efectuar-se mediante entrega do próprio activo subjacente ou do seu equivalente em numerário;

m) «Financiamento de existências» as posições em que as existências físicas sejam objecto de uma venda a prazo e o custo de financiamento se encontre fixado até à data dessa venda;

n) «Venda com acordo de recompra e compra com acordo de revenda» a operação pela qual uma instituição ou a sua contraparte transfere valores mobiliários ou mercadorias com o compromisso de recomprar esses valores (ou valores da mesma natureza) a um preço determinado e numa determinada data fixada ou em data a fixar pela entidade que efectua a transferência. A operação pode também ter por objecto direitos garantidos relacionados com a propriedade de valores mobiliários ou de mercadorias, desde que: i) a garantia seja emitida por uma bolsa reconhecida que detenha os direitos aos valores mobiliários ou às mercadorias, e ii) o acordo não permita transferir ou dar em garantia um determinado valor mobiliário ou mercadoria a mais de uma contraparte em simultâneo. A operação é considerada uma venda com acordo de recompra para a instituição que vende os valores mobiliários ou as mercadorias e uma compra com acordo de revenda para a instituição que os adquire;

o) «Concessão de empréstimos de valores mobiliários ou de mercadorias e obtenção de empréstimo de valores mobiliários ou de mercadorias» uma operação em que uma das partes transfere valores mobiliários ou mercadorias contra uma caução adequada sujeita ao compromisso de o mutuário devolver valores equivalentes numa dada data futura ou quando solicitado a fazê-lo pela entidade que procede à transferência. A operação é considerada uma concessão de empréstimo de valores mobiliários ou de mercadorias para a instituição que os transfere e uma obtenção de empréstimo de valores mobiliários ou de mercadorias para a instituição para a qual aqueles são transferidos;

p) «Membro compensador» um membro de uma bolsa ou de uma câmara de compensação que tem uma relação contratual directa com a contraparte central (que garante a boa execução das operações);

q) «Empresa local» uma empresa que tem por actividade a negociação por conta própria nos mercados de futuros sobre instrumentos financeiros, de opções, ou de outros instrumentos financeiros derivados e nos mercados à vista com a única finalidade de cobrir posições nos mercados de instrumentos derivados, ou a negociação por conta de outros membros desses mercados, encontrando-se coberta pela garantia de um membro compensador dos referidos mercados, quando a garantia de boa execução dos contratos for prestada por um membro compensador dos mesmos mercados;

r) «Delta» a variação esperada no preço de uma opção resultante de uma pequena variação do preço do instrumento subjacente à opção;

s) «Fundos próprios» os fundos próprios na acepção do aviso do Banco de Portugal a que se refere o n.º 1 do artigo 96.º do RGICSF;

t) «Empresa-mãe, filial e instituição financeira» uma empresa-mãe, uma filial e uma instituição financeira tal como definidas no RGICSF e no Decreto-Lei n.º 104/2007, de 3 de Abril;

u) «Sociedade de gestão de activos» uma sociedade de gestão de activos tal como definida no ponto 5 do artigo 2.º da Directiva n.º 2002/87/CE, do Parlamento Europeu e do Conselho, de 16 de Dezembro;

v) «Companhia financeira» uma companhia financeira em Portugal, companhia financeira em Portugal e na União Europeia e empresa de serviços auxiliares, tal como definidas no RGICSF ou no Decreto-Lei n.º 104/2007, de 3 de Abril, com a ressalva de que as referências a instituições de crédito devem ser entendidas como referências a instituições.

ARTIGO 4.º
Aplicação em base consolidada

1 – Sem prejuízo do disposto nos artigos 8.º, 10.º, 12.º a 15.º, 17.º e 21.º do presente decreto-lei, o disposto nos artigos 3.º a 6.º do Decreto-Lei n.º 104/2007, de 3 de Abril, e no artigo 131.º do RGICSF aplica-se, com as necessárias adaptações, às empresas de investimento.

2 – Relativamente aos artigos 5.º e 6.º do Decreto-Lei n.º 104/2007, de 3 de Abril, as referências a uma instituição de crédito-mãe em Portugal devem ser entendidas como referências a uma empresa de investimento-mãe em Portugal e as referências a uma instituição de crédito-mãe em Portugal e na União Europeia devem ser entendidas como referências a uma empresa de investimento-mãe em Portugal e na União Europeia.

3 – Se uma instituição de crédito tiver como empresa-mãe uma empresa de investimento-mãe em Portugal, apenas esta se encontra sujeita a requisitos de fundos próprios, nos termos dos artigos 5.º e 6.º do Decreto-Lei n.º 104/2007, de 3 de Abril.

4 – Se uma empresa de investimento tiver como empresa-mãe uma instituição de crédito-mãe em Portugal, apenas esta se encontra sujeita a requisitos de fundos próprios em base consolidada nos termos dos artigos 5.º e 6.º do Decreto-Lei n.º 104/2007, de 3 de Abril.

5 – Se uma companhia financeira tiver por filiais uma instituição de crédito e uma empresa de investimento, os requisitos de fundos próprios com base na situação financeira consolidada da companhia financeira aplicam-se à instituição de crédito.

6 – Se um grupo abrangido pelo n.º 1 do presente artigo não incluir instituições de crédito, o Decreto-Lei n.º 104/2007, de 3 de Abril, aplica-se com as seguintes adaptações:

a) As referências a instituições de crédito devem ser entendidas como referências a empresas de investimento;

b) As remissões feitas no artigo 132.º do RGICSF devem ser entendidas como remissões para a Directiva n.º 2004/39//CE, do Parlamento Europeu e do Conselho, de 21 de Abril.

7 – Para efeitos da aplicação do Decreto-Lei n.º 104/2007, de 3 de Abril, aos grupos abrangidos pelo n.º 1 que não incluam uma instituição de crédito, entende-se por:

a) «Companhia financeira» uma instituição financeira cujas filiais sejam exclusiva ou principalmente empresas de investimento ou outras instituições financeiras, sendo pelo menos uma dessas filiais uma empresa de investimento, e que não seja uma companhia financeira na acepção do Decreto-Lei n.º 145/2006, de 31 de Julho;

b) «Companhia mista» uma empresa-mãe que não seja uma companhia financeira ou uma empresa de investimento ou uma companhia financeira mista na acepção do Decreto-Lei n.º 145/2006, de 31 de Julho, sendo, pelo menos uma das suas filiais, uma empresa de investimento;

c) «Autoridades competentes» as autoridades nacionais habilitadas, por força de disposições legais ou regulamentares, a supervisionar as empresas de investimento.

ARTIGO 5.º
Fundos próprios

1 – Sem prejuízo do disposto no número seguinte, os fundos próprios das empresas de investimento e das instituições de crédito devem ser determinados nos termos do aviso do Banco de Portugal a que se refere o n.º 1 do artigo 96.º do RGICSF.

2 – O Banco de Portugal pode autorizar que as instituições utilizem, no cálculo dos requisitos de fundos próprios relativos ao risco de posição, aos riscos cambiais e ao risco de mercadorias, bem como no âmbito dos limites aos grandes riscos, uma definição alternativa de fundos próprios, conforme o disposto no aviso referido no número anterior.

ARTIGO 6.º
Carteira de negociação

1 – A carteira de negociação de uma instituição é constituída pelas posições em instrumentos financeiros e em mercadorias detidas para efeitos de negociação ou com o objectivo de cobrir os riscos de outros elementos da carteira de negociação, as quais não podem estar sujeitas a acordos que limitem a sua negociabilidade ou, em alternativa, possam ser cobertas.

2 – O termo «posições» inclui não só as posições próprias mas também as posições resultantes de prestação de serviços a clientes e de criação de mercado.

3 – A intenção de negociar deve ser demonstrada com base nas estratégias, acções e procedimentos estabelecidos pela instituição para gerir as posições ou a carteira, em conformidade com o disposto no aviso do Banco de Portugal que regulamenta o presente decreto-lei.

4 – As instituições devem estabelecer, e manter, sistemas e controlos de gestão da sua carteira de negociação, de acordo com o regulamentado no aviso do Banco de Portugal referido no número anterior.

5 – As operações internas de cobertura podem ser incluídas na carteira de negociação, com observância do disposto no aviso referido no n.º 3.

ARTIGO 7.º
Montantes ponderados pelo risco

1 – Se uma instituição proceder ao cálculo dos montantes ponderados pelo risco, relativamente ao risco de liquidação//contraparte, de acordo com o método IRB, tal como definido nos artigos 14.º a 20.º do Decreto-Lei n.º 104/2007, de 3 de Abril, devem aplicar-se as seguintes condições, sem prejuízo do disposto no aviso do Banco de Portugal que regulamenta este decreto-lei:

a) Os ajustamentos de valor, para ter em conta a qualidade do crédito da contraparte, devem ser tratados de acordo com o disposto nesse aviso;

b) Sob autorização prévia do Banco de Portugal, se o risco de posição de contraparte for tido em conta de forma adequada na avaliação das posições incluídas na carteira de negociação, o montante das perdas previsíveis relativamente ao risco de contraparte é nulo.

2 – Para efeitos da alínea a) do número anterior, os ajustamentos em causa só devem ser incluídos nos fundos próprios nos termos do número anterior.

ARTIGO 8.º
Requisitos de fundos próprios das instituições

1 – Sem prejuízo do disposto no número seguinte, as instituições devem possuir, em permanência, fundos próprios pelo menos iguais à soma de todos os requisitos seguintes:

a) Dos requisitos de fundos próprios, tendo em conta os limites aos grandes riscos, para risco de posição e para risco de contraparte/liquidação, conforme disposto em aviso do Banco de Portugal;

Regulação do Sector Financeiro – Geral

b) Dos requisitos de fundos próprios para cobertura dos riscos cambiais e de mercadorias, em relação ao conjunto da sua actividade, calculados de acordo com o disposto em aviso do Banco de Portugal;

c) Dos requisitos de fundos próprios previstos no número seguinte.

2 – As instituições podem calcular os requisitos de fundos próprios relativos à sua carteira de negociação, em conformidade com o disposto no aviso do Banco de Portugal que regulamenta o Decreto-Lei n.º 104/2007, de 3 de Abril, se se verificarem as seguintes condições cumulativas:

a) A actividade registada nessa carteira não for, normalmente, superior a 5% da actividade global;

b) A totalidade das posições dessa carteira não exceder, normalmente, o valor equivalente a 15 milhões de euros;

c) A actividade da carteira de negociação não exceder 6% da sua actividade global e as posições dessa carteira não ultrapassarem 20 milhões de euros.

3 – A fim de determinar, para efeitos do disposto nas alíneas a) e c) do número anterior, o valor relativo da carteira de negociação no conjunto da actividade global, o Banco de Portugal deve basear-se no volume global dos elementos patrimoniais e extrapatrimoniais, no volume global de ganhos e perdas, nos fundos próprios das instituições ou numa combinação desses critérios.

4 – Na avaliação dos elementos patrimoniais e extrapatrimoniais, os instrumentos de dívida devem ser avaliados pelo seu preço de mercado ou pelo seu valor nominal, os títulos de capital pelo seu preço de mercado e os instrumentos derivados de acordo com o seu valor nominal ou de mercado dos instrumentos subjacentes, devendo as posições longas e as posições curtas ser somadas independentemente do seu sinal.

5 – Se uma instituição exceder um limite fixado nas alíneas a) e b) do n.º 2 por um período superior a 15 dias de calendário, ou qualquer dos limites estabelecidos na alínea c) do n.º 2, deve passar a cumprir os requisitos estabelecidos na alínea a) do n.º 1 relativamente à actividade da sua carteira de negociação e notificar o Banco de Portugal.

Artigo 9.º
Derrogações

1 – O Banco de Portugal pode, relativamente ao risco específico de posição, atribuir um coeficiente de ponderação nulo aos títulos de dívida emitidos ou garantidos por administrações centrais, bancos centrais, bancos multilaterais de desenvolvimento, elegíveis para um coeficiente de ponderação 0% de acordo com o método padrão, estabelecido nos artigos 10.º a 13.º do Decreto-Lei n.º 104/2007, de 3 de Abril, caso esses títulos sejam expressos e financiados em moeda nacional.

2 – As obrigações hipotecárias ou obrigações sobre o sector público têm um requisito para risco específico igual ao requisito para risco específico aplicável aos elementos qualificados com o mesmo prazo residual de vencimento, reduzido de acordo com o disposto em aviso do Banco de Portugal.

3 – Se as autoridades competentes de um outro Estado membro aprovarem a elegibilidade de um organismo de investimento colectivo (OIC) de um país terceiro, o Banco de Portugal pode utilizar essa aprovação sem ter de proceder a uma nova avaliação.

Artigo 10.º
Requisitos de fundos próprios das empresas de investimento

1 – Sem prejuízo do número seguinte, os requisitos previstos no artigo 7.º do Decreto-Lei n.º 104/2007, de 3 de Abril, aplicam-se às empresas de investimento.

2 – Em derrogação do disposto no número anterior, as empresas de investimento não autorizadas a prestar os serviços de investimento enumerados nos pontos 3 e 6 da secção A do anexo I da Directiva n.º 2004/39/CE, do Parlamento Europeu e do Conselho, de 21 de Abril, podem ter fundos próprios sempre iguais ou superiores ao mais elevado dos seguintes montantes:

a) A soma dos requisitos de fundos próprios previstos nas alíneas a) a c) do n.º 1 do artigo 7.º do Decreto-Lei n.º 104/ /2007, de 3 de Abril;

b) O montante estabelecido no artigo 11.º

3 – As empresas de investimento referidas no número anterior continuam sujeitas a todas as outras disposições relativas a risco operacional previstas no aviso do Banco de Portugal que regulamenta o Decreto-Lei n.º 104/2007, de 3 de Abril.

Artigo 11.º
Despesas gerais fixas

1 – As empresas de investimento referidas no n.º 2 do artigo anterior devem possuir fundos próprios de montante equivalente a um quarto das suas despesas gerais fixas do ano anterior.

2 – Enquanto as empresas de investimento referidas no número anterior não tiverem completado um ano de actividade, e a partir do dia em que esta tenha início, o requisito de fundos próprios deve ser de um quarto do valor das despesas gerais fixas previstas para o primeiro ano no seu plano de actividades provisional, salvo se se tiver verificado uma divergência significativa em relação às previsões, caso em que o plano previsional deve ser ajustado, sendo o requisito calculado de acordo com o novo plano.

3 – O requisito previsto no n.º 1 pode ser ajustado pelo Banco de Portugal nos casos em que ocorra uma alteração significativa na actividade da empresa de investimento desde o ano anterior.

Artigo 12.º
Cálculo dos requisitos de fundos próprios em base consolidada

1 – Quando os requisitos de fundos próprios forem calculados em base consolidada, pode proceder-se à compensação a que se referem as alíneas seguintes, entre instituições, com sede em Portugal, que satisfaçam em base individual os requisitos de fundos próprios previstos nos artigos 8.º e 10.º do presente decreto-lei:

a) As posições líquidas da carteira de negociação de uma instituição podem compensar posições na carteira de negociação de outra instituição de acordo com as regras estabelecidas no aviso do Banco de Portugal que regulamenta o presente decreto-lei e com as regras estabelecidas no aviso do Banco de Portugal que regulamenta os limites aos grandes riscos;

b) As posições em divisas de uma instituição podem compensar posições em divisas de outra instituição, de acordo com as regras estabelecidas no aviso do Banco de Portugal que regulamenta o presente decreto-lei;

c) As posições em mercadorias de uma instituição podem compensar as posições em mercadorias de outra instituição, de acordo com as regras estabelecidas no aviso do Banco de Portugal que regulamenta o presente decreto-lei.

2 – É permitida a compensação prevista no número anterior entre posições de instituições e posições de instituições de crédito e de empresas de investimento com sede em outro Estado membro da União Europeia que estejam sujeitas a requisitos de fundos próprios em base individual, nos termos previstos no presente decreto-lei.

3 – O Banco de Portugal pode autorizar a compensação de posições da carteira de negociação, de posições cambiais e de posições em mercadorias com posições de empresas situadas em países terceiros, desde que as instituições estejam em condições de demonstrar que se encontram reunidos os seguintes requisitos cumulativos:

a) Tais empresas tenham sido autorizadas e obedeçam ao disposto no n.º 3 do artigo 4.º ou sejam empresas de investimento reconhecidas de países terceiros;

b) Tais empresas cumpram, em base individual, regras de adequação de fundos próprios equivalentes às estabelecidas no presente decreto-lei;

c) Não exista nos países em questão qualquer regulamentação que possa afectar significativamente a transferência de fundos no interior do grupo.

4 – Para efeitos do cálculo dos requisitos de fundos próprios para cobertura do risco de posição em instrumentos financeiros e do risco de mercadorias, o requisito relativo a um futuro negociado em bolsa, ou a uma opção subscrita e negociada em bolsa, pode ser igual à margem exigida pela bolsa, se for considerado que essa margem constitui uma medida adequada do risco associado ao futuro ou à opção e se for, pelo menos, igual ao requisito de fundos próprios que resultaria do cálculo efectuado com base no aviso do Banco de Portugal que regulamenta o presente decreto-lei.

Artigo 13.º
Cálculo de fundos próprios em base consolidada

1 – Para efeitos do cálculo dos fundos próprios em base consolidada, deve aplicar-se o disposto no aviso do Banco de Portugal a que se refere o n.º 1 do artigo 96.º do RGICSF.

2 – O Banco de Portugal reconhece a validade das definições específicas de fundos próprios aplicáveis às instituições, de acordo com o aviso referido no número anterior, para efeitos do cálculo dos respectivos fundos próprios em base consolidada.

Artigo 14.º
Fiscalização e controlo dos grandes riscos

As instituições devem fiscalizar e controlar os grandes riscos, de acordo com o estabelecido em aviso do Banco de Portugal.

Artigo 15.º
Cálculo dos riscos da carteira de negociação em relação a um cliente

1 – Os elementos da carteira de negociação relativos a um cliente, ou a grupos de clientes ligados entre si, devem ser calculados como a soma dos seguintes elementos:

a) O excedente – se positivo – das posições longas da instituição em relação às posições curtas nos instrumentos financeiros emitidos pelo cliente em causa, sendo a posição líquida

em cada um dos instrumentos financeiros calculada de acordo com os métodos definidos no aviso do Banco de Portugal que regulamenta o presente decreto-lei;

b) No caso de tomada firme de títulos de dívida ou de capital, os riscos líquidos; e

c) Os riscos decorrentes das operações, acordos e contratos referidos no aviso do Banco de Portugal que regulamenta o presente decreto-lei em relação ao cliente em causa, sendo esses riscos calculados de acordo com o modo estabelecido no mencionado aviso para o cálculo dos valores em risco.

2 – Para efeitos da alínea *b*) do número anterior, os riscos líquidos são calculados como a dedução das posições de tomada firme subscritas ou subtomadas por terceiros com base em acordo formal e às quais se apliquem os factores de redução estabelecidos no aviso do Banco de Portugal que regulamenta o presente decreto-lei.

3 – Para efeitos da alínea referida no número anterior, o Banco de Portugal requer que as instituições possuam sistemas de acompanhamento e controlo dos riscos relativos a tomadas firmes entre o momento do compromisso inicial e o dia útil 1, tendo em conta a natureza dos riscos incorridos nos mercados em causa.

4 – Para efeitos da alínea *c*) do n.º 1, os artigos 14.º a 20.º do Decreto-Lei n.º 104/2007, de 3 de Abril, não são tomados em consideração para efeitos do disposto no aviso do Banco de Portugal que regulamenta o presente decreto-lei.

5 – Os riscos totais relativos a clientes ou grupos de clientes ligados entre si devem ser calculados pela soma dos riscos decorrentes da carteira de negociação com os riscos extra carteira de negociação, tendo em conta o disposto em aviso do Banco de Portugal.

6 – Para efeitos de informação ao Banco de Portugal, o cálculo dos grandes riscos em relação a clientes ou a grupos de clientes ligados entre si não inclui o reconhecimento da redução do risco de crédito, com excepção das operações de recompra e de concessão ou obtenção de empréstimo de valores mobiliários ou de mercadorias.

7 – A soma dos riscos em relação a clientes ou a grupos de clientes ligados entre si, a que se refere o n.º 1, não deve exceder os limites definidos no aviso do Banco de Portugal.

8 – Os activos representativos de créditos e de outros riscos sobre empresas de investimento reconhecidas de países terceiros e sobre câmaras de compensação e bolsas de instrumentos financeiros reconhecidas ficam sujeitos ao tratamento a definir em aviso do Banco de Portugal.

Artigo 16.º
Avaliação das posições para efeitos de informação

1 – As posições da carteira de negociação devem ser objecto de regras de avaliação prudente, tal como estabelecido no aviso do Banco de Portugal que regulamenta o presente decreto-lei.

2 – As instituições devem assegurar-se que o valor aplicado a cada uma das posições da carteira de negociação reflecte de forma adequada o respectivo valor de mercado, com um grau adequado de certeza, tendo em conta a natureza dinâmica das posições da carteira de negociação e os requisitos prudenciais apropriados.

3 – As posições da carteira de negociação devem ser reavaliadas pelo menos diariamente.

4 – Na ausência de preços de mercado, o Banco de Portugal pode dispensar o cumprimento do disposto nos números anteriores, exigindo às instituições que utilizem outros méto-

Regulação do Sector Financeiro – Geral

dos de avaliação, desde que esses métodos sejam suficientemente prudentes e tenham obtido autorização prévia do Banco.

ARTIGO 17.º
Gestão dos riscos e avaliação dos fundos próprios

Para além do cumprimento dos requisitos previstos no artigo 13.º da Directiva n.º 2004/39/CE, do Parlamento Europeu e do Conselho, de 21 de Abril, as empresas de investimento devem cumprir os requisitos previstos nas alíneas f) a h) do n.º 1 do artigo 14.º do RGICSF, bem como no artigo 28.º do Decreto-Lei n.º 104/2007, de 3 de Abril, sem prejuízo das disposições relativas ao âmbito de aplicação constantes dos mesmos diplomas.

ARTIGO 18.º
Dever de informação

1 – As instituições devem prestar ao Banco de Portugal e, quando for o caso, às autoridades competentes do Estado membro de origem, as informações necessárias à avaliação do cumprimento das regras estabelecidas no presente decreto-lei.

2 – Os mecanismos de controlo interno e os procedimentos administrativos das instituições devem permitir a verificação do cumprimento das referidas regras.

3 – As instituições devem fornecer ao Banco de Portugal as informações necessárias ao controlo da observância das regras previstas neste decreto-lei, com a seguinte periodicidade:

a) Em base individual:

i) Trimestralmente, as sociedades corretoras, as sociedades mediadoras do mercado monetário e de câmbios, as sociedades gestoras de patrimónios e as sociedades gestoras de fundos de investimento mobiliário autorizadas a exercer as actividades referidas no n.º 4 do artigo 31.º do Regime Jurídico dos Organismos de Investimento Colectivo, aprovado pelo Decreto-Lei n.º 252/2003, de 17 de Outubro;

ii) Mensalmente, as instituições de crédito e as sociedades financeiras de corretagem;

b) Em base consolidada ou, se for caso disso, em base subconsolidada, semestralmente.

4 – O Banco de Portugal define, por instrução, os prazos de prestação das informações previstas no número anterior.

5 – As instituições são obrigadas a informar o Banco de Portugal, de forma imediata, de qualquer situação em que as suas contrapartes em vendas com acordo de recompra e compras com acordo de revenda ou em operações de concessão ou de obtenção de empréstimos de valores mobiliários ou de mercadorias faltem ao cumprimento das suas obrigações.

ARTIGO 19.º
Supervisão

1 – Os artigos abaixo enumerados do RGICSF e do Decreto-Lei n.º 104/2007, de 3 de Abril, aplicam-se, com as seguintes adaptações, às empresas de investimento:

a) As referências ao artigo 16.º do RGICSF devem ser entendidas como referências ao artigo 5.º da Directiva n.º 2004/39/CE, do Parlamento Europeu e do Conselho, de 21 de Abril;

b) As referências às alíneas f) a h) do n.º 1 do artigo 14.º do RGICSF e ao artigo 28.º do Decreto-Lei n.º 104/2007, de 3 de Abril, devem ser entendidas como referências ao artigo 18.º do presente decreto-lei;

c) As referências aos artigos 78.º a 84.º do RGICSF devem ser entendidas como referências aos artigos 54.º e 58.º da Directiva n.º 2004/39/CE, do Parlamento Europeu e do Conselho, de 21 de Abril.

2 – O artigo 27.º do Decreto-Lei n.º 104/2007, de 3 de Abril, aplica-se ao reconhecimento dos modelos internos das instituições nos termos definidos em aviso do Banco de Portugal, se o pedido for apresentado por uma instituição de crédito-mãe na União Europeia e respectivas filiais, por uma empresa de investimento-mãe na União Europeia e respectivas filiais ou conjuntamente pelas filiais de uma companhia financeira-mãe na União Europeia.

ARTIGO 20.º
Cooperação entre autoridades de supervisão

1 – O Banco de Portugal deve cooperar com as autoridades competentes de outros Estados membros no desempenho das funções previstas no presente decreto-lei, especialmente quando os serviços de investimento forem prestados ao abrigo da liberdade de prestação de serviços ou através de sucursais.

2 – O Banco de Portugal deve prestar as informações necessárias à supervisão da adequação de fundos próprios das instituições e, em particular, à verificação do cumprimento do presente decreto-lei.

3 – As trocas de informações entre as autoridades competentes ficam sujeitas aos seguintes requisitos de sigilo profissional:

a) No que diz respeito às empresas de investimento, às condições previstas nos artigos 54.º e 58.º da Directiva n.º 2004/39/CE, do Parlamento Europeu e do Conselho, de 21 de Abril;

b) No que diz respeito às instituições de crédito, às condições previstas nos artigos 78.º a 84.º do RGICSF.

ARTIGO 21.º
Divulgação

Os requisitos previstos nos artigos 29.º a 31.º do Decreto-Lei n.º 104/2007, de 3 de Abril, aplicam-se às empresas de investimento.

ARTIGO 22.º
Disposições transitórias

1 – Os artigos 34.º e 35.º do Decreto-Lei n.º 104/2007, de 3 de Abril, aplicam-se, nos termos do presente decreto-lei, às empresas de investimento no cálculo dos requisitos de fundos próprios para risco de contraparte/liquidação, para risco de crédito (método IRB) e para risco operacional (método AMA).

2 – Até 31 de Dezembro de 2012, as empresas de investimento que utilizem o método standard previsto no n.º 2 do artigo 26.º do Decreto-Lei n.º 104/2007, de 3 de Abril, podem aplicar uma percentagem de 15% ao segmento de actividade «Negociação e vendas», desde que o respectivo indicador relevante represente, pelo menos, 50% do somatório dos indicadores relevantes de todos os segmentos de actividade.

ARTIGO 23.º
Derrogações transitórias

1 – O disposto no artigo 33.º do Decreto-Lei n.º 104/2007, de 3 de Abril, é aplicável, com as adaptações a estabelecer por

aviso do Banco de Portugal, ao regime previsto no presente decreto-lei.

2 – O disposto no n.º 2 do artigo 41.º do Decreto-Lei n.º 104/2007, de 3 de Abril, é aplicável, com as necessárias adaptações, para efeitos dos artigos 9.º e 11.º do presente decreto-lei.

ARTIGO 24.º
Entrada em vigor

Sem prejuízo do disposto no n.º 2 do artigo anterior, o presente decreto-lei entra em vigor no dia seguinte ao da sua publicação.

Visto e aprovado em Conselho de Ministros de 25 de Janeiro de 2007. – *José Sócrates Carvalho Pinto de Sousa – Luís Filipe Marques Amado – Fernando Teixeira dos Santos.*

Promulgado em 21 de Março de 2007.

Publique-se.

O Presidente da República, ANÍBAL CAVACO SILVA.

Referendado em 23 de Março de 2007.

O Primeiro-Ministro, *José Sócrates Carvalho Pinto de Sousa.*

SECÇÃO II

Regulação do Sector Bancário

Lei n.º 5/98, de 31 de Janeiro, com as alterações introduzidas pelo Decreto-Lei n.º 118/2001, de 17 de Abril, pelo Decreto-Lei n.º 50/2004, de 10 de Março e pelo Decreto-Lei n.º 39/2007, de 20 de Fevereiro – **Lei Orgânica do Banco de Portugal**

Lei Orgânica do Banco de Portugal

CAPÍTULO I
Natureza, sede e atribuições

ARTIGO 1.º
O Banco de Portugal, adiante abreviadamente designado por Banco, é uma pessoa colectiva de direito público, dotada de autonomia administrativa e financeira e de património próprio.

ARTIGO 2.º
O Banco tem a sua sede em Lisboa, podendo ter filiais, sucursais, delegações ou agências noutras localidades, bem como delegações no estrangeiro.

ARTIGO 3.º
1. O Banco de Portugal, como banco central da República Portuguesa, faz parte integrante do Sistema Europeu de Bancos Centrais, adiante abreviadamente designado por SEBC.

2. O Banco prossegue os objectivos e participa no desempenho das atribuições cometidas ao SEBC e está sujeito ao disposto nos Estatutos do Sistema Europeu de Bancos Centrais e do Banco Central Europeu, adiante designados por Estatutos do SEBC/ BCE, actuando em conformidade com as orientações e instruções que o Banco Central Europeu, adiante abreviadamente designado por BCE, lhe dirija ao abrigo dos mesmos Estatutos.

CAPÍTULO II
Capital, reservas e provisões

ARTIGO 4.º
1. O Banco dispõe de um capital de € 1 000 000, que pode ser aumentado, designadamente, por incorporação de reservas, deliberada pelo conselho de administração.[1]

2. A deliberação do aumento de capital deve ser autorizada pelo Ministro das Finanças.

ARTIGO 5.º
1. O Banco tem uma reserva sem limite máximo, constituída por transferência de 10% do resultado de cada exercício, apurado nos termos do artigo 53.º.

2. Além da reserva referida no número anterior, pode o conselho de administração criar outras reservas e provisões, designadamente para cobrir riscos de depreciação ou prejuízos a que determinadas espécies de valores ou operações estejam particularmente sujeitas.

CAPÍTULO III
Emissão monetária

ARTIGO 6.º
1. Nos termos do artigo 106.º do Tratado que institui a Comunidade Europeia, o Banco emite notas com curso legal e poder liberatório.[1]

2. O Banco põe em circulação as moedas metálicas, incluindo as comemorativas.

3. As moedas metálicas são postas em circulação por intermédio e sob requisição do Banco.

ARTIGO 7.º
1. O Banco procederá à apreensão de todas as notas que lhe sejam apresentadas suspeitas de contrafacção ou de falsificação ou alteração do valor facial, lavrando auto do qual conste a identificação das notas e do portador, bem como os fundamentos da suspeita.

2. O auto referido no número anterior será remetido à Polícia Judiciária, para efeito do respectivo procedimento.

3. O Banco pode recorrer directamente a qualquer autoridade, ou agente desta, para os fins previstos neste artigo.

ARTIGO 8.º [2]
1 – As notas e moedas metálicas expressas em euros e em moeda estrangeira cuja falsidade seja manifesta ou haja motivo bastante para ser presumida, quando apresentadas a instituições de crédito ou sociedades financeiras no âmbito da respectiva actividade, designadamente para efeitos de câmbio, devem ser retidas e sem demora enviadas às autoridades para tanto designadas em instruções do Banco de Portugal e com observância do mais que por este for determinado.

2 – O disposto no número anterior é aplicável a outras entidades habilitadas a realizar operações de câmbio manual de moeda.

ARTIGO 9.º [2]
1 – A reprodução de notas expressas em euros, total ou parcial, e qualquer que seja o processo técnico utilizado, bem

---

[1] *Redacção introduzida pelo Decreto-Lei n.º 118/2001, de 17 de Abril.*

[1] *Redacção introduzida pelo Decreto-Lei n.º 118/2001, de 17 de Abril.*
[2] *Redacção introduzida pelo Decreto-Lei n.º 50/2004, de 10 de Março.*

Regulação do Sector Financeiro – Sector Bancário

como a distribuição dessas reproduções, ainda que limitada a pessoas determinadas, só podem efectuar-se nos casos, termos e condições expressamente estabelecidos pelo Banco Central Europeu.

2 – Tratando-se de notas expressas em escudos, a reprodução e distribuição a que alude o número anterior só podem efectuar-se nos termos genérica ou casuisticamente permitidos pelo Banco de Portugal.

3 – É proibida a simples feitura ou detenção de chapas, matrizes, programas informáticos ou outros meios técnicos que permitam a reprodução de notas em contravenção ao disposto neste artigo.

Artigo 10.º [1]

1 – Constituem contra-ordenações, quando não integrem infracção criminal:

a) A infracção ao disposto no n.º 1 do artigo 8.º, correspondendo-lhe coima de € 1500 a € 3500 ou de € 3000 a € 35000, consoante o agente seja pessoa singular ou pessoa colectiva;

b) A infracção ao disposto no n.º 2 do artigo 8.º, correspondendo-lhe coima de € 1000 a (euro) 3000 ou de € 2500 a € 25000, consoante o agente seja pessoa singular ou pessoa colectiva;

c) A inobservância do disposto nos n.os 1 a 3 do artigo 9.º, que é punida com coima de € 2000 a € 3500 ou de € 3000 a € 30000, consoante o agente seja pessoa singular ou pessoa colectiva.

2 – Sendo as contra-ordenações definidas no presente artigo cometidas por pessoa singular no âmbito de trabalho subordinado, como membro de órgão de uma pessoa colectiva ou como representante legal ou voluntário de outrem, a entidade patronal, a pessoa colectiva ou o representado podem ser cumulativamente responsabilizados como infractores.

3 – A tentativa e a negligência são puníveis.

4 – Compete ao Banco o processamento das contra-ordenações previstas neste artigo, bem como a aplicação das correspondentes sanções.

5 – É subsidiariamente aplicável o regime geral das contra-ordenações.

Artigo 11.º [1]

Como sanção acessória das contra-ordenações previstas no artigo anterior, nos termos do regime referido no n.º 5 do mesmo artigo, o Banco de Portugal pode apreender e destruir as reproduções, chapas, matrizes, hologramas, programas informáticos e os demais meios técnicos, instrumentos e objectos mencionados no artigo 9.º.

CAPÍTULO IV
Funções de banco central

SECÇÃO I
Disposições gerais

Artigo 12.º

Compete especialmente ao Banco, sem prejuízo dos condicionalismos decorrentes da sua participação no SEBC:

a) Gerir as disponibilidades externas do País ou outras que lhe estejam cometidas;

b) Agir como intermediário nas relações monetárias internacionais do Estado;

c) Velar pela estabilidade do sistema financeiro nacional, assegurando, com essa finalidade, designadamente a função de refinanciador de última instância;

d) Aconselhar o Governo nos domínios económico e financeiro, no âmbito das suas atribuições.

Artigo 13.º

1. Compete ao Banco a recolha e elaboração das estatísticas monetárias, financeiras, cambiais e da balança de pagamentos designadamente no âmbito da sua colaboração com o BCE.

2. O Banco pode exigir a qualquer entidade, pública ou privada, que lhe sejam fornecidas directamente as informações necessárias para cumprimento do estabelecido no número anterior ou por motivos relacionados com as suas atribuições.

Artigo 14.º

Compete ao Banco regular, fiscalizar e promover o bom funcionamento dos sistemas de pagamentos, designadamente no âmbito da sua participação no SEBC.

SECÇÃO II
Política monetária e cambial

Artigo 15.º

No âmbito da sua participação no SEBC, compete ao Banco a orientação e fiscalização dos mercados monetário e cambial.

Artigo 16.º

1. Para orientar e fiscalizar os mercados monetário e cambial, cabe ao Banco, de acordo com as normas adaptadas pelo BCE:

a) Adoptar providências genéricas ou intervir, sempre que necessário, para garantir os objectivos da política monetária e cambial, em particular no que se refere ao comportamento das taxas de juro e de câmbio;

b) Receber as reservas de caixa das instituições a elas sujeitas e colaborar na execução de outros métodos operacionais de controlo monetário a que o BCE decida recorrer;

c) Estabelecer os condicionalismos a que devem estar sujeitas as disponibilidades e as responsabilidades sobre o exterior que podem ser detidas ou assumidas pelas instituições autorizadas a exercer o comércio de câmbios.

2. Sem prejuízo das sanções legalmente previstas, o Banco poderá adoptar as medidas que se mostrem necessárias à prevenção ou cessação de actuações contrárias ao que for determinado nos termos do número anterior e, bem assim, à correcção dos efeitos produzidos por tais actuações.

SECÇÃO III
Exercício da supervisão

Artigo 17.º

Compete ao Banco exercer a supervisão das instituições de crédito, sociedades financeiras e outras entidades que lhe estejam legalmente sujeitas, nomeadamente estabelecendo directivas para a sua actuação e para assegurar os serviços de

---

[1] *Redacção introduzida pelo Decreto-Lei n.º 50/2004, de 10 de Março.*

centralização de riscos de crédito, nos termos da legislação que rege a supervisão financeira.

SECÇÃO IV
Relações entre o Estado e o Banco

ARTIGO 18.º

1. É vedado ao Banco conceder descobertos ou qualquer outra forma de crédito ao Estado e serviços ou organismos dele dependentes, a outras pessoas colectivas de direito público e a empresas públicas ou quaisquer entidades sobre as quais o Estado, as Regiões Autónomas ou as autarquias locais possam exercer, directa ou indirectamente, influência dominante.

2. Fica igualmente vedado ao Banco garantir quaisquer obrigações do Estado ou de outras entidades referidas no número anterior, bem como a compra directa de títulos de dívida emitidos pelo Estado ou pelas mesmas entidades.

ARTIGO 19.º
O disposto no artigo anterior não se aplica:

a) A quaisquer instituições de crédito e sociedades financeiras, ainda que de capital público, as quais beneficiarão de tratamento idêntico ao da generalidade das mesmas instituições e sociedades;

b) Ao financiamento das obrigações contraídas pelo Estado perante o Fundo Monetário Internacional;

c) A detenção, por parte do Banco, de moeda metálica emitida pelo Estado e inscrita a crédito deste, na parte em que o seu montante não exceda 10% da moeda metálica em circulação.

SECÇÃO V
Relações monetárias internacionais

ARTIGO 20.º
O Banco de Portugal é a autoridade cambial da República Portuguesa.

ARTIGO 21.º

Como autoridade cambial, compete, em especial, ao Banco:

a) Autorizar e fiscalizar os pagamentos externos que, nos termos do Tratado Que Institui a Comunidade Europeia, disso careçam;

b) Definir os princípios reguladores das operações sobre ouro e divisas.

ARTIGO 22.º

1. O Banco pode celebrar, em nome próprio ou em nome do Estado e por conta e ordem deste, com estabelecimentos congéneres, públicos ou privados, domiciliados no estrangeiro, acordos de compensação e pagamentos ou quaisquer contratos que sirvam as mesmas finalidades.

2. Tendo em vista a gestão das disponibilidades sobre o exterior, o Banco pode redescontar títulos da sua carteira, dar valores em garantia e realizar no exterior outras operações adequadas.

ARTIGO 23.º

De acordo com o BCE, o Banco pode participar no capital de instituições monetárias internacionais e fazer parte dos respectivos órgãos sociais.

SECÇÃO VI
Operações do Banco

ARTIGO 24.º

1. A fim de alcançar os objectivos e de desempenhar as atribuições do SEBC, o Banco pode efectuar as operações que se justifiquem na sua qualidade de banco central e, nomeadamente, as seguintes:

a) Redescontar e descontar letras, livranças, extractos de factura, warrants e outros títulos de crédito de natureza análoga;

b) Comprar e vender títulos da dívida pública em mercado secundário, sem prejuízo do disposto no n.º 2 do artigo 18.º;

c) Conceder empréstimos ou abrir crédito em conta corrente às instituições de crédito e sociedades financeiras, nas modalidades que considerar aconselháveis e sendo estas operações devidamente caucionadas;

d) Aceitar, do Estado, depósitos à vista;

e) Aceitar depósitos, à vista ou a prazo, das instituições de crédito, sociedades financeiras e outras instituições financeiras;

f) Aceitar depósitos de títulos, do Estado, pertencentes às instituições referidas na alínea anterior;

g) Efectuar todas as operações sobre ouro e divisas;

h) Emitir títulos ou realizar operações de reporte de títulos, com o objectivo de intervir no mercado monetário;

i) Efectuar outras operações bancárias que não sejam expressamente proibidas nesta lei orgânica.

2. O Banco pode, nas modalidades que considerar aconselháveis, abonar juros por depósitos à vista ou a prazo, nomeadamente nos seguintes casos:

a) Operações previstas nas alíneas d) e e) do número anterior;

b) Depósito obrigatório de reservas de caixa das instituições de crédito, sociedades financeiras e outras instituições sujeitas à sua supervisão;

c) Operações com instituições estrangeiras ou internacionais, no âmbito da cooperação internacional de carácter monetário, financeiro e cambial;

d) Reciprocidade prevista em acordos ou contratos bilaterais celebrados pelo Estado ou pelo Banco;

e) Expressa estipulação em acordos multilaterais de compensação e pagamentos.

ARTIGO 25.º

É, nomeadamente, vedado ao Banco:

a) Redescontar, no País, títulos de crédito da sua carteira comercial, representativos de operações realizadas nos termos da alínea a) do n.º 1 do artigo 24.º;

b) Conceder crédito a descoberto ou com garantias prestadas em termos que contrariem o estabelecido na presente lei orgânica;

c) Promover a criação de instituições de crédito, de sociedades financeiras ou de quaisquer outras sociedades, bem como participar no respectivo capital, salvo quando previsto na presente lei orgânica ou em lei especial ou por motivo de reembolso de créditos, mas nunca como sócio de responsabilidade ilimitada;

d) Ser proprietário de imóveis, além dos necessários ao desempenho das suas atribuições ou à prossecução de fins de natureza social, salvo por efeito de cessão de bens, dação em cumprimento, arrematação ou outro meio legal de cumprimento das obrigações ou destinado a assegurar esse cumprimento, devendo proceder, nestes casos, à respectiva alienação logo que possível.

Regulação do Sector Financeiro – Sector Bancário

CAPÍTULO V
Órgãos do Banco

SECÇÃO I
Disposições gerais

ARTIGO 26.º

São órgãos do Banco o governador, o conselho de administração, o conselho de auditoria e o conselho consultivo.

ARTIGO 27.º[1]

1 – O governador e os demais membros do conselho de administração são escolhidos de entre pessoas com comprovada idoneidade, capacidade e experiência de gestão, bem como domínio de conhecimento nas áreas bancária e monetária, e são nomeados por resolução do Conselho de Ministros, sob proposta do Ministro das Finanças.

2 – O governador e os demais membros do conselho de administração gozam de independência nos termos dos Estatutos do Sistema Europeu de Bancos Centrais e do Banco Central Europeu (SEBC/BCE), não podendo solicitar ou receber instruções das instituições comunitárias, dos órgãos de soberania ou de quaisquer outras instituições.

SECÇÃO II
Governador

ARTIGO 28.º

1. Compete ao governador:

a) Exercer as funções de membro do conselho e do conselho geral do BCE, nos termos do disposto no Tratado Que Institui a Comunidade Europeia e nos Estatutos do SEBC/ BCE;

b) Representar o Banco;

c) Actuar em nome do Banco junto de instituições estrangeiras ou internacionais;

d) Superintender na coordenação e dinamização da actividade do conselho de administração e convocar as respectivas reuniões;

e) Presidir a quaisquer reuniões de comissões emanadas do conselho de administração;

f) Rubricar os livros gerais, podendo fazê-lolo por chancela;

g) Exercer as demais competências que lhe estejam legalmente cometidas.

2. O governador, em acta do conselho de administração, pode, nos termos do n.º 2 do artigo 34.º, delegar nos vice-governadores ou em administradores parte da sua competência, bem como designar de entre eles quem possa substituí-lo no exercício das funções referidas na alínea a) do número anterior.

ARTIGO 29.º

Aos vice-governadores cabe, em geral, coadjuvar o governador e, nomeadamente, exercer as funções que por este lhes forem delegadas, sem prejuízo das demais competências que lhes estejam legalmente cometidas.

ARTIGO 30.º

1. Se estiverem em risco interesses sérios do País ou do Banco e não for possível reunir o conselho de administração, por motivo imperioso de urgência, por falta de quorum ou por qualquer outro motivo justificado, o governador tem competência própria para a prática de todos os actos necessários à prossecução dos fins cometidos ao Banco e que caibam na competência daquele conselho.

2. Perante terceiros, incluindo notários, conservadores de registos e outros titulares da função pública, a assinatura do governador, com invocação do previsto no número anterior, constitui presunção da impossibilidade de reunião do conselho de administração.

ARTIGO 31.º

1. O governador será substituído, nas suas faltas ou impedimentos, pelo modo e ordem seguintes:

a) Pelo vice-governador mais antigo ou, em igualdade de circunstâncias, pelo mais velho;

b) Pelo administrador mais antigo ou, em igualdade de circunstâncias, pelo mais velho.

2. A regra de substituição estabelecida no número anterior aplica-se aos casos de vacatura do cargo.

3. Perante terceiros, incluindo notários, conservadores de registos e outros titulares da função pública, a assinatura de um vice-governador ou de administrador, com invocação do previsto nos números anteriores, constitui presunção da pressuposta falta, impedimento ou vacatura.

ARTIGO 32.º

1. O governador tem voto de qualidade nas reuniões a que preside.

2. Exigem o voto favorável do governador as deliberações do conselho de administração ou de comissões executivas que, no parecer fundamentado do mesmo governador, possam afectar a sua autonomia de decisão enquanto membro do conselho e do conselho geral do BCE ou o cumprimento das obrigações do Banco enquanto parte integrante do SEBC.

SECÇÃO III
Conselho de administração

ARTIGO 33.º

1. O conselho de administração é composto pelo governador, que preside, por um ou dois vice-governadores e por três a cinco administradores.

2. Os membros do conselho de administração exercem os respectivos cargos por um prazo de cinco anos, renovável por uma vez e por igual período mediante resolução do Conselho de Ministros.[1]

3. Os membros do conselho de administração são inamovíveis, só podendo ser exonerados dos seus cargos caso se verifique alguma das circunstâncias previstas no n.º 2 do artigo 14.º dos Estatutos do SEBC/BCE.[1]

4. A exoneração a que se refere o número anterior é realizada por resolução do Conselho de Ministros, sob proposta do Ministro das Finanças.[1]

---

[1] *Redacção introduzida pelo Decreto-Lei n.º 39/2007, de 20 de Fevereiro.*

[1] *Redacção introduzida pelo Decreto-Lei n.º 39/2007, de 20 de Fevereiro.*

Lei n.º 5/98

5. Contra a resolução do Conselho de Ministros que o exonere, dispõe o governador do direito de recurso previsto no n.º 2 do artigo 14.º dos Estatutos do SEBC/BCE.[1]

6. O exercício de funções dos membros do conselho de administração cessa ainda por termo do mandato, por incapacidade permanente, por renúncia ou por incompatibilidade.[1]

ARTIGO 34.º

1. Compete ao conselho de administração a prática de todos os actos necessários à prossecução dos fins cometidos ao Banco e que não sejam abrangidos pela competência exclusiva de outros órgãos.

2. O conselho de administração pode delegar, por acta, poderes em um ou mais dos seus membros ou em trabalhadores do Banco e autorizar que se proceda à subdelegação desses poderes, estabelecendo, em cada caso, os respectivos limites e condições.

ARTIGO 35.º

1. O conselho de administração, sob proposta do governador, atribui aos seus membros pelouros correspondentes a um ou mais serviços do Banco.

2. A atribuição de um pelouro envolve delegação de poderes, com limites e em condições fixados no acto de atribuição.

3. A distribuição de pelouros não dispensa o dever, que a todos os membros do conselho de administração incumbe, de acompanhar e tomar conhecimento da generalidade dos assuntos do Banco e de propor providências relativas a qualquer deles.

ARTIGO 36.º

1. O conselho de administração reúne:

a) Ordinariamente, pelo menos uma vez por semana, salvo deliberação em contrário, proposta pelo governador e aceite por unanimidade dos membros em exercício;

b) Extraordinariamente, sempre que seja convocado pelo governador.

2. Para o conselho deliberar validamente é indispensável a presença da maioria absoluta dos membros em exercício.

3. Para efeito do disposto nos números anteriores, não são considerados em exercício os membros do conselho impedidos por motivo de serviço fora da sede ou por motivo de doença.

4. As deliberações do conselho são tomadas por maioria de votos dos membros presentes, não sendo permitidas abstenções.

ARTIGO 37.º

1. O conselho de administração pode criar as comissões executivas, permanentes ou eventuais, consideradas necessárias para a descentralização e bom andamento dos serviços.

2. O conselho de administração pode delegar nas comissões executivas parte dos poderes que lhe são conferidos.

ARTIGO 38.º

1. Nas actas do conselho de administração e das comissões executivas mencionam-se, sumariamente mas com clareza, todos os assuntos tratados nas respectivas reuniões.

2. As actas são assinadas por todos os membros do conselho de administração ou das comissões executivas que participaram na reunião e subscritas por quem a secretariou.

3. Os participantes na reunião podem ditar para a acta a súmula das suas intervenções, sendo-lhes ainda facultado votar «vencido» quanto às deliberações de que discordem.

ARTIGO 39.º [2]

Dos actos praticados pelo governador, vice-governadores, conselho de administração e demais órgãos do Banco, ou por delegação sua, no exercício de funções públicas de autoridade, cabem os meios de recurso ou acção previstos na legislação própria do contencioso administrativo, incluindo os destinados a obter a declaração de ilegalidade de normas regulamentares.

ARTIGO 40.º

Os membros do conselho de administração:

a) Têm direito à retribuição que for estabelecida anualmente por uma comissão de vencimentos composta pelo Ministro das Finanças ou um seu representante, que preside, pelo presidente do conselho de auditoria e por um antigo governador, designado para o efeito pelo conselho consultivo, não podendo a retribuição integrar qualquer componente variável;[1]

b) Gozam dos benefícios sociais atribuídos aos trabalhadores do Banco, nos termos que venham a ser concretizados pela comissão de vencimentos, salvo os relativos a benefícios decorrentes de planos complementares de reforma, aposentação, invalidez ou sobrevivência;[1]

c) Beneficiam do regime de protecção social de que gozavam à data da respectiva nomeação ou, na sua ausência, do regime geral da segurança social.[1]

SECÇÃO IV
Conselho de auditoria

ARTIGO 41.º [1]

1. O conselho de auditoria é composto por três membros designados pelo Ministro das Finanças.

2. Dos membros designados, um será presidente, com voto de qualidade, outro será um revisor oficial de contas e o terceiro será uma personalidade de reconhecida competência em matéria económica.

ARTIGO 42.º

1. Os membros do conselho de auditoria exercem as suas funções por um prazo de três anos, renovável por uma vez e por igual período mediante decisão do Ministro das Finanças, nos termos do n.o 1 do artigo anterior.[1]

2. As funções de membro do conselho de auditoria são acumuláveis com outras funções profissionais que se não mostrem incompatíveis.

---

[1] *Redacção introduzida pelo Decreto-Lei n.º 39/2007, de 20 de Fevereiro.*

[1] *Redacção introduzida pelo Decreto-Lei n.º 39/2007, de 20 de Fevereiro.*
[2] *Redacção introduzida pelo Decreto-Lei n.º 118/2001, de 17 de Abril.*

Regulação do Sector Financeiro – Sector Bancário

Artigo 43.º

1. Compete ao conselho de auditoria:

a) Acompanhar o funcionamento do Banco e o cumprimento das leis e regulamentos que lhe são aplicáveis;

b) Examinar as situações periódicas apresentadas pelo conselho de administração durante a sua gerência;

c) Emitir parecer acerca do orçamento, do balanço e das contas anuais de gerência;

d) Examinar a escrituração, as casas-fortes e os cofres do Banco, sempre que o julgar conveniente, com sujeição às inerentes regras de segurança;

e) Chamar a atenção do governador ou do conselho de administração para qualquer assunto que entenda dever ser ponderado e pronunciar-se sobre qualquer matéria que lhe seja submetida por aqueles órgãos.

2. O conselho de auditoria pode ser apoiado por serviços ou técnicos do Banco, de sua escolha.

Artigo 44.º

1. O conselho de auditoria reúne, ordinariamente, uma vez por mês e, extraordinariamente, sempre que seja convocado pelo presidente.

2. Para o conselho de auditoria deliberar validamente é indispensável a presença da maioria absoluta dos membros em exercício.

3. As deliberações do conselho de auditoria são tomadas por maioria de votos dos membros presentes, não sendo permitidas abstenções.

4. Aplica-se às actas do conselho de auditoria o regime do artigo 38.º.

5. Os membros do conselho de auditoria têm direito a remuneração mensal, fixada pelo Ministro das Finanças, a qual não pode integrar qualquer componente variável.[1]

Artigo 45.º

Os membros do conselho de auditoria podem participar, sem direito a voto, nas reuniões do conselho de administração, sendo obrigatória, nas reuniões ordinárias, a presença de um deles, por escala.

Artigo 46.º

Sem prejuízo da competência do conselho de auditoria, as contas do Banco são também fiscalizadas por auditores externos, nos termos do disposto no n.º 1 do artigo 27.º dos Estatutos do SEBC/ BCE.

SECÇÃO V
Conselho consultivo

Artigo 47.º

1. O conselho consultivo é composto pelo governador do Banco, que preside, e pelos seguintes membros:

a) Os vice-governadores;

b) Os antigos governadores;

c) Quatro personalidades de reconhecida competência em matérias económicofinanceiras e empresariais;

d) O presidente da Associação Portuguesa de Bancos;

e) O presidente do Instituto de Gestão do Crédito Público;

f) Um representante de cada uma das Regiões Autónomas dos Açores e da Madeira, a designar pelos respectivos órgãos de governo próprio;

g) O presidente do conselho de auditoria do Banco.

2. Os vogais mencionados na alínea c) são designados por resolução do Conselho de Ministros, sob proposta do Ministro das Finanças, pelo prazo de três anos, renovável por uma vez e por igual período.[1]

3. O exercício dos cargos dos membros do conselho consultivo não é remunerado, sem prejuízo do pagamento de ajudas de custo e de senhas de presença.[1]

4. Sempre que o considere conveniente, o presidente do conselho consultivo pode convidar a fazerem-se representar nas respectivas reuniões determinadas entidades ou sectores de actividade, bem como sugerir ao Governo a presença de elementos das entidades ou dos serviços públicos com competência nas matérias a apreciar, em qualquer caso sem direito a voto.

Artigo 48.º

Compete ao conselho consultivo pronunciar-se, não vinculativamente, sobre:

a) O relatório anual da actividade do Banco, antes da sua apresentação;

b) A actuação do Banco decorrente das funções que lhe estão cometidas;

c) Os assuntos que lhe forem submetidos pelo governador ou pelo conselho de administração.

Artigo 49.º

O conselho consultivo reúne, ordinariamente, uma vez por semestre e, extraordinariamente, sempre que for convocado pelo governador.

CAPÍTULO VI
Organização dos serviços

Artigo 50.º

O conselho de administração decide da orgânica e do modo de funcionamento dos serviços e elabora os regulamentos internos necessários.

Artigo 51.º

Compete às filiais, sucursais, delegações e agências, sob a direcção, fiscalização e superintendência do conselho de administração, o desempenho, nas respectivas áreas, das funções que lhes forem cometidas.

CAPÍTULO VII
Orçamento e contas

Artigo 52.º

1. Será elaborado anualmente um orçamento de exploração.

2. O orçamento de cada ano será comunicado ao Ministro das Finanças até 30 de Novembro do ano anterior.

---

[1] *Redacção introduzida pelo Decreto-Lei n.º 39/2007, de 20 de Fevereiro.*

Artigo 53.º

1. O resultado do exercício é apurado deduzindo-se ao total de proveitos e outros lucros imputáveis ao exercício as verbas correspondentes aos custos a seguir indicados: [1]

a) Custos operacionais e administrativos anuais;

b) Dotações anuais para constituição ou reforço de provisões destinadas à cobertura de riscos de depreciação de activos ou à ocorrência de outras eventualidades a que se julgue necessário prover, bem como de uma reserva especial relativa aos ganhos em operações de alienação de ouro, nos termos definidos pelo conselho de administração; [1]

c) Eventuais dotações especiais para o Fundo de Pensões;

d) Perdas e custos extraordinários.

2. O resultado do exercício, apurado nos termos do número anterior, é distribuído da forma seguinte:

a) 10% para a reserva legal;

b) 10% para outras reservas que o conselho de administração delibere;

c) O remanescente para o Estado, a título de dividendos, ou para outras reservas, mediante aprovação do Ministro das Finanças, sob proposta do conselho de administração.

Artigo 54.º

1. Até 31 de Março, e com referência ao último dia do ano anterior, o Banco envia ao Ministro das Finanças, para aprovação, o relatório, o balanço e as contas anuais de gerência, depois de discutidos e apreciados pelo conselho de administração e com o parecer do conselho de auditoria.

2. Na falta de despacho do Ministro das Finanças, o relatório, o balanço e as contas consideram-se aprovados decorridos 30 dias após a data do seu recebimento.

3. A publicação do relatório, balanço e contas é feita no Diário da República, no prazo de 30 dias após a sua aprovação.

4. Na sequência da apresentação do relatório, balanço e contas anuais de gerência, o governador informará a Assembleia da República, através da Comissão Permanente de Economia, Finanças e Plano, sobre a situação e orientações relativas à política monetária e cambial.

5. O Banco não está sujeito ao regime financeiro dos serviços e fundos autónomos da Administração Pública.

6. O Banco não está sujeito à fiscalização prévia do Tribunal de Contas nem à fiscalização sucessiva no que diz respeito às matérias relativas à sua participação no desempenho das atribuições cometidas ao SEBC.

7. O disposto no número anterior é aplicável aos fundos que funcionam junto do Banco ou em cuja administração ele participe.

Artigo 55.º [1]

O Banco publica mensalmente, e nos termos da alínea b) do n.º 3 do artigo 59.º, uma sinopse resumida do seu activo e passivo.

CAPÍTULO VIII
Trabalhadores

Artigo 56.º

1. Os trabalhadores do Banco estão sujeitos às normas do regime jurídico do contrato individual de trabalho.

2. O Banco pode celebrar instrumentos de regulamentação colectiva de trabalho, nos termos da lei geral, sendo para o efeito considerados como seus representantes legítimos os membros do conselho de administração ou os detentores de mandato escrito de que expressamente constem poderes para contratar.

3. Os trabalhadores do Banco gozam do regime de segurança social e dos outros benefícios sociais que decorrem dos instrumentos de regulamentação colectiva de trabalho do sector bancário.

Artigo 57.º

1. O conselho de administração, tendo em atenção a natureza específica das funções cometidas ao Banco, definirá a política de pessoal, após audição dos órgãos institucionais de representação dos trabalhadores.

2. Compete ao conselho organizar os instrumentos adequados à correcta execução e divulgação da política de pessoal, definida nos termos do número anterior.

Artigo 58.º

1. No âmbito das acções de natureza social do Banco, existe um fundo social com consignação de verbas que o conselho de administração delibere atribuir-lhe, de forma a assegurar o preenchimento das respectivas finalidades.

2. O fundo social é regido por regulamento aprovado pelo conselho de administração e é gerido por uma comissão nomeada pelo mesmo conselho, com poderes delegados para o efeito, e que incluirá representantes da comissão de trabalhadores do Banco.

CAPÍTULO IX
Disposições gerais e transitórias

Artigo 59.º

1. O Banco obriga-se pela assinatura do governador ou de dois outros membros do conselho de administração e de quem estiver legitimado nos termos do n.º 2 do artigo 28.º, dos n.ºs 1 e 2 do artigo 31.º ou do n.º 2 do artigo 34.º.

2. Os avisos do Banco de Portugal são assinados pelo governador e publicados na 2.ª série do *Diário da República*. [1]

3. Compete ao Banco editar um boletim oficial, onde serão publicados: [2]

a) As instruções do Banco;

b) Outros actos que por lei devam ser publicados.

---

[1] *Redacção introduzida pelo Decreto-Lei n.º 50/2004, de 10 de Março.*

[1] *Redacção introduzida pelo Decreto-Lei n.º 39/2007, de 20 de Fevereiro.*

[2] *Redacção introduzida pelo Decreto-Lei n.º 118/2001, de 17 de Abril.*

Regulação do Sector Financeiro – Sector Bancário

ARTIGO 60.º

Os membros do conselho de administração, do conselho de auditoria, do conselho consultivo e, bem assim, todos os trabalhadores do Banco estão sujeitos, nos termos legais, ao dever de segredo.

ARTIGO 61.º

1. Salvo quando em representação do Banco ou dos seus trabalhadores, é vedado aos membros do conselho de administração e aos demais trabalhadores fazer parte dos corpos sociais de outra instituição de crédito, sociedade financeira ou qualquer outra entidade sujeita à supervisão do Banco ou nestas exercer quaisquer funções.

2. Sem prejuízo de outras incompatibilidades ou impedimentos legalmente previstos, não podem os membros do conselho de administração exercer quaisquer funções remuneradas fora do Banco, salvo o exercício de funções docentes no ensino superior, desde que autorizado pelo Ministro das Finanças e não cause prejuízo ao exercício das suas funções, ou ser membros dos corpos sociais de qualquer sociedade, a menos que o façam em representação de interesses do Banco e devidamente autorizados pelo conselho de administração.[1]

ARTIGO 62.º

Sem prejuízo do disposto no artigo 39.º, compete aos tribunais judiciais o julgamento de todos os litígios em que o Banco seja parte, incluindo as acções para efectivação da responsabilidade civil por actos dos seus órgãos, bem como a apreciação da responsabilidade civil dos titulares desses órgãos para com o Banco.

ARTIGO 63.º

1. O plano de contas do Banco é aprovado pelo Ministro das Finanças, sob proposta do conselho de administração, ouvido o conselho de auditoria.

2. O Decreto-Lei nº 23/ 93, de 27 de Janeiro, mantém-se em vigor até à data da aprovação referida no número anterior.

ARTIGO 64.º

1. Em tudo o que não esteja previsto na presente lei e nos regulamentos adoptados em sua execução, o Banco, salvo o disposto no número seguinte, rege-se pelas normas da legislação reguladora da actividade das instituições de crédito, quando aplicáveis, e pelas demais normas e princípios de direito de privado, bem como, no que se refere aos membros dos órgãos de administração, pelo Estatuto do Gestor Público.[1]

2. No exercício de poderes públicos de autoridade, são aplicáveis ao Banco as disposições do Código do Procedimento Administrativo e quaisquer outras normas e princípios de âmbito geral respeitantes aos actos administrativos do Estado.[2]

3. Aos procedimentos de aquisição e alienação de bens e serviços do Banco é aplicável o regime das entidades públicas empresariais.[2]

4. O Banco está sujeito a registo comercial nos termos gerais, com as adaptações que se revelem necessárias.[2]

ARTIGO 65.º [2]

Mantêm-se em vigor até 28 de Fevereiro de 2002, data a partir da qual se considerarão revogados, os artigos 6.º a 9.º da Lei Orgânica do Banco de Portugal, com redacção do Decreto-Lei n.º 337/90, de 30 de Outubro, sem prejuízo da competência exclusiva do BCE para autorizar a emissão.

---

[1] *Redacção introduzida pelo Decreto-Lei n.º 39/2007, de 20 de Fevereiro.*

[1] *Redacção introduzida pelo Decreto-Lei n.º 39/2007, de 20 de Fevereiro.*

[2] *Redacção introduzida pelo Decreto-Lei n.º 118/2001, de 17 de Abril.*

Decreto-Lei n.º 298/92, de 31 de Dezembro, com as alterações introduzidas pelo Decreto-lei n.º 246/95, de 14 de Setembro, pelo Decreto-Lei n.º 232/96, de 5 de Dezembro, pelo Decreto-Lei n.º 222/99, de 22 de Junho, pelo Decreto-Lei n.º 250/2000, de 13 de Outubro, pelo Decreto-Lei n.º 285/2001, de 3 de Novembro, pelo Decreto-Lei n.º 201/2002, de 26 de Setembro, pelo Decreto-Lei n.º 319/2002, de 28 de Dezembro, pelo Decreto-Lei n.º 252/2003, de 17 de Outubro, pelo Decreto-Lei n.º 145/2006, de 31 de Julho, pelo Decreto-Lei n.º 104/2007, de 3 de Abril, pelo Decreto-Lei n.º 357-A/2007, de 31 de Outubro e pelo Decreto-Lei n.º 1/2008, de 3 de Janeiro – **Regime Geral das Instituições de Crédito e Sociedades Financeiras**

Decreto-Lei n.º 298/92

de 31 de Dezembro

A criação de um espaço integrado de serviços financeiros constitui um marco fundamental no processo de constituição do mercado único da Comunidade Europeia.

A integração financeira assenta em cinco pilares: a liberdade de estabelecimento das empresas financeiras; a liberdade de prestação de serviços pelas mesmas empresas; a harmonização e o reconhecimento mútuo das regulamentações nacionais; a liberdade de circulação de capitais; a união económica e monetária.

O sistema financeiro nacional tem vindo a ser objecto, ao longo da última década, de uma profunda e gradual transformação estrutural que corresponde a uma verdadeira revolução do seu quadro regulamentar e institucional e, bem assim, do respectivo regime de concorrência.

A rápida e sustentada dinâmica de crescimento económico dos últimos anos criou um contexto particularmente favorável à expansão e reforço da solidez das instituições de crédito, quer públicas, quer privadas, bem como ao desenvolvimento e sofisticação das operações de intermediação financeira.

Consolidada a liberalização do mercado interno e tendo as instituições de crédito reagido muito positivamente aos estímulos de um mais agressivo regime de concorrência, o ano de 1992 marca a entrada do processo de liberalização externa na fase de maturidade.

O compromisso de participação plena no processo de concretização da união económica e monetária na Europa foi acolhido no Programa do XII Governo Constitucional, aprovado pela Assembleia da República em 14 de Novembro de 1991. E com o ingresso do escudo no mecanismo das taxas de câmbio do Sistema Monetário Europeu em Abril último e o anúncio da liberalização completa dos movimentos de capitais, a partir do final do corrente ano, deram-se já os passos necessários para a concretização de dois dos pilares acima referidos.

Com o presente diploma concretizam-se os restantes pilares.

Com efeito, ao proceder-se à reforma da regulamentação geral do sistema financeiro português, com exclusão do sector de seguros e de fundos de pensões, transpõem-se também para a ordem jurídica interna os seguintes actos comunitários:

Directiva n.º 77/780/CEE do Conselho, de 12 de Dezembro de 1989, na parte que, a coberto das derrogações acordadas, ainda não fora acolhida na legislação nacional;

Directiva n.º 897/646/CEE do Conselho, de 15 de Dezembro de 1989 (Segunda Directiva de Coordenação Bancária);

Directiva n.º 92/30/CEE do Conselho, de 6 de Abril de 1992, sobre supervisão das instituições de crédito em base consolidada.

Indicam-se de seguida algumas das principais soluções acolhidas no diploma.

As empresas financeiras são repartidas entre instituições de crédito e sociedades financeiras, abandonando-se, deste modo, a anterior classificação tripartida entre instituições de crédito, instituições parabancárias e auxiliares de crédito. Com base nos critérios distintivos adoptados, procede-se a uma nova arrumação das espécies existentes de empresas financeiras. Assim, às anteriores categorias de instituições especiais de crédito vêm juntar-se as sociedades de investimento, as sociedades de locação financeira, as sociedades de factoring e as sociedades financeiras para aquisições a crédito (artigo 3.º).

Na delimitação do objecto ou âmbito de actividade dos bancos, foi acolhido, na sua quase amplitude máxima, o modelo da banca universal (artigo 4.º). A este propósito, haverá que ressalvar, designadamente, a realização de operações de bolsa, que continua a ser regulada no Código do Mercado de Valores Mobiliários.

Nos títulos II, III, e IV são previstas e reguladas várias situações relativas ao acesso à actividade das instituições de crédito. Em especial, cabe salientar a atribuição ao Banco de Portugal da competência para autorizar a constituição de instituições de crédito nos casos em que a decisão de autorização se deva pautar por critérios de natureza técnico-prudencial, com exclusão de quaisquer critérios de conveniência económica (artigo 16.º). No que respeita ao estabelecimento de sucursais e à prestação de serviços, o regime do diploma é delineado por forma a assegurar entre nós o mecanismo do chamado «passaporte comunitário», previsto pela Segunda Directiva de Coordenação Bancária.

Nos diversos capítulos do título VI prevê-se um conjunto de regras de conduta que devem guiar a actuação das instituições de crédito, seus administradores e empregados nas relações com os clientes. Enquanto no capítulo I são definidos os deveres gerais da conduta a observar pelas instituições de crédito e seus representantes, nos capítulos seguintes referem-se grupos específicos de normas de conduta, designadamente as relacionadas com o segredo profissional, defesa da concorrência e publicidade.

A preocupação de fazer assentar cada vez mais a actuação das instituições de crédito e outras empresas financeiras em

173

Regulação do Sector Financeiro – Sector Bancário

princípios de ética profissional e regras que protejam de forma eficaz a posição do «consumidor» de serviços financeiros não se manifesta apenas pela consagração expressa dos apontados deveres gerais de conduta e das demais normas referidas, mas explica ainda o incentivo que se pretende dar à elaboração de códigos deontológicos de conduta pelas associações representativas das entidades interessadas (artigo 77.º, n.ºs 2 a 4). Desta forma, a orientação que já consta do Código do Mercado de Valores Mobiliários, confinada aí às actividades de intermediação de valores mobiliários, é alargada às restantes actividades desenvolvidas pelas instituições de crédito e demais empresas financeiras.

As normas prudenciais constam principalmente do capítulo II do título VII.

Mantém-se a orientação do direito anterior no sentido de conferir ao Banco de Portugal amplos poderes de regulamentação técnica nesta matéria (artigo 99.º).

No entanto, o próprio diploma prevê e explicita diversas normas de natureza prudencial, das quais é possível destacar as relativas ao controlo da idoneidade dos detentores de participações qualificadas nas instituições de crédito (artigos 102.º e 103.º) e as que procuram assegurar a idoneidade, experiência, independência e disponibilidade dos membros do órgão de administração das mesmas instituições (artigos 30.º, 31.º e 33.º).

Na linha da orientação que tem vindo a ser seguida entre nós, a supervisão das instituições de crédito e das sociedades financeiras, em especial a sua supervisão prudencial, continua confiada ao Banco de Portugal. Ressalva-se, naturalmente, a competência fiscalizadora e supervisora da Comissão do Mercado de Valores Mobiliários na área das actividades de intermediação de valores mobiliários.

Relativamente à supervisão das instituições de crédito estabelecidas no nosso país e em outro ou outros Estados membros da Comunidade Europeia, dá-se corpo ao princípio da supervisão pelas autoridades do Estado de origem.

Nos artigos 130.º e seguintes estabelecem-se as bases necessárias para que seja possível passar a ser feita a supervisão das instituições de crédito em base consolidada de acordo com os princípios da Directiva n.º 92/30/CEE do Conselho, de 6 de Abril de 1992.

É mantida a orientação, tradicional entre nós, no sentido da existência de um regime especial de saneamento das instituições de crédito.

O novo regime apresenta-se, no entanto, a vários títulos, diferente do que se encontrava em vigor. Designadamente, e para além da atribuição à autoridade de supervisão prudencial das instituições de crédito da competência para tomar a iniciativa e para superintender nas medidas de saneamento, é de salientar que a nova lei passa a conter um elenco muito mais diversificado de medidas de intervenção, permitindo uma melhor adequação às necessidades de saneamento sentidas em cada caso. Com efeito, estabelece uma distinção entre medidas mais brandas, que não envolvem uma intervenção directa na instituição, destinadas a resolver perturbações ou crises financeiras menos graves, e medidas que já implicam uma intervenção directa na gestão da instituição de crédito, concretizada, em especial, pela nomeação de administradores provisórios (juntamente ou não com uma comissão de fiscalização).

Nos artigos 154.º e seguintes do título IX é criado e regulado um fundo de garantia de depósitos, do qual serão participantes obrigatórios todas as instituições de crédito que cap-

tem depósitos abrangidos pela garantia, com excepção das caixas de crédito agrícola mútuo pertencentes ao Sistema Integrado do Crédito Agrícola Mútuo, as quais continuarão a participar no seu fundo específico (artigo 156.º, n.º 3).

Trata-se de medida que se antevê da maior importância na defesa dos pequenos depositantes e, reflexamente, da estabilidade do sistema financeiro.

O título X contém o regime jurídico geral das sociedades financeiras. Dada a grande diversidade de espécies destas sociedades, naturalmente tal regime geral deverá ser completado pelas respectivas leis especiais (artigo 199.º).

Entre outros, poderão apontar-se como mais significativos os seguintes aspectos:

a) No respeitante à autorização de sociedades financeiras ou de sucursais de empresas congéneres estrangeiras, o diploma segue modelo equivalente ao estabelecido para as instituições de crédito;

b) Transpõe-se a Segunda Directiva de Coordenação Bancária, assegurando o «passaporte comunitário» às sociedades financeiras e empresas congéneres comunitárias que sejam filiais a pelo menos 90% de instituições de crédito e obedeçam aos restantes requisitos legais (artigos 184.º e 188.º);

c) Manda-se aplicar às sociedades financeiras o regime sobre o controlo da idoneidade dos detentores de participações qualificadas, concretizando-se deste modo a solução que já hoje consta do Código do Mercado dos Valores Mobiliários para os chamados «intermediários financeiros»;

d) Atribui-se papel importante à Comissão do Mercado de Valores Mobiliários sempre que estejam em causa actividades de intermediação no domínio dos mercados de valores mobiliários.

Finalmente o título XI estabelece o regime sancionatório. No plano penal, é tipificado como crime, punido com prisão até três anos, o exercício não autorizado da actividade de recepção, do público, por conta própria ou alheia, de depósitos ou outros fundos reembolsáveis. No plano do ilícito administrativo, a prevenção e repressão das condutas irregulares são prosseguidas no quadro do regime dos ilícitos de mera ordenação social, devidamente adaptado às características e necesssidades próprias do sector financeiro.

Foram ouvidos os Governos Regionais das Regiões Autónomas dos Açores e da Madeira.

Assim:

No uso da autorização legislativa concedida pela Lei n.º 9/ /92, de 3 de Julho, e nos termos das alíneas a) e b) do n.º 1 do artigo 201.º da Constituição, o Governo decreta o seguinte:

Artigo 1.º – É aprovado o Regime Geral das Instituições de Crédito e Sociedades Financeiras, adiante designado por Regime Geral, o qual faz parte integrante do presente decreto-lei.

Art. 2.º – O Regime Geral entra em vigor no dia 1 de Janeiro de 1993.

Art. 3.º – 1 – Até 31 de Dezembro de 1993, as instituições de crédito devem adaptar as acções representativas do seu capital ao disposto na alínea d) do n.º 1 do artigo 14.º do Regime Geral.

2 – As situações de desconformidade com o disposto nos n.os 1 e 3 do artigo 100.º e nos n.os 1 e 2 do artigo 113.º do Regime Geral verificadas em 1 de Janeiro de 1993 devem ser regularizadas no prazo máximo de um ano a contar daquela data.

3 – Relativamente às instituições de crédito que à data da publicação do presente diploma detenham uma participação

superior à mencionada no n.º 1 do artigo 101.º do Regime Geral, o prazo de três anos referido nesse preceito é substituído pelo de cinco anos a contar daquela data.

4 - Aos factos previstos nos artigos 210.º e 211.º do Regime Geral praticados antes da entrada em vigor deste Regime e já puníveis nos termos da legislação agora revogada é aplicável o disposto nos artigos 201.º a 232.º, sem prejuízo da aplicação da lei mais favorável.

5 - Aos processos pendentes em 1 de Janeiro de 1993 continua a aplicar-se a legislação substantiva e processual anterior, sem prejuízo da aplicação da lei mais favorável.

Art. 4.º Consideram-se autorizadas, para os efeitos dos artigos 174.º e seguintes do Regime Geral, as sociedades mediadoras do mercado monetário ou de câmbios que à data da entrada em vigor daquele Regime se encontrem registadas no Banco de Portugal, nos termos do n.º 1 do artigo 4.º do Decreto-Lei n.º 164/86, de 26 de Junho, na redacção dada pelo Decreto-Lei n.º 229-G/88, de 4 de Julho.

Art. 5.º - 1 - É revogada, a partir da data da entrada em vigor do Regime Geral, a legislação relativa às matérias nele reguladas, designadamente:

Decreto-Lei n.º 41403, de 27 de Novembro de 1957;
Decreto-Lei n.º 42641, de 12 de Novembro de 1959;
Decreto-Lei n.º 46302, de 27 de Abril de 1965;
Decreto-Lei n.º 46492, de 18 de Agosto de 1965;
Decreto-Lei n.º 46493, de 18 de Agosto de 1965;
Decreto-Lei n.º 47413, de 23 de Dezembro de 1966;
Decreto-Lei n.º 205/70, de 12 de Maio;
Decreto-Lei n.º 119/74, de 23 de Março;
Decreto-Lei n.º 540-A/74, de 12 de Outubro;
Decreto-Lei n.º 76-B/75, de 21 de Fevereiro;
Decreto-Lei n.º 183-B/76, de 10 de Março;
Decreto-Lei n.º 353-S/77, de 29 de Agosto;
Decreto-Lei n.º 372/77, de 5 de Setembro;
Decreto-Lei n.º 2/78, de 9 de Janeiro;
Decreto-Lei n.º 23/86, de 18 de Fevereiro;
Decreto-Lei n.º 24/86, de 18 de Fevereiro;
Decreto-Lei n.º 25/86, de 18 de Fevereiro;
Decreto-Lei n.º 318/89, de 23 de Setembro;
Decreto-Lei n.º 91/90, de 17 de Março;
Decreto-Lei n.º 333/90, de 29 de Outubro;
Portaria n.º 23-A/91, de 10 de Janeiro;
Decreto-Lei n.º 186/91, de 17 de Maio;
Decreto-Lei n.º 149/92, de 21 de Julho.

2 – Os artigos 1.º e 3.º do Decreto-Lei n.º 28/89, de 23 de Janeiro, consideram-se revogados na data de entrada em vigor da portaria a publicar ao abrigo do disposto no n.º 1 do artigo 95.º do Regime Geral.

3 – Os Decretos-Leis n.os 207/87, de 18 de Maio, e 228/87, de 11 de Junho, deixam de ser aplicáveis às instituições de crédito e às sociedades financeiras a partir da data de entrada em vigor do Regime Geral.

4 – As remissões feitas para preceitos revogados consideram-se efectuadas para as correspondentes normas do Regime Geral.

Visto e aprovado em Conselho de Ministros de 5 de Novembro de 1992. – *Aníbal António Cavaco Silva – Mário Fernando de Campos Pinto – Artur Aurélio Teixeira Rodrigues Consolado - Jorge Braga de Macedo - Álvaro José Brilhante Laborinho Lúcio.*

Promulgado em 31 de Dezembro de 1992.

Publique-se.

O Presidente da República, MÁRIO SOARES.

Referendado em 31 de Dezembro de 1992.

O Primeiro-Ministro, Aníbal António Cavaco Silva.

REGIME GERAL DAS INSTITUIÇÕES DE CRÉDITO E SOCIEDADES FINANCEIRAS

TÍTULO I
Disposições gerais

ARTIGO 1.º
Objecto do diploma

1 – O presente diploma regula o processo de estabelecimento e o exercício da actividade das instituições de crédito e das sociedades financeiras.

2 – As instituições de crédito sob a forma de empresa pública ficam sujeitas às normas do presente diploma que não sejam incompatíveis com a sua forma.

ARTIGO 2.º
Instituições de crédito

1 – São instituições de crédito as empresas cuja actividade consiste em receber do público depósitos ou outros fundos reembolsáveis, a fim de os aplicarem por conta própria mediante a concessão de crédito.[1]

2 – São também instituições de crédito as empresas que tenham por objecto a emissão de meios de pagamento sob a forma de moeda electrónica.[1]

ARTIGO 3.º
Espécies de instituições de crédito

São instituições de crédito:

a) Os bancos;
b) As caixas económicas;[1]
c) A Caixa Central de Crédito Agrícola Mútuo e as caixas de crédito agrícola mútuo;[1]
d) As instituições financeiras de crédito;[2]
e) As instituições de crédito hipotecário;[3]
f) As sociedades de investimento;[1]
g) As sociedades de locação financeira;[1]
h) As sociedades de factoring;[1]
i) As sociedades financeiras para aquisições a crédito;[1]
j) As sociedades de garantia mútua;[2]
l) As instituições de moeda electrónica;[2]
m) Outras empresas que, correspondendo à definição do artigo anterior, como tal sejam qualificadas pela lei.

---

[1] *Redacção introduzida pelo Decreto-Lei n.º 201/2002, de 26 de Setembro.*

[2] *Alínea introduzida pelo Decreto-Lei n.º 201/2002, de 26 de Setembro.*

[3] *Alínea introduzida pelo Decreto-Lei n.º 357-A/2007, de 31 de Outubro.*

Regulação do Sector Financeiro – Sector Bancário

ARTIGO 4.º
Actividade das instituições de crédito

1 – Os bancos podem efectuar as operações seguintes: [1]

a) Recepção de depósitos ou outros fundos reembolsáveis;

b) Operações de crédito, incluindo concessão de garantias e outros compromissos, locação financeira e factoring;

c) Operações de pagamento;

d) Emissão e gestão de meios de pagamento, tais como cartões de crédito, cheques de viagem e cartas de crédito;

e) Transacções, por conta própria ou da clientela, sobre instrumentos do mercado monetário e cambial, instrumentos financeiros a prazo, opções e operações sobre divisas, taxas de juro, mercadorias e valores mobiliários; [1]

f) Participações em emissões e colocações de valores mobiliários e prestação de serviços correlativos;

g) Actuação nos mercados interbancários;

h) Consultoria, guarda, administração e gestão de carteiras de valores mobiliários;

i) Gestão e consultoria em gestão de outros patrimónios;

j) Consultoria das empresas em matéria de estrutura do capital, de estratégia empresarial e de questões conexas, bem como consultoria e serviços no domínio da fusão e compra de empresas;

l) Operações sobre pedras e metais preciosos;

m) Tomada de participações no capital de sociedades;

n) Mediação de seguros; [2]

o) Prestação de informações comerciais;

p) Aluguer de cofres e guarda de valores;

q) Locação de bens móveis, nos termos permitidos às sociedades de locação financeira; [3]

r) Prestação dos serviços e exercício das actividades de investimento a que se refere o artigo 199.º-A, não abrangidos pelas alíneas anteriores; [2]

s) Outras operações análogas e que a lei lhes não proíba.

2 – As restantes instituições de crédito só podem efectuar as operações permitidas pelas normas legais e regulamentares que regem a sua actividade. [1]

ARTIGO 5.º
Sociedades financeiras

São sociedades financeiras as empresas que não sejam instituições de crédito e cuja actividade principal consista em exercer uma ou mais das actividades referidas nas alíneas b) a i) do n.º 1 do artigo anterior, excepto locação financeira e factoring.

ARTIGO 6.º
Espécies de sociedades financeiras

1 – São sociedades financeiras:

a) As sociedades financeiras de corretagem;

b) As sociedades corretoras;

c) As sociedades mediadoras dos mercados monetário ou de câmbios;

d) As sociedades gestoras de fundos de investimento;

e) As sociedades emitentes ou gestoras de cartões de crédito;

f) As sociedades gestoras de patrimónios;

g) As sociedades de desenvolvimento regional;

h) *[Revogada.]* [1]

i) As agências de câmbios; [2]

j) As sociedades gestoras de fundos de titularização de créditos; [1]

l) Outras empresas que sejam como tal qualificadas pela lei. [1]

2 – É também sociedade financeira a FINANGESTE – Empresa Financeira de Gestão e Desenvolvimento, S. A..

3 – Para os efeitos deste diploma, não se consideram sociedades financeiras as empresas de seguros e as sociedades gestoras de fundos de pensões. [2]

4 – Rege-se por legislação especial a actividade das casas de penhores.

ARTIGO 7.º
Actividade das sociedades financeiras

As sociedades financeiras só podem efectuar as operações permitidas pelas normas legais e regulamentares que regem a respectiva actividade.

ARTIGO 8.º
Princípio da exclusividade

1 – Só as instituições de crédito, com excepção das instituições de moeda electrónica, podem exercer a actividade de recepção, do público, de depósitos ou outros fundos reembolsáveis, para utilização por conta própria. [2]

2 – Só as instituições de crédito e as sociedades financeiras podem exercer, a título profissional, as actividades referidas nas alíneas b) a i) e r) do n.º 1 do artigo 4.º, com excepção da consultoria referida na alínea i). [2]

3 – O disposto no n.º 1 não obsta a que as seguintes entidades recebam do público fundos reembolsáveis, nos termos das disposições legais, regulamentares ou estatutárias aplicáveis:

a) Estado, incluindo fundos e institutos públicos dotados de personalidade jurídica e autonomia administrativa e financeira;

b) Regiões Autónomas e autarquias locais;

c) Banco Europeu de Investimentos e outros organismos internacionais de que Portugal faça parte e cujo regime jurídico preveja a faculdade de receberem do público, em território nacional, fundos reembolsáveis;

d) Empresas de seguros, no respeitante a operações de capitalização. [2]

4 – O disposto no n.º 2 não obsta ao exercício, a título profissional: [3]

a) Da recepção e transmissão de ordens e da consultoria para investimento em valores mobiliários, por consultores para investimento;

b) Da recepção e transmissão de ordens e da consultoria para investimento em instrumentos financeiros, por sociedades de consultoria para investimento;

---

[1] *Redacção introduzida pelo Decreto-Lei n.º 201/2002, de 26 de Setembro.*

[2] *Redacção introduzida pelo Decreto-Lei n.º 357-A/2007, de 31 de Outubro.*

[3] *Redacção introduzida pelo Decreto-Lei n.º 285/2001, de 3 de Novembro.*

---

[1] *Revogado pelo Decreto-Lei n.º 319/2002, de 28 de Dezembro.*

[2] *Redacção introduzida pelo Decreto-Lei n.º 201/2002, de 26 de Setembro.*

[3] *Redacção introduzida pelo Decreto-Lei n.º 357-A/2007, de 31 de Outubro.*

c) Da gestão de sistemas de negociação multilateral, por sociedades gestoras de sistema de negociação multilateral, bem como por sociedades gestoras de mercado regulamentado.

ARTIGO 9.º
Fundos reembolsáveis recebidos do público e concessão de crédito

1 – Para os efeitos do presente diploma, não são considerados como fundos reembolsáveis recebidos do público os fundos obtidos mediante emissão de obrigações, nos termos e limites do Código das Sociedades Comerciais, nem os fundos obtidos através da emissão de papel comercial, nos termos e limites da legislação aplicável.

2 – Para efeitos dos artigos anteriores, não são considerados como concessão de crédito:

a) Os suprimentos e outras formas de empréstimos e adiantamentos entre uma sociedade e os respectivos sócios;

b) A concessão de crédito por empresas aos seus trabalhadores, por razões de ordem social;

c) As dilações ou antecipações de pagamento acordadas entre as partes em contratos de aquisição de bens ou serviços;

d) As operações de tesouraria, quando legalmente permitidas, entre sociedades que se encontrem numa relação de domínio ou de grupo;

e) A emissão de senhas ou cartões para pagamento dos bens ou serviços fornecidos pela empresa emitente.

ARTIGO 10.º
Entidades habilitadas

1 – Estão habilitadas a exercer as actividades a que se refere o presente diploma as seguintes entidades:

a) Instituições de crédito e sociedades financeiras com sede em Portugal;

b) Sucursais de instituições de crédito e de instituições financeiras com sede no estrangeiro.

2 – As instituições de crédito e as instituições financeiras autorizadas noutros Estados membros da Comunidade Europeia podem prestar em Portugal, nos termos do presente diploma, serviços que se integrem nas mencionadas actividades e que os prestadores estejam autorizados a efectuar no seu país de origem.[1]

ARTIGO 11.º
Verdade das firmas e denominações

1 – Só as entidades habilitadas como instituição de crédito ou como sociedade financeira poderão incluir na sua firma ou denominação, ou usar no exercício da sua actividade, expressões que sugiram actividade própria das instituições de crédito ou das sociedades financeiras, designadamente «banco», «banqueiro», «de crédito», «de depósitos», «locação financeira» «leasing» e «factoring».

2 – Estas expressões serão sempre usadas por forma a não induzirem o público em erro quanto ao âmbito das operações que a entidade em causa possa praticar.

ARTIGO 12.º
Decisões do Banco de Portugal

1 – Os recursos interpostos das decisões do Banco de Portugal, tomadas no âmbito do presente diploma, seguem, em tudo o que nele não seja especialmente regulado, os termos constantes da respectiva Lei Orgânica.[1]

2 – Nos recursos referidos no número anterior e nos de outras decisões tomadas no âmbito da legislação específica que rege a actividade das instituições de crédito e das sociedades financeiras, presume-se, até prova em contrário, que a suspensão da eficácia determina grave lesão do interesse público.[1]

3 – Pelas decisões a que se refere o presente artigo, de que resultem danos para terceiros, a responsabilidade civil pessoal dos seus autores apenas pode ser efectivada mediante acção de regresso do Banco, salvo se a respectiva conduta constituir crime.[1]

ARTIGO 12.º-A [2]
Prazos

1 – Salvo norma especial em contrário, os prazos estabelecidos no presente diploma são contínuos, sem prejuízo do disposto no número seguinte.

2 – Os prazos de 30 dias ou de um mês estabelecidos no presente diploma para o exercício de competências conferidas ao Banco de Portugal interrompem-se sempre que o Banco solicite aos interessados elementos de informação que considere necessários à instrução do respectivo procedimento.

3 – A interrupção prevista no número anterior não poderá, em qualquer caso, exceder a duração total de 60 dias, seguidos ou interpolados.

ARTIGO 13.º
Outras definições

Para efeitos do presente diploma, entende-se por:[1]

1.º «Filial» a pessoa colectiva relativamente à qual outra pessoa colectiva, designada por empresa mãe, se encontre numa relação de domínio, considerando-se que a filial de uma filial é igualmente filial da empresa mãe de que ambas dependem;

2.º «Relação de domínio» a relação que se dá entre uma pessoa singular ou colectiva e uma sociedade quando:

a) Se verifique alguma das seguintes situações:

i) Deter a pessoa singular ou colectiva em causa a maioria dos direitos de voto;

ii) Ser sócio da sociedade e ter o direito de designar ou de destituir mais de metade dos membros do órgão de administração ou do órgão de fiscalização;

iii) Poder exercer influência dominante sobre a sociedade, por força de contrato ou de cláusula dos estatutos desta;

iv) Ser sócio da sociedade e controlar por si só, em virtude de acordo concluído com outros sócios desta, a maioria dos direitos de voto;

v) Deter participação não inferior a 20 % no capital da sociedade, desde que exerça efectivamente sobre esta uma influência dominante ou se encontrem ambas colocadas sob direcção única;

---

[1] *Redacção introduzida pelo Decreto-Lei n.º 201/2002, de 26 de Setembro.*

[1] *Redacção introduzida pelo Decreto-Lei n.º 201/2002, de 26 de Setembro.*

[2] *Aditado pelo Decreto-Lei n.º 201/2002, de 26 de Setembro.*

Regulação do Sector Financeiro – Sector Bancário

b) Considera-se, para efeitos da aplicação das subalíneas *i)*, *ii)* e *iv)*, que:

i) Aos direitos de voto, de designação ou de destituição do participante equiparam-se os direitos de qualquer outra sociedade dependente do dominante ou que com este se encontre numa relação de grupo, bem como os de qualquer pessoa que actue em nome próprio, mas por conta do dominante ou de qualquer outra das referidas sociedades;

ii) Dos direitos indicados no número anterior deduzem-se os direitos relativos às acções detidas por conta de pessoa que não seja o dominante ou outra das referidas sociedades, ou relativos às acções detidas em garantia, desde que, neste último caso, tais direitos sejam exercidos em conformidade com as instruções recebidas, ou a posse das acções seja operação corrente da empresa detentora em matéria de empréstimos e os direitos de voto sejam exercidos no interesse do prestador da garantia;

c) Para efeitos da aplicação das subalíneas i) e iv) da alínea a), deverão ser deduzidos, à totalidade dos direitos de voto correspondentes ao capital da sociedade dependente, os direitos de voto relativos à participação detida por esta sociedade, por uma sua filial ou por uma pessoa em nome próprio mas por conta de qualquer destas sociedades;

3.º «Sociedades em relação de grupo» as sociedades coligadas entre si nos termos em que o Código das Sociedades Comerciais caracteriza este tipo de relação, independentemente de as respectivas sedes se situarem em Portugal ou no estrangeiro;

4.º «Instituição financeira» a empresa que, não sendo uma instituição de crédito, e encontrando-se sediada fora do território nacional mas noutro Estado membro da União Europeia, tenha como actividade principal tomar participações ou exercer uma ou mais das actividades referidas nos n.ºs 2 a 12 da lista anexa à Directiva n.º 2006/48/CE, do Parlamento Europeu e do Conselho, de 14 de Junho, ou, tendo a sede em país terceiro, exerça, a título principal, uma ou mais das actividades equivalentes às referidas no artigo 5.º;[1]

5.º «Sucursal» o estabelecimento de uma empresa desprovido de personalidade jurídica e que efectue directamente, no todo ou em parte, operações inerentes à actividade da empresa;

6.º «Agência» a sucursal, no país, de instituição de crédito ou sociedade financeira com sede em Portugal ou sucursal suplementar de instituição de crédito ou instituição financeira com sede no estrangeiro;

7.º «Participação qualificada» a participação, directa ou indirecta, isolada ou conjunta, que por qualquer motivo possibilite ao seu detentor, por si mesmo ou em virtude de especiais relações existentes com os direitos de voto de outro participante, exercer influência significativa na gestão da entidade participada. Para os efeitos da presente definição, presume-se haver influência significativa na gestão sempre que o participante detenha pelo menos 5 % do capital ou dos direitos de voto da entidade participada. O Banco de Portugal só pode considerar ilidida esta presunção, tendo nomeadamente em conta os elementos apresentados pelo interessado, se a participação for inferior a 10 %. Em qualquer caso, considerar-se-ão equiparados aos direitos de voto do participante:[2]

a) Os detidos por pessoas ou sociedades referidas no n.º 2 do artigo 447.º do Código das Sociedades Comerciais;

b) Os detidos por outras pessoas ou entidades, em nome próprio ou alheio, mas por conta do participante;

c) Os detidos por sociedades dominadas pelo participante;

d) Os detidos por sociedades que se encontrem em relação de grupo com a sociedade participante;

e) Os detidos por terceiro com a qual o participante tenha celebrado acordo que obrigue a adoptar, através do exercício concertado dos respectivos direitos de voto, uma política comum em relação à gestão da sociedade em causa;

f) Os detidos por terceiro, por força de acordo celebrado com o participante ou com uma das sociedades referidas nas alíneas c) e d) e no qual se preveja transferência provisória desses direitos de voto;

g) Os inerentes a acções do participante entregues em garantia, excepto quando o credor detiver esses direitos e declarar a intenção de os exercer, caso em que serão considerados como próprios do credor;

h) Os inerentes a acções de que o participante detenha o usufruto;

i) Os que, por força de acordo, o participante ou uma das outras pessoas ou entidades referidas nas alíneas anteriores tenham o direito de adquirir por sua exclusiva iniciativa;

j) Os inerentes a acções depositadas junto do participante e que este possa exercer como entender na ausência de instruções específicas dos respectivos detentores;

8.º «Participação conjunta» qualquer participação que deva considerar-se detida por mais de uma pessoa, por força de situações de comunhão ou contitularidade de direitos ou em virtude da existência de especiais relações que permitam o exercício de uma influência comum na gestão da entidade participada;

9.º «País ou «Estado de origem» o país ou Estado no qual a instituição de crédito, a sociedade financeira ou a instituição financeira tenham sido autorizadas;[1]

10.º «País ou Estado de acolhimento» o país ou Estado no qual a instituição de crédito, a sociedade financeira ou a instituição financeira tenham sucursal ou prestem serviços;[1]

11.º «Autorização» o acto emanado das autoridades competentes e que confere o direito de exercer a actividade de instituição de crédito, de sociedade financeira ou de instituição financeira;[1]

12.º «Sociedade de serviços auxiliares» a sociedade cujo objecto principal tenha natureza acessória relativamente à actividade principal de uma ou mais instituições de crédito, nomeadamente a detenção ou gestão de imóveis ou a gestão de serviços informáticos;[1]

13.º «Relação de proximidade» a relação entre duas ou mais pessoas, singulares ou colectivas:[1]

a) Ligadas entre si através:

1) De uma participação, entendida como a detenção, directa ou indirecta, de percentagem não inferior a 20 % do capital ou dos direitos de voto de uma empresa; ou

2) De uma relação de domínio; ou

b) Ligadas a uma terceira pessoa através de uma relação de domínio.

---

[1] *Redacção introduzida pelo Decreto-Lei n.º 104/2007, de 3 de Abril.*
[2] *Redacção introduzida pelo Decreto-Lei n.º 201/2002, de 26 de Setembro.*

---

[1] *Redacção introduzida pelo Decreto-Lei n.º 201/2002, de 26 de Setembro.*

TÍTULO II
Autorização das instituições de crédito com sede em Portugal

CAPÍTULO I
Princípios gerais

ARTIGO 14.º
Requisitos gerais

1 – As instituições de crédito com sede em Portugal devem satisfazer as seguintes condições:

a) Corresponder a um dos tipos previstos na lei portuguesa;

b) Adoptar a forma de sociedade anónima;

c) Ter por exclusivo objecto o exercício da actividade legalmente permitida nos termos do artigo 4.º;

d) Ter capital social não inferior ao mínimo legal, representado obrigatoriamente por acções nominativas; [1]

e) Ter a sede principal e efectiva da administração situada em Portugal; [2]

f) Apresentar dispositivos sólidos em matéria de governo da sociedade, incluindo uma estrutura organizativa clara, com linhas de responsabilidade bem definidas, transparentes e coerentes; [1]

g) Organizar processos eficazes de identificação, gestão, controlo e comunicação dos riscos a que está ou possa vir a estar exposta; [1]

h) Dispor de mecanismos adequados de controlo interno, incluindo procedimentos administrativos e contabilísticos sólidos. [1]

2 – Na data da constituição, o capital social deve estar inteiramente subscrito e realizado em montante não inferior ao mínimo legal.

ARTIGO 15.º
Composição do órgão de administração

1 – O órgão de administração das instituições de crédito deve ser constituído por um mínimo de três membros, com poderes de orientação efectiva da actividade da instituição.

2 – A gestão corrente da instituição será confiada a, pelo menos, dois dos membros do órgão de administração.

CAPÍTULO II
Processo de autorização

ARTIGO 16.º
Autorização

1 – Sem prejuízo do disposto no n.º 2, a constituição de instituições de crédito depende de autorização a conceder, caso a caso, pelo Banco de Portugal. [3]

2 – Compete ao Ministro das Finanças autorizar a constituição de instituições de crédito que sejam filiais de instituições de crédito que tenham a sua sede principal e efectiva de administração em países que não sejam membros da Comunidade Europeia, ou que sejam dominadas ou cujo capital ou os direitos de voto a este correspondentes sejam maioritariamente detidos por pessoas singulares não nacionais de Estados membros da Comunidade Europeia ou por pessoas colectivas que tenham a sua sede principal e efectiva de administração em países que não sejam membros da mesma Comunidade, podendo esta competência ser delegada no Banco de Portugal. [1]

3 – A autorização concedida é sempre comunicada à Comissão Europeia. [1]

4 – Se a instituição de crédito se encontrar nas situações a que se refere o n.º 2, a comunicação prevista no número anterior deve especificar a estrutura do grupo a que pertence e é ainda comunicada às autoridades competentes dos outros Estados membros.[2]

5 – Das condições de autorização de uma instituição de crédito prevista no número anterior não poderá resultar tratamento mais favorável que aquele de que beneficiam as restantes instituições de crédito. [1]

6 – Por decisão da Comissão ou do Conselho da União Europeia, nos termos previstos na Directiva n.º 2006/48/CE, do Parlamento Europeu e do Conselho, de 14 de Junho, podem ser limitadas as autorizações para a constituição de instituições de crédito referidas no n.º 2, ou suspensas as apreciações dos respectivos pedidos de autorização, ainda que já apresentados.[3]

ARTIGO 17.º
Instrução do pedido

1 – O pedido de autorização será instruído com os seguintes elementos:

a) Caracterização do tipo de instituição a constituir e projecto de contrato de sociedade;

b) Programa de actividades, implantação geográfica, estrutura orgânica e meios humanos, técnicos e materiais que serão utilizados, bem como contas previsionais para cada um dos primeiros três anos de actividade;

c) Identificação dos accionistas fundadores, com especificação do capital por cada um subscrito;

d) Exposição fundamentada sobre a adequação da estrutura accionista à estabilidade da instituição;

e) Declaração de compromisso de que no acto da constituição, e como condição dela, se mostrará depositado numa instituição de crédito o montante do capital social exigido por lei;

f) Dispositivos sólidos em matéria de governo da sociedade, incluindo uma estrutura organizativa clara, com linhas de responsabilidade bem definidas, transparentes e coerentes, processos eficazes de identificação, gestão, controlo e comunicação dos riscos a que está ou possa vir a estar exposta e mecanismos adequados de controlo interno, incluindo procedimentos administrativos e contabilísticos sólidos, sendo que os dispositivos, procedimentos e mecanismos referidos devem ser completos e proporcionais à natureza, nível e complexidade das actividades de cada instituição de crédito.[4]

---

[1] *Redacção introduzida pelo Decreto-Lei n.º 357-A/2007, de 31 de Outubro.*

[2] *Redacção introduzida pelo Decreto-Lei n.º 232/96, de 5 de Dezembro.*

[3] *Redacção introduzida pelo Decreto-Lei n.º 201/2002, de 26 de Setembro.*

[1] *Redacção introduzida pelo Decreto-Lei n.º 201/2002, de 26 de Setembro.*

[2] *Redacção introduzida pelo Decreto-Lei n.º 145/2006, de 31 de Julho.*

[3] *Redacção introduzida pelo Decreto-Lei n.º 357-A/2007, de 31 de Outubro.*

[4] *Redacção introduzida pelo Decreto-Lei n.º 104/2007, de 3 de Abril.*

Regulação do Sector Financeiro – Sector Bancário

2 – Devem ainda ser apresentadas as seguintes informações relativas a accionistas fundadores que sejam pessoas colectivas detentoras de participações qualificadas na instituição a constituir:

a) Contrato de sociedade ou estatutos e relação dos membros do órgão de administração;

b) Balanço e contas dos últimos três anos;

c) Relação dos sócios da pessoa colectiva participante que nesta sejam detentoras de participações qualificadas;

d) Relação das sociedades em cujo capital a pessoa colectiva participante detenha participações qualificadas, bem como exposição ilustrativa da estrutura do grupo a que pertença.

3 – A apresentação de elementos referidos no número anterior poderá ser dispensada quando o Banco de Portugal deles já tenha conhecimento.

4 – O Banco de Portugal poderá solicitar aos requerentes informações complementares e levar a efeito as averiguações que considere necessárias.

Artigo 18.º
Filiais de instituições autorizadas no estrangeiro

1 – A autorização para constituir uma instituição de crédito que seja filial de instituição de crédito autorizada em país estrangeiro, ou que seja filial da empresa mãe de instituição nestas condições, depende de consulta prévia à autoridade de supervisão do país em causa. [1]

2 – O disposto no número anterior é igualmente aplicável quando a instituição a constituir for dominada pelas mesmas pessoas singulares ou colectivas que dominem uma instituição de crédito autorizada noutro país. [1]

3 – O disposto no n.º 1 é também aplicável quando a instituição a constituir for filial de empresa de seguros autorizada em país estrangeiro, ou seja filial da empresa mãe de empresa nestas condições ou for dominada pelas mesmas pessoas singulares ou colectivas que dominem uma empresa de seguros autorizada noutro país. [2]

Artigo 19.º
Decisão

1 – A decisão deve ser notificada aos interessados no prazo de seis meses a contar da recepção do pedido ou, se for o caso, a contar da recepção das informações complementares solicitadas aos requerentes, mas nunca depois de decorridos 12 meses sobre a data da entrega inicial do pedido.

2 – A falta de notificação nos prazos referidos no número anterior constitui presunção de indeferimento tácito do pedido.

Artigo 20.º
Recusa de autorização

1 – A autorização será recusada sempre que:

a) O pedido de autorização não estiver instruído com todas as informações e documentos necessários;

b) A instrução do pedido enfermar de inexactidões ou falsidades;

c) A instituição a constituir não corresponder ao disposto no artigo 14.º;

d) O Banco de Portugal não considerar demonstrado que todos os accionistas satisfazem os requisitos estabelecidos no artigo 103.º; [1]

e) A instituição de crédito não dispuser de meios técnicos e recursos financeiros suficientes para o tipo e volume das operações que pretenda realizar;

f) A adequada supervisão da instituição a constituir seja inviabilizada por uma relação de proximidade entre a instituição e outras pessoas; [1]

g) A adequada supervisão da instituição a constituir seja inviabilizada pelas disposições legais ou regulamentares de um país terceiro a que esteja sujeita alguma das pessoas com as quais a instituição tenha uma relação de proximidade ou por dificuldades inerentes à aplicação de tais disposições. [2]

2 – Se o pedido estiver deficientemente instruído, o Banco de Portugal, antes de recusar a autorização, notificará os requerentes, dando-lhes prazo razoável para suprir a deficiência.

Artigo 21.º
Caducidade da autorização

1 – A autorização caduca se os requerentes a ela expressamente renunciarem ou se a instituição não iniciar a sua actividade no prazo de 12 meses. [1]

2 – O Banco de Portugal poderá, a pedido dos interessados, prorrogar o prazo referido no número anterior por igual período. [1]

3 – A autorização caduca ainda se a instituição for dissolvida, sem prejuízo da prática dos actos necessários à respectiva liquidação. [1]

Artigo 22.º
Revogação da autorização

1 – A autorização da instituição pode ser revogada com os seguintes fundamentos, além de outros legalmente previstos:

a) Se tiver sido obtida por meio de falsas declarações ou outros expedientes ilícitos, independentemente das sanções penais que ao caso couberem;

b) Se deixar de se verificar algum dos requisitos estabelecidos no artigo 14.º;

c) Se a actividade da instituição de crédito não corresponder ao objecto estatutário autorizado;

d) Se a instituição cessar actividade ou a reduzir para nível insignificante por período superior a 12 meses;

e) Se se verificarem irregularidades graves na administração, organização contabilística ou fiscalização interna da instituição;

f) Se a instituição não puder honrar os seus compromissos, em especial quanto à segurança dos fundos que lhe tiverem sido confiados;

g) Se a instituição não cumprir as obrigações decorrentes da sua participação no Fundo de Garantia de Depósitos ou no Sistema de Indemnização aos Investidores; [3]

h) Se a instituição violar as leis e os regulamentos que disciplinam a sua actividade ou não observar as determinações

---

[1] *Redacção introduzida pelo Decreto-Lei n.º 201/2002, de 26 de Setembro.*

[2] *Redacção introduzida pelo Decreto-Lei n.º 145/2006, de 31 de Julho.*

---

[1] *Redacção introduzida pelo Decreto-Lei n.º 201/2002, de 26 de Setembro.*

[2] *Redacção introduzida pelo Decreto-Lei n.º 232/96, de 5 de Dezembro.*

[3] *Redacção introduzida pelo Decreto-Lei n.º 222/99, de 22 de Junho.*

do Banco de Portugal, por modo a pôr em risco os interesses dos depositantes e demais credores ou as condições normais de funcionamento do mercado monetário, financeiro ou cambial.

2 – A revogação da autorização concedida a uma instituição que tenha sucursais em outros Estados membros da Comunidade Europeia será precedida de consulta às autoridades de supervisão desses Estados, podendo, porém, em casos de extrema urgência, substituir-se a consulta por simples informação, acompanhada de justificação do recurso a este procedimento simplificado.

3 – A revogação da autorização implica dissolução e liquidação da instituição de crédito, salvo se, no caso indicado na alínea d) do n.º 1, o Banco de Portugal o dispensar. [1]

ARTIGO 23.º
Competência e forma da revogação

1 – A revogação da autorização é da competência do Banco de Portugal.

2 – A decisão de revogação deve ser fundamentada, notificada à instituição de crédito e comunicada à Comissão Europeia e às autoridades de supervisão dos Estados membros da Comunidade Europeia onde a instituição tenha sucursais ou preste serviços. [1]

3 – O Banco de Portugal dará à decisão de revogação a publicidade conveniente e tomará as providências necessárias para o imediato encerramento de todos os estabelecimentos da instituição, o qual se manterá até ao início de funções dos liquidatários.

4 – *[Revogado.]* [2]

ARTIGO 23.º-A [3]
Instrução do processo e revogação da autorização em casos especiais

No caso de instituições de crédito referidas no n.º 2 do artigo 16.º, o disposto nos artigos 17.º a 23.º é aplicável com as seguintes adaptações:

a) O pedido de autorização é entregue no Banco de Portugal;

b) A autorização será precedida de parecer do Banco de Portugal, que poderá solicitar informações complementares e efectuar as averiguações que considere necessárias;

c) O Banco de Portugal remeterá o seu parecer ao Ministério das Finanças no prazo de três meses;

d) Tratando-se de instituição cujo local projectado para a sede se situe em Região Autónoma, o Banco de Portugal enviará cópia do processo e do seu parecer ao Governo Regional, que terá o prazo de um mês para se pronunciar;

e) A revogação da autorização compete ao Ministro das Finanças, ou, existindo a delegação prevista no n.º 2 do artigo 16.º, ao Banco de Portugal;

f) A revogação será precedida de audição do Banco de Portugal, se não se verificar a delegação de competência a que se refere o número anterior, e, se for caso disso, do Governo Regional competente.

ARTIGO 24.º
Âmbito de aplicação

[Revogado.] [1]

ARTIGO 25.º
Competência

[Revogado.] [1]

ARTIGO 26.º
Instrução do processo

[Revogado.] [1]

ARTIGO 27.º
Requisitos especiais da autorização

[Revogado.] [1]

ARTIGO 28.º
Revogação da autorização

[Revogado.] [1]

ARTIGO 29.º
Caixas económicas e caixas de crédito agrícola mútuo

O disposto nas alíneas b) e d) do n.º 1 do artigo 14.º e no presente capítulo não é aplicável às caixas económicas e às caixas de crédito agrícola mútuo.

ARTIGO 29.º-A [2]
Intervenção da Comissão do Mercado de Valores Mobiliários

1 – Sempre que o objecto da instituição de crédito compreender alguma actividade de intermediação de instrumentos financeiros, o Banco de Portugal, antes de decidir sobre o pedido de autorização, solicita informações à Comissão do Mercado de Valores Mobiliários sobre a idoneidade dos accionistas. [3]

2 – Se for caso disso, a Comissão prestará as aludidas informações no prazo de dois meses.

3 – A revogação da autorização de instituição de crédito referida no n.º 1 deverá ser imediatamente comunicada à Comissão.

ARTIGO 29.º-B [4]
Intervenção do Instituto de Seguros de Portugal

1 – A concessão da autorização para constituir uma instituição de crédito filial de uma empresa de seguros sujeita à supervisão do Instituto de Seguros de Portugal, ou filial da empresa mãe de uma empresa nestas condições, deve ser precedida de consulta àquela autoridade de supervisão.

2 – O disposto no número anterior é igualmente aplicável quando a instituição de crédito a constituir seja dominada pelas mesmas pessoas singulares ou colectivas que dominem uma empresa de seguros nas condições indicadas no número anterior.

---

[1] *Redacção introduzida pelo Decreto-Lei n.º 201/2002, de 26 de Setembro.*

[2] *Revogado pelo Decreto-Lei n.º 201/2002, de 26 de Setembro.*

[3] *Aditado pelo Decreto-Lei n.º 201/2002, de 26 de Setembro.*

[1] *Revogado pelo Decreto-Lei n.º 201/2002, de 26 de Setembro.*

[2] *Aditado pelo Decreto-Lei n.º 232/96, de 5 de Dezembro.*

[3] *Redacção introduzida pelo Decreto-Lei n.º 357-A/2007, de 31 de Outubro.*

[4] *Aditado pelo Decreto-Lei n.º 145/2006, de 31 de Julho.*

3 – Se for caso disso, o Instituto de Seguros de Portugal presta as informações no prazo de dois meses.

CAPÍTULO III
Administração e fiscalização

ARTIGO 30.º
Idoneidade dos membros dos órgãos de administração e fiscalização

1 – Dos órgãos de administração e fiscalização de uma instituição de crédito, incluindo os membros do conselho geral e os administradores não executivos, apenas poderão fazer parte pessoas cuja idoneidade e disponibilidade dêem garantias de gestão sã e prudente, tendo em vista, de modo particular, a segurança dos fundos confiados à instituição.[1]

2 – Na apreciação da idoneidade deve ter-se em conta o modo como a pessoa gere habitualmente os negócios ou exerce a profissão, em especial nos aspectos que revelem incapacidade para decidir de forma ponderada e criteriosa, ou a tendência para não cumprir pontualmente as suas obrigações ou para ter comportamentos incompatíveis com a preservação da confiança do mercado.

3 – Entre outras circunstâncias atendíveis, considera-se indiciador de falta de idoneidade o facto de a pessoa ter sido:

a) Declarada, por sentença nacional ou estrangeira, falida ou insolvente ou julgada responsável pela falência ou insolvência de empresa por ela dominada ou de que tenha sido administradora, directora ou gerente;

b) Administradora, directora ou gerente de empresa cuja falência ou insolvência, no País ou no estrangeiro, tenha sido prevenida, suspensa ou evitada por providências de recuperação de empresas ou outros meios preventivos ou suspensivos, ou detentora de uma posição de domínio em empresa nessas condições, desde que, em qualquer dos casos, tenha sido reconhecida pelas autoridades competentes a sua responsabilidade por essa situação;

c) Condenada, no País ou no estrangeiro, por crimes de falência dolosa, falência por negligência, favorecimento de credores, falsificação, furto, roubo, burla, frustração de créditos, extorsão, abuso de confiança, infidelidade, usura, corrupção, emissão de cheques sem provisão, apropriação ilegítima de bens do sector público ou cooperativo, administração danosa em unidade económica do sector público ou cooperativo, falsas declarações, recepção não autorizada de depósitos ou outros fundos reembolsáveis, branqueamento de capitais, abuso de informação, manipulação do mercado de valores mobiliários ou crimes previstos no Código das Sociedades Comerciais;

d) Condenada, no País ou no estrangeiro, pela prática de infracções às regras legais ou regulamentares que regem a actividade das instituições de crédito, sociedades financeiras ou instituições financeiras, a actividade seguradora e o mercado de valores mobiliários, quando a gravidade ou a reiteração dessas infracções o justifique.

4 – O Banco de Portugal, para os efeitos do presente artigo, troca informações com o Instituto de Seguros de Portugal e com a Comissão do Mercado de Valores Mobiliários, bem como com as autoridades de supervisão referidas no artigo 18.º.[1]

ARTIGO 31.º
Experiência profissional

1 – Os membros do órgão de administração a quem caiba assegurar a gestão corrente da instituição de crédito e os revisores oficiais de contas que integrem o órgão de fiscalização devem possuir experiência adequada ao desempenho das respectivas funções.[2]

2 – Presume-se existir experiência adequada quando a pessoa em causa tenha previamente exercido, de forma competente, funções de responsabilidade no domínio financeiro.

3 – A duração da experiência anterior e a natureza e o grau de responsabilidade das funções previamente exercidas devem estar em consonância com as características e dimensão da instituição de crédito de que se trate.

4 – A verificação do preenchimento do requisito de experiência adequada pode ser objecto de um processo de consulta prévia junto da autoridade competente.

ARTIGO 32.º
Falta de requisitos dos órgãos de administração ou fiscalização

1 – Se por qualquer motivo deixarem de estar preenchidos os requisitos legais ou estatutários do normal funcionamento do órgão de administração ou fiscalização, o Banco de Portugal fixará prazo para ser alterada a composição do órgão em causa.

2 – Não sendo regularizada a situação no prazo fixado, poderá ser revogada a autorização nos termos do artigo 22.º

ARTIGO 33.º
Acumulação de cargos

1 – O Banco de Portugal pode opor-se a que os membros dos órgãos de administração e do conselho geral das instituições de crédito exerçam funções de administração noutras sociedades, se entender que a acumulação é susceptível de prejudicar o exercício das funções que o interessado já desempenhe, nomeadamente por existirem riscos graves de conflito de interesses, ou, tratando-se de pessoas a quem caiba a gestão corrente da instituição, por se verificarem inconvenientes significativos no que respeita à sua disponibilidade para o cargo.[2]

2 – O disposto no número anterior não se aplica ao exercício cumulativo de cargos em órgãos de administração ou no conselho geral de instituições de crédito ou outras entidades que estejam incluídas no mesmo perímetro de supervisão em base consolidada.[2]

3 – No caso de funções a exercer em entidade sujeita a registo no Banco de Portugal, o poder de oposição exerce-se no âmbito do processo de registo regulado no artigo 69.º; nos demais casos, os interessados deverão comunicar ao Banco de Portugal a sua pretensão com a antecedência mínima de 30 dias sobre a data prevista para o início das novas funções, entendendo-se, na falta de decisão dentro desse prazo, que o Banco de Portugal não se opõe à acumulação.[2]

---

[1] *Redacção introduzida pelo Decreto-Lei n.º 357-A/2007 de 31 de Outubro.*

[1] *Redacção introduzida pelo Decreto-Lei n.º 145/2006 de 31 de Julho.*

[2] *Redacção introduzida pelo Decreto-Lei n.º 201/2002 de 26 de Setembro.*

CAPÍTULO IV
Alterações estatutárias e dissolução [1]

ARTIGO 34.º
Alterações estatutárias em geral

1 – Estão sujeitas a prévia autorização do Banco de Portugal as alterações dos contratos de sociedade das instituições de crédito relativas aos aspectos seguintes:

a) Firma ou denominação;
b) Objecto;
c) Local da sede, salvo se a mudança ocorrer dentro do mesmo concelho ou para concelho limítrofe;
d) Capital social, quando se trate de redução;
e) Criação de categorias de acções ou alteração das categorias existentes;
f) Estrutura da administração ou da fiscalização;
g) Limitação dos poderes dos órgãos de administração ou de fiscalização;
h) Dissolução.

2 – As alterações do objecto que impliquem mudança do tipo de instituição estão sujeitas ao regime definido nos capítulos i e ii do presente título, considerando-se autorizadas as restantes alterações se, no prazo de 30 dias a contar da data em que receber o respectivo pedido, o Banco de Portugal nada objectar.

ARTIGO 35.º
Fusão e cisão

1 – A fusão de instituições de crédito, entre si ou com sociedades financeiras, depende de autorização prévia do Banco de Portugal.

2 – Depende igualmente de autorização prévia do Banco de Portugal a cisão de instituições de crédito.

3 – Aplicar-se-á, sendo o caso disso, o regime definido nos capítulos i e ii do presente título.

ARTIGO 35.º-A [2]
Dissolução voluntária

1 – Deve ser comunicado ao Banco de Portugal qualquer projecto de dissolução voluntária de uma instituição de crédito, com a antecedência mínima de 90 dias em relação à data da sua efectivação.

2 – O disposto no número anterior é aplicável aos projectos de encerramento de sucursais de instituições de crédito com sede em países não membros da Comunidade Europeia.

TÍTULO III
Actividade no estrangeiro de instituições de crédito com sede em Portugal

CAPÍTULO I
Estabelecimento de sucursais e filiais [1]

ARTIGO 36.º
Requisitos do estabelecimento em país da Comunidade Europeia

1 – A instituição de crédito com sede em Portugal que pretenda estabelecer sucursal em Estado membro da Comunidade Europeia deve notificar previamente desse facto o Banco de Portugal, especificando os seguintes elementos:

a) País onde se propõe estabelecer a sucursal;
b) Programa de actividades, no qual sejam indicados, nomeadamente, o tipo de operações a realizar e a estrutura de organização da sucursal;
c) Endereço da sucursal no país de acolhimento;
d) Identificação dos responsáveis pela sucursal.

2 – A gestão corrente da sucursal deve ser confiada a um mínimo de dois gerentes, sujeitos a todos os requisitos exigidos aos membros do órgão de administração das instituições de crédito.

ARTIGO 37.º
Apreciação pelo Banco de Portugal

1 – No prazo de três meses a contar da recepção das informações referidas no artigo anterior, o Banco de Portugal comunicá-las-á à autoridade de supervisão do país de acolhimento, certificando também que as operações projectadas estão compreendidas na autorização, e informará do facto a instituição interessada.

2 – Será igualmente comunicado o montante dos fundos próprios e o rácio de solvabilidade da instituição, bem como uma descrição pormenorizada do sistema de garantia de depósitos de que a mesma instituição participe e que assegure a protecção dos depositantes da sucursal.

3 – Sempre que o programa de actividades compreender alguma actividade de intermediação de instrumentos financeiros, o Banco de Portugal, antes da comunicação à autoridade de supervisão do país de acolhimento, solicita parecer à Comissão do Mercado de Valores Mobiliários, devendo esta entidade pronunciar-se no prazo de um mês. [2]

ARTIGO 38.º
Recusa de comunicação

1 – Se existirem dúvidas fundadas sobre a adequação das estruturas administrativas ou da situação financeira da instituição, o Banco de Portugal recusará a comunicação.

2 – A decisão de recusa deve ser fundamentada e notificada à instituição interessada, no prazo referido no n.º 1 do artigo anterior. [1]

3 – Se o Banco de Portugal não proceder à comunicação no prazo referido no n.º 1 do artigo anterior, presume-se que foi recusada a comunicação.

---

[1] *A Epígrafe foi alterada pelo Decreto-Lei n.º 201/2002, de 26 de Setembro.*

[2] *Aditado pelo Decreto-Lei n.º 201/2002, de 26 de Setembro.*

[1] *A Epígrafe foi alterada pelo Decreto-Lei n.º 201/2002, de 26 de Setembro.*

[2] *Redacção introduzida pelo Decreto-Lei n.º 357-A/2007 de 31 de Outubro.*

Regulação do Sector Financeiro – Sector Bancário

4 – Serão comunicados à Comissão Europeia o número e a natureza dos casos em que tenha havido recusa.

ARTIGO 39.º
Âmbito da actividade

Observado o disposto nos artigos anteriores, a sucursal pode efectuar no país de acolhimento as operações constantes da lista anexa à Directiva n.º 2006/48/CE, do Parlamento Europeu e do Conselho, de 14 de Junho, que a instituição esteja autorizada a efectuar em Portugal e que estejam mencionadas no programa de actividades referido na alínea b) do n.º 1 do artigo 36.º. [1]

ARTIGO 40.º
Alteração dos elementos comunicados

1 – Em caso de modificação de alguns dos elementos referidos nas alíneas b), c) e d) do n.º 1 do artigo 36.º ou do sistema de garantia referido no n.º 2 do artigo 37.º, a instituição comunicá-la-á, por escrito, ao Banco de Portugal e à autoridade de supervisão do país onde tiver estabelecido a sucursal.

2 – É aplicável o disposto nos artigos 37.º e 38.º, reduzindo-se para um mês e para 15 dias os prazos previstos, respectivamente, nos n.os 1 e 3 do artigo 37.º. [2]

ARTIGO 41.º
Âmbito de aplicação

O disposto nos artigos 36.º a 40.º não é aplicável às caixas de crédito agrícola mútuo nem às caixas económicas que não revistam a forma de sociedade anónima, com excepção da Caixa Económica Montepio Geral. [3]

ARTIGO 42.º
Sucursais em países terceiros

1 – As instituições de crédito com sede em Portugal que pretendam estabelecer sucursais em países que não sejam membros da Comunidade Europeia observarão o disposto no artigo 36.º e no presente artigo.

2 – O Banco de Portugal poderá recusar a pretensão com fundado motivo, nomeadamente por as estruturas administrativas ou a situação financeira da instituição serem inadequadas ao projecto.

3 – A decisão será tomada no prazo de três meses, entendendo-se, em caso de silêncio, que a pretensão foi recusada.

4 – A decisão de recusa deve ser fundamentada e notificada à instituição interessada.

5 – A sucursal não poderá efectuar operações que a instituição não esteja autorizada a realizar em Portugal ou que não constem do programa de actividades referido na alínea b) do n.º 1 do artigo 36.º

ARTIGO 42.º-A [1]
Filiais em países terceiros

1 – As instituições de crédito com sede em Portugal que pretendam constituir quaisquer filiais em países que não sejam membros da Comunidade Europeia devem comunicar previamente os seus projectos ao Banco de Portugal, nos termos a definir por aviso.

2 – O Banco de Portugal poderá recusar a pretensão com fundado motivo, nomeadamente por a situação financeira da instituição ser inadequada ao projecto.

3 – A decisão será tomada no prazo de três meses, entendendo-se, em caso de silêncio, que a pretensão foi recusada.

CAPÍTULO II
Prestação de serviços

ARTIGO 43.º
Prestação de serviços em países comunitários

1 – A instituição de crédito com sede em Portugal que pretenda iniciar noutro Estado membro da União Europeia prestação de serviços constantes da lista anexa à Directiva n.º 2006/48/CE, do Parlamento Europeu e do Conselho, de 14 de Junho, que esteja autorizada a efectuar em Portugal e que não sejam prestados por meio de estabelecimento permanente que possua no país de residência do destinatário da prestação deve notificar previamente o Banco de Portugal, especificando as actividades que se propõe exercer nesse Estado.[2]

2 – No prazo máximo de um mês a contar da notificação referida no número anterior, o Banco de Portugal comunicá-la-á à autoridade de supervisão do Estado de acolhimento, certificando também que as operações projectadas estão compreendidas na autorização.

3 – A prestação de serviços referida no presente artigo deve fazer-se de harmonia com as normas reguladoras das operações sobre divisas.

CAPÍTULO III
Aquisição de participações qualificadas

ARTIGO 43.º-A [1]
Participações qualificadas em empresas com sede no estrangeiro

As instituições de crédito com sede em Portugal que pretendam adquirir, directa ou indirectamente, participações em instituições de crédito com sede no estrangeiro ou em instituições financeiras que representem 10 % ou mais do capital social da entidade participada ou 2 % ou mais do capital social da instituição participante devem comunicar previamente os seus projectos ao Banco de Portugal, nos termos a definir por aviso.

---

[1] *Redacção introduzida pelo Decreto-Lei n.º 104/2007, de 3 de Abril.*
[2] *Redacção introduzida pelo Decreto-Lei n.º 357-A/2007, de 31 de Outubro.*
[3] *Redacção introduzida pelo Decreto-Lei n.º 232/96, de 5 de Dezembro.*

[1] *Aditado pelo Decreto-Lei n.º 201/2002, de 26 de Setembro.*
[2] *Redacção introduzida pelo Decreto-Lei n.º 104/2007, de 3 de Abril.*

TÍTULO IV
Actividade em Portugal de instituições de crédito com sede no estrangeiro

CAPÍTULO I
Princípios gerais

ARTIGO 44.º
Aplicação da lei portuguesa

A actividade em território português de instituições de crédito com sede no estrangeiro deve observar a lei portuguesa, designadamente as normas reguladoras das operações com o exterior e das operações sobre divisas.

ARTIGO 45.º
Gerência

Os gerentes das sucursais ou dos escritórios de representação que as instituições de crédito que não estejam autorizadas em outros Estados membros da Comunidade Europeia mantenham em Portugal estão sujeitos a todos os requisitos de idoneidade e experiência que a lei estabelece para os membros do órgão de administração das instituições de crédito com sede em Portugal.

ARTIGO 46.º
Uso de firma ou denominação

1 – As instituições de crédito com sede no estrangeiro estabelecidas em Portugal poderão usar a firma ou denominação que utilizam no país de origem.

2 – Se esse uso for susceptível de induzir o público em erro quanto às operações que as instituições de crédito podem praticar, ou de fazer confundir as firmas ou denominações com outras que gozem de protecção em Portugal, o Banco de Portugal determinará que à firma ou denominação seja aditada uma menção explicativa apta a prevenir equívocos.

3 – Na actividade em Portugal, as instituições de crédito com sede em países da Comunidade Europeia e não estabelecidas em Portugal poderão usar a sua firma ou denominação de origem, desde que não se suscitem dúvidas quanto ao regime que lhes é aplicável e sem prejuízo do disposto no n.º 2.

4 – *[Revogado.]* [1]

ARTIGO 47.º
Revogação e caducidade da autorização no país de origem

Se o Banco de Portugal for informado de que no país de origem foi revogada ou caducou a autorização de instituição de crédito que disponha de sucursal em território português ou aqui preste serviços, tomará as providências apropriadas para impedir que a entidade em causa inicie novas operações e para salvaguardar os interesses dos depositantes e de outros credores.

CAPÍTULO II
Sucursais

SECÇÃO I
Regime geral

ARTIGO 48.º
Âmbito de aplicação

O disposto na presente secção aplica-se ao estabelecimento em Portugal de sucursais de instituições de crédito autorizadas noutros Estados membros da Comunidade Europeia e sujeitas à supervisão das respectivas autoridades.

ARTIGO 49.º
Requisitos do estabelecimento

1 – É condição do estabelecimento da sucursal que o Banco de Portugal receba, da autoridade de supervisão do país de origem, uma comunicação da qual constem:

a) Programa de actividades, no qual sejam indicados, nomeadamente, o tipo de operações a efectuar e estrutura de organização da sucursal e, bem assim, certificado de que tais operações estão compreendidas na autorização da instituição de crédito;

b) Endereço da sucursal em Portugal;

c) Identificação dos responsáveis pela sucursal;

d) Montante dos fundos próprios da instituição de crédito;

e) Rácio de solvabilidade da instituição de crédito;

f) Descrição pormenorizada do sistema de garantia de depósitos de que a instituição de crédito participe e que assegure a protecção dos depositantes da sucursal;

g) Descrição pormenorizada do Sistema de Indemnização aos Investidores de que a instituição de crédito participe e que assegure a protecção dos investidores clientes da sucursal. [1]

2 – A gerência da sucursal deve ser confiada a uma direcção com o mínimo de dois gerentes com poderes bastantes para tratar e resolver definitivamente, no País, todos os assuntos que respeitem à sua actividade.

ARTIGO 50.º
Organização da supervisão

1 – Recebida a comunicação mencionada no artigo anterior, o Banco de Portugal disporá do prazo de dois meses para organizar a supervisão da sucursal relativamente às matérias da sua competência, após o que notificará a instituição de crédito da habilitação para estabelecer a sucursal, assinalando, se for caso disso, as condições em que, por razões de interesse geral, a sucursal deve exercer a sua actividade em Portugal.

2 – Tendo recebido a notificação do Banco de Portugal, ou, em caso de silêncio deste, decorrido o prazo previsto no número anterior, a sucursal pode estabelecer-se e, cumprido o disposto em matéria de registo, iniciar a sua actividade.

ARTIGO 51.º
Comunicação de alterações

1 – A instituição de crédito comunicará, por escrito, ao Banco de Portugal, com a antecedência mínima de um mês, qualquer alteração dos elementos referidos nas alíneas a), b), c) e f) do artigo 49.º

---

[1] *Revogado pelo Decreto-Lei n.º 201/2002, de 26 de Setembro.*

[1] *Redacção introduzida pelo Decreto-Lei n.º 222/99, de 22 de Junho.*

Regulação do Sector Financeiro – Sector Bancário

2 – É aplicável o disposto no n.º 1 do artigo anterior, reduzindo-se para um mês o prazo aí previsto.

ARTIGO 52.º
Operações permitidas

Observado que seja o disposto nos artigos anteriores, a sucursal pode efectuar em Portugal as operações constantes da lista anexa à Directiva n.º 2006/48/CE, do Parlamento Europeu e do Conselho, de 14 de Junho, que a instituição de crédito esteja autorizada a realizar no seu país de origem e que constem do programa de actividades referido na alínea a) do n.º 1 do artigo 49.º.º. [1]

ARTIGO 53.º
Irregularidades

1 – Quando se verificar que uma sucursal não observa as normas portuguesas relativas à supervisão da liquidez, à execução da política monetária ou ao dever de informação sobre operações efectuadas em território português, o Banco de Portugal determinar-lhe-á que ponha termo à irregularidade.

2 – Se a sucursal ou a instituição de crédito não adoptarem as medidas necessárias, o Banco de Portugal informará de tal facto a autoridade de supervisão do país de origem e solicitar-lhe-á que, com a maior brevidade, tome as providências apropriadas.

3 – Se a autoridade de supervisão do país de origem não tomar as providências solicitadas, ou estas forem inadequadas e a sucursal persistir na violação das normas aplicáveis, o Banco de Portugal poderá, após informar desse facto a autoridade de supervisão do país de origem, tomar as providências que entenda convenientes para prevenir ou reprimir novas irregularidades, designadamente obstando a que a sucursal inicie novas operações em Portugal.

4 – Serão comunicados à Comissão Europeia o número e a natureza dos casos em que tenham sido tomadas providências nos termos do número anterior. [1]

5 – Em caso de urgência, o Banco de Portugal pode, antes de encetar o procedimento previsto nos números anteriores, tomar todas as providências cautelares indispensáveis à protecção dos interesses dos depositantes, dos investidores ou de outras pessoas a quem a sucursal preste serviços, dando conhecimento dessas providências, com a maior brevidade, à autoridade de supervisão do país de origem e à Comissão da Comunidade.

6 – O disposto nos números anteriores não obsta a que as autoridades portuguesas competentes tomem todas as providências preventivas ou repressivas de infracções às normas referidas no n.º 1, ou a outras normas determinadas por razões de interesse geral.

7 – Nos recursos interpostos das decisões tomadas nos termos deste artigo presume-se, até prova em contrário, que a suspensão da eficácia determina grave lesão do interesse público.

ARTIGO 54.º
Responsabilidade por dívidas

1 – Por obrigações assumidas em outros países pela instituição de crédito poderá responder o activo da sucursal, mas apenas depois de satisfeitas todas as obrigações contraídas em Portugal.

2 – A decisão de autoridade estrangeira que decretar a falência ou a liquidação da instituição de crédito só se aplicará às sucursais que ela tenha em Portugal, ainda quando revista pelos tribunais portugueses, depois de cumprido o disposto no número anterior.

ARTIGO 55.º
Contabilidade e escrituração

A instituição de crédito manterá centralizada na primeira sucursal que haja estabelecido no País toda a contabilidade específica das operações realizadas em Portugal, sendo obrigatório o uso da língua portuguesa na escrituração dos livros.

ARTIGO 56.º
Associações empresariais

As instituições de crédito autorizadas noutros Estados membros da Comunidade Europeia e que disponham de sucursal no País podem ser membros de associações empresariais portuguesas do respectivo sector, nos mesmos termos e com os mesmos direitos e obrigações das entidades equivalentes com sede em Portugal, incluindo o de integrarem os respectivos corpos sociais.

SECÇÃO II
Regime especial

ARTIGO 57.º
Disposições aplicáveis

O estabelecimento em Portugal de sucursais de instituições de crédito não compreendidas no artigo 48.º fica sujeito ao disposto na presente secção, no artigo 16.º, no n.º 3 do artigo 17.º, nos artigos 19.º, 21.º e 22.º, nas alíneas b) a f) do artigo 23.º-A, no n.º 2 do artigo 49.º e nos artigos 54.º e 55.º. [1]

ARTIGO 58.º
Autorização

1 – O estabelecimento da sucursal fica dependente de autorização a ser concedida, caso a caso, pelo Ministro das Finanças, podendo esta competência ser delegada no Banco de Portugal. [1]

2 – O pedido da autorização é entregue no Banco de Portugal, instruído com os elementos referidos no n.º 1 do artigo 49.º e, ainda, com os seguintes:

a) Demonstração da possibilidade de a sucursal garantir a segurança dos fundos que lhe forem confiados, bem como da suficiência de meios técnicos e recursos financeiros relativamente ao tipo e volume das operações que pretenda realizar;

b) Indicação da implantação geográfica projectada para a sucursal;

c) Contas previsionais para cada um dos primeiros três anos de actividade da sucursal;

d) Cópia do contrato de sociedade da instituição de crédito;

e) Declaração de compromisso de que efectuará o depósito referido no n.º 2 do artigo seguinte.

3 – A autorização pode ser recusada nos casos referidos nas alíneas a), b) e e) do n.º 1 do artigo 20.º, bem como se o

---

[1] *Redacção introduzida pelo Decreto-Lei n.º 104/2007, de 3 de Abril.*

[1] *Redacção introduzida pelo Decreto-Lei n.º 201/2002, de 26 de Setembro.*

Banco de Portugal considerar insuficiente o sistema de supervisão a que a instituição de crédito estiver sujeita.[1]

4 – O Banco de Portugal notifica a Comissão Europeia e o Comité Bancário Europeu das autorizações concedidas ao abrigo do disposto no n.º 1 deste artigo.[2]

ARTIGO 59.º
Capital afecto

1 – Às operações a realizar pela sucursal deve ser afecto o capital adequado à garantia dessas operações e não inferior ao mínimo previsto na lei portuguesa para instituições de crédito de tipo equivalente com sede em Portugal.

2 – O capital deve ser depositado numa instituição de crédito antes de efectuado o registo da sucursal no Banco de Portugal.

3 – A sucursal deve aplicar em Portugal a importância do capital afecto às suas operações no País, bem como as reservas constituídas e os depósitos e outros recursos aqui obtidos.

4 – A instituição de crédito responderá pelas operações realizadas pela sua sucursal em Portugal.

CAPÍTULO III
Prestação de serviços

ARTIGO 60.º
Liberdade de prestação de serviços

As instituições de crédito referidas no artigo 48.º e autorizadas a prestar no seu país de origem os serviços constantes da lista anexa à Directiva n.º 2006/48/CE, do Parlamento Europeu e do Conselho, de 14 de Junho, podem prestar esses serviços em território português, ainda que não possuam estabelecimento em Portugal. [3]

ARTIGO 61.º
Requisitos

1 – É condição do início da prestação de serviços no País que o Banco de Portugal receba, da autoridade de supervisão do país de origem, uma comunicação da qual constem as operações que a instituição se propõe realizar em Portugal, bem como a certificação de que tais operações estão compreendidas na autorização do país de origem.

2 – O Banco de Portugal pode determinar que as entidades a que a presente secção se refere esclareçam o público quanto ao seu estatuto, características, principais elementos de actividade e situação financeira.

3 – É aplicável, com as devidas adaptações, o disposto no artigo 53.º.

CAPÍTULO IV
Escritórios de representação

ARTIGO 62.º
Registo

1 – A instalação e o funcionamento em Portugal de escritórios de representação de instituições de crédito com sede no estrangeiro dependem, sem prejuízo da legislação aplicável em matéria de registo comercial, de registo prévio no Banco de Portugal, mediante apresentação de certificado emitido pelas autoridades de supervisão do país de origem, e que especifique o regime da instituição por referência à lei que lhe é aplicável.

2 – O início de actividade dos escritórios de representação deve ter lugar nos três meses seguintes ao registo no Banco de Portugal, podendo este, se houver motivo fundado, prorrogar o prazo por igual período.

ARTIGO 63.º
Âmbito de actividade

1 – A actividade dos escritórios de representação decorre na estrita dependência das instituições de crédito que representam, apenas lhes sendo permitido zelar pelos interesses dessas instituições em Portugal e informar sobre a realização de operações em que elas se proponham participar.

2 – É especialmente vedado aos escritórios de representação:

a) Realizar directamente operações que se integrem no âmbito de actividade das instituições de crédito;

b) Adquirir acções ou partes de capital de quaisquer sociedades nacionais;

c) Adquirir imóveis que não sejam os indispensáveis à sua instalação e funcionamento.

ARTIGO 64.º
Gerência

Os gerentes de escritórios de representação devem dispor de poderes bastantes para tratar e resolver definitivamente, no País, todos os assuntos que respeitem à sua actividade.

TÍTULO V
Registo

ARTIGO 65.º
Sujeição a registo

1 – As instituições de crédito não podem iniciar a sua actividade enquanto não se encontrarem inscritas em registo especial no Banco de Portugal.

2 – No caso de o objecto das instituições de crédito incluir o exercício de actividades de intermediação de instrumentos financeiros, o Banco de Portugal comunica e disponibiliza à Comissão do Mercado de Valores Mobiliários o registo referido no número anterior e os respectivos averbamentos, alterações ou cancelamentos. [1]

---

[1] *Redacção introduzida pelo Decreto-Lei n.º 201/2002, de 26 de Setembro.*

[2] *Redacção introduzida pelo Decreto-Lei n.º 145/2006, de 31 de Julho.*

[3] *Redacção introduzida pelo Decreto-Lei n.º 104/2007, de 3 de Abril.*

---

[1] *Redacção introduzida pelo Decreto-Lei n.º 357-A/2007, de 31 de Outubro.*

Regulação do Sector Financeiro – Sector Bancário

ARTIGO 66.º
Elementos sujeitos a registo

O registo das instituições de crédito com sede em Portugal abrangerá os seguintes elementos:

a) Firma ou denominação;
b) Objecto;
c) Data da constituição;
d) Lugar da sede;
e) Capital social;
f) Capital realizado;
g) Identificação de accionistas detentores de participações qualificadas;
h) Identificação dos membros dos órgãos de administração, de fiscalização e da mesa da assembleia geral;
i) Delegações de poderes de gestão;
j) Data do início da actividade;
l) Lugar e data da criação de filiais, sucursais e agências;
m) Identificação dos gerentes das sucursais estabelecidas no estrangeiro;
n) Acordos parassociais referidos no artigo 111.º;
o) Alterações que se verifiquem nos elementos constantes das alíneas anteriores.

ARTIGO 67.º
Instituições autorizadas no estrangeiro

O registo das instituições de crédito autorizadas em país estrangeiro e que disponham de sucursal ou escritório de representação em Portugal abrangerá os seguintes elementos:

a) Firma ou denominação;
b) Data a partir da qual pode estabelecer-se em Portugal;
c) Lugar da sede;
d) Lugar das sucursais, agências e escritórios de representação em Portugal;
e) Capital afecto às operações a efectuar em Portugal, quando exigível;
f) Operações que a instituição pode efectuar no país de origem e operações que pretende exercer em Portugal;
g) Identificação dos gerentes das sucursais e dos escritórios de representação;
h) Alterações que se verifiquem nos elementos referidos nas alíneas anteriores.

ARTIGO 68.º
Instituições não estabelecidas em Portugal

O Banco de Portugal publicará uma lista das instituições de crédito e instituições financeiras com sede em países da Comunidade Europeia e não estabelecidas em Portugal, habilitadas a prestar serviços no País.[1]

ARTIGO 69.º
Registo dos membros dos órgãos
de administração e fiscalização

1 – O registo dos membros dos órgãos de administração e fiscalização, incluindo os que integrem o conselho geral e os administradores não executivos, deverá ser solicitado, após a respectiva designação, mediante requerimento da instituição de crédito.[1]

2 – Poderá a instituição de crédito, ou qualquer interessado, solicitar o registo provisório antes da designação, devendo a conversão do registo em definitivo ser requerida no prazo de 30 dias a contar da designação, sob pena de caducidade.[1]

3 – A efectivação do registo, provisório ou definitivo, no Banco de Portugal é condição necessária para o exercício das funções referidas no n.º 1.

4 – Em caso de recondução, será esta averbada no registo, a requerimento da instituição de crédito.[1]

5 – A falta de idoneidade, experiência ou disponibilidade dos membros do órgão de administração ou fiscalização é fundamento de recusa do registo.[1]

6 – A recusa do registo com fundamento em falta de idoneidade, experiência ou disponibilidade dos membros do órgão de administração ou fiscalização será comunicada aos interessados e à instituição de crédito.[1]

7 – A falta de registo não determina a invalidade dos actos praticados pela pessoa em causa no exercício das suas funções.

8 – O disposto nos números anteriores aplica-se, com as necessárias adaptações, aos gerentes das sucursais e dos escritórios de representação referido no artigo 45.º

9 – Sempre que o objectivo da instituição de crédito compreender alguma actividade de intermediação em instrumentos financeiros, o Banco de Portugal, antes de decidir, solicita informações à Comissão do Mercado de Valores Mobiliários, devendo a Comissão, se for caso disso, prestar as referidas informações no prazo de 15 dias.[2]

ARTIGO 70.º
Factos supervenientes

1 – As instituições de crédito comunicarão ao Banco de Portugal, logo que deles tomem conhecimento, factos referidos no n.º 3 do artigo 30.º que sejam supervenientes ao registo da designação e que digam respeito a qualquer das pessoas referidas no n.º 1 do mesmo artigo.

2 – Dizem-se supervenientes tanto os factos ocorridos posteriormente ao registo como os factos anteriores de que só haja conhecimento depois de efectuado o registo.

3 – O dever estabelecido no n.º 1 considera-se suprido se a comunicação for feita pelas próprias pessoas a quem os factos respeitarem.

4 – Se o Banco de Portugal concluir não estarem satisfeitos os requisitos de idoneidade exigidos para o exercício do cargo, cancelará o respectivo registo e comunicará a sua decisão às pessoas em causa e à instituição de crédito, a qual tomará as medidas adequadas para que aquelas cessem imediatamente funções.

5 – O registo será sempre cancelado quando se verifique que foi obtido por meio de falsas declarações ou outros expedientes ilícitos, independentemente das sanções penais que ao caso couberem.

6 – O disposto no presente artigo aplica-se, com as necessárias adaptações, aos gerentes de sucursais e de escritórios de representação referidos no artigo 45.º.[1]

7 – É aplicável o disposto nos n.os 6 e 7 do artigo anterior.[1]

---

[1] *Redacção introduzida pelo Decreto-Lei n.º 201/2002, de 26 de Setembro.*

[1] *Redacção introduzida pelo Decreto-Lei n.º 201/2002, de 26 de Setembro.*

[2] *Redacção introduzida pelo Decreto-Lei n.º 357-A/2007, de 31 de Outubro.*

Artigo 71.º
Prazos, informações complementares e certidões

1 – Salvo o disposto no número seguinte, o prazo para requerer qualquer registo é de 30 dias a contar da data em que os factos a registar tiverem ocorrido.[1]

2 – Não estão sujeitos a prazo o registo inicial das instituições de crédito, o da habilitação para o estabelecimento em Portugal de entidades com sede no estrangeiro e os previstos no artigo 69.º, bem como quaisquer outros sem efectivação dos quais não seja permitido o exercício da actividade ou das funções em causa.[1]

3 – Quando o requerimento ou a documentação apresentada contiverem insuficiências ou irregularidades que possam ser supridas pelos interessados, estes serão notificados para as suprirem em prazo razoável, sob pena de, não o fazendo, ser recusado o registo.

4 – O registo considera-se efectuado se o Banco de Portugal nada objectar no prazo de 30 dias a contar da data em que receber o pedido devidamente instruído, ou, se tiver solicitado informações complementares, no prazo de 30 dias após a recepção destas.

5 – Do registo serão passadas certidões a quem demonstre interesse legítimo.

Artigo 72.º
Recusa de registo

Além de outros fundamentos legalmente previstos, o registo será recusado nos seguintes casos:

a) Quando for manifesto que o facto não está titulado nos documentos apresentados;

b) Quando se verifique que o facto constante do documento já está registado ou não está sujeito a registo;

c) Quando falte qualquer autorização legalmente exigida;

d) Quando for manifesta a nulidade do facto;

e) Quando se verifique que não está preenchida alguma das condições de que depende a autorização necessária para a constituição da instituição ou para o exercício da actividade, nomeadamente quando algum dos membros do órgão de administração ou de fiscalização não satisfaça os requisitos de idoneidade, experiência ou disponibilidade legalmente exigidos, bem como quando haja fundamento para oposição nos termos do artigo 33.º e no caso previsto no n.º 10 do artigo 105.º.[1]

TÍTULO VI
Supervisão comportamental [2]

CAPÍTULO I
Regras de conduta [2]

Artigo 73.º
Competência técnica

As instituições de crédito devem assegurar, em todas as actividades que exerçam, elevados níveis de competência técnica, garantindo que a sua organização empresarial funcione com os meios humanos e materiais adequados a assegurar condições apropriadas de qualidade e eficiência. [1]

Artigo 74.º
Outros deveres de conduta

Os administradores e os empregados das instituições de crédito devem proceder, tanto nas relações com os clientes como nas relações com outras instituições, com diligência, neutralidade, lealdade e discrição e respeito conscencioso dos interesses que lhes estão confiados. [1]

Artigo 75.º
Critério de diligência

Os membros dos órgãos de administração das instituições de crédito, bem como as pessoas que nelas exerçam cargos de direcção, gerência, chefia ou similares, devem proceder nas suas funções com a diligência de um gestor criterioso e ordenado, de acordo com o princípio da repartição de riscos e da segurança das aplicações e ter em conta o interesse dos depositantes, dos investidores, dos demais credores e de todos os clientes em geral. [1]

Artigo 76.º
Poderes do Banco de Portugal

1 – O Banco de Portugal pode estabelecer, por aviso, regras de conduta que considere necessárias para complementar e desenvolver as fixadas neste Regime Geral. [1]

2 – Com vista a assegurar o cumprimento das regras de conduta previstas neste Regime Geral e em diplomas complementares, o Banco de Portugal pode, nomeadamente, emitir recomendações e determinações específicas, bem como aplicar coimas e respectivas sanções acessórias, no quadro geral dos procedimentos previstos no artigo 116.º. [1]

3 – As disposições do presente título não prejudicam os poderes atribuídos à Comissão de Mercado de Valores Mobiliários pelo Código dos Valores Mobiliários. [1]

CAPÍTULO II
Relações com os clientes [2]

Artigo 77.º
Dever de informação

1 – As instituições de crédito devem informar com clareza os clientes sobre a remuneração que oferecem pelos fundos recebidos e os elementos caracterizadores dos produtos oferecidos, bem como sobre o preço dos serviços prestados e outros encargos a suportar pelos clientes. [1]

2 – O Banco de Portugal regulamenta, por aviso, os requisitos mínimos que as instituições de crédito devem satisfazer na divulgação ao público das condições em que prestam os seus serviços. [1]

3 – O Banco de Portugal pode estabelecer, por aviso, regras imperativas sobre o conteúdo dos contratos entre instituições de crédito e os seus clientes, quando tal se mostrar necessário para garantir a transparência das condições de prestação dos correspondentes serviços. [1]

---

[1] *Redacção introduzida pelo Decreto-Lei n.º 1/2008, de 3 de Janeiro.*
[2] *Epígrafe introduzida pelo Decreto-Lei n.º 1/2008, de 3 de Janeiro.*

[1] *Redacção introduzida pelo Decreto-Lei n.º 1/2008, de 3 de Janeiro.*
[2] *Epígrafe introduzida pelo Decreto-Lei n.º 1/2008, de 3 de Janeiro.*

Regulação do Sector Financeiro – Sector Bancário

4 – A violação dos deveres previstos neste artigo constitui contra-ordenação punível nos termos da alínea h) do artigo 210.º do presente Regime Geral.

ARTIGO 77.º-A [1]
Reclamações dos clientes

1 – Sem prejuízo do regime aplicável às reclamações apresentadas às instituições de crédito no âmbito da legislação em vigor, os clientes destas instituições podem apresentar directamente ao Banco de Portugal reclamações fundadas no incumprimento das normas que regem a sua actividade.

2 – Compete ao Banco de Portugal apreciar as reclamações, independentemente da sua modalidade de apresentação, bem como definir os procedimentos e os prazos relativos à apreciação das reclamações referidas na segunda parte do número anterior, com observância, em ambos os casos, dos princípios da imparcialidade, da celeridade e da gratuitidade.

3 – Na apreciação das reclamações, o Banco de Portugal identifica as modalidades de reclamação e promove as diligências necessárias para a verificação do cumprimento das normas por cuja observância lhe caiba zelar e adopta as medidas adequadas para obter a sanação dos incumprimentos detectados, sem prejuízo da instauração de procedimento contra-ordenacional sempre que a conduta das entidades reclamadas, nomeadamente pela sua gravidade ou reiteração, o justifique.

4 – Sem prejuízo do regime aplicável às reclamações apresentadas às instituições de crédito no âmbito da legislação em vigor, o Banco de Portugal torna público um relatório anual sobre as reclamações dos clientes das instituições de crédito, independentemente da sua modalidade de apresentação, com especificação das suas áreas de incidência e informação sobre o tratamento dado às reclamações.

ARTIGO 77.º-B [1]
Códigos de conduta

1 – As instituições de crédito, ou as suas associações representativas, devem adoptar códigos de conduta e divulgá-los junto dos clientes, designadamente através de página na Internet, devendo desses códigos constar os princípios e as normas de conduta que regem os vários aspectos das suas relações com os clientes, incluindo os mecanismos e os procedimentos internos por si adoptados no âmbito da apreciação de reclamações.

2 – O Banco de Portugal pode emitir instruções sobre os códigos de conduta referidos no número anterior e, bem assim, definir normas orientadoras para esse efeito. [1]

ARTIGO 77.º-C [1]
Publicidade

1 – A publicidade das instituições de crédito e das suas associações empresariais está sujeita ao regime geral e, relativamente às actividades de intermediação de instrumentos financeiros, ao estabelecido no Código dos Valores Mobiliários. [1]

2 – As mensagens publicitárias que mencionem a garantia dos depósitos ou a indemnização dos investidores devem limitar-se a referências meramente descritivas e não podem conter quaisquer juízos de valor nem tecer comparações com

a garantia dos depósitos ou a indemnização dos investidores asseguradas por outras instituições.

3 – As instituições de crédito autorizadas noutros Estados membros da Comunidade Europeia podem fazer publicidade dos seus serviços em Portugal nos mesmos termos e condições que as instituições com sede no País.

ARTIGO 77.º-D [1]
Intervenção do Banco de Portugal

1 – O Banco de Portugal pode, relativamente à publicidade que não respeite a lei:
a) Ordenar as modificações necessárias para pôr termo às irregularidades;
b) Ordenar a suspensão das acções publicitárias em causa;
c) Determinar a imediata publicação, pelo responsável, de rectificação apropriada.

2 – Em caso de incumprimento das determinações previstas na alínea c) do número anterior, pode o Banco de Portugal, sem prejuízo das sanções aplicáveis, substituir-se aos infractores na prática do acto.

CAPÍTULO III
Segredo profissional [2]

ARTIGO 78.º
Dever de segredo

1 – Os membros dos órgãos de administração ou de fiscalização das instituições de crédito, os seus empregados, mandatários, comitidos e outras pessoas que lhes prestem serviços a título permanente ou ocasional não podem revelar ou utilizar informações sobre factos ou elementos respeitantes à vida da instituição ou às relações desta com os seus clientes cujo conhecimento lhes advenha exclusivamente do exercício das suas funções ou da prestação dos seus serviços.

2 – Estão, designadamente, sujeitos a segredo os nomes dos clientes, as contas de depósito e seus movimentos e outras operações bancárias.

3 – O dever de segredo não cessa com o termo das funções ou serviços.

ARTIGO 79.º
Excepções ao dever de segredo

1 – Os factos ou elementos das relações do cliente com a instituição podem ser revelados mediante autorização do cliente, transmitida à instituição.

2 – Fora do caso previsto no número anterior, os factos e elementos cobertos pelo dever de segredo só podem ser revelados:
a) Ao Banco de Portugal, no âmbito das suas atribuições;
b) À Comissão do Mercado de Valores Mobiliários, no âmbito das suas atribuições;
c) Ao Fundo de Garantia de Depósitos e ao Sistema de Indemnização aos Investidores, no âmbito das respectivas atribuições; [3]
d) Nos termos previstos na lei penal e de processo penal;

---

[1] *Aditado pelo Decreto-Lei n.º 1/2008, de 3 de Janeiro (anterior artigo 90.º).*
[2] *Epígrafe introduzida pelo Decreto-Lei n.º 1/2008, de 3 de Janeiro.*
[3] *Redacção introduzida pelo Decreto-Lei n.º 222/99, de 22 de Junho.*

---

[1] *Aditado pelo Decreto-Lei n.º 1/2008, de 3 de Janeiro.*

e) Quando exista outra disposição legal que expressamente limite o dever de segredo.

ARTIGO 80.º
Dever de segredo das autoridades de supervisão

1 – As pessoas que exerçam ou tenham exercido funções no Banco de Portugal, bem como as que lhe prestem ou tenham prestado serviços a título permanente ou ocasional, ficam sujeitas a dever de segredo sobre factos cujo conhecimento lhes advenha exclusivamente do exercício dessas funções ou da prestação desses serviços e não poderão divulgar nem utilizar as informações obtidas.

2 – Os factos e elementos cobertos pelo dever de segredo só podem ser revelados mediante autorização do interessado, transmitida ao Banco de Portugal, ou nos termos previstos na lei penal e de processo penal.

3 – Fica ressalvada a divulgação de informações confidenciais relativas a instituições de crédito no âmbito de providências extraordinárias de saneamento ou de processos de liquidação, excepto tratando-se de informações relativas a pessoas que tenham participado no plano de saneamento financeiro da instituição.

4 – É lícita, designadamente para efeitos estatísticos, a divulgação de informação em forma sumária ou agregada e que não permita a identificação individualizada de pessoas ou instituições.

ARTIGO 81.º
Cooperação com outras entidades

1 – O disposto nos artigos anteriores não obsta, igualmente, a que o Banco de Portugal troque informações com a Comissão do Mercado de Valores Mobiliários, o Instituto de Seguros de Portugal, a Caixa Central do Crédito Agrícola Mútuo, com autoridades, organismos e pessoas que exerçam funções equivalentes às destas entidades em outro Estado membro da Comunidade Europeia e ainda com as seguintes entidades igualmente pertencentes a um Estado membro da Comunidade Europeia:[1]

a) Organismos encarregados da gestão dos sistemas de garantia de depósitos ou de protecção dos investidores, quanto às informações necessárias ao cumprimento das suas funções;[1]

b) Entidades intervenientes em processos de liquidação de instituições de crédito, de sociedades financeiras, de instituições financeiras e autoridades com competência de supervisão sobre aquelas entidades;[1]

c) Pessoas encarregadas do controlo legal das contas e auditores externos de instituições de crédito, de sociedades financeiras, de empresas de seguros e de instituições financeiras e autoridades com competência de supervisão sobre aquelas pessoas;[2]

d) Autoridades de supervisão dos Estados membros da Comunidade Europeia, quanto às informações previstas nas directivas comunitárias aplicáveis às instituições de crédito e instituições financeiras;[1]

e) *[Revogada.]*

f) Bancos centrais e outros organismos de vocação similar, enquanto autoridades monetárias, e outras autoridades com competência para a supervisão dos sistemas de pagamento.[1]

2 – O Banco de Portugal pode trocar informações, no âmbito de acordos de cooperação que haja celebrado, com autoridades de supervisão de Estados que não sejam membros da Comunidade Europeia, em regime de reciprocidade, quanto às informações necessárias à supervisão, em base individual ou consolidada, das instituições de crédito com sede em Portugal e das instituições de natureza equivalente com sede naqueles Estados.[1]

3 – O Banco de Portugal pode ainda trocar informações com autoridades, organismos e pessoas que exerçam funções equivalentes às das autoridades mencionadas no corpo do n.º 1 e nas alíneas a) a c) e f) do mesmo número em países não membros da Comunidade Europeia, devendo observar-se o disposto no número anterior.[2]

4 – Ficam sujeitas a dever de segredo todas as autoridades, organismos e pessoas que participem nas trocas de informações referidas nos números anteriores.[3]

5 – As informações recebidas pelo Banco de Portugal nos termos do presente artigo só podem ser utilizadas:

a) Para exame das condições de acesso à actividade das instituições de crédito e das sociedades financeiras;

b) Para supervisão, em base individual ou consolidada, da actividade das instituições de crédito, nomeadamente quanto a liquidez, solvabilidade, grandes riscos e demais requisitos de adequação de fundos próprios, organização administrativa e contabilística e controlo interno;

c) Para aplicação de sanções;

d) No âmbito de recursos interpostos de decisões do Ministro das Finanças ou do Banco de Portugal, tomadas nos termos das disposições aplicáveis às entidades sujeitas à supervisão deste;

e) Para efeitos da política monetária e do funcionamento ou supervisão dos sistemas de pagamento.[2]

6 – O Banco de Portugal só pode comunicar informações que tenha recebido de entidades de outro Estado membro da Comunidade Europeia ou de países não membros com o consentimento expresso dessas entidades.[1]

ARTIGO 82.º
Cooperação com países terceiros

Os acordos de cooperação referidos no n.º 2 do artigo anterior só podem ser celebrados quando as informações a prestar beneficiem de garantias de segredo pelo menos equivalentes às estabelecidas no presente Regime Geral e tenham por objectivo o desempenho de funções de supervisão que estejam cometidas às entidades em causa.[1]

ARTIGO 83.º
Informações sobre riscos

Independentemente do estabelecido quanto ao Serviço de Centralização de Riscos de Crédito, as instituições de crédito poderão organizar, sob regime de segredo, um sistema de informações recíprocas com o fim de garantir a segurança das operações.

---

[1] *Redacção introduzida pelo Decreto-Lei n.º 250/2000, de 13 de Outubro.*

[2] *Redacção introduzida pelo Decreto-Lei n.º 357-A/2007, de 31 de Outubro.*

---

[1] *Redacção introduzida pelo Decreto-Lei n.º 357-A/2007, de 31 de Outubro.*

[2] *Número introduzido pelo Decreto-Lei n.º 357-A/2007, de 31 de Outubro.*

[3] *Redacção introduzida pelo Decreto-Lei n.º 250/2000, de 13 de Outubro.*

Regulação do Sector Financeiro – Sector Bancário

Artigo 84.º
Violação do dever de segredo

Sem prejuízo de outras sanções aplicáveis, a violação do dever de segredo é punível nos termos do Código Penal.

CAPÍTULO IV
Conflitos de interesses [1]

Artigo 85.º
Crédito a membros dos órgãos sociais

1 – Sem prejuízo do disposto nos n.os 5, 6 e 7, as instituições de crédito não podem conceder crédito, sob qualquer forma ou modalidade, incluindo a prestação de garantias, quer directa quer indirectamente, aos membros dos seus órgãos de administração ou fiscalização, nem a sociedades ou outros entes colectivos por eles directa ou indirectamente dominados. [2]

2 – Presume-se o carácter indirecto da concessão de crédito quando o beneficiário seja cônjuge, parente ou afim em 1.º grau de algum membro dos órgãos de administração ou fiscalização ou uma sociedade directa ou indirectamente dominada por alguma ou algumas daquelas pessoas.

3 – Para os efeitos deste artigo, é equiparada à concessão de crédito aquisição de partes de capital em sociedades ou outros entes colectivos referidos nos números anteriores.

4 – Ressalvam-se do disposto nos números anteriores as operações de carácter ou finalidade social ou decorrentes da política de pessoal.

5 – Sem prejuízo do número seguinte, o disposto nos n.os 1 a 4 não se aplica aos membros do conselho geral, aos administradores não executivos das instituições de crédito e a sociedades ou outros entes colectivos por eles dominados. [2]

6 – O Banco de Portugal poderá determinar a aplicação do artigo 109.º às entidades referidas no número anterior, aos membros de outros órgãos que considere exercerem funções equiparáveis e às sociedades ou outros entes colectivos por eles dominados. [2]

7 – O disposto nos n.os 1 a 4 não se aplica às operações de concessão de crédito de que sejam beneficiárias instituições de crédito, sociedades financeiras ou sociedades gestoras de participações sociais que se encontrem incluídas no perímetro de supervisão em base consolidada a que esteja sujeita a instituição de crédito em causa, nem às sociedades gestoras de fundos de pensões, empresas de seguros, corretoras e outras mediadoras de seguros que dominem ou sejam dominadas por qualquer entidade incluída no mesmo perímetro de supervisão. [2]

8 – Os membros do órgão de administração ou fiscalização de uma instituição de crédito não podem participar na apreciação e decisão de operações de concessão de crédito a sociedades ou outros entes colectivos não incluídos no n.º 1 de que sejam gestores ou em que detenham participações qualificadas, bem como na apreciação e decisão dos casos abrangidos pelos n.os 5 e 7, exigindo-se em todas estas situações a aprovação por maioria de pelo menos dois terços dos restantes membros do órgão de administração e o parecer favorável do órgão de fiscalização. [2]

Artigo 86.º
Outras operações

Os membros do órgão de administração, os directores e outros empregados, os consultores e os mandatários das instituições de crédito não podem intervir na apreciação e decisão de operações em que sejam directa ou indirectamente interessados os próprios, seus cônjuges, parentes ou afins em 1.º grau, ou sociedades ou outros entes colectivos que uns ou outros directa ou indirectamente dominem.

CAPÍTULO V [1]
Defesa da concorrência

Artigo 87.º
Defesa da concorrência

1 – A actividade das instituições de crédito, bem como a das suas associações empresariais, está sujeita à legislação da defesa da concorrência.

2 – Não se consideram restritivos da concorrência os acordos legítimos entre instituições de crédito e as práticas concertadas que tenham por objecto as operações seguintes:

a) Participação em emissões e colocações de valores mobiliários ou instrumentos equiparados;

b) Concessão de créditos ou outros apoios financeiros de elevado montante a uma empresa ou a um conjunto de empresas.

3 – Na aplicação da legislação da defesa da concorrência às instituições de crédito e suas associações empresariais ter-se-ão sempre em conta os bons usos da respectiva actividade, nomeadamente no que respeite às circunstâncias de risco ou solvabilidade.

Artigo 88.º
Colaboração do Banco de Portugal e da Comissão do Mercado de Valores Mobiliários

Nos processos instaurados por práticas restritivas da concorrência imputáveis a instituições de crédito ou suas associações empresariais é obrigatoriamente solicitado e enviado à Autoridade da Concorrência o parecer do Banco de Portugal, bem como, se estiver em causa o exercício da actividade de intermediação de instrumentos financeiros, o parecer da Comissão do Mercado de Valores Mobiliários. [2]

Artigo 89.º [3]
Publicidade

[Revogado.]

Artigo 90.º [3]
Intervenção do Banco de Portugal

[Revogado.]

---

[1] *Epígrafe introduzida pelo Decreto-Lei n.º 1/2008, de 3 de Janeiro.*
[2] *Redacção introduzida pelo Decreto-Lei n.º 201/2002, de 26 de Setembro.*

---

[1] *Epígrafe do Capítulo introduzida pelo Decreto-Lei n.º 1/2008, de 3 de Janeiro.*
[2] *Redacção introduzida pelo Decreto-Lei n.º 357-A/2007, de 31 de Outubro.*
[3] *Revogado pelo Decreto-Lei n.º 1/2008, de 3 de Janeiro.*

TÍTULO VII
Supervisão prudencial [1]

CAPÍTULO I
Princípios gerais

ARTIGO 91.º
Superintendência

1 – A superintendência do mercado monetário, financeiro e cambial, e designadamente a coordenação da actividade dos agentes do mercado com a política económica e social do Governo, compete ao Ministro das Finanças.

2 – Quando nos mercados monetário, financeiro e cambial se verifique perturbação que ponha em grave perigo a economia nacional, poderá o Governo, por portaria conjunta do Primeiro-Ministro e do Ministro das Finanças, e ouvido o Banco de Portugal, ordenar as medidas apropriadas, nomeadamente a suspensão temporária de mercados determinados ou de certas categorias de operações, ou ainda o encerramento temporário de instituições de crédito.

ARTIGO 92.º
Atribuições do Banco de Portugal enquanto banco central

Nos termos da sua Lei Orgânica, compete ao Banco de Portugal: [2]

a) Orientar e fiscalizar os mercados monetário e cambial, bem como regular, fiscalizar e promover o bom funcionamento dos sistemas de pagamento, designadamente no âmbito da sua participação no Sistema Europeu de Bancos Centrais;

b) Recolher e elaborar as estatísticas monetárias, financeiras, cambiais e da balança de pagamentos, designadamente no âmbito da sua colaboração com o Banco Central Europeu.

ARTIGO 93.º
Supervisão

1 – A supervisão das instituições de crédito, e em especial a sua supervisão prudencial, incluindo a da actividade que exerçam no estrangeiro, incumbe ao Banco de Portugal, de acordo com a sua Lei Orgânica e o presente diploma.

2 – O disposto no número anterior não prejudica os poderes de supervisão atribuídos à Comissão do Mercado de Valores Mobiliários pelo Código do Mercado de Valores Mobiliários.

ARTIGO 93.º-A [3]
Informação a divulgar

1 – Compete ao Banco de Portugal divulgar as seguintes informações:

a) Os textos dos diplomas legais e regulamentares e as recomendações de carácter geral adoptados em Portugal no domínio prudencial;

b) As opções e faculdades previstas na legislação comunitária que tenham sido exercidas;

c) Os critérios e metodologias gerais utilizados para efeitos do artigo 116.º-A;

d) Os dados estatísticos agregados relativos a aspectos fundamentais da aplicação do quadro prudencial.

2 – A divulgação da informação prevista no número anterior deve ser suficiente para permitir uma comparação com os métodos adoptados pelas autoridades competentes de outros Estados membros.

3 – As informações previstas nos números anteriores devem ser publicadas num formato idêntico ao utilizado pelas autoridades competentes dos outros Estados membros e regularmente actualizadas, devendo ser acessíveis a partir de um único endereço electrónico.

CAPÍTULO II
Normas prudenciais

ARTIGO 94.º
Princípio geral

As instituições de crédito devem aplicar os fundos de que dispõem de modo a assegurar a todo o tempo níveis adequados de liquidez e solvabilidade.

ARTIGO 95.º
Capital

1 – Compete ao Ministro das Finanças, ouvido o Banco de Portugal ou sob sua proposta, fixar, por portaria, o capital social mínimo das instituições de crédito. [1]

2 – As instituições de crédito constituídas por modificação do objecto de uma sociedade, por fusão de duas ou mais, ou por cisão, devem ter, no acto da constituição, capital social não inferior ao mínimo estabelecido nos termos do número anterior, não podendo também os seus fundos próprios ser inferiores àquele mínimo.

ARTIGO 96.º
Fundos próprios

1 – O Banco de Portugal, por aviso, fixará os elementos que podem integrar os fundos próprios das instituições de crédito e das sucursais referidas no artigo 57.º, definindo as características que devem ter.

2 – Os fundos próprios não podem tornar-se inferiores ao montante de capital social exigido nos termos do artigo 95.º

3 – Verificando-se diminuição dos fundos próprios abaixo do referido montante, o Banco de Portugal pode, sempre que as circunstâncias o justifiquem, conceder à instituição um prazo limitado para que regularize a situação.

ARTIGO 97.º
Reservas

1 – Uma fracção não inferior a 10 % dos lucros líquidos apurados em cada exercício pelas instituições de crédito deve ser destinada à formação de uma reserva legal, até um limite igual ao valor do capital social ou ao somatório das reservas livres constituídas e dos resultados transitados, se superior. [1]

2 – Devem ainda as instituições de crédito constituir reservas especiais destinadas a reforçar a situação líquida ou a

---

[1] *Epígrafe introduzida pelo Decreto-Lei n.º 1/2008, de 3 de Janeiro.*
[2] *Redacção introduzida pelo Decreto-Lei n.º 201/2002, de 26 de Setembro.*
[3] *Aditado pelo Decreto-Lei n.º 104/2007, de 3 de Abril.*

---

[1] *Redacção introduzida pelo Decreto-Lei n.º 201/2002, de 26 de Setembro.*

Regulação do Sector Financeiro – Sector Bancário

cobrir prejuízos que a conta de lucros e perdas não possa suportar.

3 – O Banco de Portugal poderá estabelecer, por aviso, critérios, gerais ou específicos, de constituição e aplicação das reservas mencionadas no número anterior.

ARTIGO 98.º [1]
Segurança das aplicações

[Revogado.]

ARTIGO 99.º
Competência regulamentar

1 – Compete ao Banco de Portugal definir, por aviso, as relações a observar entre as rubricas patrimoniais e estabelecer limites prudenciais à realização de operações que as instituições de crédito estejam autorizadas a praticar, em ambos os casos quer em termos individuais, quer em termos consolidados, e nomeadamente:

a) Relação entre os fundos próprios e o total dos activos e das contas extrapatrimoniais, ponderados ou não por coeficientes de risco;

b) Limites à tomada firme de emissões de valores mobiliários para subscrição indirecta ou à garantia da colocação das emissões dos mesmos valores;

c) Limites e formas de cobertura dos recursos alheios e de quaisquer outras responsabilidades perante terceiros;

d) Limites à concentração de riscos;

e) Limites mínimos para as provisões destinados à cobertura de riscos de crédito ou de quaisquer outros riscos ou encargos;

f) Prazos e métodos da amortização das instalações e do equipamento, das despesas de instalação, de trespasse e outras de natureza similar.

2 – Compete ainda ao Banco de Portugal regulamentar as matérias a que alude a alínea f) do n.º 1 do artigo 17.º, devendo, neste caso, consultar a Comissão do Mercado de Valores Mobiliários, sempre que o objecto das instituições visadas compreenda alguma actividade ou serviço de investimento. [2]

ARTIGO 100.º [1]
Relações das participações com os fundos próprios

1 – As instituições de crédito não podem deter no capital de uma sociedade participação qualificada cujo montante ultrapasse 15 % dos fundos próprios da instituição participante. [3]

2 – O montante global das participações qualificadas em sociedades não pode ultrapassar 60 % dos fundos próprios da instituição de crédito participante. [3]

3 – Para cálculo dos limites estabelecidos nos números anteriores não serão tomadas em conta: [3]

a) As acções detidas temporariamente em virtude de tomada firme da respectiva emissão, durante o período normal daquela e dentro dos limites fixados nos termos do artigo anterior;

b) As acções ou outras partes de capital detidas em nome próprio mas por conta de terceiros, sem prejuízo dos limites estabelecidos nos termos do artigo anterior.

4 – Não se aplicam os limites fixados nos n.ᵒˢ 1 e 2 quando os excedentes de participação relativamente aos referidos limites sejam cobertos a 100 % por fundos próprios e estes não entrem no cálculo do rácio de solvabilidade e de outros rácios ou limites que tenham os fundos próprios por referência. [1]

5 – Caso existam excedentes em relação a ambos os limites a que se refere o número anterior, o montante a cobrir pelos fundos próprios será o mais elevado desses excedentes. [1]

6 – O disposto no presente artigo não se aplica às participações noutras instituições de crédito, em sociedades financeiras, em instituições financeiras, em sociedades gestoras de fundos de pensões, em empresas de seguros e em empresas de resseguros.[2]

ARTIGO 101.º
Relações das participações
com o capital das sociedades participadas

1 – Sem prejuízo do disposto no n.º 4, as instituições de crédito não podem deter, directa ou indirectamente, numa sociedade, por prazo seguido ou interpolado, superior a três anos, participação que lhes confira mais de 25 % dos direitos de voto, correspondentes ao capital da sociedade participada.[1]

2 – Considera-se participação indirecta a detenção de acções ou outras partes de capital por pessoas ou em condições que determinem equiparação de direitos de voto para efeitos de participação qualificada.

3 – Não se aplica o limite estabelecido no n.º 1 às participações de uma instituição de crédito noutras instituições de crédito, sociedades financeiras, instituições financeiras, sociedades de serviços auxiliares, sociedades de titularização de créditos, empresas de seguros, filiais de empresas de seguros detidas em conformidade com a lei a estas aplicável, corretoras e mediadoras de seguros, sociedades gestoras de fundos de pensões, sociedades de capital de risco e sociedades gestoras de participações sociais que apenas detenham partes de capital nas sociedades antes referidas.[3]

4 – O prazo previsto no n.º 1 é de cinco anos relativamente às participações indirectas detidas através de sociedades de capital de risco. [1]

ARTIGO 102.º
Comunicação das participações qualificadas

1 – A pessoa singular ou colectiva que, directa ou indirectamente, pretenda deter participação qualificada numa instituição de crédito deve comunicar previamente ao Banco de Portugal o seu projecto. [1]

2 – Devem ainda ser comunicados previamente ao Banco de Portugal os actos que envolvam aumento de uma participação qualificada, sempre que deles possa resultar, consoante os casos, uma percentagem que atinja ou ultrapasse qualquer dos limiares de 5 %, 10 %, 20 %, 33 % ou 50 % do capital ou dos direitos de voto na instituição participada, ou quando esta se transforme em filial da entidade adquirente. [1]

3 – A comunicação prevista nos números anteriores deve ser feita sempre que da iniciativa ou do conjunto de iniciativas projectadas pela pessoa em causa possa resultar qualquer

---

[1] *Revogado pelo Decreto-Lei n.º 201/2002, de 26 de Setembro.*
[2] *Aditado pelo Decreto-Lei n.º 357-A/2007, de 31 de Outubro.*
[3] *Redacção introduzida pelo Decreto-Lei n.º 201/2002, de 26 de Setembro.*

[1] *Redacção introduzida pelo Decreto-Lei n.º 201/2002, de 26 de Setembro.*
[2] *Redacção introduzida pelo Decreto-Lei n.º 145/2006, de 31 de Julho.*
[3] *Redacção introduzida pelo Decreto-Lei n.º 319/2002, de 28 de Dezembro.*

das situações indicadas, ainda que o resultado não esteja de antemão assegurado.

4 – Sem prejuízo do disposto no n.º 1, os actos ou factos de que tenha resultado a aquisição de uma participação que atinja, pelo menos, 2 % do capital ou dos direitos de voto na instituição participada devem ser comunicados ao Banco de Portugal no prazo de 15 dias a contar da respectiva verificação. [1]

5 – No caso previsto no número anterior, o Banco de Portugal informará o interessado, no prazo de 30 dias, se considera que a participação adquirida tem carácter qualificado. [1]

6 – Se o Banco de Portugal, nos casos previstos nos n.os 4 e 5, entender que a participação não tem carácter qualificado, poderá a todo o tempo exigir do respectivo titular a comunicação prévia ou subsequente de qualquer acto ou facto de que possa resultar ou tenha resultado, consoante os casos, a detenção de uma percentagem igual ou superior a 3 % ou 4 % do capital ou dos direitos de voto na instituição participada. [1]

7 – As comunicações previstas no presente artigo devem especificar os actos ou factos jurídicos de que resulte ou possa resultar a detenção da participação, a identidade da contraparte nesses actos, quando determinável, e o montante da participação em causa. [1]

ARTIGO 102.º-A [2]
Declaração oficiosa

1 – O Banco de Portugal pode, a todo o tempo e independentemente da aplicação de outras medidas previstas na lei, declarar que possui carácter qualificado qualquer participação no capital ou nos direitos de voto de uma instituição de crédito, relativamente à qual venha a ter conhecimento de actos ou factos relevantes cuja comunicação ao Banco tenha sido omitida ou incorrectamente feita pelo seu detentor.

2 – O Banco de Portugal pode igualmente, a todo o tempo, declarar que possui carácter qualificado uma participação no capital ou nos direitos de voto de uma instituição de crédito, sempre que tenha conhecimento de actos ou factos susceptíveis de alterar a influência exercida pelo seu detentor na gestão da instituição participada.

3 – A apreciação a que se refere o número anterior pode ser feita por iniciativa dos interessados, devendo, neste caso, a decisão do Banco de Portugal ser tomada no prazo de 30 dias após a recepção do pedido.

ARTIGO 103.º
Idoneidade dos detentores de participações qualificadas

1 – No prazo máximo de três meses a contar da comunicação referida no artigo 102.º, o Banco de Portugal opor-se-á ao projecto, se não considerar demonstrado que a pessoa em causa ou as características do seu projecto reúnem condições que garantam uma gestão sã e prudente da instituição de crédito. [1]

2 – Sem prejuízo de outras situações apreciadas pelo Banco de Portugal nos termos do número anterior, considera-se que tais condições não existem quando se verifique alguma das seguintes circunstâncias: [1]

a) Se o modo como a pessoa em causa gere habitualmente os seus negócios ou a natureza da sua actividade profissional revelarem propensão acentuada para assumir riscos excessivos;

b) Se for inadequada a situação económico-financeira da pessoa em causa, em função do montante da participação que se propõe deter;

c) Se o Banco de Portugal tiver fundadas dúvidas sobre a licitude da proveniência dos fundos utilizados na aquisição da participação, ou sobre a verdadeira identidade do titular desses fundos;

d) Se a estrutura e as características do grupo empresarial em que a instituição de crédito passaria a estar integrada inviabilizarem uma supervisão adequada;

e) Se a pessoa em causa recusar condições necessárias ao saneamento da instituição de crédito que tenham sido previamente estabelecidas pelo Banco de Portugal;

f) Se a pessoa em causa tiver sido, nos últimos cinco anos, objecto da sanção prevista na alínea d) do n.º 1 do artigo 212.º;

g) Tratando-se de pessoa singular, se se verificar relativamente a ela algum dos factos que indiciem falta de idoneidade nos termos do artigo 30.º.

3 – O Banco de Portugal pode, antes de proferir a sua decisão, opor-se provisoriamente a uma aquisição ou reforço que tenha sido objecto de comunicação prévia nos termos do artigo anterior. [1]

4 – Se o interessado for instituição de crédito ou uma empresa de seguros autorizada noutro Estado membro da União Europeia ou uma empresa mãe de uma entidade nestas condições, ou pessoa singular ou colectiva que domine aquelas entidades, e se, por força da operação projectada, a entidade em que a participação venha a ser detida se transformar em sua filial, o Banco de Portugal, para apreciação do projecto, solicitará parecer da autoridade de supervisão do Estado membro de origem.[2]

5 – Quando não deduza oposição, o Banco de Portugal poderá fixar prazo razoável para a realização da operação projectada, entendendo-se, nos casos em que nada disser, que aquele é de um ano.[1]

6 – O Banco de Portugal informa a Comissão Europeia e as autoridades competentes dos outros Estados membros de qualquer tomada de participações numa instituição de crédito sempre que o participante seja pessoa singular não nacional de Estados membros da União Europeia, ou pessoa colectiva que tenha a sua sede principal e efectiva de administração em país terceiro à União Europeia, e, em virtude da participação, a instituição se transforme em sua filial.[2]

7 – O Banco de Portugal determinará, por aviso, os elementos de informação que os interessados devem apresentar com o fim de instruir o procedimento regulado no presente artigo, sem prejuízo de, em qualquer momento, poder exigir quaisquer outros que considere necessários à sua apreciação.[1]

8 – Sempre que o objecto da instituição de crédito compreender alguma actividade de intermediação de instrumentos financeiros, o Banco de Portugal, antes de se pronunciar nos termos do n.º 1, solicita informações à Comissão do Mercado de Valores Mobiliários sobre a idoneidade dos detentores de participações qualificadas, devendo a Comissão, se for caso disso, prestar as referidas informações no prazo de um mês.[3]

---

[1] *Redacção introduzida pelo Decreto-Lei n.º 201/2002, de 26 de Setembro.*

[2] *Redacção introduzida pelo Decreto-Lei n.º 145/2006, de 31 de Julho.*

[3] *Redacção introduzida pelo Decreto-Lei n.º 357-A/2007, de 31 de Outubro.*

---

[1] *Redacção introduzida pelo Decreto-Lei n.º 201/2002, de 26 de Setembro.*

[2] *Aditado pelo Decreto-Lei n.º 201/2002, de 26 de Setembro.*

Artigo 104.º
Comunicação subsequente

Deve ser comunicada ao Banco de Portugal, no prazo de 15 dias, a celebração dos actos mediante os quais sejam concretizados os projectos de aquisição ou aumento de participação qualificada, sujeitos a comunicação prévia nos termos do artigo 102.º. [1]

Artigo 105.º [1]
Inibição dos direitos de voto

1 – Sempre que tenha conhecimento da constituição ou do aumento de uma participação sujeita a comunicação nos termos do artigo 102.º, sem que o interessado a ela haja procedido, o Banco de Portugal, independentemente das sanções aplicáveis e salvo o disposto no número seguinte, poderá determinar a inibição do exercício, na instituição de crédito participada, dos direitos de voto integrantes da referida participação, na medida necessária e adequada para impedir a influência na gestão que foi obtida através do acto não comunicado. [1]

2 – Se, nas situações a que se refere o número anterior, a comunicação em falta for feita antes de decidida a inibição dos direitos de voto, o Banco de Portugal procederá de acordo com os poderes que lhe são conferidos pelo artigo 103.º; se a mesma comunicação for posterior à decisão de inibição, esta cessará se o Banco de Portugal não deduzir oposição. [1]

3 – No caso de se verificar a constituição ou o aumento de uma participação qualificada contra a sua oposição, definitiva ou provisória, o Banco de Portugal, sem prejuízo das sanções aplicáveis, determinará a inibição do exercício, na instituição de crédito participada, dos direitos de voto integrantes da referida participação, na medida necessária e adequada para a realização dos fins que determinaram a oposição. [1]

4 – Em qualquer dos casos previstos nos números anteriores, o Banco de Portugal poderá, em alternativa, determinar que a inibição incida em entidade que detenha, directa ou indirectamente, direitos de voto na instituição de crédito participada, se essa medida for considerada suficiente para assegurar as condições de gestão sã e prudente nesta última e não envolver restrição grave do exercício de outras actividades económicas. [1]

5 – O Banco de Portugal determinará igualmente em que medida a inibição abrange os direitos de voto exercidos pela instituição participada noutras instituições de crédito com as quais se encontre em relação de domínio, directo ou indirecto. [1]

6 – As decisões proferidas ao abrigo dos números anteriores são notificadas ao interessado, nos termos gerais, e comunicadas ao órgão de administração da instituição de crédito participada e ao presidente da respectiva assembleia de accionistas, acompanhadas, quanto a este último, da determinação de que deve actuar de forma a impedir o exercício dos direitos de voto inibidos, de acordo com o disposto no número seguinte, e são também comunicadas, sempre que o objecto da instituição de crédito compreenda alguma actividade de intermediação em instrumentos financeiros, à Comissão do Mercado de Valores Mobiliários e, sempre que o interessado seja uma entidade sujeita a supervisão do Instituto de Seguros de Portugal, a este Instituto. [1]

7 – O presidente da assembleia geral a quem sejam comunicadas as decisões a que se refere o número anterior deve, no exercício das suas funções, assegurar que os direitos de voto inibidos não são, em qualquer circunstância, exercidos na assembleia de accionistas. [2]

8 – Se, não obstante o disposto no número anterior, se verificar que foram exercidos direitos de voto sujeitos a inibição, a deliberação tomada é anulável, salvo se se provar que teria sido tomada e teria sido idêntica ainda que esses direitos não tivessem sido exercidos. [2]

9 – A anulabilidade pode ser arguida nos termos gerais, ou ainda pelo Banco de Portugal. [2]

10 – Se o exercício dos direitos de voto abrangidos pela inibição tiver sido determinante para a eleição dos órgãos de administração ou fiscalização, o Banco de Portugal deve, na pendência da acção de anulação da respectiva deliberação, recusar os respectivos registos. [2]

Artigo 106.º
Inibição por motivos supervenientes

1 – O Banco de Portugal, com fundamento em factos relevantes, que venham ao seu conhecimento após a constituição ou aumento de uma participação qualificada e que criem o receio justificado de que a influência exercida pelo seu detentor possa prejudicar a gestão sã e prudente da instituição de crédito participada, pode determinar a inibição do exercício dos direitos de voto integrantes da mesma participação. [2]

2 – Às decisões tomadas nos termos do n.º 1 é aplicável, com as necessárias adaptações, o disposto nos n.os 4 e seguintes do artigo 105.º. [2]

Artigo 107.º
Diminuição da participação

1 – A pessoa singular ou colectiva que pretenda deixar de deter participação qualificada numa instituição de crédito, ou diminuí-la de tal modo que a percentagem de direitos de voto ou de capital de que seja titular desça a nível inferior a qualquer dos limiares de 5 %, 10 %, 20 %, 33 % ou 50 %, ou de tal modo que a instituição deixe de ser sua filial, deve informar previamente o Banco de Portugal e comunicar-lhe o novo montante da sua participação. [2]

2 – Se se verificar a redução de uma participação para um nível inferior a 5 % do capital ou dos direitos de voto da instituição participada, o Banco de Portugal comunicará ao seu detentor, no prazo de 30 dias, se considera que a participação daí resultante tem carácter qualificado. [2]

3 – Às situações previstas no presente artigo é aplicável, com as devidas adaptações, o disposto no artigo 104.º. [2]

Artigo 108.º
Comunicação pelas instituições de crédito

1 – As instituições de crédito comunicarão ao Banco de Portugal, logo que delas tiverem conhecimento, as alterações a que se referem os artigos 102.º e 107.º

---

[1] *Redacção introduzida pelo Decreto-Lei n.º 201/2002, de 26 de Setembro.*

[1] *Redacção introduzida pelo Decreto-Lei n.º 357-A/2007, de 31 de Outubro.*

[2] *Redacção introduzida pelo Decreto-Lei n.º 201/2002, de 26 de Setembro.*

2 – Em Abril de cada ano, as instituições de crédito comunicarão ao Banco de Portugal a identidade dos seus accionistas detentores de participações qualificadas e o montante das respectivas participações.

ARTIGO 109.º
Crédito a detentores de participações qualificadas

1 – O montante dos créditos concedidos, sob qualquer forma ou modalidade, incluindo a prestação de garantias, a pessoa que directa ou indirectamente detenha participação qualificada numa instituição de crédito e a sociedade que essa pessoa directa ou indirectamente domine, ou que com ela estejam numa relação de grupo, não poderá exceder, em cada momento e no seu conjunto, 10 % dos fundos próprios da instituição.

2 – O montante global dos créditos concedidos a todos os detentores de participações qualificadas e a sociedades referidas no número anterior não poderá exceder, em cada momento, 30 % dos fundos próprios da instituição de crédito.

3 – As operações referidas nos números anteriores dependem da aprovação por maioria qualificada de pelo menos dois terços dos membros do órgão de administração e do parecer favorável do órgão de fiscalização da instituição de crédito.

4 – Os n.ºs 2 e 3 do artigo 85.º são aplicáveis, com as necessárias adaptações, às operações a que se referem os números anteriores, sendo a presunção prevista no n.º 2 do artigo 85.º apenas ilidível nos casos de parentesco e afinidade em 1.º grau ou de cônjuges judicialmente separados de pessoas e bens.[1]

5 – O disposto no presente artigo não se aplica às operações de concessão de crédito de que sejam beneficiárias instituições de crédito, sociedades financeiras ou sociedades gestoras de participações sociais, que se encontrem incluídas no perímetro de supervisão em base consolidada a que esteja sujeita a instituição de crédito em causa, nem às sociedades gestoras de fundos de pensões, empresas de seguros, corretoras e outras mediadoras de seguros que dominem ou sejam dominadas por qualquer entidade incluída no mesmo perímetro de supervisão.[1]

6 – Os montantes de crédito referidos no presente artigo e no n.º 5 do artigo 85.º serão sempre agregados para efeitos do cômputo dos respectivos limites.

ARTIGO 110.º
Relação de accionistas

1 – Até cinco dias antes da realização das assembleias gerais das instituições de crédito, deve ser publicada, em dois dos jornais mais lidos da localidade da sede, a relação dos accionistas, com indicação das respectivas participações no capital social.

2 – A relação só tem de incluir os accionistas cujas participações excedam 2 % do capital social.

3 – O disposto nos números anteriores não se aplica no caso de as assembleias gerais se realizarem ao abrigo do artigo 54.º do Código das Sociedades Comerciais.

ARTIGO 111.º
Registo de acordos parassociais

1 – Os acordos parassociais entre accionistas de instituições de crédito relativos ao exercício do direito de voto estão sujeitos a registo no Banco de Portugal, sob pena de ineficácia.

2 – O registo pode ser requerido por qualquer das partes do acordo.

ARTIGO 112.º
Aquisição de imóveis

1 – As instituições de crédito não podem, salvo autorização concedida pelo Banco de Portugal, adquirir imóveis que não sejam indispensáveis à sua instalação e funcionamento ou à prossecução do seu objecto social.

2 – O Banco de Portugal determinará as normas, designadamente de contabilidade, que a instituição de crédito deve observar na aquisição de imóveis.

ARTIGO 113.º
Rácio do imobilizado e aquisição de títulos de capital

O Banco de Portugal poderá definir, por aviso, os limites ao valor do activo imobilizado das instituições de crédito, bem como ao valor total das acções ou outras partes de capital de quaisquer sociedades não abrangidas no referido activo, que as instituições de crédito podem deter.[1]

ARTIGO 114.º
Aquisições em reembolso de crédito próprio

Os limites previstos nos artigos 100.º e 101.º podem ser excedidos e a restrição constante do artigo 112.º ultrapassada, em resultado de aquisições em reembolso de crédito próprio, devendo as situações daí resultantes ser regularizadas no prazo de dois anos, o qual, havendo motivo fundado, poderá ser prorrogado pelo Banco de Portugal, nas condições que este determinar.[1]

ARTIGO 115.º
Regras de contabilidade e publicações

1 – Compete ao Banco de Portugal, sem prejuízo das atribuições da Comissão de Normalização Contabilística e do disposto no Código dos Valores Mobiliários, estabelecer normas de contabilidade aplicáveis às instituições sujeitas à sua supervisão, bem como definir os elementos que as mesmas instituições lhe devem remeter e os que devem publicar.

2 – As instituições de crédito organizarão contas consolidadas nos termos previstos em legislação própria.

3 – As instituições sujeitas à supervisão do Banco de Portugal devem publicar as suas contas nos termos e com a periodicidade definidas em aviso do Banco de Portugal, podendo este exigir a respectiva certificação legal.[1]

---

[1] *Redacção introduzida pelo Decreto-Lei n.º 201/2002, de 26 de Setembro.*

[1] *Redacção introduzida pelo Decreto-Lei n.º 201/2002, de 26 de Setembro.*

Regulação do Sector Financeiro – Sector Bancário

CAPÍTULO III
Supervisão

SECÇÃO I
Supervisão em geral

ARTIGO 116.º
Procedimentos de supervisão

1 – No desempenho das suas funções de supervisão, compete em especial ao Banco de Portugal: [1]

a) Acompanhar a actividade das instituições de crédito;

b) Vigiar pela observância das normas que disciplinam a actividade das instituições de crédito;

c) Emitir recomendações e determinações específicas para que sejam sanadas as irregularidades detectadas; [2]

d) Tomar providências extraordinárias de saneamento;

e) Sancionar as infracções.

2 – O Banco de Portugal pode exigir a realização de auditorias especiais por entidade independente, por si designada, a expensas da instituição auditada. [1]

ARTIGO 116.º-A [3]
Processo de supervisão

1 – Tomando em consideração os critérios técnicos previstos no artigo 116.º-B, o Banco de Portugal analisa as disposições, estratégias, processos e mecanismos aplicados pelas instituições de crédito para dar cumprimento ao Decreto-Lei n.º 104/2007, de 3 de Abril, e avalia os riscos a que as instituições de crédito estejam ou possam vir a estar expostas.

2 – Com base na análise e avaliação referidas no número anterior, o Banco de Portugal decide se as disposições, estratégias, processos e mecanismos aplicados pelas instituições de crédito e os fundos próprios que detêm garantem uma gestão sólida e a cobertura dos seus riscos.

3 – O Banco de Portugal determina, de harmonia com o princípio da proporcionalidade, a frequência e a intensidade da análise e avaliação referida no n.º 1, tomando em consideração a dimensão, a importância sistémica, a natureza, o nível e a complexidade das actividades da instituição de crédito em causa.

4 – A análise e a avaliação referidas no número anterior são actualizadas pelo menos anualmente.

5 – A análise e a avaliação efectuadas pelo Banco de Portugal incluem a exposição das instituições de crédito ao risco de taxa de juro resultante de actividades da carteira bancária, sendo necessárias medidas no caso de instituições cujo valor económico sofra uma redução correspondente a mais de 20 % dos respectivos fundos próprios, na sequência de uma alteração súbita e inesperada das taxas de juro, devendo o respectivo âmbito ser determinado pelo Banco de Portugal e ser igual para todas as instituições.

ARTIGO 116.º-B [1]
Critérios técnicos relativos à análise e avaliação pelo Banco de Portugal

1 – Para além dos riscos de crédito, de mercado e operacional, a análise e a avaliação realizadas pelo Banco de Portugal, de acordo com artigo 116.º-A, devem incluir o seguinte:

a) Os resultados do teste de esforço realizado pelas instituições de crédito com base na aplicação do método IRB;

b) A exposição aos riscos de concentração e respectiva gestão por parte das instituições de crédito, incluindo o respeito dos requisitos estabelecidos na regulamentação sobre grandes riscos;

c) A solidez, a adequação e o modo de aplicação das políticas e procedimentos aplicados pelas instituições de crédito relativamente à gestão do risco residual associado à utilização de técnicas reconhecidas de redução do risco de crédito;

d) O carácter adequado dos fundos próprios detidos por uma instituição de crédito relativos a activos por si titularizados, tendo em conta o conteúdo económico da operação, incluindo o grau de transferência de risco alcançado;

e) A exposição aos riscos de liquidez e respectiva gestão por parte das instituições de crédito;

f) O impacte dos efeitos de diversificação e o modo como esses efeitos são tidos em conta no sistema de avaliação de riscos; e

g) Os resultados dos testes de esforço realizados pelas instituições que utilizam um modelo interno para calcular os requisitos de fundos próprios para cobertura dos riscos de mercado.

2 – Compete ao Banco de Portugal verificar se uma instituição de crédito concedeu apoio implícito a uma operação de titularização.

3 – Caso se verifique que uma instituição de crédito concedeu apoio implícito mais de uma vez, o Banco de Portugal toma as medidas adequadas que reflictam o facto de crescerem as expectativas de que concede, no futuro, apoio às suas operações de titularização, não sendo assim assegurada uma transferência de risco significativa.

4 – Para efeitos da decisão a realizar nos termos do n.º 2 do artigo 116.º-A, o Banco de Portugal pondera se os ajustamentos de valor efectuados e as provisões constituídas relativamente às posições incluídas na carteira de negociação, nos termos da regulamentação aplicável em matéria de adequação de fundos próprios aos riscos de mercado, permitem à instituição de crédito vender ou assegurar a cobertura das suas posições num período curto sem incorrer em perdas significativas em condições normais de mercado.

ARTIGO 116.º-C [1]
Medidas correctivas

1 – O Banco de Portugal pode exigir que as instituições de crédito que não cumpram as normas que disciplinam a sua actividade adoptem rapidamente as medidas ou acções necessárias para resolver a situação.

2 – Para o efeito, o Banco de Portugal pode determinar, entre outras, as seguintes medidas:

a) Exigir que as instituições de crédito detenham fundos próprios superiores ao nível mínimo estabelecido;

---

[1] *Redacção introduzida pelo Decreto-Lei n.º 201/2002, de 26 de Setembro.*

[2] *Redacção introduzida pelo Decreto-Lei n.º 1/2008, de 3 de Janeiro.*

[2] *Aditado pelo Decreto-Lei n.º 104/2007, de 3 de Abril.*

[1] *Aditado pelo Decreto-Lei n.º 104/2007, de 3 de Abril.*

b) Exigir o reforço das disposições, processos, mecanismos e estratégias criados para efeitos do governo da sociedade, controlo interno e auto-avaliação de riscos;

c) Exigir que as instituições de crédito apliquem uma política específica de constituição de provisões ou de tratamento de activos em termos de requisitos de fundos próprios;

d) Restringir ou limitar as actividades, operações ou redes de balcões das instituições de crédito; e

e) Exigir a redução do risco inerente às actividades, produtos e sistemas das instituições de crédito.

Artigo 117.º
Sociedades gestoras de participações sociais

1 – Ficam sujeitas à supervisão do Banco de Portugal as sociedades gestoras de participações sociais quando as participações detidas, directa ou indirectamente, lhes confiram a maioria dos direitos de voto em uma ou mais instituições de crédito ou sociedades financeiras. [1]

2 – O Banco de Portugal pode ainda sujeitar à sua supervisão as sociedades gestoras de participações sociais que, não estando incluídas na previsão do número anterior, detenham participação qualificada em instituição de crédito ou em sociedade financeira. [1]

3 – Exceptuam-se da aplicação do número anterior as sociedades gestoras de participações sociais sujeitas à supervisão do Instituto de Seguros de Portugal. [1]

4 – O disposto nos artigos 30.º, 31.º e 43.º-A é aplicável às sociedades gestoras de participações sociais sujeitas à supervisão do Banco de Portugal. [2]

Artigo 117.º-A [3]
Sociedades relevantes para sistemas de pagamentos

1 – O Banco de Portugal pode sujeitar à sua supervisão as entidades que tenham por objecto exercer, ou que de facto exerçam, uma actividade especialmente relevante para o funcionamento dos sistemas de pagamentos, especificando as regras e as obrigações que lhes são aplicáveis, de entre as previstas no presente diploma para as sociedades financeiras.

2 – As entidades que exerçam qualquer actividade no âmbito dos sistemas de pagamentos devem comunicar esse facto ao Banco de Portugal e prestar-lhe todas as informações que ele lhes solicitar.

3 – Para os efeitos do n.º 1, considera-se especialmente relevante para os sistemas de pagamentos, nomeadamente, a actividade de gestão de uma rede electrónica através da qual se efectuem pagamentos.

Artigo 118.º [1]
Gestão sã e prudente

1 – Se as condições em que decorre a actividade de uma instituição de crédito não respeitarem as regras de uma gestão sã e prudente, o Banco de Portugal pode notificá-la para, no prazo que lhe fixar, tomar as providências necessárias para restabelecer ou reforçar o equilíbrio financeiro, ou corrigir os métodos de gestão.

2 – Sempre que tiver conhecimento do projecto de uma operação por uma instituição de crédito que, no seu entender, seja susceptível de implicar a violação ou o agravamento da violação de regras prudenciais aplicáveis ou infringir as regras de uma gestão sã e prudente, o Banco de Portugal pode notificar essa instituição para se abster de realizar tal operação.

Artigo 119.º
Dever de accionista

Quando a situação de uma instituição de crédito o justifique, o Banco de Portugal pode recomendar aos accionistas que lhe prestem o apoio financeiro que seja adequado.

Artigo 120.º
Deveres de informação

1 – As instituições de crédito são obrigadas a apresentar ao Banco de Portugal as informações que este considere necessárias à verificação: [1]

a) Do seu grau de liquidez e solvabilidade;

b) Dos riscos em que incorrem;

c) Do cumprimento das normas, legais e regulamentares, que disciplinam a sua actividade;

d) Da sua organização administrativa;

e) Da eficácia dos seus controlos internos;

f) Dos seus processos de segurança e controlo no domínio informático;

g) Do cumprimento permanente das condições previstas nos artigos 14.º, 15.º e 20.º, n.º 1, alínea f).

2 – As instituições de crédito facultarão ao Banco de Portugal a inspecção dos seus estabelecimentos e o exame da escrita no local, assim como todos os outros elementos que o Banco considere relevantes para a verificação dos aspectos mencionados no número anterior.

3 – O Banco de Portugal pode extrair cópias e traslados de toda a documentação pertinente. [2]

4 – As entidades não abrangidas pelos números precedentes e que detenham participações qualificadas no capital de instituições de crédito são obrigadas a fornecer ao Banco de Portugal todos os elementos ou informações que o mesmo Banco considere relevantes para a supervisão das instituições em que participam.

5 – Durante o prazo de cinco anos, as instituições de crédito devem manter à disposição do Banco de Portugal os dados relevantes sobre as transacções relativas a serviços e actividades de investimento. [3]

6 – O Banco de Portugal pode exigir que as instituições de crédito lhe apresentem relatórios de trabalhos relacionados com matérias de supervisão prudencial, realizados por uma entidade devidamente habilitada e para o efeito aceite pelo mesmo Banco. [4]

---

[1] *Redacção introduzida pelo Decreto-Lei n.º 201/2002, de 26 de Setembro.*

[2] *Redacção introduzida pelo Decreto-Lei n.º 145/2006, de 31 de Julho.*

[3] *Aditado pelo Decreto-Lei n.º 201/2002, de 26 de Setembro.*

---

[1] *Redacção introduzida pelo Decreto-Lei n.º 232/96, de 5 de Dezembro.*

[2] *Redacção introduzida pelo Decreto-Lei n.º 1/2008, de 3 de Janeiro.*

[3] *Redacção introduzida pelo Decreto-Lei n.º 357-A/2007, de 31 de Outubro.*

[4] *Redacção introduzida pelo Decreto-Lei n.º 201/2002, de 26 de Setembro.*

Regulação do Sector Financeiro – Sector Bancário

7 – O Banco de Portugal pode ainda solicitar a qualquer pessoa as informações de que necessite para o exercício das suas funções e, se necessário, convocar essa pessoa e ouvi-la a fim de obter essas informações. [1]

ARTIGO 121.º
Revisores oficiais de contas e auditores externos

1 – Os revisores oficiais de contas ao serviço de uma instituição de crédito e os auditores externos que, por exigência legal, prestem a uma instituição de crédito serviços de auditoria são obrigados a comunicar ao Banco de Portugal, com a maior brevidade, os factos respeitantes a essa instituição de que tenham conhecimento no exercício das suas funções, quando tais factos sejam susceptíveis de: [2]

a) Constituir uma infracção grave às normas, legais ou regulamentares, que estabeleçam as condições de autorização ou que regulem de modo específico o exercício da actividade das instituições de crédito; ou

b) Afectar a continuidade da exploração da instituição de crédito; ou

c) Determinar a recusa da certificação das contas ou a emissão de reservas.

2 – A obrigação prevista no número anterior é igualmente aplicável relativamente aos factos de que as pessoas referidas no mesmo número venham a ter conhecimento no contexto de funções idênticas, mas exercidas em empresa que mantenha com a instituição de crédito onde tais funções são exercidas uma relação de proximidade. [3]

3 – O dever de informação imposto pelo presente artigo prevalece sobre quaisquer restrições à divulgação de informações legal ou contratualmente previstas, não envolvendo nenhuma responsabilidade para os respectivos sujeitos o seu cumprimento. [2]

ARTIGO 122.º
Instituições de crédito autorizadas em outros países comunitários

1 – As instituições de crédito autorizadas em outros Estados membros da Comunidade Europeia e que exerçam actividade em Portugal, desde que sujeitas à supervisão das autoridades dos países de origem, não estão sujeitas à supervisão prudencial do Banco de Portugal.

2 – Compete, porém, ao Banco de Portugal, em colaboração com as autoridades competentes dos países de origem, supervisar a liquidez das sucursais das instituições de crédito mencionadas no número anterior.

3 – O Banco de Portugal colaborará com as autoridades competentes dos países de origem, no sentido de as instituições referidas no n.º 1 tomarem as providências necessárias para cobrir os riscos resultantes de posições abertas que decorram das operações que efectuem no mercado português.

4 – As instituições mencionadas estão sujeitas às decisões e outras providências que as autoridades portuguesas tomem no âmbito da política monetária, financeira e cambial e às normas aplicáveis por razões de interesse geral.

---

[1] *Aditado pelo Decreto-Lei n.º 357-A/2007, de 31 de Outubro.*

[2] *Redacção introduzida pelo Decreto-Lei n.º 232/96, de 5 de Dezembro.*

[3] *Redacção introduzida pelo Decreto-Lei n.º 357-A/2007, de 31 de Outubro.*

ARTIGO 123.º
Deveres das instituições autorizadas em outros países comunitários

1 – Para os efeitos do artigo anterior, as instituições nele mencionadas devem apresentar ao Banco de Portugal os elementos de informação que este considere necessários.

2 – É aplicável o disposto nos n.os 2 e 3 do artigo 120.º.

ARTIGO 124.º
Inspecção pelas autoridades do país de origem

1 – Tendo em vista exercer as funções de supervisão prudencial que lhes incumbem, as autoridades competentes dos outros Estados membros da Comunidade Europeia, após terem informado do facto o Banco de Portugal, podem, directamente ou por intermédio de quem tenham mandatado para o efeito, proceder a inspecções nas sucursais que as instituições de crédito autorizadas nesses Estados membros possuam em território português.

2 – As inspecções de que trata o número anterior podem também ser realizadas pelo Banco de Portugal, a pedido das autoridades referidas no mesmo número.

ARTIGO 125.º
Escritórios de representação

A actividade dos escritórios de representação de instituições de crédito com sede no estrangeiro está sujeita à supervisão do Banco de Portugal, a qual poderá ser feita no local e implicar o exame de livros de contabilidade e de quaisquer outros elementos de informação julgados necessários.

ARTIGO 126.º
Entidades não habilitadas

1 – Quando haja fundadas suspeitas de que uma entidade não habilitada exerce ou exerceu alguma actividade reservada às instituições de crédito, pode o Banco de Portugal exigir que ela apresente os elementos necessários ao esclarecimento da situação, bem como realizar inspecções no local onde indiciariamente tal actividade seja ou tenha sido exercida, ou onde suspeite que se encontrem elementos relevantes para o conhecimento da mesma actividade.

2 – Sem prejuízo da legitimidade atribuída por lei a outras pessoas, o Banco de Portugal pode requerer a dissolução e liquidação de sociedade ou outro ente colectivo que, sem estar habilitado, pratique operações reservadas a instituições de crédito.

ARTIGO 127.º
Colaboração de outras autoridades

As autoridades policiais prestarão ao Banco de Portugal a colaboração que este lhes solicitar no âmbito das suas atribuições de supervisão.

ARTIGO 128.º
Apreensão de documentos e valores

1 – No decurso das inspecções a que se refere o n.º 1 do artigo 126.º, pode o Banco de Portugal proceder a apreensão de quaisquer documentos ou valores que constituam objecto, instrumento ou produto de infracção ou que se mostrem necessários à instrução do respectivo processo.

2 – Aos valores apreendidos aplica-se o disposto no n.º 1 do artigo 215.º

Decreto-Lei n.º 298/92

ARTIGO 129.º
Recursos

[Revogado.]

SECÇÃO II
Supervisão em base consolidada

ARTIGO 130.º
Competência e definições

1 – O Banco de Portugal exercerá a supervisão em base consolidada das instituições de crédito, nos termos da presente secção.

2 – Para os efeitos da presente secção, entende-se por:

a) «Entidades equiparadas a instituições de crédito» as sociedades financeiras referidas no n.º 1 do artigo 6.º e ainda qualquer pessoa colectiva que, não sendo instituição de crédito ou sociedade financeira, tenha como actividade principal tomar participações ou exercer uma ou mais actividades previstas nos n.ºs 2 a 12 da lista anexa à Directiva n.º 2006/48/CE, do Parlamento Europeu e do Conselho, de 14 de Junho, e ainda as instituições excluídas a título permanente pelo artigo 2.º da Directiva n.º 2006/48/CE, do Parlamento Europeu e do Conselho, de 14 de Junho, com excepção dos bancos centrais dos Estados membros da União Europeia; [1]

b) «Companhia financeira» alguma das entidades equiparadas a instituições de crédito, cujas filiais sejam exclusiva ou principalmente instituições de crédito ou entidades equiparadas, sendo pelo menos uma destas filiais uma instituição de crédito, e que não seja uma companhia financeira mista na acepção da alínea l) do artigo 2.º do decreto-lei que transpõe a Directiva n.º 2002/87/CE, do Parlamento Europeu e do Conselho, de 16 de Dezembro, relativa à supervisão complementar de instituições de crédito, empresas de seguros e empresas de investimento de um conglomerado financeiro; [2]

c) «Companhia mista» qualquer empresa mãe que não seja uma companhia financeira ou uma instituição de crédito ou uma companhia financeira mista na acepção da alínea l) do artigo 2.º do decreto-lei que transpõe a Directiva n.º 2002/87/CE, do Parlamento Europeu e do Conselho, de 16 de Dezembro, em cujas filiais se inclua, pelo menos, uma instituição de crédito; [2]

d) «Participação» os direitos no capital de outras empresas desde que criem ligações duradouras com estas e se destinem a contribuir para a actividade da empresa, sendo sempre considerada uma participação a detenção, directa ou indirecta, de pelo menos 20 % ou dos direitos de voto ou do capital de uma empresa; [2]

e) «Filial» a pessoa colectiva relativamente à qual outra pessoa colectiva, designada por empresa mãe, se encontre numa relação de domínio em alguma das variantes I) a IV) da alínea a) da definição 2.ª do artigo 13.º, ou sobre a qual exerça efectivamente, no juízo das autoridades de supervisão das instituições de crédito, influência dominante;

f) «Instituição de crédito mãe em Portugal» uma instituição de crédito que tenha como filial uma instituição de crédito ou uma entidade a esta equiparada ou que detenha uma participação numa instituição dessa natureza e que não seja, ela própria, filial de outra instituição de crédito ou de companhia financeira sediada em Portugal; [1]

g) «Companhia financeira mãe em Portugal» uma companhia financeira que não seja, ela própria, filial de instituição de crédito ou de companhia financeira sediada em Portugal; [1]

h) «Instituição de crédito mãe em Portugal e na União Europeia» uma instituição de crédito mãe em Portugal que não seja filial de instituição de crédito autorizada em outro Estado membro ou de companhia financeira estabelecida em outro Estado membro; [1]

i) «Companhia financeira mãe em Portugal e na União Europeia» uma companhia financeira mãe em Portugal que não seja filial de instituição de crédito autorizada em outro Estado membro ou de companhia financeira estabelecida em outro Estado membro; [1]

j) «Empresa de investimento mãe em Portugal» uma empresa de investimento que tenha como filial uma instituição ou uma instituição financeira, ou que detenha uma participação em tais entidades, e que não seja filial de outra instituição ou companhia financeira sediada em Portugal; [1]

l) «Empresa de investimento mãe em Portugal e na União Europeia» uma empresa de investimento mãe em Portugal que não seja filial de outra instituição ou companhia financeira estabelecida em qualquer outro Estado membro. [1]

ARTIGO 131.º
Âmbito

1 – Sem prejuízo da supervisão em base individual, as instituições de crédito com sede em Portugal que tenham como filiais uma ou mais instituições de crédito ou entidades equiparadas, ou que nelas detenham uma participação, ficam sujeitas à supervisão com base na sua situação financeira consolidada.

2 – Sem prejuízo da supervisão em base individual, as instituições de crédito com sede em Portugal, cuja empresa mãe seja uma companhia financeira com sede num Estado membro da Comunidade Europeia, ficam sujeitas a supervisão com base na situação financeira consolidada da companhia financeira.

3 – O Banco de Portugal pode determinar a inclusão de uma instituição de crédito na supervisão em base consolidada, nos seguintes casos:

a) Quando uma instituição de crédito exerça influência significativa sobre outra instituição de crédito ou entidade equiparada, ainda que não detenha nela qualquer participação;

b) Quando duas ou mais instituições de crédito ou entidades equiparadas estejam sujeitas a direcção única, ainda que não estipulada estatutária ou contratualmente;

c) Quando duas ou mais instituições de crédito ou entidades equiparadas tenham órgãos de administração ou fiscalização compostos maioritariamente pelas mesmas pessoas.

4 – As sociedades de serviços auxiliares serão incluídas na supervisão em base consolidada quando se verificarem as condições previstas nos n.ºs 1 e 2.

---

[1] *Redacção introduzida pelo Decreto-Lei n.º 104/2007, de 3 de Abril.*
[2] *Redacção introduzida pelo Decreto-Lei n.º 145/2006, de 31 de Julho.*

---

[1] *Introduzida pelo Decreto-Lei n.º 104/2007, de 3 de Abril.*

Regulação do Sector Financeiro – Sector Bancário

5 – O Banco de Portugal fixará, por aviso, os termos em que instituições de crédito, entidades equiparadas ou sociedades de serviços auxiliares podem ser excluídas da supervisão em base consolidada.

ARTIGO 132.º
Regras especiais de competência

1 – O Banco de Portugal exercerá a supervisão em base consolidada se uma companhia financeira tiver sede em Portugal e for empresa mãe de instituições de crédito com sede em Portugal e noutros Estados membros da Comunidade Europeia.

2 – As instituições de crédito com sede em Portugal que tenham como empresa mãe uma companhia financeira com sede noutro Estado membro onde também se encontre sediada outra instituição de crédito sua filial ficam sujeitas à supervisão em base consolidada exercida pela autoridade de supervisão desse Estado membro. [1]

3 – As instituições de crédito com sede em Portugal cuja companhia financeira tenha sede num Estado membro, integrada num grupo em que as restantes instituições de crédito têm sede em diferentes Estados membros e têm como empresas mãe uma companhia financeira também com sede em diferentes Estados membros, ficam sujeitas à supervisão em base consolidada exercida pela autoridade de supervisão da instituição de crédito cujo total do balanço apresente o valor mais elevado. [2]

4 – As instituições de crédito com sede em Portugal, cuja empresa mãe seja uma companhia financeira com sede noutro Estado membro, e que tenha outras instituições de crédito filiais em Estados membros diferentes do da sua sede, ficam sujeitas à supervisão em base consolidada exercida pela autoridade de supervisão que autorizou a instituição de crédito cujo total do balanço seja o mais elevado. [2]

ARTIGO 132.º-A [3]
Empresas mãe sediadas em países terceiros

1 – Quando uma instituição de crédito, cuja empresa mãe seja uma instituição de crédito ou uma companhia financeira sediada fora da União Europeia, que não esteja sujeita a supervisão em base consolidada em termos equivalentes aos da presente secção, deve ser verificado se está sujeita, por parte de uma autoridade de supervisão do país terceiro, a uma supervisão equivalente à exigida pelos princípios estabelecidos na presente secção.

2 – A verificação referida no número anterior é efectuada pelo Banco de Portugal no caso em que, pela aplicação dos critérios estabelecidos nos artigos 130.º e seguintes, este seria a autoridade responsável pela supervisão em base consolidada se esta fosse realizada.

3 – Compete ao Banco de Portugal proceder à verificação referida no n.º 1:

a) A pedido da empresa mãe;

b) A pedido de qualquer das entidades sujeitas a supervisão autorizadas na União Europeia;

c) Por iniciativa própria.

4 – O Banco de Portugal deve consultar as demais autoridades de supervisão das referidas filiais e o Comité Bancário Europeu.

5 – Na ausência de uma supervisão equivalente, aplicam-se, por analogia, as disposições da presente secção.

6 – Em alternativa ao disposto no número anterior, o Banco de Portugal, quando for a autoridade responsável e após consulta às autoridades referidas no n.º 3, pode adoptar outros métodos adequados que permitam atingir os objectivos da supervisão numa base consolidada, nomeadamente exigindo a constituição de uma companhia financeira sediada na União Europeia e aplicando-lhe as disposições sobre a supervisão numa base consolidada.

7 – No caso referido no número anterior, o Banco de Portugal notifica às autoridades de supervisão referidas no n.º 3 e à Comissão Europeia os métodos adoptados.

ARTIGO 132.º-B [1]
Operações intragrupo com as companhias mistas

1 – As instituições de crédito devem informar o Banco de Portugal de quaisquer operações significativas que efectuem com a companhia mista em cujo grupo estão integradas e com as filiais desta companhia, devendo, para o efeito, possuir processos de gestão dos riscos e mecanismos de controlo interno adequados, incluindo procedimentos de prestação de informação e contabilísticos sólidos que lhes permitam identificar, medir, acompanhar e avaliar, de modo adequado, estas operações.

2 – O Banco de Portugal toma as medidas adequadas quando as operações previstas no número anterior possam constituir uma ameaça para a situação financeira de uma instituição de crédito.

ARTIGO 132.º-C [2]
Acordo sobre o âmbito de competência

1 – As autoridades de supervisão referidas no artigo 132.º podem, de comum acordo, derrogar as regras referidas no mesmo artigo sempre que a sua aplicação for considerada inadequada, tomando em consideração as instituições de crédito e a importância relativa das suas actividades nos diferentes países e nomear uma autoridade competente diferente para exercer a supervisão numa base consolidada.

2 – Antes de tomar a decisão referida no número anterior, as autoridades competentes devem dar à instituição de crédito mãe na União Europeia, à companhia financeira mãe na União Europeia ou à instituição de crédito cujo total de balanço apresente o valor mais elevado a oportunidade de se pronunciarem relativamente a essa decisão.

ARTIGO 133.º
Outras regras

Compete ao Banco de Portugal fixar, por aviso, as regras necessárias à supervisão em base consolidada, nomeadamente:

a) Regras que definam os domínios em que a supervisão terá lugar;

---

[1] Redacção introduzida pelo Decreto-Lei n.º 104/2007, de 3 de Abril.
[2] Redacção introduzida pelo Decreto-Lei n.º 1/2008, de 3 de Janeiro.
[3] Aditado pelo Decreto-Lei n.º 145/2006, de 31 de Julho.

[1] Aditado pelo Decreto-Lei n.º 145/2006, de 31 de Julho.
[2] Aditado pelo Decreto-Lei n.º 104/2007, de 3 de Abril.

b) Regras sobre a forma e extensão da consolidação;

c) Regras sobre procedimentos de controlo interno das sociedades abrangidas pela supervisão em base consolidada, designadamente as que sejam necessárias para assegurar as informações úteis para a supervisão.

ARTIGO 134.º
Prestação de informações

1 – As instituições abrangidas pelo disposto nos artigos anteriores são obrigadas a apresentar ao Banco de Portugal todos os elementos de informação relativos às sociedades em cujo capital participem e que sejam necessários para a supervisão.

2 – As sociedades participadas são obrigadas a fornecer às instituições que nelas participam os elementos de informação que sejam necessários para dar cumprimento ao disposto no número anterior.

3 – Quando a empresa mãe de uma ou várias instituições de crédito for uma companhia financeira ou uma companhia mista, estas e as respectivas filiais ficam obrigadas a fornecer ao Banco de Portugal todas as informações e esclarecimentos que sejam úteis para a supervisão.

4 – As instituições sujeitas à supervisão do Banco de Portugal que sejam participadas por instituições de crédito com sede no estrangeiro ficam autorizadas a fornecer às instituições participantes as informações e elementos necessários para a supervisão, em base consolidada, pelas autoridades competentes.

5 – O Banco de Portugal poderá, sempre que seja necessário para a supervisão em base consolidada das instituições de crédito, proceder ou mandar proceder a verificações e exames periciais nas companhias financeiras ou mistas e nas respectivas filiais, bem como nas sociedades de serviços auxiliares.

ARTIGO 135.º
Colaboração de autoridades de supervisão de outros países comunitários com o Banco de Portugal

1 – O Banco de Portugal pode solicitar às autoridades de supervisão dos Estados membros da Comunidade Europeia, em que tenham sede as sociedades participadas, as informações necessárias para a supervisão em base consolidada.

2 – O Banco de Portugal pode igualmente solicitar as informações que sejam necessárias para exercer a supervisão em base consolidada às seguintes autoridades:

a) Autoridades competentes dos Estados membros da Comunidade Europeia em que tenham sede companhias financeiras ou companhias que sejam empresas mãe de instituições de crédito com sede em Portugal;

b) Autoridades competentes dos Estados membros da Comunidade Europeia em que tenham sede instituições de crédito filiais das mencionadas companhias financeiras.

3 – Pode ainda o Banco de Portugal, para o mesmo fim, solicitar às autoridades referidas que verifiquem informações de que disponha sobre as sociedades participadas, ou que autorizem que essas informações sejam verificadas pelo Banco de Portugal, quer directamente, quer através de pessoa ou entidade mandatada para o efeito.

ARTIGO 135.º-A [1]
Competências do Banco de Portugal a nível da União Europeia

Compete ao Banco de Portugal, na qualidade de autoridade competente responsável pelo exercício da supervisão em base consolidada das instituições de crédito mãe na União Europeia e das instituições de crédito controladas por companhias financeiras mãe na União Europeia:

a) A coordenação da recolha e divulgação de informações relevantes ou essenciais em condições normais de exploração ou em situação de emergência;

b) O planeamento e coordenação das actividades de supervisão em condições normais de exploração ou em situações de emergência, em colaboração com as autoridades competentes envolvidas.

ARTIGO 136.º
Colaboração do Instituto de Seguros de Portugal

Quando uma instituição de crédito, uma companhia financeira ou uma companhia mista controlarem uma ou mais filiais sujeitas à supervisão do Instituto de Seguros de Portugal, fornecerá este Instituto ao Banco de Portugal as informações que sejam necessárias à supervisão em base consolidada.

ARTIGO 137.º
Colaboração com outras autoridades de supervisão de países comunitários

1 – Em ordem à supervisão, em base consolidada, da situação financeira de instituições de crédito com sede em outros Estados membros da Comunidade Europeia, deve o Banco de Portugal prestar às respectivas autoridades de supervisão as informações de que disponha ou que possa obter relativamente às instituições que supervise e que sejam participadas por aquelas instituições.

2 – Quando, para o fim mencionado no número anterior, a autoridade de supervisão de outro Estado membro da Comunidade Europeia solicite a verificação de informações relativas a instituições sujeitas a supervisão do Banco de Portugal e que tenham sede em território português, deve o Banco de Portugal proceder a essa verificação ou permitir que ela seja efectuada pela autoridade que a tiver solicitado, quer directamente, quer através de pessoa ou entidade mandatada para o efeito.

3 – Quando não efectua ela própria a verificação, a autoridade de supervisão que apresenta o pedido pode, se o desejar, participar na verificação.[2]

ARTIGO 137.º-A [1]
Cooperação em situação de emergência

1 – Sempre que se verificar uma situação de emergência no interior de um grupo bancário, susceptível de pôr em risco a estabilidade do sistema financeiro em qualquer dos Estados membros em que tenham sido autorizadas entidades desse grupo, e o Banco de Portugal for a autoridade competente responsável pelo exercício da supervisão numa base consoli-

---

[1] *Aditado pelo Decreto-Lei n.º 104/2007, de 3 de Abril.*

[2] *Redacção introduzida pelo Decreto-Lei n.º 145/2006, de 31 de Julho.*

Regulação do Sector Financeiro – Sector Bancário

dada ou individual, deve comunicá-la, tão rapidamente quanto possível, às seguintes entidades:

a) Autoridades competentes pela supervisão individual ou consolidada das entidades em causa;

b) Bancos centrais e outros organismos de vocação semelhante enquanto autoridades monetárias;

c) Departamentos das administrações centrais responsáveis pela legislação de supervisão das instituições de crédito, das instituições financeiras, dos serviços de investimento e das companhias de seguros, bem como aos inspectores mandatados por tais departamentos.

2 – Sempre que necessitar de informações já fornecidas a outra autoridade competente, o Banco de Portugal contacta, sempre que possível, essa outra autoridade directamente sem necessidade de consentimento expresso da entidade que forneceu a informação.

3 – O Banco de Portugal deve fornecer à autoridade competente responsável pela supervisão em base consolidada a informação de que disponha e que lhe seja solicitada, nos mesmos termos do número anterior.

ARTIGO 137.º-B [1]
Acordos escritos

1 – O Banco de Portugal celebra com outras autoridades competentes acordos escritos em matéria de coordenação e cooperação, a fim de facilitar a supervisão e garantir a sua eficácia.

2 – Nos termos dos acordos previstos no número anterior, podem ser confiadas responsabilidades adicionais à autoridade competente responsável pela supervisão numa base consolidada e podem ser especificados procedimentos em matéria de tomada de decisão e de cooperação com outras autoridades competentes.

ARTIGO 137.º-C [1]
Troca de informação

1 – O Banco de Portugal colabora estreitamente com as restantes autoridades competentes trocando todas as informações essenciais ou relevantes para o exercício das funções de supervisão.

2 – O Banco de Portugal solicita e transmite, mediante pedido, às autoridades competentes todas as informações relevantes e comunica por sua própria iniciativa todas as informações essenciais.

3 – O Banco de Portugal, na qualidade de autoridade responsável pela supervisão em base consolidada das instituições de crédito mãe na União Europeia e das instituições de crédito controladas por companhias financeiras mãe na União Europeia, fornece às autoridades competentes de outros Estados membros que exercem a supervisão de filiais dessas empresas mãe todas as informações relevantes.

4 – Para determinar o âmbito das informações relevantes referido no número anterior, toma-se em consideração a importância das filiais no sistema financeiro dos Estados membros respectivos.

ARTIGO 137.º-D [1]
Informações essenciais

1 – As informações são essenciais se forem susceptíveis de influenciar a avaliação da solidez financeira de uma instituição de crédito ou de uma instituição financeira em outro Estado membro.

2 – As informações essenciais incluem, nomeadamente, os seguintes elementos:

a) Identificação da estrutura de grupo das principais instituições de crédito a ele pertencentes, bem como as autoridades competentes das instituições de crédito do grupo;

b) Procedimentos em matéria de recolha de informações junto das instituições de crédito de um grupo e verificação dessas informações;

c) Qualquer evolução negativa na situação das instituições de crédito ou outras entidades de um grupo, susceptíveis de afectar significativamente as instituições de crédito; e

d) Sanções importantes e providências extraordinárias adoptadas pelas autoridades competentes, incluindo a imposição de requisitos adicionais de fundos próprios, nos termos do artigo 116.º-C e de limites à utilização do método AMA para o cálculo dos requisitos de fundos próprios.

ARTIGO 137.º-E [1]
Consultas mútuas

1 – O Banco de Portugal e as restantes autoridades competentes referidas no artigo 132.º procedem a consultas mútuas sempre que tais decisões sejam relevantes para as funções de supervisão de outras autoridades competentes, relativamente às seguintes matérias:

a) Alteração na estrutura de accionistas, organizativa ou de gestão das instituições de crédito de um grupo, que impliquem aprovação ou autorização das autoridades competentes; e

b) Sanções importantes e providências extraordinárias adoptadas pelas autoridades competentes, incluindo a imposição de requisitos adicionais de fundos próprios, nos termos do artigo 116.º-C e de limites à utilização do método AMA para o cálculo dos requisitos de fundos próprios.

2 – Para efeitos da alínea b) do número anterior, a autoridade competente responsável pela supervisão numa base consolidada é sempre consultada.

3 – O Banco de Portugal pode não proceder às consultas referidas neste artigo em situações de urgência ou sempre que tal consulta seja susceptível de prejudicar a eficácia das decisões.

4 – Na situação referida no número anterior, o Banco de Portugal informa de imediato as outras autoridades competentes.

ARTIGO 138.º
Colaboração com autoridades de supervisão
de países terceiros

A colaboração referida nos artigos 135.º e 137.º poderá igualmente ter lugar com as autoridades de supervisão de Estados que não sejam membros da Comunidade Europeia, no âmbito de acordos de cooperação que hajam sido celebrados, em regime de reciprocidade, e salvaguardando o disposto no artigo 82.º

---

[1] *Aditado pelo Decreto-Lei n.º 104/2007, de 3 de Abril.*

[1] *Aditado pelo Decreto-Lei n.º 104/2007, de 3 de Abril.*

Decreto-Lei n.º 298/92

TÍTULO VIII
Saneamento

ARTIGO 139.º
Finalidade das providências de saneamento

1 – Tendo em vista a protecção dos interesses dos depositantes, investidores e outros credores e a salvaguarda das condições normais de funcionamento do mercado monetário, financeiro ou cambial, o Banco de Portugal poderá adoptar, relativamente às instituições de crédito com sede em Portugal, as providências referidas no presente título.

2 – Não se aplicam às instituições de crédito os regimes gerais relativos aos meios preventivos da declaração de falência e aos meios de recuperação de empresas e protecção de credores.

ARTIGO 140.º
Dever de comunicação

1 – Quando uma instituição de crédito se encontre impossibilitada de cumprir as suas obrigações, ou em risco de o ficar, o órgão de administração ou de fiscalização deve comunicar imediatamente o facto ao Banco de Portugal.

2 – Os membros do órgão de administração e fiscalização estão individualmente obrigados à comunicação referida no número anterior, devendo fazê-la por si próprios se o órgão a que pertencem a omitir ou a diferir.

3 – A comunicação deve ser acompanhada ou seguida, com a maior brevidade, de exposição das razões determinantes da situação criada e da relação dos principais credores, com indicação dos respectivos domicílios.

ARTIGO 141.º
Providências extraordinárias de saneamento

Quando uma instituição de crédito se encontre em situação de desequilíbrio financeiro, traduzido, designadamente, na redução dos fundos próprios a um nível inferior ao mínimo legal ou na inobservância dos rácios de solvabilidade ou de liquidez, o Banco de Portugal poderá determinar, no prazo que fixará, a aplicação de alguma ou de todas as seguintes providências de recuperação e saneamento:

a) Apresentação, pela instituição em causa, de um plano de recuperação e saneamento, nos termos do artigo 142.º;

b) Restrições ao exercício de determinados tipos de actividade;

c) Restrições à concessão de crédito e à aplicação de fundos em determinadas espécies de activos, em especial no que respeite a operações realizadas com filiais, com entidade que seja a empresa mãe da instituição ou com filiais desta;

d) Restrições à recepção de depósitos, em função das respectivas modalidades e da remuneração;

e) Imposição da constituição de provisões especiais;

f) Proibição ou limitação da distribuição de dividendos;

g) Sujeição de certas operações ou de certos actos à aprovação prévia do Banco de Portugal.

ARTIGO 142.º
Plano de recuperação e saneamento

1 – Verificando-se alguma das situações referidas no artigo anterior, o Banco de Portugal poderá exigir da instituição em causa que elabore um plano de recuperação e saneamento, a submeter à aprovação do Banco no prazo por este fixado.

2 – O Banco de Portugal poderá estabelecer as condições que entenda convenientes para a aceitação do plano de recuperação e saneamento, designadamente aumento ou redução do capital, alienação de participações sociais e outros activos. [1]

3 – Se as medidas previstas nos números anteriores não forem aprovadas pelos accionistas, ou envolverem montantes de tal importância que possam pôr em causa a respectiva concretização, o Banco de Portugal, havendo risco grave de a instituição se encontrar em situação de não poder honrar os seus compromissos, em especial quanto à segurança dos fundos que lhe tiverem sido confiados, pode apresentar um programa de intervenção que, entre outras medidas, defina o aumento de capital necessário e, sendo caso disso, determine que o mesmo seja precedido da absorção dos prejuízos da instituição pelos relevantes elementos positivos dos seus fundos próprios. [1]

4 – As medidas previstas no âmbito do programa de intervenção englobarão o plano de recuperação e saneamento previsto no n.º 1 com as condições estabelecidas pelo Banco de Portugal, bem como os limites temporais dessa intervenção e a recomposição dos respectivos órgãos sociais, se tal se mostrar conveniente. [1]

5 – No âmbito do programa de intervenção previsto no número anterior, o Banco de Portugal poderá convidar o Fundo de Garantia de Depósitos ou outras instituições a cooperar no saneamento, nomeadamente através da viabilização de adequado apoio monetário ou financeiro, ou da sua participação no aumento de capital definido nos termos do n.º 3, cabendo-lhe orientar e definir temporalmente essa cooperação. [1]

6 – No decurso do saneamento, o Banco de Portugal terá o direito de requerer a todo o tempo a convocação da assembleia geral dos accionistas e de nela intervir com apresentação de propostas. [1]

7 – Não sendo aceites as condições estabelecidas pelo Banco de Portugal, ou as propostas que apresente, poderá ser revogada a autorização de exercício da actividade. [1]

ARTIGO 143.º
Designação de administradores provisórios

1 – O Banco de Portugal poderá designar para a instituição de crédito um ou mais administradores provisórios nos seguintes casos:

a) Quando a instituição esteja em risco de cessar pagamentos;

b) Quando a instituição se encontre em situação de desequilíbrio financeiro que, pela sua dimensão ou duração, constitua ameaça grave para a solvabilidade;

c) Quando, por quaisquer razões, a administração não ofereça garantias de actividade prudente, colocando em sério risco os interesses dos credores;

d) Quando a organização contabilística ou os procedimentos de controlo interno apresentem insuficiências graves que não permitam avaliar devidamente a situação patrimonial da instituição.

2 – Os administradores designados pelo Banco de Portugal terão os poderes e deveres conferidos pela lei e pelos estatutos aos membros do órgão de administração e, ainda, os seguintes:

---

[1] *Redacção introduzida pelo Decreto-Lei n.º 201/2002, de 26 de Setembro.*

Regulação do Sector Financeiro – Sector Bancário

a) Vetar as deliberações da assembleia geral e, sendo caso disso, dos órgãos referidos no n.º 3 do presente artigo;

b) Convocar a assembleia geral;

c) Elaborar, com a maior brevidade, um relatório sobre a situação patrimonial da instituição e as suas causas e submetê-lo ao Banco de Portugal, acompanhado de parecer da comissão de fiscalização, se esta tiver sido nomeada.

3 – Com a designação dos administradores provisórios poderá o Banco de Portugal suspender, no todo ou em parte, o órgão de administração, o conselho geral e quaisquer outros órgãos com funções análogas.

4 – Os administradores provisórios exercerão as suas funções pelo prazo que o Banco de Portugal determinar, no máximo de um ano, prorrogável uma vez por igual período.

5 – A remuneração dos administradores provisórios será fixada pelo Banco de Portugal e constitui encargo da instituição em causa.

ARTIGO 144.º
Designação de comissão de fiscalização

1 – Quando se verifique alguma das situações previstas no artigo 141.º ou no n.º 1 do artigo 143.º, o Banco de Portugal poderá, juntamente ou não com a designação de administradores provisórios, nomear uma comissão de fiscalização.

2 – A comissão de fiscalização será composta por:

a) Um revisor oficial de contas designado pelo Banco de Portugal, que presidirá;

b) Um elemento designado pela assembleia geral;

c) Um revisor oficial de contas designado pela Ordem dos Revisores Oficiais de Contas.

3 – A falta de designação do elemento referido na alínea b) do número anterior não obsta ao exercício das funções da comissão de fiscalização.

4 – A comissão de fiscalização terá os poderes e deveres conferidos por lei ou pelos estatutos ao conselho fiscal ou ao revisor oficial de contas, consoante a estrutura da sociedade, os quais ficarão suspensos pelo período da sua actividade.

5 – A comissão de fiscalização exercerá as suas funções pelo prazo que o Banco de Portugal determinar, no máximo de um ano, prorrogável uma vez por igual período.

6 – A remuneração dos membros da comissão de fiscalização será fixada pelo Banco de Portugal e constitui encargo da instituição em causa.

ARTIGO 145.º
Outras providências

1 – Juntamente com a designação de administradores provisórios, o Banco de Portugal poderá determinar as seguintes providências extraordinárias:

a) Dispensa temporária da observância de normas sobre controlo prudencial ou de política monetária;

b) Dispensa temporária do cumprimento pontual de obrigações anteriormente contraídas;

c) Encerramento temporário de balcões e outras instalações em que tenham lugar transacções com o público.

2 – O disposto na alínea b) do número anterior não obsta à conservação de todos os direitos dos credores contra os co-obrigados ou garantes.

3 – As providências referidas neste artigo terão a duração máxima de um ano, prorrogável uma só vez por igual período de tempo.

ARTIGO 146.º
Subsistência das providências extraordinárias

As providências extraordinárias previstas no presente título subsistirão apenas enquanto se verificar a situação que as tiver determinado.

ARTIGO 147.º
Suspensão de execução e prazos

Quando for adoptada a providência extraordinária de designação de administradores provisórios, e enquanto ela durar, ficarão suspensas todas as execuções, incluindo as fiscais, contra a instituição, ou que abranjam os seus bens, sem excepção das que tenham por fim a cobrança de créditos com preferência ou privilégio, e serão interrompidos os prazos de prescrição ou de caducidade oponíveis pela instituição.

ARTIGO 148.º [1]
Recursos

[Revogado.]

ARTIGO 149.º
Aplicação de sanções

A adopção de providências extraordinárias de saneamento não obsta a que, em caso de infracção, sejam aplicadas as sanções previstas na lei.

ARTIGO 150.º
Levantamento e substituição das penhoras efectuadas pelas repartições de finanças

O disposto no n.º 1 do artigo 300.º do Código de Processo Tributário aplica-se, com as necessárias adaptações, quando tenha lugar e enquanto decorra a providência extraordinária de designação de administradores provisórios, competindo ao Banco de Portugal exercer a faculdade atribuída naquele artigo ao administrador judicial.

ARTIGO 151.º
Filiais referidas no artigo 18.º

1 – A adopção de providências extraordinárias às filiais mencionadas no artigo 18.º deve ser precedida de consulta prévia das autoridades de supervisão do país de origem.

2 – Em caso de urgência, as autoridades de supervisão do país de origem devem ser imediatamente informadas das providências adoptadas e das fases essenciais do processo de recuperação.

ARTIGO 152.º
Regime de liquidação

Verificando-se que, com as providências extraordinárias adoptadas, não foi possível recuperar a instituição, será revogada a autorização para o exercício da respectiva actividade e seguir-se-á o regime de liquidação estabelecido na legislação aplicável.

---

[1] *Revogado pelo Decreto-Lei n.º 201/2002, de 26 de Setembro.*

ARTIGO 153.º
Sucursais de instituições não comunitárias

O disposto no presente título é aplicável, com as devidas adaptações, às sucursais de instituições de crédito não compreendidas no artigo 48.º.

TÍTULO IX
Fundo de garantia de depósitos

ARTIGO 154.º
Criação e natureza do Fundo

1 – É criado o Fundo de Garantia de Depósitos, adiante designado por Fundo, pessoa colectiva de direito público, dotada de autonomia administrativa e financeira.

2 – O Fundo tem sede em Lisboa e funciona junto do Banco de Portugal.

ARTIGO 155.º
Objecto

1 – O Fundo tem por objecto garantir o reembolso de depósitos constituídos nas instituições de crédito que nele participem. [1]

2 – O Fundo poderá igualmente colaborar, com carácter transitório, em acções destinadas a restabelecer as condições de solvabilidade e de liquidez das mesmas instituições, no âmbito do programa de intervenção previsto no artigo 142.º. [2]

3 – Para efeitos do disposto no presente título, entende-se por depósito os saldos credores que, nas condições legais e contratuais aplicáveis, devam ser restituídos pela instituição de crédito e consistam em disponibilidades monetárias existentes numa conta ou que resultem de situações transitórias decorrentes de operações bancárias normais. [2]

4 – São abrangidos pelo disposto no número anterior os fundos representados por certificados de depósito emitidos pela instituição de crédito, mas não os representados por outros títulos de dívida por ela emitidos nem os débitos emergentes de aceites próprios ou de promissórias em circulação. [2]

ARTIGO 156.º
Instituições participantes

1 – Participam obrigatoriamente no Fundo:

a) As instituições de crédito com sede em Portugal autorizadas a receber depósitos;

b) As instituições de crédito com sede em países que não sejam membros da Comunidade Europeia, relativamente aos depósitos captados pelas suas sucursais em Portugal, salvo se esses depósitos estiverem cobertos por um sistema de garantia do país de origem em termos que o Banco de Portugal considere equivalentes aos proporcionados pelo Fundo e sem prejuízo de acordos bilaterais existentes sobre a matéria. [1]

c) Até 31 de Dezembro de 1999, as instituições de crédito constantes do anexo iii da Directiva n.º 94/19/CE, do Parlamento Europeu e do Conselho, de 30 de Maio, relativamente aos depósitos captados pelas suas sucursais em Portugal. [1]

2 – Em complemento da garantia prevista no sistema do país de origem, podem participar no Fundo as instituições de crédito com sede noutros Estados membros da Comunidade Europeia, relativamente aos depósitos captados pelas suas sucursais em Portugal, se o nível ou o âmbito daquela garantia forem inferiores aos proporcionados pelo Fundo. [1]

3 – As instituições de crédito referidas no número anterior ficarão sujeitas às normas legais e regulamentares relativas ao Fundo. [1]

4 – O Banco de Portugal definirá, por aviso e com observância dos princípios estabelecidos nos artigos 160.º a 162.º, as condições segundo as quais as instituições de crédito referidas no n.º 2 poderão participar no Fundo e dele ser excluídas. [1]

5 – Se uma das instituições de crédito mencionadas no n.º 2 for excluída do Fundo, os depósitos efectuados nas suas sucursais anteriormente à data da exclusão continuarão por ele garantidos até à data dos seus próximos vencimentos. [1]

6 – Rege-se por lei especial a garantia dos depósitos captados pelas caixas de crédito agrícola mútuo pertencentes ao Sistema Integrado do Crédito Agrícola Mútuo.

ARTIGO 157.º
Dever de informação

1 – As instituições de crédito que captem depósitos em Portugal devem prestar ao público todas as informações pertinentes relativas aos sistemas de garantia de que beneficiem os depósitos que recebem, nomeadamente quanto aos respectivos montante, âmbito de cobertura e prazo máximo de reembolso. [1]

2 – A informação deve encontrar-se disponível nos balcões, em local bem identificado e directamente acessível. [1]

ARTIGO 158.º
Comissão directiva

1 – O Fundo é gerido por uma comissão directiva composta por três membros, sendo o presidente um elemento do conselho de administração do Banco de Portugal, por este designado, outro nomeado pelo Ministro das Finanças e um terceiro designado pela associação que em Portugal represente as instituições de crédito participantes que, no seu conjunto, detenham o maior volume de depósitos garantidos. [2]

2 – O presidente da comissão directiva tem voto de qualidade.

3 – O Fundo obriga-se pela assinatura de dois membros da comissão directiva.

4 – Os membros da comissão directiva exercem as suas funções por períodos renováveis de três anos.

ARTIGO 159.º
Recursos financeiros

1 – O Fundo disporá dos seguintes recursos:

a) Contribuições iniciais das instituições de crédito participantes; [1]

b) Contribuições periódicas e contribuições especiais das instituições de crédito participantes; [2]

---

[1] *Redacção introduzida pelo Decreto-Lei n.º 246/95, de 14 de Setembro.*

[2] *Redacção introduzida pelo Decreto-Lei n.º 201/2002, de 26 de Setembro.*

---

[1] *Redacção introduzida pelo Decreto-Lei n.º 246/95, de 14 de Setembro.*

[2] *Redacção introduzida pelo Decreto-Lei n.º 201/2002, de 26 de Setembro.*

Regulação do Sector Financeiro – Sector Bancário

c) Importâncias provenientes de empréstimos;
d) Rendimentos da aplicação de recursos;
e) Liberalidades;
f) Produto das coimas aplicadas às instituições de crédito.

2 – Verificando-se uma situação de urgência, designadamente se puderem estar em causa aspectos de estabilidade sistémica, o Banco de Portugal poderá, nas condições definidas na sua Lei Orgânica, facultar temporariamente ao Fundo os recursos adequados à satisfação das suas necessidades imediatas.[1]

ARTIGO 160.º
Contribuições iniciais

1 – No prazo de 30 dias a contar do registo do início da sua actividade, as instituições de crédito participantes entregarão ao Fundo uma contribuição inicial cujo valor será fixado por aviso do Banco de Portugal, sob proposta do Fundo.[2]

2 – São dispensadas de contribuição inicial as instituições de crédito que resultem de operações de fusão, cisão ou transformação de participantes no Fundo.[2]

ARTIGO 161.º
Contribuições periódicas

1 – As instituições de crédito participantes entregarão ao Fundo, até ao último dia útil do mês de Abril, uma contribuição anual.

2 – O valor da contribuição inicial de cada instituição de crédito será em função do valor médio dos saldos mensais dos depósitos do ano anterior, não considerando os depósitos excluídos nos termos do artigo 165.º.[2]

3 – O Banco de Portugal fixará, ouvidos o Fundo e as associações representativas das instituições de crédito participantes, os escalões da contribuição anual e dos respectivos limites máximos, podendo utilizar critérios de regressividade e atender à situação de solvabilidade das instituições.[2]

4 – Até ao limite de 75 % da contribuição anual e em termos a definir no aviso referido no número anterior, as instituições de crédito participantes poderão ser dispensadas de efectuar o respectivo pagamento no prazo estabelecido no n.º 1 desde que assumam o compromisso, irrevogável e caucionado por penhor de valores mobiliários, de pagamento ao Fundo, em qualquer momento em que este o solicite, da totalidade ou de parte do montante da contribuição que não tiver sido pago em numerário.[2]

ARTIGO 162.º
Contribuições especiais

1 – Quando os recursos do Fundo se mostrem insuficientes para o cumprimento das suas obrigações, o Ministro das Finanças, sob proposta da comissão directiva, poderá determinar, mediante portaria, que as instituições de crédito participantes efectuem contribuições especiais e definir os montantes, prestações, prazos e demais termos dessas contribuições.

2 – O valor global das contribuições especiais de uma instituição de crédito não poderá exceder, em cada período de exercício do Fundo, o valor da respectiva contribuição anual.

3 – Sob proposta do Fundo, o Ministro das Finanças poderá isentar as novas instituições participantes, com excepção

das referidas no n.º 2 do artigo 160.º, da obrigação de efectuar contribuições especiais durante um período de três anos.[1]

ARTIGO 163.º
Aplicação de recursos

Sem prejuízo do disposto no artigo 167.º-A, o Fundo aplicará os recursos disponíveis em operações financeiras, mediante plano de aplicações acordado com o Banco de Portugal.[2]

ARTIGO 164.º [1]
Depósitos garantidos

O Fundo garante, até aos limites previstos no artigo 166.º, o reembolso:

a) Dos depósitos captados em Portugal ou noutros Estados membros da Comunidade Europeia por instituições de crédito com sede em Portugal, sem prejuízo de, até 31 de Dezembro de 1999, a garantia dos que forem captados nestes Estados membros por sucursais das mencionadas instituições ter como limites o nível e o âmbito de cobertura oferecidos pelo sistema de garantia do país de acolhimento, se forem inferiores aos proporcionados pelo Fundo;

b) Dos depósitos captados em Portugal por sucursais referidas nas alíneas b) e c) do n.º 1 do artigo 156.º;

c) Dos depósitos captados em Portugal por sucursais de instituições de crédito com sede noutros Estados membros da Comunidade Europeia que participem voluntariamente no Fundo, na parte que exceda a garantia prevista no sistema do país de origem.

ARTIGO 165.º [1]
Depósitos excluídos da garantia

Excluem-se da garantia de reembolso:

a) Os depósitos constituídos em seu nome e por sua própria conta por instituições de crédito, sociedades financeiras, instituições financeiras, empresas seguradoras, sociedades gestoras de fundos de pensões ou entidades do sector público administrativo;

b) Os depósitos decorrentes de operações em relação às quais tenha sido proferida uma condenação penal, transitada em julgado, pela prática de actos de branqueamento de capitais;

c) Os depósitos constituídos em nome de fundos de investimento, fundos de pensões ou outras instituições de investimento colectivo;

d) Os depósitos de que sejam titulares membros dos órgãos de administração ou fiscalização da instituição de crédito, accionistas que nela detenham participações qualificadas, revisores oficiais de contas ao serviço da instituição, auditores externos que lhe prestem serviços de auditoria ou pessoas com estatuto semelhante noutras empresas que se encontrem em relação de domínio ou de grupo com a instituição;

e) Os depósitos de que sejam titulares cônjuges, parentes ou afins em 1.º grau ou terceiros que actuem por conta de depositantes referidos na alínea anterior;

---

[1] *Redacção introduzida pelo Decreto-Lei n.º 201/2002, de 26 de Setembro.*

[2] *Redacção introduzida pelo Decreto-Lei n.º 246/95, de 14 de Setembro.*

---

[1] *Redacção introduzida pelo Decreto-Lei n.º 246/95, de 14 de Setembro.*

[2] *Redacção introduzida pelo Decreto-Lei n.º 201/2002, de 26 de Setembro.*

f) Os depósitos de que sejam titulares empresas que se encontrem em relação de domínio ou de grupo com a instituição de crédito;

g) Os depósitos relativamente aos quais o titular tenha injustificadamente obtido da instituição de crédito, a título individual, taxas ou outras vantagens financeiras que tenham contribuído para agravar a situação financeira da instituição de crédito.

ARTIGO 166.º
Limites da garantia

1 – O Fundo garante o reembolso da totalidade do valor global dos saldos em dinheiro de cada depositante, desde que esse valor não ultrapasse os (euro) 25 000.[1]

2 – Para os efeitos do número anterior, considerar-se-ão os saldos existentes à data em que se verificar a indisponibilidade dos depósitos.

3 – O valor referido no n.º 1 será determinado com observância dos seguintes critérios:[1]

a) Considerar-se-á o conjunto das contas de depósito de que o interessado seja titular na instituição em causa, independentemente da sua modalidade;

b) Incluir-se-ão nos saldos dos depósitos os respectivos juros, contados até à data referida no n.º 3;

c) Serão convertidos em escudos, ao câmbio da mesma data, os saldos de depósitos expressos em moeda estrangeira;

d) Na ausência de disposição em contrário, presumir-se-á que pertencem em partes iguais aos titulares os saldos das contas colectivas, conjuntas ou solidárias;

e) Se o titular da conta não for o titular do direito aos montantes depositados e este tiver sido identificado ou for identificável antes de verificada a indisponibilidade dos depósitos, a garantia cobre o titular do direito;

f) Se o direito tiver vários titulares, a parte imputável a cada um deles, nos termos da regra constante da alínea d), será tomada em consideração no cálculo do limite previsto no n.º 1;[1]

g) Os depósitos numa conta à qual tenham acesso várias pessoas na qualidade de membros de uma associação ou de uma comissão especial desprovidos de personalidade jurídica são agregados como se tivessem sido feitos por um único depositante e não contam para efeitos do cálculo do limite previsto no n.º 1 aplicável a cada uma dessas pessoas.[1]

ARTIGO 167.º
Efectivação do reembolso

1 – O reembolso deve ter lugar no prazo máximo de três meses a contar da data em que os depósitos se tornarem indisponíveis, podendo o Fundo, em circunstâncias excepcionais e relativamente a casos individuais, solicitar ao Banco de Portugal três prorrogações, no máximo, daquele prazo, não podendo nenhuma delas ter duração superior a três meses.[2]

2 – Salvaguardando o prazo de prescrição estabelecido na lei geral, o termo do prazo previsto no número anterior não prejudica o direito dos depositantes a reclamarem do Fundo o montante que por este lhes for devido.[2]

3 – Se o titular da conta ou do direito aos montantes depositados tiver sido pronunciado pela prática de actos de bran-

queamento de capitais, o Fundo suspenderá o reembolso do que lhe for devido até ao trânsito em julgado da sentença final.

4 – Considera-se que há indisponibilidade dos depósitos quando:[1]

a) A instituição depositária, por razões directamente relacionadas com a sua situação financeira, não tiver efectuado o respectivo reembolso nas condições legais e contratuais aplicáveis e o Banco de Portugal tiver verificado, no prazo máximo de 21 dias após se ter certificado pela primeira vez dessa ocorrência, que a instituição não mostra ter possibilidade de restituir os depósitos nesse momento nem perspectivas de vir a fazê-lo nos dias mais próximos; ou

b) O Banco de Portugal tornar pública a decisão pela qual revogue a autorização da instituição depositária, caso tal publicação ocorra antes da verificação na alínea anterior; ou

c) Relativamente aos depósitos constituídos em sucursais de instituições de crédito com sede noutros Estados membros da Comunidade Europeia, for recebida uma declaração da autoridade de supervisão do país de origem comprovando que se encontram indisponíveis os depósitos captados por essa instituição.

5 – A instituição depositária é obrigada a fornecer ao Fundo uma relação completa dos créditos dos depositantes, bem como todas as demais informações de que aquele careça para satisfazer os seus compromissos, podendo o fundo analisar a contabilidade da instituição e recolher nas instalações desta quaisquer outros elementos de informação relevantes.

6 – O Fundo ficará sub-rogado nos direitos dos depositantes na medida dos reembolsos que tiver efectuado.

ARTIGO 167.º-A [2]
Regra de assistência

1 – O Fundo poderá participar em operações que considere adequadas para eliminar situações de desequilíbrio financeiro em que se encontrem instituições de crédito participantes.

2 – O Fundo deve confinar as suas operações de apoio financeiro a casos em que exista forte probabilidade de as situações de desequilíbrio virem a ser eliminadas em curto período de tempo, os objectivos estejam perfeitamente definidos e delimitados e seja assegurada a forma de cessação do apoio do Fundo.

3 – A realização das operações de apoio financeiro a que se referem os números anteriores depende de decisão unânime dos membros da comissão directiva do Fundo, de parecer favorável da associação referida no n.º 1 do artigo 158.º e de o Banco de Portugal considerar essas operações adequadas à resolução das situações em causa.

ARTIGO 168.º
Serviços

O Banco de Portugal assegurará os serviços técnicos e administrativos indispensáveis ao bom funcionamento do Fundo.

ARTIGO 169.º
Períodos de exercício

Os períodos de exercício do Fundo correspondem ao ano civil.

---

[1] *Redacção introduzida pelo Decreto-Lei n.º 222/99, de 22 de Junho.*
[2] *Redacção introduzida pelo Decreto-Lei n.º 246/95, de 14 de Setembro.*

[1] *Redacção introduzida pelo Decreto-Lei n.º 246/95, de 14 de Setembro.*
[2] *Aditado pelo Decreto-Lei n.º 201/2002, de 26 de Setembro.*

Regulação do Sector Financeiro – Sector Bancário

ARTIGO 170.º
Plano de contas

O plano de contas do Fundo será organizado de modo a permitir identificar claramente a sua estrutura patrimonial e o seu funcionamento e a registar todas as operações realizadas.

ARTIGO 171.º
Fiscalização

O Conselho de Auditoria do Banco de Portugal acompanhará a actividade do Fundo, zelará pelo cumprimento das leis e regulamentos e emitirá parecer acerca das contas anuais.

ARTIGO 172.º
Relatório e contas

Até 31 de Março de cada ano, o Fundo apresentará ao Ministro das Finanças, para aprovação, relatório e contas referidos a 31 de Dezembro do ano anterior e acompanhados do parecer do Conselho de Auditoria do Banco de Portugal.

ARTIGO 173.º
Regulamentação

1 – O Ministro das Finanças aprovará, por portaria e sob proposta da comissão directiva, os regulamentos necessários à actividade do Fundo.

2 – Compete ao Ministro das Finanças fixar as remunerações dos membros da comissão directiva.

TÍTULO X
Sociedades financeiras

CAPÍTULO I
Autorização de sociedades financeiras com sede em Portugal

ARTIGO 174.º
Requisitos gerais

1 – As sociedades financeiras com sede em Portugal devem satisfazer os seguintes requisitos:

a) Corresponder a um dos tipos previstos na lei portuguesa;

b) Ter por objecto alguma ou algumas das actividades referidas no artigo 5.º ou outra actividade prevista em lei especial;

c) Ter capital social não inferior ao mínimo legal.

2 – Na data da constituição, capital social deve estar inteiramente subscrito e realizado em montante não inferior ao mínimo legal.

ARTIGO 175.º
Autorização

1 – A constituição de sociedade financeiras com sede em Portugal depende de autorização a conceder, caso a caso, pelo Banco de Portugal.

2 – À autorização e ao correspondente pedido aplica-se o disposto nos artigos 17.º, 18.º e 19.º e no n.º 2 do artigo 20.º

ARTIGO 176.º
Recusa de autorização

A autorização para a constituição de sociedades financeiras será recusada sempre que:

a) O pedido de autorização não estiver instruído com todas as informações e documentos necessários;

b) A instrução do pedido enfermar de inexactidões ou de falsidades;

c) A sociedade a constituir não corresponder aos requisitos estabelecidos no artigo 174.º;

d) O Banco de Portugal não considerar demonstrado que todos os accionistas satisfazem os requisitos estabelecidos no artigo 103.º;[1]

e) A sociedade não dispuser de meios técnicos e recursos financeiros suficientes para o tipo e volume das operações que pretende realizar.

ARTIGO 177.º
Caducidade da autorização

1 – A autorização de uma sociedade financeira caduca se os requerentes a ela expressamente renunciarem ou se a sociedade não iniciar actividade no prazo de 12 meses. [1]

2 – O Banco de Portugal poderá, a pedido dos interessados, prorrogar o prazo referido no número anterior por igual período. [1]

3 – A autorização caduca ainda se a sociedade for dissolvida, sem prejuízo da prática dos actos necessários à respectiva liquidação. [1]

ARTIGO 178.º
Revogação da autorização

1 – A autorização de uma sociedade financeira pode ser revogada com os seguintes fundamentos, além de outros legalmente previstos:

a) Se tiver sido obtida por meio de falsas declarações ou outros expedientes ilícitos, independentemente das sanções penais que ao caso couberem;

b) Se deixar de se verificar algum dos requisitos estabelecidos no artigo 174.º;

c) Se a actividade da sociedade não corresponder ao objecto estatutário autorizado;

d) Se a sociedade cessar actividade ou a reduzir para nível insignificante por período superior a 12 meses;

e) Se se verificarem irregularidades graves na administração, organização contabilística ou fiscalização interna da sociedade;

f) Se a sociedade não puder honrar os seus compromissos, em especial quanto à segurança dos fundos que lhe tiverem sido confiados;

g) Se a sociedade violar as leis ou os regulamentos que disciplinam a sua actividade, ou não observar as determinações do Banco de Portugal, por modo a pôr em risco os interesses dos investidores e demais credores ou as condições normais de funcionamento do mercado monetário, financeiro ou cambial;

h) Se a sociedade não cumprir as obrigações decorrentes da sua participação no Sistema de Indemnização aos Investidores. [2]

---

[1] *Redacção introduzida pelo Decreto-Lei n.º 201/2002, de 26 de Setembro.*

[1] *Redacção introduzida peloDecreto-Lei n.º 222/99 de 22, de Junho.*

2 – A revogação da autorização implica dissolução e liquidação da sociedade salvo se, no caso indicado na alínea d) do número anterior, o Banco de Portugal o dispensar. [1]

ARTIGO 179.º
Competência e forma da revogação

A competência e a forma da revogação regem-se pelo disposto no artigo 23.º.

ARTIGO 180.º
Regime especial

[Revogado.] [2]

ARTIGO 181.º [3]
Sociedades gestoras de fundos de investimento

Às sociedades gestoras de fundos de investimento aplica-se o disposto no artigo 29.º-A.

ARTIGO 182.º
Administração e fiscalização

Salvo o disposto em lei especial, são aplicáveis às sociedades financeiras, com as necessárias adaptações, os artigos 30.º a 33.º.

ARTIGO 183.º
Alterações estatutárias

Estão sujeitas a prévia autorização do Banco de Portugal as alterações dos contratos de sociedade e a fusão e cisão das sociedades financeiras, nos termos dos artigos 34.º e 35.º. [1]

CAPÍTULO II
Actividade no estrangeiro de sociedades financeiras com sede em Portugal

ARTIGO 184.º
Sucursais de filiais de instituições de crédito em países comunitários

1 – O disposto no artigo 36.º, no n.º 1 do artigo 37.º e nos artigos 38.º a 40.º aplica-se ao estabelecimento, em Estados membros da Comunidade Europeia, de sucursais de sociedades financeiras com sede em Portugal, quando estas sociedades financeiras, por sua vez, sejam filiais de uma ou várias instituições de crédito que estejam sujeitas à lei portuguesa, gozem de regime legal que lhes permita o exercício de uma ou mais actividades referidas nos n.os 2 a 12 da lista anexa à Directiva n.º 2000/12/CE, do Parlamento Europeu e do Conselho, de 20 de Março, e preencham cumulativamente as seguintes condições:
a) Se as empresas mãe forem autorizadas como instituições de crédito em Portugal;
b) Se as actividades em questão forem efectivamente exercidas em território português;

c) Se as empresas mãe detiverem 90 % ou mais dos direitos de voto correspondentes ao capital da filial;
d) Se as empresas mãe assegurarem, a contento do Banco de Portugal, a gestão prudente da filial e se declararem, com a anuência do mesmo Banco, solidariamente garantes dos compromissos assumidos pela filial;
e) Se a filial for efectivamente incluída, em especial no que respeita às actividades em questão, na supervisão em base consolidada a que estiver sujeita a respectiva empresa mãe ou cada uma das empresas mãe, nomeadamente no que se refere ao cálculo do rácio de solvabilidade, ao controlo de grandes riscos e à limitação de participações noutras sociedades;
f) Se a filial estiver também sujeita a supervisão em base individual.

2 – Da comunicação referida no n.º 1 do artigo 37.º deverá constar o montante dos fundos próprios da sociedade financeira e o rácio de solvabilidade consolidado da instituição de crédito que constitui a respectiva empresa mãe.

3 – Se uma sociedade financeira que beneficie do disposto no presente artigo deixar de preencher algumas das condições referidas, o Banco de Portugal informará do facto as autoridades de supervisão dos países onde a sociedade tenha estabelecido sucursais.

ARTIGO 185.º
Sucursais de outras sociedades no estrangeiro

As sociedades financeiras com sede em Portugal que não sejam abrangidas pelo artigo anterior e pretendam estabelecer sucursais em país estrangeiro observarão o disposto no artigo 42.º

ARTIGO 186.º
Intervenção da Comissão do Mercado de Valores Mobiliários

Sempre que o objecto da sociedade financeira que pretende estabelecer sucursal no estrangeiro compreender alguma actividade de intermediação de instrumentos financeiros, o Banco de Portugal solicita parecer da Comissão do Mercado de Valores Mobiliários, devendo esta pronunciar-se no prazo de dois meses. [1]

ARTIGO 187.º
Prestação de serviços noutros Estados membros da Comunidade Europeia

1 – A prestação de serviços noutro Estado membro da Comunidade Europeia por uma sociedade financeira que preencha as condições referidas no n.º 1 do artigo 184.º obedece ao disposto no artigo 43.º, devendo a comunicação do Banco de Portugal aí prevista ser acompanhada por comprovativo do preenchimento daquelas condições.

2 – É aplicável, com as necessárias adaptações, o n.º 3 do artigo 184.º.

---

[1] *Redacção introduzida pelo Decreto-Lei n.º 201/2002, de 26 de Setembro.*
[2] *Revogado pelo Decreto-Lei n.º 201/2002, de 26 de Setembro.*
[3] *Redacção introduzida pelo Decreto-Lei n.º 232/96, de 5 de Dezembro.*

[1] *Redacção introduzida pelo Decreto-Lei n.º 357-A/2007, de 31 de Outubro.*

CAPÍTULO III
Actividade em Portugal de instituições financeiras com sede no estrangeiro

ARTIGO 188.º
Sucursais de filiais de instituições de crédito de países comunitários

1 – Rege-se pelo disposto nos artigos 44.º e 46.º a 56.º o estabelecimento, em Portugal, de sucursais de instituições financeiras sujeitas à lei de outros Estados membros da Comunidade Europeia quando estas instituições tenham a natureza de filial de instituição de crédito ou de filial comum de várias instituições de crédito, gozem de regime que lhes permita exercer uma ou mais das actividades referidas nos n.os 2 a 12 da lista anexa à Directiva n.º 2000/12/CE, do Parlamento Europeu e do Conselho, de 20 de Março, e preencham cumulativamente as seguintes condições:

a) Se as empresas mãe forem autorizadas como instituições de crédito no Estado membro a cuja lei a filial se encontrar sujeita;

b) Se as actividades em questão forem efectivamente exercidas em território do mesmo Estado membro;

c) Se as empresas mãe detiverem 90 % ou mais dos direitos de voto correspondentes ao capital da filial;

d) Se as empresas mãe assegurarem, a contento das autoridades de supervisão do Estado membro de origem, a gestão prudente da filial e se declararem, com a anuência das mesmas autoridades, solidariamente garantes dos compromissos assumidos pela filial;

e) Se a filial for efectivamente incluída, em especial no que respeita às actividades em questão, na supervisão em base consolidada a que estiver sujeita a respectiva empresa mãe ou cada uma das empresas mãe, nomeadamente no que se refere ao cálculo do rácio de solvabilidade, ao controlo de grandes riscos e à limitação de participações noutras sociedades;

f) Se a filial estiver também sujeita a supervisão em base individual pelas autoridades do Estado membro de origem, nos termos exigidos pela legislação comunitária.

2 – É condição do estabelecimento que o Banco de Portugal receba, da autoridade de supervisão do país de origem, comunicação da qual constem as informações mencionadas nas alíneas a), feitas as necessárias adaptações, b) e c) do artigo 49.º, o montante dos fundos próprios da instituição financeira, o rácio de solvabilidade consolidado da instituição de crédito que constitui a empresa mãe da instituição financeira titular e um atestado, passado pela autoridade de supervisão do país de origem, comprovativo da verificação das condições referidas no número anterior.

3 – Se uma instituição financeira deixar de preencher alguma das condições previstas no n.º 1 do presente artigo, as sucursais que tenha estabelecido em território português ficam sujeitas ao regime dos artigos 189.º e 190.º

4 – O disposto nos n.os 1, 3 e 4 do artigo 122.º e nos artigos 123.º e 124.º é aplicável, com as necessárias adaptações, às filiais referidas no presente artigo.

ARTIGO 189.º
Outras sucursais

1 – Rege-se pelo disposto nos artigos 44.º a 47.º e 57.º a 59.º o estabelecimento em Portugal de sucursais de instituições financeiras com sede no estrangeiro não abrangidas pelo artigo anterior e que correspondam a um dos tipos previstos no artigo 6.º

2 – O disposto no artigo 181.º é aplicável ao estabelecimento das sucursais referidas no número anterior, quando as mesmas se proponham exercer no País alguma actividade de intermediação de instrumentos financeiros.[1]

ARTIGO 190.º
Âmbito de actividade

A autorização para o estabelecimento, em Portugal, de sucursais referidas no artigo anterior não será concedida de modo a permitir exercício de actividades em termos mais amplos que os legalmente estabelecidos para as instituições de tipo equivalente com sede em Portugal.

ARTIGO 191.º
Prestação de serviços

À prestação de serviços, no País, por instituições financeiras que preencham as condições referidas no artigo 188.º é aplicável o disposto nos artigos 60.º e 61.º, devendo a comunicação mencionada no n.º 1 do artigo 61.º ser acompanhada de certificado, passado pela autoridade de supervisão do país de origem, comprovativo de que se verificam as condições referidas no n.º 1 do artigo 188.º

ARTIGO 192.º
Escritórios de representação

A instalação e o funcionamento, em Portugal, de escritórios de representação de instituições financeiras com sede no estrangeiro regulam-se, com as necessárias adaptações, pelo disposto nos artigos 62.º a 64.º e 125.º

ARTIGO 193.º
Intervenção da Comissão do Mercado de Valores Mobiliários

No caso de o objecto das instituições financeiras referidas no artigo anterior incluir o exercício de actividades de intermediação de instrumentos financeiros, é aplicável, com as necessárias adaptações, o disposto no artigo 186.º.[1]

CAPÍTULO IV
Outras disposições

ARTIGO 194.º
Registo

1 – As sociedades financeiras não podem iniciar a sua actividade enquanto não se encontrarem inscritas em registo especial no Banco de Portugal.

2 – É aplicável, com as devidas adaptações, o disposto nos artigos 65.º a 72.º

ARTIGO 195.º
Regras de conduta

Salvo o disposto em lei especial, as sociedades financeiras estão sujeitas, com as necessárias adaptações, às normas contidas nos artigos 73.º a 90.º

---

[1] *Redacção introduzida pelo Decreto-Lei n.º 357-A/2007, de 31 de Outubro.*

Decreto-Lei n.º 298/92

ARTIGO 196.º
Normas prudenciais

1 – Salvo o disposto em lei especial, é aplicável às sociedades financeiras o disposto nos artigos 94.º a 97.º, 99.º e 115.º. [1]

2 – Os adquirentes de participações iguais ou superiores a 10 % do capital ou dos direitos de voto de sociedade financeira não abrangida pelo título x-A devem comunicar o facto ao Banco de Portugal, nos termos previstos no artigo 104.º, podendo o Banco de Portugal exigir a prestação das informações a que se refere o n.º 7 do artigo 103.º e usar dos poderes previstos no artigo 106.º. [1]

ARTIGO 197.º
Supervisão

1 – Salvo o disposto em lei especial, é aplicável às sociedades financeiras, com as necessárias adaptações, o disposto nos artigos 93.º, 116.º, 116.º-A, 116.º-B, 116.º-C, 118.º a 121.º e 125.º a 128.º. [2]

2 – Quando uma instituição financeira com sede no estrangeiro, e que em Portugal preste serviços ou disponha de escritório de representação, exerça no País actividade de intermediação de instrumentos financeiros, a supervisão dessa actividade compete igualmente à Comissão do Mercado de Valores Mobiliários.[3]

ARTIGO 198.º
Saneamento

1 – Salvo o disposto em lei especial, é aplicável, com as necessárias adaptações, às sociedades financeiras e às sucursais estabelecidas em Portugal o disposto nos artigos 139.º a 153.º.

2 – Tratando-se de sociedades financeiras que exerçam alguma actividade de intermediação de instrumentos financeiros, o Banco de Portugal manterá a Comissão do Mercado de Valores Mobiliários informada das providências que tomar nos termos dos artigos referidos no número anterior e, sempre que possível, ouvi-la-á antes de tomar alguma das providências ou decisões previstas nos artigos 141.º a 145.º e 152.º.[3]

ARTIGO 199.º
Remissão

Em tudo o que não contrarie o disposto no presente diploma, as sociedades financeiras regem-se pela legislação especial aplicável.

---

[1] *Redacção introduzida pelo Decreto-Lei n.º 201/2002, de 26 de Setembro.*

[2] *Redacção introduzida pelo pelo Decreto-Lei n.º 104/2007, de 3 de Abril.*

[3] *Redacção introduzida pelo Decreto-Lei n.º 357-A/2007, de 31 de Outubro.*

TÍTULO X-A [1]
Serviços e actividades de investimento, empresas de investimento e sociedades gestoras de investimento mobiliário

CAPÍTULO I
Disposições gerais [2]

ARTIGO 199.º-A [3]
Definições

Para efeitos deste título, entende-se por:

1.º «Serviços e actividades de investimento»:

a) A recepção e transmissão, por conta de clientes, de ordens relativas a um ou mais instrumentos financeiros referidos no n.º 3.º;

b) A execução de ordens por conta de clientes, relativas a um ou mais instrumentos financeiros referidos no n.º 3.º;

c) A negociação por conta própria de um ou mais instrumentos financeiros referidos no n.º 3.º;

d) A gestão de carteiras, numa base discricionária e individualizada, no âmbito de mandato conferido pelos clientes, sempre que essas carteiras incluam um ou mais instrumentos financeiros referidos no n.º 3.º;

e) A consultoria para investimento em um ou mais instrumentos financeiros referidos no n.º 3.º;

f) A colocação, com ou sem tomada firme, de um ou mais instrumentos financeiros referidos no n.º 3.º;

g) A gestão de sistemas de negociação multilateral;

2.º «Serviços auxiliares» os indicados na secção B do anexo i da Directiva n.º 2004/39/CE, do Parlamento Europeu e do Conselho, de 21 de Abril;

3.º «Instrumentos financeiros» qualquer contrato que dê origem, simultaneamente, a um activo financeiro de uma parte e a um passivo financeiro ou instrumento de capital de outra parte, incluindo, no mínimo, os instrumentos referidos na secção C do anexo i da Directiva n.º 2004/39/CE, do Parlamento Europeu e do Conselho, de 21 de Abril;

4.º «Empresas de investimento» as empresas em cuja actividade habitual se inclua a prestação de um ou mais serviços de investimento a terceiros e ou o exercício de uma ou mais actividades de investimento e que estejam sujeitas aos requisitos previstos na Directiva n.º 2004/39/CE, do Parlamento Europeu e do Conselho, de 21 de Abril, com excepção das instituições de crédito e das entidades abrangidas no âmbito da previsão do n.º 1 do artigo 2.º da mesma directiva;

5.º «Agente vinculado» a pessoa singular ou colectiva que, sob a responsabilidade total e incondicional de uma única empresa de investimento em cujo nome actua, promove serviços de investimento e ou serviços auxiliares junto de clientes ou clientes potenciais, recebe e transmite instruções ou ordens de clientes relativamente a serviços de investimento ou instrumentos financeiros, coloca instrumentos financeiros e ou presta um aconselhamento aos clientes ou clientes potenciais relativamente a esses instrumentos financeiros ou serviços;

---

[1] *O Título X-A foi introduzido pelo Decreto-Lei n.º 232/96, de 5 de Dezembro.*

[2] *Epígrafe introduzida pelo Decreto-Lei n.º 1/2008, de 3 de Janeiro.*

[3] *Redacção introduzida pelo Decreto-Lei n.º 357-A/2007, de 31 de Outubro.*

Regulação do Sector Financeiro – Sector Bancário

6.º «Sociedade gestora de fundos de investimento mobiliário» qualquer sociedade cuja actividade principal consista na gestão de fundos de investimento mobiliário ou de sociedades de investimento mobiliário que obedeçam aos requisitos da Directiva n.º 85/611/CEE, do Conselho, de 20 de Dezembro.

ARTIGO 199.º-B [1]
Regime jurídico

1 – As empresas de investimento, com excepção das sociedades de consultoria para investimento e das sociedades gestoras de sistemas de negociação multilateral, bem como as sociedades gestoras de fundos de investimento mobiliário, estão sujeitas a todas as normas do presente Regime Geral aplicáveis às sociedades financeiras e, em especial, às disposições do presente título.

2 – No âmbito da prestação de serviços de investimento, o disposto no n.º 5 do artigo 199.º-D, no artigo 199.º-F e nos n.os 2, 3 e 4 do artigo 199.º-L é também aplicável às instituições de crédito.

CAPÍTULO II
Autorização de empresas de investimento com sede em Portugal

ARTIGO 199.º-C
Autorização de empresas de investimento com sede em Portugal

O título ii é aplicável, com as necessárias adaptações, às empresas de investimento com sede em Portugal, com as seguintes modificações:

a) Não é aplicável a alínea b) do n.º 1 do artigo 14.º;

b) O capital das empresas de investimento que adoptem a forma de sociedade anónima deve ser representado por acções nominativas; [1]

c) Não são aplicáveis os n.os 3 a 5 do artigo 16.º;

d) O disposto no artigo 18.º é também aplicável quando a empresa a constituir seja filial de uma empresa de investimento autorizada noutro país, ou filial de empresa mãe de empresa de investimento nestas condições, ou dominada pelas mesmas pessoas singulares ou colectivas que dominem uma empresa de investimento autorizada noutro país; [2]

e) No n.º 6 do artigo 16.º, a referência feita à Directiva n.º 2006/48/CE, do Parlamento Europeu e do Conselho, de 14 de Junho, é substituída pela referência ao artigo 15.º da Directiva n.º 2004/39/CE, do Parlamento Europeu e do Conselho, de 21 de Abril; [1]

f) O artigo 33.º aplica-se sem prejuízo do disposto em lei especial. [2]

CAPÍTULO III
Actividade, na Comunidade Europeia, de empresas de investimento com sede em Portugal

ARTIGO 199.º-D
Actividade, na Comunidade Europeia, de empresas de investimento com sede em Portugal

1 – O estabelecimento de sucursais e a prestação de serviços em outros Estados membros da Comunidade Europeia por empresas de investimento com sede em Portugal rege-se, com as necessárias adaptações, pelo disposto nos artigos 36.º, 37.º, n.º 1, 38.º, n.os 1 a 3, 39.º e 43.º, com as modificações seguintes:

a) As notificações referidas no n.º 1 do artigo 36.º e no n.º 1 do artigo 43.º devem ser feitas também à Comissão do Mercado de Valores Mobiliários;

b) As comunicações e as certificações referidas no n.º 1 do artigo 37.º e no n.º 2 do artigo 43.º só poderão ser transmitidas à autoridade de supervisão do Estado membro de acolhimento se o Banco de Portugal e a Comissão do Mercado de Valores Mobiliários se pronunciarem em sentido favorável à pretensão;

c) A comunicação referida no n.º 1 do artigo 37.º é acompanhada dos esclarecimentos necessários sobre o sistema de indemnização aos investidores autorizado do qual a empresa de investimento é membro nos termos da Directiva n.º 97/9/ /CE, do Parlamento Europeu e do Conselho, de 3 de Março; [1]

d) Nos artigos 39.º e 43.º, a referência às operações constantes da lista anexa à Directiva n.º 2006/48/CE, do Parlamento Europeu e do Conselho, de 14 de Junho, é substituída pela referência aos serviços e actividades de investimento e aos serviços auxiliares constantes das secções A e B do anexo i à Directiva n.º 2004/39/CE, do Parlamento Europeu e do Conselho, de 21 de Abril, sendo que os serviços auxiliares só podem ser prestados conjuntamente com um serviço e ou actividade de investimento; [1]

e) A autoridade de supervisão do Estado membro de acolhimento é informada das modificações que ocorram no sistema referido na alínea c); [1]

f) As notificações previstas no n.º 1 do artigo 36.º e no n.º 1 do artigo 43.º devem incluir indicação sobre a intenção da empresa de investimento recorrer a agentes vinculados no Estado membro de acolhimento e, em caso afirmativo, a identidade destes; [1]

g) Em caso de modificação de alguns dos elementos comunicados nos termos do n.º 1 do artigo 36.º ou do n.º 1 do artigo 43.º com as modificações previstas neste número, a empresa de investimento comunicá-la-á, por escrito, com a antecedência mínima de um mês face à data da sua implementação, ao Banco de Portugal e à Comissão do Mercado de Valores Mobiliários, sendo a comunicação transmitida à autoridade de supervisão do Estado membro de acolhimento; [1]

h) Na sequência da comunicação a que se refere o n.º 2 do artigo 43.º, a identidade dos agentes vinculados pode ser comunicada à autoridade de supervisão do Estado membro de acolhimento, a pedido desta. [1]

2 – A competência para a transmissão das informações à autoridade de supervisão do Estado membro de acolhimento

---

[1] *Redacção introduzida pelo Decreto-Lei n.º 357-A/2007, de 31 de Outubro.*
[2] *Redacção introduzida pelo Decreto-Lei n.º 201/2002, de 26 de Setembro.*

---

[1] *Redacção introduzida pelo Decreto-Lei n.º 357-A/2007, de 31 de Outubro.*

a que se referem as alíneas b), c), e), g) e h) do número anterior é exercida pela Comissão do Mercado de Valores Mobiliários.[1]

3 – O recurso a um agente vinculado estabelecido noutro Estado membro da Comunidade Europeia é equiparado, para todos os efeitos, ao estabelecimento de uma sucursal da empresa de investimento nesse Estado membro.[1]

4 – Para efeitos dos números anteriores, entende-se como autoridade de supervisão do Estado membro de acolhimento aquela que, no Estado membro da Comunidade Europeia em causa, tiver sido designada como ponto de contacto nos termos do artigo 56.º da Directiva n.º 2004/39/CE, do Parlamento Europeu e do Conselho, de 21 de Abril.[1]

5 – Se, relativamente a empresas de investimento com sede em Portugal, o Banco de Portugal ou a Comissão do Mercado de Valores Mobiliários forem notificados de que estas infringem disposições legais ou regulamentares cuja verificação não cabe à autoridade de supervisão do Estado membro de acolhimento, o Banco de Portugal ou a Comissão do Mercado de Valores Mobiliários tomam as medidas necessárias e adequadas para pôr fim à irregularidade.[1]

CAPÍTULO IV
Actividade, em Portugal, de empresas de investimento com sede em outros Estados membros da Comunidade Europeia

ARTIGO 199.º-E [1]
Actividade, em Portugal, de empresas de investimento com sede em outros Estados membros da Comunidade Europeia

1 – O estabelecimento de sucursais e a prestação de serviços, em Portugal, por empresas de investimento com sede em outros Estados membros da Comunidade Europeia rege-se, com as necessárias adaptações, pelo disposto nos artigos 44.º, 46.º a 49.º, 50.º, n.º 2, 52.º, 54.º a 56.º, 60.º e 61.º, n.os 1 e 2, com as seguintes modificações:

a) A competência conferida ao Banco de Portugal nos artigos 46.º, 47.º, 49.º, 50.º, n.º 2, e 61.º, n.os 1 e 2, é atribuída à Comissão do Mercado de Valores Mobiliários;[1]

b) Não são aplicáveis as alíneas d), e) e f) do n.º 1 do artigo 49.º;

c) [Revogada.]

d) Nos artigos 52.º e 60.º, a referência às operações constantes da lista anexa à Directiva n.º 2006/48/CE, do Parlamento Europeu e do Conselho, de 14 de Junho, é substituída pela referência aos serviços e actividades de investimento e aos serviços auxiliares constantes das secções A e B do anexo i à Directiva n.º 2004/39/CE, do Parlamento e do Conselho, de 21 de Abril, sendo que os serviços auxiliares só podem ser prestados conjuntamente com um serviço e ou actividade de investimento.

e) [Revogada.]

f) [Revogada.]

g) [Revogada.]

h) As comunicações previstas no n.º 1 do artigo 49.º e no n.º 1 do artigo 61.º devem incluir indicação sobre a intenção da empresa de investimento recorrer a agentes vinculados em Portugal;[1]

i) Se do conteúdo da comunicação referida no n.º 1 do artigo 61.º resultar que a empresa de investimento tenciona recorrer a agentes vinculados em território português, a Comissão do Mercado de Valores Mobiliários solicita à autoridade de supervisão do Estado membro de origem a indicação da identidade dos mesmos.[1]

2 – O recurso a um agente vinculado estabelecido em Portugal é equiparado, para todos os efeitos, ao estabelecimento de uma sucursal da empresa de investimento em território português.[1]

3 – Para efeitos do presente artigo, entende-se como autoridade de supervisão do Estado membro de origem aquela que, no Estado membro da Comunidade Europeia em causa, tenha sido designada como ponto de contacto nos termos do artigo 56.º da Directiva n.º 2004/39/CE, do Parlamento Europeu e do Conselho, de 21 de Abril.[1]

ARTIGO 199.º-F [1]
Irregularidades quando esteja em causa a prestação de serviços e actividades de investimento

1 – Se o Banco de Portugal ou a Comissão do Mercado de Valores Mobiliários tiverem motivos claros e demonstráveis para crer que, relativamente à actividade em Portugal de empresas de investimento com sede em outros Estados membros da Comunidade Europeia, estão a ser infringidas disposições legais ou regulamentares da competência do Estado membro de origem, devem notificar desse facto a autoridade de supervisão competente.

2 – Se, apesar da iniciativa prevista no número anterior, designadamente em face da insuficiência das medidas tomadas pela autoridade competente do Estado membro de origem, a empresa de investimento persistir na irregularidade, o Banco de Portugal ou a Comissão do Mercado de Valores Mobiliários, após informar a autoridade competente do Estado membro de origem, toma as medidas adequadas que se revelem necessárias para proteger os interesses dos investidores ou o funcionamento ordenado dos mercados, podendo, nomeadamente, impedir que essas empresas de investimento iniciem novas transacções em Portugal, devendo a Comissão Europeia ser informada sem demora das medidas adoptadas.

3 – Quando se verificar que uma sucursal que exerça actividade em Portugal não observa as disposições legais ou regulamentares cuja verificação cabe à Comissão do Mercado de Valores Mobiliários, esta determina-lhe que ponha termo à irregularidade.

4 – Caso a sucursal não adopte as medidas necessárias nos termos do número anterior, a Comissão do Mercado de Valores Mobiliários toma as medidas adequadas para assegurar que aquela ponha termo à situação irregular, informando a autoridade competente do Estado membro de origem da natureza dessas medidas.

5 – Se, apesar das medidas adoptadas nos termos do número anterior, a sucursal persistir na violação das disposições legais ou regulamentares, a Comissão do Mercado de

---

[1] *Redacção introduzida pelo Decreto-Lei n.º 357-A/2007, de 31 de Outubro.*

[1] *Redacção introduzida pelo Decreto-Lei n.º 357-A/2007, de 31 de Outubro.*

Valores Mobiliários pode, após informar a autoridade competente do Estado membro de origem, tomar as medidas adequadas para impedir ou sancionar novas irregularidades e, se necessário, impedir que a sucursal inicie novas transacções em Portugal, informando sem demora a Comissão Europeia das medidas adoptadas.

6 – As disposições a que se refere o n.º 3 são as relativas ao registo das operações e à conservação de documentos, aos deveres gerais de informação, à execução de ordens nas melhores condições, ao tratamento de ordens de clientes, à informação sobre ofertas de preços firmes e operações realizadas fora de mercado regulamentado ou de sistema de negociação multilateral e à informação à Comissão do Mercado de Valores Mobiliários sobre operações.

CAPÍTULO V
Cooperação com outras entidades

ARTIGO 199.º-G [1]
Cooperação com outras entidades

1 – A Comissão do Mercado de Valores Mobiliários deve encaminhar de imediato para o Banco de Portugal as informações que receba de autoridades competentes de outros Estados, bem como os pedidos de informação destas autoridades que lhe tenham sido dirigidos, que sejam da competência do Banco.

2 – O Banco de Portugal pode, na transmissão de informações, declarar que estas não podem ser divulgadas sem o seu consentimento expresso, caso em que tais informações apenas podem ser trocadas para os fins aos quais o Banco deu o seu acordo.

3 – O Banco de Portugal pode transmitir a outras entidades as informações que tenha recebido de autoridades de supervisão de Estados membros da Comunidade Europeia desde que as primeiras não tenham condicionado essa divulgação, caso em que tais informações apenas podem ser divulgadas para os fins aos quais essas autoridades deram o seu acordo.

4 – Se o Banco de Portugal tiver conhecimento de que actos contrários às disposições que regulam os serviços e actividades de investimento estejam a ser ou tenham sido praticados por entidades não sujeitas à sua supervisão no território de outro Estado membro, comunica tais actos à Comissão do Mercado de Valores Mobiliários para efeitos de notificação da autoridade competente desse Estado, sem prejuízo de actuação no âmbito dos seus poderes.

5 – Se o Banco de Portugal receber notificação análoga à prevista no número anterior, comunica à Comissão do Mercado de Valores Mobiliários os resultados das diligências efectuadas e outros desenvolvimentos relevantes para efeitos da sua transmissão à autoridade notificante.

ARTIGO 199.º-H [1]
Recusa de cooperação

1 – O Banco de Portugal pode recusar a uma autoridade competente de outro Estado membro a transmissão de informações ou a colaboração em inspecções a sucursais se:

a) Essa inspecção ou transmissão de informação for susceptível de prejudicar a soberania, a segurança ou a ordem pública nacionais;

b) Estiver em curso acção judicial ou existir uma decisão transitada em julgado relativamente aos mesmos actos e às mesmas pessoas perante os tribunais portugueses.

2 – Em caso de recusa, o Banco de Portugal notifica desse facto a autoridade competente requerente, fornecendo-lhe informação tão pormenorizada quanto possível.

CAPÍTULO VI
Outras disposições

ARTIGO 199.º-I [1]
Remissão

1 – O disposto nos artigos 35.º-A, 42.º-A e 102.º a 111.º é também aplicável às empresas de investimento, às sociedades gestoras de fundos de investimento e à tomada de participações nestas mesmas empresas.

2 – *[Revogado.]*
3 – *[Revogado.]*
4 – *[Revogado.]*
5 – *[Revogado.]*
6 – *[Revogado.]*

ARTIGO 199.º-J [2]
Outras competências das autoridades de supervisão

1 – O disposto nos artigos 122.º a 124.º é aplicável a todas as empresas de investimento autorizadas em outros Estados membros da Comunidade Europeia, sendo outorgada à Comissão do Mercado de Valores Mobiliários a competência neles conferida ao Banco de Portugal, e entendido o âmbito de competências definido pelo n.º 2 do artigo 122.º como relativo às matérias constantes no n.º 6 do artigo 199.º-F.

2 – Para o exercício das suas competências na supervisão das matérias a que se refere o n.º 6 do artigo 199.º-F, a Comissão do Mercado de Valores Mobiliários pode, relativamente às empresas de investimento autorizadas em outros Estados membros da Comunidade Europeia que tenham estabelecido sucursal em Portugal, verificar os procedimentos adoptados e exigir as alterações que considere necessárias, bem como as informações que para os mesmos efeitos pode exigir às empresas de investimento com sede em Portugal.

3 – O Banco de Portugal e a Comissão do Mercado de Valores Mobiliários podem exigir às empresas de investimento autorizadas em outros Estados membros da Comunidade Europeia que tenham estabelecido sucursal em Portugal, para efeitos estatísticos, a apresentação periódica de relatórios sobre as suas operações efectuadas em território português, podendo, ainda, o Banco de Portugal, no âmbito das suas atribuições e competências em matéria de política monetária, solicitar as informações que para os mesmos efeitos pode exigir às empresas de investimento com sede em Portugal.

4 – No âmbito da prestação de serviços e actividades de investimento, o Banco de Portugal pode requerer de modo devidamente fundamentado à autoridade judiciária competente que autorize a solicitação a entidades prestadoras de serviços de telecomunicações, de rede fixa ou de rede móvel, ou

---

[1] *Redacção introduzida pelo Decreto-Lei n.º 357-A/2007, de 31 de Outubro.*

[1] *Redacção introduzida pelo Decreto-Lei n.º 357-A/2007, de 31 de Outubro.*
[2] *Aditado pelo Decreto-Lei n.º 357-A/2007, de 31 de Outubro.*

a operadores de serviços de Internet registos de contactos telefónicos e de transmissão de dados existentes.

5 – Nos termos do disposto no número anterior, o Banco de Portugal pode solicitar a entidades prestadoras de serviços de telecomunicações, de rede fixa ou de rede móvel, ou a operadores de serviços de Internet registos de contactos telefónicos e de transmissão de dados existentes, que necessite para o exercício das suas funções, não podendo a entidade em causa invocar qualquer regime de segredo.

ARTIGO 199.º-L [1]
Regime das sociedades gestoras de fundos de investimento mobiliário

1 – Às sociedades gestoras de fundos de investimento mobiliário aplica-se o disposto no presente título, com excepção do n.º 5.º do artigo 199.º-A e dos artigos 199.º-C a 199.º-H, entendendo-se o âmbito das competências do n.º 2 do artigo 122.º, a que alude o artigo anterior, ao previsto na alínea d) do n.º 4.

2 – O título ii é aplicável, com as necessárias adaptações, às sociedades gestoras de fundos de investimento mobiliário com sede em Portugal, com as seguintes modificações:

a) Não são aplicáveis os n.os 3 a 5 do artigo 16.º;

b) O disposto no artigo 18.º é também aplicável quando a sociedade gestora a constituir seja:

i) Filial de uma sociedade gestora, empresa de investimento, instituição de crédito ou empresa de seguros autorizada noutro país; ou

ii) Filial de empresa mãe de sociedade gestora, empresa de investimento, instituição de crédito ou empresa de seguros autorizada noutro país; ou

iii) Dominada pelas mesmas pessoas singulares ou colectivas que dominem uma sociedade gestora, empresa de investimento, instituição de crédito ou empresa de seguros autorizada noutro país;

c) No n.º 6 do artigo 16.º, a referência feita à Directiva n.º 2006/48/CE, do Parlamento Europeu e do Conselho, de 14 de Junho, é substituída pela referência ao artigo 15.º da Directiva n.º 2004/39/CE, do Parlamento Europeu e do Conselho, de 21 de Abril;

d) O artigo 33.º aplica-se sem prejuízo do disposto em lei especial.

3 – O estabelecimento de sucursais e a prestação de serviços em outros Estados membros da Comunidade Europeia por sociedades gestoras de fundos de investimento mobiliário com sede em Portugal rege-se, com as necessárias adaptações, pelo disposto nos artigos 36.º, 37.º, n.º 1, 38.º a 40.º e 43.º, com as modificações seguintes:

a) As notificações referidas no n.º 1 do artigo 36.º e no n.º 1 do artigo 43.º devem ser feitas também à Comissão do Mercado de Valores Mobiliários;

b) As comunicações e as certificações referidas no n.º 1 do artigo 37.º e no n.º 2 do artigo 43.º só podem ser transmitidas à autoridade de supervisão do Estado membro de acolhimento se o Banco de Portugal e a Comissão do Mercado de Valores Mobiliários se pronunciarem em sentido favorável à pretensão;

c) Se aplicável, a comunicação referida no n.º 1 do artigo 37.º é acompanhada dos esclarecimentos necessários sobre os sistemas de garantia dos quais a sociedade gestora seja membro;

d) A fundamentação da decisão de recusa, a que se refere o n.º 2 do artigo 38.º, deve ser notificada à instituição interessada no prazo de dois meses;

e) Nos artigos 39.º e 43.º, a referência às operações constantes da lista anexa à Directiva n.º 2006/48/CE, do Parlamento Europeu e do Conselho, de 14 de Junho, é substituída pela referência à actividade e serviços enumerados nos n.os 2 e 3 do artigo 5.º da Directiva n.º 85/611/CEE, de 20 de Dezembro, tal como modificada pela Directiva n.º 2001/107/CE, do Parlamento Europeu e do Conselho, de 21 de Janeiro;

f) O Banco de Portugal ou a Comissão do Mercado de Valores Mobiliários informam a autoridade de supervisão do Estado membro de acolhimento das modificações que ocorram nos sistemas de garantia referidos na alínea c);

g) A comunicação a que se refere o n.º 1 do artigo 40.º deve ser feita também à Comissão do Mercado de Valores Mobiliários;

h) Em caso de modificação do plano de actividades a que se refere o n.º 1 do artigo 43.º, a sociedade gestora comunicá-lo-á, por escrito, com a antecedência mínima de um mês face à data da sua implementação, ao Banco de Portugal e à Comissão do Mercado de Valores Mobiliários e à autoridade de supervisão do Estado membro de acolhimento;

i) A competência para a transmissão das informações à autoridade de supervisão do Estado membro de acolhimento a que se referem as alíneas b), c) e f) deste número é exercida pelo Banco de Portugal em relação aos Estados membros de acolhimento nos quais a autoridade de supervisão destinatária tenha competência para a supervisão das instituições de crédito e pela Comissão do Mercado de Valores Mobiliários nos demais casos.

4 – O estabelecimento de sucursais e a prestação de serviços, em Portugal, por sociedades gestoras de fundos de investimento mobiliário com sede em outros Estados membros da Comunidade Europeia rege-se, com as necessárias adaptações, pelo disposto nos artigos 44.º, 46.º a 56.º, 60.º e 61.º, com as modificações seguintes:

a) A competência conferida ao Banco de Portugal nos artigos 46.º, 47.º, 49.º a 51.º, 53.º e 61.º é atribuída à Comissão do Mercado de Valores Mobiliários;

b) Não são aplicáveis as alíneas d), e) e f) do n.º 1 do artigo 49.º;

c) Nos artigos 52.º e 60.º, a referência às operações constantes da lista anexa à Directiva n.º 2006/48/CE, do Parlamento Europeu e do Conselho, de 14 de Junho, é substituída pela referência à actividade e serviços enumerados nos n.os 2 e 3 do artigo 5.º da Directiva n.º 85/611/CEE, de 20 de Dezembro, tal como modificada pela Directiva n.º 2001/107/CE, do Parlamento Europeu e do Conselho, de 21 de Janeiro;

d) As normas a que se refere o n.º 1 do artigo 53.º são as normas de conduta, as que regem a forma e o conteúdo das acções publicitárias e as que regulam a comercialização de unidades de participação de fundos de investimento mobiliário, bem como as relativas às obrigações de informação, de declaração e de publicação;

e) Na medida em que tal se mostre necessário para o exercício das competências das autoridades de supervisão dos Estados membros de origem, e a pedido destas, a Comissão do Mercado de Valores Mobiliários informá-las-á de todas as providências que tenham sido adoptadas nos termos do n.º 6 do artigo 53.º;

f) Em caso de modificação do plano de actividades a que se refere o n.º 1 do artigo 61.º, a sociedade gestora comunicá-

---

[1] *Aditado pelo Decreto-Lei n.º 357-A/2007, de 31 de Outubro.*

Regulação do Sector Financeiro – Sector Bancário

-lo-á previamente à Comissão do Mercado de Valores Mobiliários, podendo esta, sendo caso disso, indicar à empresa qualquer alteração ou complemento em relação às informações que tiverem sido comunicadas nos termos do n.º 1 do artigo 50.º.

TÍTULO XI
Sanções

CAPÍTULO I
Disposição penal

ARTIGO 200.º
Actividade ilícita de recepção de depósitos e outros fundos reembolsáveis

Aquele que exercer actividade que consista em receber do público, por conta própria ou alheia, depósitos ou outros fundos reembolsáveis, sem que para tal exista a necessária autorização, e não se verificando nenhuma das situações previstas no n.º 3 do artigo 8.º, será punido com prisão até 3 anos.

CAPÍTULO II
Ilícito de mera ordenação social

SECÇÃO I
Disposições gerais

ARTIGO 201.º
Aplicação no espaço

O disposto no presente título é aplicável, independentemente da nacionalidade do agente, aos seguintes factos que constituam infracção à lei portuguesa:

a) Factos praticados em território português;

b) Factos praticados em território estrangeiro de que sejam responsáveis instituições de crédito ou sociedades financeiras com sede em Portugal e que ali actuem por intermédio de sucursais ou em prestação de serviços, bem como indivíduos que, em relação a tais entidades, se encontrem em alguma das situações previstas no n.º 1 do artigo 204.º;

c) Factos praticados a bordo de navios ou aeronaves portuguesas, salvo tratado ou convenção em contrário.

ARTIGO 202.º
Responsáveis

Pela prática das infracções a que se refere o presente capítulo podem ser responsabilizadas, conjuntamente ou não, pessoas singulares ou colectivas, ainda que irregularmente constituídas, e associações sem personalidade jurídica.

ARTIGO 203.º
Responsabilidade dos entes colectivos

1 – As pessoas colectivas, ainda que irregularmente constituídas, e as associações sem personalidade jurídica são responsáveis pelas infracções cometidas pelos titulares dos cargos de direcção, chefia ou gerência, no exercício das suas funções, bem como pelas infracções cometidas por representantes do ente colectivo em actos praticados em nome e no interesse deste.

2 – A invalidade e a ineficácia jurídicas dos actos em que se funde a relação entre o agente individual e o ente colectivo não obstam a que seja aplicado o disposto no número anterior.

ARTIGO 204.º
Responsabilidade dos agentes individuais

1 – A responsabilidade do ente colectivo não preclude a responsabilidade individual dos membros dos respectivos órgãos, de quem naquele detenha participações sociais, exerça cargos de direcção, chefia ou gerência, ou actue em sua representação, legal ou voluntária.

2 – Não obsta à responsabilidade dos agentes individuais que representem outrem o facto de o tipo legal do ilícito requerer determinados elementos pessoais, e estes só se verificarem na pessoa do representado, ou requerer que o agente pratique o acto no seu interesse, tendo o representante actuado no interesse do representado.

ARTIGO 205.º
Tentativa e negligência

1 – A tentativa e a negligência serão sempre puníveis.

2 – A sanção da tentativa será a do ilícito consumado, especialmente atenuada.

3 – Em caso de negligência, os limites máximos e mínimo da coima serão reduzidos a metade.

4 – Quando a responsabilidade do agente individual for atenuada nos termos dos números anteriores, proceder-se-á a graduação correspondente da sanção aplicável ao ente colectivo.

ARTIGO 206.º
Graduação da sanção

1 – A determinação da medida da coima e das sanções acessórias far-se-á em função da gravidade objectiva e subjectiva da infracção, tendo em conta a natureza individual ou colectiva do agente considerado.

2 – A gravidade da infracção cometida pelos entes colectivos será avaliada, designadamente, pelas seguintes circunstâncias:

a) Perigo ou dano causado ao sistema financeiro ou à economia nacional;

b) Carácter ocasional ou reiterado da infracção;

c) Actos de ocultação, na medida em que dificultem a descoberta da infracção ou a eficácia da sanção aplicável;

d) Actos do arguido destinados a, por sua iniciativa, reparar os danos ou obviar aos perigos causados pela infracção.

3 – Para os agentes individuais, além das circunstâncias correspondentes às enumeradas no número anterior, atender-se-á ainda, designadamente, às seguintes:

a) Nível de responsabilidades e esfera de acção no ente colectivo em causa;

b) Benefício, ou intenção de o obter, do próprio, de cônjuge, de parente ou de afim até ao 3.º grau;

c) Especial dever de não cometer a infracção.

4 – Na determinação da sanção aplicável, além da gravidade da infracção, ter-se-á em conta:

a) A situação económica do arguido;

b) A conduta anterior do arguido.

5 – A atenuante da reparação do dano ou da redução do perigo, quando realizadas pelo ente colectivo, comunica-se a

todos os agentes individuais, ainda que não tenham pessoalmente contribuído para elas.

6 – A coima deve, sempre que possível, exceder o benefício económico que o arguido ou pessoa que fosse seu propósito beneficiar tenham retirado da prática da infracção.

ARTIGO 207.º
Cumprimento do dever omitido

1 – Sempre que a infracção resulte da omissão de um dever, a aplicação da sanção e o pagamento da coima não dispensam o infractor do seu cumprimento, se este ainda for possível. [1]

2 – O infractor pode ser sujeito pelo Banco de Portugal à injunção de cumprir o dever em causa. [1]

ARTIGO 208.º
Concurso de infracções

Se, pelo mesmo facto, uma pessoa responder simultaneamente a título de crime e a título de ilícito de mera ordenação social, seguir-se-á o regime geral, mas instaurar-se-ão processos distintos respectivamente perante o juiz penal e no Banco de Portugal, cabendo a este último a aplicação, se for caso disso, das sanções acessórias previstas no presente diploma.

ARTIGO 209.º
Prescrição

1 – O procedimento pelos ilícitos de mera ordenação social previstos neste diploma prescreve em cinco anos.

2 – O prazo de prescrição das sanções é de cinco anos a contar do dia em que se esgotar o prazo de impugnação judicial da decisão que aplicar a sanção ou do dia em que a decisão judicial transitar em julgado.

SECÇÃO II
Ilícitos em especial

ARTIGO 210.º
Coimas

São puníveis com coima de 150 000$ a 150 000 000$ ou de 50 000$ a 50 000 000$, consoante seja aplicada a ente colectivo ou a pessoa singular, as infracções adiante referidas:

a) O exercício de actividade com inobservância das normas sobre registo no Banco de Portugal;

b) A violação das normas relativas à subscrição ou à realização do capital social, quanto ao prazo, montante e forma de representação;

c) A infracção às regras sobre o uso de denominações constantes dos artigos 11.º e 46.º;

d) A inobservância de relações e limites prudenciais determinados por lei ou pelo Ministro das Finanças ou pelo Banco de Portugal no exercício das respectivas atribuições;

e) A omissão, nos prazos legais, de publicações obrigatórias;

f) A inobservância das normas e procedimentos contabilísticos determinados por lei ou pelo Banco de Portugal, quando dela não resulte prejuízo grave para o conhecimento da situação patrimonial e financeira da entidade em causa;

g) A violação de regras e deveres de conduta previstos neste Regime Geral ou em diplomas complementares que remetam para o seu regime sancionatório, bem como o não acatamento de determinações específicas emitidas pelo Banco de Portugal para assegurar o respectivo cumprimento; [1]

h) A violação dos deveres de informação previstos no artigo 77.º; [1]

i) A omissão de informações e comunicações devidas ao Banco de Portugal, nos prazos estabelecidos, e a prestação de informações incompletas;

j) As violações dos preceitos imperativos deste diploma e da legislação específica que rege a actividade das instituições de crédito e das sociedades financeiras, não previstas nas alíneas anteriores e no artigo seguinte, bem como dos regulamentos emitidos pelo Ministro das Finanças ou pelo Banco de Portugal, em cumprimento ou para execução dos referidos preceitos.

ARTIGO 211.º
Infracções especialmente graves

São puníveis com coima de 500 000$ a 500 000 000$ ou de 200 000$ a 200 000 000$, consoante seja aplicada a ente colectivo ou a pessoa singular, as infracções adiante referidas:

a) A prática não autorizada, por quaisquer indivíduos ou entidades, de operações reservadas às instituições de crédito ou às sociedades financeiras;

b) O exercício, pelas instituições de crédito ou pelas sociedades financeiras, de actividades não incluídas no seu objecto legal, bem como a realização de operações não autorizadas ou que lhes estejam especialmente vedadas;

c) A realização fraudulenta do capital social;

d) A realização de alterações estatutárias previstas nos artigos 34.º e 35.º, quando não precedidas de autorização do Banco de Portugal;

e) O exercício de quaisquer cargos ou funções em instituição de crédito ou em sociedade financeira, em violação de proibições legais ou à revelia de oposição expressa do Banco de Portugal;

f) O desacatamento da inibição do exercício de direitos de voto;

g) A falsificação da contabilidade e a inexistência de contabilidade organizada, bem como a inobservância de outras regras contabilísticas aplicáveis, determinadas por lei ou pelo Banco de Portugal, quando essa inobservância prejudique gravemente o conhecimento da situação patrimonial e financeira da entidade em causa;

h) A inobservância de relações e limites prudenciais constantes do n.º 2 do artigo 96.º, sem prejuízo do n.º 3 do mesmo artigo, bem como dos artigos 97.º, 98.º, 100.º, 101.º, 109.º, 112.º e 113.º, ou de outros determinados em norma geral pelo Ministro das Finanças ou pelo Banco de Portugal nos termos do artigo 99.º, quando dela resulte ou possa resultar grave prejuízo para o equilíbrio financeiro da entidade em causa;

i) As infracções às normas sobre conflitos de interesse dos artigos 85.º e 86.º;

---

[1] *Redacção introduzida pelo Decreto-Lei n.º 201/2002, de 26 de Setembro.*

[1] *Redacção introduzida pelo Decreto-Lei n.º 1/2008, de 3 de Janeiro.*

j) A violação das normas sobre crédito concedido a detentores de participações qualificadas constantes dos n.os 1, 2 e 3 do artigo 109.º;

l) Os actos dolosos de gestão ruinosa, em detrimento de depositantes, investidores e demais credores, praticados pelos membros dos órgãos sociais;

m) A prática, pelos detentores de participações qualificadas, de actos que impeçam ou dificultem, de forma grave, uma gestão sã e prudente da entidade em causa;

n) A omissão da comunicação imediata ao Banco de Portugal da impossibilidade de cumprimento de obrigações em que se encontre, ou corra risco de se encontrar, uma instituição de crédito ou sociedade financeira, bem como a comunicação desta impossibilidade com omissão das informações requeridas pela lei;

o) A desobediência ilegítima a determinações do Banco de Portugal ditadas especificamente, nos termos da lei, para o caso individual considerado, bem como a prática de actos sujeitos por lei a apreciação prévia do Banco de Portugal, quando este tenha manifestado a sua oposição;

p) A recusa ou obstrução ao exercício da actividade de inspecção do Banco de Portugal;

q) A omissão de comunicação ao Banco de Portugal de factos previstos no n.º 3 do artigo 30.º posteriores ao registo da designação de membros de órgãos de administração ou fiscalização de instituições de crédito ou de sociedades financeiras, bem como a omissão das medidas de cessação de funções a que se referem o n.º 5 do artigo 69.º e o n.º 4 do artigo 70.º;

r) A prestação ao Banco de Portugal de informações falsas, ou de informações incompletas susceptíveis de induzir a conclusões erróneas de efeito idêntico ou semelhante ao que teriam informações falsas sobre o mesmo objecto;

s) O incumprimento das obrigações de contribuição para o Fundo de Garantia de Depósitos.

ARTIGO 212.º
Sanções acessórias

1 – Conjuntamente com as coimas previstas nos artigos 210.º e 211.º, poderão ser aplicadas ao infractor as seguintes sanções acessórias:

a) Apreensão e perda do objecto da infracção, incluindo o produto económico desta, com observância do disposto nos artigos 22.º a 26.º do Decreto-Lei n.º 433/82, de 27 de Outubro;

b) Publicação pelo Banco de Portugal da punição definitiva;

c) Quando o arguido seja pessoa singular, inibição do exercício de cargos sociais e de funções de administração, direcção, gerência ou chefia em instituição de crédito ou sociedade financeira determinada ou em quaisquer instituições de crédito ou sociedades financeiras, por um período de 6 meses a 3 anos, em casos previstos no artigo 210.º, ou de 1 ano a 10 anos, em casos previstos no artigo 211.º;

d) Suspensão do exercício do direito de voto atribuído aos sócios das instituições de crédito, das sociedades financeiras e das sociedades gestoras de participações sociais sujeitas à supervisão do Banco de Portugal, por um período de 1 a 10 anos.

2 – As publicações a que se refere o número anterior serão feitas no Diário da República, 2.ª série, ou num dos jornais mais lidos na localidade da sede ou do estabelecimento permanente do arguido ou, se este for uma pessoa singular, na da sua residência.

SECÇÃO III
Processo

ARTIGO 213.º
Competência

1 – A competência para o processo de ilícitos de mera ordenação social previstos no presente diploma e a aplicação das sanções correspondentes pertencem ao Banco de Portugal.

2 – Cabe ao conselho de administração do Banco de Portugal a decisão do processo.

3 – No decurso da averiguação ou da instrução, o Banco de Portugal poderá solicitar às entidades policiais e a quaisquer outros serviços públicos ou autoridades toda a colaboração ou auxílio que julgue necessários para a realização das finalidades do processo.

ARTIGO 214.º
Suspensão do processo

1 – Quando a infracção constitua irregularidade sanável, não lese significativamente nem ponha em perigo próximo e grave os direitos dos depositantes, investidores, accionistas ou outros interessados e não cause prejuízos importantes ao sistema financeiro ou à economia nacional, o conselho de administração do Banco de Portugal poderá suspender o processo, notificando o infractor para, no prazo que lhe fixar, sanar a irregularidade em que incorreu.

2 – A falta de sanação no prazo fixado determina o prosseguimento do processo.

ARTIGO 215.º
Apreensão de documentos e valores

1 – Quando necessária à averiguação ou à instrução do processo pode proceder-se à apreensão de quaisquer documentos, bem como à apreensão e congelamento de quaisquer valores, independentemente do local ou instituição em que se encontrem, devendo os valores ser depositados na Caixa Geral de Depósitos à ordem do Banco de Portugal, garantindo o pagamento da coima e das custas em que vier a ser condenado o arguido. [1]

2 – As buscas e apreensões domiciliárias serão objecto de mandado judicial.

ARTIGO 216.º
Suspensão preventiva

Se o arguido for algum dos indivíduos indicados no n.º 1 do artigo 204.º, o conselho de administração do Banco de Portugal poderá determinar a suspensão preventiva das respectivas funções, sempre que tal se revele necessário à eficaz instrução do processo ou à salvaguarda do sistema financeiro ou dos interesses dos depositantes, investidores e demais credores.

---

[1] *Redacção introduzida pelo Decreto-Lei n.º 357-A/2007, de 31 de Outubro.*

Decreto-Lei n.º 298/92

ARTIGO 217.º
Notificações

As notificações serão feitas por carta registada com aviso de recepção ou pessoalmente, se necessário através das autoridades policiais.

ARTIGO 218.º
Dever de comparência

1 – Às testemunhas e aos peritos que não comparecerem no dia, hora e local designados para diligência do processo, nem justificarem a falta no acto ou nos cinco dias úteis imediatos, será aplicada pelo Banco de Portugal uma sanção pecuniária graduada entre um quinto e o dobro do salário mínimo nacional mensal mais elevado em vigor à data.

2 – O pagamento será efectuado no prazo de 10 dias úteis a contar da notificação, sob pena de se proceder a cobrança coerciva.

ARTIGO 219.º
Acusação e defesa

1 – Concluída a instrução, serão arquivados os autos se não houver matéria de infracção ou será deduzida acusação.

2 – Na acusação serão indicados o infractor, os factos que lhe são imputados e as respectivas circunstâncias de tempo e lugar, bem como a lei que os proíbe e pune.

3 – A acusação será notificada ao arguido ou ao seu defensor, quando este existir, designando-se-lhe prazo razoável para apresentar a defesa por escrito e oferecer meios de prova.

4 – O prazo da defesa será fixado entre 10 e 30 dias úteis, tendo em atenção o lugar da residência, sede ou estabelecimento permanente do arguido e a complexidade do processo.

5 – O arguido não poderá arrolar mais de cinco testemunhas por cada infracção.

6 – A notificação da acusação será feita nos termos previstos no artigo 217.º ou, quando o arguido não seja encontrado ou se recuse a recebê-la:

a) Por anúncio publicado num jornal da última localidade conhecida onde o arguido tenha tido residência, sede ou estabelecimento permanente ou, na falta daquele, num dos jornais mais lidos naquela localidade;

b) Por anúncio publicado num dos jornais diários de Lisboa, nos casos em que o arguido não tenha residência, sede ou estabelecimento permanente no território nacional.

ARTIGO 220.º
Decisão

1 – Após a realização das diligências de averiguação e instrução tornadas necessárias em consequência da defesa, será o processo apresentado à entidade a quem caiba proferir decisão, acompanhado de parecer sobre as infracções que se devem considerar provadas e as sanções que lhes são aplicáveis.

2 – Da decisão deve ser dado conhecimento ao arguido, através de notificação efectuada de acordo com o disposto no n.º 6 do artigo anterior.

ARTIGO 221.º
Revelia

A falta de comparência do arguido não obsta em fase alguma do processo a que este siga os seus termos e seja proferida decisão final.

ARTIGO 222.º
Requisitos da decisão que aplique sanção

1 – A decisão que aplique sanção conterá:

a) Identificação do arguido e dos eventuais comparticipantes;

b) Descrição do facto imputado e das provas obtidas, bem como das normas violadas e punitivas;

c) Sanção ou sanções aplicadas, com indicação dos elementos que contribuíram para a sua determinação;

d) Indicação dos termos em que a condenação pode ser impugnada judicialmente e tornar-se exequível;

e) Indicação de que, em caso de impugnação judicial, o juiz pode decidir mediante audiência ou, quando o arguido, o Ministério Público ou o Banco de Portugal não se oponham, mediante simples despacho;

f) Indicação de que não vigora o princípio da proibição da reformatio in pejus;

g) Condenação em custas e indicação da pessoa ou pessoas obrigadas ao seu pagamento.

2 – A notificação conterá, além dos termos da decisão e do montante das custas, a advertência de que a coima deverá ser paga no prazo de 15 dias úteis após o trânsito em julgado, sob pena de se proceder à sua cobrança coerciva.

ARTIGO 223.º
Suspensão da execução da sanção

1 – O conselho de administração do Banco de Portugal poderá suspender, total ou parcialmente, a execução da sanção.

2 – A suspensão poderá ficar condicionada ao cumprimento de certas obrigações, designadamente as consideradas necessárias para a regularização de situações ilegais, a reparação de danos ou a prevenção de perigos.

3 – O tempo de suspensão da execução será fixado entre dois e cinco anos, contando-se o seu início a partir da data em que se esgotar o prazo da impugnação judicial da decisão condenatória.

4 – A suspensão não abrange as custas.

5 – Se decorrer o tempo de suspensão sem que o arguido tenha praticado infracção criminal ou ilícito de mera ordenação social previsto no presente diploma, e sem ter violado as obrigações que lhe hajam sido impostas, ficará a condenação sem efeito, procedendo-se, no caso contrário, à execução da sanção aplicada.

ARTIGO 224.º
Custas

1 – Em caso de condenação serão devidas custas pelo arguido, nos termos gerais.

2 – A condenação em custas é sempre individual.

ARTIGO 225.º
Pagamento das coimas e das custas

1 – O pagamento da coima e das custas será realizado, por meio de guia, em tesouraria da Fazenda Pública da localidade onde o arguido tenha residência, sede ou estabelecimento permanente ou, quando tal localidade se situe fora do território nacional, em qualquer tesouraria da Fazenda Pública de Lisboa.

2 – Após o pagamento deverá o arguido remeter ao Banco de Portugal, no prazo de oito dias úteis, os duplicados das guias, a fim de serem juntos ao respectivo processo.

Regulação do Sector Financeiro – Sector Bancário

3 – O valor das coimas reverte integralmente para o Estado, salvo nos casos previstos nos números seguintes. [1]

4 – Reverte integralmente para o Fundo de Garantia de Depósitos o valor das coimas em que forem condenadas as instituições de crédito, independentemente da fase em que se torne definitiva ou transite em julgado a decisão condenatória. [2]

5 – Reverte integralmente para o Sistema de Indemnização aos Investidores o valor das coimas em que forem condenadas as empresas de investimento e as sociedades gestoras de fundos de investimento mobiliário que sejam participantes naquele Sistema, independentemente da fase em que se torne definitiva ou transite em julgado a decisão condenatória. [3]

Artigo 226.º
Responsabilidade pelo pagamento

1 – As pessoas colectivas, ainda que irregularmente constituídas, e as associações sem personalidade jurídica respondem solidariamente pelo pagamento da coima e das custas em que forem condenados os seus dirigentes, empregados ou representantes pela prática de infracções puníveis nos termos do presente diploma.

2 – Os titulares dos órgãos de administração das pessoas colectivas, ainda que irregularmente constituídas, e das associações sem personalidade jurídica, que, podendo fazê-lo, não se tenham oposto à prática da infracção, respondem individual e subsidiariamente pelo pagamento da coima e das custas em que aquelas sejam condenadas, ainda que à data da condenação hajam sido dissolvidas ou entrado em liquidação.

Artigo 227.º
Exequibilidade da decisão

1 – Sem prejuízo do disposto no número seguinte, a decisão final torna-se exequível se não for judicialmente impugnada.

2 – A decisão que aplique algumas das sanções previstas nas alíneas c) e d) do artigo 212.º torna-se, quanto a ela, imediatamente exequível e a sua exequibilidade só termina com a decisão judicial que definitivamente a revogue.

3 – O disposto no número anterior aplica-se igualmente às decisões tomadas nos termos dos artigos 215.º e 216.º

SECÇÃO IV
Recurso

Artigo 228.º
Impugnação judicial

1 – O prazo para a interposição do recurso da decisão que tenha aplicado uma sanção é de 15 dias úteis a partir do seu conhecimento pelo arguido, devendo a respectiva petição ser apresentada na sede do Banco de Portugal.

2 – Recebida a petição, o Banco de Portugal remeterá os autos ao Ministério Público no prazo de 15 dias úteis, podendo juntar alegações, elementos ou informações que considere relevantes para a decisão da causa, bem como oferecer meios de prova.

Artigo 229.º
Tribunal competente

O tribunal competente para a impugnação judicial, revisão e execução das decisões do Banco de Portugal em processo de ilícito de mera ordenação social, instaurado nos termos deste diploma, ou de quaisquer outras medidas do mesmo Banco tomadas no âmbito do mesmo processo e legalmente susceptíveis de impugnação é o Tribunal Judicial da Comarca de Lisboa.

Artigo 230.º
Decisão judicial por despacho

O juiz pode decidir por despacho quando não considere necessária a audiência de julgamento e o arguido, o Ministério Público ou o Banco de Portugal não se oponham a esta forma de decisão.

Artigo 231.º
Intervenção do Banco de Portugal
na fase contenciosa

1 – O Banco de Portugal poderá sempre participar, através de um representante, na audiência de julgamento.

2 – A desistência da acusação pelo Ministério Público depende da concordância do Banco de Portugal.

3 – O Banco de Portugal tem legitimidade para recorrer das decisões proferidas no processo de impugnação e que admitam recurso.

SECÇÃO V
Direito subsidiário

Artigo 232.º
Aplicação do regime geral

Às infracções previstas no presente capítulo é subsidiariamente aplicável, em tudo que não contrarie as disposições dele constantes, o regime geral dos ilícitos de mera ordenação social.

---

[1] *Redacção introduzida pelo Decreto-Lei n.º 222/99, de 22 de Junho.*
[2] *Redacção introduzida pelo Decreto-Lei n.º 201/2002, de 26 de Setembro.*
[3] *Redacção introduzida pelo Decreto-Lei n.º 252/2003, de 17 de Outubro.*

SECÇÃO III

Regulação de Seguros e Fundos de Pensões

Decreto-Lei n.º 289/2001, de 13 de Novembro – **Estatutos do Instituto de Seguros de Portugal**

Decreto-Lei n.º 289/2001

de 13 de Novembro

O Estatuto do Instituto de Seguros de Portugal (ISP), autoridade de supervisão da actividade seguradora, resseguradora, mediação de seguros e de fundos de pensões, foi aprovado pelo Decreto-Lei n.º 251/97, de 26 de Setembro, tendo traduzido, à data, a necessidade de actualização a um novo contexto marcado pelo processo de privatizações, pelo mercado único de seguros – principal responsável pela liberalização progressiva e desregulamentação da actividade – e, ainda, pela proliferação de novos produtos, com especial incidência na institucionalização dos fundos de pensões.

Ora, embora o ISP se encontre dotado de um Estatuto relativamente recente, algumas razões ponderosas militam no sentido de uma reformulação do regime aprovado pelo Decreto-Lei n.º 251/97, de 26 de Setembro.

Entre outros aspectos, avultam, primacialmente, dois factores que impõem essa reformulação. Por um lado, procedendo-se a uma revisão do regime de acesso e exercício da actividade seguradora constante do Decreto-Lei n.º 94-B/98, de 17 de Abril, a qual apresenta como uma das suas vertentes o reforço da autonomia e da esfera decisória do ISP, justifica-se uma articulação dessa evolução com o enquadramento geral das atribuições e competências da instituição.

De facto, no panorama dos Estados que, com Portugal, constituem a União Europeia, tem-se verificado, nos últimos anos, uma tendência para a crescente autonomia face aos Governos das entidades públicas encarregues de funções de regulação e de supervisão de mercados e sectores. Esta tendência tem-se manifestado com particular evidência no âmbito das entidades do sector financeiro, correspondendo, desse modo, a uma nova concepção sobre a intervenção pública nesse sector.

Por outro lado, tendo sido já desencadeada uma nova fase de evolução do sistema nacional de supervisão financeira que pressupõe a criação de uma nova estrutura institucional, apta a impulsionar o aprofundamento da coordenação e articulação entre as três instituições que presentemente integram o sistema de supervisão do sector financeiro, justificar-se-á acentuar a convergência dos enquadramentos estatutários dessas entidades.

Para responder às descritas preocupações, para além de o ISP passar a ficar sujeito apenas a poderes de tutela do Ministro das Finanças, deixando de estar sob a sua superintendência, o presente diploma consagra a atribuição aos órgãos do ISP de um amplo poder regulamentar e a ampliação das competências decisórias em matérias de supervisão, que, assim, deixam de estar dependentes de uma intervenção directa do Ministro das Finanças.

É o que sucede, nomeadamente, com as decisões sobre a constituição, cisão, fusão, encerramento e liquidação de empresas de seguros ou resseguros e de sociedades gestoras de fundos de pensões.

No sentido da maior autonomia do ISP e de aproximação de regime das três autoridades de supervisão, concorrem ainda o novo regime aplicável aos membros do conselho directivo, o alargamento do período de mandato de três para cinco anos e a fixação de um regime de inamovibilidade, que já é regra nas demais entidades de supervisão financeira.

No domínio da gestão financeira e patrimonial, simplifica-se o regime contabilístico, devendo a gestão orçamental do ISP basear-se numa racionalização dos recursos financeiros provenientes do sector supervisionado.

Nos outros domínios, para além de algumas clarificações, actualizações terminológicas e aperfeiçoamentos de ordem sistemática, a revisão do Estatuto mantém, no essencial, o regime actualmente vigente.

Foram ouvidos os órgãos de governo próprio das Regiões Autónomas, bem como o Instituto de Seguros de Portugal.

Assim:

Nos termos da alínea a) do n.º 1 do artigo 198.º da Constituição, o Governo decreta o seguinte:

Artigo 1.º
Aprovação

É aprovado o Estatuto do Instituto de Seguros de Portugal, publicado em anexo ao presente diploma e que dele faz parte integrante.

Artigo 2.º
Alteração à Lei Orgânica do Ministério das Finanças

O artigo 10.º do Decreto-Lei n.º 158/96, de 3 de Setembro, alterado pelo Decreto-Lei n.º 21/99, de 28 de Janeiro, passa a ter a seguinte redacção:

«Artigo 10.º
[...]

...

a) ...
b) [Redacção da anterior alínea c).]
c) [Redacção da anterior alínea d).]
d) [Redacção da anterior alínea e).]»

Artigo 3.º
Actuais mandatos

Mantêm-se em funções os membros dos actuais órgãos do Instituto de Seguros de Portugal, até que sejam designados novos membros ao abrigo do diploma ora aprovado.

Regulação do Sector Financeiro – Seguros e Fundos de Pensões

ARTIGO 4.º
Norma revogatória

É revogado o Decreto-Lei n.º 251/97, de 26 de Setembro.

ARTIGO 5.º
Entrada em vigor

O presente diploma entra em vigor oito dias após a sua publicação.

Visto e aprovado em Conselho de Ministros de 20 de Setembro de 2001. – *António Manuel de Oliveira Guterres – Jaime José Matos da Gama – Guilherme d'Oliveira Martins – Henrique Nuno Pires Severiano Teixeira – António Luís Santos Costa – Paulo José Fernandes Pedroso – Alberto de Sousa Martins.*

Promulgado em 30 de Outubro de 2001.

Publique-se.

O Presidente da República, JORGE SAMPAIO.

Referendado em 31 de Outubro de 2001.

O Primeiro-Ministro, *António Manuel de Oliveira Guterres.*

ESTATUTO DO INSTITUTO DE SEGUROS DE PORTUGAL

CAPÍTULO I
Da denominação, natureza, regime e sede

ARTIGO 1.º
Natureza

O Instituto de Seguros de Portugal, adiante designado abreviadamente por ISP, é uma pessoa colectiva de direito público, dotada de autonomia administrativa e financeira e de património próprio.

ARTIGO 2.º
Regime e tutela

1 – O ISP rege-se pelo presente diploma e pelo seu regulamento interno, bem como, no que por aquele ou por este não for especialmente regulado e com eles não for incompatível, pelas normas aplicáveis às entidades públicas empresariais.

2 – O ISP fica sujeito à tutela do Ministro das Finanças, que será exercida nos termos previstos neste Estatuto.

ARTIGO 3.º
Sede e delegações

O ISP tem a sua sede em Lisboa e uma delegação no Porto, podendo criar delegações noutras localidades do País ou outras formas de representação.

CAPÍTULO II
Atribuições

ARTIGO 4.º
Atribuições

1 – São atribuições do ISP:

a) Regulamentar, fiscalizar e supervisionar a actividade seguradora, resseguradora, de mediação de seguros e de fun-

dos de pensões, bem como as actividades conexas ou complementares daquelas;

b) Assistir o Governo e o Ministro das Finanças, a pedido deste ou por iniciativa própria, na definição das orientações a prosseguir na política para o sector segurador, nele se incluindo as actividades conexas ou complementares da actividade seguradora, resseguradora e de mediação de seguros, bem como os fundos de pensões;

c) Executar e exercer o controlo de execução dessa política;

d) Colaborar com as autoridades congéneres de outros Estados nos domínios da sua competência, em particular com as autoridades congéneres dos Estados-Membros da União Europeia;

e) Colaborar com as demais autoridades nacionais nos domínios da sua competência e, em particular, com as outras autoridades de supervisão financeira;

f) Gerir os fundos que lhe sejam confiados por lei.

2 – A supervisão do ISP abrange toda a actividade das empresas a ela sujeitas, incluindo as actividades conexas ou complementares da actividade principal, e é exercida de harmonia com a legislação nacional e comunitária em vigor e no sentido do bom funcionamento e da tutela do mercado, garantindo a protecção dos credores específicos de seguros.

3 – No âmbito das suas atribuições, o ISP emite normas regulamentares de cumprimento obrigatório pelas entidades sujeitas à sua supervisão, as quais são publicadas na 2.ª série do Diário da República.

4 – O ISP tem legitimidade para requerer quaisquer providências cautelares sempre que necessário para o equilíbrio do sector segurador e para garantia eficaz dos interesses dos credores específicos de empresas de seguros e sociedades gestoras de fundos de pensões e, bem assim, para agir em juízo em defesa dos interesses dos participantes nos fundos de pensões.

5 – O ISP pode passar certidões de factos relacionados com as suas atribuições, nos termos da legislação aplicável.

ARTIGO 5.º
Instruções vinculativas

1 – No exercício das suas atribuições, o ISP emite instruções vinculativas para que sejam sanadas as irregularidades de que tenha conhecimento nas empresas sujeitas à sua supervisão, adoptando os actos necessários para o efeito.

2 – São ineficazes os actos praticados em violação de instruções ou proibições específicas emitidas pelo ISP no exercício das suas atribuições.

ARTIGO 6.º
Colaboração de outras autoridades e entidades

1 – O ISP pode solicitar a todas as autoridades, serviços públicos ou outras entidades públicas as informações e diligências necessárias ao exercício das suas atribuições.

2 – O ISP pode requisitar informações que tenha por relevantes a quaisquer entidades privadas, e designadamente a pessoas singulares ou a pessoas colectivas que participem nas empresas sujeitas à sua supervisão ou sejam por elas participadas, a indivíduos ou pessoas colectivas que exerçam actividades que caiba ao ISP fiscalizar, e ainda a revisores oficiais de contas e auditores, à Câmara dos Revisores Oficiais de Contas e ao Instituto dos Actuários Portugueses.

CAPÍTULO III
Estrutura orgânica

SECÇÃO I
Disposições gerais

ARTIGO 7.º
Órgãos do ISP

São órgãos do ISP o conselho directivo, o conselho consultivo e a comissão de fiscalização.

ARTIGO 8.º
Quórum e regras de deliberação

1 – Os órgãos do ISP só podem deliberar validamente com a presença da maioria dos seus membros.

2 – Sem prejuízo do disposto no artigo 20.º, n.º 3, as deliberações dos órgãos do ISP são tomadas por maioria dos votos dos membros presentes nas respectivas reuniões, cabendo ao presidente, ou a quem o substituir, quando tenha direito de voto, voto de qualidade.

3 – De todas as reuniões dos órgãos do ISP lavrar-se-á acta, que será assinada por todos os membros presentes.

SECÇÃO II
Conselho directivo

ARTIGO 9.º
Composição, nomeação e mandato

O conselho directivo do ISP é composto por um presidente, por um vice-presidente e por um ou três vogais nomeados por resolução do Conselho de Ministros, sob proposta do Ministro das Finanças, por um período de cinco anos, renovável uma vez por igual período, de entre pessoas com reconhecida idoneidade, independência e competência.

ARTIGO 10.º
Competências

1 – Compete ao conselho directivo definir a orientação geral e a política de gestão interna e praticar todos os actos adequados ao desenvolvimento das atribuições do ISP que não se compreendam no âmbito da competência dos outros órgãos.

2 – O conselho directivo terá ainda competências no âmbito da regulamentação, da fiscalização e da supervisão da actividade seguradora, resseguradora, de mediação de seguros e dos fundos de pensões, no âmbito da gestão de fundos e de gestão do ISP, bem como das relações com outras instituições e relações internacionais, nos termos dos artigos seguintes.

ARTIGO 11.º
Competências no âmbito da regulamentação

Compete ao conselho directivo, no âmbito da regulamentação da actividade seguradora, resseguradora, de mediação de seguros e de fundos de pensões:

a) Apresentar ao Governo, a pedido deste ou por iniciativa própria, propostas legislativas sobre matérias das atribuições do ISP;

b) Aprovar regulamentos e outros actos normativos, no âmbito das atribuições do ISP, de cumprimento obrigatório pelas entidades sujeitas à sua supervisão.

ARTIGO 12.º
Competências no âmbito da actividade de supervisão

1 – Compete ao conselho directivo, no âmbito da actividade de supervisão:

a) Apreciar e decidir sobre operações relativas às empresas sujeitas à supervisão do ISP, designadamente de constituição, cisão e fusão de empresas de seguros e de resseguro e de sociedades gestoras de fundos de pensões, bem como sobre o seu encerramento e liquidação e demais matérias relativas às actividades e empresas supervisionadas;

b) Pronunciar-se sobre o exercício, por empresas sediadas em Portugal, da actividade seguradora, resseguradora ou de fundos de pensões em outros países e autorizar a abertura de agências, sucursais e quaisquer outras formas de representação dessas empresas fora do território da Comunidade Europeia;

c) Autorizar a exploração de ramos ou modalidades de seguros e definir apólices uniformes para determinados contratos de seguros;

d) Apreciar e aceitar o depósito de bases técnicas, condições gerais, especiais e tarifárias de contratos;

e) Apreciar a representação das provisões técnicas das empresas supervisionadas pelo ISP;

f) Apreciar as contas de exercício das empresas sujeitas à supervisão do ISP, podendo, por decisão fundamentada, impor rectificações;

g) Certificar as empresas sujeitas à supervisão do ISP;

h) Acompanhar a actividade das empresas sujeitas à supervisão do ISP e vigiar o cumprimento das normas aplicáveis e a observância das regras de controlo prudencial;

i) Determinar a inspecção, sempre que o entenda conveniente ou em cumprimento de disposições legais, das empresas sujeitas à supervisão do ISP, requisitar-lhes informações e documentos e proceder a averiguações e exames em qualquer entidade ou local, no quadro do desempenho destas funções;

j) Suspender as autorizações concedidas e determinar a suspensão temporária ou retirada definitiva de clausulados e condições tarifárias e a comercialização de produtos, quando ocorra violação da lei ou haja risco ilegítimo para os interessados ou para o equilíbrio da exploração da empresa ou do sector;

l) Proceder ao registo dos membros dos órgãos de administração e fiscalização das empresas sujeitas à supervisão do ISP, bem como ao registo dos acordos parassociais entre os accionistas das referidas empresas;

m) Certificar os agentes de mediação de seguros ou de resseguros e exercer a respectiva supervisão;

n) Instaurar e instruir processos de transgressão e fixar o montante da respectiva multa;

o) Instaurar e instruir processos de contra-ordenação e aplicar as respectivas coimas e sanções acessórias;

p) Exercer as demais competências de supervisão que lhe sejam cometidas por diploma legal.

2 – O disposto na alínea a) do presente artigo não prejudica o regime legalmente estabelecido na lei quanto aos mecanismos de defesa da concorrência e à entidade competente nessa matéria.

ARTIGO 13.º
Competências no âmbito da gestão de fundos

1 – Compete ao conselho directivo, no âmbito da gestão de fundos:

Regulação do Sector Financeiro – Seguros e Fundos de Pensões

a) Praticar todos os actos necessários no âmbito da gestão do Fundo de Garantia Automóvel (FGA);

b) Praticar todos os actos necessários no âmbito da gestão do Fundo de Acidentes de Trabalho (FAT);

c) Praticar todos os actos necessários no âmbito da gestão de outros fundos que lhe sejam confiados por lei.

2 – A gestão dos fundos a que se refere o n.º 1 é efectuada nos termos dos diplomas legais constitutivos dos mesmos.

ARTIGO 14.º
Competências no âmbito das relações com outras instituições e relações internacionais

Compete ao conselho directivo, no âmbito das relações com outras instituições e no das relações internacionais:

a) Colaborar com todas as autoridades nacionais e comunitárias nas matérias da sua competência e, em especial, colaborar com o Banco de Portugal e com a Comissão do Mercado de Valores Mobiliários, com vista a assegurar a eficácia e a coerência global da supervisão do sistema financeiro;

b) Fazer-se representar em organismos internacionais que se ocupem de matérias relacionadas com as suas competências.

ARTIGO 15.º
Competências no âmbito da gestão do ISP

Compete ao conselho directivo, no âmbito da gestão do ISP:

a) Elaborar o plano de actividades e o orçamento anuais do ISP e submetê-los, com o parecer da comissão de fiscalização, à aprovação do Ministro das Finanças;

b) Elaborar, quando for o caso, os orçamentos suplementares do ISP e submetê-los, acompanhados do parecer da comissão de fiscalização, à aprovação do Ministro das Finanças;

c) Elaborar o relatório da actividade desenvolvida pelo ISP em cada exercício, o balanço e as contas anuais e submeter estes documentos até 31 de Março do ano seguinte, com o parecer da comissão de fiscalização, à aprovação do Ministro das Finanças, devendo os referidos documentos ser publicados no Diário da República no prazo de 30 dias após a sua aprovação;

d) Elaborar um regulamento interno, sujeito à aprovação do Ministro das Finanças, no qual defina a estrutura organizacional do ISP, as competências e funções dos serviços que a integram, as normas gerais a observar no desenvolvimento das actividades a seu cargo e, em geral, o que se revele adequado, tendo em vista o seu bom funcionamento;

e) Arrecadar as receitas do ISP e autorizar a realização das despesas necessárias ao seu funcionamento;

f) Gerir o património do ISP e, nomeadamente, deliberar sobre a aquisição, alienação, locação financeira ou aluguer de bens móveis e sobre o arrendamento de bens imóveis destinados à instalação, equipamento e funcionamento do ISP;

g) Deliberar sobre a aquisição, locação financeira ou alienação de bens imóveis para os mesmos fins, com autorização prévia do Ministro das Finanças;

h) Contratar com terceiros a prestação de quaisquer serviços com vista ao adequado desempenho das atribuições, do ISP;

i) Assegurar a implementação da política de gestão de pessoal;

j) Representar o ISP em juízo, activa e passivamente, podendo transigir, confessar e desistir em quaisquer litígios e comprometer o ISP em arbitragem.

ARTIGO 16.º
Outras competências

Compete, ainda, ao conselho directivo:

a) Assegurar a recolha, tratamento e publicação de dados estatísticos sobre o sector segurador, ressegurador e de fundos de pensões, bem como de outros elementos informativos necessários para fins estatísticos;

b) Promover a publicação de um relatório anual sobre o sector segurador, ressegurador e de fundos de pensões, a sua situação económica, financeira e patrimonial e o seu enquadramento na situação económica global do País;

c) Promover a elaboração de estudos técnicos relevantes para o desempenho das suas funções;

d) Gerir o sistema de informação de matrículas de automóveis, a que se refere o n.º 3 do artigo 39.º do Decreto-Lei n.º 522/85, de 31 de Dezembro;

e) Praticar quaisquer outros actos da competência do ex-Instituto Nacional de Seguros e do ex-Inspecção-Geral de Seguros e que sejam, nos termos do artigo 4.º, compatíveis com as atribuições do ISP;

f) Criar e encerrar delegações ou representações do ISP;

g) Analisar e dar parecer sobre pedidos de informação e reclamações, apresentados por particulares e organismos oficiais, não resolvidos noutras instâncias, relativamente ao exercício das actividades seguradora, de mediação de seguros e de fundos de pensões;

h) Praticar quaisquer outros actos que lhe sejam cometidos por lei.

ARTIGO 17.º
Competências do presidente

1 – Compete ao presidente do conselho directivo:

a) Assegurar a representação do ISP em actos de qualquer natureza;

b) Assegurar as relações com a tutela;

c) Convocar o conselho directivo e presidir às suas reuniões;

d) Promover, sempre que o entenda conveniente ou o conselho directivo o delibere, a convocação do conselho consultivo e da comissão de fiscalização, bem como de reuniões conjuntas destes órgãos ou de qualquer deles com o conselho directivo, presidindo a essas reuniões;

e) Dirigir superiormente todas as actividades e departamentos do ISP e assegurar o seu adequado funcionamento;

f) Exercer as demais funções que lhe sejam cometidas pelo regulamento interno do ISP ou que o conselho directivo lhe delegue nos termos do artigo 18.º

2 – O presidente tem ainda competência para tomar todas as decisões e praticar todos os actos que, dependendo de deliberação do conselho directivo, não possam, por motivo imperioso de urgência, aguardar a reunião do conselho, devendo tais decisões ou actos ser submetidos a ratificação do conselho directivo na primeira reunião ordinária subsequente.

3 – O presidente pode suspender a eficácia de deliberações do conselho directivo que considere violarem o Estatuto do ISP ou o interesse público e submetê-las a confirmação do Ministro das Finanças.

4 – Compete ao vice-presidente do conselho directivo coadjuvar o presidente no desempenho das respectivas funções, substituí-lo nas ausências ou nos impedimentos e exercer as demais funções que lhe sejam delegadas nos termos do artigo seguinte.

Artigo 18.º
Delegação de competências

1 – O conselho directivo pode distribuir pelos seus membros, sob proposta do presidente, a gestão das várias áreas de funcionamento do ISP.

2 – A distribuição de pelouros prevista no número anterior envolve a delegação das competências correspondentes às áreas em causa, dentro dos limites e em condições fixados no acto de distribuição.

3 – O conselho directivo deve, em qualquer caso, fixar expressamente os limites das delegações de poderes e mencionar a existência ou não da faculdade de subdelegação.

4 – O previsto nos números anteriores não prejudica o dever que incumbe a todos os membros do conselho directivo de tomarem conhecimento e acompanharem a generalidade dos assuntos do ISP e de sobre os mesmos se pronunciarem, nem o poder do conselho directivo de avocar os poderes delegados ou revogar os actos praticados pelo delegado ou subdelegado ao abrigo da delegação ou subdelegação, sempre que o entenda conveniente.

5 – A delegação deve constar da acta da reunião em que a respectiva deliberação for tomada e é publicada na 2.ª série do Diário da República.

Artigo 19.º
Vinculação do ISP

1 – O ISP obriga-se pela assinatura:

a) Do presidente do conselho directivo;

b) De, pelo menos, dois dos membros do conselho directivo; ou

c) De quem estiver devidamente habilitado para o efeito, nos termos do artigo anterior.

2 – Os actos de mero expediente, de que não resultem obrigações para o ISP, poderão ser subscritos por qualquer membro do conselho directivo ou por trabalhador do ISP a quem tal poder seja expressamente atribuído.

Artigo 20.º
Reuniões e deliberações

1 – O conselho directivo reúne, ordinariamente, com a periodicidade que no seu regulamento interno se fixar e, extraordinariamente, sempre que o seu presidente, por iniciativa própria, a pedido de dois dos seus membros ou a pedido da comissão de fiscalização, o convoque.

2 – O conselho directivo delibera validamente com a presença da maioria dos seus membros.

3 – As deliberações são tomadas por maioria dos votos dos membros presentes, incluindo obrigatoriamente o voto do presidente, quando tenham por objecto as seguintes matérias:

a) Aprovação de regulamentos e outros actos normativos do ISP;

b) Aprovação de projectos de diplomas legais a apresentar ao Ministro das Finanças;

c) Aprovação da proposta de regulamento interno do ISP;

d) Elaboração do plano de actividades e do orçamento anual;

e) As matérias das alíneas f) e g) do artigo 15.º do presente Estatuto.

Artigo 21.º
Estatuto dos membros do conselho directivo

1 – Os membros do conselho directivo ficam sujeitos ao Estatuto do Gestor Público, sem prejuízo das especialidades constantes do presente Estatuto, e têm remunerações e regalias, a fixar por despacho do Ministro das Finanças, equivalentes às dos membros dos órgãos de administração das restantes autoridades de supervisão financeira.

2 – Os membros do conselho directivo ficam sujeitos ao regime de segurança social dos membros dos órgãos estatutários das pessoas colectivas, salvo se nomeados em comissão de serviço ou requisição, caso em que mantêm o sistema de protecção social do respectivo quadro de origem.

3 – Os membros do conselho directivo não podem durante o seu mandato realizar, directamente ou por interposta pessoa, operações sobre valores mobiliários emitidos por empresas sujeitas à supervisão do ISP.

4 – Os membros do conselho directivo que à data da sua nomeação sejam titulares de valores mobiliários emitidos por empresas sujeitas à supervisão do ISP devem aliená-los antes da tomada de posse ou apresentar ao conselho directivo, no prazo de 30 dias a contar dessa data, uma declaração dando conta da sua existência, só os podendo alienar com autorização do Ministro das Finanças.

5 – Da declaração referida no número anterior, que será conservada em livro próprio nos arquivos do ISP, deve constar a identificação dos valores mobiliários por espécie, quantidade e preço de aquisição.

6 – O relatório de actividade do ISP será acompanhado de um anexo, do qual constará o teor das declarações referidas.

7 – O exercício de quaisquer cargos ou funções pelos membros do conselho directivo rege-se pelo regime das incompatibilidades, consagrado na Lei n.º 12/96, de 18 de Abril.

8 – Considera-se motivo justificado para efeitos do artigo 6.º do Decreto-Lei n.º 464/82, de 9 de Dezembro, a infracção às obrigações previstas nos n.os 4, 5 e 7.

Artigo 22.º
Cessação de funções

1 – O presidente e os demais membros do conselho directivo apenas cessam o exercício das suas funções caso se verifique uma das circunstâncias seguintes:

a) Decurso do prazo por que foram designados;

b) Incapacidade permanente ou incompatibilidade superveniente do titular;

c) Renúncia;

d) Demissão, decidida por resolução fundamentada do Conselho de Ministros, em caso de falta grave comprovadamente cometida pelo titular no desempenho das suas funções ou no cumprimento de qualquer outra obrigação inerente ao cargo.

2 – O termo do mandato de cada um dos membros do conselho directivo é independente do termo do mandato dos restantes membros.

SECÇÃO III
Do conselho consultivo

ARTIGO 23.º
Constituição, mandato e remuneração

1 – O conselho consultivo é constituído por:
a) O presidente do conselho directivo, que preside, mas sem direito de voto;
b) Um representante do Governo Regional dos Açores;
c) Um representante do Governo Regional da Madeira;
d) Um membro do conselho de administração do Banco de Portugal;
e) Um membro do conselho directivo da Comissão do Mercado de Valores Mobiliários;
f) O presidente do Instituto do Consumidor;
g) O presidente de uma das associações de defesa dos consumidores;
h) O presidente de uma das associações de empresas de seguros;
i) O presidente de uma das associações de entidades gestoras de fundos de pensões;
j) O presidente de uma das associações de mediadores de seguros;
k) Até três individualidades de reconhecida idoneidade, independência e competência no âmbito das atribuições do ISP, que o Ministro das Finanças entenda conveniente designar.
2 – Os membros referidos nas alíneas anteriores serão designados:
a) Nos casos referidos nas alíneas b) e c), pelas entidades que representam;
b) Nos casos referidos nas alíneas e) a g), pelas respectivas associações, excepto quando não exista acordo quanto ao representante, caso em que a designação será feita pelo conselho directivo do ISP de entre aqueles que lhe sejam indicados pelas associações;
c) No caso da alínea h), por despacho do Ministro das Finanças.
3 – O presidente do conselho consultivo designa o membro que o substituirá na sua falta ou impedimento.
4 – Cada um dos membros do conselho consultivo tem um mandato de três anos e pode ser substituído, até ao termo do mandato, pela entidade que o designou.
5 – Os membros do conselho consultivo podem ser remunerados através de senhas de presença, de montante a definir por despacho do Ministro das Finanças, sob proposta do conselho directivo.

ARTIGO 24.º
Competência

O conselho consultivo é um órgão de consulta do ISP sobre as grandes linhas de orientação estratégica relativas à coordenação do sector, competindo-lhe:
a) Pronunciar-se sobre as questões que lhe sejam submetidas pelo conselho directivo, devendo, no entanto, ser obrigatoriamente ouvido sobre o relatório anual a que se refere a alínea b) do artigo 16.º;
b) Apresentar, de sua própria iniciativa, ao conselho directivo, recomendações e sugestões no âmbito das atribuições do ISP.

ARTIGO 25.º
Reuniões

O conselho consultivo reúne, ordinariamente, uma vez por semestre e, extraordinariamente, por convocação do seu presidente, por sua iniciativa ou a pedido da maioria dos seus membros.

SECÇÃO IV
Da comissão de fiscalização

ARTIGO 26.º
Constituição, mandato e remuneração

1 – A comissão de fiscalização é constituída por um presidente e dois vogais, nomeados pelo Ministro das Finanças, devendo um deles ser revisor oficial de contas.
2 – Os membros da comissão de fiscalização têm um mandato de três anos, renovável por iguais períodos.
3 – Os membros da comissão de fiscalização são equiparados aos titulares dos órgãos de fiscalização das entidades públicas empresariais.
4 – É aplicável aos membros da comissão de fiscalização o disposto nos n.os 4 a 6 do artigo 21.º.

ARTIGO 27.º
Competência

1 – Compete à comissão de fiscalização:
a) Acompanhar e controlar a gestão financeira do ISP;
b) Apreciar e emitir parecer sobre o orçamento, o relatório de actividade e as contas anuais do ISP;
c) Fiscalizar a organização da contabilidade do ISP e o cumprimento das disposições legais e dos regulamentos internos, nos domínios orçamental, contabilístico e de tesouraria, informando o conselho directivo de quaisquer desvios ou anomalias que verifique;
d) Pronunciar-se sobre qualquer assunto de interesse para o ISP, nos domínios orçamental, contabilístico, financeiro e fiscal, que seja submetido à sua apreciação pelo conselho directivo ou pelo respectivo presidente.
2 – Tendo em vista o adequado desempenho das suas funções, a comissão de fiscalização terá a faculdade de:
a) Solicitar aos outros órgãos e aos vários departamentos do ISP todas as informações, esclarecimentos ou elementos que sejam necessários ao desempenho das suas funções;
b) Solicitar ao presidente do conselho directivo reuniões conjuntas dos dois órgãos para apreciação de questões compreendidas no âmbito das suas competências.

ARTIGO 28.º
Reuniões

A comissão de fiscalização reúne, ordinariamente, uma vez por mês e, extraordinariamente, sempre que seja convocada pelo respectivo presidente, por sua iniciativa, a pedido de qualquer dos membros da comissão ou a solicitação do presidente do conselho directivo.

CAPÍTULO IV
Do património, receitas e despesas

ARTIGO 29.º
Património

O património do ISP é constituído pela universalidade dos seus direitos e obrigações.

ARTIGO 30.º
Receitas

1 – Constituem receitas do ISP:

a) Uma taxa paga pelas entidades sujeitas a supervisão, nos termos da legislação em vigor;

b) O produto da venda de bens e receitas por prestação de serviços, bem como da constituição de direitos sobre aqueles;

c) Os rendimentos de bens próprios e os provenientes da sua actividade;

d) As receitas de aplicações financeiras;

e) Os subsídios, doações ou comparticipações atribuídos por quaisquer entidades nacionais ou estrangeiras;

f) As custas dos processos de transgressão e contra-ordenação;

g) Quaisquer outros rendimentos ou receitas que por lei, contrato ou outra forma lhe sejam atribuídos.

2 – Transitarão para o ano seguinte os saldos apurados em cada exercício.

ARTIGO 31.º
Despesas

Constituem despesas do ISP:

a) Os encargos com o respectivo funcionamento;

b) Os custos de aquisição, manutenção e conservação de bens ou serviços que tenha de utilizar;

c) Subsídios à investigação científica e à divulgação de conhecimentos em matérias relevantes para as suas atribuições ou para o sector segurador, ressegurador e de fundos de pensões.

ARTIGO 32.º
Cobrança de dívidas

1 – Os créditos do ISP provenientes de taxas ou outras receitas cuja obrigação de pagamento esteja estabelecida na lei ou haja sido reconhecida por despacho ministerial estão sujeitos a cobrança coerciva e far-se-á pelo processo de execuções fiscais, regulado pelo Código de Procedimento e de Processo Tributário, através dos serviços competentes de justiça fiscal, sendo as taxas e receitas equiparadas a créditos do Estado.

2 – Para efeitos do número anterior, o conselho directivo emitirá certidão com valor de título executivo de acordo com o disposto nos artigos 162.º e 163.º do Código de Procedimento e de Processo Tributário.

CAPÍTULO V
Da gestão financeira e patrimonial

ARTIGO 33.º
Gestão financeira e patrimonial

1 – A actividade de gestão financeira e patrimonial do ISP, em tudo o que não for especialmente regulado pelo presente diploma, rege-se exclusivamente pelo regime jurídico das entidades públicas empresariais, não lhe sendo aplicável o regime geral da actividade financeira dos fundos e serviços autónomos.

2 – O orçamento anual do ISP, que será elaborado de acordo com o Plano Oficial de Contabilidade, depende de aprovação prévia do Ministro das Finanças.

3 – A contabilidade do ISP é elaborada de acordo com o Plano Oficial de Contabilidade, não lhe sendo aplicável o regime da contabilidade pública.

4 – Compete ao ISP a gestão dos fundos públicos conexos ou complementares da actividade seguradora.

5 – Salvo disposição legal em contrário, o ISP representa, para todos os efeitos, os fundos cuja gestão lhe está confiada por lei e exerce todos os seus direitos e obrigações.

6 – Na gestão dos fundos que lhe estão confiados e nos processos de intervenção em empresas para fins de saneamento e de liquidação, o ISP pode renunciar a créditos e perdoar dívidas, dar e aceitar dações em pagamento e transigir em juízo ou fora dele.

7 – Na gestão dos fundos que estão confiados ao ISP aplicam-se os n.os 1 a 3 do presente artigo.

8 – Sem prejuízo da competência do Tribunal de Contas quanto a esta matéria, a contabilidade do ISP pode, por iniciativa do conselho directivo, ser auditada por entidades independentes.

CAPÍTULO VI
Recursos humanos

ARTIGO 34.º
Regime geral

1 – O pessoal do ISP rege-se pelas normas aplicáveis ao contrato individual de trabalho, sem prejuízo do disposto no presente Estatuto e no regulamento interno e demais regulamentos do ISP.

2 – O ISP pode ser parte em instrumentos de regulamentação colectiva de trabalho.

ARTIGO 35.º
Estatuto

1 – As condições de admissão, as remunerações e as regalias do pessoal do ISP são fixadas pelo conselho directivo, devendo constar de regulamento interno, elaborado nos termos da lei.

2 – Salvo no respeitante aos trabalhadores que exerçam cargos de apoio pessoal, definidos no respectivo regulamento, o recrutamento do pessoal deve ser precedido de anúncio público e de um procedimento de avaliação que garanta o respeito dos princípios da igualdade e da imparcialidade.

3 – Salvo por designação do ISP e para prossecução dos seus fins, os trabalhadores do ISP não podem prestar trabalho ou outros serviços, remunerados ou não, a empresas sujeitas à sua supervisão, nem exercer actividades de mediação de seguros.

ARTIGO 36.º
Funções de fiscalização

Os trabalhadores do ISP que desempenhem funções de fiscalização, quando se encontrem no exercício das suas funções, gozam das seguintes prerrogativas:

a) Podem identificar, para posterior actuação, as entidades

Regulação do Sector Financeiro – Seguros e Fundos de Pensões

que infrinjam os regulamentos sujeitos à fiscalização do ISP;

b) Podem requerer o auxílio das autoridades administrativas e judiciais, quando o julguem necessário ao desempenho das suas funções;

c) Têm acesso às instalações das entidades sujeitas à supervisão do ISP.

Artigo 37.º
Mobilidade

1 – Os funcionários do Estado, de institutos públicos e de autarquias locais, bem como os empregados, quadros ou administradores de empresas públicas ou privadas, podem desempenhar funções no ISP em regime de requisição ou de comissão de serviço, com garantia do seu lugar de origem e dos direitos nele adquiridos, considerando-se o período de requisição ou comissão como tempo de serviço prestado nos quadros de que provenham.

2 – Os trabalhadores do ISP podem desempenhar funções no Estado, em institutos públicos ou em autarquias locais, bem como em empresas públicas, em regime de requisição, destacamento ou de comissão de serviço, nos termos da legislação em vigor.

3 – Aos funcionários do Estado, institutos públicos ou autarquias locais que desempenhem funções no ISP nos termos do n.º 1 continua a aplicar-se o regime disciplinar que lhes é próprio, cabendo, todavia, ao conselho directivo exercer o poder disciplinar enquanto permanecerem ao serviço do ISP.

4 – Aos trabalhadores de empresas públicas e de empresas privadas na situação referida no n.º 1 sujeitos ao regime do contrato individual de trabalho aplicar-se-á o regime disciplinar que vigorar no ISP, cabendo ao respectivo conselho directivo exercer o poder disciplinar relativamente a todas as infracções praticadas durante o tempo em que o trabalhador estiver ao serviço do ISP.

Artigo 38.º
Segurança social

1 – Os trabalhadores do ISP encontram-se submetidos ao regime geral de segurança social.

2 – Os trabalhadores do ISP têm direito a complementos de reforma de valor não inferior aos previstos no contrato

colectivo de trabalho para a actividade seguradora, os quais serão garantidos por um fundo de pensões.

CAPÍTULO VII
Disposições gerais

Artigo 39.º
Segredo profissional

1 – Os membros dos órgãos do ISP, os trabalhadores eventuais ou permanentes do seu quadro de pessoal, bem como as pessoas ou entidades, públicas ou privadas, que lhe prestem, a título permanente ou ocasional, quaisquer serviços ficam sujeitos, nos termos dos artigos 158.º a 162.º do Decreto-Lei n.º 94 -B/98, de 17 de Abril, e do presente Estatuto, a segredo profissional sobre os factos cujo conhecimento lhes advenha do exercício das suas funções ou da prestação dos serviços referidos e, seja qual for a finalidade, não poderão divulgar, nem utilizar, em proveito próprio ou alheio, directamente ou por interposta pessoa, o conhecimento que tenham desses factos.

2 – Sem prejuízo do disposto no número anterior, o dever de segredo profissional manter-se-á ainda que as pessoas ou entidades a ele sujeitas nos termos do número anterior deixem de estar ao serviço do ISP.

3 – Sem prejuízo da responsabilidade civil e criminal que dela resulte, a violação do dever de sigilo estabelecida no presente artigo, quando cometida por um membro dos órgãos do ISP ou pelo seu pessoal, implica para o infractor as sanções disciplinares correspondentes à sua gravidade, que poderão ir até à destituição ou à rescisão do respectivo contrato de trabalho, e quando praticada por pessoa ou entidade vinculada ao ISP por um contrato de prestação de serviços dará ao conselho directivo o direito de resolver imediatamente esse contrato.

Artigo 40.º
Recursos

Dos actos administrativos do presidente do conselho directivo, do conselho directivo e dos serviços do ISP, no uso de poderes delegados, cabe recurso contencioso, nos termos gerais de direito.

> Decreto-Lei n.º 94-B/98, de 17 de Abril, com as alterações introduzidas pelo Decreto-Lei n.º 8-A/2002, de 11 de Janeiro, pelo Decreto-Lei n.º 169/2002, de 25 de Julho, pelo Decreto-Lei n.º 72-A/2003, de 14 de Abril, pelo Decreto-Lei n.º 90/2003, de 30 de Abril, pelo Decreto-Lei n.º 251/2003, de 14 de Outubro, pelo Decreto-Lei n.º 76-A/2006, de 29 de Março, pelo Decreto-Lei n.º 145/2006, de 31 de Julho, pelo Decreto-Lei n.º 291/2007, de 21 de Agosto, pelo Decreto-Lei n.º 357-A/2007, de 31 de Outubro e pelo Decreto-Lei n.º 72/2008, de 16 de Abril – **Regula as condições de acesso à actividade seguradora** [1]

Decreto-Lei n.º 94-B/98

de 17 de Abril

1 – O Decreto-Lei n.º 102/94, de 20 de Abril, procedeu à reformulação dos aspectos essenciais da legislação portuguesa em matéria de acesso e exercício da actividade seguradora e resseguradora, tendo em vista dois objectivos essenciais: a «codificação» da legislação dispersa relativa ao acesso e exercício da actividade seguradora e resseguradora e a transposição para o ordenamento jurídico português das directivas de terceira geração, relativas à criação do «mercado único» no sector segurador – Directiva n.º 92/49/CEE, de 18 de Junho, para os seguros «Não Vida», e Directiva n.º 92/96/CEE, de 10 de Novembro, para o seguro «Vida».

Tais objectivos foram plenamente atingidos: a actividade de seguro directo no mercado interno passou a ficar sujeita ao regime da «autorização única» válida para todo o território da Comunidade Europeia; a competência para a concessão

---

[1] *O Decreto-Lei n.º 8-A/2002, de 11 de Janeiro, transpôs para a ordem jurídica nacional a Directiva n.º 98/78/CE, do Parlamento Europeu e do Conselho, de 27 de Outubro, relativa à fiscalização complementar das empresas de seguros que fazem parte de um grupo segurador, bem como a Directiva n.º 95/26/CE, do Parlamento Europeu e do Conselho, de 29 de Junho, tendo por objecto a adopção de medidas complementares destinadas a precisar o âmbito da supervisão prudencial e a reforçar os poderes concretos das autoridades competentes.*

O Decreto-Lei n.º 169/2002, de 25 de Julho, transpôs para a ordem jurídica nacional a Directiva n.º 2000/64/CE, do Parlamento Europeu e do Conselho, de 7 de Novembro, que procedeu à alteração das Directivas n.os 85/611/CEE, 92/49/CEE, 92/96/CEE e 93/22/CE, do Conselho, no que se refere à troca de informações com países terceiros.

O Decreto-Lei n.º 72-A/2003, de 14 de Abril, transpôs para a ordem jurídica nacional a Directiva n.º 2000/26/CE, do Parlamento Europeu e do Conselho, de 16 de Maio, relativa à aproximação das legislações dos Estados membros respeitantes ao seguro de responsabilidade civil relativo à circulação de veículos automóveis e que altera as Directivas n.os 73/239/CEE e 88/357/CEE, do Conselho (quarta directiva sobre o seguro automóvel).

O Decreto-Lei n.º 90/2003, de 30 de Abril, transpôs para a ordem jurídica nacional a Directiva n.º 2001/17/CE, do Parlamento Europeu e do Conselho, de 19 de Março, que regula a dimensão transfronteiras dos processos de saneamento e de liquidação de empresas de seguros com impacte em dois ou mais Estados membros da EU.

O Decreto-Lei n.º 251/2003, de 14 de Outubro, transpôs para a ordem jurídica nacional a Directiva n.º 2002/12/CE, do Parlamento Europeu e do Conselho, de 5 de Março, com a consolidação de disposições efectuadas pela Directiva n.º 2002/83/CE, do Parlamento e do Conselho, de 5 de Novembro, e a Directiva n.º 2002/13/CE, do Parlamento europeu e do Conselho, de 5 de Março.

O Decreto-lei n.º 145/2006, de 31 de Julho, transpôs para a ordem jurídica interna a Directiva n.º 2002/87/CE, do Parlamento Europeu e do Conselho, de 16 de Dezembro, relativa à supervisão complementar de instituições de crédito, empresas de seguros e empresas de investimento

de um conglomerado financeiro e que altera as Directivas n.os 73/239/CEE, 79/267/CEE, 92/49/CEE, 92/96/CEE, 93/6/CEE e 93/22/CEE, todas do Conselho, e as Directivas n.os 98/78/CE e 2000/12/CE, do Parlamento Europeu e do Conselho, bem como a Directiva n.º 2005/1/CE, do Parlamento e do Conselho, de 9 de Março, que altera as Directivas n.os 73/239/CEE, 85/611/CEE, 91/675/CEE, 92/49/CEE e 93/6/CEE, todas do Conselho, e as Directivas n.os 94/19/CE, 98/78/CE, 2000/12/CE, 2001/34/CE, 2002/83/CE e 2002/87/CE, com vista a estabelecer uma nova estrutura orgânica para os comités no domínio dos serviços financeiros.

O Decreto-Lei n.º 357-A/2007, de 31 de Outubro, transpôs para a ordem jurídica interna:

a) A Directiva n.º 2004/39/CE, do Parlamento Europeu e do Conselho, de 21 de Abril, relativa aos mercados de instrumentos financeiros, que altera as Directivas n.os 85/611/CEE e 93/6/CE, do Conselho, e a Directiva n.º 2000/12/CE, do Parlamento Europeu e do Conselho, e que revoga a Directiva n.º 93/22/CE, do Conselho, alterada pela Directiva n.º 2006/31/CE, do Parlamento Europeu e do Conselho, de 5 de Abril, no que diz respeito a certos prazos;

b) A Directiva n.º 2006/73/CE, da Comissão, de 10 de Agosto, que aplica a Directiva n.º 2004/39/CE, do Parlamento Europeu e do Conselho, de 21 de Abril, no que diz respeito aos requisitos em matéria de organização e às condições de exercício da actividade das empresas de investimento e aos conceitos definidos para efeitos da referida directiva;

c) A Directiva n.º 2004/109/CE, do Parlamento Europeu e do Conselho, de 15 de Dezembro, relativa à harmonização dos requisitos de transparência no que se refere às informações respeitantes aos emitentes cujos valores mobiliários estão admitidos à negociação num mercado regulamentado e que altera a Directiva n.º 2001/34/CE;

d) A Directiva n.º 2007/14/CE, da Comissão, de 8 de Março, que estabelece as normas de execução de determinadas disposições da Directiva n.º 2004/109/CE relativa à harmonização dos requisitos de transparência no que se refere às informações respeitantes aos emitentes cujos valores mobiliários estão admitidos à negociação num mercado regulamentado.

daquela autorização passou a caber ao Estado membro de origem, ficando a empresa de seguros habilitada a exercer a sua actividade no território dos outros Estados membros, ao abrigo do direito de estabelecimento e da livre prestação de serviços; a supervisão e o controlo prudenciais passaram a ser exercidos pelas autoridades do Estado membro de origem, de acordo com as disposições legais vigentes no seu território; as autoridades competentes do Estado membro de acolhimento continuaram a dispor de poderes para garantir a observância, no seu território, das respectivas disposições de interesse geral, nomeadamente as que dizem respeito à comercialização dos produtos e às condições contratuais, e foi eliminada a autorização prévia ou a comunicação sistemática das apólices e tarifas, exigindo-se apenas esta última para os seguros obrigatórios.

Todavia, o Decreto-Lei n.º 102/94, de 20 de Abril, não abrangeu no seu escopo de regulação o regime sancionatório da actividade seguradora, actualmente regulado pelo Decreto-Lei n.º 91/82, de 22 de Março (alterado pelo Decreto-Lei n.º 133/86, de 12 de Junho), e pelo Decreto-Lei n.º 107/88, de 31 de Março, em termos de o adequar às novas concepções de política criminal resultantes da aprovação e entrada em vigor do Decreto-Lei n.º 433/82, de 27 de Outubro, que aprova o regime geral do ilícito de mera ordenação social, e às exigências resultantes das novas formas de acesso e exercício da actividade, decorrentes da transposição para o ordenamento jurídico nacional das directivas comunitárias que vieram instituir o mercado único no sector segurador.

Por outro lado, o Decreto-Lei n.º 102/94, de 20 de Abril, também não tocou na matéria sensível do endividamento das empresas de seguros e de resseguros, que constitui uma das principais lacunas no ordenamento jurídico aplicável à actividade seguradora, devido ao desajustamento das regras legais que o disciplinam e que remontam a 1907 e a 1971.

Finalmente, o contexto em que actualmente se desenvolve o exercício da actividade seguradora e resseguradora e actividades conexas ou complementares, nomeadamente a gestão de fundos de pensões e a mediação de seguros, fortemente marcado pela liberalização e internacionalização, o que incentiva a criatividade da oferta e a sofisticação dos produtos e serviços prestados, bem como a ocorrência de determinados acontecimentos no mercado europeu, exige a adopção de medidas complementares, destinadas a precisar o âmbito da supervisão prudencial e a reforçar os poderes concretos das autoridades competentes, nomeadamente no que concerne à troca de informações relativas às empresas supervisionadas. Essas medidas foram consagradas na Directiva n.º 95/26/CE, do Parlamento Europeu e do Conselho, de 29 de Junho de 1995, cuja transposição para o direito português se pretende concretizar através do presente diploma.

2 – Assim, o Governo, através do presente diploma e no uso da autorização legislativa concedida pela Lei n.º 93/97, de 16 de Agosto, visa, por um lado, rever o Decreto-Lei n.º 102/94, de 20 de Abril, em matéria de acesso e exercício da actividade seguradora e resseguradora e, por outro, integrar no respectivo âmbito o novo regime sancionatório da actividade seguradora e da actividade de gestão de fundos de pensões. Esta dupla tarefa conduziu à opção de substituir na íntegra o Decreto-Lei n.º 102/94, de 20 de Abril, pelo presente diploma, por razões que se prendem com a necessidade de evitar a dispersão legislativa e de facilitar a tarefa dos destinatários da legislação sobre seguros.

3 – No que respeita ao regime sancionatório da actividade seguradora, trata-se de matéria que carecia de profunda e urgente revisão.

Regulado por legislação de 1982 – Decreto-Lei n.º 91/82, de 22 de Março, que veio rever a legislação sancionatória da actividade seguradora aprovada em 21 de Outubro de 1907 – o actual regime sancionatório da actividade seguradora foi aprovado num contexto marcado pelas nacionalizações das empresas de seguros e pela proibição de acesso da iniciativa privada à actividade seguradora, é anterior à adesão de Portugal às Comunidades Europeias, é anterior às iniciativas comunitárias tendentes a criar um mercado único no sector segurador, é anterior às novas concepções de política criminal resultantes da aprovação e entrada em vigor do Decreto-Lei n.º 433/82, de 27 de Outubro, que aprova o regime geral do ilícito de mera ordenação social, e é anterior à liberalização dos movimentos de capitais no espaço europeu e mundial. A necessidade desta revisão torna-se ainda mais evidente quando, num contexto de grande complexidade que é aquele em que hoje se desenvolve a actividade seguradora, as infracções puníveis com multa, nos termos do Decreto-Lei n.º 91/82, de 22 de Março, eram apenas as seguintes:

I) Violação ou inobservância de quaisquer disposições legais e regulamentares respeitantes ao acesso, exploração e exercício da actividade seguradora e resseguradora;

II) Não envio dentro dos prazos fixados ou recusa de envio de elementos ou documentos a entidades oficiais ou públicas;

III) Fornecimento de elementos ou documentos falsos ou incompletos a entidades oficiais ou públicas.

Por outro lado, as multas variavam entre um mínimo de 25 contos e um máximo de 10000 contos, o que, bem se pode dizer, equivalia à ausência de regime sancionatório para a actividade seguradora, sobretudo tendo em conta que o capital social mínimo exigido para o acesso e exercício da actividade seguradora varia entre os 500000 contos e os 3000000 de contos.

No que respeita ao regime sancionatório da actividade de gestão de fundos de pensões, trata-se de matéria que carece, pura e simplesmente, de previsão legal, uma vez que não existe um quadro sancionatório específico para o exercício daquela actividade, salvo o que decorre do citado Decreto-Lei n.º 91/82, de 22 de Março, por força da remissão operada pelo artigo 35.º do Decreto-Lei n.º 415/91, de 25 de Outubro.

Neste contexto, foi necessário proceder a uma profunda reformulação do regime sancionatório da actividade seguradora e da actividade de gestão de fundos de pensões, a qual assentou nos seguintes princípios essenciais, que presidem às soluções consagradas no presente diploma:

I) Criminalização do exercício não autorizado de actos ou operações de seguros, resseguros ou de gestão de fundos de pensões, a exemplo do que sucede noutros países comunitários, uma vez que estão em causa nestas actividades interesses fundamentais de protecção da poupança das famílias, de garantia de riscos e de protecção dos interesses dos segurados e de terceiros. Através da criminalização do exercício não autorizado destas actividades pretende-se, sobretudo, atingir objectivos de natureza preventiva, indispensáveis numa actividade como a seguradora e de gestão dos fundos de pensões, marcada pela chamada «inversão do ciclo de produção». Por isso se prevê, pela primeira vez em Portugal, a punição da tentativa no caso de ilícitos especialmente graves;

II) Adaptação dos tipos das infracções às inovações legislativas introduzidas neste sector da actividade financeira e às inovações que resultam da liberalização e internacionalização e da criatividade da oferta e sofisticação dos produtos e serviços prestados;

III) Ajustamento do quadro legal, tanto nos seus aspectos substantivos, como nos processuais, ao regime geral dos ilícitos de mera ordenação social, mas também adaptação do regime geral dos ilícitos de mera ordenação social e respectivo processo à especificidade das entidades e actividades desenvolvidas no sector segurador;

IV) Actualização e revisão dos montantes das sanções pecuniárias em função dos bens jurídicos protegidos.

Assim, o presente diploma tipifica como crime, punível com prisão até três anos, a prática de actos ou operações de seguros, resseguros ou de gestão de fundos de pensões por entidades não autorizadas nos termos da legislação em vigor.

As demais infracções à legislação reguladora das actividades seguradora, dos fundos de pensões e de outras legalmente equiparadas, em especial as infracções às normas que regem as respectivas condições de acesso e exercício são qualificadas como ilícitos de mera ordenação social.

Pretende-se ainda punir a reincidência no domínio dos ilícitos de mera ordenação social, através da elevação em um terço dos limites mínimo e máximo da coima aplicável ao agente que, dentro dos três anos posteriores à sua condenação por decisão definitiva ou transitada em julgado, volte a praticar novo ilícito de mera ordenação social.

Quanto à moldura sancionatória, e atendendo à crescente complexidade da actividade seguradora, procurou-se estruturar essa moldura sancionatória em três níveis, com o que se respeita o princípio da proporcionalidade:

I) O dos ilícitos cujo desvalor não deve desencadear uma reacção sancionatória muito forte;

II) O dos ilícitos graves; e

III) O dos ilícitos especialmente graves.

No primeiro nível, a moldura sancionatória varia entre os limites mínimos de 50 contos e o limite máximo de 3000 contos, no caso de pessoas singulares, e entre os limites mínimos de 150 contos e 15000 contos, no caso de pessoas colectivas.

No segundo nível, a moldura sancionatória varia entre os limites mínimos de 150 contos e o limite máximo de 10000 contos, no caso de pessoas singulares, e entre os limites mínimos de 300 contos e 50000 contos, no caso de pessoas colectivas.

No terceiro nível, a moldura sancionatória varia entre os limites mínimos de 300 contos e o limite máximo de 30000 contos, no caso de pessoas singulares, e entre os limites mínimos de 600 contos e 150000 contos, no caso de pessoas colectivas.

Esta solução confere a necessária flexibilidade aos esquemas sancionatórios dos ilícitos da actividade seguradora e de gestão dos fundos de pensões e assenta num equilíbrio entre limites mínimos e máximos de moldura sancionatória, ao qual se associa a punibilidade da negligência nos casos de ilícitos graves (o segundo nível referido) e a punibilidade da tentativa e da negligência nos casos de ilícitos especialmente graves (o terceiro nível referido).

Cumpre ainda referir a previsão de um conjunto de sanções acessórias, a aplicar conjuntamente com a coima cujo produto reverte a favor do Estado, as quais são da competência do Ministro das Finanças quando esteja em causa a interdição total ou parcial de celebração de contratos de seguro, a

interdição de admissão de novos aderentes a fundos de pensões abertos, e a suspensão da concessão de autorizações para a gestão de novos fundos de pensões. Regra geral, no entanto, compete ao Instituto de Seguros de Portugal a aplicação das coimas e sanções acessórias.

Finalmente, saliente-se o estabelecimento de um regime específico de responsabilidade quanto à actuação em nome ou por conta de outrem, o qual tem particular relevância na actividade seguradora, nomeadamente no sentido de a responsabilidade das pessoas colectivas ou equiparadas não excluir a dos respectivos agentes ou comparticipantes individuais, e no sentido de as pessoas colectivas ou equiparadas responderem solidariamente pelo pagamento das coimas e das custas aplicadas aos agentes ou comparticipantes individuais.

Procura-se desta forma responder ao novo contexto em que se desenvolve a actividade seguradora e às necessidades especiais de protecção dos interesses públicos relevantes que lhe são inerentes: a segurança das poupanças, a garantia de cobertura dos riscos segurados e a confiança dos agentes económicos e do público em geral na capacidade da indústria de seguros para fazer face às responsabilidades que socialmente lhe estão confiadas.

4 – É também nesta linha que se insere o segundo conjunto de matérias sobre o qual incide a revisão do Decreto-Lei n.º 102/94, de 20 de Abril, operada pelo presente diploma.

Está em causa, por um lado, respeitando a obrigação de transposição de directivas comunitárias no domínio do controlo dos detentores de participações qualificadas em empresas de seguros, criar as condições para que esse controlo seja coerente com outras soluções adoptadas no sector financeiro, tornando-o mais eficiente e ajustado ao fim que se visa atingir:

a garantia de uma gestão sã e prudente das empresas de seguros. Por outro lado, está em causa a revisão das disposições relativas ao saneamento financeiro de empresas de seguros, definindo de forma mais completa e precisa as providências de recuperação e saneamento e clarificando a matéria da dissolução, liquidação e falência das empresas de seguros. Finalmente, está em causa o regime do endividamento das empresas de seguros e de resseguros definindo, de harmonia com os ensinamentos retirados da experiência nacional e estrangeira, as condições e limites que devem ser observados em tais operações, para salvaguarda da solvência das empresas e, consequentemente, dos direitos e interesses de segurados e demais beneficiários das apólices.

5 – Assim, no que respeita ao controlo dos detentores de participações em empresas de seguros, pretende-se evitar que pessoas que não reúnam condições adequadas à garantia de uma gestão sã e prudente da empresa de seguros nelas detenham participações qualificadas, definindo-se o que se entende por «adequação dos detentores de participações qualificadas» por apelo a alguns critérios, tais como o de a pessoa ter sido declarada falida insolvente ou responsável por falência ou insolvência, o de a pessoa ter sido condenada por furto, abuso de confiança, roubo, burla, extorsão ou outros crimes de natureza semelhante, ou o de a pessoa ter sido objecto de condenação por violação grave das normas reguladoras da actividade financeira.

Institui-se um sistema de controlo inicial e sucessivo dos detentores de participações em empresas de seguros, o qual opera através da exigência de não oposição da autoridade competente à aquisição de participações qualificadas ou ao aumento destas, sob pena de inibição do exercício dos direi-

Regulação do Sector Financeiro – Seguros e Fundos de Pensões

tos de voto, sem prejuízo de outras sanções aplicáveis, podendo mesmo conduzir à revogação da autorização concedida para o exercício da actividade seguradora. O sistema de controlo é completado com a consagração do princípio do registo dos acordos parassociais relativos ao exercício dos direitos de voto, a exemplo do que já dispõe o Regime Geral das Instituições de Crédito e Sociedades Financeiras.

Pretende-se ainda clarificar a matéria respeitante ao acesso à actividade, designadamente no que tange à regulamentação do programa de actividades que as empresas devem apresentar no processo de autorização, bem como à especificação de certos aspectos das garantias financeiras, em parte por simples correcção de definições que a experiência da aplicação da lei revelou poderem ser melhoradas.

6 – No que respeita à revisão das disposições relativas ao saneamento financeiro de empresas de seguros, são modificadas as disposições relativas ao saneamento de empresas em situação financeira insuficiente, definindo-se de forma mais completa e precisa as providências de recuperação e saneamento que competem ao Estado, através do Instituto de Seguros de Portugal.

Nessa medida, o presente diploma cria as condições para o estabelecimento de um quadro de providências extraordinárias de saneamento financeiro, destinadas a recuperar ou a normalizar as empresas de seguros que se encontrem em situação financeira insuficiente. O que está sobretudo em causa nesta matéria é, mais uma vez, a criação das condições necessárias à preservação da estabilidade na formação e captação das poupanças, ao funcionamento normal dos mercados seguradores e à salvaguarda dos interesses dos tomadores de seguros e demais credores da empresa.

Assim, avulta como principal enriquecimento do sistema a atribuição à autoridade de supervisão do poder de determinar o aumento ou a redução do capital e a alienação de participações sociais e outros activos. Estes poderes, comummente reconhecidos às autoridades de supervisão de seguros no âmbito das providências de saneamento de empresas em crise, são, como também a experiência nacional já demonstrou, indispensáveis para resolver de modo racional situações que, na sua falta, se arrastarão indefinidamente ao sabor de interesses avulsos e nem sempre legítimos, acabando por tornar necessárias intervenções muito mais pesadas e laboriosas, com grave prejuízo do interesse público e dos direitos dos segurados e de outros interessados, designadamente os trabalhadores das empresas, e sempre com o risco de insucesso final.

Procurou-se ainda clarificar a matéria da dissolução judicial, da liquidação judicial em benefício dos sócios e da falência de empresas de seguros, declarando-se genericamente aplicável, nestes casos, as normas constantes, designadamente, do Código de Processo Civil e do Código dos Processos Especiais de Recuperação da Empresa e de Falência. Por outro lado, estabeleceu-se que a dissolução voluntária e a liquidação judicial ou extrajudicial de uma empresa de seguros dependem da não oposição do Instituto de Seguros de Portugal e concedeu-se a esta entidade a legitimidade exclusiva para requerer a dissolução judicial e falência de empresas de seguros, em homenagem à pluralidade de interesses envolvidos no exercício desta actividade.

7 - Finalmente, no que respeita ao regime do endividamento das empresas de seguros e de resseguros, define-se, de harmonia com os ensinamentos que se podem retirar da experiência nacional e estrangeira, as condições e limites que devem ser observados pelas empresas de seguros e resseguros

em tais operações, para salvaguarda da respectiva solvência e, consequentemente, dos direitos e interesses de segurados e demais beneficiários das apólices.

Com efeito, o regime do endividamento das empresas de seguros e de resseguros constitui uma das principais lacunas do ordenamento jurídico aplicável à actividade seguradora. As regras legais que o disciplinam remontam a 1907 e a 1971 e dispunham o seguinte:

«As sociedades de seguros não poderão emitir obrigações e adquirir acções próprias, nem fazer quaisquer operações sobre elas» – artigo 25.º do Decreto de 21 de Outubro de 1907;

«As sociedades de seguros e resseguros não poderão emitir obrigações nem adquirir acções próprias ou fazer operações sobre elas, exceptuando-se, quanto a estas, as necessárias em caso de fusão ou para a cobrança de créditos» - base XIV da Lei n.º 2/71, de 12 de Abril.

Com a aprovação e entrada em vigor do Decreto-Lei n.º 102/94, de 20 de Abril, suscitaram-se dúvidas sobre a vigência daquelas normas, uma vez que o legislador, em sede de transposição das directivas comunitárias, veio prever que os empréstimos subordinados e os títulos de duração indeterminada passavam a integrar a margem de solvência das seguradoras.

Importa pois clarificar o regime jurídico do endividamento de empresas de seguros, não apenas no plano da segurança jurídica das operações, mas também no plano económico.

Com efeito, a actividade seguradora, sendo um dos segmentos mais importantes do sistema financeiro, desempenha importantes funções, quer na protecção da actividade diária de famílias e empresas, quer na captação de poupança a médio e longo prazos.

Na sua vertente comercial, como negócio lucrativo, a actividade seguradora exige dos agentes económicos que nela pretendem investir as suas poupanças – os accionistas – volumes de capital suficientes para garantir a solvabilidade das empresas. Como em qualquer outra actividade, é natural que, em resultado de um negócio bem gerido, os accionistas possam auferir uma remuneração adequada do capital investido.

Ora, assentando a actividade seguradora numa inversão do ciclo de produção, as seguradoras dispõem permanentemente de fluxos de tesouraria extremamente significativos que podem, de imediato, ser aplicados nos mercados financeiros, ou no mercado imobiliário.

Assim sendo, são limitadas as razões para que empresas que recebem adiantamentos dos seus clientes necessitem de recorrer ao endividamento para financiar a sua actividade.

Eventuais motivações ligadas à utilização de dívida como meio de gerir o negócio com menor compromisso de capital próprio devem ser rejeitadas na medida em que não contribuem para o reforço financeiro e para a credibilização do sector. Com efeito, a actividade seguradora, tal como qualquer outra de natureza financeira, rege-se pela exigência de capitais próprios mínimos, pelo que compete ao Estado evitar a descapitalização do sector por forma que insuficiências de capital próprio não sejam supridas por dívida.

Do mesmo modo, a transformação de riscos individuais em riscos colectivos não deve ser usada, de forma premeditada, em favor do accionista e em desfavor de todos os segurados. Assim, o endividamento do accionista, com subsequente aplicação em acções dos fundos recolhidos, é legítimo, mas deve ser arquitectado num circuito também ele legítimo, o qual não ocorrerá quando se aproveite a capacidade financeira das seguradoras e o correspondente rating, para obter fundos a uma taxa mais baixa (por comparação à taxa a que o accionista conseguiria captá-los a título individual) e aplicá-los em negócio próprio, com eventual desfavorecimento dos segurados.

No entanto, nem todo o endividamento deve ser proibido, sobretudo quando estejam em causa níveis de sinistralidade excepcionais ou pedidos de resgate extremamente significativos.

O endividamento das seguradoras não é proibido na maior parte dos países comunitários, com excepção da Alemanha, em que a restrição à emissão de dívida nunca impediu nem o crescimento da actividade nem a consolidação financeira das empresas de seguros alemãs.

Por outro lado, não existe harmonização comunitária na matéria, o que legitima o exercício de competências legislativas nacionais justificadas por finalidades de interesse geral.

É pois necessário procurar um equilíbrio de soluções.

Sublinhe-se, desde já, que o presente diploma não tem efeitos retroactivos quanto aos empréstimos contraídos e aos títulos de dívida emitidos pelas empresas de seguros e resseguros, os quais deverão ser reembolsados nos termos contratados, embora não possam ser renovados.

Nesta conformidade, a solução adoptada no presente diploma em matéria de endividamento das seguradoras vai no sentido de admitir o endividamento como meio de financiamento para a aquisição de imóveis e bens de equipamento que sejam indispensáveis para a sua instalação ou funcionamento ou à prossecução do seu objecto social, ficando a sua emissão dependente de autorização prévia do Instituto de Seguros de Portugal. Admite-se ainda o endividamento de curto prazo, não renovável e até 10% dos capitais próprios, em casos pontuais, designadamente para cumprimento de obrigações contratuais directamente decorrentes da realização de seguros e de resseguros.

Refira-se que uma das conclusões para a actividade seguradora, expressa no livro branco sobre o sistema financeiro (1992), foi no sentido de considerar justificado que a emissão de obrigações seja expressamente reconhecida na lei, embora na medida em que o produto das obrigações a emitir se destine ao financiamento da aquisição de imóveis necessários às actividades normais da seguradora.

Finalmente, procurou-se acautelar as responsabilidades das empresas de seguros para com os credores específicos de seguros, permitindo à autoridade de supervisão a proibição da contracção de empréstimos e da emissão de dívida por empresas de seguros ou resseguros em situação financeira insuficiente, bem como, neste contexto, a distribuição de dividendos ou o reembolso de suprimentos.

Instituiu-se ainda um sistema de informação pelas empresas de seguros e de resseguros ao Instituto de Seguros de Portugal sobre todos os empréstimos, e respectivas condições, que hajam contraído.

Julga-se que a solução a que se chegou é uma solução equilibrada face aos interesses envolvidos e que pode contribuir para reforçar a confiança do público na actividade seguradora, bem como para uma maior solidez financeira das empresas, a qual é indispensável para que os objectivos que socialmente lhes estão confiados possam ser atingidos.

8 – No conjunto, a reforma legislativa que se pretende imprimir através do presente diploma mantém e desenvolve o programa legislativo que, iniciado já antes da transposição das directivas comunitárias, mas intensificado e estruturado sobretudo nos últimos anos, no âmbito da harmonização comuni-

tária e da integração no mercado único europeu, tanto tem contribuído para a modernização e o desenvolvimento da actividade seguradora nacional.

9 – Foram ouvidos os órgãos de governo próprio das Regiões Autónomas dos Açores e da Madeira, o Instituto de Seguros de Portugal, bem como as associações representativas das empresas do sector.

Assim:

No uso da autorização legislativa concedida pela Lei n.º 93/97, de 16 de Agosto, e nos termos das alíneas a) e b) do n.º 1 do artigo 198.º e do n.º 5 do artigo 112.º da Constituição, o Governo decreta o seguinte:

TÍTULO I
Disposições gerais

ARTIGO 1.º
Âmbito do diploma

1 – O presente diploma regula as condições de acesso e de exercício da actividade seguradora e resseguradora no território da União Europeia, incluindo a exercida no âmbito institucional das zonas francas, com excepção do seguro de crédito por conta ou com a garantia do Estado, por empresas de seguros com sede social em Portugal, bem como as condições de acesso e de exercício da actividade de seguradora e resseguradora em território português por empresas de seguros sediadas em outros Estados membros.

2 – As regras do presente diploma referentes a empresas de seguros sediadas em outros Estados membros aplicam-se às empresas de seguros sediadas em Estados que tenham celebrado acordos de associação com a União Europeia, regularmente ratificados ou aprovados pelo Estado Português, nos precisos termos desses acordos.

3 – O presente diploma regula ainda as condições de acesso e de exercício da actividade seguradora e resseguradora em território português por sucursais de empresas de seguros com sede social fora do território da União Europeia.

4 – O presente diploma aplica-se ainda ao acesso e exercício da actividade seguradora e resseguradora no território de Estados não membros da União Europeia por sucursais de empresas de seguros com sede em Portugal.

ARTIGO 2.º
Definições

1 – Para efeitos do presente diploma, considera-se:

a) «Estado membro» qualquer Estado que seja membro da União Europeia, bem como os Estados que são partes contratantes em acordos de associação com a União Europeia, regularmente ratificados ou aprovados pelo Estado Português, nos precisos termos desses acordos;

b) «Empresa de seguros», adiante também designada por seguradora ou resseguradora, qualquer empresa que tenha recebido uma autorização administrativa para o exercício da actividade seguradora e ou resseguradora;

c) «Sucursal» qualquer agência, sucursal, delegação ou outra forma local de representação de uma empresa de seguros, sendo como tal considerada qualquer presença permanente de uma empresa em território da União Europeia, mesmo que essa presença, não tendo assumido a forma de uma sucursal ou agência, se exerça através de um simples escritó-

Regulação do Sector Financeiro – Seguros e Fundos de Pensões

rio gerido por pessoal da própria empresa, ou de uma pessoa independente mas mandatada para agir permanentemente em nome da empresa como o faria uma agência;

d) «Compromisso» qualquer compromisso que se concretize em alguma das formas de seguros ou de operações previstas no artigo 124.º;

e) «Estado membro de origem» o Estado membro onde se situa a sede social da empresa de seguros que cobre o risco ou que assume o compromisso;

f) «Estado membro da sucursal» o Estado membro onde se situa a sucursal que cobre o risco ou que assume o compromisso;

g) «Estado membro da prestação de serviços» o Estado membro em que se situa o risco ou o Estado membro do compromisso, sempre que o risco seja coberto ou o compromisso assumido por uma empresa de seguros ou uma sucursal situada noutro Estado membro;

h) «Estado membro onde o risco se situa»:

i) O Estado membro onde se encontrem os bens, sempre que o seguro respeite quer a imóveis quer a imóveis e seu conteúdo, na medida em que este último estiver coberto pela mesma apólice de seguro;

ii) O Estado membro em que o veículo se encontra matriculado, sempre que o seguro respeite a veículos de qualquer tipo; [1]

iii) O Estado membro em que o tomador tiver subscrito o contrato, no caso de um contrato de duração igual ou inferior a quatro meses relativo a riscos ocorridos durante uma viagem ou fora do seu domicílio habitual, qualquer que seja o ramo em questão;

iv) O Estado membro onde o tomador tenha a sua residência habitual ou, se este for uma pessoa colectiva, o Estado membro onde se situa o respectivo estabelecimento a que o contrato se refere, nos casos não referidos nos números anteriores;

i) «Estado membro do compromisso» o Estado membro onde o tomador reside habitualmente ou, caso se trate de uma pessoa colectiva, o Estado membro onde está situado o estabelecimento da pessoa colectiva a que o contrato ou operação respeitam;

j) «Livre prestação de serviços» a operação pela qual uma empresa de seguros cobre ou assume, a partir da sua sede social ou de um estabelecimento situado no território de um Estado membro, um risco ou um compromisso situado ou assumido no território de um outro Estado membro;

l) «Autoridades competentes» as autoridades nacionais que exercem, por força da lei ou regulamentação, a supervisão das empresas de seguros;

m) «Mercado regulamentado» um mercado financeiro nacional funcionando regularmente e nas condições legalmente definidas ou um mercado situado noutro Estado membro ou num país terceiro, desde que satisfaça essas mesmas exigências e tenha sido reconhecido como tal pela entidade competente do Estado membro de origem, e os instrumentos financeiros nele negociados sejam de qualidade comparável à dos instrumentos negociados num mercado regulamentado nacional.

2 – Para efeitos do disposto na alínea m) do número anterior, consideram-se condições legalmente definidas:

a) As condições de funcionamento;

b) As condições de acesso;

c) As condições de admissão à cotação oficial de valores mobiliários numa bolsa de valores, quando for caso disso;

d) As condições exigíveis para que os instrumentos financeiros possam ser efectivamente transaccionados nesse mercado, noutras circunstâncias que não as previstas na alínea anterior.

3 – Para os efeitos do presente diploma, são considerados grandes riscos:

a) Os riscos que respeitem aos ramos de seguro referidos nos n.os 4), 5), 6), 7), 11) e 12) do artigo 123.º;

b) Os riscos que respeitem aos ramos de seguro referidos nos n.os 14) e 15) do artigo 123.º, sempre que o tomador exerça a título profissional uma actividade industrial, comercial ou liberal e o risco se reporte a essa actividade;

c) Os riscos que respeitem aos ramos de seguro referidos nos n.os 3), 8), 9), 10), 13) e 16) do artigo 123.º, de acordo com o critério referido no número seguinte.

4 – Os riscos referidos na alínea c) do número anterior só são considerados grandes riscos desde que, relativamente ao tomador, sejam excedidos dois dos seguintes valores:

a) Total do balanço – 6,2 milhões de euros;[1]

b) Montante líquido do volume de negócios – 12,8 milhões de euros;[1]

c) Número médio de empregados durante o último exercício – 250.

5 – No caso de o tomador estar integrado num conjunto de empresas para o qual sejam elaboradas contas consolidadas, os valores referidos no número anterior são aplicados com base nessas contas.

6 – São considerados riscos de massa os riscos não abrangidos pelos n.os 3 e 4 do presente artigo.

ARTIGO 3.º
Outras definições

Para efeitos do presente diploma, considera-se ainda:

1) «Relação de controlo ou de domínio» a relação que se dá entre uma pessoa singular ou colectiva e uma sociedade quando:

a) Se verifique alguma das seguintes situações:

i) Deter a pessoa singular ou colectiva em causa a maioria dos direitos de voto;

ii) Ser sócio da sociedade e ter o direito de designar ou de destituir mais de metade dos membros do órgão de administração ou do órgão de fiscalização;

iii) Poder exercer influência dominante sobre a sociedade, por força de contrato ou de cláusula dos estatutos desta;

iv) Ser sócio da sociedade e controlar por si só, em virtude de acordo concluído com outros sócios desta, a maioria dos direitos de voto;

v) Deter uma participação não inferior a 20% no capital da sociedade, desde que exerça efectivamente sobre esta uma influência dominante ou se encontrem ambas colocadas sob direcção única;

b) Se considere, para efeitos da aplicação das subalíneas i), ii) e iv) da alínea anterior, que:

i) Aos direitos de voto, de designação ou de destituição do participante equiparam-se os direitos de qualquer outra sociedade dependente do dominante ou que com este se

---

[1] *Ver o artigo 5.º do Decreto-Lei n.º 291/2007, de 21 de Agosto.*

[1] *Redacção introduzida pelo Decreto-Lei n.º 8-A/2002, de 11 de Janeiro.*

encontre numa relação de grupo, bem como os de qualquer pessoa que actue em nome próprio mas por conta do dominante ou de qualquer outra das referidas sociedades;

ii) Dos direitos indicados na subalínea anterior deduzem-se os direitos relativos às acções detidas por conta de pessoa que não seja o dominante ou outra das referidas sociedades, ou relativos às acções detidas em garantia, desde que, neste último caso, tais direitos sejam exercidos em conformidade com as instruções recebidas, ou a posse das acções seja operação corrente da empresa detentora em matéria de empréstimos e os direitos de voto sejam exercidos no interesse do prestador da garantia;

c) Para efeitos da aplicação das subalíneas i) e iv) da alínea a), deverão ser deduzidos à totalidade dos direitos de voto correspondentes ao capital da sociedade dependente os direitos de voto relativos à participação detida por esta sociedade, por uma sua filial ou por uma pessoa em nome próprio mas por conta de qualquer destas sociedades;

2) «Participação qualificada» a participação directa ou indirecta que represente percentagem não inferior a 10% do capital ou dos direitos de voto da instituição participada ou que, por qualquer outro motivo, possibilite influência significativa na gestão, considerando-se como equiparados aos direitos de voto do participante para efeitos da presente definição:

a) Os detidos por pessoas ou sociedades referidas no n.º 2 do artigo 447.º do Código das Sociedades Comerciais;

b) Os detidos por outras pessoas ou entidades, em nome próprio ou alheio, mas por conta do participante;

c) Os detidos por sociedades dominadas pelo participante;

d) Os detidos por sociedades que se encontrem em relação de grupo com a sociedade participante;

e) Os detidos por terceiro com a qual o participante tenha celebrado acordo que obrigue a adoptar, através do exercício concertado dos respectivos direitos de voto, uma política comum em relação à gestão da sociedade em causa;

f) Os detidos por terceiro, por força de acordo celebrado com o participante ou com uma das sociedades referidas nas alíneas c) e d) do presente número e no qual se preveja a transferência provisória desses direitos de voto;

g) Os inerentes a acções do participante entregues em garantia, excepto quando o credor detiver esses direitos e declarar a intenção de os exercer, caso em que serão considerados como próprios do credor;

h) Os inerentes a acções de que o participante detenha o usufruto;

i) Os que, por força de acordo, o participante ou uma das outras pessoas ou entidades referidas nas alíneas anteriores tenham o direito de adquirir por sua exclusiva iniciativa;

j) Os inerentes a acções depositadas junto do participante e que este possa exercer como entender na ausência de instruções específicas dos respectivos detentores;

3) «Empresa mãe» a empresa relativamente à qual se verifique qualquer das seguintes situações:

a) Ter a maioria dos direitos de voto dos accionistas ou sócios de uma empresa;

b) Ter o direito de designar ou de destituir a maioria dos membros do órgão de administração, de direcção ou de fiscalização de uma outra empresa, sendo simultaneamente accionista desta empresa;

c) Ter o direito de exercer influência dominante sobre uma empresa da qual é accionista ou sócia, por força de um contrato concluído com esta ou de uma cláusula dos estatutos desta,

sempre que a lei à qual a empresa filial está sujeita permite que ela se submeta a tais contratos ou cláusulas estatutárias;

d) Ser accionista ou sócia de uma empresa cuja maioria dos membros do órgão de administração, de direcção ou de fiscalização desta (empresa filial), em funções durante o exercício em curso, bem como no exercício anterior e até à elaboração das contas consolidadas, foram exclusivamente nomeados para efeitos do exercício dos seus direitos de voto;

e) Ser accionista ou sócia de uma empresa em que controla, por si só, na sequência de um acordo concluído com outros accionistas ou sócios desta (empresa filial), a maioria dos direitos de voto dos accionistas ou sócios desta;

4) «Filial» pessoa colectiva relativamente à qual outra pessoa colectiva, designada por empresa mãe, se encontra numa das situações previstas no número anterior, considerando-se que a filial de uma filial é igualmente filial de uma empresa mãe de que ambas dependem;

5) «Relação de proximidade», também designada por grupo, situação em que duas ou mais pessoas singulares ou colectivas se encontrem ligadas através de:

a) Uma participação, ou seja, o facto de uma deter na outra, directamente ou através de uma relação de controlo, 20% ou mais dos direitos de voto ou do capital; ou

b) Uma relação de controlo, ou seja, a relação existente entre uma empresa mãe e uma filial, tal como prevista nos n.os 3) e 4) do presente artigo, ou uma relação da mesma natureza entre qualquer pessoa singular ou colectiva e uma empresa;

6) Constitui também relação de proximidade entre duas ou mais pessoas singulares ou colectivas a situação em que essas pessoas se encontrem ligadas de modo duradouro a uma mesma entidade através de uma relação de controlo.

ARTIGO 4.º
Exclusões

1 – O presente diploma não se aplica às mútuas de seguros de gado que apresentem, cumulativamente, as seguintes características:

a) Estatuto que preveja a possibilidade de proceder a reforços de quotizações ou à redução das suas prestações;

b) Actividade que apenas respeite à cobertura de riscos inerentes ao seguro pecuário;

c) Montante anual de quotizações e ou prémios não superior a (euro) 5000000.[1]

2 – O presente diploma não é igualmente aplicável às sociedades de assistência que apresentem, cumulativamente, as seguintes características:

a) Exercício da actividade restrito ao ramo de seguro referido no n.º 18) do artigo 123.º, com carácter puramente local e limitado a prestações em espécie;

b) Montante anual das receitas processadas não superior a (euro) 200000.[2]

---

[1] *Redacção introduzida pelo Decreto-Lei n.º 251/2003, de 14 de Outubro.*

[2] *Redacção introduzida pelo Decreto-Lei n.º 8-A/2002, de 11 de Janeiro.*

Regulação do Sector Financeiro – Seguros e Fundos de Pensões

ARTIGO 5.º
Exercício do resseguro

O resseguro pode ser efectuado por empresas de seguros constituídas nos termos da lei portuguesa ou por entidades estrangeiras que, encontrando-se ou não estabelecidas ou representadas em Portugal, estejam, no respectivo país de origem, autorizadas a exercer a actividade resseguradora.

ARTIGO 6.º
Supervisão

1 – O exercício da actividade seguradora e resseguradora pelas empresas de seguros referidas no artigo 1.º e equiparadas fica sujeito à supervisão do Instituto de Seguros de Portugal.

2 – O disposto no número anterior não prejudica os poderes de supervisão relativos a contratos de seguro ligados a fundos de investimento atribuídos à Comissão do Mercado de Valores Mobiliários.[1]

TÍTULO II
Condições de acesso à actividade seguradora

CAPÍTULO I
Do estabelecimento

SECÇÃO I
Disposições gerais

ARTIGO 7.º
Entidades que podem exercer a actividade seguradora

1 – A actividade seguradora em Portugal só poderá ser exercida por:

a) Sociedades anónimas, autorizadas nos termos do presente diploma;

b) Mútuas de seguros, autorizadas nos termos do presente diploma;

c) Sucursais de empresas de seguros com sede no território de outros Estados membros, desde que devidamente cumpridos os requisitos exigidos;

d) Sucursais de empresas de seguros com sede fora do território da União Europeia, autorizadas nos termos do presente diploma;

e) Empresas de seguros públicas ou de capitais públicos, criadas nos termos da lei portuguesa.

2 – A actividade seguradora poderá também ser exercida por empresas de seguros que adoptem a forma de sociedade europeia, nos termos da legislação que lhes for aplicável.

3 – As sociedades de assistência que sejam, nos termos do presente diploma, assimiladas a empresas de seguros devem revestir a forma de sociedade anónima.

ARTIGO 8.º
Objecto

1 – As empresas de seguros referidas nos n.os 1 e 2 do artigo anterior são instituições financeiras que têm por objecto exclusivo o exercício da actividade de seguro directo e ou de resseguro, salvo naqueles ramos ou modalidades que se encontrem legalmente reservados a determinados tipos de seguradoras, podendo ainda exercer actividades conexas ou complementares da de seguro ou resseguro, nomeadamente no que respeita a actos e contratos relativos a salvados, à reedificação e reparação de prédios, à reparação de veículos, à manutenção de postos clínicos e à aplicação de provisões, reservas e capitais.

2 – As empresas de seguros devidamente autorizadas para a exploração, de entre outros, do ramo previsto no n.º 18) do artigo 123.º podem ainda apresentar e ou subscrever contratos de seguro relativos a produtos de assistência que são geridos por sociedades de assistência.

3 – Sem prejuízo do disposto no n.º 2 do artigo 4.º, são equiparadas, para todos os efeitos, a empresas de seguros as sociedades de assistência que tenham por objecto a assunção da responsabilidade financeira e ou gestão do risco de assistência, quer os respectivos contratos que garantem esse risco sejam subscritos pela própria sociedade de assistência, quer sejam subscritos por intermédio de uma ou mais empresas de seguros.

ARTIGO 9.º
Exploração cumulativa dos ramos «Vida» e «Não vida»

1 – A actividade de seguro directo e de resseguro do ramo «Vida» pode ser exercida cumulativamente apenas com a de seguro directo e resseguro dos ramos «Não vida» referidos nos n.os 1) e 2) do artigo 123.º

2 – As empresas de seguros autorizadas a exercer cumulativamente as actividades referidas no número anterior, bem como as empresas referidas no artigo 240.º, devem adoptar uma gestão distinta para cada uma dessas actividades.

3 – A gestão distinta prevista no número anterior deve ser organizada de modo que a actividade de seguro do ramo «Vida» e a de seguro dos ramos «Não vida» fiquem separadas, a fim de que:

a) Não possam ser causados, directa ou indirectamente, quaisquer prejuízos aos interesses respectivos dos tomadores de seguro, segurados e beneficiários de «Vida» e «Não vida»;

b) Os lucros resultantes da exploração do ramo «Vida» revertam a favor dos segurados e beneficiários do «Vida», como se a empresa apenas explorasse o ramo «Vida»;

c) As garantias financeiras exigidas e correspondentes a cada uma das actividades não sejam suportadas pela outra actividade.

4 – As empresas de seguros podem, depois de satisfeitas as garantias financeiras, nos termos da alínea c) do número anterior, e mediante comunicação prévia ao Instituto de Seguros de Portugal, utilizar, para qualquer das duas actividades, os elementos referidos nos n.os 1 e 2 dos artigos 96.º e 98.º que, realizadas as competentes deduções, se encontrem ainda disponíveis.[1]

5 – Em caso de insuficiência de uma das margens de solvência, aplicar-se-ão à actividade deficitária as medidas previstas para tal situação, independentemente da situação da outra actividade, podendo essas medidas incluir a autorização para uma transferência de elementos da margem de solvência disponível de uma actividade para a outra.[1]

---

[1] *Redacção introduzida pelo Decreto-Lei n.º 357-A/2007, de 31 de Outubro.*

[1] *Redacção introduzida pelo Decreto-Lei n.º 251/2003, de 14 de Outubro.*

6 – A contabilidade deve ser organizada de modo que os resultados decorrentes do exercício de cada uma das actividades se apresentem inequívoca e completamente separados.

ARTIGO 10.º
Âmbito da autorização

1 – A autorização para o exercício da actividade seguradora é concedida, em relação às empresas referidas nas alíneas a), b) e e) do n.º 1 do artigo 7.º, para todo o território da União Europeia.

2 – A autorização inicial é concedida ramo a ramo, abrangendo, salvo se a requerente apenas pretender cobrir alguns riscos ou modalidades, a totalidade do ramo, tanto para o seguro directo como para o resseguro, admitindo-se, no entanto, a sua concessão para um grupo de ramos, desde que devidamente identificados nos termos do artigo 128.º

3 – A autorização posterior para a exploração de novos ramos ou modalidades far-se-á nos termos legais e regulamentares em vigor.

4 – As sociedades de assistência apenas podem explorar o ramo previsto no n.º 18) do artigo 123.º

ARTIGO 10.º-A [1]
Registo no Instituto de Seguros de Portugal

1 – Nos termos de norma a emitir pelo Instituto de Seguros de Portugal, este manterá em registo a identificação e a indicação das vicissitudes ocorridas relativamente às entidades previstas no artigo 7.º

2 – A norma prevista no número anterior, para lá de determinar os elementos a registar, bem como os respectivos moldes, deve ainda prever, designadamente:

a) Os termos da obrigação de envio, pelas entidades em causa, dos documentos que suportam os elementos a registar;

b) As formas de publicidade dos dados registados.

SECÇÃO II
Sociedades anónimas de seguros

ARTIGO 11.º
Constituição, denominação e legislação aplicável

1 – O disposto na presente secção aplica-se à constituição de empresas de seguros ou equiparadas que revistam a natureza de sociedades anónimas.

2 – Da denominação da sociedade deve constar uma expressão da qual resulte inequivocamente que o seu objecto é o exercício da actividade seguradora ou da actividade de assistência, consoante os casos.

3 – As sociedades anónimas referidas no n.º 1 regem-se pelo presente diploma e, subsidiariamente, pelo Código das Sociedades Comerciais e demais legislação complementar em tudo o que não contrarie este decreto-lei ou quaisquer outras disposições legais específicas da actividade seguradora.

ARTIGO 12.º
Autorização específica e prévia

1 – A constituição das sociedades referidas no n.º 1 do artigo anterior depende de autorização do Instituto de Seguros de Portugal.[1]

2 – A autorização é sempre precedida de parecer do respectivo Governo Regional, quando se trate da constituição de sociedade com sede numa Região Autónoma.[1]

ARTIGO 13.º
Condições e critérios para a concessão da autorização

1 – Sem prejuízo do disposto no número seguinte, a autorização só pode ser concedida desde que todos os accionistas iniciais da sociedade se obriguem a:

a) Adoptar a forma de sociedade anónima;

b) Dotar a sociedade com capital social não inferior ao mínimo estabelecido no artigo 40.º, devendo, na data do acto da constituição, encontrar-se realizado o referido montante mínimo, sendo o restante, se o houver, realizado no prazo de seis meses a contar daquela data.

2 – A concessão de autorização depende ainda da verificação dos seguintes requisitos:

a) Aptidão dos accionistas detentores de uma participação qualificada para garantir a gestão sã e prudente da sociedade, directa ou indirectamente;

b) Adequação e suficiência de meios humanos aos objectivos a atingir;

c) Adequação e suficiência de meios técnicos e recursos financeiros relativamente aos ramos de seguro que se pretende explorar;

d) Localização em Portugal da administração central da empresa de seguros;

e) Sempre que existam relações de proximidade entre a empresa e outras pessoas singulares ou colectivas:

i) Inexistência de entraves, resultantes das referidas relações de proximidade, ao exercício das funções de supervisão;

ii) Inexistência de entraves ao exercício das funções de supervisão fundadas em disposições legislativas, regulamentares ou administrativas de um país terceiro a que estejam sujeitas uma ou mais pessoas singulares ou colectivas com as quais a empresa tenha relações de proximidade;

f) Relativamente às empresas de seguros que pretendam cobrir riscos do ramo «Responsabilidade civil de veículos terrestres a motor com excepção da responsabilidade do transportador», designação, em cada um dos demais Estados membros, de um representante para o tratamento e a regularização, no país de residência da vítima, dos sinistros ocorridos num Estado distinto do da residência desta («representante para sinistros»).[2]

ARTIGO 14.º
Instrução do requerimento

1 – O requerimento de autorização é dirigido ao Instituto de Seguros de Portugal e instruído com os seguintes elementos:[1]

a) Acta da reunião em que foi deliberada a constituição da sociedade;

b) Projecto de contrato de sociedade ou de estatutos;

c) Identificação dos accionistas iniciais, titulares de participação directa ou indirecta, sejam pessoas singulares ou

---

[1] *Aditado pelo Decreto-Lei n.º 8-A/2002, de 11 de Janeiro.*

[1] *Redacção introduzida pelo Decreto-Lei n.º 8-A/2002, de 11 de Janeiro.*

[2] *Redacção introduzida pelo Decreto-Lei n.º 72-A/2003, de 14 de Abril.*

Regulação do Sector Financeiro – Seguros e Fundos de Pensões

colectivas, com especificação do montante do capital social correspondente a cada participação;

d) Acta do órgão social competente dos accionistas que revistam a natureza de pessoas colectivas deliberando a participação na empresa de seguros;

e) Certificado do registo criminal dos accionistas iniciais, quando pessoas singulares, e dos respectivos administradores, directores ou gerentes, quando pessoas colectivas;

f) Declaração de que nem os accionistas iniciais nem as sociedades ou empresas cuja gestão tenham assegurado ou de que tenham sido administradores, directores ou gerentes foram declarados em estado de insolvência ou falência, tendo nas mesmas sociedades ou empresas exercido sempre uma gestão sã e prudente;

g) Informações detalhadas relativas à estrutura do grupo que permitam verificar os requisitos previstos na alínea e) do n.º 2 do artigo anterior.

2 – O certificado referido na alínea e) pode ser, em relação a cidadãos estrangeiros, substituído por documento equivalente emitido há menos de 90 dias.

3 – O requerimento de autorização é ainda instruído com um programa de actividades, que incluirá, pelo menos, os seguintes elementos:

a) Natureza dos riscos a cobrir ou dos compromissos a assumir, com a indicação do ramo ou ramos, modalidades, seguros ou operações a explorar;

b) No caso de se pretender explorar o ramo «Vida» e para supervisionar a observância das disposições aplicáveis em matéria de princípios actuariais, as bases técnicas e elementos a utilizar no cálculo das tarifas, das prestações, das contribuições e das provisões técnicas, tendo em atenção as normas regulamentares sobre a matéria, ainda que esta comunicação não constitua condição prévia de autorização para o exercício da actividade da empresa;

c) Princípios orientadores do resseguro que se propõe seguir;

d) Elementos que constituem o fundo mínimo de garantia;

e) Estrutura orgânica da empresa, com especificação dos meios técnicos e financeiros, bem como dos meios directos e indirectos de pessoal e material a utilizar, nomeadamente no que concerne à qualificação das equipas médicas e à qualidade de equipamentos de que dispõem;

f) Estrutura médico-hospitalar a utilizar;

g) Previsão das despesas de instalação dos serviços administrativos e da rede comercial, bem como dos meios financeiros necessários;

h) Para cada um dos três primeiros exercícios sociais:

I) Balanço e conta de ganhos e perdas previsionais, com informação separada, pelo menos, para as seguintes rubricas:

    i) Capital social subscrito e realizado, despesas de constituição e instalação, investimentos e provisões técnicas de seguro directo, resseguro aceite e resseguro cedido;

    ii) Prémios, proveitos dos investimentos, custos com sinistros e variações das provisões técnicas, tanto para o seguro directo como para o resseguro aceite e cedido;

    iii) Custos de aquisição, explicitando as comissões, e custos administrativos;

II) Previsão do número de trabalhadores e respectiva massa salarial;

III) Previsão da demonstração dos fluxos de caixa;[1]

IV) Previsão dos meios financeiros necessários à representação das provisões técnicas;

V) Previsão da margem de solvência e dos meios financeiros necessários à sua cobertura, em conformidade com as disposições legais em vigor;

i) Nome e endereço do representante para sinistros previsto na alínea f) do n.º 2 do artigo anterior, o qual deve preencher os requisitos previstos na lei do seguro de responsabilidade civil automóvel.

4 – As hipóteses e os pressupostos em que se baseia a elaboração das projecções incluídas no programa previsto no número anterior serão devida e especificamente fundamentados.[1]

5 – Quando no capital da empresa de seguros participem pessoas, singulares ou colectivas, nacionais de países não pertencentes à União Europeia, o requerimento de autorização é ainda instruído, relativamente aos accionistas iniciais que sejam pessoas colectivas, com uma memória explicativa da actividade no âmbito internacional e, nomeadamente, nas relações seguradoras, resseguradoras ou de outro tipo mantidas com empresas ou entidades portuguesas.

6 – Todos os documentos destinados a instruir o pedido de autorização devem ser apresentados nos termos do Decreto-Lei n.º 112/90, de 4 de Abril, rectificado por declaração de rectificação de 30 de Abril de 1990, e redigidos em português ou devidamente traduzidos e legalizados.[1]

7 – Os requerentes devem designar quem os representa perante as autoridades encarregadas de apreciar o processo de autorização e indicar os técnicos, nomeadamente o actuário, o financeiro e o jurista, responsáveis, respectivamente, pelas partes técnica, financeira e jurídica do processo.

8 – Relativamente aos técnicos referidos no número anterior, devem os requerentes apresentar os respectivos currículos profissionais.

9 – A instrução do processo deve incluir ainda um parecer de um actuário, que cumpra os requisitos aplicáveis ao actuário responsável, sobre a adequação das tarifas, das provisões técnicas e do resseguro.[1]

Artigo 15.º
Apreciação do processo de autorização

1 – Caso o requerimento não se encontre em conformidade com o disposto nos artigos anteriores, o Instituto de Seguros de Portugal deve informar o representante dos requerentes das irregularidades detectadas, o qual dispõe de um prazo de 30 dias para as suprir, sob pena de caducidade e arquivamento do pedido findo esse prazo.

2 – O Instituto de Seguros de Portugal pode solicitar quaisquer esclarecimentos ou elementos adicionais que considere úteis ou necessários para a análise do processo, nomeadamente os que carecer para verificar a aptidão dos accionistas referida na alínea a) do n.º 2 do artigo 13.º, bem como levar a efeito as averiguações que considere necessárias.

3 – Na decisão da conformidade do requerimento com o disposto no presente diploma, a efectuar no prazo máximo de 90 dias a contar da data em que, nos termos dos números anteriores, aquele se encontre correcta e completamente instruído, o Instituto de Seguros de Portugal deve pronunciar-

---

[1] *Redacção introduzida pelo Decreto-Lei n.º 8-A/2002, de 11 de Janeiro.*

[1] *Redacção introduzida pelo Decreto-Lei n.º 8-A/2002, de 11 de Janeiro.*

-se, nomeadamente, sobre a adequação dos elementos de informação nele constantes com a actividade que a empresa se propõe realizar.[1]

4 – O Instituto de Seguros de Portugal consulta a autoridade de supervisão do Estado membro envolvido responsável pela supervisão da empresa de seguros, instituição de crédito ou empresa de investimento previamente à concessão de uma autorização a uma empresa de seguros que seja:[2]

a) Uma filial de uma empresa de seguros, de uma instituição de crédito ou de uma empresa de investimento autorizada noutro Estado membro; ou

b) Uma filial da empresa-mãe de uma empresa de seguros, de uma instituição de crédito ou de uma empresa de investimento autorizada noutro Estado membro; ou

c) Controlada pela mesma pessoa singular ou colectiva que controla uma empresa de seguros, uma instituição de crédito ou uma empresa de investimento autorizada noutro Estado membro.

5 – O Instituto de Seguros de Portugal consulta o Banco de Portugal previamente à concessão de uma autorização a uma empresa de seguros que seja:[2]

a) Uma filial de uma instituição de crédito ou de uma empresa de investimento autorizada em Portugal; ou

b) Uma filial da empresa mãe de uma instituição de crédito ou de uma empresa de investimento autorizada em Portugal; ou

c) Controlada pela mesma pessoa singular ou colectiva que controla uma instituição de crédito ou uma empresa de investimento autorizada em Portugal.

6 – O Banco de Portugal dispõe de um prazo de dois meses para efeitos da consulta prevista no número anterior. [2]

7 – Nos termos dos n.os 4 e 5, o Instituto de Seguros de Portugal consulta as autoridades de supervisão, designadamente para efeitos de avaliação da adequação dos accionistas para garantir a gestão sã e prudente da empresa e quanto a matérias que sejam de interesse para a concessão da autorização.[2]

8 – Nos casos previstos no n.º 2 do artigo 12.º, o processo será submetido a parecer do respectivo Governo Regional, que terá um prazo de 30 dias para o enviar ao Instituto de Seguros de Portugal, findo o qual se considera favorável o parecer.

ARTIGO 16.º
Notificação da decisão

1 – A decisão deve ser notificada aos interessados no prazo de 6 meses a contar da recepção do requerimento ou, se for o caso, a contar da recepção das informações complementares solicitadas aos requerentes, mas nunca depois de decorridos 12 meses sobre a data da entrega inicial do pedido.

2 – A falta de notificação nos prazos referidos no número anterior constitui presunção de indeferimento tácito.

ARTIGO 17.º
Caducidade da autorização

1 – A autorização caduca se os requerentes a ela expressamente renunciarem, bem como se a empresa de seguros não se constituir formalmente no prazo de 6 meses ou não der início à sua actividade no prazo de 12 meses contados a partir da data da publicação da autorização.[1]

2 – Compete ao Instituto de Seguros de Portugal a verificação da constituição formal e do início da actividade dentro dos prazos referidos no número anterior.

ARTIGO 18.º
Cumprimento do programa de actividade

1 – Durante os três exercícios sociais que são objecto das previsões referidas na alínea h) do n.º 3 do artigo 14.º, a empresa de seguros deve apresentar, anualmente, ao Instituto de Seguros de Portugal, um relatório circunstanciado sobre a execução do programa de actividades.[1]

2 – Se se verificar desequilíbrio na situação financeira da empresa, o Instituto de Seguros de Portugal imporá medidas de reforço das respectivas garantias financeiras, cujo incumprimento pode determinar a revogação da autorização.[1]

3 – Estão sujeitos a autorização prévia do Instituto de Seguros de Portugal os projectos de alteração do programa de actividades referido no n.º 3 do artigo 14.º, sendo-lhes igualmente aplicáveis, com as devidas adaptações, as demais condições que impendem sobre o programa.[1]

4 – Nos casos previstos no número anterior, o Instituto de Seguros de Portugal pronunciar-se-á no prazo de 15 dias após a comunicação.

ARTIGO 19.º
Revogação da autorização

1 – A autorização pode ser revogada, no todo ou em parte, sem prejuízo do disposto sobre as sanções aplicáveis às infracções da actividade seguradora ou sobre a inexistência ou insuficiência de garantias financeiras mínimas, quando se verifique alguma das seguintes situações:[2]

a) Ter sido obtida por meio de falsas declarações ou outros meios ilícitos, independentemente das sanções penais que ao caso couberem;

b) A empresa de seguros cessar ou reduzir significativamente a actividade por período superior a seis meses;

c) Deixar de se verificar alguma das condições de acesso e de exercício da actividade seguradora exigidas no presente diploma;

d) Irregularidades graves na administração, organização contabilística ou fiscalização interna da empresa, por modo a pôr em risco os interesses dos segurados ou as condições normais de funcionamento do mercado segurador;

e) Os capitais próprios da empresa atingirem, na sua totalidade, um valor inferior a metade dos valores indicados no artigo 40.º para o capital social e, simultaneamente, não cobrirem a margem de solvência exigida à empresa;[2]

f) Não ser efectuada a comunicação ou ser recusada a designação de qualquer membro da administração ou fiscalização, nos termos do artigo 54.º;

g) Não ser requerida ou não ser concedida a autorização prevista no n.º 3 do artigo 18.º ou ser retirada a aprovação do programa de actividades, nos termos do mesmo preceito;

h) A empresa violar as leis ou os regulamentos que disciplinam a sua actividade, por modo a pôr em risco os interesses dos segurados ou as condições normais de funcionamento do mercado segurador.

---

[1] *Redacção introduzida pelo Decreto-Lei n.º 8-A/2002, de 11 de Janeiro.*

[2] *Redacção introduzida pelo Decreto-Lei n.º 145/2006, de 31 de Julho.*

[1] *Redacção introduzida pelo Decreto-Lei n.º 8-A/2002, de 11 de Janeiro.*

[2] *Redacção introduzida pelo Decreto-Lei n.º 251/2003, de 14 de Outubro.*

Regulação do Sector Financeiro – Seguros e Fundos de Pensões

2 – Ocorre redução significativa da actividade, para efeitos da alínea b) do número anterior, sempre que se verifique uma diminuição de pelo menos 50% do volume de prémios, que não esteja estrategicamente programada nem tenha sido imposta pela autoridade competente, e que ponha em risco os interesses dos segurados e terceiros.

3 – Os factos previstos na alínea f) do n.º 1 não constituem fundamento de revogação se, no prazo estabelecido pelo Instituto de Seguros de Portugal, a empresa tiver procedido à comunicação ou à designação de outro administrador que seja aceite.

ARTIGO 20.º
Competência e forma de revogação

1 – A revogação da autorização, ouvida, se for o caso, a entidade referida no n.º 2 do artigo 12.º, é da competência do Instituto de Seguros de Portugal.

2 – A decisão de revogação deve ser fundamentada e notificada à empresa de seguros.

3 – Quando a empresa se dedique à comercialização de contratos de seguro ligados a fundos de investimento, a decisão de revogação é precedida de parecer da Comissão do Mercado de Valores Mobiliários.[1]

4 – O Instituto de Seguros de Portugal tomará as providências necessárias para o encerramento dos estabelecimentos da empresa.

5 – A revogação total da autorização implica dissolução e liquidação da sociedade.

6 – No recurso interposto da decisão de revogação presume-se, até prova em contrário, que a suspensão da eficácia determina grave lesão do interesse público.

ARTIGO 21.º
Abertura de representações fora do território da União Europeia

1 – A abertura de agências, sucursais ou quaisquer outras formas de representação fora do território da União Europeia por empresas de seguros constituídas nos termos da presente secção depende de autorização prévia do Instituto de Seguros de Portugal.

2 – É aplicável, com as devidas adaptações, o disposto nos artigos 24.º e 29.º.[2]

SECÇÃO III
Mútuas de seguros

ARTIGO 22.º
Constituição, forma, objecto e legislação aplicável

1 – As mútuas de seguros revestem a forma de sociedade cooperativa de responsabilidade limitada, constituída por documento particular, salvo se a forma mais solene for exigida para a transmissão dos bens que representam o seu capital inicial, regendo-se pelo disposto no presente diploma e, subsidiariamente, pelo disposto no Código Cooperativo e demais legislação complementar em tudo o que não contrarie o presente Decreto-Lei ou outras disposições específicas da actividade seguradora.[2]

ARTIGO 23.º
Normas aplicáveis

1 – À constituição das mútuas de seguros aplica-se, sem prejuízo do disposto no número seguinte, o previsto no n.º 2 do artigo 11.º, no artigo 12.º, na alínea b) do n.º 1 e no n.º 2 do artigo 13.º e nos artigos 14.º a 20.º, com as necessárias adaptações.

2 – Para efeito de constituição de mútuas de seguros, o disposto nas alíneas c) a f) do n.º 1 do artigo 14.º apenas é obrigatório em relação aos 10 membros fundadores que irão subscrever o maior número de títulos de capital.

SECÇÃO IV
Estabelecimento no território de outros Estados membros de sucursais de empresas com sede em Portugal

ARTIGO 24.º
Notificação

As empresas de seguros com sede em Portugal que pretendam estabelecer uma sucursal no território de um outro Estado membro da União Europeia devem notificar esse facto ao Instituto de Seguros de Portugal, especificando os seguintes elementos:

a) Estado membro em cujo território pretendam estabelecer a sucursal;

b) Programa de actividades, nos termos dos n.os 3 e 4 do artigo 14.º, com as devidas adaptações;[1]

c) Endereço, no Estado membro da sucursal, onde os documentos lhes podem ser reclamados e entregues, entendendo-se que para o mencionado endereço deverão ser enviadas todas as comunicações dirigidas ao mandatário geral da sucursal;

d) Nome e endereço do mandatário geral da sucursal, que deve ter poderes bastantes para obrigar a empresa de seguros perante terceiros e para a representar perante as autoridades e os tribunais do Estado membro da sucursal;

e) Declaração comprovativa de que a empresa se tornou membro do gabinete nacional e do fundo nacional de garantia do Estado membro da sucursal, caso pretenda cobrir por intermédio da sua sucursal os riscos referidos no n.º 10) do artigo 123.º, excluindo a responsabilidade do transportador.

ARTIGO 25.º
Comunicação

1 – O Instituto de Seguros de Portugal comunica os elementos referidos no artigo anterior à autoridade competente do Estado membro da sucursal no prazo de três meses a contar da recepção dos mesmos, certificando igualmente que a empresa de seguros dispõe do mínimo da margem de solvência, calculada nos termos do presente diploma.

2 – O Instituto de Seguros de Portugal informará simultaneamente a empresa interessada da comunicação referida no número anterior.

---

[1] *Redacção introduzida pelo Decreto-Lei n.º 357-A/2007, de 31 de Outubro.*
[2] *Redacção introduzida pelo Decreto-Lei n.º 76-A/2006, de 29 de Março.*

---

[1] *Redacção introduzida pelo Decreto-Lei n.º 8-A/2002, de 11 de Janeiro.*

Decreto-Lei n.º 94-B/98

ARTIGO 26.º
Recusa de comunicação

1 – O Instituto de Seguros de Portugal não procede à comunicação referida no artigo anterior sempre que tenha dúvidas fundadas sobre:

a) A adequação das estruturas administrativas da empresa de seguros;

b) A situação financeira da empresa de seguros, designadamente nos casos em que tenha sido solicitado um plano de reequilíbrio da situação financeira em conformidade com o disposto no artigo 108.º-A e enquanto entender que os direitos dos segurados e beneficiários dos contratos de seguro se encontram em risco;[1]

c) A idoneidade e qualificações ou experiência profissionais dos dirigentes responsáveis e do mandatário geral.

2 – O Instituto de Seguros de Portugal notifica a empresa interessada da recusa de comunicação, no prazo de três meses após a recepção dos elementos referidos no artigo 24.º, fundamentando a recusa.

ARTIGO 27.º
Recurso

Da recusa de comunicação ou da falta de resposta do Instituto de Seguros de Portugal cabe, no prazo de 10 dias a contar do termo do prazo de três meses previsto no n.º 1 do artigo 25.º ou da notificação de recusa prevista no n.º 2 do artigo 26.º, recurso para o Ministro das Finanças, cuja decisão admite recurso contencioso, nos termos gerais.

ARTIGO 28.º
Início de actividade

As sucursais referidas na presente secção podem estabelecer-se e iniciar as suas actividades a partir da recepção da comunicação para o efeito emitida pela autoridade competente do Estado membro da sucursal ou, em caso de silêncio desta, decorrido um prazo de dois meses contado a partir da data da recepção da informação referida no n.º 2 do artigo 25.º.

ARTIGO 29.º
Alterações

Em caso de alteração do conteúdo dos elementos referidos nas alíneas b) a e) do artigo 24.º, a empresa de seguros, pelo menos um mês antes de proceder a essa alteração, deverá notificá-la ao Instituto de Seguros de Portugal e às autoridades competentes do Estado membro da sucursal, para efeitos do disposto nos artigos 25.º a 27.º e 28.º, respectivamente.

SECÇÃO V
Estabelecimento em Portugal de sucursais de empresas com sede no território de outros Estados membros

ARTIGO 30.º
Comunicação

1 – A actividade, em território português, de empresas de seguros com sede em outro Estado membro deve obedecer às condições de exercício da actividade seguradora e resseguradora estabelecidas para as empresas com sede em Portugal.

2 – Após a comunicação pela autoridade competente do Estado membro da sede social de uma empresa de seguros de que esta pretende exercer o direito de estabelecimento em território português mediante a criação de uma sucursal, o Instituto de Seguros de Portugal informa aquela autoridade, se for caso disso, no prazo de dois meses a contar da data da recepção daquela comunicação, das condições fundadas em razões de interesse geral a que deve obedecer o exercício da actividade seguradora por essa sucursal.

ARTIGO 31.º
Início de actividade

1 – Dentro do prazo a que se refere o artigo anterior, o Instituto de Seguros de Portugal poderá comunicar à empresa interessada que esta se encontra em condições de iniciar as suas actividades.

2 – Decorrido o mesmo prazo, em caso de silêncio do Instituto de Seguros de Portugal, a empresa poderá iniciar as suas actividades.

ARTIGO 32.º
Alteração das condições

Em caso de alteração das condições comunicadas ao abrigo do artigo 30.º, a empresa de seguros, pelo menos 30 dias antes de proceder a essa alteração, deverá notificá-la ao Instituto de Seguros de Portugal, para efeitos do disposto no artigo anterior.

ARTIGO 33.º
Contribuição obrigatória

As empresas de seguros estabelecidas em Portugal, nos termos da presente secção, devem filiar-se e contribuir, nas mesmas condições das empresas autorizadas ao abrigo deste diploma, para qualquer regime destinado a assegurar o pagamento de indemnizações a segurados e terceiros lesados, nomeadamente quanto aos riscos referidos na alínea a) do n.º 1) e no n.º 10) do artigo 123.º, excluindo a responsabilidade do transportador, assegurando as contribuições legalmente previstas para o Fundo de Acidentes de Trabalho (FAT) e para o Fundo de Garantia Automóvel (FGA).[1]

SECÇÃO VI
Estabelecimento em Portugal de sucursais de empresas com sede fora do território da União Europeia

ARTIGO 34.º
Autorização específica e prévia

1 – O estabelecimento em Portugal de sucursais de empresas de seguros com sede fora do território da União Europeia depende de autorização a conceder caso a caso por despacho do Ministro das Finanças.

2 – O Ministro das Finanças pode delegar no conselho directivo do Instituto de Seguros de Portugal, por portaria, a competência a que se refere o número anterior.

---

[1] *Redacção introduzida pelo Decreto-Lei n.º 251/2003, de 14 de Outubro.*

[1] *Redacção introduzida pelo Decreto-Lei n.º 8-A/2002, de 11 de Janeiro.*

Regulação do Sector Financeiro – Seguros e Fundos de Pensões

3 – A autorização referida no n.º 1, concedida para todo o território português, é sempre precedida de parecer do Instituto de Seguros de Portugal, sendo-lhe aplicável o n.º 2 do artigo 12.º.[1]

4 – As empresas de seguros que no país da sua sede social pratiquem cumulativamente a actividade de seguros dos ramos «Não vida» e «Vida» apenas podem ser autorizadas a estabelecer em Portugal sucursais para a exploração de seguros dos ramos «Não vida».

5 – As sucursais apenas podem ser autorizadas a explorar os ramos e modalidades para os quais a empresa se encontra autorizada no país onde tem a sua sede social.

6 – A autorização para a abertura de sucursais das empresas de seguros referidas no n.º 1 só pode ser concedida em relação a empresas de seguros que se encontrem constituídas há mais de cinco anos.

Artigo 35.º
Instrução do requerimento

1 – As empresas de seguros com sede fora do território da União Europeia que pretendam autorização para a abertura em Portugal de uma sucursal devem apresentar ao Instituto de Seguros de Portugal, e dirigido ao Ministro das Finanças, um requerimento instruído com os seguintes elementos:[1]

a) Exposição fundamentada das razões justificativas do estabelecimento da empresa de seguros em Portugal;

b) Memória explicativa da actividade da requerente no âmbito internacional e, nomeadamente, nas relações com o mercado segurador português;

c) Estatutos;

d) Lista dos seus administradores, devidamente identificados;

e) Balanços e contas de exploração e de ganhos e perdas relativamente aos três últimos exercícios;

f) Certificado, emitido há menos de 90 dias pela autoridade competente do país da sede, atestando que se encontra legalmente constituída e funciona de acordo com as disposições legais em vigor, bem como atestando os ramos e modalidades que se encontra autorizada a explorar.

2 – O requerimento de autorização será ainda instruído com um programa de actividades, que incluirá, pelo menos, os seguintes elementos:

a) Natureza dos riscos a cobrir ou dos compromissos a assumir, com a indicação do ramo ou ramos, modalidades, seguros ou operações a explorar;

b) No caso de se pretender explorar o ramo «Vida», e para supervisionar a observância das disposições aplicáveis em matéria de princípios actuariais, as bases técnicas e os elementos a utilizar no cálculo das tarifas, das prestações, das contribuições e das provisões técnicas, tendo em atenção as normas regulamentares sobre a matéria, ainda que esta comunicação não constitua condição de autorização para o exercício da actividade seguradora;

c) Princípios orientadores do resseguro que se propõe seguir;

d) Elementos que constituem o fundo mínimo de garantia;

e) Especificação dos meios técnicos, financeiros e, ainda, dos meios directos e indirectos de pessoal e material a utilizar,

nomeadamente no que concerne à qualificação das equipas médicas e à qualidade de equipamentos de que dispõem, quando seja o caso;

f) Estrutura médico-hospitalar a utilizar;

g) Previsão das despesas de instalação dos serviços administrativos e da rede comercial, bem como dos meios financeiros necessários;

h) Para cada um dos três primeiros exercícios sociais:

a) Balanço e conta de ganhos e perdas previsionais, com informação separada, pelo menos, para as seguintes rubricas:

i) Capital social subscrito e realizado, despesas de constituição e instalação, investimentos e provisões técnicas de seguro directo, resseguro aceite e resseguro cedido;

ii) Prémios, proveitos dos investimentos, custos com sinistros e variações das provisões técnicas, tanto para o seguro directo como para o resseguro aceite e cedido;

iii) Custos de aquisição, explicitando as comissões, e custos administrativos;

b) Previsão do número de trabalhadores ao seu serviço em Portugal e respectiva massa salarial;

c) Previsão da demonstração de fluxos de caixa;

d) Previsão dos meios financeiros necessários à representação das provisões técnicas;

e) Previsão da margem de solvência e dos meios financeiros necessários à sua cobertura, em conformidade com as disposições legais em vigor;

f) Previsão de outros meios financeiros destinados a garantir os compromissos assumidos em Portugal;

i) Declaração de compromisso de que, no momento da abertura, a sucursal satisfará os seguintes requisitos:

a) Existência de um escritório em Portugal;

b) Nomeação de um mandatário geral, em conformidade com o disposto no artigo 37.º;

c) Disponibilidade em Portugal de activos de valor pelo menos igual ao mínimo do fundo de garantia legalmente estabelecido para as sucursais de empresas de seguros estrangeiras;

d) Depósito, a título de caucionamento, de uma importância correspondente a metade do valor mínimo do fundo de garantia legalmente estabelecido para as sucursais de empresas de seguros estrangeiras;

j) No caso de se pretender cobrir riscos do ramo «Responsabilidade civil de veículos terrestres a motor com excepção da responsabilidade do transportador», nome e endereço do representante designado em cada um dos demais Estados membros para o tratamento e a regularização no país de residência da vítima dos sinistros ocorridos num Estado distinto do da residência desta.[1]

3 – O disposto nas alíneas h) e i) do n.º 2 não prejudica a possibilidade de a empresa de seguros, logo no momento do pedido de autorização para a abertura da sucursal, poder solicitar a concessão dos benefícios previstos no artigo 108.º

4 – À instrução do pedido de autorização é aplicável, com as necessárias adaptações, o disposto nos n.os 6 a 9 do artigo 14.º.[2]

---

[1] *Redacção introduzida pelo Decreto-Lei n.º 8-A/2002, de 11 de Janeiro.*

[1] *Redacção introduzida pelo Decreto-Lei n.º 72-A/2003, de 14 de Abril.*
[2] *Redacção introduzida pelo Decreto-Lei n.º 8-A/2002, de 11 de Janeiro.*

ARTIGO 36.º
Apreciação do processo de autorização

1 – Caso o requerimento não se encontre em conformidade com o disposto no artigo anterior, o Instituto de Seguros de Portugal deve informar o representante da requerente das irregularidades detectadas, o qual dispõe de um prazo de 30 dias para as suprir, sob pena de caducidade e arquivamento do pedido findo esse prazo.

2 – O Instituto de Seguros de Portugal pode solicitar quaisquer esclarecimentos ou elementos adicionais que considere úteis ou necessários para a análise do processo.

3 – O Instituto de Seguros de Portugal deve apresentar o seu parecer final sobre a conformidade do requerimento com o disposto no presente diploma, pronunciando-se, nomeadamente, sobre a adequação dos elementos de informação nele constantes com a actividade que a empresa se propõe realizar, no prazo máximo de 90 dias a contar da data em que, nos termos dos números anteriores, o requerimento se encontre correcta e completamente instruído.

4 – Nos casos previstos no n.º 2 do artigo 12.º, o processo, acompanhado do parecer referido no número anterior, é enviado pelo Instituto de Seguros de Portugal ao respectivo Governo Regional, que lho devolverá, juntamente com o seu parecer, no prazo máximo de 30 dias, findo o qual se considera favorável o parecer.[1]

ARTIGO 37.º
Mandatário geral

1 – Quando o mandatário geral for uma pessoa singular, a empresa de seguros designará também o respectivo substituto, devendo ambos preencher os seguintes requisitos:

a) Terem residência habitual em Portugal;

b) Satisfazerem o disposto no artigo 51.º;

c) Possuírem conhecimentos bastantes da língua portuguesa.

2 – Quando o mandatário geral for uma pessoa colectiva, esta deve:

a) Ser constituída nos termos da lei portuguesa;

b) Ter por objecto social exclusivo a representação de seguradoras estrangeiras;

c) Ter sede principal e efectiva da administração em Portugal;

d) Designar uma pessoa singular para a representar e o respectivo substituto, devendo ambos preencher os requisitos estabelecidos no n.º 1.

3 – O mandatário geral e, quando este for uma pessoa singular, o respectivo substituto devem dispor dos poderes necessários para, em representação e por conta da empresa de seguros, celebrarem contratos de seguro, resseguro e contratos de trabalho, assumindo os compromissos deles decorrentes, bem como para a representarem judicial e extrajudicialmente.

4 – A empresa de seguros não pode revogar o mandato sem designar simultaneamente novo mandatário.

5 – Em caso de falência do mandatário geral ou de morte da pessoa que o representa ou do mandatário geral pessoa singular ou dos respectivos substitutos, a regularização da situação deve ocorrer no prazo máximo de 15 dias.

ARTIGO 38.º
Caducidade da autorização e cumprimento do programa de actividades

Às sucursais a que se refere a presente secção aplica-se, com as necessárias adaptações, o disposto nos artigos 17.º e 18.º.

ARTIGO 39.º
Revogação da autorização

1 – A autorização pode ser revogada, no todo ou em parte, pelo Ministro das Finanças ou, existindo delegação, pelo Instituto de Seguros de Portugal, sem prejuízo do disposto no presente diploma em matéria de sanções aplicáveis a infracções ou às consequências da insuficiência de garantias financeiras mínimas, nas seguintes circunstâncias:[1]

a) Nos termos das alíneas a), b) e c) do n.º 1 do artigo 19.º;

b) No caso de inobservância do disposto no artigo 37.º;

c) Não ser requerida ou não ser concedida a autorização prevista no n.º 3 do artigo 18.º ou ser retirada a aprovação do programa de actividades nos termos do mesmo preceito;

d) Ocorrerem irregularidades graves na gestão, organização contabilística ou fiscalização interna da sucursal, por modo a pôr em risco os interesses dos segurados ou as condições normais de funcionamento do mercado segurador;

e) Ser revogada pelas autoridades do país da sede da empresa a autorização de que depende o exercício da actividade;

f) A sucursal violar as leis ou os regulamentos que disciplinam a sua actividade, de modo a pôr em risco os interesses dos segurados ou as condições normais de funcionamento do mercado segurador.

2 – À revogação da autorização das sucursais a que se refere a presente secção aplica-se, com as devidas adaptações, o previsto para a revogação da autorização das empresas de seguros com sede em Portugal.[2]

SECÇÃO VII
Capital e reservas

ARTIGO 40.º
Capitais mínimos

1 – O capital social mínimo, inteiramente realizado, para constituição de sociedades anónimas de seguros é de:

a) (euro) 2500000, no caso de explorar apenas um dos seguintes ramos: «Doença», «Protecção jurídica» ou «Assistência»;[1]

b) (euro) 7500000, no caso de explorar mais de um dos ramos referidos na alínea anterior ou qualquer outro ou outros ramos de seguros «Não vida»;[1]

c) (euro) 7500000, no caso de explorar o ramo «Vida»;[1]

d) (euro) 15000000, no caso de explorar cumulativamente o ramo «Vida» com um ramo ou ramos «Não vida».[1]

2 – O capital social mínimo, inteiramente realizado, para constituição de sociedades de assistência é de (euro) 2500000.[1]

3 – O capital mínimo, inteiramente realizado, para constituição de mútuas de seguros é de (euro) 3750000.[1]

---

[1] *Redacção introduzida pelo Decreto-Lei n.º 8-A/2002, de 11 de Janeiro.*

[2] *Redacção introduzida pelo Decreto-Lei n.º 90/2003, de 30 de Abril.*

---

[1] *Redacção introduzida pelo Decreto-Lei n.º 8-A/2002, de 11 de Janeiro.*

Regulação do Sector Financeiro – Seguros e Fundos de Pensões

ARTIGO 41.º
Acções

São obrigatoriamente nominativas ou ao portador registadas as acções representativas do capital social das sociedades anónimas de seguros.

ARTIGO 42.º
Reserva legal

Um montante não inferior a 10% dos lucros líquidos apurados em cada exercício pelas sociedades anónimas e mútuas de seguros deve ser destinado à formação da reserva legal, até à concorrência do capital social.

SECÇÃO VIII
Controlo dos detentores de participações qualificadas em empresas de seguros

ARTIGO 43.º
Comunicação prévia

1 – Qualquer pessoa, singular ou colectiva, ou entidade legalmente equiparada que, directa ou indirectamente, pretenda deter participação qualificada em empresa de seguros, ou que pretenda aumentar participação qualificada por si já detida, de tal modo que a percentagem de direitos de voto ou de capital atinja ou ultrapasse qualquer dos limiares de 20%, 33% ou 50% ou de tal modo que a empresa se transforme em sua filial, deve comunicar previamente ao Instituto de Seguros de Portugal o seu projecto e o montante da participação que se propõe adquirir.[1]

2 – A comunicação deve ser feita sempre que da iniciativa ou do conjunto de iniciativas projectadas pela pessoa em causa possa resultar qualquer das situações previstas no número anterior, ainda que o resultado não se encontre previamente garantido.

3 – O Ministro das Finanças estabelecerá, por portaria, sob proposta do Instituto de Seguros de Portugal, os elementos e informações que devem acompanhar a comunicação referida no n.º 1.

ARTIGO 44.º
Apreciação

1 – O Instituto de Seguros de Portugal poderá:[1]

a) Opor-se ao projecto, se não considerar demonstrado que a pessoa em causa reúne condições que garantam uma gestão sã e prudente da empresa de seguros;

b) Não se opor ao projecto, se considerar demonstrado que a pessoa em causa reúne condições que garantam uma gestão sã e prudente da empresa de seguros.

2 – Quando não deduza oposição, o Instituto de Seguros de Portugal poderá fixar um prazo razoável para a realização do projecto comunicado.[1]

3 – O Instituto de Seguros de Portugal poderá solicitar ao requerente elementos e informações complementares, bem como realizar as averiguações que considere necessárias.[1]

4 – A decisão, de oposição ou de não oposição, deve ser notificada ao requerente no prazo de três meses contados da data em que seja efectuada a comunicação ou, caso se verifi-

que a situação prevista no número anterior, no prazo de três meses contados da recepção dos elementos e informações complementares solicitados.

5 – Se o adquirente da participação referida no presente artigo for uma empresa de seguros, uma instituição de crédito ou uma empresa de investimento autorizada noutro Estado membro, ou a empresa-mãe dessa entidade, ou uma pessoa singular ou colectiva que controle essa entidade, e se, por força desta aquisição, a empresa na qual o adquirente tenciona deter uma participação passar a ser uma filial do adquirente ou a ser controlada por este, a avaliação da sua aquisição fica sujeita a consulta prévia da autoridade competente.[1]

6 – Se o adquirente da participação referida no presente artigo for uma instituição de crédito ou uma empresa de investimento autorizada em Portugal, ou a empresa-mãe dessa entidade, ou uma pessoa singular ou colectiva que controle essa entidade, e se, por força desta aquisição, a empresa na qual o adquirente tenciona deter uma participação passar a ser uma filial do adquirente ou a ser controlada por este, a avaliação da sua aquisição fica sujeita a consulta prévia do Banco de Portugal, que dispõe para o efeito de um prazo de um mês.[1]

ARTIGO 45.º
Comunicação subsequente

Sem prejuízo da comunicação prevista no n.º 1 do artigo 43.º, os factos de que resulte, directa ou indirectamente, a detenção de uma participação qualificada numa empresa de seguros ou o seu aumento nos termos do disposto no n.º 1 do artigo 43.º devem ser notificados pelo interessado, no prazo de 15 dias a contar da data em que os mesmos factos se verificarem, ao Instituto de Seguros de Portugal e à empresa de seguros em causa.[2]

ARTIGO 46.º
Inibição do exercício de direitos de voto

1 – Sem prejuízo de outras sanções aplicáveis, a aquisição ou o aumento de participação qualificada determina a inibição do exercício dos direitos de voto que, nos termos do n.º 2) do artigo 3.º, se devam considerar como integrando a participação qualificada, na quantidade necessária para que não seja atingido ou ultrapassado o mais baixo dos limiares estabelecidos no n.º 1 do artigo 43.º que haja sido atingido ou ultrapassado por força da aquisição ou aumento, desde que se verifique alguma das seguintes situações:

a) Não ter o interessado cumprido a obrigação de comunicação prevista no n.º 1 do artigo 43.º;

b) Ter o interessado adquirido ou aumentado participação qualificada depois de ter procedido à comunicação referida no n.º 1 do artigo 43.º, mas antes de o Instituto de Seguros de Portugal se ter pronunciado nos termos do n.º 1 do artigo 44.º;[2]

c) Ter-se o Instituto de Seguros de Portugal oposto ao projecto de aquisição ou de aumento de participação comunicado.[2]

2 – Quando tenha conhecimento de algum dos factos referidos no número anterior, o Instituto de Seguros de Portugal dará conhecimento deles e da consequente inibição ao órgão de administração da empresa de seguros.

---

[1] *Redacção introduzida pelo Decreto-Lei n.º 8-A/2002, de 11 de Janeiro.*

---

[1] *Redacção introduzida pelo Decreto-Lei n.º 145/2006, de 31 de Julho.*
[2] *Redacção introduzida pelo Decreto-Lei n.º 8-A/2002, de 11 de Janeiro.*

3 – O órgão de administração da empresa de seguros que haja recebido a comunicação referida no número anterior deve transmiti-la a todas as assembleias gerais de accionistas que reúnam enquanto se mantiver a inibição.

4 – Se forem exercidos direitos de voto que se encontrem inibidos, serão registados em acta, no sentido em que os mesmos sejam exercidos.

5 – A deliberação em que sejam exercidos direitos de voto que se encontrem inibidos, nos termos do n.º 1, é anulável, salvo se se demonstrar que a deliberação teria sido tomada e teria sido idêntica ainda que os direitos não tivessem sido exercidos.

6 – A anulabilidade pode ser arguida nos termos gerais ou ainda pelo Instituto de Seguros de Portugal.

ARTIGO 47.º
Cessação da inibição

Em caso de não cumprimento da obrigação de comunicação prevista no n.º 1 do artigo 43.º, cessa a inibição se o interessado proceder posteriormente à comunicação em falta e o Instituto de Seguros de Portugal não deduzir oposição.[1]

ARTIGO 48.º
Diminuição da participação

1 – Qualquer pessoa, singular ou colectiva, ou entidade legalmente equiparada, que pretenda deixar de deter, directa ou indirectamente, uma participação qualificada numa empresa de seguros ou que pretenda diminuir essa participação de tal modo que a percentagem de direitos de voto ou de partes de capital por ela detida desça de um nível inferior aos limiares de 20%, 33% ou 50% ou que a empresa deixe de ser sua filial, deve informar previamente desses factos o Instituto de Seguros de Portugal e comunicar-lhe o novo montante da sua participação.[1]

2 – É aplicável, com as devidas adaptações, o disposto no artigo 43.º

ARTIGO 49.º
Comunicação pelas empresas de seguros

1 – As empresas de seguros comunicarão ao Instituto de Seguros de Portugal, logo que delas tenham conhecimento, as alterações a que se referem os artigos 43.º e 48.º

2 – Uma vez por ano, até ao final do mês em que se realizar a reunião ordinária da assembleia geral, as empresas de seguros comunicarão igualmente ao Instituto de Seguros de Portugal a identidade dos detentores de participações qualificadas e o montante das respectivas participações.

ARTIGO 50.º
Gestão sã e prudente

Considera-se que não existem condições para garantir uma gestão sã e prudente, para efeitos do n.º 1 do artigo 44.º, quando, nomeadamente, se verifique alguma das seguintes circunstâncias:

a) Se o modo como a pessoa em causa gere habitualmente os seus negócios ou a natureza da sua actividade profissional revelarem propensão acentuada para assumir riscos excessivos;[1]

b) Se houver fundadas dúvidas sobre a licitude da proveniência dos fundos utilizados na aquisição da participação ou sobre a verdadeira identidade do titular desses fundos;

c) Se, ao tempo da aquisição, for inadequada a situação económico-financeira da pessoa em causa em função do montante da participação que se propõe deter;[1]

d) Se a estrutura e as características do grupo empresarial em que a empresa de seguros passaria a estar integrada inviabilizarem uma supervisão adequada;

e) Se a pessoa em causa recusar condições necessárias ao saneamento da empresa de seguros que tenham sido previamente estabelecidas pelo Instituto de Seguros de Portugal;

f) Tratando-se de pessoa singular, se não se verificarem os requisitos previstos no artigo 51.º.

SECÇÃO IX
Administração e fiscalização

ARTIGO 51.º
Composição dos órgãos sociais

1 – Os membros dos órgãos de administração e fiscalização das sociedades anónimas e das mútuas de seguros, incluindo os que integrem o conselho geral e os administradores não executivos, têm de preencher os seguintes requisitos:

a) Qualificação adequada, nomeadamente através de experiência profissional ou de graus académicos;

b) Reconhecida idoneidade.

2 – Entre outras circunstâncias atendíveis, considera-se indiciador de falta de idoneidade o facto de a pessoa:

a) Ter sido condenada por furto, abuso de confiança, roubo, burla, extorsão, infidelidade, abuso de cartão de garantia ou de crédito, emissão de cheques sem cobertura, usura, insolvência dolosa, falência não intencional, favorecimento de credores, apropriação ilegítima de bens do sector público ou cooperativo, administração danosa em unidade económica do sector público ou cooperativo, falsificação, falsas declarações, suborno, corrupção, branqueamento de capitais, abuso de informação, manipulação do mercado de valores mobiliários ou pelos crimes previstos no Código das Sociedades Comerciais;

b) Ter sido declarada, por sentença nacional ou estrangeira transitada em julgado, falida ou insolvente ou julgada responsável pela falência de empresas cujo domínio haja assegurado ou de que tenha sido administrador, director ou gerente;

c) Ter sido condenada, no País ou no estrangeiro, pela prática de infracções às regras legais ou regulamentares que regem as actividades das seguradoras, das instituições de crédito, sociedades financeiras ou instituições financeiras e o mercado de valores mobiliários, quando a gravidade ou a reiteração dessas infracções o justifique.

3 – O disposto nos números anteriores aplica-se aos membros do conselho fiscal, do qual deve obrigatoriamente fazer parte um revisor oficial de contas, e do conselho geral, se for caso disso, das sociedades anónimas ou das mútuas de seguros.

4 – Presume-se existir qualificação adequada através de experiência profissional quando a pessoa em causa tenha previamente exercido, com competência, funções de responsa-

---

[1] *Redacção introduzida pelo Decreto-Lei n.º 8-A/2002, de 11 de Janeiro.*

[1] *Redacção introduzida pelo Decreto-Lei n.º 8-A/2002, de 11 de Janeiro.*

Regulação do Sector Financeiro – Seguros e Fundos de Pensões

bilidade no domínio financeiro e técnico, devendo a duração dessa experiência, bem como a natureza e grau de responsabilidade das funções antes exercidas, estar em consonância com as características e dimensão da empresa de seguros.

5 – O Instituto de Seguros de Portugal, para efeitos da verificação dos requisitos previstos no presente artigo, consulta as autoridades de supervisão previstas nos n.os 4 e 5 do artigo 15.º e a Comissão do Mercado de Valores Mobiliários.[1]

6 – A maioria dos membros da administração deve, sem prejuízo do disposto no número seguinte, ser nacional de Portugal ou de um outro Estado membro da União Europeia.

7 – Os membros da administração devem ter conhecimentos bastantes da língua portuguesa.

8 – No caso de serem eleitos ou designados para a administração pessoas colectivas, as pessoas por estas designadas para o exercício da função devem cumprir o disposto no presente artigo.

SECÇÃO X
Disposições diversas

ARTIGO 52.º
Alteração dos estatutos de empresas de seguros

1 – As alterações aos estatutos das empresas de seguros carecem de autorização prévia do Instituto de Seguros de Portugal, aplicando-se, com as necessárias adaptações, o estabelecido no artigo 15.º.[2]

2 – As alterações estatutárias que consistam exclusivamente em mudança do local da sede dentro do mesmo concelho ou para concelhos limítrofes não carecem de autorização prévia, devendo, porém, ser comunicadas ao Instituto de Seguros de Portugal no prazo de cinco dias.

ARTIGO 53.º
Alterações aos estatutos ou nos órgãos de administração de empresas de seguros estrangeiras

As modificações que se verifiquem nos estatutos ou no órgão de administração de uma empresa de seguros estrangeira que, nos termos da secção VI do capítulo I do título II do presente diploma, tenha obtido autorização para a instalação em Portugal de uma sucursal devem, no prazo máximo de 60 dias a partir do momento em que tiverem ocorrido, ser comunicadas ao Instituto de Seguros de Portugal, aplicando-se o disposto no n.º 6 do artigo 14.º.[2]

ARTIGO 54.º
Comunicação da composição dos órgãos sociais

1 – O registo dos membros dos órgãos de administração e fiscalização, incluindo os que integrem o conselho geral e os administradores não executivos, deve ser solicitado ao Instituto de Seguros de Portugal, no prazo de 15 dias após a designação, mediante requerimento da sociedade ou dos interessados, juntamente com as provas de que se encontram preenchidos os requisitos definidos no artigo 51.º

2 – Poderão a sociedade ou os interessados solicitar o registo provisório antes da designação, devendo a conversão do registo em definitivo ser requerida no prazo de 30 dias a contar da designação, sob pena de caducidade.

3 – Em caso de recondução, será esta averbada no registo, a requerimento da sociedade ou dos interessados.

4 – A recusa do registo com fundamento em falta de algum dos requisitos definidos no artigo 51.º será comunicada aos interessados e à sociedade, a qual tomará as medidas adequadas para que aqueles cessem imediatamente funções.

5 – A recusa de registo atingirá apenas as pessoas a quem não tenham sido reconhecidas as qualidades necessárias, a menos que tal circunstância respeite à maioria dos membros do órgão em causa, ou que, por outro modo, deixem de estar preenchidas as exigências legais ou estatutárias para o normal funcionamento do órgão, caso em que o Instituto de Seguros de Portugal fixará prazo para que seja regularizada a situação.

6 – Não sendo regularizada a situação no prazo fixado, poderá ser revogada a autorização, nos termos do artigo 19.º, n.º 1, alínea f).

7 – O Instituto de Seguros de Portugal deve, no prazo de 15 dias, analisar os documentos recebidos em cumprimento do disposto nos números anteriores.[1]

8 – Sem prejuízo do que resulte de outras disposições legais aplicáveis, a falta de registo não determina, por si só, invalidade dos actos praticados pela pessoa em causa no exercício das suas funções.

9 – O disposto no presente artigo aplica-se, com as necessárias adaptações, aos mandatários gerais, tendo em atenção os requisitos definidos no artigo 37.º e, bem assim, o previsto no n.º 1 do artigo 39.º.[1]

ARTIGO 55.º
Registo de acordos parassociais

1 – Os acordos parassociais entre accionistas de empresas de seguros sujeitas à supervisão do Instituto de Seguros de Portugal, relativos ao exercício do direito de voto, devem ser registados no Instituto de Seguros de Portugal, sob pena de ineficácia.

2 – O registo referido no número anterior pode ser requerido por qualquer das partes do acordo até 15 dias antes da assembleia em que se pretenda exercer os direitos de voto que são objecto do acordo.

ARTIGO 56.º
Mudança de sede ou de escritório

As alterações, incluindo o encerramento, dos locais dos escritórios das sucursais autorizadas nos termos da secção VI do presente capítulo devem ser previamente comunicadas ao Instituto de Seguros de Portugal, salvo se a mudança se realizar dentro do mesmo concelho ou para concelho limítrofe, caso em que poderá ser comunicada no prazo de cinco dias após a ocorrência.

---

[1] *Redacção introduzida pelo Decreto-Lei n.º 145/2006, de 31 de Julho.*

[2] *Redacção introduzida pelo Decreto-Lei n.º 8-A/2002, de 11 de Janeiro.*

[1] *Redacção introduzida pelo Decreto-Lei n.º 8-A/2002, de 11 de Janeiro.*

Decreto-Lei n.º 94-B/98

ARTIGO 57.º
Abertura de representações em Portugal

A abertura em Portugal de sucursais, delegações, agências ou escritórios pelas empresas de seguros autorizadas nos termos das secções II, III e VI do presente capítulo depende da existência de garantias financeiras suficientes, nos termos legais e regulamentares em vigor.[1]

ARTIGO 58.º
Uso ilegal de denominação

1 – É vedado a qualquer entidade não autorizada para o exercício da actividade seguradora, quer a inclusão na respectiva denominação, quer o simples uso no exercício da sua actividade, do título ou das palavras «empresa de seguros», «seguradora», «segurador», «companhia de seguros», «sociedade de seguros» ou outros que sugiram a ideia do exercício da actividade seguradora.

2 – O uso das referidas expressões, ou equivalentes, por qualquer das entidades autorizadas não deve induzir em erro quanto ao âmbito da actividade que podem exercer.

CAPÍTULO II
Da livre prestação de serviços

SECÇÃO I
Livre prestação de serviços no território de outros Estados membros por empresas com sede em Portugal

ARTIGO 59.º
Notificação

As empresas de seguros com sede em Portugal que pretendam exercer, pela primeira vez, as suas actividades em livre prestação de serviços no território de outro ou outros Estados membros devem notificar previamente o Instituto de Seguros de Portugal, indicando a natureza dos riscos ou compromissos que se propõem cobrir ou assumir.

ARTIGO 60.º
Comunicação

1 – O Instituto de Seguros de Portugal comunica e envia, no prazo de um mês a contar da data da notificação referida no artigo anterior, às autoridades competentes do Estado membro ou dos Estados membros em cujo território a empresa pretende exercer as suas actividades em livre prestação de serviços as seguintes informações e elementos:

a) Uma declaração certificando que a empresa dispõe do mínimo da margem de solvência, calculada nos termos do presente diploma;

b) Os ramos que a empresa está autorizada a explorar;

c) A natureza dos riscos ou compromissos que a empresa se propõe cobrir ou assumir no Estado membro da prestação de serviços.

2 – A comunicação referida no número anterior é notificada pelo Instituto de Seguros de Portugal, em simultâneo, à empresa interessada.

3 – O Instituto de Seguros de Portugal não procede à comunicação referida no n.º 1 sempre que tenha dúvidas fundadas sobre a situação financeira da empresa de seguros,

designadamente nos casos em que tenha sido solicitado um plano de reequilíbrio da situação financeira em conformidade com o disposto no artigo 108.º-A e enquanto entender que os direitos dos segurados e beneficiários dos contratos de seguro se encontram em risco.[1]

ARTIGO 61.º
Recusa de comunicação

No caso de o Instituto de Seguros de Portugal não efectuar a comunicação referida no n.º 1 do artigo anterior, deverá, no prazo ali referido, notificar a empresa interessada, fundamentando a recusa de comunicação.

ARTIGO 62.º
Recurso

Da recusa de comunicação a que se refere o artigo anterior cabe, no prazo de 10 dias, recurso para o Ministro das Finanças, cuja decisão admite recurso contencioso, nos termos gerais.

ARTIGO 63.º
Início de actividade

A empresa de seguros pode iniciar a sua actividade em livre prestação de serviços a partir da data em que for comprovadamente notificada, nos termos do n.º 2 do artigo 60.º.

ARTIGO 64.º
Alterações

As alterações do conteúdo da notificação referida no artigo 59.º regulam-se pelas disposições aplicáveis da presente secção.

SECÇÃO II
Livre prestação de serviços em Portugal por empresas com sede no território de outros Estados membros

ARTIGO 65.º
Contribuição obrigatória

As empresas de seguros que operem em Portugal em livre prestação de serviços devem vincular-se e contribuir nas mesmas condições das empresas autorizadas, ao abrigo deste diploma, para qualquer regime destinado a assegurar o pagamento de indemnizações a segurados e terceiros lesados, nomeadamente quanto aos riscos referidos nos n.ºs 1), alínea a), e 10), excluindo a responsabilidade do transportador, do artigo 123.º, assegurando as contribuições legalmente previstas para o FAT e para o FGA.[2]

ARTIGO 66.º
Representante

1 – As empresas de seguros que pretendam cobrir, em livre prestação de serviços, no território português, riscos cuja cobertura seja obrigatória, nos termos da lei, deverão comunicar ao Instituto de Seguros de Portugal o nome e a morada de um representante residente habitualmente em Portugal que

---

[1] *Redacção introduzida pelo Decreto-Lei n.º 8-A/2002, de 11 de Janeiro.*

---

[1] *Redacção introduzida pelo Decreto-Lei n.º 251/2003, de 14 de Outubro.*

[2] *Redacção introduzida pelo Decreto-Lei n.º 8-A/2002, de 11 de Janeiro.*

Regulação do Sector Financeiro – Seguros e Fundos de Pensões

reúna todas as informações necessárias relacionadas com os processos de indemnização e a quem devem ser conferidos poderes suficientes para representar a empresa junto dos sinistrados que possam reclamar uma indemnização, incluindo o respectivo pagamento, e para a representar ou, se necessário, para a fazer representar perante os tribunais e autoridades portuguesas no que respeita aos mencionados pedidos de indemnização.

2 – O representante referido no número anterior deve ainda dispor de poderes para representar a empresa, perante o Instituto de Seguros de Portugal, no que se refere ao controlo da existência e validade das apólices de seguro.

3 – Ao representante referido nos números anteriores é vedado exercer qualquer actividade de seguro directo por conta da empresa representada.[1]

4 – Se a empresa de seguros não tiver designado o representante referido nos números anteriores, as suas funções são assumidas pelo representante designado em Portugal pela empresa de seguros para o tratamento e a regularização no país de residência da vítima dos sinistros ocorridos num Estado distinto do da residência desta.[2]

ARTIGO 67.º
Declaração

As empresas de seguros referidas no artigo anterior que pretendam cobrir o risco referido na alínea a) do n.º 10) do artigo 123.º devem apresentar ao Instituto de Seguros de Portugal uma declaração, devidamente redigida em língua portuguesa, comprovativa de que a empresa se tornou membro do Gabinete Português da Carta Verde e que assegurará as contribuições para o FGA, bem como um compromisso de que fornecerá os elementos necessários que permitam ao organismo competente conhecer, no prazo de 10 dias, o nome da seguradora de um veículo implicado num acidente.

TÍTULO III
Condições de exercício da actividade seguradora

CAPÍTULO I
Garantias prudenciais

SECÇÃO I
Garantias financeiras

ARTIGO 68.º
Disposição geral

1 – As empresas de seguros devem dispor, nos termos do presente diploma, das seguintes garantias financeiras: provisões técnicas, margem de solvência e fundo de garantia.

2 – As empresas de seguros que explorem o ramo «Assistência» devem, sem prejuízo do disposto no número anterior, provar, de acordo com o que for estabelecido por norma do Instituto de Seguros de Portugal, que dispõem dos meios técnicos adequados para a efectivação das operações de assistência que se comprometam a garantir.

3 – Os prémios dos novos contratos do ramo «Vida» devem ser suficientes, segundo critérios actuariais razoáveis, para permitir a empresa de seguros satisfazer o conjunto dos seus compromissos e, nomeadamente, constituir as provisões técnicas adequadas.

4 – Para efeitos do referido no número anterior, podem ser tidos em conta todos os aspectos da situação financeira da empresa, sem que a inclusão de recursos alheios a esses prémios e seus proveitos tenha carácter sistemático e permanente, susceptível de pôr em causa, a prazo, a solvência da empresa.

SECÇÃO II
Provisões técnicas

SUBSECÇÃO I
Caracterização e descrição

ARTIGO 69.º
Caracterização

1 – O montante das provisões técnicas deve, em qualquer momento, ser suficiente para permitir à empresa de seguros cumprir, na medida do razoavelmente previsível, os compromissos decorrentes dos contratos de seguro.

2 – As empresas de seguros com sede em Portugal devem, para o conjunto da sua actividade, constituir e manter provisões técnicas suficientes, incluindo provisões matemáticas, calculadas:

a) Em relação às responsabilidades decorrentes do exercício da sua actividade no território da União Europeia, incluindo as resultantes dos contratos celebrados em livre prestação de serviços, se for caso disso, nos termos dos artigos seguintes;

b) Em relação às responsabilidades decorrentes do exercício da actividade fora do território da União Europeia, no caso de, pelas disposições legais em vigor em território português, não ser obrigatória a constituição de provisões técnicas de valor superior, nos termos das normas legislativas e regulamentares dos respectivos Estados.

3 – As sucursais de empresas de seguros com sede fora do território da União Europeia devem constituir e manter provisões técnicas suficientes, incluindo provisões matemáticas, calculadas nos termos dos artigos seguintes, em relação às responsabilidades decorrentes do exercício da sua actividade em Portugal.

ARTIGO 70.º
Tipos de provisões técnicas

1 – Sem prejuízo do disposto no número seguinte, as provisões técnicas, a serem constituídas e mantidas pelas empresas de seguros, são:

a) Provisão para prémios não adquiridos;
b) Provisão para riscos em curso;
c) Provisão para sinistros;[1]
d) Provisão para participação nos resultados;[1]
e) Provisão de seguros e operações do ramo «Vida»;[1]
f) Provisão para envelhecimento;[1]
g) Provisão para desvios de sinistralidade.

2 – Podem ser criadas outras provisões técnicas por portaria do Ministro das Finanças, sob proposta do Instituto de Seguros de Portugal.

---

[1] *Revogado pelo Decreto-Lei n.º 291/2007, de 21 de Agosto.*
[2] *Redacção introduzida pelo Decreto-Lei n.º 72-A/2003, de 14 de Abril.*

---

[1] *Redacção introduzida pelo Decreto-Lei n.º 8-A/2002, de 11 de Janeiro.*

ARTIGO 71.º
Provisão para prémios não adquiridos

A provisão para prémios não adquiridos deve incluir a parte dos prémios brutos emitidos, relativamente a cada um dos contratos de seguro em vigor, a imputar a um ou vários dos exercícios seguintes.[1]

ARTIGO 72.º
Provisão para riscos em curso

A provisão para riscos em curso corresponde ao montante necessário para fazer face a prováveis indemnizações e encargos a suportar após o termo do exercício e que excedam o valor dos prémios não adquiridos e dos prémios exigíveis relativos aos contratos em vigor.[1]

ARTIGO 73.º
Provisão para sinistros

A provisão para sinistros corresponde ao custo total estimado que a empresa de seguros suportará para regularizar todos os sinistros que tenham ocorrido até ao final do exercício, quer tenham sido comunicados quer não, após dedução dos montantes já pagos respeitantes a esses sinistros.[1]

ARTIGO 74.º
Provisão para participação nos resultados

A provisão para participação nos resultados inclui os montantes destinados aos segurados ou aos beneficiários dos contratos, sob a forma de participação nos resultados, desde que tais montantes não tenham sido já distribuídos, nomeadamente mediante inclusão nas provisões matemáticas.

ARTIGO 75.º
Provisão de seguros e operações do ramo «Vida»

1 – A provisão de seguros e operações do ramo «Vida» deve representar o valor das responsabilidades da empresa de seguros líquido das responsabilidades do tomador do seguro, em relação a todos os seguros e operações do ramo «Vida», compreendendo:[1]

a) A provisão matemática;

b) A provisão de seguros e operações do ramo «Vida» em que o risco de investimento é suportado pelo tomador do seguro;

c) A provisão para compromissos de taxa;

d) A provisão de estabilização de carteira.

2 – Sem prejuízo do disposto no artigo 81.º, a provisão matemática corresponde ao valor actuarial estimado dos compromissos da empresa de seguros, incluindo as participações nos resultados já distribuídas e após dedução do valor actuarial dos prémios futuros.[1]

3 – O cálculo desta provisão é efectuado com base em métodos actuariais reconhecidos.[1]

4 – A provisão de seguros e operações do ramo «Vida» em que o risco de investimento é suportado pelo tomador do seguro será determinada em função dos activos afectos ou dos índices ou activos que tenham sido fixados como referência, para determinar o valor das importâncias seguras.

5 – Sempre que nos seguros e operações referidos no número anterior existam riscos que não sejam efectivamente assumidos pelo tomador do seguro, deverá ser constituída para esses riscos a respectiva provisão matemática e, se for caso disso, a provisão para compromissos de taxa.[1]

6 – A provisão matemática referida no número anterior deverá ser constituída, nomeadamente, para cobrir os riscos de mortalidade, as despesas administrativas, as prestações garantidas na data de vencimento ou os valores de resgate garantidos.[1]

7 – A provisão para compromissos de taxa deve ser constituída relativamente a todos os seguros e operações do ramo «Vida» em que exista uma garantia de taxa de juro, sempre que se verifique uma das situações previstas nos n.os 7 e 8 do artigo 82.º.[1]

8 – A provisão de estabilização de carteira deve ser constituída relativamente aos contratos de seguro de grupo, anuais renováveis, garantindo como cobertura principal o risco de morte, com vista a fazer face ao agravamento do risco inerente à progressão da média etária do grupo seguro, sempre que aqueles sejam tarifados com base numa taxa única, a qual, por compromisso contratual, se deva manter por um certo prazo.[1]

9 – A provisão referida no número anterior é igualmente constituída relativamente aos riscos complementares em idênticas circunstâncias.[1]

ARTIGO 75.º-A
Outras provisões a constituir para os seguros e operações do ramo «Vida»

No que diz respeito aos seguros e operações do ramo «Vida», as empresas de seguros devem ainda constituir:

a) A provisão para prémios não adquiridos e a provisão para riscos em curso, no caso dos seguros e operações cujo período de cobertura seja igual ou inferior a um ano;

b) A provisão para sinistros, incluindo a provisão para sinistros ocorridos mas não declarados;

c) A provisão para participação nos resultados.

ARTIGO 76.º
Provisão para envelhecimento

A provisão para envelhecimento deve ser constituída para o seguro de doença praticado segundo a técnica do seguro de vida, sendo-lhe aplicáveis, com as necessárias adaptações, as disposições dos n.os 2 e 3 do artigo 75.º.[2]

ARTIGO 77.º
Provisão para desvios de sinistralidade

1 – A provisão para desvios de sinistralidade destina-se a fazer face a sinistralidade excepcionalmente elevada nos ramos de seguros em que, pela sua natureza, se preveja que aquela tenha maiores oscilações.

2 – Esta provisão deve ser constituída para o seguro de crédito, seguro de caução, seguro de colheitas, risco de fenómenos sísmicos e resseguro aceite – risco atómico.[1]

---

[1] *Redacção introduzida pelo Decreto-Lei n.º 8-A/2002, de 11 de Janeiro.*

[1] *Aditado pelo Decreto-Lei n.º 8-A/2002, de 11 de Janeiro.*

[2] *Redacção introduzida pelo Decreto-Lei n.º 8-A/2002, de 11 de Janeiro.*

Regulação do Sector Financeiro – Seguros e Fundos de Pensões

3 – Por portaria do Ministro das Finanças, sob proposta do Instituto de Seguros de Portugal, a provisão para desvios de sinistralidade pode ser alargada a outros ramos de seguro.

SUBSECÇÃO II
Método de cálculo

ARTIGO 78.º
Cálculo das provisões técnicas

As provisões técnicas serão calculadas nos termos do presente diploma e de acordo com os métodos, regras e princípios que vierem a ser fixados por norma do Instituto de Seguros de Portugal.[1]

ARTIGO 79.º
Cálculo da provisão para prémios não adquiridos

1 – A provisão para prémios não adquiridos deve, sem prejuízo do disposto nos números seguintes, ser calculada contrato a contrato pro rata temporis.

2 – Nos ramos ou modalidades de seguros nos quais o ciclo do risco não permita aplicar o método pro rata temporis deverão aplicar-se métodos de cálculo que tenham em conta a diversidade da evolução do risco no tempo.

3 – As empresas de seguros, mediante comunicação ao Instituto de Seguros de Portugal, poderão utilizar métodos estatísticos e, em particular, métodos proporcionais ou globais, no pressuposto de que estes métodos conduzam aproximadamente a resultados idênticos aos dos cálculos individuais.

ARTIGO 79.º-A [2]
Cálculo da provisão para riscos em curso

A provisão para riscos em curso deve ser calculada, nos termos estabelecidos por norma do Instituto de Seguros de Portugal, com base nos sinistros e nos custos administrativos susceptíveis de ocorrer após o final do exercício e cobertos por contratos celebrados antes daquela data, desde que o montante estimado exceda a provisão para prémios não adquiridos e os prémios exigíveis relativos a esses contratos.

ARTIGO 80.º
Cálculo da provisão para sinistros

1 – O montante da provisão em relação aos sinistros comunicados deve, sem prejuízo do disposto no número seguinte, ser calculado sinistro a sinistro.

2 – As empresas de seguros, mediante comunicação ao Instituto de Seguros de Portugal, podem, em relação aos sinistros já comunicados mas ainda não regularizados e relativamente aos ramos ou modalidades em que tal se considere tecnicamente aconselhável, utilizar métodos estatísticos desde que a provisão constituída seja suficiente, atendendo à natureza dos riscos.

3 – O montante da provisão correspondente aos sinistros não comunicados à data do encerramento do exercício deve ser calculado tendo em conta a experiência do passado, no que se refere ao número e montante dos sinistros declarados após o encerramento do exercício.

4 – As empresas de seguros devem comunicar ao Instituto de Seguros de Portugal o sistema de cálculo e formas de actualização da provisão referida no número anterior.

---

[1] *Redacção introduzida pelo Decreto-Lei n.º 8-A/2002, de 11 de Janeiro.*

[2] *Aditado pelo Decreto-Lei n.º 8-A/2002, de 11 de Janeiro.*

254

5 – Quando, a título de um sinistro, tiverem de ser pagas indemnizações sob a forma de renda, os montantes a provisionar para este fim devem ser calculados com base em métodos actuariais reconhecidos, aplicando-se, com as necessárias adaptações, os princípios específicos do ramo «Vida».

SUBSECÇÃO III
Princípios específicos do ramo «Vida»

ARTIGO 81.º
Métodos de cálculo

1 – As provisões técnicas do ramo «Vida» devem ser calculadas segundo um método actuarial prospectivo suficientemente prudente que, tendo em atenção os prémios futuros a receber, tome em conta todas as obrigações futuras de acordo com as condições fixadas para cada contrato em curso e, nomeadamente:

a) Todas as prestações garantidas, incluindo os valores de resgate garantidos;

b) As participações nos resultados a que os beneficiários e os segurados já têm colectiva ou individualmente direito, qualquer que seja a qualificação dessas participações adquiridas, declaradas ou concedidas;

c) Todas as opções a que o segurado ou beneficiário tem direito de acordo com as condições do contrato;

d) Os encargos da empresa, incluindo as comissões.

2 – Pode ser utilizado um método retrospectivo caso seja possível demonstrar que as provisões técnicas resultantes deste método não são inferiores às resultantes de um método prospectivo suficientemente prudente ou caso não seja possível aplicar para o tipo de contrato em causa o método prospectivo.

3 – Uma avaliação prudente tem de tomar em conta uma margem razoável para variações desfavoráveis dos diferentes factores, não podendo basear-se exclusivamente nas hipóteses consideradas mais prováveis.

4 – O método de avaliação das provisões técnicas deve ser prudente e tomar em consideração o método de avaliação dos activos representativos dessas provisões.

5 – As provisões técnicas devem ser calculadas separadamente para cada contrato, sem prejuízo da possibilidade de utilização de aproximações razoáveis ou de generalizações quando as mesmas conduzam, aproximadamente, a resultados equivalentes aos cálculos individuais.

6 – O princípio do cálculo individual mencionado no número anterior não obsta à constituição de provisões suplementares para os riscos gerais que não sejam individualizados.

7 – Sempre que o valor de resgate de um contrato esteja garantido, o montante das provisões matemáticas para esse contrato deve ser sempre, pelo menos, igual ao valor garantido nesse momento.

ARTIGO 82.º [1]
Taxa técnica de juro

1 – A taxa técnica de juro a utilizar no cálculo da provisão matemática do ramo «Vida» deve ser escolhida de forma prudente, tendo em consideração a natureza e a maturidade dos compromissos assumidos, bem como os activos em que a empresa de seguros se propõe investir os valores correspondentes àquela provisão.

---

[1] *Redacção introduzida pelo Decreto-Lei n.º 8-A/2002, de 11 de Janeiro.*

2 – Sem prejuízo do disposto nos n.ºˢ 3, 4 e 5, para os contratos que incluem uma garantia de taxa de juro, o Instituto de Seguros de Portugal fixará, por norma regulamentar, uma taxa de juro máxima, que pode variar consoante a divisa em que o contrato estiver expresso.

3 – A fixação de uma taxa de juro máxima não impede que a empresa de seguros utilize uma taxa mais baixa.

4 – Nas situações em que a empresa de seguros efectue o investimento autónomo das provisões matemáticas, afectando aplicações a determinados contratos de seguro, a taxa técnica de juro a utilizar no cálculo da provisão matemática do ramo «Vida» pode ser determinada em função da rendibilidade dessas aplicações, desde que sejam cumpridas as margens e os requisitos estabelecidos por norma regulamentar do Instituto de Seguros de Portugal.

5 – A taxa máxima referida no n.º 2 pode, nos termos regulamentares, não se aplicar ainda às seguintes categorias de contratos:

a) Contratos de seguros e operações ligados a fundos de investimento;

b) Contratos de prémio único com uma duração máxima de oito anos;

c) Contratos sem participação nos resultados.

Nos casos referidos nas últimas duas alíneas, ao escolher uma taxa de juro prudente pode tomar-se em conta a moeda em que o contrato está expresso e os activos correspondentes em carteira nessa data, bem como o rendimento previsível dos activos futuros.

A taxa de juro utilizada nunca pode ser superior ao rendimento dos activos, calculado segundo as regras de contabilidade para a actividade seguradora, após dedução adequada.

6 – A taxa máxima fixada nos termos do n.º 2 será notificada à Comissão Europeia e às autoridades competentes dos Estados membros que o solicitarem.

7 – Se, num determinado exercício, a taxa de rendibilidade efectiva das aplicações que se encontram a representar as provisões matemáticas do ramo «Vida», com excepção daquelas que estão especificamente afectas a determinados contratos de seguro, for inferior à taxa técnica de juro média ponderada utilizada na determinação das provisões matemáticas dos produtos sem a citada afectação específica, a empresa de seguros deve constituir nas suas contas uma provisão técnica adicional, nos termos a definir por norma regulamentar do Instituto de Seguros de Portugal.

8 – De igual modo, se uma empresa de seguros não cumprir as margens e os requisitos que permitem a aplicação do disposto no n.º 4, haverá lugar à constituição de uma provisão técnica adicional, nos termos a definir por norma regulamentar do Instituto de Seguros de Portugal.

9 – A provisão técnica adicional referida nos n.os 7 e 8, denominada por provisão para compromissos de taxa, deve ser incluída na provisão de seguros e operações do ramo «Vida», sendo globalmente calculada para os seguros e operações do ramo «Vida» a que diga respeito.

10 – O disposto nos n.os 7 e 8 não se aplicará se a empresa de seguros demonstrar, com base em critérios razoáveis e prudentes e na situação real da sua carteira de activos e responsabilidades, que a rendibilidade a obter no exercício em curso e nos seguintes será suficiente para garantir os compromissos assumidos.

11 – Os princípios constantes dos números anteriores aplicam-se, com as devidas adaptações, a todos os seguros relativamente aos quais sejam constituídas provisões matemáticas, nos termos da lei em vigor.

Artigo 83.º
Elementos estatísticos e encargos

Os elementos estatísticos de avaliação e, bem assim, os correspondentes aos encargos devem ser escolhidos de forma prudente, tendo em atenção o Estado membro do compromisso e o tipo de apólice, bem como os encargos administrativos e as comissões previstas.

Artigo 84.º
Participação nos resultados

Relativamente aos contratos com participação nos resultados, o método de avaliação das provisões técnicas pode tomar em consideração, de forma implícita ou explícita, todos os tipos de participações futuras nos resultados, de modo coerente com as outras hipóteses sobre a evolução futura e com o método actual de participação nos resultados.

Artigo 85.º
Encargos futuros

A provisão para encargos futuros pode ser implícita, tomando em consideração, nomeadamente, os prémios futuros líquidos dos encargos de gestão, não devendo, porém, a provisão total implícita ou explícita ser inferior à provisão que uma avaliação prudente teria determinado.

Artigo 86.º
Continuidade do método

O método de cálculo das provisões técnicas não deve ser alterado anualmente, de maneira descontínua, na sequência de alterações arbitrárias no método ou nos elementos de cálculo e deve permitir que a participação nos resultados seja calculada de maneira razoável durante o prazo de validade do contrato.

Artigo 87.º
Transparência

As empresas de seguros devem pôr à disposição do público as bases e os métodos utilizados no cálculo das provisões técnicas, incluindo das provisões constituídas para participação nos resultados.

SUBSECÇÃO IV
Representação e caucionamento

Artigo 88.º
Representação das provisões técnicas

1 – As provisões técnicas, incluindo as provisões matemáticas, devem, a qualquer momento, ser representadas na sua totalidade por activos equivalentes, móveis ou imóveis, e congruentes.

2 – Os activos referidos no número anterior devem estar obrigatoriamente localizados:

a) Em qualquer parte do território da União Europeia, no que respeita às actividades aí exercidas pelas empresas de seguros com sede em Portugal;

b) Em qualquer parte do território da União Europeia ou no território do Estado não membro da União Europeia em que estiverem estabelecidas, no que respeita às actividades neste exercidas pelas empresas de seguros com sede em Portugal;

Regulação do Sector Financeiro – Seguros e Fundos de Pensões

c) Em território português, no que respeita às actividades aí exercidas pelas sucursais das empresas de seguros com sede fora do território da União Europeia.

3 – Os activos representativos das provisões técnicas constituem um património especial que garante especialmente os créditos emergentes dos contratos de seguro, não podendo ser penhorados ou arrestados, salvo para pagamento desses mesmos créditos.

4 – Os activos referidos no número anterior não podem, em caso algum, ser oferecidos a terceiros para garantia, qualquer que seja a forma jurídica a assumir por essa garantia.

5 – Em caso de liquidação, os créditos referidos no n.º 3 gozam de um privilégio mobiliário especial sobre os bens móveis ou imóveis que representem as provisões técnicas, sendo graduados em primeiro lugar.

6 – Os activos referidos no n.º 3 serão avaliados líquidos das dívidas contraídas para a sua aquisição.

7 – As empresas de seguros devem efectuar o inventário permanente dos activos representativos das provisões técnicas.

8 – Devem ser depositados em contas próprias junto de estabelecimentos de crédito os activos representativos das provisões técnicas susceptíveis de depósito.

Artigo 89.º
Valorimetria dos activos

Os critérios de valorimetria dos activos representativos das provisões técnicas são fixados pelo Instituto de Seguros de Portugal.

Artigo 90.º
Constituição dos activos

1 – A natureza dos activos representativos das provisões técnicas e os respectivos limites percentuais, bem como os princípios gerais da congruência e da avaliação desses activos, são fixados por norma do Instituto de Seguros de Portugal.[1]

2 – As empresas de seguros, na constituição dos activos representativos das suas provisões técnicas, devem ter em conta o tipo de operações que efectuam de modo a garantir a segurança, o rendimento e a liquidez dos respectivos investimentos, assegurando uma diversificação e dispersão prudentes dessas aplicações.

Artigo 91.º
Comunicação ao Instituto de Seguros de Portugal

[Revogado.][2]

Artigo 92.º
Caucionamento das provisões técnicas

1 – As sucursais de empresas de seguros com sede fora do território da União Europeia devem caucionar à ordem do Instituto de Seguros de Portugal as provisões técnicas constituídas, calculadas e representadas de harmonia com o disposto na presente secção.

2 – As sucursais referidas no número anterior que tenham as provisões técnicas, calculadas nos termos da presente sec-

ção, insuficientemente representadas podem efectuar depósitos em numerário na Caixa Geral de Depósitos à ordem do Instituto de Seguros de Portugal.

SECÇÃO III
Margem de solvência

Artigo 93.º
Empresas de seguros com sede em Portugal

1 – As empresas de seguros com sede em Portugal devem ter, em permanência, uma margem de solvência disponível suficiente em relação ao conjunto das suas actividades.[1]

2 – A margem de solvência disponível de uma empresa de seguros consiste no seu património, correspondente aos elementos referidos no n.º 1 do artigo 96.º e no n.º 1 do artigo 98.º, livre de toda e qualquer obrigação previsível e deduzido dos elementos incorpóreos.[1]

3 – A margem de solvência disponível pode igualmente ser constituída pelos elementos referidos no n.º 2 do artigo 96.º e no n.º 2 do artigo 98.º e, mediante autorização prévia do Instituto de Seguros de Portugal, pelos elementos referidos no n.º 3 do artigo 96.º e no n.º 3 do artigo 98.º.[1]

Artigo 94.º
Sucursais de empresas de seguros com sede fora da União Europeia

1 – As sucursais de empresas de seguros com sede fora do território da União Europeia devem ter, em permanência, uma margem de solvência disponível suficiente em relação ao conjunto da sua actividade em Portugal.[1]

2 – A margem de solvência disponível das sucursais referidas no número anterior é constituída por activos livres de toda e qualquer obrigação previsível e deduzidos dos elementos incorpóreos.[1]

3 – Os activos correspondentes à margem de solvência disponível devem estar localizados em Portugal até à concorrência do fundo de garantia e, na parte excedente, no território da União Europeia.[1]

Artigo 95.º
Valorimetria

1 – Os critérios de valorimetria dos activos correspondentes à margem de solvência disponível são fixados pelo Instituto de Seguros de Portugal.[1]

2 – O Instituto de Seguros de Portugal pode, em casos devidamente justificados, reavaliar para valores inferiores todos os elementos elegíveis para efeitos da margem de solvência disponível, em especial, se se verificar uma alteração significativa do valor de mercado destes elementos desde o final do último exercício.[1]

Artigo 96.º
Margem de solvência disponível relativa aos ramos «Não vida»

1 – Para efeitos da margem de solvência disponível, no que respeita a todos os ramos de seguros «Não vida», o património das empresas de seguros com sede em Portugal compreende:[1]

---

[1] *Redacção introduzida pelo Decreto-Lei n.º 8-A/2002, de 11 de Janeiro.*

[2] *Revogado pelo Decreto-Lei n.º 8-A/2002, de 11 de Janeiro.*

---

[1] *Redacção introduzida pelo Decreto-Lei n.º 251/2003, de 14 de Outubro.*

a) O capital social realizado ou, nas mútuas de seguros, o fundo inicial ou capital de garantia efectivamente realizado, acrescido das contas dos associados que satisfaçam cumulativamente os seguintes critérios:

i) Estipulação nos estatutos que o pagamento aos associados a partir dessas contas só pode ser efectuado desde que tal pagamento não origine a descida da margem de solvência disponível abaixo do nível exigido ou, após a dissolução da empresa, se todas as outras dívidas da empresa tiverem sido liquidadas;

ii) Estipulação nos estatutos que os pagamentos referidos na alínea anterior, efectuados por outras razões além da rescisão individual de filiação, são notificados ao Instituto de Seguros de Portugal com a antecedência mínima de um mês e podem, durante esse período, ser proibidos;

iii) Estipulação nos estatutos que as respectivas disposições sobre esta matéria só podem ser alteradas se não houver objecções do Instituto de Seguros de Portugal, sem prejuízo dos critérios referidos;

b) Os prémios de emissão, as reservas de reavaliação e quaisquer outras reservas, legais ou livres, não representativas de qualquer compromisso;

c) O saldo de ganhos e perdas, deduzido de eventuais distribuições.

2 – A margem de solvência disponível pode igualmente ser constituída pelos seguintes elementos: [1]

a) Acções preferenciais e empréstimos subordinados, até ao limite de 50% da margem de solvência disponível ou da margem de solvência exigida, consoante a que for menor, admitindo-se, até ao limite de 25% desta margem, empréstimos subordinados com prazo fixo ou acções preferenciais com duração determinada desde que:

i) Em caso de falência ou liquidação da empresa, existam acordos vinculativos nos termos dos quais os empréstimos subordinados ou as acções preferenciais ocupem uma categoria inferior em relação aos créditos de todos os outros credores e só sejam reembolsados após a liquidação de todas as outras dívidas da empresa;

ii) Um exemplar dos contratos de empréstimos subordinados seja entregue ao Instituto de Seguros de Portugal previamente à sua assinatura;

iii) Os empréstimos subordinados preencham ainda as seguintes condições:

1) Consideração apenas dos fundos efectivamente recebidos;

2) Fixação do prazo inicial para os empréstimos a prazo fixo em, pelo menos, cinco anos, devendo a empresa de seguros apresentar ao Instituto de Seguros de Portugal, para aprovação, o mais tardar um ano antes do termo do prazo, um plano indicando a forma como a margem de solvência disponível será mantida ou colocada ao nível desejado no termo do prazo, a menos que o montante até ao qual o empréstimo pode ser incluído nos elementos da mencionada margem seja progressivamente reduzido durante, pelo menos, os cinco últimos meses anteriores à data do vencimento, podendo o Instituto de Seguros de Portugal autorizar o reembolso antecipado desses fundos, desde que o pedido tenha sido feito pela empresa de seguros emitente e que a sua margem de solvência disponível não desça abaixo do nível exigido;

3) Reembolso, não estando fixada data de vencimento da dívida para os empréstimos, mediante um pré-aviso de cinco anos, a menos que tenham deixado de ser considerados elementos da margem de solvência disponível ou que haja acordo prévio do Instituto de Seguros de Portugal para o reembolso antecipado, caso em que a empresa de seguros informará este Instituto, pelo menos seis meses antes da data do reembolso, indicando a margem de solvência disponível e a margem de solvência exigida antes e depois do reembolso, só devendo o referido Instituto autorizá-lo se a margem de solvência disponível não descer abaixo do nível exigido;[1]

4) Não inclusão, no contrato de empréstimo, de cláusulas que estabeleçam, em circunstâncias determinadas, o reembolso da dívida antes da data acordada para o seu vencimento, excepto em caso de liquidação da empresa de seguros;

5) Alteração do contrato de empréstimo apenas com autorização do Instituto de Seguros de Portugal;

b) Títulos de duração indeterminada e outros instrumentos, incluindo as acções preferenciais não abrangidas pela alínea anterior, num máximo de 50% da margem de solvência disponível ou da margem de solvência exigida, consoante a que for menor, para o total desses títulos e dos empréstimos subordinados também referidos na alínea anterior, desde que preencham as seguintes condições:

i) Não serem reembolsáveis por iniciativa do portador ou sem autorização prévia do Instituto de Seguros de Portugal;

ii) Permitirem o diferimento do pagamento dos juros do empréstimo conferido à empresa de seguros pelo contrato de emissão;

iii) Preverem a total subordinação dos créditos do mutuante sobre a empresa de seguros aos créditos de todos os credores não subordinados;

iv) Conterem, nos documentos que regulam a emissão dos títulos, a previsão da capacidade da dívida e dos juros não pagos para absorver os prejuízos, permitindo, em simultâneo, a continuação da actividade da empresa de seguros;

v) Preverem a relevância exclusiva, para este efeito, dos montantes efectivamente pagos.

3 – Mediante pedido devidamente fundamentado da empresa de seguros, o Instituto de Seguros de Portugal pode autorizar que a margem de solvência disponível inclua igualmente: [1]

a) Metade da parte do capital social ou, nas mútuas de seguros, do fundo inicial ou capital de garantia, ainda não realizado, desde que a parte realizada atinja, pelo menos, 25% do valor do capital social, ou do fundo inicial ou capital de garantia, até ao limite de 50% da margem de solvência disponível ou da margem de solvência exigida, consoante a que for menor;

b) Os reforços de quotizações que as mútuas de seguros e as empresas sob a forma mútua de quotizações variáveis podem exigir aos seus associados no decurso do exercício, até ao limite máximo de metade da diferença entre as quotizações máximas e as quotizações efectivamente exigidas, desde que esses reforços não representem mais de 50% da margem

---

[1] *Redacção introduzida pelo Decreto-Lei n.º 251/2003, de 14 de Outubro.*

[1] *Redacção introduzida pelo Decreto-Lei n.º 251/2003, de 14 de Outubro.*

Regulação do Sector Financeiro – Seguros e Fundos de Pensões

de solvência disponível ou da margem de solvência exigida, consoante a que for menor;

c) As mais-valias, não incluídas na reserva de reavaliação, que não tenham carácter excepcional e que resultem da avaliação de elementos do activo.

4 – Para efeitos da determinação da margem de solvência disponível, devem ser deduzidos aos elementos referidos nos números anteriores os montantes referentes a:[1]

a) Acções próprias directamente detidas pela empresa de seguros;

b) Imobilizado incorpóreo;

c) Menos-valias, não incluídas na reserva de reavaliação, que não tenham carácter excepcional e que resultem da avaliação de elementos do activo;

d) Participações, na acepção da alínea f) do artigo 172.º-A, detidas pela empresa de seguros:[2]

i) Em empresas de seguros na acepção das alíneas a) e *b*) do artigo 172.º-A;

ii) Em empresas de resseguros na acepção da alínea c) do artigo 172.º-A;

iii) Em sociedades gestoras de participações no sector dos seguros na acepção da alínea i) do artigo 172.º-A;

iv) Em instituições de crédito, sociedades financeiras e instituições financeiras na acepção, respectivamente, dos artigos 2.º, 5.º e 13.º, n.º 4, do Regime Geral das Instituições de Crédito e Sociedades Financeiras;

v) Em empresas de investimento na acepção do n.º 3 do artigo 199.º-A do referido Regime Geral das Instituições de Crédito e Sociedades Financeiras;

e) Os instrumentos referidos no n.º 2 que a empresa de seguros detenha relativamente às entidades definidas na alínea anterior em que detém uma participação;[2]

f) Os empréstimos subordinados e os instrumentos referidos nos n.os 8), 9), 11), 12) e 13) do n.º 3 do aviso do Banco de Portugal n.º 12/92, publicado no Diário da República, 2.ª série, n.º 299, de 29 de Dezembro de 1992, que a empresa de seguros detenha relativamente às entidades definidas na alínea d) em que detém uma participação;[2]

g) Responsabilidades previsíveis que, nos termos de norma regulamentar, o Instituto de Seguros de Portugal considere que não se encontram, para esse efeito, adequadamente reflectidas nas contas da empresa de seguros.

5 – Sempre que haja detenção temporária de acções de uma outra instituição de crédito, empresa de investimento, sociedade financeira, instituição financeira, empresa de seguros ou de resseguros ou sociedade gestora de participações no sector dos seguros para efeitos de uma operação de assistência financeira destinada a sanear e recuperar essa entidade, o Instituto de Seguros de Portugal pode autorizar derrogações às disposições em matéria de dedução a que se referem as alíneas a) a f) do número anterior.[2]

6 – Em alternativa à dedução dos elementos previstos nas alíneas d) a f) do n.º 4, o Instituto de Seguros de Portugal pode autorizar que a empresa de seguros efectue, com as devidas adaptações, o cálculo da adequação de fundos próprios previsto no artigo 11.º do decreto-lei que transpõe a Directiva n.º 2002/87/CE, do Parlamento Europeu e do Conselho, de

16 de Dezembro, relativa à supervisão complementar de instituições de crédito, empresas de seguros e empresas de investimento de um conglomerado financeiro.[1]

7 – A opção prevista no número anterior, assim como a forma de cálculo da adequação de fundos próprios, deve ser aplicada de modo consistente ao longo do tempo.[1]

8 – A dedução dos elementos previstos nas alíneas d) a f) do n.º 4 não tem de ser efectuada sempre que a empresa de seguros esteja sujeita à supervisão complementar ao nível do grupo de seguros ou à supervisão complementar ao nível do conglomerado financeiro.[1]

9 – Para efeitos de determinação da margem de solvência disponível, o Instituto de Seguros de Portugal pode ainda deduzir aos elementos referidos nos n.os 1 a 3 os montantes referentes a subavaliações de elementos do passivo decorrentes de uma aplicação inadequada da regulamentação em vigor.[2]

10 – Para as sucursais com sede fora do território da União Europeia, a margem de solvência disponível relativa aos ramos «Não vida» compreende:[2]

a) As reservas, legais e livres, incluindo as reservas de reavaliação, não representativas de qualquer compromisso;

b) O saldo de ganhos e perdas, deduzido de eventuais transferências;

c) Os empréstimos subordinados, nos termos e condições referidos na alínea a) do n.º 2;

d) Os títulos de duração indeterminada e outros instrumentos, com exclusão de todas e quaisquer acções preferenciais, nos termos e condições da alínea b) do n.º 2;

e) Mediante autorização prévia do Instituto de Seguros de Portugal, as mais-valias, não incluídas na reserva de reavaliação, que não tenham carácter excepcional e que resultem da avaliação de elementos do activo, desde que devidamente fundamentadas pela sucursal.

11 – Para efeitos da determinação da margem de solvência disponível das sucursais com sede fora do território da União Europeia, devem ser deduzidos aos elementos referidos no número anterior os montantes mencionados nas alíneas b) a g) do n.º 4 e no n.º 5, aplicando-se igualmente o disposto nos n.os 6 a 9.[1]

Artigo 97.º
Determinação da margem de solvência exigida para os ramos «Não vida»

1 – A margem de solvência exigida, no que respeita a todos os ramos de seguros «Não vida», é calculada em relação ao montante anual dos prémios ou ao valor médio anual dos custos com sinistros nos três últimos exercícios, devendo o seu valor ser igual ao mais elevado dos resultados obtidos pela aplicação de dois métodos distintos descritos nos números seguintes.[2]

2 – O primeiro método referido no número anterior baseia-se no montante anual dos prémios e corresponde ao valor mais elevado entre os prémios brutos emitidos e os prémios adquiridos e traduz-se na aplicação da seguinte fórmula de cálculo:[2]

a) Ao volume global dos prémios de seguro directo e de resseguro aceite do último exercício deduz-se o valor dos

---

[1] *Redacção introduzida pelo Decreto-Lei n.º 251/2003, de 14 de Outubro.*

[2] *Redacção introduzida pelo Decreto-Lei n.º 145/2006, de 31 de Julho.*

[1] *Redacção introduzida pelo Decreto-Lei n.º 145/2006, de 31 de Julho.*

[2] *Redacção introduzida pelo Decreto-Lei n.º 251/2003, de 14 de Outubro.*

impostos e demais taxas que incidiram sobre esses prémios e que foram considerados nas contas de ganhos e perdas da empresa de seguros;

b) Divide-se o montante assim obtido em duas parcelas, em que a primeira vai até (euro) 50000000 e a segunda abrange o excedente, adicionando-se 18% do valor da primeira parcela e 16% do valor da segunda;

c) Multiplica-se o valor obtido nos termos da alínea anterior pela relação existente, relativamente à soma dos três últimos exercícios, entre o montante dos custos com sinistros a cargo da empresa de seguros após a cessão em resseguro e o montante total dos custos com sinistros, não podendo, no entanto, essa relação ser inferior a 50%.

3 – O segundo dos métodos referidos no n.º 1 baseia-se na média dos valores dos custos com sinistros dos três últimos exercícios e traduz-se na aplicação da seguinte fórmula de cálculo: [1]

a) Adicionam-se o valor global dos sinistros pagos em seguro directo (sem dedução do valor suportado pelos cessionários ou retrocessionários) e o valor global dos sinistros pagos em resseguro aceite ou em retrocessão referentes aos três últimos exercícios; [1]

b) Soma-se o montante global das provisões para sinistros em seguro directo e em resseguro aceite, constituídas no último exercício; [1]

c) Deduz-se o valor global dos reembolsos efectivamente recebidos nos três últimos exercícios; [1]

d) Deduz-se o valor global das provisões para sinistros em seguro directo e em resseguro aceite, constituídas no início do segundo exercício anterior ao último exercício encerrado;

e) Divide-se um terço do montante obtido em duas parcelas, em que a primeira vai até (euro) 35000000 e a segunda abrange o excedente, adicionando-se 26% do valor da primeira parcela e 23% do valor da segunda; [2]

f) Multiplica-se o valor obtido nos termos da alínea anterior pela relação existente, relativamente à soma dos três últimos exercícios, entre o montante dos custos com sinistros a cargo da empresa de seguros após a cessão em resseguro e o montante total dos custos com sinistros, não podendo, no entanto, essa relação ser inferior a 50%. [2]

4 – Quando uma empresa de seguros explore, primordialmente, apenas um ou vários dos riscos de crédito, tempestade, granizo ou geada, o período de referência para o valor médio anual dos custos com sinistros, referido na alínea c) do n.º 2 e no n.º 3, é reportado aos sete últimos exercícios. [2]

5 – Na aplicação dos métodos descritos nos n.ºs 2 e 3, os prémios e a média dos valores dos custos com sinistros dos três últimos exercícios relativos aos ramos referidos nos n.ºs 11), 12) e 13) do artigo 123.º serão majorados em 50%. [2]

6 – O factor de redução por efeito do resseguro, referido nas alíneas c) do n.º 2 e f) do n.º 3, pode ser diminuído por determinação do Instituto de Seguros de Portugal quando se verificar que uma empresa de seguros alterou, de modo significativo e desde o último exercício, a natureza e fiabilidade dos contratos de resseguro ou for insignificante ou mesmo inexistente, ao abrigo dos contratos de resseguro estabelecidos, a transferência de risco para os resseguradores. [2]

7 – As percentagens aplicáveis às parcelas referidas nas alíneas b) do n.º 2 e e) do n.º 3 serão reduzidas para um terço no que se respeita ao seguro de doença praticado segundo a técnica do seguro de vida se, cumulativamente: [1]

a) Os prémios recebidos forem calculados com base em tabelas de morbidez;

b) For constituída uma provisão para envelhecimento;

c) For cobrado um prémio adicional para constituir uma margem de segurança de montante apropriado;

d) A empresa puder, o mais tardar até ao final do 3.º ano de vigência do contrato, proceder à sua denúncia;

e) O contrato prever a possibilidade de aumentar os prémios ou reduzir as prestações, mesmo para os contratos em curso.

8 – Quando a margem de solvência exigida, calculada de acordo com o disposto nos números anteriores, for inferior à margem de solvência exigida do ano precedente, a exigência de margem a considerar deverá corresponder, pelo menos, ao montante resultante da multiplicação da margem de solvência exigida do ano precedente pela relação existente entre o montante das provisões para sinistros, líquidas de resseguro, no final e no início do último exercício, não podendo, no entanto, esse rácio ser superior a 1. [1]

9 – Os limiares previstos nas alíneas b) do n.º 2 e e) do n.º 3 são revistos anualmente tendo por base a evolução verificada no índice geral de preços no consumidor para todos os Estados membros publicado pelo EUROSTAT, arredondados para um valor múltiplo de (euro) 100000, sempre que a taxa de variação verificada desde a última revisão seja igual ou superior a 5%, competindo ao Instituto de Seguros de Portugal proceder à sua divulgação. [1]

ARTIGO 98.º
Margem de solvência disponível relativa ao ramo «Vida»

1 – Para efeitos da margem de solvência disponível, no que respeita ao ramo «Vida», o património das empresas de seguros com sede em Portugal compreende: [1]

a) O capital social realizado ou, nas mútuas de seguros, o fundo inicial ou capital de garantia efectivamente realizado, acrescido das contas dos associados que satisfaçam cumulativamente os critérios referidos na alínea a) do n.º 1 do artigo 96.º;

b) As reservas, legais e livres, incluindo as reservas de reavaliação, não representativas de qualquer compromisso;

c) O saldo de ganhos e perdas, deduzido de eventuais distribuições.

2 – A margem de solvência disponível pode igualmente ser constituída pelos seguintes elementos: [1]

a) As acções preferenciais e os empréstimos subordinados, nos termos e condições referidos na alínea a) do n.º 2 do artigo 96.º;

b) Os títulos de duração indeterminada e outros instrumentos, nos termos e condições referidos na alínea b) do n.º 2 do artigo 96.º.

3 – Mediante pedido devidamente fundamentado da empresa de seguros, o Instituto de Seguros de Portugal pode autorizar que a margem de solvência disponível inclua igualmente: [1]

---

[1] *Redacção introduzida pelo Decreto-Lei n.º 8-A/2002, de 11 de Janeiro.*

[2] *Redacção introduzida pelo Decreto-Lei n.º 251/2003, de 14 de Outubro.*

---

[1] *Redacção introduzida pelo Decreto-Lei n.º 251/2003, de 14 de Outubro.*

Regulação do Sector Financeiro – Seguros e Fundos de Pensões

a) Até 31 de Dezembro de 2009, um montante correspondente a 50% dos lucros futuros da empresa, mas não superior a 10% da margem de solvência exigida ou da margem de solvência disponível, consoante a que for menor, desde que sejam respeitadas as seguintes condições:

i) Montante dos lucros futuros determinado pela multiplicação do lucro anual previsível, estimado em valor não superior à média aritmética dos lucros obtidos nos últimos cinco exercícios com referência ao ramo «Vida», por um factor, não superior a 6, representativo da duração residual média dos contratos, sendo as bases de cálculo para a determinação do factor multiplicador e do lucro efectivamente obtido estabelecidas por norma regulamentar do Instituto de Seguros de Portugal;

ii) Apresentação ao Instituto de Seguros de Portugal, para efeitos de autorização, do parecer do actuário responsável sobre a probabilidade de realização dos lucros no futuro, de acordo com o estabelecido por norma regulamentar do Instituto de Seguros de Portugal;

b) As mais-valias, não incluídas na reserva de reavaliação, que não tenham carácter excepcional e que resultem da avaliação de elementos do activo;

c) A diferença entre a provisão matemática não zillmerizada ou a parcialmente zillmerizada e uma provisão matemática zillmerizada, a uma taxa de zillmerização definida pelo Instituto de Seguros de Portugal;

d) Metade da parte do capital social ou, nas mútuas de seguros, do fundo inicial ou capital de garantia, ainda não realizado, desde que a parte realizada atinja, pelo menos, 25% do valor do capital social, ou do fundo inicial ou capital de garantia, até ao limite de 50% da margem de solvência disponível ou da margem de solvência exigida, consoante a que for menor.

4 – Para efeitos da determinação da margem de solvência disponível, devem ser deduzidos aos elementos referidos nos números anteriores os montantes referentes a: [1]

a) Acções próprias directamente detidas pela empresa de seguros;

b) Imobilizado incorpóreo;

c) Menos-valias, não incluídas na reserva de reavaliação, que não tenham carácter excepcional e que resultem da avaliação de elementos do activo;

d) Participações, na acepção da alínea f) do artigo 172.º-A, detidas pela empresa de seguros: [2]

i) Em empresas de seguros na acepção das alíneas a) e b) do artigo 172.º-A;

ii) Em empresas de resseguros na acepção da alínea c) do artigo 172.º-A;

iii) Em sociedades gestoras de participações no sector dos seguros na acepção da alínea i) do artigo 172.º-A;

iv) Em instituições de crédito, sociedades financeiras e instituições financeiras na acepção, respectivamente, dos artigos 2.º, 5.º e 13.º, n.º 4, do Regime Geral das Instituições de Crédito e Sociedades Financeiras, aprovado pelo Decreto-Lei n.º 298/92, de 31 de Dezembro;

v) Em empresas de investimento na acepção do n.º 3 do artigo 199.º-A do referido Regime Geral das Instituições de Crédito e Sociedades Financeiras;

e) Os instrumentos referidos no n.º 2 que a empresa de seguros detenha relativamente às entidades definidas na alínea anterior em que detém uma participação; [1]

f) Os empréstimos subordinados e os instrumentos referidos nos n.os 8), 9), 11), 12) e 13) do n.º 3 do aviso do Banco de Portugal n.º 12/92, publicado no Diário da República, 2.ª série, n.º 299, de 29 de Dezembro de 1992, que a empresa de seguros detenha relativamente às entidades definidas na alínea d) em que detém uma participação; [1]

g) Responsabilidades previsíveis que, nos termos de norma regulamentar, o Instituto de Seguros de Portugal considere que não se encontram, para esse efeito, adequadamente reflectidas nas contas da empresa de seguros.

5 – Sempre que haja detenção temporária de acções de uma outra instituição de crédito, empresa de investimento, sociedade financeira, instituição financeira, empresa de seguros ou de resseguros ou sociedade gestora de participações no sector dos seguros para efeitos de uma operação de assistência financeira destinada a sanear e recuperar essa entidade, o Instituto de Seguros de Portugal pode autorizar derrogações às disposições em matéria de dedução a que se referem as alíneas d) a f) do número anterior. [1]

6 – Em alternativa à dedução dos elementos previstos nas alíneas d) a f) do n.º 4, o Instituto de Seguros de Portugal pode autorizar que a empresa de seguros efectue, com as devidas adaptações, o cálculo da adequação de fundos próprios previsto no artigo 11.º do decreto-lei que transpõe a Directiva n.º 2002/87/CE, do Parlamento Europeu e do Conselho, de 16 de Dezembro. [1]

7 – A opção prevista no número anterior, assim como a forma de cálculo da adequação de fundos próprios, deve ser aplicada de modo consistente ao longo do tempo. [1]

8 – A dedução dos elementos previstos nas alíneas d) a f) do n.º 4 não tem de ser efectuada sempre que a empresa de seguros esteja sujeita à supervisão complementar ao nível do grupo de seguros ou à supervisão complementar ao nível do conglomerado financeiro.[1]

9 – Para efeitos de determinação da margem de solvência disponível, o Instituto de Seguros de Portugal pode ainda deduzir aos elementos referidos nos n.os 1 a 3 os montantes referentes a subavaliações de elementos do passivo decorrentes de uma aplicação inadequada da regulamentação em vigor.

10 – Para as sucursais com sede fora do território da União Europeia, a margem de solvência disponível relativa ao ramo «Vida» compreende os elementos referidos nas alíneas b) e c) do n.º 1 e no n.º 2, com exclusão das acções preferenciais e, mediante autorização do Instituto de Seguros de Portugal, os mencionados nas alíneas a) a c) do n.º 3.

11 – Para efeitos da determinação da margem de solvência disponível das sucursais com sede fora do território da União Europeia, devem ser deduzidos aos elementos referidos no número anterior os montantes mencionados nas alíneas b) a g) do n.º 4 e no n.º 5, aplicando-se igualmente o disposto nos n.os 6 a 9. [1]

---

[1] *Redacção introduzida pelo Decreto-Lei n.º 251/2003, de 14 de Outubro.*

[2] *Redacção introduzida pelo Decreto-Lei n.º 145/2006, de 31 de Julho.*

---

[1] *Redacção introduzida pelo Decreto-Lei n.º 145/2006, de 31 de Julho.*

Decreto-Lei n.º 94-B/98

ARTIGO 99.º
Determinação da margem de solvência exigida para o ramo «Vida»

1 – O montante da margem de solvência exigida no que respeita ao ramo «Vida», para os seguros referidos nas alíneas a) e b) do n.º 1 e no n.º 2 do artigo 124.º, corresponde à soma dos dois resultados obtidos nos termos seguintes:[1]

a) O primeiro corresponde ao valor resultante da multiplicação de 4% do valor da provisão de seguros e operações do ramo «Vida» relativa ao seguro directo e ao resseguro aceite, sem dedução do resseguro cedido, pela relação existente, no último exercício, entre o montante da provisão de seguros e operações do ramo «Vida», deduzida das cessões em resseguro, e o montante total da provisão de seguros e operações do ramo «Vida», não podendo, no entanto, essa relação ser inferior a 85%;

b) O segundo, respeitante aos contratos cujos capitais em risco não sejam negativos, corresponde ao valor resultante da multiplicação de 0,3% dos capitais em risco pela relação existente, no último exercício, entre o montante dos capitais em risco que, após a cessão em resseguro ou retrocessão, ficaram a cargo da empresa de seguros, e o montante dos capitais em risco, sem dedução do resseguro, não podendo, no entanto, essa relação ser inferior a 50%;

c) A percentagem de 0,3% referida na alínea anterior é reduzida para 0,1% nos seguros temporários em caso de morte com a duração máxima de três anos e para 0,15% naqueles cuja duração seja superior a três mas inferior a cinco anos;

d) Para efeitos da alínea b), entende-se por capital em risco o capital seguro em caso de morte após a dedução da provisão de seguros e operações do ramo «Vida» da cobertura principal.

2 – Para as operações de capitalização referidas no n.º 4 do artigo 124.º, o montante da margem de solvência exigida corresponde ao valor resultante da multiplicação de 4% do valor da provisão de seguros e operações do ramo «Vida», calculado nas condições estabelecidas na alínea a) do número anterior.[1]

3 – Para os seguros referidos no n.º 3) do artigo 124.º e para as operações referidas nos n.os 5) e 6) do artigo 124.º, o montante da margem de solvência exigida corresponde à soma dos seguintes elementos:[1]

a) O valor correspondente a 4% da provisão de seguros e operações do ramo «Vida», calculado nas condições previstas para o primeiro resultado da alínea a) do n.º 1, quando a empresa de seguros assuma um risco de investimento;[1]

b) O valor correspondente a 1% da provisão de seguros e operações do ramo «Vida», calculado nas condições previstas para o primeiro resultado da alínea a) do n.º 1, quando a empresa de seguros não assuma um risco de investimento e o montante destinado a cobrir as despesas de gestão esteja fixado para um período superior a cinco anos;[1]

c) O valor correspondente a 25% dos custos administrativos do último exercício imputáveis a essas actividades, calculado nas condições previstas para o primeiro resultado da alínea a) do n.º 1, quando a empresa de seguros não assuma um risco de investimento e o montante destinado a cobrir as despesas de gestão não esteja fixado para um período superior a cinco anos;

d) O valor correspondente a 0,3% dos capitais em risco, calculado nas condições previstas para o segundo resultado da alínea b) do n.º 1, quando a empresa de seguros cubra um risco de mortalidade.

4 – Os factores de redução por efeito do resseguro, referidos nas alíneas dos números anteriores, podem ser diminuídos, por determinação do Instituto de Seguros de Portugal, quando se verificar que uma empresa de seguros alterou, de modo significativo e desde o último exercício, a natureza e fiabilidade dos contratos de resseguro ou for insignificante ou mesmo inexistente, ao abrigo dos contratos de resseguro estabelecidos, a transferência de risco para os resseguradores.[1]

ARTIGO 100.º
Determinação da margem de solvência exigida relativamente aos seguros complementares do ramo «Vida»

O montante da margem de solvência exigida, no que respeita aos seguros complementares do ramo «Vida», referidos na alínea c) do n.º 1) do artigo 124.º, corresponde ao valor mais elevado que resultar da aplicação aos prémios brutos emitidos ou ao valor médio anual dos custos com sinistros dos três últimos exercícios relativos a esses seguros dos métodos referidos no artigo 97.º.[1]

ARTIGO 101.º
Exploração cumulativa dos ramos «Não vida» e «Vida»

As empresas de seguros que exploram, cumulativamente, a actividade de seguros dos ramos «Não vida» e a actividade de seguros do ramo «Vida» devem dispor de uma margem de solvência para cada uma dessas duas actividades.

SECÇÃO IV
Fundo de garantia

ARTIGO 102.º
Valores mínimos

1 – As empresas de seguros com sede em Portugal e as sucursais de empresas de seguros com sede fora do território da União Europeia devem, desde o momento em que são autorizadas, dispor e manter um fundo de garantia, que faz parte integrante da margem de solvência e que corresponde a um terço do valor da margem de solvência exigida, não podendo, no entanto, ser inferior aos limites fixados nos termos dos números seguintes.[1]

2 – Relativamente ao ramo «Vida», o fundo de garantia tem como limite mínimo (euro) 3000000, (euro) 2250000 ou (euro) 1500000, consoante se trate, respectivamente, de uma empresa pública ou de uma sociedade anónima com sede em Portugal, de uma mútua de seguros ou de uma sucursal de empresa de seguros com sede fora do território da União Europeia.[1]

3 – Relativamente aos ramos «Não vida», o fundo de garantia tem como limite mínimo:[1]

a) Para as empresas de seguros que exploram um ou vários dos ramos referidos nos n.os 10), 11), 12), 13), 14) e 15) do artigo 123.º, (euro) 3000000, (euro) 2250000 ou (euro) 1500000, consoante se trate, respectivamente, de uma

---

[1] *Redacção introduzida pelo Decreto-Lei n.º 251/2003, de 14 de Outubro.*

[1] *Redacção introduzida pelo Decreto-Lei n.º 251/2003, de 14 de Outubro.*

Regulação do Sector Financeiro – Seguros e Fundos de Pensões

empresa pública ou de uma sociedade anónima com sede em Portugal, de uma mútua de seguros ou de uma sucursal de empresa de seguros com sede fora do território da União Europeia;

b) Para as empresas de seguros que não se encontrem na situação referida na alínea anterior, (euro) 20000000, (euro) 1500000 ou (euro) 1000000, consoante se trate, respectivamente, de uma empresa pública ou de uma sociedade anónima com sede em Portugal, de uma mútua de seguros ou de uma sucursal de empresa de seguros com sede fora do território da União Europeia.

4 – Os montantes mínimos previstos nos números anteriores são revistos anualmente tendo por base a evolução verificada no índice geral de preços no consumidor para todos os Estados membros publicado pelo EUROSTAT, arredondados para um valor múltiplo de (euro) 100000, sempre que a taxa de variação verificada desde a última revisão seja igual ou superior a 5%, competindo ao Instituto de Seguros de Portugal proceder à sua divulgação.[1]

Artigo 103.º
Elementos constitutivos do fundo de garantia

1 – Para efeitos de constituição do fundo de garantia mínimo das empresas de seguros com sede em Portugal, relativamente à actividade de seguros «Não vida» e «Vida», consideram-se, respectivamente, os elementos previstos no artigo 96.º, com excepção do n.º 3, e no artigo 98.º, com excepção do n.º 3.[1]

2 – Para efeitos de constituição do fundo de garantia mínimo das sucursais de empresas de seguros com sede fora do território da União Europeia, relativamente à actividade de seguros «Não vida» e «Vida», consideram-se, respectivamente, os elementos previstos no n.º 6 do artigo 96.º, com excepção da alínea e), e no n.º 6 do artigo 98.º, com excepção da remissão para o n.º 3 do mesmo artigo, aplicando-se igualmente as deduções previstas no n.º 7 do artigo 96.º e no n.º 7 do artigo 98.º.[1]

Artigo 104.º
Caucionamento do fundo de garantia

As sucursais de empresas de seguros com sede fora do território da União Europeia encontram-se obrigadas a caucionar, à ordem do Instituto de Seguros de Portugal, metade dos valores mínimos do fundo de garantia exigidos nos termos do artigo 102.º.

SECÇÃO V
Fiscalização das garantias financeiras

Artigo 105.º
Empresas de seguros com sede em Portugal

1 – Compete ao Instituto de Seguros de Portugal verificar, em relação às empresas com sede em Portugal e para o conjunto das suas actividades, a existência, nos termos do presente decreto-lei e demais legislação e regulamentação aplicáveis, das garantias financeiras exigíveis e dos meios de que dispõem para fazerem face aos compromissos assumidos.

2 – As empresas de seguros com sede em Portugal devem apresentar todos os anos ao Instituto de Seguros de Portugal, em relação ao conjunto de toda a actividade exercida no ano imediatamente anterior, o relatório e contas anuais, o parecer do conselho fiscal e o documento de certificação legal de contas emitido pelo revisor oficial de contas, bem como as contas consolidadas e todos os demais elementos definidos por norma do mesmo Instituto, de modo que seja possível conhecer da sua situação e solvência global.[1]

3 – Os documentos referidos no número anterior devem ser remetidos ao Instituto de Seguros de Portugal até 15 dias após a realização da assembleia geral anual para a aprovação de contas.[1]

4 – Sem prejuízo do disposto no número anterior e no n.º 5 do artigo 65.º do Código das Sociedades Comerciais, os documentos referidos no n.º 2 devem ser remetidos ao Instituto de Seguros de Portugal, o mais tardar até 30 de Abril, ainda que o relatório e contas não se encontrem aprovados.[1]

5 – As contas e os elementos a definir nos termos do n.º 2 devem ser presentes ao Instituto de Seguros de Portugal certificados por um revisor oficial de contas ou auditados por um auditor externo.[1]

6 – As empresas de seguros com sede em Portugal devem ainda, trimestralmente, elaborar o balanço e a conta de ganhos e perdas, bem como efectuar o apuramento da situação da margem de solvência e da representação das provisões técnicas.[1]

7 – As informações a prestar pelos revisores oficiais de contas e pelos auditores externos referentes à certificação dos elementos relativos ao encerramento do exercício serão elaboradas em conformidade com o estabelecido por norma do Instituto de Seguros de Portugal, ouvida a Ordem dos Revisores Oficiais de Contas.[1]

Artigo 105.º-A [2]
Elementos relativos à situação da margem de solvência e à representação das provisões técnicas

1 – Os elementos relativos à situação da margem de solvência e à representação das provisões técnicas devem ser comunicados ao Instituto de Seguros de Portugal nas datas e nos termos a definir por norma regulamentar:

a) Pelas empresas de seguros com sede em Portugal relativamente ao conjunto da sua actividade;

b) Pelas sucursais de empresas de seguros com sede fora do território da União Europeia relativamente à actividade exercida em Portugal.

2 – A informação relativa à situação a 31 de Dezembro deve ser certificada por um revisor oficial de contas ou auditada por um auditor externo.

Artigo 106.º
Sucursais de empresas de seguros com sede no território de outros Estados membros

1 – O Instituto de Seguros de Portugal, caso tenha conhecimento de elementos que permitam considerar que as actividades da sucursal de uma empresa de seguros com sede no território de outro Estado membro e estabelecida em Portugal colocam em risco a solidez financeira da empresa, deve

---

[1] *Redacção introduzida pelo Decreto-Lei n.º 251/2003 de 14 de Outubro.*

[1] *Redacção introduzida pelo Decreto-Lei n.º 8-A/2002 de 11 de Janeiro.*

[2] *Aditado pelo Decreto-Lei n.º 8-A/2002, de 11 de Janeiro.*

comunicar esse facto às autoridades competentes do Estado membro de origem da referida empresa.

2 – As autoridades competentes do Estado membro de origem, depois de prévia informação ao Instituto de Seguros de Portugal, podem proceder, directamente ou por intermédio de entidades mandatadas para o efeito, à verificação de informações que, sendo relativas às sucursais de empresas de seguros com sede no seu território e estabelecidas em Portugal, são necessárias para garantir a fiscalização financeira da empresa.

3 – O Instituto de Seguros de Portugal poderá participar na verificação referida no número anterior.

Artigo 107.º
Sucursais de empresas de seguros com sede fora da União Europeia

1 – Compete ao Instituto de Seguros de Portugal, sem prejuízo do disposto no artigo seguinte, verificar, em relação às sucursais de empresas de seguros cuja sede se situe fora do território da União Europeia, a existência, nos termos do presente decreto-lei e demais legislação e regulamentação aplicáveis, das garantias financeiras exigíveis e dos meios de que dispõem para fazerem face aos compromissos assumidos.

2 – Para os efeitos previstos no número anterior, as sucursais devem apresentar todos os anos ao Instituto de Seguros de Portugal, em relação à actividade desenvolvida em Portugal no ano imediatamente anterior, as contas e o documento de certificação legal das mesmas emitido pelo revisor oficial de contas, bem como os demais elementos definidos por norma do mesmo Instituto, de modo que seja possível conhecer-se da sua situação de solvência em Portugal bem como apresentar periodicamente a documentação necessária ao exercício da supervisão e os documentos estatísticos que lhe sejam solicitados.[1]

3 – Às sucursais referidas no presente artigo são aplicáveis, com as devidas adaptações, os n.os 3 a 7 do artigo 105.º.[1]

Artigo 108.º
Benefícios a sucursais de empresas de seguros com sede fora da União Europeia

1 – Qualquer empresa de seguros com sede fora do território da União Europeia que se encontre autorizada a exercer a actividade em Portugal e noutro ou noutros Estados membros pode solicitar ao Ministro das Finanças, através do Instituto de Seguros de Portugal e mediante parecer deste, a concessão dos seguintes benefícios:

a) Cálculo da margem de solvência exigida em função da actividade global exercida em Portugal e nos outros Estados membros;[2]

b) Dispensa da obrigação de caucionamento prevista no artigo 92.º, desde que apresentada a prova de realização noutro Estado membro de um caucionamento igual a metade do fundo de garantia que lhe é exigível em função da actividade global exercida em Portugal e nos outros Estados membros;

c) Localização dos activos representativos do fundo de garantia, calculado em função da actividade global exercida em Portugal e nos outros Estados membros, no território portu-

guês ou de um outro Estado membro, em derrogação do disposto no n.º 3 do artigo 94.º

2 – Os benefícios previstos no número anterior não podem ser solicitados conjuntamente para o ramo «Vida» e ramos «Não vida» se a empresa de seguros exercer, nos termos legais em vigor, cumulativamente estas duas actividades em Portugal.

3 – O pedido referido no n.º 1 deve ser acompanhado de prova de que requerimento análogo foi apresentado a todas as entidades competentes dos Estados membros onde está autorizada a explorar ramos de seguros idênticos àqueles para que tem autorização em Portugal, devendo no mesmo pedido ser indicada a autoridade competente encarregada de verificar a sua solvência global nos termos do número seguinte, bem como os motivos desta indicação.

4 – A empresa de seguros que obtenha, por acordo de todos Estados membros onde exerça a sua actividade, os benefícios previstos no n.º 1 fica submetida a uma fiscalização da sua solvência global para o conjunto das actividades exercidas em Portugal e nos outros Estados membros que concederam esses benefícios.

5 – A fiscalização referida no número anterior é exercida pelo Instituto de Seguros de Portugal quando for esta a autoridade de supervisão indicada pela empresa de seguros.

6 – Quando a verificação da solvência global da empresa de seguros, para o conjunto da actividade exercida no território da União Europeia, for exercida pelo Instituto de Seguros de Portugal, este deve utilizar todas as informações que obtiver junto das autoridades de supervisão dos restantes Estados membros onde a empresa de seguros exerça a sua actividade.

7 – Quando a verificação da solvência global da empresa de seguros não competir ao Instituto de Seguros de Portugal, este deve fornecer à autoridade de supervisão competente todas as informações úteis de que disponha sobre a sucursal situada em Portugal.

8 – Quando a verificação da solvência de uma empresa de seguros cuja sede social se situe fora do território da União Europeia não competir ao Instituto de Seguros de Portugal, a sucursal estabelecida em território português deve apresentar a este Instituto a documentação necessária ao exercício da fiscalização, bem como os documentos estatísticos que lhe sejam solicitados.

9 – Os benefícios referidos no n.º 1 podem ser retirados desde que o sejam simultaneamente em todos os Estados membros do exercício da actividade, por iniciativa de um ou de vários desses Estados membros.

SECÇÃO VI
Insuficiência de garantias financeiras

Artigo 108.º-A [1]
Risco de insuficiência

1 – Quando o Instituto de Seguros de Portugal verificar que uma empresa de seguros se encontra em risco de ficar numa situação financeira insuficiente, colocando em causa os direitos dos segurados e beneficiários dos contratos de seguro, deve esta empresa, a solicitação e no prazo que lhe vier a ser fixado, submeter à apreciação desse Instituto um plano de reequilíbrio da situação financeira, fundado num adequado plano de actividades.[2]

---

[1] *Redacção introduzida pelo Decreto-Lei n.º 8-A/2002, de 11 de Janeiro.*

[2] *Redacção introduzida pelo Decreto-Lei n.º 251/2003, de 14 de Outubro.*

[1] *Aditado pelo Decreto-Lei n.º 8-A/2002, de 11 de Janeiro.*

[2] *Redacção introduzida pelo Decreto-Lei n.º 251/2003, de 14 de Outubro.*

Regulação do Sector Financeiro – Seguros e Fundos de Pensões

2 – O plano de actividades referido no número anterior, fundamentado nos termos do n.º 4 do artigo 14.º, deve, pelo menos, incluir, em relação aos três exercícios subsequentes, os seguintes elementos:[1]

a) Balanço e conta de ganhos e perdas previsionais, com informação separada, pelo menos, para as seguintes rubricas:

i) Capital social subscrito e realizado, investimentos e provisões técnicas de seguro directo, resseguro aceite e resseguro cedido;

ii) Prémios, proveitos dos investimentos, custos com sinistros e variações das provisões técnicas, tanto para o seguro directo como para o resseguro aceite e cedido;

iii) Custos de aquisição, explicitando as comissões, e custos administrativos;

b) Previsão dos meios financeiros necessários à representação das provisões técnicas;

c) Previsão da margem de solvência e dos meios financeiros necessários à sua cobertura;

d) A política geral de resseguro.

3 – Sempre que os direitos dos segurados e beneficiários dos contratos de seguro estiverem em risco em virtude da deterioração da situação financeira de uma empresa de seguros, o Instituto de Seguros de Portugal pode determinar que essa empresa de seguros tenha uma margem de solvência exigida superior à que resultaria da aplicação dos artigos 97.º e 99.º e cujo nível é estabelecido em articulação com o plano de reequilíbrio.[1]

Artigo 109.º
Situação financeira insuficiente e providências de recuperação e saneamento

1 – Uma empresa de seguros é considerada em situação financeira insuficiente quando não apresente, nos termos do presente diploma e demais legislação e regulamentação em vigor, garantias financeiras suficientes.

2 – Quando uma empresa de seguros se encontre em situação financeira insuficiente, o Instituto de Seguros de Portugal, tendo em vista a protecção dos interesses dos segurados e beneficiários e a salvaguarda das condições normais de funcionamento do mercado segurador, poderá determinar, por prazo que fixará e no respeito pelo princípio da proporcionalidade, a aplicação de alguma ou de todas as seguintes providências de recuperação e saneamento:

a) Rectificação das provisões técnicas ou apresentação de plano de financiamento ou de recuperação, nos termos dos artigos 110.º, 111.º e 112.º;

b) Restrições ao exercício da actividade, designadamente à exploração de determinados ramos ou modalidades de seguros ou tipos de operações;

c) Restrições à tomada de créditos e à aplicação de fundos em determinadas espécies de activos, em especial no que respeite a operações realizadas com filiais, com entidade que seja empresa mãe da empresa ou com filiais desta;

d) Proibição ou limitação da distribuição de dividendos;

e) Sujeição de certas operações ou de certos actos à aprovação prévia do Instituto de Seguros de Portugal;

f) Imposição da suspensão ou da destituição de titulares de órgãos sociais da empresa;

g) Encerramento e selagem de estabelecimentos.

3 – Verificando-se que, com as providências de recuperação e saneamento adoptadas, não é possível recuperar a empresa, será revogada a autorização para o exercício da respectiva actividade, nos termos do artigo 20.º

4 – No decurso do saneamento, o Instituto de Seguros de Portugal poderá, a todo o tempo, convocar a assembleia geral dos accionistas e nela intervir com apresentação de propostas.

Artigo 110.º
Insuficiência de provisões técnicas

1 – Se o Instituto de Seguros de Portugal verificar que as provisões técnicas são insuficientes ou se encontram incorrectamente constituídas, a empresa de seguros deve proceder imediatamente à sua rectificação de acordo com as instruções que lhe forem dadas por este Instituto.

2 – Se o Instituto de Seguros de Portugal verificar que as provisões técnicas não se encontram total ou correctamente representadas, a empresa de seguros deve, no prazo que lhe vier a ser fixado por este Instituto, submeter à sua aprovação um plano de financiamento a curto prazo, fundado num adequado plano de actividades, elaborado nos termos do disposto no artigo 108.º-A.[1]

3 – O Instituto de Seguros de Portugal definirá, caso a caso, as condições específicas a que deve obedecer o plano de financiamento referido no número anterior, bem como o seu acompanhamento, podendo, nomeadamente e no respeito pelo princípio da proporcionalidade, determinar a prestação de garantias adequadas, a alienação de participações sociais e outros activos e a redução ou o aumento do capital.

Artigo 111.º
Insuficiência de margem de solvência

Se o Instituto de Seguros de Portugal verificar a insuficiência, mesmo circunstancial ou previsivelmente temporária, da margem de solvência de uma empresa de seguros, esta deve, no prazo que lhe vier a ser fixado por este Instituto, submeter à sua aprovação um plano de recuperação com vista ao restabelecimento da sua situação financeira, sendo-lhe aplicável, com as devidas adaptações, o disposto nos n.os 2 e 3 do artigo anterior.

Artigo 112.º
Insuficiência do fundo de garantia

Se o Instituto de Seguros de Portugal verificar que o fundo de garantia não atinge, mesmo circunstancial ou temporariamente, o limite mínimo fixado, a empresa de seguros deve, no prazo que lhe vier a ser fixado por este Instituto, submeter à sua aprovação um plano de financiamento a curto prazo, sendo-lhe aplicável, com as devidas adaptações, o disposto nos n.os 2 e 3 do artigo 110.º

Artigo 113.º
Incumprimento

1 – O incumprimento das instruções referidas no n.º 1 do artigo 110.º, a não apresentação de planos de financiamento ou de recuperação de acordo com o disposto no n.º 2 do artigo 110.º e nos artigos 111.º e 112.º e a não aceitação, por duas

---

[1] *Redacção introduzida pelo Decreto-Lei n.º 251/2003, de 14 de Outubro.*

[1] *Redacção introduzida pelo Decreto-Lei n.º 251/2003, de 14 de Outubro.*

vezes consecutivas, ou o não cumprimento destes planos pode originar, por decisão do Instituto de Seguros de Portugal, a suspensão da autorização para a celebração de novos contratos e ou a aplicação de qualquer outra das medidas previstas na presente secção, bem como, nos termos do n.º 3, a revogação, total ou parcial, da autorização para o exercício da actividade seguradora, consoante a gravidade da situação financeira da empresa.[1]

2 – A gravidade da situação financeira da empresa referida no número anterior afere-se, nomeadamente, pela viabilidade económico-financeira da mesma, pela fiabilidade das garantias de que dispõe e pela evolução da sua situação líquida, bem como pelas disponibilidades necessárias ao exercício da sua actividade corrente.

3 – À revogação da autorização prevista no n.º 1 aplica-se, nomeadamente, o disposto no artigo 20.º.[2]

ARTIGO 114.º
Indisponibilidade dos activos

1 – Às empresas de seguros que se encontrem em qualquer das situações previstas nos artigos 109.º a 113.º pode, também, ser restringida ou vedada, por decisão do Instituto de Seguros de Portugal, a livre disponibilidade dos seus activos.

2 – Os activos abrangidos pela restrição ou indisponibilidade referidas no número anterior:

a) Sendo constituídos por bens móveis, devem ser colocados à ordem do Instituto de Seguros de Portugal;

b) Sendo bens imóveis, só poderão ser onerados ou alienados com expressa autorização do Instituto de Seguros de Portugal, não devendo proceder-se ao acto do registo correspondente sem a mencionada autorização.

3 – O Instituto de Seguros de Portugal informa das medidas tomadas ao abrigo do presente artigo as autoridades competentes dos Estados membros da União Europeia em cujo território a empresa exerça a sua actividade, solicitando-lhes, se for caso disso, a adopção de idênticas medidas relativamente aos bens situados nos respectivos territórios, indicando quais os que deverão ser objecto das mesmas.

4 – Os activos localizados em Portugal pertencentes a empresas de seguros com sede no território de outros Estados membros podem ser restringidos ou vedados, nos termos previstos nos números anteriores, desde que as autoridades competentes do Estado membro de origem o solicitem ao Instituto de Seguros de Portugal, indicando quais os que deverão ser objecto de tais medidas.

ARTIGO 115.º
Suspensão ou cancelamento da autorização a empresas com sede no território de outros Estados membros

O Instituto de Seguros de Portugal deve tomar todas as medidas adequadas para impedir que as empresas de seguros com sede no território de outros Estados membros iniciem em Portugal novas operações de seguros, quer em regime de estabelecimento quer em regime de livre prestação de serviços, sempre que as autoridades competentes do Estado membro de origem lhe comunicarem a suspensão ou o cancelamento da autorização para a empresa exercer a actividade seguradora.

ARTIGO 116.º
Comercialização de novos produtos de seguros

O Instituto de Seguros de Portugal pode impedir a comercialização de novos produtos a uma empresa de seguros em situação financeira insuficiente ou que já esteja em fase de execução de um plano de recuperação ou de um plano de financiamento enquanto a empresa não lhe fizer prova de que dispõe de uma margem de solvência disponível suficiente, de um fundo de garantia, pelo menos, igual ao limite mínimo exigido e que as respectivas provisões técnicas são suficientes e estão correctamente constituídas e representadas.[1]

ARTIGO 117.º
Designação de administradores provisórios

1 – O Instituto de Seguros de Portugal poderá ainda, isolada ou cumulativamente com qualquer das medidas previstas na presente secção, designar para a empresa de seguros um ou mais administradores provisórios, nos seguintes casos:

a) Quando a empresa se encontre em risco de cessar pagamentos;

b) Quando a empresa se encontre em situação de desequilíbrio financeiro que, pela sua dimensão, constitua ameaça grave para a solvabilidade;

c) Quando, por quaisquer razões, a administração não ofereça garantias de actividade prudente, colocando em sério risco os interesses dos segurados e credores em geral, designadamente nos casos referidos no n.º 1 do artigo 113.º;

d) Quando a organização contabilística ou os procedimentos de controlo interno apresentem insuficiências graves que não permitam avaliar devidamente a situação patrimonial da empresa.

2 – Os administradores designados pelo Instituto de Seguros de Portugal terão os poderes e deveres conferidos pela lei e pelos estatutos aos membros de órgão de administração e ainda os seguintes:

a) Vetar as deliberações da assembleia geral e, sendo caso disso, dos órgãos referidos no n.º 3 do presente artigo;

b) Convocar a assembleia geral;

c) Elaborar, com a maior brevidade, um relatório sobre a situação patrimonial da empresa e as suas causas e submetê-lo ao Instituto de Seguros de Portugal, acompanhado do parecer da comissão de fiscalização, se esta tiver sido nomeada.

3 – O Instituto de Seguros de Portugal poderá suspender, no todo ou em parte, o órgão de administração, o conselho geral e quaisquer outros órgãos com funções análogas, simultaneamente ou não com a designação de administradores provisórios.

4 – Os administradores provisórios exercerão as suas funções pelo prazo que o Instituto de Seguros de Portugal determinar, no máximo de dois anos, podendo o Instituto, em qualquer momento, renovar o mandato ou substituí-los por outros administradores provisórios, desde que observado aquele limite.

---

[1] *Redacção introduzida pelo Decreto-Lei n.º 8-A/2002, de 11 de Janeiro.*

[2] *Redacção introduzida pelo Decreto-Lei n.º 90/2003, de 30 de Abril.*

---

[1] *Redacção introduzida pelo Decreto-Lei n.º 251/2003, de 14 de Outubro.*

Regulação do Sector Financeiro – Seguros e Fundos de Pensões

5 – A remuneração dos administradores provisórios será fixada pelo Instituto de Seguros de Portugal e constitui encargo da empresa de seguros em causa.

ARTIGO 118.º
Outras providências de saneamento

1 – Caso sejam ou tenham sido adoptadas as providências referidas no artigo anterior ou no artigo 120.º, o Instituto de Seguros de Portugal poderá ainda, em ligação ou não com os accionistas da empresa de seguros em dificuldades, aprovar outras medidas necessárias ao respectivo saneamento, designadamente nos termos dos subsequentes números, o aumento do capital social e a cedência a terceiros de participações no mesmo.

2 – Quando tal se mostre indispensável à recuperação da empresa, o Instituto de Seguros de Portugal poderá impor aos accionistas o reforço do capital social, com dispensa, sujeita a autorização do Ministro das Finanças, dos requisitos legais ou estatutários relativos ao número de accionistas que deverão estar representados ou presentes na assembleia geral e a maiorias qualificadas.

3 – A alienação de participações qualificadas no capital da empresa de seguros só deve ser aprovada quando, ouvidos os titulares das participações a alienar, o Instituto de Seguros de Portugal concluir que a manutenção da titularidade delas constitui impedimento ponderoso à execução das restantes medidas de recuperação.

ARTIGO 119.º
Redução do capital social

O Instituto de Seguros de Portugal poderá autorizar ou impor a redução do capital de uma empresa de seguros, aplicando-se, com as necessárias adaptações, o regime constante do Código de Processo Civil, sempre que, por razões prudenciais, a situação financeira da empresa torne aconselhável a redução do seu capital.

ARTIGO 120.º
Designação de comissão de fiscalização

1 – O Instituto de Seguros de Portugal poderá ainda, juntamente ou não com a designação de administradores provisórios, nomear uma comissão de fiscalização.

2 – A comissão de fiscalização será composta por:

a) Um revisor oficial de contas designado pelo Instituto de Seguros de Portugal, que presidirá;

b) Um elemento designado pela assembleia geral;

c) Um revisor oficial de contas designado pela respectiva câmara.

3 – A falta de designação do elemento referido na alínea b) do número anterior não obsta ao exercício das funções da comissão de fiscalização.

4 – A comissão de fiscalização terá os poderes e deveres conferidos por lei ou pelos estatutos do conselho fiscal ou do revisor oficial de contas, consoante a estrutura da sociedade, os quais ficarão suspensos pelo período da sua actividade.

5 – A comissão de fiscalização exercerá as suas funções pelo prazo que o Instituto de Seguros de Portugal determinar, no máximo de um ano, prorrogável por igual período.

6 – A remuneração dos membros da comissão de fiscalização será fixada pelo Instituto de Seguros de Portugal e constitui encargo da instituição em causa.

ARTIGO 120.º-A[1]
Publicidade

1 – O Instituto de Seguros de Portugal noticiará em dois jornais diários de ampla difusão as suas decisões previstas na presente secção que sejam susceptíveis de afectar os direitos preexistentes de terceiros que não a própria empresa de seguros.

2 – As decisões do Instituto de Seguros de Portugal previstas na presente secção são aplicáveis independentemente da sua publicação e produzem todos os seus efeitos em relação aos credores.

3 – Em derrogação do previsto no n.º 1, quando as decisões do Instituto de Seguros de Portugal afectem exclusivamente os direitos dos accionistas, sócios ou empregados da empresa de seguros considerados enquanto tal, o Instituto notifica-os das mesmas por carta registada a enviar para o respectivo último domicílio conhecido.

SUBSECÇÃO I
Dimensão transfronteiras
ARTIGO 120.º-B[1]
Âmbito

A presente subsecção é aplicável às decisões do Instituto de Seguros de Portugal relativas ao saneamento previstas na presente secção que sejam susceptíveis de afectar os direitos preexistentes de terceiros que não a própria empresa de seguros.

ARTIGO 120.º-C[1]
Lei aplicável

Salvo disposição em contrário do previsto na subsecção I da secção II do capítulo II do regime transfronteiras do saneamento e da liquidação de empresas de seguros, o processo de saneamento nos termos previstos na presente secção é regulado pela lei portuguesa.

ARTIGO 120.º-D[1]
Produção de efeitos

1 – As decisões do Instituto de Seguros de Portugal relativas ao saneamento previstas na presente secção produzem todos os seus efeitos de acordo com a lei portuguesa em toda a União Europeia, sem nenhuma outra formalidade, inclusivamente em relação a terceiros nos demais Estados membros.

2 – Os efeitos dessas decisões produzem-se nos demais Estados membros logo que se produzam em Portugal.

ARTIGO 120.º-E[1]
Delimitação da decisão administrativa
relativa ao saneamento

As decisões do Instituto de Seguros de Portugal relativas ao saneamento tomadas nos termos da presente secção indicam, quando for caso disso, se e de que modo abrangem as sucursais da empresa de seguros estabelecidas noutros Estados membros.

---

[1] *Aditado pelo Decreto-Lei n.º 90/2003, de 30 de Abril.*

Decreto-Lei n.º 94-B/98

ARTIGO 120.º-F [1]
**Informação às autoridades de supervisão
dos demais Estados membros**

O Instituto de Seguros de Portugal informa com urgência as autoridades de supervisão de seguros dos demais Estados membros das decisões relativas ao saneamento tomadas nos termos da presente secção, incluindo os possíveis efeitos práticos dessas decisões.

ARTIGO 120.º-G [1]
Publicação

1 – Quando o Instituto de Seguros de Portugal deva tornar pública a decisão tomada nos termos da presente secção, promove a publicação no Jornal Oficial da União Europeia, o mais rapidamente possível e em português, de um extracto do documento que fixa a decisão relativa ao saneamento.

2 – A publicação prevista no número anterior identifica o Instituto de Seguros de Portugal como a autoridade competente em Portugal para a supervisão do saneamento e recuperação das empresas de seguros e, bem assim, qual a lei aplicável às matérias envolvidas na decisão, designadamente nos termos do artigo 120.º-C.

3 – As decisões do Instituto de Seguros de Portugal previstas na presente secção são aplicáveis independentemente da publicação prevista no n.º 1 e produzem todos os seus efeitos em relação aos credores.

ARTIGO 120.º-H [1]
**Empresas de seguros com sede nos demais
Estados membros**

1 – As medidas de saneamento de empresas de seguros com sede nos demais Estados membros determinadas pelas autoridades do Estado membro da respectiva sede com competência para o efeito produzem os seus efeitos em Portugal de acordo com a legislação desse Estado membro, sem requisito de formalidade específica à lei portuguesa, ainda que a lei portuguesa não preveja tais medidas de saneamento ou as sujeite a condições que não se encontrem preenchidas.

2 – Os efeitos das medidas previstas no número anterior produzem-se em Portugal logo que se produzam no Estado membro da sede da empresa de seguros delas objecto.

3 – O Instituto de Seguros de Portugal, quando informado da decisão de aplicação de uma medida das previstas no n.º 1, pode assegurar a sua publicação em Portugal da forma que entenda adequada.

ARTIGO 120.º-I [1]
**Informação relativa ao saneamento de empresa
de seguros com sede noutro Estado membro**

Ao Instituto de Seguros de Portugal é aplicável a secção II do capítulo V do título III do presente diploma relativamente à informação que receba das autoridades de supervisão de seguros dos demais Estados membros sobre o saneamento de empresas de seguros com sede nos respectivos Estados.

ARTIGO 120.º-J [1]
Remissão

Ao previsto na presente secção é aplicável, com as devidas adaptações, a subsecção I da secção II do capítulo II do regime da dimensão transfronteiras do saneamento e da liquidação de empresas de seguros.

SUBSECÇÃO II
**Sucursais em Portugal de empresas de seguros com sede fora
do território da União Europeia**

ARTIGO 120.º-L [1]
Regime

1 – A presente subsecção é aplicável, com as devidas adaptações, às sucursais em Portugal de empresas de seguros com sede fora do território da União Europeia.

2 – A aplicação prevista no número anterior não abrange as sucursais da mesma empresa de seguros noutros Estados membros.

3 – Caso, em simultâneo com a aplicação prevista no n.º 1, ocorra saneamento de sucursal da mesma empresa de seguros noutro Estado membro, o Instituto de Seguros de Portugal esforçar-se-á por coordenar a sua acção nos termos do n.º 1 com a acção relativa a este segundo saneamento prosseguida pela respectiva autoridade de supervisão de seguros e, caso as haja, pelas demais entidades competentes para o efeito.

ARTIGO 121.º
Regimes gerais de recuperação de empresas e falência

1 – Não se aplicam às empresas de seguros os regimes gerais relativos aos meios preventivos da declaração de falência e aos meios de recuperação de empresas e protecção de credores.

2 – A dissolução voluntária, bem como a liquidação, judicial ou extrajudicial, de uma empresa de seguros depende da não oposição do Instituto de Seguros de Portugal, o qual tem legitimidade para requerer a liquidação judicial em benefício dos sócios e ainda a legitimidade exclusiva para requerer a dissolução judicial e falência e para requerer, sem prejuízo da legitimidade atribuída a outras entidades, a dissolução e liquidação judicial de uma sociedade ou de outra pessoa colectiva que, sem a autorização exigida por lei, pratique operações reservadas às empresas de seguros.

3 – Sem prejuízo do disposto nos números anteriores e no número seguinte, são aplicáveis, com as necessárias adaptações, à dissolução judicial, à liquidação judicial em benefício dos sócios e à falência de empresas de seguros as normas gerais constantes, designadamente, do Código de Processo Civil e do Código dos Processos Especiais de Recuperação da Empresa e de Falência.

4 – Compete ao Instituto de Seguros de Portugal a nomeação dos liquidatários judiciais ou extrajudiciais de empresas de seguros. [2]

5 – A manifesta insuficiência do activo para satisfação do passivo constitui fundamento de declaração de falência das empresas de seguros.

---

[1] *Aditado pelo Decreto-Lei n.º 90/2003, de 30 de Abril.*
[2] *Redacção introduzida pelo Decreto-Lei n.º 8-A/2002, de 11 de Janeiro.*

---

[1] *Aditado pelo Decreto-Lei n.º 90/2003, de 30 de Abril.*

Regulação do Sector Financeiro – Seguros e Fundos de Pensões

ARTIGO 122.º
Aplicação de sanções

A adopção das providências previstas na presente secção não obsta a que, em caso de infracção, sejam aplicadas as sanções previstas na lei.

SECÇÃO VII
Outras garantias prudenciais

ARTIGO 122.º-A [1]
Organização e controlo interno

As empresas de seguros com sede em Portugal e as sucursais de empresas de seguros com sede fora do território da União Europeia devem possuir uma boa organização administrativa e contabilística e procedimentos adequados de controlo interno, bem como assegurar elevados níveis de aptidão profissional, cumprindo requisitos mínimos a fixar em norma pelo Instituto de Seguros de Portugal.

ARTIGO 122.º-B [1]
Actuário responsável

1 – As empresas de seguros com sede em Portugal devem nomear um actuário responsável, nas condições e com as funções, em matéria de garantias financeiras e outras, poderes e obrigações a fixar em norma pelo Instituto de Seguros de Portugal.

2 – A administração da empresa de seguros deve disponibilizar tempestivamente ao actuário responsável toda a informação necessária para o exercício das suas funções.

3 – O actuário responsável deve apresentar à administração da empresa de seguros os relatórios referidos na regulamentação em vigor, devendo, sempre que detecte situações de incumprimento ou inexactidão materialmente relevantes, propor à administração medidas que permitam ultrapassar tais situações, devendo então o actuário responsável ser informado das medidas tomadas na sequência da sua proposta.

4 – Os relatórios referidos no número anterior devem ser presentes ao Instituto de Seguros de Portugal nos termos e com a periodicidade estabelecidos por norma do mesmo.

5 – O presente artigo será aplicado, com as devidas adaptações, às sucursais de empresas de seguros com sede fora do território da União Europeia.

ARTIGO 122.º-C [1]
Gestão sã e prudente

As condições em que decorre a actividade de uma empresa de seguros devem respeitar as regras de uma gestão sã e prudente, designadamente provendo a que a mesma seja efectuada por pessoas suficientes e com conhecimentos adequados à natureza da actividade, segundo estratégias que levem em conta cenários razoáveis e, sempre que adequado, a eventualidade da ocorrência de circunstâncias desfavoráveis.

CAPÍTULO II
Ramos de seguros e supervisão de contratos e tarifas

ARTIGO 123.º
Ramos «Não vida»

Os seguros «Não vida» incluem os seguintes ramos:

1) «Acidentes», que compreende as seguintes modalidades:

a) Acidentes de trabalho;

b) Acidentes pessoais, nas seguintes submodalidades:

i) Prestações convencionadas;

ii) Prestações indemnizatórias;

iii) Combinações de ambas;

c) Pessoas transportadas;

2) «Doença», que compreende as seguintes modalidades:

a) Prestações convencionadas;

b) Prestações indemnizatórias;

c) Combinações de ambas;

3) «Veículos terrestres», com exclusão dos veículos ferroviários, que abrange os danos sofridos por veículos terrestres propulsionados a motor e por veículos terrestres sem motor;

4) «Veículos ferroviários», que abrange os danos sofridos por veículos ferroviários;

5) «Aeronaves», que abrange os danos sofridos por aeronaves;

6) «Embarcações marítimas, lacustres e fluviais», que abrange os danos sofridos por toda e qualquer espécie de embarcação marítima, lacustre ou fluvial;

7) «Mercadorias transportadas», que abrange os danos sofridos por mercadorias, bagagens ou outros bens, qualquer que seja o meio de transporte utilizado;

8) «Incêndio e elementos da natureza», que abrange os danos sofridos por outros bens que não os referidos nos ramos a que se referem os n.os 3) a 7), causados pela verificação de qualquer dos seguintes riscos:

a) Incêndio, raio ou explosão;

b) Tempestades;

c) Outros elementos da natureza;

d) Energia nuclear;

e) Aluimento de terras;

9) «Outros danos em coisas», que abrange os danos sofridos por outros bens que não os referidos nos ramos a que se referem os n.os 3) a 7) e compreende as seguintes modalidades:

a) Riscos agrícolas;

b) Riscos pecuários;

c) Outros riscos, como o roubo, desde que não incluídos no ramo referido no n.º 8);

10) «Responsabilidade civil de veículos terrestres a motor», que abrange a responsabilidade resultante da utilização de veículos terrestres propulsionados a motor, incluindo a responsabilidade do transportador, e compreende as seguintes modalidades:

a) Seguro obrigatório;

b) Seguro facultativo;

11) «Responsabilidade civil de aeronaves», que abrange a responsabilidade resultante da utilização de aeronaves, incluindo a responsabilidade do transportador;

12) «Responsabilidade civil de embarcações marítimas, lacustres e fluviais», que abrange a responsabilidade resultante da utilização de embarcações marítimas, lacustres e fluviais, incluindo a responsabilidade do transportador;

13) «Responsabilidade civil geral», que abrange qualquer tipo de responsabilidade que não as referidas nos ramos a que se referem os n.os 10) a 12) e compreende as seguintes modalidades:

a) Energia nuclear;

b) Outras;

14) «Crédito», que abrange os seguintes riscos:

a) Insolvência geral, declarada ou presumida;

b) Crédito à exportação;

---

[1] *Aditado pelo Decreto-Lei n.º 8-A/2002, de 11 de Janeiro.*

c) Vendas a prestações;
d) Crédito hipotecário;
e) Crédito agrícola;
15) «Caução», que abrange os seguintes riscos:
a) Caução directa;
b) Caução indirecta;
16) «Perdas pecuniárias diversas», que abrange os seguintes riscos:
a) Emprego;
b) Insuficiência de receitas;
c) Perda de lucros;
d) Persistência de despesas gerais;
e) Despesas comerciais imprevisíveis;
f) Perda de valor venal;
g) Perda de rendas ou de rendimentos;
h) Outras perdas comerciais indirectas;
i) Perdas pecuniárias não comerciais;
j) Outras perdas pecuniárias;
17) «Protecção jurídica», que abrange a cobertura de despesas decorrentes de um processo judicial, bem como formas de cobertura de defesa e representação jurídica dos interesses do segurado;
18) «Assistência», que compreende as seguintes modalidades:
a) Assistência a pessoas em dificuldades no decurso de deslocações ou ausências do domicílio ou do local de residência permanente;
b) Assistência a pessoas em dificuldades noutras circunstâncias que não as referidas na alínea anterior.

ARTIGO 124.º
Ramo «Vida»

O ramo «Vida» inclui os seguintes seguros e operações:
1) Seguro de vida:
a) Em caso de morte, em caso de vida, misto e em caso de vida com contra-seguro;
b) Renda;
c) Seguros complementares dos seguros de vida, isto é, os relativos a danos corporais, incluindo-se nestes a incapacidade para o trabalho profissional, a morte por acidente ou a invalidez em consequência de acidente ou doença;
2) Seguro de nupcialidade e seguro de natalidade;
3) Seguros ligados a fundos de investimento, que abrangem todos os seguros previstos nas alíneas a) e b) do n.º 1), e ligados a um fundo de investimento;
4) Operações de capitalização, que abrangem toda a operação de poupança, baseada numa técnica actuarial, que se traduza na assunção de compromissos determinados quanto à sua duração e ao seu montante, como contrapartida de uma prestação única ou de prestações periódicas previamente fixadas;
5) Operações de gestão de fundos colectivos de reforma, que abrangem toda a operação que consiste na gestão, por uma empresa de seguros, de investimentos, nomeadamente dos activos representativos das reservas ou provisões de organismos que liquidam prestações em caso de morte, em caso de vida ou em caso de cessação ou redução de actividade;
6) Operações de gestão de fundos colectivos de reforma, quando conjugadas com uma garantia de seguro respeitante quer à manutenção do capital quer à obtenção de um juro mínimo.

ARTIGO 125.º
Exclusividade

Sem prejuízo do disposto no artigo 127.º, os riscos compreendidos em cada um dos ramos referidos nos artigos anteriores não podem ser classificados num outro ramo nem cobertos através de apólices destinadas a outro ramo.

ARTIGO 126.º
Âmbito da exploração

1 – A exploração de qualquer dos ramos «Não vida» previstos no artigo 123.º abrange a totalidade do ramo, salvo se a empresa de seguros limitar expressamente essa exploração a parte dos riscos ou das modalidades.
2 – A exploração do ramo «Vida» previsto no artigo 124.º abrange a totalidade de cada um dos grupos de seguros ou operações aí referidos, salvo se a empresa de seguros limitar expressamente essa exploração a uma parte dos seguros ou operações incluídas nesse grupo.

ARTIGO 127.º
Riscos acessórios

1 – As empresas de seguros que explorem qualquer ramo ou modalidade podem também, através da mesma apólice, cobrir outros riscos acessórios.
2 – Para efeitos do número anterior, entende-se por riscos acessórios os que estejam ligados ao risco principal, digam respeito ao objecto coberto contra o risco principal e sejam garantidos através do contrato que cobre o risco principal.
3 – Não podem ser considerados riscos acessórios de outros ramos os compreendidos nos ramos referidos nos n.ºs 14), 15) e 17) do artigo 123.º, sem prejuízo do disposto no número seguinte.
4 – A restrição prevista no número anterior relativamente ao ramo referido no n.º 17) do artigo 123.º não se aplica quando o risco compreendido neste ramo seja acessório do ramo referido no n.º 6) do mesmo artigo, em relação a litígios ou riscos resultantes da utilização de embarcações marítimas ou relacionadas com essa utilização, ou acessório do ramo referido no n.º 18) também do mencionado artigo, quando se relacione com a assistência prestada a pessoas em dificuldades durante deslocações ou ausência do seu domicílio ou local de residência permanente.

ARTIGO 128.º
Grupos de ramos ou modalidades

Às empresas de seguros é admitida a exploração dos seguintes grupos de ramos ou modalidades previstos no artigo 123.º:
a) Ramos referidos nos n.ºs 1) e 2), sob a denominação «Seguro de acidentes e doença»;
b) Modalidade da alínea c) do ramo referido no n.º 1) e ramos referidos nos n.ºs 3), 7) e 10), sob a denominação «Seguro automóvel»;
c) Modalidade da alínea c) do ramo referido no n.º 1) e ramos referidos nos n.ºs 4), 6), 7) e 12), sob a denominação «Seguro marítimo e transportes»;
d) Modalidade da alínea c) do ramo referido no n.º 1) e ramos referidos nos n.ºs 5), 7) e 11), sob a denominação «Seguro aéreo»;
e) Ramos referidos nos n.ºs 8) e 9), sob a denominação «Seguro de incêndio e outros danos».

Regulação do Sector Financeiro – Seguros e Fundos de Pensões

ARTIGO 129.º
Supervisão de seguros obrigatórios

1 – As empresas de seguros que pretendam explorar ramos ou modalidades de seguros obrigatórios devem, para o efeito, proceder ao registo, no Instituto de Seguros de Portugal, das condições gerais e especiais das respectivas apólices, bem como das correspondentes alterações.

2 – O Instituto de Seguros de Portugal deve verificar a conformidade legal das apólices registadas nos termos do número anterior, podendo, fundamentadamente, fixar um prazo para a alteração das cláusulas que entenda necessárias.

3 – O não cumprimento pelas empresas de seguros, dentro do prazo que para o efeito lhes for concedido, das alterações referidas no número anterior implica o cancelamento do respectivo registo da apólice, sem prejuízo da manutenção em vigor, até ao vencimento dos contratos correspondentes.

4 – Das decisões referidas nos números anteriores cabe, no prazo de 30 dias, recurso para o Ministro das Finanças, cuja decisão admite recurso contencioso, nos termos gerais.

5 – O Instituto de Seguros de Portugal pode, no exercício das suas atribuições, impor o uso de cláusulas ou apólices uniformes para os ramos ou modalidades de seguros obrigatórios.

ARTIGO 130.º
Supervisão dos restantes seguros

1 – O Instituto de Seguros de Portugal, a fim de supervisionar o cumprimento das disposições aplicáveis aos contratos de seguro, pode exigir às empresas de seguros com sede em território português ou às sucursais neste estabelecidas de empresas de seguros com sede fora do território da União Europeia a comunicação não sistemática das condições gerais e especiais das apólices, das tarifas, das bases técnicas e dos formulários e outros impressos que aquelas empresas se proponham utilizar nas suas relações com os tomadores de seguros, não constituindo, em qualquer caso, esta comunicação condição para o exercício da actividade da empresa.

2 – O Instituto de Seguros de Portugal, a fim de supervisionar o cumprimento das disposições aplicáveis em matéria de princípios actuariais, pode exigir às empresas referidas no número anterior a comunicação sistemática das bases técnicas utilizadas para o cálculo das tarifas, das prestações, das contribuições e das provisões técnicas do ramo «Vida», não constituindo, em qualquer caso, esta comunicação condição para o exercício da actividade da empresa.

3 – O Instituto de Seguros de Portugal, a fim de supervisionar o cumprimento das disposições aplicáveis aos contratos de seguro e em matéria de princípios actuariais, pode exigir das empresas de seguros com sede no território de outros Estados membros que operem em Portugal em regime de estabelecimento ou em regime de livre prestação de serviços a comunicação não sistemática dos elementos referidos nos números anteriores, não constituindo, em qualquer caso, esta comunicação condição para o exercício da actividade da empresa.

ARTIGO 131.º
Registo de apólices

1 – As empresas de seguros devem manter actualizado o registo das suas apólices, o qual pode ser efectuado em suporte magnético próprio para tratamento informático.

2 – Do registo referido no número anterior devem constar todas as apólices emitidas ou renovadas durante o ano, com, pelo menos, as seguintes indicações:
a) Número e data da apólice;
b) Nome, firma ou denominação do tomador de seguro;
c) Ramo e modalidade do seguro;
d) Capital seguro.

3 – No que respeita ao ramo «Vida», o registo deve ainda especificar as seguintes indicações:
a) Nome e idade da pessoa cuja vida se segura;
b) Prazo do contrato.

4 – O disposto nos números anteriores é aplicável, com as devidas adaptações, às operações de capitalização.

ARTIGO 131.º-A
Publicidade

1 – A publicidade efectuada pelas empresas de seguros e pelas suas associações empresariais está sujeita à lei geral, sem prejuízo do que for fixado em norma do Instituto de Seguros de Portugal e, no caso de contratos de seguro ligados a fundos de investimento, em regulamento da Comissão do Mercado de Valores Mobiliários, ouvido o Instituto de Seguros de Portugal.[1]

2 – Os regulamentos previstos no número anterior, que garantirão a protecção dos credores específicos de seguros, podem abranger os intermediários de seguros e devem prever os termos da divulgação das condições tarifárias nos seguros destinados a pessoas singulares.[1]

ARTIGO 131.º-B
Intervenção do Instituto de Seguros de Portugal

1 – Sem prejuízo das atribuições da Comissão do Mercado de Valores Mobiliários no que respeita aos contratos de seguro ligados a fundos de investimento, e de atribuições que relevem especificamente da tutela dos consumidores cometidas a outras instituições e do estabelecimento de formas de cooperação com as mesmas, a fiscalização do cumprimento das normas aplicáveis em matéria de publicidade das empresas de seguros e das suas associações empresariais compete ao Instituto de Seguros de Portugal.[1]

2 – O Instituto de Seguros de Portugal, relativamente à publicidade que não respeite as disposições previstas no artigo anterior, e sem prejuízo das sanções aplicáveis, pode:
a) Ordenar as modificações necessárias para pôr termo às irregularidades;
b) Ordenar a suspensão das acções publicitárias em causa;
c) Determinar a imediata publicação pelo responsável de rectificação apropriada.

3 – Em caso de incumprimento das determinações previstas na alínea c) do número anterior, pode o Instituto de Seguros de Portugal, sem prejuízo das sanções aplicáveis, substituir-se aos infractores na prática do acto.

---

[1] *Redacção introduzida pelo Decreto-Lei n.º 357-A/2007, de 31 de Outubro.*

CAPÍTULO III
Co-seguro

SECÇÃO I
Disposições gerais

ARTIGO 132.º [1]
Co-seguro

1 – Entende-se por co-seguro a assunção conjunta de um risco por várias empresas de seguros, denominadas por co-seguradoras, de entre as quais uma é a líder, sem que haja solidariedade entre elas, através de um contrato de seguro único, com as mesmas garantias e período de duração e com um prémio global.

2 – O co-seguro é admitido em todos os ramos de seguro relativamente a contratos que, pela sua natureza ou importância, justifiquem a intervenção de várias empresas de seguros.

ARTIGO 133.º
Apólice única

O contrato de co-seguro é titulado por uma apólice única, emitida pela líder e na qual deve figurar a quota-parte do risco ou a parte percentual do capital assumida por cada uma. [2]

ARTIGO 134.º
Âmbito da responsabilidade de cada co-seguradora

No contrato de co-seguro, cada co-seguradora responde apenas pela quota-parte do risco garantido ou pela parte percentual do capital seguro assumido.

ARTIGO 135.º
Funções da co-seguradora líder

1 – À líder do co-seguro são atribuídas as seguintes funções, a serem exercidas, em seu próprio nome e em nome e por conta das restantes co-seguradoras, em relação à globalidade do contrato:

a) Receber do tomador de seguro a declaração do risco a segurar, bem como as declarações posteriores de agravamento ou de diminuição desse mesmo risco;

b) Fazer a análise do risco e estabelecer as condições do seguro e a respectiva tarifação;

c) Emitir a apólice, sem prejuízo de esta dever ser assinada por todas as co-seguradoras;

d) Proceder à cobrança dos prémios, emitindo os respectivos recibos;

e) Desenvolver, se for caso disso, as acções previstas nas disposições legais aplicáveis em caso de falta de pagamento de um prémio ou fracção de prémio;

f) Receber as participações de sinistros e proceder à sua regulação;

g) Aceitar e propor a resolução do contrato.

2 – Poderão ainda, mediante acordo entre as co-seguradoras, ser atribuídas à líder, outras funções para além das referidas no número anterior.

3 – No caso previsto na alínea a) do artigo 138.º, em derrogação do previsto na alínea c) do n.º 1, a apólice pode ser assinada apenas pela co-seguradora líder, em nome de todas as co-seguradoras, mediante acordo escrito entre todas, que deve ser mencionado na apólice. [1]

ARTIGO 136.º
Acordo entre as co-seguradoras

Relativamente a cada contrato de co-seguro, deve ser estabelecido entre as respectivas co-seguradoras um acordo expresso relativo às relações entre todas e entre cada uma e a líder, do qual devem, sem prejuízo do disposto no n.º 1 do artigo anterior, constar, pelo menos, os seguintes aspectos:

a) Valor da taxa de gestão, no caso de as funções exercidas pela líder serem remuneradas;

b) Forma de transmissão de informações e de prestação de contas pela líder a cada uma das co-seguradoras;

c) Sistema de liquidação de sinistros.

ARTIGO 137.º
Responsabilidade civil da líder

A líder é civilmente responsável perante as restantes co-seguradoras pelas perdas e danos decorrentes do não cumprimento das funções que lhe forem atribuídas.

ARTIGO 138.º
Liquidação de sinistros

Os sinistros decorrentes de um contrato de co-seguro podem ser liquidados através de qualquer das seguintes modalidades, a constar expressamente da respectiva apólice:

a) A líder procede, em seu próprio nome e em nome e por conta das restantes co-seguradoras, à liquidação global do sinistro;

b) Cada uma das co-seguradoras procede à liquidação da parte do sinistro proporcional à quota-parte do risco que garantiu ou à parte percentual do capital que assumiu.

ARTIGO 139.º
Propositura de acções judiciais

As acções judiciais decorrentes de um contrato de co-seguro devem ser intentadas contra todas as co-seguradoras, salvo se o litígio se prender com a liquidação de um sinistro e tiver sido adoptada, na apólice respectiva, a modalidade referida na alínea b) do artigo anterior.

ARTIGO 140.º
Abandono por uma co-seguradora

Se uma das co-seguradoras desejar abandonar o contrato de co-seguro, deve, com uma antecedência mínima de 30 dias em relação à data em que o pretenda fazer, comunicar tal facto à líder, que dará conhecimento ao tomador do seguro e às restantes co-seguradoras a fim de que se decida sobre a forma de garantia da quota-parte em causa.

---

[1] *O artigo 6.º do Decreto-Lei n.º 72/2008, de 16 de Abril, que aprovou o Regime Jurídico do Contrato de Seguro, revogou os artigos 132.º a 142.º. Este diploma entra em vigor no dia 1 de Janeiro de 2009.*

[2] *Redacção introduzida pelo Decreto-Lei n.º 8-A/2002, de 11 de Janeiro.*

---

[1] *Redacção introduzida pelo Decreto-Lei n.º 145/2006, de 31 de Julho.*

Regulação do Sector Financeiro – Seguros e Fundos de Pensões

SECÇÃO II
Co-seguro comunitário

ARTIGO 141.º
Co-seguro comunitário

Entende-se por co-seguro comunitário a assunção conjunta de um risco por várias empresas de seguros estabelecidas em diferentes Estados membros da União Europeia, denominadas co-seguradoras, de entre as quais uma é a líder, sem que haja solidariedade entre elas, através de um contrato de seguro único, com as mesmas garantias e período de duração e com um prémio global.

ARTIGO 142.º
Requisitos

O co-seguro comunitário apenas é admitido em relação aos contratos cujo objecto se destine a cobrir grandes riscos, entendidos estes na acepção do n.º 3 do artigo 2.º e de acordo com os critérios dos n.os 4 e 5 do mesmo artigo.

ARTIGO 143.º
Condições de acesso

Para a celebração de contratos em regime de co-seguro comunitário, são aplicáveis à co-seguradora líder as disposições dos artigos 59.º a 67.º do presente diploma.

ARTIGO 144.º
Provisões técnicas

1 – O cálculo e representação das provisões técnicas relativas aos contratos em co-seguro comunitário rege-se, em relação a cada co-seguradora, pelas regras do respectivo Estado membro de origem, sem prejuízo do disposto no número seguinte.

2 – A provisão para sinistros deve, em relação a cada co-seguradora, ser calculada e representada de acordo com as regras que se encontrem, para o efeito, em vigor no Estado membro de origem da co-seguradora líder.

3 – As provisões técnicas constituídas pelas diferentes co-seguradoras serão representadas por activos, móveis ou imóveis, e congruentes, localizados em qualquer parte do território da União Europeia.

ARTIGO 145.º
Mediação

Ao contrato de co-seguro comunitário, na parte respeitante ao risco situado em Portugal, são aplicáveis as normas legais e regulamentares em vigor no território português em matéria de mediação de seguros.

ARTIGO 146.º
Regime fiscal

O regime fiscal do contrato de co-seguro comunitário, na parte respeitante ao risco ou parte do risco situado em território português, rege-se pelo disposto nos artigos 173.º a 175.º, devendo a co-seguradora líder dar cumprimento às respectivas disposições, nomeadamente à estatuição do artigo 175.º

ARTIGO 147.º
Sanções

A co-seguradora líder que não cumpra as disposições do presente capítulo fica sujeita à aplicação das sanções legalmente previstas.

CAPÍTULO IV
Transferências de carteira

ARTIGO 148.º
Cedente com sede em Portugal e cessionária estabelecida na União Europeia

1 – As empresas de seguros com sede em território português podem, nos termos legais e regulamentares em vigor, transferir a totalidade ou parte dos contratos da respectiva carteira, subscritos em regime de estabelecimento ou em regime de livre prestação de serviços, para uma cessionária estabelecida na União Europeia.

2 – A transferência referida no número anterior pode ser autorizada desde que, cumulativamente:

a) As autoridades competentes do Estado membro de origem da cessionária, se for o caso, atestem que esta possui, atendendo a essa mesma transferência, a margem de solvência disponível necessária para o efeito; [1]

b) As autoridades competentes do Estado membro onde se situam os riscos ou do Estado membro do compromisso dêem o seu acordo à mencionada transferência.

3 – Se a transferência a que se refere o n.º 1 do presente artigo se reportar à totalidade ou parte dos contratos da carteira da sucursal de uma empresa de seguros com sede em Portugal, o Estado membro da sucursal deve também ser consultado.

ARTIGO 149.º
Sucursal de cedente com sede fora da União Europeia e cessionária estabelecida em Portugal

1 – As sucursais de empresas de seguros cuja sede se situe fora do território da União Europeia e estabelecidas em território português podem, nos termos legais e regulamentares em vigor, transferir a totalidade ou parte dos contratos da respectiva carteira para uma cessionária também estabelecida em Portugal.

2 – A transferência referida no número anterior pode ser autorizada desde que, cumulativamente:

a) O Instituto de Seguros de Portugal ou, eventualmente, as autoridades competentes do Estado membro da cessionária, nos termos do artigo 108.º, se for o caso, atestem que esta possui, atendendo a essa mesma transferência, a margem de solvência disponível necessária para o efeito; [1]

b) As autoridades competentes do Estado membro onde se situam os riscos ou do Estado membro do compromisso, quando estes não forem os mesmos em que se situa a sucursal cedente, dêem o seu acordo à mencionada transferência.

3 – O Instituto de Seguros de Portugal não procede à certificação referida na alínea a) do n.º 2 sempre que tenha dúvidas fundadas sobre a situação financeira da empresa de seguros cessionária, designadamente nos casos em que tenha sido solicitado um plano de reequilíbrio da situação financeira em conformidade com o disposto no artigo 108.º-A e enquanto entender que os direitos dos segurados e beneficiários dos contratos de seguro se encontram em risco. [1]

---

[1] *Redacção introduzida pelo Decreto-Lei n.º 251/2003, de 14 de Outubro.*

Artigo 150.º
Sucursal de cedente com sede fora da União Europeia e estabelecida em Portugal e cessionária com sede em outro Estado membro

1 – As sucursais de empresas de seguros cuja sede se situe fora do território da União Europeia e estabelecidas em território português podem, nos termos legais e regulamentares em vigor, transferir a totalidade ou parte dos contratos da respectiva carteira para uma empresa de seguros com sede num outro Estado membro.

2 – A transferência referida no número anterior pode ser autorizada desde que, cumulativamente:

a) As autoridades competentes do Estado membro de origem da cessionária, se for o caso, atestem que esta possui, atendendo a essa mesma transferência, a margem de solvência disponível necessária para o efeito; [1]

b) As autoridades competentes do Estado membro onde se situam os riscos ou do Estado membro do compromisso, quando estes não forem os mesmos em que se situa a sucursal cedente, dêem o seu acordo à mencionada transferência.

Artigo 151.º
Sucursal de cedente com sede fora da União Europeia estabelecida em Portugal e de cessionária com sede fora da União Europeia e estabelecida em outro Estado membro

1 – As sucursais de empresas de seguros cuja sede se situe fora do território da União Europeia e estabelecidas em território português podem, nos termos legais e regulamentares em vigor, transferir a totalidade ou parte dos contratos da respectiva carteira para uma sucursal de uma empresa cuja sede se situe também fora do território da União Europeia mas estabelecida no território de outro Estado membro.

2 – A transferência referida no número anterior pode ser autorizada desde que, cumulativamente:

a) As autoridades competentes do Estado membro do estabelecimento da cessionária ou, eventualmente, as autoridades competentes da cessionária, nos termos do artigo 108.º, se for o caso, atestem não só que esta possui, atendendo a essa mesma transferência, a margem de solvência disponível necessária para o efeito, como certifiquem também que a legislação do Estado membro da cessionária prevê a possibilidade desta transferência e a respectiva concordância para a mesma transferência; [1]

b) As autoridades competentes do Estado membro onde se situam os riscos ou do Estado membro do compromisso, quando estes não forem os mesmos em que se situa a sucursal cedente, dêem o seu acordo à mencionada transferência.

Artigo 152.º
Parecer ou acordo das autoridades competentes

Se as autoridades competentes consultadas para os efeitos previstos neste capítulo não comunicarem ao Instituto de Seguros de Portugal o seu parecer ou o seu acordo no prazo de três meses contados a partir da data da recepção do pedido, decorrido o mesmo prazo considerar-se-á ter havido parecer favorável ou acordo tácito das mencionadas autoridades.

Artigo 153.º
Publicidade da transferência

1 – As transferências de carteira previstas no presente capítulo serão autorizadas pelo Instituto de Seguros de Portugal.

2 – As autorizações para transferências de carteira concedidas pelas autoridades competentes dos Estados membros de origem e que abranjam contratos cobrindo riscos situados em território português ou em que Portugal seja o Estado membro do compromisso devem ser devidamente redigidas e publicadas em língua portuguesa no Diário da República e em dois jornais diários de ampla difusão.

Artigo 154.º
Oponibilidade da transferência e resolução dos contratos

As transferências de carteira previstas no presente capítulo são oponíveis aos tomadores, segurados e a quaisquer outras pessoas titulares de direitos ou obrigações emergentes dos correspondentes contratos de seguro, a partir da autorização pelo Instituto de Seguros de Portugal, dispondo, porém, os segurados e tomadores de um prazo de 30 dias contados a partir da publicação no Diário da República, referida no n.º 2 do artigo anterior, para a resolução dos respectivos contratos, prazo durante o qual a transferência não lhes é oponível.

Artigo 155.º
Ramo «Vida»

1 – Não poderá ser autorizada qualquer transferência de carteira de contratos de seguro do ramo «Vida» quando se lhe oponham, pelo menos, 20% dos segurados dos contratos da carteira a transferir.

2 – Requerida a autorização para a transferência da carteira e para os efeitos referidos no número anterior, o Instituto de Seguros de Portugal notifica, por carta registada a enviar para o último domicílio constante do contrato, todos os respectivos segurados, que disporão de um prazo de 60 dias, contados a partir da recepção da mesma, para se oporem à transferência.

3 – O disposto nos números anteriores é igualmente aplicável sempre que o Instituto de Seguros de Portugal for consultado enquanto autoridade competente do Estado membro do compromisso, ficando o parecer ou acordo que lhe for solicitado para o efeito pela autoridade competente do Estado membro de origem da empresa de seguros cedente condicionado ao disposto no n.º 1 do presente artigo, sendo a percentagem aí referida aplicável à parte da carteira em que Portugal é o Estado membro do compromisso.

4 – As despesas inerentes à notificação referida no n.º 2 correrão por conta da empresa de seguros cedente.

5 – O disposto no presente artigo não é aplicável se for reconhecido pelo Instituto de Seguros de Portugal que a transferência de carteira se insere num processo de saneamento de uma situação de insuficiência financeira de uma empresa de seguros.

---

[1] *Redacção introduzida pelo Decreto-Lei n.º 251/2003, de 14 de Outubro.*

CAPÍTULO V
Supervisão

SECÇÃO I
Disposições gerais

ARTIGO 156.º
Supervisão pelo Instituto de Seguros de Portugal

1 – O Instituto de Seguros de Portugal é, nos termos legais e regulamentares, a autoridade competente para o exercício da supervisão não só das actividades das empresas de seguros e de resseguros com sede em Portugal, incluindo a actividade exercida no território de outros Estados membros pelas respectivas sucursais ou a aí exercida em livre prestação de serviços, como também das actividades exercidas em território português por sucursais de empresas de seguros com sede fora da União Europeia.

2 – O disposto no número anterior não prejudica as atribuições da Comissão do Mercado de Valores Mobiliários relativamente a contratos de seguro ligados a fundos de investimento. [1]

3 – O Instituto de Seguros de Portugal é igualmente a autoridade competente para o exercício da supervisão complementar de empresas de seguros com sede em Portugal, nos termos da secção seguinte. [2]

4 – Caso a empresa de seguros sujeita à supervisão prevista no número anterior tenha como empresa mãe uma sociedade gestora de participações no sector dos seguros, uma empresa de resseguros, uma empresa de seguros de um país terceiro ou uma sociedade gestora de participações mista de seguros que seja também empresa mãe de outra empresa de seguros autorizada noutro Estado membro da União Europeia, o Instituto de Seguros de Portugal deve chegar a acordo com a autoridade de supervisão congénere do Estado membro em questão para a designação daquela a quem cabe a responsabilidade pelo exercício da supervisão complementar de empresas de seguros. [2]

ARTIGO 157.º
Poderes de supervisão

1 – No exercício das funções de supervisão referidas no artigo anterior, o Instituto de Seguros de Portugal dispõe de poderes e meios para:

a) Verificar a conformidade técnica, financeira, legal e fiscal da actividade das empresas de seguros e resseguros sob a sua supervisão;

b) Obter informações pormenorizadas sobre a situação das empresas de seguros e o conjunto das suas actividades através, nomeadamente, da recolha de dados, da exigência de documentos relativos ao exercício da actividade seguradora ou de inspecções a efectuar nas instalações da empresa;

c) Adoptar, em relação às empresas de seguros, seus dirigentes responsáveis ou pessoas que as controlam, todas as medidas adequadas e necessárias não só para garantir que as suas actividades observam as disposições legais e regulamentares que lhes são aplicáveis, nomeadamente o programa de actividades, como também para evitar ou eliminar qualquer irregularidade que possa prejudicar os interesses dos segurados e beneficiários;

d) Garantir a aplicação efectiva das medidas referidas na alínea anterior, se necessário mediante recurso às instâncias judiciais;

e) Obter todas as informações de que careça sobre contratos que estejam na posse de mediadores;

f) Exercer as demais funções e atribuições previstas no presente diploma e legislação e regulamentação complementares.

2 – Para os efeitos previstos no número anterior, o Instituto de Seguros de Portugal exigirá das empresas de seguros a documentação necessária, incluindo os documentos estatísticos.

3 – Caso uma empresa de seguros pertença a um grupo, o Instituto de Seguros de Portugal deve certificar-se de que a estrutura do grupo, em especial as relações propostas entre a empresa e outras entidades do grupo, permite uma supervisão eficaz.

4 – Para efeitos do disposto no número anterior, as empresas de seguros devem comunicar ao Instituto de Seguros de Portugal a sua integração num grupo ou a alteração da estrutura do grupo a que pertencem, devendo também fornecer-lhe informações relativas à estrutura organizativa do grupo que incluam elementos suficientes sobre a referida estrutura e as relações propostas entre a empresa e as outras entidades do grupo, de forma que seja possível verificar a existência dos requisitos referidos na alínea e) do n.º 2 do artigo 13.º.

5 – As informações referidas no número anterior podem ser solicitadas a qualquer entidade ou grupo.

6 – No exercício das suas funções de supervisão, o Instituto de Seguros de Portugal emitirá instruções e recomendações para que sejam sanadas as irregularidades detectadas.

ARTIGO 157.º-A [1]
Colaboração para o exercício da supervisão

1 – Caso uma empresa de seguros e quer uma instituição de crédito ou uma empresa de investimento, quer ambas, se encontrem em relação de participação, ou tenham uma empresa participante comum, o Banco de Portugal e a Comissão do Mercado de Valores Mobiliários fornecerão ao Instituto de Seguros de Portugal todas as informações necessárias ao exercício por este das suas funções de supervisão.

2 – Às informações recebidas e às trocas de informação nos termos do número anterior aplica-se o disposto na secção II do presente capítulo.

ARTIGO 157.º-B [1]
Outras empresas

1 – As sociedades gestoras de participações sociais ficam sujeitas à supervisão do Instituto de Seguros de Portugal sempre que o valor total, directa ou indirectamente detido, das suas participações em empresas de seguro em sociedades gestoras de fundos de pensões e em sociedades de mediação de seguros ou de resseguros represente pelo menos 50% do montante global das participações que detiverem e, bem assim, sempre que se encontrem, em relação a uma ou mais empresas de seguro, sociedades gestoras de fundos de pensões e sociedades de mediação de seguros ou de resseguros, em alguma das situações previstas no n.º 1) do artigo 3.º, exceptuando-se, porém, as que estiverem sujeitas por outra legislação à supervisão do Banco de Portugal.

---

[1] *Redacção introduzida pelo Decreto-Lei n.º 357-A/2007, de 31 de Outubro.*

[2] *Redacção introduzida pelo Decreto-Lei n.º 8-A/2002, de 11 de Janeiro.*

---

[1] *Aditado pelo Decreto-Lei n.º 8-A/2002, de 11 de Janeiro.*

Decreto-Lei n.º 94-B/98

2 – Às sociedades gestoras de participações sociais sujeitas à supervisão do Instituto de Seguros de Portugal nos termos do número anterior é aplicável o disposto no capítulo II do título VI deste diploma. [1]

3 – Quando o Instituto de Seguros de Portugal seja a autoridade de supervisão responsável pelo exercício da supervisão complementar a nível de um conglomerado financeiro, a companhia financeira mista que lidere o conglomerado financeiro fica sujeita ao disposto no capítulo II do título VI pelas infracções às disposições legais ou regulamentares aplicáveis à supervisão complementar no âmbito de um conglomerado financeiro. [1]

4 – Se duas ou mais sociedades gestoras de participações sociais estiverem entre si em relação de grupo, ou por outro qualquer modo actuarem concertadamente, são consideradas como uma única sociedade para os efeitos do n.º 1. [1]

5 – A Inspecção-Geral de Finanças informa o Instituto de Seguros de Portugal das situações referidas no n.º 1 e que sejam do seu conhecimento. [1]

6 – Para determinação dos termos da relação com a empresa de seguros sujeita à supervisão do Instituto de Seguros de Portugal, estão sujeitas à inspecção por este as empresas do respectivo grupo que não estejam sujeitas à supervisão de outra autoridade comunitária competente ou do Banco de Portugal.

7 – Sempre que as empresas referidas no número anterior estejam sujeitas à supervisão de uma outra entidade competente, o Instituto de Seguros de Portugal solicitará a essa autoridade que verifique as informações sobre essas empresas ou que autorize que tal verificação seja efectuada pelo Instituto de Seguros de Portugal, quer directamente quer através de pessoa ou entidade mandatada para o efeito.

SECÇÃO I-A
Da supervisão complementar em especial

ARTIGO 157.º-C
Acesso à informação relevante para a supervisão complementar

1 – Sem prejuízo da aplicação do artigo 157.º à supervisão complementar, no respeitante às informações relativas às empresas participadas, às empresas participantes e às empresas participadas de uma empresa participante da empresa de seguros, o Instituto de Seguros de Portugal solicita-as directamente a estas empresas no caso de a empresa de seguros sujeita à supervisão complementar as não ter prestado.

2 – A verificação in loco das informações necessárias ao exercício da supervisão complementar será feita, pelo Instituto de Seguros de Portugal, directamente ou por intermédio de pessoas que tenha mandatado para o efeito, na empresa de seguros sujeita a essa supervisão e nas respectivas empresas filiais, empresas mãe e empresas filiais das empresas mãe.

3 – Se, no âmbito do exercício da supervisão complementar, o Instituto de Seguros de Portugal carecer de verificar informação importante relativa a empresa cuja sede se situe noutro Estado membro da União Europeia e que seja uma empresa de seguros participada, uma empresa filial, uma empresa mãe ou uma empresa filial de uma empresa mãe da empresa de seguros sujeita à supervisão complementar, solicitá-lo-á à autoridade congénere desse outro Estado membro.

4 – No caso de pedido de teor idêntico ao do previsto no número anterior recebido de autoridade congénere de outro Estado membro, o Instituto de Seguros de Portugal dar-lhe-á seguimento, quer procedendo ele à verificação solicitada quer permitindo que a mesma seja efectuada pela requerente ou por revisor ou perito mandatado para o efeito.

5 – Ainda que a verificação seja efectuada pelo Instituto de Seguros de Portugal, a autoridade de supervisão que apresentou o pedido pode, se o desejar, participar na verificação.[1]

ARTIGO 157.º-D
Cooperação internacional para o exercício da supervisão complementar

1 – No caso de uma empresa de seguros estabelecida em Portugal estar em relação de participação com uma empresa de seguros estabelecida noutro Estado membro da União Europeia, ou de ambas as empresas terem uma empresa participante comum, o Instituto de Seguros de Portugal comunica à autoridade de supervisão congénere, a pedido, as informações úteis susceptíveis de permitir ou facilitar o exercício da supervisão complementar, bem como, por iniciativa própria, as informações que entenda essenciais para as autoridades congéneres.

2 – No caso de uma empresa de seguros estabelecida em Portugal estar em relação de participação com uma empresa de seguros estabelecida num país terceiro e seja pela União Europeia negociado um acordo com esse país relativamente às modalidades de exercício da supervisão complementar, o Instituto de Seguros de Portugal pode trocar com as autoridades de supervisão desse país informações necessárias à supervisão complementar.

SECÇÃO II
Sigilo profissional

ARTIGO 158.º
Sigilo profissional

1 – Os membros dos órgãos do Instituto de Seguros de Portugal, bem como todas as pessoas que nele exerçam ou tenham exercido uma actividade profissional, estão sujeitos ao dever de guardar sigilo dos factos cujo conhecimento lhes advenha exclusivamente pelo exercício das suas funções.

2 – O dever de sigilo profissional referido no número anterior implica que qualquer informação confidencial recebida no exercício da actividade profissional não pode ser comunicada a nenhuma pessoa ou autoridade, excepto de forma sumária ou agregada e de modo que as empresas de seguros não possam ser individualmente identificadas.

3 – Sempre que uma empresa de seguros seja declarada em estado de falência ou que tenha sido decidida judicialmente a sua liquidação, as informações confidenciais que não digam respeito a terceiros implicados nas tentativas de recuperação da seguradora podem ser divulgadas no âmbito do processo.

ARTIGO 159.º
Troca de informações entre autoridades competentes

1 – O dever de sigilo profissional não impede que o Instituto de Seguros de Portugal proceda à troca de informações

---

[1] *Redacção introduzida pelo Decreto-Lei n.º 145/2006, de 31 de Julho.*

[1] *Redacção introduzida pelo Decreto-Lei n.º 145/2006, de 31 de Julho.*

Regulação do Sector Financeiro – Seguros e Fundos de Pensões

necessárias ao exercício da supervisão da actividade seguradora com as autoridades competentes dos outros Estados membros, sem prejuízo da sujeição dessas informações ao dever de sigilo profissional.

2 – O disposto no número anterior é aplicável à troca de informações entre o Instituto de Seguros de Portugal e as seguintes entidades nacionais ou de outros Estados membros:

a) Autoridades investidas da atribuição pública de fiscalização das instituições de crédito e outras instituições financeiras, bem como autoridades encarregadas da supervisão dos mercados financeiros;

b) Órgãos intervenientes na liquidação e no processo de falência de empresas de seguros e outros processos similares, bem como autoridades competentes para a supervisão desses órgãos; [1]

c) Entidades responsáveis pela detecção e investigação de violações do direito das sociedades;

d) Entidades incumbidas da gestão de processos de liquidação ou de fundos de garantia;

e) Bancos centrais, outras entidades de vocação semelhante enquanto autoridades monetárias e outras autoridades encarregadas da supervisão dos sistemas de pagamento.

3 – O dever de sigilo profissional não impede o Instituto de Seguros de Portugal de solicitar, nem as pessoas e entidades a seguir indicadas de fornecer, as informações necessárias ao exercício da supervisão da actividade seguradora, sem prejuízo da sujeição dessas informações ao dever de sigilo profissional:

a) Pessoas encarregadas da certificação legal das contas das empresas de seguros, das instituições de crédito, das empresas de investimento e de outras instituições financeiras, bem como as autoridades competentes para a supervisão das pessoas encarregadas da revisão legal das contas destas entidades;

b) Actuários responsáveis que exerçam, nos termos da lei, uma função de controlo sobre as empresas de seguros, bem como entidades com competência para a supervisão desses actuários.

4 – Sem prejuízo do disposto no n.º 1, se as informações referidas no n.º 2 forem provenientes de outro Estado membro, só poderão ser divulgadas com o acordo explícito das autoridades competentes que tiverem procedido à respectiva comunicação e, se for caso disso, exclusivamente para os fins relativamente aos quais as referidas autoridades tiverem dado o seu acordo, devendo ser-lhes comunicada a identidade e o mandato preciso das entidades a quem devem ser transmitidas essas informações.

5 – A troca de informações necessárias ao exercício da supervisão da actividade seguradora com autoridades competentes de países não membros da União Europeia ou com autoridades ou organismos destes países, definidos nas alíneas a), b) e d) dos n.os 2 e 3, está sujeita às garantias de sigilo profissional previstas na presente secção, estabelecidas e aceites reciprocamente, sendo-lhes aplicável o previsto no n.º 4.[1]

Artigo 160.º
Informações confidenciais

O Instituto de Seguros de Portugal só pode utilizar as informações confidenciais recebidas nos termos dos artigos

anteriores no exercício das suas funções e com as seguintes finalidades:

a) Para análise das condições de acesso à actividade seguradora e para a supervisão das condições de exercício da mesma, especialmente em matéria de fiscalização das provisões técnicas, da margem de solvência, da organização administrativa e contabilística e do controlo interno;

b) Para a aplicação de sanções;

c) No âmbito de um recurso administrativo ou jurisdicional interposto de decisões tomadas no âmbito do presente diploma e respectiva legislação complementar.

Artigo 161.º
Informações para supervisão prudencial

1 – O Instituto de Seguros de Portugal pode, se tal se justificar por razões de supervisão prudencial, comunicar as informações para o efeito necessárias às entidades nacionais de supervisão das instituições de crédito, serviços de investimento e demais instituições financeiras, bem como aos inspectores mandatados por estas entidades.

2 – A comunicação referida no número anterior não abrange as informações recebidas ao abrigo dos n.os 1 e 2 do artigo 159.º nem as obtidas através das inspecções a efectuar nas instalações da empresa previstas na alínea b) do n.º 1 do artigo 157.º, salvo acordo explícito da autoridade competente que tenha comunicado as informações ou da autoridade competente do Estado membro em que tenha sido efectuada a inspecção.

3 – Os revisores oficiais de contas ou as entidades incumbidas da certificação legal das contas das empresas de seguros e os auditores externos que, por exigência legal, prestem às mesmas empresas serviços de auditoria devem comunicar imediatamente ao Instituto de Seguros de Portugal qualquer facto ou decisão de que tomem conhecimento no desempenho das suas funções e que seja susceptível de:

a) Constituir violação das normas legais, regulamentares e administrativas reguladoras do acesso e exercício da actividade seguradora;

b) Afectar a continuidade da exploração da empresa de seguros;

c) Acarretar a recusa da certificação das contas ou a emissão de quaisquer reservas às mesmas contas.

4 – O disposto no número anterior é igualmente aplicável ao exercício pelas entidades referidas de funções idênticas em empresa que tenha uma relação de proximidade decorrente de uma relação de controlo com uma empresa de seguros.

5 – As comunicações ao Instituto de Seguros de Portugal efectuadas de boa fé em cumprimento dos n.os 3 e 4 não constituem violação de qualquer restrição à divulgação de informações imposta por contrato ou por disposições legais, regulamentares ou administrativas, não acarretando qualquer tipo de responsabilidade.

Artigo 162.º
Excepções ao dever de sigilo profissional

Fora dos casos previstos na presente secção, os factos e elementos abrangidos pelo dever de sigilo profissional só podem ser revelados:

a) Nos termos previstos na lei penal e de processo penal;

b) Quando exista outra disposição legal que expressamente limite o dever de sigilo profissional.

---

[1] *Redacção introduzida pelo Decreto-Lei n.º 169/2002, de 25 de Julho.*

SECÇÃO III
Empresas de seguros com sede em Portugal

ARTIGO 163.º
Comunicação do montante dos prémios

1 – As empresas de seguros com sede em território português, sem prejuízo de outros elementos contabilísticos e estatísticos necessários ao exercício da supervisão fixados por norma do Instituto de Seguros de Portugal, devem comunicar a este Instituto, separadamente para as operações efectuadas em regime de estabelecimento e em regime de livre prestação de serviços, o montante dos prémios, sem dedução do resseguro, por grupos de ramos «Não vida» e por cada um dos seguros e operações do ramo «Vida», emitidos por Estado membro.

2 – A comunicação referida no número anterior, no que respeita aos grupos de ramos «Não vida», abrangerá também o montante dos sinistros e das comissões, bem como, no caso do ramo referido no n.º 10) do artigo 123.º, excluindo a responsabilidade do transportador, a frequência e o custo médio dos sinistros.

3 – O Instituto de Seguros de Portugal comunicará as indicações referidas no presente artigo, de uma forma agregada, às autoridades competentes de cada um dos Estados membros interessados que lhas tenham solicitado.

ARTIGO 164.º
Grupos de ramos

Os grupos de ramos «Não vida» referidos no artigo anterior são, relativamente aos respectivos números constantes do artigo 123.º, os seguintes:

a) Ramos referidos nos n.ºs 1) e 2);
b) Ramos referidos nos n.ºs 3), 7) e 10), especificando-se os valores relativos a este último, com exclusão da responsabilidade do transportador;
c) Ramos referidos nos n.ºs 8) e 9);
d) Ramos referidos nos n.os 4), 5), 6), 7), 11) e 12);
e) Ramo referido no n.º 13);
f) Ramos referidos nos n.ºs 14) e 15);
g) Ramos referidos nos n.ºs 16), 17) e 18).

ARTIGO 165.º
Mediação

As empresas de seguros com sede em Portugal não estão sujeitas às normas legais e regulamentares em vigor no território português em matéria de mediação na celebração de contratos pelas respectivas sucursais ou em regime de livre prestação de serviços cobrindo riscos situados no território de outros Estados membros.

SECÇÃO IV
Empresas de seguros com sede no território de outros Estados membros

ARTIGO 166.º
Sucursais e livre prestação de serviços

As empresas de seguros com sede no território de outros Estados membros que operem em Portugal através de sucursais ou em livre prestação de serviços devem, no âmbito dessa actividade, apresentar ao Instituto de Seguros de Portugal os documentos que por este lhes forem solicitados no exercício dos seus poderes de supervisão.

ARTIGO 167.º
Solicitação do montante dos prémios

O Instituto de Seguros de Portugal, relativamente à actividade exercida em território português, solicitará às autoridades competentes do Estado membro de origem das empresas de seguros a que se refere a presente secção a comunicação das indicações previstas no artigo 163.º

ARTIGO 168.º
Seguro obrigatório de acidentes de trabalho

As empresas de seguros com sede no território de outros Estados membros que explorem em território português o seguro obrigatório de acidentes de trabalho devem respeitar todas as disposições legais e regulamentares previstas para a respectiva exploração, ficando, nessa medida, sujeitas à supervisão do Instituto de Seguros de Portugal, sem prejuízo da supervisão financeira, que será da exclusiva competência das autoridades competentes do Estado membro de origem.

ARTIGO 169.º
Mediação

As empresas de seguros com sede no território de outros Estados membros que operem em Portugal através de sucursais ou em livre prestação de serviços estão sujeitas às normas legais e regulamentares em vigor no território português, em matéria de mediação, na celebração de contratos cobrindo riscos situados em Portugal.

ARTIGO 170.º
Situações irregulares

1 – Se o Instituto de Seguros de Portugal verificar que uma empresa de seguros com sede no território de outro Estado membro que opera em Portugal através de uma sucursal ou em livre prestação de serviços não respeita as normas legais e regulamentares em vigor que lhe são aplicáveis, notificá-la-á para que ponha fim a essa situação irregular.

2 – Se a empresa não regularizar a situação, o Instituto de Seguros de Portugal informará as autoridades competentes do Estado membro de origem, solicitando-lhes as medidas adequadas para que a empresa ponha fim à situação irregular.

3 – Se, apesar das medidas tomadas ao abrigo do número anterior, a empresa persistir na situação irregular, o Instituto de Seguros de Portugal, após ter informado as autoridades competentes do Estado membro de origem, adoptará as medidas legalmente previstas para evitar ou reprimir as irregularidades cometidas ou novas situações irregulares, podendo, se necessário, impedir a empresa de continuar a celebrar novos contratos de seguro em território português.

ARTIGO 171.º
Sanções

1 – Sem prejuízo do disposto no artigo anterior, as empresas no mesmo referidas ficam sujeitas à aplicação das sanções previstas no presente diploma.

2 – O Instituto de Seguros de Portugal comunicará às autoridades competentes do Estado membro de origem a aplicação das sanções a que se refere o número anterior.

Regulação do Sector Financeiro – Seguros e Fundos de Pensões

ARTIGO 172.º
Recurso

As sanções ou restrições ao exercício da actividade seguradora previstas nos artigos anteriores devem ser devidamente fundamentadas e notificadas à empresa interessada, delas cabendo recurso nos termos gerais.

SECÇÃO V
Supervisão complementar de empresas de seguros com sede em Portugal

ARTIGO 172.º-A [1]
Definições

Para os efeitos da supervisão complementar de empresas de seguros que fazem parte de um grupo segurador, considera-se:[1]

a) «Empresa de seguros» as empresas previstas na alínea b) do n.º 1 do artigo 2.º, com exclusão das empresas de resseguros;

b) «Empresa de seguros de um país terceiro» uma empresa que, se a sua sede estivesse situada na União Europeia, seria obrigada a dispor de uma autorização nos termos das secções II e III do capítulo I do título II, ou de disposições congéneres dos demais Estados membros;

c) «Empresa de resseguros» uma empresa que não seja uma empresa de seguros ou uma empresa de seguros de um país terceiro e cuja actividade principal consista em aceitar riscos cedidos por uma empresa de seguros, por uma empresa de seguros de um país terceiro ou por outras empresas de resseguros;

d) «Empresa mãe» a empresa prevista no n.º 3) do artigo 3.º, bem como a que, no parecer das autoridades competentes, exerça efectivamente uma influência dominante sobre outra empresa;

e) «Filial» a empresa prevista no n.º 4) do artigo 3.º, bem como qualquer empresa sobre a qual, no parecer das autoridades competentes, uma empresa mãe exerça efectivamente uma influência dominante, havendo lugar, também neste segundo caso, à consideração da parte final daquele n.º 4);

f) «Participação» os direitos no capital de outras empresas, materializados ou não por títulos, que, criando uma ligação duradoura com estas, se destinam a contribuir para a actividade da empresa, seja a titularidade, directa ou indirecta, de 20% ou mais dos direitos de voto ou do capital de uma empresa;

g) 'Empresa participante' uma empresa-mãe, uma empresa que detenha uma participação ou uma empresa ligada a outra empresa por uma relação tal como previsto nas subalíneas ii) e iii) da alínea j) do artigo 2.º do decreto-lei que transpõe a Directiva n.º 2002/87/CE, do Parlamento Europeu e do Conselho, de 16 de Dezembro; [2]

h) 'Empresa participada' uma empresa que seja uma filial, qualquer outra empresa na qual se detenha uma participação ou uma empresa ligada a outra empresa por uma relação tal como previsto nas subalíneas ii) e iii) da alínea j) do artigo 2.º do decreto-lei que transpõe a Directiva n.º 2002/87/CE, do Parlamento Europeu e do Conselho, de 16 de Dezembro; [2]

i) 'Sociedade gestora de participações no sector dos seguros' uma empresa-mãe cuja actividade principal consista na aquisição e na detenção de participações em empresas filiais quando essas empresas sejam exclusiva ou principalmente empresas de seguros, empresas de resseguros ou empresas de seguros de um país terceiro, sendo pelo menos uma destas filiais uma empresa de seguros e que não seja uma companhia financeira mista na acepção da alínea l) do artigo 2.º do decreto-lei que transpõe a Directiva n.º 2002/87/CE, do Parlamento Europeu e do Conselho, de 16 de Dezembro;[1]

j) 'Sociedade gestora de participações mistas de seguros' uma empresa-mãe que não seja uma empresa de seguros, uma empresa de seguros de um país terceiro, uma empresa de resseguros ou uma companhia financeira mista na acepção da alínea l) do artigo 2.º do decreto-lei que transpõe a Directiva n.º 2002/87/CE, do Parlamento Europeu e do Conselho, de 16 de Dezembro, sendo pelo menos uma das suas filiais uma empresa de seguros.[1]

ARTIGO 172.º-B [2]
Âmbito positivo

1 – Sem prejuízo da respectiva supervisão individual, estão sujeitas à supervisão complementar prevista na presente secção as empresas de seguros com sede em Portugal:

a) Que sejam empresas participantes de pelo menos uma empresa de seguros, uma empresa de resseguros ou uma empresa de seguros de um país terceiro;

b) Cuja empresa mãe seja uma sociedade gestora de participações no sector dos seguros, uma empresa de resseguros ou uma empresa de seguros de um país terceiro;

c) Cuja empresa mãe seja uma sociedade gestora de participações mista de seguros.

2 – A supervisão complementar tem em conta:

a) As empresas participadas da empresa de seguros;

b) As empresas participantes da empresa de seguros;

c) As empresas participadas de uma empresa participante da empresa de seguros.

3 – O exercício da supervisão complementar não implica que o Instituto de Seguros de Portugal supervisione as empresas de seguros de um país terceiro, as sociedades gestoras de participações no sector dos seguros, as sociedades gestoras de participações mistas de seguros ou as empresas de resseguros, individualmente consideradas.

ARTIGO 172.º-C [2]
Âmbito negativo

1 – O Instituto de Seguros de Portugal pode não ter em conta, na supervisão complementar, empresas cuja sede se situe num país terceiro em que existam obstáculos jurídicos à transferência da informação necessária.

2 – O previsto no número anterior não prejudica o regime a fixar para o efeito em norma pelo Instituto de Seguros de Portugal, nomeadamente em matéria do cálculo de solvência corrigida.

3 – O Instituto de Seguros de Portugal pode decidir, caso a caso, não ter em conta uma empresa na supervisão complementar:

a) Quando a empresa a incluir apresentar um interesse pouco significativo, atendendo aos objectivos da supervisão complementar das empresas de seguros;

---

[1] *Aditado pelo Decreto-Lei n.º 8-A/2002, de 11 Janeiro.*
[2] *Redacção introduzida pelo Decreto-Lei n.º 145/2006, de 31 de Julho.*

[1] *Redacção introduzida pelo Decreto-Lei n.º 145/2006, de 31 de Julho.*
[2] *Aditado pelo Decreto-Lei n.º 8-A/2002, de 11 de Janeiro.*

b) Quando a inclusão da situação financeira da empresa for inadequada ou susceptível de induzir em erro, atendendo aos objectivos da supervisão complementar das empresas de seguros.

ARTIGO 172.º-D [1]
Disponibilidade e qualidade da informação

1 – As empresas de seguros sujeitas à supervisão complementar disporão de procedimentos de controlo interno adequados à produção de dados e informação úteis ao exercício dessa supervisão, nos termos a fixar por norma do Instituto de Seguros de Portugal.

2 – As empresas de seguros sujeitas à supervisão complementar e as respectivas empresas participantes ou participadas devem trocar entre si todas as informações consideradas úteis para efeitos do exercício dessa supervisão.

ARTIGO 172.º-E [1]
Operações intragrupo

1 – O Instituto de Seguros de Portugal exercerá uma supervisão geral das operações entre:

a) Uma empresa de seguros e ou uma sua empresa participada, ou uma sua empresa participante, ou uma empresa participada de uma sua empresa participante;

b) Uma empresa de seguros e uma pessoa singular detentora de uma participação ou na empresa de seguros ou numa das suas empresas participadas, ou numa empresa participante da empresa de seguros, ou numa empresa participada de uma empresa participante da empresa de seguros.

2 – As operações mencionadas no número anterior dizem respeito, nomeadamente, a empréstimos, garantias e operações extrapatrimoniais, elementos a considerar na margem de solvência disponível, investimentos, operações de resseguro e acordos de repartição de custos. [2]

3 – As empresas de seguros devem possuir processos de gestão dos riscos e mecanismos de controlo interno adequados, incluindo procedimentos de prestação de informações e contabilísticos sólidos que lhes permitam identificar, medir, acompanhar e controlar, de modo adequado, as operações referidas no presente artigo. [3]

4 – O Instituto de Seguros de Portugal poderá fixar por norma outras operações a considerar no âmbito do presente artigo.

5 – Para efeitos da supervisão referida no n.º 1, as empresas de seguros devem comunicar ao Instituto de Seguros de Portugal, anualmente, as operações intragrupo significativas, nos termos de norma a emitir por aquele.

ARTIGO 172.º-F [1]
Requisito de solvência corrigido

1 – No caso previsto na alínea a) do n.º 1 do artigo 172.º-B, será efectuado um cálculo de solvência corrigida, nos termos de norma do Instituto de Seguros de Portugal, a qual proverá, nomeadamente, à eliminação quer da dupla utilização dos elementos da margem de solvência disponível quer da criação intragrupo de capital. [2]

2 – As empresas participadas, as empresas participantes e as empresas participadas de uma empresa participante serão incluídas no cálculo previsto no número anterior.

3 – O Instituto de Seguros de Portugal poderá estabelecer por norma os casos em que uma empresa de seguros sujeita à supervisão complementar não será obrigada ao cálculo de solvência corrigida, designadamente quando ocorra idêntica obrigação relativamente a outra empresa participante de seguros do grupo ou quando a autoridade competente para o exercício da supervisão complementar resulte ser a autoridade congénere de outro Estado membro.

4 – Se o cálculo previsto no n.º 1 revelar que a solvência corrigida é negativa, o Instituto de Seguros de Portugal determinará o que for adequado à correcção dessa situação.

ARTIGO 172.º-G [1]
Supervisão complementar de empresas de seguros que sejam filiais de uma sociedade gestora de participações no sector dos seguros, de uma empresa de resseguros ou de uma empresa de seguros de um país terceiro.

1 – No caso previsto na alínea b) do n.º 1 do artigo 172.º-B, será efectuado um cálculo de solvência corrigida ao nível da sociedade gestora de participações no sector dos seguros, da empresa de resseguros ou da empresa de seguros de um país terceiro, nos termos de norma do Instituto de Seguros de Portugal.

2 – As empresas participadas da sociedade gestora de participações no sector dos seguros, da empresa de resseguros ou da empresa de seguros de um país terceiro serão incluídas no cálculo previsto no número anterior.

3 – Se o cálculo previsto no n.º 1 revelar que a solvência da empresa de seguros filial da sociedade gestora de participações no sector dos seguros, da empresa de resseguros ou da empresa de seguros de país terceiro está ou pode vir a estar em risco, o Instituto de Seguros de Portugal determinará o que for adequado à correcção dessa situação ao nível da empresa de seguros.

ARTIGO 172.º-H [2]
Órgãos de administração e de fiscalização das sociedades gestoras de participações no sector dos seguros

Aos membros dos órgãos de administração e de fiscalização de uma sociedade gestora de participações no sector dos seguros são aplicáveis os requisitos de qualificação e idoneidade previstos no artigo 51.º

ARTIGO 172.º-I [2]
Supervisão complementar de empresas de seguros que sejam filiais de uma companhia financeira mista

Sem prejuízo da aplicação das disposições relativas à supervisão complementar ao nível do conglomerado financeiro, nos casos em que a empresa-mãe de uma empresa de seguros seja uma companhia financeira mista, o Instituto de Seguros de Portugal pode continuar a aplicar as disposições relativas à supervisão complementar ao nível do grupo de seguros na mesma medida em que tais disposições seriam aplicadas caso não existisse a supervisão complementar ao nível do conglomerado financeiro.»

---

[1] *Aditado pelo Decreto-Lei n.º 8-A/2002, de 11 Janeiro.*

[2] *Redacção introduzida pelo Decreto-Lei n.º 251/2003, de 14 de Outubro.*

[3] *Redacção introduzida pelo Decreto-Lei n.º 145/2006, de 31 de Julho.*

---

[1] *Aditado pelo Decreto-Lei n.º 8-A/2002, de 11 Janeiro.*

[2] *Aditado pelo Decreto-Lei n.º 145/2006, de 31 de Julho.*

CAPÍTULO VI
Regime fiscal

ARTIGO 173.º
Regime fiscal

1 – Os prémios dos contratos de seguro que cubram riscos situados em território português na acepção da alínea h) do n.º 1 do artigo 2.º ou em que Portugal seja o Estado membro do compromisso na acepção da alínea i) do n.º 1 do mesmo artigo estão sujeitos aos impostos indirectos e taxas previstos na lei portuguesa, independentemente da lei que vier a ser aplicada ao contrato e sem prejuízo da legislação especial aplicável ao exercício da actividade seguradora no âmbito institucional das zonas francas.

2 – Para efeitos do presente artigo e sem prejuízo do disposto na alínea h) do n.º 1 do artigo 2.º, os bens móveis contidos num imóvel situado em território português, com excepção dos bens em trânsito comercial, constituem um risco situado em Portugal, mesmo se o imóvel e o seu conteúdo não estiverem cobertos pela mesma apólice de seguro.

3 – Os prémios dos contratos de seguro celebrados por empresas de seguros com sede em Portugal, através das respectivas sucursais ou em regime de livre prestação de serviços, e que cubram riscos situados no território de outros Estados membros não estão sujeitos aos impostos indirectos e taxas que, na lei portuguesa, oneram os prémios de seguros.

4 – O estabelecido nos n.os 1 e 2 é aplicável sem prejuízo do disposto no Código do Imposto sobre o Valor Acrescentado e legislação complementar.

ARTIGO 174.º
Cobrança

As sucursais estabelecidas em Portugal são responsáveis pelo pagamento dos impostos indirectos e taxas que incidam sobre os prémios dos contratos que celebrarem nas condições previstas no presente diploma.

ARTIGO 175.º
Representante fiscal

1 – As empresas de seguros que operem em Portugal, em livre prestação de serviços, devem, antes do início da sua actividade, designar um representante, munido de procuração com poderes bastantes, residente habitualmente em território português, solidariamente responsável pelo pagamento dos impostos indirectos e taxas que incidam sobre os prémios dos contratos que a empresa celebrar nas condições previstas no presente diploma.

2 – Para efeitos de controlo do cumprimento das obrigações previstas neste artigo, o representante deve dispor, por cada empresa que represente, de um registo relacionando todos os contratos cobrindo riscos ou compromissos situados em Portugal, com a expressa indicação dos seguintes elementos relativamente a cada um:

a) Ramo ou modalidade de seguro ou operação;

b) Identificação e residência do tomador de seguro;

c) Duração do contrato;

d) Montante do prémio devido pelo tomador de seguro e sobre o qual incidem os impostos e taxas;

e) Discriminação dos impostos indirectos e taxas pagos pela empresa.

CAPÍTULO VII
Concorrência

ARTIGO 175.º-A [1]
Defesa da concorrência

1 – A actividade das empresas de seguros, bem como a das suas associações empresariais, está sujeita à legislação da defesa da concorrência.

2 – Não se consideram restritivos da concorrência os acordos legítimos entre empresas de seguros e as práticas concertadas que tenham por objecto as operações seguintes:

a) Cobertura em comum de certos tipos de riscos;

b) Estabelecimento de condições tipo de apólices.

3 – Na aplicação da legislação de defesa da concorrência às empresas de seguros e suas associações empresariais ter-se-ão sempre em conta os bons usos da respectiva actividade, nomeadamente no que respeite às circunstâncias de risco ou solvabilidade.

ARTIGO 175.º-B [1]
Colaboração do Instituto de Seguros de Portugal

Nos processos instaurados por práticas restritivas da concorrência imputáveis a empresas de seguros ou suas associações empresariais será obrigatoriamente solicitado e enviado ao Conselho da Concorrência o parecer do Instituto de Seguros de Portugal, sem prejuízo de outras formas de cooperação, nas matérias relevantes, com as autoridades nacionais de concorrência.

TÍTULO IV
Disposições aplicáveis ao contrato de seguro

CAPÍTULO I
Ramos «Não vida»

ARTIGO 176.º [2]
Dever de informação

1 – As empresas de seguros que se proponham cobrir riscos de massa situados em território português, em regime de estabelecimento ou em regime de livre prestação de serviços, devem informar o tomador de seguro, antes de este assumir qualquer obrigação ou compromisso, do nome do Estado membro onde se situa a sede social e, se for caso disso, a sucursal com a qual o contrato será celebrado.

2 – A informação a que se refere o número anterior deve constar também de quaisquer documentos a serem fornecidos ao tomador de seguro.

ARTIGO 177.º
Informação ao tomador do seguro sobre a lei aplicável ao contrato e reclamações

1 – As empresas de seguros que se proponham cobrir riscos situados em território português, em regime de estabelecimento ou em regime de livre prestação de serviços, devem, antes da celebração do contrato de seguro, informar o respectivo tomador, caso se trate de uma pessoa singular, de que as

---

[1] *Aditada pelo Decreto-Lei n.º 8-A/2002, de 11 Janeiro.*

[2] *O artigo 6.º do Decreto-Lei n.º 72/2008, de 16 de Abril, que aprovou o Regime Jurídico do Contrato de Seguro, revogou o artigo 176.º a 193.º. Este diploma entra em vigor no dia 1 de Janeiro de 2009.*

Decreto-Lei n.º 94-B/98

partes têm, nos termos dos artigos 188.º a 193.º e sem prejuízo do disposto no artigo 193.º, liberdade para escolher a lei aplicável ao contrato e indicar qual a lei que a empresa propõe que seja escolhida.

2 – O dever de informação referido no número anterior deverá também incluir as disposições respeitantes à apresentação e exame das reclamações relativas ao contrato de seguro por parte dos respectivos tomadores, incluindo a referência à possibilidade de intervenção do Instituto de Seguros de Portugal, sem prejuízo do recurso aos tribunais.

Artigo 178.º
Menções especiais

1 – O contrato ou qualquer outro documento que assegure a cobertura de riscos situados em Portugal, bem como a proposta de seguro, deve indicar o endereço da sede social e, se for caso disso, da sucursal que presta a cobertura.

2 – Os documentos referidos no número anterior devem também indicar, se for caso disso, o nome e o endereço do representante referido no artigo 66.º.

CAPÍTULO II
Ramo «Vida»

SECÇÃO I
Transparência

Artigo 179.º
Dever de informação antes da celebração do contrato de seguro ou operação

1 – As empresas de seguros que se proponham celebrar contratos de seguro ou operações do ramo «Vida» previstos nos n.os 1) a 4) do artigo 124.º e em que Portugal seja o Estado membro do compromisso devem, antes da respectiva celebração, fornecer ao tomador, de forma clara, por escrito e redigidas em língua portuguesa, as seguintes informações:

a) Denominação ou firma e estatuto legal da empresa de seguros;

b) Nome do Estado membro onde se situa a sede social e, se for caso disso, a sucursal com a qual o contrato será celebrado;

c) Endereço da sede social e, se for caso disso, da sucursal com a qual o contrato será celebrado;

d) Definição de cada garantia e opção;

e) Duração do contrato;

f) Modalidades de resolução do contrato;

g) Modalidades e período de pagamento dos prémios;

h) Forma de cálculo e atribuição da participação nos resultados;

i) Indicação dos valores de resgate e de redução e natureza das respectivas garantias;

j) Prémios relativos a cada garantia, principal ou complementar, sempre que tal informação se revele adequada;

l) Enumeração dos valores de referência utilizados (unidades de participação) nos contratos de capital variável;

m) Indicação da natureza dos activos representativos dos contratos de capital variável;

n) Modalidades de exercício do direito de renúncia a que se refere o artigo 182.º;

o) Indicações gerais relativas ao regime fiscal aplicável ao tipo de contrato;

p) Disposições respeitantes ao exame das reclamações relativas ao contrato por parte dos respectivos tomadores,

segurados ou beneficiários, incluindo a referência à possibilidade de intervenção do Instituto de Seguros de Portugal, sem prejuízo do recurso aos tribunais;

q) Liberdade das partes, sem prejuízo do disposto no artigo 193.º, para escolher a lei aplicável ao contrato, com a indicação de qual a que a empresa propõe que seja escolhida.

2 – A proposta deve conter uma menção comprovativa de que o tomador tomou conhecimento das informações referidas no número anterior, presumindo-se, na sua falta, que o mesmo não tomou conhecimento delas, assistindo-lhe, neste caso, o direito de resolver o contrato de seguro no prazo referido no artigo 182.º e de ser reembolsado da totalidade das importâncias pagas.

Artigo 180.º
Dever de informação durante a vigência do contrato ou operação

1 – Durante a vigência do contrato ou operação, para além das condições gerais, especiais e particulares que devem ser entregues ao tomador, as empresas de seguros referidas na presente secção devem também comunicar-lhe o seguinte:

a) Todas as alterações que ocorram nas informações referidas na alínea a) e nas alíneas c) a l) do artigo anterior;

b) Anualmente, informação relativa à atribuição da participação de resultados.

2 – Em caso de incumprimento do disposto no número anterior e sem prejuízo do direito de resolução do contrato ou operação que assiste ao tomador ou ao segurado, a empresa de seguros será responsável por perdas e danos.

Artigo 181.º
Informações suplementares

1 – Para além das informações referidas nos artigos 179.º e 180.º, as empresas de seguros referidas na presente secção devem prestar ao tomador todas as informações suplementares necessárias para a efectiva compreensão do contrato ou operação.

2 – Em caso de incumprimento do número anterior, é aplicável o disposto no n.º 2 do artigo 179.º ou no n.º 2 do artigo 180.º, consoante sejam informações suplementares às que devam ser prestadas antes da celebração do contrato ou operação ou durante a sua vigência.

SECÇÃO II
Direito de renúncia

Artigo 182.º
Direito de renúncia

1 – O tomador de um contrato de seguro ou de quaisquer operações do ramo «Vida» previstas no artigo 124.º dispõe de um prazo de 30 dias, a contar da recepção da apólice, para expedir a carta renunciando aos efeitos do contrato ou operação.

2 – O tomador pode também exercer o direito de renúncia nos termos referidos no número anterior sempre que as condições do contrato ou operação não estejam em conformidade com as informações referidas nos artigos 179.º a 181.º.

3 – Sob pena de ineficácia, a comunicação da renúncia referida nos números anteriores deve ser notificada por carta registada enviada para o endereço da sede social ou da sucursal da empresa de seguros que celebrou o contrato.

281

Regulação do Sector Financeiro – Seguros e Fundos de Pensões

ARTIGO 183.º
Efeitos

1 – O exercício do direito de renúncia determina a resolução do contrato ou operação, extinguindo todas as obrigações deles decorrentes, com efeitos a partir da celebração dos mesmos, havendo lugar, nomeadamente, a devolução do prémio eventualmente já pago e cessando qualquer direito à percepção de comissões pelos respectivos mediadores, sem prejuízo do disposto nos números seguintes.

2 – Nos seguros em caso de morte e nos seguros complementares, a empresa de seguros tem direito ao prémio calculado pro rata temporis e ao custo da apólice.

3 – Nos contratos e operações não abrangidos pelo número anterior, a empresa de seguros tem direito aos custos de desinvestimento que comprovadamente tiver suportado, bem como ao custo da apólice, se for caso disso.

4 – O exercício do direito de renúncia não dá lugar a qualquer indemnização para além do que é estabelecido nos números anteriores.

ARTIGO 184.º
Exclusões

O direito de renúncia previsto na presente secção não pode ser exercido se o tomador for uma pessoa colectiva nem se aplica aos contratos de duração igual ou inferior a seis meses e aos seguros de grupo.

SECÇÃO III
Seguros e operações do ramo «Vida» em moeda estrangeira

ARTIGO 185.º
Objecto

1 – As empresas de seguros estabelecidas em Portugal que explorem o ramo «Vida» podem, nos termos das disposições da presente secção, celebrar contratos e operações com expressão em moeda estrangeira.[1]

2 – Sem prejuízo da possibilidade de conversão em euros, nos termos do n.º 4 seguinte, as obrigações pecuniárias, quer do tomador de seguro ou subscritor, quer da empresa de seguros, deverão ser expressas na mesma moeda.[1]

3 – Fica vedada às referidas empresas de seguros a celebração de contratos do ramo «Vida» em espécie.

4 – Em relação aos contratos referidos no n.º 1, a taxa de câmbio do euro será a divulgada pelo Banco de Portugal, nos termos dos n.os 3 a 8 do seu Aviso n.º 1/99, de 4 de Janeiro, no dia anterior àquele em que é emitido o recibo para pagamento do prémio ou prestação ou àquele em que se vence a obrigação por parte da empresa de seguros.[1]

ARTIGO 186.º
Produção anual

Por norma do Instituto de Seguros de Portugal, podem ser fixadas limitações ao montante anual global dos prémios e prestações convertidos em euros com referência aos contratos celebrados em moeda estrangeira, por cada empresa de seguros.[1]

ARTIGO 187.º
Princípio da congruência

A aplicação do princípio da congruência aos activos representativos das provisões técnicas relativas aos contratos a que se refere a presente secção será objecto de norma do Instituto de Seguros de Portugal, não sendo aplicável o disposto no artigo 88.º em matéria de localização de activos.[1]

CAPÍTULO III
Lei aplicável ao contrato

ARTIGO 188.º
Tomador do seguro residente

1 – Os contratos de seguro que cubram riscos situados em território português ou em que Portugal seja o Estado membro do compromisso são regulados pela lei portuguesa quando o tomador de seguro tiver em Portugal a sua residência habitual ou a sua administração principal, consoante se trate de pessoa singular ou colectiva, respectivamente, sem prejuízo do disposto no número seguinte.

2 – As partes contratantes podem escolher a lei de qualquer outro país, nos termos previstos no artigo 191.º

3 – Sempre que um Estado integre diversas unidades territoriais e cada uma delas possua as suas próprias regras de direito em matéria de obrigações contratuais, cada unidade é considerada como um país para efeitos da determinação da lei aplicável ao contrato de seguro.

ARTIGO 189.º
Tomador de seguro não residente

1 – Os contratos de seguro que cubram riscos situados em território português, quando o tomador do seguro não tiver em Portugal a sua residência habitual ou a sua administração principal, consoante se trate de pessoa singular ou colectiva, são regulados, atendendo à opção das partes contratantes, quer pela lei portuguesa quer pela lei do Estado membro onde o tomador tiver a sua residência habitual ou a sua administração principal, sem prejuízo do disposto no número seguinte.

2 – As partes contratantes podem escolher a lei de qualquer outro país, nos termos previstos no artigo 191.º.

ARTIGO 190.º
Pluralidade de riscos

1 – Os contratos de seguro que cubram dois ou mais riscos situados em Portugal e noutros Estados membros relativos às actividades do tomador do seguro e quando este exerça uma actividade comercial, industrial ou liberal são regulados, consoante a opção das partes contratantes, quer pela lei de qualquer dos Estados membros em que os riscos se situam quer pela lei do Estado membro onde o tomador tiver a sua residência habitual, sendo uma pessoa singular, ou a sua administração principal, tratando-se de uma pessoa colectiva, sem prejuízo do disposto no número seguinte.

2 – Relativamente aos riscos situados em território português, as partes contratantes podem escolher a lei de qualquer outro país, nos termos previstos no artigo 191.º

---

[1] *Redacção introduzida pelo Decreto-Lei n.º 8-A/2002, de 11 de Janeiro.*

[1] *Redacção introduzida pelo Decreto-Lei n.º 8-A/2002, de 11 de Janeiro.*

Decreto-Lei n.º 94-B/98

ARTIGO 191.º
Declaração expressa

1 – A escolha, pelas partes contratantes, da lei aplicável aos contratos de seguro que cubram riscos situados em território português ou em que Portugal seja o Estado membro do compromisso deve ser expressa no contrato ou resultar inequivocamente das suas cláusulas, só podendo recair sobre leis cuja aplicabilidade corresponda a um interesse sério dos declarantes ou esteja em conexão com alguns dos elementos do negócio jurídico atendíveis no domínio do direito internacional privado.

2 – Fora dos casos a que se referem os artigos anteriores ou se as partes contratantes não tiverem escolhido a lei aplicável ao contrato, este reger-se-á pela lei do país, de entre os referidos nos artigos anteriores, com cuja ordem jurídica esteja em mais estreita conexão.

3 – Se uma parte do contrato for separável do resto do mesmo contrato e apresente uma mais estreita conexão com a ordem jurídica de algum dos países referidos nos artigos anteriores, poderá, excepcionalmente, aplicar-se a essa parte a lei desse país.

4 – Presume-se que o contrato de seguro apresenta uma mais estreita conexão com a ordem jurídica do Estado membro onde o risco se situa.

ARTIGO 192.º
Ordem pública

1 – A lei aplicável aos contratos de seguro que cubram riscos situados em território português ou em que Portugal seja o Estado membro do compromisso não poderá envolver ofensa dos princípios fundamentais da ordem pública internacional do Estado Português.

2 – Para os efeitos do número anterior, sempre que o contrato de seguro cobrir riscos situados em mais de um Estado membro, será considerado como representando diversos contratos, cada um dizendo apenas respeito a um único Estado membro.

3 – São tidos como contrários à ordem pública os contratos de seguro que garantam, designadamente, qualquer dos seguintes riscos:

a) Responsabilidade criminal ou disciplinar;

b) Rapto;

c) Posse ou transporte de estupefacientes e drogas cujo consumo seja interdito;

d) Inibição de conduzir veículos;

e) Morte de crianças com idade inferior a 14 anos, com excepção das despesas de funeral;

f) Com ressalva do disposto na alínea anterior, morte de incapazes, com excepção das despesas de funeral.

ARTIGO 193.º
Seguros obrigatórios

1 – Os contratos de seguros obrigatórios na ordem jurídica portuguesa regem-se pela lei portuguesa, sem prejuízo do disposto no n.º 2 do artigo anterior.

2 – Os contratos de seguro obrigatório dos riscos classificados no ramo de responsabilidade civil de veículos terrestres propulsionados a motor cuja celebração seja recusada por três empresas de seguros encontram-se sujeitos à legislação nacional prevista para o seguro obrigatório de responsabilidade civil automóvel.

ARTIGO 193.º-A[1]
Língua dos documentos contratuais

Quando as partes possam escolher a lei aplicável ao contrato de seguro, nos termos previstos no artigo 191.º, a apólice e os demais documentos contratuais e pré-contratuais serão, a pedido expresso do tomador, redigidos em língua distinta do português.

TÍTULO V
Endividamento

ARTIGO 194.º
Princípio

As empresas de seguros estão autorizadas a contrair ou emitir empréstimos nos termos do presente diploma. [2]

ARTIGO 195.º
Regime geral

1 – O montante dos empréstimos contraídos ou emitidos por uma empresa de seguros, independentemente da sua forma, mas com exclusão dos empréstimos subordinados aceites para constituição da margem de solvência disponível, não pode ultrapassar 50% do seu património livre líquido. [3]

2 – Para efeitos do presente título, considera-se que: [2]

a) O património de uma empresa de seguros compreende os seguintes elementos:

i) O capital social realizado, com exclusão das acções próprias;

ii) Os prémios de emissão;

iii) As reservas de reavaliação;

iv) As outras reservas;

v) Os resultados transitados;

vi) O resultado do exercício, deduzido de eventuais distribuições;

b) O património livre líquido corresponde ao património, deduzido de toda e qualquer obrigação previsível nos termos legais e regulamentares, das imobilizações incorpóreas e do montante da margem de solvência exigida a constituir. [3]

3 – Para efeitos do presente título, são equiparados a empréstimos todos os financiamentos obtidos pela empresa de seguros, incluindo os descobertos bancários, que não decorram da sua actividade corrente e que, em substância, tenham a função de empréstimo.

4 – Apenas podem contrair ou emitir empréstimos, nos termos do n.º 1, as empresas em que o património livre líquido não seja inferior a 30% do capital social mínimo obrigatório. [2]

5 – A empresa que, após a contracção ou a emissão de um empréstimo, deixe de dar cumprimento ao disposto nos números anteriores, deve, no prazo máximo de 12 meses a contar da data da verificação do incumprimento, executar integralmente o necessário aumento de capital social, sob pena de se constituir em situação financeira insuficiente para os efeitos dos artigos 109.º e seguintes. [2]

6 – É proibida a distribuição de dividendos enquanto não estiverem integralmente liquidadas todas as obrigações resul-

---

[1] *Aditado pelo Decreto-Lei n.º 251/2003, de 11 de Janeiro.*

[2] *Redacção introduzida pelo Decreto-Lei n.º 8-A/2002, de 11 de Janeiro.*

[3] *Redacção introduzida pelo Decreto-Lei n.º 251/2003, de 14 de Outubro.*

Regulação do Sector Financeiro – Seguros e Fundos de Pensões

tantes do aumento do capital social previsto no número anterior.[1]

7 – Ao aumento de capital social por novas entradas efectuado nos termos do n.º 5 não é aplicável a faculdade constante do n.º 2 do artigo 277.º do Código das Sociedades Comerciais.[1]

ARTIGO 196.º
Regime especial

1 – Para ultrapassar o limite fixado no n.º 1 do artigo anterior, mas só até 75% do património livre líquido, a deliberação social de endividamento deverá ser tomada pela assembleia geral nos termos dos artigos 383.º, n.º 2, e 386.º, n.º 3, do Código das Sociedades Comerciais.[1]

2 – No caso previsto no número anterior, a empresa de seguros, quando for convocada a assembleia geral ou, caso esta não careça de convocação, pelo menos 30 dias antes da celebração ou emissão do empréstimo, deve comunicar os termos do empréstimo ao Instituto de Seguros de Portugal.[1]

3 – À empresa que, após a contracção ou a emissão de um empréstimo, exceda a percentagem fixada no n.º 1 do presente artigo, é aplicável o regime previsto nos n.os 5 a 7 do artigo anterior.[1]

ARTIGO 197.º
Elementos documentais

O Instituto de Seguros de Portugal fixará por norma quais os elementos documentais das empresas de seguros, e respectivos termos, relevantes para aferir do cumprimento dos limites fixados nos n.os 1 e 4 do artigo 195.º e no n.º 1 do artigo anterior.[1]

ARTIGO 198.º
Empresas em situação financeira insuficiente

1 – Às empresas de seguros em situação financeira insuficiente, nos termos dos artigos 109.º e seguintes, é vedada a contracção ou emissão de empréstimos até que se mostrem acauteladas as suas responsabilidades para com os credores específicos de seguros, salvo se autorizadas previamente pelo Instituto de Seguros de Portugal.[1]

2 – O Instituto de Seguros de Portugal, quando tal se mostre indispensável para acautelar as responsabilidades para com os credores específicos de seguros de empresas na situação prevista no número anterior, poderá determinar a suspensão do cumprimento das obrigações dessas empresas decorrentes de quaisquer seus empréstimos, sem prejuízo das responsabilidades destas empresas para com os seus mutuantes.[1]

ARTIGO 199.º
Fundo de amortização

O Instituto de Seguros de Portugal pode, se o considerar necessário, determinar a constituição de um fundo para amortização do empréstimo contraído ou emitido.[1]

ARTIGO 200.º
Publicidade

Nos prospectos, anúncios, títulos dos empréstimos e todos os documentos em geral relativos a quaisquer empréstimos

contraídos ou emitidos pelas empresas de seguros deve constar, de forma explícita, a preferência de que os credores específicos de seguros gozam sobre o seu património em caso de liquidação ou falência, assim como os poderes do Instituto de Seguros de Portugal decorrentes do n.º 2 do artigo 198.º.[1]

ARTIGO 201.º
Títulos de dívida de curto prazo

1 – Sem prejuízo do presente diploma e respectivas normas de execução, a emissão de títulos de dívida a curto prazo pelas empresas de seguros regula-se pelo disposto no Decreto-Lei n.º 181/92, de 22 de Agosto, com as alterações dos Decretos-Lei n.os 231/94, de 14 de Setembro, 343/98, de 6 de Novembro, e 26/2000, de 3 de Março.[1]

2 – Para o efeito do número anterior, o Instituto de Seguros de Portugal proporá ao Banco de Portugal o que entender necessário para regulamentação do Decreto-Lei n.º 181/92, de 22 de Agosto, com referência às empresas de seguros.[1]

ARTIGO 201.º-A [2]
Aquisição de acções próprias

Sem prejuízo do regime geral, só podem adquirir acções próprias as empresas de seguros em que o património livre líquido não seja inferior nem a metade do capital social mínimo obrigatório nem ao valor necessário para a constituição da margem de solvência exigida.[3]

ARTIGO 201.º-B [2]
Nulidade

1 – Sem prejuízo da aplicação do regime geral sancionatório da actividade seguradora, são nulos a aquisição de acções próprias e os empréstimos contraídos ou emitidos com violação do disposto no presente diploma.

2 – O Instituto de Seguros de Portugal tem legitimidade para requerer a declaração de nulidade dessas aquisições e empréstimos, bem como as providências cautelares necessárias à garantia da sua eficácia.

ARTIGO 201.º-C [2]
Empresas com sede fora do território da União Europeia

1 – Às dívidas resultantes de empréstimos contraídos ou emitidos por empresas de seguros com sede fora do território da União Europeia cujo produto seja imputável à actividade das respectivas sucursais estabelecidas em Portugal, aplica-se, com as devidas adaptações e sem prejuízo do fixado nos números seguintes, o disposto nos artigos 195.º a 200.º

2 – A sucursal em Portugal de empresa de seguros com sede fora do território da União Europeia que, após a imputação do serviço da dívida resultante dos empréstimos contraídos ou emitidos nos termos do número anterior, deixe de dar cumprimento ao disposto no n.º 1 do artigo 195.º, ou no n.º 1 do artigo 196.º, está obrigada a repor a situação num prazo de seis meses, sob pena de se constituir em situação financeira insuficiente para os efeitos dos artigos 109.º e seguintes.

---

[1] *Redacção introduzida pelo Decreto-Lei n.º 8-A/2002, de 11 de Janeiro.*

[2] *Aditado pelo Decreto-Lei n.º 8-A/2002, de 11 de Janeiro.*

[3] *Redacção introduzida pelo Decreto-Lei n.º 251/2003, de 14 de Outubro.*

TÍTULO VI
Sanções

CAPÍTULO I
Ilícito penal

ARTIGO 202.º
Prática ilícita de actos ou operações de seguros, de resseguros ou de gestão de fundos de pensões

Quem praticar actos ou operações de seguros, de resseguros ou de gestão de fundos de pensões, por conta própria ou alheia, sem que para tal exista a necessária autorização é punido com pena de prisão até três anos.

ARTIGO 203.º
Dever de colaboração

As entidades suspeitas da prática de actos ou operações não autorizados devem facultar ao Instituto de Seguros de Portugal todos os documentos e informações que lhes sejam solicitados, no prazo para o efeito estabelecido.

CAPÍTULO II
Contra-ordenações

SECÇÃO I
Disposições gerais

ARTIGO 204.º
Definições

Para os efeitos do presente capítulo, consideram-se entidades sujeitas à supervisão do Instituto de Seguros de Portugal as entidades autorizadas a exercer actividade sujeita à supervisão daquele Instituto, designadamente as empresas de seguros e de resseguros com sede em Portugal, as sucursais de empresas de seguros com sede na União Europeia, as sucursais de empresas de seguros com sede fora da União Europeia e as sociedades gestoras de fundos de pensões.

ARTIGO 205.º
Aplicação no espaço

1 – O disposto no presente capítulo é aplicável, salvo tratado ou convenção em contrário, independentemente da nacionalidade do agente, aos factos praticados:

a) Em território português;
b) Em território estrangeiro, desde que sujeitos à supervisão do Instituto de Seguros de Portugal;
c) A bordo de navios ou aeronaves portugueses.

2 – A aplicabilidade do disposto no presente capítulo aos factos praticados em território estrangeiro deverá respeitar, com as necessárias adaptações, os princípios enunciados nos n.os 1 e 2 do artigo 6.º do Código Penal.

ARTIGO 206.º
Responsabilidade

1 – Pela prática das infracções a que se refere o presente capítulo, podem ser responsabilizadas, conjuntamente ou não, pessoas singulares ou colectivas, ainda que irregularmente constituídas, e associações sem personalidade jurídica.

2 – As pessoas colectivas, ainda que irregularmente constituídas, e as associações sem personalidade jurídica são responsáveis pelas infracções cometidas por quem as represente, actuando em seu nome e no seu interesse e no âmbito dos poderes e funções em que haja sido investido.

3 – A responsabilidade da pessoa colectiva é excluída quando o agente actue contra ordens ou instruções expressas daquela.

4 – As pessoas singulares que sejam membros de órgãos sociais da pessoa colectiva ou exerçam funções de administração ou de mandatário geral são responsáveis pelas infracções que lhes sejam imputáveis.

5 – A invalidade e a ineficácia jurídicas dos actos em que se funde a relação entre o agente individual e a pessoa colectiva não obstam a que seja aplicado o disposto no número anterior.

6 – A responsabilidade da pessoa colectiva não preclude a responsabilidade individual dos agentes referidos no n.º 2.

7 – Não obsta à responsabilidade dos agentes individuais que representem outrem a circunstância de a ilicitude ou o grau de ilicitude depender de certas qualidades ou relações especiais do agente e estas só se verificarem na pessoa do representado, ou de requerer que o agente pratique o acto no seu próprio interesse, tendo o representante actuado no interesse do representado.

ARTIGO 207.º
Graduação da sanção

1 – A medida da coima e as sanções acessórias aplicáveis serão determinadas em função da culpa, da situação económica do agente e da sua conduta anterior.

2 – A gravidade da infracção cometida pelas pessoas colectivas será avaliada, designadamente, pelas seguintes circunstâncias:

a) Perigo criado ou dano causado às condições de actuação no mercado segurador, à economia nacional ou, em especial, aos contratantes ou beneficiários dos produtos comercializados;
b) Carácter ocasional ou reiterado da infracção;
c) Actos de ocultação, na medida em que dificultem a descoberta da infracção ou a adequação e eficácia das sanções aplicáveis;
d) Actos da pessoa colectiva destinados a, por sua iniciativa, reparar os danos ou obviar aos perigos causados pela infracção.

3 – Para os agentes individuais, além das circunstâncias correspondentes às enumeradas no número anterior, atender-se-á ainda, designadamente, às seguintes:

a) Nível de responsabilidade e esfera de acção na pessoa colectiva em causa que implique um dever especial de não cometer a infracção;
b) Benefício, ou intenção de o obter, do próprio, do cônjuge, de parente ou de afim até ao 3.º grau, directo ou por intermédio de empresas em que, directa ou indirectamente, detenham uma participação.

Regulação do Sector Financeiro – Seguros e Fundos de Pensões

4 – A atenuação decorrente da reparação do dano ou da redução do perigo, quando realizadas pelo ente colectivo, comunica-se a todos os agentes individuais, ainda que não tenham pessoalmente contribuído para elas.

5 – A coima deve, sempre que possível, exceder o benefício económico que o agente ou a pessoa que fosse seu propósito beneficiar tenham retirado da prática da infracção.

Artigo 208.º
Reincidência

1 – Será punido como reincidente quem praticar contra-ordenação prevista no presente diploma depois de ter sido condenado por decisão definitiva ou transitada em julgado pela prática anterior de contra-ordenação nele igualmente prevista, desde que não se tenham completado três anos sobre essa sua prática.

2 – Em caso de reincidência, os limites mínimo e máximo da coima aplicável são elevados em um terço.

Artigo 209.º
Cumprimento do dever omitido

1 – Sempre que a contra-ordenação resulte de omissão de um dever, a aplicação das sanções e o pagamento da coima não dispensam o infractor do seu cumprimento, se este ainda for possível.

2 – No caso previsto no número anterior, o tribunal poderá ordenar ao agente que adopte as providências legalmente exigidas.

Artigo 210.º
Concurso de infracções

1 – Se o mesmo facto constituir simultaneamente crime e contra-ordenação, será o agente sempre punível por ambas as infracções, instaurando-se, para o efeito, processos distintos, a decidir pelas respectivas entidades competentes, sem prejuízo de, no processo contra-ordenacional, se o agente for o mesmo, apenas ficar sujeito às sanções acessórias eventualmente aplicáveis.

2 – Quem tiver praticado várias contra-ordenações antes da aplicação da sanção por qualquer deles, a coima a aplicar será única e terá por limite superior o dobro do valor máximo aplicável, sem prejuízo do disposto no artigo 208.º

Artigo 211.º
Prescrição

1 – O procedimento pelas contra-ordenações previstas neste diploma prescreve em dois anos contados nos termos previstos no artigo 119.º do Código Penal.

2 – O prazo de prescrição das coimas e sanções acessórias é de dois anos a contar do dia em que a decisão administrativa se tornar definitiva ou do dia em que a decisão judicial transitar em julgado.

SECÇÃO II
Ilícitos em especial

Artigo 212.º
Contra-ordenações simples

São puníveis com coima de (euro) 249,40 a (euro) 14963,94 ou de (euro) 748,20 a (euro) 74819,68, consoante seja aplicada a pessoa singular ou colectiva, as infracções adiante referidas:

a) O incumprimento dos deveres de informação para com os tomadores, segurados ou beneficiários de apólices de seguros, para com os associados, participantes ou beneficiários de planos de pensões ou para com o público em geral;

b) O incumprimento do dever de envio, dentro dos prazos fixados, de documentação requerida pelo Instituto de Seguros de Portugal;

c) O incumprimento de deveres de informação, comunicação ou esclarecimento para com o Ministro das Finanças e para com o Instituto de Seguros de Portugal;

d) O fornecimento de informações incompletas ou inexactas ao Instituto de Seguros de Portugal;

e) A inobservância de regras contabilísticas aplicáveis, determinadas por lei ou por normas emitidas pelo Instituto de Seguros de Portugal;

f) O desrespeito pela inibição do exercício de direitos de voto;

g) A violação de preceitos imperativos da legislação aplicável às entidades sujeitas à supervisão do Instituto de Seguros de Portugal ou de normas emitidas em seu cumprimento e para sua execução que não seja considerada contra-ordenação grave ou muito grave;

h) A exploração de ramos sujeitos, nos termos da lei, a autorização, sempre que não for precedida desta.

Artigo 213.º
Contra-ordenações graves

São puníveis com coima de (euro) 748,20 a (euro) 49879,79 ou de (euro) 1496,39 a (euro) 249398,95, consoante seja aplicada a pessoa singular ou colectiva, as infracções adiante referidas:

a) O incumprimento, pelas entidades sujeitas à supervisão do Instituto de Seguros de Portugal, do dever de lhe comunicarem a composição dos órgãos de administração e de fiscalização, a designação dos mandatários gerais, as respectivas alterações e as modificações da estrutura accionista;

b) A omissão de indicação ao Instituto de Seguros de Portugal dos factos relativos aos requisitos legais exigíveis aos membros dos órgãos de administração e fiscalização, ou aos mandatários gerais, que ocorram em data posterior à da comunicação da sua composição ou identidade;

c) A inobservância das disposições relativas à representação do capital social das empresas de seguros por acções nominativas ou ao portador registadas;

d) A inobservância das normas legais e regulamentares relativas à remição do capital ou à transformação de pensão devida nos termos dos planos de pensões;

e) O incumprimento, pela entidade gestora de fundos de pensões, do dever de compra de seguro celebrado em nome e por conta do beneficiário, para garantia das pensões resultantes de planos de pensões de contribuição definida;

f) O impedimento ou obstrução ao exercício da supervisão pelo Instituto de Seguros de Portugal, designadamente por incumprimento, nos prazos fixados, das instruções ditadas no caso individual considerado, para cumprimento da lei e respectiva regulamentação;

g) A omissão de entrega de documentação ou de prestação de informações requeridas pelo Instituto de Seguros de Portugal para o caso individualmente considerado;

h) O fornecimento ao Instituto de Seguros de Portugal de informações inexactas susceptíveis de induzir em conclusões erróneas de efeito idêntico ou semelhante ao que teriam informações falsas sobre o mesmo objecto;

Decreto-Lei n.º 94-B/98

i) O incumprimento dos deveres de informação para com os tomadores, segurados ou beneficiários de apólices de seguros, para com os associados, participantes ou beneficiários de planos de pensões, ou para com o público em geral, susceptível de induzir em conclusões erróneas acerca da situação da empresa ou dos fundos por ela geridos;

j) A inexistência de contabilidade organizada, bem como a inobservância das regras contabilísticas aplicáveis, determinadas por lei ou pelo Instituto de Seguros de Portugal, quando essa inobservância prejudique gravemente o conhecimento da situação patrimonial e financeira da empresa em causa ou dos fundos de pensões por ela geridos;

l) O incumprimento do dever de utilização de cláusulas ou apólices uniformes;

m) O incumprimento dos deveres que à entidade gestora de fundos de pensões incumbem relativamente à extinção dos fundos que gere;

n) A utilização de interpostas pessoas com a finalidade de atingir um resultado cuja obtenção directa implicaria a prática de contra-ordenação.[1]

ARTIGO 214.º
Contra-ordenações muito graves

São puníveis com coima de (euro) 1496,39 a (euro) 149639,37 ou de (euro) 2992,79 a (euro) 748196,85, consoante seja aplicada a pessoa singular ou colectiva, as infracções adiante referidas, sem prejuízo da aplicação de sanções mais graves previstas na lei:

a) A prática de actos ou operações de seguros, resseguros ou de gestão de fundos de pensões, por conta própria ou alheia, sem que para tal exista a necessária autorização;

b) O exercício, pelas entidades sujeitas à supervisão do Instituto de Seguros de Portugal, de actividades que não integrem o seu objecto legal;

c) A realização fraudulenta do capital social;

d) A ocultação da situação de insuficiência financeira;

e) Os actos de intencional gestão ruinosa, praticados pelos membros dos órgãos sociais ou pelos mandatários gerais, com prejuízo para os tomadores, segurados e beneficiários das apólices de seguros, associados, participantes e beneficiários dos fundos de pensões e demais credores;

f) A prática, pelos detentores de participações qualificadas, de actos que impeçam ou dificultem, de forma grave, uma gestão sã e prudente da entidade participada ou dos fundos de pensões por ela geridos;

g) A utilização, pelas entidades gestoras dos fundos de pensões, dos bens dos fundos confiados à sua gestão para despesas ou operações não legalmente autorizadas ou especialmente vedadas.

ARTIGO 215.º
Punibilidade da negligência e da tentativa

1 – É punível a prática com negligência das infracções previstas nos artigos 213.º e 214.º

2 – É punível a prática sob a forma tentada das infracções previstas no artigo 214.º

3 – A tentativa é punível com a sanção aplicável ao ilícito consumado, especialmente atenuada.

4 – A atenuação da responsabilidade do agente individual comunica-se à pessoa colectiva.

5 – Em caso de negligência, os limites máximo e mínimo da coima são reduzidos a metade.

ARTIGO 216.º
Sanções acessórias

1 – Conjuntamente com as coimas previstas nos artigos anteriores, poderão ser aplicadas as seguintes sanções acessórias:

a) Apreensão e perda do objecto da infracção e do benefício económico obtido pelo infractor através da sua prática, com observância, na parte aplicável, do disposto nos artigos 22.º a 26.º do Decreto-Lei n.º 433/82, de 27 de Outubro, alterado pelos Decretos-Lei n.os 356/89, de 17 de Outubro, e 244//95, de 14 de Setembro;[1]

b) Quando o agente seja pessoa singular, inibição do exercício de cargos sociais nas entidades sujeitas à supervisão do Instituto de Seguros de Portugal, por um período até um ano, nos casos previstos nos artigos 212.º e 213.º, ou de seis meses a três anos, nos casos previstos no artigo 214.º;

c) Interdição total ou parcial de celebração de contratos com novos tomadores de seguros ou segurados do ramo, modalidade, produto ou operação a que a contra-ordenação respeita por um período até três anos;

d) Interdição total ou parcial de celebração de novos contratos do ramo, modalidade, produto ou operação a que o ilícito de mera ordenação social respeita por um período de seis meses a três anos;

e) Interdição de admissão de novos aderentes, quando a contra-ordenação respeite a um fundo de pensões aberto, por um período até três anos;

f) Suspensão da concessão de autorizações para a gestão de novos fundos de pensões por um período de seis meses a três anos;

g) Suspensão do exercício do direito de voto atribuído aos sócios das entidades sujeitas à supervisão do Instituto de Seguros de Portugal por um período de seis meses a três anos;

h) Publicação pelo Instituto de Seguros de Portugal da punição definitiva, nos termos do número seguinte.

2 – As publicações referidas na alínea g) do número anterior serão feitas no Diário da República, 2.ª série, num jornal de larga difusão na localidade da sede ou do estabelecimento permanente do agente ou, se este for uma pessoa singular, na da sua residência e, sempre que se justifique, no boletim de cotações das bolsas de valores, a expensas dos sancionados.

SECÇÃO III
Processo

ARTIGO 217.º
Competência

1 – O processamento das contra-ordenações e a aplicação das coimas e das sanções acessórias, salvo o disposto no n.º 3, competem ao Instituto de Seguros de Portugal.

2 – Cabe ao conselho directivo do Instituto de Seguros de Portugal a decisão do processo.

---

[1] *Redacção introduzida pelo Decreto-Lei n.º 8-A/2002, de 11 de Janeiro.*

[1] *Redacção introduzida pelo Decreto-Lei n.º 8-A/2002, de 11 de Janeiro.*

Regulação do Sector Financeiro – Seguros e Fundos de Pensões

3 – A aplicação das sanções acessórias previstas nas alíneas c) a f) do artigo 216.º compete, sob proposta do Instituto de Seguros de Portugal, ao Ministro das Finanças.

4 – O Instituto de Seguros de Portugal, enquanto entidade competente para instruir os processos de contra-ordenação, pode, quando necessário às averiguações ou à instrução do processo, proceder à apreensão de documentos e valores e proceder à selagem de objectos não apreendidos.

5 – No decurso da averiguação ou da instrução, o Instituto de Seguros de Portugal poderá ainda solicitar às entidades policiais e a quaisquer outros serviços públicos ou autoridades toda a colaboração ou auxílio necessário para a realização das finalidades do processo.

6 – É correspondentemente aplicável o disposto no artigo 203.º

Artigo 218.º
Suspensão do processo

1 – Quando a infracção constitua irregularidade sanável, não lese significativamente nem ponha em perigo iminente e grave os interesses dos tomadores, segurados ou beneficiários das apólices, ou dos associados, participantes ou beneficiários de fundos de pensões, e nem cause prejuízos importantes ao sistema financeiro ou à economia nacional, o conselho directivo do Instituto de Seguros de Portugal poderá suspender o processo, notificando o infractor para, no prazo que lhe fixar, sanar a irregularidade em que incorreu.

2 – A falta de sanação no prazo fixado determina o prosseguimento do processo.

Artigo 219.º
Notificações

1 – As notificações serão feitas por carta registada com aviso de recepção, endereçada à sede ou ao domicílio dos interessados, ou, se necessário, através das autoridades policiais.

2 – A notificação da acusação e da decisão condenatória é feita, na impossibilidade de se cumprir o número anterior, por anúncio publicado em jornal da localidade da sede ou da última residência conhecida no País ou, no caso de aí não haver jornal ou de não ser conhecida sede ou residência no País, em jornal diário de larga difusão nacional.

Artigo 220.º
Dever de comparência

1 – Às testemunhas e aos peritos que não comparecerem no dia, hora e local designados para uma diligência do processo nem justificarem a falta nos cinco dias úteis imediatos, será aplicada, pelo Instituto de Seguros de Portugal, uma sanção pecuniária graduada entre um quinto e o salário mínimo nacional mensal mais elevado em vigor à data da prática do facto.

2 – O pagamento será efectuado no prazo de 15 dias a contar da notificação, sob pena de execução.

Artigo 221.º
Acusação e defesa

1 – Concluída a instrução, será deduzida acusação ou, se não tiverem sido recolhidos indícios suficientes de ter sido cometida contra-ordenação, serão arquivados os autos.

2 – Na acusação serão indicados o infractor, os factos que lhe são imputados e as respectivas circunstâncias de tempo e lugar, bem como a lei que os proíbe e pune.

3 – A acusação será notificada ao agente e às entidades que, nos termos do artigo 227.º, podem responder solidária ou subsidiariamente pelo pagamento da coima, sendo-lhes designado um prazo razoável, entre 10 e 30 dias, tendo em atenção o lugar da residência, sede ou estabelecimento permanente do agente e a complexidade do processo, para, querendo, identificarem o seu defensor, apresentarem, por escrito, a sua defesa e oferecerem ou requererem meios de prova.

4 – Cada uma das entidades referidas no número anterior não poderá arrolar mais de cinco testemunhas por cada infracção.

Artigo 222.º
Revelia

A falta de comparência do agente não obsta, em fase alguma do processo, a que este siga os seus termos e seja proferida decisão final.

Artigo 223.º
Decisão

1 – Realizadas, oficiosamente ou a requerimento, as diligências pertinentes em consequência da apresentação da defesa, o processo, acompanhado de parecer sobre a matéria de facto e de direito, é apresentado à entidade competente para a decisão.

2 – A decisão é notificada ao agente e demais interessados, nos termos do artigo 219.º

Artigo 224.º
Requisitos da decisão condenatória

1 – A decisão condenatória conterá:

a) A identificação do agente e dos eventuais comparticipantes;

b) A descrição do facto imputado e das provas obtidas, bem como das normas segundo as quais se pune e a fundamentação da decisão;

c) A sanção ou sanções aplicadas, com indicação dos elementos que contribuíram para a sua determinação;

d) A indicação dos termos em que a condenação pode ser impugnada judicialmente e se torna exequível;

e) A indicação de que, em caso de impugnação judicial, o juiz pode decidir mediante audiência ou, se o agente, o Ministério Público e o Instituto de Seguros de Portugal não se opuserem, mediante simples despacho;

f) A indicação de que vigora o princípio da proibição da reformado in pejus, sem prejuízo do atendibilidade das alterações verificadas na situação económica e financeira do agente.

2 – A notificação conterá, além dos termos da decisão, a advertência de que a coima deverá ser paga no prazo de 15 dias após o termo do prazo para a impugnação judicial, sob pena de se proceder à sua execução.

Artigo 225.º
Suspensão da execução da sanção

1 – A autoridade administrativa pode, fundamente, suspender, total ou parcialmente, a execução da sanção.

2 – A suspensão, a fixar entre dois e cinco anos a contar da data em que se esgotar o prazo da impugnação judicial da

decisão condenatória, pode ser sujeita a injunções, designadamente as necessárias à regularização de situações ilegais, à reparação de danos ou à prevenção de perigos.

3 – Se decorrer o tempo de suspensão sem que o agente tenha praticado infracção criminal ou ilícito de mera ordenação social previsto no presente diploma e sem ter violado as obrigações que lhe tenham sido impostas, ficará a condenação sem efeito, procedendo-se, no caso contrário, à execução imediata da sanção aplicada.

Artigo 226.º
Pagamento das coimas

1 – O pagamento da coima e das custas será efectuado no prazo de 15 dias, nos termos do regime geral do ilícito de mera ordenação social.

2 – O montante das coimas reverte integralmente para o Estado.

Artigo 227.º
Responsabilidade pelo pagamento

1 – As pessoas colectivas, ainda que irregularmente constituídas, e as associações sem personalidade jurídica respondem solidariamente pelo pagamento da coima e das custas em que forem condenados os seus dirigentes, empregados ou representantes pela prática de infracções puníveis nos termos do presente diploma.

2 – Os titulares dos órgãos de administração das pessoas colectivas, ainda que irregularmente constituídas, e das associações sem personalidade jurídica, que, podendo fazê-lo, não se tenham oposto à prática da infracção respondem individual e subsidiariamente pelo pagamento da coima e das custas em que aquelas sejam condenadas, ainda que à data da condenação tenham sido dissolvidas ou entrado em liquidação, salvo se provarem que não foi por culpa sua que o património da pessoa colectiva ou equiparada se tomou insuficiente para a satisfação de tais créditos.

Artigo 228.º
Exequibilidade da decisão

1 – Sem prejuízo do disposto no número seguinte, a decisão torna-se exequível se não for judicialmente impugnada.

2 – A decisão que aplique alguma das sanções previstas nas alíneas b) a f) do artigo 216.º torna-se, quanto a ela, imediatamente exequível, sem prejuízo da suspensão. Sem prejuízo do disposto no número seguinte, a decisão final torna-se exequível se não jurisdicional da sua eficácia, nos termos aplicáveis da Lei de Processo nos Tribunais Administrativos.

Artigo 229.º
Comunicação das sanções

As sanções aplicadas a empresas de seguros ao abrigo do presente diploma devem ser comunicadas às autoridades de supervisão dos restantes Estados membros da União Europeia.

SECÇÃO IV
Impugnação judicial

Artigo 230.º
Impugnação judicial

1 – Recebido o requerimento de interposição de recurso da decisão que tenha aplicado uma sanção, o Instituto de Seguros de Portugal remete os autos, no prazo de 15 dias, ao magistrado do Ministério Público junto do tribunal referido no artigo seguinte.

2 – O Instituto de Seguros de Portugal ou o Ministro das Finanças, quando for o caso, pode juntar alegações ou informações que considere relevantes para a decisão da causa.

Artigo 231.º
Tribunal competente

O Tribunal de Pequena Instância Criminal de Lisboa é o tribunal competente para conhecer do recurso das decisões, despachos e demais medidas tomadas pelas autoridades administrativas no decurso do processo, bem como para proceder à execução das decisões definitivas.

Artigo 232.º
Decisão judicial por despacho

O juiz pode decidir por despacho quando não considere necessária a audiência de julgamento e o agente, o Ministério Público e o Instituto de Seguros de Portugal ou o Ministro das Finanças, quando for o caso, não se oponham a esta forma de decisão.

Artigo 233.º
Intervenção do Instituto de Seguros de Portugal
na fase contenciosa

1 – O Instituto de Seguros de Portugal ou o Ministro das Finanças, quando for o caso, poderá participar, através de um representante, na audiência de julgamento, para a qual será notificado.

2 – A desistência da acusação pelo Ministério Público depende da concordância do Instituto de Seguros de Portugal ou do Ministro das Finanças, quando for o caso.

3 – O Instituto de Seguros de Portugal ou o Ministro das Finanças, quando for o caso, tem legitimidade para recorrer das decisões proferidas no processo de impugnação e que admitam recurso.

SECÇÃO V
Disposições finais e transitórias

Artigo 234.º
Direito subsidiário

Em tudo o que não estiver especialmente previsto no presente capítulo, aplicar-se-á o regime geral do ilícito de mera ordenação social.

Artigo 235.º
Disposições transitórias

1 – Aos factos previstos nos artigos 212.º a 214.º praticados antes da entrada em vigor do presente diploma e puníveis como transgressões, contravenções ou ilícitos de mera ordenação social nos termos da legislação agora revogada, em relação aos quais ainda não tenha sido instaurado qualquer processo, é aplicável o disposto no presente diploma, sem prejuízo da aplicação da lei mais favorável.

2 – Nos processos pendentes na data referida no número anterior continuará a ser aplicada aos factos neles constantes a legislação substantiva e processual anterior, sem prejuízo da aplicação da lei mais favorável.

TÍTULO VII
Disposições finais e transitórias

Artigo 236.º
Comunicação à Comissão Europeia

O Instituto de Seguros de Portugal informa a Comissão Europeia e as autoridades competentes dos outros estados membros das seguintes situações:[1]

a) De qualquer autorização concedida para a constituição de uma filial de uma empresa mãe sujeita à lei nacional de um país terceiro, comunicando também a estrutura do respectivo grupo empresarial;

b) De qualquer tomada de participação de uma empresa mãe sujeita à lei nacional de um país terceiro numa empresa de seguros com sede em Portugal e que tenha por efeito transformar esta última numa filial da referida empresa mãe.

Artigo 237.º
Dificuldades em países terceiros

1 – O Instituto de Seguros de Portugal informará a Comissão Europeia sobre quaisquer dificuldades de ordem geral com que as empresas de seguros com sede em Portugal deparem para se estabelecerem ou exercerem as suas actividades em países terceiros.

2 – As autoridades nacionais legalmente competentes para o efeito devem limitar ou suspender, por um período máximo de três meses, prorrogável, as suas decisões sobre as situações referidas nas alíneas a) e b) do artigo anterior sempre que tal lhes for comunicado pela Comissão Europeia na sequência do respectivo processo desencadeado em virtude do tratamento conferido às empresas comunitárias em países terceiros.

3 – A limitação ou suspensão referida no número anterior não é aplicável à criação de filiais por empresas de seguros ou suas filiais devidamente autorizadas na União Europeia nem à tomada de participações, por parte de tais empresas ou filiais, numa empresa de seguros da União Europeia.

4 – Sempre que a União Europeia verificar que um país terceiro não concede às empresas de seguros da União Europeia um acesso efectivo ao respectivo mercado comparável ao concedido pela União Europeia às empresas de seguros desse país terceiro, ou que as empresas de seguros da União Europeia não beneficiam num país terceiro de um tratamento nacional que lhes proporcione oportunidades de concorrência idênticas às das suas empresas de seguros nacionais e que as condições de acesso efectivo ao mercado não se encontram preenchidas, o Instituto de Seguros de Portugal informará a Comissão, a seu pedido, das seguintes situações:

a) De qualquer pedido de autorização para a constituição de uma filial directa ou indirecta de uma empresa mãe sujeita à lei nacional de um país terceiro;

b) De qualquer projecto de tomada de participação de uma empresa mãe sujeita à lei nacional de um país terceiro numa empresa de seguros com sede em Portugal e que tenha por efeito transformar esta última numa filial da referida empresa mãe.

Artigo 238.º
Fusão ou cisão de empresas de seguros

Pode ser autorizada pelo Instituto de Seguros de Portugal, em casos devidamente justificados, a fusão ou cisão de empresas de seguros.[1]

Artigo 239.º
Liquidação de empresas de seguros

1 – Em caso de liquidação de uma empresa de seguros sediada em Portugal, os compromissos emergentes dos contratos celebrados através das respectivas sucursais ou em regime de livre prestação de serviços serão executados do mesmo modo que os compromissos emergentes de quaisquer outros contratos de seguros da mesma empresa, sem distinção de nacionalidade dos segurados e dos beneficiários.

2 – Em caso de liquidação de uma empresa de seguros com sede em Portugal e que explore cumulativamente o ramo «Vida» e os ramos «Não vida» referidos nos n.os 1) e 2) do artigo 123.º, as actividades relativas a estes ramos regem-se pelas regras de liquidação aplicáveis às actividades do ramo «Vida».

Artigo 240.º
Exploração cumulativa dos ramos «Vida» e «Não vida»

As empresas de seguros que, à data da publicação do presente diploma, se encontram autorizadas a explorar cumulativamente em Portugal a actividade de seguros dos ramos «Não vida» e a actividade de seguros do ramo «Vida» podem continuar essa exploração cumulativa, sem prejuízo do disposto no artigo 101.º.

Artigo 241.º
Livre prestação de serviços

O regime previsto no presente diploma para o exercício da actividade seguradora em regime de livre prestação de serviços não prejudica os direitos adquiridos pelas empresas de seguros ao abrigo de legislação anteriormente em vigor para o efeito.

Artigo 242.º
Normas de contabilidade

Compete ao Instituto de Seguros de Portugal, sem prejuízo das atribuições da Comissão de Normalização Contabilística, estabelecer as regras de contabilidade aplicáveis às empresas de seguros sujeitas à sua supervisão, bem como definir os elementos que as referidas empresas lhe devem remeter e os que devem obrigatoriamente publicar, mantendo-se em vigor, até à sua publicação, as regras actualmente existentes em matéria de contabilidade, apresentação e publicação de contas.

Artigo 243.º
Instruções

1 – Compete ao Instituto de Seguros de Portugal emitir as instruções que considere necessárias para o cumprimento do disposto no presente diploma.

---

[1] *Redacção introduzida pelo Decreto-Lei n.º 145/2006, de 31 de Julho.*

[1] *Redacção introduzida pelo Decreto-Lei n.º 8-A/2002, de 11 de Janeiro.*

Decreto-Lei n.º 94-B/98

2 – O disposto no número anterior não prejudica os poderes de regulação da Comissão do Mercado de Valores Mobiliários relativamente a contratos de seguro ligados a fundos de investimento. [1]

ARTIGO 244.º
Requerimentos de autorização pendentes

[*Revogado.*] [2]

ARTIGO 245.º
Contravalor do ECU em escudos

[*Revogado.*] [2]

ARTIGO 246.º
Remissões

As remissões constantes do Decreto-Lei n.º 176/95, de 26 de Julho, e de outros actos de conteúdo normativo ou regulamentar, para o Decreto-Lei n.º 102/94, de 20 de Abril, consideram-se feitas para as correspondentes disposições do presente diploma.

ARTIGO 247.º
Legislação revogada

São revogados os seguintes diplomas:
a) Decreto-Lei n.º 91/82, de 22 de Março;
b) Decreto-Lei n.º 133/86, de 12 de Junho;
c) Decreto-Lei n.º 107/88, de 31 de Março;
d) Decreto-Lei n.º 102/94, de 20 de Abril.

Visto e aprovado e Conselho de Ministros de 12 de Fevereiro de 1998. – *António Manuel de Oliveira Guterres – António Luciano Pacheco de Sousa Franco – José Eduardo Vera Cruz Jardim.*

Promulgado em 9 de Abril de 1998.

Publique-se

O Presidente da República, JORGE SAMPAIO.

Referendado em 16 de Abril de 1998.

O Primeiro-Ministro, *António Manuel de Oliveira Guterres.*

---

[1] *Redacção introduzida pelo Decreto-Lei n.º 357-A/2007, de 31 de Outubro.*

[2] *Revogado pelo Decreto-Lei n.º 8-A/2002, de 11 de Janeiro.*

Decreto-Lei n.º 12/2006, de 20 de Janeiro, com as alterações introduzidas pelo Decreto-Lei n.º 180/2007, de 9 de Maio e pelo Decreto-Lei n.º 357-A/2007, de 31 de Outubro – **Regula a constituição e o funcionamento dos fundos de pensões e das entidades gestoras de fundos de pensões**

Decreto-Lei n.º 12/2006

de 20 de Janeiro

A transposição da Directiva n.º 2003/41/CE, do Parlamento Europeu e do Conselho, de 3 de Junho, relativa às actividades e à supervisão das instituições de realização de planos de pensões profissionais, constitui ensejo para proceder à revisão geral do regime dos fundos de pensões, incrementando o nível da protecção de participantes e beneficiários, bem como procedendo ao seu aperfeiçoamento técnico tendo em conta a experiência de supervisão dos fundos de pensões.

Assim, o presente decreto-lei revê de forma global o regime do Decreto-Lei n.º 475/99, de 9 de Novembro, alterado pelos Decretos-Leis n.ºs 292/2001, de 20 de Novembro, e 251/2003, de 14 de Outubro, sem privilegiar os fundos de pensões ao serviço de planos de pensões, seja do segundo pilar (planos de pensões «empresariais») seja do terceiro pilar (planos de pensões «individuais»), da protecção social, quando aquela directiva abrange apenas os primeiros.

Além do tratamento unitário dos fundos de pensões, que já data de 1985, o presente decreto-lei tem o cuidado de, na previsão de novas estruturas de governação dos fundos de pensões dirigidas a uma especial mediação entre a gestão profissional dos fundos e os destinatários (não profissionais) da respectiva actividade, contemplar, para os fundos do segundo pilar, a previsão de uma comissão de acompanhamento da realização do plano de pensões e, para os do terceiro pilar, a previsão do provedor dos participantes e beneficiários. A criação destas figuras tem em conta a experiência do direito comparado e a prática actual dos operadores portugueses dos mercados dos fundos de pensões e segurador.

Apenas o regime dos chamados serviços transfronteiriços de gestão de planos de pensões profissionais constitui excepção significativa a esse tratamento unitário, aplicando-se apenas aos fundos de pensões o serviço de planos de pensões do segundo pilar, em transposição estrita do artigo 20.º da directiva.

Regula-se, ainda, a gestão transfronteiriça de planos de pensões, quer por entidades nacionais quer por entidades de outros Estados membros. Em ambos os casos, a gestão do plano de pensões deve cumprir as disposições sociais e laborais da legislação do Estado membro ao abrigo do qual o plano foi constituído, prevendo-se, para tal, mecanismos de informação entre as autoridades competentes dos Estados membros envolvidos.

Com relevante impacte na prestação de serviços transfronteiriços nesta área, prevê-se igualmente, ainda em transposição da directiva, a aceitação de entidades com estabelecimento na União Europeia como entidades depositárias dos fundos de pensões.

É ainda de salientar a reformulação global que a matéria da informação aos participantes e beneficiários regista no regime do presente decreto-lei. Assim, regista-se um aprofundamento da informação a prestar, uma melhor definição dos períodos disponíveis para a divulgação da informação e, ainda, uma maior densificação e um maior rigor na previsão da obrigação de actualização da informação. Relativamente às adesões individuais a fundos de pensões abertos, consagra-se a possibilidade de o Instituto de Seguros de Portugal vir a regular a matéria da disponibilização de informação por meio de um prospecto informativo, em alinhamento com o regime dos produtos seguradores similares, como é o caso do unit-linked.

A transposição da directiva determina ainda que as regras prudenciais sobre composição dos activos, a definição da política de investimento, o cálculo das responsabilidades dos fundos de pensões e a nomeação dos poderes e deveres do Instituto de Seguros de Portugal passem a constar de decreto-lei específico.

São também de salientar as seguintes alterações introduzidas ao regime anterior. Por um lado, a consagração, em determinados termos, da possibilidade de os fundos de pensões poderem financiar as responsabilidades de longo prazo dos associados com os benefícios de saúde concedidos aos seus trabalhadores após a data da reforma. Por outro lado, ao nível do regime dos planos de pensões, estabelece-se a possibilidade de os planos de pensões financiados por fundos preverem subsídios por morte, bem como a portabilidade dos seus benefícios, no caso dos planos contributivos, relativamente às contribuições próprias, e nos planos com direitos adquiridos. Ao nível do regime institucional geral dos fundos de pensões, prevê-se uma regra sobre o registo dos fundos e das entidades gestoras. Relativamente ao regime dos fundos de pensões abertos, reconhece-se a possibilidade de comercialização conjunta de fundos geridos pela mesma entidade gestora, bem como o direito à transferência da adesão, sem encargos, nos casos de alteração substancial da política de investimentos, de aumento de comissões e de transferência da gestão do fundo para outra entidade gestora.

Ao nível das estruturas de governação dos fundos de pensões, instituem-se regras sobre conflitos de interesses e são desenvolvidos os regimes da subcontratação, da constituição das sociedades gestoras, das entidades comercializadoras, do actuário e do revisor oficial de contas.

Por fim, ao nível dos mecanismos de governação dos fundos de pensões, consagra-se um capítulo relativo às matérias da estrutura organizacional, da gestão de riscos e do controlo interno das entidades gestoras de fundos de pensões, bem como disposições específicas para as matérias da divulgação dos relatórios e contas relativos aos fundos abertos e às enti-

Regulação do Sector Financeiro – Seguros e Fundos de Pensões

dades gestoras de fundos de pensões e da publicidade efectuada pelas entidades gestoras.

Foram ouvidos o Instituto de Seguros de Portugal, as associações representativas do sector e as confederações sindicais.

Assim:

Nos termos da alínea a) do n.º 1 do artigo 198.º da Constituição, o Governo decreta o seguinte:

TÍTULO I
Disposições gerais

ARTIGO 1.º
Objecto

1 – O presente decreto-lei regula a constituição e o funcionamento dos fundos de pensões e das entidades gestoras de fundos de pensões.

2 – O presente decreto-lei transpõe para a ordem jurídica nacional a Directiva n.º 2003/41/CE, do Parlamento Europeu e do Conselho, de 3 de Junho, relativa às actividades e à supervisão das instituições de realização de planos de pensões profissionais.

ARTIGO 2.º
Definições

Para os efeitos deste decreto-lei, considera-se:

a) «Plano de pensões» o programa que define as condições em que se constitui o direito ao recebimento de uma pensão a título de reforma por invalidez, por velhice ou ainda em caso de sobrevivência ou de qualquer outra contingência equiparável, de acordo com as disposições do presente diploma;

b) «Plano de benefícios de saúde» o programa estabelecido por uma pessoa colectiva que define as condições em que se constitui o direito ao pagamento ou reembolso de despesas de saúde da responsabilidade da pessoa colectiva decorrentes da alteração involuntária do estado de saúde do beneficiário do plano e havidas após a data da reforma por velhice ou invalidez, sobrevivência, pré-reforma ou reforma antecipada;

c) «Fundo de pensões» o património autónomo exclusivamente afecto à realização de um ou mais planos de pensões e ou planos de benefícios de saúde;

d) «Associado» a pessoa colectiva cujos planos de pensões ou de benefícios de saúde são objecto de financiamento por um fundo de pensões;

e) «Participante» a pessoa singular em função de cujas circunstâncias pessoais e profissionais se definem os direitos consignados no plano de pensões ou no plano de benefícios de saúde, independentemente de contribuir ou não para o seu financiamento;

f) «Contribuinte» a pessoa singular que contribui para o fundo ou a pessoa colectiva que efectua contribuições em nome e a favor do participante;

g) «Beneficiário» a pessoa singular com direito aos benefícios estabelecidos no plano de pensões ou no plano de benefícios de saúde, tenha ou não sido participante;

h) «Aderente» a pessoa singular ou colectiva que adere a um fundo de pensões aberto.

ARTIGO 3.º
Gestão e depósito dos fundos de pensões

Os fundos de pensões são geridos por uma ou várias entidades gestoras, e os valores a eles adstritos são depositados em um ou mais depositários, de acordo com as disposições do presente decreto-lei.

ARTIGO 4.º
Supervisão

1 – O exercício da actividade de gestão de fundos de pensões fica sujeito à supervisão do Instituto de Seguros de Portugal, nos termos definidos no título VIII do presente decreto-lei.

2 – No exercício das suas funções de supervisão, o Instituto de Seguros de Portugal emite as normas regulamentares necessárias ao regular funcionamento do sector dos fundos de pensões e procede à fiscalização do seu cumprimento.

ARTIGO 5.º
Autonomia e regime dos fundos de pensões que financiam planos de benefícios de saúde

1 – Os planos de benefícios de saúde só podem ser financiados através de fundos de pensões fechados e de adesões colectivas a fundos de pensões abertos.

2 – Ao fundo de pensões que financie planos de benefícios de saúde é aplicável, com as devidas adaptações, o fixado no presente decreto-lei para os fundos de pensões fechados e para as adesões colectivas a fundos de pensões abertos, bem como para os planos de pensões de benefício definido ou mistos, sem prejuízo do previsto nos números seguintes.

3 – As responsabilidades inerentes aos planos de benefícios de saúde são calculadas e financiadas de forma autónoma em relação às responsabilidades dos planos de pensões, sendo objecto de certificação actuarial distinta.

4 – Se o património de um fundo de pensões que financie simultaneamente planos de pensões e planos de benefícios de saúde for gerido de forma conjunta, deve existir uma clara identificação da quota-parte do património afecto a cada plano.

5 – Os fundos de pensões que financiem planos de benefícios de saúde podem celebrar contratos de seguro com empresas de seguros para a garantia do pagamento ou do reembolso das despesas de saúde previstas no plano.

6 – Em caso de extinção da quota-parte do fundo de pensões afecta ao financiamento de planos de benefícios de saúde, e na impossibilidade de aquisição de contratos de seguro ou de transferência para outro fundo de pensões ou adesão colectiva, a entidade gestora assegura a gestão do plano até à liquidação do respectivo património.

7 – Em excepção à autonomia fixada no n.º 3, a devolução prevista no artigo 81.º está sujeita:

a) Relativamente a um fundo de pensões fechado ou a uma adesão colectiva a um fundo de pensões aberto, à verificação do cumprimento das regras desse artigo pelo fundo de pensões financiador de planos de benefícios de saúde do mesmo associado;

b) Relativamente a um fundo de pensões financiador de planos de benefícios de saúde, à verificação do cumprimento das regras desse artigo pelo fundo de pensões fechado do mesmo associado ou pela adesão colectiva a um fundo de pensões aberto pelo mesmo associado.

8 – O Instituto de Seguros de Portugal emite a regulamentação de execução do previsto no presente artigo, de forma a garantir a autonomia aí fixada e contemplar as especificidades do financiamento dos planos de benefícios de saúde.

TÍTULO II
Planos de pensões

ARTIGO 6.º
Regras gerais

1 – Sem prejuízo do disposto no n.º 4 do artigo 8.º, as contingências que podem conferir direito ao recebimento de uma pensão são a pré-reforma, a reforma antecipada, a reforma por velhice, a reforma por invalidez e a sobrevivência, entendendo-se estes conceitos nos termos em que eles se encontrem definidos no respectivo plano de pensões.

2 – Quando complementares e acessórios das prestações referidas no número anterior, os planos de pensões podem prever ainda a atribuição de subsídios por morte.

3 – Os planos de pensões podem revestir a natureza de regimes profissionais complementares desde que cumpram igualmente o disposto na legislação respectiva.

4 – Os planos de pensões podem prever, desde que o façam expressamente, a possibilidade de garantia dos encargos inerentes ao pagamento das pensões, nomeadamente os devidos a título de contribuições para a segurança social e os decorrentes de contratação colectiva.

ARTIGO 7.º
Tipos de planos

1 – Os planos de pensões podem, com base no tipo de garantias estabelecidas, classificar-se em:

a) «Planos de benefício definido», quando os benefícios se encontram previamente definidos e as contribuições são calculadas de forma a garantir o pagamento daqueles benefícios;

b) «Planos de contribuição definida», quando as contribuições são previamente definidas e os benefícios são os determinados em função do montante das contribuições entregues e dos respectivos rendimentos acumulados;

c) «Planos mistos», quando se conjugam as características dos planos de benefício definido e de contribuição definida.

2 – Os planos de pensões podem, com base na forma de financiamento, classificar-se em:

a) «Planos contributivos», quando existem contribuições dos participantes;

b) «Planos não contributivos», quando o plano é financiado exclusivamente pelo associado.

3 – Salvo disposição em contrário estabelecida no plano de pensões, os planos de pensões de benefício definido em que as contribuições efectuadas pelos participantes tenham carácter obrigatório estabelecido por lei ou por instrumento de regulação colectiva de trabalho seguem o regime aplicável aos planos não contributivos.

ARTIGO 8.º
Forma de pagamento dos benefícios

1 – No momento em que se inicia o pagamento da pensão estabelecida, pode ser concedida a sua remição parcial, em capital, ou a sua transformação noutro tipo de renda, desde que se verifiquem cumulativamente as seguintes condições:

a) Essa possibilidade esteja prevista no plano de pensões;

b) Tenha sido apresentado à entidade gestora um pedido formulado por escrito pelo futuro beneficiário.

2 – O montante do capital de remição, bem como o valor actual da renda proveniente da transformação, não pode ser superior a um terço do valor actual da pensão estabelecida, calculado de acordo com as bases técnicas utilizadas para a determinação do mínimo de solvência.

3 – Mediante acordo entre a entidade gestora, o associado e o beneficiário, é ainda possível a remição total da pensão, desde que o montante da prestação periódica mensal seja inferior à décima parte da retribuição mínima mensal garantida para a generalidade dos trabalhadores em vigor à data da remição.

4 – No caso de fundos de pensões que financiam planos contributivos, os beneficiários têm direito ao reembolso do montante determinado em função das contribuições efectuadas pelos participantes, em qualquer das contingências previstas no n.º 1 do artigo 6.º e, ainda, em caso de desemprego de longa duração, doença grave ou incapacidade permanente para o trabalho, entendidos estes conceitos nos termos da legislação aplicável aos planos poupança-reforma/educação (PPR/E).

5 – O reembolso previsto no número anterior pode ser efectuado sob a forma de renda, capital ou qualquer combinação destes, aplicando-se as condições referidas no n.º 2 apenas ao valor que não resulte das contribuições do participante.

6 – Sem prejuízo da possibilidade de remição da pensão em capital, as pensões resultantes de planos de pensões de contribuição definida são garantidas através de um seguro celebrado em nome e por conta do beneficiário.

7 – As pensões referidas no número anterior podem ser pagas directamente pelo fundo se os associados assumirem o pagamento de eventuais contribuições extraordinárias para garantia da manutenção do seu valor e se forem cumpridos os requisitos de ordem prudencial que para o efeito sejam estabelecidos em norma regulamentar do Instituto de Seguros de Portugal.

ARTIGO 9.º
Direitos adquiridos e portabilidade dos benefícios

1 – Considera-se que existem direitos adquiridos sempre que os participantes mantenham o direito aos benefícios consignados no plano de pensões de acordo com as regras neste definidas, independentemente da manutenção ou da cessação do vínculo existente com o associado.

2 – Nos planos contributivos, relativamente às contribuições próprias, e nos planos com direitos adquiridos, é facultada aos participantes que cessem o vínculo com o associado a possibilidade de transferirem o valor a que têm direito para outro fundo de pensões.

ARTIGO 10.º
Contas individuais

No caso de fundos que financiam planos mistos ou de contribuição definida, é obrigatória a existência de contas individuais para cada participante, na parte correspondente às contribuições definidas, salvo em situações excepcionais, fundamentadas nas características do plano e aceites pelo Instituto de Seguros de Portugal.

TÍTULO III
Fundos de pensões

CAPÍTULO I
Disposições gerais

ARTIGO 11.º
Autonomia patrimonial

1 – Sem prejuízo do disposto no artigo 81.º, o património dos fundos de pensões está exclusivamente afecto ao cumprimento dos planos de pensões, ao pagamento das remunerações de gestão e de depósito que envolva, e ao pagamento dos prémios dos seguros referidos no artigo 17.º, não respondendo por quaisquer outras obrigações, designadamente as de associados, participantes, contribuintes, entidades gestoras e depositários.

2 – Pela realização dos planos de pensões constantes do respectivo contrato constitutivo, regulamento de gestão ou contrato de adesão responde única e exclusivamente o património do fundo ou a respectiva quota-parte, cujo valor constitui o montante máximo disponível, sem prejuízo da responsabilidade dos associados, participantes e contribuintes pelo pagamento das contribuições e da entidade gestora pelo rendimento mínimo eventualmente garantido.

3 – Sempre que as condições legais de reembolso se restrinjam às previstas no presente decreto-lei, o valor patrimonial de eventuais direitos de um participante sobre um fundo de pensões está exclusivamente afecto ao cumprimento das obrigações previstas no respectivo plano de pensões, não respondendo por quaisquer outras obrigações, designadamente para com os seus credores.

4 – Se o património de um fundo de pensões que financie simultaneamente distintos planos de pensões for gerido de forma conjunta, deve existir uma clara identificação da quota-parte do património afecto a cada plano.

ARTIGO 12.º
Regime de capitalização

1 – O património, as contribuições e os planos de pensões devem estar em cada momento equilibrados de acordo com sistemas actuariais de capitalização que permitam estabelecer uma equivalência entre, por um lado, o património e as receitas previstas para o fundo de pensões e, por outro, as pensões futuras devidas aos beneficiários e as remunerações de gestão e depósito futuras.

2 – Não é permitido o financiamento do fundo através do método de repartição dos capitais de cobertura.

ARTIGO 13.º
Tipos de fundos de pensões

1 – Os fundos de pensões podem revestir a forma de fundos fechados ou abertos:

a) Considera-se que um fundo de pensões é fechado quando disser respeito apenas a um associado ou, existindo vários associados, quando existir um vínculo de natureza empresarial, associativo, profissional ou social entre os mesmos e seja necessário o assentimento destes para a inclusão de novos associados no fundo;

b) Considera-se que um fundo de pensões é aberto quando não se exigir a existência de qualquer vínculo entre os diferentes aderentes ao fundo, dependendo a adesão ao fundo unicamente de aceitação pela entidade gestora.

2 – Os fundos de pensões fechados podem ser constituídos por iniciativa de uma empresa ou grupos de empresas, de associações, designadamente de âmbito sócio-profissional, ou por acordo entre associações patronais e sindicais.

3 – Os fundos de pensões abertos podem ser constituídos por iniciativa de qualquer entidade autorizada a gerir fundos de pensões, sendo o seu valor líquido global dividido em unidades de participação, inteiras ou fraccionadas, que podem ser representadas por certificados.

4 – A adesão aos fundos de pensões abertos pode ser efectuada de forma colectiva ou individual.

5 – Os fundos de pensões PPR/E, previstos no Decreto-Lei n.º 158/2002, de 2 de Julho, e os fundos de pensões que financiem planos de poupança em acções (PPA), previstos no Decreto-Lei n.º 204/95, de 5 de Agosto, são classificados como fundos de pensões abertos aos quais só é permitida a adesão individual.

ARTIGO 14.º
Comercialização conjunta de fundos de pensões abertos

1 – Dois ou mais fundos de pensões abertos, geridos pela mesma entidade gestora, cada um com uma política de investimento própria e diferenciada dos restantes, podem ser comercializados de forma conjunta, de modo a facilitar aos contribuintes a escolha entre diversas opções de investimento.[1]

2 – A adesão ao conjunto de fundos previsto no número anterior efectua-se mediante a celebração de um único contrato de adesão, o qual deve indicar, nomeadamente, as condições especiais de transferência das unidades de participação entre os fundos comercializados conjuntamente, nos termos a definir por norma regulamentar do Instituto de Seguros de Portugal ou, no caso de adesões individuais a fundos de pensões abertos, por regulamento da Comissão do Mercado de Valores Mobiliários, ouvido o Instituto de Seguros de Portugal.[1]

ARTIGO 15.º
Garantias

1 – Os planos de pensões a financiar através de fundos de pensões fechados ou de adesões colectivas a fundos de pensões abertos podem ser de benefício definido, de contribuição definida ou mistos.

2 – Os planos de pensões a financiar através da adesão individual a um fundo de pensões aberto só podem ser de contribuição definida.

ARTIGO 16.º
Transferência de riscos

Os fundos de pensões podem celebrar com empresas de seguros ou resseguradoras contratos para a garantia da cobertura dos riscos de morte e invalidez permanente, eventualmente previstos no plano de pensões, bem como contratos de seguro de rendas vitalícias.

---

[1] *Redacção introduzida pelo Decreto-Lei n.º 357-A/2007, de 31 de Outubro.*

ARTIGO 17.º
Co-gestão

1 – Sem prejuízo dos direitos dos participantes e beneficiários, os fundos de pensões fechados, que envolvam montantes consideravelmente elevados, podem ser geridos por mais de uma entidade gestora, nos casos e nas condições estabelecidas por norma regulamentar do Instituto de Seguros de Portugal.

2 – Quando um fundo de pensões fechado for gerido por mais de uma entidade gestora, o associado deve nomear a que assume a responsabilidade pelas funções globais de gestão administrativa, nomeadamente a função de consolidação contabilística, e de gestão actuarial do plano de pensões.

ARTIGO 18.º
Registo

1 – O Instituto de Seguros de Portugal mantém em registo a identificação e a indicação das vicissitudes ocorridas relativamente aos fundos de pensões e respectivas entidades gestoras, nos termos de norma regulamentar.

2 – A norma regulamentar prevista no número anterior, além de determinar os elementos a registar, bem como os respectivos termos, deve ainda prever, designadamente:

a) Os termos da obrigação de envio, pelas entidades gestoras de fundos de pensões, dos documentos que suportam os elementos a registar;

b) As formas de publicidade dos dados registados.

ARTIGO 19.º
Publicações obrigatórias

1 – A publicação obrigatória de actos previstos previstos neste título é efectuada através de um dos seguintes meios:

a) Sítio na Internet do Instituto de Seguros de Portugal;

b) Meio de comunicação de grande divulgação no território nacional;

c) Diário da República;

d) Sítio na Internet previsto no n.º 2 do artigo 70.º do Código do Registo Comercial, na redacção do Decreto-Lei n.º 11/2005, de 8 de Julho.

2 – Nos casos em que a publicação se efectue através dos meios referidos nas alíneas b) a d) do número anterior, a entidade gestora envia ao Instituto de Seguros de Portugal cópia no prazo de três dias após a mesma, com vista à respectiva publicação oficiosa no sítio na Internet desse Instituto.

CAPÍTULO II
Vicissitudes

SECÇÃO I
Constituição

ARTIGO 20.º
Autorização

1 – Compete ao Instituto de Seguros de Portugal a autorização para constituição de fundos de pensões.

2 – No caso dos fundos de pensões fechados, a autorização é concedida a requerimento conjunto das entidades gestoras e dos associados fundadores, acompanhado do projecto de contrato constitutivo e do plano técnico-actuarial, no caso de planos de benefício definido ou mistos.

3 – No caso dos fundos de pensões abertos, a autorização é concedida a requerimento da entidade gestora, acompanhado do projecto de regulamento de gestão.

4 – Se o Instituto de Seguros de Portugal não se pronunciar num prazo de 90 dias a contar a partir do recebimento dos requerimentos a que se referem os números anteriores ou das respectivas alterações ou documentos complementares, considera-se autorizada a constituição dos fundos de pensões nos termos requeridos.

5 – Da decisão de indeferimento do Instituto de Seguros de Portugal cabe recurso para o Ministro das Finanças.

ARTIGO 21.º
Contrato constitutivo de fundos de pensões fechados

1 – Os fundos de pensões fechados constituem-se por contrato escrito celebrado entre as entidades gestoras e os associados fundadores, o qual fica sujeito a publicação obrigatória.

2 – Do contrato escrito devem constar obrigatoriamente os seguintes elementos:

a) Identificação das partes contratantes;

b) Denominação do fundo de pensões;

c) Denominação, capital social e sede da entidade gestora ou entidades gestoras;

d) Identificação dos associados;

e) Indicação das pessoas que podem ser participantes, contribuintes e beneficiárias do fundo;

f) Valor do património inicial do fundo, discriminando os bens que a este ficam adstritos;

g) Objectivo do fundo e respectivo plano ou planos de pensões a financiar;

h) Regras de administração do fundo e representação dos associados;

i) Sem prejuízo do previsto no artigo 53.º, no caso de fundos que financiam planos contributivos, a forma de representação dos participantes e beneficiários, a qual não pode ser delegada no associado;

j) Condições em que se opera a transferência de gestão do fundo para outra entidade gestora ou do depósito dos títulos e outros documentos do fundo para outro depositário;

l) Direitos dos participantes quando deixem de estar abrangidos pelo fundo e destes e dos beneficiários quando o fundo se extinguir ou quando qualquer dos associados se extinguir ou abandonar o fundo, sem prejuízo do disposto no artigo 30.º;

m) Se podem ser concedidos empréstimos aos participantes e sob que forma;

n) Condições em que as entidades gestoras e os associados se reservam o direito de modificar as cláusulas acordadas;

o) Causas de extinção do fundo, sem prejuízo do disposto no artigo 30.º

ARTIGO 22.º
Contrato de gestão de fundos de pensões fechados

1 – Entre os associados e a entidade gestora ou entidades gestoras de um fundo de pensões fechado deve ser celebrado um contrato de gestão.

2 – Do contrato de gestão devem constar obrigatoriamente os seguintes elementos:

a) Denominação do fundo de pensões;

b) Denominação, capital social e sede da entidade gestora ou entidades gestoras do fundo;

c) Nome e sede dos depositários;

Regulação do Sector Financeiro – Seguros e Fundos de Pensões

d) Remuneração das entidades gestoras;

e) Remuneração dos depositários, desde que não se preveja o acordo prévio do associado para a fixação daquela remuneração;

f) Política de investimento do fundo;

g) Condições em que são concedidas as pensões, se directamente pelo fundo ou se através de contratos de seguro;

h) Regulamento que estabeleça as condições em que podem ser concedidos empréstimos aos participantes, no caso de estar prevista tal concessão;

i) Condições em que as partes contratantes se reservam o direito de modificar o contrato de gestão inicialmente celebrado;

j) Estabelecimento do rendimento mínimo garantido e duração desta garantia, caso a entidade gestora assuma o risco de investimento;

l) Penalidades em caso de descontinuidade da gestão do fundo;

m) Direitos, obrigações e funções da entidade gestora ou das entidades gestoras, nos termos das normas legais e regulamentares;

n) Mecanismo de articulação e consolidação de informação entre as entidades gestoras, quando aplicável;

o) Indicação do eventual estabelecimento de contratos de mandato da gestão de investimentos, actuarial ou administrativa;

p) Regras de designação e representação dos associados, participantes e beneficiários na comissão de acompanhamento e funções da comissão.

3 – O contrato de gestão não pode derrogar ou alterar disposições contidas no contrato constitutivo.

4 – Nos casos em que um fundo de pensões fechado seja gerido por mais de uma entidade gestora, nos termos do artigo 17.º, as disposições constantes das alíneas c), d), e), f), j), l) e o) do n.º 2 podem constar de contrato a estabelecer individualmente entre o(s) associado(s) e cada entidade gestora do fundo.

5 – Deve ser remetido ao Instituto de Seguros de Portugal um exemplar do contrato de gestão e, subsequentemente, das suas alterações.

ARTIGO 23.º
Regulamento de gestão de fundos de pensões abertos

1 – Os fundos de pensões abertos consideram-se constituídos no dia da entrega da primeira contribuição, efectuada nos termos do respectivo regulamento de gestão, o qual fica sujeito a publicação obrigatória.

2 – Do regulamento de gestão devem constar obrigatoriamente os seguintes elementos:

a) Denominação do fundo de pensões;

b) Denominação, capital social e sede da entidade gestora;

c) Tipo de adesão admitida; [1]

d) Nome e sede dos depositários;

e) Denominação e sede das entidades comercializadoras; [1]

f) Definição dos conceitos necessários ao conveniente esclarecimento das condições contratuais;

g) Valor da unidade de participação na data de início do fundo;

h) Forma de cálculo do valor da unidade de participação;

i) Dias fixados para o cálculo do valor da unidade de participação;

j) Política de investimento do fundo;

l) Remuneração máxima da entidade gestora;

m) Limites máximo e mínimo das comissões de emissão e de reembolso das unidades de participação, explicitando-se claramente a sua forma de incidência;

n) Remuneração máxima dos depositários;

o) Condições em que se opera a transferência da gestão do fundo para outra entidade gestora ou do depósito dos títulos e outros documentos do fundo para outro depositário;

p) Estabelecimento do rendimento mínimo garantido e duração desta garantia, explicitando-se a forma como a política de investimento prossegue este objectivo, caso a entidade gestora assuma o risco de investimento;

q) Condições em que a entidade gestora se reserva o direito de modificar as cláusulas do regulamento de gestão;

r) Causas de extinção do fundo, sem prejuízo do disposto no artigo 30.º;

s) Processo a adoptar no caso de extinção do fundo;

t) Direitos, obrigações e funções da entidade gestora, nos termos das normas legais e regulamentares;

u) Indicação do eventual estabelecimento de contratos de mandato da gestão de investimentos, actuarial ou administrativa;

v) Sumária caracterização funcional do provedor dos participantes e beneficiários para as adesões individuais e referência ao respectivo regulamento de procedimentos.

3 – Sem prejuízo do disposto no número seguinte, o valor das unidades de participação, a composição discriminada das aplicações do fundo e o número de unidades de participação devem ser publicados com periodicidade mínima mensal em meio adequado de divulgação, nos termos estabelecidos por norma regulamentar do Instituto de Seguros de Portugal, ouvida, no caso de fundos de pensões abertos com adesão individual, a Comissão do Mercado de Valores Mobiliários. [1]

4 – O valor das unidades de participação dos fundos de pensões abertos é divulgado diariamente nos locais e meios de comercialização das mesmas, excepto no caso de fundos que apenas admitam adesões colectivas, em que é divulgado com periodicidade mínima mensal.

5 – O regime de responsabilidade por erros de valorização é estabelecido por norma regulamentar do Instituto de Seguros de Portugal, ouvida a Comissão do Mercado de Valores Mobiliários. [1]

SECÇÃO II
Alterações

ARTIGO 24.º
Alterações e transferência de gestão

1 – As alterações dos contratos constitutivos e dos regulamentos de gestão, bem como a transferência de gestão de fundos de pensões entre entidades gestoras, dependem de autorização do Instituto de Seguros de Portugal e ficam sujeitas a publicação obrigatória.

---

[1] *Redacção introduzida pelo Decreto-Lei n.º 357-A/2007, de 31 de Outubro.*

[1] *Redacção introduzida pelo Decreto-Lei n.º 357-A/2007, de 31 de Outubro.*

2 – As alterações não podem reduzir as pensões que se encontrem em pagamento nem os direitos adquiridos à data da alteração, se existirem.

3 – Sempre que as alterações a introduzir no contrato constitutivo tenham incidência sobre o montante das responsabilidades, o respectivo pedido de autorização deve incluir, além do projecto do novo texto, o respectivo plano técnico-actuarial, tendo em conta o disposto no artigo 75.º

4 – As alterações ao regulamento de gestão de que resulte um aumento das comissões, uma alteração substancial à política de investimento ou a transferência da gestão do fundo para outra entidade gestora devem ser notificadas individualmente aos aderentes, sendo-lhes conferida a possibilidade de transferirem, sem encargos, as suas unidades de participação para outro fundo de pensões.

5 – O disposto no n.º 4 do artigo 20.º é aplicável, com as necessárias adaptações, à autorização para alteração de contratos constitutivos, de regulamentos de gestão, ou para transferência de gestão de fundos de pensões.

SECÇÃO III
Adesão a fundos de pensões abertos

ARTIGO 25.º
Adesão colectiva a fundos de pensões abertos

1 – A adesão colectiva a um fundo de pensões aberto efectua-se através da subscrição inicial de unidades de participação pelos associados que pretendam aderir a este.

2 – Numa única adesão colectiva podem coexistir vários associados, desde que exista um vínculo de natureza empresarial, associativo, profissional ou social entre os mesmos e seja necessário o consentimento destes para a inclusão de novos associados na adesão colectiva.

3 – Sempre que um plano de pensões seja financiado através de mais de uma adesão colectiva, deve ser nomeada pelo associado a entidade gestora a quem incumbem as funções globais de gestão administrativa e actuarial do plano de pensões, nos termos fixados por norma regulamentar do Instituto de Seguros de Portugal.

4 – No momento da aquisição das primeiras unidades de participação, deve ser celebrado um contrato de adesão ao fundo de pensões entre cada associado, ou grupo de associados, e a entidade gestora, do qual conste obrigatoriamente:

a) Denominação do fundo de pensões;

b) Identificação do(s) associado(s);

c) Indicação das pessoas que podem ser participantes, contribuintes e beneficiárias do fundo;

d) Plano ou planos de pensões a financiar;

e) Indicação, se for caso disso, de que o plano de pensões é financiado por mais de uma adesão colectiva, identificando-se a entidade gestora responsável pelas funções globais de gestão administrativa e actuarial;

f) Condições em que são concedidas as pensões, se directamente pelo fundo ou se através de contratos de seguro;

g) Direitos dos participantes quando deixem de estar abrangidos pelo fundo;

h) Direitos dos participantes e dos beneficiários, quando a respectiva adesão colectiva ao fundo se extinguir ou qualquer associado ou qualquer dos associados se extinguir ou abandonar o fundo, sem prejuízo do disposto no artigo 30.º;

i) Número de unidades de participação adquiridas;

j) Condições em que as partes contratantes se reservam o direito de modificar o contrato de adesão;

l) Condições de transferência da quota-parte de um associado para outro fundo de pensões, especificando eventuais penalizações que lhe sejam aplicáveis;

m) Quantificação das remunerações ou comissões que serão cobradas;

n) Regras de designação e representação dos associados, dos participantes e dos beneficiários na comissão de acompanhamento e funções da comissão;

o) Sem prejuízo do previsto no artigo 53.º, no caso de adesões que financiam planos contributivos, forma de representação dos participantes e beneficiários, a qual não pode ser delegada no associado;

p) Em anexo cópia do regulamento de gestão.

5 – É dispensada a inclusão dos elementos mencionados nas alíneas c), d), f), g), h), j) e l) do número anterior desde que estes constem do regulamento de gestão.

6 – Os associados devem expressar o seu acordo escrito relativamente ao regulamento de gestão do fundo.

7 – É vedada a concessão de empréstimos aos participantes com base nas unidades de participação detidas.

8 – Os contratos de adesão colectiva, bem como as respectivas alterações, e os contratos de extinção decorrentes de transferências de adesões colectivas entre fundos de pensões devem ser enviados ao Instituto de Seguros de Portugal, devendo ser igualmente enviados os planos técnico-actuariais no caso de as adesões financiarem planos de benefício definido ou mistos.

ARTIGO 26.º
Adesão individual a fundos de pensões abertos

1 – A adesão individual a um fundo de pensões aberto efectua-se através da subscrição inicial de unidades de participação por contribuintes.

2 – Em caso de adesão individual a um fundo de pensões aberto, as unidades de participação são pertença dos participantes.

3 – No momento da aquisição das primeiras unidades de participação, deve ser celebrado um contrato de adesão individual ao fundo de pensões, entre o contribuinte e a entidade gestora, do qual devem constar:

a) Denominação do fundo de pensões;

b) Condições em que serão devidos os benefícios;

c) Condições de transferência das unidades de participação de um participante para outro fundo de pensões, especificando eventuais penalizações que lhe sejam aplicáveis;

d) Quantificação das remunerações e comissões que serão cobradas;

e) Informação dos termos e condições de exercício dos direitos de resolução e renúncia previstos no n.º 4 e no artigo 27.º;

f) Disposições relativas ao exame das reclamações respeitantes ao contrato, incluindo a referência à possibilidade de intervenção do provedor dos participantes e beneficiários, sua identificação e respectivos contactos, sem prejuízo do recurso aos tribunais;

g) Referência ao Instituto de Seguros de Portugal e à Comissão do Mercado de Valores Mobiliários, como sendo as autoridades de supervisão competentes; [1]

---

[1] *Redacção introduzida pelo Decreto-Lei n.º 357-A/2007, de 31 de Outubro.*

Regulação do Sector Financeiro – Seguros e Fundos de Pensões

h) Discriminação da informação enviada pela entidade gestora ao participante na vigência do contrato, e respectiva periodicidade;

i) Em anexo, cópia do regulamento de gestão.

4 – Os contribuintes pessoas singulares devem dar o seu acordo escrito ao regulamento de gestão do fundo, presumindo-se, na sua falta, que os mesmos não tomaram conhecimento daquele, assistindo-lhes, neste caso, o direito de resolução da adesão individual no prazo definido no artigo 27.º e de serem reembolsados nos termos previstos no artigo 28.º

5 – É vedada a concessão de empréstimos aos participantes com base nas unidades de participação detidas.

ARTIGO 27.º
Direito de renúncia

1 – O contribuinte, desde que não seja pessoa colectiva, dispõe de um prazo de 30 dias a contar da data da adesão individual a um fundo de pensões aberto para expedir carta em que renuncie aos efeitos do contrato.

2 – Sob pena de ineficácia, a comunicação da renúncia deve ser notificada por carta registada enviada para o endereço da sede social da entidade gestora que celebrou o contrato de adesão individual ao fundo de pensões.

ARTIGO 28.º
Efeitos do exercício do direito de renúncia

1 – O exercício do direito de renúncia determina a resolução do contrato de adesão individual, extinguindo todas as obrigações dele decorrentes, com efeitos a partir da celebração do mesmo, havendo lugar à devolução do valor das unidades de participação à data da devolução ou, nos casos em que a entidade gestora assuma o risco de investimento, do valor das contribuições pagas.

2 – A entidade gestora tem direito a um montante igual à comissão de emissão, revertendo para o fundo a parte dos custos de desinvestimento que esta comprovadamente tenha suportado e que excedam aquela comissão de emissão, ou a sua totalidade, se esta não tiver sido cobrada.

3 – O exercício do direito de renúncia não dá lugar a qualquer indemnização para além do que é estabelecido no número anterior.

ARTIGO 29.º
Suspensão de subscrição ou transferência
de unidades de participação

1 – Em circunstâncias excepcionais e sempre que o interesse dos participantes e beneficiários o aconselhe, as operações de subscrição ou transferência de unidades de participação em fundos de pensões abertos podem ser suspensas por decisão da entidade gestora, do Instituto de Seguros de Portugal ou, no caso de fundos de pensões abertos com adesão individual, da Comissão do Mercado de Valores Mobiliários, nestes último caso, sendo previamente ouvida a outra autoridade. [1]

2 – A entidade gestora comunica a suspensão referida no número anterior e a respectiva fundamentação previamente ao Instituto de Seguros de Portugal, que no caso de fundos de pensões abertos com adesão individual informa a Comissão do Mercado de Valores Mobiliários. [1]

SECÇÃO IV
Extinção e liquidação

ARTIGO 30.º
Duração e extinção

1 – Os fundos de pensões têm duração ilimitada.

2 – A extinção de qualquer das entidades gestoras ou dos associados não determina a extinção do fundo se se proceder à respectiva substituição, devendo observar-se nesse caso o disposto no contrato constitutivo ou no regulamento de gestão.

3 – A entidade gestora do fundo não pode dissolver-se sem primeiro ter garantido a continuidade da gestão efectiva do mesmo fundo por outra entidade habilitada.

4 – Sem prejuízo do disposto no artigo 78.º, a entidade gestora deve proceder à extinção do fundo ou da adesão colectiva se o associado não proceder ao pagamento das contribuições necessárias ao cumprimento dos montantes mínimos de financiamento exigidos pelo normativo em vigor.

5 – Os fundos de pensões extinguem-se necessariamente quando não existirem participantes nem beneficiários e quando do, por qualquer causa, se esgotar o seu objecto, devendo proceder-se à liquidação do respectivo património.

6 – A extinção de um fundo de pensões fechado ou de uma quota-parte deste ou, ainda, de um fundo de pensões aberto é efectuada, após autorização prévia do Instituto de Seguros de Portugal, mediante negócio jurídico de extinção escrito.

7 – Excepto no caso a que se refere o n.º 8 do artigo 25.º, a cessação de uma adesão colectiva a um fundo de pensões aberto é efectuada mediante a celebração de um contrato de extinção entre o associado e a entidade gestora, cujo projecto deve ser comunicado previamente ao Instituto de Seguros de Portugal, e que pode ser celebrado 45 dias após essa comunicação caso o Instituto nada determine.

8 – Sem prejuízo da autorização prévia do Instituto de Seguros de Portugal, quando se verificar uma insuficiência de financiamento do plano de pensões face às regras estabelecidas e se se concluir, com base em elementos documentais, que não foi possível obter acordo do associado, ou nos casos previstos no n.º 5, a entidade gestora deve resolver unilateralmente o contrato constitutivo ou de adesão colectiva.

9 – O negócio jurídico de extinção de um fundo de pensões fechado, ou de uma quota-parte deste, ou de um fundo de pensões aberto, bem como a resolução unilateral ficam sujeitos a publicação obrigatória.

10 – Sempre que o pedido de autorização prévia de extinção for relativo a um fundo de pensões aberto com adesão individual, o Instituto de Seguros de Portugal, antes de decidir, ouve a Comissão do Mercado de Valores Mobiliários. [1]

---

[1] *Redacção introduzida pelo Decreto-Lei n.º 357-A/2007, de 31 de Outubro.*

[1] *Redacção introduzida pelo Decreto-Lei n.º 357-A/2007, de 31 de Outubro.*

ARTIGO 31.º
Liquidação

1 – A entidade gestora deve proceder à liquidação do património de um fundo de pensões ou de uma quota-parte deste nos termos fixados no negócio jurídico de extinção ou na resolução unilateral prevista no n.º 8 do artigo anterior.

2 – Na liquidação do património de um fundo de pensões ou de uma quota-parte deste, o respectivo património responde, até ao limite da sua capacidade financeira, por:

a) Despesas que lhe sejam imputáveis nos termos das alíneas d), e), f) e j) do artigo 67.º;

b) Montante da conta individual de cada participante, no caso de fundos de pensões que financiem planos de pensões contributivos, que deve ser aplicado de acordo com as regras estabelecidas no contrato constitutivo ou regulamento de gestão;

c) Prémios únicos de rendas vitalícias que assegurem as pensões em pagamento de acordo com o montante da pensão à data da extinção;

d) Prémios únicos de rendas vitalícias que assegurem o pagamento das pensões relativas aos participantes com idade superior ou igual à idade normal de reforma estabelecida no plano de pensões;

e) Montante que garanta os direitos adquiridos dos participantes existentes à data da extinção, que deve ser aplicado de acordo com as regras estabelecidas no contrato constitutivo ou regulamento de gestão;

f) Garantia das pensões em formação, para os participantes que não tenham sido abrangidos no âmbito da alínea anterior;

g) Montantes que garantam a actualização das pensões em pagamento, desde que esta esteja contratualmente estipulada.

3 – Em caso de insuficiência financeira, o património do fundo ou da respectiva quota-parte responde preferencialmente pelas responsabilidades enunciadas e pela ordem das alíneas do número anterior, com recurso a rateio proporcional ao valor das responsabilidades naquela em que for necessário.

4 – O saldo final líquido positivo que eventualmente seja apurado durante a operação de liquidação tem o destino que for decidido conjuntamente pelas entidades gestoras e pelos associados, mediante prévia aprovação do Instituto de Seguros de Portugal, de acordo com os critérios previstos no n.º 3 do artigo 81.º

5 – Salvo em casos devidamente justificados, sempre que o saldo líquido positivo referido no número anterior resulte de uma redução drástica do número de participantes em planos de pensões sem direitos adquiridos, aquele saldo deve ser utilizado prioritariamente para garantia das pensões que se encontravam em formação, relativamente aos participantes abrangidos por aquela redução.

6 – Não se consideram devidamente justificados, para os efeitos do disposto no número anterior, os casos em que a redução drástica do número de participantes se tenha operado mediante acordos de cessação do contrato de trabalho, a não ser que dos mesmos resulte a renúncia expressa ao direito previsto naquele número.

TÍTULO IV
Estruturas de governação dos fundos de pensões

CAPÍTULO I
Entidades gestoras

SECÇÃO I
Disposições gerais

ARTIGO 32.º
Entidades gestoras

1 – Os fundos de pensões podem ser geridos quer por sociedades constituídas exclusivamente para esse fim, designadas no presente decreto-lei por sociedades gestoras, quer por empresas de seguros que explorem legalmente o ramo «Vida» e possuam estabelecimento em Portugal.

2 – Sem prejuízo do disposto nas alíneas f), g) e h) do n.º 1 do artigo 42.º e no artigo 46.º, às empresas de seguros que pretendam exercer a actividade de gestão de fundos de pensões aplica-se, quanto às respectivas condições de acesso e exercício, o disposto no Decreto-Lei n.º 94-B/98, de 17 de Abril.

3 – As entidades gestoras exercem as funções que lhes sejam atribuídas por lei, podendo também exercer, de forma autónoma, actividades necessárias ou complementares da gestão de fundos de pensões, nomeadamente no âmbito da gestão de planos de pensões.

4 – As entidades gestoras realizam todos os seus actos em nome e por conta comum dos associados, participantes, contribuintes e beneficiários e, na qualidade de administradoras dos fundos, podem negociar valores mobiliários ou imobiliários, fazer depósitos bancários na titularidade do fundo e exercer todos os direitos ou praticar todos os actos que directa ou indirectamente estejam relacionados com o património do fundo.

ARTIGO 33.º
Funções das entidades gestoras

Na qualidade de administradora e gestora do fundo e de sua legal representante, compete à entidade gestora a prática de todos os actos e operações necessários ou convenientes à boa administração e gestão do fundo, nomeadamente:

a) Proceder à avaliação das responsabilidades do fundo;

b) Seleccionar e negociar os valores, mobiliários ou imobiliários, que devem constituir o fundo, de acordo com a política de investimento;

c) Representar, independentemente de mandato, os associados, participantes, contribuintes e beneficiários do fundo no exercício dos direitos decorrentes das respectivas participações;

d) Proceder à cobrança das contribuições previstas e garantir, directa ou indirectamente, os pagamentos devidos aos beneficiários;

e) Proceder, com o acordo do beneficiário, ao pagamento directo dos encargos devidos por aquele e correspondentes aos referidos no n.º 4 do artigo 6.º, através da dedução do montante respectivo à pensão em pagamento;

f) Inscrever no registo predial, em nome do fundo, os imóveis que o integrem;

Regulação do Sector Financeiro – Seguros e Fundos de Pensões

g) Manter em ordem a sua escrita e a dos fundos por ela geridos.

ARTIGO 34.º
Deveres gerais das entidades gestoras

1 – A entidade gestora, no exercício das suas funções, age de modo independente e no exclusivo interesse dos associados, participantes e beneficiários.

2 – A entidade gestora deve exercer as funções que lhe competem segundo critérios de elevada diligência e competência profissional, bem como actuar de forma célere e eficaz na colaboração com as demais estruturas de governação dos fundos de pensões e na prestação da informação exigida nos termos da lei.

ARTIGO 35.º
Conflito de interesses

1 – A entidade gestora deve evitar as situações de conflito de interesses com o fundo, devendo dar prevalência aos interesses deste em relação seja aos seus próprios interesses ou de empresas com as quais se encontre em relação de domínio ou de grupo seja aos interesses dos titulares dos seus órgãos sociais, bem como assegurar a transparência do processamento da situação.

2 – A entidade gestora, assim como os titulares dos seus órgãos sociais e as empresas com as quais se encontre em relação de domínio ou de grupo, não pode comprar ou vender para si elementos dos activos dos fundos por si geridos, directamente ou por interposta pessoa.

3 – É vedado aos órgãos de administração e aos trabalhadores da entidade gestora que exerçam funções de decisão e execução de investimentos exercer quaisquer funções noutra entidade gestora de fundos de pensões, salvo se pertencentes ao mesmo grupo económico.

4 – Sempre que sejam emitidas ordens de compra de activos conjuntas para vários fundos de pensões, a entidade gestora efectua a distribuição dos custos de forma proporcional aos activos adquiridos para cada fundo de pensões.

ARTIGO 36.º
Actos vedados ou condicionados

1 – À entidade gestora é especialmente vedado, quando actue por conta própria:

a) Adquirir acções próprias;

b) Conceder crédito, com excepção de crédito hipotecário, aos seus trabalhadores.

2 – À entidade gestora é especialmente vedado, quando actue como gestora do fundo de pensões:

a) Contrair empréstimos, excepto com fins de liquidez, ou oferecer a terceiros os activos dos fundos de pensões para garantia, qualquer que seja a forma jurídica a assumir por essa garantia, excepto no âmbito de contratos de reporte ou de empréstimo, ou outros, com o objectivo de uma gestão eficaz de carteira, nos termos a definir por norma regulamentar do Instituto de Seguros de Portugal;

b) Adquirir acções próprias;

c) Conceder crédito, salvo se se tratar de crédito hipotecário ou de crédito aos participantes nos termos previstos no contrato constitutivo do fundo.

ARTIGO 37.º
Subcontratação

1 – As entidades gestoras não podem transferir global ou parcialmente para terceiros os poderes que lhes são conferidos por lei, sem prejuízo da possibilidade de recorrerem a serviços de terceiros que se mostrem convenientes para o exercício da sua actividade, designadamente os de prestação de conselhos especializados sobre aspectos actuariais e de investimentos e, ainda, de execução, sob a sua orientação e responsabilidade, dos actos e operações que lhes competem.

2 – Sem prejuízo da manutenção da sua responsabilidade para com os fundos de pensões, associados, participantes e beneficiários, as entidades gestoras podem mandatar a gestão de parte ou da totalidade dos activos de um fundo de pensões a instituições de crédito, empresas de investimento, sociedades gestoras de fundos de investimento mobiliário, empresas de seguro «Vida», desde que legalmente autorizadas a gerir activos na União Europeia e ou nos países membros da OCDE, e a sociedades gestoras de fundos de pensões.

3 – A prestação de serviços referida nos números anteriores deve ser formalizada através de contrato escrito celebrado entre a entidade gestora e o prestador de serviços e respeitar as seguintes condições:

a) Manutenção da responsabilidade da entidade gestora pelo cumprimento das disposições que regem a actividade de gestão de fundos de pensões;

b) Detenção pelos prestadores de serviços das qualificações e capacidades necessárias ao desempenho das funções subcontratadas;

c) Dever de controlo do desempenho das funções subcontratadas pela entidade gestora, através, designadamente, do poder de esta emitir instruções adicionais e de resolver o contrato sempre que tal for do interesse dos associados, participantes e beneficiários;

d) Cumprimento do enquadramento legal e regulamentar a que a actividade de gestão de fundos de pensões está sujeita, do exercício da gestão no exclusivo interesse dos associados, participantes e beneficiários e da inexistência de prejuízo para a eficácia da supervisão.

4 – Deve ser remetido ao Instituto de Seguros de Portugal um exemplar do contrato previsto no número anterior sempre que solicitado, redigido em português ou devidamente traduzido e legalizado.

SECÇÃO II
Condições de acesso e exercício das sociedades gestoras

ARTIGO 38.º
Constituição, objecto, participações sociais e órgãos sociais

1 – As sociedades gestoras de fundos de pensões devem constituir-se sob a forma de sociedades anónimas e satisfazer os seguintes requisitos:

a) Ter a sede social, e a principal e efectiva da administração, em Portugal;

b) Ter um capital social de, pelo menos, (euro) 1000000, realizado na data da constituição e integralmente representado por acções nominativas;

c) Adoptar na respectiva denominação a expressão «Sociedade Gestora de Fundos de Pensões»;

d) Ter por objecto exclusivo a gestão de fundos de pensões.

2 – São aplicáveis às sociedades gestoras de fundos de pensões as disposições dos artigos 43.º a 50.º, quanto ao controlo dos detentores de participações qualificadas, dos artigos 51.º, 54.º e 55.º, quanto aos respectivos órgãos sociais, e do artigo 58.º, sobre o uso ilegal de denominação, todos do Decreto-Lei n.º 94-B/98, de 17 de Abril.

ARTIGO 39.º
Autorização

1 – A constituição de sociedades gestoras de fundos de pensões depende de autorização a conceder pelo Instituto de Seguros de Portugal, estando esta autorização sujeita a publicação obrigatória, nos termos do artigo 19.º

2 – O requerimento para a constituição da sociedade deve referir o respectivo capital social, identificar os accionistas fundadores e as suas participações e ser acompanhado dos seguintes elementos:

a) Projecto de estatutos;

b) Certificado do registo criminal dos accionistas iniciais, quando pessoas singulares, e dos respectivos administradores, directores ou gerentes, quando pessoas colectivas;

c) Declaração de que nem os accionistas iniciais nem as sociedades ou empresas cuja gestão tenham assegurado ou de que tenham sido administradores, directores ou gerentes foram declarados em estado de insolvência ou falência;

d) Documentos comprovativos da inexistência de dívidas tributárias ou à segurança social por parte dos accionistas iniciais;

e) Informações detalhadas sobre a estrutura do grupo que permitam, sempre que existam relações de proximidade entre a empresa e outras pessoas singulares ou colectivas, verificar a inexistência de entraves ao exercício das funções de supervisão;

f) Programa de actividades, o qual deve incluir, pelo menos, os seguintes elementos:

i) Elementos que constituem o fundo mínimo de garantia;

ii) Estrutura orgânica da empresa, com especificação dos meios técnicos e financeiros, bem como dos meios directos e indirectos de pessoal e material a utilizar;

iii) Previsão das despesas de instalação dos serviços administrativos, bem como dos meios financeiros necessários;

iv) Indicação do tipo de fundos de pensões a gerir, forma de comercialização e comissões aplicáveis;

v) Para cada um dos três primeiros exercícios sociais:

I) Balanço e demonstração de resultados previsionais, indicando o capital subscrito e realizado;

II) Previsão do número de trabalhadores e respectiva massa salarial;

III) Previsão da demonstração dos fluxos de caixa;

IV) Previsão da margem de solvência e dos meios financeiros necessários à sua cobertura, em conformidade com as disposições legais em vigor.

3 – As hipóteses e os pressupostos em que se baseia a elaboração das projecções incluídas no programa previsto no número anterior são devida e especificamente fundamentados.

4 – Ao processo de autorização aplica-se, com as necessárias adaptações, o disposto nos artigos 15.º e 16.º do Decreto-Lei n.º 94-B/98, de 17 de Abril.

5 – O cumprimento do programa de actividades é verificado nos termos previstos no artigo 18.º do Decreto-Lei n.º 94-B/98, de 17 de Abril.

ARTIGO 40.º
Modificações

1 – As seguintes alterações dos estatutos das sociedades gestoras carecem de autorização prévia do Instituto de Seguros de Portugal, aplicando-se, com as necessárias adaptações, o disposto no n.º 4 do artigo anterior:

a) Firma ou denominação;

b) Objecto;

c) Capital social, quando se trate de redução;

d) Criação de categorias de acções ou alteração das categorias existentes;

e) Estrutura da administração ou de fiscalização;

f) Dissolução.

2 – As restantes alterações estatutárias não carecem de autorização prévia, devendo, porém, ser comunicadas ao Instituto de Seguros de Portugal no prazo de cinco dias.

3 – A fusão e a cisão de sociedades gestoras de fundos de pensões carecem igualmente de autorização prévia do Instituto de Seguros de Portugal, aplicando-se, com as necessárias adaptações, o disposto no n.º 4 do artigo anterior.

ARTIGO 41.º
Caducidade da autorização

1 – A autorização caduca se os requerentes a ela expressamente renunciarem, bem como se a sociedade gestora não se constituir formalmente no prazo de 6 meses ou não der início à sua actividade no prazo de 12 meses, contados a partir da data da publicação da autorização nos termos referidos no n.º 1 do artigo 39.º

2 – Compete ao Instituto de Seguros de Portugal a verificação da constituição formal e do início da actividade dentro dos prazos referidos no número anterior.

ARTIGO 42.º
Revogação da autorização

1 – A autorização pode ser revogada, sem prejuízo do disposto sobre a inexistência ou insuficiência de garantias financeiras mínimas, quando se verifique alguma das seguintes situações:

a) Ter sido obtida por meio de falsas declarações ou outros meios ilícitos, independentemente das sanções penais que ao caso couberem;

b) A sociedade gestora cessar a actividade por período ininterrupto superior a 12 meses;

c) Os capitais próprios da sociedade atingirem, na sua totalidade, um valor inferior a metade do valor indicado na alínea b) do n.º 1 do artigo 38.º para o capital social e, simultaneamente, não cobrirem a margem de solvência da sociedade;

d) Não ser efectuada a comunicação ou ser recusada a designação de qualquer membro da administração ou fiscalização nos termos previstos no n.º 2 do artigo 38.º;

e) Ser retirada a aprovação do programa de actividades ou não ser concedida, ou requerida, a autorização para alteração do programa de actividades;

f) Irregularidades graves na administração, organização contabilística ou no controlo interno da sociedade, de modo a pôr em risco os interesses dos participantes ou beneficiários ou as condições normais de funcionamento do mercado;

Regulação do Sector Financeiro – Seguros e Fundos de Pensões

g) Deixar de se verificar alguma das condições de acesso e de exercício da actividade de gestão de fundos de pensões;

h) A sociedade violar as leis ou os regulamentos que disciplinam a sua actividade, de modo a pôr em risco os interesses dos participantes ou beneficiários ou as condições normais de funcionamento do mercado.

2 – Os factos previstos na alínea d) do número anterior não constituem fundamento de revogação se, no prazo estabelecido pelo Instituto de Seguros de Portugal, a sociedade tiver procedido à comunicação ou à designação de outro administrador que seja aceite.

3 – Quando a sociedade gestora se dedique à comercialização de contratos de adesão individual a fundos de pensões abertos, a decisão de revogação é precedida de parecer da Comissão do Mercado de Valores Mobiliários. [1]

Artigo 43.º
Competência e forma da revogação

1 – A revogação da autorização compete ao Instituto de Seguros de Portugal.

2 – A decisão de revogação deve ser fundamentada e notificada à sociedade gestora.

3 – Após a revogação da autorização, proceder-se-á à liquidação da sociedade gestora, nos termos legais em vigor.

Artigo 44.º
Margem de solvência e fundo mínimo de garantia

1 – A sociedade gestora deve dispor de adequada margem de solvência e de fundo de garantia compatível.

2 – A margem de solvência de uma sociedade gestora corresponde ao seu património, livre de toda e qualquer obrigação previsível e deduzido dos elementos incorpóreos.

3 – As sociedades gestoras devem, desde o momento em que são autorizadas, dispor e manter um fundo de garantia que faz parte integrante da margem de solvência e que corresponde a um terço do seu valor, não podendo, no entanto, ser inferior a (euro) 800000.

Artigo 45.º
Constituição da margem de solvência

1 – A margem de solvência é constituída pelos elementos definidos nos termos do disposto nos n.ºs 1 e 2 do artigo 98.º do Decreto-Lei n.º 94-B/98, de 17 de Abril, e, mediante autorização prévia do Instituto de Seguros de Portugal, pode igualmente incluir os elementos constantes do disposto nas alíneas b) e d) do n.º 3 do mesmo artigo.

2 – Os elementos constitutivos do fundo de garantia são os definidos nos termos do disposto no artigo 103.º do decreto-lei referido no número anterior, relativamente à actividade de seguros «Vida».

3 – Os critérios de valorimetria dos activos correspondentes à margem de solvência são fixados pelo Instituto de Seguros de Portugal.

Artigo 46.º
Determinação da margem de solvência

1 – Sem prejuízo do estabelecido no n.º 3, o montante da margem de solvência é determinado da seguinte forma:

a) Se a sociedade gestora assume o risco de investimento, o valor correspondente a 4% do montante dos respectivos fundos de pensões;

b) Se a sociedade gestora não assume o risco de investimento, o valor correspondente a 1% do montante dos respectivos fundos de pensões, desde que a duração do contrato de gestão seja superior a cinco anos e que o montante destinado a cobrir as despesas de gestão previstas naquele contrato seja fixado por prazo superior a cinco anos.

2 – O valor da margem de solvência, no que respeita às adesões individuais a fundos de pensões abertos, a fundos de pensões PPR/E e a fundos de pensões PPA, se a sociedade gestora não assume o risco de investimento, é o correspondente a 1% do montante da quota-parte do fundo relativa a essas adesões e do montante dos fundos de pensões PPR/E e PPA.

3 – O montante da margem de solvência não pode, no entanto, ser inferior às seguintes percentagens do montante dos fundos de pensões geridos:

a) Até (euro) 75 milhões – 1%;

b) No excedente – 1(por mil).

Artigo 47.º
Insuficiência de margem de solvência

1 – Sem prejuízo do disposto no n.º 1 do artigo 94.º, sempre que se verifique, mesmo circunstancial ou temporariamente, a insuficiência da margem de solvência de uma sociedade gestora ou sempre que o fundo de garantia não atinja o limite mínimo fixado, a sociedade gestora deve, no prazo que lhe vier a ser fixado pelo Instituto de Seguros de Portugal, submeter à aprovação deste um plano de financiamento a curto prazo, nos termos dos números seguintes.

2 – O plano de financiamento a curto prazo a apresentar deve ser fundamentado num adequado plano de actividades, e que inclui contas previsionais.

3 – O Instituto de Seguros de Portugal define, caso a caso, as condições específicas a que deve obedecer o plano de financiamento referido no número anterior, bem como o seu acompanhamento.

CAPÍTULO II
Depositários

Artigo 48.º
Depósito

Os títulos e os outros documentos representativos dos valores mobiliários que integram o fundo de pensões devem ser depositados numa ou várias instituições de crédito autorizadas à recepção de depósitos ou outros fundos reembolsáveis ou em empresas de investimento autorizadas à custódia de instrumentos financeiros por conta de clientes, desde que estabelecidas na União Europeia.

---

[1] *Redacção introduzida pelo Decreto-Lei n.º 357-A/2007 de 31 de Outubro.*

Artigo 49.º
Funções e deveres dos depositários

1 – Aos depositários compete:

a) Receber em depósito ou inscrever em registo os títulos e documentos representativos dos valores que integram os fundos;

b) Manter actualizada a relação cronológica de todas as operações realizadas e estabelecer, trimestralmente, um inventário discriminado dos valores que lhe estejam confiados.

2 – Os depositários podem ainda, nomeadamente, ser encarregados de:

a) Realizar operações de compra e venda de títulos e exercer direitos de subscrição e de opção;

b) Efectuar a cobrança dos rendimentos produzidos pelos valores dos fundos e colaborar com a entidade gestora na realização de operações sobre aqueles bens;

c) Proceder aos pagamentos das pensões aos beneficiários, conforme as instruções da entidade gestora.

3 – Os depositários estão sujeitos aos deveres e proibições previstos nos n.ºs 1 e 2 do artigo 35.º, com as devidas adaptações, devendo efectuar apenas as operações solicitadas pelas entidades gestoras de fundos de pensões conformes às disposições legais e regulamentares.

Artigo 50.º
Formalização das relações entre as entidades gestoras e os depositários

1 – O regime das relações estabelecidas entre as entidades gestoras e os depositários, inclusivamente no tocante às comissões a cobrar por estes últimos, deve constar de contrato escrito.

2 – Deve ser remetido ao Instituto de Seguros de Portugal um exemplar dos contratos referidos no número anterior, bem como das suas posteriores alterações.

Artigo 51.º
Subcontratação

A guarda dos valores do fundo de pensões pode ser confiada pelo depositário a um terceiro, sem que, contudo, esse facto afecte a responsabilidade do depositário perante a entidade gestora, sendo aplicável o disposto nos n.ºs 3 e 4 do artigo 37.º, com as devidas adaptações.

CAPÍTULO III
Outras entidades

Artigo 52.º
Entidades comercializadoras

1 – As unidades de participação dos fundos de pensões abertos apenas podem ser comercializadas pelas respectivas entidades gestoras e por mediadores de seguros registados no Instituto de Seguros de Portugal no âmbito do ramo «Vida».

2 – À actividade de mediação de fundos de pensões aplica-se, com as devidas adaptações, o regime constante da legislação que regula as condições de acesso e de exercício da actividade de mediação de seguros, podendo o Instituto de Seguros de Portugal definir, por norma regulamentar, regras complementares às previstas nesse acto legislativo, tendo em atenção a natureza específica dos fundos de pensões.

Artigo 53.º
Comissão de acompanhamento do plano de pensões

1 – O cumprimento do plano de pensões e a gestão do respectivo fundo de pensões, no caso de fundos de pensões fechados e de adesões colectivas aos fundos de pensões abertos que abranjam mais de 100 participantes, beneficiários ou ambos, são verificados por uma comissão de acompanhamento do plano de pensões, adiante designada por comissão de acompanhamento.

2 – A comissão de acompanhamento é constituída por representantes do associado e dos participantes e beneficiários, devendo estes últimos ter assegurada uma representação não inferior a um terço dos membros da comissão.

3 – Os representantes dos participantes e beneficiários são designados pela comissão de trabalhadores ou, caso esta não exista, por eleição organizada para o efeito entre aqueles, pela entidade gestora ou pelo associado, nos termos fixados no contrato de gestão do fundo de pensões fechado ou no contrato de adesão colectiva ao fundo de pensões aberto, sem prejuízo do disposto no número seguinte. [1]

4 – Sempre que o plano de pensões resulte de negociação colectiva, os representantes dos participantes e beneficiários são designados pelo sindicato subscritor da convenção colectiva ou, no caso de a convenção colectiva ser subscrita por mais de um sindicato, pelos diferentes sindicatos nos termos entre si acordados, ou, na ausência de acordo, por eleição directa para o efeito entre aqueles. [1]

5 – Caso a comissão de trabalhadores ou os sindicatos, depois de devidamente instados para o efeito pela entidade gestora, não designem, no prazo máximo de 20 dias, os representantes em causa, são os mesmos designados por eleição organizada para o efeito entre os participantes e beneficiários, pela entidade gestora ou pelo associado, nos termos fixados no contrato de gestão do fundo de pensões fechado ou no contrato de adesão colectiva ao fundo de pensões aberto. [1]

6 – As funções da comissão de acompanhamento são, designadamente, as seguintes:

a) Verificar a observância das disposições aplicáveis ao plano de pensões e à gestão do respectivo fundo de pensões, nomeadamente em matéria de implementação da política de investimento e de financiamento das responsabilidades, bem como o cumprimento, pela entidade gestora e pelo associado, dos deveres de informação aos participantes e beneficiários;

b) Pronunciar-se sobre propostas de transferência da gestão e de outras alterações relevantes aos contratos constitutivo e de gestão de fundos de pensões fechados ou ao contrato de adesão colectiva aos fundos de pensões abertos, bem como sobre a extinção do fundo de pensões ou de uma quota-parte do mesmo e, ainda, sobre pedidos de devolução ao associado de excessos de financiamento;

c) Formular propostas sobre as matérias referidas na alínea anterior ou outras, sempre que o considere oportuno;

d) Pronunciar-se sobre as nomeações do actuário responsável pelo plano de pensões e, nos fundos de pensões fechados, do revisor oficial de contas, propostos pela entidade gestora;

---

[1] *Redacção introduzida pelo Decreto-Lei n.º 180/2007, de 9 de Maio.*

Regulação do Sector Financeiro – Seguros e Fundos de Pensões

e) Exercer as demais funções que lhe sejam atribuídas no contrato de gestão do fundo de pensões fechado ou no contrato de adesão colectiva ao fundo de pensões aberto.

7 – As deliberações da comissão de acompanhamento são registadas em acta, com menção de eventuais votos contra e respectiva fundamentação.

8 – Os pareceres previstos na alínea b) do n.º 5, com menção dos respectivos votos contra, integram os documentos a enviar ao Instituto de Seguros de Portugal pela entidade gestora no âmbito dos respectivos processos de autorização ou de notificação.

9 – A entidade gestora e a entidade depositária facultam à comissão de acompanhamento toda a documentação que esta solicite, necessária ao exercício das suas funções.

10 – Em especial, a entidade gestora faculta anualmente à comissão de acompanhamento cópia do relatório e contas anuais do fundo de pensões, bem como dos relatórios do actuário responsável e do revisor oficial de contas elaborados no âmbito das respectivas funções.

11 – O funcionamento da comissão de acompanhamento é regulado, em tudo o que não se encontre fixado no presente decreto-lei ou em norma regulamentar do Instituto de Seguros de Portugal, pelo contrato de gestão do fundo de pensões fechado ou pelo contrato de adesão colectiva ao fundo de pensões aberto.

12 – As despesas de designação dos membros da comissão de acompanhamento e do respectivo funcionamento não podem ser imputadas ao fundo de pensões.[1]

13 – O Instituto de Seguros de Portugal, na norma regulamentar referida no n.º 11, pode prever as situações em que, mediante acordo entre o associado ou associados e os representantes dos participantes e beneficiários, pode ser constituída uma única comissão de acompanhamento para vários planos de pensões e ou fundos de pensões.[1]

Artigo 54.º
Provedor dos participantes e beneficiários

1 – As entidades gestoras designam de entre entidades ou peritos independentes de reconhecido prestígio e idoneidade o provedor dos participantes e beneficiários para as adesões individuais aos fundos de pensões abertos, ao qual os participantes e beneficiários, ou os seus representantes, podem apresentar reclamações de actos daquelas.

2 – O provedor pode ser designado por fundo de pensões ou por entidade gestora, ou por associação de entidades gestoras, e receber reclamações relativas a mais de um fundo de pensões ou entidade gestora, mas as reclamações relativas a cada fundo de pensões são apresentadas a um único provedor.

3 – Compete ao provedor apreciar as reclamações que lhe sejam apresentadas pelos participantes e beneficiários do fundo ou fundos de pensões, de acordo com os critérios e procedimentos fixados no respectivo regulamento de procedimentos, elaborado pela entidade gestora, sem prejuízo do disposto nos números seguintes.

4 – O provedor tem poderes consultivos e pode apresentar recomendações às entidades gestoras em resultado da apreciação feita às reclamações dos participantes e beneficiários do fundo.

5 – A entidade gestora pode acatar as recomendações do provedor ou recorrer aos tribunais ou a instrumentos de resolução extrajudicial de litígios.

6 – O provedor deve publicitar, anualmente, em meio de divulgação adequado, as recomendações feitas, bem como a menção da sua adopção pelos destinatários, nos termos a estabelecer em norma regulamentar do Instituto de Seguros de Portugal.

7 – As despesas de designação e funcionamento do provedor são da responsabilidade das entidades gestoras que hajam procedido à sua designação nos termos do n.º 2, não podendo ser imputados ao fundo de pensões nem ao reclamante.

8 – Os procedimentos que regulam a actividade do provedor são comunicados ao Instituto de Seguros de Portugal pela entidade gestora, e colocados à disposição de participantes e beneficiários a pedido.

Artigo 55.º
Actuário responsável

1 – Deve ser nomeado, pela entidade gestora, um actuário responsável para cada plano de pensões de benefício definido ou misto.

2 – São funções do actuário responsável certificar:

a) As avaliações actuariais e os métodos e pressupostos usados para efeito da determinação das contribuições;

b) O nível de financiamento do fundo de pensões e o cumprimento das disposições vigentes em matéria de solvência dos fundos de pensões;

c) A adequação dos activos que constituem o património do fundo de pensões às responsabilidades previstas no plano de pensões;

d) O valor actual das responsabilidades totais para efeitos de determinação da existência de um excesso de financiamento, nos termos do artigo 81.º.

3 – Compete ainda ao actuário responsável elaborar um relatório actuarial anual sobre a situação de financiamento de cada plano de pensões de benefício definido ou misto, cujo conteúdo é estabelecido por norma regulamentar do Instituto de Seguros de Portugal.

4 – As entidades gestoras de fundos de pensões devem disponibilizar tempestivamente ao actuário responsável toda a informação necessária para o exercício das suas funções.

5 – O actuário responsável deve, sempre que detecte situações de incumprimento ou inexactidão materialmente relevantes, propor à entidade gestora medidas que permitam ultrapassar tais situações, devendo ainda o actuário responsável ser informado das medidas tomadas na sequência da sua proposta.

6 – O actuário responsável deve comunicar ao Instituto de Seguros de Portugal qualquer facto ou decisão de que tome conhecimento no desempenho das suas funções e que seja susceptível de:

a) Constituir violação das normas legais ou regulamentares que regem a actividade dos fundos de pensões;

b) Afectar materialmente a situação financeira do fundo de pensões ou o financiamento do plano de pensões.

7 – A substituição de um actuário responsável deve ser efectuada no prazo máximo de 45 dias a contar da data de verificação do facto que determinou a necessidade de substituição e comunicada ao Instituto de Seguros de Portugal nos 15 dias seguintes à data em que o novo responsável entrou em funções.

---

[1] *Redacção introduzida pelo Decreto-Lei n.º 180/2007, de 9 de Maio.*

8 – As condições a preencher pelo actuário responsável são as estabelecidas por norma regulamentar do Instituto de Seguros de Portugal.

ARTIGO 56.º
Auditor

1 – Deve ser nomeado pela entidade gestora um revisor oficial de contas para cada fundo de pensões.

2 – Compete ao revisor oficial de contas certificar o relatório e contas e demais documentação de encerramento de exercício relativa ao fundo de pensões.

3 – O revisor oficial de contas deve comunicar ao Instituto de Seguros de Portugal qualquer facto ou decisão de que tome conhecimento no desempenho das suas funções e que seja susceptível de:

a) Constituir violação das normas legais ou regulamentares que regem a actividade dos fundos de pensões;

b) Acarretar a recusa de certificação ou a emissão de uma opinião com reservas.

4 – As condições a preencher pelos revisores oficiais de contas que prestem as funções de auditoria referidas no n.º 1 são estabelecidas nos termos de norma regulamentar do Instituto de Seguros de Portugal.

TÍTULO V
Mecanismos de governação dos fundos de pensões

CAPÍTULO I
Gestão de riscos e controlo interno

ARTIGO 57.º
Estrutura organizacional

1 – As entidades gestoras de fundos de pensões devem possuir uma estrutura organizacional adequada à dimensão e complexidade do seu negócio, bem como às características dos planos e fundos de pensões geridos.

2 – Deve existir uma definição objectiva da cadeia de responsabilidades pelas diferentes funções, uma segregação racional das mesmas e a garantia que os colaboradores têm a aptidão e a experiência requeridas para o desempenho das suas funções.

ARTIGO 58.º
Identificação, avaliação e gestão de riscos

1 – As entidades gestoras de fundos de pensões devem implementar e manter políticas e procedimentos que lhe permitam identificar, avaliar e gerir continuamente todos os riscos internos e externos que sejam significativos.

2 – As políticas e os procedimentos devem ter em consideração todo o tipo de riscos significativos da actividade da entidade gestora, nomeadamente os riscos operacionais e financeiros, nos termos a definir por norma regulamentar do Instituto de Seguros de Portugal.

ARTIGO 59.º
Controlo interno

1 – As entidades gestoras de fundos de pensões devem implementar procedimentos de controlo interno adequados à dimensão e complexidade do seu negócio, à sua estrutura organizacional, bem como às características dos planos e fun-

dos de pensões por si geridos, de acordo com a norma regulamentar que, para o efeito, for estabelecida pelo Instituto de Seguros de Portugal.

2 – Os procedimentos de controlo interno têm como objectivo assegurar que a gestão da actividade de fundos de pensões seja efectuada de forma sã e prudente no melhor interesse dos participantes e beneficiários dos fundos de pensões, e de acordo com as orientações, princípios e estratégias estabelecidos.

3 – Os procedimentos de controlo interno devem ser revistos em função das evoluções do mercado em que opera a entidade gestora, dos seus objectivos e da estrutura organizacional.

CAPÍTULO II
Informação aos participantes e beneficiários

SECÇÃO I
Fundos fechados e adesões colectivas a fundos abertos

ARTIGO 60.º
Informação inicial aos participantes

1 – Nos fundos de pensões fechados e nas adesões colectivas aos fundos de pensões abertos, a entidade gestora deve entregar aos respectivos participantes um documento sobre o fundo de pensões do qual constem:

a) A denominação do fundo de pensões;

b) As principais características do plano financiado pelo fundo, nomeadamente:

i) Condições em que serão devidos os benefícios;

ii) Informação sobre existência ou não de direitos adquiridos, respectiva portabilidade e custos associados;

iii) Direitos e obrigações das partes;

iv) Riscos financeiros, técnicos ou outros, associados ao plano de pensões, sua natureza e repartição;

c) Em anexo, cópia do plano de pensões e de documento com a política de investimento, se se tratar de um fundo de pensões fechado, ou do regulamento de gestão e do plano de pensões, no caso de fundos de pensões abertos, ou, não sendo fornecida cópia dos documentos referidos, informação da forma e local onde os mesmos estão à disposição dos participantes;

d) Discriminação da informação enviada pela entidade gestora aos participantes e à comissão de acompanhamento, e respectiva periodicidade.

2 – Relativamente aos fundos e adesões que financiem planos contributivos, do documento previsto no número anterior deve constar ainda a quantificação das comissões eventualmente cobradas aos participantes contribuintes.

3 – Mediante acordo prévio entre o associado e a entidade gestora, pode estipular-se, no contrato de gestão do fundo de pensões ou no contrato de adesão colectiva, que a obrigação de informação prevista neste artigo seja cumprida pelo associado ou pela comissão de acompanhamento, sem prejuízo da manutenção da responsabilidade da entidade gestora pelo seu cumprimento.

ARTIGO 61.º
Informação na vigência do contrato

1 – A entidade gestora faculta aos participantes de fundos de pensões fechados e de adesões colectivas a fundos de pensões abertos, quando solicitadas, todas as informações ade-

Regulação do Sector Financeiro – Seguros e Fundos de Pensões

quadas à efectiva compreensão do plano de pensões, bem como dos documentos referidos na alínea c) do n.º 1 do artigo anterior.

2 – Os participantes referidos no número anterior têm ainda direito a receber, a pedido, informação sobre o montante a que eventualmente tenham direito em caso de cessação do vínculo laboral, modalidades de transferência do mesmo, e, nos planos de contribuição definida, sobre o montante previsto das suas pensões de reforma, bem como cópia do relatório e contas anuais referente ao fundo de pensões.

3 – Em caso de alteração das regras do plano de pensões e, nos planos contributivos, em caso de aumento das comissões e de alteração substancial da política de investimento, bem como quando haja transferência da gestão do fundo de pensões ou da adesão colectiva, a entidade gestora informa os participantes dessas alterações no prazo máximo de 45 dias a contar das mesmas.

4 – A entidade gestora envia anualmente aos participantes de fundos de pensões fechados e de adesões colectivas a fundos de pensões abertos informação sobre: [1]

a) A situação actual dos direitos em formação dos participantes, considerando o tipo de plano;

b) A situação financeira do fundo, rendibilidade obtida e eventuais situações de subfinanciamento;

c) A forma e local onde o relatório e contas anuais referente ao fundo de pensões está disponível;

d) A forma e local onde está disponível uma nota informativa sobre as alterações relevantes ao quadro normativo aplicável e aos documentos referidos na alínea c) do n.º 1 do artigo anterior. [1]

5 – Mediante acordo prévio entre o associado e a entidade gestora, pode estipular-se, no contrato de gestão do fundo de pensões ou no contrato de adesão colectiva, que as obrigações de informação previstas neste artigo sejam cumpridas pelo associado ou pela comissão de acompanhamento, sem prejuízo da manutenção da responsabilidade da entidade gestora pelo seu cumprimento.

Artigo 62.º
Informação aos beneficiários

1 – Preenchidas as condições em que são devidos os benefícios, a entidade gestora informa adequadamente os beneficiários de fundos de pensões fechados e de adesões colectivas a fundos de pensões abertos sobre os benefícios a que têm direito e correspondentes opções em matéria de pagamento, designadamente as referidas no artigo 8.º, de acordo com o definido no respectivo plano de pensões.

2 – A entidade gestora informa os beneficiários que recebam a pensão directamente do fundo das alterações relevantes ocorridas no plano de pensões, bem como da transferência da gestão do fundo ou da adesão colectiva, no prazo máximo de 30 dias a contar das mesmas.

3 – A entidade gestora faculta aos beneficiários referidos no número anterior, a seu pedido, a política de investimento do fundo, bem como o relatório e contas anuais referentes ao fundo de pensões.

SECÇÃO II
Adesões individuais a fundos abertos

Artigo 63.º
Informação aos participantes

1 – Tendo em vista uma melhor compreensão, pelos contribuintes, das características do fundo, dos riscos financeiros inerentes à adesão e do regime fiscal aplicável, a Comissão do Mercado de Valores Mobiliários, ouvido o Instituto de Seguros de Portugal, pode exigir que, previamente à celebração do contrato de adesão individual, a informação relevante constante do regulamento de gestão e do contrato de adesão seja disponibilizada através de um prospecto informativo, cujo conteúdo e suporte são fixados por regulamento. [1]

2 – A entidade gestora faculta aos participantes de adesões individuais a fundos de pensões abertos, a seu pedido, todas as informações adequadas à efectiva compreensão do contrato de adesão individual ao fundo de pensões, bem como do respectivo regulamento de gestão.

3 – Sem prejuízo do disposto no n.º 4 do artigo 24.º, a entidade gestora informa anualmente os participantes de adesões individuais a fundos de pensões abertos sobre:

a) A evolução e situação actual da conta individual do participante;

b) A taxa de rendibilidade anual do fundo;

c) A forma e local onde o relatório e contas anuais referente ao fundo de pensões se encontra disponível;

d) As alterações relevantes ao quadro normativo aplicável e ao regulamento de gestão, bem como as alterações relativas à identificação e contactos do provedor.

4 – Aos deveres de informação previstos no número anterior podem acrescer, caso se revelem necessários a uma melhor e efectiva compreensão das características do fundo e do contrato de adesão celebrado, deveres específicos de informação, a fixar, bem como a respectiva periodicidade, por regulamento da Comissão do Mercado de Valores Mobiliários, ouvido o Instituto de Seguros de Portugal. [1]

CAPÍTULO III
Demais informação e publicidade

Artigo 64.º
Normas de contabilidade e demais informação

1 – A entidade gestora deve elaborar um relatório e contas anuais para cada fundo de pensões, reportado a 31 de Dezembro de cada exercício, devendo o mesmo ser apresentado ao Instituto de Seguros de Portugal.

2 – As sociedades gestoras de fundos de pensões devem apresentar anualmente ao Instituto de Seguros de Portugal, em relação ao conjunto de toda a actividade exercida no ano imediatamente anterior, o relatório de gestão, o balanço, a demonstração de resultados e os demais documentos de prestação de contas, certificados por um revisor oficial de contas, aplicando-se, com as devidas adaptações, para este efeito, o disposto no artigo 105.º do Decreto-Lei n.º 94-B/98, de 17 de Abril, sem prejuízo do disposto no presente artigo.

---

[1] *Redacção introduzida pelo Decreto-Lei n.º 180/2007, de 9 de Maio.*

[1] *Redacção introduzida pelo Decreto-Lei n.º 357-A/2007, de 31 de Outubro.*

3 – Compete ao Instituto de Seguros de Portugal, sem prejuízo das atribuições da Comissão de Normalização Contabilística, estabelecer, por norma regulamentar, as regras de contabilidade aplicáveis aos fundos de pensões e às sociedades gestoras, bem como definir os elementos que as entidades gestoras devem obrigatoriamente publicar.

4 – Os relatórios e contas e demais elementos de informação elaborados pelas entidades gestoras de fundos de pensões devem reflectir de forma verdadeira e apropriada o activo, as responsabilidades e a situação financeira, seja do fundo, seja da sociedade gestora, devendo o respectivo conteúdo ser coerente, global e apresentado de forma imparcial.

5 – Os relatórios e contas referentes aos fundos de pensões abertos e às sociedades gestoras são disponibilizados ao público de forma contínua e por meio que possibilite o acesso fácil e gratuito à informação, nos termos a definir por norma regulamentar do Instituto de Seguros de Portugal, ouvida, no caso de fundos de pensões abertos com adesão individual, a Comissão do Mercado de Valores Mobiliários. [1]

ARTIGO 65.º
Publicidade

1 – A publicidade efectuada pelas entidades gestoras está sujeita à lei geral, sem prejuízo do que for fixado em norma regulamentar do Instituto de Seguros de Portugal e, no caso de fundos de pensões abertos com adesão individual, em regulamento da Comissão do Mercado de Valores Mobiliários, tendo em atenção a protecção dos interesses dos contribuintes, participantes e beneficiários. [1]

2 – É proibida a publicidade que quantifique resultados futuros baseados em estimativas da entidade gestora, salvo se contiver em realce, relativamente a todos os outros caracteres tipográficos, a indicação de que se trata de uma simulação.

3 – Nos documentos destinados ao público e nos suportes publicitários relativos a fundos de pensões abertos deve indicar-se, claramente, que o valor das unidades de participação detidas varia de acordo com a evolução do valor dos activos que constituem o património do fundo de pensões, especificando ainda se existe a garantia de pagamento de um rendimento mínimo.

TÍTULO VI
Regime prudencial dos fundos de pensões

CAPÍTULO I
Património

ARTIGO 66.º
Receitas

Constituem receitas de um fundo de pensões:

a) As contribuições em dinheiro, valores mobiliários ou património imobiliário efectuadas pelos associados e pelos contribuintes;

b) Os rendimentos das aplicações que integram o património do fundo;

c) O produto da alienação e reembolso de aplicações do património do fundo;

d) A participação nos resultados dos contratos de seguro emitidos em nome do fundo;

e) As indemnizações resultantes de seguros contratados pelo fundo nos termos do artigo 16.º;

f) Outras receitas decorrentes da gestão do fundo de pensões.

ARTIGO 67.º
Despesas

Constituem despesas de um fundo de pensões:

a) As pensões e os capitais pagos aos beneficiários do fundo e ou os prémios únicos das rendas vitalícias pagos às empresas de seguros;

b) Os capitais de remição e as rendas previstos no artigo 8.º;

c) Os prémios dos seguros de risco pagos pelo fundo;

d) As remunerações de gestão, de depósito e de guarda de activos;

e) Os valores despendidos na compra de aplicações para o fundo;

f) Os encargos despendidos na compra, venda e gestão dos activos do fundo;

g) Os encargos sociais previstos no n.º 4 do artigo 6.º;

h) A devolução aos associados do excesso de património do fundo nos casos em que tal seja permitido;

i) As despesas com a transferência de direitos de participantes ou de associados entre fundos;

j) Outras despesas, desde que relacionadas com o fundo e previstas no contrato ou regulamento de gestão.

ARTIGO 68.º
Liquidez

As entidades gestoras devem garantir que os fundos de pensões dispõem em cada momento dos meios líquidos necessários para efectuar o pagamento pontual das pensões e capitais de remição aos beneficiários ou o pagamento de prémios de seguros destinados à satisfação das garantias previstas no plano de pensões estabelecido.

ARTIGO 69.º
Composição dos activos

1 – A natureza dos activos que constituem o património dos fundos de pensões, os respectivos limites percentuais, bem como os princípios gerais da congruência desses activos, são fixados por norma regulamentar do Instituto de Seguros de Portugal.

2 – Na composição do património dos fundos de pensões, as entidades gestoras devem ter em conta o tipo de responsabilidades que aqueles se encontram a financiar de modo a garantir a segurança, o rendimento, a qualidade e a liquidez dos respectivos investimentos, assegurando uma diversificação e dispersão prudente dessas aplicações, sempre no melhor interesse dos participantes e beneficiários.

3 – Tendo em atenção o estabelecido no número anterior, e sem prejuízo dos limites fixados nos termos do n.º 1, os activos dos fundos de pensões devem ser:

a) Investidos predominantemente em mercados regulamentados;

b) Geridos através de técnicas e instrumentos adequados, admitindo-se a utilização de instrumentos financeiros derivados, na medida em que contribuam para a redução dos riscos de investimento ou facilitem a gestão eficiente da carteira;

---

[1] *Redacção introduzida pelo Decreto-Lei n.º 357-A/2007, de 31 de Outubro.*

Regulação do Sector Financeiro – Seguros e Fundos de Pensões

c) Suficientemente diversificados de modo a evitar a acumulação de riscos, bem como a concentração excessiva em qualquer activo, emitente ou grupo de empresas, incluindo a concentração no que se refere ao investimento no associado ou na entidade gestora.

ARTIGO 70.º
Avaliação dos activos

Os critérios de avaliação dos activos que constituem o património dos fundos de pensões são fixados por norma regulamentar do Instituto de Seguros de Portugal.

ARTIGO 71.º
Cálculo do valor das unidades de participação

1 – O valor das unidades de participação dos fundos de pensões abertos é calculado diariamente, excepto no caso de fundos que apenas admitam adesões colectivas, em que é calculado com periodicidade mínima mensal.

2 – O valor de cada unidade de participação determina-se dividindo o valor líquido global do fundo pelo número de unidades de participação em circulação.

3 – O valor líquido global do fundo é o valor dos activos que o integram, valorizados de acordo com as disposições legais, líquido do valor das eventuais responsabilidades já vencidas e não pagas.

ARTIGO 72.º
Política de investimento

1 – A entidade gestora formula por escrito, de acordo com o disposto em norma regulamentar do Instituto de Seguros de Portugal, a política de investimento de cada fundo de pensões, especificando os princípios aplicáveis em matéria de definição, implementação e controlo da mesma.

2 – A política de investimento deve ser revista, pelo menos, trienalmente, sem prejuízo da necessária revisão sempre que ocorram eventuais alterações significativas nos mercados financeiros que afectem a política de investimento.

3 – A regulamentação prevista no n.º 1 deve prever, pelo menos, que a política de investimento identifique os métodos de avaliação do risco de investimento, as técnicas aplicáveis à gestão do risco e a estratégia seguida em matéria de afectação de activos, atendendo à natureza e duração das responsabilidades relativas a pensões.

ARTIGO 73.º
Adequação entre os activos e as responsabilidades

1 – A entidade gestora deve assegurar que os activos que integram o património de cada fundo de pensões são adequados às responsabilidades decorrentes do plano de pensões, devendo para o efeito ter em conta, nomeadamente:

a) A natureza dos benefícios previstos;

b) O horizonte temporal das responsabilidades;

c) A política de investimento estabelecida e os riscos a que os activos financeiros estão sujeitos;

d) O nível de financiamento das responsabilidades.

2 – Para aferir da adequação prevista no número anterior, a entidade gestora deve utilizar os métodos ou técnicas que considerar mais consentâneos com o objectivo de garantir, com elevado nível de razoabilidade, que oscilações desfavoráveis no valor do património não põem em causa o pagamento das responsabilidades assumidas, especialmente as relativas a pensões em pagamento.

CAPÍTULO II
Responsabilidades e solvência

ARTIGO 74.º
Regime de solvência

1 – O regime de solvência dos fundos de pensões deve reflectir os riscos incorridos e basear-se em critérios quantitativos e em aspectos qualitativos adequados à especificidade de cada plano e fundo de pensões.

2 – O regime pode prever a existência de diferentes níveis de controlo da solvência e conjugar métodos estandardizados com abordagens baseadas em modelos internos adequados à experiência de cada fundo de pensões, nos termos que, para o efeito, sejam definidos por norma regulamentar do Instituto de Seguros de Portugal.

ARTIGO 75.º
Plano técnico-actuarial

1 – No caso de planos de pensões de benefício definido ou mistos deve ser elaborado um plano técnico-actuarial que sirva de base para o cálculo das contribuições a fazer pelos associados e contribuintes, tendo em atenção os benefícios a financiar e os participantes e beneficiários abrangidos, nos termos a definir por norma regulamentar do Instituto de Seguros de Portugal.

2 – O plano técnico-actuarial deve ser revisto, pelo menos, trienalmente e remetido ao Instituto de Seguros de Portugal sempre que revisto.

ARTIGO 76.º
Princípios de cálculo das responsabilidades

Sem prejuízo do disposto no artigo seguinte, o cálculo das responsabilidades a financiar nos planos de pensões de benefício definido ou mistos é efectuado com base nos seguintes princípios:

a) Métodos actuariais reconhecidos que assegurem que o montante do fundo seja adequado aos compromissos assumidos no plano de pensões e às contribuições previstas;

b) Pressupostos de avaliação prudentes, nomeadamente, taxas de juro e tabelas de mortalidade e de invalidez prudentes e adequadas que contenham, caso se justifique, uma margem razoável para variações desfavoráveis;

c) Método e pressupostos de cálculo consistentes entre exercícios financeiros, salvo alterações jurídicas, demográficas ou económicas subjacentes relevantes.

ARTIGO 77.º
Montante mínimo de solvência

Os pressupostos e os métodos a utilizar no cálculo do valor actual das responsabilidades nos planos de benefício definido ou mistos não podem conduzir a que o valor do fundo de pensões fechado ou da adesão colectiva seja inferior ao montante mínimo de solvência calculado de acordo com as regras estabelecidas por norma regulamentar do Instituto de Seguros de Portugal.

ARTIGO 78.º
Insuficiência de financiamento do plano de pensões

1 – Se o associado não proceder ao pagamento das contribuições necessárias ao cumprimento do montante mínimo exigido pelo normativo em vigor, cabe à entidade gestora,

sem prejuízo do dever de comunicar a situação à comissão de acompanhamento e do estabelecido nos números seguintes, tomar a iniciativa de propor ao associado a regularização da situação.

2 – Se, no prazo de um ano a contar da data de verificação da situação de insuficiência referida no número anterior, não for estabelecido um adequado plano de financiamento que tenha em conta a situação específica do fundo, nomeadamente o seu perfil de risco e o perfil etário dos participantes e beneficiários, e que seja aceite pelo Instituto de Seguros de Portugal, deve a entidade gestora proceder à extinção do fundo ou da adesão colectiva.

3 – O plano de financiamento previsto no número anterior deve ser comunicado à comissão de acompanhamento previamente à sua aprovação pelo Instituto de Seguros de Portugal, o qual define, caso a caso, as condições e periodicidade com que a entidade gestora lhe dá conhecimento, bem como à comissão de acompanhamento, do cumprimento do plano, procedendo-se à extinção do fundo de pensões ou da adesão colectiva em caso de incumprimento do plano.

4 – No prazo de 15 dias a contar da data de verificação de uma situação de insuficiência de financiamento do valor actual das pensões em pagamento, a entidade gestora deve avisar o associado para efectuar as contribuições que se mostrem necessárias no prazo de 180 dias seguintes àquela comunicação e dar conhecimento da mesma ao Instituto de Seguros de Portugal e à comissão de acompanhamento, devendo proceder à extinção do fundo ou da adesão colectiva, se as contribuições não forem efectuadas.

5 – Sempre que da aplicação dos prazos estabelecidos nos n.os 2 e 4 possa resultar prejuízo para os participantes e beneficiários, o Instituto de Seguros de Portugal pode aceitar uma dilatação daqueles prazos, até ao máximo de três e de um ano, respectivamente, mediante pedido devidamente fundamentado apresentado pela entidade gestora e pelo associado.

ARTIGO 79.º
Pagamento de novas pensões

A entidade gestora só pode iniciar o pagamento de novas pensões nos termos do plano se o montante do fundo exceder ou igualar o valor actual das pensões em pagamento e das novas pensões devidas, calculado de acordo com os pressupostos fixados pelo normativo em vigor para a determinação do montante mínimo de solvência, excepto se já existir um plano de financiamento aprovado pelo Instituto de Seguros de Portugal.

ARTIGO 80.º
Indisponibilidade dos activos

Sem prejuízo do fixado nos artigos 78.º e 79.º, quando ocorra uma situação, actual ou previsível, de insuficiência de financiamento do valor das responsabilidades do fundo de pensões, o Instituto de Seguros de Portugal pode, caso necessário ou adequado à salvaguarda dos interesses dos participantes ou beneficiários, e isolada ou cumulativamente com outras medidas, restringir ou proibir a livre utilização dos activos do fundo, sendo aplicável, com as devidas adaptações, o previsto no artigo 114.º do Decreto-Lei n.º 94-B/98, de 17 de Abril.

ARTIGO 81.º
Excesso de financiamento

1 – Se se verificar que, durante cinco anos consecutivos e por razões estruturais, o valor da quota-parte do fundo de pensões, correspondente ao financiamento de um plano de pensões de benefício definido ou, na parte aplicável aos planos de benefício definido, ao financiamento de um plano de pensões misto, excede anualmente uma percentagem do valor actual das responsabilidades totais, o montante do excesso pode ser devolvido ao associado, desde que se mantenha uma percentagem mínima de financiamento, nos termos que para o efeito sejam estabelecidos em norma regulamentar do Instituto de Seguros de Portugal.

2 – A devolução ao associado do montante em excesso está sujeita a aprovação prévia do Instituto de Seguros de Portugal, requerida conjuntamente, de forma fundamentada, pela entidade gestora e pelo associado, devendo o requerimento ser acompanhado de um relatório do actuário responsável do plano de pensões envolvido.

3 – Na decisão, o Instituto de Seguros de Portugal atende às circunstâncias concretas que em cada caso originaram o excesso de financiamento, tendo em consideração o interesse dos participantes e beneficiários, e não autoriza a devolução, quando tiver resultado, directa ou indirectamente, de uma mudança nos pressupostos ou métodos de cálculo do valor actual das responsabilidades, de uma alteração do plano de pensões ou de uma redução drástica do número de participantes em planos de pensões sem direitos adquiridos.

TÍTULO VII
Serviços transfronteiriços de gestão de planos de pensões profissionais

CAPÍTULO I
Disposições gerais

ARTIGO 82.º
Definições

Para os efeitos do previsto no presente título, considerase:

a) «Estado membro» qualquer Estado que seja membro da União Europeia, bem como os Estados que são partes contratantes em acordos de associação com a União Europeia, regularmente ratificados ou aprovados pelo Estado Português, nos precisos termos desses acordos;

b) «Estado membro de acolhimento» o Estado membro cuja legislação social e laboral é a aplicável ao plano de pensões profissional;

c) «Estado membro de origem» o Estado membro ao abrigo de cuja legislação a instituição de realização de planos de pensões profissionais se constituiu e exerce a sua actividade;

d) «Plano de pensões profissional» um acordo ou contrato no qual se definem as prestações de reforma concedidas no contexto de uma actividade profissional e as respectivas condições de concessão, estabelecido:

i) Entre a(s) entidade(s) patronal(ais) e o(s) trabalhador(es) por conta de outrem ou entre os respectivos representantes; ou

Regulação do Sector Financeiro – Seguros e Fundos de Pensões

ii) Com trabalhadores por conta própria, segundo a legislação do Estado membro de acolhimento;

e) «Instituição de realização de planos de pensões profissionais» uma instituição, independentemente da sua forma jurídica, que funcione em regime de capitalização, distinta de qualquer entidade promotora ou de um ramo de actividade, e que tenha por objecto assegurar prestações de reforma no contexto de uma actividade profissional com base num plano de pensões profissional;

f) «Entidade promotora» qualquer empresa ou organismo, independentemente de incluir ou de ser composto por uma ou várias pessoas singulares ou colectivas, que actue na qualidade de entidade patronal ou em qualidade independente, ou numa combinação destas duas qualidades, e que contribua para uma instituição de realização de planos de pensões profissionais;

g) «Prestações de reforma» as prestações que tomam como referência o momento em que é atingida ou se prevê que seja atingida a reforma ou, quando complementares e acessórias das referidas prestações, que assumem a forma de pagamentos por morte, invalidez ou cessação de emprego ou de pagamentos ou de serviços a título de assistência em caso de doença, indigência ou morte.

Artigo 83.º
Gestão de planos de pensões profissionais noutros Estados membros

A aceitação, por uma entidade gestora de fundos de pensões, de contribuições de entidades promotoras cujos planos de pensões profissionais sejam constituídos ao abrigo da legislação de outro Estado membro está sujeita ao processo de autorização previsto no capítulo seguinte.

Artigo 84.º
Gestão de planos de pensões profissionais nacionais

A gestão de planos de pensões profissionais nacionais por instituições de realização de planos de pensões profissionais de outros Estados membros depende do processo de informação previsto no capítulo III.

CAPÍTULO II
Autorização da gestão de planos de pensões profissionais noutros Estados membros

Artigo 85.º
Autorização pelo Instituto de Seguros de Portugal

1 – Compete ao Instituto de Seguros de Portugal a autorização prévia da faculdade de as entidades gestoras de fundos de pensões aceitarem contribuições de entidades promotoras cujos planos de pensões profissionais sejam constituídos ao abrigo da legislação de outro Estado membro.

2 – Para a aquisição da faculdade prevista no número anterior, a entidade gestora interessada deve notificar o Instituto de Seguros de Portugal da sua intenção, informando-o de qual o Estado membro de acolhimento, da designação da entidade promotora e das principais características do plano de pensões a gerir.

3 – Quando o Instituto de Seguros de Portugal seja notificado nos termos do número anterior, comunica à autoridade competente do Estado membro de acolhimento, no prazo de três meses a contar da recepção daquela notificação, as informações previstas no mesmo número, salvo se considerar que a estrutura administrativa ou a situação financeira da entidade gestora ou a idoneidade e competência e experiência profissionais dos respectivos gestores não sejam compatíveis com as operações propostas.

4 – O Instituto de Seguros de Portugal informa a entidade gestora da comunicação ou da decisão de não aptidão prevista no número anterior no prazo de 15 dias a contar das mesmas.

Artigo 86.º
Início da gestão do plano de pensões

1 – A entidade gestora de fundos de pensões só pode iniciar a gestão do plano de pensões após ter recebido do Instituto de Seguros de Portugal a informação comunicada pela autoridade competente do Estado membro de acolhimento sobre:

a) As disposições da legislação social e laboral relevantes em matéria de pensões profissionais nos termos das quais deve ser gerido o plano de pensões;

b) Os requisitos e procedimentos de informação aplicáveis; e

c) Se for caso disso, os limites ao investimento do fundo de pensões, de acordo com o disposto no n.º 7 do artigo 18.º da Directiva n.º 2003/41/CE, do Parlamento Europeu e do Conselho, de 3 de Junho, podendo, para este efeito, a autoridade competente do Estado membro de acolhimento solicitar ao Instituto de Seguros de Portugal a autonomização dos activos e responsabilidades adstritos ao cumprimento do plano de pensões.

2 – Após a recepção da informação referida no número anterior, ou na falta dela no prazo de dois meses a contar da recepção da comunicação prevista no n.º 4 do artigo anterior, a entidade gestora encontra-se autorizada a iniciar a gestão do plano de pensões no Estado membro de acolhimento, de acordo com as disposições e regras referidas no número anterior.

3 – O Instituto de Seguros de Portugal comunica à entidade gestora as alterações à informação inicialmente prestada que venha a receber da autoridade competente do Estado membro de acolhimento.

Artigo 87.º
Cumprimento do ordenamento jurídico relevante do Estado membro de acolhimento

1 – A gestão de planos de pensões profissionais prevista no presente capítulo cumpre as disposições legais e as regras de informação previstas nas alíneas a) e b) do n.º 1 e no n.º 3 do artigo anterior, estando sujeita, nessa medida, à supervisão da autoridade competente do Estado membro de acolhimento.

2 – Quando, em resultado da supervisão prevista no número anterior, a autoridade competente do Estado membro de acolhimento dê conhecimento ao Instituto de Seguros de Portugal da existência de irregularidades no cumprimento das disposições da legislação social e laboral e dos requisitos de informação previstos nos n.º 1 do artigo anterior, este, em coordenação com aquela, toma as medidas necessárias para assegurar que a entidade gestora de fundos de pensões lhes ponha cobro, podendo, se necessário, restringir ou proibir a entidade gestora de gerir o plano de pensões em causa.

3 – Se, não obstante as medidas tomadas nos termos do número anterior, ou na sua falta, o incumprimento das disposições da legislação social e laboral persistir, a autoridade competente do Estado membro de acolhimento, após informar o Instituto de Seguros de Portugal, e, sem prejuízo dos

poderes que a este caibam no caso, pode tomar as medidas adequadas para prevenir ou sancionar novas irregularidades, incluindo, na medida do estritamente necessário, a proibição de a entidade gestora gerir o plano de pensões em causa.

ARTIGO 88.º
Cobertura das responsabilidades

1 – A gestão de um plano de pensões profissional noutro Estado membro implica que seja assegurada a cobertura integral e a todo o momento das responsabilidades respectivas, podendo o Instituto de Seguros de Portugal, nomeadamente a pedido da autoridade competente do Estado membro de acolhimento, exigir, para esse efeito, a autonomização dos activos e responsabilidades adstritos ao cumprimento do plano de pensões.

2 – Se, nomeadamente na sequência da autonomização prevista no número anterior, se verificar que o fundo, relativamente ao plano de pensões do outro Estado membro, não assegura a cobertura integral e a todo o momento das responsabilidades respectivas, são aplicáveis ao fundo as medidas de saneamento previstas no presente diploma, com excepção da possibilidade de apresentação de um plano de financiamento.

3 – O Instituto de Seguros de Portugal comunica à autoridade competente do Estado membro de acolhimento a aplicação de qualquer medida tomada nos termos do número anterior.

4 – Caso a situação de subfinanciamento não seja resolvida, o Instituto de Seguros de Portugal revoga a autorização concedida para a gestão do plano de pensões profissional.

CAPÍTULO III
Informação das disposições relevantes nacionais para a gestão de planos de pensões profissionais nacionais

ARTIGO 89.º
Procedimento de informação

1 – Quando o Instituto de Seguros de Portugal seja notificado devidamente da intenção de uma instituição de realização de planos de pensões profissionais de outro Estado membro gerir planos de pensões profissionais nacionais, informa a respectiva autoridade competente, no prazo de dois meses a contar da recepção daquela notificação, sobre os elementos referidos no n.º 1 do artigo 86.º

2 – O Instituto de Seguros de Portugal comunica à autoridade competente do Estado membro de origem qualquer alteração relevante à informação inicialmente prestada nos termos do número anterior.

ARTIGO 90.º
Procedimento de supervisão

1 – O Instituto de Seguros de Portugal supervisiona o cumprimento, pela instituição de realização de planos de pensões profissionais, das regras referidas nas alíneas a) e b) do n.º 1 do artigo 86.º

2 – Se, no âmbito da supervisão prevista no número anterior, o Instituto de Seguros de Portugal detectar irregularidades no cumprimento, pela instituição de realização de planos

de pensões profissionais, quer das disposições sociais e laborais nacionais em matéria de planos de pensões profissionais quer das regras e procedimentos de informação aplicáveis à gestão de planos de pensões nacionais, deve delas dar conhecimento à autoridade competente do Estado membro de origem, podendo sugerir a aplicação das medidas que considere necessárias para pôr cobro às irregularidades detectadas.

3 – Se, não obstante o previsto no número anterior, o incumprimento das disposições sociais e laborais nacionais em matéria de planos de pensões profissionais persistir, o Instituto de Seguros de Portugal pode, após informar a autoridade competente do Estado membro de origem, tomar medidas adequadas para prevenir ou sancionar novas irregularidades, incluindo, na medida do estritamente necessário, a proibição da gestão do plano de pensões profissional em causa pela instituição de realização de planos de pensões profissionais.

ARTIGO 91.º
Autonomização

O Instituto de Seguros de Portugal pode solicitar à autoridade competente do Estado membro de origem a autonomização dos activos e responsabilidades da instituição de realização de planos de pensões profissionais relativos à gestão do plano de pensões nacional, para efeitos da verificação, seja da cobertura integral e a todo o momento das responsabilidades respectivas, de acordo com o mínimo de solvência estabelecido nos termos do presente decreto-lei, seja do cumprimento das regras de investimento referidas no n.º 1 do artigo 86.º.

TÍTULO VIII
Supervisão

ARTIGO 92.º
Supervisão pelo Instituto de Seguros de Portugal

1 – Compete ao Instituto de Seguros de Portugal a supervisão dos fundos de pensões constituídos ao abrigo do presente decreto-lei, bem como das respectivas entidades gestoras, incluindo a actividade transfronteiriça.

2 – O disposto no número anterior não prejudica os poderes de supervisão atribuídos à Comissão do Mercado de Valores Mobiliários em matéria de comercialização de contratos de adesão individual a fundos de pensões. [1]

3 – As entidades para as quais sejam transferidas, nos termos do presente decreto-lei, funções que influenciem a situação financeira dos fundos de pensões referidos no número anterior, ou sejam, de alguma forma, relevantes para a sua supervisão eficaz, ficam sujeitas à supervisão do Instituto de Seguros de Portugal, na medida dessa relevância, sendo-lhes aplicável, com as devidas adaptações, o previsto nos artigos seguintes, incluindo o disposto em matéria de inspecções.

4 – Os depositários dos activos dos fundos de pensões ficam igualmente sujeitos à supervisão do Instituto de Seguros de Portugal no que respeita ao cumprimento do disposto no presente diploma, podendo o Instituto de Seguros de Portugal, quando necessário à salvaguarda dos interesses dos participantes e beneficiários, restringir ou vedar-lhes a livre disponibilidade dos activos dos fundos de pensões depositados nas suas instituições.

---

[1] *Redacção introduzida pelo Decreto-Lei n.º 357-A/2007, de 31 de Outubro.*

[1] *Redacção introduzida pelo Decreto-Lei n.º 357-A/2007, de 31 de Outubro.*

Regulação do Sector Financeiro – Seguros e Fundos de Pensões

5 – Caso as entidades previstas nos números anteriores se encontrem sujeitas genericamente à supervisão do Banco de Portugal ou da Comissão do Mercado de Valores Mobiliários, estas autoridades fornecem ao Instituto de Seguros de Portugal toda a colaboração e informação necessárias ao exercício por este das suas funções de supervisão.

6 – O Instituto de Seguros de Portugal é ainda a autoridade competente para o exercício da supervisão das sociedades gestoras de participações sociais que detenham participações em sociedades gestoras de fundos de pensões, nos termos previstos no artigo 157.º-B do Decreto-Lei n.º 94-B/98, de 17 de Abril.

7 – Ao Instituto de Seguros de Portugal é conferida legitimidade processual para requerer judicialmente a declaração de nulidade ou anulação dos negócios nulos ou anuláveis celebrados pelas entidades gestoras com prejuízo dos participantes e ou beneficiários dos fundos de pensões.

ARTIGO 93.º
Poderes de supervisão

1 – No exercício das funções de supervisão referidas no artigo anterior, o Instituto de Seguros de Portugal dispõe de poderes e meios para:

a) Verificar a conformidade técnica, financeira e legal da actividade dos fundos de pensões e das respectivas entidades gestoras sob sua supervisão;

b) Obter informações pormenorizadas sobre a situação dos fundos de pensões e das respectivas entidades gestoras e o conjunto das suas actividades, através, nomeadamente, da recolha de dados, da exigência de documentos relativos ao exercício das actividades relacionadas com os fundos de pensões ou de inspecções a efectuar nas instalações das empresas;

c) Adoptar, em relação às entidades gestoras de fundos de pensões, seus dirigentes responsáveis ou pessoas que as controlam, todas as medidas adequadas e necessárias não só para garantir que as suas actividades observam as disposições legais e regulamentares que lhes são aplicáveis, como também para evitar ou eliminar qualquer irregularidade que possa prejudicar os interesses dos participantes e beneficiários;

d) Garantir a aplicação efectiva das medidas referidas na alínea anterior, se necessário mediante recurso às instâncias judiciais;

e) Exercer as demais funções e atribuições previstas no presente decreto-lei e legislação e regulamentação complementares.

2 – Nos termos de regulamentação a emitir pelo Instituto de Seguros de Portugal, as entidades gestoras de fundos de pensões enviam-lhe periodicamente a documentação necessária para efeitos de supervisão, incluindo os documentos estatísticos.

3 – No exercício das suas funções de supervisão, o Instituto de Seguros de Portugal emite instruções e recomendações para que sejam sanadas as irregularidades detectadas.

4 – Sempre que as entidades gestoras de fundos de pensões não cumpram, em prejuízo dos interesses dos participantes e beneficiários, as instruções e recomendações referidas no número anterior, o Instituto de Seguros de Portugal pode, consoante a gravidade da situação, restringir ou proibir-lhes o exercício da actividade de gestão de fundos de pensões.

ARTIGO 94.º
Medidas de saneamento das entidades gestoras

1 – Sem prejuízo do disposto no artigo 47.º, quando verificada uma situação de insuficiência da margem de solvência das sociedades gestoras de fundos de pensões, o Instituto de Seguros de Portugal, caso necessário ou adequado à salvaguarda dos interesses dos participantes ou beneficiários, pode, isolada ou cumulativamente:

a) Restringir ou proibir a livre utilização dos activos da sociedade gestora, sendo aplicável, com as devidas adaptações, o previsto no artigo 114.º do Decreto-Lei n.º 94-B/98, de 17 de Abril;

b) Designar gestores provisórios da sociedade gestora, nos termos, com as devidas adaptações, do previsto no artigo 117.º do Decreto-Lei n.º 94-B/98, de 17 de Abril.

2 – Para além das medidas referidas no número anterior, e isolada ou cumulativamente com qualquer dessas medidas, o Instituto de Seguros de Portugal pode, nomeadamente nos casos em que a gestão do fundo ou fundos de pensões não ofereça garantias de actividade prudente, e tendo em vista a protecção dos interesses dos participantes ou beneficiários e a salvaguarda das condições normais do funcionamento do mercado, determinar, no prazo que fixar e no respeito pelo princípio da proporcionalidade, a aplicação às entidades gestoras de fundos de pensões de alguma ou de todas as seguintes providências de saneamento:

a) Restrições ao exercício da actividade de gestão de fundos de pensões, designadamente a constituição de novos ou de determinados fundos de pensões;

b) Proibição ou limitação da distribuição de dividendos e ou de resultados;

c) Sujeição de certas operações ou actos à aprovação prévia do Instituto de Seguros de Portugal;

d) Suspensão ou destituição de titulares de órgãos sociais da empresa;

e) Encerramento e selagem de estabelecimentos.

3 – Verificando-se que, com as providências de recuperação e saneamento adoptadas, não é possível recuperar a empresa, deve ser revogada a autorização para o exercício da actividade de gestão de fundos de pensões.

ARTIGO 95.º
Publicidade das decisões do Instituto
de Seguros de Portugal

1 – O Instituto de Seguros de Portugal noticia em dois jornais diários de ampla difusão as decisões previstas nos artigos anteriores que sejam susceptíveis de afectar os direitos preexistentes de terceiros que não o próprio fundo ou a entidade gestora de fundos de pensões.

2 – As decisões do Instituto de Seguros de Portugal previstas nos artigos anteriores são aplicáveis independentemente da sua publicação e produzem todos os seus efeitos em relação aos credores.

3 – Em derrogação do previsto no n.º 1, quando as decisões do Instituto de Seguros de Portugal afectem exclusivamente os direitos dos accionistas ou dos empregados das entidades gestoras enquanto empresas, o Instituto notifica-os das mesmas por carta registada a enviar para o respectivo último domicílio conhecido.

ARTIGO 96.º
Sanções

1 – As contra-ordenações previstas e punidas nos termos das alíneas a) a g) do artigo 212.º, a) a j), m) e n) do artigo 213.º e a) a g) do artigo 214.º do Decreto-Lei n.º 94-B/98, de 17 de Abril, são aplicáveis à actividade de gestão de fundos de pensões.

TÍTULO IX
Disposições finais e transitórias

ARTIGO 97.º
Direito subsidiário

Os fundos de pensões e respectivas entidades gestoras regulam-se, nos aspectos não previstos no presente decreto-lei, pelas normas aplicáveis à actividade seguradora.

ARTIGO 98.º
Norma revogatória

1 – É revogado o Decreto-Lei n.º 475/99, de 9 de Novembro, alterado pelo Decreto-Lei n.º 292/2001, de 20 de Novembro, e pelo artigo 4.º do Decreto-Lei n.º 251/2003, de 14 de Outubro.

2 – Mantêm-se em vigor, enquanto não forem substituídas, as disposições das normas regulamentares já emitidas pelo Instituto de Seguros de Portugal.

ARTIGO 99.º
Disposições transitórias

1 – Relativamente aos fundos de pensões já constituídos, as entidades gestoras devem, no prazo máximo de nove meses a contar da data fixada no n.º 1 do artigo seguinte:

a) Prover ao início de funções da comissão de acompanhamento do plano de pensões e do provedor dos participantes e beneficiários, previstos, respectivamente, nos artigos 53.º e 54.º, disso dando conhecimento aos respectivos participantes e beneficiários, bem como ao Instituto de Seguros de Portugal;

b) Alterar os contratos de gestão de fundos de pensões fechados, os regulamentos de gestão dos fundos de pensões abertos e as respectivas adesões, de modo a dar cumprimento às disposições do presente decreto-lei;

c) Informar os participantes de fundos de pensões fechados e de adesões colectivas a fundos de pensões abertos sobre os elementos referidos no n.º 1 do artigo 60.º, aquando do cumprimento, pela primeira vez, do disposto no n.º 4 do artigo 61.º.

2 – Até que esteja concluída a transposição para o direito português da Directiva n.º 2002/92/CE, do Parlamento Europeu e do Conselho, de 9 de Dezembro, relativa à mediação de seguros, e sem prejuízo do que de tal transposição resultar, as entidades legalmente autorizadas a comercializar produtos do ramo «Vida» podem comercializar unidades de participação de fundos de pensões abertos.

ARTIGO 100.º
Entrada em vigor

1 – O presente decreto-lei entra em vigor no dia seguinte ao da sua publicação.

2 – Sem prejuízo do disposto no artigo anterior, o presente decreto-lei aplica-se aos fundos de pensões que venham a constituir-se após a sua entrada em vigor, bem como àqueles que nessa data já se encontrem constituídos, salvo na medida em que da sua aplicação resulte diminuição ou extinção de direitos ou expectativas adquiridas ao abrigo da legislação anterior.

3 – O financiamento de planos de benefícios de saúde nos termos do presente decreto-lei depende da entrada em vigor da regulamentação do Instituto de Seguros de Portugal prevista no n.º 8 do artigo 5.º, a qual, para as entidades gestoras que o requeiram, pode fazer depender do cumprimento de requisitos específicos adequados à extensão aos fundos de pensões financiadores de planos de benefícios de saúde da autorização para a gestão de fundos de pensões.

Visto e aprovado em Conselho de Ministros de 17 de Novembro de 2005. – *José Sócrates Carvalho Pinto de Sousa – Diogo Pinto de Freitas do Amaral – Fernando Teixeira dos Santos – Alberto Bernardes Costa – José António Fonseca Vieira da Silva – António Fernando Correia de Campos.*

Promulgado em 10 de Janeiro de 2006.

Publique-se.

O Presidente da República, JORGE SAMPAIO.

Referendado em 11 de Janeiro de 2006.

O Primeiro-Ministro, *José Sócrates Carvalho Pinto de Sousa.*

Decreto-Lei n.º 144/2006, de 31 de Julho – **Estabelece o regime jurídico de acesso e de exercício da actividade de mediação de seguros ou resseguros e procede à transposição para a ordem jurídica interna a Directiva n.º 2002/92, do Parlamento Europeu e do Conselho, de 9 de Dezembro**

Decreto-Lei n.º 144/2006

de 31 de Julho

Pelo presente decreto-lei procede-se à transposição da Directiva n.º 2002/92/CE, do Parlamento Europeu e do Conselho, de 9 de Dezembro, relativa à mediação de seguros, adiante designada por directiva, que visa, por um lado, a coordenação das disposições nacionais relativas aos requisitos profissionais e ao registo das pessoas que nos diversos Estados membros exercem a actividade de mediação de seguros ou de resseguros, tendo em vista a realização do mercado único no sector e, por outro lado, o reforço da protecção dos consumidores neste domínio.

A necessidade de transposição da directiva constitui, ainda, a oportunidade para a revisão global do actual ordenamento jurídico nacional em matéria de mediação de seguros, uma vez que se reconhece que o mesmo carece de actualização face à evolução do mercado segurador, às novas técnicas de comercialização de seguros e às exigências de aumento da confiança no mercado, mediante o incremento da profissionalização, da credibilidade e da transparência na actividade de mediação de seguros.

Tendo presente esta dupla vertente – transposição da directiva comunitária e revisão global do enquadramento jurídico da actividade de mediação de seguros –, o novo regime jurídico norteia-se por um conjunto de princípios que se reflectem nas soluções consagradas e dos quais se destacam:

a) O evitar o desalinhamento do regime jurídico nacional com o predominante nos restantes Estados membros da União Europeia, ainda que contemplando as especificidades do mercado português;

b) A manutenção de condições de concorrência equitativas entre os mediadores sediados em Portugal face aos operadores dos restantes Estados membros, sobretudo quando o novo regime visa facilitar o exercício da actividade no território de outros Estados membros, através de estabelecimento ou de livre prestação de serviços;

c) A simplificação, racionalização dos recursos e aumento da eficácia da supervisão da mediação de seguros;

d) A co-responsabilização de todos os intervenientes no mercado segurador;

e) A proporcionalidade das exigências face aos benefícios que delas podem decorrer;

f) A necessidade de diminuir a assimetria de informação entre o mediador de seguros e o tomador do seguro.

A partir da entrada em vigor deste decreto-lei, como decorrência da directiva e do correspondente imperativo de profissionalização e de garantia de condições idênticas à generalidade dos operadores, toda e qualquer actividade que consista em apresentar ou propor um contrato de seguro ou de resseguro, praticar outro acto preparatório da sua celebração, celebrar esses contratos ou apoiar a sua gestão e execução, independentemente do canal de distribuição – incluindo os operadores de banca-seguros –, passa a estar sujeita às condições de acesso e de exercício estabelecidas neste decreto-lei.

Excluíram-se, no entanto, em correspondência com o regime previsto na directiva, algumas actividades assimiláveis ou próximas da mediação de seguros ou de resseguros, por se considerar não suscitarem a necessidade de uma intervenção regulamentar equivalente à da mediação, ou por já disporem de um regime jurídico específico.

Em contrapartida, embora a directiva não abranja a actividade de mediação no âmbito de fundos de pensões, considerou-se relevante, na perspectiva da protecção dos interesses dos consumidores e à semelhança do regime vigente até agora, aplicar-lhe o quadro legal da mediação de seguros, sem prejuízo de não beneficiar do sistema de «passaporte comunitário».

Em termos de condições de acesso, consagra-se o princípio de que a actividade de mediação de seguros ou de resseguros no território português só pode ser exercida por pessoas residentes, ou cuja sede social se situe em Portugal, que se encontrem inscritas no registo de mediadores ou por mediadores registados em outros Estados membros da União Europeia.

O Instituto de Seguros de Portugal é a autoridade responsável pela criação, manutenção e actualização permanente do registo electrónico dos mediadores de seguros ou de resseguros residentes ou cuja sede social se situe em Portugal, bem como pela implementação dos meios necessários para que qualquer interessado possa aceder, de forma fácil e rápida, à informação relevante proveniente desse registo.

Se os mediadores de resseguros constituem uma categoria única, os mediadores de seguros passam a poder optar pelo registo numa de três categorias distintas, que se caracterizam, fundamentalmente, pela maior ou menor proximidade ou grau de dependência ou de vinculação às empresas de seguros. Assim, o mediador de seguros ligado exerce a sua actividade em nome e por conta de uma empresa de seguros ou, com autorização desta, de várias empresas de seguros, caso os produtos não sejam concorrentes, não recebe prémios ou somas destinadas aos tomadores de seguros, segurados ou beneficiários e actua sob inteira responsabilidade dessas empresas de seguros. Enquadra-se também nesta categoria o mediador que, nas mesmas condições – excepto no que respeita à limitação do número de empresas em nome das quais pode actuar –, exerce a actividade de mediação de seguros em complemento da sua actividade profissional, sempre que o seguro seja acessório aos bens ou serviços fornecidos no âmbito dessa actividade principal.

Regulação do Sector Financeiro – Seguros e Fundos de Pensões

O agente de seguros exerce a actividade de mediação de seguros em nome e por conta de uma ou várias empresas de seguros, nos termos do contrato que celebre com essa ou essas empresas de seguros, podendo receber prémios ou somas destinados aos tomadores de seguros, segurados ou beneficiários.

Por último, a qualificação de corretor de seguros fica reservada às pessoas que exercem a actividade de mediação de seguros de forma independente face às empresas de seguros, baseando a sua actividade numa análise imparcial de um número suficiente de contratos de seguro disponíveis no mercado que lhe permita aconselhar o cliente tendo em conta as suas necessidades específicas.

Para poderem inscrever-se no registo de mediadores junto do Instituto de Seguros de Portugal, e manter a respectiva inscrição, todos os mediadores de seguros ou de resseguros têm de preencher um conjunto de condições relevantes que demonstrem os seus conhecimentos, aptidões e idoneidade para o exercício da actividade. No caso de pessoas colectivas, essas condições têm de ser satisfeitas pelos membros do órgão de administração responsáveis pela actividade de mediação e pelas pessoas directamente envolvidas na actividade de mediação.

Adicionalmente, excepto quanto à categoria de mediador de seguros ligado, em que a responsabilidade pela sua actuação é plenamente assumida pela empresa de seguros à qual se encontre vinculado, os mediadores estão obrigados a celebrar um seguro de responsabilidade civil profissional que abranja todo o território da União Europeia.

Por outro lado, o acesso à categoria de corretor de seguros, embora flexibilizado face ao regime anterior, depende do preenchimento de condições ajustadas às características da categoria, como a verificação da aptidão dos detentores de participações qualificadas, ou a exigência de seguro de caução ou garantia bancária para efeitos de garantir o efectivo pagamento dos montantes de que sejam devedores.

O tipo de relacionamento entre o mediador de seguros e as empresas de seguros reflecte-se também na tramitação do processo de inscrição no registo de mediadores.

Assim, quanto à categoria de mediador de seguros ligado, como contrapartida da inteira responsabilidade das empresas de seguros no que respeita à mediação dos respectivos produtos, confere-se-lhes a competência para a verificação do preenchimento dos requisitos de acesso pelo candidato a mediador, cabendo ao Instituto de Seguros de Portugal apenas o respectivo registo. Na categoria de agente de seguros, a estreita conexão com as empresas de seguros em nome e por conta das quais actua justifica a partilha de competências com o Instituto de Seguros de Portugal, cabendo às empresas de seguros a instrução do processo e ao Instituto a verificação do preenchimento dos requisitos de acesso pelo candidato a mediador. Por último, quanto às categorias de corretor de seguros e de mediador de resseguros, o processo de inscrição no registo corre entre o próprio candidato e o Instituto de Seguros de Portugal.

Da directiva resulta, ainda, que a inscrição no registo de um Estado membro habilita o mediador de seguros ou de resseguros a exercer a actividade no território de outros Estados membros da União Europeia. Em consonância com este princípio, o presente decreto-lei limita-se a prever as formalidades necessárias para o início de actividade no território português de mediador registado em outro Estado membro e, ao invés, para o início de actividade de mediador de seguros registado em Portugal no território de outros Estados membros.

No capítulo das condições de exercício, merecem destaque, entre os diversos deveres a cargo dos mediadores, os detalhados deveres de informação ao cliente e as condições em que as informações devem ser transmitidas.

Igualmente relevantes, na perspectiva da protecção dos clientes, são as regras fixadas para a movimentação de fundos relativos ao contrato de seguro. Assim, os prémios entregues ao agente de seguros autorizado a movimentar fundos relativos ao contrato são sempre considerados como se tivessem sido pagos à empresa de seguros, e os montantes entregues pela empresa de seguros ao agente só são tratados como tendo sido pagos ao tomador de seguro, segurado ou beneficiário, depois de estes terem recebido efectivamente esses montantes. Os prémios entregues pelo tomador de seguro ao corretor de seguros são considerados como se tivessem sido pagos à empresa de seguros se o corretor entregar simultaneamente ao tomador o recibo de prémio emitido pela empresa de seguros. Acresce-se que os mediadores de seguros devem depositar as quantias referentes a prémios recebidos para serem entregues às empresas de seguros e os montantes recebidos para serem transferidos para tomadores de seguros, segurados ou beneficiários, em conta «clientes» segregada relativamente ao seu património próprio.

De sublinhar o papel que a formação dos mediadores de seguros, quer inicial quer contínua, assume no contexto do novo regime jurídico, revelando-se essencial para a prossecução dos objectivos que presidiram ao seu estabelecimento.

A supervisão da actividade de mediação de seguros ou de resseguros continua a ser atribuição do Instituto de Seguros de Portugal. Por outro lado, o estabelecimento do sistema de «passaporte comunitário» faz com que avultem as matérias relativas à cooperação com as outras autoridades competentes dos Estados membros da União Europeia, bem como todo o sistema de troca de informações e de garantias de sigilo profissional, que também no presente decreto-lei se encontram consagradas.

No capítulo dedicado às sanções, procurou-se adaptar o sistema previsto no regime jurídico das empresas de seguros, para, por um lado, garantir uma certa uniformidade no processamento de todas as infracções passíveis de contra-ordenação no sector segurador e de gestão de fundos de pensões e, por outro lado, poder ajustar o regime geral das contra-ordenações às necessidades específicas.

Por último, refira-se que se procurou salvaguardar, dentro do contexto admitido pela directiva, a situação das pessoas singulares e colectivas que, à data da entrada em vigor do presente decreto-lei, exercem actividade de mediação de seguros, nos termos do Decreto-Lei n.º 388/91, de 10 de Outubro, e respectiva regulamentação, uma vez que todas elas foram submetidas a um processo de autorização junto da autoridade competente, para efeitos do qual demonstraram deter qualificações, aptidões e experiência equivalentes às exigidas no novo regime.

Encontra-se fundamentada, deste modo, a pretensão subjacente ao novo enquadramento jurídico da actividade de mediação de seguros de contribuir efectivamente para o aumento da profissionalização, para a transparência na actuação dos mediadores face aos tomadores de seguros, sobretudo pela consciencialização destes quanto ao tipo de vínculo que liga o mediador à empresa de seguros, para a efectiva responsabilização das empresas de seguros pela actividade que é

Decreto-Lei n.º 144/2006

exercida em seu nome e por sua conta e, como resultado de todos estes aspectos, para que a actividade de mediação constitua verdadeiramente uma mais-valia no âmbito do mercado segurador.

Foi promovida a audição do Conselho Nacional do Consumo.

Foi ouvida a Comissão Nacional de Protecção de Dados.

Assim:

No uso da autorização legislativa concedida pela Lei n.º 11/2006, de 4 de Abril, e nos termos das alíneas a) e b) do n.º 1 do artigo 198.º da Constituição, o Governo decreta o seguinte:

CAPÍTULO I
Disposições gerais

ARTIGO 1.º
Objecto

1 – O presente decreto-lei regula as condições de acesso e de exercício da actividade de mediação de seguros ou de resseguros, no território da União Europeia, por pessoas singulares ou colectivas, respectivamente, residentes ou cuja sede social se situe em Portugal.

2 – O presente decreto-lei regula ainda as condições de exercício da actividade de mediação de seguros ou de resseguros, no território português, por mediadores de seguros ou de resseguros registados em outros Estados membros da União Europeia.

3 – O presente decreto-lei transpõe para o ordenamento jurídico interno a Directiva n.º 2002/92/CE, do Parlamento Europeu e do Conselho, de 9 de Dezembro, relativa à mediação de seguros.

ARTIGO 2.º
Âmbito

As regras do presente decreto-lei referentes a mediadores de seguros ou de resseguros registados em outros Estados membros da União Europeia aplicam-se aos mediadores de seguros ou de resseguros registados em Estados que tenham celebrado acordos de associação com a União Europeia, regularmente ratificados ou aprovados pelo Estado Português, nos precisos termos desses acordos.

ARTIGO 3.º
Exclusões

1 – O presente decreto-lei não é aplicável:

a) A actividades assimiláveis a mediação de seguros ou de resseguros, quando exercidas por uma empresa de seguros ou de resseguros, no que se refere aos seus próprios produtos, ou por um trabalhador que actue sob responsabilidade da empresa de seguros ou de resseguros, no quadro do respectivo vínculo laboral;

b) À prestação de informações a título ocasional no contexto de outra actividade profissional, desde que essa actividade não se destine a assistir o cliente na celebração ou na execução de um contrato de seguro ou de resseguro, ou envolva actividades de gestão de sinistros de uma empresa de seguros ou de resseguros numa base profissional, ou de regularização e de peritagem de sinistros;

c) A actividades de mediação de seguros ou de resseguros no que se refere a riscos e responsabilidades localizados fora da União Europeia.

2 – O presente decreto-lei também não é aplicável às pessoas que prestem serviços de mediação em contratos de seguro não obrigatórios nas situações em que se encontrem reunidas, cumulativamente, as seguintes condições:

a) O contrato de seguro requerer exclusivamente o conhecimento da cobertura fornecida pelo seguro;

b) O contrato de seguro não ser um contrato de seguro de vida;

c) O contrato de seguro não prever qualquer cobertura de responsabilidade civil;

d) A actividade profissional principal da pessoa não consistir na mediação de seguros;

e) O seguro ser complementar de um bem ou serviço fornecido por qualquer fornecedor, sempre que esse seguro cubra:

i) Risco de avaria ou de perda de bens por ele fornecidos ou de danos a esses bens; ou

ii) Risco de danos ou perda de bagagens e demais riscos associados a uma viagem reservada junto do fornecedor, ainda que o seguro cubra a vida ou a responsabilidade civil, desde que essa cobertura seja acessória em relação à cobertura principal dos riscos associados à viagem;

f) O montante do prémio anual não exceder (euro) 500 e a duração total do contrato de seguro, incluindo eventuais renovações, não exceder um período de cinco anos.

ARTIGO 4.º
Extensão

O regime constante do presente decreto-lei, com excepção do disposto na secção V do capítulo II, é aplicável, com as devidas adaptações, ao acesso e exercício da actividade de mediação no âmbito de fundos de pensões geridos, nos termos legais e regulamentares em vigor, por empresas de seguros ou sociedades gestoras de fundos de pensões autorizadas a operar no território português.

ARTIGO 5.º
Definições

Para efeitos do presente decreto-lei, entende-se por:

a) «Empresa de seguros» uma empresa que tenha recebido da autoridade competente de um dos Estados membros da União Europeia uma autorização para o exercício da actividade seguradora;

b) «Empresa de resseguros» uma empresa que não seja uma empresa de seguros ou uma empresa de seguros de país terceiro, cuja principal actividade consista em aceitar riscos cedidos por uma empresa de seguros, por uma empresa de seguros de país terceiro ou por outras empresas de resseguros;

c) «Mediação de seguros» qualquer actividade que consista em apresentar ou propor um contrato de seguro ou praticar outro acto preparatório da sua celebração, em celebrar o contrato de seguro, ou em apoiar a gestão e execução desse contrato, em especial em caso de sinistro;

d) «Mediação de resseguros» qualquer actividade que consista em apresentar ou propor um contrato de resseguro ou praticar outro acto preparatório da sua celebração, em celebrar o contrato de resseguro, ou em apoiar a gestão e execução desse contrato, em especial em caso de sinistro;

e) «Mediador de seguros» qualquer pessoa singular ou colectiva que inicie ou exerça, mediante remuneração, a actividade de mediação de seguros;

Regulação do Sector Financeiro – Seguros e Fundos de Pensões

f) «Mediador de resseguros» qualquer pessoa singular ou colectiva que inicie ou exerça, mediante remuneração, a actividade de mediação de resseguros;

g) «Pessoa directamente envolvida na actividade de mediação de seguros ou de resseguros» uma pessoa singular ligada a um mediador de seguros ou de resseguros através de um vínculo laboral ou de qualquer outra natureza e que ao seu serviço exerce ou participa no exercício de qualquer das actividades previstas nas alíneas c) ou d), em qualquer caso, em contacto directo com o cliente;

h) «Carteira de seguros» o conjunto de contratos de seguro relativamente aos quais o mediador de seguros exerce a actividade de mediação e por virtude dos quais são criados na sua esfera jurídica direitos e deveres para com empresas de seguros e tomadores de seguros;

i) «Contrato de seguro» não só o contrato de seguro mas também operações de capitalização, todos celebrados, nos termos legais e regulamentares em vigor, por empresas de seguros autorizadas a operar no território português;

j) «Tomador de seguro» a entidade que celebra o contrato de seguro com a empresa de seguros, sendo responsável pelo pagamento do prémio, incluindo o subscritor, entidade que contrata uma operação de capitalização com uma empresa de seguros, sendo responsável pelo pagamento da prestação;

l) «Grandes riscos» os riscos definidos nos n.os 3 a 5 do artigo 2.º do Decreto-Lei n.º 94-B/98, de 17 de Abril;

m) «Estado membro de origem»:

i) Quando se trate de pessoa singular, o Estado membro em que se situa a residência do mediador de seguros ou de resseguros e em que este exerce a sua actividade;

ii) Quando se trate de pessoa colectiva, o Estado membro em que se situa a sede social do mediador de seguros ou de resseguros ou, se não dispuser de sede social de acordo com o seu direito nacional, o Estado membro em que se situa o seu estabelecimento principal;

n) «Estado membro de acolhimento» o Estado membro em que o mediador de seguros ou de resseguros exerce a sua actividade em regime de livre prestação de serviços ou através de sucursal;

o) «Estado membro do compromisso» o Estado membro onde o tomador de seguro reside habitualmente ou o Estado membro onde está situado o estabelecimento da pessoa colectiva a que o contrato de seguro respeita;

p) «Autoridades competentes» as autoridades designadas em cada Estado membro da União Europeia para exercerem a supervisão da actividade de mediação de seguros e de resseguros;

q) «Participação qualificada» a participação prevista no n.º 2 do artigo 3.º do Decreto-Lei n.º 94-B/98, de 17 de Abril;

r) «Suporte duradouro» qualquer instrumento que permita ao cliente armazenar informações que lhe sejam dirigidas pessoalmente, de tal forma que possam ser consultadas posteriormente durante um período adequado aos fins dessas informações, e que permita a reprodução exacta das informações armazenadas.

Artigo 6.º
Autoridade competente para o exercício da supervisão

O Instituto de Seguros de Portugal é a autoridade competente para o exercício da supervisão da actividade dos mediadores de seguros ou de resseguros residentes ou cuja sede social se situe em Portugal, incluindo a actividade exercida

no território de outros Estados membros da União Europeia através das respectivas sucursais ou em regime de livre prestação de serviços.

CAPÍTULO II
Condições de acesso à actividade de mediação de seguros ou de resseguros

SECÇÃO I
Disposições gerais

Artigo 7.º
Entidades habilitadas a exercer actividade de mediação de seguros ou de resseguros

1 – A actividade de mediação de seguros ou de resseguros no território português só pode ser exercida por:

a) Pessoas singulares ou colectivas, respectivamente, residentes ou cuja sede social se situe em Portugal, que se encontrem inscritas no registo de mediadores junto do Instituto de Seguros de Portugal;

b) Mediadores de seguros ou de resseguros registados em outros Estados membros da União Europeia, cumpridas as formalidades previstas na secção IV.

2 – A actividade de mediação de seguros ou de resseguros em outros Estados membros da União Europeia pode ser exercida por mediadores de seguros ou de resseguros registados em Portugal, cumpridas as formalidades previstas na secção V.

Artigo 8.º
Categorias de mediadores de seguros

As pessoas singulares ou colectivas podem registar-se e exercer a actividade de mediação de seguros numa das seguintes categorias:

a) Mediador de seguros ligado – categoria em que a pessoa exerce a actividade de mediação de seguros:

i) Em nome e por conta de uma empresa de seguros ou, com autorização desta, de várias empresas de seguros, desde que os produtos que promova não sejam concorrentes, não recebendo prémios ou somas destinados aos tomadores de seguros, segurados ou beneficiários e actuando sob inteira responsabilidade dessa ou dessas empresas de seguros, no que se refere à mediação dos respectivos produtos;

ii) Em complemento da sua actividade profissional, sempre que o seguro seja acessório do bem ou serviço fornecido no âmbito dessa actividade principal, não recebendo prémios ou somas destinados aos tomadores de seguros, segurados ou beneficiários e actuando sob inteira responsabilidade de uma ou várias empresas de seguros, no que se refere à mediação dos respectivos produtos;

b) Agente de seguros – categoria em que a pessoa exerce a actividade de mediação de seguros em nome e por conta de uma ou mais empresas de seguros ou de outro mediador de seguros, nos termos do ou dos contratos que celebre com essas entidades;

c) Corretor de seguros – categoria em que a pessoa exerce a actividade de mediação de seguros de forma independente face às empresas de seguros, baseando a sua actividade numa análise imparcial de um número suficiente de contratos de seguro disponíveis no mercado que lhe permita aconselhar o cliente tendo em conta as suas necessidades específicas.

Artigo 9.º
Âmbito da actividade

1 – Os mediadores de seguros ou de resseguros podem inscrever-se no registo e exercer a sua actividade:

a) Apenas no âmbito do ramo «Vida», incluindo operações de capitalização;

b) Apenas no âmbito de todos os ramos «Não vida»;

c) No âmbito de todos os ramos.

2 – A mediação no âmbito de fundos de pensões enquadra-se na alínea a) do número anterior.

SECÇÃO II
Condições comuns de acesso

Artigo 10.º
Pessoas singulares

1 – Só podem ser inscritas no registo de mediadores de seguros ou de resseguros as pessoas singulares residentes em Portugal que preencham as seguintes condições:

a) Tenham a nacionalidade portuguesa, de outro Estado membro da União Europeia ou de país terceiro em relação à União Europeia que confira tratamento recíproco a nacionais portugueses no âmbito da actividade de mediação;

b) Sejam maiores ou emancipadas;

c) Tenham capacidade legal para a prática de actos de comércio;

d) Tenham qualificação adequada às características da actividade de mediação que pretendem exercer;

e) Apresentem reconhecida idoneidade para o exercício da actividade de mediação, não se encontrando, designadamente, nas situações previstas no artigo 13.º;

f) Não se encontrem numa das situações de incompatibilidade previstas no artigo 14.º

2 – Sem prejuízo do disposto no número anterior, a pessoa singular pode exercer a actividade de mediação sob a forma de estabelecimento individual de responsabilidade limitada (EIRL).

Artigo 11.º
Pessoas colectivas

1 – Só podem ser inscritas no registo de mediadores de seguros ou de resseguros as pessoas colectivas cuja sede social se situe em Portugal e que preencham as seguintes condições:

a) Estejam constituídas de acordo com a lei portuguesa, sob a forma de sociedade por quotas ou de sociedade anónima, devendo, neste último caso, as acções ser nominativas;

b) Não se encontrem, na parte aplicável, numa das situações previstas nas alíneas b) e c) do n.º 1 do artigo 13.º;

c) Os membros do órgão de administração responsáveis pela actividade de mediação de seguros ou de resseguros e as pessoas directamente envolvidas na actividade de mediação de seguros ou de resseguros preencham as condições fixadas nas alíneas b) a f) do n.º 1 do artigo anterior;

d) Os restantes membros do órgão de administração apresentem reconhecida idoneidade para o exercício da actividade de mediação e não se encontrarem numa das situações de incompatibilidade previstas no artigo 14.º

2 – Sem prejuízo do disposto nas alíneas b) a d) do número anterior, os mediadores de seguros ou de resseguros pessoas colectivas podem assumir a forma de cooperativa ou de agrupamento complementar de empresas.

Artigo 12.º
Qualificação adequada

1 – Considera-se que o candidato a mediador de seguros ou de resseguros pessoa singular, os membros do órgão de administração responsáveis pela mediação e as pessoas directamente envolvidas na actividade de mediação de seguros ou de resseguros dispõem de qualificação adequada se, em alternativa:

a) Detiverem, como habilitações literárias mínimas, a escolaridade obrigatória legalmente definida e obtiverem aprovação num curso sobre seguros adequado à actividade que irão desenvolver, reconhecido pelo Instituto de Seguros de Portugal e que respeite os requisitos e os conteúdos mínimos definidos em norma regulamentar do mesmo Instituto;

b) Forem titulares de curso de bacharelato ou de licenciatura, ou de formação de nível pós-secundário, superior ou não, conferente de diploma, cujo plano de estudos inclua os conteúdos mínimos referidos na alínea anterior;

c) Tiverem estado registados como mediadores de seguros ou de resseguros noutro Estado membro da União Europeia ao abrigo de regime resultante da transposição da Directiva n.º 2002/92/CE, do Parlamento Europeu e do Conselho, de 9 de Dezembro, no ano precedente ao do pedido de inscrição no registo junto do Instituto de Seguros de Portugal.

2 – O reconhecimento pelo Instituto de Seguros de Portugal dos cursos referidos na alínea a) do número anterior é precedido de parecer por uma comissão técnica composta por um representante designado pelas associações de empresas de seguros, um representante designado pelas associações de mediadores de seguros e dois representantes designados pelo Instituto de Seguros de Portugal, um dos quais preside à comissão.

3 – A comissão referida no número anterior funciona nos termos a definir por norma regulamentar do Instituto de Seguros de Portugal.

4 – Para acesso às categorias de corretor ou de mediador de resseguros, o candidato pessoa singular ou um dos membros do órgão de administração responsáveis pela actividade de mediação de pessoa colectiva deve, adicionalmente, deter experiência correspondente ao exercício, durante pelo menos cinco anos consecutivos ou interpolados durante os sete anos que antecedem a inscrição no registo, de actividades como:

a) Mediador de seguros ou de resseguros;

b) Pessoa directamente envolvida na actividade de mediação de seguros ou de resseguros;

c) Trabalhador de empresa de seguros ou de empresa de resseguros, desde que directamente envolvido nas operações descritas nas alíneas c) e d) do artigo 5.º;

d) Membro do órgão de administração de mediador de seguros ou de mediador de resseguros, responsável pela actividade de mediação.

Artigo 13.º
Idoneidade

1 – Considera-se indiciador de falta de idoneidade, entre outras circunstâncias atendíveis, o facto de a pessoa em causa:

a) Ter sido condenada por furto, abuso de confiança, roubo, burla, extorsão, infidelidade, abuso de cartão de garantia ou de crédito, emissão de cheque sem provisão, usura, insolvência dolosa, frustração de créditos, insolvência negligente, favorecimento de credores, apropriação ilegítima de bens do sector público ou cooperativo, administração danosa em uni-

Regulação do Sector Financeiro – Seguros e Fundos de Pensões

dade económica do sector público ou cooperativo, falsificação, falsas declarações, suborno, corrupção, branqueamento de capitais, abuso de informação, manipulação do mercado de valores mobiliários ou pelos crimes previstos no Código das Sociedades Comerciais;

b) Ter sido declarada, por sentença nacional ou estrangeira transitada em julgado, falida ou insolvente ou julgada responsável pela falência de empresas cujo domínio haja assegurado ou de que tenha sido administrador, director ou gerente;

c) Ter sido condenada, no País ou no estrangeiro, pela prática de infracções às regras legais ou regulamentares que regem a actividade de mediação de seguros ou de resseguros, bem como as actividades das empresas de seguros ou das sociedades gestoras de fundos de pensões, das instituições de crédito, sociedades financeiras ou instituições financeiras e o mercado de valores mobiliários, quando a gravidade ou a reiteração dessas infracções o justifique.

2 – Presume-se cumprir a condição de idoneidade a pessoa que se encontre já registada junto de autoridade de supervisão do sector financeiro quando esse registo esteja sujeito a condições de idoneidade.

ARTIGO 14.º
Incompatibilidades

1 – Sem prejuízo de outras incompatibilidades legalmente previstas, é incompatível com a actividade de mediação de seguros ou de resseguros o facto de o mediador pessoa singular ou qualquer dos membros do órgão de administração e de as pessoas directamente envolvidas na actividade de mediação:

a) Pertencerem aos órgãos sociais ou ao quadro de pessoal de uma empresa de seguros, de resseguros ou com estas mantiverem vínculo jurídico análogo a relação laboral, excepto se:

i) Se tratar de trabalhadores que se encontrem em situação de pré-reforma; ou

ii) Exercerem a actividade de mediação para a respectiva empresa de seguros, no âmbito da categoria de mediadores prevista na subalínea i) da alínea a) do artigo 8.º;

b) Pertencerem aos órgãos ou ao quadro de pessoal do Instituto de Seguros de Portugal ou com este mantiverem vínculo jurídico análogo a relação laboral;

c) Exercerem funções como perito de sinistros ou serem sócios ou membros do órgão de administração de sociedade que exerça actividade de peritagem de sinistros;

d) Exercerem funções como actuário responsável de uma empresa de seguros ou de resseguros;

e) Exercerem funções como auditor de uma empresa de seguros ou de resseguros.

2 – A inscrição como mediador de seguros numa das categorias de mediadores é incompatível com a inscrição noutra das categorias, mesmo que para o exercício de actividade em ramo ou ramos de seguros diferentes.

3 – A inscrição como mediador de resseguros é incompatível com a inscrição como mediador de seguros, excepto na categoria de corretor de seguros.

4 – Os membros do órgão de administração designados responsáveis pela actividade de mediação de seguros ou de resseguros e as pessoas directamente envolvidas na actividade de mediação não podem exercer essas funções em mais de um mediador de seguros ou de resseguros, salvo se pertencentes ao mesmo grupo societário e com o limite máximo de três.

5 – Os membros do órgão de administração designados responsáveis pela actividade de mediação de seguros ou de resseguros e as pessoas directamente envolvidas na actividade de mediação, enquanto exercerem essas funções, não podem exercer, em simultâneo, actividade como mediadores a título individual.

SECÇÃO III
Condições específicas de acesso

ARTIGO 15.º
Condições específicas de acesso à categoria de mediador de seguros ligado

1 – Sem prejuízo do disposto na secção II, para efeitos de inscrição no registo como mediador de seguros ligado, a pessoa singular ou colectiva deve, adicionalmente, celebrar um contrato escrito com uma ou com várias empresas de seguros, através do qual cada empresa de seguros assume inteira responsabilidade pela sua actividade, no que se refere à mediação dos respectivos produtos.

2 – O Instituto de Seguros de Portugal define, em norma regulamentar, o conteúdo mínimo do contrato referido no número anterior.

ARTIGO 16.º
Processo de inscrição no registo na categoria de mediador de seguros ligado

1 – É da responsabilidade da empresa de seguros que pretenda celebrar um contrato nos termos do artigo anterior verificar o preenchimento das condições de acesso pelo candidato a mediador de seguros ligado.

2 – Após verificação do preenchimento das condições de acesso e celebração de contrato com o candidato a mediador de seguros ligado, a empresa de seguros solicita ao Instituto de Seguros de Portugal o respectivo registo.

3 – Enquanto o mediador se mantiver vinculado à empresa de seguros e até cinco anos após ter cessado a respectiva vinculação, esta deve manter em arquivo e facilmente acessível o processo instruído para comprovação das condições de acesso, podendo o Instituto de Seguros de Portugal, a todo o tempo, proceder à respectiva conferência.

4 – O mediador de seguros ligado pode iniciar a sua actividade logo que seja notificada à empresa de seguros em causa, pelo Instituto de Seguros de Portugal, a respectiva inscrição no registo.

5 – A notificação referida no número anterior deve ser feita no prazo máximo de cinco dias após a recepção do pedido de registo.

6 – Cabe ao Instituto de Seguros de Portugal estabelecer, por norma regulamentar, os documentos que devem instruir o processo para efeitos de comprovação das condições de acesso e os elementos relativos ao candidato que a empresa de seguros lhe deve transmitir para efeitos de inscrição no registo.

ARTIGO 17.º
Condições específicas de acesso à categoria de agente de seguros

1 – Sem prejuízo do disposto na secção II, para efeitos de inscrição no registo como agente de seguros, a pessoa singular ou colectiva deve, adicionalmente:

a) Celebrar um contrato escrito com cada uma das empresas de seguros que vai representar, através do qual a empresa de seguros mandata o agente para, em seu nome e por sua conta, exercer a actividade de mediação, devendo aquele contrato delimitar os termos desse exercício;

b) Possuir organização técnica, comercial, administrativa e contabilística própria e estrutura económico-financeira adequadas à dimensão e natureza da sua actividade, nos termos que venham a ser definidos em norma regulamentar do Instituto de Seguros de Portugal;

c) Demonstrar que dispõe, ou que irá dispor à data do início da actividade, de um seguro de responsabilidade civil profissional que abranja todo o território da União Europeia, cujo capital seguro deve corresponder a no mínimo (euro) 1000000 por sinistro e (euro) 1500000 por anuidade, independentemente do número de sinistros, excepto se a cobertura estiver incluída em seguro fornecido pela ou pelas empresas de seguros em nome e por conta da qual ou das quais vai actuar.

2 – O Instituto de Seguros de Portugal define, em norma regulamentar, o conteúdo mínimo do contrato referido na alínea a) do número anterior.

3 – A eficácia de qualquer contrato celebrado nos termos da alínea a) do n.º 1 fica condicionada à efectiva inscrição do agente de seguros no registo junto do Instituto de Seguros de Portugal.

ARTIGO 18.º
Processo de inscrição no registo na categoria de agente de seguros

1 – É da responsabilidade da empresa de seguros que tenha celebrado um contrato nos termos da alínea a) do n.º 1 do artigo anterior, ou que pretenda celebrá-lo, no caso de pessoa colectiva ainda não constituída, verificar da completa instrução do processo pelo candidato e remetê-lo ao Instituto de Seguros de Portugal para efeitos de inscrição no registo.

2 – Compete ao Instituto de Seguros de Portugal verificar o preenchimento das condições de acesso pelo candidato a agente de seguros.

3 – O Instituto de Seguros de Portugal pode solicitar, directa ou indirectamente, através da empresa de seguros proponente, quaisquer esclarecimentos ou elementos que considere úteis ou necessários para a análise do processo.

4 – Sem prejuízo do disposto no número seguinte, o agente de seguros pode iniciar a sua actividade logo que o Instituto de Seguros de Portugal o notifique, bem como à empresa de seguros proponente, da respectiva inscrição no registo.

5 – No caso de pessoa colectiva ainda não constituída, a eficácia da inscrição fica suspensa até à data da respectiva constituição e comunicação ao Instituto de Seguros de Portugal.

6 – A notificação referida no n.º 4 ou a notificação da decisão de recusa de inscrição no registo deve ser feita no prazo máximo de 60 dias a contar da recepção do pedido de registo ou, se for o caso, a contar da recepção dos esclarecimentos ou elementos solicitados ao requerente.

7 – Se o processo foi instruído sem que a pessoa colectiva estivesse constituída, a empresa de seguros deve enviar os documentos definitivos ao Instituto de Seguros de Portugal no prazo de seis meses após a data da comunicação da inscrição no registo, sob pena de caducidade do registo.

8 – Cabe ao Instituto de Seguros de Portugal estabelecer, por norma regulamentar, os documentos que devem instruir

o processo para efeitos de comprovação das condições de acesso.

ARTIGO 19.º
Condições específicas de acesso à categoria de corretor de seguros

1 – Sem prejuízo do disposto na secção II, para efeitos de inscrição no registo como corretor de seguros, a pessoa singular ou colectiva deve, adicionalmente:

a) No caso de pessoa singular, não exercer qualquer profissão que possa diminuir a independência no exercício da actividade de mediação e, no caso de pessoa colectiva, ter objecto social exclusivo a actividades incluídas no sector financeiro;

b) Possuir organização técnica, comercial, administrativa e contabilística própria e estrutura económico-financeira adequadas ao exercício da actividade, nos termos que venham a ser definidos em norma regulamentar do Instituto de Seguros de Portugal;

c) Demonstrar que dispõe, ou que irá dispor à data do início da actividade, de um seguro de responsabilidade civil profissional que abranja todo o território da União Europeia, cujo capital seguro deve corresponder a no mínimo (euro) 1000000 por sinistro e (euro) 1500000 por anuidade, independentemente do número de sinistros;

d) Demonstrar que dispõe, ou que irá dispor à data do início da actividade, de seguro de caução ou garantia bancária correspondente a no mínimo (euro) 15000 e, nos anos subsequentes ao do início de actividade, a 4% dos prémios recebidos por ano, se superior, destinado a:

i) Cobrir o pagamento de créditos dos tomadores de seguros, segurados ou beneficiários face ao corretor e que respeitem aos fundos que lhe foram confiados com vista a serem transferidos para essas pessoas;

ii) Cobrir o pagamento de créditos dos clientes face ao corretor, resultantes de fundos que este recebeu com vista a serem transferidos para as empresas de seguros para pagamento de prémios que não se incluam no âmbito do n.º 4 do artigo 42.º

2 – No caso de pessoa colectiva, a inscrição no registo como corretor de seguros está ainda dependente do preenchimento das seguintes condições:

a) Um montante de capital social não inferior a (euro) 50000 deve encontrar-se inteiramente realizado na data do acto de constituição;

b) A estrutura societária não constituir um risco para a independência e imparcialidade do corretor face às empresas de seguros;

c) Aptidão dos detentores de uma participação qualificada para garantir a gestão sã e prudente da sociedade.

3 – Na apreciação da aptidão dos detentores de uma participação qualificada para garantir a gestão sã e prudente da sociedade, referida na alínea c) do número anterior, são tidas em consideração, designadamente, as circunstâncias previstas no artigo 50.º do Decreto-Lei n.º 94-B/98, de 17 de Abril.

ARTIGO 20.º
Processo de inscrição no registo na categoria de corretor de seguros

1 – Cabe ao candidato que pretenda inscrever-se no registo instruir o respectivo processo e remetê-lo ao Instituto de Seguros de Portugal, requerendo a sua inscrição.

Regulação do Sector Financeiro – Seguros e Fundos de Pensões

2 – Compete ao Instituto de Seguros de Portugal verificar o preenchimento das condições de acesso pelo candidato a corretor.

3 – O Instituto de Seguros de Portugal pode solicitar quaisquer esclarecimentos ou elementos que considere úteis ou necessários para a análise do processo.

4 – O corretor de seguros pode iniciar a sua actividade logo que lhe seja notificada, pelo Instituto de Seguros de Portugal, a respectiva inscrição no registo.

5 – No caso de pessoa colectiva ainda não constituída, a eficácia da inscrição fica suspensa até à data da respectiva constituição e comunicação ao Instituto de Seguros de Portugal.

6 – A notificação referida no n.º 4 ou a notificação da decisão de recusa de inscrição no registo deve ser feita no prazo máximo de 90 dias a contar da recepção do pedido de registo ou, se for o caso, a contar da recepção dos esclarecimentos ou elementos solicitados ao requerente.

7 – Se o processo foi instruído sem que a pessoa colectiva estivesse constituída, o corretor de seguros deve enviar os documentos definitivos ao Instituto de Seguros de Portugal no prazo de seis meses após a data da comunicação da inscrição no registo, sob pena de caducidade do registo.

8 – Cabe ao Instituto de Seguros de Portugal estabelecer, por norma regulamentar, os documentos que devem instruir o processo para efeitos de comprovação das condições de acesso.

Artigo 21.º
Mediador de resseguros

Ao acesso à actividade de mediador de resseguros aplica-se, com as devidas adaptações, o disposto nos artigos 19.º e 20.º.

SECÇÃO IV
Mediadores de seguros ou de resseguros registados em outros Estados membros da União Europeia

Artigo 22.º
Início de actividade no território português

1 – O mediador de seguros ou de resseguros registado em outro Estado membro da União Europeia pode iniciar a sua actividade no território português, através de sucursal ou em regime de livre prestação de serviços, um mês após a data em que tenha sido informado pela autoridade competente do Estado membro de origem da comunicação ao Instituto de Seguros de Portugal da sua pretensão de exercer actividade no território português.

2 – O Instituto de Seguros de Portugal divulga no seu sítio na Internet os mediadores de seguros ou de resseguros registados em outro Estado membro da União Europeia que exercem actividade no território português nos termos do número anterior.

Artigo 23.º
Condições de exercício da actividade

1 – O Instituto de Seguros de Portugal comunica às autoridades competentes dos outros Estados membros da União Europeia as condições em que, por razões de interesse geral, a actividade de mediação de seguros ou de resseguros deve ser exercida no território português.

2 – O Instituto de Seguros de Portugal divulga no seu sítio na Internet o elenco das condições referidas no número anterior.

SECÇÃO V
Exercício da actividade no território de outros Estados membros por mediador de seguros ou de resseguros registado em Portugal

Artigo 24.º
Informação

O mediador de seguros ou de resseguros registado em Portugal que tencione exercer pela primeira vez actividade, através de sucursal ou em regime de livre prestação de serviços, no território de outro ou de outros Estados membros da União Europeia deve informar previamente o Instituto de Seguros de Portugal, indicando o âmbito da actividade que pretende exercer.

Artigo 25.º
Comunicação

1 – O Instituto de Seguros de Portugal comunica a intenção do mediador de seguros ou de resseguros, no prazo de um mês a contar da data da informação referida no artigo anterior, às autoridades competentes do Estado membro ou dos Estados membros da União Europeia em cujo território o mediador de seguros ou de resseguros pretende exercer a sua actividade, se estas o desejarem.

2 – A comunicação referida no número anterior é notificada, pelo Instituto de Seguros de Portugal, em simultâneo ao mediador interessado.

3 – O Instituto de Seguros de Portugal notifica, também, o mediador de seguros ou de resseguros, no prazo de um mês a contar da data da informação referida no artigo anterior, da circunstância de a autoridade competente do Estado membro de acolhimento prescindir da comunicação referida no n.º 1.

Artigo 26.º
Início da actividade

1 – O mediador de seguros ou de resseguros pode iniciar a sua actividade um mês após a data em que tenha sido informado pelo Instituto de Seguros de Portugal da comunicação referida no n.º 2 do artigo anterior.

2 – No caso de a autoridade competente do Estado membro de acolhimento prescindir da comunicação referida no n.º 1 do artigo anterior, o mediador de seguros ou de resseguros pode iniciar a sua actividade logo que seja notificado pelo Instituto de Seguros de Portugal nos termos do n.º 3 do artigo anterior.

Artigo 27.º
Alterações

Às alterações ao conteúdo da notificação aplica-se também o regime previsto nos artigos anteriores.

CAPÍTULO III
Condições de exercício

SECÇÃO I
Direitos e deveres

Artigo 28.º
Direitos do mediador de seguros
São direitos do mediador de seguros:

a) Obter atempadamente das empresas de seguros todos os elementos, informações e esclarecimentos necessários ao desempenho da sua actividade e à gestão eficiente da sua carteira;

b) Ser informado pelas empresas de seguros da resolução de contratos de seguro por si intermediados;

c) Receber atempadamente das empresas de seguros as remunerações respeitantes aos contratos da sua carteira cujos prémios não esteja autorizado a cobrar;

d) Descontar, no momento da prestação de contas com as empresas de seguros, as remunerações relativas aos prémios cuja cobrança tenha efectuado e esteja autorizado a cobrar.

Artigo 29.º
Deveres gerais do mediador de seguros

São deveres gerais do mediador de seguros:

a) Celebrar contratos em nome da empresa de seguros apenas quando esta lhe tenha conferido, por escrito, os necessários poderes;

b) Não assumir em seu próprio nome a cobertura de riscos;

c) Cumprir as disposições legais e regulamentares aplicáveis à actividade seguradora e à actividade de mediação de seguros e não intervir na celebração de contratos que as violem;

d) Assistir correcta e eficientemente os contratos de seguro em que intervenha;

e) Diligenciar no sentido da prevenção de declarações inexactas ou incompletas pelo tomador do seguro e de situações que violem ou constituam fraude à lei ou que indiciem situações de branqueamento de capitais;

f) Guardar segredo profissional, em relação a terceiros, dos factos de que tome conhecimento em consequência do exercício da sua actividade;

g) Exibir o certificado de registo como mediador sempre que tal lhe seja solicitado por qualquer interessado;

h) Manter o registo dos contratos de seguros de que é mediador, bem como dos elementos e informações necessários à prevenção do branqueamento de capitais;

i) Manter actualizada uma listagem com a identificação das pessoas directamente envolvidas na actividade de mediação que estejam ao seu serviço;

j) Ter ao seu serviço o número de pessoas directamente envolvidas na actividade de mediação de seguros, a definir pelo Instituto de Seguros de Portugal por norma regulamentar, tendo em atenção a dimensão e importância do mediador.

Artigo 30.º
Deveres do mediador de seguros para com as empresas de seguros e outros mediadores de seguros

Sem prejuízo de outros deveres fixados ao longo do presente decreto-lei, são deveres do mediador de seguros para com as empresas de seguros e outros mediadores que intervenham no contrato:

a) Informar sobre riscos a cobrir e das suas particularidades;

b) Informar sobre alterações aos riscos já cobertos de que tenha conhecimento e que possam influir nas condições do contrato;

c) Prestar contas nos termos legal e contratualmente estabelecidos;

d) Actuar com lealdade;

e) Informar sobre todos os factos de que tenha conhecimento e que possam influir na regularização de sinistros.

Artigo 31.º
Deveres do mediador de seguros para com os clientes

Sem prejuízo de outros deveres fixados ao longo do presente decreto-lei, são deveres do mediador de seguros para com os clientes:

a) Informar, nos termos fixados por lei e respectiva regulamentação, dos direitos e deveres que decorrem da celebração de contratos de seguro;

b) Aconselhar, de modo correcto e pormenorizado e de acordo com o exigível pela respectiva categoria de mediador, sobre a modalidade de contrato mais conveniente à transferência de risco ou ao investimento;

c) Não praticar quaisquer actos relacionados com um contrato de seguro sem informar previamente o respectivo tomador de seguro e obter a sua concordância;

d) Transmitir à empresa de seguros, em tempo útil, todas as informações, no âmbito do contrato de seguro, que o tomador do seguro solicite;

e) Prestar ao tomador do seguro todos os esclarecimentos relativos ao contrato de seguro durante a sua execução e durante a pendência dos conflitos dela derivados;

f) Não fazer uso de outra profissão ou cargo que exerça para condicionar a liberdade negocial do cliente;

g) Não impor a obrigatoriedade de celebração de um contrato de seguro com uma determinada empresa de seguros como condição de acesso do cliente a outro bem ou serviço fornecido.

Artigo 32.º
Deveres de informação em especial

1 – Antes da celebração de qualquer contrato de seguro inicial e, se necessário, aquando da sua alteração ou renovação, o mediador de seguros deve informar o cliente, pelo menos:

a) Da sua identidade e endereço;

b) Do registo em que foi inscrito, da data da inscrição e dos meios para verificar se foi efectivamente registado;

c) De qualquer participação, directa ou indirecta, superior a 10% nos direitos de voto ou no capital que tenha numa determinada empresa de seguros;

d) De qualquer participação, directa ou indirecta, superior a 10% nos direitos de voto ou no capital do mediador de seguros detida por uma determinada empresa de seguros ou pela empresa mãe de uma determinada empresa de seguros;

e) Se está ou não autorizado a receber prémios para serem entregues à empresa de seguros;

f) Se a sua intervenção se esgota com a celebração do contrato de seguro ou se a sua intervenção envolve a prestação de assistência ao longo do período de vigência do contrato de seguro;

g) Caso aplicável, da sua qualidade de trabalhador de uma empresa de seguros;

h) Do direito do cliente de solicitar informação sobre a remuneração que o mediador receberá pela prestação do serviço de mediação e, em conformidade, fornecer-lhe, a seu pedido, tal informação;

i) Dos procedimentos, referidos no artigo 65.º, que permitem aos tomadores de seguros e a outras partes interessadas apresentarem reclamações contra mediadores de seguros e dos procedimentos extrajudiciais de reclamação e recurso referidos no artigo 43.º

Regulação do Sector Financeiro – Seguros e Fundos de Pensões

2 – Adicionalmente, o mediador de seguros deve indicar ao cliente, no que se refere ao contrato que é proposto:

a) Se baseia os seus conselhos na obrigação de fornecer uma análise imparcial nos termos do n.º 4; ou

b) Se tem a obrigação contratual de exercer a actividade de mediação de seguros exclusivamente para uma ou mais empresas de seguros ou outros mediadores de seguros; ou

c) Se não tem a obrigação contratual de exercer a actividade de mediação de seguros exclusivamente para uma ou mais empresas de seguros ou mediadores de seguros e se não baseia os seus conselhos na obrigação de fornecer uma análise imparcial nos termos do n.º 4;

d) Se no contrato intervêm outros mediadores de seguros, identificando-os.

3 – Nos casos previstos nas alíneas b) e c) do número anterior, o mediador de seguros deve informar o cliente do seu direito de solicitar informação sobre o nome da ou das empresas de seguros e mediadores de seguros com os quais trabalha e, em conformidade, fornecer-lhe, a seu pedido, tais informações.

4 – Quando o mediador de seguros informar o cliente que baseia os seus conselhos numa análise imparcial, é obrigado a dar esses conselhos com base na análise de um número suficiente de contratos de seguro disponíveis no mercado que lhe permita fazer uma recomendação, de acordo com critérios profissionais, quanto ao contrato de seguro mais adequado às necessidades do cliente.

5 – Antes da celebração de qualquer contrato de seguro, qualquer mediador de seguros deve, tendo em conta especialmente as informações fornecidas pelo cliente e a complexidade do contrato de seguro proposto, especificar, no mínimo, as respectivas exigências e necessidades e as razões que nortearam os conselhos dados quanto a um determinado produto.

6 – Os mediadores de seguros estão dispensados de prestar as informações previstas no presente artigo quando desenvolvam actividade de mediação referente à cobertura de grandes riscos.

Artigo 33.º
Condições de informação

1 – As informações prestadas nos termos do artigo anterior devem ser comunicadas:

a) Em papel ou qualquer outro suporte duradouro acessível ao cliente;

b) Com clareza e exactidão e de forma compreensível para o cliente;

c) Numa língua oficial do Estado membro do compromisso ou em qualquer outra língua convencionada entre as partes.

2 – Os suportes duradouros incluem, nomeadamente, as disquetes informáticas, os CD-ROM, os DVD e o disco rígido do computador do cliente no qual esteja armazenado o correio electrónico, mas não incluem os sítios na Internet, excepto se estes permitirem ao cliente armazenar informações que lhe sejam dirigidas pessoalmente, de tal forma que possam ser consultadas posteriormente durante um período adequado aos fins dessas informações e que permita uma reprodução exacta das informações armazenadas.

3 – Em derrogação ao disposto na alínea a) do n.º 1, as informações referidas no artigo anterior podem ser prestadas oralmente, se o cliente o solicitar ou quando seja necessária uma cobertura imediata, devendo, no entanto, imediatamente após a celebração do contrato de seguro, ser fornecidas em papel ou outro suporte duradouro.

4 – No caso de venda por telefone ou por qualquer outro meio de comunicação a distância, as informações referidas no artigo anterior devem cumprir o regime jurídico relativo à comercialização a distância de serviços financeiros, devendo, ainda, imediatamente após a celebração do contrato de seguro, ser fornecidas em papel ou outro suporte duradouro.

Artigo 34.º
Deveres do mediador de seguros para com o Instituto de Seguros de Portugal

Sem prejuízo de outros deveres fixados ao longo do presente decreto-lei, são deveres do mediador de seguros para com o Instituto de Seguros de Portugal:

a) Prestar, nos prazos fixados, todos os esclarecimentos necessários ao desempenho das suas funções de supervisão;

b) Informar de todas as alterações a informações anteriormente prestadas em cumprimento de disposições legais ou regulamentares no prazo de 30 dias contados a partir da data de verificação dessas alterações;

c) Informar de todas as alterações a circunstâncias relevantes para o preenchimento das condições de acesso no prazo de 30 dias contados a partir da data de verificação dessas alterações;

d) Informar da alteração dos membros do órgão de administração responsáveis pela actividade de mediação;

e) Comunicar com a antecedência mínima de 30 dias a abertura de estabelecimentos comerciais próprios afectos ao exercício da sua actividade;

f) Devolver o certificado de registo em caso de alteração, suspensão ou cancelamento da inscrição no registo.

Artigo 35.º
Deveres específicos do corretor de seguros

São deveres específicos do corretor de seguros:

a) Sugerir ao tomador do seguro medidas adequadas à prevenção e redução do risco;

b) Garantir a dispersão de carteira de seguros nos termos que venham a ser definidos por norma regulamentar do Instituto de Seguros de Portugal;

c) Dispor de um documento aprovado pelo órgão de administração no qual se descreva, de forma detalhada, o programa de formação das pessoas directamente envolvidas na actividade de mediação de seguros que se encontrem ao seu serviço;

d) Dispor de um sistema, cujos princípios de funcionamento estejam consignados em documento escrito, que garanta o tratamento equitativo dos clientes, o tratamento adequado dos seus dados pessoais e o tratamento adequado das suas queixas e reclamações;

e) No caso de pessoas colectivas:

i) Mesmo quando tal não resulte já do tipo de sociedade, do contrato de sociedade ou de obrigação legal, designar um revisor oficial de contas para proceder à revisão legal das contas;

ii) Enviar anualmente ao Instituto de Seguros de Portugal, até 15 dias após a aprovação das contas, em relação à actividade exercida no ano imediatamente anterior, o relatório e contas anuais, o parecer do órgão de fiscalização e o documento de certificação legal de contas emitido pelo revisor legal de contas e todos os demais elementos definidos em norma regulamentar do Instituto de Seguros de Portugal;

iii) Publicar os documentos de prestação de contas nos termos definidos em norma regulamentar do Instituto de Seguros de Portugal.

ARTIGO 36.º
Direitos e deveres do mediador de resseguros

Ao mediador de resseguros é correspondentemente aplicável, com as devidas adaptações, o disposto nos artigos 28.º a 30.º e 34.º e na alínea e) do artigo 35.º

ARTIGO 37.º
Deveres da empresa de seguros

Sem prejuízo de outros deveres fixados ao longo do presente decreto-lei, são deveres da empresa de seguros:

a) Não utilizar serviços de mediação de seguro de pessoas que não se encontrem registadas para esse efeito num Estado membro da União Europeia ou sejam abrangidas pelo disposto no n.º 2 do artigo 3.º;

b) Não utilizar serviços de mediação de seguros em desrespeito do âmbito de actividade em que o mediador está autorizado a exercer;

c) Não utilizar serviços de um mediador de seguros ligado vinculado a outra empresa de seguros, salvo nos casos legalmente previstos;

d) Actuar com lealdade para com os mediadores de seguros com os quais trabalha;

e) A pedido do cliente, informar sobre o montante concreto da remuneração que o mediador receberá pela prestação do serviço de mediação;

f) Dispor de um documento aprovado pelo órgão de administração no qual se descreva, de forma detalhada, o programa de formação dos seus mediadores de seguros ligados e agentes de seguros;

g) Dispor de um sistema, cujos princípios de funcionamento estejam consignados em documento escrito e sejam divulgados aos mediadores de seguros ligados e agentes de seguros ao seu serviço, que garanta o tratamento equitativo dos clientes, o tratamento dos seus dados pessoais e o tratamento das queixas e reclamações;

h) Comunicar de imediato ao Instituto de Seguros de Portugal qualquer facto que tenha chegado ao seu conhecimento e que possa determinar a suspensão ou o cancelamento do registo do mediador de seguros;

i) Prestar ao Instituto de Seguros de Portugal, nos prazos fixados, todos os esclarecimentos e informações relativos à actividade de mediação de seguros necessários ao desempenho das suas funções de supervisão;

j) Comunicar anualmente ao Instituto de Seguros de Portugal a identificação dos mediadores com quem colabora e as remunerações pagas pela prestação de serviços de mediação, nos termos definidos em norma regulamentar emitida por aquele Instituto.

ARTIGO 38.º
Deveres da empresa de resseguros

À empresa de seguros é correspondentemente aplicável, com as devidas adaptações, o disposto nas alíneas a), b), d) e h) a j) do artigo anterior.

SECÇÃO II
Do exercício da actividade

ARTIGO 39.º
Intervenção de vários mediadores no contrato de seguro

1 – Caso intervenham, num mesmo contrato de seguro, vários mediadores de seguros, estes são solidariamente responsáveis perante os segurados, os tomadores de seguro e as empresas de seguros pelos actos de intermediação praticados, integrando esse contrato de seguro a carteira do mediador que o coloque na empresa de seguros.

2 – Os agentes que promovam a celebração de contratos por intermédio de outros mediadores de seguros devem fazê-lo nos termos de contrato escrito previamente celebrado, regulando a intervenção de ambos.

3 – Nos contratos de seguro em que intervenha um mediador de seguros ligado não pode intervir qualquer outro mediador de seguros.

ARTIGO 40.º
Direito a escolha ou recusa de mediador

1 – O tomador de seguro tem o direito de escolher livremente o mediador de seguros para os seus contratos.

2 – As empresas de seguros têm o direito de recusar a colaboração de um mediador de seguros.

3 – Sem prejuízo do disposto no n.º 1, o tomador do seguro pode, na data aniversária do contrato ou, nos contratos renováveis, na data da sua renovação, nomear ou dispensar o mediador, devendo, para o efeito, comunicar a sua intenção à empresa de seguros com a antecedência mínima de 30 dias relativamente àquelas datas.

4 – O tomador do seguro pode, ainda, na data aniversária do contrato ou, nos contratos renováveis, na data da sua renovação, substituir o mediador, devendo, para o efeito, comunicar essa sua intenção à empresa de seguros com a antecedência mínima de 60 dias relativamente àquelas datas.

5 – Nos casos de nomeação ou de mudança de mediador previstos nos números anteriores e no prazo de 20 dias contados da data de recepção da comunicação neles referida, a empresa de seguros deve notificar a sua recusa ao tomador de seguro, por carta registada ou outro meio do qual fique registo escrito, sem o que se considera aceite o mediador indicado.

6 – No caso de aceitação do mediador indicado, a empresa de seguros deve, até à data aniversária do contrato de seguro ou, nos contratos renováveis, até à data da sua renovação, informar o mediador dispensado ou substituído.

ARTIGO 41.º
Cessação de funções do mediador de seguros

O mediador de seguros pode, na data aniversária do contrato de seguro ou, nos contratos renováveis, na data da sua renovação, deixar de exercer a sua actividade relativamente a um ou mais contratos da sua carteira, desde que comunique tal intenção ao tomador de seguro e à empresa de seguros com a antecedência mínima de 60 dias em relação àquelas datas.

ARTIGO 42.º
Movimentação de fundos relativos ao contrato de seguro

1 – O mediador de seguros ligado não pode receber prémios com vista a serem transferidos para as empresas de seguros ou fundos para serem transferidos para tomadores de seguros, segurados ou beneficiários.

2 – O agente de seguros só pode receber prémios com vista a serem transferidos para as empresas de seguros se tal for convencionado, por escrito, com as respectivas empresas de seguros.

3 – Os prémios entregues pelo tomador de seguro ao agente de seguros autorizado a receber prémios relativos ao contrato

Regulação do Sector Financeiro – Seguros e Fundos de Pensões

são considerados como se tivessem sido pagos à empresa de seguros, e os montantes entregues pela empresa de seguros ao agente só são tratados como tendo sido pagos ao tomador de seguro, segurado ou beneficiário depois de este ter recebido efectivamente esses montantes.

4 – Os prémios entregues pelo tomador de seguro ao corretor de seguros são considerados como se tivessem sido pagos à empresa de seguros se o corretor entregar simultaneamente ao tomador o recibo de prémio emitido pela empresa de seguros.

5 – Qualquer mediador de seguros que movimente fundos relativos ao contrato de seguro deve depositar as quantias referentes a prémios recebidos para serem entregues às empresas de seguros e os montantes recebidos para serem transferidos para tomadores de seguros, segurados ou beneficiários em contas abertas em instituições de crédito em seu nome mas identificadas como conta «clientes».

6 – O mediador de seguros deve manter um registo detalhado e actualizado dos movimentos efectuados na conta «clientes» relativamente a cada contrato de seguro.

7 – Presume-se, para todos os efeitos legais, que as quantias depositadas em conta «clientes» não constituem património próprio do mediador de seguros, devendo, em caso de insolvência do mediador, ser afectas, preferencialmente, ao pagamento dos créditos dos tomadores de seguros, segurados ou beneficiários.

8 – O Instituto de Seguros de Portugal, no quadro dos princípios previstos nos números anteriores, define por norma regulamentar as regras a que devem obedecer as contas «clientes».

ARTIGO 43.º
Resolução extrajudicial de litígios

Sem prejuízo da possibilidade de recurso aos tribunais judiciais, em caso de litígio emergente da actividade de mediação de seguros, incluindo litígios transfronteiriços, respeitantes a mediadores de seguros registados em outros Estados membros no âmbito da actividade exercida no território português, os consumidores podem recorrer aos organismos de resolução extrajudicial de litígios que, para o efeito, venham a ser criados.

SECÇÃO III
Das carteiras de seguros

ARTIGO 44.º
Transmissão de carteira de mediador de seguros

1 – As carteiras de seguros são total ou parcialmente transmissíveis, por contrato escrito, devendo o transmissário encontrar-se em condições de poder exercer a actividade de mediação quanto aos referidos contratos de seguro.

2 – A transmissão de carteira de seguros a favor de mediador deve ser precedida da comunicação pelo transmitente por carta registada ou outro meio do qual fique registo escrito e com a antecedência mínima de 60 dias relativamente à data da transmissão:

a) Às empresas de seguros, da identidade do mediador transmissário;

b) Aos tomadores de seguros, dos elementos referidos no n.º 1 do artigo 32.º quanto ao mediador transmissário e do direito de poder recusar a sua intervenção nos termos do número seguinte.

3 – As empresas de seguros e os tomadores de seguros que tenham recebido a comunicação referida no número anterior têm o direito de recusar a intervenção do mediador transmissário nos respectivos contratos de seguro, devendo comunicar a recusa ao mediador transmitente até 30 dias antes da data da transmissão.

4 – A empresa de seguros que, sem adequada fundamentação, recuse a intervenção do mediador transmissário nos termos do número anterior fica sujeita ao ónus de propor ao mediador transmitente a aquisição da carteira de seguros em causa.

5 – As carteiras de seguros são também total ou parcialmente transmissíveis, por contrato escrito, a favor de empresas de seguros, desde que sejam partes em todos os contratos objecto de transmissão.

6 – A transmissão de carteira de seguros a favor de empresa de seguros deve ser precedida da comunicação ao tomador do seguro pela empresa de seguros por carta registada ou outro meio do qual fique registo escrito e com a antecedência mínima de 60 dias relativamente à data da transmissão de que deixa de existir mediador no contrato de seguro, mas que mantém o direito de escolher e nomear, nos termos legais, mediador de seguros para os seus contratos.

7 – Os efeitos da transmissão de contratos que integrem uma carteira de seguros só se produzem, relativamente a cada um deles, na sua data aniversária ou, nos contratos renováveis, na data da sua renovação.

ARTIGO 45.º
Cessação dos contratos com as empresas de seguros

1 – No caso de cessação dos contratos referidos no artigo 15.º e na alínea a) do n.º 1 do artigo 17.º, os contratos passam a directos, devendo as empresas de seguros comunicar essa circunstância aos tomadores de seguros nos termos do n.º 6 do artigo anterior.

2 – No caso referido no número anterior e sem prejuízo de qualquer outra indemnização a que haja lugar, o mediador de seguros tem direito a uma indemnização de clientela, desde que tenha angariado novos clientes para a empresa de seguros ou aumentado substancialmente o volume de negócios com clientela já existente e a empresa de seguros venha a beneficiar, após a cessação do contrato, da actividade por si desenvolvida.

3 – Em caso de cessação do contrato por morte do mediador de seguros, a indemnização de clientela pode ser exigida pelos herdeiros ou legatários.

4 – A indemnização de clientela é fixada em termos equitativos, mas não pode ser inferior ao valor equivalente ao dobro da remuneração média anual do mediador nos últimos cinco anos, ou do período de tempo em que o contrato esteve em vigor, se inferior.

5 – Não é devida indemnização de clientela quando:

a) O contrato tenha sido resolvido por iniciativa do mediador sem justa causa ou por iniciativa da empresa de seguros com justa causa;

b) O mediador tenha cedido a sua posição contratual com o acordo da empresa de seguros.

6 – O ónus da prova da existência de justa causa na cessação cabe à parte que faz cessar o contrato.

7 – Sem prejuízo de outras situações livremente previstas no contrato, considera-se justa causa o comportamento da contraparte que, pela sua gravidade e consequências, torne imediata e praticamente impossível a subsistência da relação contratual.

CAPÍTULO IV
Registo

SECÇÃO I
Disposições gerais

ARTIGO 46.º
Autoridade responsável pelo registo

1 – O Instituto de Seguros de Portugal é a autoridade responsável pela criação, manutenção e actualização permanente do registo electrónico dos mediadores de seguros ou de resseguros residentes ou cuja sede social se situe em Portugal.

2 – O Instituto de Seguros de Portugal define, por norma regulamentar, a forma de organização do registo e os elementos referentes a cada mediador que devem constar do registo.

3 – O Instituto de Seguros de Portugal é, ainda, a autoridade responsável pela criação, manutenção e actualização permanente de um registo central relativo aos processos de contra-ordenação previstos neste decreto-lei que respeite as normas procedimentais, as normas de protecção de dados e as medidas especiais de segurança previstas na Lei da Protecção de Dados Pessoais.

4 – Ao titular dos dados são garantidos os direitos previstos na Lei da Protecção de Dados Pessoais.

ARTIGO 47.º
Certificado de registo

1 – O Instituto de Seguros de Portugal emite um certificado de registo a favor do mediador de seguros ou de resseguros inscrito no registo.

2 – O certificado de registo do mediador de seguros ou de resseguros deve conter, no mínimo, as seguintes informações:

a) Identidade e endereço do mediador;

b) De que se encontra inscrito no registo junto do Instituto de Seguros de Portugal, da data da inscrição e dos meios de que o interessado dispõe se pretender confirmar essa inscrição;

c) O ramo ou ramos de seguros nos quais o mediador está autorizado a exercer actividade;

d) No caso de pessoas colectivas, o nome dos membros do órgão de administração responsáveis pela actividade de mediação.

3 – No caso de mediador de seguros, o certificado de registo deve, adicionalmente, identificar:

a) A categoria em que o mediador se encontra inscrito;

b) No caso do mediador de seguros ligado, a ou as empresas de seguros com as quais está autorizado a trabalhar.

4 – Ao certificado de registo são averbados os elementos previstos no artigo 54.º

5 – Se, por qualquer motivo, for suspensa ou cancelada a inscrição no registo, o mediador de seguros ou de resseguros deve, de imediato, devolver o respectivo certificado de registo ao Instituto de Seguros de Portugal.

6 – Salvo se relativas a actividades não relacionadas com a mediação de seguros, em toda a publicidade e documentação comercial do mediador de seguros ou de resseguros devem constar as informações previstas nas alíneas a) a c) do n.º 2 e, no caso do mediador de seguros, também as referidas no n.º 3.

ARTIGO 48.º
Acesso à informação

1 – Cabe ao Instituto de Seguros de Portugal implementar os meios necessários para que qualquer interessado possa aceder, de forma fácil e rápida, a informação proveniente do registo dos mediadores de seguros ou de resseguros, designadamente através de mecanismos de consulta pública através da Internet.

2 – O Instituto de Seguros de Portugal define, em norma regulamentar, a informação a disponibilizar aos interessados, que deve incluir, no mínimo, os elementos referidos nos n.os 2 a 4 do artigo anterior.

SECÇÃO II
Alterações

ARTIGO 49.º
Comunicação de alterações

1 – As alterações aos elementos relevantes para aferição das condições de acesso previstas nas secções II e III do capítulo II devem ser comunicadas pelo mediador de seguros ou resseguros no prazo de 30 dias a contar da sua ocorrência ao Instituto de Seguros de Portugal, ou, no caso do mediador de seguros ligado, à empresa de seguros, que, de acordo com o que ficar definido na norma regulamentar a que se refere o n.º 6 do artigo 16.º, as transmite ao Instituto de Seguros de Portugal.

2 – Conforme a respectiva natureza, as alterações comunicadas podem dar lugar à alteração dos elementos registados, a averbamento ao registo ou à sua suspensão ou cancelamento.

ARTIGO 50.º
Extensão da actividade a outro ramo
ou ramos de seguros

1 – A extensão da actividade a ramo ou ramos de seguros distintos daquele que o mediador de seguros ou de resseguros está autorizado a exercer depende apenas do preenchimento e comprovação da condição de qualificação adequada às características da actividade de mediação que pretende exercer.

2 – À instrução e à tramitação do pedido de averbamento ao registo da extensão é aplicável, com as devidas adaptações, o regime previsto para a inscrição no registo de cada categoria de mediadores.

ARTIGO 51.º
Extensão da actividade de mediador de seguros
ligado a outra empresa de seguros

1 – A extensão da actividade de mediador de seguros ligado a outra empresa de seguros, quando admitida, depende do preenchimento das condições de acesso previstas para a inscrição inicial no registo.

2 – No caso de se tratar de mediador ligado que exerce actividade nos termos da subalínea i) da alínea a) do artigo 8.º, à instrução do processo deve ser aditado um documento escrito através do qual a empresa ou empresas de seguros em causa autorizem expressamente o candidato a celebrar contrato com outra empresa de seguros nos casos legalmente previstos.

3 – Sem prejuízo do disposto no número anterior, à instrução e à tramitação do pedido de averbamento ao registo da extensão é aplicável, com as devidas adaptações, o regime previsto para a inscrição no registo na categoria de mediador ligado.

Artigo 52.º
Extensão da actividade de agente de seguros a outra empresa de seguros

Desde que a empresa de seguros com a qual o agente de seguros pretende operar exerça actividade que se enquadre no âmbito do ramo ou ramos relativamente aos quais esteja autorizado a exercer a actividade, a extensão de actividade depende apenas da celebração do contrato nos termos da alínea a) do n.º 1 do artigo 17.º

Artigo 53.º
Controlo das participações qualificadas

1 – Às alterações verificadas quanto a participações qualificadas detidas em corretor de seguros ou em mediador de resseguros é aplicável, com as devidas adaptações, o regime constante dos artigos 43.º a 50.º do Decreto-Lei n.º 94-B/98, de 17 de Abril.

2 – São relevantes para efeitos do número anterior, para além de situações de aquisição de participação qualificada, o seu aumento de tal modo que a percentagem de direitos de voto ou de capital no corretor de seguros ou no mediador de resseguros atinja ou ultrapasse 50% ou que a empresa se transforme em sua filial.

3 – Para efeitos de controlo das participações qualificadas, o Instituto de Seguros de Portugal estabelece em norma regulamentar os elementos e informações que lhe devem ser comunicados.

Artigo 54.º
Averbamentos ao registo

É averbada ao registo:

a) A extensão da actividade do mediador nos termos dos artigos 50.º e 51.º;

b) A identificação do ou dos Estados membros da União Europeia em que o mediador de seguros ou de resseguros registado em Portugal exerce a sua actividade, através de sucursal ou em regime de livre prestação de serviços.

SECÇÃO III
Suspensão e cancelamento

Artigo 55.º
Suspensão do registo

1 – A inscrição no registo do mediador de seguros ou de resseguros é suspensa:

a) A pedido expresso do mediador, dirigido ao Instituto de Seguros de Portugal, através de carta registada ou de outro meio do qual fique registo escrito, quando pretenda interromper temporariamente o exercício desta actividade, por período, contínuo ou interpolado, não superior a dois anos;

b) Quando o mediador passe a exercer funções incompatíveis, nos termos da lei, com o exercício da actividade de mediação ou cargos públicos, caso em que deve, nos 30 dias anteriores à ocorrência do facto determinante da impossibilidade do exercício da actividade de mediação de seguros, requerer ao Instituto de Seguros de Portugal a suspensão da sua inscrição;

c) No caso de cessação de todos os contratos celebrados nos termos do artigo 15.º, até que celebre novo contrato, pelo prazo máximo de um ano, sob pena de cancelamento do registo;

d) A título de sanção acessória, de acordo com o disposto no artigo 80.º, ou por decisão judicial.

2 – A decisão de suspensão é notificada ao mediador de seguros e no caso do mediador de seguros ligado à empresa de seguros.

3 – Para além do disposto no número anterior, cabe ao Instituto de Seguros de Portugal dar à decisão de suspensão a publicidade adequada.

4 – No caso de o mediador exercer a sua actividade no território de outro Estado ou Estados membros da União Europeia, o Instituto de Seguros de Portugal informa da suspensão da inscrição no registo as respectivas autoridades competentes.

5 – A cessação do facto que gerou a suspensão da sua inscrição deve ser comunicada pelo mediador de seguros ao Instituto de Seguros de Portugal no prazo máximo de 30 dias após a sua ocorrência.

Artigo 56.º
Cancelamento do registo

1 – Sem prejuízo de outras sanções que ao caso couber, o registo do mediador de seguros ou de resseguros é cancelado quando se verifique algum dos seguintes fundamentos:

a) Pedido expresso do mediador, dirigido ao Instituto de Seguros de Portugal, através de carta registada ou de outro meio do qual fique registo escrito;

b) Morte do mediador, liquidação do estabelecimento individual de responsabilidade limitada ou dissolução da sociedade de mediação;

c) A inscrição no registo ter sido obtida por meio de declarações falsas ou inexactas;

d) Falta superveniente de alguma das condições de acesso ou de exercício à actividade de mediação;

e) Impossibilidade, por um período de tempo superior a 90 dias, de o Instituto de Seguros de Portugal contactar o mediador, nomeadamente por via postal;

f) A título de sanção acessória, de acordo com o disposto no artigo 80.º;

g) No caso do corretor de seguros, se não cumprir o dever de dispersão de carteira.

2 – A decisão de revogação é fundamentada e notificada ao mediador de seguros e, no caso do mediador de seguros ligado, à empresa de seguros.

3 – Para além do disposto no número anterior, cabe ao Instituto de Seguros de Portugal dar à decisão de revogação a publicidade adequada e adoptar as providências para o imediato encerramento dos estabelecimentos do mediador.

4 – No caso de o mediador de seguros ou de resseguros exercer a sua actividade no território de outro Estado ou Estados membros da União Europeia, o Instituto de Seguros de Portugal informa do cancelamento da inscrição no registo as respectivas autoridades competentes.

Artigo 57.º
Efeitos da suspensão e do cancelamento

1 – A suspensão ou o cancelamento da inscrição no registo tem como efeito a transmissão automática dos direitos e deveres sobre os contratos em que interveio o mediador para as empresas de seguros que deles sejam partes, devendo as empresas de seguros comunicar essa circunstância aos tomadores de seguros nos termos do n.º 6 do artigo 44.º

2 – O mediador retoma os direitos e deveres relativos à carteira na data em que seja levantada pelo Instituto de Seguros de Portugal a suspensão da inscrição, salvo nos casos em que o tomador do seguro tenha entretanto escolhido outro mediador.

CAPÍTULO V
Supervisão

ARTIGO 58.º
Poderes

Sem prejuízo dos outros poderes previstos neste decreto-lei e no respectivo Estatuto, o Instituto de Seguros de Portugal, no exercício da actividade de supervisão, dispõe dos poderes e meios para:

a) Verificar a conformidade técnica, financeira e legal da actividade dos mediadores de seguros ou de resseguros;

b) Verificar as condições de funcionamento e a qualidade técnica dos cursos sobre seguros, a que se refere a alínea a) do n.º 1 do artigo 12.º, ministrados para efeitos de acesso à actividade de mediador de seguros ou de resseguros, podendo, em casos devidamente fundamentados, retirar um curso da lista dos cursos reconhecidos;

c) Obter informações pormenorizadas sobre a situação dos mediadores de seguros ou de resseguros, através, nomeadamente, da recolha de dados, da exigência de documentos relativos ao exercício da actividade de mediação ou de inspecções a realizar localmente no estabelecimento do mediador;

d) Adoptar, em relação aos mediadores de seguros ou de resseguros, seus sócios ou membros dos seus órgãos de administração, todas as medidas adequadas e necessárias para garantir que as suas actividades observam as disposições legais e regulamentares aplicáveis e para evitar ou eliminar qualquer irregularidade que possa prejudicar o interesse dos tomadores de seguros, segurados ou beneficiários ou das próprias empresas de seguros ou de resseguros;

e) Garantir a aplicação efectiva das medidas referidas na alínea anterior, se necessário mediante o recurso às instâncias judiciais;

f) Estabelecer as regras de contabilidade aplicáveis à actividade de mediação de seguros ou de resseguros;

g) Emitir instruções e recomendações para que sejam sanadas as irregularidades que detecte.

ARTIGO 59.º
Supervisão de mediadores registados em outros Estados membros

1 – O mediador de seguros ou de resseguros registado em outro Estado membro da União Europeia que exerça a sua actividade no território português, através de sucursal ou em regime de livre prestação de serviços, fica sujeito às condições de exercício estabelecidas por razões do interesse geral.

2 – Sem prejuízo de outras condições de exercício divulgadas pelo Instituto de Seguros de Portugal nos termos do artigo 23.º, são sempre consideradas como condições de exercício estabelecidas por razões de interesse geral as constantes dos artigos 29.º a 33.º e das alíneas a) e b) do artigo 34.º.

3 – No âmbito da supervisão do exercício da actividade no território português pelos mediadores de seguros ou de resseguros referidos no n.º 1, o Instituto de Seguros de Portugal pode solicitar-lhes informações ou exigir-lhes a apresentação de documentos necessários para esse efeito.

4 – Se o Instituto de Seguros de Portugal verificar que um mediador de seguros ou de resseguros registado em outro Estado membro da União Europeia que exerça a sua actividade no território português, através de sucursal ou em regime de livre prestação de serviços, não respeita as normas legais e regulamentares que lhe são aplicáveis, notifica-o para que ponha fim à situação irregular.

5 – Se o mediador referido no número anterior não regularizar a situação, o Instituto de Seguros de Portugal informa as autoridades competentes do Estado membro de origem, solicitando-lhe que adoptem as medidas adequadas para que o mediador ponha fim à situação irregular.

6 – Se, apesar das medidas tomadas ao abrigo do número anterior, o mediador persistir na situação irregular, o Instituto de Seguros de Portugal, após ter informado as autoridades competentes do Estado membro de origem, adopta as medidas legalmente previstas para reprimir as irregularidades cometidas ou novas situações irregulares, podendo, se necessário, impedir que os infractores iniciem novas operações no território português.

7 – As restrições ao exercício da actividade referidas no número anterior são devidamente fundamentadas e notificadas ao mediador em causa.

8 – O disposto nos números anteriores não prejudica a aplicação aos mediadores de seguros ou de resseguros registados em outros Estados membros da União Europeia das sanções previstas no capítulo VI, no que respeita à actividade exercida no território português.

ARTIGO 60.º
Cooperação com as outras autoridades competentes

1 – Para efeitos do exercício da supervisão da actividade de mediação de seguros ou de resseguros, o Instituto de Seguros de Portugal coopera com as autoridades congéneres de outros Estados membros da União Europeia.

2 – No âmbito desta cooperação, o Instituto de Seguros de Portugal comunica à autoridade competente do Estado membro de origem a aplicação de uma das sanções previstas no capítulo VI ou a adopção de uma medida ao abrigo do n.º 6 do artigo anterior, bem como procede à troca de informações nos termos do artigo seguinte.

ARTIGO 61.º
Troca de informações

1 – Sem prejuízo da sujeição das informações ao dever de sigilo profissional nos termos do artigo 63.º, o Instituto de Seguros de Portugal pode proceder à troca de informações necessárias ao exercício da supervisão da actividade de mediação de seguros ou de resseguros com:

a) As autoridades competentes dos outros Estados membros da União Europeia;

b) As autoridades nacionais ou de outros Estados membros da União Europeia investidas da atribuição pública de fiscalização das empresas de seguros ou de resseguros, instituições de crédito e outras instituições financeiras ou encarregadas da supervisão dos mercados financeiros;

c) Os órgãos nacionais ou de outros Estados membros da União Europeia intervenientes na liquidação ou no processo de insolvência de mediadores de seguros ou de resseguros e noutros processos análogos, bem como autoridades competentes para a supervisão desses órgãos;

d) As entidades nacionais ou de outros Estados membros da União Europeia responsáveis pela detecção e investigação de infracções ao direito das sociedades;

Regulação do Sector Financeiro – Seguros e Fundos de Pensões

e) As entidades nacionais ou de outros Estados membros da União Europeia incumbidas da gestão de processos de liquidação ou de fundos de garantia;

f) Bancos centrais, outras entidades de vocação semelhante enquanto autoridades monetárias e outras autoridades encarregadas da supervisão dos sistemas de pagamento, nacionais ou de outros Estados membros da União Europeia.

2 – Adicionalmente, e sem prejuízo da sujeição das informações ao dever de sigilo profissional nos termos do artigo 63.º, o Instituto de Seguros de Portugal pode solicitar informações necessárias ao exercício da supervisão às pessoas encarregadas da certificação legal das contas dos mediadores de seguros ou de resseguros, empresas de seguros e de outras instituições financeiras, bem como às autoridades competentes para a supervisão dessas pessoas.

3 – As informações fornecidas no âmbito dos números anteriores, por autoridade competente de outro Estado membro da União Europeia, só podem ser divulgadas com o seu acordo explícito e, se for caso disso, exclusivamente para os fins relativamente aos quais tenham dado o seu acordo, devendo ser-lhes comunicada a identidade e o mandato preciso das entidades às quais devem ser transmitidas essas informações.

4 – A troca de informações necessárias ao exercício da supervisão da actividade de mediação de seguros ou de resseguros com autoridades competentes de países não membros da União Europeia ou com as autoridades ou organismos destes países, definidos nas alíneas b), c) e e) do n.º 1 e no n.º 2, está sujeita às garantias de sigilo profissional referidas no número anterior e no artigo 63.º

ARTIGO 62.º
Utilização de informações confidenciais

O Instituto de Seguros de Portugal só pode utilizar as informações confidenciais recebidas nos termos do artigo anterior no exercício das suas funções de supervisão e com as seguintes finalidades:

a) Para análise das condições de acesso à actividade de mediação de seguros ou de resseguros e para supervisão das condições de exercício da mesma;

b) Para a aplicação de sanções;

c) No âmbito de um recurso administrativo ou jurisdicional interposto das decisões tomadas no âmbito do presente decreto-lei e respectiva regulamentação.

ARTIGO 63.º
Sigilo profissional

1 – Os membros dos órgãos do Instituto de Seguros de Portugal, bem como todas as pessoas que pertençam ao seu quadro de pessoal ou de colaboradores, estão sujeitos ao dever de sigilo dos factos relativos à actividade de mediação de seguros ou de resseguros cujo conhecimento lhes advenha exclusivamente pelo exercício das suas funções.

2 – O dever de sigilo profissional mantém-se mesmo após o termo do exercício de funções no Instituto de Seguros de Portugal.

3 – O dever de sigilo profissional referido nos números anteriores determina que qualquer informação confidencial recebida no exercício da actividade profissional não pode ser comunicada a nenhuma pessoa ou autoridade, excepto de forma sumária ou agregada, e de modo que os mediadores de seguros ou de resseguros não possam ser individualmente identificados.

ARTIGO 64.º
Excepções ao dever de sigilo profissional

Fora das situações previstas no artigo 61.º, os factos e elementos abrangidos pelo dever de sigilo profissional só podem ser revelados:

a) No âmbito do processo de declaração de falência de mediador de seguros ou de resseguros ou de decisão judicial da sua liquidação, desde que as informações confidenciais não digam respeito a terceiros implicados nas tentativas de recuperação do mediador;

b) Nos termos previstos na lei penal e de processo penal;

c) Quando exista outra disposição legal que expressamente limite o dever de sigilo profissional.

ARTIGO 65.º
Reclamações

No âmbito das suas competências, cabe ao Instituto de Seguros de Portugal analisar e dar parecer sobre pedidos de informação e reclamações apresentados por consumidores e respectivas associações, contra mediadores de seguros e de resseguros.

ARTIGO 66.º
Taxas de supervisão

1 – Os mediadores de seguros ou de resseguros ficam sujeitos ao pagamento de taxas ao Instituto de Seguros de Portugal por contrapartida dos actos praticados de supervisão, a fixar em função dos custos necessários à regulação das actividades de mediação ou à prestação de serviços de supervisão.

2 – As taxas de supervisão obedecem ao princípio da proporcionalidade e são fixadas de acordo com critérios objectivos e transparentes.

3 – As taxas referidas nos números anteriores são fixadas, liquidadas e cobradas nos termos de norma regulamentar do Instituto de Seguros de Portugal.

ARTIGO 67.º
Recurso judicial dos actos do Instituto de Seguros de Portugal

Dos actos administrativos do Instituto de Seguros de Portugal adoptados ao abrigo do presente decreto-lei e respectiva regulamentação cabe recurso contencioso, nos termos gerais de direito.

CAPÍTULO VI
Sanções

SECÇÃO I
Disposições gerais

ARTIGO 68.º
Âmbito

1 – O disposto no presente capítulo é aplicável aos mediadores de seguros ou de resseguros registados junto do Instituto de Seguros de Portugal e aos mediadores de seguros ou de resseguros registados em outro Estado membro da União Europeia no que se refere à actividade exercida no território português.

2 – O presente capítulo é ainda aplicável:

a) Às empresas de seguros e às sociedades gestoras de fundos de pensões, quanto às contra-ordenações previstas nas alíneas a), c) a f) e l) do artigo 76.º, nas alíneas a), b), d), i) a m) e r) do artigo 77.º e nas alíneas b) e d) do artigo 78.º;

b) Às empresas de resseguros, quanto às contra-ordenações previstas nas alíneas a), c), d) e f) do artigo 76.º, nas alíneas b), j) a m) e r) do artigo 77.º e nas alíneas b) e d) do artigo 78.º;

c) Às pessoas que exercem a actividade de mediação de seguros ou de resseguros sem estarem registadas para esse efeito num Estado membro ou se encontrem abrangidas pela exclusão referida no n.º 2 do artigo 3.º, quanto à contra-ordenação prevista na alínea a) do artigo 78.º;

d) Aos detentores de participações qualificadas em mediador de seguros ou de resseguros, quanto à contra-ordenação prevista na alínea e) do artigo 78.º

3 – Para efeitos do presente capítulo, a referência a empresa de seguros deve considerar-se como sendo também aplicável a sociedade gestora de fundos de pensões.

Artigo 69.º
Aplicação no espaço

1 – O disposto no presente capítulo é aplicável, salvo tratado ou convenção em contrário, independentemente da nacionalidade dos infractores, aos factos praticados:

a) No território português;

b) Em território estrangeiro, desde que sujeitos à supervisão do Instituto de Seguros de Portugal;

c) A bordo de navios ou aeronaves portugueses.

2 – A aplicabilidade do disposto no presente capítulo aos factos praticados em território estrangeiro deve respeitar, com as necessárias adaptações, os princípios enunciados nos n.ºˢ 1 e 2 do artigo 6.º do Código Penal.

Artigo 70.º
Responsabilidade

1 – Pela prática das contra-ordenações previstas no presente capítulo podem ser responsabilizadas, conjuntamente ou não, pessoas singulares ou colectivas, ainda que irregularmente constituídas, e associações sem personalidade jurídica.

2 – As pessoas colectivas, ainda que irregularmente constituídas, e as associações sem personalidade jurídica são responsáveis pelas contra-ordenações previstas no presente capítulo quando os factos tenham sido praticados em seu nome e no seu interesse e no âmbito dos poderes e funções em que hajam sido investidos os titulares dos seus órgãos sociais, mandatários, trabalhadores ou seus representantes a outros títulos.

3 – A responsabilidade da pessoa colectiva referida no número anterior é excluída quando as pessoas singulares actuem contra ordens ou instruções expressas daquela.

4 – A responsabilidade da pessoa colectiva não preclude a responsabilidade individual das pessoas singulares referidas no n.º 2.

5 – As pessoas singulares que sejam membros de órgãos de administração, de direcção ou de fiscalização da pessoa colectiva incorrem na sanção prevista para o autor, especialmente atenuada, quando, conhecendo ou devendo conhecer a prática da contra-ordenação, não adoptem as medidas adequadas para lhe pôr termo.

6 – A invalidade e a ineficácia jurídicas dos actos em que se funde a relação entre a pessoa singular e a pessoa colectiva não obstam a que seja aplicado o disposto no número anterior.

7 – Não obsta à responsabilidade dos agentes que representem outrem a circunstância de a ilicitude ou o grau de ilicitude depender de certas qualidades ou relações especiais do agente e estas só se verificarem na pessoa do representado, ou de requerer que o agente pratique o acto no seu próprio interesse, tendo o representante actuado no interesse do representado.

Artigo 71.º
Graduação da sanção

1 – A medida da coima e as sanções acessórias aplicáveis são determinadas em função da gravidade da contra-ordenação, da culpa, da situação económica do infractor e da sua conduta anterior.

2 – A gravidade da contra-ordenação cometida por pessoa colectiva é avaliada, designadamente, pelas seguintes circunstâncias:

a) Perigo criado ou dano causado às condições de actuação no mercado segurador, à economia nacional ou, em especial, aos tomadores de seguros, segurados ou beneficiários das apólices, ou aos associados, participantes ou beneficiários de fundos de pensões;

b) Carácter ocasional ou reiterado da contra-ordenação;

c) Actos de ocultação, na medida em que dificultem a descoberta da contra-ordenação ou a adequação e eficácia das sanções aplicáveis;

d) Actos destinados a, por sua iniciativa, reparar os danos ou obviar aos perigos causados pela contra-ordenação.

3 – Tratando-se de contra-ordenação cometida por pessoa singular, além das circunstâncias enumeradas no número anterior, atende-se ainda, designadamente, às seguintes:

a) Nível de responsabilidade e esfera de acção na pessoa colectiva em causa que implique um dever especial de não cometer a contra-ordenação;

b) Benefício, ou intenção de o obter, do próprio, do cônjuge, de parente ou de afim até ao 3.º grau, directo ou por intermédio de empresas em que, directa ou indirectamente, detenham uma participação.

4 – A atenuação decorrente da reparação do dano ou da redução do perigo, quando realizadas por pessoa colectiva, comunica-se a todos os responsáveis individuais, ainda que não tenham pessoalmente contribuído para elas.

5 – A coima deve, sempre que possível, exceder o benefício económico que o infractor ou a pessoa que fosse seu propósito beneficiar tenham retirado da prática da contra-ordenação.

Artigo 72.º
Reincidência

1 – É punido como reincidente quem praticar contra-ordenação prevista no presente decreto-lei, depois de ter sido condenado por decisão definitiva ou transitada em julgado pela prática anterior de contra-ordenação nele igualmente prevista, desde que não se tenham completado três anos sobre essa sua prática.

2 – Em caso de reincidência, os limites mínimo e máximo da coima aplicável são elevados em um terço.

Artigo 73.º
Cumprimento do dever omitido

1 – Sempre que a contra-ordenação resulte de omissão de um dever, a aplicação das sanções e o pagamento da coima

Regulação do Sector Financeiro – Seguros e Fundos de Pensões

não dispensam o infractor do seu cumprimento, se este ainda for possível.

2 – No caso referido no número anterior, o Instituto de Seguros de Portugal pode ordenar ao infractor que adopte as providências legalmente exigidas.

3 – Se o infractor não adoptar no prazo fixado as providências legalmente exigidas, incorre na sanção prevista para as contra-ordenações muito graves.

Artigo 74.º
Concurso de infracções

1 – Salvo o disposto no número seguinte, se o mesmo facto constituir simultaneamente crime e contra-ordenação, são os arguidos responsabilizados por ambas as infracções, instaurando-se, para o efeito, processos distintos a decidir pelas autoridades competentes.

2 – Há lugar apenas ao procedimento criminal quando a contra-ordenação prevista no presente decreto-lei e a infracção criminal tenham sido praticadas pelo mesmo arguido, através de um mesmo facto, violando interesses jurídicos idênticos.

Artigo 75.º
Direito subsidiário

Às contra-ordenações previstas no presente capítulo é subsidiariamente aplicável, em tudo o que não contrarie as disposições nele constantes, o regime geral das contra-ordenações.

SECÇÃO II
Ilícitos em especial

Artigo 76.º
Contra-ordenações leves

Constitui contra-ordenação leve, punível com coima de (euro) 250 a (euro) 15000 ou de (euro) 750 a (euro) 75000, consoante seja aplicada a pessoa singular ou a pessoa colectiva:

a) O fornecimento de informações incompletas ou inexactas ao Instituto de Seguros de Portugal no âmbito deste decreto-lei e respectiva regulamentação;

b) O fornecimento à empresa de seguros, pelo mediador de seguros ligado, de informações incompletas ou inexactas quando relevantes para aferição das condições de acesso;

c) O incumprimento do dever de envio dentro dos prazos fixados de documentação requerida pelo Instituto de Seguros de Portugal nos termos deste decreto-lei e respectiva regulamentação;

d) O incumprimento de deveres de informação, comunicação ou esclarecimento para com o Instituto de Seguros de Portugal nos termos deste decreto-lei e respectiva regulamentação;

e) O incumprimento pela empresa de seguros do dever de, nos termos legais, manter em arquivo documentação relevante para comprovação das condições de acesso por mediador de seguros ligado;

f) O incumprimento pelas empresas de seguros ou de resseguros de qualquer dos deveres fixados no artigo 28.º;

g) O incumprimento por mediador de seguros ou de resseguros de qualquer dos deveres fixados nas alíneas c), d), g) a i) do artigo 29.º ou nas alíneas e) e f) do artigo 34.º;

h) O incumprimento por corretor de seguros ou por mediador de resseguros de qualquer dos deveres fixados no artigo 35.º a que estejam sujeitos;

i) O incumprimento por mediador de seguros ou de resseguros do dever referido na alínea c) do artigo 30.º;

j) O incumprimento por mediador de seguros ou de resseguros do dever referido na alínea d) do artigo 30.º ou por empresa de seguros ou de resseguros do dever referido na alínea d) do artigo 37.º;

l) O incumprimento por empresa de seguros dos deveres fixados nas alíneas f) e g) do artigo 37.º;

m) O incumprimento por mediador de seguros ou de resseguros do dever fixado no n.º 6 do artigo 47.º;

n) Quanto ao corretor de seguros ou ao mediador de resseguros, o desrespeito pela inibição do exercício de direitos de voto.

Artigo 77.º
Contra-ordenações graves

Constitui contra-ordenação grave, punível com coima de (euro) 750 a (euro) 50000 ou de (euro) 1500 a (euro) 250000, consoante seja aplicada a pessoa singular ou a pessoa colectiva:

a) A proposta por empresa de seguros ao Instituto de Seguros de Portugal da inscrição no registo de candidato a mediador de seguros ligado que não cumpra os requisitos legais de acesso à actividade de mediação;

b) O exercício da actividade de mediação de seguros ou de resseguros em ramo ou ramos que o mediador não esteja autorizado a exercer, bem como a utilização pela empresa de seguros ou de resseguros ou por mediador de serviços de mediação de seguros ou de resseguros em desrespeito do âmbito de actividade que o mediador esteja autorizado a exercer;

c) O exercício da actividade de mediação de seguros em desrespeito das características da categoria de mediador em que se encontre inscrito;

d) A prestação de serviços como mediador de seguros ligado a mais de uma empresa de seguros fora dos casos legalmente previstos, bem como a utilização pela empresa de seguros de serviços de um mediador de seguros ligado, vinculado a outra empresa de seguros, fora dos casos legalmente previstos;

e) O exercício da actividade de mediação tendo incorrido numa das situações de incompatibilidade referidas no artigo 14.º;

f) O incumprimento superveniente do dever de manutenção dos seguros e garantias bancárias legalmente exigidos para o exercício da actividade de mediação de seguros ou de resseguros;

g) O incumprimento por mediador de seguros ou de resseguros de qualquer dos deveres referidos nas alíneas a), b), e) e f) do artigo 29.º ou nas alíneas a), b) e e) do artigo 30.º;

h) O incumprimento por mediador de seguros de qualquer dos deveres para com os clientes fixados nos artigos 31.º a 33.º;

i) O incumprimento por empresa de seguros do dever fixado na alínea e) do artigo 37.º;

j) O impedimento ou a obstrução ao exercício da supervisão pelo Instituto de Seguros de Portugal, designadamente por incumprimento, nos prazos fixados, das instruções ditadas no caso individual considerado, para cumprimento da lei e respectiva regulamentação;

l) A omissão de entrega de documentação ou de prestação de informações requeridas pelo Instituto de Seguros de Portugal para o caso individualmente considerado;

m) O fornecimento ao Instituto de Seguros de Portugal de informações falsas ou de informações inexactas susceptíveis de induzir em conclusões erróneas de efeito idêntico ou semelhante ao que teriam informações falsas sobre o mesmo objecto;

n) O recebimento por mediador de seguros ligado de prémios ou prestações destinados a serem transferidos para as empresas de seguros ou sociedades gestoras de fundos de pensões ou de fundos para serem transferidos para tomadores de seguros, segurados ou beneficiários;

o) O recebimento por agente de seguros de prémios fora dos casos legalmente previstos;

p) O incumprimento pelo mediador de seguros autorizado a movimentar fundos relativos ao contrato de seguro das regras relativas à conta «clientes»;

q) A divulgação de dados falsos ou incorrectos relativamente a empresas de seguros, outros mediadores de seguros ou tomadores de seguros;

r) A utilização de interpostas pessoas com a finalidade de atingir um resultado cuja obtenção directa implicaria a prática de contra-ordenação leves ou grave.

ARTIGO 78.º
Contra-ordenações muito graves

Constitui contra-ordenação muito grave, punível com coima de (euro) 1500 a (euro) 150000 ou de (euro) 3000 a (euro) 750000, consoante seja aplicada a pessoa singular ou colectiva:

a) O exercício da actividade de mediação de seguros ou de resseguros no território português por pessoa que não esteja para esse efeito registada num Estado membro da União Europeia nem se encontre abrangida pela exclusão referida no n.º 2 do artigo 3.º;

b) A utilização por empresa de seguros ou de resseguros ou por mediador de seguros ou resseguros de serviços de mediação de seguros ou de resseguros por pessoa que não esteja para esse efeito registada num Estado membro da União Europeia nem se encontre abrangida pela exclusão referida no n.º 2 do artigo 3.º;

c) Os actos de intencional gestão ruinosa, praticados pelos membros dos órgãos de administração de mediador de seguros ou de resseguros, com prejuízo para os tomadores, segurados e beneficiários das apólices de seguros, associados, participantes e beneficiários dos fundos de pensões e demais credores;

d) A utilização de interpostas pessoas com a finalidade de atingir um resultado cuja obtenção directa implicaria a prática de contra-ordenação muito grave;

e) A prática, pelos detentores de participações qualificadas em mediador de seguros ou de resseguros, de actos que impeçam ou dificultem, de forma grave, uma gestão sã e prudente da entidade participada.

ARTIGO 79.º
Punibilidade da negligência e da tentativa

1 – É punível a prática com negligência das contra-ordenações referidas nos artigos 77.º e 78.º

2 – É punível a prática sob a forma tentada das contra-ordenações referidas no artigo anterior.

3 – A tentativa é punível com a sanção aplicável ao ilícito consumado, especialmente atenuada.

4 – A atenuação da responsabilidade do infractor individual comunica-se à pessoa colectiva.

5 – Em caso de negligência, os limites máximo e mínimo da coima são reduzidos a metade.

ARTIGO 80.º
Sanções acessórias

1 – Conjuntamente com as coimas previstas para as contra-ordenações constantes do artigo 77.º, quando praticadas por mediador de seguros ou de resseguros, e das alíneas a), c) e d) do artigo 78.º, podem ser aplicadas as seguintes sanções acessórias:

a) Quando o infractor seja pessoa singular, inibição do exercício de cargos sociais nas entidades sujeitas à supervisão do Instituto de Seguros de Portugal por um período até três anos;

b) Suspensão do exercício de actividade de mediação de seguros ou de resseguros pelo período máximo de dois anos;

c) Inibição de registo como mediador de seguros ou de resseguros pelo período máximo de 10 anos;

d) Cancelamento do registo como mediador de seguros ou de resseguros e inibição de novo registo pelo período máximo de 10 anos;

e) Publicação pelo Instituto de Seguros de Portugal da punição definitiva nos termos do n.º 4.

2 – Conjuntamente com as coimas previstas para as contra-ordenações constantes do artigo 77.º, quando praticadas por empresas de seguros ou de resseguros, e da alínea b) do artigo 78.º, pode ser aplicada a sanção acessória prevista na alínea e) do número anterior.

3 – Conjuntamente com a coima prevista para a contra-ordenação constante da alínea e) do artigo 78.º, podem ser aplicadas as sanções acessórias previstas nas alíneas a) e e) do n.º 1, bem como a suspensão do exercício do direito a voto atribuído aos sócios das entidades sujeitas à supervisão do Instituto de Seguros de Portugal por um período até três anos.

4 – As publicações referidas na alínea e) do n.º 1 são feitas a expensas do infractor num jornal de larga difusão na localidade da sede ou do estabelecimento permanente do infractor ou, se este for uma pessoa singular, na da sua residência.

SECÇÃO III
Processo

ARTIGO 81.º
Competência

1 – O processamento das contra-ordenações e a aplicação das coimas e das sanções acessórias competem ao Instituto de Seguros de Portugal.

2 – Cabe ao conselho directivo do Instituto de Seguros de Portugal a decisão do processo.

3 – O Instituto de Seguros de Portugal, enquanto entidade competente para instruir os processos de contra-ordenação, pode, quando necessário às averiguações ou à instrução do processo, proceder à apreensão de documentos e valores e proceder à selagem de objectos não apreendidos.

4 – No decurso da averiguação ou da instrução, o Instituto de Seguros de Portugal pode ainda solicitar às entidades policiais e a quaisquer outros serviços públicos ou autoridades toda a colaboração ou auxílio necessários para a realização das finalidades do processo.

Regulação do Sector Financeiro – Seguros e Fundos de Pensões

5 – As entidades suspeitas da prática de actos ou operações não autorizados devem facultar ao Instituto de Seguros de Portugal todos os documentos e informações que lhes sejam solicitados, no prazo para o efeito estabelecido.

ARTIGO 82.º
Suspensão do processo

1 – Quando a contra-ordenação constitua irregularidade sanável, não lese significativamente nem ponha em perigo iminente e grave os interesses dos tomadores, segurados ou beneficiários das apólices, ou dos associados, participantes ou beneficiários de fundos de pensões, das empresas de seguros ou de resseguros e das sociedades gestoras de fundos de pensões, o conselho directivo do Instituto de Seguros de Portugal pode suspender o processo, notificando o infractor para, no prazo que lhe fixar, sanar a irregularidade em que incorreu.

2 – A falta de sanação no prazo fixado determina o prosseguimento do processo.

ARTIGO 83.º
Notificações

1 – As notificações são feitas por carta registada, com aviso de recepção, endereçada à sede ou ao domicílio dos visados ou, se necessário, através das autoridades policiais.

2 – A notificação da acusação e da decisão condenatória é feita, na impossibilidade de se cumprir o número anterior, por anúncio publicado em jornal da localidade da sede ou da última residência conhecida no País ou, no caso de aí não haver jornal ou de não ser conhecida sede ou residência no País, em jornal diário de larga difusão nacional.

ARTIGO 84.º
Medidas cautelares

1 – Quando se revele necessário à salvaguarda da instrução do processo ou à protecção dos intervenientes no mercado segurador, o Instituto de Seguros de Portugal pode determinar uma das seguintes medidas:

a) Suspensão preventiva do exercício de alguma ou algumas actividades ou funções exercidas pelo arguido;

b) Sujeição do exercício de funções ou actividades a determinadas condições, necessárias para esse exercício;

c) Publicitação, pelos meios adequados, da identificação de pessoas singulares ou colectivas que não estão legalmente habilitadas a exercer a actividade de mediação de seguros ou de resseguros.

2 – As medidas previstas nas alíneas a) e b) do número anterior vigoram, consoante os casos:

a) Até à revogação pelo Instituto de Seguros de Portugal ou por decisão judicial;

b) Até ao início do cumprimento de sanção acessória de efeito equivalente.

3 – A determinação da suspensão preventiva pode ser publicada.

4 – Quando, nos termos do n.º 1, seja determinada a suspensão total das actividades ou das funções exercidas pelo arguido e este venha a ser condenado, no mesmo processo, em sanção acessória que consista em interdição ou inibição do exercício das mesmas actividades ou funções, é descontado no cumprimento da sanção acessória o tempo de duração da suspensão preventiva.

ARTIGO 85.º
Dever de comparência

1 – Às testemunhas e aos peritos que não compareçam no dia, hora e local designados para uma diligência do processo nem justifiquem a falta nos cinco dias úteis imediatos é aplicada, pelo Instituto de Seguros de Portugal, uma sanção pecuniária graduada entre um quinto e o salário mínimo nacional mensal mais elevado em vigor à data da prática do facto.

2 – O pagamento é efectuado no prazo de 15 dias a contar da notificação, sob pena de execução.

ARTIGO 86.º
Acusação e defesa

1 – Concluída a instrução, é deduzida acusação ou, se não tiverem sido recolhidos indícios suficientes de ter sido cometida contra-ordenação, são arquivados os autos.

2 – Na acusação são indicados o arguido, os factos que lhe são imputados e as respectivas circunstâncias de tempo e lugar, bem como a lei que os proíbe e pune.

3 – A acusação é notificada ao arguido e às entidades que, nos termos do artigo 70.º, podem responder solidária ou subsidiariamente pelo pagamento da coima, sendo-lhes designado um prazo razoável, entre 10 e 30 dias, tendo em atenção o lugar da residência, sede ou estabelecimento permanente do arguido e a complexidade do processo, para, querendo, identificarem o seu defensor, apresentarem, por escrito, a sua defesa e oferecerem ou requererem meios de prova.

4 – Cada uma das entidades referidas no número anterior não pode arrolar mais de cinco testemunhas por cada contra-ordenação.

ARTIGO 87.º
Revelia

A falta de comparência do arguido não obsta, em fase alguma do processo, a que este siga os seus termos e seja proferida decisão final.

ARTIGO 88.º
Decisão

1 – Realizadas, oficiosamente ou a requerimento, as diligências pertinentes em consequência da apresentação da defesa, o processo, acompanhado de parecer sobre a matéria de facto e de direito, é apresentado à entidade competente para a decisão.

2 – A decisão é notificada ao arguido e demais interessados nos termos do artigo 83.º

ARTIGO 89.º
Requisitos da decisão condenatória

1 – A decisão condenatória contém:

a) A identificação do arguido e dos eventuais comparticipantes;

b) A descrição do facto imputado e das provas obtidas, bem como das normas segundo as quais se pune e a fundamentação da decisão;

c) A sanção ou sanções aplicadas, com indicação dos elementos que contribuíram para a sua determinação;

d) A indicação dos termos em que a condenação pode ser impugnada judicialmente e se torna exequível;

e) A indicação de que, em caso de impugnação judicial, o juiz pode decidir mediante audiência ou, se o arguido, o Ministério Público e o Instituto de Seguros de Portugal não se opuserem, mediante simples despacho;

f) A indicação de que vigora o princípio da proibição da reformatio in pejus, sem prejuízo da atendibilidade das alterações verificadas na situação económica e financeira do arguido.

2 – A notificação contém, além dos termos da decisão, a advertência de que a coima deve ser paga no prazo de 15 dias após o termo do prazo para a impugnação judicial, sob pena de se proceder à sua execução.

ARTIGO 90.º
Suspensão da execução da sanção

1 – O Instituto de Seguros de Portugal pode, quando a contra-ordenação não tenha lesado significativamente ou posto em perigo grave os interesses dos tomadores, segurados ou beneficiários das apólices, ou dos associados, participantes ou beneficiários de fundos de pensões, das empresas de seguros ou de resseguros e das sociedades gestoras de fundos de pensões, suspender, total ou parcialmente, a execução da sanção.

2 – A suspensão, a fixar entre dois e cinco anos a contar da data em que se esgotar o prazo da impugnação judicial da decisão condenatória, pode ser sujeita a injunções, designadamente as necessárias à regularização de situações ilegais, à reparação de danos ou à prevenção de perigos.

3 – Se decorrer o tempo de suspensão sem que o infractor tenha praticado contra-ordenação prevista no presente decreto-lei e sem ter violado as obrigações que lhe tenham sido impostas, fica a condenação sem efeito, procedendo-se, no caso contrário, à execução imediata da sanção aplicada.

ARTIGO 91.º
Pagamento das coimas

1 – O pagamento da coima e das custas é efectuado no prazo de 15 dias, nos termos do regime geral das contra-ordenações.

2 – O montante das coimas reverte em 60% para o Estado e em 40% para o Instituto de Seguros de Portugal.

ARTIGO 92.º
Responsabilidade pelo pagamento

1 – As pessoas colectivas, ainda que irregularmente constituídas, e as associações sem personalidade jurídica respondem solidariamente pelo pagamento da coima e das custas em que sejam condenados os titulares dos seus órgãos sociais, mandatários, trabalhadores ou seus representantes a outros títulos pela prática de contra-ordenações puníveis nos termos do presente decreto-lei.

2 – Os titulares dos órgãos de administração das pessoas colectivas, ainda que irregularmente constituídas, e das associações sem personalidade jurídica que, podendo fazê-lo, não se tenham oposto à prática da contra-ordenação respondem individual e subsidiariamente pelo pagamento da coima e das custas em que aquelas sejam condenadas, ainda que à data da condenação tenham sido dissolvidas ou entrado em liquidação, salvo se provarem que não foi por culpa sua que o património da pessoa colectiva ou equiparada se tornou insuficiente para a satisfação de tais créditos.

SECÇÃO IV
Impugnação judicial

ARTIGO 93.º
Impugnação judicial

1 – Recebido o requerimento de interposição de recurso da decisão que tenha aplicado uma sanção, o Instituto de Seguros de Portugal remete os autos, no prazo de 15 dias, ao magistrado do Ministério Público junto do tribunal referido no artigo seguinte.

2 – O Instituto de Seguros de Portugal pode juntar alegações ou informações que considere relevantes para a decisão da causa.

ARTIGO 94.º
Tribunal competente

O Juízo de Pequena Instância Criminal de Lisboa é o tribunal competente para conhecer do recurso das decisões, despachos e demais medidas tomadas pelo Instituto de Seguros de Portugal no decurso do processo, bem como para proceder à execução das decisões definitivas.

ARTIGO 95.º
Decisão judicial por despacho

O juiz pode decidir por despacho, quando não considere necessária a audiência de julgamento e o arguido, o Ministério Público e o Instituto de Seguros de Portugal não se oponham a esta forma de decisão.

ARTIGO 96.º
Intervenção do Instituto de Seguros de Portugal
na fase contenciosa

1 – O Instituto de Seguros de Portugal pode participar, através de um representante, na audiência de julgamento, para a qual é notificado.

2 – A desistência da acusação pelo Ministério Público depende sempre da prévia audição do Instituto de Seguros de Portugal.

3 – O Instituto de Seguros de Portugal tem legitimidade para recorrer das decisões proferidas no processo de impugnação e que admitam recurso.

CAPÍTULO VII
Disposições finais e transitórias

ARTIGO 97.º
Actualização

1 – Os montantes em euros referidos na alínea c) do n.º 1 do artigo 17.º e nas alíneas c) e d) do n.º 1 do artigo 19.º são revistos de cinco em cinco anos para reflectirem a evolução do índice europeu de preços no consumidor, publicado pelo Eurostat.

2 – A actualização dos montantes é automática, processando-se pelo aumento dos referidos montantes da percentagem de variação do índice referido no número anterior durante o período compreendido entre a data da última revisão e a data da nova revisão, e arredondado para o euro superior.

Regulação do Sector Financeiro – Seguros e Fundos de Pensões

3 – A primeira revisão processa-se em 15 de Janeiro de 2008 e considera a variação do índice durante os cinco anos anteriores.

4 – O Instituto de Seguros de Portugal divulga, através de circular, os novos montantes resultantes das actualizações.

ARTIGO 98.º
Transferência de direitos para os segurados

Nas situações em que o tomador do seguro coincide com o mediador do seguro, os direitos do tomador do seguro transferem-se para os segurados.

ARTIGO 99.º
Aplicação no tempo do regime sancionatório

1 – Aos factos previstos nos artigos 76.º a 78.º praticados antes da entrada em vigor do presente decreto-lei e puníveis como contra-ordenações nos termos da legislação agora revogada e em relação aos quais ainda não tenha sido instaurado qualquer processo é aplicável o disposto no presente decreto-lei, sem prejuízo da aplicação da lei mais favorável.

2 – Nos processos pendentes à data da entrada em vigor do presente decreto-lei, continua a ser aplicada aos factos neles constantes a legislação substantiva e processual anterior, sem prejuízo da aplicação da lei mais favorável.

ARTIGO 100.º
Aplicação aos mediadores de seguros autorizados

O presente decreto-lei é plenamente aplicável às pessoas singulares ou colectivas que, à data da entrada em vigor do presente decreto-lei, se encontrem autorizadas a exercer a actividade de mediação de seguros nos termos do Decreto-Lei n.º 388/91, de 10 de Outubro, e respectiva regulamentação, com as adaptações previstas nos artigos seguintes.

ARTIGO 101.º
Regime transitório geral

1 – Sem prejuízo do disposto nos artigos 102.º e 103.º, os mediadores de seguros autorizados nos termos do Decreto-Lei n.º 388/91, de 10 de Outubro, e respectiva regulamentação, são oficiosamente inscritos no registo junto do Instituto de Seguros de Portugal, desde que, cumulativamente:

a) Não se encontrem nas situações de incompatibilidade previstas no artigo 14.º;

b) Contratem um seguro de responsabilidade civil profissional que abranja todo o território da União Europeia, cujo capital seguro deve corresponder a no mínimo (euro) 1000000 por sinistro e (euro) 1500000 por anuidade, independentemente do número de sinistros, excepto se a cobertura estiver incluída em seguro fornecido pela ou pelas empresas de seguros em nome e por conta das quais actuem.

2 – A inscrição oficiosa dos mediadores de seguros registados junto do Instituto de Seguros de Portugal após Agosto de 2000 depende, adicionalmente, da demonstração de reconhecida idoneidade para o exercício da actividade.

3 – Tratando-se de pessoa colectiva, a inscrição oficiosa depende, adicionalmente, do preenchimento dos requisitos fixados no presente decreto-lei para os membros do órgão de administração e para as pessoas directamente envolvidas na actividade de mediação de seguros.

4 – Para efeitos do número anterior:

a) Considera-se membro do órgão de administração responsável pela actividade de mediação o administrador ou gerente que se encontre inscrito como mediador nos termos da alínea f) do n.º 1 do artigo 24.º ou da alínea a) do n.º 1 do artigo 40.º do Decreto-Lei n.º 388/91, de 10 de Outubro;

b) Em alternativa às condições referidas no artigo 12.º, é relevante para aferição da qualificação adequada das pessoas directamente envolvidas na actividade de mediação a experiência enquanto trabalhador de mediador de seguros, desde que directamente envolvido nas operações descritas na alínea c) do artigo 5.º

5 – Para efeito do registo oficioso, as categorias de mediadores de seguros previstas no Decreto-Lei n.º 388/91, de 10 de Outubro, de angariador de seguros, agente de seguros e corretor de seguros correspondem, respectivamente, às categorias de mediador de seguros ligado, agente de seguros e corretor de seguros previstas no presente decreto-lei.

6 – Considera-se que as pessoas singulares que, à data da entrada em vigor do presente decreto-lei, se encontrem autorizadas a exercer a actividade de mediação de seguros nos termos do Decreto-Lei n.º 388/91, de 10 de Outubro, dispõem de qualificação adequada para efeito de inscrição no registo em categoria ou em função diferente da que resulta da aplicação do número anterior, enquanto se mantiverem registadas.

7 – Cabe ao Instituto de Seguros de Portugal, no quadro dos princípios definidos no presente capítulo e no respeito pelos direitos adquiridos, definir, por norma regulamentar, as restantes matérias necessárias ao enquadramento nas novas categorias de mediadores, das pessoas singulares ou colectivas autorizadas a exercer actividade de mediação de seguros nos termos do Decreto-Lei n.º 388/91, de 10 de Outubro.

ARTIGO 102.º
Regime transitório específico para inscrição na categoria de mediador de seguros ligado e de agente de seguros

1 – Os mediadores de seguros que, nos termos do artigo anterior, venham a ser inscritos no registo nas categorias de mediador de seguros ligado ou agente de seguros:

a) Dispõem do prazo de 180 dias após a entrada em vigor do presente decreto-lei para dar cumprimento às condições previstas no n.º 1 do artigo 15.º, sob pena de caducidade do registo;

b) Podem manter até final de 2008 contratos de seguro que, à data da publicação do presente decreto-lei, se encontrem na sua carteira mas que se encontrem colocados em empresas de seguros com as quais deixam de poder operar face aos novos requisitos legais.

2 – O seguro de responsabilidade civil profissional previsto na alínea b) do n.º 2 do artigo anterior deixa de ser obrigatório para os mediadores inscritos como mediadores de seguros ligados a partir da data da celebração do contrato previsto no n.º 1 do artigo 15.º ou da data em que deixem de deter na sua carteira contratos que se encontrem colocados em empresas de seguros com as quais deixam de poder operar face aos novos requisitos legais, se esta for posterior.

3 – Os angariadores de seguros que exerciam actividade ao abrigo do Decreto-Lei n.º 388/91, de 10 de Outubro, cujo registo caduque por não terem dado cumprimento às condições referidas no n.º 1 do artigo 15.º podem beneficiar de indemnização de clientela nos termos previstos nos n.os 2 e 4 a 7 do artigo 45.º

4 – Os angariadores de seguros que exerciam actividade ao abrigo do Decreto-Lei n.º 388/91, de 10 de Outubro, por intermédio de um corretor de seguros, continuam a exercer as suas funções junto do respectivo corretor de seguros enquanto

338

pessoa directamente envolvida na actividade de mediação de seguros, procedendo o Instituto de Seguros de Portugal, oficiosamente e nos termos da alínea b) do n.º 1 do artigo 55.º, à suspensão da sua inscrição como mediadores ligados.

ARTIGO 103.º
Regime transitório específico para inscrição na categoria de corretor de seguros

1 – Para além do disposto no artigo 101.º, a inscrição oficiosa de corretores de seguros depende da contratação de seguro de caução ou garantia bancária, nos termos da alínea d) do n.º 1 do artigo 19.º, e sua comunicação ao Instituto de Seguros de Portugal no prazo de 90 dias após a entrada em vigor do presente decreto-lei.

2 – Os corretores de seguros devem adequar a sua estrutura societária ao disposto na alínea b) do n.º 2 do artigo 19.º até ao final de 2008.

ARTIGO 104.º
Regime transitório aplicável ao seguro de caução ou garantia bancária

Até ao fim de 2007, o seguro de caução ou garantia bancária corresponde a no mínimo (euro) 15000, não sendo indexado ao montante de prémios recebidos.

ARTIGO 105.º
Regime transitório aplicável ao requisito de qualificação adequada

Enquanto não existirem cursos sobre seguros reconhecidos nos termos da alínea a) do n.º 1 do artigo 12.º com capacidade suficiente para satisfazer as necessidades dos candidatos a mediador, o Instituto de Seguros de Portugal pode considerar como equivalente a qualificação adequada a obtenção de aprovação em provas perante si prestadas.

ARTIGO 106.º
Norma revogatória

É revogado o Decreto-Lei n.º 388/91, de 10 de Outubro.

ARTIGO 107.º
Entrada em vigor

1 – O presente decreto-lei entra em vigor 180 dias após a sua publicação, sem prejuízo do disposto no número seguinte.

2 – As disposições que habilitam o Instituto de Seguros de Portugal a emitir normas regulamentares entram em vigor no dia seguinte ao da publicação do presente decreto-lei.

3 – As entidades autorizadas a comercializar contratos de seguro fora do quadro legal do Decreto-Lei n.º 388/91, de 10 de Outubro, devem conformar-se com as disposições constantes no presente decreto-lei, no prazo de 180 dias após a entrada em vigor do mesmo.

Visto e aprovado em Conselho de Ministros de 18 de Maio de 2006. – *José Sócrates Carvalho Pinto de Sousa – João Titterington Gomes Cravinho – Fernando Teixeira dos Santos – Alberto Bernardes Costa – Manuel António Gomes de Almeida de Pinho – Maria de Lurdes Reis Rodrigues – José Mariano Rebelo Pires Gago.*

Promulgado em 13 de Julho de 2006.

Publique-se.

O Presidente da República, ANÍBAL CAVACO SILVA.

Referendado em 17 de Julho de 2006.

O Primeiro-Ministro, *José Sócrates Carvalho Pinto de Sousa.*

Decreto-Lei n.º 176/95, de 26 de Julho, com as alterações introduzidas pelo Decreto-Lei n.º 60/2004, de 22 de Março e pelo Decreto-Lei n.º 357-A/2007, de 31 de Outubro e pelo Descreto-Lei n.º 72/2008, de 16 de Abril – **Estabelece regras de transparência para a actividade seguradora e disposições relativas ao regime jurídico do contrato de seguro**

Decreto-Lei n.º 176/95

de 26 de Julho

A criação do mercado único no sector de seguros, consagrado no direito português pelo Decreto-Lei n.º 102/94, de 20 de Abril, veio abrir um novo espaço à concorrência, que se traduz por uma maior e mais complexa oferta de produtos, sobretudo nos seguros de pessoas.

A diversidade de coberturas, exclusões e demais condições, com maior ou menor grau de explicitação no contrato, justifica que, à semelhança do que se verificou no sector bancário, se introduzam regras mínimas de transparência nas relações pré e pós-contratuais.

Pretende-se, assim, definir algumas regras sobre a informação que, em matéria de condições contratuais e tarifárias, deve ser prestada aos tomadores e subscritores de contratos de seguro pelas seguradoras que exercem a sua actividade em Portugal.

Pretende-se igualmente com esta nova regulamentação reduzir o potencial de conflito entre as seguradoras e os tomadores de seguro, minimizando as suas principais causas e clarificando direitos e obrigações.

Além disso, o diploma contém ainda disposições complementares relativas ao regime jurídico do próprio contrato, aplicáveis quando este cubra riscos ou compromissos situados em território nacional.

Trata-se de matéria cuja sede própria será uma lei sobre as bases gerais do contrato de seguro, que se encontra em preparação. A importância da informação do consumidor no novo quadro da actividade seguradora torna, porém, aconselhável que a regulamentação agora publicada contemple, desde já, certos aspectos do regime contratual que se encontram intimamente associados àquela informação.

Por outro lado, tornou-se necessário estabelecer uma correspondência inequívoca entre os conceitos de prémio definidos no presente diploma e os conceitos equivalentes que surgem dispersos por diversos diplomas legais, sem com isso se afectar, nomeadamente, a base de incidência das receitas fiscais e parafiscais.

Assim:

Nos termos da alínea a) do n.º 1 do artigo 201.º da Constituição, o Governo decreta o seguinte:

CAPÍTULO I
Disposições gerais

Artigo 1.º [1]
Definições

Para os efeitos do presente diploma, entende-se por:

a) «Empresa de seguros ou seguradora» – entidade legalmente autorizada a exercer a actividade seguradora e que subscreve, com o tomador, o contrato de seguro;

b) «Tomador de seguro» – entidade que celebra o contrato de seguro com a seguradora, sendo responsável pelo pagamento do prémio;

c) «Segurado» – pessoa no interesse da qual o contrato é celebrado ou a pessoa (pessoa segura) cuja vida, saúde ou integridade física se segura;

d) «Subscritor» – entidade que celebra uma operação de capitalização com a seguradora, sendo responsável pelo pagamento da prestação;

e) «Beneficiário» – pessoa singular ou colectiva a favor de quem reverte a prestação da seguradora decorrente de um contrato de seguro ou de uma operação de capitalização;

f) «Seguro individual»:

i) Seguro efectuado relativamente a uma pessoa, podendo o contrato incluir no âmbito de cobertura o agregado familiar ou um conjunto de pessoas que vivam em economia comum;

ii) Seguro efectuado conjuntamente sobre duas ou mais cabeças;

g) «Seguro de grupo» – seguro de um conjunto de pessoas ligadas entre si e ao tomador do seguro por um vínculo ou interesse comum;

h) «Seguro de grupo contributivo» – seguro de grupo em que os segurados contribuem no todo ou em parte para o pagamento do prémio;

i) «Seguro de grupo não contributivo» – seguro de grupo em que o tomador do seguro contribui na totalidade para o pagamento do prémio;

j) «Instrumentos de captação de aforro estruturados (ICAE)» – instrumentos financeiros que, embora assumam a forma jurídica de um instrumento original já existente, têm caracte-

---

[1] *O artigo 6.º do Decreto-Lei n.º 72/2008, de 16 de Abril, que aprovou o Regime Jurídico do Contrato de Seguro, revogou os artigos 176.º a 193.º. Este diploma entra em vigor no dia 1 de Janeiro de 2009.*

Regulação do Sector Financeiro – Seguros e Fundos de Pensões

rísticas que não são directamente identificáveis com as do instrumento original, em virtude de terem associados outros instrumentos de cuja evolução depende, total ou parcialmente, a sua rendibilidade, sendo o risco do investimento assumido, ainda que só em parte, pelo tomador de seguro; [1]

l) «Apólice» – documento que titula o contrato celebrado entre o tomador do seguro e a seguradora, de onde constam as respectivas condições gerais, especiais, se as houver, e particulares acordadas;

m) «Acta adicional» – documento que titula a alteração de uma apólice;

n) «Prémio comercial» – custo teórico médio das coberturas do contrato, acrescido de outros custos, nomeadamente de aquisição e de administração do contrato, bem como de gestão e de cobrança;

o) «Prémio bruto» – prémio comercial, acrescido das cargas relacionadas com a emissão do contrato, tais como fraccionamento, custo de apólice, actas adicionais e certificados de seguro;

p) «Prémio ou prémio total» – prémio bruto acrescido das cargas fiscais e parafiscais e que corresponde ao preço pago pelo tomador do seguro à seguradora pela contratação do seguro;

q) «Prestação» – importância entregue à seguradora pelo subscritor de uma operação de capitalização;

r) «Participação nos resultados» – direito contratualmente definido do tomador do seguro ou do segurado de beneficiar de parte dos resultados técnicos e ou financeiros gerados por contratos de seguro ou operações de capitalização;

s) «Estorno» – devolução ao tomador do seguro de uma parte do prémio do seguro já pago;

t) «Bónus» – redução do prémio de renovação do contrato de seguro, verificadas que forem determinadas circunstâncias fixadas na apólice, nomeadamente a ausência de sinistros;

u) «Malus» – aumento do prémio de renovação do contrato de seguro, verificadas que forem determinadas circunstâncias fixadas na apólice, nomeadamente a ocorrência de sinistros;

v) «Valor de resgate» – montante entregue ao tomador do seguro em caso de cessação antecipada do contrato ou operação do ramo «Vida», nas condições e modalidades em que tal se encontra previsto;

x) «Valor de redução» – montantes ou importâncias seguras redefinidos em função de uma situação contratualmente prevista;

z) «Valor de referência» – valor em função do qual se definem, num determinado momento do contrato, as importâncias seguras;

aa) «Âmbito do contrato» – definição das garantias, riscos cobertos e riscos excluídos.

CAPÍTULO II
Deveres de informação

Artigo 2.º
Ramo «Vida»

1 – Aos deveres de informação pré-contratuais previstos no artigo 171.º do Decreto-Lei n.º 102/94, de 20 de Abril, acrescem os seguintes, a prestar da mesma forma:

a) Quantificação dos encargos, sua forma de incidência e momento em que são cobrados (relativamente aos contratos com componente de capitalização significativa, nomeadamente operações de capitalização, seguros mistos, seguros de rendas vitalícias, seguros de capitais diferidos, contratos do tipo «universal life» e seguros ligados a fundos de investimento);

b) Penalização em caso de resgate, redução ou transferência do contrato;

c) Rendimento mínimo garantido, incluindo informação relativa à taxa de juro mínima garantida e duração desta garantia.

2 – Da informação anualmente comunicada ao tomador do seguro, relativa à atribuição da participação nos resultados, deve constar o montante atribuído e o aumento das garantias resultantes desta participação.

3 – Nos contratos com participação nos resultados, nos contratos a prémios únicos sucessivos e nos contratos em que a cobertura principal seja integrada ou complementada por uma operação financeira, a empresa de seguros, havendo alteração da informação inicialmente prestada, deve informar o tomador do seguro dos valores de resgate e de redução, bem como da data a que os mesmos se referem.

4 – Nos seguros de vida PPR, a empresa de seguros deve informar anualmente o tomador do seguro, quando se trate de um seguro celebrado por pessoa singular, ou a pessoa segura, quando se trate de um seguro celebrado por uma pessoa colectiva, dos valores a que tem direito.

5 – A informação prevista no número anterior deverá também ser prestada sempre que for solicitada.

6 – Aos deveres de informação previstos nos números anteriores podem acrescer, caso se revelem necessários para a compreensão efectiva pelo tomador dos elementos essenciais do compromisso, deveres de informação e de publicidade ajustados às características especiais dos seguros ou operações do ramo 'Vida', a fixar por norma do Instituto de Seguros de Portugal ou, no caso de contratos de seguro ligados a fundos de investimento, pela Comissão do Mercado de Valores Mobiliários, ouvido o Instituto de Seguros de Portugal. [1]

7 – Se as características específicas dos seguros ou operações o justificarem, pode ser exigido que a informação seja disponibilizada através de um prospecto informativo cujo conteúdo e suporte são definidos por norma do Instituto de Seguros de Portugal ou, no caso de contratos de seguro ligados a fundos de investimento, por regulamento da Comissão do Mercado de Valores Mobiliários, ouvido o Instituto de Seguros de Portugal. [1]

8 – Ao incumprimento dos deveres fixados nos termos dos n.os 1, 6 e 7 é aplicável o disposto nos n.os 2 do artigo 179.º, 2 do artigo 180.º e 2 e 3 do artigo 182.º e no artigo 183.º do Decreto-Lei n.º 94-B/98, de 17 de Abril.» [2]

Artigo 3.º
Ramos «Não vida»

1 – A empresa de seguros, antes da celebração de um contrato de acidentes pessoais ou doença a longo prazo, deve fornecer ao tomador do seguro, por escrito e em língua portuguesa, de forma clara, as informações previstas nas alíneas

---

[1] *Redacção introduzida pelo Decreto-Lei n.º 60/2004, de 22 de Março.*

[1] *Redacção introduzida pelo Decreto-Lei n.º 357-A/2007, de 31 de Outubro.*

[2] *Redacção introduzida pelo Decreto-Lei n.º 60/2004, de 22 de Março.*

Decreto-Lei n.º 176/95

a) a j) e o) a q) do n.º 1 do artigo 171.º do Decreto-Lei n.º 102/ /94, de 20 de Abril, e nas alíneas a) e b) do n.º 1 do artigo anterior.

2 – As propostas relativas a contratos de acidentes pessoais ou doença a longo prazo devem conter uma menção comprovativa de que o tomador tomou conhecimento das informações referidas no número anterior, presumindo-se, na sua falta, que não tomou conhecimento delas, caso em que lhe assistirá o direito de renunciar aos efeitos do contrato seguro no prazo de 30 dias a contar da recepção da apólice e de ser reembolsado da totalidade das importâncias pagas.

3 – O tomador de um contrato de seguro de acidentes pessoais ou doença a longo prazo será informado pela seguradora das condições de exercício do direito de renúncia previsto no presente artigo definidas no artigo 22.º

4 – O direito de renúncia previsto no presente artigo não pode ser exercido se o tomador for uma pessoa colectiva nem se aplica aos contratos de duração igual ou inferior a seis meses e aos seguros de grupo.

5 – Durante a vigência do contrato de acidentes pessoais ou doença a longo prazo, além das condições gerais, especiais e particulares, que devem ser entregues ao tomador, as empresas de seguros devem também comunicar-lhe todas as alterações que ocorram nas informações acima referidas, bem como, anualmente, a informação relativa à atribuição da participação nos resultados, caso exista.

ARTIGO 4.º
Seguros de grupo

1 – Nos seguros de grupo, o tomador do seguro deve obrigatoriamente informar os segurados sobre as coberturas e exclusões contratadas, as obrigações e direitos em caso de sinistro e as alterações posteriores que ocorram neste âmbito, em conformidade com um espécimen elaborado pela seguradora.

2 – O ónus da prova de ter fornecido as informações referidas no número anterior compete ao tomador do seguro.

3 – Nos seguros de grupo contributivos, o incumprimento do referido no n.º 1 implica para o tomador do seguro a obrigação de suportar de sua conta a parte do prémio correspondente ao segurado, sem perda de garantias por parte deste, até que se mostre cumprida a obrigação.

4 – O contrato poderá prever que a obrigação de informar os segurados referida no n.º 1 seja assumida pela seguradora.

5 – Nos seguros de grupo a seguradora deve facultar, a pedido dos segurados, todas as informações necessárias para a efectiva compreensão do contrato.

ARTIGO 5.º
Seguros com exame médico

1 – Nos seguros cuja aceitação dependa de exame médico, a empresa de seguros deve entregar ao candidato, antes da realização daquele, informação com os seguintes elementos:

a) Discriminação exaustiva dos exames, testes e análises a realizar;

b) Entidades onde podem ou devem ser realizados os actos clínicos referidos na alínea anterior;

c) Se as despesas com tais actos correm ou não por conta e ordem da empresa de seguros e a forma como, se for caso disso, serão posteriormente reembolsadas;

d) Circunstâncias em que a empresa de seguros, se for caso disso, se reserva o direito de se reembolsar das despesas feitas ou de recusar o reembolso ao candidato;

e) Entidade à qual devem ser enviados os resultados e ou relatórios dos actos referidos na alínea a).

2 – O ónus da prova do fornecimento das informações referidas no número anterior impende sobre a empresa de seguros.

«ARTIGO 5.º-A [1]
Instrumentos de captação de aforro estruturados

1 – Para efeitos do presente diploma, são qualificados como ICAE os seguros ligados a fundos de investimento.

2 – Por norma do Instituto de Seguros de Portugal podem ser qualificados como ICAE outros contratos de seguro ou operações do ramo 'Vida' que reúnam as características previstas na alínea j) do artigo 1.º

3 – Aos deveres pré-contratuais previstos no n.º 1 do artigo 179.º do Decreto-Lei n.º 94-B/98, de 17 de Abril, acrescem deveres específicos de informação e publicidade a definir pelo Instituto de Seguros de Portugal ou, no caso de contratos de seguro ligados a fundos de investimento, pela Comissão do Mercado de Valores Mobiliários, ouvido o Instituto de Seguros de Portugal. [2]

4 – Sem prejuízo do cumprimento de outros deveres de informação pré-contratual, as empresas de seguros devem disponibilizar a informação prevista no número anterior através de prospecto informativo cujo conteúdo e suporte são definidos pelo Instituto de Seguros de Portugal ou, no caso de contratos de seguro ligados a fundos de investimento, pela Comissão do Mercado de Valores Mobiliários, ouvido o Instituto de Seguros de Portugal. [2]

5 – A proposta do contrato de seguro ou operação do ramo 'Vida' qualificado como ICAE deve conter uma menção comprovativa de que foi entregue ao tomador o documento referido no número anterior, presumindo-se, na sua falta, que o mesmo não o recebeu, assistindo-lhe, neste caso, o direito de resolver o contrato no prazo de 30 dias a contar da recepção da apólice, e de ser reembolsado da totalidade das importâncias pagas.

6 – O tomador de um contrato de seguro ou operação do ramo 'Vida' qualificado como ICAE dispõe do prazo de 30 dias a contar da recepção da apólice para renunciar aos efeitos do contrato ou operação, sempre que as condições dos mesmos não estejam em conformidade com as informações referidas no n.º 3, sendo reembolsado da totalidade das importâncias pagas.

7 – O tomador de um contrato de seguro ou operação do ramo 'Vida' qualificado como ICAE dispõe do prazo de 30 dias a contar da data de recepção da apólice para renunciar aos efeitos do contrato ou operação, sendo aplicável o regime previsto no artigo 183.º do Decreto-Lei n.º 94-B/98, de 17 de Abril.

8 – Sob pena de ineficácia, a comunicação da resolução e da renúncia referidas nos n.ºs 5, 6 e 7 deve ser notificada por carta registada expedida para o endereço da sede social ou da sucursal da empresa de seguros que celebrou o contrato.

ARTIGO 6.º
Divulgação das condições tarifárias

1 – As empresas de seguros devem afixar em todos os balcões e locais de atendimento ao público, em local bem

---

[1] *Aditado pelo Decreto-Lei n.º 60/2004, de 22 de Março.*
[2] *Redacção introduzida pelo Decreto-Lei n.º 357-A/2007, de 31 de Outubro.*

Regulação do Sector Financeiro – Seguros e Fundos de Pensões

visível, um quadro, organizado segundo modelo a aprovar pelo Instituto de Seguros de Portugal, que conterá as condições tarifárias das principais categorias de veículos do seguro obrigatório de responsabilidade civil automóvel destinado a pessoas singulares.

2 – Por portaria do Ministro das Finanças, a obrigação prevista no número anterior poderá ser estendida a outras modalidades de seguros de massa.

3 – As informações prestadas pelas empresas de seguros sobre condições tarifárias aplicáveis a contratos de seguro devem ser feitas por escrito.

4 – O dever constante do número anterior impende também sobre os intermediários.

Artigo 7.º
Publicidade

1 – Nos documentos destinados ao público em geral, aos tomadores de seguros ou aos mediadores, sempre que se mencione a taxa de participação nos resultados, é obrigatória a indicação da base de incidência de tal taxa.

2 – É proibida a publicidade que quantifique resultados futuros baseados em estimativas da empresa de seguros, salvo se contiver em realce, relativamente a todos os outros caracteres tipográficos, a indicação de que se trata de um «exemplo».

3 – Nos documentos destinados ao público e nos suportes publicitários deve indicar-se, claramente, que as importâncias seguras por contratos de seguros ou operações em «unidades de conta» variam de acordo com a evolução do «valor de referência» indicado na apólice, podendo não existir a garantia de pagamento de um capital mínimo.

CAPÍTULO II
Contrato

SECÇÃO I
Transparência

Artigo 8.º [1]
Inteligibilidade

As condições gerais e especiais devem ser redigidas de modo claro e perfeitamente inteligível.

Artigo 9.º
Legalidade

As condições especiais ou particulares dos contratos não podem modificar a natureza dos riscos cobertos nos termos das condições gerais e ou especiais a que se aplicam, tendo em conta a classificação de riscos por ramos de seguros e operações legalmente estabelecida.

SECÇÃO II
Ramo «Vida»

Artigo 10.º
Disposições comuns

1 – Das condições gerais e ou especiais dos contratos de seguro do ramo «Vida» devem constar os seguintes elementos, se aplicáveis:

a) Definição dos conceitos necessários ao conveniente esclarecimento das condições contratuais;

b) Âmbito do contrato;

c) Obrigações e direitos do tomador do seguro, do segurado, do beneficiário e da empresa de seguros;

d) Início da produção de efeitos e período de duração do contrato;

e) Condições de prorrogação, renovação, suspensão, caducidade, resolução e nulidade do contrato;

f) Condições, prazo e periodicidade do pagamento dos prémios;

g) Obrigações e direitos das partes em caso de sinistro;

h) Definição das opções;

i) Cláusula de incontestabilidade;

j) Direitos e obrigações do tomador do seguro em caso de agravamento do risco;

l) Condições em que o beneficiário adquire o direito a ocupar o lugar do tomador do seguro;

m) Condições de revalidação, resgate, redução, adiantamento e transformação da apólice;

n) Condições de liquidação das importâncias seguras;

o) Cláusula que indique se o contrato dá ou não lugar a participação nos resultados e, no primeiro caso, qual a forma de cálculo e de distribuição desses resultados;

p) Cláusula que indique se o tipo de seguro em que se insere o contrato dá ou não lugar a investimento autónomo dos activos representativos das provisões matemáticas e, no primeiro caso, indicação da natureza e regras para a formação da carteira de investimento desses activos;

q) Cláusula relativa ao direito de renúncia;

r) Lei aplicável ao contrato, eventuais condições de arbitragem e foro competente;

s) Os elementos referidos no n.º 1 do artigo 2.º

2 – A empresa de seguros deve anexar à apólice uma tabela de valores de resgate e de redução, calculados nas datas aniversárias da apólice, sempre que existam valores mínimos garantidos.

3 – Caso a tabela seja anexada à apólice, a empresa de seguros deve referi-lo expressamente no clausulado.

4 – Das condições gerais e ou especiais dos contratos de seguro de grupo devem constar, além dos elementos referidos no n.º 1, os seguintes:

a) Obrigações e direitos das pessoas seguras;

b) Transferência do direito ao valor de resgate para a pessoa segura, no mínimo na parte correspondente à sua contribuição para o prémio, caso se trate de um seguro contributivo;

c) Entrada em vigor das coberturas para cada pessoa segura;

d) Condições de elegibilidade, enunciando os requisitos para que o candidato a pessoa segura possa integrar o grupo.

5 – Às condições gerais e ou especiais dos seguros de nupcialidade e de natalidade aplica-se o disposto no n.º 1, com as necessárias adaptações.

6 – Sem prejuízo do disposto no n.º 1, as condições dos contratos de seguros ligados a fundos de investimento colectivo devem estabelecer:

a) A constituição do «valor de referência»;

b) Os direitos do tomador de seguro, quando da eventual liquidação de um fundo de investimento ou da eliminação de uma «unidade de conta», antes do termo do contrato;

c) A forma de informação sobre a evolução do «valor de referência», bem como a regularidade da mesma;

d) As condições de liquidação do valor de resgate e das importâncias seguras, quer seja efectuada em numerário quer nos títulos que resultam do funcionamento do contrato;

e) A periodicidade da informação a prestar ao tomador do seguro sobre a composição da carteira de investimentos.

---

[1] *O artigo 6.º do Decreto-Lei n.º 72/2008, de 16 de Abril, que aprovou o Regime Jurídico do Contrato de Seguro, revogou os artigos 176.º a 193.º. Este diploma entra em vigor no dia 1 de Janeiro de 2009.*

Decreto-Lei n.º 176/95

7 – O período máximo em que o tomador do seguro pode exercer a faculdade de repor em vigor, nas condições originais e sem novo exame médico, um seguro reduzido ou resolvido deve constar das condições da apólice e ser fixado a contar da data de redução ou resolução.

ARTIGO 11.º
Pessoa segura distinta do tomador do seguro

1 – Se a pessoa segura e o tomador do seguro forem pessoas distintas, deve constar do contrato o consentimento escrito daquela para a efectivação do seguro, salvo se o contrato for celebrado para garantia de uma responsabilidade do tomador do seguro relativamente à pessoa segura em caso de ocorrência dos riscos cobertos pelo contrato de seguro.

2 – Para a transmissão da posição de beneficiário, seja a que título for, é necessário o acordo escrito da pessoa segura.

ARTIGO 12.º
Operações de capitalização

1 – Das condições gerais e ou especiais dos contratos de capitalização devem constar os seguintes elementos:

a) Partes contratantes;

b) Capital garantido e valores de resgate calculados nas datas aniversárias do contrato;

c) Prestações a satisfazer pelo subscritor ou portador do título – única ou periódicas;

d) Encargos, sua forma de incidência e momento em que são cobrados;

e) Cláusula que indique se o contrato dá ou não lugar a participação nos resultados e, no primeiro caso, qual a forma de cálculo e de distribuição desses resultados;

f) Início e duração do contrato;

g) Condições de resgate;

h) Forma de transmissão do título;

i) Cláusula relativa ao direito de renúncia;

j) Lei aplicável ao contrato, eventuais condições de arbitragem e foro competente.

2 – Sem prejuízo do disposto no número anterior, são aplicáveis às condições dos contratos de capitalização expressos em «unidades de conta» as disposições constantes do n.º 6 do artigo 10.º

3 – As condições gerais e ou especiais do contrato devem remeter explicitamente para as disposições relativas a «Reforma de títulos» constantes dos artigos 1069.º e seguintes do Código de Processo Civil em caso de destruição, perda, roubo ou extravio de títulos.

4 – Tratando-se de títulos ao portador, as condições gerais e ou especiais do contrato devem prever a obrigatoriedade de o seu legítimo detentor, em caso de extravio, avisar imediatamente a empresa de seguros por correio registado.

5 – As condições gerais e ou especiais devem ainda prever o direito do subscritor ou do detentor de requerer, a qualquer momento, as seguintes informações, que serão fornecidas pela empresa de seguros:

a) Tratando-se de contratos a prestação única com participação nos resultados: valor da participação nos resultados distribuída até ao momento referido no pedido de informação;

b) Tratando-se de contratos a prestações periódicas: situação relativa ao pagamento das prestações e, caso se tenha verificado falta de pagamento, valor de resgate contratualmente garantido, se a ele houver lugar, bem como participação nos resultados distribuída, se for caso disso.

6 – Nas condições particulares, os títulos devem referir:

a) Número respectivo;

b) Capital contratado;

c) Datas de início e de termo do contrato (liquidação do título);

d) Montante das prestações e datas da sua exigibilidade, quando periódicas;

e) Taxa técnica de juro garantida;

f) Participação nos resultados, se for caso disso.

7 – No caso de títulos nominativos, o subscritor ou detentor deve igualmente ser identificado nas condições particulares.

8 – As condições gerais e ou especiais dos contratos de capitalização são devidamente especificadas no título de capitalização emitido no momento da celebração de cada contrato.

SECÇÃO III
Ramos «Não vida»

ARTIGO 13.º
Cláusulas comuns

Das condições gerais e ou especiais dos contratos de seguro dos ramos «Não vida» devem constar os seguintes elementos:

a) Definição dos conceitos necessários ao conveniente esclarecimento das condições contratuais;

b) Âmbito do contrato;

c) Obrigações e direitos do tomador do seguro, do segurado, do beneficiário e da empresa de seguros;

d) Validade territorial da cobertura;

e) Direitos e obrigações do tomador do seguro em caso de agravamento do risco;

f) Início da produção de efeitos e período de duração do contrato;

g) Condições de prorrogação, renovação, suspensão, caducidade, resolução e nulidade do contrato;

h) Condições, prazo e periodicidade do pagamento dos prémios;

i) Forma de determinação do valor do seguro ou o seu modo de cálculo;

j) Obrigações e direitos das partes em caso de sinistro;

l) Lei aplicável ao contrato, eventuais condições de arbitragem e foro competente.

ARTIGO 14.º
Seguros de acidentes pessoais e doença

1 – Sempre que for caso disso, das condições dos contratos de seguro de doença anuais renováveis, enquadráveis na alínea d) do artigo 114.º ou na alínea a) do artigo 119.º do Decreto-Lei n.º 102/94, de 20 de Abril, deve constar de forma bem visível e destacada:

a) Que a seguradora garante apenas o pagamento das prestações convencionadas ou das despesas efectuadas em cada ano de vigência do contrato;

b) As condições de indemnização em caso de não renovação do contrato ou da cobertura de uma pessoa segura de acordo com o disposto no n.º 2 do artigo 21.º

2 – Dos contratos de acidentes pessoais ou doença a longo prazo devem constar, além dos referidos no artigo 13.º e nas alíneas i), n) e s) do n.º 1 do artigo 10.º, as condições de:

a) Extinção do direito às garantias;

b) Extensão da garantia para além do termo do contrato;

c) Adaptação dos prémios a novas tarifas.

345

Regulação do Sector Financeiro – Seguros e Fundos de Pensões

3 – No caso de se tratar de um contrato de seguro de grupo de acidentes pessoais ou de doença, para além do disposto no artigo 13.º, do clausulado da apólice devem constar ainda os seguintes elementos:

a) Obrigações e direitos das pessoas seguras;

b) Entrada em vigor das coberturas para cada pessoa segura;

c) Condições de elegibilidade, enunciando os requisitos para que o candidato a pessoa segura possa integrar o grupo.

ARTIGO 15.º
Seguro de protecção jurídica

1 – A garantia de protecção jurídica deve fazer parte de um contrato distinto do estabelecido para os outros ramos ou modalidades, ou de um capítulo distinto de uma única apólice, com a indicação do conteúdo da garantia de protecção jurídica.

2 – Na exploração do contrato de protecção jurídica as seguradoras podem, mediante prévia opção comunicada à autoridade de supervisão, adoptar um dos seguintes sistemas alternativos, a constar do clausulado da apólice:

Gestão de sinistros por pessoal distinto;

Gestão de sinistros por empresa juridicamente distinta;

Livre escolha de advogado.

3 – Em qualquer dos sistemas previstos no número anterior, os contratos de seguro de protecção jurídica devem mencionar expressamente que o segurado tem direito a:

a) Escolher livremente um advogado ou, se preferir, outra pessoa com a necessária qualificação para defender, representar ou servir os seus interesses em qualquer processo judicial ou administrativo, bem como em caso de conflito entre ele e a empresa de seguros;

b) Recorrer ao processo de arbitragem previsto no n.º 5 em caso de diferendo entre o segurado e a sua empresa de seguros, sem prejuízo de o segurado prosseguir acção ou recurso, desaconselhado pela empresa de seguros, a expensas suas, sendo no entanto reembolsado das despesas efectuadas na medida em que a decisão arbitral ou a sentença lhe for favorável;

c) Ser informado atempadamente pela empresa de seguros, sempre que surja um conflito de interesses ou que exista desacordo quanto à resolução do litígio, dos direitos referidos nas alíneas *a)* e *b)*.

4 – O contrato de seguro de protecção jurídica poderá não incluir a menção referida na alínea *a)* do número anterior se estiverem preenchidas cumulativamente as seguintes condições:

a) Se o seguro for limitado a processos resultantes da utilização de veículos rodoviários no território nacional;

b) Se o seguro for associado a um contrato de assistência a fornecer em caso de acidente ou avaria que implique um veículo rodoviário;

c) Se nem a seguradora de protecção jurídica nem a seguradora de assistência cobrirem ramos de responsabilidade civil;

d) Se dos clausulados do contrato constarem disposições que assegurem que a assessoria jurídica e a representação de cada uma das partes de um litígio serão exercidas por advogados totalmente independentes, quando as referidas partes estiverem seguradas em protecção jurídica junto da mesma seguradora ou em seguradoras que se encontrem entre si em relação de grupo.

5 – Sem prejuízo do direito de acção ou recurso, o contrato de protecção jurídica deve conter uma cláusula que preveja processo de arbitragem, sujeito às regras da legislação em vigor e que permita decidir a atitude a adoptar em caso de diferendo entre a empresa de seguros e o segurado.

ARTIGO 16.º
Limitação

O disposto no artigo anterior não se aplica:

a) Ao seguro de protecção jurídica, sempre que este diga respeito a litígios ou riscos resultantes da utilização de embarcações marítimas ou relacionados com essa utilização;

b) À actividade exercida pela seguradora de responsabilidade civil na defesa ou representação do seu segurado em qualquer processo judicial ou administrativo, na medida em que essa actividade se exerça em simultâneo e no seu interesse ao abrigo dessa cobertura;

c) À actividade de protecção jurídica desenvolvida pela seguradora de assistência, quando essa actividade se exerça fora do Estado da residência habitual do segurado e faça parte de um contrato que apenas vise a assistência prestada às pessoas em dificuldades durante deslocações ou ausências do seu domicílio ou local de residência permanente, e desde que estas circunstâncias constem expressamente do contrato, bem como a de que a cobertura de protecção jurídica é acessória da cobertura de assistência.

SECÇÃO IV
Celebração e execução do contrato

ARTIGO 17.º
Formação do contrato

1 – No caso de seguros individuais em que o tomador seja uma pessoa física e sem prejuízo de poder ser convencionado outro prazo, considera-se que, decorridos 15 dias após a recepção da proposta de seguro sem que a seguradora tenha notificado o proponente da aceitação, da recusa ou da necessidade de recolher esclarecimentos essenciais à avaliação do risco, nomeadamente exame médico ou apreciação local do risco ou da coisa segura, o contrato se considera celebrado nos termos propostos.

2 – Para os efeitos deste artigo considera-se como proposta de seguro o formulário normalmente fornecido pela seguradora para contratação do seguro.

ARTIGO 18.º
Resolução e renovação

1 – A resolução do contrato de seguro, a sua não renovação ou a proposta de renovação em condições diferentes das contratadas devem ser comunicadas por escrito por uma das partes à outra parte com antecedência mínima de 30 dias em relação à data da resolução ou do vencimento.

2 – O disposto no número anterior não é aplicável às modificações introduzidas por força da lei, desde que nela estejam especificamente previstas.

3 – O prazo de comunicação referido no n.º 1 é aplicável à exclusão do segurado ou da pessoa segura.

4 – Em caso de fraude, por parte do tomador, do segurado ou do beneficiário com cumplicidade do tomador, a seguradora poderá resolver o contrato e, sem prejuízo das disposições penais aplicáveis, terá direito a indemnização por perdas e danos.

5 – O disposto no número anterior é aplicável, nos seguros de grupo, à parte relativa às coberturas do segurado, quando

346

Decreto-Lei n.º 176/95

a fraude for praticada por este ou por um beneficiário com a sua conivência.

ARTIGO 19.º
Estorno do prémio

Sempre que haja lugar a estorno de prémio, este será calculado pro rata temporis, salvo se na apólice se estipular de forma diferente.

ARTIGO 20.º
Resultados do exame médico

1 – Nos seguros cuja aceitação dependa de exame médico, a motivação da recusa da celebração do contrato pela empresa de seguros, ou da sua aceitação como risco agravado, fundada em circunstâncias inerentes à saúde do candidato e reveladas pelos exames médicos, apenas pode ser transmitida ao candidato por um médico, salvo se se puder razoavelmente supor que tais circunstâncias eram já do seu conhecimento.

2 – A empresa de seguros não pode recusar-se, em nenhuma circunstância, a fornecer ao candidato as informações que dispõe sobre a sua saúde, devendo, no entanto, fazê-lo pelos meios eticamente mais adequados.

ARTIGO 21.º
Seguro de doença

1 – As empresas de seguros só podem fazer cessar os seguros de doença, ou deles excluir a pessoa segura, no vencimento do contrato ou, fora dele, com fundamento previsto na lei.

2 – Em caso de não renovação do contrato, e pelo período de um ano, a seguradora não pode, até que se mostre esgotado o capital anualmente seguro, recusar as prestações, quando resultantes de doenças manifestadas durante o período de vigência da apólice ou de acidentes ou outros factos geradores de indemnização ocorridos no mesmo período, desde que cobertos pela apólice e declarados até oito dias após o seu termo, salvo por motivo de força maior.

3 – É aplicável o disposto no número anterior à não renovação da cobertura relativamente a uma pessoa segura.

ARTIGO 22.º
Direito de renúncia

1 – O tomador de um contrato de seguro de acidentes pessoais ou doença a longo prazo dispõe do prazo de 30 dias a contar da recepção da apólice para expedir carta em que renuncie aos efeitos do contrato.

2 – Sob pena de ineficácia, a comunicação da renúncia referida no número anterior deve ser notificada por carta registada, enviada para o endereço da sede social ou sucursal da empresa de seguros que celebrou o contrato.

3 – O exercício do direito de renúncia determina a resolução do contrato, extinguindo todas as obrigações dele decorrentes, com efeitos a partir da celebração do mesmo, havendo lugar à devolução de prémio que tenha sido já pago e cessando qualquer direito à percepção de comissões pelos respectivos mediadores, sem prejuízo do disposto nos números seguintes.

4 – A seguradora tem direito ao prémio calculado pro rata temporis, ao custo da apólice e às despesas razoáveis que comprovadamente tiver efectuado com exames médicos, salvo se o exercício do direito de renúncia tiver por base a desconformidade das condições do contrato com o disposto no n.º 1 do artigo 3.º

5 – O exercício do direito de renúncia não dá lugar a qualquer indemnização.

ARTIGO 23.º
Seguro de caução

1 – Nos contratos de seguro de caução, e não havendo cláusula de inoponibilidade, o beneficiário deve ser avisado, por correio registado, sempre que se verifique falta de pagamento do prémio na data em que era devido para, querendo evitar a resolução do contrato, pagar, no prazo de 15 dias, o prémio ou fracção por conta do tomador do seguro.

2 – Em caso de duplicação de pagamentos, a seguradora deve devolver a importância paga pelo beneficiário, no prazo de 15 dias após a liquidação do prémio ou fracção em dívida pelo tomador do seguro.

3 – Para efeitos do n.º 1, entende-se por cláusula de inoponibilidade a cláusula contratual que impede a seguradora, durante um determinado prazo, de opor aos segurados, beneficiários do contrato, quaisquer nulidades, anulabilidades ou fundamentos de resolução.

ARTIGO 24.º
Seguro obrigatório de responsabilidade civil automóvel

1 – Para efeitos da aplicação dos regimes de bónus-malus, só serão considerados os sinistros que tenham dado lugar ao pagamento de indemnizações ou à constituição de uma provisão, desde que, neste último caso, a seguradora tenha assumido a responsabilidade perante terceiros.

2 – Em caso de constituição de provisão, a seguradora poderá suspender a atribuição de bónus durante o período de dois anos, devendo, findo esse prazo, o mesmo ser devolvido e reposta a situação tarifária sem prejuízo para o segurado, caso a seguradora não tenha, entretanto, assumido a responsabilidade perante terceiros.

3 – A seguradora deve fornecer ao tomador, no momento em que informar da resolução ou não renovação do contrato, ou em que estas lhe forem solicitadas, um certificado de tarifação elaborado nos termos que vierem a ser fixados pelo Instituto de Seguros de Portugal.

4 – As empresas de seguros só podem fazer cessar o seguro obrigatório de responsabilidade civil automóvel no vencimento do contrato ou, fora dele, com fundamento previsto na lei.

ARTIGO 25.º
Beneficiário de contrato do ramo «Vida»

O poder do tomador do seguro ou do segurado de alterar o beneficiário do contrato cessa no momento em que este adquire o direito ao pagamento das importâncias seguras.

CAPÍTULO IV
Disposições finais

ARTIGO 26.º
Correspondência de conceitos

Os conceitos de prémio referidos nos diplomas a seguir indicados têm a seguinte correspondência no presente diploma:

a) No Decreto n.º 17555, de 5 de Novembro de 1929, com a alteração que lhe foi introduzida pelo Decreto-Lei n.º 156/83, de 14 de Maio, ao conceito de «receita processada relativa aos prémios de seguros» corresponde o de prémios brutos;

347

Regulação do Sector Financeiro – Seguros e Fundos de Pensões

b) No Decreto n.º 21916, de 28 de Novembro de 1932, com as alterações que lhe foram posteriormente introduzidas, ao conceito de «soma do prémio do seguro, do custo de apólice e de quaisquer outras importâncias que constituam receita das empresas seguradoras, cobrada juntamente com esse prémio ou em documento separado» corresponde o de prémio bruto;

c) No Decreto-Lei n.º 388/78, de 9 de Dezembro, com as alterações que lhe foram posteriormente introduzidas, ao conceito de «prémios de seguros» corresponde o de prémios brutos;

d) No Decreto-Lei n.º 240/79, de 25 de Julho, com as alterações que lhe foram posteriormente introduzidas, ao conceito de «prémios de seguro incluindo encargos» corresponde o de prémio comercial;

e) No Decreto-Lei n.º 234/81, de 3 de Agosto, com as alterações que lhe foram posteriormente introduzidas, ao conceito de «prémios de seguros» corresponde o de prémios brutos;

f) No Decreto Legislativo Regional n.º 2/83/M, de 7 de Março, e nos Decretos Regulamentares Regionais n.ᵒˢ 2/84/M, de 17 de Março, e 22/87/M, de 10 de Outubro, aos conceitos de «prémios e respectivos adicionais» e de «prémios e os seus adicionais» corresponde o de prémio comercial e ao conceito de «valor dos prémios» corresponde o prémio comercial dividido por 1,2;

g) No Decreto-Lei n.º 522/85, de 31 de Dezembro, com as alterações que lhe foram posteriormente introduzidas, ao conceito de «prémio simples (líquido de adicionais)» corresponde o prémio comercial dividido por 1,2;

h) No Decreto-Lei n.º 283/90, de 18 de Setembro, ao conceito de «prémio simples» corresponde o prémio comercial dividido por 1,2;

i) No Decreto-Lei n.º 388/91, de 10 de Outubro, ao conceito de «prémios líquidos de encargos e adicionais» corresponde o prémio comercial dividido por 1,2;

j) No Decreto Legislativo Regional n.º 25/94/A, de 30 de Novembro, aos conceitos de «prémios simples do seguro» e «valor do prémio» corresponde o prémio comercial dividido por 1,2.

Artigo 27.º
Entrada em vigor

As disposições constantes do presente diploma entram em vigor 90 dias após a data da publicação, aplicando-se a todos os contratos novos e aos renovados a partir dessa data, com excepção dos artigos 7.º a 9.º, 19.º, 20.º e 23.º, que entram em vigor no dia imediato ao da sua publicação.

Visto e aprovado em Conselho de Ministros de 6 de Abril de 1995. – *Aníbal António Cavaco Silva* – *Eduardo de Almeida Catroga.*

Promulgado em 4 de Maio de 1995.

Publique-se.

O Presidente da República, Mário Soares.

Referendado em 10 de Maio de 1995.

O Primeiro-Ministro, *Aníbal António Cavaco Silva.*

SECÇÃO IV

Regulação do Mercado de Valores Mobiliários

Decreto-Lei n.º 473/99, de 8 de Novembro, com as alterações introduzidas pelo Decreto-Lei n.º 232/2000, de 25 de Setembro e pelo Decreto-Lei n.º 183/2003, de 19 de Agosto – **Estatuto da Comissão do Mercado de Valores Mobiliários**

Decreto-Lei n.º 473/99

de 8 de Novembro

Em Portugal, o aparecimento da Comissão do Mercado de Valores Mobiliários (CMVM) encontra-se indissociavelmente ligado ao ressurgimento recente do próprio mercado de capitais. Na verdade, só a partir de 1986, e por influência da integração comunitária, se deu corpo à criação de um mercado nacional de valores mobiliários, incentivando-se, desde logo, a abertura do capital das empresas ao público, bem como a sua cotação em bolsa, tendo em vista a promoção do funcionamento do mercado em condições de estabilidade, eficiência, profundidade e liquidez. Seguidamente, tendo em conta as anomalias verificadas no mercado em 1987, deu-se início, em 1988, à realização de estudos tendentes à revisão do respectivo regime. Passariam, assim, os mercados a funcionar numa base de maior autonomia, procedendo-se à sua desestatização, desgovernamentalização e liberalização, o que implicaria, por outro lado, o reforço dos meios de supervisão e controlo, como forma de os reconduzir ao modelo adoptado no âmbito da Comunidade Europeia.

Destes estudos resultou o Código do Mercado de Valores Mobiliários (CódMVM), aprovado pelo Decreto-Lei n.º 142-A//91, de 10 de Abril, através do qual se pretendeu compatibilizar aquela linha liberalizadora com a protecção dos interesses públicos em causa, a defesa do mercado e a protecção dos investidores. E daí a intensificação da supervisão e da fiscalização do mercado e dos agentes que nele actuam. Foi, então, para dar concretização a estes propósitos que se procedeu à criação da CMVM, uma entidade pública profissionalizada e especializada, dotada de um grau máximo de autonomia relativamente ao ministério da tutela, a quem passaria a «caber a supervisão e fiscalização, tanto do mercado primário como dos mercados secundários de valores mobiliários, e, bem assim, a sua regulamentação em tudo o que, não sendo excepcional e expressamente reservado ao Ministro das Finanças», se encontrava previsto no CódMVM.

Passaria, pois, a CMVM a assumir as funções antes pertencentes ao Ministro das Finanças. Mas não só. A CMVM veio também substituir o anterior cargo de auditor-geral do Mercado de Títulos, que havia sido criado em 1987, e ao qual já haviam sido atribuídas, entre outras, as funções – também antes pertencentes ao Ministro das Finanças – de garantir uma efectiva inspecção e supervisão do mercado, bem como proceder ao seu acompanhamento e assegurar a existência e a circulação de informação fidedigna.

Actualmente a superintendência do mercado financeiro e a coordenação da actividade dos agentes que nele actuam cabe ao Ministro das Finanças, de acordo com a política económica e social do Governo. Para além disso, porém, os diversos agentes económicos financeiros encontram-se também sujeitos à supervisão, designadamente de natureza prudencial, por parte, consoante os casos, do Banco de Portugal, da CMVM e do Instituto de Seguros de Portugal.

A CMVM tem demonstrado, no curto tempo da sua existência, capacidade de supervisão e de regulação dos mercados financeiros, contribuindo para a eficácia do sistema de supervisão tripartido de que se dispõe. Em todo o caso, da maior coordenação pretendida entre as autoridades de supervisão financeira depende a inexistência – ou a redução – de factores de conflito negativo de competências ou de enfraquecimento da supervisão, nomeadamente nas situações de supervisão em base consolidada, em que é importante que a mesma se exerça, por igual, em relação a todo o sistema financeiro, observando critérios cada vez mais harmonizados e apresentando graus de fiabilidade e confiança comparáveis, relativamente às três instituições e às áreas por que são responsáveis. E isto tanto no plano nacional, como ao nível da cooperação e da troca de informações internacionais. Tal realidade não implica, porém, qualquer redução da sua independência, exige apenas um reforço desta coordenação, quer eventualmente um reforço regulado, quer um reforço operativo resultante da iniciativa das próprias instituições.

A CMVM é uma pessoa colectiva de direito público, dotada de autonomia administrativa e financeira e de património próprio, estando sujeita à tutela do Ministro das Finanças, e tem como órgãos o conselho directivo, a comissão de fiscalização e o conselho consultivo. Para além disso, exerce a sua jurisdição em todo o território nacional e tem como funções, basicamente, a regulamentação dos mercados de valores mobiliários e das actividades financeiras que neles têm lugar; a supervisão dos mercados de valores mobiliários e das actividades dos intermediários financeiros; a fiscalização do cumprimento das obrigações legais que impendem, quer sobre as entidades encarregadas da organização e gestão dos mercados de valores, quer sobre os intermediários financeiros, entidades emitentes e outras entidades; e a promoção do mercado de valores mobiliários nacional, contribuindo para o seu desenvolvimento, bem como para a sua competitividade no quadro europeu e internacional, fomentando a sua transparência, estabilidade, profundidade, eficiência e liquidez.

Não obstante, a reformulação do seu Estatuto, a que agora se dá corpo, não surge, no plano substantivo, como uma solução de ruptura. Pelo contrário, o presente diploma mantém, no essencial, o regime actualmente constante das disposições vertidas nos artigos 6.º a 46.º do CódMVM e no seu regulamento interno. Porém, procede-se a alterações de carácter terminológico, por imposição, designadamente, da complementaridade de que é dotado o Estatuto relativamente ao projecto de Código dos Valores Mobiliários e diplomas cone-

Regulação do Sector Financeiro – Regulação do Mercado de Valores Mobiliários

xos, como é o caso do projecto de diploma relativo à gestão das bolsas e outros mercados.

No que se refere ao regime aplicável à CMVM, clarifica-se substancialmente a conjugação entre as normas de direito público e de direito privado, articulando as exigências de prossecução do interesse público e de disciplina financeira com as vantagens decorrentes da flexibilização do funcionamento e da gestão da Comissão.

Por fim, aproveita-se ainda a oportunidade para definir, de forma actualizada, a composição do Conselho Nacional do Mercado de Valores Mobiliários, órgão consultivo do Ministro das Finanças, que, integrado no Conselho Superior de Finanças, se tem evidenciado, no seu funcionamento, pela oportunidade e utilidade das suas reflexões e observações.

Assim, nos termos da alínea a) do n.º 1 do artigo 198.º da Constituição, o Governo decreta o seguinte:

Artigo 1.º
Estatuto da Comissão do Mercado de Valores Mobiliários

É aprovado o Estatuto da Comissão do Mercado de Valores Mobiliários, criada pelo Decreto-Lei n.º 142-A/91, de 10 de Abril, que faz parte integrante do presente decreto-lei.

Artigo 2.º
Conselho Nacional do Mercado de Valores Mobiliários

1 – O Conselho Nacional do Mercado de Valores Mobiliários é um órgão consultivo do Ministro das Finanças, integrado no Conselho Superior de Finanças.

2 – O Conselho Nacional do Mercado de Valores Mobiliários é convocado pelo Ministro das Finanças e deve pronunciar-se sobre:

a) Políticas gerais do Governo relativas ao mercado de valores mobiliários ou que nele tenham reflexos significativos;

b) Diplomas legais relacionados com o mercado de valores mobiliários;

c) Situação e evolução do mercado de valores mobiliários.

3 – O Conselho Nacional do Mercado de Valores Mobiliários é presidido pelo Ministro das Finanças, tem como vice-presidente o secretário de Estado do Ministério das Finanças designado para o efeito por aquele e é composto pelos seguintes vogais:

a) O governador do Banco de Portugal;

b) O presidente do conselho directivo da Comissão do Mercado de Valores Mobiliários;

c) O presidente do conselho directivo do Instituto de Seguros de Portugal;

d) O director-geral do Tesouro;

e) O presidente do conselho directivo do Instituto de Gestão do Crédito Público;

f) Os presidentes dos conselhos de administração das entidades gestoras de bolsas e de outros mercados regulamentados, bem como das entidades gestoras de sistemas de liquidação e de sistemas centralizados de valores mobiliários;

g) Três representantes dos emitentes de valores mobiliários;

h) Um representante de cada uma das categorias de intermediários financeiros;

i) Um representante das empresas de seguros;

j) Um representante das entidades gestoras de fundos de pensões;

l) Um representante das associações de investidores não institucionais;

m) Até três individualidades de reconhecida competência e idoneidade designadas pelo Ministro das Finanças.

4 – As entidades referidas nas alíneas g) a l) são indicadas pelas respectivas associações ou, quando estas não existam ou exista mais de uma associação, pelo Ministro das Finanças de entre as pessoas que lhe tenham sido indicadas.

5 – O Ministro das Finanças pode convidar a participar nas reuniões do Conselho individualidades de reconhecida competência e experiência nas matérias a apreciar nessas reuniões.

6 – Nas faltas ou impedimentos, os vogais do Conselho são substituídos de acordo com o estatuto ou a lei orgânica da entidade representada ou por suplente indicado no acto de designação do representante efectivo.

7 – O Gabinete do Ministro das Finanças assegura o expediente e o apoio técnico do Conselho.

Artigo 3.º
Entrada em vigor

O presente diploma entra em vigor no dia 1 de Março de 2000.

Visto e aprovado em Conselho de Ministros de 9 de Setembro de 1999. – *António Manuel de Oliveira Guterres – António Luciano Pacheco de Sousa Franco.*

Promulgado em 15 de Outubro de 1999.

Publique-se.

O Presidente da República, JORGE SAMPAIO.

Referendado em 21 de Outubro de 1999.

O Primeiro-Ministro, *António Manuel de Oliveira Guterres.*

ESTATUTO DA COMISSÃO DO MERCADO DE VALORES MOBILIÁRIOS

CAPÍTULO I
Natureza, regime e sede

Artigo 1.º
Natureza

A Comissão do Mercado de Valores Mobiliários, designada abreviadamente CMVM, é uma pessoa colectiva de direito público dotada de autonomia administrativa e financeira e de património próprio.

Artigo 2.º
Regime e tutela

1 – A CMVM rege-se pelo presente diploma, pelo Código dos Valores Mobiliários e, no que neles não for previsto ou com eles não for incompatível, pelas normas aplicáveis às entidades públicas empresariais.

2 – A CMVM está sujeita à tutela do Ministro das Finanças, nos termos do presente Estatuto e do Código dos Valores Mobiliários.

Artigo 3.º
Sede e delegações

A CMVM tem sede em Lisboa e uma delegação no Porto, podendo criar outras delegações ou formas de representação.

CAPÍTULO II
Atribuições

ARTIGO 4.º
Atribuições

1 – São atribuições da CMVM:

a) Regular os mercados de valores mobiliários e de outros instrumentos financeiros, as actividades exercidas pelas entidades sujeitas à sua supervisão, as ofertas públicas relativas a valores mobiliários e outras matérias previstas no Código dos Valores Mobiliários e em legislação complementar;

b) Exercer as funções de supervisão nos termos do Código dos Valores Mobiliários;

c) Promover o desenvolvimento do mercado de valores mobiliários e de outros instrumentos financeiros e das actividades de intermediação financeira;

d) Assistir o Governo e o Ministro das Finanças, a pedido destes ou por iniciativa própria, na definição das políticas relativas aos valores mobiliários e outros instrumentos financeiros, respectivos mercados e entidades que nestes intervêm;

e) Desempenhar as demais funções que lhe sejam atribuídas por lei.

2 – No âmbito das suas atribuições a CMVM coopera:

a) Com outras autoridades nacionais que exerçam funções de supervisão e de regulação do sistema financeiro;

b) Com autoridades de outros Estados que exerçam funções de supervisão e de regulação no domínio dos valores mobiliários e do sistema financeiro em geral;

c) Com as organizações internacionais de que seja membro.

ARTIGO 5.º
Promoção do mercado

Na prossecução das atribuições de promoção do mercado, a CMVM deve, nomeadamente:

a) Difundir e fomentar o conhecimento das normas legais e regulamentares aplicáveis;

b) Desenvolver, incentivar ou patrocinar, por si ou em colaboração com outras entidades, estudos, inquéritos, publicações, acções de formação e outras iniciativas semelhantes.

CAPÍTULO III
Órgãos

SECÇÃO I
Disposições gerais

ARTIGO 6.º
Órgãos

São órgãos da CMVM o conselho directivo, a comissão de fiscalização e o conselho consultivo.

ARTIGO 7.º
Representação da CMVM

1 – Na prática de actos jurídicos, a CMVM é representada pelo presidente do conselho directivo ou por dois membros do conselho directivo ou, no âmbito da respectiva procuração, por representante ou representantes designados pelo presidente ou por dois membros do conselho directivo.

2 – As notificações dirigidas à CMVM são eficazes quando cheguem ao seu poder ou de qualquer membro do conselho directivo ou dos funcionários por este designados para o efeito.

SECÇÃO II
Conselho directivo

ARTIGO 8.º
Composição, nomeação e duração do mandato

O conselho directivo é composto por um presidente, por um vice-presidente e por três vogais, nomeados por resolução do Conselho de Ministros, sob proposta do Ministro das Finanças, por um período de cinco anos, de entre pessoas com reconhecida idoneidade, independência e competência.

ARTIGO 9.º
Competência

O conselho directivo exerce a competência necessária ao desenvolvimento das atribuições da CMVM, cabendo-lhe, nomeadamente:

a) Definir a política geral da CMVM;

b) Elaborar o plano anual de actividades e o orçamento da CMVM e submetê-los, com o parecer da comissão de fiscalização, à aprovação do Ministro das Finanças;

c) Elaborar o relatório da actividade desenvolvida pela CMVM em cada exercício, o balanço e as contas anuais de gerência, submeter esses documentos, até 31 de Março do ano seguinte, com o parecer da comissão de fiscalização, à aprovação do Ministro das Finanças e publicá-los no Diário da República no prazo de 30 dias após a sua aprovação;

d) Elaborar relatório sobre a situação dos mercados de valores mobiliários e proceder à sua divulgação, apresentando-o ao Ministro das Finanças até 31 de Março de cada ano;

e) Cumprir e fazer cumprir as deliberações do Conselho de Ministros e as decisões do Ministro das Finanças, tomadas no exercício dos poderes de tutela;

f) Organizar os serviços e gerir os recursos humanos da CMVM;

g) Gerir os recursos patrimoniais da CMVM;

h) Deliberar sobre a aquisição, a alienação, a locação financeira ou o aluguer de bens móveis e o arrendamento de bens imóveis destinados à instalação, equipamento e funcionamento da CMVM;

i) Deliberar sobre a aquisição, a alienação e a locação financeira de bens imóveis para os mesmos fins, com autorização prévia do Ministro das Finanças;

j) Contratar a prestação de quaisquer serviços e autorizar a realização de despesas;

l) Arrecadar as receitas;

m) Deliberar sobre a instalação e o encerramento de delegações e outras formas de representação;

n) Aprovar os regulamentos e os outros actos normativos cuja competência a lei atribua à CMVM, incluindo a definição das taxas a que se refere o presente Estatuto, salvo quando a lei atribua essa competência ao Ministro das Finanças;[1]

o) Aprovar recomendações genéricas dirigidas às entidades sujeitas à sua supervisão e pareceres genéricos sobre questões relevantes que lhe sejam colocadas;

p) Deduzir acusação ou praticar acto análogo que impute os factos ao arguido e aplicar coimas e sanções acessórias em processo de contra-ordenação;

---

[1] *Redacção introduzida pelo Decreto-Lei n.º 183/2003, de 19 de Agosto.*

Regulação do Sector Financeiro – Regulação do Mercado de Valores Mobiliários

q) Determinar a abertura de processo de averiguações preliminares relativas a crimes contra o mercado e o seu encerramento;

r) Praticar os demais actos de supervisão da CMVM definidos na lei;

s) Deliberar sobre quaisquer outras matérias que sejam atribuídas por lei à CMVM.

ARTIGO 10.º
Competências do presidente

1 – Compete ao presidente do conselho directivo:

a) Representar a CMVM em actos de qualquer natureza;

b) Convocar o conselho directivo e presidir às suas reuniões;

c) Convocar o conselho consultivo e presidir às suas reuniões;

d) Promover, sempre que o entenda conveniente, a convocação da comissão de fiscalização;

e) Dirigir superiormente todas as actividades e serviços da CMVM e assegurar o seu adequado funcionamento;

f) Tomar as resoluções e praticar os actos que, dependendo de deliberação do conselho directivo, não possam, pela sua natureza e urgência, aguardar a reunião desse conselho.

2 – As resoluções e os actos referidos na alínea f) do número anterior devem ser submetidos a ratificação do conselho directivo na reunião seguinte.

3 – Compete ao vice-presidente do conselho directivo coadjuvar o presidente no desempenho das respectivas funções, substituí-lo nas ausências ou nos impedimentos e exercer as demais funções que lhe sejam delegadas nos termos do artigo seguinte.

ARTIGO 11.º
Delegação de competência

1 – O conselho directivo pode delegar, num ou mais dos seus membros, nos directores e em outras pessoas responsáveis, nos termos do regulamento interno da CMVM, a prática de actos constantes das alíneas f), g), h), j), l) e o) do artigo 9.º e a aplicação de sanções em processo de advertência e em processo sumaríssimo.

2 – São também susceptíveis de delegação de competência os actos a que se refere a alínea r) do artigo 9.º, com excepção dos seguintes:

a) Autorização para o exercício de actividade de consultoria autónoma;

b) Registo prévio para o exercício de actividades de intermediação;

c) Registo de entidades gestoras de mercados e dos mercados por elas geridos, bem como registo de entidades gestoras de sistemas centralizados de valores mobiliários, de sistemas de liquidação e de fundos de garantia;

d) Registo de ofertas públicas de aquisição e, no âmbito destas, concessão de quaisquer autorizações;

e) Registo das regras a que se refere o artigo 372.º do Código dos Valores Mobiliários;

f) Registo ou aprovação de cláusulas contratuais de operações de bolsa a prazo e de contratos de estabilização;

g) Recusa ou indeferimento dos actos referidos nas alíneas anteriores;

h) Celebração de acordos de cooperação;

i) Actos referidos nas alíneas e) e f) do n.º 2 do artigo 361.º do Código dos Valores Mobiliários;

j) Actos referidos nas alíneas b), d) e e) do n.º 3 do artigo seguinte.

3 – Sem prejuízo do disposto no n.º 3 do artigo anterior, o presidente do conselho directivo pode delegar a competência prevista nas alíneas a), c) e d) do n.º 1 do mesmo preceito.

4 – A delegação deve constar da acta da reunião em que a respectiva deliberação for tomada e é publicada na 2.ª série do Diário da República e no boletim da CMVM.

ARTIGO 12.º
Reuniões e deliberações

1 – O conselho directivo reúne, ordinariamente, com a periodicidade que no seu regulamento interno se fixar e, extraordinariamente, sempre que o seu presidente o convoque, por sua iniciativa, a pedido de dois membros do conselho directivo ou a pedido da comissão de fiscalização.

2 – O conselho directivo delibera validamente com a presença da maioria dos seus membros.

3 – As deliberações são tomadas por maioria dos votos dos membros presentes, incluindo obrigatoriamente o voto do presidente quando tenham por objecto:

a) A aprovação de regulamentos, de recomendações ou de pareceres genéricos da CMVM;

b) A aprovação de projectos de diplomas legais a apresentar ao Governo ou de portarias a apresentar ao Ministro das Finanças;

c) As matérias das alíneas a), b) e h) do artigo 9.º;

d) A abertura, a suspensão ou o encerramento de mercados, de sistemas centralizados de valores e de sistemas de liquidação;

e) A autorização ou a revogação da autorização de entidades gestoras dos sistemas referidos na alínea anterior.

4 – Das reuniões do conselho directivo são lavradas actas, as quais serão assinadas pelos membros presentes.

ARTIGO 13.º
Estatuto dos membros do conselho directivo

1 – Aos membros do conselho directivo da CMVM aplica-se o estatuto dos gestores públicos, com as especialidades do presente diploma.

2 – Os membros do conselho directivo não podem, durante o seu mandato:

a) Exercer qualquer outra função pública ou actividade profissional, salvo a actividade de docente do ensino superior, desde que seja autorizada pelo Ministro das Finanças e não cause prejuízo ao exercício das suas funções;

b) Realizar, directamente ou por interposta pessoa, operações sobre valores mobiliários, salvo tratando-se de fundos públicos ou de fundos de poupança-reforma.

3 – Os membros do conselho directivo que à data da sua nomeação sejam titulares de acções devem aliená-las antes da tomada de posse ou declarar, por escrito, a sua existência ao conselho directivo, só as podendo alienar com autorização do Ministro das Finanças.

4 – Os membros do conselho directivo têm remuneração e regalias fixadas por despacho do Ministro das Finanças, não podendo ser inferiores às mais elevadas legalmente admitidas para os titulares dos órgãos de administração das entidades públicas empresariais e às das restantes autoridades de supervisão financeira.

Artigo 14.º
Organização dos serviços

1 – O conselho directivo, através de regulamento interno, define a estrutura orgânica da CMVM, as funções e competências dos serviços que a integrem, os respectivos quadros de pessoal, as normas gerais a observar no desenvolvimento das actividades a seu cargo e tudo o mais que se torne necessário para o adequado funcionamento da Comissão.

2 – A atribuição da gestão de pelouros aos membros do conselho directivo ou a trabalhadores especialmente designados para o efeito envolve a delegação de competência necessária a essa gestão.

Artigo 15.º
Cessação de funções

1 – Os membros do conselho directivo cessam o exercício das suas funções:

a) Pelo decurso do prazo por que foram designados;

b) Por incapacidade permanente ou por incompatibilidade superveniente do titular;

c) Por renúncia;

d) Por demissão decidida por resolução do Conselho de Ministros em caso de falta grave, comprovadamente cometida pelo titular no desempenho das suas funções ou no cumprimento de qualquer obrigação inerente ao cargo.

2 – Considera-se falta grave a violação do disposto no n.º 2 do artigo 13.º

3 – O termo do mandato de cada um dos membros do conselho directivo é independente do termo do mandato dos restantes membros.

SECÇÃO III
Comissão de fiscalização

Artigo 16.º
Composição e mandato

1 – A comissão de fiscalização é constituída por três membros, nomeados pelo Ministro das Finanças, sendo um deles revisor oficial de contas.

2 – Do acto de nomeação consta a designação do presidente da comissão.

3 – Os membros da comissão de fiscalização têm um mandato de três anos.

Artigo 17.º
Competência

1 – Compete à comissão de fiscalização:

a) Acompanhar e controlar a gestão financeira da CMVM;

b) Apreciar e emitir parecer sobre o orçamento anual da CMVM;

c) Apreciar e emitir parecer sobre o relatório de actividade e as contas anuais da CMVM;

d) Fiscalizar a organização da contabilidade da CMVM e o cumprimento das disposições legais e dos regulamentos internos aplicáveis nos domínios orçamental, contabilístico e de tesouraria, informando o conselho directivo de quaisquer desvios ou anomalias que verifique;

e) Pronunciar-se sobre qualquer assunto da sua competência que lhe seja submetido pelo conselho directivo.

2 – A comissão de fiscalização poderá:

a) Solicitar ao conselho directivo e aos serviços da CMVM as informações, os esclarecimentos ou os elementos necessários ao bom desempenho das suas funções;

b) Promover a realização de reuniões com o conselho directivo para análise de questões compreendidas no âmbito das suas atribuições, sempre que a sua natureza ou importância o justifique.

Artigo 18.º
Reuniões

1 – A comissão de fiscalização reúne ordinariamente com a periodicidade que for fixada no seu regulamento interno e extraordinariamente sempre que convocada pelo respectivo presidente, por sua iniciativa ou a pedido de qualquer dos membros da comissão ou do presidente do conselho directivo.

2 – Das reuniões da comissão de fiscalização será lavrada acta assinada pelos membros presentes.

Artigo 19.º
Estatuto

1 – Os membros da comissão de fiscalização são equiparados aos titulares dos órgãos de fiscalização das entidades públicas empresariais.

2 – É aplicável aos membros da comissão de fiscalização o disposto no n.º 3 do artigo 13.º.

SECÇÃO IV
Conselho consultivo

Artigo 20.º
Composição

1 – O conselho consultivo é presidido pelo presidente do conselho directivo da CMVM e composto por:

a) Um membro do conselho de administração do Banco de Portugal;

b) Um membro do conselho directivo do Instituto de Seguros de Portugal;

c) Um membro do conselho directivo do Instituto de Gestão do Crédito Público;

d) Dois administradores de sociedades gestoras de mercados situadas ou a funcionar em Portugal;

e) Um administrador de sociedade gestora de sistema de liquidação ou de sistema centralizado de valores mobiliários;

f) Dois representantes dos emitentes de valores mobiliários;

g) Dois representantes dos investidores, sendo pelo menos um representante dos investidores não institucionais;

h) Quatro representantes das diversas categorias de intermediários financeiros;

i) Um representante da Câmara de Revisores Oficiais de Contas.

2 – O conselho directivo da CMVM pode:

a) Designar como membros do conselho consultivo, até ao máximo de três, representantes de entidades que exerçam a sua actividade no âmbito de outros sectores relevantes para o mercado de valores mobiliários ou individualidades de reconhecido mérito na área dos valores mobiliários;

b) Convidar a estar presentes nas reuniões do conselho consultivo, sem direito a voto, personalidades ou representantes de instituições cujo contributo considere importante para as matérias a apreciar em cada reunião.

Regulação do Sector Financeiro – Regulação do Mercado de Valores Mobiliários

3 – O conselho consultivo considera-se constituído quando tiverem sido designados pelo menos dois terços das pessoas referidas nas alíneas do n.º 1.

ARTIGO 21.º
Designação

1 – Os membros do conselho consultivo são designados pelas entidades que representam ou, nos casos referidos nas alíneas d) a h) do n.º 1 do artigo anterior, pelas respectivas associações.

2 – Uma das entidades a que se refere a alínea f) do n.º 1 do artigo anterior deverá ser emitente de valores mobiliários que, em bolsa de operações a contado, integrem o índice representativo dos valores mobiliários com maior capitalização bolsista.

3 – Se não existir acordo quanto à designação das pessoas referidas nas alíneas d) a h) do n.º 1 do artigo anterior, a designação será feita pelo conselho directivo da CMVM de entre pessoas que lhe sejam indicadas por cada uma das entidades.

ARTIGO 22.º
Mandato

Cada um dos membros do conselho consultivo tem um mandato de três anos e pode ser substituído, até ao termo do mandato, pela entidade que o designou.

ARTIGO 23.º
Competência

O conselho consultivo é um órgão de consulta e assessoria do conselho directivo nas matérias abrangidas pelas atribuições da CMVM, competindo-lhe, nomeadamente:

a) Pronunciar-se sobre os assuntos que lhe sejam submetidos pelo conselho directivo;

b) Apresentar, de sua própria iniciativa, ao conselho directivo recomendações e sugestões no âmbito das atribuições da CMVM.

ARTIGO 24.º
Reuniões e deliberações

1 – O conselho consultivo reúne ordinariamente com a periodicidade fixada no seu regulamento interno e extraordinariamente quando for convocado pelo seu presidente, por sua iniciativa ou a pedido da quarta parte dos seus membros.

2 – O conselho consultivo delibera por maioria simples dos votos dos membros presentes, exigindo-se a presença de pelo menos metade das pessoas que o constituem.

3 – O presidente do conselho consultivo não tem direito de voto.

4 – De cada reunião do conselho consultivo será lavrada acta assinada pelo presidente e pelo secretário, que é designado pelo conselho directivo.

ARTIGO 25.º
Remunerações

Os membros do conselho consultivo podem ser remunerados através de senhas de presença de montante a fixar por despacho do Ministro das Finanças, sob proposta da CMVM.

ARTIGO 25.º-A [1]
Taxas

1 – Em contrapartida dos actos praticados pela CMVM e dos serviços por ela prestados são devidas taxas.

2 – As taxas a que se refere o número anterior são devidas:

a) Pelos destinatários de quaisquer actos ou factos praticados pela CMVM previstos na lei ou em regulamento, incluindo, nomeadamente, os actos de registo, autorização, dispensa, aprovação, reconhecimento, declaração, recepção de comunicações, cópia ou certidão;

b) Pelas entidades sujeitas ao registo junto da CMVM, em contrapartida dos serviços de manutenção de registos e seus averbamentos;

c) Pelas entidades sujeitas à jurisdição da CMVM, em contrapartida dos serviços de supervisão contínua ou prudencial e das demais actividades de supervisão da CMVM, incluindo, nomeadamente, as que incidem sobre os intermediários financeiros, os mercados e as respectivas entidades gestoras, bem como sobre as entidades gestoras de sistemas de liquidação e de sistemas centralizados de valores mobiliários;

d) Pelos prestatários dos actos e actividades de supervisão da CMVM respeitantes ao serviço de gestão, individual ou colectiva, de activos, incluindo a actividade dos respectivos depositários, bem como dos respeitantes aos demais serviços de investimento e serviços auxiliares de investimento ou a quaisquer outras actividades sujeitas à supervisão da CMVM;

e) Por quem preste informação ao mercado, incluindo, nomeadamente, a informação financeira ou de qualquer outra natureza prestada pelos intermediários financeiros, emitentes, auditores registados na CMVM e investidores institucionais, em contrapartida da supervisão dessa informação ou, sendo esse o caso, da divulgação da mesma pela CMVM, designadamente através do seu sistema de difusão de informação;

f) Por quaisquer outras pessoas ou entidades, em contrapartida de quaisquer outros actos praticados ou serviços prestados pela CMVM e de que aquelas sejam prestatárias.

3 – A incidência, subjectiva e objectiva, o montante ou a alíquota, a periodicidade e, se for caso disso, as isenções, totais ou parciais, das taxas a que se referem as alíneas c) e d) do número anterior são fixados, ouvida a CMVM, por portaria do Ministro das Finanças, competindo à CMVM estabelecer, por regulamento, os respectivos modos e prazos de liquidação e cobrança.

4 – As taxas a que se referem as alíneas a), b), e) e f) do n.º 1 são estabelecidas por regulamento da CMVM, que definirá a incidência, subjectiva e objectiva, o montante ou a alíquota, a periodicidade e, se for caso disso, as isenções, totais ou parciais, de cada taxa, bem como os respectivos modos e prazos de liquidação e cobrança.

---

[1] *Aditado pelo Decreto-Lei n.º 183/2003, de 19 de Agosto.*

CAPÍTULO IV
Regime financeiro

ARTIGO 26.º
Receitas

1 – Constituem receitas da CMVM, para além de outras que a lei preveja:

a) O produto das taxas a que se refere o artigo 25.º-A; [1]

b) As custas dos processos de contra-ordenação;

c) As receitas provenientes das publicações obrigatórias ou de quaisquer outras publicações efectuadas no respectivo boletim;

d) O produto da venda ou assinatura do boletim da CMVM e de quaisquer estudos, obras ou outras edições da sua responsabilidade;

e) O produto da alienação ou da cedência, a qualquer título, de direitos integrantes do seu património;

f) As receitas decorrentes de aplicações financeiras dos seus recursos;

g) As comparticipações, os subsídios e os donativos.

2 – As taxas a que se referem as alíneas a), b) e c) do número anterior são fixadas, ouvida a CMVM, por portaria do Ministro das Finanças, em função das operações realizadas, liquidadas ou registadas.

3 – Os saldos de gerência de cada exercício transitam para o ano seguinte.

4 – É vedado à CMVM contrair empréstimos sob qualquer forma.

ARTIGO 27.º
Despesas

Constituem despesas da CMVM:

a) Os encargos com o respectivo funcionamento;

b) Os custos de aquisição, manutenção e conservação de bens ou de utilização de serviços;

c) Os subsídios à investigação científica e à divulgação de conhecimentos em matérias relevantes para os mercados de valores mobiliários e outros instrumentos financeiros e para quaisquer actividades a eles relativas.

ARTIGO 28.º
Gestão financeira e patrimonial

1 – A actividade financeira da CMVM rege-se exclusivamente pelo regime jurídico aplicável às entidades que revistam forma e designação de entidade pública empresarial, em tudo o que não for especialmente regulado pelo presente Estatuto e pelo Código dos Valores Mobiliários.

2 – A gestão patrimonial e financeira da CMVM rege-se segundo princípios de direito privado, não lhe sendo aplicável o regime geral da actividade financeira dos fundos e serviços autónomos.

3 – A contabilidade da CMVM é elaborada de acordo com o Plano Oficial de Contabilidade, não lhe sendo aplicável o regime da contabilidade pública. [2]

4 – [*Revogado*]. [3]

---

[1] *Redacção introduzida pelo Decreto-Lei n.º 183/2003, de 19 de Agosto.*

[2] *Redacção introduzida pelo Decreto-Lei n.º 232/2000, de 25 de Setembro.*

[3] *Revogado pelo Decreto-Lei n.º 232/2000, de 25 de Setembro.*

ARTIGO 29.º
Cobrança coerciva de taxas

1 – À cobrança coerciva de taxas devidas à CMVM aplica-se o processo de cobrança coerciva dos créditos do Estado.

2 – Para os efeitos do número anterior, é título executivo bastante a certidão de dívida passada pela CMVM de acordo com o disposto no artigo 249.º do Código de Processo Tributário.

CAPÍTULO V
Pessoal

ARTIGO 30.º
Regime geral

1 – Ao pessoal da CMVM aplica-se o regime jurídico do contrato individual de trabalho.

2 – A CMVM pode ser parte em instrumentos de regulação colectiva de trabalho.

ARTIGO 31.º
Estatuto

1 – A admissão, a remuneração e as regalias do pessoal da CMVM, bem como a indicação de pessoas para cargos de nomeação e de chefia e a cessação da respectiva actividade e das inerentes regalias, e suplementos de remuneração são da competência do conselho directivo.

2 – Os trabalhadores da CMVM não podem exercer outra actividade profissional, ou prestar serviços de que resulte conflito de interesse com as suas funções na CMVM, com excepção da actividade de docente do ensino superior ou de colaboração temporária com entidade pública, se o conselho directivo o autorizar.

3 – Os trabalhadores da CMVM não podem por conta própria ou por conta de outrem, directa ou indirectamente, realizar quaisquer operações sobre valores mobiliários, salvo nos seguintes casos:

a) Se as operações tiverem por objecto fundos públicos ou fundos de poupança-reforma;

b) Se o conselho directivo, por escrito, o autorizar.

4 – A autorização a que se refere a alínea b) do número anterior apenas será concedida se as operações em causa não afectarem o normal funcionamento do mercado, não resultarem da utilização de informação confidencial a que o trabalhador tenha tido acesso em virtude do exercício das suas funções e se, em caso de venda, tiverem decorrido mais de seis meses desde a data da aquisição dos valores mobiliários a vender.

ARTIGO 32.º
Mobilidade

Os funcionários do Estado, de institutos públicos e de autarquias locais, bem como os empregados, quadros ou administradores de empresas públicas ou privadas, podem ser chamados a desempenhar funções na CMVM, em regime de requisição ou de comissão de serviço, com garantia do lugar de origem e dos direitos nele adquiridos, considerando-se o período de requisição ou de comissão como tempo de serviço prestado nos quadros de que provenham, suportando a CMVM as despesas inerentes.

Artigo 33.º
Segurança social

1 – Os trabalhadores da CMVM são obrigatoriamente inscritos na Caixa Geral de Aposentações e na ADSE, excepto se, estando inscritos em qualquer outro regime de segurança social, optarem, podendo fazê-lo, pela sua manutenção.

2 – Os trabalhadores da CMVM que nesta exerçam funções em regime de requisição ou de comissão de serviço manterão o regime de segurança social inerente ao seu quadro de origem, nomeadamente no que se refere a aposentação ou reforma, sobrevivência e apoio na doença, devendo, os que sejam subscritores da Caixa Geral de Aposentações, descontar quotas sobre a remuneração efectivamente auferida se for superior à correspondente ao cargo de origem.

3 – Os membros do conselho directivo ficam sujeitos ao regime geral da segurança social, salvo se tiverem sido nomeados em comissão de serviço ou requisitados, caso em que se lhes aplica o disposto no número anterior, devendo, porém, os que sejam subscritores da Caixa Geral de Aposentações, descontar quotas sobre a remuneração correspondente ao cargo de origem.

4 – Relativamente aos trabalhadores abrangidos pelo regime de protecção social da função pública, incluindo os que exerçam funções em regime de comissão de serviço ou requisição, a CMVM contribuirá para o financiamento da Caixa Geral de Aposentações com uma importância mensal de montante igual ao das quotas pagas por esses trabalhadores, a qual será remetida mensalmente a esta instituição no prazo fixado no n.º 1 do artigo 8.º do Estatuto da Aposentação.

5 – O conselho directivo pode promover a constituição de um fundo de pensões, ou a integração em fundo já existente, destinado a assegurar complementos de reforma para os trabalhadores da CMVM.

Decreto-Lei n.º 486/99, de 13 de Novembro, com as alterações introduzidas pelo Decreto-Lei n.º 61/2002, de 20 de Março, pelo Decreto-Lei n.º 38/2003, de 8 de Março, pelo Decreto-Lei n.º 107/2003, de 4 de Junho, pelo Decreto-Lei n.º 183/2003, de 19 de Agosto, pelo Decreto-Lei n.º 66/2004, de 24 de Março, Decreto-Lei n.º 52/2006, de 15 de Março, pelo Decreto-Lei n.º 219/2006, de 2 de Novembro e pelo Decreto-Lei n.º 357-A/2007, de 31 de Outubro – **Código dos Valores Mobiliários**

Decreto-Lei n.º 486/99
de 13 de Novembro

1 – O Código do Mercado dos Valores Mobiliários, elaborado há quase 10 anos e agora revogado, constituiu um marco fundamental na regulação e no desenvolvimento dos mercados de valores mobiliários em Portugal. Continuando o ciclo aberto com os Códigos Comerciais de 1833 e de 1888, consumou a plena integração desses mercados num sistema financeiro moderno.

Baseando-se na ideia de «autonomia dos mercados de valores mobiliários», a reforma empreendida pelo Código anterior seleccionou como «princípios estruturadores» a «desestatização», a «desgovernamentalização» e a «liberalização». Desta orientação resultou a consagração de institutos inovadores, dos quais se destacam: a criação de uma autoridade de supervisão independente, a Comissão do Mercado de Valores Mobiliários; a modernização do regime dos valores mobiliários, com relevo para as regras sobre valores mobiliários escriturais; a criação de uma central de valores mobiliários; a modificação estrutural das bolsas, que deixaram de ser institutos públicos, passando a ser geridas por associações civis sem fim lucrativo; a liberalização da emissão de valores mobiliários, deixando as ofertas públicas de estar sujeitas a autorização administrativa; o tratamento da informação a disponibilizar nos mercados de acordo com o princípio da transparência. Em consequência, a ciência jurídica, confrontada com estas mudanças, foi impelida a novas construções, nomeadamente no que respeita ao conceito e ao regime dos valores mobiliários e ao enquadramento das ofertas públicas.

A pretensão de auto-suficiência do Código, que tudo quis prever e regular com pormenor, foi, numa primeira fase, essencial para o seu êxito. Porém, esse modelo depressa se revelou portador de alguma falta de flexibilidade e gerador de dificuldades de adaptação à evolução das situações. Na verdade, tal auto-suficiência não era viável e fracassava perante a necessidade de resolução de casos mais complexos em que a solução tinha de ser confrontada com princípios gerais de direito e com preceitos inseridos em outra sede legislativa. Por isso, há algum tempo se vinha a colocar o problema de uma revisão que, conservando as vantagens trazidas pelo Código, permitisse novos passos na modernização do sistema de valores mobiliários. Embora a lei, só por si, não tenha a virtualidade de transformar os mercados, pode ser uma oportunidade para estimular os agentes económicos.

Por despacho de 27 de Maio de 1997, o Ministro das Finanças definiu as linhas gerais de orientação a seguir na elaboração de um novo Código e criou um grupo de trabalho encarregado de apresentar o respectivo projecto.

Sem afectar a continuidade dos mercados e evitando rupturas sistémicas, o Código agora aprovado pretende concretizar os objectivos fixados no referido despacho em torno de cinco ideias principais: codificar, simplificar, flexibilizar, modernizar e internacionalizar.

2 – Procurou-se manter em código o corpo central da legislação sobre valores mobiliários, com a finalidade de facilitar a tarefa do aplicador e a inserção dessas normas no sistema jurídico, continuando assim uma tradição que tem dado bons resultados. Apesar da rigidez que um código sempre acarreta, admitiu-se serem superiores os ganhos de segurança, de credibilidade, de simplificação e de integração sistemática que o mesmo propicia. Embora a nomenclatura e os conceitos utilizados não se possam considerar ainda completamente assentes, o novo Código progride nessa estabilização, numa área em que abundam os vocábulos directamente importados de sistemas estrangeiros sem tradução para português ou com tradução meramente literal. Por isso, não foi tarefa menor escrever o Código sem recurso a terminologia estrangeira, mesmo nos casos em que possa discutir-se a bondade dos termos encontrados.

A intenção codificadora revela-se também no cuidado de integração harmoniosa do diploma no conjunto do sistema jurídico, de acordo com uma relação de especialidade. Evitou-se regular o que estava regulado, tomando como pressupostos os regimes gerais já consagrados no direito privado (civil e societário), no direito administrativo, no direito penal e de mera ordenação social. Preservando a teoria e a técnica acumuladas nessas grandes áreas do direito, procurou-se apoiar o trabalho do intérprete-aplicador e, sem deixar de ter em conta as especificidades do direito dos valores mobiliários, atenuar o aparente exotismo de algumas figuras.

Inerente à preocupação sistematizadora esteve ainda o objectivo de, na tradição enraizada no direito civil, criar ou desenvolver regimes gerais adequados aos principais institutos, designadamente aqueles que respeitam aos valores mobiliários, independentemente da sua negociação em bolsa ou fora de bolsa, às ofertas públicas, aos mercados de valores mobiliários, seja qual for o seu grau de organização e de imperatividade das normas aplicáveis, e às várias actividades de intermediação financeira.

É óbvio que tal objectivo tem limites estruturais e pragmáticos. Por isso, se apartaram do Código os estatutos de diversas instituições, incluídos no Código anterior, como é o caso da Comissão do Mercado de Valores Mobiliários (CMVM), do Conselho Nacional do Mercado de Valores Mobiliários, das entidades gestoras de bolsas e de outros mercados e das entidades gestoras de sistemas de liquidação e de sistemas centralizados, que passam agora a constar de diplomas autónomos.

Regulação do Sector Financeiro – Regulação do Mercado de Valores Mobiliários

3 – A simplificação do texto do Código foi outro desiderato que presidiu à sua elaboração. Em comparação com o Código revogado, o número de artigos é ainda superior a metade, mas a dimensão total ficou reduzida a menos de um terço. A simplificação incidiu também na técnica de redacção adoptada, reduzindo as remissões ao estritamente necessário, utilizando uma linguagem tão simples e tão clara quanto a complexidade das matérias o permitiu e eliminando as duplas remissões, as constantes referências de salvaguarda, bem como comentários que excedem o conteúdo preceptivo.

Como a simplificação não deve sacrificar o rigor, houve a preocupação de dar um sentido unívoco aos termos usados e, sempre que possível, coincidente com aquele que lhe é atribuído no sistema jurídico em geral.

4 – O dinamismo do sistema financeiro a nível internacional exigia a adopção de regras e de procedimentos flexíveis, capazes de transmitir ao texto legislativo alguma durabilidade. Assim, privilegiou-se a consagração de princípios e de regras gerais e recorreu-se com frequência a conceitos indeterminados e a cláusulas gerais, cuja densificação se espera que seja continuada pela jurisprudência, pela prática das autoridades administrativas e pela doutrina.

Na medida do razoável, deixou-se a concretização da lei para regras de outra natureza, de acordo com um critério de desgraduação normativa que concede amplo espaço, por um lado, aos regulamentos administrativos, em particular da CMVM, e, por outro, a uma moderada auto-regulação por outras entidades que actuam no mercado.

Quanto ao primeiro aspecto, esta orientação foi acompanhada por uma outra, paralela, no sentido de limitar a discricionariedade das autoridades administrativas, nomeadamente através da fixação de critérios de regulação e de decisão. Quanto ao segundo aspecto, pretendeu-se deixar claro que, neste domínio, o desenvolvimento e a aplicação da maioria dos institutos consagrados dependem do exercício dinâmico da autonomia privada.

Na delimitação entre as matérias que deveriam constar da lei e as que deveriam ser deixadas para regulamento ou para a auto-regulação, foram seguidos alguns critérios que podem ser assim enunciados: não regular na lei o que poderia com vantagem ser incluído em regulamento, salvo precisas excepções ditadas sobretudo por razões pragmáticas; dar preferência às fontes regulamentares, sempre que as normas previssem comportamentos e condições operacionais de evolução rápida ou muito dependentes da criatividade dos agentes ou que pudessem restringir vantagens comparativas na concorrência entre mercados; respeitar o enquadramento constitucional da reserva de lei e de competência legislativa e o âmbito dos regulamentos.

5 – Com o intuito de modernizar o sistema normativo, tomaram-se em consideração os mais recentes desenvolvimentos da prática internacional e das legislações estrangeiras, evitando todavia um duplo risco: por um lado, copiar acriticamente, sem a devida integração no sistema português; por outro, ignorar a tendência para a uniformização dos direitos, olvidando que a consagração de inovações desgarradas ou contrárias àquela tendência pode isolar ou limitar a competitividade dos mercados a funcionar em Portugal.

Atendeu-se naturalmente também à modernização dos meios de comunicação. Evitando moldar as previsões aos mais recentes progressos tecnológicos, que podem revelar-se efémeros, preferiu-se adoptar fórmulas cuja generalidade permita abarcar a diversidade formal e a neutralidade dos suportes informativos. São disso exemplos as regras sobre forma escrita (artigo 4.º), assim como a propositada omissão de referências a meios de comunicação mais recentes (v. g., a Internet) e a determinados sistemas de negociação (cf., v. g., artigos 220.º e 322.º).

6 – Para dar resposta à internacionalização e à integração dos mercados de valores mobiliários, ampliou-se o tratamento conferido à delimitação do âmbito de aplicação do Código e à determinação do direito aplicável em situações plurilocalizadas. Procurou-se, neste domínio, encontrar um ponto de equilíbrio adequado que escapasse seja ao alheamento do sistema jurídico quanto à determinação do direito aplicável seja à maximização de aplicação da lei nacional.

Curou-se de precisar com maior nitidez que as normas nacionais de direito mobiliário apenas têm vocação para se aplicar em situações jurídicas internacionais se e na medida em que apresentem conexão relevante com o território nacional – solução que é consagrada genericamente no artigo 3.º e merece confirmação em outros preceitos do Código. Destaca-se, neste contexto, o critério seleccionado para a aplicabilidade do regime das ofertas públicas (cf. n.º 1 do artigo 108.º) que, a um tempo, concretiza o critério geral da conexão relevante e se mostra ajustado à utilização das modernas técnicas de comunicação à distância.

Por outro lado, dada a inadequação ou inaplicabilidade das soluções internacional-privatísticas constantes do Código Civil, da Convenção de Roma sobre a Lei Aplicável às Obrigações Contratuais e da Convenção da Haia sobre a Lei Aplicável aos Contratos de Intermediação, foram estabelecidas normas de conflitos específicas para a determinação do direito aplicável aos valores mobiliários (artigos 39.º a 42.º).

Por último, introduzem-se as normas necessárias para que seja possível, e até fomentada, a negociação em mercados situados em Portugal de valores mobiliários regulados por lei estrangeira (cf. n.º 3 do artigo 68.º, n.º 2 do artigo 91.º e artigos 117.º, 146.º e 231.º).

7 – O âmbito de aplicação material do Código, tal como acontecia aliás no Código anterior, excede o regime dos mercados de valores mobiliários, o que bem se vê, em especial, nos títulos II, V e VI, sobre valores mobiliários, sistemas de liquidação e intermediação. Por isso se achou adequado adoptar a designação mais genérica de Código dos Valores Mobiliários.

Intensifica-se, portanto, a relação entre o âmbito de aplicação do Código e o conceito de valor mobiliário. Em relação a este, optou-se por não dar qualquer definição directa. No n.º 1 do artigo 1.º procede-se a uma tipologia dos valores mobiliários já anteriormente reconhecidos ou cuja comercialização não envolve especiais riscos. O n.º 2 do mesmo preceito permite ampliar este universo através de enquadramento regulamentar pela CMVM ou pelo Banco de Portugal, conforme os casos. Esse pareceu ser o caminho adequado para combinar o dinamismo e a criatividade dos agentes nos mercados com a necessária segurança que nestes deve existir.

O Código aplica-se também aos instrumentos financeiros, em particular aos instrumentos financeiros derivados. Daí que a expressão «valor mobiliário» utilizada ao longo do Código signifique também «instrumento financeiro», salvo nos títulos que são expressamente excluídos pelo n.º 4 do artigo 2.º

8 – No artigo 13.º consagra-se o conceito de sociedade aberta ao investimento do público (abreviadamente sociedade aberta), pondo assim cobro à assistematicidade patente nas divergências de nomen iuris e de disciplina entre o Código das Sociedades Comerciais e o Código do Mercado dos Valores Mobiliários.

Além desta unificação de conceito e de disciplina, o novo Código aprofundou a autonomia do regime das sociedades abertas, reforçando a transparência da sua direcção e do seu controlo, nomeadamente no que respeita à divulgação das participações qualificadas e dos acordos parassociais, e ampliando o regime das deliberações sociais, na linha das modernas tendências relativamente ao governo das sociedades abertas.

Em ordem a limitar as situações de aquisição involuntária da qualidade de sociedade aberta, admite-se a possibilidade de as sociedades fechadas ao investimento do público estabelecerem uma cláusula estatutária fazendo depender a realização de oferta pública de venda ou de troca de autorização da assembleia geral (n.º 2 do artigo 13.º).

9 – O Código dedica o capítulo V do título I aos investidores, o que acontece pela primeira vez num diploma deste género.

Estabelece-se a distinção entre investidores institucionais e investidores não institucionais, equiparando aos primeiros outras entidades que não beneficiam da protecção conferida a estes últimos (artigo 30.º).

Confere-se a iniciativa de acção popular aos investidores não institucionais e às associações que como tal são reconhecidas para a sua protecção (artigo 31.º). Assim se facilita a intervenção organizada dos investidores em defesa dos seus interesses, em especial no que respeita à responsabilidade civil.

Estabelecem-se também mecanismos de mediação de conflitos entre os investidores e as várias entidades intervenientes nos mercados de valores mobiliários (artigos 33.º e 34.º) e altera-se a disciplina dos fundos de garantia dos investidores, alargando a sua obrigatoriedade (artigo 35.º).

10 – O título II do Código contém um regime geral dos valores mobiliários, dando continuidade ao caminho iniciado pelo anterior Código. Vai-se todavia mais longe, procurando extrair o máximo de efeitos da equivalência substancial entre as posições jurídicas, independentemente da forma escritural ou titulada de representação. Este princípio de neutralidade reflecte-se, em especial, no regime unitário do registo de emissão (artigos 43.º e 44.º), no critério de distinção entre valores mobiliários nominativos e ao portador (n.º 1 do artigo 52.º), no regime da penhora de valores mobiliários escriturais (artigo 82.º) e na utilização como título executivo de certificados passados pelas entidades registadoras de valores mobiliários escriturais (artigo 84.º).

Ao contrário do que alguns poderiam esperar, talvez por incompreensão deste princípio, não se condena a forma de representação titulada, permitindo o convívio das duas formas de representação e deixando, com os limites das necessidades dos mercados, que os interessados escolham a forma de representação mais conveniente. Tal não impede o alargamento da possibilidade de recurso à forma escritural de representação, que, a partir de agora, poderá consistir igualmente em registo efectuado num só intermediário financeiro ou no emitente.

Introduz-se um processo expedito para a reconstituição consensual dos registos e dos títulos depositados, em caso de destruição e perda, sem necessidade de recurso à reforma judicial (artigo 51.º).

No regime dos valores escriturais faz-se uma aproximação ao modelo das contas bancárias, mitigado com a experiência de registo das acções nominativas. Resulta por isso atenuada a influência da técnica do registo predial que tinha estado na génese do regime do anterior Código.

Em relação à presunção de titularidade resultante das contas de registo individualizado evitou-se consagrar em lei uma solução demasiado rígida. Assim se compreende o disposto no n.º 3 do artigo 74.º, que permite, em especial quando estejam em causa relações de natureza fiduciária, ilidir aquela presunção perante a autoridade de supervisão ou por iniciativa desta.

Desaparece a referência à Central de Valores Mobiliários enquanto sistema único de centralização de valores mobiliários, consagrando-se na lei a realidade existente que já admitia outros sistemas centralizados nacionais, designadamente o sistema gerido pelo Banco de Portugal, e que exigia na prática a sua coordenação com sistemas sediados no estrangeiro. O sistema de contas dos sistemas centralizados, definido com mais precisão, é concebido com aptidão para se adaptar ao exercício de novas funções.

Eliminam-se os títulos ao portador registados, porquanto as razões fiscais que motivaram a sua criação podem ser acauteladas por outras formas. Na verdade, os valores mobiliários escriturais e os valores mobiliários titulados depositados em sistema centralizado são obrigatoriamente registados. Em relação aos restantes a questão fiscal fica resolvida pelos artigos 117.º e 129.º do Código do Imposto sobre o Rendimento das Pessoas Singulares, alterados pelo artigo 12.º do presente diploma.

Para segurança na circulação dos valores mobiliários deixa de se exigir o bloqueio prévio, que a prática não acolheu. Efeito equivalente se obtém pela combinação de faculdades de controlo atribuídas aos intermediários financeiros [alínea b) do n.º 2 do artigo 78.º e n.º 2 do artigo 326.º] com novos requisitos na liquidação das operações (artigo 280.º).

11 – O título III reordena o material normativo preexistente sobre ofertas públicas relativas a valores mobiliários.

O Código de 1991 tomava o regime das ofertas públicas de subscrição como referência para as restantes, fazendo uso de frequentes remissões. Ao invés, o presente Código autonomiza uma parte geral das ofertas públicas, contendo as disposições comuns de natureza processual e substantiva. A título de exemplo, foi introduzida à parte geral a figura do prospecto e da inerente responsabilidade civil por vícios de informação e de previsão, abrangendo, apesar das suas especificidades, as ofertas públicas de aquisição.

No mais, a disciplina das ofertas públicas foi objecto de actualização, regulando em separado as matérias relativas ao prospecto de oferta internacional (artigos 145.º e seguintes) e à recolha das intenções de investimento (artigos 184.º e seguintes) e introduzindo institutos recentes no tráfego mobiliário, como são a estabilização de preços no âmbito de oferta (artigo 160.º) e a opção de distribuição de lote suplementar (artigo 158.º).

12 – O regime das ofertas públicas de aquisição obrigatórias assenta na ideia geral de que os benefícios da aquisição de domínio sobre uma sociedade aberta devem ser compartilhados pelos accionistas minoritários.

A exemplo da maioria dos ordenamentos jurídicos próximos, as fasquias constitutivas do dever de lançamento foram fixadas em um terço e em metade dos direitos de voto correspondentes ao capital social. Para resolução da perplexidade que colocava o regime anterior quanto ao relevo da aquisição de valores mobiliários que confiram o direito à subscrição ou à aquisição de acções, passaram a ser considerados apenas os direitos de voto efectivos no cômputo da posição de domínio do potencial oferente.

O critério do domínio efectivo justifica ainda a possibilidade de eliminação do limite mais baixo de obrigatoriedade, reconhecida nas sociedades abertas sem valores admitidos à negociação em mercado regulamentado (n.º 4 do artigo 187.º), a consagração da figura da suspensão do dever de lançamento de oferta, quando o domínio seja conjuntural (artigo 190.º), e a supressão das ofertas obrigatórias parciais e das ofertas prévias, umas e outras mais falíveis na protecção dos accionistas minoritários.

Regulação do Sector Financeiro – Regulação do Mercado de Valores Mobiliários

13 – Em relação à aquisição do domínio total nas sociedades abertas adaptou-se o disposto no artigo 490.º do Código das Sociedades Comerciais. Acentuou-se todavia a protecção das expectativas geradas pela abertura da sociedade ao investimento do público, presente também nos requisitos para a perda da qualidade de sociedade aberta (artigo 27.º).

O direito de aquisição potestativa (artigo 194.º), a que corresponde um direito simétrico de alienação potestativa dos accionistas minoritários (artigo 196.º), tem como ónus o lançamento prévio de oferta pública de aquisição. A mesma ideia justifica a extensão a este instituto do princípio de igualdade de tratamento e a intervenção da autoridade de supervisão do mercado, quer quanto ao conteúdo da informação divulgada, quer quanto ao montante da contrapartida, que passa a reger-se pelas regras aplicáveis às ofertas públicas de aquisição obrigatórias.

14 – No título IV introduzem-se profundas alterações no regime dos mercados, tendentes quer à sua generalização quer à sua flexibilidade. A estrutura dos mercados passa a assentar na distinção entre mercados regulamentados, que têm como paradigma os mercados de bolsa, e outros mercados organizados (artigo 199.º), que podem assumir as mais diversas características e cujas regras são fixadas pela respectiva entidade gestora, de forma livre, ainda que limitada por critérios legais de transparência das suas regras e operações. O que no Código revogado era designado por «mercado de balcão» fica assim reduzido à sua real condição de actividade de intermediação.

Os mercados não regulamentados não estão sujeitos a qualquer autorização, dependendo o seu funcionamento apenas do controlo de legalidade por parte da autoridade de supervisão. Admite-se inclusivamente a criação de mercados com intervenção directa dos investidores institucionais (n.º 3 do artigo 203.º) ou de mercados em que a função tradicional dos membros pode ser exercida pela entidade gestora (n.º 6 do mesmo artigo).

Clarifica-se o regime das taxas a cobrar por operações realizadas fora de mercado regulamentado, passando agora a incidir apenas sobre as operações que tenham por objecto valores mobiliários admitidos à negociação em mercado regulamentado e que tenham sido realizadas fora desse mercado (artigo 211.º). A habilitação regulamentar atribuída ao Ministro das Finanças está balizada por dois limites: a taxa deve respeitar um princípio de neutralidade entre a negociação em mercado regulamentado e fora de mercado regulamentado; o seu pagamento deve ter correspondência em serviços de supervisão prestados pela CMVM.

Também em relação aos mercados de bolsa o panorama é alterado. Passa a haver um único mercado obrigatório, o mercado de cotações oficiais, deixando-se à entidade gestora liberdade para a criação de outros, respeitadas as exigências comuns aos mercados regulamentados.

Mantém-se o binómio operações a contado e operações a prazo. Nestas tipificam-se apenas as que têm vindo a ser realizadas entre nós ou que estão mais difundidas. Fica todavia aberta a possibilidade de outras se realizarem desde que aprovadas pela CMVM.

15 – O título V, sobre sistemas de liquidação, contém relevantes inovações que resultam, por um lado, da sua generalização para além do âmbito das operações de bolsa e, por outro, das regras decorrentes da Directiva n.º 98/26/CE, do Parlamento e do Conselho, de 19 de Maio, entre as quais sobressai o carácter definitivo da liquidação em caso de insolvência de um participante no sistema.

Novidade é também a consagração legal do regime das operações de liquidação (artigos 274.º e seguintes), com particular incidência em normas que assegurem a eficácia e a segurança das operações de bolsa.

16 – No título VI, o elenco das actividades de intermediação segue o modelo da directiva dos serviços de investimento, nele se incluindo tanto os serviços de investimento como os serviços auxiliares (artigo 289.º). A uns ou a outros, conforme os casos, são equiparadas as actividades de publicidade, de promoção e de prospecção de qualquer actividade de intermediação financeira (artigo 292.º). Antecipa-se, assim, a protecção dos investidores e dos mercados para momento anterior ao da conclusão de contratos de intermediação.

Pela primeira vez é regulada a consultoria autónoma para investimento, quando prestada em base individual (artigo 294.º). O exercício dessa actividade, que anteriormente só era permitida aos intermediários financeiros, fica agora dependente de autorização da CMVM. Coloca-se um particular acento na necessidade de os consultores preencherem determinados requisitos de idoneidade e aptidão profissional. Embora os consultores autónomos não sejam considerados como intermediários financeiros, o exercício da sua actividade rege-se pelas mesmas regras.

17 – O regime geral aplicável ao exercício de actividades de intermediação ocupa toda a secção III do capítulo I do título VI, onde se reorganizam as normas que o anterior Código qualificava como normas de conduta, inspiradas em directivas comunitárias, em particular na directiva dos serviços de investimento, e na Recomendação n.º 77/534, de 27 de Julho, relativa a um código de conduta europeu a observar nas transacções sobre valores mobiliários. O regime é desenvolvido a partir das recomendações de organizações internacionais, em particular da OICV (Organização Internacional das Comissões de Valores) e do FESCO (Forum of European Securities Commissions). As inovações mais salientes dizem respeito às regras sobre defesa do mercado (artigo 311.º) e à proibição de intermediação excessiva (artigo 310.º). As normas sobre conflito de interesses (artigo 309.º) são completadas com aquelas que são específicas da negociação dos intermediários financeiros por conta própria (artigo 347.º).

Introduz-se uma alteração relevante no que respeita aos códigos deontológicos. O anterior Código consagrava a obrigatoriedade de elaborar códigos de conduta e sujeitava-os à aprovação da CMVM. A experiência mostrou que não era uma boa solução, porque os códigos aprovados se limitavam a repetir a lei e a aprovação pela CMVM lhes retirava o carácter genuíno de auto-regulação. Por isso se considerou que a intervenção da CMVM se deve limitar ao controlo de legalidade dos códigos que venham a ser aprovados, através do seu registo (artigo 315.º).

18 – A regulação sistemática dos contratos de intermediação, importante grupo dos contratos de mandato e de outros contratos de prestação de serviços, é totalmente nova, embora se aproveitem algumas soluções já consagradas de forma dispersa em legislação anterior. As regras gerais destinam-se a assegurar, sob alguns aspectos, a protecção dos investidores, com destaque para a protecção dos investidores não institucionais na celebração de contratos fora do estabelecimento do intermediário financeiro. Consagra-se a esse propósito um regime moderado e realista, aplicável apenas à recepção de ordens e à gestão de carteiras e, ainda assim, restrito aos casos em que não exista anterior relação de clientela e em que a celebração do contrato não tenha sido solicitada pelo próprio investidor.

Os tipos contratuais regulados nos artigos 325.º a 345.º, com excepção do contrato de consultoria para investimento, já eram conhecidos da legislação anterior, mas estavam carecidos de melhor caracterização e de introdução de algumas normas imperativas de protecção. Fora destes limites, mantém-se todo o espaço de autonomia privada, enquadrada pelo regime geral dos contratos.

A negociação do intermediário financeiro por conta própria é tratada em capítulo autónomo, como autónoma é a sua inclusão no elenco dos serviços de investimento (n.º 2 do artigo 290.º). Também neste domínio os contratos regulados não esgotam o âmbito dos contratos que o intermediário financeiro pode celebrar por conta própria. A selecção recaiu naqueles que podem envolver maior risco para o mercado: os contratos de fomento de mercado (artigo 348.º), onde se incluem todas as actividades chamadas de market maker, os contratos que visam a realização de operações de estabilização de preços (artigo 349.º) e os empréstimos de valores mobiliários (artigo 350.º). Estabelecem-se regras mínimas deixando outros aspectos importantes para regulamento da CMVM.

19 – Do título VII, relativo à supervisão e regulação, não constam as matérias de organização interna da autoridade supervisora, agora incluídas no Estatuto da CMVM, aprovado por diploma autónomo.

Na linha do Regime Geral das Instituições de Crédito e das Sociedades Financeiras, é adoptado um conceito amplo de supervisão que abarca todas as competências de intervenção da CMVM no mercado.

Quanto às entidades sujeitas à supervisão da CMVM, mantém-se um elenco próximo do que consta do Código anterior. A circunstância de não se incluírem nesse elenco os investidores não institucionais apenas significa a sua subtracção aos poderes de supervisão contínua, sem prejuízo, porém, da sujeição a sanções pela violação de normas legais ou regulamentares e aos correspondentes procedimentos.

Dentro da supervisão autonomizaram-se a supervisão contínua (artigo 362.º) e a supervisão prudencial (artigo 363.º). Salientam-se ainda as disposições comuns aos diversos registos efectuados pela CMVM (artigo 365.º), designadamente a consagração de princípios gerais de legalidade e de publicidade.

20 – Nova é também a inclusão no âmbito da regulação das recomendações e pareceres genéricos da CMVM (artigo 370.º), que, sendo actos sem conteúdo normativo próprio, podem contribuir para esclarecer e orientar a prática dos operadores.

A regulação dos mercados não constitui exclusivo das entidades públicas. Para pôr em evidência esta ideia, dedica-se um preceito à auto-regulação (artigo 372.º), o que também é uma novidade. Os avanços nessa matéria são reais mas moderados, tomando-se em conta que a nossa tradição não é muito favorável à auto-regulação pelos operadores do mercado. Por um lado, as mais recentes tendências internacionais, mesmo nos países anglo-saxónicos, onde a auto-regulação tem raízes mais profundas, mostram que a auto-regulação tem vindo a perder algum terreno. Por outro lado, não se considera adequado transpor para Portugal, de modo acrítico, a experiência de outros países. Em qualquer caso, teve-se em conta que, neste domínio, toda a intervenção legislativa e regulamentar do Estado, de carácter imperativo, se traduz numa restrição dos princípios da autonomia privada e da livre iniciativa em que assenta o sistema jurídico-económico português. Daí que se tivessem consagrado diversos níveis de autonomia e de participação dos intervenientes nos mercados.

21 – Os crimes de abuso de informação e de manipulação de mercado, já previstos no anterior Código, são agrupados numa categoria de crimes contra o mercado. A tipificação do crime de abuso de informação segue a Directiva comunitária n.º 89/592/CEE, de 13 de Novembro. A tipificação do crime de manipulação de mercado é substancialmente alterada, deixando de se exigir os elementos subjectivos especiais do tipo que tornavam praticamente impossível o seu preenchimento. O dano continua a não integrar a descrição típica.

A moldura abstracta das penas é ligeiramente elevada, mas não ultrapassa os três anos, nível de gravidade médio das penas consagradas no Código Penal e compatível com qualquer das formas de processo.

Introduzem-se também disposições processuais relativamente à aquisição da notícia do crime, delimitando-se com maior rigor os campos de actuação do Ministério Público e da CMVM.

22 – Relativamente aos ilícitos de mera ordenação social, mantém-se a distinção entre contra-ordenações muito graves, contra-ordenações graves e contra-ordenações menos graves (n.º 1 do artigo 388.º), elevando-se as respectivas molduras penais máxima e mínima, de harmonia com parâmetros já consagrados em outros sectores do sistema financeiro.

A técnica de tipificação dos ilícitos de mera ordenação social baseia-se agora na sua delimitação autónoma, abandonando-se a simples remissão para as normas que consagram os deveres.

Também se introduzem relevantes alterações em matéria processual, com destaque para a consagração do processo sumaríssimo (artigo 414.º), moldado sobre processo semelhante existente em processo penal.

23 – O Código transpõe as diversas directivas comunitárias relativas ao domínio dos valores mobiliários, tomando agora em consideração as exigências formais do n.º 9 do artigo 112.º da Constituição: Directivas n.os 79/279/CEE, de 5 de Março, 80/390/CEE, de 27 de Março, 82/148/CEE, de 3 de Março, 87/345/CEE, de 22 de Junho, 90/211/CEE, de 23 de Abril, e 94/18/CE, de 30 de Maio, todas relativas à coordenação das condições de admissão de valores mobiliários à cotação oficial de uma bolsa de valores; Directiva n.º 82/121/CEE, de 15 de Fevereiro, relativa a informações a publicar por sociedades cujas acções são admitidas à cotação oficial de uma bolsa de valores; Directiva n.º , de 12 de Dezembro, relativa a informação a publicar por ocasião da aquisição ou alienação de uma participação importante de sociedade cotada em bolsa; Directiva n.º 89/298/CEE, de 17 de Abril, referente às condições de estabelecimento, controlo e difusão do prospecto a publicar em caso de oferta pública de subscrição ou de venda de valores mobiliários; Directiva n.º 89/592/CEE, de 13 de Novembro, relativa à coordenação das regulamentações respeitantes às operações de iniciados; Directiva n.º 93/22/CE, de 10 de Maio, relativa aos serviços de investimento em valores mobiliários, na parte não transposta para o Regime Geral das Instituições de Crédito e das Sociedades Financeiras pelo Decreto-Lei n.º 232/96, de 5 de Dezembro; Directiva n.º 95/26/CE, do Parlamento Europeu e do Conselho, de 29 de Junho, relativa ao reforço da supervisão prudencial, e que veio a ser conhecida como directiva pós-BCCI; Directiva n.º 98/26/CE, do Parlamento e do Conselho, de 19 de Maio, relativa ao carácter definitivo da liquidação nos sistemas de pagamentos e de liquidação de valores mobiliários, transposta apenas na parte aplicável aos sistemas de liquidação de valores mobiliários.

24 – Um diploma desta complexidade, mesmo quando não implique ruptura sistemática, exige uma vacatio legis suficientemente ampla para permitir aos aplicadores a necessária assimilação e adaptação. Daí que se tenha fixado o dia 1 de Março de 2000 como data de referência para a entrada em vigor do Código e para a consequente revogação das normas

Regulação do Sector Financeiro – Regulação do Mercado de Valores Mobiliários

por ele substituídas. Era todavia imperioso estabelecer, em relação a determinadas matérias, datas diferentes para o início de vigência. Nos casos, antecipa-se a vigência para satisfazer compromissos do Estado Português perante a Comunidade Europeia (n.os 1 e 2 do artigo 6.º do presente decreto-lei) ou para prevenir eventuais perturbações de funcionamento do mercado em domínios sensíveis (n.º 1 do artigo 5.º do presente decreto-lei). Noutros casos, preferiu-se admitir que o início de vigência fosse retardado como garantia de eficácia operacional (artigo 4.º, n.º 3 do artigo 6.º e artigo 9.º do presente decreto-lei).

Sublinhe-se por último, quanto ao direito transitório, que na sua plena compreensão se deve atender às disposições do decreto-lei que aprova o novo regime das sociedades gestoras de mercados regulamentados.

Foi ouvido o Conselho Nacional do Mercado de Valores Mobiliários e, individualmente, cada uma das entidades aí representadas, designadamente: Banco de Portugal, Comissão do Mercado de Valores Mobiliários, Instituto de Gestão do Crédito Público, Associação Portuguesa de Bancos, Associação Portuguesa das Sociedades de Corretagem e Financeiras de Corretagem, Associação da Bolsa de Valores de Lisboa, Associação da Bolsa de Derivados do Porto, Associação Portuguesa de Seguradoras e Associação Portuguesa de Fundos de Investimento Mobiliário.

Assim, no uso da autorização legislativa concedida pela Lei n.º 106/99, de 26 de Julho, e nos termos das alíneas a) e b) do n.º 1 do artigo 198.º da Constituição, o Governo decreta, para valer como lei geral da República, o seguinte:

ARTIGO 1.º
Aprovação do Código dos Valores Mobiliários

É aprovado o Código dos Valores Mobiliários, que faz parte do presente decreto-lei.

ARTIGO 2.º
Entrada em vigor

O Código dos Valores Mobiliários entra em vigor no dia 1 Março de 2000, com ressalva do disposto nos artigos seguintes.

ARTIGO 3.º
Regulação

O disposto no artigo anterior não prejudica:

a) A aprovação e publicação, em data anterior, das portarias, dos avisos e de outros regulamentos necessários à execução do Código dos Valores Mobiliários;

b) A elaboração e aprovação, pelas entidades habilitadas, das regras e cláusulas contratuais gerais exigidas ou permitidas por lei e o seu registo ou a sua aprovação pela Comissão do Mercado de Valores Mobiliários (CMVM).

ARTIGO 4.º
Central de Valores Mobiliários

A aplicação das regras relativas aos sistemas centralizados de valores mobiliários à entidade que no Código do Mercado de Valores Mobiliários revogado é designada por Central de Valores Mobiliários verificar-se-á à medida da entrada em vigor dos regulamentos operacionais do sistema, que devem ser registados na CMVM até seis meses após a entrada em vigor do Código dos Valores Mobiliários.

ARTIGO 5.º
Ofertas públicas

1 – Os artigos 187.º a 193.º, as alíneas g), h) e i) do n.º 2 do artigo 393.º e, na medida em que para estes preceitos seja relevante, os artigos 13.º, 16.º, 17.º, 20.º e 21.º entram em vigor 45 dias após a publicação do Código dos Valores Mobiliários.

2 – O disposto no Código do Mercado de Valores Mobiliários é aplicável às ofertas públicas de aquisição cujo anúncio preliminar tenha sido publicado:

a) Até à data referida no número anterior, em caso de oferta pública de aquisição obrigatória;

b) Até ao dia 1 de Março de 2000, nos restantes casos de oferta pública de aquisição.

3 – O regime das ofertas públicas de aquisição obrigatórias previsto no Código dos Valores Mobiliários não é aplicável à aquisição de valores mobiliários emitidos por sociedades cujo processo de privatização já tenha sido iniciado mas não se encontre ainda concluído, desde que as aquisições sejam feitas no âmbito de operações previstas nos diplomas que regulem o respectivo processo de privatização.

ARTIGO 6.º
Membros das bolsas e sistemas de liquidação

1 – A partir do dia 1 de Janeiro de 2000 as instituições de crédito autorizadas a receber valores mobiliários para registo e depósito e a executar ordens de bolsa podem ser membros de qualquer bolsa, não sendo aplicável o disposto na alínea b) do n.º 1 do artigo 206.º do Código do Mercado de Valores Mobiliários.

2 – Os capítulos I e III do título V do Código dos Valores Mobiliários entram em vigor no dia 11 de Dezembro de 1999.

3 – O capítulo II do mesmo título entra em vigor após a aprovação dos regulamentos operacionais dos sistemas de liquidação, que devem ser registados na CMVM até seis meses após a entrada em vigor do Código dos Valores Mobiliários.

ARTIGO 7.º
Sociedades abertas

As expressões «sociedade de subscrição pública» e «sociedade com subscrição pública», utilizadas em qualquer lei ou regulamento, consideram-se substituídas pela expressão «sociedade com o capital aberto ao investimento do público» com o sentido que lhe atribui o artigo 13.º do Código dos Valores Mobiliários.

ARTIGO 8.º
Participações qualificadas e acordos parassociais

1 – Quem, nos termos do artigo 16.º, seja detentor de participação qualificada que anteriormente não tinha essa natureza fica obrigado a cumprir os deveres de comunicação referidos no mesmo preceito até três meses após a entrada em vigor do Código dos Valores Mobiliários, independentemente da data e das circunstâncias determinantes da detenção da participação.

2 – Ao mesmo prazo fica sujeita a comunicação à CMVM dos acordos parassociais a que se refere o artigo 19.º, celebrados antes da entrada em vigor do Código dos Valores Mobiliários.

ARTIGO 9.º
Fundos de garantia

1 – Os fundos de garantia a que se referem os artigos 35.º a 38.º do Código dos Valores Mobiliários devem ser constitu-

ídos ou, quando já existentes, reorganizados, no prazo de um ano a contar da entrada em vigor do referido Código.

2 – Ficam isentos do imposto sobre o rendimento das pessoas colectivas os rendimentos dos fundos de garantia e do sistema de garantia dos investidores em valores mobiliários e outros instrumentos financeiros, com excepção dos rendimentos provenientes de aplicações que os mesmos façam das suas disponibilidades financeiras.

ARTIGO 10.º
Títulos ao portador registados

1 – Se a lei exigir que os títulos representativos de valores mobiliários assumam a modalidade de títulos nominativos ou ao portador registados ou apenas esta, tal exigência considera-se limitada ou substituída pela modalidade de títulos nominativos.

2 – Os valores mobiliários ao portador que estejam em regime de registo por força de lei ou do estatuto da sociedade devem ser convertidos em valores mobiliários nominativos no prazo de dois anos a contar da entrada em vigor do Código dos Valores Mobiliários.

3 – Pelos actos exigidos pela conversão a que se refere o n.º 1 ou dela resultantes não são devidos quaisquer emolumentos.

4 – Se a sujeição a registo de títulos ao portador resultar apenas do estatuto da sociedade, o emitente pode decidir a manutenção daqueles valores mobiliários como valores ao portador, sem registo.

5 – Se a sujeição a registo de títulos ao portador resultar de opção do seu titular, aqueles deixam de estar sujeitos ao regime de registo.

ARTIGO 11.º
Processos em curso

Aos processos relativos a contra-ordenações que estejam em curso ou pendentes de decisão judicial são aplicáveis as normas do Código Penal e do Código de Processo Penal sobre a aplicação no tempo, com as devidas adaptações.

ARTIGO 12.º
Alterações ao Código do IRS

1 – O artigo 117.º do Código do Imposto sobre o Rendimento das Pessoas Singulares passa a ter a seguinte redacção:

«ARTIGO 117.º
Comunicação da alienação de valores mobiliários

1 – As alienações de valores mobiliários cujas mais-valias estejam sujeitas a IRS, bem como o respectivo valor, devem ser comunicadas à Direcção-Geral das Contribuições e Impostos:

a) Pelas instituições de crédito, sociedades financeiras de corretagem, sociedades corretoras e outros intermediários financeiros que intervieram na alienação, até ao final do mês de Fevereiro de cada ano;

b) Pelas pessoas intervenientes na alienação, fora dos casos referidos na alínea anterior ou no artigo 116.º, até 10 dias após a alienação.

2 – As comunicações a que se refere o número anterior devem ser feitas mediante impresso de modelo aprovado oficialmente ou por suporte informático.»

2 – O artigo 129.º do Código do Imposto sobre o Rendimento das Pessoas Singulares passa a ter a seguinte redacção:

«ARTIGO 129.º
Registo ou depósito de valores mobiliários

1 – O registo de valores mobiliários escriturais e o depósito de valores mobiliários titulados susceptíveis de produzir rendimentos da categoria G deve ser titulado por documento emitido pela respectiva entidade registadora ou depositária, do qual conste a identificação dos valores mobiliários registados ou depositados.

2 – O disposto no número anterior é aplicável à transferência entre contas dos valores mobiliários escriturais e ao levantamento dos valores mobiliários titulados depositados.

3 – Da declaração a que se refere o número anterior, se passada por instituição de crédito ou outro intermediário financeiro, deve constar que os valores mobiliários foram adquiridos com a sua intervenção.»

ARTIGO 13.º
Alterações ao Código das Sociedades Comerciais

1 – O n.º 2 do artigo 167.º do Código das Sociedades Comerciais passa a ter a seguinte redacção:

«2 – Nas sociedades anónimas os avisos, anúncios e convocações dirigidos aos sócios ou a credores, quando a lei ou o contrato mandem publicá-los, devem ser publicados de acordo com o disposto no número anterior e ainda num jornal da localidade da sede da sociedade ou, na falta deste, num dos jornais aí mais lidos.»

2 – O n.º 4 do artigo 328.º do Código das Sociedades Comerciais passa a ter a seguinte redacção:

«4 – As cláusulas previstas neste artigo devem ser transcritas nos títulos ou nas contas de registo das acções, sob pena de serem inoponíveis a adquirentes de boa fé.»

3 – O n.º 5 do artigo 346.º do Código das Sociedades Comerciais passa a ter a seguinte redacção:

«5 – As acções totalmente reembolsadas passam a denominar-se acções de fruição, constituem uma categoria e esse facto deve constar do título ou do registo das acções.»

4 – O n.º 1 do artigo 371.º do Código das Sociedades Comerciais passa a ter a seguinte redacção:

«1 – A administração da sociedade deve:

a) Em relação a acções tituladas, emitir os títulos das novas acções e entregá-los aos seus titulares no prazo de 180 dias a contar da escritura do aumento do capital resultante da emissão;

b) Em relação a acções escriturais, proceder ao registo em conta das novas acções imediatamente após o registo comercial do aumento de capital resultante da emissão.»

5 – Ao artigo 490.º do Código das Sociedades Comerciais é aditado um n.º 7, com a seguinte redacção:

«7 – A aquisição tendente ao domínio total de sociedade com o capital aberto ao investimento do público rege-se pelo disposto no Código dos Valores Mobiliários.»

ARTIGO 14.º
Remissão para disposições revogadas

Quando disposições legais ou contratuais remeterem para preceitos revogados por este decreto-lei, entende-se que a remissão vale para as correspondentes disposições do Código dos Valores Mobiliários, salvo se do contexto resultar interpretação diferente.

ARTIGO 15.º
Revogação

1 – Com a entrada em vigor do Código dos Valores Mobiliários são revogados os seguintes diplomas e preceitos legais:

a) Código do Mercado dos Valores Mobiliários, aprovado pelo Decreto-Lei n.º 142-A/91, de 10 de Abril, e alterado pelos Decretos-Leis n.os 89/94, de 2 de Abril, 186/94, de 5 de Junho, 204/94, de 2 de Agosto, 196/95, de 29 de Julho, 261/95, de 3 de Outubro, 232/96, de 5 de Dezembro (rectificado pela Declaração de Rectificação n.º 4-E/97, de 31 de Janeiro), 178/

Regulação do Sector Financeiro – Regulação do Mercado de Valores Mobiliários

97, de 24 de Julho, e 343/98, de 6 de Novembro, com excepção dos artigos 190.º, 192.º, 194.º a 263.º e 481.º a 498.º;

b) Decreto-Lei n.º 408/82, de 29 de Setembro, alterado pelos Decretos-Leis n.os 198/86, de 19 de Julho, 243/89, de 5 de Agosto, e 116/91, de 21 de Março;

c) Artigo 5.º do Decreto-Lei n.º 262/86, de 2 de Setembro;

d) N.º 9 do artigo 279.º, artigos 284.º, 300.º, 305.º, 326.º, 327.º e 330.º a 340.º e n.º 4 do artigo 528.º, todos do Código das Sociedades Comerciais;

e) Decreto-Lei n.º 73/95, de 19 de Abril;

f) Artigo 34.º-A aditado ao Estatuto dos Benefícios Fiscais pelo artigo 1.º do Decreto-Lei n.º 142-B/91, de 10 de Abril.

2 – Com a entrada em vigor do Código dos Valores Mobiliários são revogados todos os regulamentos aprovados ao abrigo da legislação revogada nos termos do número anterior, nomeadamente as seguintes portarias:

a) Portaria n.º 834 -A/91, de 14 de Agosto;

b) Portaria n.º 935/91, de 16 de Setembro;

c) Portaria n.º 181-A/92, de 8 de Junho;

d) Portaria n.º 647/93, de 7 de Julho;

e) Portaria n.º 219/93, de 27 de Novembro;

f) Portaria n.º 710/94, de 8 de Agosto;

g) Portaria n.º 377-C/94, de 15 de Junho, alterada pela Portaria n.º 291/96, de 23 de Dezembro;

h) Portaria n.º 904/95, de 18 de Junho;

i) Portaria n.º 905/95, de 18 de Julho, alterada pela Portaria n.º 710/96, de 9 de Dezembro;

j) Portaria n.º 222/96, de 24 de Junho;

l) Portaria n.º 291/96, de 23 de Dezembro.

Visto e aprovado em Conselho de Ministros de 2 de Setembro de 1999. – *António Manuel de Oliveira Guterres – António Luciano Pacheco de Sousa Franco – José Eduardo Vera Cruz Jardim – Joaquim Augusto Nunes de Pina Moura – José Sócrates Carvalho Pinto de Sousa.*

Promulgado em 15 de Outubro de 1999.

Publique-se.

O Presidente da República, JORGE SAMPAIO.

Referendado em 21 de Outubro de 1999.

O Primeiro-Ministro, *António Manuel de Oliveira Guterres.*

Código dos Valores Mobiliários

TÍTULO I
Disposições gerais

CAPÍTULO I
Âmbito de aplicação

ARTIGO 1.º
Valores mobiliários

São valores mobiliários, além de outros que a lei como tal qualifique: [1]

a) As acções;

b) As obrigações;

c) Os títulos de participação;

d) As unidades de participação em instituições de investimento colectivo;

e) Os *warrants* autónomos; [1]

f) Os direitos destacados dos valores mobiliários referidos nas alíneas a) a d), desde que o destaque abranja toda a emissão ou série ou esteja previsto no acto de emissão;

g) Outros documentos representativos de situações jurídicas homogéneas, desde que sejam susceptíveis de transmissão em mercado. [1]

ARTIGO 2.º
Âmbito de aplicação material

1 – O presente Código regula: [1]

a) Os valores mobiliários e as ofertas públicas a estes respeitantes;

b) Os instrumentos do mercado monetário, com excepção dos meios de pagamento;

c) Os instrumentos derivados para a transferência do risco de crédito;

d) Os contratos diferenciais;

e) As opções, os futuros, os swaps, os contratos a prazo e quaisquer outros contratos derivados relativos a:

i) Valores mobiliários, divisas, taxas de juro ou de rendibilidades ou relativos a outros instrumentos derivados, índices financeiros ou indicadores financeiros, com liquidação física ou financeira;

ii) Mercadorias, variáveis climáticas, tarifas de fretes, licenças de emissão, taxas de inflação ou quaisquer outras estatísticas económicas oficiais, com liquidação financeira ainda que por opção de uma das partes;

iii) Mercadorias, com liquidação física, desde que sejam transaccionados em mercado regulamentado ou em sistema de negociação multilateral ou, não se destinando a finalidade comercial, tenham características análogas às de outros instrumentos financeiros derivados nos termos do artigo 38.º do Regulamento (CE) n.º 1287/2006, da Comissão, de 10 de Agosto;

f) Quaisquer outros contratos derivados, nomeadamente os relativos a qualquer dos elementos indicados no artigo 39.º do Regulamento (CE) n.º 1287/2006, da Comissão, de 10 de Agosto, desde que tenham características análogas às de outros instrumentos financeiros derivados nos termos do artigo 38.º do mesmo diploma;

g) As formas organizadas de negociação de instrumentos financeiros referidos nas alíneas anteriores, a liquidação e a compensação de operações àqueles respeitantes e as actividades de intermediação financeira;

h) O regime de supervisão e sancionatório relativo aos instrumentos e às actividades mencionadas nas alíneas anteriores.

2 – As referências feitas no presente Código a instrumentos financeiros devem ser entendidas de modo a abranger os instrumentos mencionados nas alíneas a) a f) do número anterior. [1]

3 – As disposições dos títulos i, vii e viii aplicam-se igualmente a contratos de seguro ligados a fundos de investimento e a contratos de adesão individual a fundos de pensões abertos. [1]

4 – Sempre que estejam em causa unidades de participação, as referências feitas no presente Código ao emitente devem considerar-se feitas à entidade gestora da instituição de investimento colectivo.

5 – [*Revogado.*] [2]

6 – [*Revogado.*] [2]

---

[1] *Redacção introduzida pelo Decreto-Lei n.º 66/2004, de 24 de Março.*

[1] *Redacção introduzida pelo Decreto-Lei n.º 357-A/2007, de 31 de Outubro.*

[2] *Revogado pelo Decreto-Lei n.º 357-A/2007, de 31 de Outubro.*

ARTIGO 3.º
Normas de aplicação imediata

1 – Independentemente do direito que a outro título seja aplicável, as normas imperativas do presente Código aplicam-se se, e na medida em que, as situações, as actividades e os actos a que se referem tenham conexão relevante com o território português.

2 – Considera-se que têm conexão relevante com o território português, designadamente:

a) As ordens dirigidas a membros de mercados regulamentados ou de sistemas de negociação multilateral registados na Comissão de Mercado de Valores Mobiliários (CMVM) e as operações realizadas nesses mercados ou sistemas;[1]

b) As actividades desenvolvidas e os actos realizados em Portugal;

c) A difusão de informações acessíveis em Portugal que digam respeito a situações, a actividades ou a actos regulados pelo direito português.

CAPÍTULO II
Forma

ARTIGO 4.º
Forma escrita

A exigência ou a previsão de forma escrita, de documento escrito ou de redução a escrito, feita no presente Código em relação a qualquer acto jurídico praticado no âmbito da autonomia negocial ou do procedimento administrativo, considera-se cumprida ou verificada ainda que o suporte em papel ou a assinatura sejam substituídos por outro suporte ou por outro meio de identificação que assegurem níveis equivalentes de inteligibilidade, de durabilidade e de autenticidade.

ARTIGO 5.º
Publicações

1 – Na falta de disposição legal em sentido diferente, as publicações obrigatórias são feitas através de meio de comunicação de grande difusão em Portugal que seja acessível aos destinatários da informação.

2 – A CMVM estabelece em regulamento os meios de comunicação adequados a cada tipo de publicação.

ARTIGO 6.º
Idioma

1 – Deve ser redigida em português ou acompanhada de tradução para português devidamente legalizada a informação divulgada em Portugal que seja susceptível de influenciar as decisões dos investidores, nomeadamente quando respeite a ofertas públicas, a mercados regulamentados, a actividades de intermediação financeira e a emitentes.[1]

2 – A CMVM pode dispensar, no todo ou em parte, a tradução quando considere acautelados os interesses dos investidores.

3 – A CMVM e as entidades gestoras de mercados regulamentados, de sistemas de liquidação, de câmara de compensação, de contraparte central e de sistemas centralizados de valores mobiliários podem exigir a tradução para português de documentos redigidos em língua estrangeira que lhes sejam remetidos no âmbito das suas funções.[1]

---

[1] *Redacção introduzida pelo Decreto-Lei n.º 357-A/2007, de 31 de Outubro.*

CAPÍTULO III
Informação

ARTIGO 7.º
Qualidade da informação

1 – A informação respeitante a instrumentos financeiros, a formas organizadas de negociação, às actividades de intermediação financeira, à liquidação e à compensação de operações, a ofertas públicas de valores mobiliários e a emitentes deve ser completa, verdadeira, actual, clara, objectiva e lícita.[1]

2 – O disposto no número anterior aplica-se seja qual for o meio de divulgação e ainda que a informação seja inserida em conselho, recomendação, mensagem publicitária ou relatório de notação de risco.

3 – O requisito da completude da informação é aferido em função do meio utilizado, podendo, nas mensagens publicitárias, ser substituído por remissão para documento acessível aos destinatários.

4 – À publicidade relativa a instrumentos financeiros e a actividades reguladas no presente Código é aplicável o regime geral da publicidade.[1]

ARTIGO 8.º
Informação auditada

1 – Deve ser objecto de relatório elaborado por auditor registado na CMVM a informação financeira anual contida em documento de prestação de contas ou em prospectos que:

a) Devam ser submetidos à CMVM;

b) Devam ser publicados no âmbito de pedido de admissão à negociação em mercado regulamentado; ou

c) Respeitem a instituições de investimento colectivo.

2 – Se os documentos referidos no número anterior incluírem previsões sobre a evolução dos negócios ou da situação económica e financeira da entidade a que respeitam, o relatório do auditor deve pronunciar-se expressamente sobre os respectivos pressupostos, critérios e coerência.[2]

3 – No caso de a informação intercalar ou as informações financeiras trimestrais ou semestrais terem sido sujeitas a auditoria ou a revisão limitada, é incluído o relatório de auditoria ou de revisão; caso não o tenham sido, é declarado tal facto.[1]

ARTIGO 9.º
Registo de auditores

1 – Só podem ser registados como auditores as sociedades de revisores oficiais de contas e outros auditores habilitados a exercer a sua actividade em Portugal que sejam dotados dos meios humanos, materiais e financeiros necessários para assegurar a sua idoneidade, independência e competência técnica.

2 – Desde que apresentem garantias equivalentes de confiança, de acordo com padrões internacionalmente reconhecidos, a CMVM pode reconhecer relatório ou parecer elaborados por auditor não registado que esteja sujeito a controlo de qualificação no Estado de origem.

---

[1] *Redacção introduzida pelo Decreto-Lei n.º 357-A/2007, de 31 de Outubro.*

[2] *Redacção introduzida pelo Decreto-Lei n.º 52/2006, de 15 de Março.*

Regulação do Sector Financeiro – Regulação do Mercado de Valores Mobiliários

ARTIGO 10.º
Responsabilidade dos auditores

1 – Pelos danos causados aos emitentes ou a terceiros por deficiência do relatório ou do parecer elaborados por auditor respondem solidária e ilimitadamente:

a) Os revisores oficiais de contas e outras pessoas que tenham assinado o relatório ou o parecer;

b) As sociedades de revisores oficiais de contas e outras sociedades de auditoria, desde que os documentos auditados tenham sido assinados por um dos seus sócios.

2 – Os auditores devem manter seguro de responsabilidade civil adequado a garantir o cumprimento das suas obrigações.

ARTIGO 11.º
Normalização de informação

1 – Ouvida a Comissão de Normalização Contabilística e a Ordem dos Revisores Oficiais de Contas, a CMVM pode, através de regulamento, definir regras, harmonizadas com padrões internacionais, sobre o conteúdo, a organização e a apresentação da informação económica, financeira e estatística utilizada em documentos de prestação de contas, bem como as respectivas regras de auditoria.

2 – A CMVM deve estabelecer com o Banco de Portugal e com o Instituto de Seguros de Portugal regras destinadas a assegurar a compatibilização da informação a prestar, nos termos do número anterior, por intermediários financeiros sujeitos também à supervisão de alguma daquelas autoridades.

ARTIGO 12.º
Notação de risco

1 – As sociedades de notação de risco estão sujeitas a registo na CMVM.

2 – Só podem ser registadas as sociedades de notação de risco dotadas dos meios humanos, materiais e financeiros necessários para assegurar a sua idoneidade, independência e competência técnica.

3 – Os serviços de notação de risco devem ser prestados de modo imparcial e obedecer às classificações dominantes segundo os usos internacionais.

ARTIGO 12.º-A [1]
Recomendações de investimento

1 – Constituem recomendações de investimento os relatórios de análise financeira ou qualquer outra informação emitida por analistas independentes, empresas de investimento, instituições de crédito, entidades cuja actividade principal seja formular recomendações e pessoas que neles exerçam a sua actividade profissional, em que se formule, directa ou indirectamente, uma recomendação ou sugestão de investimento ou desinvestimento sobre um emitente de valores mobiliários, valores mobiliários ou outros instrumentos financeiros e que se destinem a canais de distribuição ou ao público.

2 – Relativamente a outras pessoas singulares ou colectivas constitui recomendação de investimento qualquer informação por elas elaborada, no exercício da sua profissão ou no quadro da sua actividade, na qual seja directamente recomendada uma decisão de investimento ou desinvestimento específica num valor mobiliário ou em outro instrumento financeiro e que se destine a canais de distribuição ou ao público.

ARTIGO 12.º-B [1]
Conteúdo das recomendações de investimento

1 – Nas recomendações de investimento, as pessoas referidas no artigo anterior:

a) Indicam de forma clara e visível a sua identidade, designadamente o nome e a função da pessoa singular que preparou a recomendação e a denominação da pessoa colectiva autora da recomendação;

b) Distinguem claramente a matéria factual das interpretações, estimativas, pareceres e outro tipo de informação não factual;

c) Asseguram a fidedignidade das fontes ou, em caso de dúvida, referem-no expressamente;

d) Identificam como tal o conjunto das projecções, das previsões e dos preços alvo, com menção expressa dos pressupostos utilizados para os determinar;

e) Têm disponíveis todos os elementos necessários para demonstrar a coerência da recomendação com os pressupostos que lhe estão subjacentes, a pedido das autoridades competentes.

2 – Quando o autor da recomendação for uma das pessoas previstas no n.º 1 do artigo anterior, inclui ainda na recomendação:

a) A identidade da autoridade de supervisão da empresa de investimento ou da instituição de crédito;

b) As fontes de informação, o conhecimento pelo emitente da recomendação e a sua eventual correcção por este antes da divulgação;

c) A base de cálculo ou o método usado para avaliar o emitente e o instrumento financeiro ou para fixar o respectivo preço alvo;

d) O significado da recomendação de «comprar», «manter», «vender» ou expressões equivalentes, incluindo o prazo do investimento para que é feita, bem como advertências relacionadas com o risco envolvido e uma análise de sensibilidade aos pressupostos utilizados;

e) A periodicidade na divulgação da recomendação, bem como a respectiva actualização e modificação das políticas de cobertura previstas;

f) A data em que a recomendação foi divulgada pela primeira vez, bem como a data e hora a que se referem os preços utilizados para os instrumentos financeiros analisados, em termos claros e destacados;

g) As divergências da recomendação relativamente a uma recomendação sobre o mesmo emitente ou instrumento financeiro, emitida nos 12 meses anteriores, bem como a data em que aquela foi divulgada, em termos claros e destacados.

ARTIGO 12.º-C [1]
Recomendações de investimento e divulgação de conflito de interesses

1 – Em conjunto com a recomendação, as pessoas previstas no artigo 12.º-A divulgam todas as relações e circunstâncias susceptíveis de prejudicar a objectividade da recomendação, em especial nos casos em que tenham um interesse no instrumento financeiro, directo ou indirecto, ou estejam numa

---

[1] *Aditado pelo Decreto-Lei n.º 52/2006, de 15 de Março.*

situação de conflito de interesses relativamente ao emitente dos valores mobiliários a que respeita a recomendação.

2 – Quando o autor da recomendação for uma pessoa colectiva, o disposto no número anterior aplica-se às pessoas singulares ou colectivas que lhe prestem serviços, designadamente ao abrigo de contrato de trabalho, e tenham estado envolvidas na sua elaboração, incluindo, pelo menos, o seguinte:

a) A identificação de quaisquer interesses ou conflito de interesses do autor da recomendação ou das pessoas colectivas com ele relacionadas de que as pessoas envolvidas na elaboração da recomendação tivessem ou pudessem ter conhecimento;

b) A identificação de quaisquer interesses ou conflito de interesses do autor da recomendação ou das pessoas colectivas com ele relacionadas que, não estando envolvidas na elaboração das recomendações, tenham ou possam ter tido acesso à recomendação antes da sua divulgação aos clientes ou ao público.

3 – Quando o autor da recomendação for uma das pessoas previstas no n.º 1 do artigo 12.º-A, inclui ainda na recomendação as seguintes informações:

a) Participações qualificadas que o autor da recomendação ou qualquer pessoa colectiva com ele relacionada detenha no emitente ou que este detenha naqueles;

b) Outros interesses financeiros do autor da recomendação ou de qualquer pessoa colectiva com ele relacionada que, pela sua conexão com o emitente, sejam relevantes para avaliar a objectividade da recomendação;

c) Operações de fomento de mercado ou de estabilização de preços com os instrumentos financeiros objecto da recomendação em que o seu autor ou qualquer pessoa colectiva com ele relacionada tenham participado;

d) Contratos de consórcio para assistência ou colocação dos valores mobiliários do emitente em que o autor da recomendação tenha participado como líder do consórcio, nos 12 meses anteriores à elaboração da recomendação;

e) Acordos entre o emitente e o autor da recomendação ou com qualquer pessoa colectiva com aquele relacionada relativos à prestação de serviços bancários de investimento, que tenham estado em vigor nos 12 meses anteriores à elaboração da recomendação ou originado uma remuneração ou promessa de remuneração durante o mesmo período, desde que a divulgação não implique a revelação de informações comerciais confidenciais;

f) Acordos relativos à elaboração da recomendação estabelecidos entre o emitente e o autor da recomendação;

g) Informação relativa ao nexo entre a remuneração das pessoas envolvidas na preparação ou elaboração da recomendação e operações bancárias de investimento realizadas pela empresa de investimento ou instituição de crédito autora da recomendação ou por qualquer pessoa colectiva com elas relacionada a favor do emitente dos valores mobiliários analisados.

4 – As pessoas singulares envolvidas na preparação ou elaboração de uma recomendação que prestem serviço à empresa de investimento ou à instituição de crédito autora da recomendação e que adquiram, a título oneroso ou gratuito, acções do emitente antes da realização de uma oferta pública de distribuição informam a entidade que seja autora ou divulgadora da recomendação sobre o preço e a data da respectiva aquisição, para que tais elementos sejam também tornados públicos, sem prejuízo da aplicação do regime legal de responsabilidade por tais factos.

5 – No final de cada trimestre do ano civil, as empresas de investimento e as instituições de crédito divulgam no seu sítio na Internet:

a) A percentagem das recomendações de «comprar», «manter», ou «vender», ou expressões equivalentes, no conjunto das suas recomendações;

b) A percentagem de recomendações relativas a emitentes aos quais aquelas entidades prestaram serviços bancários de investimento significativos nos 12 meses anteriores à elaboração da recomendação.

Artigo 12.º-D [1]
Divulgação de recomendações de investimento elaboradas por terceiros

1 – A divulgação de recomendações de investimento elaboradas por terceiros é acompanhada de forma clara e destacada da identificação da pessoa ou da entidade responsável pela divulgação.

2 – Qualquer alteração substancial a uma recomendação elaborada por um terceiro é claramente identificada e explicada na própria recomendação, sendo dado aos destinatários da informação acesso à identidade do autor da recomendação, ao conteúdo original da mesma e à divulgação dos conflitos de interesses do seu autor, desde que estes elementos sejam públicos.

3 – Quando a alteração substancial consistir numa mudança de sentido da recomendação, os deveres de informação consagrados nos artigos 12.º-B e 12.º-C aplicam-se também a quem divulgar a informação alterada, na medida da alteração introduzida.

4 – Quem divulgue resumo de recomendações de investimento produzidas por terceiros assegura a sua clareza, actualidade e que não contém informação enganosa, mencionando ainda o documento que constitui a sua fonte e o local onde as informações com ele relacionadas podem ser consultadas, caso as mesmas sejam publicamente acessíveis.

5 – Quando a recomendação for divulgada por uma empresa de investimento, instituição de crédito ou pessoa singular que para elas trabalhe, independentemente do vínculo a que esteja sujeita, para além do cumprimento dos deveres previstos nos números anteriores, identifica a entidade de supervisão da empresa de investimento ou da instituição de crédito e, caso o autor da recomendação ainda não a tenha divulgado, o divulgador cumpre, em relação ao autor da recomendação, o disposto no artigo 12.º-C.

6 – O disposto no presente artigo não se aplica à reprodução por jornalistas, em meios de comunicação social, de opiniões orais de terceiros sobre valores mobiliários, outros instrumentos financeiros ou entidades emitentes.

Artigo 12.º-E [1]
Divulgação através de remissão

1 – O cumprimento do estabelecido nas alíneas a), b) e c) do n.º 2 do artigo 12.º-B e no artigo 12.º-C pode ser substituído por uma referência clara ao local onde a informação requerida pode ser directa e facilmente consultada pelo público, quando se trate de recomendação não escrita ou quando a inclusão de tal informação numa recomendação escrita se mostre notoriamente desproporcionada em relação à sua extensão.

---

[1] *Aditado pelo Decreto-Lei n.º 52/2006, de 15 de Março.*

Regulação do Sector Financeiro – Regulação do Mercado de Valores Mobiliários

2 – No caso de recomendações não escritas, o disposto no número anterior aplica-se também ao cumprimento do estabelecido nas alíneas e), f) e g) do n.º 2 do artigo 12.º-B.

CAPÍTULO IV
Sociedades abertas

SECÇÃO I
Disposições gerais

Artigo 13.º
Critérios

1 – Considera-se sociedade com o capital aberto ao investimento do público, abreviadamente designada neste Código «sociedade aberta»:

a) A sociedade que se tenha constituído através de oferta pública de subscrição dirigida especificamente a pessoas com residência ou estabelecimento em Portugal;

b) A sociedade emitente de acções ou de outros valores mobiliários que confiram direito à subscrição ou à aquisição de acções que tenham sido objecto de oferta pública de subscrição dirigida especificamente a pessoas com residência ou estabelecimento em Portugal;

c) A sociedade emitente de acções ou de outros valores mobiliários que confiram direito à sua subscrição ou aquisição, que estejam ou tenham estado admitidas à negociação em mercado regulamentado situado ou a funcionar em Portugal;

d) A sociedade emitente de acções que tenham sido alienadas em oferta pública de venda ou de troca em quantidade superior a 10 % do capital social dirigida especificamente a pessoas com residência ou estabelecimento em Portugal;

e) A sociedade resultante de cisão de uma sociedade aberta ou que incorpore, por fusão, a totalidade ou parte do seu património.

2 – Os estatutos das sociedades podem fazer depender de deliberação da assembleia geral o lançamento de oferta pública de venda ou de troca de acções nominativas de que resulte a abertura do capital social nos termos da alínea d) do número anterior.

Artigo 14.º
Menção em actos externos

A qualidade de sociedade aberta deve ser mencionada nos actos qualificados como externos pelo artigo 171.º do Código das Sociedades Comerciais.

Artigo 15.º
Igualdade de tratamento

A sociedade aberta deve assegurar tratamento igual aos titulares dos valores mobiliários por ela emitidos que pertençam à mesma categoria.

SECÇÃO II
Participações qualificadas

Artigo 16.º
Deveres de comunicação

1 – Quem atinja ou ultrapasse participação de 10 %, 20 %, um terço, metade, dois terços e 90 % dos direitos de voto correspondentes ao capital social de uma sociedade aberta,

sujeita a lei pessoal portuguesa, e quem reduza a sua participação para valor inferior a qualquer daqueles limites deve, no prazo de quatro dias de negociação após o dia da ocorrência do facto ou do seu conhecimento: [1]

a) Informar desse facto a CMVM e a sociedade participada; [1]

b) Dar conhecimento às entidades referidas na alínea anterior das situações que determinam a imputação ao participante de direitos de voto inerentes a valores mobiliários pertencentes a terceiros, nos termos do n.º 1 do artigo 20.º.

2 – Fica igualmente sujeito aos deveres referidos no número anterior: [1]

a) Quem atinja ou ultrapasse participação de 5 %, 15 % e 25 % dos direitos de voto correspondentes ao capital social e quem reduza a sua participação para valor inferior a qualquer daqueles limites, relativamente a: [1]

i) Sociedade aberta, sujeita a lei pessoal portuguesa, emitente de acções ou de outros valores mobiliários que confiram direito à sua subscrição ou aquisição, admitidos à negociação em mercado regulamentado situado ou a funcionar em Estado membro da União Europeia; [1]

ii) Sociedade, com sede estatutária noutro Estado membro, emitente de acções ou de outros valores mobiliários que confiram direito à sua subscrição ou aquisição, exclusivamente admitidos à negociação em mercado regulamentado situado ou a funcionar em Portugal; [1]

iii) Sociedade cuja sede social se situe fora da União Europeia, emitente de acções ou de outros valores mobiliários que confiram direito à sua subscrição ou aquisição, admitidos à negociação em mercado regulamentado situado ou a funcionar em Portugal, em relação à qual a CMVM seja autoridade competente nos termos do artigo 244.º-A; e

b) Quem atinja ou ultrapasse participação de 2 % e quem reduza a sua participação para valor inferior àquela percentagem dos direitos de voto correspondentes ao capital social de sociedade aberta prevista na subalínea i) da alínea anterior. [1]

3 – Para efeitos dos números anteriores: [1]

a) Presume-se que o participante tem conhecimento do facto determinante do dever de comunicação no prazo máximo de dois dias de negociação após a ocorrência daquele; [1]

b) Os direitos de voto são calculados com base na totalidade das acções com direitos de voto, não relevando para o cálculo a suspensão do respectivo exercício. [1]

4 – A comunicação efectuada nos termos dos números anteriores inclui: [1]

a) A identificação de toda a cadeia de entidades a quem a participação qualificada é imputada nos termos do n.º 1 do artigo 20.º, independentemente da lei a que se encontrem sujeitas; [1]

b) A percentagem de direitos de voto imputáveis ao titular de participação qualificada, a percentagem de capital social e o número de acções correspondentes, bem como, quando aplicável, a discriminação da participação por categoria de acções; [1]

c) A data em que a participação atingiu, ultrapassou ou foi reduzida aos limiares previstos nos n.os 1 e 2. [1]

5 – Caso o dever de comunicação incumba a mais de um participante, pode ser feita uma única comunicação, que exo-

---

[1] *Redacção introduzida pelo Decreto-Lei n.º 357-A/2007, de 31 de Outubro.*

Decreto-Lei n.º 486/99

nera os participantes do dever de comunicar na medida em que a comunicação se considere feita. [1]

6 – Quando a ultrapassagem dos limiares relevantes resultar, nos termos da alínea e) do n.º 1 do artigo 20.º, da detenção de instrumentos financeiros que confiram ao participante o direito à aquisição, exclusivamente por sua iniciativa, por força de acordo, de acções com direitos de voto, já emitidas por emitente cujas acções estejam admitidas à negociação em mercado regulamentado, o participante deve: [1]

a) Agregar, na comunicação, todos os instrumentos que tenham o mesmo activo subjacente; [1]

b) Fazer tantas comunicações quantos os emitentes dos activos subjacentes de um mesmo instrumento financeiro; [1]

c) Incluir na comunicação referida no número anterior, a indicação da data ou período em que os direitos de aquisição que o instrumento confere podem ser exercidos, e da data em que o instrumento expira. [1]

7 – Quando a redução ou ultrapassagem dos limiares relevantes resultar, nos termos da alínea g) do n.º 1 do artigo 20.º, da atribuição de poderes discricionários para uma única assembleia geral: [1]

a) Quem confere poderes discricionários pode, nesse momento, fazer uma comunicação única, desde que explicite a informação exigida no n.º 4 referente ao início e ao termo da atribuição de poderes discricionários para o exercício do direito de voto; [1]

b) Aquele a quem são imputados os direitos de voto pode fazer uma comunicação única, no momento em que lhe são conferidos poderes discricionários, desde que explicite a informação exigida no n.º 4 referente ao início e ao termo dos poderes discricionários para o exercício do direito de voto. [1]

8 – Os deveres estabelecidos no presente artigo não se aplicam a participações resultantes de transacções envolvendo membros do Sistema Europeu de Bancos Centrais, actuando na qualidade de autoridades monetárias, no âmbito de uma garantia, de um acordo de recompra ou de um acordo similar de liquidez autorizado por razões de política monetária ou no âmbito de um sistema de pagamentos, desde que as transacções se realizem dentro de um período de tempo curto e desde que não sejam exercidos os direitos de voto inerentes às acções em causa. [1]

9 – Os titulares de participação qualificada em sociedade referida na subalínea i) da alínea a) do n.º 2 devem prestar à CMVM, a pedido desta, informação sobre a origem dos fundos utilizados na aquisição ou no reforço daquela participação. [1]

Artigo 16.º-A [2]
Liquidação e criação de mercado

1 – À excepção do dever de comunicação à CMVM, o disposto nos n.ºs 1 e 2 do artigo anterior não se aplica no que respeita a acções transaccionadas exclusivamente para efeitos de operações de compensação e de liquidação no âmbito do ciclo curto e habitual de liquidação.

2 – Para efeitos do número anterior, o ciclo curto e habitual de negociação é de três dias de negociação contados a partir da operação.

3 – À excepção do dever de comunicação à CMVM, o disposto nos n.ºs 1 e 2 do artigo anterior não se aplica às participações de intermediário financeiro actuando como criador de mercado que atinjam, ultrapassem ou se tornem inferiores a 5 % dos direitos de voto correspondentes ao capital social, desde que aquele não intervenha na gestão do emitente em causa, nem o influencie a adquirir essas acções ou a apoiar o seu preço.

4 – Para efeitos do número anterior, o intermediário financeiro deve:

a) Comunicar à CMVM, no prazo previsto no n.º 1 do artigo 16.º, que actua ou pretende actuar como criador de mercado relativamente ao emitente em causa;

b) Informar a CMVM da cessação da actuação como criador de mercado, logo que tomar essa decisão;

c) Identificar, a pedido da CMVM, as acções detidas no âmbito da actividade de criação de mercado, podendo fazê-lo por qualquer meio verificável excepto se não conseguir identificar esses instrumentos financeiros, caso em que os mantém em conta separada;

d) Apresentar à CMVM, a pedido desta, o contrato de criação de mercado quando exigível.

Artigo 16.º-B [1]
Participação qualificada não transparente

1 – Na ausência da comunicação prevista no artigo 16.º, se esta não respeitar o disposto na alínea a) do n.º 4 do artigo ou se, em qualquer, existirem fundadas dúvidas sobre a identidade das pessoas a quem possam ser imputados os direitos de voto respeitantes a uma participação qualificada, nos termos do n.º 1 do artigo 20.º, ou sobre o cumprimento cabal dos deveres de comunicação, a CMVM notifica deste facto os interessados, os órgãos de administração e fiscalização e o presidente da mesa da assembleia geral da sociedade aberta em causa.

2 – Até 30 dias após a notificação, podem os interessados apresentar prova destinada a esclarecer os aspectos suscitados na notificação da CMVM, ou tomar medidas com vista a assegurar a transparência da titularidade das participações qualificadas.

3 – Se os elementos aduzidos ou as medidas tomadas pelos interessados não puserem fim à situação, a CMVM informa o mercado da falta de transparência quanto à titularidade das participações qualificadas em causa.

4 – A partir da comunicação ao mercado feita pela CMVM nos termos do número anterior, fica imediata e automaticamente suspenso o exercício do direito de voto e dos direitos de natureza patrimonial, com excepção do direito de preferência na subscrição em aumentos de capital, inerentes à participação qualificada em causa, até que a CMVM informe o mercado e as entidades referidas no n.º 1 de que a titularidade da participação qualificada é considerada transparente.

5 – Os direitos patrimoniais referidos no número anterior que caibam à participação afectada são depositados em conta especial aberta junto de instituição de crédito habilitada a receber depósitos em Portugal, sendo proibida a sua movimentação a débito enquanto durar a suspensão.

6 – Antes de tomar as medidas estabelecidas nos n.ºs 1, 3 e 4, a CMVM dá conhecimento das mesmas ao Banco de Portu-

---

[1] *Redacção introduzida pelo Decreto-Lei n.º 357-A/2007, de 31 de Outubro.*

[2] *Aditado pelo Decreto-Lei n.º 357-A/2007, de 31 de Outubro.*

[1] *Aditado pelo Decreto-Lei n.º 357-A/2007, de 31 de Outubro.*

Regulação do Sector Financeiro – Regulação do Mercado de Valores Mobiliários

gal e ao Instituto de Seguros de Portugal sempre que nelas estejam envolvidas entidades sujeitas à respectiva supervisão.

ARTIGO 17.º
Divulgação

1 – A sociedade participada deve divulgar, pelos meios referidos no n.º 4 do artigo 244.º, toda a informação recebida nos termos do artigo 16.º, o mais rapidamente possível e no prazo de três dias de negociação após recepção da comunicação. [1]

2 – A sociedade participada e os titulares dos seus órgãos sociais, bem como as entidades gestoras de mercados regulamentados em que estejam admitidos à negociação acções ou outros valores mobiliários que confiram o direito à sua subscrição ou aquisição por aquela emitidos, devem informar a CMVM quando tiverem conhecimento ou fundados indícios de incumprimento dos deveres de informação previstos no artigo 16.º. [1]

3 – O dever de divulgação pode ser cumprido por sociedade com a qual a sociedade participada se encontre em relação de domínio ou de grupo. [1]

4 – A divulgação a que se refere o presente artigo pode ser efectuada numa língua de uso corrente nos mercados financeiros internacionais se essa tiver sido utilizada na comunicação que lhe deu origem. [1]

ARTIGO 18.º
Dias de negociação

1 – Para efeitos da presente secção, consideram-se dias de negociação aqueles em que esteja aberto para negociação o mercado regulamentado no qual as acções ou os outros valores mobiliários que confiram direito à sua subscrição ou aquisição estejam admitidos. [1]

2 – A CMVM deve divulgar no seu sistema de difusão de informação o calendário de dias de negociação dos mercados regulamentados situados ou a funcionar em Portugal. [1]

ARTIGO 19.º
Acordos parassociais

1 – Os acordos parassociais que visem adquirir, manter ou reforçar uma participação qualificada em sociedade aberta ou assegurar ou frustrar o êxito de oferta pública de aquisição devem ser comunicados à CMVM por qualquer dos contraentes no prazo de três dias após a sua celebração.

2 – A CMVM determina a publicação, integral ou parcial, do acordo, na medida em que este seja relevante para o domínio sobre a sociedade.

3 – São anuláveis as deliberações sociais tomadas com base em votos expressos em execução dos acordos não comunicados ou não publicados nos termos dos números anteriores, salvo se se provar que a deliberação teria sido adoptada sem aqueles votos.

ARTIGO 20.º
Imputação de direitos de voto

1 – No cômputo das participações qualificadas consideram-se, além dos inerentes às acções de que o participante tenha a titularidade ou o usufruto, os direitos de voto:

a) Detidos por terceiros em nome próprio, mas por conta do participante;

b) Detidos por sociedade que com o participante se encontre em relação de domínio ou de grupo;

c) Detidos por titulares do direito de voto com os quais o participante tenha celebrado acordo para o seu exercício, salvo se, pelo mesmo acordo, estiver vinculado a seguir instruções de terceiro;

d) Detidos, se o participante for uma sociedade, pelos membros dos seus órgãos de administração e de fiscalização;

e) Que o participante possa adquirir em virtude de acordo celebrado com os respectivos titulares;

f) Inerentes a acções detidas em garantia pelo participante ou por este administradas ou depositadas junto dele, se os direitos de voto lhe tiverem sido atribuídos; [1]

g) Detidos por titulares do direito de voto que tenham conferido ao participante poderes discricionários para o seu exercício;

h) Detidos por pessoas que tenham celebrado algum acordo com o participante que vise adquirir o domínio da sociedade ou frustrar a alteração de domínio ou que, de outro modo, constitua um instrumento de exercício concertado de influência sobre a sociedade participada; [1]

i) Imputáveis a qualquer das pessoas referidas numa das alíneas anteriores por aplicação, com as devidas adaptações, de critério constante de alguma das outras alíneas.

2 – Os titulares dos valores mobiliários a que são inerentes os direitos de voto imputáveis ao detentor de participação qualificada devem prestar a este as informações necessárias para efeitos do artigo 16.º

3 – Não se consideram imputáveis à sociedade que exerça domínio sobre entidade gestora de fundo de investimento, sobre entidade gestora de fundo de pensões, sobre entidade gestora de fundo de capital de risco ou sobre intermediário financeiro autorizado a prestar o serviço de gestão de carteiras por conta de outrem e às sociedades associadas de fundos de pensões os direitos de voto inerentes a acções integrantes de fundos ou carteiras geridas, desde que a entidade gestora ou o intermediário financeiro exerça os direitos de voto de modo independente da sociedade dominante ou das sociedades associadas.

4 – Para efeitos da alínea h) do n.º 1, presume-se serem instrumento de exercício concertado de influência os acordos relativos à transmissibilidade das acções representativas do capital social da sociedade participada. [1]

5 – A presunção referida no número anterior pode ser ilidida perante a CMVM, mediante prova de que a relação estabelecida com o participante é independente da influência, efectiva ou potencial, sobre a sociedade participada. [1]

ARTIGO 20.º-A [2]
Imputação de direitos de voto relativos a acções integrantes de organismos de investimento colectivo, de fundos de pensões ou de carteiras

1 – Para efeitos do n.º 3 do artigo anterior, a sociedade que exerça domínio sobre a entidade gestora ou sobre o intermediário financeiro e as sociedades associadas de fundos de pensões beneficiam da derrogação de imputação agregada de direitos de voto se:

---

[1] *Redacção introduzida pelo Decreto-Lei n.º 357-A/2007, de 31 de Outubro.*

[1] *Redacção introduzida pelo Decreto-Lei n.º 219/2006, de 2 de Novembro.*

[2] *Aditado pelo Decreto-Lei n.º 219/2006, de 2 de Novembro.*

a) Não interferirem através de instruções, directas ou indirectas, sobre o exercício dos direitos de voto inerentes às acções integrantes do fundo de investimento, do fundo de pensões, do fundo de capital de risco ou da carteira;

b) A entidade gestora ou o intermediário financeiro revelar autonomia dos processos de decisão no exercício do direito de voto.

2 – Para beneficiar da derrogação de imputação agregada de direitos de voto, a sociedade que exerça domínio sobre a entidade gestora ou sobre o intermediário financeiro deve: [1]

a) Enviar à CMVM a lista actualizada de todas as entidades gestoras e intermediários financeiros sob relação de domínio e, no caso de entidades sujeitas a lei pessoal estrangeira, indicar as respectivas autoridades de supervisão; [1]

b) Enviar à CMVM uma declaração fundamentada, referente a cada entidade gestora ou intermediário financeiro, de que cumpre o disposto no número anterior; [1]

c) Demonstrar à CMVM, a seu pedido, que: [1]

i) As estruturas organizacionais das entidades relevantes asseguram o exercício independente dos direitos de voto; [1]

ii) As pessoas que exercem os direitos de voto agem independentemente; e [1]

iii) Existe um mandato escrito e claro que, nos casos em que a sociedade dominante recebe serviços prestados pela entidade dominada ou detém participações directas em activos por esta geridos, fixa a relação contratual das partes em consonância com as condições normais de mercado para situações similares. [1]

3 – Para efeitos da alínea c) do número anterior, as entidades relevantes devem adoptar, no mínimo, políticas e procedimentos escritos que impeçam, em termos adequados, o acesso a informação relativa ao exercício dos direitos de voto. [1]

4 – Para beneficiar da derrogação de imputação agregada de direitos de voto, as sociedades associadas de fundos de pensões devem enviar à CMVM uma declaração fundamentada de que cumprem o disposto no n.º 1.

5 – Caso a imputação fique a dever-se à detenção de instrumentos financeiros que confiram ao participante o direito à aquisição, exclusivamente por sua iniciativa, por força de acordo, de acções com direitos de voto, já emitidas por emitente cujas acções estejam admitidas à negociação em mercado regulamentado, basta, para efeitos do n.º 2, que a sociedade aí referida envie à CMVM a informação prevista na alínea a) desse número. [1]

6 – Para efeitos do n.º 1: [1]

a) Consideram-se instruções directas as dadas pela sociedade dominante ou outra entidade por esta dominada que precise o modo como são exercidos os direitos de voto em casos concretos; [1]

b) Consideram-se instruções indirectas as que, em geral ou particular, independentemente da sua forma, são transmitidas pela sociedade dominante ou qualquer entidade por esta dominada, e limitam a margem de discricionariedade da entidade gestora, intermediário financeiro e sociedade associada de fundos de pensões relativamente ao exercício dos direitos de voto de modo a servir interesses empresariais específicos da sociedade dominante ou de outra entidade por esta dominada. [1]

7 – Logo que, nos termos do n.º 1, considere não provada a independência da entidade gestora ou do intermediário financeiro que envolva uma participação qualificada em sociedade aberta, e sem prejuízo das consequências sancionatórias que ao caso caibam, a CMVM informa o mercado e notifica deste facto o presidente da mesa da assembleia geral, o órgão de administração e o órgão de fiscalização da sociedade participada.

8 – A declaração da CMVM implica a imediata imputação de todos os direitos de voto inerentes às acções que integrem o fundo de investimento, o fundo de pensões, o fundo de capital de risco ou a carteira, enquanto não seja demonstrada a independência da entidade gestora ou do intermediário financeiro, com as respectivas consequências, devendo ainda ser comunicada aos participantes ou aos clientes da entidade gestora ou do intermediário financeiro.

9 – Antes de emitir o comunicado previsto no n.º 7, a CMVM dá conhecimento do mesmo ao Instituto de Seguros de Portugal sempre que se refira a fundos de pensões. [1]

ARTIGO 21.º
Relações de domínio e de grupo

1 – Para efeitos deste Código, considera-se relação de domínio a relação existente entre uma pessoa singular ou colectiva e uma sociedade quando, independentemente de o domicílio ou a sede se situar em Portugal ou no estrangeiro, aquela possa exercer sobre esta, directa ou indirectamente, uma influência dominante.

2 – Existe, em qualquer caso, relação de domínio quando uma pessoa singular ou colectiva:

a) Disponha da maioria dos direitos de voto;

b) Possa exercer a maioria dos direitos de voto, nos termos de acordo parassocial;

c) Possa nomear ou destituir a maioria dos titulares dos órgãos de administração ou de fiscalização.

3 – Para efeitos deste Código consideram-se em relação de grupo as sociedades como tal qualificadas pelo Código das Sociedades Comerciais, independentemente de as respectivas sedes se situarem em Portugal ou no estrangeiro.

ARTIGO 21.º-A [2]
Equivalência

1 – Relativamente a emitentes com sede estatutária fora da União Europeia não são aplicáveis os deveres previstos:

a) Nos artigos 16.º e 17.º, se, nos termos da lei aplicável, a informação sobre participações qualificadas for divulgada no prazo máximo de sete dias de negociação;

b) No n.º 3 do artigo 20.º e no n.º 1 do artigo 20.º-A, se a lei aplicável obrigar as entidades gestoras de fundo de investimento ou os intermediários financeiros autorizados a prestar o serviço de gestão de carteiras a manter, em todas as circunstâncias, a independência no exercício do direito de voto face a sociedade dominante e a não ter em conta os interesses da sociedade dominante ou de qualquer outra entidade por esta controlada sempre que surjam conflitos de interesses.

2 – Para efeitos da alínea b) do número anterior, a sociedade dominante deve:

a) Cumprir os deveres de informação constantes dos n.ᵒˢ 2 e 5 do artigo 20.º-A;

---

[1] *Redacção introduzida pelo Decreto-Lei n.º 357-A/2007, de 31 de Outubro.*

[1] *Redacção introduzida pelo Decreto-Lei n.º 357-A/2007, de 31 de Outubro.*

[2] *Aditado pelo Decreto-Lei n.º 357-A/2007, de 31 de Outubro.*

Regulação do Sector Financeiro – Regulação do Mercado de Valores Mobiliários

b) Declarar, em relação a cada uma das entidades referidas na alínea b) do número anterior, que satisfaz os requisitos exigidos no n.º 1 do artigo 20.º-A;

c) Demonstrar, a pedido da CMVM, que cumpre os requisitos estabelecidos na alínea c) do n.º 2 e no n.º 3 do artigo 20.º-A.

SECÇÃO III
Deliberações sociais

ARTIGO 22.º
Voto por correspondência

1 – Nas assembleias gerais das sociedades abertas, o direito de voto sobre matérias que constem da convocatória pode ser exercido por correspondência.

2 – O disposto no número anterior pode ser afastado pelos estatutos da sociedade, salvo quanto à alteração destes e à eleição de titulares dos órgãos sociais.

3 – Para efeitos do n.º 1, a convocatória da assembleia geral deve incluir:

a) Indicação de que o direito de voto pode ser exercido por correspondência;

b) Descrição do modo por que se processa o voto por correspondência, incluindo o endereço e o prazo para a recepção das declarações de voto.

4 – A sociedade deve verificar a autenticidade do voto e assegurar, até ao momento da votação, a sua confidencialidade.

ARTIGO 23.º
Procuração

1 – A convocatória de assembleia geral menciona a disponibilidade de um formulário de procuração, indicando modo de o solicitar, ou incluir esse formulário.[1]

2 – O pedido de procuração para representação em assembleia geral de sociedade aberta, que seja feito a mais de cinco accionistas ou que utilize um dos meios de contacto com o público referidos no n.º 2 e na alínea b) do n.º 3 do artigo 109.º, deve conter, além dos elementos referidos na alínea c) do n.º 1 do artigo 381.º do Código das Sociedades Comerciais, os seguintes:

a) Os direitos de voto que são imputáveis ao solicitante nos termos do n.º 1 do artigo 20.º;

b) O fundamento do sentido de voto a exercer pelo solicitante.

3 – O formulário utilizado na solicitação de procuração é enviado à CMVM dois dias antes do envio aos titulares do direito de voto.[1]

4 – O solicitante deve prestar aos titulares do direito de voto toda a informação para o efeito relevante que por eles lhe seja pedida.

ARTIGO 24.º
Suspensão de deliberação social

1 – A providência cautelar de suspensão de deliberação social tomada por sociedade aberta só pode ser requerida por sócios que, isolada ou conjuntamente, possuam acções correspondentes, pelo menos, a 0,5 % do capital social.

2 – Qualquer accionista pode, porém, instar, por escrito, o órgão de administração a abster-se de executar deliberação social que considere inválida, explicitando os respectivos vícios.

3 – Se a deliberação vier a ser declarada nula ou anulada, os titulares do órgão de administração que procedam à sua execução sem tomar em consideração o requerimento apresentado nos termos do número anterior são responsáveis pelos prejuízos causados, sem que a responsabilidade para com a sociedade seja excluída pelo disposto no n.º 4 do artigo 72.º do Código das Sociedades Comerciais.

ARTIGO 25.º
Aumento de capital social

As acções emitidas por sociedade aberta constituem uma categoria autónoma:

a) Pelo prazo de 30 dias contados da deliberação de aumento de capital; ou

b) Até ao trânsito em julgado de decisão judicial sobre acção de anulação ou de declaração de nulidade de deliberação social proposta dentro daquele prazo.

ARTIGO 26.º
Anulação da deliberação de aumento de capital social

1 – A anulação de uma deliberação de aumento de capital social de sociedade aberta determina a amortização das novas acções, se estas tiverem sido objecto de admissão à negociação em mercado regulamentado.

2 – Como contrapartida da amortização é devido montante correspondente ao valor real das acções, determinado, a expensas da sociedade, por perito qualificado e independente designado pela CMVM.

3 – Os credores cujos direitos se tenham constituído em momento anterior ao do registo da anulação podem, no prazo de seis meses contados desse registo, exigir, por escrito, à sociedade a prestação de garantias adequadas ao cumprimento das obrigações não vencidas.

4 – O pagamento da contrapartida da amortização só pode efectuar-se depois de, decorrido o prazo referido na parte final do número anterior, estarem pagos ou garantidos os credores que dentro do mesmo prazo se tenham dirigido à sociedade.

SECÇÃO IV
Perda da qualidade de sociedade aberta

ARTIGO 27.º
Requisitos

1 – A sociedade aberta pode perder essa qualidade quando:

a) Um accionista passe a deter, em consequência de oferta pública de aquisição, mais de 90 % dos direitos de voto calculados nos termos do n.º 1 do artigo 20.º;

b) A perda da referida qualidade seja deliberada em assembleia geral da sociedade por uma maioria não inferior a 90 % do capital social e em assembleias dos titulares de acções especiais e de outros valores mobiliários que confiram direito à subscrição ou aquisição de acções por maioria não inferior a 90 % dos valores mobiliários em causa;

c) Tenha decorrido um ano sobre a exclusão da negociação das acções em mercado regulamentado, fundada na falta de dispersão pelo público.

---

[1] *Redacção introduzida pelo Decreto-Lei n.º 357-A/2007, de 31 de Outubro.*

Decreto-Lei n.º 486/99

2 – A perda de qualidade de sociedade aberta pode ser requerida à CMVM pela sociedade e, no caso da alínea a) do número anterior, também pelo oferente.

3 – No caso da alínea b) do n.º 1, a sociedade deve indicar um accionista que se obrigue:

a) A adquirir, no prazo de três meses após o deferimento pela CMVM, os valores mobiliários pertencentes, nesta data, às pessoas que não tenham votado favoravelmente alguma das deliberações em assembleia;

b) A caucionar a obrigação referida na alínea anterior por garantia bancária ou depósito em dinheiro efectuado em instituição de crédito.

4 – A contrapartida da aquisição referida no n.º 3 calcula-se nos termos do artigo 188.º

ARTIGO 28.º
Publicações

1 – A decisão da CMVM é publicada, por iniciativa e a expensas da sociedade, no boletim do mercado regulamentado onde os valores mobiliários estavam admitidos à negociação e por um dos meios referidos no artigo 5.º

2 – No caso da alínea b) do n.º 1 do artigo anterior, a publicação deve mencionar os termos da aquisição dos valores mobiliários e deve ser repetida no fim do 1.º e do 2.º meses do prazo para exercício do direito de alienação.

ARTIGO 29.º
Efeitos

1 – A perda de qualidade de sociedade aberta é eficaz a partir da publicação da decisão favorável da CMVM.

2 – A declaração de perda de qualidade de sociedade aberta implica a imediata exclusão da negociação em mercado regulamentado das acções da sociedade e dos valores mobiliários que dão direito à sua subscrição ou aquisição, ficando vedada a readmissão no prazo de um ano.

CAPÍTULO V
Investidores

ARTIGO 30.º
Investidores qualificados

1 – Sem prejuízo do disposto nos números subsequentes, consideram-se investidores qualificados as seguintes entidades: [1]

a) Instituições de crédito;

b) Empresas de investimento;

c) Empresas de seguros;

d) Instituições de investimento colectivo e respectivas sociedades gestoras;

e) Fundos de pensões e respectivas sociedades gestoras;

f) Outras instituições financeiras autorizadas ou reguladas, designadamente fundos de titularização de créditos, respectivas sociedades gestoras e demais sociedades financeiras previstas na lei, sociedades de titularização de créditos, sociedades de capital de risco, fundos de capital de risco e respectivas sociedades gestoras;

g) Instituições financeiras de Estados que não sejam membros da União Europeia que exerçam actividades semelhantes às referidas nas alíneas anteriores; [1]

h) Entidades que negoceiem em instrumentos financeiros sobre mercadorias; [1]

i) Governos de âmbito nacional e regional, bancos centrais e organismos públicos que administram a dívida pública, instituições supranacionais ou internacionais, designadamente o Banco Central Europeu, o Banco Europeu de Investimento, o Fundo Monetário Internacional e o Banco Mundial. [1]

2 – Para os efeitos do disposto na alínea c) do n.º 3 do artigo 109.º, no n.º 3 do artigo 112.º, na alínea a) do n.º 2 do artigo 134.º e na alínea d) do n.º 1 do artigo 237.º-A, as seguintes entidades são também consideradas investidores qualificados: [1]

a) Outras entidades que tenham por objecto principal o investimento em valores mobiliários;

b) Empresas que, de acordo com as suas últimas contas individuais ou consolidadas, preencham dois dos seguintes critérios:

i) Número médio de trabalhadores, ao longo do exercício financeiro, igual ou superior a 250

ii) Activo total superior a 43 milhões de euros;

iii) Volume de negócios líquido superior a 50 milhões de euros.

3 – Para efeitos do título vi, são também considerados investidores qualificados: [2]

a) As pessoas referidas na alínea f) do n.º 3 do artigo 289.º; [1]

b) As pessoas colectivas, cuja dimensão, de acordo com as suas últimas contas individuais, satisfaça dois dos seguintes critérios: [2]

i) Situação líquida de 2 milhões de euros; [2]

ii) Activo total de 20 milhões de euros; [2]

iii) Volume de negócios líquido de 40 milhões de euros. [2]

c) As pessoas que tenham solicitado o tratamento como tal, nos termos previstos na secção iv do capítulo i daquele título. [2]

4 – A CMVM pode, por regulamento, qualificar como investidores qualificados outras entidades dotadas de uma especial competência e experiência relativas a instrumentos financeiros, nomeadamente emitentes de valores mobiliários, definindo os indicadores económico-financeiros que permitem essa qualificação. [2]

ARTIGO 31.º
Acção popular

1 – Gozam do direito de acção popular para a protecção de interesses individuais homogéneos ou colectivos dos investidores não qualificados em instrumentos financeiros: [2]

a) Os investidores não qualificados; [1]

b) As associações de defesa dos investidores que reúnam os requisitos previstos no artigo seguinte;

c) As fundações que tenham por fim a protecção dos investidores em instrumentos financeiros. [2]

2 – A sentença condenatória deve indicar a entidade encarregada da recepção e gestão das indemnizações devidas a titulares não individualmente identificados, recaindo a

---

[1] *Redacção introduzida pelo Decreto-Lei n.º 52/2006, de 15 de Março.*

[1] *Redacção introduzida pelo Decreto-Lei n.º 52/2006, de 15 de Março.*

[2] *Redacção introduzida pelo Decreto-Lei n.º 357-A/2007, de 31 de Outubro.*

designação, conforme as circunstâncias, em fundo de garantia, associação de defesa dos investidores ou um ou vários titulares de indemnização identificados na acção.

3 – As indemnizações que não sejam pagas em consequência de prescrição ou de impossibilidade de identificação dos respectivos titulares revertem para:[1]

a) O fundo de garantia relacionado com a actividade em que se insere o facto gerador de indemnização;[1]

b) Não existindo o fundo de garantia referido na alínea anterior, o sistema de indemnização dos investidores.[1]

Artigo 32.º
Associações de defesa dos investidores

Sem prejuízo da liberdade de associação, só beneficiam dos direitos conferidos por este Código e legislação complementar às associações de defesa dos investidores as associações sem fim lucrativo, legalmente constituídas, que reúnam os seguintes requisitos, verificados por registo na CMVM:

a) Tenham como principal objecto estatutário a protecção dos interesses dos investidores em instrumentos financeiros;[2]

b) Contem entre os seus associados pelo menos 100 pessoas singulares que não sejam investidores qualificados;[3]

c) Exerçam actividade efectiva há mais de um ano.

Artigo 33.º
Mediação de conflitos

1 – A CMVM organiza um serviço destinado à mediação voluntária de conflitos entre investidores não qualificados, por uma parte, e intermediários financeiros, consultores para investimento, entidades gestoras de mercados regulamentados ou de sistemas de negociação multilateral ou emitentes, por outra.[2]

2 – Os mediadores são designados pelo conselho directivo da CMVM, podendo a escolha recair em pessoas pertencentes aos seus quadros ou noutras personalidades de reconhecida idoneidade e competência.

Artigo 34.º
Procedimentos de mediação

1 – Os procedimentos de mediação são estabelecidos em regulamento da CMVM e devem obedecer a princípios de imparcialidade, celeridade e gratuitidade.

2 – Quando o conflito incida sobre interesses individuais homogéneos ou colectivos dos investidores, podem as associações de defesa dos investidores tomar a iniciativa da mediação e nela participar, a título principal ou acessório.

3 – O procedimento de mediação é confidencial, ficando o mediador sujeito a segredo em relação a todas as informações que obtenha no decurso da mediação e não podendo a CMVM usar, em qualquer processo, elementos cujo conhecimento lhe advenha exclusivamente do procedimento de mediação.

4 – O mediador pode tentar a conciliação ou propor às partes a solução que lhe pareça mais adequada.

5 – O acordo resultante da mediação, quando escrito, tem a natureza de transacção extrajudicial.

Artigo 35.º
Constituição de fundos de garantia

1 – As entidades gestoras de mercados regulamentados, de sistemas de negociação multilateral, de sistemas de liquidação, de câmara de compensação ou de contraparte central podem constituir ou promover a constituição de fundos de garantia.[1]

2 – Os fundos de garantia visam ressarcir os investidores não qualificados pelos danos sofridos em consequência da actuação de qualquer intermediário financeiro membro do mercado ou sistema, ou autorizado a receber e transmitir ordens para execução, e dos participantes naqueles sistemas.[1]

3 – A participação no fundo de garantia é facultativa, sem prejuízo do disposto no número seguinte.

4 – As entidades gestoras referidas no n.º 1 podem deliberar que a participação no fundo por si constituído ou promovido seja obrigatória para os membros autorizados a executar ordens por conta de outrem e para os participantes nos sistemas.[1]

Artigo 36.º
Gestão de fundos de garantia

1 – Os fundos de garantia são geridos:

a) Por sociedade que tenha essa gestão como objecto exclusivo e em que participem como sócios uma ou mais de uma das entidades gestoras referidas no n.º 1 do artigo anterior; ou

b) Pela entidade gestora do mercado ou do sistema de liquidação a que o fundo está afecto.

2 – No caso da alínea b) do número anterior, o fundo de garantia constitui património autónomo.

3 – Compete, nomeadamente, ao conselho de administração da sociedade gestora do fundo de garantia:

a) Elaborar o regulamento do fundo;

b) [Revogada];

c) Executar as decisões de indemnização a suportar pelo fundo de garantia;

d) Decidir sobre a liquidação do fundo de garantia, nos termos do respectivo regulamento.[2]

4 – O regulamento do fundo é aprovado pela CMVM e define, designadamente:[2]

a) O montante mínimo do património do fundo;

b) O processo de reclamação e decisão;

c) O limite máximo das indemnizações;

d) As receitas dos fundos.[2]

5 – A sociedade gestora do fundo e os titulares dos respectivos órgãos estão sujeitos a registo na CMVM.

Artigo 37.º[3]
Receitas dos fundos de garantia

[*Revogado.*]

Artigo 38.º[3]
Pagamento de indemnização pelo fundo de garantia

[*Revogado.*]

---

[1] *Redacção introduzida pelo Decreto-Lei n.º 66/2004, de 24 de Março.*
[2] *Redacção introduzida pelo Decreto-Lei n.º 357-A/2007, de 31 de Outubro.*
[3] *Redacção introduzida pelo Decreto-Lei n.º 52/2006, de 15 de Março.*

---

[1] *Redacção introduzida pelo Decreto-Lei n.º 357-A/2007, de 31 de Outubro.*
[2] *Redacção introduzida pelo Decreto-Lei n.º 66/2004, de 24 de Março.*
[3] *Revogado pelo Decreto-Lei n.º 66/2004, de 24 de Março.*

TÍTULO II
Valores mobiliários

CAPÍTULO I
Disposições gerais

SECÇÃO I
Direito aplicável

ARTIGO 39.º
Capacidade e forma

A capacidade para a emissão e a forma de representação dos valores mobiliários regem-se pela lei pessoal do emitente.

ARTIGO 40.º
Conteúdo

1 – A lei pessoal do emitente regula o conteúdo dos valores mobiliários, salvo se, em relação a obrigações e a outros valores mobiliários representativos de dívida, constar do registo da emissão que é outro o direito aplicável.

2 – Ao conteúdo dos valores mobiliários que confiram direito à subscrição, à aquisição ou à alienação de outros valores mobiliários aplica-se também a lei pessoal do emitente destes.

ARTIGO 41.º
Transmissão e garantias

A transmissão de direitos e a constituição de garantias sobre valores mobiliários regem-se:

a) Em relação a valores mobiliários integrados em sistema centralizado, pelo direito do Estado onde se situa o estabelecimento da entidade gestora desse sistema;

b) Em relação a valores mobiliários registados ou depositados não integrados em sistema centralizado, pelo direito do Estado em que se situa o estabelecimento onde estão registados ou depositados os valores mobiliários;

c) Em relação a valores mobiliários não abrangidos nas alíneas anteriores, pela lei pessoal do emitente.

ARTIGO 42.º
Referência material

A designação de um direito estrangeiro por efeito das normas da presente secção não inclui as normas de direito internacional privado do direito designado.

SECÇÃO II
Emissão

ARTIGO 43.º
Registo da emissão

1 – A emissão de valores mobiliários que não tenham sido destacados de outros valores mobiliários está sujeita a registo junto do emitente.

2 – As disposições sobre o registo de emissão de valores mobiliários aplicam-se aos valores mobiliários emitidos por entidade cuja lei pessoal seja a lei portuguesa.

ARTIGO 44.º
Menções do registo da emissão

1 – Do registo da emissão constam:

a) A identificação do emitente, nomeadamente a firma ou denominação, a sede, o número de identificação de pessoa colectiva, a conservatória do registo comercial onde se encontra matriculada e o número de matrícula;

b) As características completas do valor mobiliário, designadamente o tipo, os direitos que, em relação ao tipo, estão especialmente incluídos ou excluídos, a forma de representação e o valor nominal ou percentual;

c) A quantidade de valores mobiliários que integram a emissão e a série a que respeitam e, tratando-se de emissão contínua, a quantidade actualizada dos valores mobiliários emitidos;

d) O montante e a data dos pagamentos para liberação previstos e efectuados;

e) As alterações que se verifiquem em qualquer das menções referidas nas alíneas anteriores;

f) A data da primeira inscrição registral de titularidade ou da entrega dos títulos e a identificação do primeiro titular, bem como, se for o caso, do intermediário financeiro com quem o titular celebrou contrato para registo dos valores mobiliários;

g) O número de ordem dos valores mobiliários titulados.

2 – O registo das alterações a que se refere a alínea e) do número anterior deve ser feito no prazo de 30 dias.

3 – O registo da emissão é reproduzido, quanto aos elementos referidos nas alíneas a), b) e c) do número anterior e suas alterações:

a) Em conta aberta pelo emitente junto da entidade gestora do sistema centralizado, quando os valores mobiliários sejam integrados nesse sistema;

b) Em conta aberta pelo emitente no intermediário financeiro que presta o serviço de registo dos valores mobiliários escriturais nos termos do artigo 63.º

ARTIGO 45.º
Categoria

Os valores mobiliários que sejam emitidos pela mesma entidade e apresentem o mesmo conteúdo constituem uma categoria, ainda que pertençam a emissões ou séries diferentes.

SECÇÃO III
Representação

ARTIGO 46.º
Formas de representação

1 – Os valores mobiliários são escriturais ou titulados, consoante sejam representados por registos em conta ou por documentos em papel; estes são, neste Código, designados também por títulos.

2 – Os valores mobiliários que integram a mesma emissão, ainda que realizada por séries, obedecem à mesma forma de representação, salvo para efeitos de negociação no estrangeiro.

3 – Os valores mobiliários destacados de valores mobiliários escriturais e de valores mobiliários titulados integrados em sistema centralizado são representados por registo em conta autónoma.

4 – Os valores mobiliários destacados de outros valores mobiliários titulados são representados por cupões fisicamente separados do título a partir do qual se constituíram.

ARTIGO 47.º
Formalidades prévias

A inscrição dos valores mobiliários em contas individualizadas ou a entrega dos títulos exige o prévio cumprimento

Regulação do Sector Financeiro – Regulação do Mercado de Valores Mobiliários

das formalidades próprias para a criação de cada tipo de valor mobiliário, incluindo as relativas ao registo comercial.

ARTIGO 48.º
Decisão de conversão

1 – Salvo proibição legal ou estatutária, o emitente pode decidir a conversão dos valores mobiliários quanto à sua forma de representação, estabelecendo para o efeito um prazo razoável, não superior a um ano.

2 – A decisão de conversão é objecto de publicação.

3 – Os custos da conversão são suportados pelo emitente.

ARTIGO 49.º
Conversão de valores mobiliários escriturais em titulados

1 – Os valores mobiliários escriturais consideram-se convertidos em titulados no momento em que os títulos ficam disponíveis para entrega.

2 – Os registos dos valores mobiliários convertidos devem ser inutilizados ou cancelados com menção da data da conversão.

ARTIGO 50.º
Conversão de valores mobiliários titulados em escriturais

1 – Os valores mobiliários titulados são convertidos em escriturais através de inscrição em conta, após o decurso do prazo fixado pelo emitente para a entrega dos títulos a converter.

2 – Os valores mobiliários titulados a converter devem ser entregues ao emitente ou depositados junto da entidade que prestará o serviço de registo após a conversão.

3 – Os títulos relativos a valores mobiliários não entregues no prazo fixado pelo emitente apenas legitimam os titulares para solicitar o registo a seu favor.

4 – O emitente deve promover a inutilização dos valores mobiliários convertidos, através da sua destruição ou por qualquer outra forma que assinale a conversão.

5 – A conversão dos valores mobiliários titulados em depósito centralizado em valores mobiliários escriturais faz-se por mera comunicação do emitente à entidade gestora do sistema centralizado, que promove a inutilização dos títulos.

ARTIGO 51.º
Reconstituição e reforma judicial

1 – Os valores mobiliários escriturais e titulados depositados podem, em caso de destruição ou perda, ser reconstituídos a partir dos documentos e registos de segurança disponíveis.

2 – A reconstituição é efectuada pela entidade que tem a seu cargo o registo ou o depósito, com a colaboração do emitente.

3 – O projecto de reconstituição deve ser publicado e comunicado a cada presumível titular e a reconstituição apenas pode ser efectuada decorridos pelo menos 45 dias após a publicação e a comunicação.

4 – Qualquer interessado pode, após a publicação e a comunicação, opor-se à reconstituição, requerendo a reforma judicial dos valores mobiliários perdidos ou destruídos.

5 – Quando todos os títulos em depósito centralizado sejam destruídos, sem que os correspondentes registos tenham sido afectados, consideram-se os mesmos convertidos em

valores mobiliários escriturais, salvo se o emitente, no prazo de 90 dias após a comunicação da entidade gestora do sistema de depósito centralizado, requerer a reforma judicial.

6 – O processo de reforma de documentos regulado pelos artigos 1069.º e seguintes do Código de Processo Civil aplica-se à reforma de valores mobiliários escriturais, com as devidas adaptações.

SECÇÃO IV
Modalidades

ARTIGO 52.º
Valores mobiliários nominativos e ao portador

1 – Os valores mobiliários são nominativos ou ao portador, conforme o emitente tenha ou não a faculdade de conhecer a todo o tempo a identidade dos titulares.

2 – Na falta de cláusula estatutária ou de decisão do emitente, os valores mobiliários consideram-se nominativos.

ARTIGO 53.º
Convertibilidade

Salvo disposição legal, estatutária ou resultante das condições especiais fixadas para cada emissão, os valores mobiliários ao portador podem, por iniciativa e a expensas do titular, ser convertidos em nominativos e estes naqueles.

ARTIGO 54.º
Modos de conversão

A conversão efectua-se:

a) Através de anotação na conta de registo individualizado dos valores mobiliários escriturais ou dos valores mobiliários titulados integrados em sistema centralizado;

b) Por substituição dos títulos ou por alteração no seu texto, realizadas pelo emitente.

SECÇÃO V
Legitimação

ARTIGO 55.º
Legitimação activa

1 – Quem, em conformidade com o registo ou com o título, for titular de direitos relativos a valores mobiliários está legitimado para o exercício dos direitos que lhes são inerentes.

2 – A legitimidade para exercer os direitos que tenham sido destacados, por inscrição em conta autónoma ou por separação de cupões, pertence a quem seja titular em conformidade com o registo ou com o título.

3 – São direitos inerentes aos valores mobiliários, além de outros que resultem do regime jurídico de cada tipo:

a) Os dividendos, os juros e outros rendimentos;

b) Os direitos de voto;

c) Os direitos à subscrição ou aquisição de valores mobiliários do mesmo ou de diferente tipo.

ARTIGO 56.º
Legitimação passiva

O emitente que, de boa fé, realize qualquer prestação a favor do titular legitimado pelo registo ou pelo título ou lhe reconheça qualquer direito fica liberado e isento de responsabilidade.

ARTIGO 57.º
Contitularidade

Os contitulares de um valor mobiliário exercem os direitos a eles inerentes por meio de representante comum, nos termos previstos para as acções no artigo 303.º do Código das Sociedades Comerciais.

ARTIGO 58.º
Aquisição a pessoa não legitimada

1 – Ao adquirente de um valor mobiliário que tenha procedido de boa fé não é oponível a falta de legitimidade do alienante, desde que a aquisição tenha sido efectuada de acordo com as regras de transmissão aplicáveis.

2 – O disposto no número anterior é aplicável ao titular de quaisquer direitos de garantia sobre valores mobiliários.

SECÇÃO VI
Regulamentação

ARTIGO 59.º
Regulamentação do registo no emitente e em intermediário financeiro

1 – Através de portaria, o Ministro das Finanças regulamenta:

a) O registo da emissão de valores mobiliários no emitente, nomeadamente quanto ao seu conteúdo e ao seu suporte;

b) O registo dos valores mobiliários escriturais no emitente nos termos do artigo 64.º, nomeadamente quanto aos deveres dessa entidade, ao modo de conversão dos valores mobiliários e à sua reconstituição.

2 – Cabe à CMVM a regulamentação do registo dos valores mobiliários escriturais que sigam o regime do artigo 63.º

ARTIGO 60.º
Regulamentação do sistema centralizado de valores mobiliários

A CMVM elabora os regulamentos necessários à concretização e ao desenvolvimento das disposições relativas aos valores mobiliários escriturais e titulados integrados em sistema centralizado, ouvidas as entidades gestoras, nomeadamente quanto aos seguintes aspectos:

a) Sistema de contas e regras a que deve obedecer;

b) Exercício dos direitos inerentes aos valores mobiliários;

c) Informações a prestar pelas entidades que integram o sistema;

d) Integração dos valores mobiliários no sistema e sua exclusão;

e) Conversão da forma de representação;

f) Ligação com sistemas de liquidação;

g) Medidas de segurança a adoptar quanto ao registo de valores mobiliários registados em suporte informático;

h) Prestação do serviço de registo ou de depósito de valores mobiliários por entidades com estabelecimento no estrangeiro;

i) Procedimentos a adoptar nas relações operacionais entre sistemas centralizados a funcionar em Portugal ou no estrangeiro;

j) Termos em que pode ser ilidida a presunção a que se refere o n.º 3 do artigo 74.º.

CAPÍTULO II
Valores mobiliários escriturais

SECÇÃO I
Disposições gerais

SUBSECÇÃO I
Modalidades de registo

ARTIGO 61.º
Entidades registadoras

O registo individualizado de valores mobiliários escriturais consta de:

a) Conta aberta junto de intermediário financeiro, integrada em sistema centralizado; ou

b) Conta aberta junto de um único intermediário financeiro indicado pelo emitente; ou

c) Conta aberta junto do emitente ou de intermediário financeiro que o representa.

ARTIGO 62.º
Integração em sistema centralizado

São obrigatoriamente integrados em sistema centralizado os valores mobiliários escriturais admitidos à negociação em mercado regulamentado.

ARTIGO 63.º
Registo num único intermediário financeiro

1 – São obrigatoriamente registados num único intermediário financeiro, quando não estejam integrados em sistema centralizado:

a) Os valores mobiliários escriturais ao portador;

b) Os valores mobiliários distribuídos através de oferta pública e outros que pertençam à mesma categoria;

c) Os valores mobiliários emitidos conjuntamente por mais de uma entidade;

d) As unidades de participação em instituição de investimento colectivo.

2 – O intermediário financeiro registador é indicado pelo emitente ou pela entidade gestora da instituição de investimento colectivo, que suportam os custos da eventual mudança de entidade registadora.

3 – Se o emitente for um intermediário financeiro, o registo a que se refere o presente artigo é feito noutro intermediário financeiro.

4 – O intermediário financeiro adopta todas as medidas necessárias para prevenir e, com a colaboração do emitente, corrigir qualquer divergência entre a quantidade, total e por categorias, de valores mobiliários emitidos e a quantidade dos que se encontram em circulação.

ARTIGO 64.º
Registo no emitente

1 – Os valores mobiliários escriturais nominativos não integrados em sistema centralizado nem registados num único intermediário financeiro são registados junto do emitente.

2 – O registo junto do emitente pode ser substituído por registo com igual valor a cargo de intermediário financeiro actuando na qualidade de representante do emitente.

Regulação do Sector Financeiro – Regulação do Mercado de Valores Mobiliários

SUBSECÇÃO II
Processo de registo

ARTIGO 65.º
Suporte do registo

1 – Os registos integrados em sistema centralizado são feitos em suporte informático, podendo consistir em referências codificadas.

2 – As entidades que efectuem os registos em suporte informático devem utilizar meios de segurança adequados para esse tipo de suporte, em particular cópias de segurança guardadas em local distinto dos registos.

ARTIGO 66.º
Oficiosidade e instância

1 – São lavrados oficiosamente os registos relativos a actos em que a entidade registadora, de alguma forma, tenha tido intervenção, a actos que lhe sejam comunicados pela entidade gestora do sistema centralizado e a actos de apreensão judicial que lhe sejam comunicados pela entidade competente.

2 – Têm legitimidade para requerer o registo:

a) O titular da conta onde se deva proceder ao registo ou para onde devam ser transferidos os valores mobiliários;

b) O usufrutuário, o credor pignoratício e o titular de outras situações jurídicas que onerem os valores mobiliários, quanto ao registo das respectivas situações jurídicas.

ARTIGO 67.º
Base documental dos registos

1 – As inscrições e os averbamentos nas contas de registo são feitos com base em ordem escrita do disponente ou em documento bastante para a prova do facto a registar.

2 – Quando o requerente não entregue qualquer documento escrito e este não seja exigível para a validade ou a prova do facto a registar, deve a entidade registadora elaborar uma nota escrita justificativa do registo.

ARTIGO 68.º
Menções nas contas de registo individualizado

1 – Em relação a cada titular são abertas, em separado, contas por categoria de valor mobiliário que, além das menções actualizadas dos elementos constantes das alíneas a) e b) do n.º 1 do artigo 44.º, contêm:

a) A identificação do titular e, em caso de contitularidade, do representante comum;

b) Os lançamentos a crédito e a débito das quantidades adquiridas e alienadas, com identificação da conta onde se fizeram, respectivamente, os lançamentos a débito e a crédito;

c) O saldo de valores mobiliários existente em cada momento;

d) A atribuição e o pagamento de dividendos, juros e outros rendimentos;

e) A subscrição e a aquisição de valores mobiliários, do mesmo ou de diferente tipo, a que os valores mobiliários registados confiram direito;

f) O destaque de direitos inerentes ou de valores mobiliários e, neste caso, a conta onde passaram a estar registados;

g) A constituição, a modificação e a extinção de usufruto, penhor, arresto, penhora ou qualquer outra situação jurídica que onere os valores mobiliários registados;

h) Os bloqueios e o seu cancelamento;

i) A propositura de acções judiciais relativas aos valores mobiliários registados ou ao próprio registo e as respectivas decisões;

j) Outras referências que sejam exigidas pela natureza ou pelas características dos valores mobiliários registados.

2 – As menções referidas no número anterior devem incluir a data da inscrição e a referência abreviada aos documentos que lhes serviram de base.

3 – Se os valores mobiliários tiverem sido emitidos por entidade que tenha como lei pessoal uma lei estrangeira, o registo é efectuado, no que respeita às menções equivalentes às referidas nas alíneas a) e b) do n.º 1 do artigo 44.º, com base em declaração do requerente, acompanhada do parecer jurídico previsto no n.º 1 do artigo 231.º, quando exigido nos termos deste artigo.[1]

ARTIGO 69.º
Data e prioridade dos registos

1 – Os registos oficiosos são lavrados com a data do facto registado.

2 – Os registos requeridos pelos interessados são lavrados com a data de apresentação do requerimento de registo.

3 – Se mais de um registo se reportar à mesma data, a prioridade do registo é decidida pelo momento de verificação do facto ou da apresentação, conforme o registo seja oficioso ou dependente de apresentação.

4 – Os registos relativos a valores mobiliários escriturais bloqueados reportam-se à data da cessação do bloqueio.

5 – O registo provisório convertido em definitivo conserva a data que tinha como provisório.

6 – Em caso de recusa, o registo feito na sequência de reclamação para a entidade registadora ou de recurso julgado procedente é feito com a data correspondente ao acto recusado.

ARTIGO 70.º
Sucessão de registos

A inscrição da aquisição de valores mobiliários, bem como da constituição, modificação ou extinção de usufruto, penhor ou de outras situações jurídicas que onerem os valores mobiliários registados, exige a prévia inscrição a favor do disponente.

ARTIGO 71.º
Transferência de valores mobiliários escriturais entre contas

1 – A transferência dos valores mobiliários escriturais entre contas do mesmo ou de distintos titulares opera-se pelo lançamento a débito na conta de origem e a crédito na conta de destino.

2 – As transferências entre contas integradas em sistema centralizado são feitas em conformidade com os valores globais a transferir, comunicados pela entidade gestora do sistema centralizado de valores mobiliários.

---

[1] *Redacção introduzida pelo Decreto-Lei n.º 52/2006, de 15 de Março.*

ARTIGO 72.º
Bloqueio

1 – Estão obrigatoriamente sujeitos a bloqueio os valores mobiliários escriturais:

a) Em relação aos quais tenham sido passados certificados para exercício de direitos a eles inerentes, durante o prazo de vigência indicado no certificado, quando o exercício daqueles direitos dependa da manutenção da titularidade até à data desse exercício;

b) Em relação aos quais tenha sido passado certificado para valer como título executivo, devendo o bloqueio manter-se até à devolução do original do certificado ou até à apresentação de certidão da decisão final do processo executivo;

c) Que sejam objecto de penhora ou de outros actos de apreensão judicial, enquanto esta se mantiver;

d) Que sejam objecto de oferta pública de venda ou, quando já tenham sido emitidos, que integrem a contrapartida em oferta pública de troca, devendo o bloqueio manter-se até à liquidação da operação ou até à cessação da oferta em momento anterior.

2 – O bloqueio pode também ser efectuado:

a) Por iniciativa do titular, em qualquer caso;

b) Por iniciativa de intermediário financeiro, quanto aos valores mobiliários em relação aos quais lhe tenha sido dada ou transmitida ordem de venda em mercado registado.

3 – O bloqueio consiste num registo em conta, com indicação do seu fundamento, do prazo de vigência e da quantidade de valores mobiliários abrangidos.

4 – Durante o prazo de vigência do bloqueio, a entidade registadora fica proibida de transferir os valores mobiliários bloqueados.

SUBSECÇÃO III
Valor e vícios do registo

ARTIGO 73.º
Primeira inscrição

1 – Os valores mobiliários escriturais constituem-se por registo em contas individualizadas abertas junto das entidades registadoras.

2 – O primeiro registo é efectuado com base nos elementos relevantes do registo de emissão comunicados pelo emitente.

3 – Se a entidade registadora tiver aberto contas de subscrição, o registo efectua-se por conversão dessas contas em contas de registo individualizado.

ARTIGO 74.º
Valor do registo

1 – O registo em conta individualizada de valores mobiliários escriturais faz presumir que o direito existe e que pertence ao titular da conta, nos precisos termos dos respectivos registos.

2 – Salvo indicação diversa constante da respectiva conta, as quotas dos contitulares de uma mesma conta de valores mobiliários escriturais presumem-se iguais.

3 – Quando esteja em causa o cumprimento de deveres de informação, de publicidade ou de lançamento de oferta pública de aquisição, a presunção de titularidade resultante

do registo pode ser ilidida, para esse efeito, perante a autoridade de supervisão ou por iniciativa desta.

ARTIGO 75.º
Prioridade de direitos

Os direitos registados sobre os mesmos valores mobiliários prevalecem uns sobre os outros pela ordem de prioridade dos respectivos registos.

ARTIGO 76.º
Extinção dos efeitos do registo

1 – Os efeitos do registo extinguem-se por caducidade ou por cancelamento.

2 – O cancelamento é lavrado oficiosamente ou a requerimento do interessado.

ARTIGO 77.º
Recusa do registo

1 – O registo é recusado nos seguintes casos:

a) Não estar o facto sujeito a registo;

b) Não ser competente a entidade registadora;

c) Não ter o requerente legitimidade;

d) Ser manifesta a nulidade do facto a registar;

e) Ser manifesta a inadequação dos documentos apresentados;

f) Ter o registo sido lavrado como provisório por dúvidas e estas não se mostrem removidas.

2 – Quando não deva ser recusado, o registo pode ser lavrado como provisório por insuficiência documental.

3 – O registo lavrado como provisório caduca se a causa da provisoriedade não for removida no prazo de 30 dias.

ARTIGO 78.º
Prova do registo

1 – O registo prova-se por certificado emitido pela entidade registadora.

2 – O certificado prova a existência do registo da titularidade dos valores mobiliários a que respeita e dos direitos de usufruto, de penhor e de quaisquer outras situações jurídicas que especifique, com referência à data em que foi emitido ou pelo prazo nele mencionado.

3 – O certificado pode ser pedido por quem tenha legitimidade para requerer o registo.

4 – Os credores, judicialmente reconhecidos, do titular dos valores mobiliários podem requerer certidão afirmativa ou negativa da existência de quaisquer situações que onerem esses valores mobiliários.

ARTIGO 79.º
Rectificação e impugnação dos actos de registo

1 – Os registos podem ser rectificados pela entidade registadora, oficiosamente ou por iniciativa dos interessados.

2 – A rectificação retroage à data do registo rectificado, sem prejuízo dos direitos de terceiros de boa fé.

3 – Os actos de registo ou a sua recusa são impugnáveis junto dos tribunais comuns até 90 dias após o conhecimento do facto pelo impugnante, desde que ainda não tenham decorrido três anos após a data do registo.

Regulação do Sector Financeiro – Regulação do Mercado de Valores Mobiliários

SUBSECÇÃO IV
Transmissão, constituição e exercício de direitos

ARTIGO 80.º
Transmissão

1 – Os valores mobiliários escriturais transmitem-se pelo registo na conta do adquirente.

2 – A compra em mercado regulamentado de valores mobiliários escriturais confere ao comprador, independentemente do registo e a partir da realização da operação, legitimidade para a sua venda nesse mercado.

ARTIGO 81.º
Penhor

1 – O penhor de valores mobiliários constitui-se pelo registo na conta do titular dos valores mobiliários, com indicação da quantidade de valores mobiliários dados em penhor, da obrigação garantida e da identificação do beneficiário.

2 – O penhor pode ser constituído por registo em conta do credor pignoratício, quando o direito de voto lhe tiver sido atribuído.

3 – A entidade registadora onde está aberta a conta dos valores mobiliários empenhados não pode efectuar a transferência desses valores para conta aberta em outra entidade registadora, sem prévia comunicação ao credor pignoratício.

4 – Salvo convenção em contrário, os direitos inerentes aos valores mobiliários empenhados são exercidos pelo titular dos valores mobiliários empenhados.

5 – O disposto nos n.ºˢ 1 a 3 é aplicável, com as devidas adaptações, à constituição do usufruto e de quaisquer outras situações jurídicas que onerem os valores mobiliários.

ARTIGO 82.º
Penhora

A penhora e outros actos de apreensão judicial de valores mobiliários escriturais realizam-se preferencialmente mediante comunicação electrónica à entidade registadora, pelo agente de execução, de que os valores mobiliários ficam à ordem deste. [1]

ARTIGO 83.º
Exercício de direitos

Se os direitos inerentes a valores mobiliários não forem exercidos através da entidade registadora, podem sê-lo pela apresentação dos certificados a que se refere o artigo 78.º.

ARTIGO 84.º
Título executivo

Os certificados passados pelas entidades registadoras relativos a valores mobiliários escriturais valem como título executivo, se mencionarem o fim a que se destinam, se forem emitidos por prazo indeterminado e se a assinatura do representante da entidade registadora e os seus poderes estiverem reconhecidos por notário.

SUBSECÇÃO V
Deveres das entidades registadoras

ARTIGO 85.º
Prestação de informações

1 – As entidades registadoras de valores mobiliários escriturais devem prestar, pela forma que em cada situação se mostre mais adequada, as informações que lhe sejam solicitadas:

a) Pelos titulares dos valores mobiliários, em relação aos elementos constantes das contas abertas em seu nome;

b) Pelos titulares de direitos de usufruto, de penhor e de outras situações jurídicas que onerem valores mobiliários registados, em relação aos respectivos direitos;

c) Pelos emitentes, em relação a elementos constantes das contas de valores mobiliários nominativos.

2 – O dever de informação abrange os elementos constantes dos documentos que serviram de base aos registos.

3 – Se os valores mobiliários estiverem integrados em sistema centralizado, os pedidos de informação pelos emitentes podem ser dirigidos à entidade gestora desse sistema, que os transmite a cada uma das entidades registadoras.

4 – A entidade registadora deve tomar a iniciativa de enviar a cada um dos titulares de valores mobiliários registados:

a) O extracto previsto no artigo 323.º-C; [1]

b) Os elementos necessários para o atempado cumprimento das obrigações fiscais.

ARTIGO 86.º
Acesso à informação

Além das pessoas referidas na lei ou expressamente autorizadas pelo titular, têm acesso à informação sobre os factos e as situações jurídicas constantes dos registos e dos documentos que lhes servem de base:

a) A CMVM e o Banco de Portugal, no exercício das suas funções;

b) Através da CMVM as autoridades de supervisão de outros Estados, nos termos previstos no estatuto daquela entidade;

c) Os intermediários financeiros a quem tenha sido dada ordem de alienação dos valores mobiliários registados.

ARTIGO 87.º
Responsabilidade civil

1 – As entidades registadoras de valores mobiliários escriturais respondem pelos danos causados aos titulares de direitos sobre esses valores ou a terceiros, em consequência de omissão, irregularidade, erro, insuficiência ou demora na realização dos registos ou destruição destes, salvo se provarem que houve culpa dos lesados.

2 – As entidades registadoras têm direito de regresso contra a entidade gestora do sistema centralizado pela indemnização devida nos termos do número anterior, sempre que os factos em que a responsabilidade se baseia lhe sejam imputáveis.

3 – Sempre que possível, a indemnização é fixada em valores mobiliários da mesma categoria daqueles a que o registo se refere.

---

[1] *Redacção introduzida pelo Decreto-Lei n.º 38/2003, de 8 de Março.*

---

[1] *Redacção introduzida pelo Decreto-Lei n.º 357-A/2007, de 31 de Outubro.*

SECÇÃO II
Sistema centralizado

ARTIGO 88.º
Estrutura e funções do sistema centralizado

1 – Os sistemas centralizados de valores mobiliários são formados por conjuntos interligados de contas, através das quais se processa a constituição e a transferência dos valores mobiliários nele integrados e se assegura o controlo de quantidade dos valores mobiliários em circulação e dos direitos sobre eles constituídos.

2 – Os sistemas centralizados de valores mobiliários só podem ser geridos por entidades que preencham os requisitos fixados em lei especial.

3 – O disposto na presente secção não é aplicável aos sistemas centralizados directamente geridos pelo Banco de Portugal.

ARTIGO 89.º
Regras operacionais

1 – As regras operacionais necessárias ao funcionamento de sistema centralizado são estabelecidas pela respectiva entidade gestora, estando sujeitas a registo.

2 – A CMVM recusa o registo ou impõe modificações sempre que as considere insuficientes ou contrárias a disposição legal ou regulamentar.

ARTIGO 90.º
Integração e exclusão de valores mobiliários

1 – A integração em sistema centralizado abrange todos os valores mobiliários da mesma categoria, depende de solicitação do emitente e realiza-se através de registo em conta aberta no sistema centralizado.

2 – Os valores mobiliários que não estejam obrigatoriamente integrados em sistema centralizado podem dele ser excluídos por solicitação do emitente.

ARTIGO 91.º
Contas integrantes do sistema centralizado

1 – O sistema centralizado é constituído, pelo menos, pelas seguintes contas:

a) Contas de emissão, abertas no emitente, nos termos do n.º 1 do artigo 44.º;

b) Contas de registo individualizado, abertas junto dos intermediários financeiros para o efeito autorizados;

c) Contas de controlo da emissão, abertas por cada um dos emitentes na entidade gestora do sistema, nos termos da alínea a) do n.º 3 do artigo 44.º;

d) Contas de controlo das contas de registo individualizado, abertas pelos intermediários financeiros na entidade gestora do sistema.

2 – Se os valores mobiliários tiverem sido emitidos por entidade que tenha como lei pessoal uma lei estrangeira, a conta de emissão a que se refere a alínea a) do n.º 1 pode ser aberta em intermediário financeiro autorizado a actuar em Portugal ou ser substituída por elementos fornecidos por outro sistema centralizado com o qual exista coordenação adequada.

3 – As contas de registo individualizado podem também ser abertas junto de intermediários financeiros reconhecidos pela entidade gestora do sistema centralizado, desde que estejam organizadas em condições de eficiência, segurança e controlo equivalentes às exigidas aos intermediários financeiros autorizados a exercer a sua actividade em Portugal.

4 – As contas a que se refere a alínea d) do n.º 1 são contas globais abertas em nome de cada uma das entidades autorizadas a movimentar contas de registo individualizado, devendo, em relação a cada categoria de valores mobiliários, o somatório dos respectivos saldos ser igual ao somatório dos saldos apurados em cada uma das contas de registo individualizado.

5 – As contas a que se refere a alínea d) do n.º 1 devem revelar em separado as quantidades de valores mobiliários de que cada intermediário financeiro registador é titular.

6 – Nos casos previstos em regulamento da CMVM, podem ser abertas directamente junto da entidade gestora do sistema centralizado contas de registo individualizado, às quais se aplica o regime jurídico das contas da mesma natureza junto dos intermediários financeiros.

7 – Devem ser abertas junto da entidade gestora do sistema centralizado subcontas específicas relativas a valores mobiliários empenhados ou que não possam ser transferidos ou que, por outras circunstâncias, não satisfaçam os requisitos de negociabilidade em mercado regulamentado.

ARTIGO 92.º
Controlo dos valores mobiliários em circulação

1 – A entidade gestora do sistema centralizado deve adoptar as medidas necessárias para prevenir e corrigir qualquer divergência entre a quantidade, total e por categorias, de valores mobiliários emitidos e a quantidade dos que se encontram em circulação.

2 – Se as contas a que se refere o n.º 1 do artigo anterior respeitarem apenas a uma parte da categoria, o controlo da totalidade da categoria é assegurado através de coordenação adequada com outros sistemas centralizados.

ARTIGO 93.º
Informações a prestar ao emitente

A entidade gestora do sistema centralizado deve fornecer ao emitente informação sobre:

a) A conversão de valores mobiliários escriturais em titulados ou destes em escriturais;

b) Os elementos necessários para o exercício dos direitos patrimoniais inerentes aos valores mobiliários registados e para o controlo desse exercício pelo emitente.

ARTIGO 94.º
Responsabilidade civil

1 – A entidade gestora do sistema centralizado responde pelos danos causados aos intermediários financeiros e aos emitentes em consequência de omissão, irregularidade, erro, insuficiência ou demora na realização dos registos que lhe compete efectuar e na transmissão das informações que deve fornecer, salvo se provar que houve culpa dos lesados.

2 – A entidade gestora do sistema centralizado tem direito de regresso contra os intermediários financeiros pelas indemnizações pagas aos emitentes, e contra estes, pelas indemnizações que tenha de pagar àqueles, sempre que os factos em que a responsabilidade se baseia sejam imputáveis, conforme os casos, aos intermediários financeiros ou aos emitentes.

Regulação do Sector Financeiro – Regulação do Mercado de Valores Mobiliários

CAPÍTULO III
Valores mobiliários titulados

SECÇÃO I
Títulos

Artigo 95.º
Emissão e entrega dos títulos

A emissão e entrega dos títulos ao primeiro titular constitui dever do emitente, que suporta os respectivos encargos.

Artigo 96.º
Cautelas

Enquanto não forem emitidos os títulos, a posição jurídica do titular pode ser provada através de cautelas passadas pelo emitente ou pelo intermediário financeiro colocador da emissão.

Artigo 97.º
Menções nos títulos

1 – Dos títulos devem constar, além das menções referidas nas alíneas a) e b) do n.º 1 do artigo 44.º, os seguintes elementos:

a) Número de ordem, excepto os títulos ao portador; [1]

b) Quantidade de direitos representados no título e, se for o caso, valor nominal global;

c) Identificação do titular, nos títulos nominativos.

2 – Os títulos são assinados, ainda que através de chancela, por um titular do órgão de administração do emitente.

3 – A alteração de qualquer dos elementos constantes do título pode ser feita por substituição do título ou, desde que subscrita nos termos do número anterior, no respectivo texto.

Artigo 98.º
Divisão e concentração de títulos

Os títulos representam uma ou mais unidades da mesma categoria de valores mobiliários, podendo o titular solicitar a divisão ou concentração de títulos, suportando os respectivos encargos.

SECÇÃO II
Depósito

Artigo 99.º
Modalidades de depósito

1 – O depósito de valores mobiliários titulados efectua-se:

a) Em intermediário financeiro autorizado, por iniciativa do seu titular;

b) Em sistema centralizado, nos casos em que a lei o imponha ou por iniciativa do emitente.

2 – Os valores mobiliários titulados são obrigatoriamente depositados:

a) Em sistema centralizado, quando estejam admitidos à negociação em mercado regulamentado;

b) Em intermediário financeiro ou em sistema centralizado, quando toda a emissão ou série seja representada por um só título.

---

[1] *Redacção introduzida pelo Decreto-Lei n.º 357-A/2007, de 31 de Outubro.*

384

3 – A entidade depositária deve manter contas de registo separadas por titular.

4 – Os títulos nominativos depositados em intermediário financeiro mantêm o seu número de ordem. [1]

5 – Aos valores mobiliários a que se refere a alínea b) do n.º 2, quando não estejam integrados em sistema centralizado, aplica-se o regime dos valores mobiliários escriturais registados num único intermediário financeiro.

Artigo 100.º
Titularidade dos valores mobiliários depositados

1 – A titularidade sobre os valores mobiliários titulados depositados não se transmite para a entidade depositária, nem esta pode utilizá-los para fins diferentes dos que resultem do contrato de depósito.

2 – Em caso de falência da entidade depositária, os valores mobiliários não podem ser apreendidos para a massa falida, assistindo aos titulares o direito de reclamar a sua separação e restituição.

SECÇÃO III
Transmissão, constituição e exercício de direitos

Artigo 101.º
Transmissão de valores mobiliários titulados ao portador

1 – Os valores mobiliários titulados ao portador transmitem-se por entrega do título ao adquirente ou ao depositário por ele indicado.

2 – Se os títulos já estiverem depositados junto do depositário indicado pelo adquirente, a transmissão efectua-se por registo na conta deste, com efeitos a partir da data do requerimento do registo.

3 – Em caso de transmissão por morte, o registo referido no número anterior é feito com base nos documentos comprovativos do direito à sucessão.

Artigo 102.º
Transmissão de valores mobiliários titulados nominativos

1 – Os valores mobiliários titulados nominativos transmitem-se por declaração de transmissão, escrita no título, a favor do transmissário, seguida de registo junto do emitente ou junto de intermediário financeiro que o represente.

2 – A declaração de transmissão entre vivos é efectuada:

a) Pelo depositário, nos valores mobiliários em depósito não centralizado, que lavra igualmente o respectivo registo na conta do transmissário;

b) Pelo funcionário judicial competente, quando a transmissão dos valores mobiliários resulte de sentença ou de venda judicial;

c) Pelo transmitente, em qualquer outra situação.

3 – A declaração de transmissão por morte do titular é efectuada:

a) Havendo partilha judicial, nos termos da alínea b) do número anterior;

b) Nos restantes casos, pelo cabeça-de-casal ou pelo notário que lavrou a escritura de partilha.

4 – Tem legitimidade para requerer o registo junto do emitente qualquer das entidades referidas nos n.ºs 2 e 3.

---

[1] *Redacção introduzida pelo Decreto-Lei n.º 357-A/2007, de 31 de Outubro.*

Decreto-Lei n.º 486/99

5 – A transmissão produz efeitos a partir da data do requerimento de registo junto do emitente.

6 – Os registos junto do emitente, relativos aos títulos nominativos, são gratuitos.

7 – O emitente não pode, para qualquer efeito, opor ao interessado a falta de realização de um registo que devesse ter efectuado nos termos dos números anteriores.

ARTIGO 103.º
Usufruto e penhor

A constituição, modificação ou extinção de usufruto, de penhor ou de quaisquer situações jurídicas que onerem os valores mobiliários titulados é feita nos termos correspondentes aos estabelecidos para a transmissão da titularidade dos valores mobiliários.

ARTIGO 104.º
Exercício de direitos

1 – O exercício de direitos inerentes aos valores mobiliários titulados ao portador depende da posse do título ou de certificado passado pelo depositário, nos termos do n.º 2 do artigo 78.º

2 – Os direitos inerentes aos valores mobiliários titulados nominativos não integrados em sistema centralizado são exercidos de acordo com o que constar no registo do emitente.

3 – Os títulos podem ter cupões destinados ao exercício de direitos inerentes aos valores mobiliários.

SECÇÃO IV
Valores mobiliários titulados em sistema centralizado

ARTIGO 105.º
Regime aplicável

Aos valores mobiliários titulados integrados em sistema centralizado é aplicável o disposto para os valores mobiliários escriturais integrados em sistema centralizado.

ARTIGO 106.º
Integração em sistema centralizado

1 – Após o depósito dos títulos no sistema centralizado, os valores mobiliários são registados em conta, devendo mencionar-se nos títulos a integração em sistema centralizado e respectiva data.

2 – A entidade gestora do sistema centralizado pode entregar os títulos junto dela depositados à guarda de intermediário financeiro autorizado a recebê-los, mantendo aquela entidade a totalidade dos seus deveres e a responsabilidade para com o depositante.

ARTIGO 107.º
Exclusão de sistema centralizado

A exclusão dos valores mobiliários titulados do sistema centralizado só pode realizar-se após a entidade gestora desse sistema se ter assegurado de que os títulos reproduzem os elementos constantes do registo, deles fazendo constar a menção e a data da exclusão.

TÍTULO III
Ofertas públicas

CAPÍTULO I
Disposições comuns

SECÇÃO I
Princípios gerais

ARTIGO 108.º
Direito aplicável

1 – Sem prejuízo do disposto nos n.os 2 e 3 do artigo 145.º, as disposições deste título e os regulamentos que as complementam aplicam-se às ofertas públicas dirigidas especificamente a pessoas com residência ou estabelecimento em Portugal, seja qual for a lei pessoal do oferente ou do emitente e o direito aplicável aos valores mobiliários que são objecto da oferta. [1]

2 – Às ofertas públicas de aquisição previstas no artigo 145.º-A: [2]

a) No que respeita à contrapartida proposta, ao processamento da oferta, ao conteúdo do prospecto da oferta e à divulgação da oferta, aplica-se a lei do Estado membro cuja autoridade supervisora seja competente para a supervisão da oferta; [2]

b) No que respeita à informação aos trabalhadores da sociedade visada, à percentagem de direitos de voto que constitui domínio, às derrogações ou dispensas ao dever de lançamento de oferta pública de aquisição e às limitações de poderes do órgão de administração da sociedade visada, aplica-se a lei pessoal da sociedade emitente dos valores mobiliários objecto da oferta. [2]

ARTIGO 109.º
Oferta pública

1 – Considera-se pública a oferta relativa a valores mobiliários dirigida, no todo ou em parte, a destinatários indeterminados.

2 – A indeterminação dos destinatários não é prejudicada pela circunstância de a oferta se realizar através de múltiplas comunicações padronizadas, ainda que endereçadas a destinatários individualmente identificados.

3 – Considera-se também pública:

a) A oferta dirigida à generalidade dos accionistas de sociedade aberta, ainda que o respectivo capital social esteja representado por acções nominativas;

b) A oferta que, no todo ou em parte, seja precedida ou acompanhada de prospecção ou de recolha de intenções de investimento junto de destinatários indeterminados ou de promoção publicitária;

c) A oferta dirigida a, pelo menos, 100 pessoas que sejam investidores não qualificados com residência ou estabelecimento em Portugal. [1]

ARTIGO 110.º
Ofertas particulares

1 – São sempre havidas como particulares:

---

[1] *Redacção introduzida pelo Decreto-Lei n.º 52/2006, de 15 de Março.*

[2] *Redacção introduzida pelo Decreto-Lei n.º 219/2006, de 2 de Novembro.*

Regulação do Sector Financeiro – Regulação do Mercado de Valores Mobiliários

a) As ofertas relativas a valores mobiliários dirigidas apenas a investidores qualificados; [1]

b) As ofertas de subscrição dirigidas por sociedades com o capital fechado ao investimento do público à generalidade dos seus accionistas, fora do caso previsto na alínea b) do n.º 3 do artigo anterior.

2 – As ofertas particulares dirigidas por sociedades abertas e por sociedades emitentes de valores mobiliários negociados em mercado ficam sujeitas a comunicação subsequente à CMVM para efeitos estatísticos. [2]

Artigo 110.º-A [3]
Qualificação facultativa

1 – Para efeitos do disposto na alínea c) do n.º 3 do artigo 109.º, no n.º 3 do artigo 112.º e no n.º 2 do artigo 134.º, as seguintes entidades são consideradas investidores qualificados se, para o efeito, se inscreverem em registo junto da CMVM:

a) Pequenas e médias empresas, com sede estatutária em Portugal, que, de acordo com as suas últimas contas individuais ou consolidadas, preencham apenas um dos critérios enunciados na alínea b) do n.º 2 do artigo 30.º;

b) Pessoas singulares residentes em Portugal que preencham, pelo menos, dois dos seguintes requisitos:

i) Tenham realizado operações de volume significativo nos mercados de valores mobiliários com uma frequência média de, pelo menos, 10 operações por trimestre ao longo dos últimos quatro trimestres;

ii) Tenham uma carteira de valores mobiliários de montante superior a (euro) 500 000;

iii) Prestem ou tenham prestado funções, pelo menos durante um ano, no sector financeiro, numa posição profissional em que seja exigível um conhecimento do investimento em valores mobiliários.

2 – As entidades registadas devem comunicar à CMVM qualquer alteração relativa aos elementos referidos no número anterior que afecte a sua qualificação.

3 – As entidades registadas nos termos do presente artigo podem, a todo o tempo, cancelar a respectiva inscrição.

4 – A CMVM define, através de regulamento, o modo de organização e funcionamento do registo, designadamente quanto aos elementos exigíveis para a concretização e a prova dos requisitos mencionados no n.º 1, bem como aos procedimentos a observar aquando 2da inscrição, rectificação e cancelamento do mesmo.

Artigo 111.º
Âmbito

1 – Exceptuam-se do âmbito de aplicação do presente título:

a) As ofertas públicas de distribuição de valores mobiliários não representativos de capital social emitidos por um Estado membro ou por uma das suas autoridades regionais ou locais e as ofertas públicas de distribuição de valores mobiliários que gozem de garantia incondicional e irrevogável por um daqueles Estados ou por uma destas autoridades regionais ou locais; [1]

b) As ofertas públicas de valores mobiliários emitidos pelo Banco Central Europeu ou pelo banco central de um dos Estados membros; [1]

c) As ofertas relativas a valores mobiliários emitidos por uma instituição de investimento colectivo de tipo aberto realizadas pelo emitente ou por sua conta;

d) As ofertas em mercado regulamentado ou sistema de negociação multilateral registado na CMVM que sejam apresentadas exclusivamente através dos meios de comunicação próprios desse mercado ou sistema e que não sejam precedidas ou acompanhadas de prospecção ou de recolha de intenções de investimento junto de destinatários indeterminados ou de promoção publicitária; [2]

e) As ofertas públicas de distribuição de valores mobiliários cujo valor nominal unitário seja igual ou superior a (euro) 50 000 ou cujo preço de subscrição ou de venda por destinatário seja igual ou superior àquele montante; [3]

f) As ofertas públicas de distribuição de valores mobiliários não representativos de capital social emitidos por organismos públicos internacionais de que façam parte um ou vários Estados membros; [3]

g) As ofertas públicas de distribuição de valores mobiliários emitidos por associações regularmente constituídas ou por entidades sem fins lucrativos, reconhecidas por um Estado membro, com o objectivo de obterem os meios necessários para consecução dos seus objectivos não lucrativos; [3]

h) As ofertas públicas de distribuição de valores mobiliários não representativos de capital social emitidos de forma contínua ou repetida por instituições de crédito, na condição de esses valores mobiliários: [3]

i) Não serem subordinados, convertíveis ou passíveis de troca; [3]

ii) Não conferirem o direito de aquisição de outros tipos de valores mobiliários e não estarem associados a um instrumento derivado;

iii) Certificarem a recepção de depósitos reembolsáveis; [3]

iv) Serem abrangidos pelo Fundo de Garantia de Depósitos previsto no Regime Geral das Instituições de Crédito e de Sociedades Financeiras ou por outro regime de garantia de depósitos ao abrigo da Directiva n.º 94/19/CE, do Parlamento Europeu e do Conselho, de 30 de Maio, relativa aos sistemas de garantia de depósitos; [3]

i) As ofertas públicas de distribuição de valores mobiliários cujo valor total seja inferior a (euro) 2 500 000, limite esse que é calculado em função das ofertas realizadas ao longo de um período de 12 meses; [3]

j) As ofertas públicas de distribuição de valores mobiliários não representativos de capital social emitidos de maneira contínua ou repetida por instituições de crédito quando o valor total da oferta for inferior a (euro) 50 000 000, limite esse que é calculado em função das ofertas realizadas ao longo de um período de 12 meses, desde que tais valores mobiliários: [3]

i) Não sejam subordinados, convertíveis ou passíveis de troca; [3]

---

[1] *Redacção introduzida pelo Decreto-Lei n.º 52/2006, de 15 de Março.*

[2] *Redacção introduzida pelo Decreto-Lei n.º 66/2004, de 24 de Março.*

[3] *Aditado pelo Decreto-Lei n.º 52/2006, de 15 de Março.*

---

[1] *Redacção introduzida pelo Decreto-Lei n.º 219/2006, de 2 de Novembro.*

[2] *Redacção introduzida pelo Decreto-Lei n.º 357-A/2007, de 31 de Outubro.*

[3] *Redacção introduzida pelo Decreto-Lei n.º 52/2006, de 15 de Março.*

Decreto-Lei n.º 486/99

ii) Não confiram o direito de aquisição de outros tipos de valores mobiliários e não estejam ligados a um instrumento derivado;

l) As ofertas públicas de subscrição de acções emitidas em substituição de acções já emitidas da mesma categoria, se a emissão dessas novas acções não implicar um aumento do capital emitido.

m) As ofertas públicas de aquisição de valores mobiliários emitidos por organismos de investimento colectivo sob a forma societária;

n) As ofertas públicas de valores mobiliários representativos de dívida emitidos por prazo inferior a um ano. [1]

2 – Para efeitos das alíneas h) e j) do número anterior, entende-se por emissão de maneira contínua ou repetida o conjunto de emissões que envolva pelo menos duas emissões distintas de valores mobiliários de tipo e ou categoria semelhante ao longo de um período de 12 meses.

3 – Nos casos das alíneas a), b), i) e j) do n.º 1, o emitente tem o direito de elaborar um prospecto, ficando este sujeito às regras do presente Código e dos diplomas que o complementem. [1]

4 – [*Revogado.*]

ARTIGO 112.º
Igualdade de tratamento

1 – As ofertas públicas devem ser realizadas em condições que assegurem tratamento igual aos destinatários, sem prejuízo da possibilidade prevista no n.º 2 do artigo 124.º

2 – Se a quantidade total dos valores mobiliários que são objecto das declarações de aceitação pelos destinatários for superior à quantidade dos valores mobiliários oferecidos, procede-se a rateio na proporção dos valores mobiliários cuja alienação ou aquisição for pretendida pelos destinatários, salvo se critério diverso resultar de disposição legal ou não merecer oposição da CMVM na aprovação do prospecto. [1]

3 – Quando, nos termos do presente Código, não for exigível a elaboração de um prospecto, as informações de importância significativa fornecidas por um emitente ou oferente e dirigidas a investidores qualificados ou a categorias especiais de investidores, incluindo as informações divulgadas no contexto de reuniões relacionadas com ofertas de valores mobiliários, devem ser divulgadas a todos os investidores qualificados ou a todas as categorias especiais de investidores a que a oferta exclusivamente se dirija. [1]

4 – Quando deva ser publicado um prospecto, as informações a que se refere o número anterior devem ser incluídas nesse prospecto ou numa adenda ao prospecto. [1]

ARTIGO 113.º
Intermediação obrigatória

1 – As ofertas públicas relativas a valores mobiliários em que seja exigível prospecto devem ser realizadas com intervenção de intermediário financeiro, que presta pelo menos os seguintes serviços:

a) Assistência e colocação, nas ofertas públicas de distribuição;

b) Assistência a partir do anúncio preliminar e recepção das declarações de aceitação, nas ofertas públicas de aquisição.

2 – As funções correspondentes às referidas no número anterior podem ser desempenhadas pelo oferente, quando este seja intermediário financeiro autorizado a exercê-las.

SECÇÃO II
Aprovação de prospecto, registo e publicidade

ARTIGO 114.º
Aprovação de prospecto e registo prévio

1 – Os prospectos de oferta pública de distribuição estão sujeitos a aprovação pela CMVM. [1]

2 – A realização de oferta pública de aquisição está sujeita a registo prévio na CMVM.

ARTIGO 115.º
Instrução do pedido

1 – O pedido de registo ou de aprovação de prospecto é instruído com os seguintes documentos: [1]

a) Cópia da deliberação de lançamento tomada pelos órgãos competentes do oferente e das decisões administrativas exigíveis;

b) Cópia dos estatutos do emitente dos valores mobiliários sobre que incide a oferta;

c) Cópia dos estatutos do oferente;

d) Certidão actualizada do registo comercial do emitente;

e) Certidão actualizada do registo comercial do oferente;

f) Cópia dos relatórios de gestão e de contas, dos pareceres dos órgãos de fiscalização e da certificação legal de contas do emitente respeitante aos períodos exigíveis nos termos do Regulamento (CE) n.º 809/2004, da Comissão, de 29 de Abril; [1]

g) Relatório ou parecer de auditor elaborado nos termos dos artigos 8.º e 9.º;

h) Código de identificação dos valores mobiliários que são objecto da oferta;

i) Cópia do contrato celebrado com o intermediário financeiro encarregado da assistência;

j) Cópia do contrato de colocação e do contrato de consórcio de colocação, se existir;

l) Cópia do contrato de fomento de mercado, do contrato de estabilização e do contrato de opção de distribuição de lote suplementar, se existirem;

m) Projecto de prospecto;

n) Informação financeira pró-reforma, quando exigível; [1]

o) Projecto de anúncio de lançamento, quando exigível; [1]

p) Relatórios periciais, quando exigíveis. [1]

2 – A junção de documentos pode ser substituída pela indicação de que os mesmos já se encontram, em termos actualizados, em poder da CMVM.

3 – A CMVM pode solicitar ao oferente, ao emitente ou a qualquer pessoa que com estes se encontre em alguma das situações previstas do n.º 1 do artigo 20.º as informações complementares que sejam necessárias para a apreciação da oferta. [1]

---

[1] *Redacção introduzida pelo Decreto-Lei n.º 357-A/2007, de 31 de Outubro.*

[1] *Redacção introduzida pelo Decreto-Lei n.º 52/2006, de 15 de Março.*

Regulação do Sector Financeiro – Regulação do Mercado de Valores Mobiliários

ARTIGO 116.º[1]
Relatórios e contas especiais

[*Revogado.*]

ARTIGO 117.º
Legalidade da oferta

O oferente assegura que a oferta cumpre as normas legais e regulamentares aplicáveis, nomeadamente as relativas à licitude do seu objecto, à transmissibilidade dos valores mobiliários e, quando for o caso, à sua emissão.[2]

ARTIGO 118.º
Decisão

1 – A aprovação do prospecto, o registo ou a sua recusa devem ser comunicados ao oferente:[2]
a) No prazo de oito dias, em oferta pública de aquisição;
b) No prazo de 10 dias úteis, em ofertas públicas de distribuição, salvo se respeitantes a emitentes que não tenham previamente realizado qualquer oferta pública de distribuição ou admissão à negociação em mercado regulamentado, caso em que o prazo é de 20 dias úteis.[2]
2 – Os prazos referidos no número anterior contam-se a partir da recepção do pedido ou das informações complementares solicitadas ao oferente ou a terceiros.
3 – A necessidade de prestação de informações complementares é comunicada, em termos fundamentados, ao oferente no prazo de 10 dias úteis a partir da recepção do pedido de registo.[2]
4 – A ausência de decisão no prazo referido no n.º 1 implica o indeferimento tácito do pedido.[2]
5 – A aprovação do prospecto é o acto que implica a verificação da sua conformidade com as exigências de completude, veracidade, actualidade, clareza, objectividade e licitude da informação.[2]
6 – O registo de oferta pública de aquisição implica a aprovação do respectivo prospecto e baseia-se em critérios de legalidade.[2]
7 – A aprovação do prospecto e o registo não envolvem qualquer garantia quanto ao conteúdo da informação, à situação económica ou financeira do oferente, do emitente ou do garante, à viabilidade da oferta ou à qualidade dos valores mobiliários.[2]
8 – As decisões da CMVM de aprovação de prospecto e de concessão de registo de oferta pública de aquisição são divulgadas através do seu sistema de difusão de informação.[2]

ARTIGO 119.º
Recusa de aprovação de prospecto e de registo

1 – O registo da oferta é recusado apenas quando:
a) Algum dos documentos que instruem o pedido for falso ou desconforme com os requisitos legais ou regulamentares;
b) A oferta for ilegal ou envolver fraude à lei.
2 – A aprovação do prospecto é recusada apenas quando se verificar a situação prevista na alínea a) do número anterior.[2]
3 – Antes da recusa, a CMVM deve notificar o oferente para suprir, em prazo razoável, os vícios sanáveis.

ARTIGO 120.º[1]
Caducidade do registo

[*Revogado.*]

ARTIGO 121.º
Publicidade

1 – A publicidade relativa a ofertas públicas deve:
a) Obedecer aos princípios enunciados no artigo 7.º;
b) Referir a existência ou a disponibilidade futura de prospecto e indicar as modalidades de acesso ao mesmo;[2]
c) Harmonizar-se com o conteúdo do prospecto.
2 – Todo o material publicitário relacionado com a oferta pública está sujeito a aprovação prévia pela CMVM.
3 – À responsabilidade civil pelo conteúdo da informação divulgada em acções publicitárias aplica-se, com as devidas adaptações, o disposto nos artigos 149.º e seguintes.

ARTIGO 122.º
Publicidade prévia

Quando a CMVM, após exame preliminar do pedido, considere que a aprovação do prospecto ou o registo da oferta é viável, pode autorizar publicidade anterior à aprovação do prospecto ou à concessão do registo, desde que daí não resulte perturbação para os destinatários ou para o mercado.[2]

SECÇÃO III
Lançamento e execução

ARTIGO 123.º[1]
Anúncio de lançamento

[*Revogado.*]

ARTIGO 124.º
Conteúdo da oferta

1 – O conteúdo da oferta só pode ser modificado nos casos previstos nos artigos 128.º, 172.º e 184.º
2 – O preço da oferta é único, salvo a possibilidade de preços diversos consoante as categorias de valores mobiliários ou de destinatários, fixados em termos objectivos e em função de interesses legítimos do oferente.
3 – A oferta só pode ser sujeita a condições que correspondam a um interesse legítimo do oferente e que não afectem o funcionamento normal do mercado.
4 – A oferta não pode estar sujeita a condições cuja verificação dependa do oferente.

ARTIGO 125.º
Prazo da oferta

O prazo de vigência da oferta deve ser fixado em conformidade com as suas características, com a defesa dos interesses dos destinatários e do emitente e com as exigências de funcionamento do mercado.[2]

ARTIGO 126.º
Declarações de aceitação

1 – A declaração de aceitação dos destinatários da oferta consta de ordem dirigida a intermediário financeiro.

---

[1] *Revogado pelo Decreto-Lei n.º 52/2006, de 15 de Março.*
[2] *Redacção introduzida pelo Decreto-Lei n.º 52/2006, de 15 de Março.*

[1] *Revogado pelo Decreto-Lei n.º 52/2006, de 15 de Março.*
[2] *Redacção introduzida pelo Decreto-Lei n.º 52/2006, de 15 de Março.*

Decreto-Lei n.º 486/99

2 – A aceitação pode ser revogada através de comunicação ao intermediário financeiro que a recebeu até cinco dias antes de findar o prazo da oferta ou em prazo inferior constante dos documentos da oferta.

ARTIGO 127.º
Apuramento e publicação do resultado da oferta

1 – Terminado o prazo da oferta, o resultado desta é imediatamente apurado e publicado:

a) Por um intermediário financeiro que concentre as declarações de aceitação; ou

b) Em sessão especial de mercado regulamentado. [1]

2 – Em caso de oferta pública de distribuição, paralelamente à divulgação do resultado, o intermediário financeiro ou a entidade gestora do mercado regulamentado devem informar se foi requerida a admissão à negociação dos valores mobiliários que dela são objecto. [1]

3 – A modificação deve ser divulgada imediatamente, através de meios iguais aos utilizados para a divulgação do prospecto ou, no caso de este não ser exigível, de meio de divulgação fixado pela CMVM, através de regulamento. [1]

SECÇÃO IV
Vicissitudes

ARTIGO 128.º
Alteração das circunstâncias

Em caso de alteração imprevisível e substancial das circunstâncias que, de modo cognoscível pelos destinatários, hajam fundado a decisão de lançamento da oferta, excedendo os riscos a esta inerentes, pode o oferente, em prazo razoável e mediante autorização da CMVM, modificar a oferta ou revogá-la.

ARTIGO 129.º
Modificação da oferta

1 – A modificação da oferta constitui fundamento de prorrogação do respectivo prazo, decidida pela CMVM por sua iniciativa ou a requerimento do oferente.

2 – As declarações de aceitação da oferta anteriores à modificação consideram-se eficazes para a oferta modificada.

3 – A modificação deve ser divulgada imediatamente, através de meios iguais aos utilizados para a divulgação do anúncio de lançamento.

ARTIGO 130.º
Revogação da oferta

1 – A oferta pública só é revogável nos termos do artigo 128.º

2 – A revogação deve ser divulgada imediatamente, através de meios iguais aos utilizados para a divulgação do prospecto ou, no caso de este não ser exigível, de meio de divulgação fixado pela CMVM, através de regulamento. [1]

ARTIGO 131.º
Retirada e proibição da oferta

1 – A CMVM deve, consoante o caso, ordenar a retirada da oferta ou proibir o seu lançamento, se verificar que esta enferma de alguma ilegalidade ou violação de regulamento insanáveis. [1]

2 – As decisões de retirada e de proibição são publicadas, a expensas do oferente, através de meios iguais aos utilizados para a divulgação do prospecto ou, no caso de este não ser exigível, de meio de divulgação fixado pela CMVM, através de regulamento. [1]

ARTIGO 132.º
Efeitos da revogação e da retirada

A revogação e a retirada da oferta determinam a ineficácia desta e dos actos de aceitação anteriores ou posteriores à revogação ou à retirada, devendo ser restituído tudo o que foi entregue.

ARTIGO 133.º
Suspensão da oferta

1 – A CMVM deve proceder à suspensão da oferta quando verifique alguma ilegalidade ou violação de regulamento sanáveis.

2 – Quando se verifiquem as circunstâncias referidas no artigo 142.º, o oferente deve suspender a oferta até publicação de adenda ou de rectificação do prospecto.

3 – A suspensão da oferta faculta aos destinatários a possibilidade de revogar a sua declaração até ao 5.º dia posterior ao termo da suspensão, com direito à restituição do que tenha sido entregue.

4 – Cada período de suspensão da oferta não pode ser superior a 10 dias úteis. [1]

5 – Findo o prazo referido no número anterior sem que tenham sido sanados os vícios que determinaram a suspensão, a CMVM deve ordenar a retirada da oferta.

SECÇÃO V
Prospecto

SUBSECÇÃO I
Exigibilidade, formato e conteúdo

ARTIGO 134.º
Exigibilidade de prospecto

1 – A realização de qualquer oferta pública relativa a valores mobiliários deve ser precedida de divulgação de um prospecto.

2 – Exceptuam-se do disposto no número anterior:

a) As ofertas de valores mobiliários a atribuir, por ocasião de uma fusão, a pelo menos 100 accionistas que não sejam investidores qualificados, desde que esteja disponível, com pelo menos 15 dias de antecedência em relação à data da assembleia geral, um documento com informações consideradas pela CMVM equivalentes às de um prospecto; [1]

b) O pagamento de dividendos sob a forma de acções da mesma categoria das acções em relação às quais são pagos os dividendos, desde que esteja disponível um documento com informações sobre o número e a natureza das acções, bem como sobre as razões e características da oferta; [1]

c) As ofertas de distribuição de valores mobiliários a membros dos órgãos de administração ou trabalhadores, existen-

---

[1] *Redacção introduzida pelo Decreto-Lei n.º 52/2006, de 15 de Março.*

[1] *Redacção introduzida pelo Decreto-Lei n.º 52/2006, de 15 de Março.*

Regulação do Sector Financeiro – Regulação do Mercado de Valores Mobiliários

tes ou antigos, pelo respectivo empregador quando este tenha valores mobiliários admitidos à negociação num mercado regulamentado ou por uma sociedade dominada pelo mesmo, desde que esteja disponível um documento com informações sobre o número e a natureza dos valores mobiliários, bem como sobre as razões e características da oferta; [1]

d) [Revogada.]
e) [Revogada.]
f) [Revogada.]
g) [Revogada.]

3 – Nos casos referidos no número anterior e nas alíneas a), b), f), i) e j) do n.º 1 do artigo 111.º, o oferente tem o direito de elaborar um prospecto, ficando este sujeito às regras do presente Código e dos diplomas que o complementem. [1]

4 – Salvo o disposto no número anterior, em ofertas públicas em que o prospecto não seja exigível, a informação referida no n.º 2 deve ser enviada à CMVM antes do respectivo lançamento ou da ocorrência dos factos nele previstos. [1]

ARTIGO 135.º
Princípios gerais

1 – O prospecto deve conter informação completa, verdadeira, actual, clara, objectiva e lícita, que permita aos destinatários formar juízos fundados sobre a oferta, os valores mobiliários que dela são objecto e os direitos que lhe são inerentes, sobre as características específicas, a situação patrimonial, económica e financeira e as previsões relativas à evolução da actividade e dos resultados do emitente e de um eventual garante. [1]

2 – As previsões relativas à evolução da actividade e dos resultados do emitente bem como à evolução dos preços dos valores mobiliários que são objecto da oferta devem:

a) Ser claras e objectivas;
b) Obedecer ao disposto no Regulamento (CE) n.º 809/2004, da Comissão, de 29 de Abril; [1]
c) [Revogada.]

ARTIGO 135.º-A [2]
Sumário do prospecto de oferta pública de distribuição

1 – Independentemente do formato em que o mesmo seja elaborado, o prospecto de oferta pública de distribuição deve incluir um sumário que apresente, de forma concisa e numa linguagem não técnica, as características essenciais e os riscos associados ao emitente, ao eventual garante e aos valores mobiliários objecto da oferta.

2 – O sumário deve fazer referência ao regime consagrado no n.º 4 do artigo 149.º e conter a advertência de que:

a) Constitui uma introdução ao prospecto;
b) Qualquer decisão de investimento nos valores mobiliários deve basear-se na informação do prospecto no seu conjunto.

ARTIGO 135.º-B [2]
Formato do prospecto de oferta pública de distribuição

1 – O prospecto de oferta pública de distribuição pode ser elaborado sob a forma de um documento único ou de documentos separados.

2 – O prospecto composto por documentos separados é constituído por um documento de registo, uma nota sobre os valores mobiliários e um sumário.

3 – O documento de registo deve conter as informações referentes ao emitente e deve ser submetido previamente à CMVM, para aprovação ou para conhecimento.

4 – A nota sobre os valores mobiliários deve conter informações respeitantes aos valores mobiliários objecto de oferta pública.

5 – O emitente que dispuser de um documento de registo aprovado e válido só tem de elaborar a nota sobre os valores mobiliários e o sumário aquando de uma oferta pública de valores mobiliários.

6 – No caso referido no número anterior, a nota sobre os valores mobiliários deve fornecer informações normalmente apresentadas no documento de registo, caso se tenha verificado uma alteração significativa ou tenham ocorrido factos novos que possam afectar a apreciação dos investidores desde a aprovação do último documento de registo actualizado ou de qualquer adenda.

7 – Se o documento de registo tiver sido previamente aprovado e for válido, a nota sobre os valores mobiliários e o sumário são aprovados no âmbito do processo de aprovação do prospecto.

8 – Se o documento de registo tiver apenas sido previamente comunicado à CMVM sem aprovação, os três documentos estão sujeitos a aprovação no âmbito do processo de aprovação do prospecto.

ARTIGO 135.º-C [1]
Prospecto de base

1 – Pode ser utilizado um prospecto de base, contendo informação sobre o emitente e os valores mobiliários, em ofertas públicas de distribuição de:

a) Valores mobiliários não representativos de capital social, incluindo warrants, emitidos no âmbito de um programa de oferta;
b) Valores mobiliários não representativos de capital social emitidos de forma contínua ou repetida por instituição de crédito se:

i) Os montantes resultantes da emissão desses valores mobiliários forem investidos em activos que assegurem uma cobertura suficiente das responsabilidades resultantes dos valores mobiliários até à respectiva data de vencimento;
ii) Em caso de falência da respectiva instituição de crédito, os referidos montantes se destinarem, a título prioritário, a reembolsar o capital e os juros vincendos.

2 – Para efeitos do disposto na alínea a) do número anterior, considera-se programa de oferta as ofertas de distribuição de valores mobiliários de categorias semelhantes realizadas de forma contínua ou repetida ao abrigo de um plano comum envolvendo, pelo menos, duas emissões durante 12 meses.

3 – O prospecto de base deve ser complementado, se necessário, com informação actualizada sobre o emitente e sobre os valores mobiliários que são objecto de oferta pública, através de adenda.

4 – Quando as condições finais da oferta não estiverem incluídas no prospecto de base ou numa adenda, devem as mesmas ser divulgadas aos investidores e comunicadas à

---

[1] Redacção introduzida pelo Decreto-Lei n.º 52/2006, de 15 de Março.
[2] Aditado pelo Decreto-Lei n.º 52/2006, de 15 de Março.

[1] Aditado pelo Decreto-Lei n.º 52/2006, de 15 de Março.

Decreto-Lei n.º **486/99**

CMVM logo que tal seja viável e, se possível, antes do início da oferta.

5 – O conteúdo do prospecto de base e das respectivas condições finais e a divulgação destas obedecem ao disposto no Regulamento (CE) n.º 809/2004, da Comissão, de 29 de Abril.

ARTIGO 136.º
Conteúdo comum do prospecto [1]

O prospecto deve, nomeadamente, incluir informações sobre: [1]

a) As pessoas que, nos termos do artigo 149.º, são responsáveis pelo seu conteúdo;

b) Os objectivos da oferta;

c) O emitente e a actividade por este desenvolvida;

d) O oferente e a actividade por este desenvolvida;

e) A estrutura de administração e fiscalização do emitente;

f) A composição dos órgãos do emitente e do oferente;

g) Os intermediários financeiros que integram o consórcio de colocação, quando exista.

ARTIGO 136.º-A [2]
Inserção por remissão

1 – É permitida a inserção de informações no prospecto por remissão para documentos publicados prévia ou simultaneamente e que pela CMVM tenham sido aprovados ou a ela tenham sido comunicados no âmbito dos deveres de informação de emitentes e de titulares de participações qualificadas em sociedades abertas.

2 – O prospecto deve incluir uma lista de remissões quando contenha informações por remissão.

3 – O sumário do prospecto não pode conter informação inserida por remissão.

4 – A inserção por remissão obedece ao disposto no Regulamento (CE) n.º 809/2004, da Comissão, de 29 de Abril.

ARTIGO 137.º
Conteúdo do prospecto de oferta pública de distribuição

1 – O conteúdo do prospecto de oferta pública de distribuição obedece ao disposto no Regulamento (CE) n.º 809/2004, da Comissão, de 29 de Abril. [1]

2 – O prospecto de oferta pública de distribuição deve incluir também declarações efectuadas pelas pessoas que, nos termos do artigo 149.º, são responsáveis pelo seu conteúdo que atestem que, tanto quanto é do seu conhecimento, a informação constante do prospecto está de acordo com os factos e de que não existem omissões susceptíveis de alterar o seu alcance. [1]

3 – Se a oferta incidir sobre valores mobiliários admitidos ou que se prevê que venham a ser admitidos à negociação em mercado regulamentado situado ou a funcionar em Portugal ou noutro Estado membro da Comunidade Europeia, pode ser aprovado e utilizado um único prospecto que satisfaça os requisitos exigidos para ambos os efeitos. [1]

4 – [*Revogada.*]

ARTIGO 138.º
Conteúdo do prospecto de oferta pública de aquisição

1 – Além da prevista no n.º 1 do artigo 183.º-A, o prospecto de oferta pública de aquisição deve incluir informação sobre: [1]

a) A contrapartida oferecida e sua justificação;

b) As quantidades mínima e máxima de valores mobiliários que o oferente se propõe adquirir;

c) A percentagem de direitos de voto que, nos termos do n.º 1 do artigo 20.º, pode ser exercida pelo oferente na sociedade visada;

d) A percentagem de direitos de voto que, nos termos do n.º 1 do artigo 20.º, pode ser exercida pela sociedade visada na sociedade oferente;

e) As pessoas que, segundo o seu conhecimento, estejam com o oferente ou com a sociedade visada em alguma das relações previstas no n.º 1 do artigo 20.º; [1]

f) Os valores mobiliários da mesma categoria dos que são objecto da oferta que tenham sido adquiridos nos seis meses anteriores pelo oferente ou por alguma das pessoas que com este estejam em alguma das relações previstas do n.º 1 do artigo 20.º, com indicação das datas de aquisição, da quantidade e das contrapartidas;

g) As intenções do oferente quanto à continuidade ou modificação da actividade empresarial da sociedade visada, do oferente, na medida em que seja afectado pela oferta, e, nos mesmos termos, por sociedades que com estes estejam em relação de domínio ou de grupo, quanto à manutenção e condições do emprego dos trabalhadores e dirigentes das entidades referidas, designadamente eventuais repercussões sobre os locais em que são exercidas as actividades, quanto à manutenção da qualidade de sociedade aberta da sociedade visada e quanto à manutenção da negociação em mercado regulamentado dos valores mobiliários que são objecto da oferta; [1]

h) As possíveis implicações do sucesso da oferta sobre a situação financeira do oferente e eventuais financiamentos da oferta; [2]

i) Os acordos parassociais, celebrados pelo oferente ou por qualquer das pessoas referidas no n.º 1 do artigo 20.º, com influência significativa na sociedade visada;

j) Os acordos celebrados entre o oferente ou qualquer das pessoas referidas do n.º 1 do artigo 20.º e os titulares dos órgãos sociais da sociedade visada, incluindo as vantagens especiais eventualmente estipuladas a favor destes;

l) O modo de pagamento da contrapartida quando os valores mobiliários que são objecto da oferta estejam igualmente admitidos à negociação em mercado regulamentado situado ou a funcionar no estrangeiro;

m) A indemnização proposta em caso de supressão dos direitos por força das regras previstas no artigo 182.º-A, indicando a forma de pagamento e o método empregue para determinar o seu valor; [1]

n) A legislação nacional que será aplicável aos contratos celebrados entre o oferente e os titulares de valores mobiliários da sociedade visada, na sequência da aceitação da oferta, bem como os tribunais competentes para dirimir os litígios daqueles emergentes;

o) Quaisquer encargos a suportar pelos destinatários da oferta. [1]

---

[1] *Redacção introduzida pelo Decreto-Lei n.º 52/2006, de 15 de Março.*

[1] *Aditado pelo Decreto-Lei n.º 52/2006, de 15 de Março.*

---

[1] *Redacção introduzida pelo Decreto-Lei n.º 219/2006, de 2 de Novembro.*

Regulação do Sector Financeiro – Regulação do Mercado de Valores Mobiliários

2 – Se a contrapartida consistir em valores mobiliários, emitidos ou a emitir, o prospecto deve incluir todas as informações que seriam exigíveis se os valores mobiliários fossem objecto de oferta pública de venda ou de subscrição.

ARTIGO 139.º
Adaptação do prospecto em casos especiais

Sem prejuízo da informação adequada dos investidores, quando, excepcionalmente, determinadas informações exigidas, nomeadamente pelo Regulamento (CE) n.º 809/2004, da Comissão, de 29 de Abril, para serem incluídas no prospecto forem inadequadas à esfera de actividade ou à forma jurídica do emitente ou ainda aos valores mobiliários a que se refere o prospecto, o prospecto deve conter, quando possível, informações equivalentes à informação exigida. [1]

ARTIGO 140.º
Divulgação

1 – O prospecto só pode ser divulgado após aprovação pela CMVM, devendo o respectivo texto e formato a divulgar ser idênticos à versão original aprovada. [1]

2 – Após aprovação, a versão final do prospecto, já com a indicação da data de aprovação ou do número de registo, deve ser enviada à CMVM e colocada à disposição do público pelo oferente com uma antecedência razoável em função das características da oferta e dos investidores a que se destina. [1]

3 – O prospecto deve ser divulgado: [1]

a) Em caso de oferta pública de distribuição precedida de negociação de direitos, até ao dia útil anterior ao da data de destaque dos direitos; [1]

b) Nas restantes ofertas públicas de distribuição, o mais tardar até ao início da oferta pública a que respeita. [1]

4 – Tratando-se de oferta pública de uma categoria de acções ainda não admitida à negociação num mercado regulamentado e que se destina a ser admitida à negociação em mercado regulamentado pela primeira vez, o prospecto deve estar disponível pelo menos seis dias úteis antes do termo do prazo da oferta. [1]

5 – Considera-se colocado à disposição do público o prospecto que tenha sido divulgado: [1]

a) Através de publicação num ou mais jornais de difusão nacional ou de grande difusão; ou [1]

b) Sob forma impressa, colocado gratuitamente à disposição do público nas instalações do mercado em que é solicitada a admissão à negociação dos valores mobiliários, ou na sede estatutária do emitente e nas agências dos intermediários financeiros responsáveis pela sua colocação, incluindo os responsáveis pelo serviço financeiro do emitente; ou [1]

c) Sob forma electrónica no sítio da Internet do emitente e, se for caso disso, no sítio da Internet dos intermediários financeiros responsáveis pela colocação ou venda dos valores mobiliários, incluindo os responsáveis pelo serviço financeiro do emitente; ou [1]

d) Sob forma electrónica no sítio da Internet do mercado regulamentado em que se solicita a admissão à negociação; ou [1]

e) Sob forma electrónica no sítio da Internet da CMVM. [1]

6 – Se o oferente optar pela divulgação do prospecto através das formas previstas nas alíneas a) ou b) do número anterior, deve também divulgar o prospecto sob forma electrónica de acordo com a alínea c) do número anterior. [1]

7 – Se o prospecto for constituído por vários documentos e ou contiver informação mediante remissão, os documentos e a informação que o compõem podem ser publicados e divulgados de forma separada, desde que os referidos documentos sejam colocados gratuitamente à disposição do público de acordo com o disposto nos números anteriores. [1]

8 – Para efeitos do número anterior, cada documento deve indicar onde podem ser obtidos os restantes documentos constitutivos do prospecto completo. [1]

9 – Se o prospecto for disponibilizado sob forma electrónica, o emitente, o oferente ou intermediários financeiros responsáveis pela colocação dos valores devem disponibilizar ao investidor, gratuitamente, uma versão em suporte de papel, sempre que este o solicite. [1]

10 – A divulgação do prospecto obedece ao disposto no Regulamento (CE) n.º 809/2004, da Comissão, de 29 de Abril. [1]

ARTIGO 140.º-A [2]
Aviso sobre disponibilidade do prospecto

1 – Em ofertas públicas cujo prospecto seja divulgado apenas sob forma electrónica, nos termos das alíneas c), d) e e) do n.º 5 do artigo anterior, deve ser divulgado um aviso sobre a disponibilidade do prospecto.

2 – O conteúdo e a divulgação do aviso sobre a disponibilidade do prospecto obedecem ao disposto no Regulamento (CE) n.º 809/2004, da Comissão, de 29 de Abril.

ARTIGO 141.º
Dispensa de inclusão de matérias no prospecto

A requerimento do emitente ou do oferente, a CMVM pode dispensar a inclusão de informações no prospecto se: [1]

a) A divulgação de tais informações for contrária ao interesse público; [1]

b) A divulgação de tais informações for muito prejudicial para o emitente, desde que a omissão não seja susceptível de induzir o público em erro no que respeita a factos e circunstâncias essenciais para uma avaliação informada do emitente, oferente ou eventual garante, bem como dos direitos inerentes aos valores mobiliários a que se refere o prospecto; ou [1]

c) Essas informações forem de importância menor para a oferta e não forem susceptíveis de influenciar a apreciação da posição financeira e das perspectivas do emitente, oferente ou eventual garante. [1]

ARTIGO 142.º
Adenda ao prospecto e rectificação do prospecto

1 – Se, entre a data de aprovação do prospecto e o fim do prazo da oferta, for detectada alguma deficiência no prospecto ou ocorrer qualquer facto novo ou se tome conhecimento de qualquer facto anterior não considerado no prospecto, que sejam relevantes para a decisão a tomar pelos destinatários, deve ser imediatamente requerida à CMVM a aprovação de adenda ou de rectificação do prospecto.

---

[1] *Redacção introduzida pelo Decreto-Lei n.º 52/2006, de 15 de Março.*

[1] *Redacção introduzida pelo Decreto-Lei n.º 52/2006, de 15 de Março.*

[2] *Aditado pelo Decreto-Lei n.º 52/2006, de 15 de Março.*

Decreto-Lei n.º 486/99

2 – A adenda ou a rectificação ao prospecto deve ser aprovada no prazo de sete dias úteis desde o requerimento e deve ser divulgada nos termos do artigo 140.º. [1]

3 – O sumário e as suas traduções devem ser completados ou rectificados, se necessário, para ter em conta as informações incluídas na adenda ou na rectificação. [1]

4 – Os investidores que já tenham transmitido ordens de aceitação da oferta antes de ser publicada a adenda ou a rectificação têm o direito de revogar a sua aceitação durante um prazo não inferior a dois dias úteis após a colocação à disposição do público da adenda ou da rectificação. [1]

ARTIGO 143.º
Validade do prospecto

1 – O prospecto de oferta pública de distribuição e o prospecto base são válidos por um prazo de 12 meses a contar da data da sua colocação à disposição do público, devendo ser completados por eventuais adendas exigidas nos termos do artigo 142.º. [1]

2 – Quando se tratar de oferta pública de valores mobiliários não representativos de capital social referidos na alínea b) do n.º 1 do artigo 135.º-C, o prospecto é válido até que aqueles deixem de ser emitidos de forma contínua ou repetida. [1]

3 – O documento de registo é válido por um prazo de 12 meses a contar da data de aprovação das contas anuais em que o mesmo se baseie. [1]

ARTIGO 144.º [2]
Prospecto de referência

[*Revogado.*]

SUBSECÇÃO II
Prospecto de oferta internacional

ARTIGO 145.º
Autoridade competente

1 – A CMVM é competente para a aprovação de prospectos de ofertas públicas de distribuição, cujos emitentes tenham sede estatutária em Portugal, relativamente a emissões de acções, de valores mobiliários que dêem direito à sua aquisição, desde que o emitente dos valores mobiliários seja o emitente dos valores mobiliários subjacentes ou uma entidade pertencente ao grupo deste último emitente, e de outros valores mobiliários com valor nominal inferior a (euro) 1000. [1]

2 – O Estado membro em que o emitente tem a sua sede estatutária ou em que os valores mobiliários foram ou serão admitidos à negociação num mercado regulamentado ou oferecidos ao público, à escolha do emitente ou do oferente, é competente para a aprovação do prospecto de oferta pública de distribuição: [1]

a) De valores mobiliários não representativos de capital social cujo valor nominal unitário se eleve a pelo menos (euro) 1000; [1]

b) De valores mobiliários não representativos de capital social que dêem direito a adquirir valores mobiliários ou a receber um montante em numerário, em consequência da sua conversão ou do exercício de direitos por eles conferidos, desde que o emitente dos valores mobiliários não representa-

tivos de capital social não seja o emitente dos valores mobiliários subjacentes ou uma entidade pertencente ao grupo deste último. [1]

3 – Para a aprovação do prospecto de oferta pública de distribuição, cujo emitente tenha sido constituído num país que não pertença à União Europeia, de valores mobiliários que não sejam referidos no número anterior, é competente o Estado membro em que esses valores mobiliários se destinam a ser objecto de oferta ao público pela primeira vez ou em que é apresentado o primeiro pedido de admissão à negociação num mercado regulamentado, à escolha do emitente ou do oferente, consoante o caso, sob reserva de escolha subsequente pelos emitentes constituídos num país terceiro se o Estado membro de origem não tiver sido determinado por escolha destes. [1]

4 – A CMVM pode decidir delegar a aprovação do prospecto de oferta pública de distribuição na autoridade competente de outro Estado membro, obtido o prévio acordo desta. [1]

5 – A delegação de competência prevista no número anterior deve ser notificada ao emitente ou ao oferente no prazo de três dias úteis a contar da data da decisão pela CMVM. [1]

ARTIGO 145.º-A [2]
Autoridade competente em ofertas públicas de aquisição

1 – A CMVM é competente para a supervisão de ofertas públicas de aquisição que tenham por objecto valores mobiliários emitidos por sociedades sujeitas a lei pessoal portuguesa, desde que os valores objecto da oferta:

a) Estejam admitidos à negociação em mercado regulamentado situado ou a funcionar em Portugal;

b) Não estejam admitidos à negociação em mercado regulamentado.

2 – A CMVM é igualmente competente para a supervisão de ofertas públicas de aquisição de valores mobiliários em que seja visada sociedade sujeita a lei pessoal estrangeira, desde que os valores mobiliários objecto da oferta:

a) Estejam exclusivamente admitidos à negociação em mercado regulamentado situado ou a funcionar em Portugal; ou

b) Não estando admitidos à negociação no Estado membro onde se situa a sede da sociedade emitente, tenham sido admitidos à negociação em mercado regulamentado situado ou a funcionar em Portugal em primeiro lugar.

3 – Se a admissão à negociação dos valores mobiliários objecto da oferta for simultânea em mais de um mercado regulamentado de diversos Estados membros, não incluindo o Estado membro onde se situa a sede da sociedade emitente, a sociedade emitente escolhe, no primeiro dia de negociação, a autoridade competente para a supervisão da oferta de entre as autoridades desses Estados membros e comunica essa decisão aos mercados regulamentados em causa e às respectivas autoridades de supervisão.

4 – Quando a CMVM seja competente nos termos do número anterior, a decisão da sociedade é divulgada no sistema de difusão de informação da CMVM.

---

[1] *Redacção introduzida pelo Decreto-Lei n.º 52/2006, de 15 de Março.*

[2] *Revogado pelo Decreto-Lei n.º 52/2006, de 15 de Março.*

---

[1] *Redacção introduzida pelo Decreto-Lei n.º 52/2006, de 15 de Março.*

[2] *Aditado pelo Decreto-Lei n.º 219/2006, de 2 de Novembro.*

Regulação do Sector Financeiro – Regulação do Mercado de Valores Mobiliários

ARTIGO 146.º
Âmbito comunitário do prospecto

1 – O prospecto aprovado por autoridade competente de Estado membro da União Europeia relativo a uma oferta pública de distribuição a realizar em Portugal e noutro Estado membro é eficaz em Portugal, desde que a CMVM receba da autoridade competente:[1]

a) Um certificado de aprovação que ateste que o prospecto foi elaborado em conformidade com a Directiva n.º 2003/71/CE, do Parlamento Europeu e do Conselho, de 4 de Novembro, e que justifique, se for o caso, a dispensa de inclusão de informação no prospecto;[1]

b) Uma cópia do referido prospecto e, quando aplicável, uma tradução do respectivo sumário.[1]

2 – Se se verificarem factos novos significativos, erros ou inexactidões importantes no prospecto, a CMVM pode alertar a autoridade competente que aprovou o prospecto para a necessidade de eventuais informações novas e de consequente publicação de uma adenda.[1]

3 – Para efeitos de utilização internacional de prospecto aprovado pela CMVM, os documentos referidos no n.º 1 são fornecidos pela CMVM à autoridade competente dos outros Estados membros em que a oferta também se realize, no prazo de três dias úteis a contar da data do pedido que para o efeito lhe tiver sido dirigido pelo oferente ou pelo intermediário financeiro encarregado da assistência, ou no prazo de um dia útil a contar da data de aprovação do prospecto, se aquele pedido for apresentado juntamente com o pedido de registo da oferta.[1]

4 – A tradução do sumário é da responsabilidade do oferente.[1]

5 – O disposto nos números anteriores aplica-se igualmente às adendas e às rectificações ao prospecto.[1]

ARTIGO 147.º
Emitentes não comunitários

1 – A CMVM pode aprovar um prospecto relativo a oferta pública de distribuição de valores mobiliários de emitente que tenha sede estatutária num Estado não membro da União Europeia elaborado em conformidade com a legislação de um Estado não membro da União Europeia desde que:[1]

a) O prospecto tenha sido elaborado de acordo com as normas internacionais estabelecidas por organizações internacionais de supervisores de valores mobiliários, incluindo as normas da Organização Internacional de Comissões de Valores Mobiliários; e[1]

b) O prospecto contenha informação, nomeadamente de natureza financeira, equivalente à prevista neste Código e no Regulamento (CE) n.º 809/2004, da Comissão, de 29 de Abril.[1]

2 – Aos prospectos a que se refere o presente artigo aplica-se também o artigo 146.º.[1]

ARTIGO 147.º-A[2]
Reconhecimento mútuo

1 – O prospecto de oferta pública de aquisição de valores mobiliários admitidos à negociação em mercado regulamentado situado ou a funcionar em Portugal, aprovado por autoridade competente de outro Estado membro é reconhecido pela CMVM, desde que:

a) Esteja traduzido para português, sem prejuízo do disposto no n.º 2 do artigo 6.º;

b) Seja disponibilizado à CMVM um certificado, emitido pela autoridade competente responsável pela aprovação do prospecto, em como este cumpre as disposições comunitárias e nacionais relevantes, acompanhado pelo prospecto aprovado.

2 – A CMVM pode exigir a introdução de informação suplementar que decorra de especificidades do regime português e respeite a formalidades relativas ao pagamento da contrapartida, à aceitação da oferta e ao regime fiscal a que esta fica sujeita.

ARTIGO 148.º
Cooperação

A CMVM deve estabelecer formas de cooperação com as autoridades competentes estrangeiras quanto à troca de informações necessárias à supervisão de ofertas realizadas em Portugal e no estrangeiro, em especial, quando um emitente com sede noutro Estado membro tiver mais de uma autoridade competente de origem devido às suas diversas categorias de valores mobiliários, ou quando a aprovação do prospecto tiver sido delegada na autoridade competente de outro Estado membro.[3]

SUBSECÇÃO III
Responsabilidade pelo prospecto

ARTIGO 149.º
Âmbito

1 – São responsáveis pelos danos causados pela desconformidade do conteúdo do prospecto com o disposto no artigo 135.º, salvo se provarem que agiram sem culpa:

a) O oferente;

b) Os titulares do órgão de administração do oferente;

c) O emitente;

d) Os titulares do órgão de administração do emitente;

e) Os promotores, no caso de oferta de subscrição para a constituição de sociedade;

f) Os titulares do órgão de fiscalização, as sociedades de revisores oficiais de contas, os revisores oficiais de contas e outras pessoas que tenham certificado ou, de qualquer outro modo, apreciado os documentos de prestação de contas em que o prospecto se baseia;

g) Os intermediários financeiros encarregados da assistência à oferta;

h) As demais pessoas que aceitem ser nomeadas no prospecto como responsáveis por qualquer informação, previsão ou estudo que nele se inclua.

2 – A culpa é apreciada de acordo com elevados padrões de diligência profissional.

3 – A responsabilidade é excluída se alguma das pessoas referidas no n.º 1 provar que o destinatário tinha ou devia ter conhecimento da deficiência de conteúdo do prospecto à data da emissão da sua declaração contratual ou em momento em que a respectiva revogação ainda era possível.

4 – A responsabilidade é ainda excluída se os danos previstos no n.º 1 resultarem apenas do sumário de prospecto, ou de qualquer das suas traduções, salvo se o mesmo contiver menções enganosas, inexactas ou incoerentes quando lido em

---

[1] *Redacção introduzida pelo Decreto-Lei n.º 52/2006, de 15 de Março.*

[2] *Aditado pelo Decreto-Lei n.º 52/2006, de 15 de Março.*

conjunto com os outros documentos que compõem o prospecto. [1]

ARTIGO 150.º
Responsabilidade objectiva

Respondem independentemente de culpa:

a) O oferente, se for responsável alguma das pessoas referidas nas alíneas b), g) e h) do n.º 1 do artigo anterior;

b) O emitente, se for responsável alguma das pessoas referidas nas alíneas d), e) e f) do n.º 1 do artigo anterior;

c) O chefe do consórcio de colocação, se for responsável um dos membros do consórcio, nos termos da alínea g) do n.º 1 do artigo anterior.

ARTIGO 151.º
Responsabilidade solidária

Se forem várias as pessoas responsáveis pelos danos causados, é solidária a sua responsabilidade.

ARTIGO 152.º
Dano indemnizável

1 – A indemnização deve colocar o lesado na exacta situação em que estaria se, no momento da aquisição ou da alienação dos valores mobiliários, o conteúdo do prospecto estivesse conforme com o disposto no artigo 135.º

2 – O montante do dano indemnizável reduz-se na medida em que os responsáveis provem que o dano se deve também a causas diversas dos vícios da informação ou da previsão constantes do prospecto.

ARTIGO 153.º
Cessação do direito à indemnização

O direito de indemnização fundado nos artigos precedentes deve ser exercido no prazo de seis meses após o conhecimento da deficiência do conteúdo do prospecto e cessa, em qualquer caso, decorridos dois anos contados desde a data da divulgação do resultado da oferta.

ARTIGO 154.º
Injuntividade

As regras previstas nesta subsecção não podem ser afastadas ou modificadas por negócio jurídico.

SECÇÃO VI
Regulamentação

ARTIGO 155.º
Matérias a regulamentar

A CMVM elabora os regulamentos necessários à concretização do disposto no presente título, nomeadamente sobre as seguintes matérias:

a) Regime de comunicação subsequente das ofertas particulares relativas a valores mobiliários;

b) Modelo a que obedece a estrutura dos prospectos de oferta pública de aquisição; [1]

c) Quantidade mínima de valores mobiliários que pode ser objecto de oferta pública;

d) Local de publicação do resultado das ofertas públicas;

e) Opção de distribuição de lote suplementar;

f) Recolha de intenções de investimento, designadamente quanto ao conteúdo e à divulgação do anúncio e do prospecto preliminares;

g) Requisitos a que devem obedecer os valores mobiliários que integram a contrapartida de oferta pública de aquisição;

h) Deveres de informação a cargo das pessoas que beneficiam de derrogação quanto à obrigatoriedade de lançamento de oferta pública de aquisição;

i) Taxas devidas à CMVM pela aprovação do prospecto de oferta pública de distribuição, pela aprovação do prospecto preliminar de recolha de intenções de investimento, pelo registo de oferta pública de aquisição e pela aprovação de publicidade; [1]

j) Deveres de informação para a distribuição através de oferta pública dos valores mobiliários a que se refere a alínea g) do artigo 1.º. [1]

l) Conteúdo e modo de divulgação da informação referida no n.º 2 do artigo 134.º. [1]

CAPÍTULO II
Ofertas públicas de distribuição

SECÇÃO I
Disposições gerais

ARTIGO 156.º [2]
Estudo de viabilidade

[*Revogado.*]

ARTIGO 157.º [2]
Registo provisório

[*Revogado.*]

ARTIGO 158.º [2]
Distribuição de lote suplementar

[*Revogado.*]

ARTIGO 159.º
Omissão de informação

1 – Sempre que o preço definitivo da oferta e o número de valores mobiliários que são oferecidos ao público não possam ser incluídos, o prospecto pode omitir essa informação se: [1]

a) Os critérios e ou as condições segundo os quais o preço e o número de valores mobiliários são determinados ou, no caso do preço, o preço máximo forem indicados no prospecto; ou [1]

b) A aceitação da aquisição ou subscrição de valores mobiliários possa ser revogada durante um prazo não inferior a dois dias úteis após a notificação do preço definitivo da oferta e do número de valores mobiliários objecto da oferta ao público. [1]

---

[1] *Redacção introduzida pelo Decreto-Lei n.º 52/2006, de 15 de Março.*

[1] *Redacção introduzida pelo Decreto-Lei n.º 52/2006, de 15 de Março.*

[2] *Revogado pelo Decreto-Lei n.º 52/2006, de 15 de Março.*

Regulação do Sector Financeiro – Regulação do Mercado de Valores Mobiliários

2 – Logo que sejam apurados, o preço definitivo da oferta e o número dos valores mobiliários devem ser comunicados à CMVM e divulgados nos termos do artigo 140.º. [1]

ARTIGO 160.º [2]
Estabilização de preços

[*Revogado.*]

ARTIGO 161.º
Distribuição incompleta

Se a quantidade total dos valores mobiliários que são objecto das declarações de aceitação for inferior à quantidade dos que foram oferecidos, a oferta é eficaz em relação aos valores mobiliários efectivamente distribuídos, salvo se o contrário resultar de disposição legal ou dos termos da oferta.

ARTIGO 162.º
Divulgação de informação

1 — O emitente, o oferente, os intermediários financeiros intervenientes em oferta pública de distribuição, decidida ou projectada, e as pessoas que com estes estejam em alguma das situações previstas do n.º 1 do artigo 20.º devem, até que a informação relativa à oferta seja tornada pública:

a) Limitar a revelação de informação relativa à oferta ao que for necessário para os objectivos da oferta, advertindo os destinatários sobre o carácter reservado da informação transmitida;

b) Limitar a utilização da informação reservada aos fins relacionados com a preparação da oferta. [1]

2 — As entidades referidas no número anterior que, a partir do momento em que a oferta se torne pública, divulguem informação relacionada com o emitente ou com a oferta devem:

a) Observar os princípios a que deve obedecer a qualidade da informação;

b) Assegurar que a informação prestada é coerente com a contida no prospecto;

c) Esclarecer as suas ligações com o emitente ou o seu interesse na oferta

ARTIGO 163.º
Frustração de admissão à negociação

1 – Quando uma oferta pública de distribuição for acompanhada da informação de que os valores mobiliários que dela são objecto se destinam a ser admitidos à negociação em mercado regulamentado, os destinatários da oferta podem resolver os negócios de aquisição, se:

a) A admissão à negociação não tiver sido requerida até ao apuramento do resultado da oferta; ou

b) A admissão for recusada com fundamento em facto imputável ao emitente, ao oferente, ao intermediário financeiro ou a pessoas que com estes estejam em alguma das situações previstas do n.º 1 do artigo 20.º.

2 – A resolução deve ser comunicada ao emitente até 60 dias após o acto de recusa de admissão a mercado regulamentado ou após a divulgação do resultado da oferta, se nesse prazo não tiver sido apresentado pedido de admissão.

3 – O emitente deve restituir os montantes recebidos até 30 dias após a recepção da declaração de resolução.

ARTIGO 163.º-A [1]
Idioma

1 – O prospecto de oferta pública de distribuição pode ser, no todo ou em parte, redigido numa língua de uso corrente nos mercados financeiros internacionais:

a) Se a sua apresentação não resultar de exigência legal;

b) Se tiver sido elaborado no âmbito de uma oferta dirigida a vários Estados; ou

c) Se a lei pessoal do emitente for estrangeira.

2 – Nos casos previstos na alínea b) e c) do número anterior, a CMVM pode exigir que o sumário seja divulgado também em português. [2]

SECÇÃO II
Recolha de intenções de investimento

ARTIGO 164.º
Admissibilidade

1 – É permitida a recolha de intenções de investimento para apurar a viabilidade de uma eventual oferta pública de distribuição.

2 – A recolha de intenções de investimento só pode iniciar-se após divulgação de prospecto preliminar.

3 – As intenções de investimento não podem servir como meio de formação de contratos, mas podem conferir às pessoas consultadas condições mais favoráveis em oferta futura.

ARTIGO 165.º
Prospecto preliminar

1 – O prospecto preliminar de recolha de intenções de investimento deve ser aprovado pela CMVM. [2]

2 – O pedido de aprovação de prospecto preliminar é instruído com os documentos referidos nas alíneas a) a g) do n.º 1 do artigo 115.º, acompanhado de projecto de prospecto preliminar. [2]

3 – O prospecto preliminar obedece ao Regulamento (CE) n.º 809/2004, da Comissão, de 29 de Abril, com as necessárias adaptações. [2]

ARTIGO 166.º
Responsabilidade pelo prospecto

À responsabilidade pelo conteúdo do prospecto preliminar aplica-se, com as necessárias adaptações, o disposto nos artigos 149.º e seguintes.

ARTIGO 167.º
Publicidade

É permitida a realização de acções publicitárias, observando-se o disposto nos artigos 121.º e 122.º. [3]

---

[1] *Redacção introduzida pelo Decreto-Lei n.º 52/2006, de 15 de Março.*

[2] *Revogado pelo Decreto-Lei n.º 52/2006, de 15 de Março.*

[1] *Aditado pelo Decreto-Lei n.º 66/2004, de 24 de Março.*

[2] *Redacção introduzida pelo Decreto-Lei n.º 52/2006, de 15 de Março.*

[3] *Redacção introduzida pelo Decreto-Lei n.º 357-A/2007, de 31 de Outubro.*

Decreto-Lei n.º 486/99

SECÇÃO III
Oferta pública de subscrição

ARTIGO 168.º
Oferta pública de subscrição
para constituição de sociedade

Além dos documentos exigidos nas alíneas j) a n) do n.º 1 do artigo 115.º, o pedido de aprovação de prospecto de oferta pública de subscrição para constituição de sociedade deve ser instruído com os seguintes elementos: [1]

a) Identificação dos promotores;

b) Documento comprovativo da subscrição do capital social mínimo pelos promotores;

c) Cópia do projecto do contrato de sociedade;

d) Certidão comprovativa do registo comercial provisório.

ARTIGO 169.º
Sucessão de ofertas e ofertas em séries

O lançamento pela mesma entidade de nova oferta de subscrição de valores mobiliários do mesmo tipo dos que foram objecto de oferta anterior ou o lançamento de nova série depende do pagamento prévio da totalidade do preço de subscrição ou da colocação em mora dos subscritores remissos e do cumprimento das formalidades associadas à emissão ou à série anteriores.

SECÇÃO IV
Oferta pública de venda

ARTIGO 170.º
Bloqueio dos valores mobiliários

O pedido de aprovação de prospecto de oferta pública de venda é instruído com certificado comprovativo do bloqueio dos valores mobiliários oferecidos. [1]

ARTIGO 171.º
Dever de cooperação do emitente

O emitente de valores mobiliários distribuídos em oferta pública de venda deve fornecer ao oferente, a expensas deste, as informações e os documentos necessários para a elaboração do prospecto.

ARTIGO 172.º
Revisão da oferta

1 — O oferente pode reduzir em pelo menos 2 % o preço inicialmente anunciado. [2]

2 — À revisão da oferta é aplicável o disposto no artigo 129.º.

CAPÍTULO III
Ofertas públicas de aquisição

SECÇÃO I
Disposições comuns

ARTIGO 173.º
Objecto da oferta

1 – A oferta pública de aquisição é dirigida a todos os titulares dos valores mobiliários que dela são objecto.

2 – Se a oferta pública não visar a aquisição da totalidade das acções da sociedade visada e dos valores mobiliários que conferem direito à sua subscrição ou aquisição, emitidos pela sociedade visada, não é permitida a aceitação pelo oferente ou por pessoas que com este estejam em alguma das situações previstas no n.º 1 do artigo 20.º

3 – À oferta pública de aquisição lançada apenas sobre valores mobiliários que não sejam acções ou valores mobiliários que conferem direito à sua subscrição ou aquisição não se aplicam as regras relativas ao anúncio preliminar, aos deveres de informação sobre transacções efectuadas, aos deveres do emitente, à oferta concorrente e à oferta pública de aquisição obrigatória. [1]

ARTIGO 174.º
Segredo

O oferente, a sociedade visada, os seus accionistas e os titulares de órgãos sociais e, bem assim, todos os que lhes prestem serviços a título permanente ou ocasional devem guardar segredo sobre a preparação da oferta até à publicação do anúncio preliminar.

ARTIGO 175.º
Publicação do anúncio preliminar

1 – Logo que tome a decisão de lançamento de oferta pública de aquisição, o oferente deve enviar anúncio preliminar à CMVM, à sociedade visada e às entidades gestoras dos mercados regulamentados em que os valores mobiliários que são objecto da oferta ou que integrem a contrapartida a propor estejam admitidos à negociação, procedendo de imediato à respectiva publicação.

2 – A publicação do anúncio preliminar obriga o oferente a:

a) Lançar a oferta em termos não menos favoráveis para os destinatários do que as constantes desse anúncio;

b) Requerer o registo da oferta no prazo de 20 dias, prorrogável pela CMVM até 60 dias nas ofertas públicas de troca.

c) Informar os representantes dos seus trabalhadores ou, na sua falta, os trabalhadores sobre o conteúdo dos documentos da oferta, assim que estes sejam tornados públicos. [1]

ARTIGO 176.º
Conteúdo do anúncio preliminar

1 – O anúncio preliminar deve indicar:

a) O nome, a denominação ou a firma do oferente e o seu domicílio ou sede;

b) A firma e a sede da sociedade visada;

---

[1] *Redacção introduzida pelo Decreto-Lei n.º 52/2006, de 15 de Março.*

[2] *Redacção introduzida pelo Decreto-Lei n.º 357-A/2007, de 31 de Outubro.*

---

[1] *Redacção introduzida pelo Decreto-Lei n.º 219/2006, de 2 de Novembro.*

Regulação do Sector Financeiro – Regulação do Mercado de Valores Mobiliários

c) Os valores mobiliários que são objecto da oferta;

d) A contrapartida oferecida;

e) O intermediário financeiro encarregado da assistência à oferta, se já tiver sido designado;

f) A percentagem de direitos de voto na sociedade visada detidos pelo oferente e por pessoas que com este estejam em alguma das situações previstas no artigo 20.º, calculada, com as necessárias adaptações, nos termos desse artigo.

g) A enunciação sumária dos objectivos do oferente, designadamente quanto à continuidade ou modificação da actividade empresarial da sociedade visada, do oferente, na medida em que seja afectado pela oferta, e, nos mesmos termos, por sociedades que com estes estejam em relação de domínio ou de grupo;

h) O estatuto do oferente quanto às matérias a que se refere o artigo 182.º e o n.º 1 do artigo 182.º-A. [1]

2 – A fixação de limite mínimo ou máximo da quantidade dos valores mobiliários a adquirir e a sujeição da oferta a qualquer condição só são eficazes se constarem do anúncio preliminar.

ARTIGO 177.º
Contrapartida

1 – A contrapartida pode consistir em dinheiro, em valores mobiliários, emitidos ou a emitir, ou ser mista.

2 – Se a contrapartida consistir em dinheiro, o oferente deve, previamente ao registo da oferta, depositar o montante total em instituição de crédito ou apresentar garantia bancária adequada.

3 – Se a contrapartida consistir em valores mobiliários, estes devem ter adequada liquidez e ser de fácil avaliação.

ARTIGO 178.º
Oferta pública de troca

1 – Os valores mobiliários oferecidos como contrapartida, que já tenham sido emitidos, devem ser registados ou depositados à ordem do oferente em sistema centralizado ou junto de intermediário financeiro, procedendo-se ao seu bloqueio.

2 – O anúncio preliminar e o anúncio de lançamento de oferta pública de aquisição cuja contrapartida consista em valores mobiliários que não sejam emitidos pelo oferente devem também indicar os elementos respeitantes ao emitente e aos valores mobiliários por este emitidos ou a emitir, que são referidos no artigo 176.º e no n.º 1 do artigo 183.º-A. [1]

ARTIGO 179.º
Registo da oferta pública de aquisição

Além dos referidos no artigo 115.º, o pedido de registo de oferta pública de aquisição apresentado na CMVM é instruído com os documentos comprovativos dos seguintes factos:

a) Entrega do anúncio preliminar, do projecto de anúncio de lançamento e de projecto de prospecto à sociedade visada e às entidades gestoras de mercados regulamentados em que os valores mobiliários estão admitidos à negociação;

b) Depósito da contrapartida em dinheiro ou emissão da garantia bancária que cauciona o seu pagamento;

c) Bloqueio dos valores mobiliários já emitidos que sejam objecto da contrapartida e dos referidos no n.º 2 do artigo 173.º

---

[1] *Redacção introduzida pelo Decreto-Lei n.º 219/2006, de 2 de Novembro.*

ARTIGO 180.º
Transacções na pendência da oferta

1 – A partir da publicação do anúncio preliminar e até ao apuramento do resultado da oferta, o oferente e as pessoas que com este estejam em alguma das situações previstas no artigo 20.º:

a) Não podem negociar fora de mercado regulamentado valores mobiliários da categoria dos que são objecto da oferta ou dos que integram a contrapartida, excepto se forem autorizados pela CMVM, com parecer prévio da sociedade visada; [1]

b) Devem informar diariamente a CMVM sobre as transacções realizadas por cada uma delas sobre valores mobiliários emitidos pela sociedade visada ou da categoria dos que integram a contrapartida.

2 – As aquisições de valores mobiliários da categoria daqueles que são objecto da oferta ou dos que integram a contrapartida, feitas depois da publicação do anúncio preliminar, são imputadas no cálculo da quantidade mínima que o adquirente se propõe adquirir.

3 – Caso ocorram as aquisições referidas no número anterior: [2]

a) No âmbito de ofertas públicas de aquisição voluntárias, a CMVM pode determinar a revisão da contrapartida se, por efeito dessas aquisições, a contrapartida não se mostrar equitativa; [2]

b) No âmbito de ofertas públicas de aquisição obrigatórias, o oferente é obrigado a aumentar a contrapartida para um preço não inferior ao preço mais alto pago pelos valores mobiliários assim adquiridos. [2]

ARTIGO 181.º
Deveres da sociedade visada

1 – O órgão de administração da sociedade visada deve, no prazo de oito dias a contar da recepção dos projectos de prospecto e de anúncio de lançamento e no prazo de cinco dias após a divulgação de adenda aos documentos da oferta, enviar ao oferente e à CMVM e divulgar ao público um relatório elaborado nos termos do artigo 7.º sobre a oportunidade e as condições da oferta. [2]

2 – O relatório referido no número anterior deve conter um parecer autónomo e fundamentado sobre, pelo menos: [1]

a) O tipo e o montante da contrapartida oferecida; [1]

b) Os planos estratégicos do oferente para a sociedade visada; [2]

c) As repercussões da oferta nos interesses da sociedade visada, em geral, e, em particular, nos interesses do seus trabalhadores e nas suas condições de trabalho e nos locais em que a sociedade exerça a sua actividade; [2]

d) A intenção dos membros do órgão de administração que simultaneamente sejam accionistas da sociedade visada, quanto à aceitação da oferta. [2]

3 – O relatório deve conter informação sobre eventuais votos negativos expressos na deliberação do órgão de administração que procedeu à sua aprovação. [2]

4 – Se, até ao início da oferta, o órgão de administração receber dos trabalhadores, directamente ou através dos seus

---

[1] *Redacção introduzida pelo Decreto-Lei n.º 52/2006, de 15 de Março.*

[2] *Redacção introduzida pelo Decreto-Lei n.º 219/2006, de 2 de Novembro.*

representantes, um parecer quanto às repercussões da oferta a nível do emprego, deve proceder à sua divulgação em apenso ao relatório por si elaborado. [1]

5 – O órgão de administração da sociedade visada deve, a partir da publicação do anúncio preliminar e até ao apuramento do resultado da oferta:

a) Informar diariamente a CMVM acerca das transacções realizadas pelos seus titulares sobre valores mobiliários emitidos pela sociedade visada ou por pessoas que com esta estejam em alguma das situações previstas do n.º 1 do artigo 20.º;

b) Prestar todas as informações que lhe venham a ser solicitadas pela CMVM no âmbito das suas funções de supervisão;

c) Informar os representantes dos seus trabalhadores ou, na sua falta, os trabalhadores sobre o conteúdo dos documentos da oferta e do relatório por si elaborado, assim que estes sejam tornados públicos; [1]

d) Agir de boa fé, designadamente quanto à correcção da informação e quanto à lealdade do comportamento.

Artigo 182.º
Limitação dos poderes da sociedade visada

1 – A partir do momento em que tome conhecimento da decisão de lançamento de oferta pública de aquisição que incida sobre mais de um terço dos valores mobiliários da respectiva categoria e até ao apuramento do resultado ou até à cessação, em momento anterior, do respectivo processo, o órgão de administração da sociedade visada não pode praticar actos susceptíveis de alterar de modo relevante a situação patrimonial da sociedade visada que não se reconduzam à gestão normal da sociedade e que possam afectar de modo significativo os objectivos anunciados pelo oferente.

2 – Para efeitos do número anterior:

a) Equipara-se ao conhecimento do lançamento da oferta a recepção pela sociedade visada do anúncio preliminar;

b) Consideram-se alterações relevantes da situação patrimonial da sociedade visada, nomeadamente, a emissão de acções ou de outros valores mobiliários que confiram direito à sua subscrição ou aquisição e a celebração de contratos que visem a alienação de parcelas importantes do activo social;

c) A limitação estende-se aos actos de execução de decisões tomadas antes do período ali referido e que ainda não tenham sido parcial ou totalmente executados. [1]

3 – Exceptuam-se do disposto nos números anteriores:

a) Os actos que resultem do cumprimento de obrigações assumidas antes do conhecimento do lançamento da oferta;

b) Os actos autorizados por força de assembleia geral convocada exclusivamente para o efeito durante o período mencionado no n.º 1; [1]

c) Os actos destinados à procura de oferentes concorrentes. [1]

4 – Durante o período referido no n.º 1: [1]

a) A antecedência do prazo de divulgação de convocatória de assembleia geral é reduzida para 15 dias; [1]

b) As deliberações da assembleia geral prevista na alínea b) do número anterior, bem como as relativas à distribuição antecipada de dividendos e de outros rendimentos, apenas podem ser tomadas pela maioria exigida para a alteração dos estatutos. [1]

5 – O oferente é responsável pelos danos causados por decisão de lançamento de oferta pública de aquisição tomada com o objectivo principal de colocar a sociedade visada na situação prevista neste artigo.

6 – O regime previsto neste artigo não é aplicável a ofertas públicas de aquisição dirigidas por sociedades oferentes que não estejam sujeitas às mesmas regras ou que sejam dominadas por sociedade que não se sujeite às mesmas regras. [1]

7 – Nas sociedades que adoptem o modelo referido na alínea c) do n.º 1 do artigo 278.º do Código das Sociedades Comerciais, os n.ºs 1 a 6 aplicam-se, com as necessárias adaptações, ao conselho de administração executivo e ao conselho geral e de supervisão. [1]

Artigo 182.º-A [2]
Suspensão voluntária de eficácia de restrições transmissivas e de direito de voto

1 – As sociedades sujeitas a lei pessoal portuguesa podem prever estatutariamente que:

a) As restrições, previstas nos estatutos ou em acordos parassociais, referentes à transmissão de acções ou de outros valores mobiliários que dêem direito à sua aquisição ficam suspensas, não produzindo efeitos em relação à transmissão decorrente da aceitação da oferta;

b) As restrições, previstas nos estatutos ou em acordos parassociais, referentes ao exercício do direito de voto ficam suspensas, não produzindo efeitos na assembleia geral convocada nos termos da alínea b) do n.º 3 do artigo anterior;

c) Quando, na sequência de oferta pública de aquisição, seja atingido pelo menos 75 % do capital social com direito de voto, ao oferente não são aplicáveis as restrições relativas à transmissão e ao direito de voto referidas nas anteriores alíneas, nem podem ser exercidos direitos especiais de designação ou de destituição de membros do órgão de administração da sociedade visada.

2 – Os estatutos das sociedades abertas sujeitas a lei pessoal portuguesa que não exerçam integralmente a opção mencionada no número anterior não podem fazer depender a alteração ou a eliminação das restrições referentes à transmissão ou ao exercício do direito de voto de quórum deliberativo mais agravado do que o respeitante a 75 % dos votos emitidos.

3 – Os estatutos das sociedades abertas sujeitas a lei pessoal portuguesa que exerçam a opção mencionada no n.º 1 podem prever que o regime previsto não seja aplicável a ofertas públicas de aquisição dirigidas por sociedades oferentes que não estejam sujeitas às mesmas regras ou que sejam dominadas por uma sociedade que não se sujeite às mesmas regras.

4 – O oferente é responsável pelos danos causados pela suspensão de eficácia de acordos parassociais integralmente divulgados até à data da publicação do anúncio preliminar.

5 – O oferente não é responsável pelos danos causados aos accionistas que tenham votado favoravelmente as alterações estatutárias para efeitos do n.º 1 e as pessoas que com eles se encontrem em alguma das relações previstas no artigo 20.º.

6 – A aprovação de alterações estatutárias para efeitos do n.º 1 por sociedades sujeitas a lei pessoal portuguesa e por sociedades emitentes de valores mobiliários admitidos à

---

[1] *Redacção introduzida pelo Decreto-Lei n.º 219/2006, de 2 de Novembro.*

[1] *Redacção introduzida pelo Decreto-Lei n.º 219/2006, de 2 de Novembro.*

[2] *Aditado pelo Decreto-Lei n.º 219/2006, de 2 de Novembro.*

Regulação do Sector Financeiro – Regulação do Mercado de Valores Mobiliários

negociação em mercado regulamentado nacional deve ser divulgada à CMVM e, nos termos do artigo 248.º, ao público.

7 – As cláusulas estatutárias referentes à suspensão de eficácia das restrições relativas à transmissão e ao direito de voto referidas no n.º 1 apenas podem vigorar por um prazo máximo de 18 meses, sendo renováveis através de nova deliberação da assembleia geral, aprovada nos termos legalmente previstos para a alteração dos estatutos.

8 – O disposto no presente artigo não se aplica no caso de um Estado membro ser titular de valores mobiliários da sociedade visada que lhe confira direitos especiais.

ARTIGO 183.º
Prazo da oferta

1 – O prazo da oferta pode variar entre 2 e 10 semanas.

2 – A CMVM, por sua própria iniciativa ou a pedido do oferente, pode prorrogar a oferta em caso de revisão, lançamento de oferta concorrente ou quando a protecção dos interesses dos destinatários o justifique.

ARTIGO 183.º-A [1]
Anúncio de lançamento

1 – Em ofertas públicas de aquisição deve ser divulgado um anúncio de lançamento que descreva os elementos essenciais para a formação dos contratos a que se refere, incluindo designadamente os seguintes:

a) Identificação e sede social do oferente, do emitente e dos intermediários financeiros encarregados da assistência e da colocação da oferta;

b) Características e quantidade dos valores mobiliários que são objecto da oferta;

c) Tipo de oferta;

d) Qualidade em que os intermediários financeiros intervêm na oferta;

e) Preço e montante global da oferta, natureza e condições de pagamento;

f) Prazo da oferta;

g) Critério de rateio;

h) Condições de eficácia a que a oferta fica sujeita;

i) Percentagem de direitos de voto na sociedade detidos pelo oferente e por pessoas que com este estejam em alguma das situações previstas no artigo 20.º, calculadas nos termos desse artigo;

j) Locais de divulgação do prospecto;

l) Entidade responsável pelo apuramento e pela divulgação do resultado da oferta.

2 – O anúncio de lançamento deve ser publicado, em simultâneo com a divulgação do prospecto, em meio de comunicação com grande difusão no País e em meio de divulgação de informação indicado pela entidade gestora do mercado regulamentado em que os valores mobiliários estejam admitidos à negociação.

ARTIGO 184.º
Revisão da oferta

1 – Até cinco dias antes do fim do prazo da oferta, o oferente pode rever a contrapartida quanto à sua natureza e montante. [2]

2 – A oferta revista não pode conter condições que a tornem menos favorável e a sua contrapartida deve ser superior à antecedente em, pelo menos, 2 % do seu valor. [1]

3 – Aplica-se à revisão da oferta o artigo 129.º

ARTIGO 185.º
Oferta concorrente

1 – A partir da publicação do anúncio preliminar de oferta pública de aquisição de valores mobiliários admitidos à negociação em mercado regulamentado, qualquer outra oferta pública de aquisição de valores mobiliários da mesma categoria só pode ser realizada através de oferta concorrente lançada nos termos do presente artigo.

2 – As ofertas concorrentes estão sujeitas às regras gerais aplicáveis às ofertas públicas de aquisição, com as alterações constantes deste artigo e dos artigos 185.º-A e 185.º-B. [1]

3 – Não podem lançar uma oferta concorrente as pessoas que estejam com o oferente inicial ou com oferente concorrente anterior em alguma das situações previstas no n.º 1 do artigo 20.º, salvo autorização da CMVM a conceder caso a situação que determina a imputação de direitos de voto cesse antes do registo da oferta. [1]

4 – As ofertas concorrentes não podem incidir sobre quantidade de valores mobiliários inferior àquela que é objecto da oferta inicial. [1]

5 — A contrapartida da oferta concorrente deve ser superior à antecedente em pelo menos 2 % do seu valor e não pode conter condições que a tornem menos favorável. [1]

6 – A oferta concorrente não pode fazer depender a sua eficácia de uma percentagem de aceitações por titulares de valores mobiliários ou de direitos de voto em quantidade superior ao constante da oferta inicial ou de oferta concorrente anterior, salvo se, para efeitos do número anterior, essa percentagem se justificar em função dos direitos de voto na sociedade visada já detidos pelo oferente e por pessoas que com este estejam em alguma das situações previstas no n.º 1 do artigo 20.º. [1]

7 – A sociedade visada deve assegurar igualdade de tratamento entre oferentes quanto à informação que lhes seja prestada. [1]

ARTIGO 185.º-A [2]
Processo das ofertas concorrentes

1 – A oferta concorrente deve ser lançada até ao 5.º dia anterior àquele em que termine o prazo da oferta inicial.

2 – É proibida a publicação de anúncio preliminar em momento que não permita o cumprimento do prazo referido no número anterior.

3 – Com o lançamento tempestivo de oferta concorrente, o prazo das ofertas deve ser coincidente, devendo cada OPA concorrente respeitar o prazo mínimo previsto no n.º 1 do artigo 183.º

4 – O pedido de registo de oferta concorrente é indeferido pela CMVM se esta entidade concluir, em função da data da apresentação do pedido de registo da oferta e do exame deste último, pela impossibilidade de decisão em tempo que permita o lançamento tempestivo da oferta, de acordo com o estabelecido no n.º 1.

---

[1] *Aditado pelo Decreto-Lei n.º 52/2006, de 15 de Março.*

[2] *Redacção introduzida pelo Decreto-Lei n.º 219/2006, de 2 de Novembro.*

[1] *Redacção introduzida pelo Decreto-Lei n.º 219/2006, de 2 de Novembro.*

[2] *Aditado pelo Decreto-Lei n.º 219/2006, de 2 de Novembro.*

5 – Quando o anúncio preliminar da oferta concorrente seja publicado após o registo da oferta inicial ou de ofertas concorrentes anteriores, são reduzidos para oito dias e quatro dias, respectivamente, os prazos fixados na alínea b) do n.º 2 do artigo 175.º e no n.º 1 do artigo 181.º

6 – Em caso de ofertas concorrentes, as aceitações podem ser revogadas até ao último dia do período de aceitações.

ARTIGO 185.º-B [1]
Direitos dos oferentes anteriores

1 – O lançamento de oferta concorrente e a revisão de qualquer oferta em concorrência conferem a qualquer oferente o direito de proceder à revisão dos termos da sua oferta, independentemente de o ter ou não feito ao abrigo do artigo 184.º.

2 – Caso pretenda exercer o direito referido no número anterior, o oferente comunica a sua decisão à CMVM e publica um anúncio no prazo de quatro dias úteis a contar do lançamento da oferta concorrente ou da revisão da oferta, considerando-se para todos os efeitos, na falta dessa publicação, que mantém os termos da sua oferta.

3 – À revisão da oferta em concorrência é aplicável o disposto no n.º 5 do artigo 185.º

4 – O lançamento de oferta concorrente constitui fundamento de revogação de ofertas voluntárias nos termos do artigo 128.º

5 – A decisão de revogação é publicada logo que seja tomada, devendo sê-lo até quatro dias a contar do lançamento da oferta concorrente.

ARTIGO 186.º
Sucessão de ofertas

Salvo autorização concedida pela CMVM para protecção dos interesses da sociedade visada ou dos destinatários da oferta, nem o oferente nem qualquer das pessoas que com este estejam em alguma das situações previstas no n.º 1 do artigo 20.º podem, nos 12 meses seguintes à publicação do apuramento do resultado da oferta, lançar, directamente, por intermédio de terceiro ou por conta de terceiro, qualquer oferta pública de aquisição sobre os valores mobiliários pertencentes à mesma categoria dos que foram objecto da oferta ou que confiram direito à sua subscrição ou aquisição.

SECÇÃO II
Oferta pública de aquisição obrigatória

ARTIGO 187.º
Dever de lançamento de oferta pública de aquisição

1 – Aquele cuja participação em sociedade aberta ultrapasse, directamente ou nos termos do n.º 1 do artigo 20.º, um terço ou metade dos direitos de voto correspondentes ao capital social tem o dever de lançar oferta pública de aquisição sobre a totalidade das acções e de outros valores mobiliários emitidos por essa sociedade que confiram direito à sua subscrição ou aquisição.

2 – Não é exigível o lançamento da oferta quando, ultrapassado o limite de um terço, a pessoa que a ela estaria obrigada prove perante a CMVM não ter o domínio da sociedade visada nem estar com esta em relação de grupo.

3 – Quem fizer a prova a que se refere o número anterior fica obrigado:

a) A comunicar à CMVM qualquer alteração da percentagem de direitos de voto de que resulte aumento superior a 1 % em relação à situação anteriormente comunicada; e

b) A lançar oferta pública de aquisição geral logo que adquira uma posição que lhe permita exercer influência dominante sobre a sociedade visada.

4 – O limite de um terço referido no n.º 1 pode ser suprimido pelos estatutos das sociedades abertas que não tenham acções ou valores mobiliários que confiram direito à sua subscrição ou aquisição admitidos à negociação em mercado regulamentado.

5 – Para efeitos do presente artigo é irrelevante a inibição de direitos de voto prevista no artigo 192.º

ARTIGO 188.º
Contrapartida

1 – A contrapartida de oferta pública de aquisição obrigatória não pode ser inferior ao mais elevado dos seguintes montantes:

a) O maior preço pago pelo oferente ou por qualquer das pessoas que, em relação a ele, estejam em alguma das situações previstas no n.º 1 do artigo 20.º pela aquisição de valores mobiliários da mesma categoria, nos seis meses imediatamente anteriores à data da publicação do anúncio preliminar da oferta;

b) O preço médio ponderado desses valores mobiliários apurado em mercado regulamentado durante o mesmo período.

2 – Se a contrapartida não puder ser determinada por recurso aos critérios referidos no n.º 1 ou se a CMVM entender que a contrapartida, em dinheiro ou em valores mobiliários, proposta pelo oferente não se encontra devidamente justificada ou não é equitativa, por ser insuficiente ou excessiva, a contrapartida mínima será fixada a expensas do oferente por auditor independente designado pela CMVM.

3 – A contrapartida, em dinheiro ou em valores mobiliários, proposta pelo oferente, presume-se não equitativa nas seguintes situações: [1]

a) Se o preço mais elevado tiver sido fixado mediante acordo entre o adquirente e o alienante através de negociação particular; [1]

b) Se os valores mobiliários em causa apresentarem liquidez reduzida por referência ao mercado regulamentado em que estejam admitidos à negociação; [1]

c) Se tiver sido fixada com base no preço de mercado dos valores mobiliários em causa e aquele ou o mercado regulamentado em que estes estejam admitidos tiverem sido afectados por acontecimentos excepcionais. [1]

4 – A decisão da CMVM relativa à designação de auditor independente para a fixação da contrapartida mínima, bem como o valor da contrapartida assim que fixado por aquele, são imediatamente divulgados ao público. [1]

5 – A contrapartida pode consistir em valores mobiliários, se estes forem do mesmo tipo do que os visados na oferta e estiverem admitidos ou forem da mesma categoria de valores mobiliários de comprovada liquidez admitidos à negociação em mercado regulamentado, desde que o oferente e pessoas que com ele estejam em alguma das situações do n.º 1 do

---

[1] *Aditado pelo Decreto-Lei n.º 219/2006, de 2 de Novembro.*

[1] *Redacção introduzida pelo Decreto-Lei n.º 219/2006, de 2 de Novembro.*

Regulação do Sector Financeiro – Regulação do Mercado de Valores Mobiliários

artigo 20.º não tenham, nos seis meses anteriores ao anúncio preliminar e até ao encerramento da oferta, adquirido quaisquer acções representativas do capital social da sociedade visada com pagamento em dinheiro, caso em que deve ser apresentada contrapartida equivalente em dinheiro. [1]

ARTIGO 189.º
Derrogações

1 – O disposto no artigo 187.º não se aplica quando a ultrapassagem do limite de direitos de voto relevantes nos termos dessa disposição resultar:

a) Da aquisição de valores mobiliários por efeito de oferta pública de aquisição lançada sobre a totalidade dos valores mobiliários referidos no artigo 187.º emitidos pela sociedade visada, sem nenhuma restrição quanto à quantidade ou percentagem máximas de valores mobiliários a adquirir e com respeito dos requisitos estipulados no artigo anterior;

b) Da execução de plano de saneamento financeiro no âmbito de uma das modalidades de recuperação ou saneamento previstas na lei;

c) Da fusão de sociedades, se da deliberação da assembleia geral da sociedade emitente dos valores mobiliários em relação aos quais a oferta seria dirigida constar expressamente que da operação resultaria o dever de lançamento de oferta pública de aquisição.

2 – A derrogação do dever de lançamento de oferta é objecto de declaração pela CMVM, requerida e imediatamente publicada pelo interessado.

ARTIGO 190.º
Suspensão do dever

1 – O dever de lançamento de oferta pública de aquisição fica suspenso se a pessoa a ele obrigada, em comunicação escrita dirigida à CMVM, imediatamente após a ocorrência do facto constitutivo do dever de lançamento, se obrigar a pôr termo à situação nos 120 dias subsequentes. [1]

2 – Neste prazo deve o interessado alienar a pessoas que, em relação a ele, não estejam em alguma das situações previstas no n.º 1 do artigo 20.º os valores mobiliários bastantes para que os seus direitos de voto se situem abaixo dos limites a que se refere o artigo 187.º

3 – Durante o período de suspensão os direitos de voto ficam inibidos nos termos dos n.ºˢ 1, 3 e 4 do artigo 192.º.

ARTIGO 191.º
Cumprimento

1 – A publicação do anúncio preliminar da oferta deve ocorrer imediatamente após a verificação do facto constitutivo do dever de lançamento. [1]

2 – A pessoa obrigada pode fazer-se substituir por outra no cumprimento do seu dever.

ARTIGO 192.º
Inibição de direitos

1 – O incumprimento do dever de lançamento de oferta pública de aquisição determina a imediata inibição dos direitos de voto e a dividendos inerentes às acções:

a) Que excedam o limite a partir do qual o lançamento seria devido;

b) Que tenham sido adquiridas por exercício de direitos inerentes às acções referidas na alínea anterior ou a outros valores mobiliários que confiram direito à sua subscrição ou aquisição.

2 – A inibição vigora durante cinco anos, cessando:

a) Na totalidade, com a publicação de anúncio preliminar de oferta pública de aquisição mediante contrapartida não inferior à que seria exigida se o dever tivesse sido cumprido atempadamente;

b) Em relação a cada uma das acções referidas no número anterior, à medida da sua alienação a pessoas que não estejam em nenhuma das situações previstas no n.º 1 do artigo 20.º.

3 – A inibição abrange, em primeiro lugar, as acções de que a pessoa obrigada ao lançamento é titular directo e, sucessivamente, na medida do necessário, aquelas de que são titulares as pessoas indicadas no n.º 1 do artigo 20.º, segundo a ordem das respectivas alíneas, e, em relação a pessoas referidas na mesma alínea, na proporção das acções detidas por cada uma delas.

4 – São anuláveis as deliberações dos sócios que, sem os votos inibidos, não teriam sido aprovadas.

5 – Os dividendos que tenham sido objecto de inibição revertem para a sociedade.

ARTIGO 193.º
Responsabilidade civil

O infractor é responsável pelos danos causados aos titulares dos valores mobiliários sobre os quais deveria ter incidido oferta pública de aquisição.

SECÇÃO III
Aquisição tendente ao domínio total

ARTIGO 194.º
Aquisição potestativa

1 – Quem, na sequência do lançamento de oferta pública de aquisição geral em que seja visada sociedade aberta que tenha como lei pessoal a lei portuguesa, atinja ou ultrapasse, directamente ou nos termos do n.º 1 do artigo 20.º, 90 % dos direitos de voto correspondentes ao capital social até ao apuramento dos resultados da oferta e 90 % dos direitos de voto abrangidos pela oferta pode, nos três meses subsequentes, adquirir as acções remanescentes mediante contrapartida justa, em dinheiro, calculada nos termos do artigo 188.º. [1]

2 – Se o oferente, em resultado da aceitação de oferta pública de aquisição geral e voluntária, adquirir pelo menos 90 % das acções representativas de capital social com direitos de voto abrangidas pela oferta, presume-se que a contrapartida da oferta corresponde a uma contrapartida justa da aquisição das acções remanescentes. [1]

3 – O sócio dominante que tome a decisão de aquisição potestativa deve publicar de imediato anúncio preliminar e enviá-lo à CMVM para efeitos de registo.

4 – Ao conteúdo do anúncio preliminar aplica-se, com as devidas adaptações, o disposto nas alíneas a) a e) do n.º 1 do artigo 176.º

---

[1] *Redacção introduzida pelo Decreto-Lei n.º 219/2006, de 2 de Novembro.*

[1] *Redacção introduzida pelo Decreto-Lei n.º 219/2006, de 2 de Novembro.*

Decreto-Lei n.º 486/99

5 – A publicação do anúncio preliminar obriga o sócio dominante a consignar a contrapartida em depósito junto de instituição de crédito, à ordem dos titulares das acções remanescentes.

ARTIGO 195.º
Efeitos

1 – A aquisição torna-se eficaz a partir da publicação, pelo interessado, do registo na CMVM.

2 – A CMVM envia à entidade gestora do sistema centralizado ou à entidade registadora das acções as informações necessárias para a transferência entre contas.

3 – Se as acções forem tituladas e não estiverem integradas em sistema centralizado, a sociedade procede à emissão de novos títulos representativos das acções adquiridas, servindo os títulos antigos apenas para legitimar o recebimento da contrapartida.

4 – A aquisição implica, em termos imediatos, a perda da qualidade de sociedade aberta da sociedade e a exclusão da negociação em mercado regulamentado das acções da sociedade e dos valores mobiliários que a elas dão direito, ficando vedada a readmissão durante um ano. [1]

ARTIGO 196.º
Alienação potestativa

1 – Cada um dos titulares das acções remanescentes, nos três meses subsequentes ao apuramento dos resultados da oferta pública de aquisição referida no n.º 1 do artigo 194.º, exercer o direito de alienação potestativa, devendo antes, para o efeito, dirigir por escrito ao sócio dominante convite para que, no prazo de oito dias, lhe faça proposta de aquisição das suas acções. [1]

2 – Na falta da proposta a que se refere o número anterior ou se esta não for considerada satisfatória, qualquer titular de acções remanescentes pode tomar a decisão de alienação potestativa, mediante declaração perante a CMVM acompanhada de:

a) Documento comprovativo de consignação em depósito ou de bloqueio das acções a alienar;

b) Indicação da contrapartida calculada nos termos dos n.os 1 e 2 do artigo 194.º. [1]

3 – Verificados pela CMVM os requisitos da alienação, esta torna-se eficaz a partir da notificação por aquela autoridade ao sócio dominante.

4 – A certidão comprovativa da notificação constitui título executivo.

ARTIGO 197.º
Igualdade de tratamento

Nos processos de aquisição tendente ao domínio total, deve ser assegurado, nomeadamente quanto à fixação da contrapartida, tratamento igual aos titulares de acções da mesma categoria.

TÍTULO IV
Negociação [1]

CAPÍTULO I
Âmbito [1]

ARTIGO 198.º
Formas organizadas de negociação

1 – É permitido o funcionamento em Portugal, sem prejuízo de outras que a CMVM determine por regulamento, das seguintes formas organizadas de negociação de instrumentos financeiros: [1]

a) Mercados regulamentados;

b) Sistemas de negociação multilateral;

c) Internalização sistemática.

2 – [*Revogado.*] [2]

ARTIGO 199.º
Mercados regulamentados

1 – São mercados regulamentados os sistemas que, tendo sido autorizados como tal por qualquer Estado membro da União Europeia, são multilaterais e funcionam regularmente a fim de possibilitar o encontro de interesses relativos a instrumentos financeiros com vista à celebração de contratos sobre tais instrumentos. [1]

2 – Os mercados regulamentados autorizados nos termos do artigo 217.º obedecem aos requisitos fixados no capítulo ii do presente título. [1]

ARTIGO 200.º
Sistemas de negociação multilateral

1 – São sistemas de negociação multilateral os sistemas que têm essa qualidade e possibilitam o encontro de interesses relativos a instrumentos financeiros com vista à celebração de contratos sobre tais instrumentos. [1]

2 – Os sistemas de negociação multilateral obedecem aos requisitos fixados na secção i do capítulo ii do presente título e nos n.os 1 a 9 do artigo 221.º. [1]

3 – O disposto nos n.os 1 a 4 do artigo 224.º e 1 e 2 do artigo 225.º é aplicável aos sistemas de negociação multilateral. [1]

ARTIGO 201.º
Internalização sistemática

1 – É internalização sistemática a negociação, por intermediário financeiro, de instrumentos financeiros por conta própria em execução de ordens de clientes fora de mercado regulamentado e de sistema de negociação multilateral, de modo organizado, frequente e sistemático. [1]

2 – A internalização sistemática em acções admitidas à negociação em mercado regulamentado obedece aos requisitos fixados no capítulo iii do presente título. [1]

3 – [*Revogado.*] [2]

4 – [*Revogado.*] [2]

---

[1] *Redacção introduzida pelo Decreto-Lei n.º 219/2006, de 2 de Novembro.*

[1] *Redacção introduzida pelo Decreto-Lei n.º 357-A/2007, de 31 de Outubro.*

[2] *Revogado pelo Decreto-Lei n.º 357-A/2007, de 31 de Outubro.*

403

Regulação do Sector Financeiro – Regulação do Mercado de Valores Mobiliários

CAPÍTULO II
Mercados regulamentados e sistemas de negociação multilateral

SECÇÃO I
Disposições comuns

ARTIGO 202.º
Registo na CMVM

1 – Os mercados regulamentados e os sistemas de negociação multilateral estão sujeitos a registo na CMVM, bem assim como as regras aos mesmos subjacentes. [1]

2 – [Revogado.] [2]

3 – [Revogado.] [2]

ARTIGO 203.º
Entidade gestora

1 – Os mercados regulamentados e os sistemas de negociação multilateral são geridos por entidade gestora que preencha os requisitos fixados em lei especial e, no que respeita apenas a sistemas de negociação multilateral, também por intermediário financeiro, de acordo com o seu regime. [1]

2 – [Revogado.] [2]

3 – [Revogado.] [2]

4 – [Revogado.] [2]

5 – [Revogado.] [2]

6 – [Revogado.] [2]

7 – [Revogado.] [2]

ARTIGO 204.º
Objecto de negociação

1 – Podem ser objecto de negociação organizada:

a) Valores mobiliários fungíveis, livremente transmissíveis, integralmente liberados e que não estejam sujeitos a penhor ou a qualquer outra situação jurídica que os onere, salvo se respeitados os requisitos previstos nos artigos 35.º e 36.º do Regulamento (CE) n.º 1287/2006, da Comissão, de 10 de Agosto;

b) Outros instrumentos financeiros, nomeadamente instrumentos financeiros derivados, cuja configuração permita a formação ordenada de preços.

2 – São fungíveis, para efeitos de negociação organizada, os valores mobiliários que pertençam à mesma categoria, obedeçam à mesma forma de representação, estejam objectivamente sujeitos ao mesmo regime fiscal e dos quais não tenham sido destacados direitos diferenciados.

3 – [Revogado.] [2]

ARTIGO 205.º
Admissão e selecção para negociação

1 – A admissão à negociação em mercado regulamentado e a selecção para negociação em sistema de negociação multilateral depende de decisão da respectiva entidade gestora. [1]

2 – Os valores mobiliários admitidos à negociação em mercado regulamentado podem ser subsequentemente negociados noutros mercados regulamentados e em sistemas de negociação multilateral sem o consentimento do emitente. [1]

3 – Ocorrendo a negociação subsequente referida no número anterior, o emitente não é obrigado a prestar qualquer informação adicional por virtude da negociação nesses outros mercados ou sistemas de negociação multilateral. [1]

4 – [Revogado.] [2]

5 – [Revogado.] [2]

6 – [Revogado.] [2]

ARTIGO 206.º
Membros

1 – A negociação dos instrumentos financeiros efectua-se em mercado regulamentado e em sistema de negociação multilateral através dos respectivos membros. [1]

2 – Podem ser admitidos como membros intermediários financeiros e outras pessoas que: [1]

a) Sejam idóneas e profissionalmente aptas;

b) Tenham um nível suficiente de capacidade e competência de negociação;

c) Tenham, quando aplicável, mecanismos organizativos adequados; e

d) Tenham recursos suficientes para as funções a exercer.

3 – A admissão de membros compete à respectiva entidade gestora, de acordo com princípios de legalidade, igualdade e de respeito pelas regras de sã e leal concorrência. [1]

4 – A intervenção dos membros pode consistir no mero registo de operações. [1]

ARTIGO 207.º
Operações

1 – O elenco das operações a realizar em cada mercado regulamentado e sistema de negociação multilateral é o definido pela respectiva entidade gestora. [1]

2 – As operações sobre os instrumentos financeiros referidos nas alíneas e) e f) do n.º 1 do artigo 2.º realizam-se nos termos das cláusulas contratuais gerais, em que são padronizados o objecto, a quantidade, o prazo da operação, a periodicidade dos ajustes de perdas e ganhos e a modalidade de liquidação, elaboradas pela entidade gestora e sujeitas a: [1]

a) Comunicação prévia à CMVM; e

b) Aprovação do Banco de Portugal, se tiverem como activo subjacente instrumentos do mercado monetário e cambial.

3 – A realização de operações em mercado regulamentado ou sistema de negociação multilateral sobre os instrumentos financeiros previstos nas subalíneas ii) e iii) da alínea e) e na alínea f) do n.º 1 do artigo 2.º depende de autorização nos termos a fixar em portaria conjunta do Ministro responsável pela área das finanças e do ministro responsável pela área do respectivo sector, precedendo parecer da CMVM e do Banco de Portugal. [1]

4 – A entidade gestora adopta procedimentos eficazes para permitir a compensação e a liquidação eficientes e atempadas das operações efectuadas através dos seus sistemas e informa claramente os membros dos mesmos sobre as respectivas responsabilidades pela liquidação das operações. [1]

5 – Os membros de mercado regulamentado e sistema de negociação multilateral podem designar o sistema de liquidação de operações por si realizadas nesse mercado ou sistema se: [1]

---

[1] Redacção introduzida pelo Decreto-Lei n.º 357-A/2007, de 31 de Outubro.

[2] Revogado pelo Decreto-Lei n.º 357-A/2007, de 31 de Outubro.

[1] Redacção introduzida pelo Decreto-Lei n.º 357-A/2007, de 31 de Outubro.

[2] Revogado pelo Decreto-Lei n.º 357-A/2007, de 31 de Outubro.

a) Existirem ligações e acordos entre o sistema de liquidação designado e todos os sistemas ou infra-estruturas necessários para assegurar a liquidação eficiente e económica da operação em causa; e

b) A CMVM não se opuser por considerar que as condições técnicas para a liquidação de operações realizadas no mercado ou sistema, através de um sistema de liquidação diferente do designado pela entidade gestora desse mercado ou sistema, permitem o funcionamento harmonioso e ordenado do mercado de instrumentos financeiros.

ARTIGO 208.º
Sistemas de negociação

1 – As operações de mercado regulamentado e de sistemas de negociação multilateral realizam-se através de sistemas de negociação adequados à correcta formação dos preços dos instrumentos financeiros neles negociados e à liquidez do mercado, assegurando designadamente a transparência das operações. [1]

2 – Para boa execução das ordens por si aceites, os membros de mercado regulamentado ou de sistema de negociação multilateral introduzem ofertas no sistema de negociação, segundo a modalidade mais adequada e no tempo mais oportuno. [1]

3 – Os negócios sobre instrumentos financeiros celebrados directamente entre os interessados que sejam registados no sistema através de um dos seus membros podem ser equiparados a operações de mercado regulamentado, nos termos das regras aprovadas pela entidade gestora. [1]

ARTIGO 209.º
Regras

1 – Para cada mercado regulamentado ou sistema de negociação multilateral, a entidade gestora deve aprovar regras transparentes e não discriminatórias, baseadas em critérios objectivos, que assegurem o bom funcionamento daquele, designadamente relativas a: [1]

a) Requisitos de admissão à negociação ou de selecção para negociação e respectivo processo;

b) Acesso à qualidade de membro;

c) Operações e ofertas;

d) Negociação e execução de ordens; e

e) Obrigações aplicáveis aos respectivos membros.

2 – As regras referidas no número anterior são objecto de registo na CMVM, o qual visa a verificação da sua suficiência, adequação e legalidade. [1]

3 – A aprovação ou a alteração de regras que não imponham a verificação prevista no número anterior deve ser comunicada à CMVM. [1]

4 – Após o registo na CMVM, a entidade gestora divulga as regras adoptadas, as quais entram em vigor na data de divulgação ou noutra nelas prevista. [1]

5 – [*Revogado.*] [2]

ARTIGO 210.º
Direitos inerentes

1 – Os direitos patrimoniais inerentes aos valores mobiliários vendidos pertencem ao comprador desde a data da operação. [1]

2 – O comprador paga ao vendedor, além do preço formado, os juros e outras remunerações certas correspondentes ao tempo decorrido após o último vencimento até à data da liquidação da operação. [1]

3 – O disposto nos números anteriores não exclui diferente regime de atribuição de direitos inerentes aos valores mobiliários transaccionados, desde que tal regime seja prévia e claramente publicado nos termos previstos nas regras do mercado regulamentado ou do sistema de negociação multilateral. [1]

ARTIGO 211.º [2]
Fiscalização de operações

1 – A entidade gestora deve adoptar mecanismos e procedimentos eficazes para fiscalizar o cumprimento, pelos respectivos membros, das regras daqueles sistemas e para o controlo das operações efectuadas nos mesmos, por forma a identificar violações a essas regras, condições anormais de negociação ou comportamentos susceptíveis de pôr em risco a regularidade de funcionamento, a transparência e a credibilidade do mercado.

2 – A entidade gestora deve comunicar imediatamente à CMVM a ocorrência de alguma das situações referidas no número anterior, fornecendo todas as informações relevantes para a respectiva investigação, bem como as situações de incumprimento relevante de regras relativas ao funcionamento do mercado ou sistema.

ARTIGO 212.º
Informação ao público

1 – Para cada mercado regulamentado ou sistema de negociação multilateral, a entidade gestora deve prestar ao público informação sobre: [1]

a) Os instrumentos financeiros admitidos à negociação ou seleccionados para negociação; [1]

b) As operações realizadas e respectivos preços. [1]

2 – No caso de sistema de negociação multilateral, considera-se cumprido o dever estabelecido na alínea a) do número anterior se a entidade gestora se certificar de que existe acesso à informação em causa. [1]

3 – O conteúdo, os meios e a periodicidade da informação a prestar ao público devem ser os adequados às características de cada sistema, ao nível de conhecimentos e à natureza dos investidores e à composição dos vários interesses envolvidos. [1]

4 – A CMVM pode exigir a alteração das regras relativas à informação quando verifique que não são suficientes para a protecção dos investidores. [1]

5 – A entidade gestora deve divulgar por escrito: [1]

a) Um boletim nos dias em que tenham lugar sessões normais; [1]

b) Informação estatística relativa aos mercados ou sistemas por si geridos, sem prejuízo do disposto em matéria de segredo; [1]

c) O texto actualizado das regras por que se regem a entidade gestora, os mercados ou sistemas por si geridos e as operações nestes realizadas. [1]

---

[1] *Redacção introduzida pelo Decreto-Lei n.º 357-A/2007, de 31 de Outubro.*

[2] *Revogado pelo Decreto-Lei n.º 357-A/2007, de 31 de Outubro.*

[1] *Redacção introduzida pelo Decreto-Lei n.º 357-A/2007, de 31 de Outubro.*

[2] *Aditado pelo Decreto-Lei n.º 357-A/2007, de 31 de Outubro.*

Regulação do Sector Financeiro – Regulação do Mercado de Valores Mobiliários

ARTIGO 213.º [1]
Suspensão e exclusão da negociação em mercado regulamentado

1 – A entidade gestora de mercado regulamentado pode, a menos que tal medida seja susceptível de causar prejuízos significativos aos interesses dos investidores e ao funcionamento regular do mercado, suspender ou excluir instrumentos financeiros da negociação.

2 – A suspensão da negociação justifica-se quando:

a) Deixem de se verificar os requisitos de admissão ou o incumprimento relevante de outras regras do mercado, desde que a falta seja sanável;

b) Ocorram circunstâncias susceptíveis de, com razoável grau de probabilidade, perturbar o regular desenvolvimento da negociação;

c) A situação do emitente implique que a negociação seja prejudicial para os interesses dos investidores.

3 – A exclusão da negociação justifica-se quando:

a) Deixem de se verificar os requisitos de admissão ou o incumprimento relevante de outras regras do mercado, se a falta não for sanável;

b) Não tenham sido sanadas as faltas que justificaram a suspensão.

4 – A exclusão de instrumentos financeiros cuja negociação seja condição para a admissão de outros implica a exclusão destes.

5 – A entidade gestora de mercado regulamentado torna pública a decisão final de suspensão ou de exclusão da negociação e comunica à CMVM a informação relevante, sem prejuízo da possibilidade de comunicar directamente ao emitente e à entidade gestora de outros mercados onde os instrumentos financeiros são negociados ou constituam o activo subjacente de instrumentos financeiros derivados.

6 – A CMVM informa as autoridades competentes dos outros Estados membros após a comunicação de entidade gestora de mercado regulamentado referida no número anterior.

7 – Relativamente às operações referidas no n.º 2 do artigo 207.º:

a) A decisão de suspensão da negociação deve ser imediatamente comunicada à CMVM, que informa o Banco de Portugal se as operações se incluírem nas referidas na alínea b) do n.º 2 do artigo 207.º;

b) A decisão de exclusão é precedida de comunicação à CMVM, que informa o Banco de Portugal se as operações se incluírem nas referidas na alínea b) do n.º 2 do artigo 207.º.

ARTIGO 214.º
Poderes da CMVM

1 – A CMVM pode: [1]

a) Ordenar à entidade gestora de mercado regulamentado ou de sistema de negociação multilateral que proceda à suspensão de instrumentos financeiros da negociação, quando a situação do emitente implique que a negociação seja prejudicial para os interesses dos investidores ou, no caso de entidade gestora de mercado regulamentado, esta não o tenha feito em tempo oportuno; [1]

b) Ordenar à entidade gestora de mercado regulamentado ou de sistema de negociação multilateral que proceda à exclusão de instrumentos financeiros da negociação quando comprovar a violação das leis ou regulamentos aplicáveis; [1]

c) Estender a suspensão ou a exclusão a todos os mercados regulamentados e sistemas de negociação multilateral onde instrumentos financeiros da mesma categoria são negociados. [1]

2 – Imediatamente após ordem de suspensão ou exclusão da negociação em mercado regulamentado, ao abrigo do número anterior, a CMVM torna pública a respectiva decisão e informa as autoridades competentes dos outros Estados membros da União Europeia. [1]

3 – [*Revogado.*] [2]

4 – [*Revogado.*] [2]

ARTIGO 215.º
Efeitos da suspensão e da exclusão

1 – A decisão de suspensão ou de exclusão produz efeitos imediatos. [1]

2 – A suspensão mantém-se pelo tempo estritamente necessário à regularização da situação que lhe deu origem, não podendo cada período de suspensão ser superior a 10 dias úteis. [1]

3 – A suspensão da negociação não exonera o emitente do cumprimento das obrigações de informação a que esteja sujeito. [1]

4 – Se a tal não obstar a urgência da decisão, a entidade gestora de mercado regulamentado notifica o emitente para se pronunciar sobre a suspensão ou a exclusão no prazo que para o efeito lhe fixar. [1]

5 – Quando seja informada pela autoridade competente de outro Estado membro da União Europeia da respectiva decisão de suspensão ou exclusão de um instrumento financeiro da negociação em mercado regulamentado desse Estado membro, a CMVM ordena a suspensão ou exclusão da negociação desse instrumento financeiro em mercado regulamentado ou em sistema de negociação multilateral registado em Portugal, excepto quando tal puder causar prejuízos significativos aos interesses dos investidores ou ao bom funcionamento dos mercados. [1]

ARTIGO 216.º
Regulamentação

1 – A CMVM elabora os regulamentos necessários à concretização do disposto no presente título, nomeadamente sobre as seguintes matérias: [1]

a) Processo de registo dos mercados regulamentados e sistemas de negociação multilateral e das regras aos mesmos subjacentes; [1]

b) Processo de comunicação de regras que não imponham a verificação da sua legalidade, suficiência e adequação; [1]

c) Informações a prestar à CMVM pelas entidades gestoras de mercados regulamentados e de sistemas de negociação multilateral; [1]

d) Informações a prestar ao público pelas entidades gestoras de mercados regulamentados e de sistemas de negociação multilateral e pelos emitentes de valores mobiliários admitidos à negociação, designadamente quanto ao conteúdo da

---

[1] *Aditado pelo Decreto-Lei n.º 357-A/2007, de 31 de Outubro.*

[2] *Redacção introduzida pelo Decreto-Lei n.º 357-A/2007, de 31 de Outubro.*

[1] *Redacção introduzida pelo Decreto-Lei n.º 357-A/2007, de 31 de Outubro.*

[2] *Revogado pelo Decreto-Lei n.º 357-A/2007, de 31 de Outubro.*

Decreto-Lei n.º 486/99

informação, aos meios e aos prazos em que deve ser prestada ou publicada; [1]

e) Divulgações obrigatórias no boletim do mercado regulamentado e do sistema de negociação multilateral. [1]

2 – [*Revogado.*] [2]

3 – [*Revogado.*] [2]

4 – [*Revogado.*] [2]

SECÇÃO II
Mercados regulamentados [1]

SUBSECÇÃO I
Disposições gerais [1]

ARTIGO 217.º
Autorização

1 – A constituição e extinção dos mercados regulamentados depende de autorização requerida pela respectiva entidade gestora e concedida pelo Ministro das Finanças, mediante portaria e ouvida a CMVM. [1]

2 – A CMVM comunica à Comissão Europeia e aos Estados membros a lista dos mercados regulamentados registados nos termos do disposto no artigo 202.º. [1]

ARTIGO 218.º
Acordos entre entidades gestoras

1 – As entidades gestoras de mercados regulamentados situados ou a funcionar em Portugal podem acordar, entre si, sistemas de conexão informativa ou operativa se o bom funcionamento dos mercados por elas geridos e os interesses dos investidores o aconselharem. [1]

2 – As entidades gestoras de mercados regulamentados situados ou a funcionar em Portugal podem celebrar acordos com entidades congéneres de outros Estados, prevendo nomeadamente: [1]

a) Que em cada um deles sejam negociados instrumentos financeiros admitidos à negociação no outro; [1]

b) Que os membros de cada um dos mercados regulamentados possam intervir no outro. [1]

3 – Os acordos a que se referem os números anteriores são previamente comunicados à CMVM, a qual, nos 15 dias após a comunicação, pode deduzir oposição, no caso do n.º 2, se o mercado regulamentado situado ou a funcionar em Estado não membro da União Europeia não impuser níveis de exigência similares aos do mercado regulamentado situado ou a funcionar em Portugal quanto à admissão dos instrumentos financeiros à negociação e à informação a prestar ao público e não forem assegurados outros requisitos de protecção dos investidores. [1]

ARTIGO 219.º
Estrutura do mercado regulamentado

1 – Em cada mercado regulamentado podem ser criados os segmentos que se revelem necessários tendo em conta, nomeadamente, as características das operações, dos instrumentos financeiros negociados, das entidades que os emitem, do sistema de negociação e as quantidades a transaccionar. [1]

2 – [*Revogado.*] [2]

3 – [*Revogado.*] [2]

4 – [*Revogado.*] [2]

ARTIGO 220.º
Sessões do mercado regulamentado

1 – Os mercados regulamentados funcionam em sessões públicas, que podem ser normais ou especiais. [1]

2 – As sessões normais de mercado regulamentado funcionam no horário e nos dias definidos pela entidade gestora do mercado regulamentado, para negociação corrente dos instrumentos financeiros admitidos à negociação. [1]

3 – As sessões especiais realizam-se em cumprimento de decisão judicial ou por decisão da entidade gestora do mercado regulamentado a pedido dos interessados. [1]

4 – As sessões especiais decorrem de acordo com as regras fixadas pela entidade gestora do mercado regulamentado, podendo as operações ter por objecto instrumentos financeiros admitidos ou não à negociação em sessões normais. [1]

ARTIGO 221.º
Informação sobre ofertas e operações em mercado regulamentado

1 – A entidade gestora do mercado regulamentado deve divulgar ao público, de forma contínua durante o horário normal de negociação, os preços de compra e de venda de acções e a quantidade das ofertas pendentes relativas a acções. [1]

2 – A CMVM pode dispensar o cumprimento do dever de divulgação referido no número anterior, atendendo ao modelo de mercado ou ao tipo e à quantidade das ofertas em causa. [1]

3 – A entidade gestora do mercado regulamentado deve divulgar ao público as seguintes informações: [1]

a) O preço, a quantidade, o momento e outras informações pormenorizadas relativas a cada operação em acções; [1]

b) A quantidade total de acções negociadas. [1]

4 – A CMVM pode autorizar a divulgação diferida das informações referidas na alínea a) do número anterior atendendo ao tipo e à quantidade das operações em causa. [1]

5 – As informações referidas nos n.ºs 1 e 3 são disponibilizadas em condições comerciais razoáveis. [1]

6 – São definidos nos artigos 17.º a 20.º, 27.º a 30.º e 32.º do Regulamento (CE) n.º 1287/2006, da Comissão, de 10 de Agosto: [1]

a) A concreta informação cuja divulgação é exigida nos termos dos n.ºs 1 e 3; [1]

b) Os prazos, condições e meios de divulgação da informação prevista nos n.ºs 1 e 3; [1]

c) As condições de dispensa ou deferimento do cumprimento do dever de divulgação referidas, respectivamente, nos n.ºs 2 e 4. [1]

7 – A entidade gestora do mercado regulamentado divulga aos membros do mercado e aos investidores em geral os mecanismos a utilizar para a divulgação diferida referida no n.º 4, depois de obtida autorização da CMVM quanto à utilização dos mesmos. [1]

8 – Se os preços não forem expressos em moeda com curso legal em Portugal, deve ser clara a informação quanto à moeda utilizada.

9 – A CMVM define, através de regulamento, o conteúdo, os meios e a periodicidade da informação a prestar ao público relativamente a outros instrumentos financeiros negociados em mercado regulamentado. [1]

---

[1] *Redacção introduzida pelo Decreto-Lei n.º 357-A/2007, de 31 de Outubro.*

[2] *Revogado pelo Decreto-Lei n.º 357-A/2007, de 31 de Outubro.*

---

[1] *Redacção introduzida pelo Decreto-Lei n.º 357-A/2007, de 31 de Outubro.*

Regulação do Sector Financeiro – Regulação do Mercado de Valores Mobiliários

10 – A entidade gestora do mercado regulamentado pode facultar o acesso, em condições comerciais razoáveis e numa base não discriminatória, aos mecanismos que utiliza para a divulgação das informações previstas no presente artigo a entidades gestoras de sistemas de negociação multilateral e a intermediários financeiros. [1]

ARTIGO 222.º
Cotação

1 – Sempre que na lei ou em contrato se refira a cotação numa certa data, considera-se como tal o preço de referência definido pela entidade gestora do mercado regulamentado a contado. [1]

2 – Em relação às operações efectuadas em cada sessão, a entidade gestora do mercado regulamentado divulga o preço de referência, calculado nos termos das regras de mercado. [1]

3 – Se os instrumentos financeiros estiverem admitidos à negociação em mais de um mercado regulamentado situado ou a funcionar em Portugal, é tido em conta, para os efeitos do n.º 1, o preço efectuado no mercado regulamentado situado ou a funcionar em Portugal que, nos termos a fixar em regulamento da CMVM, seja considerado mais representativo. [1]

ARTIGO 223.º
Admissão de membros

1 – A admissão como membro de mercado regulamentado e a manutenção dessa qualidade dependem, além dos requisitos definidos no artigo 206.º, da observância dos requisitos fixados pela respectiva entidade gestora, decorrentes: [1]

a) Da constituição e administração do mercado regulamentado; [1]

b) Das regras relativas às operações nesse mercado; [1]

c) Das normas profissionais impostas aos colaboradores das entidades que operam no mercado; [1]

d) Das normas e procedimentos para a compensação e liquidação das operações realizadas nesse mercado. [1]

2 – Os membros dos mercados regulamentados que apenas exerçam funções de negociação só podem ser admitidos após terem celebrado contrato com um ou mais membros que assegurem a liquidação das operações por eles negociadas. [1]

3 – A entidade gestora de um mercado regulamentado não pode limitar o número máximo dos seus membros. [1]

4 – A qualidade de membro do mercado regulamentado não depende da titularidade de qualquer parcela do capital social da entidade gestora. [1]

5 – A entidade gestora de mercado regulamentado deve comunicar à CMVM a lista dos respectivos membros, sendo a periodicidade desta comunicação estabelecida por regulamento da CMVM. [1]

SUBSECÇÃO II
Membros [1]

ARTIGO 224.º
Acesso remoto a mercados autorizados em Portugal

1 – As regras relativas à qualidade de membro de mercado regulamentado possibilitam o acesso remoto ao mesmo por empresas de investimento e instituições de crédito autoriza-das em outros Estados membros da União Europeia, salvo se os procedimentos e sistemas de negociação do mercado em causa exigirem uma presença física para a conclusão das operações no mesmo. [1]

2 – A entidade gestora de mercado regulamentado registado em Portugal pode disponibilizar, no território de outros Estados membros, mecanismos adequados a facilitar o acesso àquele mercado e a negociação no mesmo por parte de membros remotos estabelecidos no território daqueles outros Estados membros devendo, para o efeito, comunicar à CMVM o Estado membro em que tenciona disponibilizar esses mecanismos. [1]

3 – No prazo de um mês, contado da data da comunicação referida no número anterior, a CMVM comunica aquela intenção à autoridade competente do Estado membro em que a entidade gestora tenciona disponibilizar tais mecanismos. [1]

4 – A pedido da autoridade competente referida no número anterior, a CMVM informa-a, em prazo razoável, da identidade dos membros remotos do mercado autorizado em Portugal estabelecidos nesse Estado membro. [1]

5 – Nas circunstâncias previstas no artigo 16.º do Regulamento (CE) n.º 1287/2006, de 10 de Agosto, a CMVM estabelece com a autoridade competente do Estado membro em que o mecanismo foi disponibilizado acordo de cooperação visando a adequada supervisão do mercado regulamentado em causa. [1]

ARTIGO 225.º
Acesso remoto a mercados autorizados no estrangeiro

1 – A disponibilização, em território nacional, de mecanismos adequados a facilitar o acesso e a negociação a mercado regulamentado autorizado noutro Estado membro da União Europeia, por membros remotos estabelecidos em Portugal, depende de comunicação à CMVM, pela autoridade competente do Estado em que o mercado regulamentado foi autorizado: [1]

a) Da intenção da entidade gestora disponibilizar esses mecanismos em Portugal; e [1]

b) Da identidade dos membros desse mercado que se encontrem estabelecidos em Portugal, a pedido da CMVM. [1]

2 – A CMVM pode autorizar a disponibilização, em território nacional, de mecanismos adequados a facilitar o acesso e a negociação a mercado autorizado em Estado que não seja membro da União Europeia desde que aqueles se encontrem sujeitos a requisitos legais e de supervisão equivalentes. [1]

3 – Nas circunstâncias previstas no artigo 16.º do Regulamento (CE) n.º 1287/2006, de 10 de Agosto, a CMVM estabelece com a autoridade competente do Estado membro em que o mercado regulamentado foi autorizado acordo de cooperação visando a adequada supervisão do mesmo. [1]

ARTIGO 226.º
Deveres dos membros

1 – Os membros de mercado regulamentado devem: [1]

a) Acatar as decisões dos órgãos da entidade gestora do mercado regulamentado que sejam tomadas no âmbito das disposições legais e regulamentares aplicáveis no mercado onde actuam; e [1]

---

[1] *Redacção introduzida pelo Decreto-Lei n.º 357-A/2007, de 31 de Outubro.*

---

[1] *Redacção introduzida pelo Decreto-Lei n.º 357-A/2007, de 31 de Outubro.*

b) Prestar à entidade gestora do mercado regulamentado as informações necessárias à boa gestão dos mercados, ainda que tais informações estejam sujeitas a segredo profissional. [1]

2 – Cada um dos membros do mercado regulamentado designa um titular do seu órgão de administração, ou um representante com poderes bastantes, como interlocutor directo perante a entidade gestora do mercado regulamentado e a CMVM. [1]

3 – [*Revogado.*] [2]

SUBSECÇÃO III
Admissão à negociação [1]

ARTIGO 227.º
Admissão à negociação em mercado regulamentado

1 – Só podem ser admitidos à negociação valores mobiliários cujo conteúdo e forma de representação sejam conformes ao direito que lhes é aplicável e que tenham sido, em tudo o mais, emitidos de harmonia com a lei pessoal do emitente.

2 – São definidas nos artigos 35.º a 37.º do Regulamento (CE) n.º 1287/2006, da Comissão, de 10 de Agosto, as características dos diferentes tipos de instrumentos financeiros que devem ser tidas em consideração pela entidade gestora do mercado regulamentado ao avaliar se o mesmo foi emitido em termos que permitam a sua admissão à negociação. [1]

3 – O emitente deve satisfazer os seguintes requisitos: [1]

a) Ter sido constituído e estar a funcionar em conformidade com a respectiva lei pessoal; [1]

b) Comprovar que possui situação económica e financeira compatível com a natureza dos valores mobiliários a admitir e com o mercado onde é solicitada a admissão. [1]

4 – No requerimento de admissão devem ser indicados:

a) Os meios a utilizar pelo emitente para a prestação da informação ao público;

b) A identificação do participante em sistema de liquidação aceite pela entidade gestora através do qual se assegure o pagamento dos direitos patrimoniais inerentes aos valores mobiliários a admitir e de outras prestações devidas.

5 – O emitente tem o dever de, no prazo de 90 dias após a sua emissão, solicitar a admissão das acções que pertençam à categoria das já admitidas.

6 – As acções podem ser admitidas à negociação após inscrição definitiva do acto constitutivo da sociedade ou do aumento de capital no registo comercial, ainda que não esteja efectuada a respectiva publicação. [1]

7 – A entidade gestora do mercado regulamentado estabelece e mantém mecanismos eficazes para: [1]

a) Verificar se os emitentes de valores mobiliários admitidos à negociação no mercado regulamentado cumprem as obrigações de informação aplicáveis; [1]

b) Facilitar aos membros do mercado regulamentado o acesso às informações que tenham sido divulgadas ao público por parte dos emitentes; [1]

c) Verificar regularmente se os valores mobiliários que estão admitidos à negociação no mercado regulamentado continuam a cumprir os requisitos de admissão. [1]

ARTIGO 228.º
Admissão a mercado de cotações oficiais

1 – Além dos previstos no n.º 3 do artigo anterior, o emitente de valores mobiliários a negociar em mercado que forme cotação oficial deve satisfazer os seguintes requisitos:

a) Desenvolver a sua actividade há pelo menos três anos; [1]

b) Ter divulgado, nos termos da lei, os seus relatórios de gestão e contas anuais relativos aos três anos anteriores àquele em que a admissão é solicitada. [1]

2 – Se a sociedade emitente tiver resultado de fusão ou cisão, os requisitos referidos no número anterior consideram-se satisfeitos se se verificarem numa das sociedades fundidas ou na sociedade cindida. [1]

3 – A CMVM pode dispensar os requisitos referidos no n.º 1 quando os interesses do emitente e dos investidores o aconselhem e o requisito da alínea b) do n.º 3 no artigo anterior, por si só, permita aos investidores formar um juízo esclarecido sobre o emitente e os valores mobiliários. [1]

4 – [*Revogado.*] [2]

5 – [*Revogado.*] [2]

6 – [*Revogado.*] [2]

7 – [*Revogado.*] [2]

ARTIGO 229.º
Admissão de acções à negociação em mercado de cotações oficiais

1 – Só podem ser admitidas à negociação em mercado que forme cotação oficial acções em relação às quais: [1]

a) Se verifique, até ao momento da admissão, um grau adequado de dispersão pelo público; [1]

b) Se preveja capitalização bolsista de, pelo menos, um milhão de euros, ou, se a capitalização bolsista não puder ser determinada, os capitais próprios da sociedade, incluindo os resultados do último exercício, sejam de pelo menos um milhão de euros. [1]

2 – Presume-se que existe um grau adequado de dispersão quando as acções que são objecto do pedido de admissão à negociação se encontram dispersas pelo público numa proporção de, pelo menos, 25 % do capital social subscrito representado por essa categoria de acções, ou, quando, devido ao elevado número de acções da mesma categoria e devido à amplitude da sua dispersão entre o público, esteja assegurado um funcionamento regular do mercado com uma percentagem mais baixa. [1]

3 – No caso de pedido de admissão de acções da mesma categoria de acções já admitidas, a adequação da dispersão pelo público deve ser analisada em relação à totalidade das acções admitidas. [1]

4 – Não se aplica o disposto na alínea b) do n.º 1 em casos de admissão à negociação de acções da mesma categoria das já admitidas. [1]

5 – A entidade gestora do mercado regulamentado pode exigir uma capitalização bolsista superior à prevista na alínea b) do n.º 1 se existir um outro mercado regulamentado nacional para o qual as exigências nessa matéria sejam iguais às referidas na mesma alínea. [1]

---

[1] *Redacção introduzida pelo Decreto-Lei n.º 357-A/2007 de 31 de Outubro.*

[2] *Revogado pelo Decreto-Lei n.º 357-A/2007, de 31 de Outubro.*

---

[1] *Redacção introduzida pelo Decreto-Lei n.º 357-A/2007 de 31 de Outubro.*

[2] *Revogado pelo Decreto-Lei n.º 357-A/2007, de 31 de Outubro.*

Regulação do Sector Financeiro – Regulação do Mercado de Valores Mobiliários

6 – [*Revogado.*][1]
7 – [*Revogado.*][1]
8 – [*Revogado.*][1]

ARTIGO 230.º
Admissão de obrigações à negociação em mercado de cotações oficiais

1 – Só podem ser admitidas à negociação em mercado que forme cotação oficial obrigações representativas de empréstimo obrigacionista ou de alguma das suas séries cujo montante seja igual ou superior a (euro) 200 000.[2]

2 – A admissão de obrigações convertíveis em acções ou com direito de subscrição de acções a mercado que forme cotação oficial depende de prévia ou simultânea admissão das acções a que conferem direito ou de acções pertencentes à mesma categoria.[2]

3 – A exigência do número anterior pode ser dispensada pela CMVM se tal for permitido pela lei pessoal do emitente e este demonstrar que os titulares das obrigações dispõem da informação necessária para formarem um juízo fundado quanto ao valor das acções em que as obrigações são convertíveis.[2]

4 – A admissão de obrigações convertíveis em acções ou com direito de subscrição de acções já admitidas à negociação em mercado regulamentado situado ou a funcionar num Estado membro da União Europeia onde o emitente tenha a sua sede depende de consulta prévia às autoridades desse Estado membro.[2]

5 – Não se aplica o disposto na alínea b) do n.º 3 do artigo 227.º e no n.º 1 do artigo 228.º à admissão de obrigações:[2]

a) Representativas de dívida pública nacional ou estrangeira;[2]

b) Emitidas pelas Regiões Autónomas e pelas autarquias locais nacionais;[2]

c) Emitidas por institutos públicos e fundos públicos nacionais;[1]

d) Garantidas, solidária e incondicionalmente, pelo Estado Português ou por Estado estrangeiro;[1]

e) Emitidas por pessoas colectivas internacionais de carácter público e por instituições financeiras internacionais.[1]

ARTIGO 231.º
Disposições especiais sobre a admissão de valores mobiliários sujeitos a direito estrangeiro

1 – Salvo nos casos em que os valores mobiliários estejam admitidos à negociação em mercado regulamentado situado ou a funcionar em Estado membro da União Europeia, a CMVM pode exigir ao emitente a apresentação de parecer jurídico que ateste os requisitos do n.os 1 e 2 e da alínea a) do n.º 3 do artigo 227.º.[2]

2 – A admissão de valores mobiliários sujeitos ao direito de um Estado membro da Comunidade Europeia não pode ser subordinada à admissão prévia em mercado regulamentado situado ou a funcionar nesse Estado.

3 – Quando o direito do Estado a que estão sujeitos os valores mobiliários a admitir não permita a sua admissão directa em mercado situado ou a funcionar fora desse Estado, ou a admissão desses valores mobiliários se mostre de difícil

execução operacional, podem ser admitidos à negociação em mercado regulamentado situado ou a funcionar em Portugal certificados representativos de registo ou de depósito desses valores mobiliários.[1]

ARTIGO 232.º
Efeitos da admissão à negociação

1 – A admissão de valores mobiliários que tenham sido objecto de uma oferta pública só produz efeitos após o encerramento da oferta.

2 – A entidade gestora pode autorizar a celebração de negócios sobre valores mobiliários, emitidos ou a emitir, objecto de oferta pública de distribuição sobre que incida pedido de admissão, em período temporal curto anterior à admissão em mercado desde que sujeitos à condição de a admissão se tornar eficaz.[2]

3 – A admissão à negociação abrange todos os valores mobiliários da mesma categoria.

SUBSECÇÃO IV
Processo de admissão[1]

ARTIGO 233.º
Pedido de admissão

1 – O pedido de admissão à negociação, instruído com os elementos necessários para a prova dos requisitos exigidos, é apresentado à entidade gestora de mercado regulamentado em cujo mercado os valores mobiliários serão negociados:[1]

a) Pelo emitente;

b) Por titulares de, pelo menos, 10 % dos valores mobiliários emitidos, pertencentes à mesma categoria, se o emitente já for uma sociedade aberta;

c) Pelo Instituto de Gestão do Crédito Público, se se tratar de obrigações emitidas pelo Estado Português.

2 – A entidade gestora do mercado regulamentado envia à CMVM cópia do pedido de admissão com os documentos necessários para a aprovação do prospecto.

3 – O pedido de admissão à negociação pode ser apresentado antes de se encontrarem reunidos todos os requisitos exigidos, desde que o emitente indique como, e em que prazos, vão ser preenchidos.

4 – O emitente de valores mobiliários admitidos à negociação em mercado regulamentado deve, no momento em que solicita a admissão, nomear um representante com poderes bastantes para as relações com o mercado e com a CMVM.[1]

ARTIGO 234.º
Decisão de admissão

1 – A entidade gestora decide a admissão dos valores mobiliários à negociação ou a sua recusa até 90 dias após a apresentação do pedido, devendo a decisão ser notificada imediatamente ao requerente.

2 – A decisão de admissão à negociação não envolve qualquer garantia quanto ao conteúdo da informação, à situação económica e financeira do emitente, à viabilidade deste e à qualidade dos valores mobiliários admitidos.

---

[1] *Revogado pelo Decreto-Lei n.º 357-A/2007, de 31 de Outubro.*
[2] *Redacção introduzida pelo Decreto-Lei n.º 357-A/2007, de 31 de Outubro.*

[1] *Redacção introduzida pelo Decreto-Lei n.º 52/2006, de 15 de Março.*
[2] *Redacção introduzida pelo Decreto-Lei n.º 357-A/2007, de 31 de Outubro.*

3 – A entidade gestora do mercado regulamentado divulga a sua decisão de admissão e comunica-a à CMVM, identificando os valores mobiliários admitidos, descrevendo as suas características e o modo de acesso ao prospecto. [1]

4 – Quando a entidade gestora do mercado regulamentado admita valores mobiliários à negociação sem consentimento do respectivo emitente, nos termos previstos no n.º 2 do artigo 205.º, deve informar este desse facto. [2]

ARTIGO 235.º
Recusa de admissão

1 – A admissão à negociação só pode ser recusada se: [3]

a) Não estiverem preenchidos os requisitos exigidos na lei, em regulamento ou nas regras do respectivo mercado;

b) O emitente não tiver cumprido os deveres a que está sujeito noutros mercados, situados ou a funcionar em Portugal ou no estrangeiro, onde os valores mobiliários se encontrem admitidos à negociação;

c) O interesse dos investidores desaconselhar a admissão à negociação, atenta a situação do emitente. [3]

2 – A entidade gestora deve notificar o requerente para suprir os vícios sanáveis em prazo razoável, que lhe fixará.

3 – A admissão considera-se recusada se a decisão não for notificada ao requerente nos 90 dias posteriores ao pedido de admissão.

SUBSECÇÃO V
Prospecto [1]

ARTIGO 236.º
Exigibilidade

1 – Previamente à admissão de valores mobiliários à negociação, o requerente deve divulgar, nos termos do artigo 140.º, um prospecto aprovado: [1]

a) Pela CMVM, em caso de admissão de valores mobiliários referidos no n.º 1 do artigo 145.º; [1]

b) Pela autoridade competente, por aplicação dos critérios mencionados nos n.ºs 2 e 3 do artigo 145.º, com as necessárias adaptações. [1]

2 – O prospecto não é exigido para a admissão de: [1]

a) Valores mobiliários referidos nas alíneas a), b), c), d), f), g), h), i), j), l) e n) do n.º 1 do artigo 111.º e na alínea a) do n.º 2 do artigo 134.º, nas condições ali previstas; [2]

b) Acções oferecidas, atribuídas ou a atribuir gratuitamente a accionistas existentes e dividendos pagos sob a forma de acções da mesma categoria das acções em relação às quais são pagos os dividendos, desde que as referidas acções sejam da mesma categoria que as acções já admitidas à negociação no mesmo mercado regulamentado e esteja disponível um documento com informações sobre o número e a natureza das acções, bem como sobre as razões e características da oferta;

c) Valores mobiliários oferecidos, atribuídos ou a atribuir a membros dos órgãos de administração ou a trabalhadores, actuais ou antigos, pelo empregador ou por uma sociedade dominada por este, desde que os referidos valores mobiliá-

rios sejam da mesma categoria que os valores mobiliários já admitidos à negociação no mesmo mercado regulamentado e esteja disponível um documento com informações sobre o número e a natureza dos valores mobiliários, bem como sobre as razões e características da oferta;

d) Acções que representem, ao longo de um período de 12 meses, menos de 10 % do número de acções da mesma categoria já admitidas à negociação no mesmo mercado regulamentado;

e) Acções resultantes da conversão ou troca de outros valores mobiliários ou do exercício dos direitos conferidos por outros valores mobiliários, desde que aquelas sejam da categoria de acções já admitidas à negociação no mesmo mercado regulamentado;

f) Valores mobiliários já admitidos à negociação noutro mercado regulamentado nas seguintes condições:

i) Esses valores mobiliários, ou valores da mesma categoria, terem sido admitidos à negociação nesse outro mercado regulamentado há mais de 18 meses;

ii) Para os valores mobiliários admitidos pela primeira vez à negociação num mercado regulamentado, a admissão à negociação nesse outro mercado regulamentado ter sido acompanhada da divulgação de um prospecto através dos meios mencionados no artigo 140.º;

iii) Excepto quando seja aplicável o disposto na subalínea anterior, para os valores mobiliários admitidos pela primeira vez à negociação depois de 30 de Junho de 1983, o prospecto ter sido aprovado em conformidade com os requisitos da Directiva n.º 80/390/CEE, do Conselho, de 27 de Março, ou da Directiva n.º 2001/34/CE, do Conselho, de 28 de Maio;

iv) Terem sido preenchidos os requisitos a observar para negociação nesse outro mercado regulamentado;

v) A pessoa que solicite a admissão nos termos desta excepção tenha elaborado um sumário disponibilizado ao público numa língua que seja aceite pela CMVM;

vi) O sumário referido na subalínea anterior seja disponibilizado ao público; e

vii) O conteúdo do sumário cumpra o disposto no artigo 135.º-A e que, bem assim, refira onde pode ser obtido o prospecto mais recente e onde está disponível a informação financeira publicada pelo emitente de acordo com as suas obrigações de divulgação.

3 – Nos casos das alíneas a), b), i) e j) do artigo 111.º, o requerente de pedido de admissão tem o direito de elaborar um prospecto, ficando este sujeito às regras do presente Código e dos diplomas que o complementem.

ARTIGO 237.º [1]
Reconhecimento mútuo e cooperação

[*Revogado.*]

ARTIGO 237.º-A [2]
Idioma

1 – O prospecto de admissão pode ser, no todo ou em parte, redigido numa língua de uso corrente nos mercados financeiros internacionais:

a) Se os valores mobiliários a admitir tiverem um valor nominal igual ou superior a (euro) 50 000, ou, em caso de

---

[1] *Redacção introduzida pelo Decreto-Lei n.º 52/2006, de 15 de Março.*

[2] *Redacção introduzida pelo Decreto-Lei n.º 357-A/2007, de 31 de Outubro.*

[3] *Redacção introduzida pelo Decreto-Lei n.º 66/2004, de 24 de Março.*

---

[1] *Revogado pelo Decreto-Lei n.º 52/2006, de 15 de Março.*

[2] *Aditado pelo Decreto-Lei n.º 66/2004, de 24 de Março.*

Regulação do Sector Financeiro – Regulação do Mercado de Valores Mobiliários

valores mobiliários sem valor nominal, se o valor inicial previsto de admissão for igual ou superior àquele montante.

b) Se tiver sido elaborado no âmbito de um pedido de admissão dirigido a mercados de vários Estados;

c) Se a lei pessoal do emitente for estrangeira;

d) Se se destinar a mercado ou segmento de mercado que, pelas suas características, apenas seja acessível a investidores qualificados. [1]

2 – Aos casos previstos nas alíneas b) e c) do número anterior é aplicável o n.º 2 do artigo 163.º-A. [1]

3 – A informação periódica relativa a emitentes de valores mobiliários admitidos à negociação nas situações previstas no artigo 163.º -A pode ser redigida numa língua de uso corrente nos mercados financeiros internacionais.

Artigo 238.º
Conteúdo do prospecto

1 – Ao prospecto de admissão de valores mobiliários em mercado regulamentado são aplicáveis, com as necessárias adaptações, o artigo 110.º-A, os n.ᵒˢ 1 a 4 do artigo 118.º, o n.º 3 do artigo 134.º, os artigos 135.º, 135.º-A, 135.º-B, 135.º-C, as alíneas a), c), e), f) e g) do artigo 136.º e os artigos 136.º-A, 137.º, 139.º, 140.º, 141.º, 142.º, 145.º, 146.º e 147.º. [1]

2 – Em prospecto de admissão à negociação em mercado regulamentado de valores mobiliários não representativos de capital social com um valor nominal de, pelo menos, (euro) 50 000 não é obrigatório apresentar um sumário. [1]

Artigo 239.º [2]
Critérios gerais de dispensa do prospecto

[*Revogado.*]

Artigo 240.º [2]
Dispensa total ou parcial de prospecto

[*Revogado.*]

Artigo 241.º [2]
Dispensa parcial de prospecto

[*Revogado.*]

Artigo 242.º [2]
Regulamentação

[*Revogado.*]

Artigo 243.º
Responsabilidade pelo conteúdo do prospecto

À responsabilidade pelo conteúdo do prospecto aplica-se o disposto nos artigos 149.º a 154.º, com as devidas adaptações e as seguintes especialidades:

a) São responsáveis as pessoas referidas nas alíneas c), d), f) e h) do n.º 1 do artigo 149.º;

b) O direito à indemnização deve ser exercido no prazo de seis meses após o conhecimento da deficiência do prospecto ou da sua alteração e cessa, em qualquer caso, decorridos dois anos a contar da divulgação do prospecto de admissão ou da alteração que contém a informação ou previsão desconforme.

---

[1] *Redacção introduzida pelo Decreto-Lei n.º 52/2006, de 15 de Março.*

[2] *Revogado pelo Decreto-Lei n.º 52/2006, de 15 de Março.*

SUBSECÇÃO VI
Informação relativa a valores mobiliários admitidos à negociação [1]

Artigo 244.º
Regras gerais

1 – As seguintes entidades enviam à CMVM os documentos e as informações a que se referem os artigos seguintes, até ao momento da sua divulgação, se outro prazo não estiver especialmente previsto: [1]

a) Os emitentes, sujeitos a lei pessoal portuguesa, de acções e de valores mobiliários representativos de dívida com valor nominal inferior a (euro) 1000 admitidos à negociação em mercado regulamentado situado ou a funcionar em Portugal ou noutro Estado membro; [1]

b) Os emitentes, com sede estatutária noutro Estado membro da União Europeia, dos valores referidos na alínea anterior exclusivamente admitidos à negociação em mercado regulamentado situado ou a funcionar em Portugal; [1]

c) Os emitentes, cuja sede estatutária se situe fora da União Europeia, dos valores mobiliários referidos na alínea a) admitidos à negociação em mercado regulamentado situado ou a funcionar em Portugal ou noutro Estado membro, desde que, neste último caso, a CMVM seja a respectiva autoridade competente; [1]

d) Os emitentes de valores mobiliários não abrangidos pelas alíneas anteriores admitidos à negociação em mercado regulamentado situado ou a funcionar em Portugal ou noutro Estado membro, desde que a CMVM seja a respectiva autoridade competente. [1]

2 – As pessoas que tenham solicitado a admissão à negociação dos valores mobiliários referidos nas alíneas anteriores sem o consentimento do respectivo emitente sempre que divulgarem a informação a que se refere os artigos seguintes enviam-na simultaneamente à CMVM. [1]

3 – Os emitentes de valores mobiliários admitidos à negociação em mercado regulamentado situado ou a funcionar em Portugal e em mercado regulamentado situado ou a funcionar em Estado não pertencente à União Europeia enviam à CMVM as informações adicionais que, sendo relevantes para a avaliação dos valores mobiliários, estejam obrigados a prestar às autoridades daquele Estado no prazo fixado na legislação aplicável. [1]

4 – As informações exigidas nos artigos seguintes são: [1]

a) Divulgadas de forma a permitir aos investidores de toda a Comunidade Europeia o acesso rápido, dentro dos prazos especialmente previstos, e sem custos específicos a essas informações numa base não discriminatória; e [1]

b) Enviadas para o sistema previsto no artigo 367.º [1]

5 – Para efeitos da alínea a) do número anterior, as entidades referidas no n.º 1 devem: [1]

a) Transmitir a informação em texto integral não editado, podendo, no que respeita às informações referidas nos artigos 245.º, 246.º e 246.º-A, limitar-se a divulgar um comunicado informando da disponibilização dessa informação e indicando os sítios da Internet, além do mecanismo previsto no artigo 367.º, onde a informação pode ser obtida; [1]

---

[1] *Redacção introduzida pelo Decreto-Lei n.º 357-A/2007, de 31 de Outubro.*

b) Assegurar que a transmissão da informação é feita por um meio seguro, que minimiza os riscos de corrupção dos dados e de acesso não autorizado e que assegura a autenticidade da fonte da informação; [1]

c) Garantir a segurança da recepção mediante a correcção imediata de qualquer falha ou interrupção na transmissão da informação; [1]

d) Assegurar que a informação transmitida é identificável como informação exigida por lei e que permite a identificação clara do emitente, do objecto da informação e da data e hora da transmissão; [1]

e) Comunicar à CMVM, a pedido, o nome da pessoa que transmitiu a informação, dados relativos à validação dos mecanismos de segurança empregues, data, hora e meio em que a informação foi transmitida e, caso aplicável, dados relativos a embargo imposto à divulgação da informação. [1]

6 – A CMVM, no que respeita à informação cuja divulgação seja obrigatória, pode: [1]

a) Fazê-la divulgar a expensas das entidades a tal obrigadas, caso estas se recusem a acatar as ordens que, nos termos da lei, por ela lhes sejam dadas; [1]

b) Decidir torná-la pública através do sistema previsto no artigo 367.º. [1]

7 – Os emitentes de valores mobiliários admitidos à negociação em mercado regulamentado colocam e mantêm no seu sítio Internet durante um ano, salvo outros prazos especialmente previstos, todas as informações que sejam obrigados a tornar públicas ao abrigo do presente Código, da sua regulamentação e da legislação materialmente conexa. [1]

8 – A informação referida no número anterior deve ser autonomamente acessível em relação a informação não obrigatória, designadamente de natureza publicitária.

Artigo 244.º-A [2]
Escolha da autoridade competente

1 – Para os efeitos referidos nas alíneas c) e d) do n.º 1 do artigo anterior, a competência da CMVM resulta, respectivamente:

a) Da admissão à negociação exclusiva em mercado regulamentado situado ou a funcionar em Portugal ou do facto de neste ter sido apresentado o primeiro pedido de admissão na União Europeia;

b) Da escolha de Portugal como Estado competente de entre aquele em que o emitente tem a sua sede social e aqueles em cujos territórios se situem ou funcionem mercados regulamentados em que estejam admitidos à negociação os valores mobiliários em causa.

2 – A escolha prevista na alínea b) do número anterior é feita pelo emitente e é vinculativa por, pelo menos, por três anos.

3 – A escolha feita por força do número anterior deve ser divulgada nos termos previstos no n.º 3 do artigo 244.º

Artigo 245.º
Relatório e contas anuais

1 – As entidades referidas no n.º 1 do artigo 244.º divulgam, no prazo de quatro meses a contar da data de encerramento do exercício e mantêm à disposição do público por cinco anos: [1]

a) O relatório de gestão, as contas anuais, a certificação legal de contas e demais documentos de prestação de contas exigidos por lei ou regulamento, ainda que não tenham sido submetidos a aprovação em assembleia geral; [1]

b) Relatório elaborado por auditor registado na CMVM;

c) Declarações de cada uma das pessoas responsáveis do emitente, cujos nomes e funções devem ser claramente indicados, onde afirmem que, tanto quanto é do seu conhecimento, a informação prevista na alínea a) foi elaborada em conformidade com as normas contabilísticas aplicáveis, dando uma imagem verdadeira e apropriada do activo e do passivo, da situação financeira e dos resultados do emitente e das empresas incluídas no perímetro da consolidação, quando for o caso, e que o relatório de gestão expõe fielmente a evolução dos negócios, do desempenho e da posição do emitente e das empresas incluídas no perímetro da consolidação, contém uma descrição dos principais riscos e incertezas com que se defrontam. [1]

2 – O relatório referido na alínea b) do número anterior é divulgado na íntegra, incluindo: [1]

a) Opinião relativa às previsões sobre a evolução dos negócios e da situação económica e financeira contidas nos documentos a que se refere a alínea a) do n.º 1;

b) Elementos correspondentes à certificação legal de contas, se esta não for exigida por outra norma legal ou se não tiver sido elaborada por auditor registado na CMVM.

3 – Os emitentes obrigados a elaborar contas consolidadas divulgam a informação referida no n.º 1 sob a forma individual, elaborada de acordo com a legislação nacional, e sob forma consolidada, elaborada de acordo com o Regulamento (CE) n.º 1606/2002, do Parlamento Europeu e do Conselho, de 19 de Julho. [1]

4 – Os emitentes não obrigados a elaborar contas consolidadas divulgam a informação referida no n.º 1 sob a forma individual, elaborada de acordo com a legislação nacional. [1]

5 – Se o relatório e contas anuais não derem uma imagem exacta do património, da situação financeira e dos resultados da sociedade, pode a CMVM ordenar a publicação de informações complementares.

6 – Os documentos que integram o relatório e as contas anuais são enviados à CMVM logo que sejam colocados à disposição dos accionistas. [1]

Artigo 245.º-A [2]
Informação anual sobre governo das sociedades

1 – Os emitentes de acções admitidas à negociação em mercado regulamentado divulgam, em capítulo do relatório anual de gestão especialmente elaborado para o efeito ou em anexo a este, a seguinte informação detalhada sobre a estrutura e práticas de governo societário:

a) Estrutura de capital, incluindo indicação das acções não admitidas à negociação, diferentes categorias de acções, direitos e deveres inerentes às mesmas e percentagem de capital que cada categoria representa;

---

[1] *Redacção introduzida pelo Decreto-Lei n.º 357-A/2007, de 31 de Outubro.*

[2] *Aditado pelo Decreto-Lei n.º 357-A/2007, de 31 de Outubro.*

[1] *Redacção introduzida pelo Decreto-Lei n.º 357-A/2007, de 31 de Outubro.*

[2] *Aditado pelo Decreto-Lei n.º 219/2006, de 2 de Novembro.*

Regulação do Sector Financeiro – Regulação do Mercado de Valores Mobiliários

b) Eventuais restrições à transmissibilidade das acções, tais como cláusulas de consentimento para a alienação, ou limitações à titularidade de acções;

c) Participações qualificadas no capital social da sociedade;

d) Identificação de accionistas titulares de direitos especiais e descrição desses direitos;

e) Mecanismos de controlo previstos num eventual sistema de participação dos trabalhadores no capital na medida em que os direitos de voto não sejam exercidos directamente por estes;

f) Eventuais restrições em matéria de direito de voto, tais como limitações ao exercício do voto dependente da titularidade de um número ou percentagem de acções, prazos impostos para o exercício do direito de voto ou sistemas de destaque de direitos de conteúdo patrimonial;

g) Acordos parassociais que sejam do conhecimento da sociedade e possam conduzir a restrições em matéria de transmissão de valores mobiliários ou de direitos de voto;

h) Regras aplicáveis à nomeação e substituição dos membros do órgão de administração e à alteração dos estatutos da sociedade;

i) Poderes do órgão de administração, nomeadamente no que respeita a deliberações de aumento do capital;

j) Acordos significativos de que a sociedade seja parte e que entrem em vigor, sejam alterados ou cessem em caso de mudança de controlo da sociedade na sequência de uma oferta pública de aquisição, bem como os efeitos respectivos, salvo se, pela sua natureza, a divulgação dos mesmos for seriamente prejudicial para a sociedade, excepto se a sociedade for especificamente obrigada a divulgar essas informações por força de outros imperativos legais;

l) Acordos entre a sociedade e os titulares do órgão de administração ou trabalhadores que prevejam indemnizações em caso de pedido de demissão do trabalhador, despedimento sem justa causa ou cessação da relação de trabalho na sequência de uma oferta pública de aquisição;

m) Sistemas de controlo interno e de risco de gestão implementados na sociedade.

2 – Os emitentes de acções admitidas à negociação em mercado regulamentado sujeitos a lei pessoal portuguesa divulgam a informação sobre a estrutura e práticas de governo societário nos termos definidos em regulamento da CMVM, onde se integra a informação exigida no número anterior.

3 – O órgão de administração de sociedades emitentes de acções admitidas à negociação em mercado regulamentado sujeitas a lei pessoal portuguesa apresenta anualmente à assembleia geral um relatório explicativo das matérias a que se refere o n.º 1.

Artigo 246.º
Informação semestral

1 – Os emitentes de acções e de valores mobiliários representativos de dívida referidos no n.º 1 do artigo 244.º divulgam, até dois meses após o termo do 1.º semestre do exercício, relativamente à actividade desse período, e mantêm à disposição do público por cinco anos: [1]

a) As demonstrações financeiras condensadas; [1]

b) Um relatório de gestão intercalar; [1]

c) Declarações de cada uma das pessoas responsáveis do emitente, cujos nomes e funções devem ser claramente indicados, onde afirmem que, tanto quanto é do seu conhecimento, a informação prevista na alínea a) foi elaborada em conformidade com as normas contabilísticas aplicáveis, dando uma imagem verdadeira e apropriada do activo e do passivo, da situação financeira e dos resultados do emitente e das empresas incluídas no perímetro da consolidação, quando for o caso, e que o relatório de gestão intercalar expõe fielmente as informações exigidas nos termos do n.º 2. [1]

2 – O relatório de gestão intercalar deve conter, pelo menos, uma indicação dos acontecimentos importantes que tenham ocorrido no período a que se refere e o impacto nas respectivas demonstrações financeiras, bem como uma descrição dos principais riscos e incertezas para os seis meses seguintes. [1]

3 – Os emitentes obrigados a elaborar contas consolidadas: [1]

a) Devem elaborar as demonstrações financeiras de acordo com as normas internacionais de contabilidade aplicáveis aos relatórios financeiros intercalares adoptadas nos termos do Regulamento (CE) n.º 1606/2002 do Parlamento Europeu e do Conselho, de 19 de Julho; [1]

b) A informação referida na alínea anterior é apenas divulgada sob forma consolidada, salvo se as contas em base individual contiverem informação significativa; [1]

c) Os emitentes de acções devem incluir ainda informação sobre as principais transacções relevantes entre partes relacionadas realizadas nos seis primeiros meses do exercício que tenham afectado significativamente a sua situação financeira ou o desempenho bem como quaisquer alterações à informação incluída no relatório anual precedente susceptíveis de ter um efeito significativo na sua posição financeira ou desempenho nos primeiros seis meses do exercício corrente. [1]

4 – Se o emitente não estiver obrigado a elaborar contas consolidadas, as demonstrações financeiras condensadas incluem, pelo menos, um balanço e uma demonstração de resultados condensados, elaborados de acordo com os princípios de reconhecimentos e mensuração aplicáveis à elaboração dos relatórios financeiros anuais, e notas explicativas àquelas contas. [1]

5 – Nos casos previstos no número anterior: [1]

a) O balanço condensado e a demonstração de resultados condensada devem apresentar todas as rubricas e subtotais incluídos nas últimas demonstrações financeiras anuais do emitente, sendo acrescentadas as rubricas adicionais necessárias se, devido a omissões, as demonstrações financeiras semestrais reflectirem uma imagem enganosa do activo, do passivo, da posição financeira e dos resultados do emitente; [1]

b) O balanço deve incluir informação comparativa referida ao final do exercício imediatamente precedente; [1]

c) A demonstração de resultados deve incluir informação comparativa relativa ao período homólogo do exercício precedente; [1]

d) As notas explicativas devem incluir informação suficiente para assegurar a comparabilidade das demonstrações financeiras semestrais condensadas com as demonstrações financeiras anuais e a correcta apreensão, por parte dos utili-

---

[1] *Redacção introduzida pelo Decreto-Lei n.º 357-A/2007, de 31 de Outubro.*

[1] *Redacção introduzida pelo Decreto-Lei n.º 357-A/2007, de 31 de Outubro.*

zadores, de qualquer alteração significativa de montantes e da evolução no período semestral em causa reflectidos no balanço e na demonstração de resultados; [1]

e) Os emitentes de acções devem incluir, no mínimo, informações sobre as principais transacções relevantes entre partes relacionadas realizadas nos seis primeiros meses do exercício referindo nomeadamente o montante de tais transacções, a natureza da relação relevante e outra informação necessária à compreensão da posição financeira do emitente se tais transacções forem relevantes e não tiverem sido concluídas em condições normais de mercado. [1]

6 – Para efeitos da alínea e) do número anterior, as transacções entre partes relacionadas podem ser agregadas de acordo com a sua natureza, excepto se a informação separada for necessária para a compreensão dos efeitos da transacção na posição financeira do emitente. [1]

ARTIGO 246.º-A [2]
Informação trimestral e informação intercalar da administração

1 – Estão obrigados à prestação de informação trimestral os emitentes, sujeitos a lei pessoal portuguesa, de acções admitidas à negociação em mercado regulamentado que, durante dois anos consecutivos, ultrapassem dois dos seguintes limites:

a) Total do balanço: (euro) 100 000 000;

b) Total das vendas líquidas e outros proveitos: (euro) 150 000 000;

c) Número de trabalhadores empregados em média durante o exercício: 150.

2 – Os emitentes de acções referidos no n.º 1 do artigo 244.º que não estejam obrigados a prestar a informação prevista no número anterior divulgam, durante o primeiro e o segundo semestres do exercício financeiro, uma declaração do órgão de administração relativa ao período compreendido entre o início do semestre e a data da declaração contendo os seguintes elementos:

a) Uma descrição explicativa das ocorrências relevantes e das transacções feitas durante o período relevante e a sua incidência sobre a posição financeira do emitente e das empresas por si dominadas; e

b) Uma descrição geral da posição financeira e do desempenho do emitente e das empresas por si dominadas durante o período relevante.

3 — A declaração referida no número anterior é feita entre o fim das primeiras 10 semanas e as últimas 6 semanas do semestre a que respeite.

4 – A divulgação de informação trimestral substitui o dever de divulgação de informação intercalar da administração.

ARTIGO 247.º
Regulamentação

A CMVM, através de regulamento, estabelece: [1]

a) Os termos das informações referidas nos artigos anteriores quando os emitentes de valores mobiliários admitidos à negociação não sejam sociedades comerciais;

b) Os documentos a apresentar para cumprimento do disposto nos n.os 1 a 4 do artigo 245.º e no artigo 246.º; [1]

c) As adaptações necessárias quando as exigências das alíneas a) e b) do n.º 1 do artigo 246.º se revelem desajustadas à actividade da sociedade;

d) A informação semestral a prestar quando o primeiro exercício económico das sociedades que adoptem um exercício anual diferente do correspondente ao ano civil tenha uma duração superior a 12 meses;

e) O conteúdo e o prazo de divulgação da informação trimestral e o conteúdo da informação intercalar da administração; [1]

f) A organização, pelas entidades gestoras dos mercados, de sistemas de informação acessíveis ao público, contendo dados actualizados relativamente a cada um dos emitentes de valores mobiliários admitidos à negociação;

g) Deveres de informação para a admissão à negociação dos valores mobiliários a que se refere a alínea g) do artigo 1.º; [2]

h) Os termos e condições em que é comunicada e tornada acessível a informação relativa às transacções previstas no artigo 248.º -B, nomeadamente a possibilidade de tal comunicação ser realizada de forma agregada, em função de um determinado montante e de um período de tempo específico; [1]

i) A informação que deve ser tornada acessível através do sítio do emitente na Internet, previsto nos n.os 7 e 8 do artigo 244. [3]

ARTIGO 248.º [3]
Informação privilegiada relativa a emitentes

1 – Os emitentes que tenham valores mobiliários admitidos à negociação em mercado regulamentado ou requerido a respectiva admissão a um mercado dessa natureza divulgam imediatamente:

a) Toda a informação que lhes diga directamente respeito ou aos valores mobiliários por si emitidos, que tenha carácter preciso, que não tenha sido tornada pública e que, se lhe fosse dada publicidade, seria idónea para influenciar de maneira sensível o preço desses valores mobiliários ou dos instrumentos subjacentes ou derivados com estes relacionados;

b) Qualquer alteração à informação tornada pública nos termos da alínea anterior, utilizando para o efeito o mesmo meio de divulgação.

2 – Para efeitos da presente lei, a informação privilegiada abrange os factos ocorridos, existentes ou razoavelmente previsíveis, independentemente do seu grau de formalização, que, por serem susceptíveis de influir na formação dos preços dos valores mobiliários ou dos instrumentos financeiros, qualquer investidor razoável poderia normalmente utilizar, se os conhecesse, para basear, no todo ou em parte, as suas decisões de investimento.

3 – Os emitentes asseguram que a divulgação de informação privilegiada é realizada de forma simultânea junto das várias categorias de investidores e nos mercados regulamentados dos Estados membros da União Europeia, em que os seus valores estejam admitidos à negociação ou que tenham sido objecto de um pedido nesse sentido.

---

[1] *Redacção introduzida pelo Decreto-Lei n.º 357-A/2007, de 31 de Outubro.*

[2] *Aditado pelo Decreto-Lei n.º 357-A/2007, de 31 de Outubro.*

[1] *Redacção introduzida pelo Decreto-Lei n.º 357-A/2007, de 31 de Outubro.*

[2] *Redacção introduzida pelo Decreto-Lei n.º 66/2004, de 24 de Março.*

[3] *Redacção introduzida pelo Decreto-Lei n.º 52/2006, de 15 de Março.*

Regulação do Sector Financeiro – Regulação do Mercado de Valores Mobiliários

4 – Sem prejuízo de eventual responsabilidade criminal, qualquer pessoa ou entidade que detenha informação com as características referidas nos n.os 1 e 2 não pode, por qualquer modo, transmiti-la para além do âmbito normal das suas funções ou utilizá-la antes de a mesma ser tornada pública.

5 – A proibição prevista no número anterior não se aplica quando se trate de transacções sobre acções próprias efectuadas no âmbito de programas de recompra realizados nas condições legalmente permitidas.

6 – Os emitentes e as pessoas que actuem em seu nome ou por sua conta elaboram e mantêm rigorosamente actualizada uma lista dos seus trabalhadores ou colaboradores, ao abrigo de contrato de trabalho ou de qualquer outro vínculo, que têm acesso, regular ou ocasional, a informação privilegiada, comunicando a essas pessoas a inclusão dos seus nomes na lista e as consequências legais decorrentes da divulgação ou utilização abusiva de informação privilegiada.

7 – A lista prevista no número anterior contém a identidade das pessoas, os motivos pelos quais constam da lista, a data da mesma e qualquer actualização relevante, sendo conservada em arquivo pelos emitentes pelo prazo de cinco anos desde a última actualização e imediatamente remetida à CMVM, sempre que esta o solicitar.

Artigo 248.º-A [1]
Diferimento da divulgação de informação

1 – Os emitentes referidos no n.º 1 do artigo anterior podem decidir diferir a divulgação pública da informação aí referida, desde que, cumulativamente:

a) A divulgação imediata seja susceptível de prejudicar os seus legítimos interesses;

b) O diferimento não seja susceptível de induzir o público em erro;

c) O emitente demonstre que assegura a confidencialidade da informação.

2 – É susceptível de prejudicar os legítimos interesses do emitente a divulgação de informação privilegiada nomeadamente nas seguintes situações:

a) Decisões tomadas ou contratos celebrados pelo órgão de direcção de um emitente, cuja eficácia dependa da aprovação de outro órgão do emitente, desde que a sua divulgação antes da aprovação, mesmo acompanhada do anúncio da pendência de aprovação, comprometa a correcta apreensão da informação pelo público;

b) Processos negociais em curso ou elementos com eles relacionados, desde que a respectiva divulgação pública possa afectar os resultados ou o curso normal dessas negociações.

3 – Em caso de risco para a viabilidade financeira do emitente e desde que este não se encontre em situação de insolvência, a divulgação dessa informação pode ser diferida durante um período limitado e apenas se for susceptível de colocar seriamente em risco os interesses dos accionistas actuais e potenciais, por prejudicar a conclusão de negociações destinadas a garantir a recuperação financeira do emitente.

4 – Para assegurar a confidencialidade da informação cuja divulgação é diferida e obstar à sua utilização indevida, o emitente adopta, pelo menos, as seguintes medidas:

a) Restringe o acesso à informação às pessoas que dela necessitem para o exercício das suas funções;

b) Garante que as pessoas com acesso a essa informação tenham conhecimento da natureza privilegiada da informação, dos deveres e proibições que decorrem desse conhecimento e das sanções a que podem estar sujeitas pela divulgação ou utilização abusiva dessa informação;

c) Adopta os mecanismos necessários à divulgação pública imediata da informação quando haja quebra da confidencialidade.

5 – Se um emitente ou uma pessoa que actue em seu nome ou por sua conta comunicarem, no âmbito do exercício normal da sua actividade, da sua profissão ou das suas funções, informação privilegiada a um terceiro que não esteja sujeito a dever de segredo, tal informação é tornada pública simultaneamente, se a comunicação for intencional, ou imediatamente, se a comunicação for não intencional.

Artigo 248.º-B [1]
Comunicação de transacções

1 – Os dirigentes de um emitente de valores mobiliários admitidos à negociação em mercado regulamentado ou de sociedade que o domine, bem como as pessoas com aqueles estreitamente relacionadas, informam a CMVM, no prazo de cinco dias úteis, sobre todas as transacções efectuadas por conta própria, de terceiros ou por estes por conta daqueles, relativas às acções daquele emitente ou aos instrumentos financeiros com estas relacionados.

2 – A comunicação prevista no número anterior identifica relativamente à transacção:

a) A natureza;

b) A data;

c) O local;

d) O preço;

e) O volume;

f) O emitente;

g) O instrumento financeiro que dela é objecto;

h) O motivo da obrigação de comunicação;

i) O número de acções do emitente de que o dirigente passou a ser titular após a transacção.

3 – Para efeito do disposto no n.º 1, consideram-se dirigentes os membros dos órgãos de administração e de fiscalização do emitente e os responsáveis que, não sendo membros daqueles órgãos, possuem um acesso regular a informação privilegiada e participam nas decisões sobre a gestão e estratégia negocial do emitente.

4 – Para efeito do disposto no n.º 1, consideram-se pessoas estreitamente relacionadas com os dirigentes as seguintes:

a) O cônjuge do dirigente ou pessoa que com ele viva em união de facto, descendentes a seu cargo e outros familiares que com ele coabitem há mais de um ano;

b) Qualquer entidade que seja directa ou indirectamente dominada por dirigente, constituída em seu benefício ou de que este seja também dirigente.

5 – As normas previstas nos números anteriores aplicam-se aos dirigentes de emitentes que tenham sede em Portugal ou que, não tendo sede num Estado membro da União Europeia, estejam obrigados a prestar à CMVM a informação relativa às contas anuais.

---

[1] *Aditado pelo Decreto-Lei n.º 52/2006, de 15 de Março.*

[1] *Aditado pelo Decreto-Lei n.º 52/2006, de 15 de Março.*

Artigo 248.º-C [1]
Documento de consolidação da informação anual

1 – Os emitentes de valores mobiliários admitidos à negociação em mercado regulamentado divulgam pelo menos uma vez por ano um documento que contenha ou faça referência à informação publicada ou disponibilizada ao público pelo emitente, no período de 12 meses antecedente, na sua situação de emitente de valores mobiliários admitidos à negociação.

2 – O documento referido no número anterior deve conter menção pelo menos à informação divulgada em cumprimento dos deveres de informação:

a) Impostos pelo presente Código e quaisquer regulamentos da CMVM;

b) Decorrentes do Código das Sociedades Comerciais e do Código do Registo Comercial;

c) Decorrentes do Regulamento n.º 1606/2002, do Parlamento Europeu e do Conselho, de 19 de Julho.

3 – O documento referido no n.º 1 obedece ao disposto no Regulamento (CE) n.º 809/2004, da Comissão, de 29 de Abril.

4 – O presente artigo não se aplica aos emitentes de valores mobiliários não representativos de capital social cujo valor nominal unitário ascenda a pelo menos (euro) 50 000.

Artigo 249.º
Outras informações

1 – As entidades referidas no n.º 1 do artigo 244.º enviam à CMVM e à entidade gestora de mercado regulamentado: [1]

a) Projecto de alteração dos estatutos, até à data da convocação do órgão competente para aprovar as alterações;

b) Extracto da acta contendo a deliberação sobre a alteração dos estatutos, nos 15 dias posteriores à deliberação.

2 – As entidades referidas no n.º 1 do artigo 244.º informam imediatamente o público sobre: [2]

a) Convocação das assembleias dos titulares de valores mobiliários admitidos à negociação;

b) Alteração, atribuição e pagamento ou exercício de quaisquer direitos inerentes aos valores mobiliários admitidos à negociação ou às acções a que estes dão direito, incluindo indicação dos procedimentos aplicáveis e da instituição financeira através da qual os accionistas podem exercer os respectivos direitos patrimoniais; [2]

c) Alteração dos direitos dos obrigacionistas que resultem, nomeadamente, de modificação das condições do empréstimo ou da taxa de juro;

d) Emissão de acções e obrigações, com indicação dos privilégios e garantias de que beneficiam, incluindo informações sobre quaisquer procedimentos de atribuição, subscrição, cancelamento, conversão, troca ou reembolso; [2]

e) Alterações aos elementos que tenham sido exigidos para a admissão dos valores mobiliários à negociação; [2]

f) A aquisição e alienação de acções próprias, sempre que em resultado da mesma a percentagem das mesmas exceda ou se torne inferior aos limites de 5 % e 10 %; [2]

g) A deliberação da assembleia geral relativa aos documentos de prestação de contas. [2]

3 – Os emitentes de acções referidos no n.º 1 do artigo 244.º divulgam o número total de direitos de voto e o capital social no final de cada mês civil em que ocorra um aumento ou uma diminuição desse número total. [1]

4 — A convocatória para a assembleia de titulares de valores mobiliários representativos de dívida admitidos à negociação em mercado regulamentado deve respeitar o disposto no n.º 1 do artigo 23.º. [1]

Artigo 250.º
Dispensa de divulgação da informação

1 – Com excepção do disposto nos artigos 245.º a 246.º-A, nas alíneas *a)* do n.º 1 do artigo 249.º, *a)* a *d)* e *f)* do n.º 2 do artigo 249.º e no n.º 3 do artigo 249.º, a CMVM pode dispensar a divulgação da informação exigida nos artigos anteriores quando seja contrária ao interesse público e possa causar prejuízo grave para o emitente, desde que a ausência de divulgação não induza o público em erro sobre factos e circunstâncias essenciais para a avaliação dos valores mobiliários. [1]

2 – A dispensa considera-se concedida se a CMVM não comunicar qualquer decisão até 15 dias após a recepção do pedido de dispensa.

3 – [*Revogado.*] [2]

Artigo 250.º-A [3]
Âmbito

1 – O disposto nos artigos 245.º, 246.º e 246.º-A não se aplica a:

a) Estados, autoridades regionais, autoridades locais, organismos públicos internacionais de que faça parte pelo menos um Estado membro, Banco Central Europeu, bancos centrais nacionais dos Estados membros;

b) Emitentes de valores mobiliários representativos de dívida admitidos à negociação num mercado regulamentado, cujo valor nominal unitário seja, pelo menos, de 50.000 euros ou de valor equivalente na data da emissão.

2 – O disposto nas alíneas *b)* e *d)* do n.º 2 e no n.º 4 do artigo 249.º não se aplica ao Estado e suas autoridade regionais e locais.

3 – A presente subsecção não é aplicável a valores mobiliários representativos de dívida emitidos por prazo inferior a um ano.

Artigo 250.º-B [3]
Equivalência

1 – Sem prejuízo do dever de envio à CMVM e do disposto nos n.os 3 e 4 do artigo 244.º, os emitentes com sede estatutária fora da União Europeia estão dispensados do cumprimento dos deveres de prestação de informação previstos:

a) No que respeita à alínea *a)* do n.º 1 do artigo 245.º, relativamente ao relatório de gestão, se a lei aplicável obrigar o emitente a incluir no relatório de gestão anual, no mínimo, uma análise apropriada da evolução dos negócios, do desempenho e da situação do emitente, uma descrição dos principais riscos e incertezas com que se defronta para que o relatório apresente uma visão equilibrada e completa do desenvolvimento e desempenho dos negócios do emitente e da sua posição, coerente com a dimensão e complexidade da

---

[1] *Aditado pelo Decreto-Lei n.º 52/2006, de 15 de Março.*

[2] *Redacção introduzida pelo Decreto-Lei n.º 357-A/2007, de 31 de Outubro.*

---

[1] *Redacção introduzida pelo Decreto-Lei n.º 357-A/2007, de 31 de Outubro.*

[2] *Revogado pelo Decreto-Lei n.º 357-A/2007, de 31 de Outubro.*

[3] *Aditado pelo Decreto-Lei n.º 357-A/2007, de 31 de Outubro.*

Regulação do Sector Financeiro – Regulação do Mercado de Valores Mobiliários

actividade exercida, uma indicação dos acontecimentos importantes ocorridos após o encerramento do exercício e indicações sobre a provável evolução futura do emitente;

b) No que respeita à alínea c) do n.º 1 do artigo 245.º e alínea c) do n.º 1 do artigo 246.º, se a lei aplicável obrigar o emitente a dispor de uma ou mais pessoas responsáveis pela informação financeira e em particular, pela conformidade das demonstrações financeiras com o conjunto das normas contabilísticas aplicáveis e a adequação do relatório de gestão;

c) No que respeita ao n.º 3 do artigo 245.º, se a lei aplicável, embora não obrigando à divulgação de informação sob a forma individual, obrigar o emitente a incluir nas contas consolidadas informação sobre o capital social mínimo, requisitos de capital próprio e necessidades de liquidez e, adicionalmente, para emitentes de acções, cálculo dos dividendos e indicação da capacidade de proceder ao seu pagamento;

d) No que respeita ao n.º 4 do artigo 245.º, se a lei aplicável, embora não obrigando à divulgação de informação sob a forma consolidada, obrigar o emitente a elaborar as contas individuais de acordo com as Normas Internacionais de Contabilidade reconhecidas nos termos do artigo 3.º do Regulamento (CE) n.º 1606/2002, do Parlamento Europeu e do Conselho, de 19 de Julho, aplicáveis na União Europeia, ou com as normas nacionais de contabilidade de um país terceiro consideradas equivalentes àquelas normas;

e) No que respeita ao n.º 2 do artigo 246.º, se a lei aplicável obrigar o emitente a divulgar um conjunto de demonstrações financeiras condensadas que inclua, no mínimo, um relatório de gestão intercalar contendo a análise do período em causa, indicações sobre a evolução do emitente nos seis meses restantes do exercício e, adicionalmente para emitentes de acções, as principais transacções entre partes relacionadas, caso não sejam divulgadas em base contínua;

f) No que respeita ao artigo 246.º-A, se a lei aplicável obrigar o emitente a divulgar relatórios financeiros trimestrais;

g) No que respeita à alínea a) do n.º 2 do artigo 249.º, se a lei aplicável obrigar o emitente a prestar, no mínimo, informação sobre o local, calendário e ordem de trabalhos da assembleia;

h) No que respeita à alínea f) do n.º 2 do artigo 249.º, se a lei aplicável obrigar o emitente autorizado a deter até 5 %, no máximo, de acções próprias a informar o público sempre que for alcançado ou superado esse limiar e, para emitentes autorizados a deter entre 5 % e 10 %, no máximo, de acções próprias, a informar o público sempre que forem alcançados ou superados esses limiares;

i) No n.º 3 do artigo 249.º, se a lei aplicável obrigar o emitente a divulgar o número total de direitos de voto e capital no prazo de 30 dias após a ocorrência de um aumento ou diminuição destes.

2 – Para efeitos da alínea a) do número anterior a análise aí referida inclui, na medida do necessário para assegurar a compreensão da evolução, do desempenho ou da posição do emitente, indicadores do desempenho financeiro e, caso necessário, não financeiro, pertinentes para a actividade desenvolvida.

3 – Para efeitos da alínea c) do n.º 1, o emitente deve apresentar à CMVM, a pedido, informação suplementar auditada sobre as contas individuais pertinente para enquadrar a informação aí requerida, podendo elaborar essa informação de acordo com as normas contabilísticas de um país terceiro.

4 – Para efeitos da alínea d) do n.º 1, as contas individuais devem ser objecto de auditoria e se não forem elaboradas de acordo com as normas aí referidas, são apresentadas sob a forma de informação financeira reformulada.

Artigo 251.º
Responsabilidade civil

À responsabilidade pelo conteúdo da informação que os emitentes publiquem nos termos dos artigos anteriores aplica-se, com as devidas adaptações, o disposto no artigo 243.º

CAPÍTULO III [1]
Internalização sistemática

Artigo 252.º
Internalizadores sistemáticos

1 – São regulados no artigo 21.º do Regulamento (CE) n.º 1287/2006, da Comissão, de 10 de Agosto: [2]

a) Os requisitos para um intermediário financeiro ser considerado internalizador sistemático; [2]

b) O procedimento para a perda da qualidade de internalizador sistemático. [2]

2 – O intermediário financeiro deve comunicar previamente à CMVM os instrumentos financeiros relativamente aos quais exerce a actividade de internalização sistemática. [2]

Artigo 253.º
Informação sobre ofertas

1 – Os internalizadores sistemáticos devem divulgar os preços firmes a que se propõem negociar acções admitidas à negociação em mercado regulamentado para as quais exista um mercado líquido, sempre que a quantidade da oferta não seja superior ao volume normal de mercado. [2]

2 – Relativamente às acções para as quais não exista um mercado líquido, os internalizadores sistemáticos devem divulgar ofertas de preços aos seus clientes a pedido destes. [2]

3 – As acções devem ser agrupadas em classes com base na média aritmética do valor das ordens executadas no mercado. [2]

4 – Cada oferta de venda e de compra deve incluir o preço firme para uma ou mais quantidades até ao volume normal de mercado para a classe de acções a que pertence a acção objecto da oferta. [2]

5 – O preço oferecido deve reflectir as condições de mercado prevalecentes para essa acção. [2]

6 – A divulgação ao público prevista no n.º 1 deve realizar-se de forma facilmente acessível, de modo regular e contínuo, durante o horário normal da negociação, e numa base comercial razoável. [2]

7 – São definidos nos artigos 22.º, 23.º, 24.º e 29.º a 32.º do Regulamento (CE) n.º 1287/2006, da Comissão, de 10 de Agosto, e em regulamento da CMVM: [2]

a) O conceito de mercado líquido; [2]

b) O volume normal de mercado para cada classe de acções; [2]

c) As condições em que os preços oferecidos cumprem o disposto no n.º 4; [2]

d) O prazo e meios de divulgação das ofertas. [2]

---

[1] *Aditado pelo Decreto-Lei n.º 357-A/2007, de 31 de Outubro.*

[2] *Redacção introduzida pelo Decreto-Lei n.º 357-A/2007, de 31 de Outubro.*

Decreto-Lei n.º 486/99

8 – A CMVM pode definir, através de regulamento, o conteúdo, os meios e a periodicidade da informação a prestar à CMVM e ao público relativamente à internalização de instrumentos financeiros além do referido no n.º 1. [1]

ARTIGO 254.º
Classes de acções

1 – Nos casos em que o mercado português seja considerado, para uma determinada acção, o mercado mais relevante em termos de liquidez, a CMVM, anualmente, deve determinar e divulgar a classe de acções a que a mesma pertence, tal como definida no n.º 3 do artigo anterior. [1]

2 – A determinação prevista no número anterior deve ter por base: [1]

a) O conceito de mercado mais relevante em termos de liquidez definido no artigo 9.º do Regulamento (CE) n.º 1287/2006, da Comissão, de 10 de Agosto; [1]

b) Os indicadores de liquidez previstos no artigo 9.º do Regulamento (CE) n.º 1287/2006, da Comissão, de 10 de Agosto. [1]

ARTIGO 255.º
Actualização e retirada das ofertas

Os internalizadores sistemáticos podem, a qualquer momento, actualizar as suas ofertas de preço, só as podendo retirar em condições de mercado excepcionais. [1]

ARTIGO 256.º
Acesso às ofertas

1 – Os internalizadores sistemáticos devem elaborar regras claras, baseadas na sua política comercial e em critérios objectivos e não discriminatórios, relativas aos investidores a quem facultam o acesso às suas ofertas de preços. [1]

2 – Sem prejuízo do disposto no artigo 328.º, os internalizadores sistemáticos podem: [1]

a) Recusar-se a iniciar ou pôr termo a relações comerciais com investidores por motivos de ordem comercial, tais como a situação financeira do investidor, o risco de contraparte e a liquidação final da operação; [1]

b) Limitar, de forma não discriminatória, o número de ordens de um cliente que se comprometem a executar nas condições divulgadas, a fim de reduzirem o risco de exposição a múltiplas operações do mesmo cliente; [1]

c) Limitar, de forma não discriminatória, o número total de operações simultâneas de clientes diferentes, quando o número ou a quantidade das ordens dos clientes os exponham a um grau indevido de risco, de acordo com o disposto no artigo 25.º do Regulamento (CE) n.º 1287/2006, da Comissão, de 10 de Agosto. [1]

3 – Os mecanismos destinados a garantir um tratamento não discriminatório regem-se pelo n.º 3 do artigo 25.º do Regulamento (CE) n.º 1287/2006, da Comissão, de 10 de Agosto. [1]

ARTIGO 257.º
Execução das ordens e alteração do preço oferecido

1 – Os internalizadores sistemáticos devem executar as ordens que recebem dos seus clientes, em relação às acções para as quais sejam internalizadores sistemáticos, aos preços por si divulgados no momento da recepção da ordem. [1]

2 – Os internalizadores sistemáticos podem executar ordens recebidas de um cliente que seja investidor qualificado a um preço melhor, desde que: [1]

a) O novo preço se situe dentro de um intervalo de variação, divulgado ao público e próximo das condições do mercado; e

b) A quantidade da ordem recebida seja mais elevada do que o volume das ordens dadas habitualmente por um investidor não qualificado, conforme definido no artigo 26.º do Regulamento (CE) n.º 1287/2006, da Comissão, de 10 de Agosto.

3 – Os internalizadores sistemáticos podem executar ordens recebidas dos seus clientes que sejam investidores qualificados a preços diferentes dos oferecidos e sem observância das condições enunciadas no número anterior, quando se trate de operações resultantes de execuções parciais ou de ordens sujeitas a condições diferentes do preço corrente de mercado, conforme enunciadas no artigo 25.º do Regulamento (CE) n.º 1287/2006, da Comissão, de 10 de Agosto. [1]

4 – Um internalizador sistemático que faça ofertas de preços para uma única quantidade, ou cuja maior quantidade seja inferior ao volume normal de mercado, e receba uma ordem de um cliente com dimensão superior à quantidade da sua oferta mas inferior ao volume normal de mercado, pode decidir executar a parte da ordem em que esta excede a quantidade da sua oferta, desde que a execute ao preço indicado ou a outro preço, neste último caso se permitido ao abrigo dos n.ºs 2 e 3. [1]

5 – Sempre que o internalizador sistemático faça ofertas de preços para quantidades diferentes e receba uma ordem entre essas mesmas quantidades que decida executar, deve executar a ordem a um dos preços divulgados ou a outro preço, neste último caso se permitido ao abrigo dos n.ºs 2 e 3. [1]

TÍTULO V
Contraparte central, compensação e liquidação

CAPÍTULO I
Contraparte central

ARTIGO 258.º
Âmbito

1 – O disposto no presente capítulo é aplicável a todas as operações em que uma entidade tenha assumido a posição de contraparte central. [1]

2 – Quando uma entidade assuma a posição de contraparte central nas operações, estas só são eficazes perante aquela após o seu registo. [1]

3 – A realização de operações em mercado regulamentado ou em sistema de negociação multilateral sobre os instrumentos financeiros referidos nas alíneas e) e f) do n.º 1 do artigo 2.º exige a interposição de contraparte central. [1]

---

[1] *Redacção introduzida pelo Decreto-Lei n.º 357-A/2007, de 31 de Outubro.*

[1] *Redacção introduzida pelo Decreto-Lei n.º 357-A/2007, de 31 de Outubro.*

Regulação do Sector Financeiro – Regulação do Mercado de Valores Mobiliários

ARTIGO 259.º
Gestão de operações

1 – A contraparte central deve assegurar a boa gestão das operações, em particular:[1]

a) O registo das posições;

b) A gestão das garantias prestadas, incluindo a constituição, o reforço, a redução e a liberação;

c) Os ajustes de ganhos e perdas emergentes de operações registadas.

2 – Quando a defesa do mercado o exija, a contraparte central pode, designadamente:[1]

a) Determinar a adopção das medidas necessárias para diminuir a exposição ao risco de um membro compensador, designadamente encerrando posições;

b) Promover a transferência de posições para outros membros compensadores;

c) Determinar os preços de referência de forma distinta da prevista nas regras.

3 – As posições abertas nos instrumentos referidos nas alíneas e) e f) do n.º 1 do artigo 2.º podem ser encerradas, antes da data de vencimento do contrato, através da abertura de posições de sentido inverso.[1]

4 – Os membros compensadores são responsáveis perante a contraparte central pelo cumprimento das obrigações resultantes de operações por si assumidas, por sua conta ou por conta dos membros negociadores perante quem tenham assumido a função de compensação das operações.[1]

ARTIGO 260.º
Minimização dos riscos

1 – Cabe à contraparte central a tomada de medidas adequadas à minimização dos riscos e à protecção do sistema de compensação e dos mercados, devendo avaliar com uma periodicidade, no mínimo anual, o seu nível de exposição.[1]

2 – Para os efeitos do número anterior, a contraparte central:[1]

a) Deve adoptar sistemas seguros de gestão e monitorização do risco;

b) Deve estabelecer procedimentos adequados a fazer face a falhas e incumprimentos dos seus membros;

c) Pode criar fundos destinados, em última instância, à distribuição das perdas entre todos os membros compensadores.

3 – A contraparte central deve identificar as respectivas fontes de risco operacional e minimizá-las através do estabelecimento de sistemas, controlos e procedimentos adequados, nomeadamente desenvolvendo planos de contingência.[1]

4 – [*Revogado.*][2]

5 – [*Revogado.*][2]

6 – [*Revogado.*][2]

7 – [*Revogado.*][2]

ARTIGO 261.º[1]
Margens e outras garantias

1 – A exposição ao risco da contraparte central e dos seus membros deve ser coberta por cauções, designadas margens, e outras garantias, salvo quando, em função da natureza da operação, sejam dispensadas nos casos e nos termos a estabelecer em regulamento da CMVM.

2 – A contraparte central deve definir as margens e outras garantias a prestar pelos seus membros com base em parâmetros de risco que devem ser sujeitos a revisão regular.

3 – Os membros compensadores são responsáveis pela constituição, pelo reforço ou pela substituição da caução.

4 – A caução deve ser prestada através de:

a) Contrato de garantia financeira previsto no Decreto-Lei n.º 105/2004, de 8 de Maio, sobre instrumentos financeiros de baixo risco e elevada liquidez, livres de quaisquer ónus, ou sobre depósito de dinheiro em instituição autorizada;

b) Garantia bancária.

5 – Sobre os valores dados em caução não podem ser constituídas outras garantias.

6 – Os membros compensadores devem adoptar procedimentos e medidas para cobrir de forma adequada a exposição ao risco, devendo exigir aos seus clientes ou aos membros negociadores perante os quais tenham assumido funções de compensação a entrega de margens e outras garantias, nos termos definidos por contrato com eles celebrado.

ARTIGO 262.º
Execução extrajudicial das garantias

1 – Os instrumentos financeiros recebidos em caução podem ser vendidos extrajudicialmente para satisfação das obrigações emergentes das operações caucionadas ou como consequência do encerramento de posições dos membros que tenham prestado a caução.[1]

2 – A execução extrajudicial das cauções deve ser efectuada pela contraparte central, através de intermediário financeiro, sempre que aquela não revista esta natureza.[1]

ARTIGO 263.º
Segregação patrimonial

1 – A contraparte central deve adoptar uma estrutura de contas que permita uma adequada segregação patrimonial entre os instrumentos financeiros próprios dos seus membros e os pertencentes aos clientes destes últimos.[1]

2 – [*Revogado.*][2]

3 – [*Revogado.*][2]

ARTIGO 264.º
Participantes

1 – A contraparte central deve definir as condições de acesso dos membros compensadores e as obrigações que sobre eles impendem, de modo a garantir níveis elevados de solvabilidade e limitação dos riscos, nomeadamente impondo-lhes que reúnam recursos financeiros suficientes e que sejam dotados de uma capacidade operacional robusta.[1]

2 – A contraparte central fiscaliza, numa base regular, o cumprimento dos requisitos de acesso dos membros, adoptando os procedimentos necessários para o efeito.[1]

ARTIGO 265.º
Regras da contraparte central

1 – A contraparte central deve aprovar regras transparentes e não discriminatórias, baseadas em critérios objectivos,

---

[1] *Redacção introduzida pelo Decreto-Lei n.º 357-A/2007, de 31 de Outubro.*

[2] *Revogado pelo Decreto-Lei n.º 357-A/2007, de 31 de Outubro.*

[1] *Redacção introduzida pelo Decreto-Lei n.º 357-A/2007, de 31 de Outubro.*

[2] *Revogado pelo Decreto-Lei n.º 357-A/2007, de 31 de Outubro.*

que assegurem o adequado desempenho das suas funções, relativas, designadamente, às matérias referidas nos artigos 259.º, 260.º, 261.º, 263.º e 264.º.[1]

2 – As regras referidas no número anterior são objecto de registo na CMVM, o qual visa a verificação da sua suficiência, adequação e legalidade.[1]

3 – Após o registo na CMVM, a contraparte central deve divulgar as regras adoptadas, as quais entram em vigor na data de divulgação ou noutra nelas prevista.[1]

4 – [Revogado.][2]

CAPÍTULO II
Sistemas de liquidação

SECÇÃO I
Disposições gerais

Artigo 266.º
Âmbito

1 – Os sistemas de liquidação de instrumentos financeiros são criados por acordo escrito pelo qual se estabelecem regras comuns e procedimentos padronizados para a execução de ordens de transferência, entre os participantes, de instrumentos financeiros ou de direitos deles destacados.[1]

2 – O acordo deve ser subscrito por três ou mais participantes, sem contar com os participantes especiais.

3 – As transferências de dinheiro associadas às transferências de instrumentos financeiros ou a direitos a eles inerentes e as garantias relativas a operações sobre instrumentos financeiros fazem parte integrante dos sistemas de liquidação.[1]

Artigo 267.º
Participantes

Podem ser participantes num sistema de liquidação, independentemente de serem sócios da entidade gestora do mesmo:

a) As instituições de crédito, as empresas de investimento e as instituições com funções correspondentes que estejam habilitadas a exercer actividade em Portugal;[1]

b) As entidades públicas e as empresas que beneficiem de garantia do Estado.

Artigo 268.º
Participantes especiais

1 – Consideram-se também participantes em sistemas de liquidação:

a) Câmaras de compensação, que têm como função o cálculo das posições líquidas dos participantes no sistema;

b) Contrapartes centrais, que actuam como contraparte exclusiva dos participantes do sistema, relativamente às ordens de transferência dadas por estes;[1]

c) Agentes de liquidação, que asseguram aos participantes e à contraparte central ou apenas a esta contas de liquidação através das quais são executadas ordens de transferência emitidas no âmbito do sistema, podendo conceder crédito para efeitos de liquidação.[1]

2 – Podem actuar como câmara de compensação:

a) Instituições de crédito autorizadas a exercer actividade em Portugal;

b) Entidades gestoras de mercados regulamentados, de sistemas de negociação multilateral e de sistemas de liquidação;

c) Entidades gestoras de câmaras de compensação e contraparte central.

3 – Podem actuar como contraparte central:

a) Instituições de crédito autorizadas a exercer actividade em Portugal;

b) Entidades gestoras de sistemas de liquidação;[1]

c) Entidades gestoras de câmaras de compensação e de contraparte central.[1]

4 – Podem desempenhar as funções de agentes de liquidação:

a) Instituições de crédito autorizadas a exercer actividade em Portugal;

b) Sistemas centralizados de valores mobiliários.

5 – De acordo com as regras do sistema, o mesmo participante pode actuar apenas como contraparte central, agente de liquidação ou câmara de compensação, ou exercer uma parte ou a totalidade dessas funções.

6 – O Banco de Portugal pode desempenhar as funções referidas nos números anteriores.

Artigo 269.º
Regras do sistema

1 – A organização, o funcionamento e os procedimentos operacionais relativos a cada sistema de liquidação constam:

a) Do acordo constitutivo e das alterações aprovadas por todos os participantes; e

b) De regras aprovadas pela entidade gestora.

2 – As regras referidas no número anterior são objecto de registo na CMVM, o qual visa a verificação da sua suficiência, adequação e legalidade.[1]

3 – Após o registo na CMVM, a entidade gestora do sistema de liquidação deve divulgar as regras adoptadas, as quais entram em vigor na data de divulgação ou noutra nelas prevista.[1]

Artigo 270.º
Direito à informação

Qualquer pessoa com interesse legítimo pode requerer a cada um dos participantes referidos no artigo 267.º que a informe sobre os sistemas de liquidação em que participa e sobre as regras essenciais de funcionamento desses sistemas.

Artigo 271.º
Reconhecimento

1 – Os sistemas de liquidação de instrumentos financeiros, com excepção dos que forem geridos pelo Banco de Portugal, são reconhecidos através de registo na CMVM.[1]

2 – A CMVM é a autoridade competente para notificar a Comissão Europeia dos sistemas por ela reconhecidos, dos quais dará conhecimento ao Banco de Portugal.

---

[1] *Redacção introduzida pelo Decreto-Lei n.º 357-A/2007, de 31 de Outubro.*

[2] *Revogado pelo Decreto-Lei n.º 357-A/2007, de 31 de Outubro.*

[1] *Redacção introduzida pelo Decreto-Lei n.º 357-A/2007, de 31 de Outubro.*

Regulação do Sector Financeiro – Regulação do Mercado de Valores Mobiliários

3 – O Banco de Portugal, por aviso, designa os sistemas de liquidação de valores mobiliários que são por si geridos, notificando a Comissão Europeia dessa designação e dando conhecimento à CMVM.

Artigo 272.º
Registo

1 – Só podem ser registados na CMVM os sistemas de liquidação que satisfaçam cumulativamente os seguintes requisitos:

a) Integrem pelo menos um participante com sede em Portugal;

b) Cuja sociedade gestora, quando exista, tenha sede efectiva em Portugal;

c) A que se aplique o direito português por força de cláusula expressa do respectivo acordo constitutivo;

d) Tenham adoptado regras compatíveis com este Código, os regulamentos da CMVM e do Banco de Portugal.

2 – Do registo constam os seguintes elementos actualizados:

a) O acordo celebrado entre os participantes;

b) A identificação dos participantes no sistema;

c) Elementos de identificação da entidade gestora, quando exista, incluindo os respectivos estatutos e a identificação dos titulares dos órgãos sociais e dos accionistas detentores de participações qualificadas;

d) As regras aprovadas pela entidade gestora.

3 – Ao processo de registo, incluindo a sua recusa e o seu cancelamento, aplica-se, com as devidas adaptações, o disposto para o registo de entidades gestoras de mercados regulamentados e de sistemas de negociação multilateral. [1]

Artigo 273.º
Regulamentação

1 – A CMVM elabora os regulamentos necessários à concretização das seguintes matérias:

a) Reconhecimento e registo de sistemas de liquidação;

b) Regras de segurança a adoptar pelo sistema;

c) Garantias a prestar a favor da contraparte central;

d) Regras de gestão, prudenciais e de contabilidade, necessárias para garantir a separação patrimonial.

2 – Em relação aos sistemas utilizados na liquidação de operações de mercado regulamentado ou de sistema de negociação multilateral, a CMVM, sob proposta ou com audiência prévia da entidade gestora dos sistemas em causa, define ou concretiza, através de regulamento: [1]

a) Os prazos em que deve processar-se a liquidação;

b) Os procedimentos a adoptar em caso de incumprimento pelos participantes;

c) A ordenação das operações a compensar e a liquidar;

d) O registo das operações realizadas através do sistema e sua contabilidade.

3 – O Banco de Portugal regulamenta os sistemas por si geridos.

SECÇÃO II
Operações [1]

SUBSECÇÃO I
Disposições gerais [1]

Artigo 274.º
Ordens de transferência

1 – As ordens de transferência são introduzidas no sistema pelos participantes ou, por delegação destes, pela entidade gestora do mercado regulamentado ou do sistema de negociação multilateral onde os instrumentos financeiros foram transaccionados ou pela entidade que assuma as funções de câmara de compensação e contraparte central relativamente às operações realizadas nesse mercado ou sistema. [1]

2 – As ordens de transferência são irrevogáveis, produzem efeitos entre os participantes e são oponíveis a terceiros a partir do momento em que tenham sido introduzidas no sistema.

3 – O momento e o modo de introdução das ordens no sistema determinam-se de acordo com as regras do sistema.

Artigo 275.º
Modalidades de execução

A execução das ordens de transferência consiste em colocar à disposição do beneficiário, em conta aberta por este junto de um agente de liquidação:

a) O montante bruto indicado em cada uma das ordens de transferência ou;

b) O saldo líquido apurado por efeito de compensação bilateral ou multilateral.

Artigo 276.º
Compensação

A compensação efectuada no âmbito do sistema de liquidação tem carácter definitivo e é efectuada pelo próprio sistema ou por entidade que assuma funções de câmara de compensação participante deste. [1]

Artigo 277.º
Invalidade dos negócios subjacentes

A invalidade ou a ineficácia dos negócios jurídicos subjacentes às ordens de transferência e às obrigações compensadas não afectam a irrevogabilidade das ordens nem o carácter definitivo da compensação.

SUBSECÇÃO II
Liquidação de operações de mercado regulamentado [1]
Artigo 278.º
Princípios

1 – A liquidação das operações de mercado regulamentado ou de sistema de negociação multilateral deve ser organizada de acordo com princípios de eficiência, de redução do risco sistémico e de simultaneidade dos créditos em instrumentos financeiros e em dinheiro. [1]

2 – [*Revogado.*] [2]

---

[1] *Redacção introduzida pelo Decreto-Lei n.º 357-A/2007, de 31 de Outubro.*

---

[1] *Redacção introduzida pelo Decreto-Lei n.º 357-A/2007, de 31 de Outubro.*

[2] *Revogado pelo Decreto-Lei n.º 357-A/2007, de 31 de Outubro.*

Decreto-Lei n.º 486/99

ARTIGO 279.º
Obrigações dos participantes

1 – Os participantes colocam à disposição do sistema de liquidação, no prazo indicado nas regras do sistema, os valores mobiliários ou o dinheiro necessários à boa liquidação das operações.

2 – A obrigação a que se refere o número anterior incumbe ao participante que introduziu no sistema a ordem de transferência ou que tenha sido indicado pela entidade gestora do mercado regulamentado ou do sistema de negociação multilateral onde se efectuaram as operações a liquidar ou pela entidade que assuma as funções de câmara de compensação e contraparte central relativamente a essas operações.[1]

3 – O participante indicado para liquidação de uma operação pode, por sua vez, indicar outro participante no sistema para a efectuar, mas não se libera se este recusar a indicação.

4 – A recusa de indicação é ineficaz se estiver excluída por contrato celebrado entre os participantes e revelado perante o sistema.

ARTIGO 280.º
Incumprimento

1 – A inobservância, no prazo previsto, das obrigações referidas no artigo anterior constitui incumprimento definitivo.

2 – Verificado o incumprimento, a entidade gestora do sistema deve accionar imediatamente os procedimentos de substituição necessários a assegurar a boa liquidação da operação.

3 – Os procedimentos de substituição são descritos nas regras do sistema, devendo estar previstos pelo menos os seguintes:

a) Empréstimo dos valores mobiliários a liquidar;

b) Recompra dos valores mobiliários que não tenham sido entregues;

c) Revenda dos valores mobiliários que não tenham sido pagos.

4 – Nos casos em que exista contraparte central:[1]

a) É a contraparte central que acciona os procedimentos de substituição necessários;[1]

b) Os procedimentos de substituição são descritos nas regras da contraparte central, não sendo obrigatória a existência dos referidos nas alíneas a) a c) do número anterior.[1]

5 – Os procedimentos de substituição não são accionados quando o credor declarar, em tempo útil, que perdeu o interesse na liquidação, salvo disposição em contrário constante de regra aprovada pela entidade gestora do sistema ou, se aplicável, pela contraparte central.[1]

6 – As regras referidas no número anterior asseguram que os mecanismos de substituição adoptados possibilitam a entrega dos instrumentos financeiros ao credor num prazo razoável.[1]

ARTIGO 281.º
Conexão com outros sistemas e instituições

1 – Os sistemas utilizados na liquidação de operações de mercado regulamentado ou de sistema de negociação multilateral devem estabelecer as ligações necessárias à boa liquidação das operações, constituindo uma rede de conexões, nomeadamente com:[1]

a) Entidades gestoras dos mercados regulamentados ou dos sistemas de negociação multilateral onde se realizem as operações a liquidar;[1]

b) Entidades que assumam as funções de câmara de compensação e contraparte central;[1]

c) Entidades gestoras de sistemas centralizados de valores mobiliários;[1]

d) O Banco de Portugal ou instituições de crédito, se a entidade gestora do sistema não estiver autorizada a receber depósitos em dinheiro;

e) Outros sistemas de liquidação.

2 – Os acordos de conexão devem ser previamente comunicados à CMVM.[1]

ARTIGO 282.º
Responsabilidade civil

Salvo caso de força maior, cada um dos participantes responde pelos danos causados pelo incumprimento das suas obrigações, incluindo o custo dos procedimentos de substituição.

SECÇÃO III
Insolvência dos participantes[1]

ARTIGO 283.º
Ordens de transferência e compensação

1 – A abertura de processo de insolvência, de recuperação de empresa ou de saneamento de qualquer participante não tem efeitos retroactivos sobre os direitos e obrigações decorrentes da sua participação no sistema ou a ela associados.[1]

2 – A abertura dos processos a que se refere o número anterior não afecta a irrevogabilidade das ordens de transferência nem a sua oponibilidade a terceiros nem o carácter definitivo da compensação, desde que as ordens tenham sido introduzidas no sistema:

a) Antes da abertura do processo; ou

b) Após a abertura do processo, se as ordens tiverem sido executadas no dia em que foram introduzidas e se a câmara de compensação, o agente de liquidação ou a contraparte central provarem que não tinham nem deviam ter conhecimento da abertura do processo.

3 – O momento de abertura dos processos a que se refere o presente capítulo é aquele em que a autoridade competente profere a decisão de declaração de insolvência, de prosseguimento da acção de recuperação de empresa ou decisão equivalente.[1]

ARTIGO 284.º
Garantias

1 – Sem prejuízo do disposto no Decreto-Lei n.º 105/2004, de 8 de Maio, as garantias de obrigações decorrentes do funcionamento de um sistema de liquidação não são afectadas pela abertura de processo de insolvência, de recuperação de empresa ou de saneamento da entidade garante, revertendo apenas para a massa falida ou para a empresa em recuperação

---

[1] Redacção introduzida pelo Decreto-Lei n.º 357-A/2007, de 31 de Outubro.

[1] Redacção introduzida pelo Decreto-Lei n.º 357-A/2007, de 31 de Outubro.

Regulação do Sector Financeiro – Regulação do Mercado de Valores Mobiliários

ou saneamento o saldo que eventualmente se apure após o cumprimento das obrigações garantidas. [1]

2 – O disposto no número anterior aplica-se às garantias prestadas a favor de bancos centrais de Estados membros da Comunidade Europeia e do Banco Central Europeu, actuando nessa qualidade.

3 – Para os efeitos do presente artigo consideram-se garantias o penhor e os direitos decorrentes de reporte e de outros contratos similares.

4 – Se os instrumentos financeiros objecto de garantia nos termos do presente artigo estiverem registados ou deposita-dos em sistema centralizado situado ou a funcionar num Esta-do membro da Comunidade Europeia, a determinação dos direitos dos beneficiários da garantia rege-se pela legislação desse Estado membro, desde que a garantia tenha sido regis-tada no mesmo sistema centralizado. [1]

ARTIGO 285.º
Direito aplicável

Aberto um processo de falência, de recuperação de em-presa ou de saneamento de um participante, os direitos e obri-gações decorrentes dessa participação ou a ela associados regem-se pelo direito aplicável ao sistema.

ARTIGO 286.º
Notificações

1 – A decisão de abertura de processo de falência, de recu-peração de empresa ou de saneamento de qualquer partici-pante é imediatamente notificada à CMVM e ao Banco de Portugal pelo tribunal ou pela autoridade administrativa que a proferir.

2 – A CMVM ou o Banco de Portugal, em relação aos sis-temas por ele geridos, notificam imediatamente os restantes Estados membros da Comunidade Europeia da decisão a que se refere o n.º 1.

3 – A CMVM é a autoridade competente para receber a notificação das decisões a que se refere o n.º 1, quando toma-das por autoridade judicial ou administrativa de outro Estado membro da Comunidade Europeia.

4 – A CMVM e o Banco de Portugal notificam imediata-mente as entidades gestoras dos sistemas de liquidação junto delas registados das decisões a que se refere o n.º 1 e de qual-quer notificação recebida de um Estado estrangeiro relativa à falência de um participante.

SECÇÃO IV
Gestão

ARTIGO 287.º
Regime

1 – Os sistemas utilizados na liquidação de operações de mercado regulamentado ou de sistema de negociação multi-lateral só podem ser geridos por sociedade que preencha os requisitos fixados em lei especial. [1]

2 – Os restantes sistemas de liquidação, com excepção dos que forem geridos pelo Banco de Portugal, podem também ser geridos pelo conjunto dos participantes.

ARTIGO 288.º
Responsabilidade civil

1 – A entidade gestora do sistema de liquidação responde perante os participantes tal como, nos termos do artigo 94.º, a entidade gestora de um sistema centralizado de valores mobi-liários responde perante os intermediários financeiros.

2 – Se o sistema for gerido directamente pelos participan-tes, estes respondem solidária e ilimitadamente pelos danos por que teria de responder a entidade gestora.

TÍTULO VI
Intermediação

CAPÍTULO I
Disposições gerais

SECÇÃO I
Actividades

ARTIGO 289.º
Noção

1 – São actividades de intermediação financeira:

a) Os serviços e actividades de investimento em instrumen-tos financeiros; [1]

b) Os serviços auxiliares dos serviços e actividades de investimento; [1]

c) A gestão de instituições de investimento colectivo e o exercício das funções de depositário dos valores mobiliários que integram o património dessas instituições.

2 – Só os intermediários financeiros podem exercer, a títu-lo profissional, actividades de intermediação financeira.

3 – O disposto no número anterior não é aplicável:

a) Aos membros do Sistema Europeu de Bancos Centrais, no exercício das suas funções, e ao Estado e outras entidades públicas no âmbito da gestão da dívida pública e das reservas do Estado; [1]

b) Às pessoas que prestam serviços de investimento exclu-sivamente à sua sociedade dominante, a filial desta, ou à sua própria filial; [1]

c) Às pessoas que prestem conselhos de investimento como complemento normal e não especificamente remunerado de profissão de fim diverso da prestação de serviços de investi-mento; [1]

d) Às pessoas que tenham por única actividade de investi-mento a negociação por conta própria desde que não sejam criadores de mercado ou entidades que negoceiem por conta própria, fora de um mercado regulamentado ou de um siste-ma de negociação multilateral, de modo organizado, frequente e sistemático, facultando um sistema acessível a terceiros com o fim de com eles negociar; [1]

e) Às pessoas que prestam, exclusivamente ou em cumula-ção com a actividade descrita na alínea b), serviços de inves-timento relativos à gestão de sistemas de participação de tra-balhadores; [1]

---

[1] *Redacção introduzida pelo Decreto-Lei n.º 357-A/2007, de 31 de Outubro.*

---

[1] *Redacção introduzida pelo Decreto-Lei n.º 357-A/2007, de 31 de Outubro.*

f) Às pessoas que prestem serviços de investimento, ou exerçam actividades de investimento, que consistam, exclusivamente, na negociação por conta própria nos mercados a prazo ou a contado, neste caso com a única finalidade de cobrir posições nos mercados de derivados, ou na negociação ou participação na formação de preços por conta de outros membros dos referidos mercados, e que sejam garantidas por um membro compensador que nos mesmos actue, quando a responsabilidade pela execução dos contratos celebrados for assumida por um desses membros; [1]

g) Às pessoas cuja actividade principal consista em negociar por conta própria em mercadorias, em instrumentos derivados sobre mercadorias, ou em ambos, desde que não actuem no âmbito de um grupo cuja actividade principal consista na prestação de outros serviços de investimento ou de natureza bancária; [1]

h) Às pessoas que negoceiem instrumentos financeiros por conta própria ou que prestem serviços de investimento em instrumentos derivados sobre mercadorias ou contratos de derivados referidos nas subalíneas ii) e iii) da alínea e) e na alínea f) do n.º 1 do artigo 2.º, desde que tais actividades sejam exercidas de forma acessória no contexto de um grupo cuja actividade principal não consista na prestação de serviços de investimento ou de natureza bancária; [1]

i) Às pessoas que exercem, a título principal, algum dos serviços enumerados nas alíneas c), d) e g) do artigo 291.º, desde que não actuem no âmbito de um grupo cuja actividade principal consista na prestação de serviços de investimento ou de natureza bancária. [1]

4 — O disposto nos artigos 294.º-A a 294.º-D, 306.º a 306.º-D, 308.º a 308.º-C, 309.º-D, 313.º, 314.º a 314.º-D, 317.º a 317.º-D não é aplicável à actividade de gestão de instituições de investimento colectivo. [1]

Artigo 290.º
Serviços e actividades de investimento

1 – São serviços e actividades de investimento em instrumentos financeiros: [1]

a) A recepção e a transmissão de ordens por conta de outrem;

b) A execução de ordens por conta de outrem;

c) A gestão de carteiras por conta de outrem;

d) A tomada firme e a colocação com ou sem garantia em oferta pública de distribuição; [1]

e) A negociação por conta própria; [1]

f) A consultoria para investimento; [1]

g) A gestão de sistema de negociação multilateral. [1]

2 – A recepção e transmissão de ordens por conta de outrem inclui a colocação em contacto de dois ou mais investidores com vista à realização de uma operação. [1]

3 – [*Revogado.*] [2]

Artigo 291.º
Serviços auxiliares

São serviços auxiliares dos serviços e actividades de investimento: [1]

a) O registo e o depósito de instrumentos financeiros, bem como os serviços relacionados com a sua guarda, como a gestão de tesouraria ou de garantias; [1]

b) A concessão de crédito, incluindo o empréstimo de valores mobiliários, para a realização de operações sobre instrumentos financeiros em que intervém a entidade concedente de crédito; [1]

c) A elaboração de estudos de investimento, análise financeira ou outras recomendações genéricas relacionadas com operações em instrumentos financeiros; [1]

d) A consultoria sobre a estrutura de capital, a estratégia industrial e questões conexas, bem como sobre a fusão e a aquisição de empresas;

e) A assistência em oferta pública relativa a valores mobiliários;

f) Os serviços de câmbios e o aluguer de cofres-fortes ligados à prestação de serviços de investimento;

g) Os serviços e actividades enunciados no n.º 1 do artigo 290.º, quando se relacionem com os activos subjacentes aos instrumentos financeiros mencionados nas subalíneas ii) e iii) da alínea e) e na alínea f) do n.º 1 do artigo 2.º. [1]

Artigo 292.º
Publicidade e prospecção

A publicidade e a prospecção dirigidas à celebração de contratos de intermediação financeira ou à recolha de elementos sobre clientes actuais ou potenciais só podem ser realizadas: [1]

a) Por intermediário financeiro autorizado a exercer a actividade em causa; [1]

b) Por agente vinculado, nos termos previstos nos artigos 294.º-A a 294.º-D. [1]

Artigo 293.º
Intermediários financeiros

1 – São intermediários financeiros em instrumentos financeiros: [1]

a) As instituições de crédito e as empresas de investimento que estejam autorizadas a exercer actividades de intermediação financeira em Portugal;

b) As entidades gestoras de instituições de investimento colectivo autorizadas a exercer essa actividade em Portugal;

c) As instituições com funções correspondentes às referidas nas alíneas anteriores que estejam autorizadas a exercer em Portugal qualquer actividade de intermediação financeira.

2 – São empresas de investimento em instrumentos financeiros: [1]

a) As sociedades corretoras;

b) As sociedades financeiras de corretagem;

c) As sociedades gestoras de patrimónios;

d) As sociedades mediadoras dos mercados monetário e de câmbios; [1]

e) As sociedades de consultoria para investimento; [1]

f) As sociedades gestoras de sistemas de negociação multilateral; [1]

g) Outras que como tal sejam qualificadas por lei, ou que, não sendo instituições de crédito, sejam pessoas cuja actividade, habitual e profissionalmente exercida, consista na prestação, a terceiros, de serviços de investimento, ou no exercício de actividades de investimento. [1]

---

[1] *Redacção introduzida pelo Decreto-Lei n.º 357-A/2007, de 31 de Outubro.*

[2] *Revogado pelo Decreto-Lei n.º 357-A/2007, de 31 de Outubro.*

[1] *Redacção introduzida pelo Decreto-Lei n.º 357-A/2007, de 31 de Outubro.*

Regulação do Sector Financeiro – Regulação do Mercado de Valores Mobiliários

ARTIGO 294.º
Consultoria para investimento

1 – Entende-se por consultoria para investimento a prestação de um aconselhamento personalizado a um cliente, na sua qualidade de investidor efectivo ou potencial, quer a pedido deste quer por iniciativa do consultor relativamente a transacções respeitantes a valores mobiliários ou a outros instrumentos financeiros. [1]

2 – Para efeitos do número anterior, existe aconselhamento personalizado quando é feita uma recomendação a uma pessoa, na sua qualidade de investidor efectivo ou potencial, que seja apresentada como sendo adequada para essa pessoa ou baseada na ponderação das circunstâncias relativas a essa pessoa, com vista à tomada de uma decisão de investimento. [1]

3 – Uma recomendação não constitui um aconselhamento personalizado, caso seja emitida exclusivamente através dos canais de distribuição ou ao público. [1]

4 – A consultoria para investimento pode ser exercida: [1]

a) Por intermediário financeiro autorizado a exercer essa actividade, relativamente a quaisquer instrumentos financeiros; [1]

b) Por consultores para investimento, relativamente a valores mobiliários. [1]

5 – Os consultores para investimento podem ainda prestar o serviço de recepção e transmissão de ordens em valores mobiliários desde que: [1]

a) A transmissão de ordens se dirija a intermediários financeiros referidos no n.º 1 do artigo 293.º; [1]

b) Não detenham fundos ou valores mobiliários pertencentes a clientes. [1]

6 – Aos consultores para investimento aplicam-se as regras gerais previstas para as actividades de intermediação financeira, com as devidas adaptações. [1]

ARTIGO 294.º-A [2]
Actividade do agente vinculado e respectivos limites

1 – O intermediário financeiro pode ser representado por agente vinculado na prestação dos seguintes serviços:

a) Prospecção de investidores, exercida a título profissional, sem solicitação prévia destes, fora do estabelecimento do intermediário financeiro, com o objectivo de captação de clientes para quaisquer actividades de intermediação financeira; e

b) Recepção e transmissão de ordens, colocação e consultoria sobre instrumentos financeiros ou sobre os serviços prestados pelo intermediário financeiro.

2 – A actividade é efectuada fora do estabelecimento, nomeadamente, quando:

a) Exista comunicação à distância, feita directamente para a residência ou local de trabalho de quaisquer pessoas, designadamente por correspondência, telefone, correio electrónico ou fax;

b) Exista contacto directo entre o agente vinculado e o investidor em quaisquer locais, fora das instalações do intermediário financeiro.

3 – No exercício da sua actividade é vedado ao agente vinculado:

a) Actuar em nome e por conta de mais do que um intermediário financeiro, excepto quando entre estes exista relação de domínio ou de grupo;

b) Delegar noutras pessoas os poderes que lhe foram conferidos pelo intermediário financeiro;

c) Sem prejuízo do disposto na alínea b) do n.º 1, celebrar quaisquer contratos em nome do intermediário financeiro;

d) Receber ou entregar dinheiro, salvo se o intermediário financeiro o autorizar;

e) Actuar ou tomar decisões de investimento em nome ou por conta dos investidores;

f) Receber dos investidores qualquer tipo de remuneração.

4 – Na sua relação com os investidores, o agente vinculado deve:

a) Proceder à sua identificação perante aqueles, bem como à do intermediário financeiro em nome e por conta de quem exerce a actividade;

b) Entregar documento escrito contendo informação completa, designadamente sobre os limites a que está sujeito no exercício da sua actividade.

ARTIGO 294.º-B [1]
Exercício da actividade

1 – O exercício da actividade do agente vinculado depende de contrato escrito, celebrado entre aquele e o intermediário financeiro, que estabeleça expressamente as funções que lhe são atribuídas, designadamente as previstas na alínea b) do n.º 1 do artigo anterior.

2 – Sem prejuízo do disposto no artigo 294.º-D, a actividade do agente vinculado é exercida:

a) Por pessoas singulares, estabelecidas em Portugal, não integradas na estrutura organizativa do intermediário financeiro;

b) Por sociedades comerciais, com sede estatutária em Portugal, que não se encontrem em relação de domínio ou de grupo com o intermediário financeiro.

3 – O agente vinculado deve ser idóneo e possuir formação e experiência profissional adequadas.

4 – O intermediário financeiro é responsável pela verificação dos requisitos previstos no número anterior.

5 – No caso previsto na alínea b) do n.º 2:

a) A idoneidade é aferida relativamente à sociedade, aos titulares do órgão de administração e às pessoas singulares que exercem a actividade de agente vinculado;

b) A adequação da formação e da experiência profissional é aferida relativamente às pessoas singulares que exercem a actividade de agente vinculado.

6 – O exercício da actividade de agente vinculado só pode iniciar-se após comunicação do intermediário à CMVM, para divulgação pública, da identidade daquele.

7 – A cessação do contrato estabelecido entre o intermediário financeiro e o agente vinculado deve ser comunicada à CMVM no prazo de cinco dias.

ARTIGO 294.º-C [1]
Responsabilidade e deveres do intermediário financeiro

1 – O intermediário financeiro:

a) Responde por quaisquer actos ou omissões do agente vinculado no exercício das funções que lhe foram confiadas;

---

[1] *Redacção introduzida pelo Decreto-Lei n.º 357-A/2007, de 31 de Outubro.*

[2] *Aditado pelo Decreto-Lei n.º 357-A/2007, de 31 de Outubro.*

[1] *Aditado pelo Decreto-Lei n.º 357-A/2007, de 31 de Outubro.*

b) Deve controlar e fiscalizar a actividade desenvolvida pelo agente vinculado, encontrando-se este sujeito aos procedimentos internos daquele;

c) Deve adoptar as medidas necessárias para evitar que o exercício pelo agente vinculado de actividade distinta da prevista no n.º 1 do artigo 294.º-A possa ter nesta qualquer impacto negativo.

2 – Caso o intermediário financeiro permita aos agentes vinculados a recepção de ordens, deve comunicar previamente à CMVM:

a) Os procedimentos adoptados para garantir a observância das normas aplicáveis a esse serviço;

b) A informação escrita a prestar aos investidores sobre as condições de recepção de ordens pelos agentes vinculados.

ARTIGO 294.º-D [1]
Agentes vinculados não estabelecidos em Portugal

O disposto nos artigos 294.º-A a 294.º-C é aplicável às pessoas estabelecidas em Estado membro da União Europeia que não permita a nomeação de agentes vinculados e que pretendam exercer, nesse Estado membro, a actividade de agente vinculado em nome e por conta de intermediário financeiro com sede em Portugal.

SECÇÃO II
Registo

ARTIGO 295.º
Requisitos de exercício

1 – O exercício profissional de qualquer actividade de intermediação financeira depende:

a) De autorização concedida pela autoridade competente;

b) De registo prévio na CMVM.

2 – O registo de intermediários financeiros cuja actividade consista exclusivamente na gestão de sistemas de negociação multilateral rege-se pelo disposto no Decreto-Lei n.º 357-C/ /2007, de 31 de Outubro. [2]

3 – A CMVM organiza uma lista das instituições de crédito e das empresas de investimento que exerçam actividades de intermediação financeira em Portugal em regime de livre prestação de serviços.

ARTIGO 296.º
Função do registo

O registo na CMVM tem como função assegurar o controlo prévio dos requisitos para o exercício de cada uma das actividades de intermediação financeira e permitir a organização da supervisão.

ARTIGO 297.º
Elementos sujeitos a registo

1 – O registo dos intermediários financeiros contém cada uma das actividades de intermediação financeira que o intermediário financeiro pretende exercer. [2]

2 – A CMVM organiza e divulga uma lista contendo os elementos identificativos dos intermediários financeiros registados nos termos dos artigos 66.º e 67.º do Regime Geral das Instituições de Crédito e Sociedades Financeiras e as actividades de intermediação financeira registadas nos termos do número anterior. [1]

ARTIGO 298.º
Processo de registo

1 – O pedido de registo deve ser acompanhado dos documentos necessários para demonstrar que o intermediário financeiro possui os meios humanos, materiais e técnicos indispensáveis para o exercício da actividade em causa. [1]

2 – A CMVM, através de inspecção, pode verificar a existência dos meios a que se refere o número anterior. [1]

3 – O registo só pode ser efectuado após comunicação pela autoridade competente, certificando que o intermediário financeiro está autorizado a exercer as actividades requeridas.

4 – Não é exigível a apresentação dos documentos que já estejam em poder da CMVM ou que esta possa obter em publicações oficiais ou junto da autoridade nacional que concedeu a autorização ou a quem a autorização foi comunicada.

5 – As insuficiências e as irregularidades verificadas no requerimento ou na documentação podem ser sanadas no prazo fixado pela CMVM.

ARTIGO 299.º
Indeferimento tácito

O registo considera-se recusado se a CMVM não o efectuar no prazo de 30 dias a contar: [1]

a) Da comunicação da autorização; e

b) Da data da recepção do pedido ou de informações complementares que hajam sido solicitadas.

ARTIGO 300.º
Recusa de registo

1 – O registo é recusado se o intermediário financeiro: [1]

a) Não estiver autorizado a exercer a actividade de intermediação a registar;

b) Não demonstrar que possui as aptidões e os meios indispensáveis para garantir a prestação das actividades em causa em condições de eficiência e segurança;

c) Tiver prestado falsas declarações;

d) Não sanar insuficiências e irregularidades do processo no prazo fixado pela CMVM.

2 – A recusa de registo pode ser total ou parcial. [1]

ARTIGO 301.º [1]
Consultores para investimento

1 – O exercício da actividade dos consultores para investimento depende de registo na CMVM.

2 – O registo só é concedido a pessoas singulares idóneas que demonstrem possuir qualificação e aptidão profissional, de acordo com elevados padrões de exigência, adequadas ao exercício da actividade e meios materiais suficientes, incluindo um seguro de responsabilidade civil, ou a pessoas colectivas que demonstrem respeitar exigências equivalentes.

3 – Quando o registo for concedido a pessoas colectivas:

a) A idoneidade e os meios materiais são aferidos relativamente à pessoa colectiva, aos titulares do órgão de administração e aos colaboradores que exercem a actividade;

---

[1] *Aditado pelo Decreto-Lei n.º 357-A/2007, de 31 de Outubro.*
[2] *Redacção introduzida pelo Decreto-Lei n.º 357-A/2007, de 31 de Outubro.*

[1] *Redacção introduzida pelo Decreto-Lei n.º 357-A/2007, de 31 de Outubro.*

Regulação do Sector Financeiro – Regulação do Mercado de Valores Mobiliários

b) A adequação da qualificação e da aptidão profissional é aferida relativamente aos colaboradores que exercem a actividade;

c) O seguro de responsabilidade civil é exigido para cada colaborador que exerce a actividade.

4 – As condições mínimas do seguro de responsabilidade civil previsto nos números anteriores são fixadas por norma regulamentar do Instituto de Seguros de Portugal, ouvida a CMVM. [1]

ARTIGO 302.º
Suspensão do registo

Quando o intermediário financeiro deixe de reunir os meios indispensáveis para garantir a prestação de alguma das actividades de intermediação em condições de eficiência e segurança, pode a CMVM proceder à suspensão do registo por um prazo não superior a 60 dias.

ARTIGO 303.º
Cancelamento do registo

1 – Constituem fundamento de cancelamento de registo pela CMVM:

a) A verificação de circunstância que obstaria ao registo, se essa circunstância não tiver sido sanada no prazo fixado pela CMVM;

b) A revogação ou a caducidade da autorização;

c) A cessação de actividade ou a desconformidade entre o objecto e a actividade efectivamente exercida.

2 – A decisão de cancelamento que não seja fundamentada na revogação ou caducidade da autorização deve ser precedida de parecer favorável do Banco de Portugal, a emitir no prazo de 15 dias, salvo no que respeita às sociedades de consultoria para investimento. [1]

3 – A decisão de cancelamento deve ser comunicada ao Banco de Portugal e às autoridades competentes dos Estados membros da União Europeia onde o intermediário financeiro tenha sucursais ou preste serviços. [1]

SECÇÃO III
Organização e exercício [1]

SUBSECÇÃO I
Disposições gerais [1]

ARTIGO 304.º
Princípios

1 – Os intermediários financeiros devem orientar a sua actividade no sentido da protecção dos legítimos interesses dos seus clientes e da eficiência do mercado.

2 – Nas relações com todos os intervenientes no mercado, os intermediários financeiros devem observar os ditames da boa fé, de acordo com elevados padrões de diligência, lealdade e transparência.

3 – Na medida do necessário para o cumprimento dos seus deveres na prestação do serviço, o intermediário financeiro deve informar-se junto do cliente sobre os seus conhecimentos e experiência no que respeita ao tipo específico de instrumento financeiro ou serviço oferecido ou procurado, bem como, se aplicável, sobre a situação financeira e os objectivos de investimento do cliente. [1]

4 – Os intermediários financeiros estão sujeitos ao dever de segredo profissional nos termos previstos para o segredo bancário, sem prejuízo das excepções previstas na lei, nomeadamente o cumprimento do disposto no artigo 382.º

5 – Estes princípios e os deveres referidos nos artigos seguintes são aplicáveis aos titulares do órgão de administração e às pessoas que dirigem efectivamente a actividade do intermediário financeiro ou do agente vinculado e aos colaboradores do intermediário financeiro, do agente vinculado ou de entidades subcontratadas, envolvidos no exercício ou fiscalização de actividades de intermediação financeira ou de funções operacionais que sejam essenciais à prestação de serviços de forma contínua e em condições de qualidade e eficiência. [1]

ARTIGO 304.º-A [2]
Responsabilidade civil

1 – Os intermediários financeiros são obrigados a indemnizar os danos causados a qualquer pessoa em consequência da violação dos deveres respeitantes à organização e ao exercício da sua actividade, que lhes sejam impostos por lei ou por regulamento emanado de autoridade pública.

2 – A culpa do intermediário financeiro presume-se quando o dano seja causado no âmbito de relações contratuais ou pré-contratuais e, em qualquer caso, quando seja originado pela violação de deveres de informação.

ARTIGO 304.º-B [2]
Códigos deontológicos

Os códigos de conduta que venham a ser aprovados pelas associações profissionais de intermediários financeiros devem ser comunicados à CMVM no prazo de 15 dias.

ARTIGO 304.º-C [2]
Dever de comunicação pelos auditores

1 – Os auditores que prestem serviço a intermediário financeiro ou a empresa que com ele esteja em relação de domínio ou de grupo ou que nele detenha, directa ou indirectamente, pelo menos 20 % dos direitos de voto ou do capital social, devem comunicar imediatamente à CMVM os factos respeitantes a esse intermediário financeiro ou a essa empresa de que tenham conhecimento no exercício das suas funções, quando tais factos sejam susceptíveis de:

a) Constituir crime ou ilícito de mera ordenação social que estabeleça as condições de autorização ou que regule, de modo específico, actividades de intermediação financeira; ou

b) Afectar a continuidade do exercício da actividade do intermediário financeiro; ou

c) Justificar a recusa da certificação das contas ou a emissão de reservas.

2 – O dever de comunicação imposto pelo presente artigo prevalece sobre quaisquer restrições à divulgação de informações, legal ou contratualmente previstas, e o seu cumpri-

---

[1] *Redacção introduzida pelo Decreto-Lei n.º 357-A/2007, de 31 de Outubro.*

[1] *Redacção introduzida pelo Decreto-Lei n.º 357-A/2007, de 31 de Outubro.*

[2] *Aditado pelo Decreto-Lei n.º 357-A/2007, de 31 de Outubro.*

mento de boa fé não envolve qualquer responsabilidade para os respectivos sujeitos.

3 – Se os factos referidos no n.º 1 constituírem informação privilegiada nos termos do artigo 248.º, a CMVM e o Banco de Portugal devem coordenar as respectivas acções, tendo em vista uma adequada conjugação dos objectivos de supervisão prosseguidos por cada uma dessas autoridades.

4 – Os auditores referidos no n.º 1 devem apresentar, anualmente, à CMVM um relatório que ateste o carácter adequado dos procedimentos e medidas, adoptados pelo intermediário financeiro por força das disposições da subsecção iii da presente secção.

SUBSECÇÃO II
Organização interna [1]

ARTIGO 305.º [1]
Requisitos gerais

1 – O intermediário financeiro deve manter a sua organização empresarial equipada com os meios humanos, materiais e técnicos necessários para prestar os seus serviços em condições adequadas de qualidade, profissionalismo e de eficiência e por forma a evitar procedimentos errados, devendo, designadamente:

a) Adoptar uma estrutura organizativa e procedimentos decisórios que especifiquem os canais de comunicação e atribuam funções e responsabilidades;

b) Assegurar que as pessoas referidas no n.º 5 do artigo 304.º estejam ao corrente dos procedimentos a seguir para a correcta execução das suas responsabilidades;

c) Assegurar o cumprimento dos procedimentos adoptados e das medidas tomadas;

d) Contratar colaboradores com as qualificações, conhecimentos e capacidade técnica necessários para a execução das responsabilidades que lhes são atribuídas;

e) Adoptar meios eficazes de reporte e comunicação da informação interna;

f) Manter registos das suas actividades e organização interna;

g) Assegurar que a realização de diversas funções por pessoas referidas no n.º 5 do artigo 304.º não as impede de executar qualquer função específica de modo eficiente, honesto e profissional;

h) Adoptar sistemas e procedimentos adequados a salvaguardar a segurança, a integridade e a confidencialidade da informação;

i) Adoptar uma política de continuidade das suas actividades, destinada a garantir, no caso de uma interrupção dos seus sistemas e procedimentos, a preservação de dados e funções essenciais e a prossecução das suas actividades de intermediação financeira ou, se tal não for possível, a recuperação rápida desses dados e funções e o reatamento rápido dessas actividades;

j) Adoptar uma organização contabilística que lhe permita, a todo o momento e de modo imediato, efectuar a apresentação atempada de relatórios financeiros que reflictam uma imagem verdadeira e apropriada da sua situação financeira e que respeitem todas as normas e regras contabilísticas aplicáveis, designadamente em matéria de segregação patrimonial.

2 – Para efeitos do disposto nas alíneas a) a g) do número anterior, o intermediário financeiro deve ter em conta a natureza, a dimensão e a complexidade das suas actividades, bem como o tipo de actividades de intermediação financeira prestadas.

3 – O intermediário financeiro deve acompanhar e avaliar regularmente a adequação e a eficácia dos sistemas e procedimentos, estabelecidos para efeitos do n.º 1, e tomar as medidas adequadas para corrigir eventuais deficiências.

ARTIGO 305.º-A [1]
Sistema de controlo do cumprimento

1 – O intermediário financeiro deve adoptar políticas e procedimentos adequados a detectar qualquer risco de incumprimento dos deveres a que se encontra sujeito, aplicando medidas para os minimizar ou corrigir, evitando ocorrências futuras, e que permitam às autoridades competentes exercer as suas funções.

2 – O intermediário financeiro dever estabelecer e manter um sistema de controlo do cumprimento independente que abranja, pelo menos:

a) O acompanhamento e a avaliação regular da adequação e da eficácia das medidas e procedimentos adoptados para detectar qualquer risco de incumprimento dos deveres a que o intermediário financeiro se encontra sujeito, bem como das medidas tomadas para corrigir eventuais deficiências no cumprimento destes;

b) A prestação de aconselhamento às pessoas referidas no n.º 5 do artigo 304.º responsáveis pelo exercício de actividades de intermediação financeira, para efeitos do cumprimento dos deveres previstos no presente Código;

c) A identificação das operações sobre instrumentos financeiros suspeitas de branqueamento de capitais, de financiamento de terrorismo e as analisadas nos termos do n.º 3 do artigo 311.º;

d) A prestação imediata ao órgão de administração de informação sobre quaisquer indícios de violação de deveres consagrados em norma referida no n.º 2 do artigo 388.º que possam fazer incorrer o intermediário financeiro ou as pessoas referidas no n.º 5 do artigo 304.º num ilícito de natureza contra-ordenacional grave ou muito grave;

e) A manutenção de um registo dos incumprimentos e das medidas propostas e adoptadas nos termos da alínea anterior;

f) A elaboração e apresentação ao órgão de administração e ao órgão de fiscalização de um relatório, de periodicidade pelo menos anual, sobre o sistema de controlo do cumprimento, identificando os incumprimentos verificados e as medidas adoptadas para corrigir eventuais deficiências;

3 – Para garantir a adequação e a independência do sistema de controlo do cumprimento, o intermediário financeiro deve:

a) Nomear um responsável pelo mesmo e por qualquer prestação de informação relativa àquele e conferir-lhe os poderes necessários ao desempenho das suas funções de modo independente, designadamente quanto ao acesso a informação relevante;

b) Dotá-lo de meios e capacidade técnica adequados;

c) Assegurar que as pessoas referidas no n.º 5 do artigo 304.º envolvidas no sistema de controlo do cumprimento não

---

[1] *Redacção introduzida pelo Decreto-Lei n.º 357-A/2007, de 31 de Outubro.*

[1] *Aditado pelo Decreto-Lei n.º 357-A/2007, de 31 de Outubro.*

Regulação do Sector Financeiro – Regulação do Mercado de Valores Mobiliários

estejam envolvidas na prestação de serviços ou exercício de actividades por si controlados;

d) Assegurar que o método de determinação da remuneração das as pessoas referidas no n.º 5 do artigo 304.º envolvidas no sistema de controlo do cumprimento não seja susceptível de comprometer a sua objectividade.

4 – Os deveres previstos nas alíneas c) e d) do número anterior não são exigíveis se o intermediário financeiro demonstrar que o seu cumprimento não é necessário para garantir a adequação e a independência deste sistema, tendo em conta a natureza, a dimensão e a complexidade das actividades do intermediário financeiro, bem como o tipo de actividades de intermediação financeira prestadas.

ARTIGO 305.º-B [1]
Gestão de riscos

1 – O intermediário financeiro deve adoptar políticas e procedimentos para identificar e gerir os riscos relacionados com as suas actividades, procedimentos e sistemas, considerando o nível de risco tolerado.

2 – O intermediário financeiro deve acompanhar a adequação e a eficácia das políticas e procedimentos adoptados nos termos do n.º 1, o cumprimento destes por parte das pessoas referidas no n.º 5 do artigo 304.º e a adequação e a eficácia das medidas tomadas para corrigir eventuais deficiências naqueles.

3 – O intermediário financeiro deve estabelecer um serviço de gestão de risco independente e responsável por:

a) Assegurar a aplicação da política e dos procedimentos referidos no n.º 1; e

b) Prestar aconselhamento ao órgão de administração e elaborar e apresentar a este e ao órgão de fiscalização um relatório, de periodicidade pelo menos anual, relativo à gestão de riscos, indicando se foram tomadas as medidas adequadas para corrigir eventuais deficiências.

4 — O dever previsto no número anterior é aplicável sempre que adequado e proporcional, tendo em conta a natureza, a dimensão e a complexidade das actividades, bem como o tipo de actividades de intermediação financeira prestadas.

5 – O intermediário financeiro que, em função dos critérios previstos no número anterior, não adopte um serviço de gestão de riscos independente deve garantir que as políticas e os procedimentos adoptados satisfazem os requisitos constantes dos n.ºˢ 1 e 2.

ARTIGO 305.º-C [1]
Auditoria interna

1 – O intermediário financeiro deve estabelecer um serviço de auditoria interna, que actue com independência, responsável por:

a) Adoptar e manter um plano de auditoria para examinar e avaliar a adequação e a eficácia dos sistemas, procedimentos e normas que suportam o sistema de controlo interno do intermediário financeiro;

b) Emitir recomendações baseadas nos resultados das avaliações realizadas e verificar a sua observância; e

c) Elaborar e apresentar ao órgão de administração e ao órgão de fiscalização um relatório, de periodicidade pelo menos anual, sobre questões de auditoria, indicando e identificando as recomendações que foram seguidas.

2 – O dever previsto no número anterior é aplicável sempre que adequado e proporcional, tendo em conta a natureza, a dimensão e a complexidade das actividades, bem como o tipo de actividades de intermediação financeira prestadas.

ARTIGO 305.º-D [1]
Responsabilidades dos titulares do órgão de administração

1 – Sem prejuízo das funções do órgão de fiscalização, os titulares do órgão de administração do intermediário financeiro são responsáveis por garantir o cumprimento dos deveres previstos no presente Código.

2 – Os titulares do órgão de administração devem avaliar periodicamente a eficácia das políticas, procedimentos e normas internas adoptados para cumprimento dos deveres referidos nos artigos 305.º-A a 305.º-C e tomar as medidas adequadas para corrigir eventuais deficiências detectadas e prevenir a sua ocorrência futura.

ARTIGO 305.º-E [1]
Reclamações de investidores

1 – O intermediário financeiro deve manter um procedimento eficaz e transparente para o tratamento adequado e rápido de reclamações recebidas de investidores não qualificados, que preveja, pelo menos:

a) A recepção, encaminhamento e tratamento da reclamação por colaborador diferente do que praticou o acto de que se reclama;

b) Procedimentos concretos a adoptar para a apreciação das reclamações;

c) Prazo máximo de resposta.

2 – O intermediário financeiro deve manter, por um prazo de cinco anos, registos de todas as reclamações que incluam:

a) A reclamação, a identificação do reclamante e a data de entrada daquela;

b) A identificação da actividade de intermediação financeira em causa e a data da ocorrência dos factos;

c) A identificação do colaborador que praticou o acto reclamado;

d) A apreciação efectuada pelo intermediário financeiro, as medidas tomadas para resolver a questão e a data da sua comunicação ao reclamante.

SUBSECÇÃO III
Salvaguarda dos bens de clientes [2]

ARTIGO 306.º
Princípios gerais

1 – Em todos os actos que pratique, assim como nos registos contabilísticos e de operações, o intermediário financeiro deve assegurar uma clara distinção entre os bens pertencentes ao seu património e os bens pertencentes ao património de cada um dos clientes.

---

[1] *Aditado pelo Decreto-Lei n.º 357-A/2007, de 31 de Outubro.*

[1] *Aditado pelo Decreto-Lei n.º 357-A/2007, de 31 de Outubro.*

Decreto-Lei n.º 486/99

2 – A abertura de processo de insolvência, de recuperação de empresa ou de saneamento do intermediário financeiro não tem efeitos sobre os actos praticados pelo intermediário financeiro por conta dos seus clientes. [1]

3 – O intermediário financeiro não pode, no seu interesse ou no interesse de terceiros, dispor de instrumentos financeiros dos seus clientes ou exercer os direitos a eles inerentes, salvo acordo dos titulares. [1]

4 – As empresas de investimento não podem utilizar no seu interesse ou no interesse de terceiros o dinheiro recebido de clientes. [1]

5 – Para efeitos dos números anteriores, o intermediário financeiro deve: [1]

a) Conservar os registos e as contas que sejam necessários para lhe permitir, em qualquer momento e de modo imediato, distinguir os bens pertencentes ao património de um cliente dos pertencentes ao património de qualquer outro cliente, bem como dos bens pertencentes ao seu próprio património;

b) Manter os registos e contas organizados de modo a garantir a sua exactidão e, em especial, a sua correspondência com os instrumentos financeiros e o dinheiro de clientes;

c) Realizar, com a frequência necessária e, no mínimo, com uma periodicidade mensal, reconciliações entre os registos das suas contas internas de clientes e as contas abertas junto de terceiros, para depósito ou registo de bens desses clientes;

d) Tomar as medidas necessárias para garantir que quaisquer instrumentos financeiros dos clientes, depositados ou registados junto de um terceiro, sejam identificáveis separadamente dos instrumentos financeiros pertencentes ao intermediário financeiro, através de contas abertas em nome dos clientes ou em nome do intermediário financeiro com menção de serem contas de clientes, ou através de medidas equivalentes que garantam o mesmo nível de protecção;

e) Tomar as medidas necessárias para garantir que o dinheiro dos clientes seja detido numa conta ou em contas identificadas separadamente face a quaisquer contas utilizadas para deter dinheiro do intermediário financeiro; e

f) Adoptar disposições organizativas para minimizar o risco de perda ou de diminuição de valor dos activos dos clientes ou de direitos relativos a esses activos, como consequência de utilização abusiva dos activos, de fraude, de má gestão, de manutenção de registos inadequada ou de negligência.

6 – Caso, devido ao direito aplicável, incluindo em especial a legislação relativa à propriedade ou à insolvência, as medidas tomadas pelo intermediário financeiro em cumprimento do disposto no n.º 5, não sejam suficientes para satisfazer os requisitos constantes dos n.ºs 1 e 2, a CMVM determina as medidas que devem ser adoptadas, a fim de respeitar estas obrigações. [1]

7 – Caso o direito aplicável no país em que são detidos os bens dos clientes impeça o intermediário financeiro de respeitar o disposto nas alíneas d) ou e) do n.º 5, a CMVM estabelece os requisitos com um efeito equivalente em termos de salvaguarda dos direitos dos clientes. [1]

8 – Sempre que, nos termos da alínea c) do n.º 5, se detectem divergências, estas devem ser regularizadas o mais rapidamente possível. [1]

9 – Se as divergências referidas no número anterior persistirem por prazo superior a um mês, o intermediário financeiro deve informar imediatamente a CMVM da ocorrência. [1]

10 – O intermediário financeiro comunica à CMVM, imediatamente, quaisquer factos susceptíveis de afectar a segurança dos bens pertencentes ao património dos clientes ou de gerar risco para os demais intermediários financeiros ou para o mercado. [1]

Artigo 306.º-A [2]
Registo e depósito de instrumentos financeiros de clientes

1 – O intermediário financeiro que pretenda registar ou depositar instrumentos financeiros de clientes, numa ou mais contas abertas junto de um terceiro deve:

a) Observar deveres de cuidado e empregar elevados padrões de diligência profissional na selecção, na nomeação e na avaliação periódica do terceiro, considerando a sua capacidade técnica e a sua reputação no mercado; e

b) Ponderar os requisitos legais ou regulamentares e as práticas de mercado, relativos à detenção, ao registo e ao depósito de instrumentos financeiros por esses terceiros, susceptíveis de afectar negativamente os direitos dos clientes.

2 — Sempre que o registo e depósito de instrumentos financeiros estiver sujeito a regulamentação e a supervisão no Estado em que o intermediário financeiro se proponha proceder ao seu registo e depósito junto de um terceiro, o intermediário financeiro não pode proceder a esse registo ou depósito junto de entidade não sujeita a essa regulamentação ou supervisão.

3 – O intermediário financeiro não pode registar ou depositar instrumentos financeiros de clientes junto de uma entidade estabelecida num Estado que não regulamenta o registo e o depósito de instrumentos financeiros por conta de outrem, salvo se:

a) A natureza dos instrumentos financeiros ou dos serviços de investimento associados a esses instrumentos financeiros o exijam; ou

b) Os instrumentos financeiros devam ser registados ou depositados por conta de um investidor qualificado que o tenha requerido por escrito.

Artigo 306.º-B [2]
Utilização de instrumentos financeiros de clientes

1 – Caso pretenda dispor de instrumentos financeiros registados ou depositados em nome de um cliente, o intermediário financeiro deve solicitar autorização prévia e expressa daquele, comprovada, no caso de investidor não qualificado, pela sua assinatura ou por um mecanismo alternativo equivalente.

2 – Se os instrumentos financeiros se encontrarem registados ou depositados numa conta global, o intermediário financeiro que pretenda dispor dos mesmos deve:

a) Solicitar autorização prévia e expressa de todos os clientes cujos instrumentos financeiros estejam registados ou depositados conjuntamente na conta global; ou

b) Dispor de sistemas e controlos que assegurem que apenas são utilizados os instrumentos financeiros de clientes que tenham dado previamente a sua autorização expressa, nos termos do n.º 1.

---

[1] *Redacção introduzida pelo Decreto-Lei n.º 357-A/2007, de 31 de Outubro.*

---

[1] *Redacção introduzida pelo Decreto-Lei n.º 357-A/2007, de 31 de Outubro.*

[2] *Aditado pelo Decreto-Lei n.º 357-A/2007, de 31 de Outubro.*

Regulação do Sector Financeiro – Regulação do Mercado de Valores Mobiliários

3 – Os registos do intermediário financeiro devem incluir informação sobre o cliente que autorizou a utilização dos instrumentos financeiros, as condições dessa utilização e a quantidade de instrumentos financeiros utilizados de cada cliente, de modo a permitir a atribuição de eventuais perdas.

ARTIGO 306.º-C [1]
Depósito de dinheiro de clientes

1 – O dinheiro entregue pelos clientes a empresas de investimento é imediatamente:

a) Depositado numa ou mais contas abertas junto de um banco central, de instituição de crédito autorizada na União Europeia a receber depósitos ou de banco autorizado num país terceiro; ou

b) Aplicado num fundo do mercado monetário elegível, se o cliente, tendo conhecimento ainda que em termos genéricos desta possibilidade, não manifestar a sua oposição.

2 – As contas mencionadas no número anterior são abertas em nome da empresa de investimento por conta dos seus clientes, podendo respeitar a um único cliente ou a uma pluralidade destes.

3 – Sempre que não deposite o dinheiro de clientes junto de um banco central, a empresa de investimento deve:

a) Actuar com especial cuidado e diligência na selecção, na nomeação e na avaliação periódica da entidade depositária, considerando a sua capacidade técnica e a sua reputação no mercado; ou

b) Ponderar os requisitos legais ou regulamentares e as práticas de mercado relativas à detenção de dinheiro de clientes por essas entidades susceptíveis de afectar negativamente os direitos daqueles.

4 – As empresas de investimento devem estabelecer procedimentos escritos aplicáveis à recepção de dinheiro de clientes, nos quais se definem, designadamente:

a) Os meios de pagamento aceites para provisionamento das contas;

b) O departamento ou os colaboradores autorizados a receber dinheiro;

c) O tipo de comprovativo que é entregue ao cliente;

d) Regras relativas ao local onde o mesmo é guardado até ser depositado ou aplicado e ao arquivo de documentos;

e) Os procedimentos para prevenção de branqueamento de capitais e financiamento de terrorismo.

5 – Para efeitos da alínea b) do n.º 1, entende-se por «fundo do mercado monetário elegível», um organismo de investimento colectivo harmonizado ou que esteja sujeito à supervisão e, se aplicável, seja autorizado por uma autoridade de um Estado membro da União Europeia, desde que:

a) O seu objectivo principal de investimento seja a manutenção constante do valor líquido dos activos do organismo de investimento colectivo ao par ou ao valor do capital inicial adicionado dos ganhos;

b) Com vista à realização do objectivo principal de investimento, invista exclusivamente em instrumentos do mercado monetário de elevada qualidade, com vencimento ou vencimento residual não superior a 397 dias ou com ajustamentos da rendibilidade efectuados em conformidade com aquele vencimento, e cujo vencimento médio ponderado seja de 60

dias, podendo aquele objectivo ser igualmente atingido através do investimento, com carácter acessório, em depósitos bancários; e

c) Proporcione liquidez através da liquidação no próprio dia ou no dia seguinte.

6 – Um instrumento do mercado monetário é de elevada qualidade se tiver sido objecto de notação de risco por uma sociedade de notação de risco competente e receber a notação de risco disponível mais elevada por parte de todas as sociedades de notação de risco competentes que tenham sujeitado esse instrumento a notação.

7 – Para efeitos do número anterior, uma sociedade de notação de risco é competente, se:

a) Emitir notações de risco relativas a fundos do mercado monetário numa base regular e profissional;

b) For uma sociedade de notação de risco elegível na acepção do n.º 1 do artigo 81.º da Directiva n.º 2006/48/CE, do Parlamento Europeu e do Conselho, de 14 de Junho, relativa ao acesso à actividade das instituições de crédito e ao seu exercício.

ARTIGO 306.º-D [1]
Movimentação de contas

1 – O intermediário financeiro deve disponibilizar aos clientes os instrumentos financeiros ou o dinheiro devidos por quaisquer operações relativas a instrumentos financeiros, incluindo a percepção de juros, dividendos e outros rendimentos:

a) No próprio dia em que os instrumentos financeiros ou montantes em causa estejam disponíveis na conta do intermediário financeiro;

b) Até ao dia útil seguinte, se as regras do sistema de liquidação das operações forem incompatíveis com o disposto na alínea anterior.

2 – As empresas de investimento podem movimentar a débito as contas referidas no n.º 1 do artigo anterior para:

a) Pagamento do preço de subscrição ou aquisição de instrumentos financeiros para os clientes;

b) Pagamento de comissões ou outros custos pelos clientes; ou

c) Transferência ordenada pelos clientes.

SUBSECÇÃO IV
Registo e conservação de documentos [2]

ARTIGO 307.º [2]
Contabilidade e registos

1 – A contabilidade do intermediário financeiro deve reflectir diariamente, em relação a cada cliente, o saldo credor ou devedor em dinheiro e em instrumentos financeiros.

2 – O intermediário mantém um registo diário e sequencial das operações por si realizadas, por conta própria e por conta de cada um dos clientes, com indicação dos movimentos de instrumentos financeiros e de dinheiro.

3 – O registo de cada movimento contém ou permite identificar:

a) O cliente e a conta a que diz respeito;

b) A data do movimento e a respectiva data valor;

---

[1] *Aditado pelo Decreto-Lei n.º 357-A/2007, de 31 de Outubro.*

---

[1] *Aditado pelo Decreto-Lei n.º 357-A/2007, de 31 de Outubro.*
[2] *Redacção introduzida pelo Decreto-Lei n.º 357-A/2007, de 31 de Outubro.*

Decreto-Lei n.º 486/99

c) A natureza do movimento, a débito ou a crédito;

d) A descrição do movimento ou da operação que lhe deu origem;

e) A quantidade ou o montante;

f) O saldo inicial e após cada movimento.

4 – As ordens e decisões de negociar são registadas nos termos previstos no artigo 7.º do Regulamento (CE) n.º 1287/ /2006, da Comissão, de 10 de Agosto.

5 – Os elementos que devem ser registados pelo intermediário financeiro após a execução ou recepção da confirmação da execução de uma ordem constam do artigo 8.º do Regulamento (CE) n.º 1287/2006, da Comissão, de 10 de Agosto.

ARTIGO 307.º-A [1]
Registo do cliente

O intermediário financeiro deve manter um registo do cliente, contendo, designadamente, informação actualizada relativa aos direitos e às obrigações de ambas as partes em contratos de intermediação financeira, o qual assenta nos respectivos documentos de suporte.

ARTIGO 307.º-B [1]
Prazo e suporte de conservação

1 – Sem prejuízo de exigências legais ou regulamentares mais rigorosas, os intermediários financeiros conservam em arquivo os documentos e registos relativos a:

a) Operações sobre instrumentos financeiros, pelo prazo de cinco anos após a realização da operação;

b) Contratos de prestação de serviço celebrados com os clientes ou os documentos de onde constam as condições com base nas quais o intermediário financeiro presta serviços ao cliente, até que tenham decorrido cinco anos após o termo da relação de clientela.

2 – A pedido das autoridades competentes ou dos seus clientes, os intermediários financeiros devem emitir certificados dos registos respeitantes às operações em que intervieram.

3 – Os registos devem ser conservados num suporte que permita o armazenamento de informação de forma acessível para futura referência pela CMVM e de modo que:

a) Seja possível reconstituir cada uma das fases essenciais do tratamento de todas as operações;

b) Quaisquer correcções ou outras alterações, bem como o conteúdo dos registos antes dessas correcções ou alterações, possam ser facilmente verificados;

c) Não seja possível manipular ou alterar, por qualquer forma, os registos.

4 – O intermediário financeiro deve fixar as ordens transmitidas telefonicamente em suporte fonográfico, devendo informar previamente o cliente desse registo.

SUBSECÇÃO V
Subcontratação [2]
ARTIGO 308.º [2]
Âmbito

1 – A subcontratação com terceiros de actividades de intermediação financeira ou destinada à execução de funções operacionais, que sejam essenciais à prestação de serviços de forma contínua e em condições de qualidade e eficiência,

pressupõe a adopção, pelo intermediário financeiro, das medidas necessárias para evitar riscos operacionais adicionais decorrentes da mesma e só pode ser realizada se não prejudicar o controlo interno a realizar pelo intermediário financeiro nem a capacidade de a autoridade competente controlar o cumprimento por este dos deveres que lhes sejam impostos por lei ou por regulamento emanado de autoridade pública.

2 – Uma função operacional é considerada essencial à prestação de serviços de investimento e à execução de actividades de investimento de forma contínua e em condições de qualidade e eficiência, se uma falha no seu exercício prejudicar significativamente o cumprimento, por parte do intermediário financeiro subcontratante, dos deveres a que se encontra sujeito, os seus resultados financeiros ou a continuidade dos seus serviços e actividades de investimento.

3 – Excluem-se, designadamente, do número anterior:

a) A prestação ao intermediário financeiro de serviços de consultoria ou de outros serviços que não façam parte das actividades de intermediação financeira, designadamente os serviços de consultoria jurídica, de formação de colaboradores, de facturação, de publicidade e de segurança;

b) A aquisição de serviços padronizados, nomeadamente serviços de informação sobre mercados e a disponibilização de informação relativa a preços efectivos.

ARTIGO 308.º-A [1]
Princípios aplicáveis à subcontratação

1 – A subcontratação obedece aos seguintes princípios:

a) Não deve resultar na delegação das responsabilidades do órgão de administração;

b) Manutenção, pelo intermediário financeiro subcontratante, do controlo das actividades e funções subcontratadas e da responsabilidade perante os seus clientes, nomeadamente dos deveres de informação;

c) Não esvaziamento da actividade do intermediário financeiro subcontratante;

d) Manutenção da relação e dos deveres do intermediário financeiro subcontratante relativamente aos seus clientes, nomeadamente dos deveres de informação;

e) Manutenção dos requisitos de que dependem a autorização e o registo do intermediário financeiro subcontratante.

2 – O disposto na alínea d) do número anterior implica que o intermediário financeiro subcontratante:

a) Defina a política de gestão e tome as principais decisões, se os serviços, as actividades ou as funções subcontratados implicarem poderes de gestão de qualquer natureza;

b) Mantenha o exclusivo das relações com o cliente, aí incluídos os pagamentos que devam ser feito pelo ou ao cliente.

ARTIGO 308.º-B [1]
Requisitos da subcontratação

1 – O intermediário financeiro subcontratante deve observar deveres de cuidado e empregar elevados padrões de diligência profissional na conclusão, na gestão ou na cessação de qualquer subcontrato.

2 – O intermediário financeiro subcontratante deve assegurar que a entidade subcontratada:

a) Tem as qualificações, a capacidade e a autorização, se requerida por lei, para realizar de forma confiável e profissional as actividades ou funções subcontratadas;

---

[1] *Aditado pelo Decreto-Lei n.º 357-A/2007, de 31 de Outubro.*

[2] *Redacção introduzida pelo Decreto-Lei n.º 357-A/2007, de 31 de Outubro.*

---

[1] *Aditado pelo Decreto-Lei n.º 357-A/2007, de 31 de Outubro.*

Regulação do Sector Financeiro – Regulação do Mercado de Valores Mobiliários

b) Presta eficazmente as actividades ou funções subcontratadas;

c) Controla a realização das actividades ou funções subcontratadas e gere os riscos associados à subcontratação;

d) Dispõe de toda a informação necessária ao cumprimento do subcontrato;

e) Informa o intermediário financeiro subcontratante de factos susceptíveis de influenciar a sua capacidade para exercer, em cumprimento dos requisitos legislativos e regulamentares aplicáveis, as actividades ou funções subcontratadas;

f) Coopera com as autoridades de supervisão relativamente às actividades ou funções subcontratadas;

g) Permite o acesso do intermediário financeiro subcontratante, dos respectivos auditores e das autoridades de supervisão à informação relativa às actividades ou funções subcontratadas, bem como às suas instalações comerciais;

h) Diligencia no sentido de proteger quaisquer informações confidenciais relativas ao intermediário financeiro subcontratante ou aos seus clientes.

3 – Além dos deveres previstos no número anterior, o intermediário financeiro subcontratante deve:

a) Ter a capacidade técnica necessária para supervisionar as actividades ou funções subcontratadas e para gerir os riscos associados à subcontratação;

b) Estabelecer métodos de avaliação do nível de desempenho da entidade subcontratada;

c) Tomar medidas adequadas, caso suspeite que a entidade subcontratada possa não estar a prestar as actividades ou funções subcontratadas de modo eficaz e em cumprimento dos requisitos legais e regulamentares aplicáveis;

d) Poder cessar o subcontrato, sempre que necessário, sem prejuízo da continuidade e da qualidade dos serviços prestados aos clientes;

e) Incluir nos seus relatórios anuais os elementos essenciais das actividades ou funções subcontratadas e os termos em que decorreram.

4 – Sempre que necessário, tendo em conta as actividades ou funções subcontratadas, o intermediário financeiro subcontratante e a entidade subcontratada devem adoptar um plano de contingência e realizar ensaios periódicos dos sistemas de cópias de segurança.

5 – Se o intermediário financeiro subcontratante e a entidade subcontratada integrarem o mesmo grupo de sociedades, o primeiro pode, para efeitos dos números anteriores e do artigo 308.º-C, ter em conta a medida em que controla a entidade subcontratada ou influencia as suas acções e em que esta está incluída na supervisão consolidada do grupo.

6 – A subcontratação é formalizada por contrato escrito, do qual constam os direitos e deveres que decorrem para ambas as partes do disposto nos artigos e nos números anteriores.

7 – O subcontrato deve ser enviado à CMVM no prazo de cinco dias, a contar da respectiva celebração.

Artigo 308.º-C [1]
Subcontratação de serviços de gestão de carteiras em entidades localizadas em países terceiros

1 – Além do cumprimento dos requisitos previstos nos artigos 308.º-A e 308.º-B, um intermediário financeiro pode subcontratar o serviço de gestão de carteiras de investidores não qualificados a entidade localizada num país não pertencente à União Europeia, desde que:

a) No seu país de origem, a entidade subcontratada esteja autorizada a prestar esse serviço e esteja sujeita a supervisão prudencial; e

b) Exista um acordo de cooperação entre a CMVM e a autoridade de supervisão daquela entidade.

2 – Quando não se verificar qualquer das condições previstas no número anterior, um intermediário financeiro pode proceder à subcontratação junto de uma entidade localizada num país não pertencente à União Europeia, se a CMVM, no prazo de 30 dias após ter sido notificada da celebração do subcontrato, não levantar objecções ao mesmo.

3 – A CMVM divulga, nos termos do artigo 367.º:

a) A lista das autoridades de supervisão dos países não pertencente à União Europeia com as quais tenha acordos de cooperação para efeitos da alínea a) do n.º 1;

b) Uma declaração de princípios que inclua exemplos de situações em que, ainda que não se verificasse uma das condições previstas no n.º 1, a CMVM não levantaria objecções à subcontratação, incluindo uma explicação clara sobre as razões pelas quais, nesses casos, a esta não colocaria em risco o cumprimento dos requisitos previstos nos artigos 308.º-A e 308.º-B.

SUBSECÇÃO VI
Conflitos de interesses e realização de operações pessoais [1]

Artigo 309.º
Princípios gerais

1 – O intermediário financeiro deve organizar-se por forma a identificar possíveis conflitos de interesses e actuar de modo a evitar ou a reduzir ao mínimo o risco da sua ocorrência. [1]

2 – Em situação de conflito de interesses, o intermediário financeiro deve agir por forma a assegurar aos seus clientes um tratamento transparente e equitativo.

3 – O intermediário financeiro deve dar prevalência aos interesses do cliente, tanto em relação aos seus próprios interesses ou de sociedades com as quais se encontra em relação de domínio ou de grupo, como em relação aos interesses dos titulares dos seus órgãos sociais ou dos de agente vinculado e dos colaboradores de ambos. [1]

4 – Sempre que o intermediário financeiro realize operações para satisfazer ordens de clientes deve pôr à disposição destes os instrumentos financeiros pelo mesmo preço por que os adquiriu. [1]

Artigo 309.º-A [2]
Política em matéria de conflitos de interesses

1 – O intermediário financeiro deve adoptar uma política em matéria de conflitos de interesses, reduzida a escrito, e adequada às suas dimensão e organização e à natureza, à dimensão e à complexidade das suas actividades.

2 – Sempre que o intermediário financeiro faça parte de um grupo de sociedades, a política deve ter igualmente em conta quaisquer circunstâncias que são, ou deveriam ser, do conhecimento daquele susceptível de originar um conflito

---

[1] *Aditado pelo Decreto-Lei n.º 357-A/2007, de 31 de Outubro.*

---

[1] *Redacção introduzida pelo Decreto-Lei n.º 357-A/2007, de 31 de Outubro.*

[2] *Aditado pelo Decreto-Lei n.º 357-A/2007, de 31 de Outubro.*

Decreto-Lei n.º 486/99

de interesses decorrente da estrutura e actividades comerciais de outras sociedades do grupo.

3 – A política em matéria de conflitos de interesses deve, designadamente:

a) Identificar, relativamente a actividades de intermediação financeira específicas prestadas por ou em nome do intermediário financeiro, as circunstâncias que constituem ou podem dar origem a um conflito de interesses;

b) Especificar os procedimentos a seguir e as medidas a tomar, a fim de gerir esses conflitos.

4 – Os procedimentos e as medidas previstos na alínea b) do número anterior devem ser concebidos de forma a assegurar que as pessoas referidas no n.º 5 do artigo 304.º envolvidas em diferentes actividades, implicando uma situação de conflito de interesses do tipo especificado na alínea a) do número anterior, desenvolvam as referidas actividades com um grau adequado de independência face à dimensão e às actividades do intermediário financeiro e do grupo a que pertence e a importância do risco de prejuízo para os interesses dos clientes.

5 – Na medida do necessário para assegurar o nível de independência requerido, devem ser incluídos:

a) Procedimentos eficazes para impedir ou controlar a troca de informação entre pessoas referidas no n.º 5 do artigo 304.º envolvidas em actividades que impliquem um risco de conflito de interesses, sempre que aquela possa prejudicar os interesses de um ou mais clientes;

b) Uma fiscalização distinta das pessoas referidas no n.º 5 do artigo 304.º cujas principais funções envolvam a realização de actividades por conta de clientes, ou a prestação de serviços a estes, quando os seus interesses possam estar em conflito ou quando representem interesses diferentes, susceptíveis de estar em conflito, inclusive com os do intermediário financeiro;

c) A eliminação de qualquer relação directa entre a remuneração de pessoas referidas no n.º 5 do artigo 304.º envolvidas numa actividade e a remuneração ou as receitas geradas por outras pessoas referidas no n.º 5 do artigo 304.º, envolvidas numa outra actividade, na medida em que possa surgir um conflito de interesses entre essas actividades;

d) A adopção de medidas destinadas a impedir ou a limitar qualquer pessoa de exercer uma influência inadequada sobre o modo como uma pessoa referida no n.º 5 do artigo 304.º presta actividades de intermediação financeira;

e) A adopção de medidas destinadas a impedir ou controlar o envolvimento simultâneo ou sequencial de uma pessoa referida no n.º 5 do artigo 304.º em diferentes actividades de intermediação financeira, quando esse envolvimento possa entravar a gestão adequada dos conflitos de interesses.

6 – Caso a adopção de algum dos procedimentos e medidas previstos no número anterior não assegure o nível requerido de independência, a CMVM pode exigir que o intermediário financeiro adopte as medidas alternativas ou adicionais que se revelem necessárias e adequadas para o efeito.

ARTIGO 309.º-B [1]
Conflitos de interesses potencialmente prejudiciais para um cliente

A identificação dos conflitos de interesses, designadamente para efeitos da política em matéria de conflitos de interesses,

deve contemplar obrigatoriamente as situações em que, em resultado da prestação de actividades de intermediação financeira ou por outra circunstância, o intermediário financeiro, uma pessoa em relação de domínio com este ou uma pessoa referida no n.º 5 do artigo 304.º:

a) Seja susceptível de obter um ganho financeiro ou evitar uma perda financeira, em detrimento do cliente;

b) Tenha interesse nos resultados decorrentes de um serviço prestado ao cliente ou de uma operação realizada por conta do cliente, que seja conflituante com o interesse do cliente nesses resultados;

c) Receba um benefício financeiro ou de outra natureza para privilegiar os interesses de outro cliente face aos interesses do cliente em causa;

d) Desenvolva as mesmas actividades que o cliente;

e) Receba ou venha a receber, de uma pessoa que não o cliente, um benefício relativo a um serviço prestado ao cliente, sob forma de dinheiro, bens ou serviços, que não a comissão ou os honorários normais desse serviço.

ARTIGO 309.º-C [1]
Registo de actividades que originam conflitos de interesses

1 – O intermediário financeiro deve manter e actualizar regularmente registos de todos os tipos de actividades de intermediação financeira, realizadas directamente por si ou em seu nome, que originaram um conflito de interesses com risco relevante de afectação dos interesses de um ou mais clientes ou, no caso de actividades em curso, susceptíveis de o originar.

2 – Quando preste serviços relacionados com ofertas públicas ou outros de que resulte o conhecimento de informação privilegiada, o intermediário deve elaborar listas das pessoas que tiveram acesso à informação.

ARTIGO 309.º-D [1]
Recomendações de investimento

1 – O intermediário financeiro que, fora do âmbito do exercício da actividade de consultoria para investimento, elabora recomendações de investimento, tal como definidas no artigo 12.º-A, destinadas ou susceptíveis de serem divulgadas, sob a sua responsabilidade ou de sociedade pertencente ao mesmo grupo, como recomendações de investimento aos seus clientes ou ao público, deve cumprir o disposto no n.º 5 do artigo 309.º-A relativamente às pessoas envolvidas na elaboração das recomendações.

2 – As pessoas envolvidas na elaboração da recomendação não podem realizar operações pessoais, em sentido contrário ao que nela se recomenda, sobre os instrumentos financeiros abrangidos pela recomendação ou instrumentos financeiros com eles relacionados, salvo se ocorrerem circunstâncias excepcionais e forem para tal autorizados pelo serviço competente do intermediário financeiro.

3 – Os analistas e outras pessoas referidas no n.º 5 do artigo 304.º que conheçam o momento provável de divulgação da recomendação ou o seu conteúdo não podem realizar operações, nem por sua conta, nem por conta de outrem, sobre os instrumentos financeiros abrangidos pela recomendação ou instrumentos financeiros com eles relacionados antes de os

---

[1] *Aditado pelo Decreto-Lei n.º 357-A/2007, de 31 de Outubro.*

[1] *Aditado pelo Decreto-Lei n.º 357-A/2007, de 31 de Outubro.*

435

Regulação do Sector Financeiro – Regulação do Mercado de Valores Mobiliários

destinatários da recomendação a ela terem tido acesso e a oportunidade de tomar decisões de investimento em função do seu conteúdo, excepto se no âmbito do exercício normal da função de criador de mercado ou em execução de uma ordem de cliente não solicitada.

4 – Para efeito do disposto nos números anteriores considera-se instrumento financeiro relacionado com outro instrumento financeiro qualquer instrumento financeiro cujo preço é susceptível de ser influenciado por oscilações de preço de outro instrumento financeiro.

5 – O intermediário financeiro, os analistas e outras pessoas referidas no n.º 5 do artigo 304.º envolvidas na elaboração de recomendações não podem:

a) Aceitar, de quem tem um interesse significativo na matéria objecto das recomendações benefícios ilegítimos, tal como definidos no artigo 313.º;

b) Prometer uma avaliação favorável aos emitentes a que a recomendação se refere.

6 – Até à sua comunicação aos destinatários, o intermediário financeiro deve limitar o acesso ao conteúdo da recomendação aos analistas envolvidos na sua elaboração.

7 – O intermediário financeiro deve adoptar os procedimentos destinados a assegurar o cumprimento do disposto nos n.ºs 2 a 6.

8 – O intermediário financeiro pode divulgar, junto do público ou de clientes, recomendações de investimento elaboradas por terceiros desde que, para além do cumprimento do disposto no artigo 12.º-D, verifique que quem as elabora está sujeito a requisitos equivalentes aos previstos no presente Código relativamente à elaboração de recomendações ou estabeleceu uma política interna que os prevê.

ARTIGO 309.º-E [1]
Operações realizadas por pessoas relevantes

1 – O intermediário financeiro deve adoptar procedimentos destinados a evitar que qualquer pessoa referida no n.º 5 do artigo 304.º envolvida em actividades susceptíveis de originar um conflito de interesses ou que tenha acesso a informação privilegiada ou a outras informações confidenciais realize uma operação pessoal ou aconselhe ou solicite a outrem a realização de uma operação em instrumentos financeiros:

a) Em violação do n.º 4 do artigo 248.º e do artigo 378.º;

b) Que implique a utilização ilícita ou a divulgação indevida das informações confidenciais;

c) Em violação de qualquer dever do intermediário financeiro previsto no presente Código.

2 – Os procedimentos adoptados pelo intermediário financeiro devem assegurar, em especial, que:

a) Todas as pessoas referidas no n.º 5 do artigo 304.º abrangidas pelo n.º 1 estejam informadas das restrições e dos procedimentos relativos a operações pessoais;

b) O intermediário financeiro seja imediatamente informado de todas as operações pessoais realizadas; e

c) Seja mantido um registo de cada operação pessoal, incluindo indicação de qualquer autorização ou proibição relativa à mesma.

ARTIGO 309.º-F [1]
Operação pessoal

Para efeitos dos artigos 309.º-D e 309.º-E, entende-se por operação pessoal, uma operação sobre um instrumento financeiro concluída por uma pessoa referida no n.º 5 do artigo 304.º ou em seu nome, desde que:

a) A pessoa referida no n.º 5 do artigo 304.º actue fora do âmbito das funções que realiza nessa qualidade; ou

b) A operação seja realizada por conta:

i) Da pessoa referida no n.º 5 do artigo 304.º;

ii) De pessoas que com a pessoa referida no n.º 5 do artigo 304.º tenham uma relação nos termos do n.º 4 do artigo 248.º-B;

iii) De sociedade na qual a pessoa referida no n.º 5 do artigo 304.º detenha, directa ou indirectamente, pelo menos 20 % dos direitos de voto ou do capital social;

iv) De sociedade em relação de grupo com sociedade dominada pela pessoa referida no n.º 5 do artigo 304.º; ou

v) De pessoa cuja relação com a pessoa referida no n.º 5 do artigo 304.º seja tal que esta tenha um interesse material, directo ou indirecto, no resultado da operação, além da remuneração ou comissão cobrada pela execução da mesma.

SUBSECÇÃO VII
Defesa do mercado

ARTIGO 310.º
Intermediação excessiva

1 – O intermediário financeiro deve abster-se de incitar os seus clientes a efectuar operações repetidas sobre instrumentos financeiros ou de as realizar por conta deles, quando tais operações tenham como fim principal a cobrança de comissões ou outro objectivo estranho aos interesses do cliente. [2]

2 – Nas operações a que se refere o número anterior inclui-se a concessão de crédito para a realização de operações.

3 – Além da responsabilidade civil e contra-ordenacional que ao caso caiba, pela realização das operações referidas nos números anteriores não são devidas comissões, juros ou outras remunerações.

ARTIGO 311.º
Defesa do mercado

1 – Os intermediários financeiros e os demais membros de mercado devem comportar-se com a maior probidade comercial, abstendo-se de participar em operações ou de praticar outros actos susceptíveis de pôr em risco a regularidade de funcionamento, a transparência e a credibilidade do mercado. [1]

2 – São, nomeadamente, susceptíveis de pôr em risco a regularidade de funcionamento, a transparência e a credibilidade do mercado:

a) A realização de operações imputadas a uma mesma carteira tanto na compra como na venda;

b) A transferência aparente, simulada ou artificial de instrumentos financeiros entre diferentes carteiras; [2]

---

[1] *Aditado pelo Decreto-Lei n.º 357-A/2007, de 31 de Outubro.*

---

[1] *Aditado pelo Decreto-Lei n.º 357-A/2007, de 31 de Outubro.*

[2] *Redacção introduzida pelo Decreto-Lei n.º 357-A/2007, de 31 de Outubro.*

c) A execução de ordens destinadas a defraudar ou a limitar significativamente os efeitos de leilão, rateio ou outra forma de atribuição de instrumentos financeiros; [1]

d) A realização de operações de fomento não previamente comunicadas à CMVM ou de operações de estabilização que não sejam efectuadas nas condições legalmente permitidas. [1]

3 – As entidades referidas no n.º 1 analisam ainda com especial cuidado e diligência as ordens e as transacções, nomeadamente as que se possam reconduzir às seguintes situações: [2]

a) A execução de ordens ou a realização de transacções por comitentes com uma posição considerável de compra ou de venda ou que representem uma percentagem considerável do volume diário transaccionado sobre determinado instrumento financeiro e que, em função de tais factos, sejam idóneas para produzir alterações significativas no preço desse instrumento financeiro ou de instrumento subjacente ou derivado com ele relacionado;

b) A execução de ordens ou a realização de transacções concentradas num curto período da sessão de negociação, idóneas para produzir alterações significativas de preços de instrumentos financeiros ou de instrumentos subjacentes ou derivados com eles relacionados, que sejam posteriormente invertidas;

c) A execução de ordens ou a realização de transacções em momentos sensíveis de formação de preços de referência, de liquidação ou outros preços calculados em momentos determinantes de avaliação e que sejam idóneas para produzir alterações desses preços ou avaliações;

d) A execução de ordens que alterem as características normais do livro de ofertas para determinado instrumento financeiro e o cancelamento dessas ofertas antes da sua execução;

e) A execução de ordens ou a realização de transacções antecedidas ou seguidas de divulgação de informação falsa, incompleta, exagerada, tendenciosa ou enganosa pelos comitentes, pelos beneficiários económicos das transacções ou por pessoas com eles relacionadas;

f) A execução de ordens ou a realização de transacções antecedidas ou seguidas da elaboração ou divulgação de estudos ou recomendações de investimento contendo informação falsa, incompleta, exagerada, tendenciosa, enganosa ou manifestamente influenciada por um interesse significativo, quando os comitentes, os beneficiários económicos das transacções ou pessoas com eles relacionadas tenham participado na elaboração ou divulgação de tais estudos ou recomendações.

SUBSECÇÃO VIII
Informação a investidores [1]

DIVISÃO I
Princípios gerais [1]

ARTIGO 312.º
Deveres de informação

1 – O intermediário financeiro deve prestar, relativamente aos serviços que ofereça, que lhe sejam solicitados ou que

efectivamente preste, todas as informações necessárias para uma tomada de decisão esclarecida e fundamentada, incluindo nomeadamente as respeitantes: [1]

a) Ao intermediário financeiro e aos serviços por si prestados;

b) À natureza de investidor não qualificado, investidor qualificado ou contraparte elegível do cliente, ao seu eventual direito de requerer um tratamento diferente e a qualquer limitação ao nível do grau de protecção que tal implica;

c) À origem e à natureza de qualquer interesse que o intermediário financeiro ou as pessoas que em nome dele agem tenham no serviço a prestar, sempre que as medidas organizativas adoptadas pelo intermediário nos termos dos artigos 309.º e seguintes não sejam suficientes para garantir, com um grau de certeza razoável, que serão evitados o risco de os interesses dos clientes serem prejudicados;

d) Aos instrumentos financeiros e às estratégias de investimento propostas;

e) Aos riscos especiais envolvidos nas operações a realizar;

f) À sua política de execução de ordens e, se for o caso, à possibilidade de execução de ordens de clientes fora de mercado regulamentado ou de sistema de negociação multilateral;

g) À existência ou inexistência de qualquer fundo de garantia ou de protecção equivalente que abranja os serviços a prestar;

h) Ao custo do serviço a prestar.

2 – A extensão e a profundidade da informação devem ser tanto maiores quanto menor for o grau de conhecimentos e de experiência do cliente.

3 – A circunstância de os elementos informativos serem inseridos na prestação de conselho, dado a qualquer título, ou em mensagem promocional ou publicitária não exime o intermediário financeiro da observância dos requisitos e do regime aplicáveis à informação em geral.

4 – A informação prevista no n.º 1 deve ser prestada por escrito ainda que sob forma padronizada. [1]

5 – Sempre que, na presente Subsecção, se estabelece que a informação deve ser prestada por escrito, a informação deve ser prestada em papel salvo se: [1]

a) A prestação da informação noutro suporte seja adequada no contexto da relação, actual ou futura, entre o intermediário financeiro e o investidor; e

b) O investidor tenha expressamente escolhido a prestação da informação em suporte diferente do papel.

6 – Presume-se que a prestação de informação através de comunicação electrónica é adequada ao contexto da relação entre o intermediário financeiro e o investidor quando este tenha indicado um endereço de correio electrónico para a realização de contactos no âmbito daquela. [1]

7 – A informação prevista nos artigos 312.º-C a 312.º-G pode ser prestada através de um sítio da Internet, se o investidor o tiver expressamente consentido e desde que: [1]

a) A sua prestação nesse suporte seja adequada no contexto da relação, actual ou futura, entre o intermediário financeiro e o investidor;

---

[1] *Redacção introduzida pelo Decreto-Lei n.º 357-A/2007, de 31 de Outubro.*

[2] *Redacção introduzida pelo Decreto-Lei n.º 52/2006, de 15 de Março.*

---

[1] *Redacção introduzida pelo Decreto-Lei n.º 357-A/2007, de 31 de Outubro.*

Regulação do Sector Financeiro – Regulação do Mercado de Valores Mobiliários

b) O investidor tenha sido notificado, por via electrónica, do endereço do sítio da Internet e do local no mesmo de acesso à informação;

c) Esteja continuamente acessível, por um período razoável para que o investidor a possa consultar.

ARTIGO 312.º-A [1]
Qualidade da informação

1 – A informação divulgada pelo intermediário financeiro a investidores não qualificados deve:

a) Incluir a sua denominação social;

b) Não dar ênfase a quaisquer benefícios potenciais de uma actividade de intermediação financeira ou de um instrumento financeiro, sem dar igualmente uma indicação correcta e clara de quaisquer riscos relevantes;

c) Ser apresentada de modo a ser compreendida pelo destinatário médio;

d) Ser apresentada de modo a não ocultar ou subestimar elementos, declarações ou avisos importantes.

2 – A comparação de actividades de intermediação financeira, instrumentos financeiros ou intermediários financeiros deve incidir sobre aspectos relevantes e especificar os factos e pressupostos de que depende e as fontes em que se baseia.

3 – As indicações de resultados registados no passado de um instrumento financeiro, de um índice financeiro ou de uma actividade de intermediação financeira devem:

a) Não constituir o aspecto mais visível da comunicação;

b) Incluir informação adequada relativa aos resultados que abranja os cinco anos imediatamente anteriores, ou a totalidade do período para o qual o instrumento financeiro foi oferecido, se inferior a cinco anos, mas não inferior a um ano, ou por um período mais longo que o intermediário financeiro tenha decidido e que se baseie, em qualquer caso, em períodos completos de 12 meses;

c) Referir o período de referência e a fonte da informação;

d) Conter um aviso bem visível de que os dados se referem ao passado e que os resultados registados no passado não constituem um indicador confiável dos resultados futuros;

e) Sempre que se basearem em dados denominados numa moeda diferente da do Estado em que reside um investidor não qualificado, indicar a moeda e incluir um aviso de que os ganhos para o investidor podem aumentar ou diminuir como consequência de oscilações cambiais; e

f) Sempre que se basearem em resultados brutos, indicar os efeitos das comissões, remunerações ou outros encargos.

4 – A simulação de resultados passados deve referir-se apenas a instrumentos financeiros e índices financeiros e:

a) Basear-se nos resultados efectivos verificados no passado de um ou mais instrumentos financeiros ou índices financeiros que sejam idênticos ou estejam subjacentes ao instrumento financeiro em causa;

b) Respeitar as condições previstas nas alíneas a) a c), e) e f) do número anterior, em relação aos resultados verificados no passado; e

c) Conter um aviso bem visível de que os dados se referem a resultados simulados do passado e que os resultados registados no passado não constituem um indicador confiável dos resultados futuros.

5 – A indicação de resultados futuros:

a) Não se pode basear em simulação de resultados passados;

b) Deve basear-se em pressupostos razoáveis, apoiados por dados objectivos;

c) Se se basear em resultados brutos, deve indicar os efeitos das comissões, remunerações e outros encargos; e

d) Deve conter um aviso bem visível de que não constitui um indicador confiável dos resultados futuros.

6 – A referência a um tratamento fiscal específico deve indicar, de modo destacado, que este depende das circunstâncias individuais de cada cliente e que está sujeito a alterações.

7 – É proibida a referência a qualquer autoridade competente de modo que sugira qualquer apoio ou aprovação por parte desta aos instrumentos financeiros ou serviços do intermediário financeiro.

ARTIGO 312.º-B [1]
Momento da prestação de informação

1 – O intermediário financeiro deve prestar a investidor não qualificado, com antecedência suficiente à vinculação a qualquer contrato de intermediação financeira ou, na pendência de uma relação de clientela, antes da prestação da actividade de intermediação financeira proposta ou solicitada, a seguinte informação:

a) O conteúdo do contrato;

b) A informação requerida nos artigos 312.º-C a 312.º-G relacionada com o contrato ou com a actividade de intermediação financeira.

2 – O intermediário financeiro pode prestar a informação requerida no número anterior imediatamente após o início da prestação do serviço, se:

a) A pedido do cliente, o contrato tiver sido celebrado utilizando um meio de comunicação à distância que o impediu de prestar a informação de acordo com o n.º 1; ou

b) Prestar a informação prevista no artigo 15.º do Decreto-Lei n.º 95/2006, de 29 de Maio, como se o investidor fosse um "consumidor" e o intermediário financeiro um «prestador de serviços financeiros» na acepção deste diploma.

3 – O intermediário deve prestar ao investidor qualificado a informação prevista no n.º 2 do artigo 312.º-F com suficiente antecedência antes da prestação do serviço em causa.

4 – O intermediário financeiro notifica o cliente, independentemente da natureza deste, com antecedência suficiente, de qualquer alteração significativa na informação prestada ao abrigo dos artigos 312.º-C a 312.º-G, através do mesmo suporte com que foi prestada inicialmente.

DIVISÃO II
Informação mínima

ARTIGO 312.º-C [1]
Informação relativa ao intermediário financeiro e aos serviços por si prestados

1 – O intermediário financeiro deve prestar a seguinte informação a investidores não qualificados:

a) A denominação, a natureza e o endereço do intermediário financeiro e os elementos de contacto necessários para que o cliente possa comunicar efectivamente com este;

---

[1] *Aditado pelo Decreto-Lei n.º 357-A/2007, de 31 de Outubro.*

[1] *Aditado pelo Decreto-Lei n.º 357-A/2007, de 31 de Outubro.*

b) Os idiomas em que o cliente pode comunicar com o intermediário financeiro e receber deste documentos e outra informação;

c) Os canais de comunicação a utilizar entre o intermediário financeiro e o cliente, incluindo, se for caso disso, para efeitos de envio e recepção de ordens;

d) Declaração que ateste que o intermediário financeiro está autorizado para a prestação da actividade de intermediação financeira, indicação da data da autorização, com referência à autoridade de supervisão que a concedeu e respectivo endereço de contacto;

e) Sempre que o intermediário financeiro actue através de um agente vinculado, uma declaração nesse sentido, especificando o Estado membro da União Europeia em que o agente consta de listagem pública;

f) A natureza, a frequência e a periodicidade dos relatórios sobre o desempenho do serviço a prestar pelo intermediário financeiro ao cliente;

g) Caso o intermediário financeiro detenha instrumentos financeiros ou dinheiro dos clientes, uma descrição sumária das medidas tomadas para assegurar a sua protecção, nomeadamente informação sintética sobre os sistemas de indemnização aos investidores e de garantia dos depósitos aplicáveis ao intermediário financeiro por força das suas actividades num Estado membro da União Europeia;

h) Uma descrição, ainda que apresentada sinteticamente, da política em matéria de conflitos de interesses seguida pelo intermediário financeiro, de acordo com o artigo 309.º-A e, se o cliente o solicitar, informação adicional sobre essa política;

i) A existência e o modo de funcionamento do serviço do intermediário financeiro destinado a receber e a analisar as reclamações dos investidores, bem como indicação da possibilidade de reclamação junto da autoridade de supervisão;

j) A natureza, os riscos gerais e específicos, designadamente de liquidez, de crédito ou de mercado, e as implicações subjacentes ao serviço que visa prestar, cujo conhecimento seja necessário para a tomada de decisão do investidor, tendo em conta a natureza do serviço a prestar, o conhecimento e a experiência manifestadas, entregando-lhe um documento que reflicta essas informações.

2 – Quando o cliente seja um investidor qualificado, o disposto no número anterior apenas se aplica se este solicitar expressamente as informações nele referidas, devendo o intermediário financeiro informar expressamente o cliente desse direito.

Artigo 312.º-D [1]
Informação adicional relativa à gestão de carteiras

1 – Além da informação exigida no artigo anterior, o intermediário financeiro que ofereça ou efectivamente preste o serviço de gestão de carteiras a um investidor não qualificado, deve informá-lo sobre:

a) O método e a frequência de avaliação dos instrumentos financeiros da carteira do cliente;

b) Qualquer subcontratação da gestão discricionária da totalidade, ou de uma parte, dos instrumentos financeiros ou do dinheiro da carteira do cliente;

c) A especificação do valor de referência face ao qual são comparados os resultados da carteira do cliente ou de outro método de avaliação que seja adoptado nos termos do n.º 2;

d) Os tipos de instrumentos financeiros susceptíveis de serem incluídos na carteira do cliente e os tipos de operações susceptíveis de serem realizadas sobre esses instrumentos financeiros, incluindo eventuais limites;

e) Os objectivos de gestão, o nível de risco reflectido no exercício de discricionariedade do gestor e quaisquer limitações específicas dessa discricionariedade.

2 – Para permitir a avaliação pelo cliente do desempenho da carteira, o intermediário financeiro deve estabelecer um método adequado de avaliação, designadamente através da fixação de um valor de referência, baseando-se nos objectivos de investimento do cliente e nos tipos de instrumentos financeiros incluídos na carteira.

Artigo 312.º-E [1]
Informação relativa aos instrumentos financeiros

1 – O intermediário financeiro deve informar os investidores da natureza e dos riscos dos instrumentos financeiros, explicitando, com um grau suficiente de pormenorização, a natureza e os riscos do tipo de instrumento financeiro em causa.

2 – A descrição dos riscos deve incluir:

a) Os riscos associados ao instrumento financeiro, incluindo uma explicação do impacto do efeito de alavancagem e do risco de perda da totalidade do investimento;

b) A volatilidade do preço do instrumento financeiro e as eventuais limitações existentes no mercado em que o mesmo é negociado;

c) O facto de o investidor poder assumir, em resultado de operações sobre o instrumento financeiro, compromissos financeiros e outras obrigações adicionais, além do custo de aquisição do mesmo;

d) Quaisquer requisitos em matéria de margens ou obrigações análogas, aplicáveis aos instrumentos financeiros desse tipo.

3 – A informação, prestada a um investidor não qualificado sobre um valor mobiliário objecto de uma oferta pública, deve incluir a informação sobre o local onde pode ser consultado o respectivo prospecto.

4 – Sempre que os riscos associados a um instrumento financeiro composto de dois ou mais instrumentos ou serviços financeiros forem susceptíveis de ser superiores aos riscos associados a cada um dos instrumentos ou dos serviços financeiros que o compõem, o intermediário financeiro deve apresentar uma descrição do modo como a sua interacção aumenta o risco.

5 – No caso de instrumentos financeiros que incluem uma garantia de um terceiro, a informação sobre a garantia deve incluir elementos suficientes sobre o garante e a garantia, a fim de permitir uma avaliação correcta por parte de um investidor não qualificado.

6 – Um prospecto simplificado relativo a unidades de participação num organismo de investimento colectivo harmonizado e que respeite o artigo 28.º da Directiva n.º 85/611//CEE, do Conselho, de 20 de Dezembro, é considerado adequado para efeitos do disposto na alínea d) do n.º 1 do artigo 312.º

---

[1] *Aditado pelo Decreto-Lei n.º 357-A/2007, de 31 de Outubro.*

[1] *Aditado pelo Decreto-Lei n.º 357-A/2007, de 31 de Outubro.*

Regulação do Sector Financeiro – Regulação do Mercado de Valores Mobiliários

ARTIGO 312.º-F [1]
Informação relativa à protecção do património de clientes

1 – O intermediário financeiro, sempre que detenha, ou possa vir a deter, instrumentos financeiros ou dinheiro que pertençam a investidores não qualificados, deve informá-los sobre:

a) A possibilidade de os instrumentos financeiros ou o dinheiro poderem vir a ser detidos por um terceiro em nome do intermediário financeiro e a responsabilidade assumida por este, por força do direito aplicável, relativamente a quaisquer actos ou omissões do terceiro, e as consequências para o cliente da insolvência do terceiro;

b) A possibilidade de os instrumentos financeiros poderem vir a ser detidos por um terceiro numa conta global, caso tal seja permitido pelo direito aplicável, apresentando um aviso bem visível sobre os riscos daí resultantes;

c) A impossibilidade, por força do direito aplicável, de identificar separadamente os instrumentos financeiros dos clientes, detidos por um terceiro, face aos instrumentos financeiros propriedade desse terceiro ou do intermediário financeiro, apresentando um aviso bem visível dos riscos daí resultantes;

d) O facto de as contas que contenham instrumentos financeiros ou dinheiro do cliente estarem, ou poderem vir a estar, sujeitas a lei estrangeira, indicando que os direitos do cliente podem ser afectados;

e) A existência e o conteúdo de direitos decorrentes de garantias que um terceiro tenha, ou possa vir a ter, relativamente aos instrumentos financeiros ou ao dinheiro do cliente ou de direitos de compensação que tenha face a esses instrumentos financeiros ou dinheiro.

2 – O intermediário financeiro deve prestar a investidores qualificados a informação referida nas alíneas d) e e) do número anterior.

3 – Um intermediário financeiro, antes de concluir operações de financiamento de instrumentos financeiros, tal como definidas no artigo 2.º do Regulamento (CE) n.º 1287/2006, da Comissão, de 10 de Agosto, relativamente a instrumentos financeiros pertencentes a um investidor não qualificado ou de os utilizar a outro título, por sua conta ou por conta de outrem, deve informar o cliente, por escrito, com suficiente antecedência em relação à utilização desses instrumentos financeiros, sobre as obrigações e as responsabilidades que sobre si recaem pelo facto de utilizar esses instrumentos financeiros, as condições da sua restituição e os riscos envolvidos por tal utilização.

ARTIGO 312.º-G [1]
Informação sobre custos

1 – O intermediário financeiro deve prestar a investidores não qualificados, informação relativa ao custo dos serviços, incluindo, sempre que relevante:

a) O preço total a pagar pelo investidor relativamente ao instrumento financeiro ou à actividade de intermediação financeira, incluindo todas as remunerações, comissões discriminadas, encargos e despesas conexos e todos os impostos a pagar através do intermediário financeiro ou, caso não possa ser indicado um preço exacto, a base de cálculo do preço total, de modo que o investidor o possa verificar;

b) A indicação da moeda envolvida e das taxas e custos de conversão cambial aplicáveis, sempre que qualquer parte do preço total deva ser paga ou represente um montante em moeda estrangeira;

c) Comunicação da cobrança ao cliente de outros custos, incluindo impostos relacionados com operações referentes ao instrumento financeiro ou à actividade de intermediação financeira, que não sejam pagos através do intermediário financeiro;

d) Modalidades de pagamento ou outras eventuais formalidades.

2 – A informação que contenha os custos referidos no número anterior é divulgada, de forma bem visível, em todos os canais de contacto com o público e deve ser entregue ao investidor no momento da abertura de conta e sempre que no mesmo se introduzam alterações desfavoráveis a este, antes destas entrarem em vigor.

3 – Um prospecto simplificado relativo a unidades de participação num organismo de investimento colectivo harmonizado e que respeite o artigo 28.º da Directiva n.º 85/611//CEE, do Conselho, de 20 de Dezembro, é considerado adequado para os efeitos do disposto na alínea h) do n.º 1 do artigo 312.º, no que respeita aos custos relacionados com o organismo de investimento colectivo, incluindo as comissões de subscrição e de resgate.

SUBSECÇÃO IX
Benefícios ilegítimos

ARTIGO 313.º [1]
Proibição geral e dever de divulgação

1 – O intermediário financeiro não pode, relativamente à prestação de uma actividade de intermediação financeira ao cliente, oferecer ao cliente ou a terceiros ou deles receber qualquer remuneração, comissão ou benefício não pecuniário, excepto se: [1]

a) A existência, a natureza e o montante da remuneração, comissão ou benefício não pecuniário, ou, se o montante não puder ser determinado, o seu método de cálculo, forem divulgados ao cliente de modo completo, verdadeiro e claro, antes da prestação da actividade de intermediação financeira em causa;

b) O pagamento da remuneração ou comissão ou a concessão do benefício não pecuniário reforçarem a qualidade da actividade prestada ao cliente e não prejudicarem o respeito do dever de actuar no sentido da protecção dos legítimos interesses do cliente;

c) O pagamento de remunerações adequadas, tais como custos de custódia, comissões de compensação e troca, taxas obrigatórias ou despesas de contencioso, possibilite ou seja necessário para a prestação da actividade de intermediação financeira.

2 – O intermediário financeiro pode, para efeitos da alínea a) do número anterior, divulgar a informação sobre remunerações, comissões ou benefícios não pecuniários em termos

---

[1] *Aditado pelo Decreto-Lei n.º 357-A/2007, de 31 de Outubro.*

[1] *Redacção introduzida pelo Decreto-Lei n.º 357-A/2007, de 31 de Outubro.*

resumidos, devendo contudo divulgar a informação adicional que for solicitada pelo cliente.

3 – [*Revogado.*]
4 – [*Revogado.*]
5 – [*Revogado.*]
6 – [*Revogado.*]
7 – [*Revogado.*]

SUBSECÇÃO X
Avaliação do carácter adequado da operação [1]

ARTIGO 314.º
Princípio geral

1 – O intermediário financeiro deve solicitar ao cliente informação relativa aos seus conhecimentos e experiência em matéria de investimento no que respeita ao tipo de instrumento financeiro ou ao serviço considerado, que lhe permita avaliar se o cliente compreende os riscos envolvidos. [1]

2 – Se, com base na informação recebida ao abrigo do número anterior, o intermediário financeiro julgar que a operação considerada não é adequada àquele cliente deve adverti-lo, por escrito, para esse facto. [1]

3 – No caso do cliente se recusar a fornecer a informação referida no n.º 1 ou não fornecer informação suficiente, o intermediário financeiro deve adverti-lo, por escrito, para o facto de que essa decisão não lhe permite determinar a adequação da operação considerada às suas circunstâncias. [1]

4 – As advertências referidas nos n.os 2 e 3 podem ser feitas de forma padronizada. [1]

ARTIGO 314.º-A [2]
Gestão de carteiras e consultoria para investimento

1 – No âmbito da prestação dos serviços de gestão de carteiras ou de consultoria para investimento, o intermediário financeiro deve obter do investidor, além da informação referida no n.º 1 do artigo anterior, informação relativa à sua situação financeira e aos seus objectivos de investimento.

2 – O intermediário financeiro deve obter a informação necessária para que possa compreender os factos essenciais relacionados com o cliente e para que, tendo em conta a natureza e o âmbito do serviço prestado, possa considerar que:

a) A operação específica a recomendar ou a iniciar corresponde aos objectivos de investimento do cliente em questão;

b) O cliente pode suportar financeiramente quaisquer riscos de investimento conexos, em coerência com os seus objectivos de investimento; e

c) A natureza do cliente assegura que este dispõe da experiência e dos conhecimentos necessários para compreender os riscos envolvidos na operação ou na gestão da sua carteira.

3 – Se o intermediário financeiro não obtiver a informação necessária para a operação em causa, não a pode recomendar ao cliente.

4 – Na prestação de consultoria para investimento a um investidor qualificado, o intermediário financeiro pode presumir, para efeitos da alínea b) do n.º 2, que aquele consegue suportar financeiramente o risco de qualquer eventual prejuízo causado pelo investimento.

5 – O disposto no número anterior não se aplica a clientes cujo tratamento como investidores qualificados resulte de um seu pedido.

ARTIGO 314.º-B [1]
Conteúdo da informação necessária

1 – A informação relativa ao conhecimento e à experiência de um cliente deve incluir:

a) Os tipos de serviços, operações e instrumentos financeiros com que o cliente está familiarizado;

b) A natureza, o volume e a frequência das operações do cliente em instrumentos financeiros e o período durante o qual foram realizadas;

c) O nível de habilitações, a profissão ou a anterior profissão relevante do cliente.

2 – A informação referida no número anterior tem em consideração a natureza do investidor, a natureza e o âmbito do serviço a prestar e o tipo de instrumento financeiro ou operação previstos, incluindo a complexidade e os riscos inerentes aos mesmos.

3 – Sempre que o intermediário financeiro preste um serviço de investimento a um investidor qualificado presume-se que, em relação aos instrumentos financeiros, operações e serviços para os quais é tratado como tal, esse cliente tem o nível necessário de experiência e de conhecimentos, designadamente para efeitos da alínea c) do n.º 2 do artigo anterior.

4 – A informação relativa à situação financeira do cliente inclui, sempre que for relevante, a fonte e o montante dos seus rendimentos regulares, os seus activos, incluindo os activos líquidos, os investimentos e os activos imobiliários e os seus compromissos financeiros regulares.

5 – A informação relativa aos objectivos de investimento do cliente inclui, sempre que for relevante, o período durante o qual aquele pretende deter o investimento, as suas preferências relativamente à assunção de risco, o seu perfil de risco e os seus objectivos de investimento.

ARTIGO 314.º-C [1]
Prestação de informação

1 – O intermediário financeiro não pode incentivar um cliente a não prestar a informação requerida no artigo anterior.

2 – O intermediário financeiro pode basear-se na informação prestada pelos clientes, salvo se tiver conhecimento ou estiver em condições de saber que a informação se encontra desactualizada, inexacta ou incompleta.

3 – O intermediário financeiro que recebe de outro intermediário financeiro instruções para prestar serviços de investimento em nome de um cliente deste último pode basear-se:

a) Na informação sobre o cliente que lhe tenha sido transmitida pelo intermediário financeiro que o contratou;

b) Nas recomendações relativas ao serviço ou operação que tenham sido transmitidas ao cliente pelo outro intermediário financeiro.

4 – O intermediário financeiro que transmita instruções a outro intermediário financeiro deve assegurar a suficiência e a veracidade da informação transmitida sobre o cliente e a adequação das recomendações ou dos conselhos relativos ao serviço ou operação que tenham sido por si prestados a este.

---

[1] *Redacção introduzida pelo Decreto-Lei n.º 357-A/2007, de 31 de Outubro.*

[2] *Aditado pelo Decreto-Lei n.º 357-A/2007, de 31 de Outubro.*

[1] *Aditado pelo Decreto-Lei n.º 357-A/2007, de 31 de Outubro.*

Regulação do Sector Financeiro – Regulação do Mercado de Valores Mobiliários

ARTIGO 314.º-D [1]
Recepção e transmissão ou execução de ordens

1 – Na prestação exclusiva dos serviços de recepção e transmissão ou execução de ordens do cliente, ainda que acompanhada pela prestação de serviços auxiliares, não é aplicável o disposto no artigo 314.º, desde que:

a) O objecto da operação seja acções admitidas à negociação num mercado regulamentado ou em mercado equivalente, obrigações, excluindo as que incorporam derivados, unidades de participação em organismos de investimento colectivo em valores mobiliários harmonizados, instrumentos do mercado monetário e outros instrumentos financeiros não complexos;

b) O serviço seja prestado por iniciativa do cliente;

c) O cliente tenha sido advertido, por escrito, ainda que de forma padronizada, de que, na prestação deste serviço, o intermediário financeiro não é obrigado a determinar a adequação da operação considerada às circunstâncias do cliente; e

d) O intermediário financeiro cumpra os deveres relativos a conflitos de interesses previstos no presente Código.

2 – Para efeitos da alínea a) do número anterior, um instrumento financeiro é não complexo, desde que:

a) Não esteja abrangido nas alíneas c), e), f) e g) do artigo 1.º e nas alíneas c) a f) do n.º 1 do artigo 2.º;

b) Se verifiquem frequentes oportunidades para o alienar, resgatar ou realizar a preços que sejam públicos e que se encontrem à disposição dos participantes no mercado, correspondendo a preços de mercado ou a preços disponibilizados por sistemas de avaliação independentes do emitente;

c) Não implique a assunção de responsabilidades pelo cliente que excedam o custo de aquisição do instrumento financeiro;

d) Esteja disponível publicamente informação adequada sobre as suas características, que permita a um investidor não qualificado médio avaliar, de forma informada, a oportunidade de realizar uma operação sobre esse instrumento financeiro.

SUBSECÇÃO XI
Reporte de operações

ARTIGO 315.º [2]
Informação à CMVM

1 – Os intermediários financeiros com sede em território nacional e os intermediários financeiros com sede em outros Estados membros da União Europeia estabelecidos em Portugal através de uma sucursal, neste caso relativamente a operações realizadas a partir desta, comunicam à CMVM as operações realizadas que tenham como objecto instrumentos financeiros admitidos à negociação num mercado regulamentado situado ou a funcionar em Estado membro da União Europeia, tão rapidamente quanto possível e nunca após o dia útil seguinte ao da realização da operação.

2 – A comunicação a que se refere o número anterior deve ser feita nos termos do disposto nos artigos 12.º e 13.º do Regulamento (CE) n.º 1287/2006, da Comissão, de 10 de Agosto, e em regulamento da CMVM.

3 – O intermediário financeiro pode cumprir o dever de comunicação previsto no n.º 1 através de terceiro agindo em seu nome ou através de um sistema de notificações de operações aprovado pela CMVM.

4 – A CMVM pode, por regulamento, determinar que a informação prevista nos números anteriores seja comunicada à CMVM pela entidade gestora do mercado regulamentado ou do sistema de negociação multilateral através do qual a operação tenha sido concluída.

5 – No caso referido no número anterior, o intermediário financeiro fica dispensado do dever de comunicação previsto no n.º 1.

6 – Quando a CMVM receba de uma sucursal as informações previstas no presente artigo, transmite-as à autoridade competente do Estado membro da União Europeia que tenha autorizado a empresa de investimento a que a sucursal pertence, salvo se esta declarar não desejar recebê-las.

7 – A informação recebida nos termos do presente artigo é transmitida pela CMVM à autoridade competente do mercado mais relevante em termos de liquidez para os instrumentos financeiros objecto da operação comunicada, conforme definido no artigo 9.º do Regulamento (CE) n.º 1287/2006, da Comissão, de 10 de Agosto.

8 – A CMVM deve elaborar os regulamentos necessários à concretização do disposto no presente artigo.

SUBSECÇÃO XII
Informação relativa a operações sobre acções admitidas à negociação em mercado regulamentado

ARTIGO 316.º
Informação sobre operações realizadas fora de mercado regulamentado ou de sistema de negociação multilateral

1 – O disposto nos n.ºs 3 a 6 do artigo 221.º aplica-se aos intermediários financeiros relativamente a operações que executem, por conta própria ou em nome de clientes, fora de mercado regulamentado ou de sistema de negociação multilateral, sobre acções admitidas à negociação em mercado regulamentado. [1]

2 – *[Revogado.]* [2]

SECÇÃO IV
Categorização de investidores

ARTIGO 317.º [1]
Disposições gerais

1 – O intermediário financeiro deve estabelecer, por escrito, uma política interna que lhe permita, a todo o tempo, conhecer a natureza de cada cliente, como investidor não qualificado, qualificado ou contraparte elegível, e adoptar os procedimentos necessários à concretização da mesma. [1]

2 – O intermediário financeiro pode, por sua própria iniciativa, tratar: [1]

a) Qualquer investidor qualificado como investidor não qualificado;

---

[1] *Aditado pelo Decreto-Lei n.º 357-A/2007, de 31 de Outubro.*

[2] *Redacção introduzida pelo Decreto-Lei n.º 357-A/2007, de 31 de Outubro.*

---

[1] *Redacção introduzida pelo Decreto-Lei n.º 357-A/2007, de 31 de Outubro.*

[2] *Revogado pelo Decreto-Lei n.º 357-A/2007, de 31 de Outubro.*

b) Uma contraparte elegível, assim qualificada nos termos do n.º 1 do artigo 317.º-D como investidor qualificado ou como investidor não qualificado.

3 – [*Revogado.*]

ARTIGO 317.º-A [1]
Procedimentos para a solicitação de tratamento como investidor não qualificado

1 – O tratamento como investidor não qualificado a conferir a um investidor qualificado nos termos do artigo 30.º depende de acordo escrito, a celebrar entre o intermediário financeiro e o cliente que o haja requerido, o qual deve precisar, por forma clara, o seu âmbito, especificando os serviços, instrumentos financeiros e operações a que se aplica.

2 – Na falta das estipulações previstas no número anterior, presume-se que o referido acordo produz efeitos sobre todos os serviços, instrumentos financeiros e operações contratados.

3 – Mediante declaração escrita, o cliente pode denunciar o acordo referido no n.º 1, a todo o tempo.

ARTIGO 317.º-B [1]
Requisitos e procedimentos para a solicitação de tratamento como investidor qualificado

1 – O investidor não qualificado pode solicitar ao intermediário financeiro tratamento como investidor qualificado.

2 – A satisfação da solicitação formulada nos termos do número anterior depende de avaliação prévia, a realizar pelo intermediário financeiro, dos conhecimentos e experiência do cliente, pela qual se garanta que este tem capacidade para tomar as suas próprias decisões de investimento e que compreende os riscos que as mesmas envolvem, ponderada a natureza dos serviços, instrumentos financeiros e operações contratados.

3 – Para efeitos da avaliação prevista no número anterior, o cliente deve, no mínimo, respeitar dois dos seguintes requisitos:

a) Ter efectuado operações com um volume significativo no mercado relevante, com uma frequência média de 10 operações por trimestre, durante os últimos quatro trimestres;

b) Dispor de uma carteira de instrumentos financeiros, incluindo também depósitos em numerário, que exceda (euro) 500 000;

c) Prestar ou ter prestado funções no sector financeiro, durante, pelo menos, um ano, em cargo que exija conhecimento dos serviços ou operações em causa.

4 – Nos casos em que a solicitação tenha sido apresentada por pessoa colectiva, a avaliação prevista no n.º 2 e a relativa ao requisito mencionado na alínea c) do número anterior são feitas relativamente ao responsável pelas actividades de investimento da requerente.

5 – A solicitação de tratamento como investidor qualificado observa os seguintes procedimentos:

a) O cliente solicita ao intermediário financeiro, por escrito, tratamento como investidor qualificado, devendo precisar os serviços, instrumentos financeiros e operações em que pretende tal tratamento;

b) Após realizada a avaliação prevista no artigo anterior, o intermediário financeiro deve informar o cliente, por escrito,

do deferimento do pedido e das consequências resultantes da satisfação da solicitação formulada, explicitando que tal opção importa uma redução da protecção que lhe é conferida por lei ou regulamento;

c) Recebida tal informação, o cliente deve declarar, por escrito, em documento autónomo, que está ciente das consequências da sua opção.

ARTIGO 317.º-C [1]
Responsabilidade e adequação da qualificação

1 – Compete ao cliente que tenha solicitado tratamento como investidor qualificado manter o intermediário financeiro informado sobre qualquer alteração susceptível de afectar os pressupostos que conduziram à sua qualificação.

2 – O intermediário financeiro que tome conhecimento que um cliente deixou de satisfazer os requisitos previstos no artigo anterior deve informar o cliente que, se não comprovar a manutenção dos requisitos, dentro do prazo por aquele determinado, é tratado como investidor não qualificado.

ARTIGO 317.º-D [1]
Contrapartes elegíveis

1 – São contrapartes elegíveis do intermediário financeiro com o qual se relacionam as entidades enunciadas nas alíneas a) a i), com excepção dos governos de âmbito regional, do n.º 1 do artigo 30.º

2 – O tratamento como contraparte elegível pode ser afastado, em relação a qualquer tipo de operação ou a operações específicas, mediante acordo escrito celebrado entre o intermediário financeiro e o cliente que o haja solicitado.

3 – Se, na solicitação referida no número anterior, a contraparte elegível:

a) Não solicitar expressamente o tratamento como investidor não qualificado, é a mesma tratada como investidor qualificado;

b) Solicitar expressamente o tratamento como investidor qualificado, pode, a todo o tempo, solicitar o tratamento como investidor não qualificado nos termos do artigo 317.º-A.

4 – O intermediário financeiro pode também tratar como contrapartes elegíveis as pessoas colectivas mencionadas na alínea b) do n.º 3 do artigo 30.º, desde que tal tratamento tenha sido por estas expressamente aceite, por escrito, em relação a um tipo de operação ou a operações específicas.

5 – O reconhecimento do estatuto de contraparte elegível por intermediário financeiro relativamente a pessoa colectiva referida no número anterior, cuja sede se situe noutro Estado, depende da consagração de tal estatuto no respectivo ordenamento.

6 — O cumprimento dos deveres previstos nos artigos 312.º a 314.º -D, 321.º a 323.º -C e 328.º a 333.º não é exigível ao intermediário financeiro na execução de um ou vários dos serviços e actividades nas alíneas a), b) e e) do n.º 1 do artigo 290.º sempre que esteja em causa a realização de operações entre o intermediário financeiro e uma contraparte elegível ou a prestação de serviços auxiliares com aquelas relacionados

---

[1] *Aditado pelo Decreto-Lei n.º 357-A/2007, de 31 de Outubro.*

[1] *Aditado pelo Decreto-Lei n.º 357-A/2007, de 31 de Outubro.*

Regulação do Sector Financeiro – Regulação do Mercado de Valores Mobiliários

SECÇÃO V
Regulamentação

ARTIGO 318.º
Organização dos intermediários financeiros

1 — A CMVM elabora os regulamentos necessários à concretização do disposto no presente título sobre a organização dos intermediários financeiros, nomeadamente quanto às seguintes matérias:

a) Processo de registo das actividades de intermediação financeira;

b) Comunicação à CMVM do responsável pelo sistema de controlo do cumprimento; [1]

c) Requisitos relativos aos meios humanos, materiais e técnicos exigidos para a prestação de cada uma das actividades de intermediação;

d) Registo das operações e prestação de informações à CMVM, tendo em vista o controlo e a fiscalização das várias actividades;

e) Os deveres mínimos em matéria de conservação de registos; [1]

f) Medidas de organização a adoptar pelo intermediário financeiro que exerça mais de uma actividade de intermediação, tendo em conta a sua natureza, dimensão e risco;

g) Funções que devem ser objecto de segregação, em particular aquelas que, sendo dirigidas ou efectuadas pela mesma pessoa, possam dar origem a erros de difícil detecção ou que possam expor a risco excessivo o intermediário financeiro ou os seus clientes;

h) As políticas e procedimentos internos dos intermediários financeiros relativos à categorização de investidores e os critérios de avaliação para efeitos de qualificação; [1]

i) Circunstâncias que devem ser consideradas para efeito de aplicação dos deveres relativos aos sistemas de controlo do cumprimento, de gestão de riscos e de auditoria interna, tendo em conta a natureza, a dimensão e a complexidade das actividades do intermediário financeiro, bem como o tipo de actividades de intermediação financeira prestadas; [1]

j) Conteúdo do relatório a elaborar pelo auditor relativo à salvaguarda dos bens de clientes; [1]

l) Termos em que os intermediários financeiros devem disponibilizar à CMVM informação sobre as políticas e procedimentos adoptados para cumprimento dos deveres relativos à organização interna e ao exercício da actividade. [1]

2 – O Banco de Portugal deve ser ouvido na elaboração dos regulamentos a que se referem as alíneas c), f), g), i) e j) do número anterior. [1]

ARTIGO 319.º
Actividades de intermediação

A CMVM elabora os regulamentos necessários à concretização do disposto no presente título sobre o exercício de actividades de intermediação, nomeadamente quanto às seguintes matérias:

a) Abertura, movimentação, utilização e controlo das contas de depósito do dinheiro entregue a empresas de investimento pelos seus clientes ou por terceiros de conta deles;

b) O exercício da actividade de agente vinculado, designadamente em relação à informação exigida ao intermediário financeiro, aos critérios de avaliação da idoneidade e da adequação da formação e da experiência profissional, ao conteúdo do contrato para o exercício da actividade e aos procedimentos relativos à recepção ou entrega de dinheiro de clientes. [1]

ARTIGO 320.º [1]
Consultores para investimento

A CMVM elabora os regulamentos necessários à concretização do disposto no presente título sobre o exercício da actividade dos consultores para investimento, nomeadamente quanto às seguintes matérias:

a) Elementos exigíveis para a prova dos requisitos necessários ao registo para o exercício da actividade;

b) Organização interna;

c) Periodicidade e conteúdo da informação a prestar pelos consultores para investimento à CMVM.

CAPÍTULO II
Contratos de intermediação

SECÇÃO I
Regras gerais

SUBSECÇÃO I
Celebração de contratos de intermediação [1]

ARTIGO 321.º
Contratos com investidores não qualificados

1 – Os contratos de intermediação financeira relativos aos serviços previstos nas alíneas a) a d) do n.º 1 do artigo 290.º e a) e b) do artigo 291.º e celebrados com investidores não qualificados revestem a forma escrita e só estes podem invocar a nulidade resultante da inobservância de forma. [1]

2 – Os contratos de intermediação financeira podem ser celebrados com base em cláusulas gerais. [1]

3 – Aos contratos de intermediação financeira é aplicável o regime das cláusulas contratuais gerais, sendo para esse efeito os investidores não qualificados equiparados a consumidores. [1]

4 – As cláusulas gerais relativas aos serviços previstos na alínea c) do n.º 1 do artigo 290.º e nas alíneas a) e b) do artigo 291.º são previamente comunicadas à CMVM. [1]

5 – Nos contratos de intermediação celebrados com investidores não qualificados residentes em Portugal, para a execução de operações em Portugal, a aplicação do direito competente não pode ter como consequência privar o investidor da protecção assegurada pelas disposições do presente capítulo e da secção iii do capítulo i sobre informação, conflito de interesses e segregação patrimonial.

ARTIGO 321.º-A [2]
Conteúdo mínimo dos contratos

1 – Os contratos de intermediação financeira celebrados com investidores não qualificados devem, pelo menos, conter:

---

[1] *Redacção introduzida pelo Decreto-Lei n.º 357-A/2007, de 31 de Outubro.*

[1] *Redacção introduzida pelo Decreto-Lei n.º 357-A/2007, de 31 de Outubro.*

[2] *Aditado pelo Decreto-Lei n.º 357-A/2007, de 31 de Outubro.*

Decreto-Lei n.º 486/99

a) Identificação completa das partes, morada e números de telefone de contacto;

b) Indicação de que o intermediário financeiro está autorizado para a prestação da actividade de intermediação financeira, bem como do respectivo número de registo na autoridade de supervisão;

c) Descrição geral dos serviços a prestar, bem como a identificação dos instrumentos financeiros objecto dos serviços a prestar;

d) Indicação dos direitos e deveres das partes, nomeadamente os de natureza legal e respectiva forma de cumprimento, bem como consequências resultantes do incumprimento contratual imputável a qualquer uma das partes;

e) Indicação da lei aplicável ao contrato;

f) Informação sobre a existência e o modo de funcionamento do serviço do intermediário financeiro destinado a receber as reclamações dos investidores bem como da possibilidade de reclamação junto da entidade de supervisão.

2 – Os elementos referidos na alínea a) do número anterior podem ser recebidos de outros intermediários financeiros que prestem serviços ao cliente, mediante autorização prévia deste e sem prejuízo do dever de segredo profissional previsto no n.º 4 do artigo 304.º

ARTIGO 322.º
Contratos celebrados fora do estabelecimento

1 – As ordens para execução de operações e os contratos de gestão de carteira cuja emissão ou conclusão por um investidor não qualificado tenha tido lugar fora do estabelecimento do intermediário financeiro, sem anterior relação de clientela e sem solicitação do investidor, só produzem efeito três dias úteis após a declaração negocial do investidor. [3]

2 – Neste prazo, pode o investidor comunicar o seu arrependimento ao intermediário financeiro.

3 – Considera-se que existe anterior relação de clientela quando:

a) Entre o intermediário financeiro e o investidor tenha sido celebrado contrato de gestão de carteira; ou

b) O intermediário financeiro seja destinatário frequente de ordens dadas pelo investidor; ou

c) O intermediário financeiro tenha a seu cargo o registo ou o depósito de instrumentos financeiros pertencentes ao investidor. [1]

4 – Presume-se que o contacto efectuado pelo intermediário financeiro não foi solicitado quando não exista anterior relação de clientela entre o intermediário financeiro e o investidor.

5 – O consultor para investimento não pode efectuar contactos com investidores não qualificados que por estes não tenham sido solicitados. [1]

SUBSECÇÃO II
Informação contratual

ARTIGO 323.º [1]
Deveres de informação no âmbito da execução de ordens

1 – O intermediário financeiro que receba uma ordem de cliente deve:

---

[1] *Redacção introduzida pelo Decreto-Lei n.º 357-A/2007 de 31 de Outubro.*

a) Informar o cliente prontamente e por escrito sobre a execução da mesma;

b) No caso de um investidor não qualificado, enviar uma nota de execução da operação, confirmando a execução da ordem, logo que possível e o mais tardar no primeiro dia útil seguinte à execução ou, caso a confirmação seja recebida de um terceiro, o mais tardar no primeiro dia útil seguinte à recepção, pelo intermediário financeiro, dessa confirmação.

2 – No caso de ordem sobre obrigações emitidas no âmbito de empréstimos hipotecários concedidos aos clientes que emitiram a ordem, a informação sobre a sua execução deve ser transmitida em conjunto com o extracto relativo ao empréstimo hipotecário, no máximo até um mês após a execução da ordem.

3 – A pedido do cliente, o intermediário deve prestar-lhe informação acerca do estado da ordem.

4 – No caso de ordens de um investidor não qualificado, que incidam sobre unidades de participação ou títulos de capital de organismos de investimento colectivo e sejam executadas periodicamente, o intermediário financeiro deve enviar a comunicação referida na alínea b) do n.º 1 ou prestar ao cliente, pelo menos semestralmente, a informação indicada no número seguinte.

5 – A nota de execução da operação referida na alínea b) do n.º 1 inclui, se aplicável:

a) A identificação do intermediário financeiro que apresenta a informação;

b) A identificação do cliente;

c) O dia de negociação;

d) A hora de negociação;

e) O tipo da ordem;

f) A identificação da estrutura de realização da operação;

g) A identificação do instrumento financeiro;

h) O indicador de venda/compra;

i) A natureza da ordem, quando não for uma ordem de compra/venda;

j) A quantidade;

l) O preço unitário, incluindo juro;

m) A contrapartida pecuniária global;

n) O montante total das comissões e despesas facturadas e, a pedido de um investidor não qualificado, uma repartição por rubrica;

o) As responsabilidades do cliente relativamente à liquidação da operação, incluindo o prazo de pagamento ou de entrega e a informação adequada sobre a conta, no caso de não lhe terem sido comunicadas previamente;

p) No caso de a contraparte do cliente ser o próprio intermediário financeiro ou qualquer entidade do mesmo grupo ou outro cliente do mesmo, a menção desse facto, salvo se a ordem tiver sido executada através de um sistema de negociação que facilite a negociação anónima.

6 – Para efeitos da alínea l), sempre que a ordem for executada por parcelas, o intermediário financeiro pode prestar informação sobre o preço de cada parcela ou o respectivo preço médio, neste último caso sem prejuízo do direito do cliente solicitar informação sobre o preço de cada parcela.

7 – O intermediário financeiro pode prestar ao cliente a informação referida no n.º 5 através de códigos harmonizados, se apresentar igualmente uma explicação dos códigos utilizados.

8 – Cada nota de execução reporta-se a um único dia e é feita em duplicado, destinando-se o original ao ordenador e um duplicado, ao arquivo obrigatório do intermediário financeiro.

445

Regulação do Sector Financeiro – Regulação do Mercado de Valores Mobiliários

ARTIGO 323.º-A [1]
Deveres de informação no âmbito da gestão de carteiras

1 – O intermediário financeiro deve remeter a cada cliente um extracto periódico, por escrito, sobre as actividades de gestão de carteiras realizadas por conta desse cliente.

2 – O extracto periódico dirigido a investidores não qualificados deve incluir:

a) A designação do intermediário financeiro;

b) A identificação da conta do cliente;

c) O conteúdo e o valor da carteira, incluindo informação sobre todos os instrumentos financeiros detidos, o respectivo valor de mercado ou o justo valor, caso o valor de mercado não se encontre disponível, o saldo em termos de liquidez no início e no final do período em causa e os resultados da carteira durante o mesmo;

d) O montante total das comissões e encargos incorridos durante o período em causa, repartindo por rubricas, pelo menos, as comissões totais de gestão e os custos totais associados à execução, e incluindo informação de que será remetida uma repartição pormenorizada, mediante apresentação de pedido;

e) Uma comparação dos resultados registados durante o período em causa face ao valor de referência dos resultados de investimento acordado entre o intermediário financeiro e o cliente;

f) O montante total de dividendos, juros e outros pagamentos recebidos durante o período em causa relativamente à carteira do cliente;

g) Informação sobre outras actividades do intermediário financeiro que lhe confiram direitos relativamente a instrumentos financeiros detidos na carteira;

h) Relativamente a todas as operações executadas durante o período em causa, a informação referida nas alíneas c) a m) do n.º 5 do artigo 323.º, salvo se o cliente optar por receber a informação sobre as operações executadas numa base operação a operação, sendo então aplicável o n.º 5.

3 – No caso de investidores não qualificados, o extracto periódico deve ser enviado semestralmente, excepto quando:

a) For apresentado trimestralmente, a pedido do cliente;

b) For aplicável o n.º 5, sendo apresentado, pelo menos, anualmente, excepto em relação a operações em instrumentos financeiros abrangidos nas alíneas c), e) e f) do artigo 1.º e nas alíneas c) a f) do n.º 1 do artigo 2.º;

c) For apresentado, pelo menos, mensalmente, sempre que o cliente tenha autorizado a realização de operações com recurso a empréstimos.

4 – O intermediário financeiro deve informar os investidores não qualificados do seu direito de solicitar o envio do extracto com uma periodicidade trimestral.

5 – Se o cliente optar por receber a informação sobre as operações executadas numa base operação a operação, após a execução de cada operação, o intermediário financeiro deve prestar imediatamente ao cliente, por escrito, a informação essencial relativa àquela.

6 – Se dirigida a um investidor não qualificado, a comunicação referida no número anterior deve conter a informação prevista no n.º 5 do artigo 323.º e ser enviada, o mais tardar, no primeiro dia útil seguinte à execução da operação ou, caso a confirmação seja recebida de um terceiro, o mais tardar no primeiro dia útil seguinte à recepção dessa confirmação.

7 – O disposto no número anterior não é aplicável sempre que a informação a prestar seja idêntica à que deva ser prestada ao cliente por outro intermediário.

ARTIGO 323.º-B [1]
Deveres de informação adicionais

1 – O intermediário financeiro que realiza operações de gestão de carteiras ou opera contas de clientes que incluam uma posição cujo risco não se encontre coberto deve comunicar a investidores não qualificados eventuais perdas que ultrapassem o limite pré-estabelecido, acordados entre aquele e cada cliente.

2 — A comunicação referida no número anterior deve ser feita o mais tardar até ao final do dia útil em que o limite foi ultrapassado ou, no caso deste ter sido ultrapassado num dia não útil, no final do dia útil seguinte.

ARTIGO 323.º-C [1]
Extracto relativo ao património de clientes

1 – O intermediário financeiro deve enviar ao cliente, por escrito, um extracto periódico relativo aos bens pertencentes ao seu património.

2 – O extracto referido no número anterior deve incluir:

a) O montante de instrumentos financeiros e dinheiro detidos pelo cliente, no final do período abrangido pelo extracto, indicando os movimentos efectuados e as respectivas datas;

b) O montante de instrumentos financeiros e dinheiro do cliente que tenha sido objecto de operações de financiamento de instrumentos financeiros;

c) O montante de eventuais ganhos que revertem a favor do cliente, por força da participação em operações de financiamento de instrumentos financeiros, e os factos que lhes deram causa.

3 – Nos casos em que a carteira de um cliente inclui as receitas de uma ou mais operações não liquidadas, a informação referida na alínea a) do número anterior pode basear-se na data de negociação ou na data de liquidação, desde que se aplique coerentemente a mesma base a todas a informação constantes do extracto.

4 -O extracto referido no n.º 1 deve ser enviado:

a) A investidores não qualificados, mensalmente ou, se consentido, por escrito, pelo cliente, trimestral ou semestralmente, neste último caso quando não se verificarem movimentos;

b) A investidores qualificados, anualmente.

5 – O intermediário financeiro que preste o serviço de gestão de carteiras a um cliente pode incluir o extracto referido no n.º 1 no extracto periódico enviado a esse cliente por força do n.º 1 do artigo 323.º-A.

6 – O dever previsto no n.º 1 é aplicável a instituições de crédito apenas relativamente a extractos relativos a instrumentos financeiros.

ARTIGO 324.º
Responsabilidade contratual

1 – São nulas quaisquer cláusulas que excluam a responsabilidade do intermediário financeiro por actos praticados por seu representante ou auxiliar.

---

[1] *Aditado pelo Decreto-Lei n.º 357-A/2007, de 31 de Outubro.*

[1] *Aditado pelo Decreto-Lei n.º 357-A/2007, de 31 de Outubro.*

Decreto-Lei n.º 486/99

2 – Salvo dolo ou culpa grave, a responsabilidade do intermediário financeiro por negócio em que haja intervindo nessa qualidade prescreve decorridos dois anos a partir da data em que o cliente tenha conhecimento da conclusão do negócio e dos respectivos termos.

SECÇÃO II
Ordens

ARTIGO 325.º
Recepção

Logo que recebam uma ordem para a realização de operações sobre instrumentos financeiros, os intermediários financeiros devem: [1]

a) Verificar a legitimidade do ordenador;

b) Adoptar as providências que permitam, sem qualquer dúvida, estabelecer o momento da recepção da ordem.

ARTIGO 326.º
Aceitação e recusa

1 — O intermediário financeiro deve recusar uma ordem quando:

a) O ordenador não lhe forneça todos os elementos necessários à sua boa execução;

b) Seja evidente que a operação contraria os interesses do ordenador, salvo se este confirmar a ordem
por escrito;

c) O intermediário financeiro não esteja em condições de fornecer ao ordenador toda a informação exigida para a execução da ordem;

d) O ordenador não preste a caução exigida por lei para a realização da operação;

e) Não seja permitido ao ordenador a aceitação de oferta pública.

2 — O intermediário financeiro pode recusar -se a aceitar uma ordem quando o ordenador:

a) Não faça prova da disponibilidade dos instrumentos financeiros a alienar; [1]

b) Não tenha promovido o bloqueio dos instrumentos financeiros a alienar, quando exigido pelo intermediário financeiro; [1]

c) Não ponha à sua disposição o montante necessário à liquidação da operação;

d) Não confirme a ordem por escrito, se tal lhe for exigido;

e) (Revogada.)

4 — A recusa de aceitação de uma ordem deve ser imediatamente transmitida ao ordenador.

5 — [*Revogado.*]

ARTIGO 327.º
Forma

1 – As ordens podem ser dadas oralmente ou por escrito. [1]

2 – As ordens dadas oralmente devem ser reduzidas a escrito pelo receptor e, se presenciais, subscritas pelo ordenador. [1]

3 – O intermediário financeiro pode substituir a redução a escrito das ordens pelo mapa de inserção das ofertas no sistema de negociação, desde que fique garantido o registo dos elementos mencionados no artigo 7.º do Regulamento (CE) n.º 1287/2006, da Comissão, de 10 de Agosto. [1]

ARTIGO 327.º-A [2]
Prazo de validade

1 – As ordens são válidas pelo prazo definido pelo ordenador, não podendo exceder um ano, contado do dia seguinte à data de recepção da ordem pelo intermediário financeiro.

2 – O intermediário financeiro pode definir prazos inferiores ao prazo máximo previsto no número anterior, informando os clientes sobre os prazos de validade que pratique, os quais podem variar em função das estruturas de negociação onde a ordem possa ser executada ou da natureza dos instrumentos financeiros.

3 – Se o ordenador não definir o prazo de validade, as ordens são válidas até ao fim do dia em que sejam dadas. [1]

ARTIGO 328.º
Tratamento de ordens de clientes

1 – Quando o intermediário financeiro não possa executar uma ordem, deve transmiti-la a outro intermediário financeiro que a possa executar.

2 – A transmissão deve ser imediata e respeitar a prioridade da recepção, salvo diferente indicação dada pelo ordenador.

3 – Os intermediários devem assegurar a possibilidade de reconstituição do circuito interno que as ordens tenham seguido até à sua transmissão ou execução. [1]

4 – Na execução de ordens, o intermediário financeiro deve: [1]

a) Registar as ordens e proceder à sua execução de modo sequencial e com celeridade, salvo se as características da ordem ou as condições prevalecentes no mercado o impossibilitarem ou se tal não permitir salvaguardar os interesses do cliente; [1]

b) Informar imediatamente os investidores não qualificados sobre qualquer dificuldade especial na execução adequada das suas ordens. [1]

5 – Salvo instrução expressa em contrário do ordenador, as ordens com um preço limite especificado ou mais favorável e para um volume determinado, relativas a acções admitidas à negociação em mercado regulamentado, que não sejam imediatamente executáveis, devem ser divulgadas nos termos previstos no artigo 30.º do Regulamento (CE) n.º 1287/2006, da Comissão, de 10 de Agosto. [1]

6 – A CMVM pode dispensar o cumprimento do dever de divulgação previsto no número anterior no caso de ordens cujo volume seja elevado relativamente ao volume normal de mercado tal como definido no artigo 20.º do Regulamento (CE) n.º 1287/2006, da Comissão, de 10 de Agosto. [1]

ARTIGO 328.º-A [2]
Agregação de ordens e afectação de operações

1 – O intermediário financeiro que pretenda proceder à agregação, numa única ordem, de ordens de vários clientes ou de decisões de negociar por conta própria, deve:

---

[1] *Redacção introduzida pelo Decreto-Lei n.º 357-A/2007, de 31 de Outubro.*

[1] *Redacção introduzida pelo Decreto-Lei n.º 357-A/2007, de 31 de Outubro.*

[2] *Aditado pelo Decreto-Lei n.º 357-A/2007, de 31 de Outubro.*

Regulação do Sector Financeiro – Regulação do Mercado de Valores Mobiliários

a) Assegurar que a agregação não seja, em termos globais, prejudicial a qualquer ordenador;

b) Informar previamente os clientes cujas ordens devam ser agregadas da eventualidade de o efeito da agregação ser prejudicial relativamente a uma sua ordem específica.

2 – O ordenador pode opor-se à agregação da sua ordem.

3 – O intermediário deve adoptar uma política de afectação de ordens de clientes e de decisões de negociar por conta própria que proporcione uma afectação equitativa e indique, em especial:

a) A forma como o volume e o preço das ordens e decisões de negociar por conta própria se relacionam com a forma de afectação;

b) Procedimentos destinados a evitar a reafectação, de modo prejudicial para os clientes, de decisões de negociar por conta própria, executadas em combinação com ordens dos clientes.

4 – A política de afectação de ordens é aplicável ainda que a ordem agregada seja executada apenas parcialmente.

ARTIGO 328.º-B [1]
Afectação de operações realizadas por conta própria

1 – O intermediário financeiro que tenha procedido à agregação de decisões de negociar por conta própria com uma ou mais ordens de clientes, não pode afectar as operações correspondentes de modo prejudicial para os clientes.

2 – Sem prejuízo do disposto no número seguinte, sempre que o intermediário financeiro proceda à agregação de uma ordem de um cliente com uma decisão de negociar por conta própria e a ordem agregada seja executada parcialmente, deve afectar as operações correspondentes prioritariamente ao cliente.

3 – O intermediário financeiro pode afectar a operação de modo proporcional se demonstrar fundamentadamente que, sem a combinação, não teria podido executar a ordem do cliente ou não a teria podido executar em condições tão vantajosas.

ARTIGO 329.º
Revogação e modificação

1 – As ordens podem ser revogadas ou modificadas desde que a revogação ou a modificação cheguem ao poder de quem as deva executar antes da execução.

2 – A modificação de uma ordem para executar em mercado regulamentado ou sistema de negociação multilateral constitui uma nova ordem. [2]

ARTIGO 330.º
Execução nas melhores condições

1 – As ordens devem ser executadas nas condições e no momento indicados pelo ordenador.

2 – Na falta de indicações específicas do ordenador, o intermediário financeiro deve, na execução de ordens, empregar todos os esforços razoáveis para obter o melhor resultado possível para os seus clientes, tendo em atenção o preço, os custos, a rapidez, a probabilidade de execução e liquidação, o volume, a natureza ou qualquer outro factor relevante. [2]

3 – O disposto no número anterior abrange a execução de decisões de negociar por conta de clientes. [1]

4 – O intermediário financeiro deve adoptar uma política de execução de ordens que: [1]

a) Permita obter o melhor resultado possível e inclua, no mínimo, as estruturas de negociação que permitam obter, de forma reiterada, aquele resultado; [1]

b) Em relação a cada tipo de instrumento financeiro, inclua informações sobre as diferentes estruturas de negociação e os factores determinantes da sua escolha. [1]

5 – O intermediário deve informar o cliente sobre a sua política de execução, não podendo iniciar a prestação de serviços antes de este ter dado o seu consentimento. [1]

6 – As alterações relevantes na política de execução de ordens devem ser comunicadas ao cliente. [1]

7 – A execução de ordens de clientes fora de mercado regulamentado ou de sistema de negociação multilateral depende de consentimento expresso do cliente, o qual pode ser dado sob a forma de um acordo geral ou em relação a cada operação. [1]

8 – O intermediário financeiro demonstra, a pedido do cliente, que as suas ordens foram executadas de acordo com a política de execução que lhe foi transmitida. [1]

9 – O intermediário financeiro deve avaliar a política de execução, designadamente em relação às estruturas de negociação previstas: [1]

a) Anualmente, por forma a identificar e, se necessário, corrigir eventuais deficiências; [1]

b) Sempre que ocorra uma alteração relevante, susceptível de afectar a sua capacidade de continuar a obter o melhor resultado possível, em termos consistentes, utilizando as estruturas de negociação incluídas na sua política de execução. [1]

10 – As ordens podem ser executadas parcialmente, salvo indicação em contrário do ordenador.

ARTIGO 331.º [1]
Critérios da execução nas melhores condições

1 – Para efeitos de determinação da importância relativa dos factores enunciados no n.º 2 do artigo anterior, o intermediário financeiro deve considerar as características:

a) Do cliente, incluindo a sua natureza de investidor não qualificado ou de investidor qualificado;

b) Da ordem do cliente;

c) Dos instrumentos financeiros objecto da ordem;

d) Das estruturas de negociação para os quais a ordem pode ser dirigida.

2 – Entende-se por estrutura de negociação as formas organizadas de negociação previstas no artigo 198.º ou um criador de mercado ou outro prestador de liquidez ou uma entidade que desempenhe num país terceiro funções semelhantes às desempenhadas por qualquer das entidades referidas.

3 – Sempre que um intermediário financeiro executa uma ordem por conta de um investidor não qualificado, presume-se que as melhores condições são representadas pela contrapartida pecuniária global, determinada pelo preço do instru-

---

[1] *Aditado pelo Decreto-Lei n.º 357-A/2007, de 31 de Outubro.*

[2] *Redacção introduzida pelo Decreto-Lei n.º 357-A/2007, de 31 de Outubro.*

---

[1] *Redacção introduzida pelo Decreto-Lei n.º 357-A/2007, de 31 de Outubro.*

mento financeiro e pelos custos relativos à sua execução, incluindo todas as despesas incorridas pelo cliente e directamente relacionadas com a execução da ordem, como as comissões da estrutura de negociação, as comissões de liquidação ou de compensação e quaisquer outras comissões pagas a terceiros envolvidos na execução da ordem.

4 – Nos casos em que a ordem possa ser executada em mais do que uma estrutura de negociação, o intermediário, para avaliar as melhores condições, deve considerar as comissões por si cobradas ao cliente e os demais custos de execução em cada estrutura de negociação.

5 – O intermediário financeiro não pode estruturar ou alterar as suas comissões de modo a introduzir uma discriminação injustificada entre estruturas de negociação.

ARTIGO 332.º [1]
Informação a investidores não qualificados sobre a política de execução

1 – Relativamente à sua política de execução, o intermediário financeiro deve apresentar aos clientes, que sejam investidores não qualificados, com suficiente antecedência em relação à prestação do serviço:

a) Uma descrição da importância relativa que o intermediário financeiro atribui, de acordo com os critérios especificados no n.º 1 do artigo anterior, aos factores citados no n.º 2 do artigo 330.º ou ao processo com base no qual o intermediário financeiro determina a importância relativa desses factores;

b) Uma lista das estruturas de negociação que o intermediário financeiro considera que permitem obter, numa base regular, o melhor resultado possível relativamente à execução das ordens dos clientes;

c) Um aviso bem visível de que quaisquer instruções específicas de um cliente podem impedir o intermediário financeiro de obter o melhor resultado possível, de acordo com a sua política de execução, no que diz respeito aos elementos cobertos por essas instruções.

2 – À prestação da informação prevista no número anterior é aplicável o disposto no n.º 7 do artigo 312.º

ARTIGO 333.º [1]
Transmissão para execução nas melhores condições

1 – O intermediário financeiro deve, na prestação dos serviços de gestão de carteiras ou de recepção e transmissão de ordens, tomar as medidas necessárias para obter o melhor resultado possível para os clientes, considerando os factores referidos no n.º 2 do artigo 330.º e os critérios referidos no artigo 331.º

2 – O dever previsto no número anterior não é aplicável quando o intermediário financeiro siga as instruções específicas dadas pelo cliente.

3 – Para assegurar o cumprimento do dever previsto n.º 1, o intermediário financeiro deve:

a) Adoptar uma política que identifique, em relação a cada tipo de instrumentos financeiros, os intermediários financeiros a quem as ordens são transmitidas, os quais devem dispor de meios que permitam ao transmitente cumprir aquele dever;

b) Prestar aos seus clientes informação sobre a política adoptada nos termos da alínea anterior;

c) Avaliar a eficácia da política adoptada nos termos da alínea a) e, em particular, a qualidade da execução de ordens realizada pelos intermediários financeiros naquela identificados, alterando aquela política se verificada alguma deficiência que ponha em causa o cumprimento do dever previsto no n.º 1.

4 – O intermediário financeiro deve avaliar a política referida na alínea a) do número anterior anualmente e sempre que ocorra qualquer alteração relevante susceptível de afectar a capacidade do intermediário financeiro de obter o melhor resultado possível.

ARTIGO 334.º
Responsabilidade perante os ordenadores

1 – Os intermediários financeiros respondem perante os seus ordenadores: [1]

a) Pela entrega dos instrumentos financeiros adquiridos e pelo pagamento do preço dos instrumentos financeiros alienados;

b) Pela autenticidade, validade e regularidade dos instrumentos financeiros adquiridos;

c) Pela inexistência de quaisquer vícios ou situações jurídicas que onerem os instrumentos financeiros adquiridos.

2 – É nula qualquer cláusula contratual contrária ao disposto no número anterior, quando a ordem deva ser executada em mercado regulamentado ou sistema de negociação multilateral. [1]

SECÇÃO III
Gestão de carteira

ARTIGO 335.º [1]
Âmbito

1 – Pelo contrato de gestão de uma carteira individualizada de instrumentos financeiros, o intermediário financeiro obriga-se:

a) A realizar todos os actos tendentes à valorização da carteira;

b) A exercer os direitos inerentes aos instrumentos financeiros que integram a carteira.

2 – O disposto no presente título aplica-se à gestão de instrumentos financeiros, ainda que a carteira integre bens de outra natureza.

ARTIGO 336.º [1]
Ordens vinculativas

1 – Mesmo que tal não esteja previsto no contrato, o cliente pode dar ordens vinculativas ao gestor quanto às operações a realizar.

2 – O disposto no número anterior não se aplica aos contratos que garantam uma rendibilidade mínima da carteira.

---

[1] *Redacção introduzida pelo Decreto-Lei n.º 357-A/2007, de 31 de Outubro.*

[1] *Redacção introduzida pelo Decreto-Lei n.º 357-A/2007, de 31 de Outubro.*

Regulação do Sector Financeiro – Regulação do Mercado de Valores Mobiliários

SECÇÃO IV
Assistência e colocação

ARTIGO 337.º
Assistência

1 – Os contratos de assistência técnica, económica e financeira em oferta pública abrangem a prestação dos serviços necessários à preparação, ao lançamento e à execução da oferta.

2 – São obrigatoriamente prestados por intermediário financeiro os seguintes serviços de assistência:

a) Elaboração do prospecto e do anúncio de lançamento;

b) Preparação e apresentação do pedido de aprovação de prospecto ou de registo prévio na CMVM; [1]

c) Apuramento das declarações de aceitação, salvo nos casos a que se refere a alínea b) do n.º 1 do artigo 127.º

3 – O intermediário financeiro incumbido da assistência em oferta pública deve aconselhar o oferente sobre os termos da oferta, nomeadamente no que se refere ao calendário e ao preço, e assegurar o respeito pelos preceitos legais e regulamentares, em especial quanto à qualidade da informação transmitida.

ARTIGO 338.º
Colocação

1 – Pelo contrato de colocação, o intermediário financeiro obriga-se a desenvolver os melhores esforços em ordem à distribuição dos valores mobiliários que são objecto de oferta pública, incluindo a recepção das ordens de subscrição ou de aquisição.

2 – O contrato de colocação pode ser celebrado com intermediário financeiro diferente daquele que presta os serviços de assistência na oferta.

ARTIGO 339.º
Tomada firme

1 – Pelo contrato de tomada firme o intermediário financeiro adquire os valores mobiliários que são objecto de oferta pública de distribuição e obriga-se a colocá-los por sua conta e risco nos termos e nos prazos acordados com o emitente ou o alienante.

2 – O tomador deve transferir para os adquirentes finais todos os direitos de conteúdo patrimonial inerentes aos valores mobiliários que se tenham constituído após a data da tomada firme.

3 – A tomada firme não afecta os direitos de preferência na subscrição ou na aquisição dos valores mobiliários, devendo o tomador avisar os respectivos titulares para o seu exercício em termos equivalentes aos que seriam aplicáveis se não tivesse havido tomada firme.

ARTIGO 340.º
Garantia de colocação

No contrato de colocação o intermediário financeiro pode também obrigar-se a adquirir, no todo ou em parte, para si ou para outrem, os valores mobiliários que não tenham sido subscritos ou adquiridos pelos destinatários da oferta.

ARTIGO 341.º
Consórcio para assistência ou colocação

1 – O contrato de consórcio celebrado entre intermediários financeiros para assistência ou colocação deve ter o acordo do oferente e indicar expressamente o chefe do consórcio, a quantidade de valores mobiliários a colocar por cada intermediário financeiro e as regras por que se regem as relações entre os membros.

2 – Cabe ao chefe do consórcio organizar a sua constituição e estrutura e representar os membros do consórcio perante o oferente.

ARTIGO 342.º
Recolha de intenções de investimento

Os contratos celebrados para recolha de intenções de investimento a que se referem os artigos 164.º e seguintes regem-se pelos artigos 337.º e 338.º, com as devidas adaptações.

SECÇÃO V
Registo e depósito

ARTIGO 343.º
Conteúdo

1 – O contrato deve determinar o regime relativo ao exercício de direitos inerentes aos instrumentos financeiros registados ou depositados. [1]

2 – [*Revogado.*]

3 – [*Revogado.*]

4 – [*Revogado.*]

ARTIGO 344.º
Forma e padronização

[*Revogado.*]

ARTIGO 345.º
Deveres do consultor

[*Revogado.*]

CAPÍTULO III
Negociação por conta própria

ARTIGO 346.º
Actuação como contraparte do cliente

1 – O intermediário financeiro autorizado a actuar por conta própria pode celebrar contratos como contraparte do cliente, desde que este, por escrito, tenha autorizado ou confirmado o negócio.

2 – A autorização ou a confirmação referida no número anterior não é exigida quando a outra parte seja um investidor qualificado ou as operações devam ser executadas em mercado regulamentado, através de sistemas centralizados de negociação. [2]

---

[1] *Redacção introduzida pelo Decreto-Lei n.º 357-A/2007, de 31 de Outubro.*

---

[1] *Redacção introduzida pelo Decreto-Lei n.º 357-A/2007, de 31 de Outubro.*

[2] *Redacção introduzida pelo Decreto-Lei n.º 52/2006, de 15 de Março.*

Decreto-Lei n.º 486/99

ARTIGO 347.º
Conflito de interesses

1 – O intermediário financeiro deve abster-se de:

a) Adquirir para si mesmo quaisquer instrumentos financeiros quando haja clientes que os tenham solicitado ao mesmo preço ou a preço mais alto; [1]

b) Alienar instrumentos financeiros de que seja titular em vez de instrumentos financeiros cuja alienação lhes tenha sido ordenada pelos seus clientes a preço igual ou mais baixo. [1]

c) Vender valores mobiliários de que seja titular em vez de valores da mesma categoria cuja venda lhes tenha sido ordenada pelos seus clientes a preço igual ou mais baixo.

2 – As operações realizadas contra o disposto no número anterior são ineficazes em relação ao cliente se não forem por este ratificadas nos oito dias posteriores à notificação pelo intermediário financeiro.

ARTIGO 348.º
Fomento de mercado

1 – As operações de fomento de mercado visam a criação de condições para a comercialização regular num mercado de uma determinada categoria de valores mobiliários ou de instrumentos financeiros, nomeadamente o incremento da liquidez. [1]

2 – As operações de fomento devem ser precedidas de contrato celebrado entre a entidade gestora do mercado e o intermediário financeiro. [2]

3 – Quando as actividades de fomento respeitem a valores mobiliários e tal se encontre previsto na lei, em regulamento ou nas regras do mercado em causa, o contrato referido no número anterior tem como parte o emitente dos valores mobiliários cuja negociação se pretende fomentar. [2]

4 – Devem ser previamente comunicados à CMVM os contratos a que se referem os n.os 2 e 3 ou as cláusulas contratuais desses contratos, quando existam. [1]

ARTIGO 349.º
Estabilização de preços

As operações susceptíveis de provocar efeitos estabilizadores nos preços de uma determinada categoria de valores mobiliários apenas são permitidas quando realizadas nas condições estabelecidas no Regulamento (CE) n.º 2273/2003, da Comissão, de 22 de Dezembro. [3]

ARTIGO 350.º
Empréstimo de valores mobiliários

1 – Os valores mobiliários emprestados transferem-se para a titularidade do mutuário, salvo disposição contratual em contrário.

2 – O empréstimo de valores mobiliários para liquidação de operações de mercado regulamentado não se considera como actividade de intermediação financeira quando efectuado pela entidade gestora de mercado ou de sistema de liquidação ou pela contraparte central por esta acolhida. [3]

ARTIGO 351.º
Regulamentação

1 – Relativamente a operações de fomento de mercado, a CMVM define, através de regulamento, a informação que lhe deva ser prestada, bem como aquela que deve ser divulgada ao mercado pelas entidades referidas no n.º 2 do artigo 348.º. [1]

2 – Relativamente aos empréstimos de valores mobiliários, a CMVM, através de regulamento, com parecer prévio do Banco de Portugal, define, nomeadamente:

a) Os limites de prazo e de quantidade dos valores mobiliários emprestados;

b) A exigibilidade de caução em operações realizadas fora de mercado regulamentado;

c) As regras de registo dos valores mobiliários emprestados e de contabilidade das operações;

d) A informação a prestar pelos intermediários financeiros à CMVM e ao mercado.

3 – [*Revogado.*] [2]

4 – [*Revogado.*] [2]

TÍTULO VII

Supervisão e regulação

CAPÍTULO I
Disposições gerais

ARTIGO 352.º
Atribuições do Governo

1 – Através do Ministro das Finanças, o Governo pode:

a) Estabelecer políticas relativas ao mercado de instrumentos financeiros e, em geral, às matérias reguladas no presente Código e em legislação complementar; [1]

b) Exercer, em relação à CMVM, os poderes de tutela conferidos pelo estatuto desta entidade;

c) Coordenar a supervisão e a regulação relativas a instrumentos financeiros, quando a competência pertença a mais de uma entidade pública. [1]

2 – Quando no mercado de instrumentos financeiros se verifique perturbação que ponha em grave risco a economia nacional, pode o Governo, por portaria conjunta do Primeiro-Ministro e do Ministro das Finanças, ordenar as medidas apropriadas, nomeadamente a suspensão temporária de mercados regulamentados ou sistemas de negociação multilateral, de certas categorias de operações ou da actividade de entidades gestoras de mercados regulamentados, de sistemas de negociação multilateral, de entidades gestoras de sistemas de liquidação, de entidades gestoras de câmaras de compensação ou de contraparte central e de entidades gestoras de sistemas centralizados de valores mobiliários. [1]

---

[1] *Redacção introduzida pelo Decreto-Lei n.º 357-A/2007, de 31 de Outubro.*

[2] *Redacção introduzida pelo Decreto-Lei n.º 66/2004, de 24 de Março.*

[3] *Redacção introduzida pelo Decreto-Lei n.º 52/2006, de 15 de Março.*

---

[1] *Redacção introduzida pelo Decreto-Lei n.º 357-A/2007, de 31 de Outubro.*

[2] *Revogado pelo Decreto-Lei n.º 357-A/2007, de 31 de Outubro.*

Regulação do Sector Financeiro – Regulação do Mercado de Valores Mobiliários

Artigo 353.º
Atribuições da CMVM

1 – São atribuições da CMVM, além de outras constantes do seu estatuto:

a) A supervisão das formas organizadas de negociação de instrumentos financeiros, das ofertas públicas relativas a valores mobiliários, da compensação e da liquidação de operações àqueles respeitantes, dos sistemas centralizados de valores mobiliários e das entidades referidas no artigo 359.º; [1]

b) A regulação do mercado de instrumentos financeiros, das ofertas públicas relativas a valores mobiliários, das actividades exercidas pelas entidades sujeitas à sua supervisão e de outras matérias previstas no presente Código e em legislação complementar; [1]

c) A supervisão e a regulação dos deveres de conduta das entidades que se proponham a celebrar ou mediar contratos de seguro ligados a fundos de investimento ou a comercializar contratos de adesão individual a fundos de pensões abertos. [1]

2 – No exercício e no âmbito das suas atribuições a CMVM coopera com outras autoridades nacionais e estrangeiras que exerçam funções de supervisão e de regulação do sistema financeiro e com organizações internacionais de que seja membro.

3 – Relativamente aos contratos previstos na alínea c) do n.º 1, a CMVM deve: [1]

a) Adoptar os regulamentos necessários sobre prestação de informação, consultoria, publicidade, prospecção, comercialização e mediação, incluindo sobre o processamento e conservação de registos destas, ouvido o Instituto de Seguros de Portugal; [1]

b) Estabelecer com o Instituto de Seguros de Portugal regras destinadas a articular procedimentos de supervisão e a assegurar a compatibilização de regras aplicáveis a entidades sujeitas a supervisão de ambas as autoridades. [1]

Artigo 354.º
Dever de segredo

1 – Os órgãos da CMVM, os seus titulares, os trabalhadores da CMVM e as pessoas que lhe prestem, directa ou indirectamente, a título permanente ou ocasional, quaisquer serviços ficam sujeitos a segredo profissional sobre os factos e os elementos cujo conhecimento lhes advenha do exercício das suas funções ou da prestação de serviços, não podendo revelar nem utilizar em proveito próprio ou alheio, directamente ou por interposta pessoa, as informações que tenham sobre esses factos ou elementos.

2 – O dever de segredo mantém-se após a cessação das funções ou da prestação de serviços pelas pessoas a ele sujeitas.

3 – Os factos ou elementos sujeitos a segredo só podem ser revelados mediante autorização do interessado, transmitida à CMVM, ou noutras circunstâncias previstas na lei.

4 – O dever de segredo não abrange factos ou elementos cuja divulgação pela CMVM seja imposta ou permitida por lei.

Artigo 355.º
Troca de informações

1 – Quando seja necessário para o exercício das respectivas funções, a CMVM pode trocar informações sobre factos e elementos sujeitos a segredo com as seguintes entidades, que ficam igualmente sujeitas ao dever de segredo:

a) Banco de Portugal e Instituto de Seguros de Portugal;

b) Entidades gestoras de mercados regulamentados e de sistemas de negociação multilateral [1]

c) Entidades gestoras de sistemas de liquidação, de câmara de compensação, de contraparte central e de sistemas centralizados de valores mobiliários; [1]

d) Autoridades intervenientes em processos de falência, de recuperação de empresa ou de saneamento das entidades referidas nas alíneas a) e b) do n.º 1 do artigo 359.º;

e) Entidades gestoras de fundos de garantia e de sistemas de indemnização dos investidores;

f) Auditores e autoridades com competência para a sua supervisão.

2 – A CMVM pode também trocar informações, ainda que sujeitas a segredo, com o Banco Central Europeu, com as autoridades de supervisão do Estados membros da União Europeia ou com as entidades que aí exerçam funções equivalentes às referidas no n.º 1. [1]

3 – A CMVM pode ainda trocar informações com as autoridades de supervisão de Estados que não sejam membros da Comunidade Europeia e com as entidades que aí exerçam funções equivalentes às referidas no n.º 1, se, e na medida em que, for necessário para a supervisão dos mercados de instrumentos financeiros e para a supervisão, em base individual ou consolidada, de intermediários financeiros. [1]

Artigo 356.º
Tratamento da informação

1 – As informações recebidas pela CMVM nos termos do artigo anterior só podem ser utilizadas:

a) Para exame das condições de acesso à actividade dos intermediários financeiros;

b) Para supervisão, em base individual ou consolidada, da actividade dos intermediários financeiros e para supervisão dos mercados de instrumentos financeiros; [1]

c) Para instrução de processos e para aplicação de sanções;

d) No âmbito de recursos interpostos de decisões do Ministro das Finanças, da CMVM, do Banco de Portugal ou do Instituto de Seguros de Portugal, tomadas nos termos das disposições aplicáveis às entidades sujeitas à respectiva supervisão;

e) Para dar cumprimento a deveres legais de colaboração com outras entidades ou para o desenvolvimento de acções de cooperação;

f) No âmbito do procedimento de mediação de conflitos previsto nos artigos 33.º e 34.º. [1]

2 – A CMVM só pode comunicar a outras entidades informações que tenha recebido das entidades referidas no n.º 2 do artigo anterior com o consentimento expresso dessas entidades.

---

[1] *Redacção introduzida pelo Decreto-Lei n.º 357-A/2007, de 31 de Outubro.*

[1] *Redacção introduzida pelo Decreto-Lei n.º 357-A/2007, de 31 de Outubro.*

3 – As entidades que nos termos do número anterior recebam informações da CMVM ficam sujeitas a dever de segredo com o conteúdo previsto no artigo 354.º. [1]

4 – É lícita a divulgação de informações em forma sumária ou agregada que não permita identificação individual.

Artigo 357.º
Boletim da CMVM

A CMVM edita periodicamente um boletim, onde são publicados, nomeadamente:

a) Os seus regulamentos e instruções;

b) As recomendações e os pareceres genéricos;

c) As decisões de autorização;

d) As decisões de registo, se o registo for público. [1]

CAPÍTULO II
Supervisão

Artigo 358.º
Princípios

A supervisão desenvolvida pela CMVM obedece aos seguintes princípios:

a) Protecção dos investidores;

b) Eficiência e regularidade de funcionamento dos mercados de instrumentos financeiros; [1]

c) Controlo da informação;

d) Prevenção do risco sistémico;

e) Prevenção e repressão das actuações contrárias a lei ou a regulamento;

f) Independência perante quaisquer entidades sujeitas ou não à sua supervisão.

Artigo 359.º
Entidades sujeitas à supervisão da CMVM

1 – No âmbito das actividades relativas a instrumentos financeiros, estão sujeitas à supervisão da CMVM, sem prejuízo das competências atribuídas a outras autoridades, as seguintes entidades: [1]

a) Entidades gestoras de mercados regulamentados, de sistemas de negociação multilateral, de sistemas de liquidação, de câmara de compensação ou contraparte central e de sistemas centralizados de valores mobiliários; [1]

b) Intermediários financeiros e consultores para investimento; [1]

c) Emitentes de valores mobiliários;

d) Investidores qualificados referidos nas alíneas a) a f) do n.º 1 do artigo 30.º e titulares de participações qualificadas; [2]

e) Fundos de garantia e sistemas de indemnização dos investidores e respectivas entidades gestoras;

f) Auditores e sociedades de notação de risco, registados na CMVM;

g) Sociedades de titularização de créditos; [1]

h) Sociedades de capital de risco; [1]

i) Entidades que se proponham a celebrar ou mediar contratos de seguro ligados a fundos de investimento ou a comercializar contratos de adesão individual a fundos de pensões abertos, no âmbito destas actividades; [1]

j) Outras pessoas que exerçam, a título principal ou acessório, actividades relacionadas com a emissão, a distribuição, a negociação, o registo ou o depósito de instrumentos financeiros ou, em geral, com a organização e o funcionamento dos mercados de instrumentos financeiros. [1]

2 – As pessoas ou entidades que exerçam actividades de carácter transnacional ficam sujeitas à supervisão da CMVM sempre que essas actividades tenham alguma conexão relevante com mercados regulamentados, sistemas de negociação multilateral, operações ou instrumentos financeiros sujeitos à lei portuguesa. [1]

3 – As entidades sujeitas à supervisão da CMVM devem prestar-lhe toda a colaboração solicitada.

Artigo 360.º
Procedimentos de supervisão

1 – No âmbito das suas atribuições de supervisão, a CMVM pode adoptar, além de outros previstos na lei, os seguintes procedimentos:

a) Acompanhar a actividade das entidades sujeitas à sua supervisão e o funcionamento dos mercados de instrumentos financeiros, dos sistemas de liquidação de instrumentos financeiros, de câmara de compensação, de contraparte central e dos sistemas centralizados de valores mobiliários; [1]

b) Fiscalizar o cumprimento da lei e dos regulamentos;

c) Aprovar os actos e conceder as autorizações previstas na lei;

d) Efectuar os registos previstos na lei;

e) Instruir os processos e punir as infracções que sejam da sua competência;

f) Dar ordens e formular recomendações concretas;

g) Difundir informações;

h) Publicar estudos.

i) Avaliar e divulgar regularmente, após consulta aos interessados, as práticas de mercado que podem ou não ser aceites, reapreciando-as quando necessário, bem como as suas características, termos e condições de conformidade com os princípios consagrados no artigo 358.º e com o restante quadro legal e regulamentar aplicável, comunicando a respectiva decisão ao Comité das Autoridades de Regulamentação dos Mercados Europeus de Valores Mobiliários. [3]

2 – Os poderes referidos na alínea e) do n.º 1 são exercidos em relação a quaisquer pessoas, ainda que não incluídas no âmbito do n.º 1 do artigo 359.º

3 – Para efeito do disposto na alínea i) do n.º 1, a CMVM deve ter em conta, nomeadamente, os princípios constantes do artigo 358.º, os possíveis efeitos das práticas em causa sobre a liquidez e eficiência do mercado, a sua transparência e adequação à natureza dos mercados e aos processos de negociação adoptados, a interacção entre diferentes mercados, a nível nacional e internacional, e os diversos riscos que podem estar associados às mesmas. [2]

---

[1] *Redacção introduzida pelo Decreto-Lei n.º 357-A/2007, de 31 de Outubro.*

[2] *Redacção introduzida pelo Decreto-Lei n.º 52/2006, de 15 de Março.*

Regulação do Sector Financeiro – Regulação do Mercado de Valores Mobiliários

ARTIGO 361.º
Exercício da supervisão

1 – No exercício da supervisão, a CMVM pratica os actos necessários para assegurar a efectividade dos princípios referidos no artigo 358.º, salvaguardando tanto quanto possível a autonomia das entidades sujeitas à sua supervisão.

2 – No exercício da supervisão, a CMVM dispõe das seguintes prerrogativas:

a) Exigir quaisquer elementos e informações e examinar livros, registos e documentos, não podendo as entidades supervisionadas invocar o segredo profissional;

b) Ouvir quaisquer pessoas, intimando-as para o efeito, quando necessário;

c) Determinar que as pessoas responsáveis pelos locais onde se proceda à instrução de qualquer processo ou a outras diligências coloquem à sua disposição as instalações de que os seus agentes careçam para a execução dessas tarefas, em condições adequadas de dignidade e eficiência;

d) Requerer a colaboração de outras pessoas ou entidades, incluindo autoridades policiais, quando tal se mostre necessário ou conveniente ao exercício das suas funções, designadamente em caso de resistência a esse exercício ou em razão da especialidade técnica das matérias em causa; [1]

e) Substituir-se às entidades gestoras de mercados regulamentados, de sistemas de negociação multilateral, de sistemas de liquidação, de câmara de compensação, de contraparte central e de sistemas centralizados de valores mobiliários quando estas não adoptem as medidas necessárias à regularização de situações anómalas que ponham em causa o regular funcionamento do mercado, da actividade exercida ou os interesses dos investidores; [1]

f) Substituir-se às entidades supervisionadas no cumprimento de deveres de informação;

g) Divulgar publicamente o facto de um emitente não estar a observar os seus deveres. [2]

3 – Nas situações previstas no n.º 1 e nas alíneas a), b) e c) do n.º 2, as pessoas singulares ou colectivas em causa ficam sujeitas ao dever de não revelar a clientes ou a terceiros o teor ou a ocorrência do acto praticado. [1]

4 – Nos recursos das decisões tomadas pela CMVM, no exercício dos poderes de supervisão, presume-se, até prova em contrário, que a suspensão da eficácia determina grave lesão do interesse público.

ARTIGO 362.º
Supervisão contínua

A CMVM acompanha de modo contínuo a actividade das entidades sujeitas à sua supervisão, ainda que não exista qualquer suspeita de irregularidade.

ARTIGO 363.º
Supervisão prudencial

1 – Estão sujeitas à supervisão prudencial da CMVM:

a) As entidades gestoras de mercados regulamentados, de sistemas de negociação multilateral, de sistemas de liquida-ção, de câmara de compensação, de contraparte central e de sistemas centralizados de valores mobiliários; [1]

b) As instituições de investimento colectivo;

c) As entidades gestoras de fundos de garantia e de sistemas de indemnização dos investidores.

2 – A supervisão prudencial é orientada pelos seguintes princípios:

a) Preservação da solvabilidade e da liquidez das instituições e prevenção de riscos próprios;

b) Prevenção de riscos sistémicos;

c) Controlo da idoneidade dos titulares dos órgãos de gestão, das pessoas que dirigem efectivamente a actividade e dos titulares de participações qualificadas, de acordo com os critérios definidos no artigo 30.º do Regime Geral das Instituições de Crédito e das Sociedades Financeiras, com as devidas adaptações. [1]

3 – A CMVM, através de regulamento, concretiza os princípios referidos nas alíneas a) e b) do número anterior.

ARTIGO 364.º
Fiscalização

1 – No exercício de poderes de fiscalização, a CMVM:

a) Efectua as inspecções que entenda necessárias às entidades sujeitas à sua supervisão;

b) Realiza inquéritos para averiguação de infracções de qualquer natureza cometidas no âmbito do mercado de instrumentos financeiros ou que afectem o seu normal funcionamento; [1]

c) Executa as diligências necessárias ao cumprimento dos princípios referidos no artigo 358.º, nomeadamente perante as operações descritas no artigo 311.º. [2]

2 – A CMVM participa às entidades competentes as infracções de que tome conhecimento e cuja instrução e sanção não se enquadrem na sua competência.

ARTIGO 365.º
Registos

1 – Os registos efectuados pela CMVM visam o controlo de legalidade e de conformidade com os regulamentos dos factos ou elementos sujeitos a registo e a organização da supervisão.

2 – Os registos efectuados pela CMVM são públicos, salvo quando da lei resulte o contrário.

3 – Os documentos que tenham servido de base aos registos são públicos, salvo quando contenham dados pessoais que não constem do registo ou este tenha sido efectuado no âmbito de processo de contra-ordenação ou de averiguações ainda em curso ou que, por qualquer outra causa, estejam sujeitos a segredo.

4 – A CMVM define, através de regulamento, os termos do acesso público aos registos e documentos a que se referem os números anteriores.

5 – A CMVM mantém um registo das sanções principais e acessórias aplicadas em processos de contra-ordenação, que não é acessível ao público.

---

[1] *Redacção introduzida pelo Decreto-Lei n.º 357-A/2007, de 31 de Outubro.*

[2] *Redacção introduzida pelo Decreto-Lei n.º 52/2006, de 15 de Março.*

---

[1] *Redacção introduzida pelo Decreto-Lei n.º 357-A/2007, de 31 de Outubro.*

[2] *Redacção introduzida pelo Decreto-Lei n.º 52/2006, de 15 de Março.*

6 – Os registos efectuados pela CMVM podem ser integrados e tratados em aplicações informáticas, nos termos e com os limites da lei sobre protecção de dados pessoais.

ARTIGO 366.º
Supervisão relativa a publicidade e cláusulas contratuais gerais

1 – Compete à CMVM fiscalizar a aplicação da legislação sobre publicidade e cláusulas contratuais gerais relativamente às matérias reguladas no presente Código, instruindo os processos de contra-ordenação e aplicando as respectivas sanções. [1]

2 – Em relação a material publicitário ilegal a CMVM pode ordenar:

a) As modificações necessárias para pôr termo à ilegalidade;

b) A suspensão da acção publicitária;

c) A imediata publicação pelo responsável de rectificação apropriada.

3 – Cada período de suspensão da acção publicitária não pode ser superior a 10 dias úteis. [1]

4 – Verificado o incumprimento da ordem a que se refere a alínea c) do n.º 2, pode a CMVM, sem prejuízo das sanções aplicáveis, substituir-se ao infractor na prática do acto.[1]

ARTIGO 367.º
Difusão de informações

1 – A CMVM organiza um sistema informático de difusão de informação acessível ao público que pode integrar, entre outros aspectos, elementos constantes dos seus registos, decisões com interesse público e outra informação que lhe seja comunicada ou por si aprovada, designadamente informação privilegiada nos termos do artigo 248.º, participações qualificadas, documentos de prestação de contas e prospectos. [1]

2 – Os prospectos referidos no número anterior devem ser mantidos acessíveis, pelo menos, durante um ano. [1]

ARTIGO 368.º
Despesas de publicação

Constitui título executivo a declaração do conselho directivo da CMVM atestando a realização de despesas com publicações que, segundo a lei, possam por ela ser promovidas a expensas de entidades sujeitas à sua supervisão.

CAPÍTULO III
Regulação

ARTIGO 369.º
Regulamentos da CMVM

1 – A CMVM elabora regulamentos sobre as matérias integradas nas suas atribuições e competências. [1]

2 – Os regulamentos da CMVM devem observar os princípios da legalidade, da necessidade, da clareza e da publicidade.

3 – Os regulamentos da CMVM são publicados na 2.ª série do Diário da República, entrando em vigor na data neles referida ou cinco dias após a sua publicação.

4 – Os regulamentos da CMVM que incluam matérias relativas a um determinado mercado regulamentado ou sistema de negociação multilateral ou aos instrumentos financeiros nele negociados são também divulgados no boletim desse mercado ou sistema. [1]

5 – Os regulamentos da CMVM que apenas visem regular procedimentos de carácter interno de uma ou mais categorias de entidades denominam-se instruções, não são publicados nos termos dos números anteriores, são notificados aos respectivos destinatários e entram em vigor cinco dias após a notificação ou na data nelas referida.

ARTIGO 370.º
Recomendações e pareceres genéricos

1 – A CMVM pode emitir recomendações genéricas dirigidas a uma ou mais categorias de entidades sujeitas à sua supervisão.

2 – A CMVM pode formular e publicar pareceres genéricos sobre questões relevantes que lhe sejam colocadas por escrito por qualquer das entidades sujeitas à sua supervisão ou pelas respectivas associações.

ARTIGO 371.º
Publicação consolidada de normas

A CMVM publica anualmente o texto actualizado das normas legais e regulamentares respeitantes às matérias reguladas neste Código e em legislação complementar.

ARTIGO 372.º
Auto-regulação

1 – Nos limites da lei e dos regulamentos, as entidades gestoras dos mercados regulamentados, dos sistemas de negociação multilateral, dos sistemas de liquidação, de contraparte central ou de compensação e dos sistemas centralizados de valores mobiliários podem regular autonomamente as actividades por si geridas. [1]

2 – As regras estabelecidas nos termos do número anterior que não sejam sujeitas a registo, assim como aquelas que constam de códigos deontológicos aprovados por entidades gestoras e por associações profissionais de intermediários financeiros, devem ser comunicadas à CMVM. [1]

CAPÍTULO IV
Cooperação

ARTIGO 373.º
Princípios

Além daqueles que são referidos no artigo 358.º, a cooperação desenvolvida pela CMVM deve obedecer aos princípios de reciprocidade, de respeito pelo segredo profissional e de utilização restrita da informação para fins de supervisão.

ARTIGO 374.º
Cooperação com outras autoridades nacionais

1 – Em relação a entidades que estejam também sujeitas à supervisão por outras autoridades, designadamente o Banco de Portugal e o Instituto de Seguros de Portugal, a CMVM e

---

[1] *Redacção introduzida pelo Decreto-Lei n.º 52/2006, de 15 de Março.*

[1] *Redacção introduzida pelo Decreto-Lei n.º 357-A/2007, de 31 de Outubro.*

Regulação do Sector Financeiro – Regulação do Mercado de Valores Mobiliários

essas autoridades cooperam entre si para o exercício coordenado dos respectivos poderes de supervisão e de regulação.

2 – A cooperação referida no número anterior tem carácter regular e pode traduzir-se:

a) Na elaboração e aprovação de regulamentos, quando a lei lhes atribua competência conjunta;

b) Na realização de consultas mútuas;

c) Na troca de informações, mesmo quando sujeitas a segredo profissional;

d) Na realização de actos de fiscalização conjunta;

e) No estabelecimento de acordos e de procedimentos comuns.

Artigo 375.º
Cooperação com outras instituições nacionais

1 – As entidades públicas ou privadas que tenham poderes de intervenção sobre qualquer das entidades referidas no artigo 359.º devem cooperar com a CMVM para o exercício, por esta, dos seus poderes de supervisão.

2 – Os acordos que sejam celebrados ao abrigo do disposto no número anterior são publicados no boletim da CMVM.

Artigo 376.º
Cooperação com instituições congéneres estrangeiras

1 – No exercício das suas atribuições, a CMVM coopera com as instituições congéneres ou equiparadas de outros Estados. [1]

2 – A CMVM pode celebrar com as referidas instituições acordos bilaterais ou multilaterais de cooperação, tendo nomeadamente em vista:

a) Recolha de elementos relativos a infracções contra o mercado de instrumentos financeiros e de outras cuja investigação caiba no âmbito das atribuições da CMVM; [1]

b) Troca das informações necessárias ao exercício das respectivas funções de supervisão ou de regulação;

c) Consultas sobre problemas suscitados pelas respectivas atribuições;

d) Formação de quadros e troca de experiências no âmbito das respectivas atribuições.

3 – Os acordos a que se refere o número anterior podem abranger a participação subordinada de representantes de instituições congéneres de Estado estrangeiro em actos da competência da CMVM, quando haja suspeita de violação de lei daquele Estado.

4 – A cooperação a que se refere o presente artigo deve ser desenvolvida nos termos da lei, do direito comunitário e das convenções internacionais que vinculam o Estado Português.

5 – O disposto no presente artigo é aplicável, com as necessárias adaptações, às relações decorrentes da participação da CMVM em organizações internacionais. [2]

Artigo 377.º
Cooperação e assistência no quadro da União Europeia

1 – Sem prejuízo da aplicação do disposto no artigo anterior, a CMVM coopera ainda com as instituições congéneres dos Estados membros da União Europeia e presta-lhes assis-

tência para o efeito do exercício das respectivas funções de supervisão e investigação. [1]

2 – A pedido da instituição congénere, a CMVM comunica imediatamente qualquer informação solicitada para efeito do disposto no número anterior e, caso tal não seja possível, comunica os motivos desse facto, adoptando, se necessário, as medidas adequadas para recolher as informações solicitadas. [2]

3 – A CMVM pode recusar dar seguimento a um pedido de informações se a comunicação dessas informações for susceptível de prejudicar a soberania, a segurança ou a ordem pública nacionais ou se estiver em curso um processo judicial ou existir sentença transitada em julgado relativamente aos mesmos factos e às mesmas pessoas perante os tribunais portugueses. [2]

4 – No caso da recusa prevista no número anterior, a CMVM notifica a instituição requerente, fornecendo-lhe informações tão pormenorizadas quanto possível sobre os referidos processos ou sentenças. [2]

5 – A solicitação da instituição congénere prevista no n.º 1 e no âmbito das funções aí previstas, a CMVM promove no território nacional e sob a sua direcção as averiguações e diligências necessárias para apurar factos que constituam um ilícito nesse Estado membro, podendo autorizar representantes da instituição requerente, auditores ou outros peritos a acompanhar ou a efectuar as diligências. [1]

6 – A CMVM pode recusar dar seguimento a um pedido de realização de uma diligência ou do seu acompanhamento por representantes da instituição requerente nos casos previstos no n.º 3. [2]

7 – Se a CMVM tiver conhecimento de actos que possam constituir um dos ilícitos previstos no n.º 1 que estejam a ser ou tenham sido praticados no território de outro Estado membro, ou que afectem instrumentos financeiros negociados no território de outro Estado membro, notifica a instituição congénere desse Estado membro, sem prejuízo dos seus poderes de investigação e perseguição dos ilícitos em causa. [2]

8 – Se a CMVM receber da instituição congénere de outro Estado membro notificação análoga à prevista no número anterior, comunica à instituição notificante os resultados das diligências efectuadas na sequência da notificação e outros desenvolvimentos relevantes. [2]

9 – Nos casos previstos nos n.ºs 7 e 8, a CMVM e as instituições congéneres que sejam competentes para a investigação e perseguição dos ilícitos em causa consultam-se mutuamente acerca das medidas a adoptar. [2]

10 – A CMVM estabelece com as entidades congéneres os mecanismos de consulta e de articulação necessários ao cumprimento do disposto na alínea i) do n.º 1 e no n.º 3 do artigo 360.º.

Artigo 377.º-A [3]
Medidas cautelares na cooperação internacional

1 – Quando a CMVM verificar que os deveres relativos à comunicação e à divulgação de participações qualificadas, à elaboração de um prospecto de oferta pública ou de admis-

---

[1] *Redacção introduzida pelo Decreto-Lei n.º 357-A/2007, de 31 de Outubro.*

[2] *Redacção introduzida pelo Decreto-Lei n.º 52/2006, de 15 de Março.*

[1] *Redacção introduzida pelo Decreto-Lei n.º 357-A/2007, de 31 de Outubro.*

[2] *Redacção introduzida pelo Decreto-Lei n.º 52/2006, de 15 de Março.*

[3] *Aditado pelo Decreto-Lei n.º 52/2006, de 15 de Março.*

Decreto-Lei n.º 486/99

são, à divulgação de informação periódica e à actuação de um mercado regulamentado ou de um sistema de negociação multilateral foram violados dá conhecimento dos referidos factos à autoridade do Estado membro de origem do emitente ou, no caso de infracção cometida por mercado regulamentado ou sistema de negociação multilateral, à autoridade do Estado que lhe tenha concedido autorização. [1]

2 – Se a autoridade competente não tomar as providências solicitadas ou estas forem inadequadas e o titular de participação qualificada, o emitente, o intermediário financeiro responsável pela oferta pública, o mercado regulamentado ou o sistema de negociação multilateral persistir na infracção das normas aplicáveis, a CMVM, após informar desse facto a autoridade competente, toma as providências que entenda convenientes no intuito de proteger os investidores e o bom funcionamento dos mercados. [1]

3 – Para efeitos do disposto no número anterior, a CMVM pode impedir que o mercado regulamentado ou o sistema de negociação em causa continuem a disponibilizar, no território português, mecanismos de acesso e negociação por membros estabelecidos em Portugal.

4 — As providências tomadas pela CMVM ao abrigo do n.º 2 são comunicadas à Comissão Europeia com a brevidade possível. [1]

TÍTULO VIII
Crimes e ilícitos de mera ordenação social

CAPÍTULO I
Crimes

SECÇÃO I
Crimes contra o mercado

Artigo 378.º
Abuso de informação

1 – Quem disponha de informação privilegiada: [2]

a) Devido à sua qualidade de titular de um órgão de administração ou de fiscalização de um emitente ou de titular de uma participação no respectivo capital; ou

b) Em razão do trabalho ou do serviço que preste, com carácter permanente ou ocasional, a um emitente ou a outra entidade; ou

c) Em virtude de profissão ou função pública que exerça; ou

d) Que, por qualquer forma, tenha sido obtida através de um facto ilícito ou que suponha a prática de um facto ilícito;

e a transmita a alguém fora do âmbito normal das suas funções ou, com base nessa informação, negoceie ou aconselhe alguém a negociar em valores mobiliários ou outros instrumentos financeiros ou ordene a sua subscrição, aquisição, venda ou troca, directa ou indirectamente, para si ou para outrem, é punido com pena de prisão até três anos ou com pena de multa.

2 – Qualquer pessoa não abrangida pelo número anterior que, tendo conhecimento de uma informação privilegiada, a transmita a outrem ou, com base nessa informação, negoceie ou aconselhe alguém a negociar em valores mobiliários ou outros instrumentos financeiros ou ordene a sua subscrição, aquisição, venda ou troca, directa ou indirectamente, para si ou para outrem, é punida com pena de prisão até dois anos ou com pena de multa até 240 dias. [1]

3 – Entende-se por informação privilegiada toda a informação não tornada pública que, sendo precisa e dizendo respeito, directa ou indirectamente, a qualquer emitente ou a valores mobiliários ou outros instrumentos financeiros, seria idónea, se lhe fosse dada publicidade, para influenciar de maneira sensível o seu preço no mercado. [1]

4 – Em relação aos instrumentos derivados sobre mercadorias, entende-se por informação privilegiada toda a informação com carácter preciso que não tenha sido tornada pública e respeite, directa ou indirectamente, a um ou mais desses instrumentos derivados e que os utilizadores dos mercados em que aqueles são negociados esperariam receber ou teriam direito a receber em conformidade, respectivamente, com as práticas de mercado aceites ou com o regime de divulgação de informação nesses mercados. [1]

5 – O disposto neste artigo não se aplica quando as operações sejam efectuadas pelo Banco Central Europeu, por um Estado, pelo seu banco central ou por qualquer outro organismo designado pelo Estado, por razões de política monetária, cambial ou de gestão da dívida pública, nem às transacções sobre acções próprias efectuadas no âmbito de programas de recompra realizados nas condições legalmente permitidas. [1]

6 – A tentativa de qualquer dos ilícitos descritos é punível.

7 – Se as transacções referidas nos n.ºs 1 e 2 envolverem a carteira de uma terceira pessoa, singular ou colectiva, que não seja constituída arguida, esta pode ser demandada no processo crime como parte civil, nos termos previstos no Código de Processo Penal, para efeito da apreensão das vantagens do crime ou da reparação de danos. [1]

Artigo 379.º
Manipulação do mercado

1 – Quem divulgue informações falsas, incompletas, exageradas ou tendenciosas, realize operações de natureza fictícia ou execute outras práticas fraudulentas que sejam idóneas para alterar artificialmente o regular funcionamento do mercado de valores mobiliários ou de outros instrumentos financeiros é punido com prisão até três anos ou com pena de multa.

2 – Consideram-se idóneos para alterar artificialmente o regular funcionamento do mercado, nomeadamente, os actos que sejam susceptíveis de modificar as condições de formação dos preços, as condições normais da oferta ou da procura de valores mobiliários ou de outros instrumentos financeiros ou as condições normais de lançamento e de aceitação de uma oferta pública.

3 – Os titulares do órgão de administração e as pessoas responsáveis pela direcção ou pela fiscalização de áreas de actividade de um intermediário financeiro que, tendo conhecimento de factos descritos no n.º 1, praticados por pessoas directamente sujeitas à sua direcção ou fiscalização e no exer-

---

[1] *Redacção introduzida pelo Decreto-Lei n.º 357-A/2007, de 31 de Outubro.*

[2] *Redacção introduzida pelo Decreto-Lei n.º 52/2006, de 15 de Março.*

---

[1] *Redacção introduzida pelo Decreto-Lei n.º 52/2006, de 15 de Março.*

Regulação do Sector Financeiro – Regulação do Mercado de Valores Mobiliários

cício das suas funções, não lhes ponham imediatamente termo são punidos com pena de prisão até dois anos ou pena de multa até 240 dias, se pena mais grave não lhes couber por força de outra disposição legal.

4 – A tentativa de qualquer dos ilícitos descritos é punível.

5 – Se os factos descritos nos n.os 1 e 3 envolverem a carteira de uma terceira pessoa, singular ou colectiva, que não seja constituída arguida, esta pode ser demandada no processo crime como parte civil, nos termos previstos no Código de Processo Penal, para efeito da apreensão das vantagens do crime ou da reparação de danos. [1]

6 – O disposto neste artigo não se aplica às operações efectuadas pelo Banco Central Europeu, por um Estado, pelo seu banco central ou por qualquer outro organismo designado pelo Estado, por razões de política monetária, cambial ou de gestão de dívida pública, nem às operações de estabilização de preços, quando sejam efectuadas nas condições legalmente permitidas. [1]

Artigo 380.º
Penas acessórias

Aos crimes previstos nos artigos antecedentes podem ser aplicadas, além das referidas no Código Penal, as seguintes penas acessórias:

a) Interdição, por prazo não superior a cinco anos, do exercício pelo agente da profissão ou actividade que com o crime se relaciona, incluindo inibição do exercício de funções de administração, direcção, chefia ou fiscalização e, em geral, de representação de quaisquer intermediários financeiros, no âmbito de alguma ou de todas as actividade de intermediação em valores mobiliários ou em outros instrumentos financeiros;

b) Publicação da sentença condenatória a expensas do arguido em locais idóneos para o cumprimento das finalidades de prevenção geral do sistema jurídico e da protecção do mercado de valores mobiliários ou de outros instrumentos financeiros.

Artigo 380.º-A [2]
Apreensão e perda das vantagens do crime

1 – Sempre que o facto ilícito gerar para o arguido ou para terceiro por conta de quem o arguido negoceie vantagens patrimoniais, transitórias ou permanentes, incluindo juros, lucros ou outros benefícios de natureza patrimonial, esses valores são apreendidos durante o processo ou, pelo menos, declarados perdidos na sentença condenatória, nos termos previstos nos números seguintes.

2 – As vantagens patrimoniais geradas pelo facto ilícito típico abrangem as mais-valias efectivas obtidas e as despesas e os prejuízos evitados com a prática do facto, independentemente do destino final que o arguido lhes tenha dado e ainda que as tenha posteriormente perdido.

3 – O valor apreendido nos termos dos números anteriores é afecto à reparação dos lesados que tenham feito valer a sua pretensão no processo crime, sendo 60 % do remanescente declarado perdido a favor do Estado e 40 % a favor do sistema de indemnização dos investidores.

4 – Nos processos por crimes de abuso de informação e manipulação de mercado são aplicáveis as medidas de garantia patrimonial previstas no Código de Processo Penal, sem prejuízo do recurso às medidas de combate à criminalidade organizada e económico-financeira previstas em legislação avulsa.

SECÇÃO II
Crime de desobediência

Artigo 381.º
Desobediência

1 – Quem se recusar a acatar as ordens ou os mandados legítimos da CMVM, emanados no âmbito das suas funções de supervisão, ou criar, por qualquer forma, obstáculos à sua execução incorre na pena prevista para o crime de desobediência qualificada.

2 – Na mesma pena incorre quem não cumprir, quem dificultar e quem defraudar a execução das sanções acessórias ou das medidas cautelares aplicadas em processo de contra-ordenação.

SECÇÃO III
Disposições processuais

Artigo 382.º
Aquisição da notícia do crime

1 – A notícia dos crimes contra o mercado de valores mobiliários ou de outros instrumentos financeiros adquire-se por conhecimento próprio da CMVM, por intermédio dos órgãos de polícia criminal ou mediante denúncia.

2 – Os intermediários financeiros com sede estatutária, administração central ou sucursal em Portugal e as autoridades judiciárias, entidades policiais ou funcionários que, no exercício da sua actividade ou função, tenham conhecimento de factos que possam vir a ser qualificados como crime contra o mercado de valores mobiliários ou de outros instrumentos financeiros informam imediatamente o conselho directivo da CMVM. [1]

3 – A denúncia descrita no número anterior pode ser apresentada por qualquer meio idóneo para o efeito, sendo confirmada por escrito, a pedido da CMVM, sempre que este não seja o meio adoptado inicialmente. [1]

4 – A denúncia apresentada por intermediários financeiros descreve as razões da suspeita, identifica pormenorizadamente e com rigor as operações em causa, as ordens dadas, os comitentes e quaisquer outras pessoas envolvidas, as modalidades de negociação, as carteiras envolvidas, os beneficiários económicos das operações, os mercados em causa e qualquer outra informação relevante para o efeito, bem como a qualidade de quem subscreve a denúncia e a sua relação com o intermediário financeiro. [1]

5 – A pessoa ou entidade que apresente à CMVM uma denúncia nos termos deste artigo fica impedida de revelar tal facto ou qualquer outra informação sobre a mesma a clientes ou a terceiros, não podendo ser responsabilizada pelo cumprimento desse dever de sigilo e pela denúncia que não seja feita de má fé. [1]

---

[1] *Redacção introduzida pelo Decreto-Lei n.º 52/2006, de 15 de Março.*
[2] *Aditado pelo Decreto-Lei n.º 52/2006, de 15 de Março.*

[1] *Redacção introduzida pelo Decreto-Lei n.º 52/2006, de 15 de Março.*

Decreto-Lei n.º 486/99

6 – Não pode ser revelada a identidade de quem subscreve a denúncia ou fornece as informações previstas neste artigo, nem a identificação da entidade para quem essa pessoa trabalha, excepto se a quebra desse regime de segredo for determinada por juiz, nos termos previstos no Código de Processo Penal. [1]

ARTIGO 383.º
Averiguações preliminares

1 – Obtido o conhecimento de factos que possam vir a ser qualificados como crime contra o mercado de valores mobiliários ou de outros instrumentos financeiros, pode o conselho directivo da CMVM determinar a abertura de um processo de averiguações preliminares.

2 – As averiguações preliminares compreendem o conjunto de diligências necessárias para apurar a possível existência da notícia de um crime contra o mercado de valores mobiliários ou outros instrumentos financeiros.

3 – As averiguações preliminares são desenvolvidas sem prejuízo dos poderes de supervisão da CMVM.

ARTIGO 384.º
Competência

O processo de averiguações é iniciado e dirigido pelo conselho directivo da CMVM, sem prejuízo das regras internas de distribuição de competências e das delegações genéricas de competência nos respectivos serviços.

ARTIGO 385.º
Prerrogativas da CMVM

1 – Para efeito do disposto nos artigos anteriores, a CMVM pode: [1]

a) Solicitar a quaisquer pessoas e entidades todos os esclarecimentos, informações, documentos, independentemente da natureza do seu suporte, objectos e elementos necessários para confirmar ou negar a suspeita de crime contra o mercado de valores mobiliários ou outros instrumentos financeiros;

b) Proceder à apreensão, congelamento e inspecção de quaisquer documentos, independentemente da natureza do seu suporte, valores, objectos relacionados com a possível prática de crimes contra o mercado de valores mobiliários ou outros instrumentos financeiros ou proceder à selagem de objectos não apreendidos nas instalações das pessoas e entidades sujeitas à sua supervisão, na medida em que se revelem necessários à averiguação da possível existência da notícia de crime contra o mercado de valores mobiliários ou outros instrumentos financeiros;

c) Requerer de modo devidamente fundamentado à autoridade judiciária competente que autorize a solicitação a entidades prestadoras de serviços de telecomunicações, de rede fixa ou rede móvel, ou a operadores de serviços de Internet registos de contactos telefónicos e de transmissão de dados existentes;

d) Solicitar a entidades prestadoras de serviços de telecomunicações, de rede fixa ou de rede móvel, ou a operadores de serviços de Internet registos de contactos telefónicos e de transmissão de dados existentes.

2 – A CMVM pode, para efeito do disposto no número anterior, requerer a colaboração de outras autoridades, entidades policiais e órgãos de polícia criminal. [1]

3 – Em caso de urgência ou perigo pela demora, ainda que antes de iniciadas as averiguações preliminares para os efeitos descritos na presente secção, a CMVM pode proceder à prática dos actos referidos na alínea b) do n.º 1, incluindo a apreensão e congelamento de valores, independentemente do local ou da instituição em que os mesmos se encontrem. [1]

4 – As medidas referidas no n.º 4 do artigo 380.º-A podem ser também requeridas pela CMVM às autoridades judiciárias competentes, no âmbito das averiguações preliminares que tenham lugar. [1]

5 – Aos actos praticados ao abrigo da alínea b) do n.º 1 aplica-se o regime previsto no Código de Processo Penal. [1]

6 – A autorização para a obtenção dos registos referidos na alínea c) do n.º 1 é concedida no prazo de quarenta e oito horas pelo magistrado do Ministério Público competente, sendo a decisão deste obrigatoriamente comunicada ao juiz de instrução para efeitos de homologação. [1]

7 – Considera-se validada a obtenção de registos referida no número anterior se não for proferido despacho de recusa de homologação pelo juiz de instrução nas quarenta e oito horas seguintes. [1]

8 – Nos casos referidos na alínea c) do n.º 1 em que seja invocável um regime de protecção de segredo profissional, deve a autorização prévia ser directamente promovida pelo competente magistrado do Ministério Público junto do juiz de instrução, a qual é ponderada com dispensa de quaisquer outras formalidades, considerando-se concedida se não for proferido despacho de recusa no prazo de quarenta e oito horas. [1]

ARTIGO 386.º
Encerramento do processo de averiguações

Concluído o processo de averiguações preliminares e obtida a notícia de um crime, o conselho directivo da CMVM remete os elementos relevantes à autoridade judiciária competente.

ARTIGO 387.º
Dever de notificar

As decisões tomadas ao longo dos processos por crimes contra o mercado de valores mobiliários ou outros instrumentos financeiros são notificadas ao conselho directivo da CMVM.

CAPÍTULO II
Ilícitos de mera ordenação social

SECÇÃO I
Ilícitos em especial

ARTIGO 388.º
Disposições comuns

1 – Às contra-ordenações previstas nesta secção são aplicáveis as seguintes coimas:

---

[1] *Redacção introduzida pelo Decreto-Lei n.º 52/2006, de 15 de Março.*

[1] *Redacção introduzida pelo Decreto-Lei n.º 52/2006, de 15 de Março.*

Regulação do Sector Financeiro – Regulação do Mercado de Valores Mobiliários

a) Entre (euro) 25 000 e (euro) 2 500 000, quando sejam qualificadas como muito graves;

b) Entre (euro) 12 500 e (euro) 1 250 000, quando sejam qualificadas como graves;

c) Entre (euro) 2500 e (euro) 250 000, quando sejam qualificadas como menos graves.

2 – As contra-ordenações previstas nos artigos seguintes respeitam tanto à violação de deveres consagrados neste Código e sua regulamentação como à violação de deveres consagrados em outras leis, quer nacionais, quer comunitárias, e sua regulamentação, que digam respeito às seguintes matérias: [1]

a) Instrumentos financeiros, ofertas públicas relativas a valores mobiliários, formas organizadas de negociação de instrumentos financeiros, sistemas de liquidação e compensação, contraparte central, intermediação financeira, sociedades de titularização de créditos, sociedades de capital de risco, fundos de capital de risco ou entidades legalmente habilitadas a administrar fundos de capital de risco, contratos de seguro ligados a fundos de investimento, contratos de adesão individual a fundos de pensões abertos e regime da informação e de publicidade relativa a qualquer destas matérias; [2]

b) Entidades gestoras de mercados regulamentados, de sistemas de negociação multilateral, de sistemas de liquidação, de câmara de compensação, de contraparte central, de sistemas centralizados de valores mobiliários ou sociedades gestoras de participações sociais nestas entidades. [2]

3 – Se a lei ou o regulamento exigirem que dever seja cumprido num determinado prazo considera-se que existe incumprimento logo que o prazo fixado tenha sido ultrapassado.

4 – Considera-se como não divulgada a informação cuja divulgação não tenha sido efectuada através dos meios adequados.

5 – Sempre que uma lei ou um regulamento da CMVM alterar as condições ou termos de cumprimento de um dever constante de lei ou regulamento anterior, aplica-se a lei antiga aos factos ocorridos no âmbito da sua vigência e a lei nova aos factos posteriores, salvo se perante a identidade do facto houver lugar à aplicação do regime concretamente mais favorável.

Artigo 389.º
Informação

1 – Constitui contra-ordenação muito grave: [2]

a) A comunicação ou divulgação, por qualquer pessoa ou entidade, e através de qualquer meio, de informação que não seja completa, verdadeira, actual, clara, objectiva e lícita; [1]

b) A falta de envio de informação para o sistema de difusão de informação organizado pela CMVM. [2]

2 – Inclui-se na alínea a) do número anterior a prestação de informação aos seus clientes por qualquer entidade que exerça actividades de intermediação. [2]

3 – Constitui contra-ordenação grave qualquer dos seguintes comportamentos:

a) Prática de factos referidos nos números anteriores, se os valores mobiliários ou os instrumentos financeiros a que a informação respeita não forem negociados em mercado regulamentado e se a operação tiver valor igual ou inferior ao limite máximo da coima prevista para as contra-ordenações graves;

b) Envio às entidades de supervisão e às entidades gestoras de mercados regulamentados, de sistemas de negociação multilateral, de sistemas de liquidação, de câmara de compensação, de contraparte central e de sistemas centralizados de valores mobiliários de informação que não seja completa, verdadeira, actual, clara objectiva e lícita; [1]

c) Falta de envio, total ou parcial, de documentos ou de informações à CMVM e à entidade gestora de mercado regulamentado;

d) Publicação ou divulgação de informação não acompanhada de relatório ou parecer elaborados por auditor registado na CMVM ou a omissão de declaração de que a informação não foi sujeita a auditoria, quando a lei o exija; [1]

e) A violação dos regimes da informação que contenha recomendações de investimento e dos conflitos de interesses com aquela relacionados. [2]

4 – Constitui contra-ordenação menos grave a divulgação de informação não redigida em português ou não acompanhada de tradução para português, quando exigível.

5 – Constitui contra-ordenação menos grave a divulgação de mensagem publicitária que não satisfaça algum dos seguintes requisitos:

a) Identificação inequívoca como tal;

b) Aprovação pela CMVM, quando exigida;

c) Referência ao prospecto;

d) Divulgação prévia de prospecto preliminar, em caso de recolha de intenções de investimento.

Artigo 390.º
Sociedades abertas

1 – Constitui contra-ordenação muito grave a omissão de comunicação ou divulgação de participação qualificada em sociedade aberta. [1]

2 – Constitui contra-ordenação grave a omissão de:

a) [Revogada];

b) Comunicação à CMVM de acordos parassociais relativos ao exercício de direitos sociais em sociedade aberta;

c) Verificação da autenticidade do voto por correspondência e de garantia da sua confidencialidade.

3 – Constitui contra-ordenação menos grave a omissão de:

a) Menção da qualidade de sociedade aberta nos actos externos;

b) Comunicação à CMVM de indícios de incumprimento do dever de informação sobre participações qualificadas em sociedade aberta;

c) Prestação de informação ao detentor de participação qualificada em sociedade aberta pelos titulares de valores mobiliários a que são inerentes direitos de voto imputáveis àquele;

d) Não disponibilização aos titulares de direito de voto de formulário de procuração para o exercício desse direito; [1]

e) Menção, em convocatória de assembleia geral, da disponibilidade de formulário de procuração ou da indicação de como o solicitar; [1]

---

[1] *Redacção introduzida pelo Decreto-Lei n.º 52/2006, de 15 de Março.*

[2] *Redacção introduzida pelo Decreto-Lei n.º 357-A/2007, de 31 de Outubro.*

---

[1] *Redacção introduzida pelo Decreto-Lei n.º 357-A/2007, de 31 de Outubro.*

[2] *Redacção introduzida pelo Decreto-Lei n.º 52/2006, de 15 de Março.*

Decreto-Lei n.º 486/99

f) Menção dos elementos exigidos no pedido de procuração para participação em assembleia geral de sociedade aberta;

g) Envio à CMVM de documento tipo utilizado na solicitação de procuração para participação em assembleia geral de sociedade aberta;

h) Prestação de informação aos titulares de direito de voto pelo solicitante de procuração para participação em assembleia geral de sociedade aberta;

i) Cumprimento dos deveres decorrentes da perda da qualidade de sociedade aberta.

ARTIGO 391.º
Fundos de garantia

Constitui contra-ordenação grave a falta de constituição de fundos de garantia obrigatórios.

ARTIGO 392.º
Valores mobiliários

1 – Constitui contra-ordenação muito grave a violação de qualquer dos seguintes deveres:

a) De inutilização dos títulos de valores mobiliários convertidos em escriturais;

b) De adopção de medidas para prevenir ou corrigir divergências entre a quantidade dos valores mobiliários emitidos e a quantidade dos que se encontram em circulação;

c) De adopção pelas entidades registadoras dos meios adequados à segurança dos registos e à segregação de contas de valores mobiliários;

d) De realização de registo individualizado de valores mobiliários escriturais ou de valores mobiliários titulados integrados em sistema centralizado sem as menções devidas ou sem base documental bastante;

e) De bloqueio exigido por lei ou pelo titular dos valores mobiliários;

f) De menção nos títulos da sua integração em sistema centralizado ou da sua exclusão sem a actualização devida.

2 – Constitui contra-ordenação muito grave:

a) A transferência de valores mobiliários bloqueados;

b) O cancelamento de registos ou a destruição de títulos em depósito fora dos casos previstos na lei;

c) A criação, a manutenção, a gestão, a suspensão ou o encerramento de sistema centralizado de valores mobiliários fora dos casos e termos previstos em lei ou regulamento.

3 – [*Revogado.*]

4 – Constitui contra-ordenação grave:

a) O registo de valores mobiliários escriturais ou o depósito de valores mobiliários titulados junto de entidade ou em sistema centralizado distintos dos permitidos ou exigidos por lei;

b) A recusa de informação por entidade registadora ou depositária ou por entidade gestora de sistema centralizado às pessoas com legitimidade para a solicitar ou a omissão de envio de informações dentro dos prazos exigidos por lei ou acordados com o interessado.

5 – Constituem contra-ordenação menos grave os factos referidos nos número anteriores quando relativos a valores mobiliários emitidos por sociedades fechadas ou não admitidos à negociação em mercado regulamentado. [1]

ARTIGO 393.º
Ofertas públicas

1 – Constitui contra-ordenação muito grave:

a) A realização de oferta pública sem aprovação de prospecto ou sem registo na CMVM; [1]

b) A divulgação de oferta pública de distribuição decidida ou projectada e a aceitação de ordens de subscrição ou de aquisição, antes da divulgação do prospecto ou, no caso de oferta pública de aquisição, antes da publicação do anúncio de lançamento; [1]

c) A divulgação de prospecto, respectivas adendas e rectificação do prospecto de base, sem prévia aprovação pela autoridade competente; [1]

d) A revelação de informação reservada sobre oferta pública de distribuição, decidida ou projectada;

e) A criação ou a modificação de contas, de registos ou de documentos fictícios que sejam susceptíveis de alterar as regras de atribuição de valores mobiliários.

f) A omissão de divulgação da aprovação de alterações estatutárias para efeitos da suspensão voluntária de eficácia de restrições transmissivas, de direito de voto e de direitos de designação e de destituição de titulares de órgãos sociais. [2]

2 – Constitui contra-ordenação muito grave a violação de qualquer dos seguintes deveres:

a) De igualdade de tratamento e de observância das regras de rateio;

b) De divulgação do resultado da oferta ou do requerimento de admissão à negociação dos valores mobiliários que são objecto da oferta;

c) De divulgação do prospecto, do prospecto de base, respectivas adendas e rectificação, ou das condições finais da oferta; [1]

d) De inclusão de informação no prospecto, no prospecto de base, nas respectivas adendas e rectificação, ou nas condições finais da oferta, que seja completa, verdadeira, actual, clara, objectiva e lícita segundo os modelos previstos no Regulamento (CE) n.º 809/2004, da Comissão, de 29 de Abril; [1]

e) De segredo sobre a preparação de oferta pública de aquisição;

f) De publicação do anúncio preliminar de oferta pública de aquisição;

g) De requerimento do registo de oferta pública de aquisição, bem como do seu lançamento, após a publicação do anúncio preliminar;

h) De lançamento de oferta pública de aquisição obrigatória;

i) De comunicação à CMVM de aumento de direitos de voto em percentagem superior a 1 % por quem, tendo ultrapassado mais de um terço dos direitos de voto em sociedade aberta, tenha provado que não domina e que não está em relação de grupo com essa sociedade;

j) Relativos à realização de transacções na pendência de oferta pública de aquisição.

l) Do dever de aumentar a contrapartida para um preço não inferior ao preço mais alto pago pelos valores mobiliá-

---

[1] *Redacção introduzida pelo Decreto-Lei n.º 52/2006, de 15 de Março.*

[2] *Redacção introduzida pelo Decreto-Lei n.º 219/2006, de 2 de Novembro.*

---

[1] *Redacção introduzida pelo Decreto-Lei n.º 357-A/2007, de 31 de Outubro.*

Regulação do Sector Financeiro – Regulação do Mercado de Valores Mobiliários

rios adquiridos em transacção realizada na pendência de oferta pública de aquisição obrigatória.[1]

3 – Constitui contra-ordenação grave a realização de oferta pública:

a) Sem a intervenção de intermediário financeiro, nos casos em que esta seja obrigatória;[2]

b) Com violação das regras relativas à sua modificação, revisão, suspensão, retirada ou revogação.

4 – Constitui contra-ordenação grave:

a) A recolha de intenções de investimento sem aprovação do prospecto preliminar pela CMVM ou antes da divulgação do mesmo;[2]

b) A violação do dever de cooperação do emitente em oferta pública de venda;

c) A falta de envio de anúncio preliminar à CMVM, à sociedade visada ou às entidades gestoras de mercados regulamentados;

d) A violação, por parte da sociedade visada em oferta pública de aquisição, do dever de publicar relatório sobre a oferta e de o enviar à CMVM e ao oferente, do dever de informar a CMVM sobre as transacções realizadas sobre valores mobiliários que são objecto da oferta, do dever de informar os representantes dos trabalhadores ou, na sua falta, os próprios trabalhadores sobre o conteúdo dos documentos da oferta e do relatório por si elaborado e do dever de divulgar o parecer quanto às repercussões da oferta a nível do emprego que seja preparado pelos trabalhadores;[1]

e) A violação do dever de prévia comunicação do documento de registo à CMVM;[2]

f) A violação do dever de inclusão de lista de remissões no prospecto quando contenha informações por remissão;[3]

g) A violação do dever de envio à CMVM do documento de consolidação da informação anual.[2]

h) A violação, pelo oferente ou por pessoas que com este estejam em alguma das situações previstas no artigo 20.º, da proibição de negociação fora de mercado regulamentado de valores mobiliários da categoria dos que são objecto da oferta ou dos que integram a contrapartida sem autorização prévia da CMVM;[1]

i) A violação, pelo oferente ou por pessoas que com este estejam em alguma das situações previstas no artigo 20.º, do dever de comunicação à CMVM de transacções realizadas na pendência de oferta pública de aquisição;[1]

j) A violação, por parte da sociedade oferente, do dever de informar os representantes dos trabalhadores ou, na falta destes, os trabalhadores sobre o conteúdo dos documentos da oferta.[1]

5 – Constitui contra-ordenação menos grave a omissão de comunicação à CMVM de oferta particular de distribuição.[1]

Artigo 394.º
Formas organizadas de negociação

1 – Constitui contra-ordenação muito grave:

a) A criação, a manutenção em funcionamento ou a gestão de uma forma organizada de negociação, a suspensão ou o encerramento da sua actividade fora dos casos e termos previstos em lei ou regulamento;[3]

b) O funcionamento de mercado regulamentado ou de sistema negociação multilateral de acordo com regras não registadas na CMVM ou não publicadas;[1]

c) A falta de prestação ao público, pelas entidades gestoras de mercados regulamentados e de sistemas de negociação multilateral, da informação a que estão obrigadas;[1]

d) A admissão de membros de um mercado regulamentado ou de um sistema de negociação multilateral pela respectiva entidade gestora, sem os requisitos exigidos por lei ou regulamento;[1]

e) A falta de publicidade das sessões de mercados regulamentados;[1]

f) A admissão de instrumentos financeiros à negociação em mercado regulamentado com violação das regras legais e regulamentares;[1]

g) A falta de divulgação do prospecto de admissão, das respectivas adenda e rectificações, ou de informações necessárias à sua actualização, ou a sua divulgação sem aprovação prévia pela entidade competente;[1]

h) A falta de divulgação da informação exigida pelos emitentes de valores mobiliários negociados em mercado regulamentado;[1]

i) A violação do regime da informação privilegiada, excepto no caso em que tal facto constitua crime.[2]

2 – Constitui contra-ordenação grave a violação de qualquer dos seguintes deveres:

a) De envio à entidade gestora de mercado regulamentado, pelos emitentes de valores mobiliários admitidos à negociação, dos elementos necessários para informação ao público;

b) De conexão informativa com outros mercados regulamentados;

c) De prestação à entidade gestora do mercado regulamentado ou do sistema de negociação multilateral, pelos membros desta, das informações necessárias à boa gestão do mercado ou do sistema;[1]

d) De pedido de admissão à negociação em mercado regulamentado de valores mobiliários da mesma categoria dos já admitidos;

e) De envio à CMVM, pelos emitentes de valores mobiliários admitidos à negociação em mercado regulamentado ou por quem tenha solicitado a admissão à negociação em mercado regulamentado de valores mobiliários sem o consentimento do emitente, das informações exigidas por lei;[1]

f) De divulgação do documento de consolidação de informação anual;[1]

g) De divulgação de informação exigida no n.º 2 do artigo 134.º;

h) De manter informação à disposição do público por tempo determinado, quando exigido por lei.[1]

3 – Constitui contra-ordenação menos grave a falta de nomeação:

a) De representante para as relações com o mercado e com a CMVM, por entidade com valores admitidos à negociação em mercado regulamentado;[1]

b) De interlocutor perante a entidade gestora desse mercado e a CMVM, por membro do mercado regulamentado.

---

[1] *Redacção introduzida pelo Decreto-Lei n.º 219/2006, de 2 de Novembro.*

[2] *Redacção introduzida pelo Decreto-Lei n.º 52/2006, de 15 de Março.*

[3] *Redacção introduzida pelo Decreto-Lei n.º 357-A/2007, de 31 de Outubro.*

---

[1] *Redacção introduzida pelo Decreto-Lei n.º 357-A/2007, de 31 de Outubro.*

[2] *Redacção introduzida pelo Decreto-Lei n.º 52/2006, de 15 de Março.*

Decreto-Lei n.º 486/99

Artigo 395.º
Operações

1 – Constitui contra-ordenação muito grave a realização de operações:

a) Num dado mercado regulamentado ou sistema de negociação multilateral, sobre instrumentos financeiros, não admitidos à negociação nesse mercado ou não seleccionados para a negociação nesse sistema ou suspensos ou excluídos da negociação; [1]

b) Não permitidas ou em condições não permitidas;

c) Sem a prestação das garantias devidas.

2 – Constitui contra-ordenação grave:

a) A realização de operações sem a intervenção de intermediário financeiro, quando exigida;

b) A negociação em mercado regulamentado de operações com base em cláusulas gerais não aprovadas ou não previamente comunicadas, quando exigível; [1]

c) A realização de operações por titulares de órgãos de administração, direcção e fiscalização de intermediários financeiros ou de entidades gestoras de mercados regulamentados, de sistemas de negociação multilateral, de sistemas de liquidação, de câmara de compensação, de contraparte central e de sistemas centralizados de valores mobiliários, bem como pelos respectivos trabalhadores, se tais operações lhes estiverem vedadas; [1]

d) A violação do dever de comunicação à CMVM de operações sobre instrumentos financeiros admitidos à negociação em mercado regulamentado. [1]

3 – [*Revogado.*]

Artigo 396.º [1]
Contraparte central e sistemas de liquidação

1 – Constitui contra-ordenação muito grave:

a) O exercício das funções de câmara de compensação, contraparte central e sistema de liquidação fora dos casos e termos previstos em lei ou regulamento, em particular o exercício por entidade não autorizada para o efeito;

b) O funcionamento de câmara de compensação, de contraparte central ou de sistema de liquidação de acordo com regras não registadas na CMVM ou não publicadas;

c) A realização de operações sobre os instrumentos financeiros referidos nas alíneas e) e f) do n.º 1 do artigo 2.º sem a interposição de contraparte central;

d) A falta de disponibilização atempada de instrumentos financeiros ou de dinheiro para liquidação de operações;

e) A violação, por entidade que assuma as funções de câmara de compensação e de contraparte central, do dever de adoptar as medidas necessárias à defesa de mercado, à minimização dos riscos e à protecção do sistema de compensação.

2 – Constitui contra-ordenação grave a violação pela entidade que assuma as funções de câmara de compensação e contraparte central dos seguintes deveres:

a) De identificar e minimizar fontes de risco operacional;

b) De fiscalizar os requisitos de acesso dos membros compensadores;

c) De adoptar uma estrutura de contas que assegure a segregação patrimonial entre os valores próprios dos membros compensadores e os pertencentes aos clientes dos últimos.

Artigo 397.º
Actividades de intermediação

1 – Constitui contra-ordenação muito grave a realização de actos ou o exercício de actividades de intermediação sem a autorização ou sem o registo devidos ou fora do âmbito que resulta da autorização ou do registo.

2 – Constitui contra-ordenação muito grave a violação por entidades autorizadas a exercer actividades de intermediação financeira de qualquer dos seguintes deveres:

a) De efectuar e de manter actualizado o registo diário das operações;

b) De respeitar as regras sobre conflitos de interesses;

c) De não efectuar operações que constituam intermediação excessiva;

d) De verificar a legitimidade dos ordenadores e de adoptar as providências que permitam estabelecer o momento de recepção das ordens;

e) De reduzir a escrito ou fixar em suporte fonográfico as ordens recebidas oralmente;

f) De respeitar as regras de prioridade na transmissão e na execução de ordens em mercado;

g) De prestar aos clientes a informação devida;

h) De não celebrar, sem autorização ou confirmação do cliente, contratos em que seja contraparte;

i) De divulgar ordens que não sejam imediatamente executáveis; [1]

j) De respeitar as regras relativas à agregação de ordens e à afectação de operações; [1]

l) De não executar ordens, sem o consentimento do cliente, fora de mercado regulamentado ou de sistema de negociação multilateral; [1]

m) De adoptar uma política de execução de ordens ou de a avaliar com a frequência exigida por lei; [1]

n) De respeitar a exigência de forma escrita nos contratos de intermediação financeira, quando exigível; [1]

o) De respeitar as regras relativas à apreciação do carácter adequado da operação em função do perfil do cliente. [1]

3 – [*Revogado.*]

4 – Constitui contra-ordenação grave a violação por entidades autorizadas a exercer actividades de intermediação financeira de qualquer dos seguintes deveres:

a) De conservar os documentos pelo prazo legalmente exigido;

b) [*Revogada.*]

c) De aceitar ordens;

d) De recusar ordens;

e) De comunicar à CMVM as cláusulas contratuais gerais que utilize na contratação, quando exigível; [1]

f) De respeitar as regras sobre subcontratação; [1]

g) De manter o registo do cliente; [1]

h) De respeitar as regras sobre categorização de investidores. [1]

Artigo 398.º
Deveres profissionais

Constitui contra-ordenação muito grave a violação de qualquer dos seguintes deveres:

a) De segredo profissional;

b) De segregação patrimonial;

---

[1] *Redacção introduzida pelo Decreto-Lei n.º 357-A/2007, de 31 de Outubro.*

[1] *Redacção introduzida pelo Decreto-Lei n.º 357-A/2007, de 31 de Outubro.*

Regulação do Sector Financeiro – Regulação do Mercado de Valores Mobiliários

c) De não utilização de valores mobiliários, de outros instrumentos financeiros ou de dinheiro fora dos casos previstos em lei ou regulamento;

d) De defesa do mercado.

ARTIGO 399.º
Ordens da CMVM

1 – Constitui contra-ordenação grave o incumprimento de ordens ou mandados legítimos da CMVM transmitidos por escrito aos seus destinatários.

2 – Se, verificado o incumprimento a que se refere o n.º 1, a CMVM notificar o destinatário para cumprir a ordem ou o mandado e aquele continuar a não cumprir, é aplicável a coima correspondente às contra-ordenações muito graves, desde que a notificação da CMVM contenha a indicação expressa de que ao incumprimento se aplica esta sanção.

ARTIGO 400.º
Outras contra-ordenações

A violação de deveres não referidos nos artigos anteriores mas previstos neste Código ou noutros diplomas a que se refere o n.º 2 do artigo 388.º constitui:

a) Contra-ordenação menos grave; ou

b) Contra-ordenação grave, quando o agente seja intermediário financeiro ou qualquer das entidades gestoras a que se refere a alínea b) do n.º 2 do artigo 388.º, no exercício das respectivas actividades.

c) Contra-ordenação muito grave, quando se trate de violação do dever de segredo sobre a actividade de supervisão da CMVM. [1]

SECÇÃO II
Disposições gerais

ARTIGO 401.º
Responsabilidade pelas contra-ordenações

1 – Pela prática das contra-ordenações previstas neste Código podem ser responsabilizadas pessoas singulares, pessoas colectivas, independentemente da regularidade da sua constituição, sociedades e associações sem personalidade jurídica.

2 – As pessoas colectivas e as entidades que lhes são equiparadas no número anterior são responsáveis pelas contra-ordenações previstas neste Código quando os factos tiverem sido praticados, no exercício das respectivas funções ou em seu nome ou por sua conta, pelos titulares dos seus órgãos sociais, mandatários, representantes ou trabalhadores.

3 – Os titulares do órgão de administração das pessoas colectivas e entidades equiparadas, bem como os responsáveis pela direcção ou fiscalização de áreas de actividade em que seja praticada alguma contra-ordenação, incorrem na sanção prevista para o autor, especialmente atenuada, quando, conhecendo ou devendo conhecer a prática da infracção, não adoptem as medidas adequadas para lhe pôr termo imediatamente, a não ser que sanção mais grave lhe caiba por força de outra disposição legal.

4 – A responsabilidade das pessoas colectivas e entidades equiparadas não exclui a responsabilidade individual dos respectivos agentes.

---

[1] *Redacção introduzida pelo Decreto-Lei n.º 52/2006, de 15 de Março.*

ARTIGO 402.º
Formas da infracção

1 – Os ilícitos de mera ordenação social previstos neste Código são imputados a título de dolo ou de negligência.

2 – A tentativa de qualquer dos ilícitos de mera ordenação social descritos neste Código é punível.

ARTIGO 403.º
Cumprimento do dever violado

1 – Sempre que o ilícito de mera ordenação social resulte da omissão de um dever, o pagamento da coima ou o cumprimento da sanção acessória não dispensam o infractor do cumprimento do dever, se este ainda for possível.

2 – O infractor pode ser sujeito pela CMVM à injunção de cumprir o dever em causa.

3 – Se a injunção não for cumprida no prazo fixado, o agente incorre na sanção prevista para as contra-ordenações muito graves.

ARTIGO 404.º
Sanções acessórias

1 – Cumulativamente com as coimas, podem ser aplicadas aos responsáveis por qualquer contra-ordenação, além das previstas no regime geral dos ilícitos de mera ordenação social, as seguintes sanções acessórias:

a) Apreensão e perda do objecto da infracção, incluindo o produto do benefício obtido pelo infractor através da prática da contra-ordenação;

b) Interdição temporária do exercício pelo infractor da profissão ou da actividade a que a contra-ordenação respeita;

c) Inibição do exercício de funções de administração, direcção, chefia ou fiscalização e, em geral, de representação de quaisquer intermediários financeiros no âmbito de alguma ou de todas as actividades de intermediação em valores mobiliários ou outros instrumentos financeiros;

d) Publicação pela CMVM, a expensas do infractor e em locais idóneos para o cumprimento das finalidades de prevenção geral do sistema jurídico e da protecção dos mercados de valores mobiliários ou de outros instrumentos financeiros, da sanção aplicada pela prática da contra-ordenação;

e) Revogação da autorização ou cancelamento do registo necessários para o exercício de actividades de intermediação em valores mobiliários ou outros instrumentos financeiros.

2 – As sanções referidas nas alíneas b) e c) do número anterior não podem ter duração superior a cinco anos, contados da decisão condenatória definitiva.

3 – A publicação referida na alínea d) do n.º 1 pode ser feita na íntegra ou por extracto, conforme for decido pela CMVM.

ARTIGO 405.º
Determinação da sanção aplicável

1 – A determinação da coima concreta e das sanções acessórias faz-se em função da ilicitude concreta do facto, da culpa do agente, dos benefícios obtidos e das exigências de prevenção, tendo ainda em conta a natureza singular ou colectiva do agente.

2 – Na determinação da ilicitude concreta do facto e da culpa das pessoas colectivas e entidades equiparadas, atende-se, entre outras, às seguintes circunstâncias:

a) O perigo ou o dano causados aos investidores ou ao mercado de valores mobiliários ou de outros instrumentos financeiros;

Decreto-Lei n.º 486/99

b) O carácter ocasional ou reiterado da infracção;

c) A existência de actos de ocultação tendentes a dificultar a descoberta da infracção;

d) A existência de actos do agente destinados a, por sua iniciativa, reparar os danos ou obviar aos perigos causados pela infracção.

3 – Na determinação da ilicitude concreta do facto e da culpa das pessoas singulares, atende-se, além das referidas no número anterior, às seguintes circunstâncias:

a) Nível de responsabilidade, âmbito das funções e esfera de acção na pessoa colectiva em causa;

b) Intenção de obter, para si ou para outrem, um benefício ilegítimo ou de causar danos;

c) Especial dever de não cometer a infracção.

4 – Na determinação da sanção aplicável são ainda tomadas em conta a situação económica e a conduta anterior do agente.

Artigo 406.º
Coimas, custas e benefício económico

1 – Quando as infracções forem também imputáveis às entidades referidas no n.º 2 do artigo 401.º, estas respondem solidariamente pelo pagamento das coimas, das custas ou de outro encargo associado às sanções aplicadas no processo de contra-ordenação que sejam da responsabilidade dos agentes individuais mencionados no mesmo preceito.

2 – O produto das coimas e do benefício económico apreendido nos processos de contra-ordenação reverte integralmente para o Sistema de Indemnização dos Investidores, independentemente da fase em que se torne definitiva ou transite em julgado a decisão condenatória.

Artigo 407.º
Direito subsidiário

Salvo quando de outro modo se estabeleça neste Código, aplica-se às contra-ordenações nele previstas e aos processos às mesmas respeitantes o regime geral dos ilícitos de mera ordenação social.

SECÇÃO III
Disposições processuais

Artigo 408.º
Competência

1 – A competência para o processamento das contra-ordenações, aplicação das coimas e sanções acessórias, bem como das medidas de natureza cautelar previstas neste Código, pertence ao conselho directivo da CMVM, sem prejuízo da possibilidade de delegação nos termos da lei.

2 – A CMVM pode solicitar a entrega ou proceder à apreensão, congelamento ou inspecção de quaisquer documentos, valores ou objectos relacionados com a prática de factos ilícitos, independentemente da natureza do seu suporte, proceder à selagem de objectos não apreendidos nas instalações das pessoas ou entidades sujeitas à sua supervisão na medida em que os mesmos se revelem necessários às averiguações ou à instrução de processos da sua competência.[1]

Artigo 409.º
Comparência de testemunhas e peritos

1 – Às testemunhas e aos peritos que não comparecerem no dia, hora e local designados para a diligência do processo, nem justificarem a falta no acto ou nos cinco dias úteis imediatos, é aplicada pela CMVM uma sanção pecuniária até 10 unidades de conta.

2 – O pagamento é efectuado no prazo de 10 dias úteis a contar da notificação, sob pena de se proceder a cobrança coerciva.

Artigo 410.º
Ausência do arguido

A falta de comparência do arguido não obsta a que o processo de contra-ordenação siga os seus termos.

Artigo 411.º
Notificações

1 – As notificações em processo de contra-ordenação são feitas por carta registada com aviso de recepção, dirigida para a sede ou para o domicílio dos destinatários e dos seus mandatários judiciais, ou pessoalmente, se necessário através das autoridades policiais.

2 – A notificação ao arguido do acto processual que lhe impute a prática de contra-ordenação, bem como da decisão que lhe aplique coima, sanção acessória ou alguma medida cautelar, é feita nos termos do número anterior ou, quando o arguido não seja encontrado ou se recuse a receber a notificação, por anúncio publicado num dos jornais da localidade da sua sede ou da última residência conhecida no País ou, no caso de aí não haver jornal ou de o arguido não ter sede ou residência no País, num dos jornais diários de Lisboa.

Artigo 412.º
Medidas cautelares

1 – Quando se revele necessário para a instrução do processo, para a defesa do mercado de valores mobiliários ou de outros instrumentos financeiros ou para a tutela dos interesses dos investidores, a CMVM pode determinar uma das seguintes medidas:

a) Suspensão preventiva de alguma ou algumas actividades ou funções exercidas pelo arguido;

b) Sujeição do exercício de funções ou actividades a determinadas condições, necessárias para esse exercício, nomeadamente o cumprimento de deveres de informação.

c) Apreensão e congelamento de valores, independentemente do local ou instituição em que os mesmos se encontrem.[1]

2 – A determinação referida no número anterior vigora, consoante os casos:

a) Até à sua revogação pela CMVM ou por decisão judicial;

b) Até ao início do cumprimento de sanção acessória de efeito equivalente às medidas previstas no número anterior.[1]

3 – A determinação de suspensão preventiva pode ser publicada pela CMVM.

---

[1] *Redacção introduzida pelo Decreto-Lei n.º 357-A/2007, de 31 de Outubro.*

[1] *Redacção introduzida pelo Decreto-Lei n.º 52/2006, de 15 de Março.*

465

Regulação do Sector Financeiro – Regulação do Mercado de Valores Mobiliários

4 – Quando, nos termos do n.º 1, seja determinada a suspensão total das actividades ou das funções exercidas pelo arguido e este venha a ser condenado, no mesmo processo, em sanção acessória que consista em interdição ou inibição do exercício das mesmas actividades ou funções, será descontado por inteiro no cumprimento da sanção acessória o tempo de duração da suspensão preventiva.

Artigo 413.º
Procedimento de advertência

1 – Quando a contra-ordenação consistir em irregularidade sanável da qual não tenham resultado prejuízos para os investidores ou para o mercado de valores mobiliários ou de outros instrumentos financeiros, a CMVM pode advertir o infractor, notificando-o para sanar a irregularidade.

2 – Se o infractor não sanar a irregularidade no prazo que lhe for fixado, o processo de contra-ordenação continua a sua tramitação normal.

3 – Sanada a irregularidade, o processo é arquivado e a advertência torna-se definitiva, como decisão condenatória, não podendo o mesmo facto voltar a ser apreciado como contra-ordenação.

Artigo 414.º
Processo sumaríssimo

1 – Quando a reduzida gravidade da infracção e da culpa do agente o justifiquem, pode a CMVM, antes de acusar formalmente o arguido, comunicar-lhe a decisão de proferir uma admoestação ou de aplicar uma coima cuja medida concreta não exceda o triplo do limite mínimo da moldura abstractamente prevista para a infracção.

2 – Pode, ainda, ser determinado ao arguido que adopte o comportamento legalmente exigido, dentro do prazo que a CMVM para o efeito lhe fixe.

3 – A decisão prevista no n.º 1 é escrita e contém a identificação do arguido, a descrição sumária dos factos imputados, a menção das disposições legais violadas e termina com a admoestação ou a indicação da coima concretamente aplicada.

4 – O arguido é notificado da decisão e informado de que lhe assiste o direito de a recusar, no prazo de cinco dias, e da consequência prevista no número seguinte.

5 – A recusa ou o silêncio do arguido neste prazo, o requerimento de qualquer diligência complementar, o incumprimento do disposto no n.º 2 ou o não pagamento da coima no prazo de 10 dias após a notificação referida no número anterior determinam o imediato prosseguimento do processo de contra-ordenação, ficando sem efeito a decisão referida nos n.ºs 1 a 3.

6 – Tendo o arguido procedido ao cumprimento do disposto no n.º 2 e ao pagamento da coima que lhe tenha sido aplicada, a decisão torna-se definitiva, como decisão condenatória, não podendo o facto voltar a ser apreciado como contra-ordenação.

7 – As decisões proferidas em processo sumaríssimo são irrecorríveis.

Artigo 415.º
Suspensão da sanção

1 – A CMVM pode suspender, total ou parcialmente, a execução da sanção.

2 – A suspensão pode ficar condicionada ao cumprimento de certas obrigações, designadamente as consideradas necessárias para a regularização de situações ilegais, à reparação de danos ou à prevenção de perigos para o mercado de valores mobiliários ou de outros instrumentos financeiros ou para os investidores.

3 – O tempo de suspensão da sanção é fixado entre dois e cinco anos, contando-se o seu início a partir da data em que se esgotar o prazo da impugnação judicial da decisão condenatória.

4 – A suspensão não abrange custas.

5 – Decorrido o tempo de suspensão sem que o arguido tenha praticado qualquer ilícito criminal ou de mera ordenação social previsto neste Código, e sem que tenha violado as obrigações que lhe hajam sido impostas, fica a condenação sem efeito, procedendo-se, no caso contrário, à execução da sanção aplicada.

Artigo 416.º
Impugnação judicial

1 – Recebida a impugnação de uma decisão da CMVM, esta remete os autos ao Ministério Público no prazo de 20 dias úteis, podendo juntar alegações.

2 – Sem prejuízo do disposto no artigo 70.º do Decreto-Lei n.º 433/82, de 27 de Outubro, a CMVM pode ainda juntar outros elementos ou informações que considere relevantes para a decisão da causa, bem como oferecer meios de prova.

3 – O tribunal pode decidir sem audiência de julgamento, se não existir oposição do arguido, do Ministério Público ou da CMVM.

4 – Se houver lugar a audiência de julgamento, o tribunal decide com base na prova realizada na audiência, bem como na prova produzida na fase administrativa do processo de contra-ordenação.

5 – A CMVM pode participar na audiência de julgamento através de representante indicado para o efeito.

6 – A desistência da acusação pelo Ministério Público depende da concordância da CMVM.

7 – A CMVM tem legitimidade para recorrer autonomamente das decisões proferidas no processo de impugnação que admitem recurso, bem como para responder a recursos interpostos.[1]

8 – Não é aplicável aos processos de contra-ordenação instaurados e decididos nos termos deste Código a proibição de reformatio in pejus, devendo essa informação constar de todas as decisões finais que admitam impugnação ou recurso.[1]

Artigo 417.º
Competência para conhecer a impugnação judicial

É competente para conhecer a impugnação judicial, a revisão e a execução das decisões da CMVM em processo de contra-ordenação, ou quaisquer outras medidas da CMVM tomadas no âmbito do mesmo processo que sejam legalmente susceptíveis de impugnação, o Juízo de Pequena Instância Criminal de Lisboa.

---

[1] *Redacção introduzida pelo Decreto-Lei n.º 52/2006, de 15 de Março.*

Decreto-Lei n.º 486/99

ARTIGO 418.º
Prescrição

1 – O procedimento pelas contra-ordenações prescreve no prazo de cinco anos.

2 – O prazo de prescrição das sanções é de cinco anos a contar do dia em que se torna definitiva ou transita em julgado a decisão que determinou a sua aplicação.

CAPÍTULO III
Disposições comuns aos crimes e aos ilícitos de mera ordenação social

ARTIGO 419.º
Elementos pessoais

1 – Não obsta à responsabilidade individual dos agentes a circunstância de o tipo legal da infracção exigir determinados elementos pessoais e estes só se verificarem na pessoa colectiva, na entidade equiparada ou num dos agentes envolvidos, nem a circunstância de, sendo exigido que o agente pratique o facto no seu interesse, ter o agente actuado no interesse de outrem.

2 – A invalidade ou ineficácia do acto que serve de fundamento à actuação do agente em nome de outrem não impede a aplicação do disposto no número anterior.

ARTIGO 420.º
Concurso de infracções

1 – Se o mesmo facto constituir simultaneamente crime e contra-ordenação, o arguido é responsabilizado por ambas as infracções, instaurando-se processos distintos a decidir pelas autoridades competentes, sem prejuízo do disposto no número seguinte.[1]

2 – Nas situações previstas na alínea i) do n.º 1 do artigo 394.º, quando o facto que pode constituir simultaneamente crime e contra-ordenação seja imputável ao mesmo agente pelo mesmo título de imputação subjectiva, há lugar apenas ao procedimento de natureza criminal.[1]

ARTIGO 421.º
Dever de notificar

A autoridade competente para a aplicação das sanções acessórias de revogação da autorização ou de cancelamento do registo, se não for também a entidade competente para a prática desses actos, deverá comunicar a esta última o crime ou contra-ordenação em causa, as suas circunstâncias específicas, as sanções aplicadas e o estado do processo.

ARTIGO 422.º[2]
Divulgação de decisões

1 – Decorrido o prazo de impugnação judicial, a decisão da CMVM que condene o agente pela prática de uma ou mais contra-ordenações muito graves é divulgada através do sistema de difusão de informação referido no artigo 367.º, por extracto elaborado pela CMVM ou na íntegra, mesmo que tenha sido requerida a sua impugnação judicial, sendo, neste caso, feita expressa menção desse facto.

2 – A decisão judicial que confirme, altere ou revogue a decisão condenatória da CMVM ou do tribunal de 1.ª instância é comunicada de imediato à CMVM e obrigatoriamente divulgada nos termos do número anterior.

3 – O disposto nos números anteriores pode não ser aplicado nos processos sumaríssimos, quando tenha lugar a suspensão da sanção, a ilicitude do facto e a culpa do agente sejam diminutas ou quando a CMVM considere que a divulgação da decisão pode ser contrária aos interesses dos investidores, afectar gravemente os mercados financeiros ou causar danos concretos, a pessoas ou entidades envolvidas, manifestamente desproporcionados em relação à gravidade dos factos imputados.

4 – Independentemente do trânsito em julgado, as decisões judiciais relativas a crimes contra o mercado são divulgadas pela CMVM nos termos dos n.ºs 1 e 2.

---

[1] *Redacção introduzida pelo Decreto-Lei n.º 52/2006 de 15 de Março.*

[1] *Redacção introduzida pelo Decreto-Lei n.º 52/2006 de 15 de Março.*
[2] *Aditada pelo Decreto-Lei n.º 52/2006 de 15 de Março.*

CAPÍTULO III

REGULAÇÃO DO SECTOR
DE COMUNICAÇÕES ELECTRÓNICAS

Decreto-Lei n.º 309/2001, de 7 de Dezembro – **Aprova os Estatutos do ICP – Autoridade Nacional de Comunicações – (ICP – ANACOM)**

Decreto-Lei n.º 309/2001
de 7 de Dezembro

O Instituto das Comunicações de Portugal (ICP), criado pelo Decreto-Lei n.º 188/81, de 2 de Julho, dispõe de estatutos aprovados desde 1989, os quais, ao longo de mais de uma década de actividade, sofreram sucessivas alterações, por forma a clarificar aspectos do seu funcionamento e a acolher diferentes exigências decorrentes da evolução do sector.

Não obstante tais alterações pontuais, facto é que as suas funções e enquadramento institucional foram, directa ou indirectamente, influenciadas pelas transformações económicas e legislativas do sector das comunicações, impulsionadas pelo efeito do direito comunitário no sentido da liberalização e da intervenção da concorrência no sector, sem prejuízo da permanência de serviços universais sujeitos a obrigações de serviço público.

Com efeito, nos últimos 10 anos, a liberalização progressiva do sector das comunicações, especialmente das telecomunicações, essencialmente marcada pela influência do direito comunitário, conduziu à incorporação no direito interno de todo um acervo de normas que se consubstanciaram no reconhecimento ao ICP de diversas atribuições, entre as quais se destaca a expressa qualificação como «entidade reguladora» do sector das telecomunicações, efectivada pela Lei n.º 91/97, de 1 de Agosto, que definiu as bases gerais a que deve obedecer o estabelecimento, gestão e exploração de redes de telecomunicações e a prestação de serviços de telecomunicações.

Além de intervir no sector das telecomunicações, o ICP é também a entidade reguladora postal, nos termos do disposto no artigo 18.º, n.º 2, da Lei n.º 102/99, de 26 de Julho, que definiu as bases gerais a que deve obedecer o estabelecimento, gestão e exploração de serviços postais no território nacional.

Às atribuições apontadas acrescem, entre outras, a de garantir a existência e disponibilidade de um serviço universal de comunicações, assegurar a concorrência efectiva no mercado das comunicações, promover o esclarecimento dos consumidores, assegurar a gestão da numeração no sector das comunicações, envolvendo a atribuição no direito interno de todo um acervo de normas que se consubstanciaram no reconhecimento ao ICP de diversas atribuições, entre as quais se destaca a expressa qualificação como «entidade reguladora» do sector das telecomunicações, efectivada pela Lei n.º 91/97, de 1 de Agosto, que definiu as bases gerais a que deve obedecer o estabelecimento, gestão e exploração de redes de telecomunicações e a prestação de serviços de telecomunicações, envolvendo a atribuição dos recursos e a sua fiscalização, conceder títulos do exercício da actividade postal e de telecomunicações, fiscalizar o cumprimento das leis e regulamentos aplicáveis ao sector, arbitrar e resolver os conflitos que surjam no âmbito das comunicações, assessorar o Governo, a pedido deste, ou por iniciativa própria, na definição das linhas estratégicas e das políticas gerais das comunicações, bem como emitir pareceres e elaborar projectos de legislação no domínio das comunicações.

A dispersão das atribuições apontadas por vários diplomas legais avulsos torna imperioso que se proceda à sua consolidação num único texto, com vista a concretizar e até clarificar ou explicitar o alcance de algumas delas, de modo a contribuir para a compreensão global e integrada do papel do ICP e para o reforço da sua coesão, enquanto autoridade de regulação e supervisão das comunicações, o que, de resto, justifica a necessidade de proceder a alterações, quer do respectivo desenho orgânico-institucional quer da própria designação que passa a ser ICP – Autoridade Nacional de Comunicações (ICP – ANACOM).

A concretização cabal das atribuições cometidas ao ICP – ANACOM fazem deste uma verdadeira entidade de regulação e supervisão das comunicações, o que exige não só uma rigorosa identificação mas também o reforço dos seus poderes e procedimentos de autoridade. Além de emitir actos individuais e concretos vinculativos e formular recomendações concretas, instaurar e instruir os processos e punir as infracções que sejam da sua competência, fiscalizar o cumprimento da leis e regulamentos aplicáveis ao sector das comunicações, vigiar a actividade das entidades sujeitas à sua supervisão e o funcionamento do mercado das telecomunicações, o ICP – ANACOM há-de poder emitir os regulamentos que se revelem indispensáveis à prossecução das suas funções.

Na verdade, a especificidade técnica do sector das comunicações associada às inovações constantes do mesmo impõem a existência de um amplo espaço para a intervenção ordenadora da autoridade de regulação. Trata-se de um poder normativo que assenta no reconhecimento de que só o ICP – ANACOM, fruto da especialização técnica e do conhecimento acumulado, está preparado para responder de forma rápida e flexível às necessidades e mutações constantes que se produzem no sector, em especial no mercado das telecomunicações.

A necessidade de adequação às inovações provocadas pelo constante progresso técnico e a globalização impõem também que se habilite a entidade reguladora das comunicações de instrumentos que lhe confiram flexibilidade, não só no plano jurídico-material, mas também ao nível do regime económico-financeiro e dos contratos de aquisição de bens e serviços.

Neste sentido, o regime jurídico adequado às funções do ICP – ANACOM será um regime misto que conjugue as prerrogativas de direito público, indispensáveis para o desempenho dos seus poderes de autoridade, com a flexibilidade e eficiência do direito privado, uma vez que intervém num sector em mutação constante.

À medida que cresce a liberalização do sector, a autoridade reguladora das comunicações é cada vez mais chamada a assegurar uma real e efectiva concorrência no sector e a actuar como um árbitro neutro e imparcial. O que significa que a garantia da existência de uma concorrência efectiva entre os operadores e prestadores de serviços, não apenas no acesso como também na actuação no mercado, impõe uma maior independência funcional e orgânica do ICP – ANACOM.

Por último, sem prejuízo de uma possível evolução do quadro regulatório aplicável aos sectores das comunicações e

Regulação do Sector de Comunicações Electrónicas

audiovisual no sentido da convergência, o presente diploma consagra, a um tempo, uma matriz de regulação moderna e efectiva, bem como um novo modelo organizacional flexível e coerente com os objectivos programáticos do Governo em matéria de reforma do Estado.

Assim:

Nos termos da alínea a) do n.º 1 do artigo 198.º da Constituição, o Governo decreta o seguinte:

ARTIGO 1.º
Estatuto do ICP – Autoridade Nacional de Comunicações (ICP – ANACOM)

1 – O Instituto das Comunicações de Portugal (ICP), criado pelo Decreto-Lei n.º 188/81, de 2 de Julho, passa a denominar-se ICP – Autoridade Nacional de Comunicações, abreviadamente designado por ICP – ANACOM.

2 – O ICP – ANACOM continua a personalidade jurídica do ICP, instituído pelo Decreto-Lei n.º 188/81, de 2 de Julho, mantendo todos os direitos e obrigações legais ou contratuais, que integram a respectiva esfera jurídica.

3 – A partir da entrada em vigor do presente diploma, as referências feitas ao ICP constantes de lei ou contrato consideram-se feitas ao ICP – ANACOM.

4 – O presente diploma será título bastante da comprovação do previsto no número anterior para todos os efeitos legais, incluindo os de registo, devendo as repartições competentes realizar, com isenção de quaisquer taxas ou emolumentos e mediante simples comunicação do presidente do conselho de administração, os actos necessários à regularização da situação.

ARTIGO 2.º
Equiparação ao Estado

No exercício das suas atribuições, o ICP – ANACOM assume os direitos e obrigações atribuídos ao Estado nas disposições legais e regulamentares aplicáveis, designadamente quanto:

a) À cobrança coerciva de taxas, rendimentos do serviço e outros créditos;

b) À protecção das suas instalações e do seu pessoal;

c) À utilidade pública dos serviços de comunicações, sua fiscalização, definição de infracções respectivas e aplicação das competentes penalidades;

d) À fiscalização radioeléctrica e às intimações, aplicação de sanções e demais actos daquela resultantes.

ARTIGO 3.º
Isenções

O ICP – ANACOM está isento de todas as taxas, custas e emolumentos de qualquer natureza nos processos e actos notariais em que intervenha.

ARTIGO 4.º
Actuais mandatos

1 – A aprovação dos presentes Estatutos não implica o termo dos mandatos dos membros dos órgãos do ICP – ANACOM em exercício de funções à data da entrada em vigor do presente diploma, os quais se mantêm inalterados.

2 – O novo estatuto dos membros do conselho de administração não se aplica aos membros do conselho de administração em exercício, salvo mediante declaração dos próprios, a apresentar no prazo de 30 dias após a entrada em vigor do presente diploma.

ARTIGO 5.º
Norma revogatória

São revogados os Decretos-Leis n.ºs 283/89, de 23 de Agosto, excepto o n.º 3 do artigo 28.º, 379/90, de 7 de Dezembro, 165/92, de 5 de Agosto, 95/96, de 17 de Julho, e 100/98, de 21 de Abril.

ARTIGO 6.º
Entrada em vigor

O presente diploma entra em vigor no 30.º dia após a sua publicação.

Visto e aprovado em Conselho de Ministros de 20 de Setembro de 2001. – *António Manuel de Oliveira Guterres – Guilherme d'Oliveira Martins – Rui Eduardo Ferreira Rodrigues Pena – Eduardo Luís Barreto Ferro Rodrigues – António Luís Santos Costa – Luís Garcia Braga da Cruz – Augusto Ernesto Santos Silva – José Mariano Rebelo Pires Gago – António José Martins Seguro.*

Promulgado em 20 de Novembro de 2001.

Publique-se.

O Presidente da República, JORGE SAMPAIO.

Referendado em 26 de Novembro de 2001.

O Primeiro-Ministro, em exercício, *Guilherme d'Oliveira Martins.*

ANEXO
ESTATUTOS DO ICP – AUTORIDADE NACIONAL DE COMUNICAÇÕES (ICP – ANACOM)

CAPÍTULO I
Disposições gerais

ARTIGO 1.º
Natureza jurídica e finalidade

1 – O ICP – Autoridade Nacional de Comunicações, abreviadamente designado por ICP – ANACOM, é uma pessoa colectiva de direito público, dotada de autonomia administrativa e financeira e de património próprio.

2 – O ICP – ANACOM tem por objecto a regulação, supervisão e representação do sector das comunicações, nos termos dos presentes Estatutos e da lei.

ARTIGO 2.º
Sede e delegações

1 – O ICP – ANACOM tem sede em Lisboa.

2 – O ICP – ANACOM pode ter delegações, agências ou qualquer outra forma de representação no território nacional.

ARTIGO 3.º
Regime jurídico

O ICP – ANACOM rege-se pelo disposto nos presentes Estatutos, pelas disposições legais que lhe sejam especificamente aplicáveis e, subsidiariamente, pelo regime jurídico das entidades públicas empresariais, ressalvadas as especificidades previstas nos presentes Estatutos, bem como as regras incompatíveis com a natureza não empresarial daquele.

Decreto-Lei n.º 309/2001

ARTIGO 4.º
Independência

O ICP – ANACOM é independente no exercício das suas funções, no quadro da lei, sem prejuízo dos princípios orientadores de política de comunicações fixados pelo Governo, nos termos constitucionais e legais, e dos actos sujeitos a tutela ministerial, nos termos previstos na lei e nos presentes Estatutos.

ARTIGO 5.º
Princípio da especialidade

1 – A capacidade jurídica do ICP – ANACOM abrange os direitos e obrigações necessários à prossecução do seu objecto.

2 – O ICP – ANACOM não pode exercer actividades ou usar os seus poderes fora das suas atribuições nem dedicar os seus recursos a finalidades diversas das que lhe estão cometidas.

CAPÍTULO II
Atribuições e poderes

ARTIGO 6.º
Atribuições

1 – São atribuições do ICP – ANACOM:

a) Coadjuvar o Governo, a pedido deste ou por iniciativa própria, na definição das linhas estratégicas e das políticas gerais das comunicações e da actividade dos operadores de comunicações, incluindo a emissão de pareceres e elaboração de projectos de legislação no domínio das comunicações;

b) Assegurar a regulação e a supervisão do sector das comunicações;

c) Assegurar a gestão do espectro radioeléctrico, envolvendo a planificação, a atribuição dos recursos espectrais e a sua supervisão, bem como assegurar a coordenação entre as comunicações civis, militares e paramilitares;

d) Assegurar o cumprimento das obrigações inerentes ao serviço universal de comunicações;

e) Garantir o acesso dos operadores de comunicações às redes, em condições de transparência e igualdade, nos termos previstos na lei;

f) Promover a competitividade e o desenvolvimento nos mercados das comunicações, nomeadamente no contexto da convergência das comunicações, dos meios de comunicação social e das tecnologias da informação;

g) Coordenar com a entidade competente a aplicação da lei da concorrência no sector das comunicações;

h) Proteger os interesses dos consumidores, especialmente os utentes do serviço universal, em coordenação com as entidades competentes, promovendo designadamente o esclarecimento dos consumidores, assegurando a divulgação de informação inerente ao uso público das comunicações;

i) Atribuir os títulos de exercício da actividade postal e de telecomunicações;

j) Proceder à avaliação da conformidade de equipamentos e materiais, bem como definir os requisitos necessários para a sua comercialização;

l) Promover a normalização técnica, em colaboração com outras organizações, no sector das comunicações e áreas relacionadas;

m) Promover processos de consulta pública e de manifestação de interesse, nomeadamente no âmbito da introdução de novos serviços ou tecnologias;

n) Velar pela aplicação e fiscalização do cumprimento das leis, regulamentos e requisitos técnicos aplicáveis no âmbito das suas atribuições, bem como o cumprimento, por parte dos operadores de comunicações, das disposições dos respectivos títulos de exercício da actividade ou contratos de concessão;

o) Participar na definição estratégica global de desenvolvimento das comunicações, nomeadamente no contexto da convergência das telecomunicações, dos meios de comunicação social e das tecnologias da informação, realizando os estudos adequados para o efeito;

p) Colaborar na definição das políticas de planeamento civil de emergência do sector das comunicações;

q) Arbitrar e resolver os litígios que surjam no âmbito das comunicações, nos termos definidos na lei;

r) Assegurar a representação técnica do Estado Português nos organismos internacionais congéneres, quando de outro modo não for determinado;

s) Assegurar a realização de estudos nas áreas das comunicações postais e de telecomunicações, bem como a execução de projectos no âmbito da promoção do desenvolvimento do acesso à sociedade de informação e do conhecimento, nomeadamente quando envolvam a introdução de redes e serviços avançados, a redução de assimetrias regionais, a adopção de medidas aplicáveis a cidadãos com necessidades especiais, quer directos quer sob a forma de apoio a entidades públicas ou privadas;

t) Desempenhar as demais funções que lhe sejam atribuídas por lei.

2 – Incumbe ainda ao ICP – ANACOM:

a) Colaborar com outras entidades públicas e privadas na promoção da investigação científica aplicada às comunicações, bem como na divulgação nacional e internacional do sector;

b) Acompanhar a actividade das entidades reguladoras afins e as experiências estrangeiras de regulação das comunicações e estabelecer relações com outras entidades reguladoras, bem como, no plano técnico, com os organismos comunitários e internacionais;

c) Proceder à divulgação do quadro regulatório em vigor e das suas competências e iniciativas, bem como dos direitos e obrigações dos operadores e dos consumidores de comunicações;

d) Apoiar tecnicamente os organismos e serviços aos quais incumbe o acompanhamento do processo de estabelecimento e gestão da rede integrada de comunicações de emergência.

ARTIGO 7.º
Competência consultiva

1 – O ICP – ANACOM pronunciar-se-á sobre todos os assuntos da sua esfera de atribuições que lhe sejam submetidos pela Assembleia da República ou pelo Governo e pode, por sua iniciativa, sugerir ou propor medidas de natureza política ou legislativa nas matérias atinentes às suas atribuições.

2 – O ICP – ANACOM responderá no prazo máximo de 60 dias às consultas que lhe sejam feitas pelas concessionárias ou entidades licenciadas sobre assuntos da sua competência.

ARTIGO 8.º
Colaboração de outras autoridades

O ICP – ANACOM dispõe da cooperação das autoridades e serviços competentes em tudo o que for necessário ao desempenho das suas funções.

Regulação do Sector de Comunicações Electrónicas

Artigo 9.º
Procedimentos de regulação e supervisão

No âmbito das suas competências de regulação e supervisão, o ICP – ANACOM pode adoptar, nos termos da lei, os seguintes procedimentos:

a) Elaborar regulamentos nos casos previstos na lei e quando se mostrem indispensáveis ao exercício das suas atribuições;

b) Acompanhar a actividade das entidades sujeitas à sua supervisão e o funcionamento dos mercados das comunicações;

c) Fiscalizar o cumprimento da lei e dos regulamentos aplicáveis ao sector das comunicações;

d) Aprovar os actos previstos na lei;

e) Efectuar os registos previstos na lei;

f) Instaurar e instruir os processos sancionatórios e punir as infracções que sejam da sua competência;

g) Dar ordens e formular recomendações concretas;

h) Difundir informações;

i) Publicar estudos;

j) Outros previstos na lei.

Artigo 10.º
Procedimentos sancionatórios

1 – Compete ao ICP – ANACOM processar e punir as infracções administrativas às leis e regulamentos cuja implementação ou supervisão lhe compete, bem como as resultantes do incumprimento das suas próprias determinações.

2 – Os procedimentos sancionatórios respeitam o princípio da audiência dos interessados, do contraditório e demais princípios constantes do Código do Procedimento Administrativo e, quando for caso disso, do regime das contra-ordenações.

3 – Incumbe ainda ao ICP – ANACOM participar às autoridades competentes as infracções de que tome conhecimento no desempenho das suas funções.

Artigo 11.º
Procedimento regulamentar

1 – Os regulamentos do ICP – ANACOM devem observar os princípios da legalidade, da necessidade, da clareza, da participação e da publicidade.

2 – Previamente à aprovação ou alteração de qualquer regulamento cuja emissão seja da sua competência, o ICP – ANACOM deve dar conhecimento ao ministro da tutela, às entidades concessionárias ou licenciadas, aos operadores, aos demais prestadores de serviços registados, bem como às associações de consumidores de interesse genérico ou específico na área das comunicações, facultando-lhes o acesso aos textos respectivos e disponibilizando-os no seu website.

3 – Para efeitos do número anterior, podem os interessados emitir os seus comentários e apresentar sugestões durante um período de 30 dias.

4 – As entidades previstas no n.º 2 anterior podem ter acesso a todas as sugestões que tenham sido apresentadas nos termos do presente artigo.

5 – O relatório preambular dos regulamentos fundamenta as decisões tomadas, com necessária referência às críticas ou sugestões que tenham sido feitas ao projecto.

6 – Os regulamentos do ICP – ANACOM que contenham normas de eficácia externa são publicados na 2.ª série do Diário da República e disponibilizados no respectivo website, sem prejuízo da sua publicitação por outros meios considerados mais adequados à situação.

7 – Os regulamentos do ICP – ANACOM, que apenas visem regular procedimentos de carácter interno de uma ou mais categorias de operadores ou de prestadores de serviços, denominam-se instruções, são notificadas aos respectivos destinatários, quando identificáveis, e entram em vigor cinco dias após a notificação ou na data nelas referida.

Artigo 12.º
Exercício da supervisão

1 – Nos termos da lei, o ICP – ANACOM pode proceder a averiguações e exames em qualquer entidade ou local, no quadro do desempenho dessas funções.

2 – Para efeitos dos números anteriores, o ICP – ANACOM pode credenciar pessoas ou entidades especialmente qualificadas e habilitadas.

Artigo 13.º
Obrigações dos operadores

1 – As entidades concessionárias ou licenciadas, os operadores bem como os demais prestadores de serviços registados devem prestar ao ICP – ANACOM toda a cooperação que esta lhes solicite para o cabal desempenho das suas funções, designadamente as informações e documentos que lhe sejam solicitados, os quais devem ser fornecidos no prazo máximo de 30 dias, salvo se outro prazo menor for estabelecido por motivos de urgência.

2 – O ICP – ANACOM pode proceder à divulgação das informações obtidas, sempre que isso seja relevante para a regulação do sector, salvo se se tratar de matéria sensível para as entidades em causa.

3 – O ICP – ANACOM pode divulgar a identidade dos operadores sujeitos a processos de investigação, bem como a matéria a investigar, nomeadamente quando desencadeados por efeito de queixa.

Artigo 14.º
Sigilo

1 – Os titulares dos órgãos do ICP – ANACOM, respectivos mandatários, pessoas ou entidades qualificadas devidamente credenciadas, bem como os seus trabalhadores eventuais ou permanentes, estão especialmente obrigados a guardar sigilo de factos cujo conhecimento lhes advenha exclusivamente pelo exercício das suas funções.

2 – A violação do dever de segredo profissional previsto no número anterior é, para além da inerente responsabilidade disciplinar e civil, punível nos termos do Código Penal.

Artigo 15.º
Cooperação com outras entidades

O ICP – ANACOM pode estabelecer relações de cooperação ou associação, no âmbito das suas atribuições, com outras entidades públicas ou privadas, nacionais ou estrangeiras, nomeadamente no quadro da União Europeia, desde que isso não implique delegação ou partilha das suas competências reguladoras.

Artigo 16.º
Queixas dos consumidores e utilizadores

1 – O ICP – ANACOM pode inspeccionar, regularmente, os registos das queixas e reclamações dos consumidores e

demais utilizadores apresentadas às entidades concessionárias ou licenciadas, as quais devem preservar adequados registos das mesmas.

2 – O ICP – ANACOM pode ordenar a investigação das queixas ou reclamações dos consumidores e utilizadores apresentadas às próprias entidades concessionárias ou licenciadas ou directamente à própria entidade reguladora, desde que se integrem no âmbito das suas competências.

3 – O ICP – ANACOM pode igualmente recomendar ou determinar às entidades concessionárias ou licenciadas as providências necessárias à reparação das justas queixas dos utentes.

Artigo 17.º
Cumprimento das obrigações legais ou contratuais

1 – Em caso de incumprimento das obrigações inerentes à prestação do serviço universal, das obrigações legais e contratuais em geral ou dos padrões de qualidade regulamentarmente definidos, o ICP – ANACOM pode recomendar ou determinar às entidades concessionárias ou licenciadas a adopção das competentes medidas correctivas.

2 – Se as acções definidas não forem executadas, ou não houver cumprimento do calendário estabelecido para a sua execução, o ICP – ANACOM pode, conforme os casos, accionar ou propor ao Governo o accionamento das medidas sancionatórias previstas para a violação da lei ou incumprimento do contrato de concessão ou das condições da licença.

Artigo 18.º
Arbitragem

1 – O ICP – ANACOM deve fomentar a arbitragem voluntária para a resolução de conflitos de natureza comercial ou contratual entre as entidades concessionárias e licenciadas de produção, transporte e de distribuição e entre elas e os consumidores.

2 – Para cumprimento do disposto no número anterior, o ICP – ANACOM pode cooperar na criação de centros de arbitragem institucionalizada e estabelecer acordos com centros de arbitragem institucionalizada já existentes.

CAPÍTULO III
Organização do ICP – ANACOM

Artigo 19.º
Órgãos

São órgãos do ICP – ANACOM o conselho de administração, o conselho fiscal e o conselho consultivo.

SECÇÃO I
Conselho de administração

Artigo 20.º
Função

O conselho de administração é o órgão colegial responsável pela definição e implementação da actividade reguladora do ICP – ANACOM, bem como pela direcção dos respectivos serviços.

Artigo 21.º
Composição e nomeação

1 – O conselho de administração é constituído por um presidente e dois ou quatro vogais, devendo, neste último caso, ser designado um vice-presidente.

2 – Os membros do conselho de administração são nomeados por resolução do Conselho de Ministros, sob proposta do membro do Governo responsável pela área das comunicações.

3 – Os membros do conselho de administração são nomeados de entre pessoas com reconhecida idoneidade, independência e competência técnica e profissional.

4 – Não pode ser nomeado quem seja ou tenha sido membro dos corpos gerentes das empresas dos sectores das comunicações nos últimos dois anos, ou seja ou tenha sido trabalhador ou colaborador permanente das mesmas com funções de direcção ou chefia no mesmo período de tempo.

5 – Os membros do conselho de administração não podem ter interesses de natureza financeira ou participações nas empresas reguladas dos sectores das comunicações.

6 – Os membros do conselho de administração são nomeados por um período de cinco anos, não renovável, continuando os seus membros em exercício até à efectiva substituição ou declaração de cessação de funções.

Artigo 22.º
Estatuto

1 – Os membros do conselho de administração estão sujeitos ao estatuto do gestor público em tudo o que não resultar dos presentes Estatutos, sendo a sua remuneração estabelecida por despacho conjunto dos Ministros das Finanças e da Tutela e do membro do Governo responsável pela Reforma do Estado e da Administração Pública de conformidade com esse estatuto.

2 – É aplicável aos membros do conselho de administração o regime geral da segurança social, salvo quando pertencerem aos quadros da função pública, caso em que lhes será aplicável o regime próprio do seu lugar de origem.

3 – Os membros do conselho de administração não podem, durante o seu mandato, exercer qualquer outra função pública ou actividade profissional, excepto no que se refere ao exercício de funções docentes no ensino superior em tempo parcial.

4 – Os membros do conselho de administração estão sujeitos às incompatibilidades e impedimentos dos titulares de altos cargos públicos.

Artigo 23.º
Cessação de funções

1 – Os membros do conselho de administração cessam o exercício das suas funções:

a) Pelo decurso do prazo por que foram designados;

b) Por incapacidade permanente ou por incompatibilidade superveniente do titular;

c) Por renúncia;

d) Por demissão decidida por resolução do Conselho de Ministros em caso de falta grave, comprovadamente cometida pelo titular no desempenho das suas funções ou no cumprimento de qualquer obrigação inerente ao cargo;

e) Por motivo de condenação pela prática de qualquer crime doloso.

2 – O mandato dos membros do conselho de administração caducará caso esse órgão seja dissolvido ou o ICP – ANACOM seja legalmente extinto ou fundido com outra entidade reguladora.

3 – Em caso de cessação individual de mandato, o novo membro é sempre nomeado pelo período de cinco anos.

Regulação do Sector de Comunicações Electrónicas

4 – Após o termo das suas funções, os membros do conselho de administração ficam impedidos, pelo período de dois anos, de desempenhar qualquer função ou prestar qualquer serviço às empresas dos sectores regulados.

5 – Durante o período de impedimento estabelecido no número anterior, a entidade reguladora continuará a abonar aos ex-membros do conselho de administração dois terços da remuneração correspondente ao cargo, cessando esse abono a partir do momento em que estes sejam contratados ou nomeados para o desempenho de qualquer função ou serviço público ou privado remunerados, ressalvadas as funções previstas no n.º 3 do artigo 22.º

Artigo 24.º
Dissolução do conselho de administração

1 – O conselho de administração só pode ser dissolvido por resolução do Conselho de Ministros, precedendo parecer do conselho consultivo do ICP – ANACOM, nos seguintes casos:

a) Graves irregularidades no funcionamento do órgão;

b) Considerável excesso das despesas realizadas sobre as orçamentadas, sem justificação adequada.

2 – Em caso de dissolução do conselho de administração, os novos membros são nomeados para os seguintes mandatos:

a) No caso de um conselho de três membros, um membro por cinco anos, um por quatro anos e um por três anos;

b) No caso de um conselho de cinco membros, dois membros por cinco anos, dois por quatro anos e um por um ano.

Artigo 25.º
Independência dos membros

Sem prejuízo do disposto no artigo 4.º e nos artigos precedentes, os membros do conselho de administração são independentes no exercício das suas funções, não estando sujeitos a instruções ou orientações específicas.

Artigo 26.º
Competências do conselho de administração

São competências do conselho de administração:

a) Definir a orientação geral do ICP – ANACOM e acompanhar a sua execução;

b) Aprovar os regulamentos e tomar as deliberações previstas no presente diploma ou necessárias ao exercício das suas funções;

c) Elaborar os pareceres previstos nos presentes Estatutos;

d) Elaborar anualmente um relatório sobre a situação das comunicações e sobre a sua actividade de regulação e supervisão e proceder à sua divulgação pública, pelos meios mais adequados, apresentando-o ao ministro da tutela até à data fixada para a elaboração do relatório e contas;

e) Aprovar a organização e funcionamento do ICP – ANACOM;

f) Constituir mandatários e designar representantes do ICP – ANACOM junto de outras entidades;

g) Arrecadar receitas e autorizar a realização das despesas;

h) Gerir o património do ICP – ANACOM, podendo adquirir, alienar ou onerar bens móveis e imóveis e aceitar donativos, heranças ou legados;

i) Submeter à aprovação tutelar os planos de actividades e financeiros plurianuais, os orçamentos e o relatório e contas do ICP – ANACOM;

j) Submeter à aprovação do ministro da tutela a criação ou encerramento de delegações ou de agências do ICP – ANACOM;

l) Praticar todos os demais actos necessários à realização das atribuições do ICP – ANACOM para que não seja competente outro órgão.

Artigo 27.º
Delegação de poderes

1 – O conselho de administração pode delegar, por acta, poderes em um ou mais dos seus membros ou em trabalhadores do ICP – ANACOM e autorizar que se proceda à subdelegação desses poderes, estabelecendo em cada caso os respectivos limites e condições.

2 – Sem prejuízo da inclusão de outros poderes, a atribuição de um pelouro implica a delegação das competências necessárias para dirigir e fiscalizar os serviços respectivos e para praticar os actos de gestão corrente das unidades organizacionais envolvidas.

3 – As deliberações que envolvam delegação de poderes devem ser objecto de publicação na 2.ª série do Diário da República.

Artigo 28.º
Funcionamento

1 – O conselho de administração reúne ordinariamente uma vez por semana e extraordinariamente quando for convocado pelo seu presidente, por iniciativa sua ou a solicitação de dois dos restantes membros.

2 – O conselho de administração poderá designar um funcionário para o assessorar, competindo-lhe, entre outras tarefas, promover as respectivas convocatórias e elaborar as actas das reuniões.

Artigo 29.º
Presidente do conselho de administração

1 – Compete ao presidente do conselho de administração:

a) Convocar e presidir ao conselho de administração e dirigir as suas reuniões;

b) Coordenar a actividade do conselho de administração;

c) Representar o ICP – ANACOM em juízo ou fora dele, salvo quando a lei ou os Estatutos exijam outra forma de representação;

d) Assegurar as relações do ICP – ANACOM com o Governo e outras autoridades.

2 – O presidente do conselho de administração, quando não haja vice-presidente, designa o vogal que o substitui nas suas ausências e impedimentos, sendo substituído, na falta de tal designação, pelo vogal mais antigo ou, em caso de igual antiguidade, pelo vogal de mais idade.

3 – Por razões de urgência devidamente fundamentadas, o presidente do conselho de administração ou quem o substituir nas suas ausências e impedimentos, pode praticar quaisquer actos da competência do conselho de administração, os quais deverão, no entanto, ser sujeitos a ratificação na primeira reunião ordinária seguinte do conselho.

4 – O presidente do conselho de administração pode delegar o exercício de parte da sua competência em qualquer dos restantes membros do conselho.

Artigo 30.º
Vinculação do ICP – ANACOM

1 – O ICP – ANACOM obriga-se pela assinatura:

a) Do presidente do conselho de administração ou de outros dois membros, se outra forma não for deliberada pelo mesmo conselho;

b) De quem estiver habilitado para o efeito, nos termos e âmbito do respectivo mandato.

2 – Os actos de mero expediente podem ser assinados por qualquer membro do conselho de administração ou por trabalhadores do ICP – ANACOM a quem tal poder tenha sido expressamente conferido.

3 – Sem prejuízo do disposto nos números anteriores, o ICP – ANACOM obriga-se, ainda, pela assinatura de mandatários, no âmbito restrito dos poderes que lhe hajam sido conferidos.

SECÇÃO II
Conselho fiscal

Artigo 31.º
Função

O conselho fiscal é o órgão responsável pelo controlo da legalidade e economicidade da gestão financeira e patrimonial do ICP – ANACOM e de consulta do conselho de administração nesse domínio.

Artigo 32.º
Composição e estatuto

1 – O conselho fiscal é constituído por um presidente e dois vogais, sendo um dos vogais revisor oficial de contas, designados por despacho conjunto do Ministro das Finanças e do ministro da tutela, por um período de três anos, renovável.

2 – A remuneração dos membros do conselho fiscal é estabelecida nos termos do n.º 1 do artigo 22.º.

Artigo 33.º
Competência

Compete, designadamente, ao conselho fiscal:

a) Acompanhar e controlar a gestão financeira e patrimonial do ICP – ANACOM;

b) Examinar periodicamente a situação financeira e económica do ICP – ANACOM e verificar o cumprimento das normas reguladoras da sua actividade;

c) Emitir parecer sobre a aquisição, oneração, arrendamento e alienação de bens imóveis;

d) Emitir parecer sobre o orçamento e o relatório e contas do ICP – ANACOM;

e) Emitir parecer sobre qualquer assunto que lhe seja submetido pelos órgãos do ICP – ANACOM;

f) Participar às entidades competentes as irregularidades que detecte.

Artigo 34.º
Funcionamento

O conselho fiscal reúne ordinariamente uma vez por mês e extraordinariamente sempre que convocado pelo seu presidente, por sua iniciativa, ou a solicitação de qualquer dos restantes membros, ou a pedido do presidente do conselho de administração.

SECÇÃO III
Conselho consultivo

Artigo 35.º
Função

O conselho consultivo é o órgão de consulta, apoio e participação na definição das linhas gerais de actuação do ICP – ANACOM.

Artigo 36.º
Composição

1 – O conselho consultivo tem a seguinte composição:

a) Um representante do ministro da tutela, que presidirá;

b) Um representante de cada um dos membros do Governo responsáveis pelas áreas da defesa nacional, da administração interna, da economia, da cultura, da ciência e tecnologia, da comunicação social e da defesa do consumidor;

c) Um representante de cada uma das Regiões Autónomas dos Açores e da Madeira;

d) Um representante da Associação Nacional de Municípios;

e) Um representante do Conselho da Concorrência;

f) Um representante da entidade concessionária do serviço universal de correios;

g) Um representante da entidade concessionária da rede básica de telecomunicações;

h) Um representante dos operadores de redes públicas de telecomunicações;

i) Um representante dos operadores de plataformas digitais de radiodifusão terrestre;

j) Dois representantes dos operadores e prestadores de serviços de telecomunicações móveis;

l) Um representante dos prestadores de serviços de acesso à Internet;

m) Um representante dos prestadores de serviço fixo de telefone;

n) Um representante dos operadores de redes de distribuição por cabo;

o) Um representante dos prestadores de serviços postais explorados em regime de concorrência;

p) Um representante a designar pelos comerciantes e instaladores de sistemas de telecomunicações;

q) Um representante a designar pelos fabricantes de equipamentos, infra-estruturas ou suportes lógicos;

r) Dois representantes das empresas utilizadoras de comunicações, designados pelas respectivas associações de âmbito nacional;

s) Dois representantes dos consumidores individuais dos serviços de comunicações, a designar pelas associações de consumidores de interesse genérico ou específico na área das comunicações, nos termos da Lei n.º 24/96, de 31 de Julho.

2 – A nomeação dos membros do conselho consultivo é da competência das entidades representadas e, no caso dos representantes mencionados nas alíneas i) a s) do n.º 1, as nomeações serão feitas em reunião dos interessados convocada pelo presidente do conselho consultivo.

3 – Os representantes referidos no n.º 1, bem como de os seus substitutos, não mais de um por cada representante, devem ser comunicados ao presidente do conselho nos 30 dias anteriores ao termo do mandato dos membros cessantes ou nos 30 dias subsequentes à vagatura.

Regulação do Sector de Comunicações Electrónicas

4 – A nomeação dos membros do conselho consultivo é feita por um período de três anos, renovável, sem prejuízo de poderem ser substituídos a qualquer momento pelas entidades que os nomeiam.

5 – Os membros do conselho de administração e do conselho fiscal, bem como outras entidades convidadas pelo presidente do conselho consultivo aquando da discussão e análise de matérias específicas, podem assistir às reuniões do conselho consultivo e participar, nos trabalhos, sem direito de voto.

6 – Os membros do conselho consultivo têm direito ao pagamento das despesas de viagem e às ajudas de custo devidas por deslocação, quando residam fora da localidade da reunião, suportadas pelo orçamento do ICP – ANACOM.

Artigo 37.º
Competência

Compete ao conselho consultivo dar parecer, designadamente, sobre:

a) As linhas gerais do plano de actividades e do orçamento do ICP – ANACOM;

b) O relatório de actividades anual, bem como o relatório previsto no artigo 51.º;

c) Os preços e tarifas do serviço universal;

d) A estratégia global de desenvolvimento das comunicações e as suas relações com a participação nacional na sociedade global de informação;

e) Qualquer outro assunto que o conselho de administração do ICP – ANACOM, por iniciativa própria ou por iniciativa do Governo, submeter à sua apreciação.

Artigo 38.º
Funcionamento

1 – O conselho consultivo reúne ordinariamente, por convocação do seu presidente, duas vezes por ano, especialmente para efeitos do disposto nas alíneas a) e b) do artigo anterior, e extraordinariamente por iniciativa do presidente ou a pedido de, pelo menos, um terço dos seus membros.

2 – O conselho consultivo considera-se constituído para todos os efeitos desde que se encontre designada a maioria dos seus membros.

SECÇÃO IV
Disposições comuns aos órgãos

Artigo 39.º
Procedimento

1 – Às deliberações dos órgãos colegiais do ICP – ANACOM é aplicável o regime previsto no Código do Procedimento Administrativo, com as excepções previstas nos números seguintes.

2 – Nas votações não pode haver abstenções.

3 – As actas das reuniões devem ser subscritas por todos os membros presentes na reunião, salvo no caso do conselho consultivo, em que serão subscritas somente pelo respectivo presidente e secretário.

4 – Cada órgão aprova o respectivo regulamento interno de funcionamento.

Artigo 40.º
Convocações

1 – Os órgãos do ICP – ANACOM reúnem por convocação do respectivo presidente, endereçada a cada um dos seus membros, sem prejuízo do disposto no número seguinte.

2 – Consideram-se validamente convocadas as reuniões que se realizem periodicamente em local, dias e horas preestabelecidos e ainda as reuniões cuja realização tenha sido deliberada em reunião anterior, na presença ou com conhecimento de todos os membros do órgão convocado e com indicação do local, dia e hora.

CAPÍTULO IV
Gestão financeira e patrimonial

Artigo 41.º
Regras gerais

1 – A actividade patrimonial e financeira do ICP – ANACOM rege-se pelo disposto nos presentes Estatutos e, subsidiariamente, pelo regime jurídico aplicável às entidades públicas empresariais, ressalvado o disposto no presente diploma.

2 – A gestão patrimonial e financeira do ICP – ANACOM rege-se segundo princípios de direito privado, não lhe sendo aplicável o regime geral da actividade financeira dos fundos e serviços autónomos, sem prejuízo do cumprimento das regras do direito comunitário e internacional sobre mercados públicos.

3 – Em qualquer caso o ICP – ANACOM deve adoptar procedimentos contratuais regidos pelos requisitos de publicidade, da concorrência e da não discriminação, bem como da qualidade e economicidade.

4 – O orçamento do ICP – ANACOM, que constará do Orçamento Geral do Estado, é elaborado de acordo com o Plano Oficial de Contabilidade, não lhe sendo aplicável o regime da contabilidade pública.

5 – A contabilidade do ICP – ANACOM é elaborada de acordo com o Plano Oficial de Contabilidade, não lhe sendo aplicável o regime da contabilidade pública, devendo, contudo, ser apresentados mapas consolidados, de acordo com o Plano Oficial de Contabilidade Pública, a aprovar pelo Ministro das Finanças.

Artigo 42.º
Património

O património do ICP – ANACOM é constituído pela universalidade dos bens, direitos e garantias que adquira ou contraia no desempenho das suas atribuições e por aqueles que lhe sejam atribuídos por lei.

Artigo 43.º
Receitas

Constituem receitas do ICP – ANACOM:

a) As taxas e outras receitas cobradas no âmbito da gestão do espectro radioeléctrico e do plano nacional de numeração;

b) As taxas e outras receitas cobradas no âmbito da atribuição de títulos de exercício de actividade e fiscalização dos operadores e prestadores de serviços de comunicações;

c) O produto da aplicação de multas contratuais, bem como das coimas aplicadas nos termos da lei;

d) As receitas provenientes da prestação de serviços, designadamente dos seus laboratórios;

e) Quaisquer outras receitas, rendimentos ou valores que provenham da sua actividade ou que por lei ou contrato lhe venham a pertencer ou a ser atribuídos, bem como quaisquer doações, subsídios ou outras formas de apoio financeiro;

f) O produto da alienação de bens próprios e da constituição de direitos sobre eles;

g) Os juros decorrentes de aplicações financeiras.

Artigo 44.º
Despesas

Constituem despesas do ICP – ANACOM as que, realizadas no âmbito do exercício das atribuições e competências que lhe estão cometidas, respeitem a encargos decorrentes da sua actividade e a aquisição de bens de imobilizado.

CAPÍTULO V
Serviços e pessoal

Artigo 45.º
Serviços

O ICP – ANACOM dispõe dos serviços de apoio administrativo e técnico, aprovados pelo conselho de administração em função da aprovação do plano de actividades e orçamento.

Artigo 46.º
Regime do pessoal

1 – O pessoal do ICP – ANACOM está sujeito ao regime jurídico do contrato individual de trabalho e está abrangido pelo regime geral da segurança social.

2 – O ICP – ANACOM pode ser parte em instrumentos de regulamentação colectiva de trabalho.

3 – O recrutamento de pessoal será precedido de anúncio público e será efectuado segundo critérios objectivos de selecção, a estabelecer em regulamento do ICP – ANACOM.

4 – As condições de prestação e de disciplina do trabalho são definidas em regulamento próprio do ICP – ANACOM, com observância das disposições legais imperativas do regime do contrato individual de trabalho.

Artigo 47.º
Incompatibilidades

O pessoal do ICP – ANACOM não pode prestar trabalho ou outros serviços, remunerados ou não, a empresas sujeitas à sua supervisão ou outras cuja actividade colida com as atribuições e competências do ICP – ANACOM.

Artigo 48.º
Funções de fiscalização

1 – Os trabalhadores do ICP – ANACOM, os respectivos mandatários, bem como as pessoas ou entidades qualificadas devidamente credenciadas que desempenhem funções de fiscalização, quando se encontrem no exercício das suas funções, são equiparados a agentes de autoridade e gozam, nomeadamente, das seguintes prerrogativas:

a) Aceder às instalações, equipamentos e serviços das entidades sujeitas a inspecção e controlo do ICP – ANACOM;

b) Requisitar documentos para análise, bem como equipamentos e materiais para a realização de testes;

c) Identificar, para posterior actuação, todos os indivíduos que infrinjam a legislação e regulamentação cuja observância devem respeitar;

d) Reclamar a colaboração das autoridades competentes quando o julguem necessário ao desempenho das suas funções.

2 – Aos trabalhadores do ICP – ANACOM, respectivos mandatários, bem como pessoas ou entidades qualificadas devidamente credenciadas que desempenhem as funções a que se refere o número anterior serão atribuídos cartões de identificação, cujo modelo e condições de emissão constam de portaria do membro do Governo responsável pelas comunicações.

Artigo 49.º
Mobilidade

1 – Os funcionários da administração directa ou indirecta do Estado, das Regiões Autónomas e das autarquias locais, bem como os empregados, quadros ou administradores de empresas públicas ou privadas, podem ser requisitados para desempenhar funções no ICP – ANACOM em regime de comissão de serviço, com garantia do seu lugar de origem e dos direitos nele adquiridos, considerando-se o período da comissão como tempo de serviço prestado nos quadros de que provenham, suportando o ICP – ANACOM as despesas inerentes.

2 – Os trabalhadores do ICP – ANACOM podem desempenhar funções noutras entidades, sem prejuízo do disposto no artigo 47.º, em regime de destacamento, requisição ou outros, nos termos da lei, com garantia do seu lugar de origem e dos direitos nele adquiridos, considerando-se tal período do como tempo de serviço efectivamente prestado no ICP – ANACOM.

CAPÍTULO VI
Tutela, responsabilidade e controlo judicial

Artigo 50.º
Tutela

1 – Sem prejuízo da sua independência orgânica e funcional, o ICP – ANACOM está sujeito, nos termos dos presentes Estatutos, à tutela do membro do Governo responsável pelas comunicações e, quando for caso disso, do Ministro das Finanças, nos termos dos presentes Estatutos e demais legislação aplicável.

2 – Carecem de aprovação ministerial:

a) O plano de actividades e o orçamento;

b) O relatório de actividades e as contas;

c) Outros actos previstos na lei.

3 – A aprovação considera-se tacitamente concedida ao fim de 60 dias.

Artigo 51.º
Relatório ao Governo e à Assembleia da República e audições parlamentares

1 – O ICP – ANACOM enviará ao Governo, para ser presente igualmente à Assembleia da República, um relatório anual sobre as suas actividades de regulação.

Regulação do Sector de Comunicações Electrónicas

2 – O presidente do conselho de administração corresponderá, sempre que lhe for solicitado, aos pedidos de audição que sejam dirigidos pela comissão competente da Assembleia da República, para prestar informações ou esclarecimentos sobre as suas actividades.

Artigo 52.º
Responsabilidade jurídica

Os titulares dos órgãos do ICP – ANACOM e os seus trabalhadores e agentes respondem civil, criminal, disciplinar e financeiramente pelos actos e omissões que pratiquem no exercício das suas funções, nos termos da Constituição e demais legislação aplicável.

Artigo 53.º
Controlo judicial

1 – A actividade dos órgãos e agentes do ICP – ANACOM de natureza administrativa fica sujeita à jurisdição administrativa, nos termos da respectiva legislação.

2 – As sanções por infracções contra-ordenacionais são impugnáveis, nos termos gerais, junto dos tribunais judiciais.

3 – Das decisões proferidas no âmbito da resolução de litígios cabe recurso para os tribunais judiciais ou arbitrais, nos termos previstos na lei.

Artigo 54.º
Fiscalização do Tribunal de Contas

1 – O ICP – ANACOM está sujeito à jurisdição do Tribunal de Contas, nos termos da legislação competente.

2 – Os actos e contratos do ICP – ANACOM não estão sujeitos a visto do Tribunal de Contas, sendo, no entanto, obrigatória a apresentação das contas anuais para efeitos de julgamento.

Artigo 55.º
Página electrónica

1 – O ICP – ANACOM deve disponibilizar um sítio na Internet, com todos os dados relevantes, nomeadamente o diploma de criação, os estatutos e regulamentos, bem como a composição dos seus órgãos, incluindo os planos, orçamentos, relatórios e contas referentes aos dois últimos anos da sua actividade e ainda os regulamentos, as deliberações e as instruções genéricas emitidas.

2 – A página electrónica serve de suporte para a divulgação de modelos e formulários para a apresentação de requerimentos por via electrónica, visando a satisfação dos respectivos pedidos e obtenção de informações on line, nos termos legalmente admitidos.

Lei n.º 5/2004, de 10 de Fevereiro, com as alterações introduzidas pelo Decreto-Lei n.º 176/2007, de 8 de Maio – **Lei das Comunicações Electrónicas**

Lei n.º 5/2004
de 10 de Fevereiro

A Assembleia da República decreta, nos termos da alínea c) do artigo 161.º da Constituição, para valer como lei geral da República, o seguinte:

TÍTULO I
Parte geral

ARTIGO 1.º
Objecto

A presente lei estabelece o regime jurídico aplicável às redes e serviços de comunicações electrónicas e aos recursos e serviços conexos e define as competências da autoridade reguladora nacional neste domínio, no âmbito do processo de transposição das Directivas n.ºs 2002/19/CE, 2002/20/CE, 2002//21/CE, e 2002/22/CE, todas do Parlamento Europeu e do Conselho, de 7 de Março, e da Directiva n.º 2002/77/CE, da Comissão, de 16 de Setembro.

ARTIGO 2.º
Âmbito

1 – Excluem-se do âmbito de aplicação da presente lei:

a) Os serviços da sociedade da informação, definidos no Decreto-Lei n.º 58/2000, de 18 de Abril, que não consistam total ou principalmente no envio de sinais através de redes de comunicações electrónicas;

b) Os serviços que prestem ou exerçam controlo editorial sobre conteúdos transmitidos através de redes e serviços de comunicações electrónicas, incluindo os serviços de áudio-texto;

c) As redes privativas do Ministério da Defesa Nacional ou sob sua responsabilidade e das forças e serviços de segurança e de emergência, as quais se regem por legislação específica;

d) A rede informática do Governo gerida pelo Centro de Gestão da Rede Informática do Governo (CEGER), bem como as redes criadas para prosseguir os fins previstos no n.º 1 do artigo 1.º do Decreto-Lei n.º 184/98, de 6 de Julho.

2 – O disposto na presente lei não prejudica:

a) O regime de livre circulação, colocação no mercado e colocação em serviço no território nacional dos equipamentos de rádio e equipamentos terminais de telecomunicações, bem como o regime da respectiva avaliação de conformidade e marcação, aprovado pelo Decreto-Lei n.º 192/2000, de 18 de Agosto;

b) O regime de instalação de infra-estruturas de telecomunicações em edifícios, previsto no Decreto-Lei n.º 59/2000, de 19 de Abril;

c) O regime aplicável às redes e estações de radiocomunicações, previsto no Decreto-Lei n.º 151-A/2000, de 20 de Julho;

d) O regime aplicável à utilização do Serviço Rádio Pessoal – Banda do Cidadão (SRP-CB), previsto no Decreto-Lei n.º 47/2000, de 24 de Março;

e) O regime jurídico aplicável aos radioamadores.

3 – O disposto na presente lei não prejudica as medidas adoptadas a nível comunitário ou nacional, com vista a prosseguir objectivos de interesse geral, em especial relacionados com a regulamentação de conteúdos e a política áudio-visual.

4 – O disposto na presente lei não prejudica as medidas adoptadas a nível comunitário ou nacional, com vista a prosseguir objectivos de segurança e ordem pública, nomeadamente no sector ferroviário e rodoviário.

ARTIGO 3.º
Definições

Para os efeitos do disposto na presente lei, entende-se por:

a) «Acesso» a disponibilização de recursos e ou serviços a outra empresa, segundo condições definidas, em regime de exclusividade ou não exclusividade, para efeitos de prestação de serviços de comunicações electrónicas, abrangendo, nomeadamente, o acesso a elementos da rede e recursos conexos, podendo incluir a ligação de equipamento, através de meios fixos ou não fixos (incluindo, em especial, o acesso ao lacete local e a recursos e serviços necessários para prestar serviços pelo lacete local); o acesso a infra-estruturas físicas, incluindo edifícios, condutas e postes; o acesso a sistemas de software pertinentes, incluindo sistemas de apoio operacional; o acesso à conversão numérica ou a sistemas que ofereçam uma funcionalidade equivalente; o acesso a redes fixas e móveis, em especial para fins de itinerância (roaming); o acesso a sistemas de acesso condicional para serviços de televisão digital; o acesso aos serviços de rede virtual;

b) «Acesso desagregado ao lacete local» o acesso totalmente desagregado ao lacete local e o acesso partilhado ao lacete local; este acesso não implica a mudança de propriedade do lacete local;

c) «Acesso partilhado ao lacete local» a oferta a um beneficiário de acesso ao lacete local ou ao sublacete local do operador notificado, com direito de utilização do espectro de frequências não vocais do par de condutores metálicos entrançados; o lacete local continua a ser utilizado pelo operador notificado para fornecer o serviço telefónico ao público;

d) «Acesso totalmente desagregado ao lacete local» a oferta a um beneficiário de acesso ao lacete local ou ao sublacete local do operador notificado, com direito de utilização de todo o espectro de frequências disponível no par de condutores metálicos entrançados;

Regulação do Sector de Comunicações Electrónicas

e) «Assinante» a pessoa singular ou colectiva que é parte num contrato com um prestador de serviços de comunicações electrónicas acessíveis ao público para o fornecimento desses serviços;

f) «Autorização geral» o quadro regulamentar estabelecido pela presente lei e pelos regulamentos da autoridade reguladora nacional que garante os direitos relacionados com a oferta de serviços ou redes de comunicações electrónicas, e que fixa obrigações sectoriais específicas que podem ser aplicadas a todos os géneros ou a géneros específicos de serviços e redes de comunicações electrónicas, em conformidade com a presente lei;

g) «Consumidor» a pessoa singular que utiliza ou solicita um serviço de comunicações electrónicas acessível ao público para fins não profissionais;

h) «Equipamento avançado de televisão digital» os conversores para conexão a aparelhos de televisão ou aparelhos integrados de televisão digital capazes de receber serviços de televisão digital interactiva;

i) «Interferência prejudicial» qualquer interferência que comprometa o funcionamento de um serviço de radionavegação ou qualquer outro serviço de segurança ou que de outra forma prejudique seriamente, obstrua ou interrompa repetidamente um serviço de radiocomunicações que opere de acordo com o direito comunitário ou nacional aplicável;

j) «Interligação» a ligação física e lógica de redes de comunicações públicas utilizadas por uma mesma empresa ou por empresas diferentes, de modo a permitir a utilizadores de uma empresa comunicarem com utilizadores desta ou de outras empresas ou acederem a serviços oferecidos por outra empresa. Os serviços podem ser oferecidos pelas partes envolvidas ou por terceiros que tenham acesso à rede. A interligação é um tipo específico de acesso implementado entre operadores de redes públicas;

l) «IPA (interface de programas de aplicação)» o software de interface entre aplicações, disponibilizado por difusores ou fornecedores de serviços e os recursos no equipamento avançado de televisão digital para serviços de rádio e televisão digitais;

m) «Lacete local» o circuito físico que liga o ponto terminal da rede nas instalações do assinante ao repartidor principal ou ao recurso equivalente na rede telefónica pública fixa;

n) «Mercados transnacionais» os mercados referidos no n.º 5 do artigo 59.º que abrangem a Comunidade ou uma parte substancial desta;

o) «Número» série de dígitos que indica um ponto de terminação de uma rede de comunicações electrónicas e que contém a informação necessária para encaminhar a chamada até esse ponto de terminação;

p) «Número geográfico» número do plano nacional de numeração que contém alguns dígitos com significado geográfico, cuja função é encaminhar as chamadas para o local físico do ponto de terminação de rede (PTR);

q) «Número não geográfico» número do plano nacional de numeração que não seja um número geográfico, incluindo, nomeadamente, os números móveis, verdes e de tarifa majorada;

r) «Oferta de rede de comunicações electrónicas» o estabelecimento, operação, controlo ou disponibilização da referida rede;

s) «Operador» uma empresa que oferece ou está autorizada a oferecer uma rede de comunicações pública ou um recurso conexo;

t) «Posto público» telefone acessível ao público em geral, cuja utilização pode ser paga com moedas e ou cartões de crédito/débito e ou cartões de pré-pagamento, incluindo cartões a utilizar com códigos de marcação;

u) «PTR» ponto físico em que é fornecido ao assinante acesso à rede pública de comunicações; no caso das redes que envolvem comutação ou encaminhamento, o ponto de terminação de rede é identificado através de um endereço de rede específico, que pode estar associado ao número ou nome de um assinante;

v) «Recursos conexos» os recursos associados a uma rede de comunicações electrónicas e ou a um serviço de comunicações electrónicas que permitem e ou suportam a prestação de serviços através dessa rede e ou serviço, incluindo sistemas de acesso condicional e guias electrónicos de programas;

x) «Rede de comunicações electrónicas» os sistemas de transmissão e, se for o caso, os equipamentos de comutação ou encaminhamento e os demais recursos que permitem o envio de sinais por cabo, meios radioeléctricos, meios ópticos, ou por outros meios electromagnéticos, incluindo as redes de satélites, as redes terrestres fixas (com comutação de circuitos ou de pacotes, incluindo a Internet) e móveis, os sistemas de cabos de electricidade, na medida em que sejam utilizados para a transmissão de sinais, as redes utilizadas para a radiodifusão sonora e televisiva e as redes de televisão por cabo, independentemente do tipo de informação transmitida;

z) «Rede pública de comunicações» a rede de comunicações electrónicas utilizada total ou principalmente para o fornecimento de serviços de comunicações electrónicas acessíveis ao público;

aa) «Rede telefónica pública» rede de comunicações electrónicas utilizada para prestar serviços telefónicos acessíveis ao público; a rede serve de suporte à transferência, entre pontos terminais da rede, de comunicações vocais e também de outras formas de comunicação, tais como fac-símile e dados;

bb) «Autoridade reguladora nacional (ARN)» a autoridade que desempenha as funções de regulação, supervisão, fiscalização e sancionamento no âmbito das redes e serviços de comunicações electrónicas, bem como dos recursos e serviços conexos, a qual é o Instituto de Comunicações de Portugal – Autoridade Nacional de Comunicações (ICP-ANACOM), cujos estatutos foram aprovados pelo Decreto-Lei n.º 309/2001, de 7 de Dezembro;

cc) «Serviço de comunicações electrónicas» o serviço oferecido em geral mediante remuneração, que consiste total ou principalmente no envio de sinais através de redes de comunicações electrónicas, incluindo os serviços de telecomunicações e os serviços de transmissão em redes utilizadas para a radiodifusão, sem prejuízo da exclusão referida na alínea b) do n.º 1 do artigo 2.º;

dd) «Serviço de televisão de ecrã largo» um serviço de televisão constituído, na totalidade ou em parte, por programas produzidos e editados para serem apresentados a toda a altura de um ecrã de formato largo. O formato 16:9 é o formato de referência para os serviços de televisão de ecrã largo;

ee) «Serviço telefónico acessível ao público» serviço ao dispor do público, que permite fazer e receber chamadas nacionais e internacionais e aceder aos serviços de emergência através de um número ou de números incluídos num plano de numeração telefónica nacional ou internacional, e que pode ainda, se for caso disso, incluir um ou mais dos seguintes serviços: oferta de assistência de telefonista, serviços de informação de listas, de listas, oferta de postos públicos,

482

oferta do serviço em condições especiais, oferta de recursos especiais para clientes com deficiência ou com necessidades sociais especiais e ou prestação de serviços não geográficos;

ff) «Serviço universal» o conjunto mínimo de serviços, definido na presente lei, de qualidade especificada, disponível para todos os utilizadores, independentemente da sua localização geográfica e, em função das condições nacionais, a um preço acessível;

gg) «Sistema de acesso condicional» qualquer medida e ou disposição técnica, por meio da qual o acesso, de forma inteligível, a um serviço de difusão radiofónica ou televisiva protegido fica condicionado a uma assinatura ou a qualquer outra forma de autorização prévia individual;

hh) «Sublacete local» um lacete local parcial que liga o ponto terminal da rede nas instalações do assinante a um ponto de concentração ou a um acesso intermédio especificado na rede telefónica pública fixa;

ii) «Utilizador» a pessoa singular ou colectiva que utiliza ou solicita um serviço de comunicações electrónicas acessível ao público;

jj) «Utilizador final» o utilizador que não oferece redes de comunicações públicas, ou serviços de comunicações electrónicas acessíveis ao público.

TÍTULO II
Autoridade reguladora nacional e princípios de regulação

CAPÍTULO I
Disposições gerais e princípios de regulação

ARTIGO 4.º
Autoridade reguladora nacional

1 – Compete à ARN desempenhar as funções de regulação, supervisão, fiscalização e sancionamento previstas na presente lei, nos termos das suas atribuições.

2 – Os estatutos da ARN garantem:

a) A independência como entidade orgânica, financeira e funcionalmente separada do Governo, dotada dos meios necessários ao desempenho das suas funções;

b) A independência como entidade orgânica, financeira e funcionalmente separada das empresas que oferecem redes e serviços de comunicações electrónicas e equipamento;

c) A separação efectiva entre as funções de regulação e as competências ligadas à propriedade ou à direcção das empresas do sector sobre as quais o Estado detenha a propriedade ou o controlo.

ARTIGO 5.º
Objectivos de regulação

1 – Constituem objectivos de regulação das comunicações electrónicas a prosseguir pela ARN:

a) Promover a concorrência na oferta de redes e serviços de comunicações electrónicas, de recursos e serviços conexos;

b) Contribuir para o desenvolvimento do mercado interno da União Europeia;

c) Defender os interesses dos cidadãos, nos termos da presente lei.

2 – Para efeitos do disposto na alínea a) do número anterior, incumbe à ARN, nomeadamente:

a) Assegurar que os utilizadores, incluindo os utilizadores com deficiência, obtenham o máximo benefício em termos de escolha, preço e qualidade;

b) Assegurar a inexistência de distorções ou entraves à concorrência no sector das comunicações electrónicas;

c) Encorajar investimentos eficientes em infra-estruturas e promover a inovação;

d) Incentivar uma utilização eficiente e assegurar uma gestão eficaz das frequências e dos recursos de numeração.

3 – Para efeitos do disposto na alínea b) do n.º 1, incumbe à ARN, nomeadamente:

a) Eliminar os obstáculos existentes à oferta de redes de comunicações electrónicas, de recursos e serviços conexos e de serviços de comunicações electrónicas a nível europeu;

b) Encorajar a criação e o desenvolvimento de redes transeuropeias, a interoperabilidade dos serviços pan-europeus e a conectividade de extremo a extremo;

c) Assegurar que em circunstâncias análogas não haja discriminação no tratamento das empresas que oferecem redes e serviços de comunicações electrónicas;

d) Cooperar, de modo transparente, com a Comissão Europeia e as demais autoridades reguladoras das comunicações dos Estados membros da União Europeia com o objectivo de garantir o desenvolvimento de uma prática reguladora e uma aplicação coerente do quadro regulamentar comum para as redes e serviços de comunicações electrónicas.

4 – Para efeitos do disposto na alínea c) do n.º 1, incumbe à ARN, nomeadamente:

a) Assegurar que todos os cidadãos tenham acesso ao serviço universal definido na presente lei;

b) Assegurar um elevado nível de protecção dos consumidores no seu relacionamento com as empresas que oferecem redes e serviços de comunicações electrónicas, através, designadamente, do estabelecimento de procedimentos de resolução de litígios simples e pouco dispendiosos, executados por organismo independente das partes em conflito;

c) Contribuir para garantir um elevado nível de protecção dos dados pessoais e da privacidade;

d) Promover a prestação de informações claras, exigindo, especialmente, transparência nas tarifas e nas condições de utilização dos serviços de comunicações electrónicas acessíveis ao público;

e) Responder às necessidades de grupos sociais específicos, nomeadamente os utilizadores com deficiência;

f) Assegurar que seja mantida a integridade e a segurança das redes de comunicações públicas.

5 – Todas as decisões e medidas adoptadas pela ARN devem ser razoáveis e proporcionais aos objectivos de regulação estabelecidos no presente artigo.

6 – Compete à ARN adoptar todas as medidas razoáveis e proporcionadas necessárias para garantir que qualquer empresa possa fornecer os serviços de comunicações electrónicas ou estabelecer, alargar ou oferecer redes de comunicações electrónicas.

7 – As decisões e medidas adoptadas pela ARN devem ser sempre fundamentadas à luz do disposto nos números anteriores.

8 – No âmbito das suas atribuições de regulação, consagradas nesta lei, nomeadamente das destinadas a assegurar uma concorrência efectiva, e sem prejuízo da adopção, quando necessária à prossecução dos objectivos de regulação estipulados neste artigo, de medidas adequadas à promoção de determinados serviços, deve a ARN procurar garantir a neutralidade tecnológica da regulação.

Regulação do Sector de Comunicações Electrónicas

9 – A ARN pode contribuir, no âmbito das suas atribuições, para assegurar a implementação de políticas destinadas a promover a diversidade cultural e linguística e o pluralismo, nomeadamente dos meios de comunicação social.

10 – Todas as entidades e autoridades públicas devem, na prossecução das respectivas atribuições, concorrer igualmente para a realização dos objectivos de regulação das comunicações electrónicas.

ARTIGO 6.º
Consolidação do mercado interno

1 – A ARN, no exercício das suas competências, deve contribuir para o desenvolvimento do mercado interno, cooperando com as outras autoridades reguladoras nacionais e com a Comissão Europeia de forma transparente com o fim de chegar a acordo sobre os tipos de instrumentos e soluções mais adequados para fazer face a situações particulares no mercado.

2 – Para efeitos do disposto no número anterior, deve ser seguido, nos casos previstos na presente lei, o procedimento específico previsto no artigo 57.º

3 – A ARN deve, no desempenho das suas funções, ter em conta as recomendações da Comissão Europeia sobre a aplicação harmonizada do quadro regulamentar aplicável às comunicações electrónicas, tendo em vista a prossecução dos objectivos de regulação previstos no artigo 5.º, devendo informar de forma fundamentada a Comissão Europeia caso decida não seguir uma recomendação.

ARTIGO 7.º
Cooperação

1 – A ARN e as autoridades e serviços competentes, nomeadamente na área da defesa dos consumidores, devem cooperar entre si, sempre que necessário, em matérias de interesse comum.

2 – Em matérias relacionadas com a aplicação do regime jurídico da concorrência no sector das comunicações electrónicas, devem a ARN e a Autoridade da Concorrência cooperar entre si.

3 – Nos casos referidos nos artigos 37.º e 61.º, deve a ARN solicitar parecer prévio à Autoridade da Concorrência.

4 – Quando, no âmbito da cooperação prevista nos números anteriores, a ARN e as outras entidades competentes, nomeadamente em matéria de concorrência, troquem informações, devem assegurar o mesmo nível de confidencialidade a que cada uma está obrigada, podendo a ARN e a Autoridade da Concorrência utilizar as referidas informações no exercício das suas competências.

ARTIGO 8.º
Procedimento geral de consulta

1 – Sempre que, no exercício das competências previstas na presente lei, a ARN pretenda adoptar medidas com impacte significativo no mercado relevante deve publicitar o respectivo projecto, dando aos interessados a possibilidade de se pronunciarem em prazo fixado para o efeito, o qual não pode ser inferior a 20 dias.

2 – Para efeitos do disposto no número anterior, a ARN deve publicitar os procedimentos de consulta adoptados.

ARTIGO 9.º
Medidas urgentes

1 – Sem prejuízo do disposto na lei geral, a ARN pode, em circunstâncias excepcionais, adoptar medidas imediatas, pro-

porcionadas e provisórias sem recurso aos procedimentos previstos nos artigos 8.º e 57.º, conforme os casos, quando considerar necessária uma actuação urgente para salvaguarda da concorrência ou defesa dos interesses dos utilizadores.

2 – Nas situações referidas no número anterior, a ARN deve informar com a maior brevidade possível a Comissão Europeia e as outras autoridades reguladoras nacionais das medidas adoptadas, devidamente fundamentadas.

3 – Quando a ARN decidir transformar a medida provisória em definitiva ou prorrogar o seu prazo de aplicação, é aplicável o procedimento previsto no artigo 57.º

ARTIGO 10.º
Resolução administrativa de litígios

1 – Compete à ARN, a pedido de qualquer das partes, resolver, através de decisão vinculativa, quaisquer litígios relacionados com as obrigações decorrentes da presente lei, entre empresas a elas sujeitas, no território nacional, sem prejuízo da possibilidade de recurso aos tribunais.

2 – A intervenção da ARN deve ser solicitada no prazo máximo de um ano a contar da data do início do litígio.

3 – A decisão da ARN, salvo em circunstâncias excepcionais, deve ser proferida num prazo não superior a quatro meses a contar da data da formulação do pedido e notificada às partes interessadas com a respectiva fundamentação, devendo ser publicada desde que salvaguardado o sigilo comercial.

4 – Na resolução de litígios a que se refere o presente artigo, a ARN deve decidir de acordo com o disposto na presente lei e tendo em vista a prossecução dos objectivos de regulação estabelecidos no artigo 5.º

5 – No decurso da resolução de um litígio devem todas as empresas que oferecem redes e serviços de comunicações electrónicas cooperar plenamente com a ARN, designadamente no cumprimento do que neste âmbito lhes seja solicitado.

6 – Das decisões da ARN proferidas ao abrigo do presente artigo cabe recurso nos termos do n.º 2 do artigo 13.º

ARTIGO 11.º
Recusa do pedido de resolução de litígios

1 – A ARN apenas pode recusar um pedido de resolução de litígio formulado nos termos do artigo anterior nos seguintes casos:

a) Quando não esteja em causa o cumprimento de obrigações decorrentes da presente lei;

b) Quando tenha decorrido o prazo previsto no n.º 2 do artigo anterior;

c) Quando a ARN entender que existem outros meios, incluindo a mediação, mais adequados para a resolução do litígio em tempo útil, em conformidade com o disposto no artigo 5.º

2 – A ARN deve notificar as partes, com a maior brevidade possível, da recusa do pedido e, no caso previsto na alínea c) do número anterior, de qual o meio mais adequado para a resolução do litígio.

3 – Se, no caso previsto na alínea c) do n.º 1, decorridos quatro meses sobre a notificação das partes, o litígio não estiver resolvido e não houver sido intentada uma acção em tribunal com esse objectivo, pode a ARN, a pedido de qualquer das partes, dar início ao processo previsto no artigo anterior, extinguindo-se o processo de resolução de litígios anteriormente iniciado.

4 – Das decisões da ARN proferidas ao abrigo do presente artigo cabe recurso nos termos do n.º 2 do artigo 13.º

ARTIGO 12.º
Resolução de litígios transfronteiriços

1 – Em caso de litígio surgido no âmbito das obrigações decorrentes do quadro regulamentar relativo às comunicações electrónicas, entre empresas a elas sujeitas e estabelecidas em Estados membros diferentes e da competência de autoridades reguladoras de mais de um Estado membro, qualquer das partes pode submeter o litígio à ARN competente, sem prejuízo do recurso aos tribunais.

2 – No caso a que se refere o número anterior, as autoridades reguladoras nacionais envolvidas devem coordenar a sua intervenção a fim de resolver o litígio de acordo com o disposto no artigo 5.º, conformando as decisões proferidas com o quadro regulamentar relativo às comunicações electrónicas.

3 – As autoridades reguladoras nacionais podem decidir em conjunto recusar o pedido de resolução de litígio, nos termos da alínea c) do n.º 1 e dos n.ºs 2 e 3 do artigo anterior.

ARTIGO 13.º
Controlo jurisdicional

1 – Das decisões, despachos ou outras medidas adoptados pela ARN no âmbito de processos de contra-ordenação, decorrentes da aplicação do regime jurídico das comunicações electrónicas, cabe recurso para os tribunais de comércio.

2 – Dos restantes actos praticados pela ARN cabe recurso para os tribunais administrativos, nos termos da legislação aplicável, com intervenção obrigatória de três peritos, designados por cada uma das Partes e o terceiro pelo tribunal, para apreciação do mérito da decisão recorrida.

3 – Os recursos das decisões proferidas pela ARN que, no âmbito de processos de contra-ordenação, determinem a aplicação de coimas ou de sanções acessórias têm efeito suspensivo.

4 – Os recursos das decisões de aplicação de sanções pecuniárias compulsórias, bem como das demais decisões, despachos ou outras medidas adoptados no âmbito de processos de contra-ordenação instaurados pela ARN, têm efeito meramente devolutivo.

5 – Aos processos de contra-ordenação instaurados no âmbito da presente lei aplica-se o disposto nos números seguintes e, subsidiariamente, o regime geral das contra-ordenações.

6 – Interposto o recurso de uma decisão proferida pela ARN, esta remete os autos ao Ministério Público no prazo de 20 dias úteis, podendo juntar alegações.

7 – Sem prejuízo do disposto no artigo 70.º do Decreto-Lei n.º 433/82, de 27 de Outubro, na redacção resultante do Decreto-Lei n.º 244/95, de 14 de Setembro, a ARN pode, ainda, juntar outros elementos ou informações que considere relevantes para a decisão da causa, bem como oferecer meios de prova.

8 – A ARN, o Ministério Público e os arguidos podem opor-se a que o tribunal decida por despacho, sem audiência de julgamento.

9 – Em sede de recurso de decisão proferida em processo de contra-ordenação, a desistência da acusação pelo Ministério Público depende da concordância da ARN.

10 – Se houver lugar a audiência de julgamento, o tribunal decide com base na prova realizada na audiência, bem como na prova produzida na fase administrativa do processo de contra-ordenação.

11 – A ARN tem legitimidade para recorrer autonomamente das decisões proferidas no processo de impugnação que admitam recurso.

12 – As decisões dos tribunais de comércio que admitam recurso, nos termos previstos no regime geral das contra-ordenações, são impugnáveis junto do tribunal da Relação, que decide em última instância.

13 – Dos acórdãos proferidos pelo Tribunal da Relação de Lisboa não cabe recurso ordinário.

CAPÍTULO II
Frequências, números e mercados

ARTIGO 14.º
Domínio público radioeléctrico

O espaço pelo qual podem propagar-se as ondas radioeléctricas constitui domínio público do Estado.

ARTIGO 15.º
Frequências

1 – A gestão do espectro, entendido como o conjunto de frequências associadas às ondas radioeléctricas, compete à ARN.

2 – Compete à ARN, no âmbito da gestão do espectro, planificar as frequências em conformidade com os seguintes critérios:

a) Disponibilidade do espectro radioeléctrico;

b) Garantia de condições de concorrência efectiva nos mercados relevantes;

c) Utilização efectiva e eficiente das frequências.

3 – Compete à ARN proceder à atribuição e consignação de frequências, as quais obedecem a critérios objectivos, transparentes, não discriminatórios e de proporcionalidade.

4 – A ARN deve promover a harmonização do uso de frequências na União Europeia por forma a garantir a sua utilização efectiva e eficiente no âmbito da Decisão n.º 676/2002//CE, do Parlamento Europeu e do Conselho, de 7 de Março, relativa a um quadro regulamentar para a política do espectro de radiofrequências na Comunidade Europeia (decisão espectro de radiofrequências).

ARTIGO 16.º
Quadro nacional de atribuição de frequências

1 – Compete à ARN publicitar anualmente o Quadro Nacional de Atribuição de Frequências (QNAF), o qual deve conter:

a) As faixas de frequência e o número de canais já atribuídos às empresas que oferecem redes e serviços de comunicações electrónicas acessíveis ao público, incluindo a data de revisão da atribuição;

b) As faixas de frequência reservadas e a disponibilizar no ano seguinte no âmbito das redes e serviços de comunicações electrónicas, acessíveis e não acessíveis ao público, especificando os casos em que são exigíveis direitos de utilização, bem como o respectivo processo de atribuição;

c) As frequências cujos direitos de utilização são susceptíveis de transmissão, nos termos do artigo 37.º

2 – As frequências atribuídas às Forças Armadas e às forças e serviços de segurança são excluídas da publicitação a que se refere o número anterior.

ARTIGO 17.º
Numeração

1 – É garantida a disponibilidade de recursos de numeração adequados para todas as redes e serviços de comunicações electrónicas acessíveis ao público.

Regulação do Sector de Comunicações Electrónicas

2 – Compete à ARN:

a) Definir as linhas orientadoras e os princípios gerais do Plano Nacional de Numeração;

b) Gerir o Plano Nacional de Numeração segundo os princípios da transparência, eficácia, igualdade e não discriminação, incluindo a definição das condições de atribuição e de utilização dos recursos nacionais de numeração;

c) Atribuir os recursos de numeração através de procedimentos objectivos, transparentes e não discriminatórios;

d) Publicar as linhas orientadoras e os princípios gerais, bem como os principais elementos do Plano Nacional de Numeração, subsequentes aditamentos ou alterações e os processos de atribuição e recuperação, sob reserva unicamente de limitações impostas por motivos de segurança nacional;

e) Assegurar que uma empresa à qual tenham sido atribuídos recursos de numeração não discrimine outros prestadores de serviços de comunicações electrónicas no que respeita às sequências de números utilizadas para permitir o acesso aos seus serviços;

f) Apoiar a harmonização dos recursos de numeração na União Europeia, quando tal seja necessário para favorecer o desenvolvimento de serviços pan-europeus, bem como coordenar a sua posição com as outras entidades competentes da União no âmbito de organizações e instâncias internacionais em que sejam tomadas decisões sobre questões de numeração, sempre que tal seja adequado para garantir a interoperabilidade global dos serviços;

g) Pode ser prevista a atribuição de recursos de numeração a serviços de comunicações electrónicas não acessíveis ao público, se tal se vier a mostrar necessário e sem prejuízo da garantia da disponibilidade de recursos de numeração para os serviços acessíveis ao público nos termos dos números anteriores;

h) As entidades a quem compete a atribuição de nomes e endereços de redes e serviços de comunicações electrónicas devem coordenar as suas posições com as outras entidades competentes da União Europeia nas organizações e instâncias internacionais em que sejam tomadas decisões nessa matéria, sempre que tal seja adequado para garantir a interoperabilidade global dos serviços.

Artigo 18.º
Mercados

Compete à ARN, nos termos previstos na presente lei, definir e analisar os mercados relevantes, declarar as empresas com poder de mercado significativo e determinar as medidas adequadas às empresas que oferecem redes e serviços de comunicações electrónicas.

TÍTULO III
Oferta de redes e serviços de comunicações electrónicas

CAPÍTULO I
Disposições gerais

Artigo 19.º
Oferta de redes e serviços

1 – É garantida a liberdade de oferta de redes e serviços de comunicações electrónicas.

2 – Sem prejuízo do disposto no número seguinte, a oferta de redes e serviços de comunicações electrónicas, acessíveis ou não ao público, está apenas sujeita ao regime de autorização geral, o qual consiste no cumprimento das regras previstas na presente lei e nos respectivos regulamentos, não podendo estar dependente de qualquer decisão ou acto prévios da ARN.

3 – Exceptuam-se do disposto no número anterior os casos em que a utilização de frequências e números está dependente da atribuição de direitos individuais de utilização, a qual compete à ARN nos termos da presente lei.

4 – As empresas que oferecem redes e serviços de comunicações electrónicas acessíveis ao público devem revestir a natureza de pessoa colectiva regularmente constituída.

5 – A instalação e funcionamento das infra-estruturas das empresas que oferecem redes e serviços de comunicações electrónicas estão sujeitos ao procedimento estabelecido nos artigos 35.º e 36.º do Decreto-Lei n.º 555/99, de 16 de Dezembro, na redacção que lhe foi dada pelo Decreto-Lei n.º 177/2001, de 4 de Junho, com as devidas adaptações, excepcionando-se deste regime:

a) A instalação e funcionamento das infra-estruturas sujeitas a autorização municipal nos termos do Decreto-Lei n.º 11/2003, de 18 de Janeiro;

b) As obras necessárias em situações que ponham em causa a saúde e a segurança públicas, bem como as obras para a reparação de avarias.

6 – Nos casos referidos na alínea b) do número anterior, deve a empresa proceder à comunicação à câmara municipal no dia útil seguinte ao da realização das obras.

7 – No prazo previsto no artigo 36.º do Decreto-Lei n.º 555/99, de 16 de Dezembro, na redacção que lhe foi dada pelo Decreto-Lei n.º 177/2001, de 4 de Junho, pode a câmara municipal determinar, por escrito e de forma fundamentada, por motivos de planeamento e execução de obras, o adiamento da instalação e funcionamento das infra-estruturas pelas referidas empresas por um período máximo de 30 dias.

Artigo 20.º
Alteração dos direitos e obrigações

1 – As condições, os direitos e os procedimentos aplicáveis ao exercício da actividade, incluindo aos direitos de utilização e aos direitos de instalar recursos, podem ser alterados em casos objectivamente justificados e de acordo com o princípio da proporcionalidade, mediante lei, regulamento ou acto administrativo conforme os casos.

2 – As alterações a adoptar ao abrigo do número anterior estão sujeitas ao procedimento geral de consulta a que se refere o artigo 8.º sendo concedido aos interessados, nomeadamente aos utilizadores e consumidores, um prazo suficiente para se pronunciarem sobre as alterações propostas, o qual, salvo em circunstâncias excepcionais devidamente justificadas, não deve ser inferior a 20 dias.

CAPÍTULO II
Regime de autorização geral

Artigo 21.º
Procedimentos

1 – As empresas que pretendam oferecer redes e serviços de comunicações electrónicas estão obrigadas a enviar previamente à ARN uma descrição sucinta da rede ou serviço cuja

oferta pretendem iniciar e a comunicar a data prevista para o início da actividade, transmitindo ainda os elementos que permitam a sua identificação completa nos termos a definir pela ARN.

2 – Sem prejuízo de outros elementos exigidos pela ARN nos termos da parte final do número anterior, as empresas devem obrigatoriamente comunicar o respectivo endereço, bem como, no prazo de 30 dias, quaisquer alterações do mesmo endereço, o qual se destina a ser usado nas notificações e outras comunicações a efectuar pela ARN.

3 – As empresas a que se refere o n.º 1 devem obter prova da comunicação realizada, mediante qualquer aviso de recepção legalmente reconhecido, nomeadamente postal ou electrónico.

4 – Após a comunicação, as empresas podem iniciar de imediato a sua actividade, com as limitações decorrentes da atribuição de direitos de utilização de frequências e números.

5 – Compete à ARN, no prazo de cinco dias a contar da recepção da comunicação, emitir declaração que confirme a sua entrega e que descreva em detalhe os direitos em matéria de acesso e interligação e de instalação de recursos previstos na presente lei, tendo em vista a sua apresentação de modo a facilitar o exercício destes direitos.

6 – O disposto nos números anteriores é aplicável sempre que haja alterações dos elementos previamente fornecidos.

7 – As empresas que cessem a oferta de redes e serviços de comunicações electrónicas devem comunicar esse facto à ARN.

Artigo 22.º
Direitos das empresas que oferecem redes ou serviços acessíveis ao público

Constituem direitos das empresas que oferecem redes ou serviços de comunicações electrónicas acessíveis ao público:

a) Negociar a interligação e obter o acesso ou a interligação de outras empresas que oferecem redes e serviços de comunicações electrónicas acessíveis ao público, nas condições e nos termos previstos na presente lei;

b) Poder ser designadas para oferecer alguma das prestações de serviço universal ou para cobrir diferentes zonas do território nacional, em conformidade com o disposto na presente lei.

Artigo 23.º
Direitos das empresas que oferecem redes ou serviços não acessíveis ao público

Não podem ser impostas restrições que impeçam empresas ou operadores de negociar entre si acordos sobre modalidades técnicas e comerciais de acesso e interligação.

Artigo 24.º
Direitos de passagem

1 – Às empresas que oferecem redes e serviços de comunicações electrónicas acessíveis ao público é garantido:

a) O direito de requerer, nos termos da lei geral, a expropriação e a constituição de servidões administrativas indispensáveis à instalação, protecção e conservação dos respectivos sistemas, equipamentos e demais recursos;

b) O direito de utilização do domínio público, em condições de igualdade, para a implantação, a passagem ou o atravessamento necessários à instalação de sistemas, equipamentos e demais recursos.

2 – Às empresas que oferecem redes e serviços de comunicações electrónicas não acessíveis ao público é garantido o direito de requerer a utilização do domínio público para instalação de sistemas, equipamentos e demais recursos.

3 – Os procedimentos previstos para a atribuição do direito referidos nos números anteriores devem ser transparentes e adequadamente publicitados, céleres e não discriminatórios, devendo as condições aplicáveis ao exercício desse direito obedecer aos princípios da transparência e da não discriminação.

4 – Todas as autoridades com jurisdição sobre o domínio público devem elaborar e publicitar procedimentos transparentes, céleres e não discriminatórios no que respeita ao exercício do direito de utilização do domínio público garantido pela presente lei.

5 – Deve ser garantida uma separação estrutural efectiva entre as competências de atribuição ou definição das condições para o exercício dos direitos previstos no presente artigo e as competências ligadas à propriedade ou ao controlo das empresas do sector sobre as quais as autoridades públicas, incluindo as locais, detenham a propriedade ou o controlo.

6 – O direito concedido para a utilização do domínio público nos termos deste artigo não pode ser extinto antes de expirado o prazo para o qual foi atribuído, excepto em casos justificados e sem prejuízo das regras aplicáveis em matéria de indemnização.

Artigo 25.º
Partilha de locais e recursos

1 – Nos casos a que se refere o n.º 1 do artigo anterior, devem as empresas promover entre si a celebração de acordos com vista à partilha dos locais e dos recursos instalados ou a instalar, os quais devem ser comunicados à ARN.

2 – Sem prejuízo das competências das autarquias locais, sempre que, por razões relacionadas com a protecção do ambiente, a saúde ou a segurança públicas, o património cultural, o ordenamento do território e a defesa da paisagem urbana e rural, não existam alternativas viáveis numa situação concreta à instalação de novas infra-estruturas, a ARN, após período de consulta às partes interessadas, pode determinar a partilha de recursos, incluindo condutas, postes ou outras instalações existentes no local, independentemente de os seus titulares serem empresas que oferecem redes ou serviços de comunicações electrónicas.

3 – As determinações emitidas ao abrigo do número anterior podem incluir normas de repartição de custos.

4 – Nos casos de partilha, a ARN pode adoptar medidas condicionantes do funcionamento dos recursos a instalar, designadamente uma limitação dos níveis máximos de potência de emissão.

Artigo 26.º
Acesso às condutas

1 – A concessionária do serviço público de telecomunicações deve disponibilizar, por acordo, às empresas que oferecem redes e serviços de comunicações electrónicas acessíveis ao público o acesso a condutas, postes, outras instalações e locais de que seja proprietária ou cuja gestão lhe incumba, para instalação e manutenção dos seus sistemas, equipamentos e demais recursos.

2 – A concessionária do serviço público de telecomunicações pode solicitar uma remuneração às empresas que ofere-

Regulação do Sector de Comunicações Electrónicas

cem redes e serviços de comunicações electrónicas acessíveis ao público, pela utilização de condutas, postes, outras instalações e locais de que seja proprietária ou cuja gestão lhe incumba, para instalação e manutenção dos seus sistemas, equipamentos e demais recursos.

3 – Na falta de acordo, pode qualquer das partes solicitar a intervenção da ARN, à qual compete determinar, mediante decisão fundamentada, as condições do acesso, designadamente o preço, o qual deve ser orientado para os custos.

4 – Para efeitos do n.º 1, a concessionária deve disponibilizar uma oferta de acesso às condutas, postes, outras instalações e locais, da qual devem constar as condições de acesso e utilização, nos termos a definir pela ARN.

5 – Todas as entidades sujeita a tutela, supervisão ou superintendência de órgãos do Estado, das Regiões Autónomas ou das autarquias locais que exerçam funções administrativas, e que revistam ou não carácter empresarial, tais como empresas públicas, de capitais maioritariamente públicos ou concessionárias, estão obrigadas ao princípio da não discriminação quando disponibilizem às empresas que oferecem redes e serviços de comunicações electrónicas acessíveis ao público o acesso a condutas, postes, outras instalações e locais de que sejam proprietárias ou cuja gestão lhes incumba.

6 – As entidades referidas no número anterior podem solicitar uma remuneração às empresas que oferecem redes e serviços de comunicações electrónicas acessíveis ao público, pela utilização de condutas, postes, outras instalações e locais de que sejam proprietárias ou cuja gestão lhes incumba, para a instalação e manutenção dos sistemas, equipamentos e demais recursos necessários à actividade das referidas empresas, e em respeito, no caso das concessionárias, pelos termos consagrados nos respectivos contratos de concessão.

7 – Nos casos a que se referem os n.ºs 5 e 6, o acto ou contrato através do qual o acesso é disponibilizado está sujeito a aprovação do órgão de tutela, supervisão ou superintendência, mediante parecer prévio da ARN.

Artigo 27.º
Condições gerais

1 – Sem prejuízo de outras condições previstas na lei geral, as empresas que oferecem redes e serviços de comunicações electrónicas apenas podem estar sujeitas na sua actividade às seguintes condições:

a) Interoperabilidade dos serviços e interligação das redes;

b) Obrigações de acesso que não incluam as condições específicas previstas no artigo 28.º, podendo incluir, entre outras, regras relativas às restrições da oferta;

c) Manutenção da integridade das redes públicas, nomeadamente mediante condições que impeçam a interferência electromagnética entre redes e ou serviços de comunicações electrónicas, nos termos dos Decretos-Leis n.ºs 74/92, de 29 de Abril, e 98/95, de 17 de Maio, e respectivas medidas regulamentares;

d) Condições de utilização durante grandes catástrofes, para garantir as comunicações entre os serviços de emergência e as autoridades, bem como as emissões para o público;

e) Segurança das redes públicas contra o acesso não autorizado nos termos da legislação aplicável à protecção de dados pessoais e da privacidade no domínio das comunicações electrónicas;

f) Requisitos de protecção do ambiente ou de ordenamento urbano e territorial, assim como requisitos e condições associados à concessão de acesso a terrenos públicos ou privados e condições associadas à partilha de locais e recursos, incluindo, sempre que apropriado, todas as garantias financeiras e técnicas necessárias para assegurar a correcta execução dos trabalhos de infra-estrutura;

g) Protecção dos dados pessoais e da privacidade no domínio específico das comunicações electrónicas, em conformidade com a legislação aplicável à protecção de dados pessoais e da privacidade;

h) Condições de utilização das frequências, nos termos do Decreto-Lei n.º 151-A/2000, de 20 de Julho, sempre que essa utilização não esteja sujeita a atribuição de direitos individuais de utilização, nos termos do artigo 16.º;

i) Acessibilidade dos números do plano nacional de numeração para os utilizadores finais incluindo condições, em conformidade com a presente lei;

j) Regras de protecção dos consumidores específicas do sector das comunicações electrónicas, incluindo condições em conformidade com a presente lei;

l) Medidas relativas à limitação da exposição da população aos campos electromagnéticos criados pelas redes de comunicações electrónicas, de acordo com a legislação aplicável;

m) Medidas destinadas a garantir a conformidade com as normas e ou especificações constantes do artigo 29.º;

n) Instalação, a expensas próprias, e disponibilização de sistemas de intercepção legal às autoridades nacionais competentes bem como fornecimento dos meios de desencriptação ou decifração sempre que ofereçam essas facilidades, em conformidade com a legislação aplicável à protecção de dados pessoais e da privacidade no domínio das comunicações electrónicas;

o) Obrigação de transporte, em conformidade com o artigo 43.º;

p) Restrições respeitantes à transmissão de conteúdos ilegais, em conformidade com a legislação que transponha a Directiva n.º 2000/31/CE, do Parlamento Europeu e do Conselho, de 8 de Junho, e à transmissão de conteúdos lesivos, em conformidade com a Lei n.º 38-A/98, de 14 de Julho;

q) Contribuições financeiras para o financiamento do serviço universal, em conformidade com os artigos 95.º a 97.º;

r) Taxas, em conformidade com o artigo 105.º;

s) Informações a fornecer nos termos do procedimento de comunicação previsto no artigo 21.º e para os fins previstos no artigo 109.º

2 – Compete à ARN especificar, de entre as referidas no número anterior, as condições aplicáveis às redes e serviços de comunicações electrónicas, podendo para o efeito identificar categorias.

3 – As condições a definir pela ARN nos termos do número anterior devem ser objectivamente justificadas em relação à rede ou serviço em causa, nomeadamente quanto à sua acessibilidade ao público, não discriminatórias, proporcionadas e transparentes.

4 – Para efeitos do n.º 2 do presente artigo, deve ser solicitado parecer prévio obrigatório aos reguladores sectoriais, nas matérias da sua competência, a emitir no prazo máximo de 15 dias.

Artigo 28.º
Condições específicas

A definição de condições nos termos do artigo anterior não prejudica a imposição às empresas que oferecem redes e serviços de comunicações electrónicas de obrigações específicas nas situações e de acordo com as regras previstas na presente lei:

a) Em matéria de acesso e interligação, nos termos do n.º 1 do artigo 63.º e dos artigos 66.º, 73.º, 77.º e 78.º;

b) Em matéria de outros controlos regulamentares, nos termos dos artigos 82.º a 85.º;

c) Em matéria de serviço universal, aos respectivos prestadores;

d) Decorrentes da manutenção de obrigações, nos termos do artigo 122.º

ARTIGO 29.º
Normalização

1 – Sem prejuízo das normas definidas como obrigatórias ao nível da União Europeia, a ARN, na medida do estritamente necessário para assegurar a interoperabilidade dos serviços e aumentar a liberdade de escolha dos utilizadores, deve, a fim de encorajar a oferta harmonizada de redes e serviços de comunicações electrónicas e recursos e serviços conexos, incentivar a utilização de normas e especificações, tendo por base a lista elaborada pela Comissão Europeia e publicada no Jornal Oficial das Comunidades Europeias, nos termos da Directiva n.º 2002/21/CE, do Parlamento Europeu e do Conselho, de 7 de Março.

2 – Compete à ARN promover a publicação no Diário da República da referência à publicação no Jornal Oficial das Comunidades Europeias das listas de normas e especificações relativas à oferta harmonizada de redes e serviços de comunicações electrónicas e recursos e serviços conexos e referidas na parte final do número anterior.

3 – Enquanto não for publicada a lista a que se refere o n.º 1, a ARN deve incentivar a aplicação de normas e especificações adoptadas pelas organizações europeias de normalização.

4 – Na falta das normas referidas no número anterior, a ARN deve incentivar a aplicação de normas ou recomendações internacionais adoptadas pela União Internacional das Telecomunicações (UIT), pela Organização Internacional de Normalização (ISO) ou pela Comissão Electrotécnica Internacional (CEI).

5 – Sem prejuízo das normas e especificações referidas nos números anteriores, podem ser emitidas a nível nacional especificações técnicas.

6 – As autoridades nacionais competentes devem incentivar as organizações europeias de normalização a utilizar normas internacionais, quando existam, ou a utilizar os seus elementos pertinentes como base para as normas que elaborarem, excepto quando forem ineficazes.

CAPÍTULO III
Direitos de utilização

ARTIGO 30.º
Direitos de utilização de frequências

1 – A utilização de frequências está dependente da atribuição de direitos individuais de utilização apenas quando tal esteja previsto no QNAF, nos termos da alínea b) do n.º 1 do artigo 16.º

2 – Os direitos de utilização de frequências podem ser atribuídos quer às empresas que oferecem redes ou serviços de comunicações electrónicas quer às empresas que utilizam essas redes ou serviços, nomeadamente fornecedores de serviços de difusão de conteúdos de rádio e televisão, nos termos da legislação aplicável.

3 – Sem prejuízo dos critérios e procedimentos específicos para a atribuição de direitos de utilização de frequências aos prestadores de serviços de difusão de conteúdos de rádio e televisão, para alcançar objectivos de interesse geral, esses direitos de utilização devem ser atribuídos através de procedimentos abertos, transparentes e não discriminatórios.

ARTIGO 31.º
Limitação do número de direitos
de utilização de frequências

1 – A limitação do número de direitos de utilização a atribuir apenas é admissível quando tal seja necessário para garantir a utilização eficiente das frequências.

2 – Quando a ARN pretender limitar o número de direitos de utilização a atribuir deve, nomeadamente, considerar a necessidade de maximizar os benefícios para os utilizadores e facilitar o desenvolvimento da concorrência.

3 – Nos casos previstos no número anterior, sem prejuízo de outras medidas que considere adequadas, deve a ARN:

a) Promover o procedimento geral de consulta previsto no artigo 8.º, ouvindo nomeadamente os utilizadores e consumidores;

b) Publicar uma decisão, devidamente fundamentada, de limitar a atribuição de direitos de utilização, definindo simultaneamente o procedimento de atribuição, o qual pode ser de selecção por concorrência ou comparação, nomeadamente leilão ou concurso;

c) Dar início ao procedimento para apresentação de candidaturas a direitos de utilização nos termos definidos.

4 – Quando o número de direitos de utilização de frequências for limitado, os procedimentos e critérios de selecção devem ser objectivos, transparentes, não discriminatórios e proporcionais, devendo ter em conta os objectivos constantes do artigo 5.º

5 – A ARN deve rever anualmente a limitação do número de direitos de utilização nos termos do artigo 16.º e ainda na sequência de um pedido razoável das entidades interessadas, devendo, sempre que concluir que podem ser atribuídos novos direitos de utilização, tornar pública essa conclusão e dar início ao procedimento para apresentação de candidaturas a esses direitos nos termos do presente artigo.

ARTIGO 32.º
Condições associadas aos direitos
de utilização de frequências

1 – Sem prejuízo de outras condições que resultem da lei geral e das constantes do n.º 1 do artigo 27.º, os direitos de utilização de frequências apenas podem estar sujeitos às seguintes condições:

a) Designação do serviço ou género de rede ou tecnologia para os quais foram atribuídos os direitos de utilização das frequências, incluindo, sempre que aplicável, a utilização exclusiva de uma frequência para a transmissão de um conteúdo específico ou serviços específicos de áudio-visual;

b) Utilização efectiva e eficiente de frequências, em conformidade com o artigo 15.º, incluindo, quando adequado, exigências de cobertura;

c) Condições técnicas e operacionais necessárias à não produção de interferências prejudiciais e à limitação da exposição da população aos campos electromagnéticos, se essas con-

Regulação do Sector de Comunicações Electrónicas

dições forem diferentes das referidas na alínea l) do n.º 1 do artigo 27.º;

d) Duração máxima, em conformidade com o artigo 36.º, sob reserva de quaisquer alterações introduzidas no QNAF;

e) Transmissibilidade dos direitos, por iniciativa do respectivo titular, e condições dessa transmissibilidade, em conformidade com o artigo 37.º;

f) Taxas, em conformidade com o artigo 105.º;

g) Eventuais compromissos que a empresa que obtém os direitos de utilização tenha assumido no decurso de um procedimento de selecção por concorrência ou por comparação das ofertas;

h) Obrigações decorrentes dos acordos internacionais aplicáveis em matéria de utilização de frequências.

2 – O regime previsto nos n.ºs 2 e 3 do artigo 27.º é aplicável às condições dos direitos de utilização de frequências.

ARTIGO 33.º
Direitos de utilização de números

1 – A utilização de números está dependente da atribuição de direitos individuais de utilização.

2 – Os direitos de utilização de números podem ser atribuídos quer às empresas que oferecem redes ou serviços de comunicações electrónicas, quer às empresas que utilizam essas redes ou serviços.

3 – Os direitos de utilização de números devem ser atribuídos através de procedimentos abertos, transparentes e não discriminatórios.

4 – Sem prejuízo do disposto no número anterior, pode a ARN decidir, após o procedimento geral de consulta nos termos do artigo 8.º, que os direitos de utilização de números de valor económico excepcional sejam atribuídos através de procedimentos de selecção concorrenciais ou por comparação, nomeadamente concurso ou leilão, devendo identificá-los nos termos da alínea d) do n.º 2 do artigo 17.º

ARTIGO 34.º
Condições associadas aos direitos de utilização de números

1 – Sem prejuízo de outras condições que resultem da lei geral e das constantes do n.º 1 do artigo 27.º, os direitos de utilização de números apenas podem estar sujeitos às seguintes condições:

a) Designação do serviço para o qual o número será utilizado, incluindo eventuais requisitos ligados à oferta desse serviço;

b) Utilização efectiva e eficiente dos números, em conformidade com a alínea b) do n.º 2 do artigo 17.º;

c) Exigências relativas à portabilidade dos números, em conformidade com o artigo 54.º;

d) Obrigações em matéria de serviços de listas para efeitos dos artigos 50.º e 89.º;

e) Transmissibilidade dos direitos, por iniciativa do respectivo titular, e condições dessa transmissibilidade, com base no artigo 38.º;

f) Taxas, em conformidade com o artigo 105.º;

g) Eventuais compromissos que a empresa que obtém os direitos de utilização tenha assumido no decurso de um procedimento de selecção por concorrência ou por comparação das ofertas;

h) Obrigações decorrentes dos acordos internacionais aplicáveis em matéria de utilização de números.

2 – É aplicável aos direitos de utilização de números o disposto nos n.ºs 2 e 3 do artigo 27.º

ARTIGO 35.º
Atribuição de direitos de utilização

1 – A atribuição de direitos de utilização de frequências e números está dependente de pedido a apresentar à ARN o qual deve ser instruído com os elementos necessários para provar a capacidade do requerente para cumprir as condições associadas ao direito de utilização, estabelecidas nos artigos 32.º e 34.º, nos termos a definir pela ARN.

2 – A decisão sobre a atribuição de direitos de utilização deve ser proferida, comunicada e tornada pública nos seguintes prazos máximos:

a) 15 dias, no caso de números atribuídos para fins específicos no âmbito do Plano Nacional de Numeração;

b) 30 dias, no caso de frequências atribuídas para fins específicos no âmbito do QNAF, sem prejuízo dos acordos internacionais aplicáveis à utilização de frequências ou de posições orbitais.

3 – Nos casos em que a atribuição de direitos de utilização esteja sujeita a procedimentos de selecção concorrenciais ou por comparação, os prazos fixados no número anterior podem ser alargados nos seguintes termos:

a) Para a atribuição de números, por um período adicional de 15 dias;

b) Para a atribuição de frequências, pelo prazo que for necessário para garantir que os procedimentos sejam justos, razoáveis, abertos e transparentes para todas as partes interessadas, até ao máximo de oito meses, sem prejuízo dos acordos internacionais aplicáveis à utilização de frequências e à coordenação de redes de satélites.

4 – Compete ao Governo aprovar os regulamentos de atribuição de direitos de utilização de frequências sempre que envolvam procedimentos de selecção concorrenciais ou por comparação, e se refiram a frequências acessíveis, pela primeira vez, no âmbito das comunicações electrónicas ou, não o sendo, se destinem a ser utilizadas para novos serviços.

5 – Compete à ARN aprovar os regulamentos de atribuição de direitos de utilização de frequências, nos casos não abrangidos pelo número anterior.

6 – Quando tenha sido harmonizada a utilização de frequências, tenham sido acordadas as condições e procedimentos de acesso e tenham sido seleccionadas as empresas às quais são atribuídas as frequências, em conformidade com acordos internacionais e regras comunitárias, a ARN deve atribuir o direito de utilização dessas frequências de acordo com essas disposições, e desde que tenham sido satisfeitas todas as condições impostas a nível nacional associadas à sua utilização, no caso de procedimento de selecção comum, não podem ser impostas quaisquer outras condições, critérios adicionais ou procedimentos que restrinjam, alterem ou atrasem a correcta implementação da consignação comum dessas frequências.

ARTIGO 36.º
Prazo e renovação dos direitos de utilização de frequências

1 – Os direitos de utilização de frequências são atribuídos pelo prazo de 15 anos, podendo, em situações devidamente fundamentadas, ser atribuídos pela ARN por um prazo superior, até ao máximo de 20 anos.

2 – Os direitos de utilização são renováveis por iguais períodos, mediante pedido do respectivo titular apresentado

à ARN com uma antecedência mínima de um ano sobre o termo do respectivo prazo de vigência.

3 – No caso referido no número anterior, a ARN pode opor-se à renovação do direito de utilização até três meses antes do termo do respectivo prazo de vigência, devendo a decisão ser fundamentada, valendo o seu silêncio como deferimento do pedido.

ARTIGO 37.º
Transmissibilidade dos direitos de utilização de frequências

1 – É admissível a transmissão de direitos de utilização de frequências como tal identificadas no QNAF.

2 – Para efeitos do número anterior, os titulares dos direitos de utilização devem comunicar previamente à ARN a intenção de transmitir esses direitos, bem como as condições em que o pretendem fazer.

3 – Em caso de transmissão de direitos de utilização de frequências, incumbe à ARN garantir que:

a) A transmissão não provoca distorções de concorrência;

b) As frequências sejam utilizadas de forma efectiva e eficiente;

c) A utilização a que estão destinadas as frequências será respeitada sempre que a mesma tenha sido harmonizada mediante a aplicação da Decisão n.º 676/2002/CE (decisão espectro de radiofrequências) ou outras medidas comunitárias;

d) As restrições previstas na lei em matéria de radiodifusão sonora e televisiva sejam salvaguardadas.

4 – Compete à ARN pronunciar-se no prazo máximo de 45 dias sobre o conteúdo da comunicação prevista no n.º 2, podendo opor-se à transmissão de direitos de utilização projectada, bem como impor condições necessárias ao cumprimento do disposto no número anterior, devendo a decisão ser fundamentada.

5 – Nos casos referidos no número anterior, a ARN deve pedir parecer prévio da Autoridade da Concorrência, o qual deve ser emitido no prazo de 10 dias contados da respectiva solicitação.

6 – A transmissão de direitos de utilização não suspende nem interrompe o prazo pelo qual foram atribuídos os direitos de utilização nos termos da presente lei, sem prejuízo da sua renovação nos termos do n.º 2 do artigo 36.º

ARTIGO 38.º
Transmissibilidade dos direitos de utilização de números

Os direitos de utilização de números são transmissíveis nos termos e condições a definir pela ARN, os quais devem prever mecanismos destinados a salvaguardar, nomeadamente, a utilização efectiva e eficiente dos números e os direitos dos utilizadores.

CAPÍTULO IV
Regras de exploração

SECÇÃO I
Empresas que oferecem redes e serviços acessíveis ao público

ARTIGO 39.º
Defesa dos utilizadores e assinantes

1 – Constituem direitos dos utilizadores de redes e serviços acessíveis ao público, para além de outros que resultem da lei:

a) Aceder, em termos de igualdade, às redes e serviços oferecidos;

b) Dispor, em tempo útil e previamente à celebração de qualquer contrato, de informação escrita sobre as condições de acesso e utilização do serviço;

c) Serem informados, com uma antecedência mínima de 15 dias, da cessação da oferta.

2 – Constituem direitos dos assinantes de serviços acessíveis ao público, para além de outros que resultem da lei:

a) Serem previamente informados, com uma antecedência adequada da suspensão da prestação do serviço, em caso de não pagamento de facturas;

b) Obter facturação detalhada, quando solicitada.

3 – A informação a que se refere a alínea c) do n.º 1 deve igualmente ser comunicada à ARN dentro do mesmo prazo.

4 – As empresas que oferecem redes e serviços de comunicações electrónicas acessíveis ao público devem enviar os respectivos contratos de adesão à ARN, a quem compete aprová-los, pronunciando-se especificamente sobre a sua conformidade face à presente lei, após parecer do Instituto do Consumidor, a emitir no prazo de 20 dias.

5 – Caso a ARN não se pronuncie ao abrigo do número anterior no prazo de 90 dias, considera-se como aprovado o contrato de adesão enviado.

ARTIGO 40.º
Qualidade de serviço

1 – As empresas que oferecem serviços de comunicações electrónicas acessíveis ao público estão obrigadas a publicar e a disponibilizar aos utilizadores finais informações comparáveis, claras, completas e actualizadas sobre a qualidade de serviço que praticam.

2 – Para efeitos do número anterior, compete à ARN, após realização do procedimento geral de consulta referido no artigo 8.º, definir, entre outros, os parâmetros de qualidade dos serviços a medir e o seu conteúdo, o formato e o modo de publicação das informações, podendo para o efeito ser seguido o anexo.

3 – As empresas devem disponibilizar regularmente à ARN informações actualizadas sobre a qualidade de serviço que praticam, em conformidade com o artigo 108.º

ARTIGO 41.º
Separação contabilística

1 – As empresas que ofereçam redes ou serviços de comunicações electrónicas acessíveis ao público e usufruam de direitos especiais ou exclusivos para o fornecimento de serviços noutros sectores, no mesmo ou noutro Estado membro, devem dispor de um sistema de contabilidade separada para as actividades de oferta de redes ou serviços de comunicações electrónicas, o qual deve ser submetido a uma auditoria independente a realizar por entidade a designar pela ARN ou por esta aceite, ou criar entidades juridicamente distintas para as correspondentes actividades.

2 – As empresas cujo volume de negócios anual seja inferior a 50 milhões de euros podem ser dispensadas pela ARN das obrigações previstas no número anterior.

3 – As empresas que oferecem redes ou serviços de comunicações electrónicas acessíveis ao público que, nos termos da legislação específica que lhes é aplicável, não estejam sujeitas a controlo contabilístico devem elaborar e submeter anualmente os respectivos relatórios financeiros a uma auditoria independente e publicá-los.

Regulação do Sector de Comunicações Electrónicas

ARTIGO 42.º
Separação estrutural e outras medidas

1 – As empresas que ofereçam redes públicas de comunicações electrónicas devem explorar a sua rede de televisão por cabo através de entidades juridicamente distintas sempre que:

a) Sejam controladas por um Estado membro ou beneficiem de direitos especiais;

b) Tenham uma posição dominante numa parte substancial do mercado a nível da oferta de redes de comunicações electrónicas públicas e da prestação de serviços telefónicos acessíveis ao público;

c) Explorem uma rede de televisão por cabo criada ao abrigo de direitos especiais ou exclusivos na mesma área geográfica.

2 – Para efeitos do disposto na alínea b) do número anterior, são considerados serviços telefónicos acessíveis ao público os serviços oferecidos comercialmente para o transporte directo da voz em tempo real por intermédio da rede ou redes comutadas públicas, por forma que qualquer utilizador possa servir-se de equipamento ligado a um ponto de terminação da rede num local fixo para comunicar com outro utilizador de equipamento ligado a outro ponto de terminação.

3 – As empresas públicas que tenham estabelecido as suas redes ao abrigo de direitos especiais ou exclusivos que sejam verticalmente integradas e que detenham posição dominante ficam sujeitas às medidas da ARN adequadas para garantir o princípio da não discriminação.

ARTIGO 43.º
Obrigações de transporte

1 – Compete à ARN impor às empresas que oferecem redes de comunicações electrónicas utilizadas para a distribuição de emissões de rádio e televisão ao público obrigações de transporte de canais e serviços de rádio e televisão, especificados nos termos da lei pelas autoridades competentes, quando um número significativo de utilizadores finais dessas redes as utilize como meio principal de recepção de emissões de rádio e televisão.

2 – As obrigações previstas no número anterior apenas podem ser impostas quando tal seja necessário para a realização de objectivos de interesse geral claramente definidos e devem ser razoáveis, proporcionadas, transparentes e sujeitas a uma revisão periódica.

3 – A ARN pode determinar uma remuneração adequada como contrapartida das obrigações de transporte impostas, a qual deve ser aplicada de modo proporcionado e transparente, competindo-lhe ainda garantir que, em circunstâncias análogas, não haja discriminação no tratamento das empresas que oferecem redes de comunicações electrónicas.

ARTIGO 44.º
Números não geográficos

1 – Sempre que seja técnica e economicamente viável, e sem prejuízo do disposto no número seguinte, as empresas que detenham números não geográficos no território nacional devem garantir o acesso a esses números por parte de utilizadores finais da União Europeia.

2 – O disposto no número anterior não é aplicável quando o destinatário, por motivos comerciais, limite o acesso de chamadas provenientes de áreas geográficas específicas.

3 – Os preços aplicáveis às chamadas para números não geográficos podem ser diferenciados consoante tenham origem no território nacional ou no seu exterior.

ARTIGO 45.º
Barramento dos serviços de áudio-texto

1 – As empresas que oferecem redes e serviços de comunicações electrónicas que sirvam de suporte à prestação de serviços de áudio-texto devem garantir, como regra, que o acesso a estes serviços se encontre barrado sem quaisquer encargos, só podendo aquele ser activado, genérica ou selectivamente, após pedido escrito efectuado pelos respectivos utilizadores.

2 – Excluem-se do disposto no número anterior os serviços de áudio-texto de televoto cujo acesso é automaticamente facultado ao utilizador.

ARTIGO 46.º
Mecanismos de prevenção de contratação

1 – As empresas que oferecem redes e serviços de comunicações electrónicas ficam habilitadas por esta lei, directamente ou por intermédio das suas associações representativas, a criar e a gerir mecanismos que permitam identificar os assinantes que não tenham satisfeito as suas obrigações de pagamento relativamente aos contratos celebrados, nomeadamente através da criação de uma base de dados partilhada.

2 – A entidade gestora da base de dados deve elaborar as respectivas condições de funcionamento, solicitando o parecer prévio da ARN, e submetê-las a aprovação da Comissão Nacional de Protecção de Dados (CNPD).

3 – Os mecanismos instituídos devem respeitar as seguintes condições, sem prejuízo do regime aplicável à protecção de dados pessoais e da privacidade:

a) Os dados a incluir devem circunscrever-se aos elementos absolutamente essenciais à identificação dos assinantes incumpridores;

b) Garantia do direito de acesso, rectificação e actualização dos dados pelo respectivo titular;

c) Obrigação de inclusão nos contratos ou advertência expressa aos assinantes que já tenham contrato celebrado da possibilidade da inscrição dos seus dados na base de dados em caso de incumprimento das obrigações contratuais, bem como obrigação de informar os assinantes, no prazo de cinco dias, de que os seus dados foram incluídos na base de dados;

d) As empresas que pretendam aceder aos elementos disponibilizados devem igualmente fornecer os elementos necessários relativos aos contratos por si celebrados em que existam quantias em dívida;

e) Todos os elementos recebidos devem ser exclusivamente utilizados pelas empresas participantes nos mecanismos instituídos, sendo vedada a sua transmissão, total ou parcial, a terceiros, bem como a sua utilização para fins diversos dos previstos no número anterior;

f) Eliminação imediata de todos os elementos relativos ao assinante após o pagamento das dívidas em causa;

g) Garantia do direito a indemnização do assinante, nos termos da lei geral, em caso de inclusão indevida dos seus elementos nos mecanismos instituídos.

4 – As condições de funcionamento da base de dados devem garantir o disposto no número anterior e delas deve constar nomeadamente o seguinte:

a) Montante mínimo de crédito em dívida para que o assinante seja incluído na base de dados, o qual não pode ser inferior ao salário mínimo nacional;

b) Identificação das situações de incumprimento susceptíveis de registo na base de dados, com eventual distinção de categorias de assinantes atento o montante em dívida;

Decreto-Lei n.º 5/2004

c) Fixação de um período de mora a partir do qual se permite a integração na base de dados;

d) Identificação dos dados susceptíveis de inclusão;

e) Período de permanência máximo de dados na base.

5 – As empresas que oferecem redes e serviços de comunicações electrónicas podem recusar a celebração de um contrato relativamente a um assinante que tenha quantias em dívida respeitantes a contratos anteriores celebrados com a mesma ou outra empresa, salvo se o assinante tiver invocado excepção de não cumprimento do contrato ou tiver reclamado ou impugnado a facturação apresentada.

6 – O regime previsto no número anterior não é aplicável aos prestadores de serviço universal, os quais não podem recusar-se a contratar, sem prejuízo do direito de exigir a prestação de garantias.

SECÇÃO II
Empresas que oferecem redes e serviços telefónicos acessíveis ao público

Artigo 47.º
Obrigação de publicar informações

1 – As empresas que oferecem redes ou serviços telefónicos acessíveis ao público são obrigadas a disponibilizar ao público, em especial a todos os consumidores, informações transparentes e actualizadas sobre os preços aplicáveis e os termos e condições habituais em matéria de acesso aos serviços telefónicos acessíveis ao público e respectiva utilização.

2 – Para efeitos do disposto no número anterior, devem aquelas empresas publicar e disponibilizar, na forma definida pela ARN, as seguintes informações:

a) Identificação do prestador;

b) Âmbito do serviço telefónico acessível ao público, contendo a descrição dos serviços oferecidos, a indicação daqueles que estão incluídos no preço da assinatura, quando existente, e os encargos periódicos de aluguer, nomeadamente serviços de telefonista, listas, serviços de informações de listas, barramento selectivo de chamadas, facturação detalhada e manutenção;

c) Preços normais, abrangendo o acesso e todos os tipos de encargos relativos à utilização e manutenção, bem como informações detalhadas sobre os descontos normais aplicados e sistemas tarifários especiais ou específicos;

d) Sistemas de indemnizações ou reembolsos, incluindo informações específicas sobre as respectivas modalidades, quando existentes;

e) Tipos de serviços de manutenção oferecidos;

f) Condições contratuais típicas, incluindo eventuais períodos contratuais mínimos;

g) Mecanismos de resolução de litígios, incluindo os criados pela empresa que oferece o serviço.

3 – As empresas obrigadas, nos termos do n.º 1, a publicar e disponibilizar as informações referidas no número anterior devem comunicá-las à ARN.

Artigo 48.º
Contratos

1 – Sem prejuízo da legislação aplicável à defesa do consumidor, a oferta de serviços de ligação ou acesso à rede telefónica pública é objecto de contrato do qual devem constar obrigatoriamente os seguintes elementos:

a) A identidade e o endereço do fornecedor;

b) Os serviços fornecidos, os níveis de qualidade de serviço oferecidos, bem como o tempo necessário para a ligação inicial;

c) Os tipos de serviços de manutenção oferecidos;

d) Os detalhes dos preços e os meios de obtenção de informações actualizadas sobre todos os preços aplicáveis e os encargos de manutenção;

e) A duração do contrato, as condições de renovação, suspensão e de cessação dos serviços e do contrato;

f) Os sistemas de indemnização ou de reembolso dos assinantes, aplicáveis em caso de incumprimento dos níveis de qualidade de serviço previstos no contrato;

g) O método para iniciar os processos de resolução de litígios nos termos do artigo 107.º;

h) As condições em que é disponibilizada a facturação detalhada;

i) Indicação expressa da vontade do assinante sobre a inclusão ou não dos respectivos elementos pessoais nas listas telefónicas e sua divulgação através dos serviços informativos, envolvendo ou não a sua transmissão a terceiros, nos termos da legislação relativa à protecção de dados pessoais.

2 – O disposto no número anterior é também aplicável aos contratos celebrados entre consumidores e empresas que oferecem serviços de comunicações electrónicas distintos dos que fornecem ligação ou acesso à rede telefónica pública.

3 – Sempre que a empresa proceda a uma alteração das condições contratuais referidas no n.º 1, deve notificar os assinantes da proposta de alteração, por forma adequada, com uma antecedência mínima de um mês, devendo simultaneamente informar os assinantes do seu direito de rescindir o contrato sem qualquer penalidade no caso de não aceitação das novas condições, no prazo fixado no contrato.

Artigo 49.º
Integridade da rede

1 – As empresas que oferecem redes telefónicas públicas em locais fixos são obrigadas a assegurar a integridade das respectivas redes.

2 – As empresas que oferecem redes telefónicas públicas e ou serviços telefónicos acessíveis ao público em locais fixos são obrigadas a assegurar a disponibilidade das redes e dos serviços em situações de emergência ou de força maior.

3 – As empresas que prestam serviços telefónicos acessíveis ao público devem garantir o acesso ininterrupto aos serviços de emergência.

Artigo 50.º

Serviços de listas e serviços com a assistência de telefonista

1 – Os assinantes dos serviços telefónicos acessíveis ao público têm o direito de figurar na lista completa à disposição do público, prevista na alínea a) do n.º 1 do artigo 89.º

2 – Os utilizadores finais ligados às redes telefónicas públicas têm o direito de acesso a serviços de informações de listas, em conformidade com o disposto na alínea c) do n.º 1 do artigo 89.º, e a serviços com assistência de telefonista.

3 – Não podem ser impostas restrições regulamentares que impeçam os utilizadores finais de um Estado membro de acederem directamente aos serviços de informações de listas de outro Estado membro.

4 – As empresas que atribuem números de telefone a assinantes devem satisfazer todos os pedidos razoáveis de forne-

493

Regulação do Sector de Comunicações Electrónicas

cimento de informações pertinentes sobre os respectivos assinantes, solicitadas para efeitos de oferta de serviços de informações de listas e de listas acessíveis ao público, mediante um formato acordado e em condições justas, objectivas, orientadas para os custos e não discriminatórias.

5 – O disposto no presente artigo fica sujeito às normas aplicáveis à protecção de dados pessoais e da privacidade.

Artigo 51.º
Número único de emergência europeu

1 – Constitui direito dos utilizadores finais de serviços telefónicos acessíveis ao público, incluindo os utilizadores de postos públicos, aceder gratuitamente aos serviços de emergência utilizando o número único de emergência europeu – 112, devidamente identificado no Plano Nacional de Numeração.

2 – Na medida em que tal seja tecnicamente viável, as empresas que oferecem redes e serviços telefónicos acessíveis ao público devem disponibilizar às autoridades responsáveis pelos serviços de emergência as informações sobre a localização da pessoa que efectua a chamada, no que respeita a todas as chamadas para o número único de emergência europeu.

3 – Sem prejuízo do disposto nos números anteriores, a ARN pode atribuir outros números de emergência específicos, devidamente identificados no Plano Nacional de Numeração.

Artigo 52.º
Suspensão e extinção do serviço

1 – As empresas que prestam serviços telefónicos acessíveis ao público apenas podem suspender a prestação do serviço, em caso de não pagamento de facturas, após pré-aviso adequado, de oito dias, ao assinante.

2 – Nos casos referidos no número anterior, o assinante tem a faculdade de pagar e obter quitação de apenas parte das quantias constantes da factura, devendo, sempre que tecnicamente possível, a suspensão limitar-se ao serviço em causa, excepto em situações de fraude ou de pagamento sistematicamente atrasado ou em falta.

3 – Durante o período de suspensão e até à extinção do serviço, deve ser garantido ao assinante o acesso a chamadas que não impliquem pagamento, nomeadamente as realizadas para o número único de emergência europeu.

4 – A extinção do serviço por não pagamento de facturas apenas pode ter lugar após aviso adequado, de oito dias, ao assinante.

Artigo 53.º
Oferta de recursos adicionais

1 – As empresas que oferecem redes e serviços telefónicos acessíveis ao público estão obrigadas a disponibilizar aos utilizadores finais, sempre que técnica e economicamente viável, os seguintes recursos:

a) Marcação em multifrequência – DTMF, garantindo que a rede telefónica pública sirva de suporte à utilização das tonalidades DTMF definidas na ETSI ETR 207, para a sinalização de extremo a extremo através da rede;

b) Identificação da linha chamadora, em conformidade com as normas aplicáveis à protecção de dados pessoais e da privacidade, nomeadamente as especificamente aplicáveis ao domínio das comunicações electrónicas.

2 – Compete à ARN, decorrido o procedimento geral de consulta previsto no artigo 8.º, dispensar o cumprimento do disposto no número anterior, na totalidade ou em parte do território nacional, sempre que considere verificada a existência de acesso suficiente aos recursos aí referidos.

Artigo 54.º
Portabilidade dos números

1 – Sem prejuízo de outras formas de portabilidade que venham a ser determinadas, é garantido a todos os assinantes de serviços telefónicos acessíveis ao público que o solicitem o direito de manter o seu número ou números, no âmbito do mesmo serviço, independentemente da empresa que o oferece, no caso de números geográficos, num determinado local, e no caso dos restantes números, em todo o território nacional.

2 – Os preços de interligação relacionados com a oferta da portabilidade dos números devem obedecer ao princípio da orientação para os custos, não devendo os eventuais encargos directos para os assinantes desincentivar a utilização destes recursos.

3 – Compete à ARN garantir que as empresas disponibilizem aos assinantes informações adequadas e transparentes sobre os preços aplicáveis às operações de portabilidade, bem como às chamadas para números portados.

4 – Não podem ser impostos pela ARN preços de retalho para operações de portabilidade dos números que possam causar distorções da concorrência, como sejam preços de retalho específicos ou comuns.

5 – Compete à ARN, após o procedimento geral de consulta previsto no artigo 8.º, determinar as regras necessárias à execução da portabilidade.

TÍTULO IV
Análise de mercados e controlos regulamentares

CAPÍTULO I
Procedimento de análise de mercado e de imposição de obrigações

Artigo 55.º
Âmbito e princípios gerais

1 – O presente título aplica-se às empresas que oferecem redes e serviços acessíveis ao público.

2 – A análise de mercado e a imposição de obrigações regulamentares específicas devem obedecer ao princípio da fundamentação plena da aplicação de obrigações regulamentares específicas.

3 – Na fundamentação das decisões de aplicação de obrigações regulamentares específicas deve a ARN, cumulativamente, demonstrar que a obrigação imposta:

a) É adequada ao problema identificado, proporcional e justificada à luz dos objectivos básicos consagrados no artigo 5.º do presente diploma;

b) É objectivamente justificável em relação às redes, serviços ou infra-estruturas a que se refere;

c) Não origina uma discriminação indevida relativamente a qualquer entidade;

d) É transparente em relação aos fins a que se destina.

Artigo 56.º
Competência

Compete à ARN, de acordo com as regras previstas no presente título:

a) Definir os mercados relevantes de produtos e serviços, tendo em conta a recomendação da Comissão Europeia emitida ao abrigo da Directiva n.º 2002/21/CE, do Parlamento Europeu e do Conselho, de 7 de Março, adiante designada por recomendação da Comissão Europeia, bem como outros mercados relevantes nela não previstos;

b) Determinar se um mercado relevante é ou não efectivamente concorrencial;

c) Declarar as empresas com poder de mercado significativo nos mercados relevantes;

e) Impor, manter, alterar ou suprimir obrigações às empresas com ou sem poder de mercado significativo, incluindo a imposição de condições técnicas ou operacionais aplicáveis ao fornecedor e ou beneficiário do acesso.

Artigo 57.º
Procedimento específico de consulta

1 – Sempre que as decisões a adoptar nos termos do artigo anterior afectem o comércio entre os Estados membros, deve a ARN, adicionalmente ao procedimento geral de consulta previsto no artigo 8.º, observar o seguinte procedimento destinado à consolidação do mercado interno:

a) Tornar acessível por meio adequado, simultaneamente à Comissão Europeia e às autoridades reguladoras nacionais dos restantes Estados membros, o projecto de decisão fundamentado indicando as informações que sejam confidenciais;

b) Notificar a Comissão Europeia e as autoridades reguladoras nacionais dos restantes Estados membros de que o projecto de decisão se encontra acessível e de qual o meio disponibilizado para o acesso.

2 – A Comissão Europeia e as autoridades reguladoras nacionais podem pronunciar-se sobre o projecto de decisão no prazo de um mês, não prorrogável, ou no prazo fixado nos termos do procedimento geral de consulta, caso seja superior.

3 – A ARN, após análise das observações recebidas, as quais devem ser tidas em conta, ou na ausência das mesmas, pode aprovar a decisão proposta notificando-a à Comissão Europeia.

4 – Exceptuam-se do disposto na parte final do número anterior os projectos de decisão da ARN relativos às seguintes matérias, sempre que se verifique alguma das condições referidas no n.º 5:

a) À identificação de mercados relevantes diferentes dos indicados na recomendação da Comissão Europeia;

b) À designação ou não de uma empresa com poder de mercado significativo, quer individual, quer conjuntamente com outras.

5 – Quando esteja em causa um projecto de decisão referido no número anterior e sempre que a Comissão Europeia, no âmbito do procedimento previsto no n.º 2, tenha informado que considera que o projecto de decisão cria um entrave ao mercado interno, ou que tem sérias dúvidas quanto à compatibilidade do projecto de decisão com o direito comunitário, designadamente com os objectivos de regulação enunciados no artigo 5.º, a ARN é obrigada a retirar o seu projecto caso a Comissão Europeia, no prazo de dois meses, improrrogável, e de acordo com o procedimento previsto na Directiva n.º 2002/21/CE, do Parlamento Europeu e do Conselho, de 7 de Março, adopte uma decisão em que o solicite fundamentadamente à ARN e indique propostas específicas de alteração.

6 – Se, decorrido o prazo de dois meses referido no número anterior, a Comissão Europeia não se pronunciar, pode a ARN adoptar a decisão.

CAPÍTULO II
Definição e análise de mercado

Artigo 58.º
Definição de mercados

1 – Compete à ARN definir os mercados relevantes de produtos e serviços do sector das comunicações electrónicas, incluindo os mercados geográficos relevantes, em conformidade com os princípios do direito da concorrência.

2 – Na definição de mercados deve a ARN, em função das circunstâncias nacionais, ter em conta a recomendação da Comissão Europeia que identifica, de acordo com os princípios do direito da concorrência, os mercados relevantes de produtos e serviços cujas características podem justificar a imposição de obrigações regulamentares específicas e as «Linhas de orientação para a análise de mercado e avaliação do poder de mercado significativo», adiante designadas por linhas de orientação.

3 – A ARN pode definir mercados diferentes dos constantes da recomendação da Comissão Europeia, sendo aplicável o procedimento previsto no artigo 57.º

4 – A definição dos mercados deve ser revista sempre que a recomendação da Comissão Europeia seja modificada ou quando a ARN entenda justificável.

Artigo 59.º
Análise dos mercados

1 – Compete à ARN analisar os mercados relevantes definidos nos termos do artigo anterior, tendo em conta as linhas de orientação.

2 – No âmbito da análise dos mercados, compete à ARN determinar se cada um dos mercados é ou não efectivamente concorrencial para efeitos da imposição, manutenção, alteração ou supressão de obrigações previstas no presente título.

3 – Caso a ARN conclua que um mercado é efectivamente concorrencial deve abster-se de impor qualquer obrigação regulamentar específica e, se estas existirem, deve suprimi-las, informando antecipadamente do facto as partes abrangidas.

4 – Caso a ARN determine que um mercado relevante não é efectivamente concorrencial, compete-lhe determinar quais as empresas com poder de mercado significativo nesse mercado e impor-lhes as obrigações regulamentares específicas adequadas ou manter ou alterar essas obrigações, caso já existam.

5 – Caso a Comissão Europeia identifique, mediante decisão tomada nos termos da Directiva n.º 2002/21/CE, do Parlamento Europeu e do Conselho, de 7 de Março, mercados transnacionais, a ARN deve proceder, juntamente com as demais autoridades reguladoras nacionais envolvidas, a uma análise conjunta do mercado ou mercados em causa, tendo em conta as linhas de orientação, de modo a pronunciarem-se sobre a imposição, manutenção, alteração ou supressão das obrigações previstas no presente título.

6 – A análise dos mercados deve ser revista na sequência de uma nova definição dos mercados ou quando a ARN entenda justificável.

Artigo 60.º
Poder de mercado significativo

1 – Para efeitos do disposto na presente lei, considera-se que uma empresa tem poder de mercado significativo se,

Regulação do Sector de Comunicações Electrónicas

individualmente ou em conjunto com outras, gozar de uma posição equivalente a uma posição dominante, ou seja, de uma posição de força económica que lhe permita agir, em larga medida, independentemente dos concorrentes, dos clientes e dos consumidores.

2 – A ARN, ao avaliar se duas ou mais empresas gozam de uma posição dominante conjunta num mercado, deve deliberar em conformidade com o direito comunitário e tomar em conta as linhas de orientação.

3 – A ARN pode considerar que duas ou mais empresas gozam de uma posição dominante conjunta quando, mesmo na ausência de relações estruturais ou outras entre elas, operam num mercado cuja estrutura seja considerada como conducente a efeitos coordenados.

4 – Sem prejuízo da jurisprudência do Tribunal de Justiça das Comunidades Europeias sobre dominância conjunta, a ARN deve, na sua avaliação, utilizar critérios baseados em determinadas características do mercado em análise em termos de concentração e transparência, ponderando designadamente os seguintes factores:

a) Mercado plenamente desenvolvido;

b) Falta de crescimento ou crescimento moderado da procura;

c) Pouca elasticidade da procura;

d) Homogeneidade do produto;

e) Estruturas de custos semelhantes;

f) Quotas de mercado semelhantes;

g) Falta de inovação técnica ou tecnologia plenamente desenvolvida;

h) Ausência de excesso de capacidade;

i) Barreiras elevadas ao acesso;

j) Falta de um contrapoder dos compradores;

l) Falta de concorrência potencial;

m) Vários tipos de laços informais ou de outro tipo entre as empresas em questão;

n) Mecanismos de retaliação;

o) Falta de concorrência de preços ou pouca margem para essa concorrência.

5 – Caso uma empresa tenha um poder de mercado significativo num mercado específico, pode considerar-se que também o detém num mercado adjacente se as ligações entre os dois mercados forem de molde a permitir a essa empresa utilizar num mercado, por alavancagem, o poder detido no outro reforçando o seu poder de mercado.

Artigo 61.º
Cooperação com a Autoridade da Concorrência

Os projectos de decisão da ARN relativos à análise dos mercados e à determinação de detenção ou não de poder de mercado significativo estão sujeitos a parecer prévio da Autoridade da Concorrência, o qual deve ser emitido no prazo de 30 dias contados da respectiva solicitação.

CAPÍTULO III
Acesso e interligação

SECÇÃO I
Disposições gerais

Artigo 62.º
Liberdade de negociação

As empresas que oferecem redes e serviços de comunicações electrónicas podem negociar e acordar entre si modali-

dades técnicas e comerciais de acesso e interligação, sem prejuízo das competências da ARN previstas no presente capítulo.

Artigo 63.º
Competências da autoridade reguladora nacional

1 – No exercício das competências previstas no presente capítulo, a ARN deve, em conformidade com os objectivos de regulação previstos no artigo 5.º, incentivar e, quando oportuno, garantir o acesso e a interligação adequados, bem como a interoperabilidade de serviços, com vista a promover a eficiência e a concorrência sustentável e a proporcionar o máximo benefício aos utilizadores finais.

2 – Compete à ARN:

a) Determinar obrigações em matéria de acesso e interligação às empresas que oferecem redes e serviços de comunicações electrónicas;

b) Intervir por iniciativa própria quando justificado, incluindo em acordos já celebrados, ou, na falta de acordo entre as empresas, a pedido de qualquer das partes envolvidas nos termos dos artigos 10.º a 12.º, a fim de garantir os objectivos estabelecidos no artigo 5.º, de acordo com o disposto na presente lei.

3 – Os operadores devem cumprir as obrigações na forma, modo e prazo determinados pela ARN.

Artigo 64.º
Condições de acesso e interligação

1 – Os termos e condições de oferta de acesso e interligação devem respeitar as obrigações impostas pela ARN nesta matéria.

2 – Os operadores têm o direito e, quando solicitados por outros, a obrigação de negociar a interligação entre si com vista à prestação dos serviços de comunicações electrónicas acessíveis ao público, por forma a garantir a oferta e interoperabilidade de serviços.

3 – A propriedade do tráfego pertence à empresa que explora a rede ou presta o serviço onde o tráfego é originado, salvo acordo em contrário, podendo o respectivo encaminhamento, bem como o ponto de entrega, ser livremente negociado entre as partes.

4 – No caso de acordos transfronteiriços, a empresa que requer o acesso ou a interligação não necessita de estar abrangida pelo regime de autorização geral previsto na presente lei, desde que não ofereça redes e serviços de comunicações electrónicas em território nacional.

Artigo 65.º
Confidencialidade

1 – As empresas devem respeitar a confidencialidade das informações recebidas, transmitidas ou armazenadas antes, no decurso ou após os processos de negociação e celebração de acordos de acesso ou interligação e utilizá-las exclusivamente para os fins a que se destinam.

2 – As informações recebidas não devem ser transmitidas a outras partes, incluindo outros departamentos, filiais ou empresas associadas, relativamente às quais o conhecimento destas possa constituir uma vantagem competitiva.

3 – O disposto nos números anteriores não prejudica o exercício dos poderes de supervisão e fiscalização da ARN, nomeadamente quanto às informações exigidas nos termos do artigo 108.º.

SECÇÃO II
Obrigações aplicáveis a empresas com poder de mercado significativo

ARTIGO 66.º
Imposição, manutenção, alteração ou supressão de obrigações

1 – Compete à ARN determinar a imposição, manutenção, alteração ou supressão das seguintes obrigações em matéria de acesso ou interligação aplicáveis às empresas declaradas com poder de mercado significativo:

a) Obrigação de transparência na publicação de informações, incluindo propostas de referência, nos termos dos artigos 67.º a 69.º;

b) Obrigação de não discriminação na oferta de acesso e interligação e na respectiva prestação de informações, nos termos do artigo 70.º;

c) Obrigação de separação de contas quanto a actividades específicas relacionadas com o acesso e ou a interligação, nos termos do artigo 71.º;

d) Obrigação de dar resposta aos pedidos razoáveis de acesso, nos termos do artigo 72.º;

e) Obrigação de controlo de preços e de contabilização de custos, nos termos dos artigos 74.º a 76.º

2 – Para efeitos do disposto no número anterior, a ARN deve impor as obrigações adequadas atendendo à natureza do problema identificado, as quais devem ser proporcionadas e justificadas relativamente aos objectivos fixados no artigo 5.º

3 – As obrigações referidas no n.º 1 não podem ser impostas a empresas sem poder de mercado significativo, salvo nos casos previstos na presente lei ou quando tal seja necessário para respeitar compromissos internacionais.

4 – Excepcionalmente e quando adequado, a ARN pode impor aos operadores declarados com poder de mercado significativo obrigações para além das previstas no n.º 1, mediante autorização prévia da Comissão Europeia, nos termos da Directiva n.º 2002/19/CE, do Parlamento Europeu e do Conselho, de 7 de Março, para o que deve submeter-lhe previamente um projecto de decisão.

ARTIGO 67.º
Obrigação de transparência

1 – A obrigação de transparência consiste na exigência de publicitar, de forma adequada, as informações relativas à oferta de acesso e interligação do operador, nomeadamente, informações contabilísticas, especificações técnicas, características da rede, termos e condições de oferta e utilização, incluindo preços.

2 – Para efeitos do disposto no número anterior, compete à ARN definir as informações a publicitar, bem como a forma e o modo da sua publicitação.

ARTIGO 68.º
Ofertas de referência

1 – A ARN pode determinar, nomeadamente aos operadores que estejam também sujeitos a obrigações de não discriminação, a publicação de ofertas de referência de acesso ou interligação, consoante os casos, as quais devem:

a) Ser suficientemente desagregadas de modo a assegurar que as empresas não sejam obrigadas a pagar por recursos que não sejam necessários para o serviço requerido;

b) Apresentar uma descrição das ofertas pertinentes repartidas por componentes, de acordo com as necessidades do mercado;

c) Apresentar a descrição dos termos e condições associadas, incluindo os preços.

2 – Para efeitos do disposto no número anterior, a ARN pode determinar os elementos mínimos que devem constar das ofertas de referência, especificando as informações exactas a disponibilizar, o nível de pormenor exigido e o modo de publicitação.

3 – A ARN pode ainda determinar:

a) Alterações às ofertas de referência publicitadas, a qualquer tempo e se necessário com efeito retroactivo, por forma a tornar efectivas as obrigações impostas em conformidade com o disposto no artigo 66.º;

b) A incorporação imediata nos acordos celebrados das alterações impostas, desde que as mesmas sejam de conteúdo certo e suficiente.

ARTIGO 69.º
Oferta de referência de acesso ao lacete local (ORALL)

1 – Sempre que um operador esteja sujeito à obrigação de oferta de acesso desagregado ao lacete local, deve publicar a respectiva oferta de referência de acesso ao lacete local (ORALL) contendo, no mínimo, os seguintes elementos, sem prejuízo do disposto no n.º 2 do artigo anterior:

a) Condições para o acesso desagregado ao lacete local;

b) Partilha de locais;

c) Sistemas de informação;

d) Condições de oferta.

2 – Para efeitos do disposto na alínea a) do número anterior, deve ser especificado o seguinte:

a) Elementos da rede que são objecto da oferta de acesso, abrangendo, em especial, o acesso aos lacetes locais e o acesso ao espectro de frequências não vocais de um lacete local, em caso de acesso partilhado ao lacete local;

b) Informações relativas à localização dos pontos de acesso físico, podendo a disponibilidade destas informações limitar-se exclusivamente às partes interessadas por razões de segurança pública, bem como disponibilidade dos lacetes locais em partes específicas da rede de acesso;

c) Condições técnicas relacionadas com o acesso e a utilização dos lacetes locais, incluindo as características técnicas do par de condutores metálicos entrançados do lacete local;

d) Procedimentos de encomenda e oferta e restrições de utilização.

3 – Para efeitos do disposto na alínea b) do n.º 1, deve ser especificado o seguinte:

a) Informações sobre os locais pertinentes do operador notificado, podendo a disponibilidade destas informações limitar-se exclusivamente às partes interessadas por razões de segurança pública;

b) Opções de partilha dos locais identificados na alínea anterior, incluindo a partilha física e, se adequado, a partilha à distância e a partilha virtual;

c) Características do equipamento, incluindo eventuais restrições aos equipamentos que podem ser instalados em regime de partilha de locais;

d) Questões de segurança, incluindo medidas adoptadas pelos operadores notificados para garantir a segurança das suas instalações;

e) Condições de acesso do pessoal dos operadores concorrentes;

Regulação do Sector de Comunicações Electrónicas

f) Normas de segurança;

g) Regras para a repartição de espaço a partilhar quando o mesmo é limitado;

h) Condições para que os beneficiários possam visitar os locais em que é possível a partilha física ou os locais cuja partilha foi recusada por motivos de falta de capacidade.

4 – Para efeitos do disposto na alínea c) do n.º 1, devem ser especificadas as condições de acesso aos sistemas de apoio operacional do operador notificado, sistemas de informação ou bases de dados para pré-encomenda, aprovisionamento, encomenda, pedidos de manutenção e reparação e facturação.

5 – Para efeitos do disposto na alínea d) do n.º 1, deve ser especificado o seguinte:

a) Tempo necessário para responder aos pedidos de fornecimento de serviços e recursos, acordos de nível de serviço, resolução de deficiências, procedimentos de reposição do nível normal de serviço e parâmetros de qualidade do serviço;

b) Termos contratuais habituais, incluindo, sempre que adequado, compensações pela incapacidade de cumprir os prazos de resposta aos pedidos;

c) Preços ou fórmulas de fixação de preços para cada característica, função e recurso previstos.

Artigo 70.º
Obrigação de não discriminação

A imposição da obrigação de não discriminação consiste, nomeadamente, na exigência de, em circunstâncias equivalentes, aplicar condições equivalentes a outras empresas que ofereçam serviços equivalentes e prestar serviços e informações a terceiros, em condições e com qualidade idênticas às dos serviços e informações oferecidos aos seus próprios departamentos ou aos departamentos das suas filiais ou empresas associadas.

Artigo 71.º
Obrigação de separação de contas

1 – A imposição da obrigação de separação de contas relativamente a actividades específicas relacionadas com o acesso e interligação consiste, nomeadamente, na exigência de os operadores, em especial os verticalmente integrados, apresentarem os seus preços por grosso e os seus preços de transferência interna de forma transparente com o objectivo, entre outros, de garantir o cumprimento da obrigação de não discriminação, quando aplicável, ou se necessário para impedir subvenções cruzadas.

2 – Para efeitos do disposto no número anterior, a ARN pode especificar o formato e a metodologia contabilística a utilizar.

3 – Os operadores estão obrigados a disponibilizar à ARN, mediante pedido, os seus registos contabilísticos, incluindo os dados sobre receitas provenientes de terceiros, tendo em vista a verificação do cumprimento das obrigações de transparência e não discriminação.

4 – A ARN pode publicar as informações que lhe foram disponibilizadas ao abrigo do disposto no número anterior, na medida em que contribuam para um mercado aberto e concorrencial e respeitando a confidencialidade comercial das mesmas.

Artigo 72.º
Obrigações de acesso e utilização de recursos de rede específicos

1 – A ARN pode impor aos operadores a obrigação de dar resposta aos pedidos razoáveis de acesso e utilização de elementos de rede específicos e recursos conexos, nomeadamente nas situações em que a recusa de acesso ou a fixação de condições não razoáveis prejudicariam a emergência de um mercado concorrencial sustentável a nível retalhista ou os interesses dos utilizadores finais.

2 – No exercício da competência prevista no número anterior, a ARN pode, nomeadamente, impor aos operadores as seguintes obrigações:

a) Conceder a terceiros o acesso a elementos e ou recursos de rede específicos, incluindo o acesso desagregado ao lacete local;

b) Não retirar o acesso já concedido a determinados recursos;

c) Interligar redes ou recursos de rede;

d) Proporcionar a partilha de locais ou outras formas de partilha de recursos, incluindo a partilha de condutas, edifícios ou postes;

e) Oferecer serviços especificados, a fim de garantir aos utilizadores a interoperabilidade de serviços de extremo a extremo, incluindo recursos para serviços de rede inteligentes ou itinerância (roaming) em redes móveis;

f) Conceder acesso aberto às interfaces técnicas, protocolos ou outras tecnologias chave que sejam indispensáveis para a interoperabilidade dos serviços ou serviços de rede virtuais;

g) Oferecer serviços especificados com base na venda por atacado para revenda por terceiros;

h) Oferecer acesso a sistemas de apoio operacional ou a sistemas de software similares necessários para garantir uma concorrência leal no fornecimento de serviços;

i) Negociar de boa fé com as empresas que pedem acesso.

3 – A imposição das obrigações previstas no número anterior pode ser acompanhada da previsão pela ARN de condições de justiça, razoabilidade e oportunidade no seu cumprimento.

4 – Na decisão de impor ou não as obrigações previstas nos números anteriores, a ARN deve atender especialmente aos seguintes factores, nomeadamente ao avaliar se as obrigações a impor são proporcionais aos objectivos de regulação previstos no artigo 5.º:

a) Viabilidade técnica e económica da utilização ou instalação de recursos concorrentes, em função do ritmo de desenvolvimento do mercado, tendo em conta a natureza e o tipo da interligação e do acesso em causa;

b) Viabilidade de oferta do acesso proposto, face à capacidade disponível;

c) Investimento inicial do proprietário dos recursos, tendo em conta os riscos envolvidos na realização do investimento;

d) Necessidade de salvaguarda da concorrência a longo prazo;

e) Eventuais direitos de propriedade intelectual pertinentes, quando adequado;

f) Oferta de serviços pan-europeus.

Artigo 73.º
Condições técnicas e operacionais

1 – Quando necessário para garantir o funcionamento normal da rede, a ARN pode, ao impor as obrigações previstas nos n.ᵒˢ 1 e 2 do artigo anterior, estabelecer condições técnicas ou operacionais aplicáveis ao fornecedor e ou ao beneficiário do acesso.

2 – As condições impostas nos termos do número anterior devem ser objectivas, transparentes, proporcionais e não discriminatórias e, quando se refiram à aplicação de normas ou

especificações técnicas, devem obedecer às regras aplicáveis em matéria de normalização nos termos do artigo 29.º

ARTIGO 74.º
Obrigação de controlo de preços e de contabilização de custos

1 – Quando uma análise de mercado indique que uma potencial falta de concorrência efectiva implica que os operadores possam manter os preços a um nível excessivamente elevado ou aplicar uma compressão da margem de preços em detrimento dos utilizadores finais, a ARN pode impor obrigações de amortização de custos e controlo de preços, incluindo a obrigação de orientação dos preços para os custos e a obrigação de adoptar sistemas de contabilização de custos, para fins de oferta de tipos específicos de acesso ou interligação.

2 – Ao impor as obrigações referidas no número anterior, a ARN deve:

a) Ter em consideração o investimento realizado pelo operador, permitindo-lhe uma taxa razoável de rendibilidade sobre o capital investido, tendo em conta os riscos a ele associados;

b) Assegurar que os mecanismos de amortização de custos ou as metodologias obrigatórias em matéria de fixação de preços promovam a eficiência e a concorrência sustentável e maximizem os benefícios para o consumidor, podendo também ter em conta nesta matéria os preços disponíveis nos mercados concorrenciais comparáveis.

ARTIGO 75.º
Demonstração da orientação para os custos

1 – Os operadores sujeitos à obrigação de orientação dos preços para os custos devem demonstrar que os encargos se baseiam nos custos, incluindo uma taxa razoável de rendibilidade sobre os investimentos realizados.

2 – A ARN pode exigir ao operador que justifique plenamente os seus preços e, quando adequado, pode determinar o seu ajustamento.

3 – A ARN pode utilizar métodos contabilísticos independentes dos adoptados pelos operadores para efeitos do cálculo do custo da prestação eficiente dos serviços.

ARTIGO 76.º
Verificação dos sistemas de contabilização de custos

1 – Compete à ARN, ou a outra entidade independente por si designada, efectuar uma auditoria anual ao sistema de contabilização de custos destinado a permitir o controlo de preços, de modo a verificar a sua conformidade, bem como emitir e publicar a respectiva declaração.

2 – Os operadores a quem a ARN imponha a obrigação de adoptar sistemas de contabilização de custos devem disponibilizar ao público a respectiva descrição, apresentando, no mínimo, as categorias principais nas quais os custos são agrupados e as regras utilizadas para a respectiva imputação.

SECÇÃO III
Obrigações aplicáveis a todas as empresas

ARTIGO 77.º
Imposição de obrigações de acesso e interligação

1 – Compete à ARN impor obrigações de acesso e interligação na medida do necessário, a qualquer empresa, independentemente de ter ou não poder de mercado significativo, nos seguintes termos:

a) Às empresas que controlam o acesso aos utilizadores finais, nomeadamente às que exploram redes de distribuição por cabo, incluindo, quando justificado, a obrigação de interligarem as suas redes;

b) De oferta de acesso às IPA (interfaces de programas de aplicações) e às GEP (guias electrónicos de programas), em condições justas, razoáveis e não discriminatórias, por forma a garantir a acessibilidade dos utilizadores finais aos serviços de radiodifusão digital de rádio e televisão especificados nos termos da lei pelas autoridades competentes.

2 – Ao impor as obrigações previstas no número anterior, a ARN pode estabelecer condições técnicas e operacionais nos termos do artigo 73.º

3 – As obrigações impostas nos termos dos números anteriores devem ser objectivas, transparentes, proporcionais e não discriminatórias.

ARTIGO 78.º
Prestação de acesso condicional

1 – Todos os operadores de serviços de acesso condicional que, independentemente dos meios de transmissão, oferecem acesso a serviços de televisão e rádio digital, e dos quais dependam os emissores para atingir qualquer grupo de potenciais espectadores ou ouvintes, devem:

a) Oferecer a todas as empresas de difusão, mediante condições justas, razoáveis e não discriminatórias compatíveis com o direito comunitário da concorrência, serviços técnicos que permitam que os serviços difundidos digitalmente pelas empresas de radiodifusão sejam recebidos pelos telespectadores ou ouvintes devidamente autorizados através de descodificadores geridos pelos operadores de serviços, bem como respeitar o direito comunitário da concorrência;

b) Dispor de contabilidade separada relativa à actividade de fornecimento de acesso condicional.

2 – Tendo em conta o disposto na alínea a) do número anterior, as condições de oferta, incluindo preços, divulgadas pelos difusores de televisão digital devem especificar o fornecimento ou não de materiais associados ao acesso condicional.

3 – Os operadores referidos no n.º 1 devem comunicar à ARN, no prazo de cinco dias a contar da sua implementação, os procedimentos técnicos adoptados para assegurar a interoperabilidade dos diferentes sistemas de acesso condicional.

4 – Para efeitos do número anterior, compete à ARN publicar, por aviso na 3.ª série do Diário da República, bem como em formato digital na Internet, as referências das especificações técnicas aplicáveis.

ARTIGO 79.º
Transferência de controlo

1 – Os operadores que prestam acesso condicional devem adoptar sistemas com capacidade técnica adequada a uma transferência de controlo com uma boa relação custo-eficácia, a acordar com os operadores de rede de suporte.

2 – A transferência referida no número anterior deve permitir o pleno controlo pelos operadores de rede, a nível local ou regional, dos serviços que utilizam os sistemas de acesso condicional.

ARTIGO 80.º
Direitos de propriedade industrial

1 – Sem prejuízo da legislação aplicável, os titulares de direitos de propriedade industrial relativos a sistemas e pro-

Regulação do Sector de Comunicações Electrónicas

dutos de acesso condicional ao licenciarem os fabricantes de equipamentos de utilizador devem fazê-lo mediante condições justas, razoáveis e não discriminatórias.

2 – O licenciamento referido no número anterior, no qual são também considerados factores de ordem técnica e comercial, não pode ser submetido a condições que proíbam, inibam ou desencorajem a inclusão no mesmo produto de:

a) Um interface comum que permita a ligação a outros sistemas de acesso condicional que não o do titular do direito de propriedade industrial;

b) Meios próprios de outro sistema de acesso condicional, desde que o beneficiário da licença respeite as condições razoáveis e adequadas que garantam, no que lhe diz respeito, a segurança das transacções dos operadores de sistemas de acesso condicional.

ARTIGO 81.º
Alteração ou supressão
das obrigações de acesso condicional

1 – A ARN pode proceder a uma análise de mercado nos termos previstos na presente lei, tendo em vista decidir sobre a oportunidade da alteração ou supressão das obrigações de acesso condicional previstas nos artigos 78.º a 80.º

2 – Quando, em resultado da análise de mercado, a ARN verifique que um ou mais operadores não têm poder de mercado significativo pode determinar a alteração ou supressão das obrigações de acesso condicional respeitantes a esses operadores, desde que não afectem negativamente:

a) A acessibilidade dos utilizadores finais às emissões de rádio e televisão e aos canais e serviços de difusão especificados a que se refere o artigo 43.º; e

b) As perspectivas de concorrência efectiva nos mercados de retalho de serviços de difusão digital de rádio e televisão e de sistemas de acesso condicional e outros recursos conexos.

3 – A ARN deve informar antecipadamente os interessados que sejam afectados pela alteração ou supressão das obrigações.

4 – O disposto no presente artigo não prejudica a possibilidade de imposição de obrigações relativamente à apresentação de guias electrónicos de programas e recursos equivalentes de navegação e listagem nos termos da lei.

CAPÍTULO IV
Controlos nos mercados retalhistas

ARTIGO 82.º
Conjunto mínimo de circuitos alugados

1 – Compete à ARN impor as obrigações de oferta do conjunto mínimo de circuitos alugados definido nos termos do artigo 29.º, bem como as condições para essa oferta definidas no artigo seguinte, às empresas com poder de mercado significativo relativamente à oferta dos elementos específicos ou da totalidade do conjunto mínimo, em todo ou em parte do território nacional.

2 – Compete à ARN:

a) Definir objectivos adequados para as condições de oferta fixadas, sempre que considere que o desempenho alcançado na oferta do conjunto mínimo de circuitos alugados não satisfaz as necessidades dos utilizadores;

b) Autorizar a alteração das condições de oferta num caso específico sempre que, perante um pedido concreto, uma empresa, de forma fundamentada, considere que não é razoável a oferta de um circuito alugado pertencente ao conjunto mínimo de acordo com os preços e as condições de fornecimento publicados.

ARTIGO 83.º
Condições de oferta de circuitos alugados

1 – A oferta do conjunto mínimo de circuitos alugados pelas empresas declaradas com poder de mercado significativo deve obedecer aos princípios da não discriminação, da orientação dos preços para os custos e da transparência.

2 – O princípio da não discriminação obriga a aplicar condições semelhantes em circunstâncias semelhantes às organizações que prestam serviços análogos e, quando aplicável, a oferecer às outras organizações circuitos alugados da mesma qualidade e nas mesmas condições que as que põem à disposição dos seus próprios serviços ou dos das suas subsidiárias ou parceiros.

3 – Para efeitos do princípio da orientação dos preços para os custos, as empresas devem elaborar e pôr em prática um sistema adequado de contabilidade de custos.

4 – O princípio da transparência obriga à divulgação das seguintes informações sobre o conjunto mínimo de circuitos alugados:

a) Características técnicas, incluindo as características físicas e eléctricas, bem como as especificações técnicas e de desempenho detalhadas aplicáveis ao ponto terminal da rede;

b) Preços, incluindo os encargos iniciais de ligação, os encargos periódicos de aluguer e outros encargos, devendo, sempre que os preços sejam diferenciados, tal ser indicado;

c) Condições de fornecimento, incluindo nomeada e obrigatoriamente o procedimento de encomenda, o prazo normal de entrega, o período contratual, o tempo típico de reparação e o procedimento de reembolso, quando existente.

5 – Para efeitos do disposto na alínea c) do número anterior, considera-se:

a) Prazo normal de entrega o período de tempo decorrido desde a data do pedido firme de aluguer de um circuito até à sua colocação à disposição do cliente em 95% dos casos de circuitos alugados do mesmo tipo, devendo este prazo ser estabelecido com base nos prazos de entrega reais dos circuitos durante um período recente de duração razoável, não podendo o seu cálculo incluir os casos em que os utilizadores tenham pedido prazos de entrega mais longos;

b) Período contratual o período geralmente estabelecido para o contrato e o período contratual mínimo que o utilizador é obrigado a aceitar;

c) Prazo típico de reparação o período de tempo decorrido desde o momento da recepção de uma mensagem de avaria pela unidade responsável da empresa até ao momento em que estejam restabelecidos 80% dos circuitos alugados do mesmo tipo e em que os utilizadores tenham sido notificados, nos casos adequados, de que os referidos circuitos se encontram novamente em funcionamento, devendo, quando sejam oferecidas diferentes classes de qualidade de reparação para o mesmo tipo de circuitos alugados, ser indicados os diferentes prazos típicos de reparação.

6 – A ARN deve manter disponíveis informações com um nível de detalhe adequado sobre os sistemas de contabilidade de custos adoptados pelas empresas, devendo, quando solicitado, apresentá-las à Comissão Europeia.

Artigo 84.º
Selecção e pré-selecção

1 – As empresas declaradas com poder de mercado significativo na oferta de ligação à rede telefónica pública e utilização dessa rede num local fixo estão obrigadas a oferecer aos seus assinantes o acesso aos serviços de qualquer empresa que ofereça serviços telefónicos acessíveis ao público que com elas esteja interligada:

a) Em regime de chamada-a-chamada, através da marcação de um indicativo de selecção da empresa;

b) Através de uma pré-selecção, com possibilidade de anulação, chamada-a-chamada, mediante a marcação de um indicativo de selecção da empresa.

2 – Compete à ARN avaliar e decidir sobre os pedidos dos utilizadores relativos à instalação dos recursos previstos no número anterior noutras redes ou de outras formas, na sequência do procedimento de análise de mercado previsto no artigo 59.º e nos termos do artigo 72.º

3 – Compete à ARN garantir que os preços de acesso e de interligação relacionados com a oferta dos recursos referidos no n.º 1 respeitem o princípio da orientação para os custos e que os encargos directos que possam decorrer para os assinantes não desincentivem a sua utilização.

4 – Compete à ARN, após o procedimento geral de consulta previsto no artigo 8.º, determinar as regras necessárias à execução da selecção e pré-selecção.

Artigo 85.º
Outros controlos

1 – Compete à ARN impor às empresas declaradas com poder de mercado significativo num determinado mercado retalhista, previamente definido e analisado nos termos da presente lei, obrigações regulamentares adequadas, sempre que, cumulativamente:

a) Verifique a inexistência de concorrência efectiva nesse mercado retalhista;

b) Considere que da imposição das obrigações previstas no capítulo III do presente título ou no artigo 84.º não resultaria a realização dos objectivos de regulação fixados no artigo 5.º

2 – As obrigações regulamentares a que se refere o número anterior devem atender à natureza do problema identificado, ser proporcionadas e justificadas relativamente aos objectivos fixados no artigo 5.º e podem incluir, nomeadamente, a exigência de que as empresas identificadas:

a) Não imponham preços excessivamente altos;

b) Não inibam a entrada no mercado ou restrinjam a concorrência através de preços predatórios;

c) Não mostrem preferência indevida por utilizadores finais específicos;

d) Não agreguem excessivamente os serviços.

3 – No que se refere especificamente aos preços praticados por essas empresas e tendo em vista a protecção dos interesses dos utilizadores finais e a promoção de uma concorrência efectiva, a ARN pode aplicar medidas adequadas de imposição de preços máximos, de controlo individual dos preços ou medidas destinadas a orientar os preços para os custos ou para preços de mercados comparáveis.

4 – Sem prejuízo do disposto nos artigos 93.º e 94.º, a ARN não deve aplicar os mecanismos de controlo de retalho previstos no presente artigo aos mercados geográficos ou de utilizadores quando estiver segura que existe uma concorrência efectiva.

5 – As empresas que estejam sujeitas a regulação de preços nos termos do presente artigo ou a outro tipo de controlo relevante do retalho devem implementar sistemas de contabilidade analítica adequados à aplicação das medidas impostas.

6 – Compete à ARN, ou a outra entidade independente por si designada, efectuar uma auditoria anual ao sistema de contabilização de custos destinada a permitir o controlo de preços, de modo a verificar a sua conformidade, bem como emitir e publicar a respectiva declaração.

7 – A ARN deve transmitir à Comissão Europeia, quando solicitado, informações sobre os controlos de retalho aplicados e, se adequado, os sistemas de contabilidade dos custos utilizados.

TÍTULO V
Serviço universal e serviços obrigatórios adicionais

CAPÍTULO I
Serviço universal

SECÇÃO I
Âmbito do serviço universal

Artigo 86.º
Conceito

1 – O serviço universal consiste no conjunto mínimo de prestações definido na presente lei, de qualidade especificada, disponível para todos os utilizadores, independentemente da sua localização geográfica e a um preço acessível.

2 – O âmbito de serviço universal deve evoluir por forma a acompanhar o progresso da tecnologia, o desenvolvimento do mercado e as modificações da procura por parte dos utilizadores, sendo o seu âmbito modificado sempre que tal evolução o justifique.

3 – Compete ao Governo e à ARN, na prossecução das respectivas atribuições:

a) Adoptar as soluções mais eficientes e adequadas para assegurar a realização do serviço universal no respeito pelos princípios da objectividade, transparência, não discriminação e proporcionalidade;

b) Reduzir ao mínimo as distorções de mercado, em especial a prestação de serviços a preços ou em termos e condições que se afastem das condições comerciais normais, sem prejuízo da salvaguarda do interesse público.

Artigo 87.º
Âmbito do serviço universal

O conjunto mínimo de prestações que deve estar disponível no âmbito do serviço universal é o seguinte:

a) Ligação à rede telefónica pública num local fixo e acesso aos serviços telefónicos acessíveis ao público num local fixo;

b) Disponibilização de uma lista telefónica completa e de um serviço completo de informações de listas;

c) Oferta adequada de postos públicos.

Artigo 88.º
Ligação à rede e acesso aos serviços telefónicos num local fixo

1 – Os prestadores de serviço universal devem satisfazer todos os pedidos razoáveis de ligação à rede telefónica pública num local fixo e de acesso aos serviços telefónicos acessíveis ao público num local fixo.

Regulação do Sector de Comunicações Electrónicas

2 – A ligação e acesso referidos no número anterior devem permitir que os utilizadores finais estabeleçam e recebam chamadas telefónicas locais, nacionais e internacionais, comunicações fac-símile e comunicações de dados, com débitos suficientes para viabilizar o acesso funcional à Internet, tendo em conta as tecnologias prevalecentes utilizadas pela maioria dos assinantes e a viabilidade tecnológica.

Artigo 89.º
Lista e serviço de informações

1 – Constituem obrigações de serviço universal no âmbito da lista e serviço de informações:

a) Elaborar, publicar e disponibilizar aos utilizadores finais uma lista telefónica completa sob a forma impressa e ou em suporte electrónico que, sem prejuízo do disposto em matéria de privacidade e protecção de dados pessoais, abranja todos os assinantes de serviços telefónicos acessíveis ao público;

b) Actualizar e disponibilizar anualmente a lista a que se refere a alínea anterior;

c) Prestar aos utilizadores finais um serviço de informações, através de um número curto, envolvendo a divulgação dos dados constantes da lista telefónica a que se refere a alínea a);

d) Respeitar o princípio da não discriminação no tratamento e apresentação das informações que lhe são fornecidas, incluindo por outras empresas.

2 – Para efeitos do número anterior, as empresas que oferecem serviços telefónicos acessíveis ao público devem acordar com os prestadores de serviço universal o formato e as condições em que lhes fornecem as informações pertinentes sobre os respectivos assinantes, as quais devem ser justas, objectivas, orientadas para os custos e não discriminatórias.

3 – Na falta de acordo e em caso de incumprimento dos termos acordados ou da obrigação estabelecida no número anterior, a ARN pode exigir que as empresas que oferecem serviços telefónicos acessíveis ao público lhe entreguem as informações referidas no número anterior, determinando, se necessário, o formato e as condições de fornecimento, por forma a disponibilizá-las aos prestadores de serviço universal para cumprimento das obrigações previstas nas alíneas a) a c) do n.º 1.

4 – A ARN fica habilitada por esta lei a criar e gerir, directamente ou por intermédio de entidade independente por si designada, uma base de dados contendo as informações recebidas nos termos do número anterior, aprovando para o efeito as respectivas condições de funcionamento, mediante parecer prévio da CNPD.

5 – Compete à ARN aprovar e divulgar a forma e as condições de disponibilização aos utilizadores finais das listas a que se refere o presente artigo.

Artigo 90.º
Postos públicos

1 – Compete à ARN definir, após consulta nos termos do artigo 8.º, as obrigações dos prestadores de serviço universal aplicáveis na oferta de postos públicos de modo a assegurar a satisfação das necessidades razoáveis das populações, incluindo os utilizadores finais com deficiência.

2 – As obrigações definidas pela ARN devem ter em consideração a eventual disponibilidade de recursos ou serviços comparáveis e atender às necessidades dos utilizadores finais em termos de dispersão geográfica, densidade populacional e

qualidade de serviço, podendo abranger nomeadamente a determinação de diferentes modalidades de pagamento.

3 – Os postos públicos oferecidos pelos prestadores de serviço universal devem permitir:

a) O acesso gratuito aos vários sistemas de emergência, através do número único de emergência europeu «112» ou de outros números de emergência e de socorro definidos no Plano Nacional de Numeração, sem necessidade de utilização de moedas, cartões ou outros meios de pagamento;

b) O acesso a um serviço completo de informações de listas nos termos definidos na alínea c) do n.º 1 do artigo 89.º

4 – Os cartões telefónicos pré-comprados para acesso aos serviços telefónicos acessíveis ao público através de postos explorados pelos prestadores de serviço universal devem obedecer a um único tipo, por forma a viabilizar a sua utilização em qualquer posto público explorado por aqueles prestadores.

5 – Os prestadores de serviço universal devem cumprir as normas técnicas sobre acessibilidade das edificações urbanas, constantes de diploma próprio, por forma a garantir o acesso ao serviço por parte de utilizadores finais com deficiência.

Artigo 91.º
Medidas específicas para utilizadores com deficiência

1 – Os prestadores de serviço universal devem disponibilizar ofertas específicas por forma a garantir o acesso dos utilizadores finais com deficiência, de modo equivalente aos restantes utilizadores finais, aos serviços telefónicos acessíveis ao público, incluindo o acesso aos serviços de emergência e à lista telefónica e serviço de informações de listas.

2 – As ofertas específicas podem consistir, nomeadamente, no seguinte:

a) Disponibilização de telefones e ou postos públicos com texto, ou medidas equivalentes, para pessoas surdas ou com deficiências na comunicação oral;

b) Fornecimento de serviços de informações telefónicas, ou medidas equivalentes, a título gratuito, para pessoas cegas ou com deficiências visuais;

c) Fornecimento de facturação detalhada em formatos alternativos, a pedido de uma pessoa cega ou com deficiências visuais.

3 – Compete à ARN, após o procedimento geral de consulta previsto no artigo 8.º, definir os termos e as condições das ofertas a disponibilizar.

4 – A ARN pode tomar medidas específicas para garantir que os utilizadores finais com deficiência possam também beneficiar da escolha de prestadores de serviços que existe para a maioria dos utilizadores finais.

Artigo 92.º
Qualidade de serviço

1 – Os prestadores de serviço universal estão obrigados a disponibilizar aos utilizadores finais, bem como à ARN, informações adequadas e actualizadas sobre o seu desempenho na prestação do serviço universal, com base nos parâmetros de qualidade do serviço, definições e métodos de medição estabelecidos no anexo.

2 – A ARN pode especificar, nomeadamente, normas suplementares de qualidade dos serviços para avaliar o desempenho dos prestadores de serviço universal na prestação de serviços aos utilizadores finais e consumidores com deficiência, nos casos em que tenham sido definidos parâmetros relevantes.

3 – As informações sobre o desempenho dos prestadores de serviço universal relativamente aos parâmetros referidos no número anterior devem igualmente ser disponibilizadas aos utilizadores finais e à ARN.

4 – A ARN pode ainda especificar o conteúdo, a forma e o modo como as informações a que se referem os números anteriores devem ser disponibilizadas, a fim de assegurar que os utilizadores finais e os consumidores tenham acesso a informações claras, completas e comparáveis.

5 – Sem prejuízo do disposto nos números anteriores, a ARN pode, após o procedimento geral de consulta previsto no artigo 8.º, fixar objectivos de desempenho aplicáveis às diversas obrigações de serviço universal.

6 – A ARN pode determinar auditorias independentes ou outros mecanismos de verificação do desempenho obtido pelos prestadores de serviço universal, a expensas destes, a fim de garantir a exactidão e comparabilidade dos dados disponibilizados pelos prestadores.

SECÇÃO II
Preços

ARTIGO 93.º
Regime de preços

1 – Compete à ARN zelar por que seja garantida a acessibilidade dos preços do serviço universal, tendo em conta em especial os preços nacionais no consumidor e o rendimento nacional.

2 – Para efeitos do disposto no número anterior, a ARN deve avaliar e decidir sobre os meios mais adequados à garantia da acessibilidade dos preços, podendo determinar:

a) A disponibilização de opções ou pacotes tarifários diferentes dos oferecidos em condições comerciais normais, sobretudo para assegurar que os consumidores com baixos rendimentos ou necessidades sociais especiais não sejam impedidos de aceder ao serviço telefónico ou de o utilizar;

b) A imposição de limites máximos de preços e a aplicação de tarifas comuns, incluindo o nivelamento geográfico dos preços, em todo o território;

c) Outros regimes semelhantes.

3 – Sempre que tenha sido imposta alguma das medidas referidas no número anterior, a ARN deve garantir que as condições praticadas sejam totalmente transparentes e publicadas, bem como aplicadas de acordo com o princípio da não discriminação.

4 – A ARN pode, a qualquer tempo, determinar a alteração ou a eliminação das condições praticadas pelos prestadores de serviço universal.

5 – Sem prejuízo do disposto nos números anteriores, pode ser criado, em alternativa ou cumulativamente, outro tipo de medidas de apoio aos consumidores identificados como tendo baixos rendimentos ou necessidades sociais especiais.

ARTIGO 94.º
Controlo de despesas

1 – Por forma que os assinantes possam verificar e controlar os seus encargos de utilização da rede telefónica pública e dos serviços telefónicos acessíveis ao público a ela associados, os prestadores de serviço universal devem disponibilizar o seguinte conjunto mínimo de recursos e mecanismos:

a) Facturação detalhada;

b) Barramento selectivo e gratuito de chamadas de saída de tipos ou para tipos definidos de números, mediante pedido do assinante, sem prejuízo do disposto no artigo 45.º;

c) Sistemas de pré-pagamento do acesso à rede telefónica pública e da utilização dos serviços telefónicos acessíveis ao público;

d) Pagamento escalonado do preço de ligação à rede telefónica pública;

e) Medidas aplicáveis às situações de não pagamento de facturas telefónicas nos termos do artigo 52.º

2 – Para efeitos do disposto na alínea a) do número anterior, é garantido gratuitamente o seguinte nível mínimo de detalhe, sem prejuízo da legislação aplicável em matéria de protecção de dados pessoais e da privacidade:

a) Preço inicial de ligação ao serviço telefónico, quando aplicável;

b) Preço de assinatura, quando aplicável;

c) Preço de utilização, identificando as diversas categorias de tráfego, indicando cada chamada e o respectivo custo;

d) Preço periódico de aluguer de equipamento, quando aplicável;

e) Preço de instalação de material e equipamento acessório requisitado posteriormente ao início da prestação do serviço;

f) Débitos do assinante;

g) Compensação decorrente de reembolso.

3 – Os prestadores de serviço universal podem, a pedido do assinante, oferecer facturação detalhada com níveis de discriminação superiores ao estabelecido no número anterior, a título gratuito ou mediante um preço razoável, não devendo incluir as chamadas facultadas ao assinante a título gratuito, nomeadamente as chamadas para serviços de assistência.

4 – Para efeitos do disposto na alínea b) do n.º 1, compete à ARN definir os tipos de chamadas susceptíveis de barramento, ouvidos os prestadores de serviço universal.

5 – Compete à ARN dispensar a aplicação do n.º 1 quando verifique que os interesses tutelados pela disponibilização dos recursos e mecanismos nele previstos estão suficientemente acautelados.

6 – Quando os prestadores de serviço universal ofereçam recursos e serviços adicionais para além dos previstos no artigo 87.º ou na alínea a) do n.º 2 do artigo 93.º, devem estabelecer termos e condições de modo que os assinantes não sejam obrigados a pagar recursos ou serviços desnecessários para o serviço pedido.

SECÇÃO III
Financiamento do serviço universal

ARTIGO 95.º
Compensação do custo líquido

1 – Sempre que a ARN considere que a prestação do serviço universal pode constituir um encargo excessivo para os respectivos prestadores, calcula os custos líquidos das obrigações de serviço universal de acordo com um dos seguintes procedimentos:

a) Calcular o custo líquido da obrigação de serviço universal, tendo em conta quaisquer vantagens de mercado adicionais de que beneficiem os prestadores;

b) Recorrer ao custo líquido da prestação do serviço universal identificado no âmbito de um mecanismo de designação previsto no presente diploma.

Regulação do Sector de Comunicações Electrónicas

2 – A ARN deve definir o conceito de «encargo excessivo», bem como os termos que regem a sua determinação, nomeadamente a periodicidade das avaliações e os critérios utilizados.

ARTIGO 96.º
Cálculo do custo líquido

1 – Havendo lugar ao cálculo do custo líquido nos termos da alínea a) do artigo anterior, aplicam-se os seguintes pressupostos:

a) Devem ser analisados todos os meios para assegurar incentivos adequados de modo que os prestadores cumpram as obrigações de serviço universal de forma economicamente eficiente;

b) O custo das obrigações do serviço universal é calculado como a diferença entre os custos líquidos, para uma organização, do funcionamento com as obrigações de serviço universal e do funcionamento sem essas obrigações, quer a rede esteja plenamente desenvolvida, quer esteja ainda em fase de desenvolvimento e expansão, havendo ainda que avaliar correctamente os custos que os prestadores teriam decidido evitar se não existisse qualquer obrigação de serviço universal;

c) Devem ser tidos em conta os benefícios, incluindo os benefícios não materiais, obtidos pelos prestadores de serviço universal;

d) O cálculo do custo líquido de aspectos específicos das obrigações de serviço universal é efectuado separadamente e por forma a evitar a dupla contabilização de quaisquer benefícios e custos directos ou indirectos;

e) O custo líquido das obrigações de serviço universal é calculado como a soma dos custos líquidos das componentes específicas das obrigações de serviço universal.

2 – O cálculo baseia-se nos custos imputáveis:

a) Aos elementos dos serviços determinados que serão forçosamente oferecidos com prejuízo ou em condições de custo que não se insiram nas práticas comerciais normais, podendo incluir, nomeadamente, o acesso a serviços telefónicos de emergência, a oferta de determinados postos públicos ou a oferta de determinados serviços e equipamentos para utilizadores com deficiência;

b) A utilizadores finais ou grupos de utilizadores finais específicos, que, atendendo ao custo da oferta da rede e serviço especificados, às receitas geradas e ao eventual nivelamento geográfico dos preços imposto pela ARN, só podem ser servidos com prejuízo ou em condições de custo que não se insiram nas práticas comerciais normais.

3 – Para efeitos do disposto na alínea b), consideram-se incluídos nesta categoria os utilizadores finais ou grupos de utilizadores finais que não seriam servidos por um operador comercial que não tivesse a obrigação de prestar o serviço universal.

4 – Os prestadores de serviço universal devem disponibilizar todas as contas e informações pertinentes para o cálculo referido no presente artigo, as quais são objecto de auditoria efectuada pela ARN ou por outra entidade independente das partes interessadas e posteriormente aprovadas pela ARN.

5 – Compete à ARN manter disponíveis os resultados dos cálculos e da auditoria a que se refere o presente artigo.

ARTIGO 97.º
Financiamento

1 – Verificada a existência de custos líquidos do serviço universal e que sejam considerados excessivos pela ARN, compete ao Governo, mediante pedido dos respectivos prestadores, promover a compensação adequada através de um ou ambos os seguintes mecanismos:

a) Compensação a partir de fundos públicos;

b) Repartição do custo pelas outras empresas que ofereçam, no território nacional, redes e serviços de comunicações electrónicas acessíveis ao público.

2 – Sempre que haja lugar à aplicação do mecanismo previsto na alínea b) do número anterior, deve ser estabelecido um fundo de compensação, para o qual contribuem as empresas que ofereçam redes e serviços de comunicações electrónicas acessíveis ao público administrado pela ARN ou por outro organismo independente designado pelo Governo, neste caso sob supervisão da ARN.

3 – Os critérios de repartição do custo líquido do serviço universal, entre as empresas obrigadas a contribuir, são definidos pelo Governo, respeitando os princípios da transparência, da mínima distorção do mercado, da não discriminação e da proporcionalidade.

4 – Para efeitos do número anterior, a entidade que administra o fundo deve:

a) Receber as respectivas contribuições, utilizando um meio transparente e neutro para a cobrança, por forma a evitar uma dupla imposição de contribuições;

b) Supervisionar as transferências e os pagamentos a efectuar aos prestadores de serviço universal;

c) Desagregar e identificar separadamente para cada empresa os encargos relativos à repartição do custo das obrigações de serviço universal.

5 – O Governo pode optar por dispensar de contribuir para o fundo de compensação as empresas que não atinjam um determinado volume de negócios, para o que deve fixar um limite mínimo.

6 – A ARN deve garantir que os critérios de repartição dos custos e os elementos constituintes do mecanismo utilizado estejam acessíveis ao público.

ARTIGO 98.º
Relatório

Sem prejuízo da matéria confidencial, se se verificar a existência de custos líquidos do serviço universal, a ARN elabora e publica anualmente um relatório contendo o custo calculado das obrigações de serviço universal, indicando as contribuições efectuadas para o fundo de compensação por todas as empresas envolvidas e identificando quaisquer vantagens de mercado que possam ter resultado para os prestadores de serviço universal, caso tenha sido instituído um fundo de compensação e este esteja efectivamente em funcionamento.

SECÇÃO IV
Designação dos prestadores de serviço universal

ARTIGO 99.º
Prestadores de serviço universal

1 – O serviço universal pode ser prestado por mais do que uma empresa, quer distinguindo as prestações que o integram, quer as zonas geográficas, sem prejuízo da sua prestação em todo o território nacional.

2 – O processo de designação dos prestadores deve ser eficaz, objectivo, transparente e não discriminatório, assegurando que à partida todas as empresas possam ser designadas.

3 – Compete ao Governo, por resolução do Conselho de Ministros, designar a empresa ou empresas responsáveis pela

prestação do serviço universal na sequência de concurso, cujo regulamento é aprovado por portaria dos membros do Governo com competência nas áreas das finanças e das comunicações electrónicas.

4 – Os termos do concurso devem assegurar a oferta do serviço universal de modo economicamente eficiente e podem ser utilizados como meio para determinar o custo líquido das obrigações de serviço universal, nos termos da alínea b) do artigo 95.º

5 – Os termos do concurso devem ainda prever o regime de manutenção das obrigações de serviço universal em caso de cisão, fusão ou transmissão da posição contratual do prestador.

CAPÍTULO II
Serviços obrigatórios adicionais

Artigo 100.º
Serviços obrigatórios adicionais

O Governo pode decidir que devem ser disponibilizados outros serviços, para além das obrigações de serviço universal, os quais não podem ser compensados através do mecanismo de repartição do respectivo custo pelas empresas que oferecem redes e serviços de comunicações electrónicas.

TÍTULO VI
Televisão digital e acesso condicional

Artigo 101.º
Serviços de televisão de ecrã largo

As empresas que estabelecem redes públicas de comunicações electrónicas para a distribuição de serviços de televisão digital devem garantir que essas redes tenham capacidade para distribuir serviços e programas de televisão de ecrã largo, devendo os operadores de rede que recebem e redistribuem esses serviços e programas manter o mesmo formato.

Artigo 102.º
Interoperabilidade dos serviços
de televisão digital interactiva

1 – Tendo em vista promover o livre fluxo de informações, o pluralismo dos meios de comunicação e a diversidade cultural:

a) Os fornecedores de serviços de televisão digital interactiva ao público, através de plataformas digitais e interactivas de televisão e independentemente do modo da sua transmissão, devem favorecer a utilização de uma IPA aberta;

b) Os fornecedores de todo o equipamento avançado de televisão digital utilizado para a recepção de serviços de televisão digital interactiva, em plataformas digitais de televisão, devem favorecer a conformidade com uma IPA aberta de acordo com os requisitos mínimos das normas ou especificações pertinentes.

2 – Para efeitos do número anterior, as entidades devem cumprir as regras em matéria de normalização de acordo com o disposto no artigo 29.º e comunicar à ARN as soluções técnicas adoptadas.

3 – Sem prejuízo da imposição de acesso obrigatório nos termos da alínea b) do n.º 1 do artigo 77.º, os detentores de IPA devem cooperar com os fornecedores de serviços de televisão digital interactiva facultando, de forma justa, razoável, não discriminatória e mediante remuneração adequada, todas as informações necessárias de modo a permitir que estes ofereçam os respectivos serviços suportados pela IPA e de forma plenamente funcional.

Artigo 103.º
Interoperabilidade dos equipamentos
de televisão digital de consumo

1 – Os equipamentos de consumo destinados à recepção de sinais de televisão digital, com capacidade para descodificar aqueles sinais, colocados no mercado para venda, aluguer ou postos à disposição de qualquer outra forma, devem possuir capacidade para:

a) Permitir a descodificação dos sinais de televisão digital de acordo com o algoritmo de cifragem comum europeu administrado por um organismo de normalização europeu reconhecido;

b) Reproduzir sinais que tenham sido transmitidos sem codificação, desde que, no caso de o equipamento ser alugado, o locatário respeite o contrato de aluguer em causa.

2 – Os aparelhos de televisão analógica com um ecrã de diagonal visível superior a 42 cm que sejam colocados no mercado para venda ou aluguer devem estar equipados com, pelo menos, uma tomada de interface aberta, normalizada por um organismo de normalização europeu reconhecido, que permita a ligação simples de periféricos, nomeadamente descodificadores adicionais e receptores digitais.

3 – Os aparelhos de televisão digital com um ecrã de diagonal visível superior a 30 cm que sejam colocados no mercado para venda ou aluguer devem estar equipados com, pelo menos, uma tomada de interface aberta que permita a ligação simples de periféricos e esteja em condições de transmitir todos os elementos de um sinal de televisão digital, incluindo os sinais de vídeo e áudio, informações relativas a serviços interactivos e de acesso condicional, informações sobre a interface de programa de aplicação, bem como informações sobre protecção contra cópias.

4 – A tomada de interface referida no número anterior deve ser normalizada ou conforme com a norma adoptada por um organismo de normalização europeu reconhecido, podendo em alternativa ser conforme com uma especificação utilizada pela indústria.

5 – Compete à ARN publicar, por aviso na 3.ª série do Diário da República, as referências das normas mencionadas nos n.ºs 2 e 4.

Artigo 104.º
Dispositivos ilícitos

1 – São proibidas as seguintes actividades:

a) Fabrico, importação, distribuição, venda, locação ou detenção, para fins comerciais, de dispositivos ilícitos;

b) Instalação, manutenção ou substituição, para fins comerciais, de dispositivos ilícitos;

c) Utilização de comunicações comerciais para a promoção de dispositivos ilícitos;

d) Aquisição, utilização, propriedade ou mera detenção, a qualquer título, de dispositivos ilícitos para fins privados do adquirente, do utilizador, do proprietário ou do detentor, bem como de terceiro. [1]

---

[1] *Redacção introduzida pelo Decreto-Lei n.º 176/2007, de 8 de Maio.*

Regulação do Sector de Comunicações Electrónicas

2 – Para efeitos do disposto no número anterior, entende--se por:

a) «Dispositivo ilícito» um equipamento ou programa informático concebido ou adaptado com vista a permitir o acesso a um serviço protegido, sob forma inteligível, sem autorização do prestador do serviço;

b) «Dispositivo de acesso condicional» um equipamento ou programa informático concebido ou adaptado com vista a permitir o acesso, sob forma inteligível, a um serviço protegido;

c) «Serviço protegido» qualquer serviço de televisão, de radiodifusão sonora ou da sociedade da informação, desde que prestado mediante remuneração e com base em acesso condicional, ou o fornecimento de acesso condicional aos referidos serviços considerado como um serviço em si mesmo.

3 – Os actos previstos na alínea a) do n.º 1 constituem crime punível com pena de prisão até 3 anos ou com pena de multa, se ao caso não for aplicável pena mais grave.

4 – A tentativa é punível.

5 – O procedimento criminal depende de queixa.

TÍTULO VII
Taxas, supervisão e fiscalização

CAPÍTULO I
Taxas

ARTIGO 105.º
Taxas

1 – Estão sujeitos a taxa:

a) As declarações comprovativas dos direitos emitidas pela ARN nos termos do n.º 5 do artigo 21.º;

b) O exercício da actividade de fornecedor de redes e serviços de comunicações electrónicas, com periodicidade anual;

c) A atribuição de direitos de utilização de frequências;

d) A atribuição de direitos de utilização de números e a sua reserva;

e) A utilização de números;

f) A utilização de frequências.

2 – Os montantes das taxas referidas nas alíneas a) a e) do número anterior são fixados por despacho do membro do Governo responsável pela área das comunicações electrónicas, constituindo receita da ARN.

3 – A utilização de frequências, abrangida ou não por um direito de utilização, está sujeita às taxas fixadas nos termos do Decreto-Lei n.º 151-A/2000, de 20 de Julho.

4 – Os montantes das taxas referidas nas alíneas a) a d) do n.º 1 são determinados em função dos custos administrativos decorrentes da gestão, controlo e aplicação do regime de autorização geral, bem como dos direitos de utilização e das condições específicas referidas no artigo 28.º, os quais podem incluir custos de cooperação internacional, harmonização e normalização, análise de mercados, vigilância do cumprimento e outros tipos de controlo do mercado, bem como trabalho de regulação que envolva a preparação e execução de legislação derivada e decisões administrativas, como decisões em matéria de acesso e interligação, devendo ser impostos às empresas de forma objectiva, transparente e proporcionada, que minimize os custos administrativos adicionais e os encargos conexos.

5 – A ARN deve publicar um relatório anual dos seus custos administrativos e do montante total resultante da cobrança das taxas a que se referem as alíneas a) a d) do n.º 1, por forma a proceder aos devidos ajustamentos em função da diferença entre o montante total das taxas e os custos administrativos.

6 – As taxas referidas nas alíneas e) e f) do n.º 1 devem reflectir a necessidade de garantir a utilização óptima das frequências e dos números e devem ser objectivamente justificadas, transparentes, não discriminatórias e proporcionadas relativamente ao fim a que se destinam, devendo ainda ter em conta os objectivos de regulação fixados no artigo 5.º

ARTIGO 106.º
Taxas pelos direitos de passagem

1 – As taxas pelos direitos de passagem devem reflectir a necessidade de garantir a utilização óptima dos recursos e ser objectivamente justificadas, transparentes, não discriminatórias e proporcionadas relativamente ao fim a que se destinam, devendo, ainda, ter em conta os objectivos de regulação fixados no artigo 5.º

2 – Os direitos e encargos relativos à implantação, passagem e atravessamento de sistemas, equipamentos e demais recursos das empresas que oferecem redes e serviços de comunicações electrónicas acessíveis ao público, em local fixo, dos domínios público e privado municipal podem dar origem ao estabelecimento de uma taxa municipal de direitos de passagem (TMDP), a qual obedece aos seguintes princípios:

a) A TMDP é determinada com base na aplicação de um percentual sobre cada factura emitida pelas empresas que oferecem redes e serviços de comunicações electrónicas acessíveis ao público, em local fixo, para todos os clientes finais do correspondente município;

b) O percentual referido na alínea anterior é aprovado anualmente por cada município até ao fim do mês de Dezembro do ano anterior a que se destina a sua vigência e não pode ultrapassar os 0,25%;

3 – Nos municípios em que seja cobrada a TMDP, as empresas que oferecem redes e serviços de comunicações electrónicas acessíveis ao público em local fixo incluem nas facturas dos clientes finais de comunicações electrónicas acessíveis ao público em local fixo, e de forma expressa, o valor da taxa a pagar.

4 – O Estado e as Regiões Autónomas não cobram às empresas que oferecem redes e serviços de comunicações electrónicas acessíveis ao público taxas ou quaisquer outros encargos pela implantação, passagem ou atravessamento de sistemas, equipamentos e demais recursos físicos necessários à sua actividade, à superfície ou no subsolo, dos domínios público e privado do Estado e das Regiões Autónomas.

CAPÍTULO II
Supervisão e fiscalização

ARTIGO 107.º
Resolução extrajudicial de conflitos

1 – Sem prejuízo do recurso aos tribunais e às entidades responsáveis pela defesa e promoção dos direitos dos consumidores, designadamente o Instituto do Consumidor, os utilizadores finais podem submeter os conflitos surgidos com as empresas que oferecem redes e serviços de comunicações electrónicas aos mecanismos de arbitragem e mediação legalmente constituídos.

506

Decreto-Lei n.º 5/2004

2 – Compete à ARN fomentar o desenvolvimento de mecanismos de resolução extrajudicial de conflitos entre as empresas que oferecem redes e serviços de comunicações electrónicas e os utilizadores finais.

3 – Para efeitos do disposto no número anterior, a ARN pode cooperar na criação dos referidos mecanismos ou estabelecer acordos com as entidades que já os tenham constituído, nomeadamente prevendo um sistema de informação periódica à ARN relativamente às queixas de consumidores que lhes tenham sido submetidas tendo em vista o exercício das suas competências de supervisão e fiscalização.

ARTIGO 108.º
Prestação de informações

1 – As entidades que estão sujeitas a obrigações nos termos da presente lei devem prestar à ARN todas as informações, incluindo informações financeiras, relacionadas com a sua actividade para que a ARN possa desempenhar todas as competências previstas na lei.

2 – Para efeitos do número anterior, as entidades devem identificar, de forma fundamentada, as informações que consideram confidenciais e devem juntar, caso se justifique, uma cópia não confidencial dos documentos em que se contenham tais informações.

3 – Os pedidos de informações da ARN devem obedecer a princípios de adequabilidade ao fim a que se destinam e de proporcionalidade e devem ser devidamente fundamentados.

4 – As informações solicitadas devem ser prestadas dentro dos prazos, na forma e com o grau de pormenor exigidos pela ARN, podendo ser estabelecidas as situações e a periodicidade do seu envio.

5 – Quando a ARN faculte à Comissão Europeia, por solicitação desta, informações obtidas nos termos dos números anteriores, deve informar desse facto as empresas envolvidas e pode solicitar à Comissão Europeia expressa e fundamentadamente que as não disponibilize a outras autoridades reguladoras.

6 – As informações prestadas à ARN nos termos do presente artigo podem ser comunicadas às autoridades reguladoras de outros Estados membros, na sequência de um pedido fundamentado, quando necessário para que possam exercer as respectivas responsabilidades nos termos do direito comunitário.

7 – Sem prejuízo do disposto na parte final do n.º 4, deve ser assegurada pela Comissão Europeia e pelas autoridades reguladoras nacionais dos restantes Estados membros a confidencialidade da informação disponibilizada pela ARN quando esta a tenha identificado como tal nos termos da legislação aplicável.

ARTIGO 109.º
Fins do pedido de informação

1 – A ARN pode solicitar informações especialmente para os seguintes fins:

a) Procedimentos e avaliação dos pedidos de atribuição de direitos de utilização;

b) Análises de mercado;

c) Verificação caso a caso do respeito das condições estabelecidas nos artigos 27.º, 32.º e 34.º, quer quando tenha sido recebida uma queixa, quer por sua própria iniciativa;

d) Verificação, sistemática ou caso a caso, do cumprimento das condições previstas nos artigos 28.º, 97.º e 105.º;

e) Publicação de relatórios comparativos da qualidade e dos preços dos serviços para benefício dos consumidores;

f) Fins estatísticos claramente definidos.

2 – As informações referidas nas alíneas b) a f) do número anterior não podem ser exigidas antecipadamente ou como condição de exercício da actividade.

ARTIGO 110.º
Incumprimento

1 – Sem prejuízo de outros mecanismos sancionatórios aplicáveis, sempre que a ARN verificar que uma empresa não respeita uma ou mais das condições referidas nos artigos 27.º, 28.º, 32.º e 34.º, deve notificar a empresa desse facto e dar-lhe a possibilidade de, no prazo de um mês, pronunciar-se e, se for caso disso, de pôr fim ao incumprimento.

2 – A ARN pode fixar um prazo mais longo ou mais curto, neste último caso mediante consentimento da empresa ou em caso de incumprimento reiterado.

3 – Se a empresa não puser fim ao incumprimento no prazo referido nos números anteriores, compete à ARN tomar as medidas adequadas e proporcionais para garantir a observância das condições referidas no n.º 1 do presente artigo.

4 – As medidas impostas e a respectiva fundamentação são comunicadas pela ARN à empresa em causa no prazo de cinco dias após a sua aprovação, fixando um prazo razoável para o seu cumprimento.

5 – Em caso de incumprimento grave e reiterado das condições referidas nos artigos 27.º, 28.º, 32.º e 34.º, sempre que a ARN considere que, num caso concreto, o procedimento previsto nos n.ºs 1 a 3 não é adequado para a correcção da situação, ou se não forem cumpridas as medidas impostas nos termos dos n.ºs 3 e 4, pode desde logo determinar a suspensão da actividade ou proceder à suspensão, até um máximo de dois anos, ou à revogação, total ou parcial, dos respectivos direitos de utilização.

ARTIGO 111.º
Medidas provisórias

1 – Quando a ARN tenha provas de qualquer incumprimento das condições referidas nos artigos 27.º, 28.º, 32.º e 34.º que represente uma ameaça imediata e grave à ordem pública, à segurança pública ou à saúde pública, ou que possa criar sérios problemas económicos ou operacionais aos outros fornecedores ou utilizadores de serviços ou redes de comunicações electrónicas, pode tomar medidas provisórias urgentes para sanar a situação antes de tomar uma decisão final, fixando o prazo da sua vigência.

2 – Nos casos referidos no número anterior, a ARN deve, após a adopção das medidas, dar à empresa em causa a oportunidade de se pronunciar, nomeadamente apresentando propostas.

3 – O disposto nos números anteriores não prejudica a aplicação do regime de medidas provisórias previsto no Código do Procedimento Administrativo.

ARTIGO 112.º
Fiscalização

Compete à ARN a fiscalização do cumprimento do disposto na presente lei e respectivos regulamentos através dos seus agentes de fiscalização ou de mandatários devidamente credenciados pelo conselho de administração, sem prejuízo das competências atribuídas a outras entidades, nomeadamente à

Regulação do Sector de Comunicações Electrónicas

Inspecção-Geral das Actividades Económicas (IGAE), à Direcção-Geral das Alfândegas (DGA), à Comissão Nacional de Protecção de Dados (CNPD), ao Instituto do Consumidor e às autoridades competentes em matéria de concorrência.

ARTIGO 113.º
Contra-ordenações e coimas

1 – Sem prejuízo de outras sanções aplicáveis, constituem contra-ordenações:

a) O incumprimento da decisão da ARN tomada no processo de resolução de litígios, em violação do n.º 1 do artigo 10.º e do n.º 2 do artigo 12.º;

b) A falta de cooperação com a ARN, em violação do n.º 5 do artigo 10.º;

c) O incumprimento das obrigações previstas nos n.ºs 1, 2 e 6 do artigo 21.º;

d) A violação dos termos do artigo 23.º;

e) O incumprimento da obrigação de comunicação dos acordos prevista no n.º 1 do artigo 25.º;

f) O incumprimento da determinação de partilha a que se refere o n.º 2, bem como o desrespeito das condições determinadas nos termos dos n.ºs 3 e 4, todos do artigo 25.º;

g) O incumprimento das obrigações previstas nos n.ºs 1, 3 e 4 do artigo 26.º;

h) O incumprimento de qualquer das condições definidas nos termos dos n.ºs 1 e 2 do artigo 27.º, com excepção da constante da alínea r) do n.º 1 do mesmo artigo;

i) O incumprimento de qualquer das obrigações específicas previstas no artigo 28.º;

j) O incumprimento de normas e especificações obrigatórias, em violação dos n.ºs 1 e 5 do artigo 29.º;

l) A utilização de frequências sem obtenção do respectivo direito de utilização, quando exigível, ou em desconformidade com os seus termos, em violação do n.º 1 do artigo 30.º;

m) O incumprimento de qualquer das condições definidas nos termos dos n.ºs 1 e 2 do artigo 32.º, com excepção da constante da alínea f) do n.º 1 do mesmo artigo;

n) A utilização de números sem obtenção do respectivo direito de utilização ou em desconformidade com os seus termos, em violação do n.º 1 do artigo 33.º;

o) O incumprimento de qualquer das condições definidas nos termos dos n.ºs 1 e 2 do artigo 34.º, com excepção da constante da alínea f) do n.º 1 do mesmo artigo;

p) A transmissão de direitos de utilização de frequências sem comunicação, em violação do n.º 2 do artigo 37.º, bem como a transmissão desses direitos em violação do n.º 4 do mesmo artigo;

q) A transmissão de direitos de utilização de números, em violação dos termos e condições definidos pela ARN previstos no artigo 38.º;

r) A violação dos direitos dos utilizadores e dos assinantes, em incumprimento dos n.ºs 1 e 2 do artigo 39.º;

s) O incumprimento da obrigação prevista no n.º 3 do artigo 39.º;

t) A utilização de contratos de adesão sem prévia aprovação, em violação do n.º 4 do artigo 39.º;

u) A violação da obrigação definida nos termos dos n.ºs 1 e 2 do artigo 40.º;

v) O incumprimento das obrigações previstas nos n.ºs 1 e 3 do artigo 41.º;

x) O incumprimento das medidas previstas nos n.ºs 1 e 3 do artigo 42.º;

z) O incumprimento da obrigação de transporte prevista no n.º 1 e nos termos do n.º 3 do artigo 43.º;

aa) O incumprimento da obrigação de barramento, em violação do n.º 1 do artigo 45.º;

bb) A recusa de contratar, em violação do n.º 5 ou do n.º 6 do artigo 46.º;

cc) O incumprimento das condições previstas nos n.ºs 3 e 4 do artigo 46.º;

dd) O incumprimento da obrigação de informação prevista nos n.ºs 1, 2 e 3 do artigo 47.º;

ee) O incumprimento das obrigações previstas nos n.ºs 1, 2 e 3 do artigo 48.º;

ff) O incumprimento das obrigações previstas nos n.ºs 1, 2 e 3 do artigo 49.º;

gg) A violação da obrigação prevista no n.º 4 do artigo 50.º;

hh) A violação do direito dos utilizadores a que se refere o n.º 1 e a violação da obrigação prevista no n.º 2 do artigo 51.º;

ii) A suspensão ou extinção do serviço em violação dos n.ºs 1, 2, 3 e 4 do artigo 52.º;

jj) O incumprimento da obrigação prevista no n.º 1 do artigo 53.º;

ll) A violação do direito dos assinantes à portabilidade previsto no n.º 1 do artigo 54.º e o incumprimento das obrigações que sejam estabelecidas nos termos previstos nos n.ºs 2, 3 e 5 do artigo 54.º;

mm) O incumprimento das obrigações nos termos previstos no n.º 3 do artigo 63.º;

nn) O incumprimento das obrigações previstas nos n.ºs 1 e 2 do artigo 64.º;

oo) A violação das obrigações de confidencialidade previstas nos n.ºs 1 e 2 do artigo 65.º;

pp) O incumprimento de qualquer das obrigações previstas nos n.ºs 1, 3 e 4 do artigo 66.º;

qq) O incumprimento das condições impostas ao abrigo do n.º 1 do artigo 73.º;

rr) A oposição à realização da auditoria, em violação do n.º 1 do artigo 76.º;

ss) A violação das obrigações impostas nos termos dos n.ºs 1 e 2 do artigo 77.º;

tt) O incumprimento das obrigações previstas nos n.ºs 1, 2 e 3 do artigo 78.º;

uu) O incumprimento da obrigação prevista no n.º 1 do artigo 79.º;

vv) O incumprimento das condições previstas nos n.ºs 1 e 2 do artigo 80.º;

xx) O incumprimento das obrigações impostas nos termos do n.º 4 do artigo 81.º;

zz) A violação das obrigações impostas nos termos do n.º 1 e da alínea a) do n.º 2, bem como a alteração das condições de oferta em violação da alínea b) do n.º 2, todos do artigo 82.º;

aaa) O desrespeito dos princípios previstos no n.º 1 em violação de qualquer dos termos fixados nos n.ºs 2 a 5 do artigo 83.º;

bbb) O incumprimento das obrigações previstas nos n.ºs 1, 3 e 4 do artigo 84.º;

ccc) O incumprimento das obrigações previstas nos n.ºs 1, 3 e 5 do artigo 85.º;

ddd) A oposição à realização da auditoria, em violação do n.º 6 do artigo 85.º;

eee) A violação das obrigações previstas nos n.ºs 1 e 2 do artigo 88.º;

fff) A violação das obrigações e condições previstas nos n.ºs 1 a 3 e nos termos do n.º 5 do artigo 89.º;

ggg) O incumprimento das obrigações previstas nos n.ºs 1, 3 e 4 do artigo 90.º;

hhh) O incumprimento das obrigações previstas nos n.ºs 1, 3 e 4 do artigo 91.º;

iii) O incumprimento das obrigações previstas nos n.ºs 1 a 5 do artigo 92.º;

jjj) A oposição à realização da auditoria, em violação do n.º 6 do artigo 92.º;

lll) O incumprimento das determinações previstas nos n.ºs 2 e 4 e das obrigações previstas no n.º 3 do artigo 93.º;

mmm) O incumprimento das obrigações previstas nos n.ºs 1 e 6 do artigo 94.º;

nnn) O incumprimento da obrigação de contribuição em violação do n.º 2 do artigo 97.º;

ooo) A violação das obrigações previstas no artigo 101.º;

ppp) O incumprimento das obrigações previstas nos n.ºs 1, 2 e 3 do artigo 102.º;

qqq) A violação das obrigações previstas nos n.ºs 1 a 4 do artigo 103.º;

rrr) A prática das actividades previstas nas alíneas b) e c) do n.º 1 do artigo 104.º;

sss) A prática das actividades previstas na alínea d) do n.º 1 do artigo 104.º;[1]

ttt) A violação das obrigações de prestação de informações ao abrigo dos n.ºs 1 e 3 do artigo 108.º;

uuu) O desrespeito por decisões que decretem medidas provisórias nos termos do n.º 1 do artigo 111.º;

vvv) O incumprimento da obrigação prevista no n.º 2 do artigo 121.º;

xxx) O incumprimento de ordens ou mandados legítimos da ARN regularmente comunicados aos seus destinatários.

2 – As contra-ordenações previstas nas alíneas a) a rrr) e ttt) a xxx) do número anterior são puníveis com coima de (euro) 500 a (euro) 3740 e de (euro) 5000 a (euro) 5000000, consoante sejam praticadas por pessoas singulares ou colectivas, respectivamente.[1]

3 – A contra-ordenação prevista na alínea sss) do n.º 1 é punível com coima de (euro) 500 a (euro) 3740 e de (euro) 5000 a (euro) 44891,81, consoante seja praticada por pessoas singulares ou colectivas, respectivamente.[1]

4 – Sempre que a contra-ordenação resulte da omissão do cumprimento de um dever jurídico ou de uma ordem emanada da ARN, a aplicação das sanções ou o seu cumprimento não dispensam o infractor do cumprimento do dever ou da ordem, se este ainda for possível.

5 – Nos casos referidos no número anterior, o infractor pode ser sujeito pela ARN à injunção de cumprir o dever ou a ordem em causa, cujo incumprimento no prazo fixado pode determinar a aplicação de uma sanção pecuniária compulsória nos termos do artigo 116.º

6 – Nas contra-ordenações previstas na presente lei são puníveis a tentativa e a negligência.

Artigo 114.º
Sanções acessórias

Para além das coimas fixadas no artigo anterior, podem ainda ser aplicadas, sempre que a gravidade da infracção e a culpa do agente o justifique, as seguintes sanções acessórias:

a) Perda a favor do Estado de objectos, equipamentos e dispositivos ilícitos, nas contra-ordenações previstas nas alíneas qqq), rrr) e sss) do n.º 1 do artigo anterior;[1]

b) Interdição do exercício da respectiva actividade até ao máximo de dois anos, nas contra-ordenações previstas nas alíneas a), h), l), n), p), x) e z) do n.º 1 do artigo anterior;

c) Privação do direito de participar em concursos ou arrematações promovidos no âmbito do presente diploma até ao máximo de dois anos, nas contra-ordenações previstas nas alíneas l), p), x) e z) do n.º 1 do artigo anterior.

Artigo 115.º
Processamento e aplicação

1 – A aplicação das coimas e sanções acessórias previstas na presente lei bem como o arquivamento dos processos de contra-ordenação são da competência do conselho de administração da ARN.

2 – A instauração dos processos de contra-ordenação é da competência do conselho de administração da ARN, cabendo a instrução dos mesmos aos respectivos serviços.

3 – As competências previstas nos números anteriores podem ser delegadas.

4 – O montante das coimas reverte para o Estado em 60% e para a ARN em 40%.

5 – Revertem para a ARN os objectos declarados perdidos por força da aplicação da alínea a) do artigo 114.º

6 – Exceptua-se do disposto nos números anteriores o incumprimento das condições previstas no n.º 3 e 4 do artigo 46.º, cabendo à CNPD a instauração e instrução do processo de contra-ordenação, bem como a aplicação das respectivas coimas, cujo montante reverte em 40% para esta entidade.

Artigo 116.º
Sanções pecuniárias compulsórias

1 – Sem prejuízo de outras sanções aplicáveis, em caso de incumprimento de decisões da ARN que imponham sanções administrativas ou ordenem, no exercício dos poderes que legalmente lhe assistem, a adopção de comportamentos ou de medidas determinadas às empresas que oferecem redes e serviços de comunicações electrónicas, pode esta, quando tal se justifique, impor uma sanção pecuniária compulsória, nomeadamente nos casos referidos nas alíneas a), e), f), g), p), v), x), z), gg), mm), pp), rr), ss), tt), zz), aaa), ccc), fff), hhh), lll), nnn), ttt), uuu) e xxx) do n.º 1 do artigo 113.º.[1]

2 – A sanção pecuniária compulsória consiste na imposição à empresa que oferece redes ou serviços de comunicações electrónicas do pagamento de uma quantia pecuniária por cada dia de atraso que, para além do prazo fixado para o cumprimento da obrigação, se verifique.

3 – A sanção a que se referem os números anteriores é fixada segundo critérios de razoabilidade e proporcionalidade, atendendo ao volume de negócios do infractor realizado no ano civil anterior e ao impacte negativo causado no mercado e nos utilizadores pelo incumprimento, podendo o seu montante diário oscilar entre (euro) 10000 e (euro) 100000.

4 – Os montantes fixados nos termos do número anterior podem ser variáveis para cada dia de incumprimento no sentido crescente, não podendo ultrapassar o montante máximo de (euro) 3000000 e um período máximo de 30 dias.

5 – O montante da sanção aplicada reverte para o Estado em 60% e para a ARN em 40%.

6 – Dos actos da ARN praticados ao abrigo do presente artigo cabe recurso para os tribunais de comércio, nos termos dos n.ºs 2 a 13 do artigo 13.º

---

[1] *Redacção introduzida pelo Decreto-Lei n.º 176/2007, de 8 de Maio.*

[1] *Redacção introduzida pelo Decreto-Lei n.º 176/2007, de 8 de Maio.*

Regulação do Sector de Comunicações Electrónicas

ARTIGO 117.º
Notificações

Quando, em processo de contra-ordenação, o notificando não for encontrado ou se recusar a receber a notificação efectuada nos termos gerais, a mesma será feita através da publicação de anúncios em dois números seguidos de um dos jornais de maior circulação na localidade da última residência do notificando ou de maior circulação nacional.

ARTIGO 118.º
Auto de notícia

1 – Os autos de notícia lavrados no âmbito de acções de fiscalização no cumprimento das disposições da presente lei fazem fé sobre os factos presenciados pelos autuantes, até prova em contrário.

2 – O disposto no número anterior aplica-se aos elementos de prova obtidos através de aparelhos ou instrumentos aprovados nos termos legais e regulamentares.

3 – Do auto de notícia deve constar o endereço do autuado, sendo este advertido de que o endereço fornecido valerá para efeitos de notificação.

4 – Quando o responsável pela contra-ordenação for uma pessoa colectiva ou uma sociedade, deverá indicar-se, sempre que possível, a identificação, a residência e o local de trabalho dos respectivos gerentes, administradores ou directores.

ARTIGO 119.º
Perda a favor do Estado

1 – Consideram-se perdidos a favor do Estado os objectos que tenham sido apreendidos e que, após notificação aos interessados a ordenar a sua entrega, não tenham sido reclamados no prazo de 60 dias.

2 – Os objectos perdidos a favor do Estado revertem para a ARN, que lhes dará o destino que julgar adequado.

CAPÍTULO III
Disponibilização de informações pela ARN

Artigo 120.º
Publicação de informações

1 – Compete à ARN disponibilizar e manter actualizadas informações que contribuam para um mercado aberto e concorrencial, designadamente as relativas às seguintes matérias:

a) Aplicação do presente quadro regulamentar;

b) Procedimentos de consulta em curso nos termos dos artigos 8.º e 57.º, bem como os resultados dos processos concluídos, salvo informações confidenciais;

c) Direitos, condições, procedimentos, taxas e decisões referentes às autorizações gerais e aos direitos de utilização;

d) Transmissão de direitos de utilização;

e) Registo das empresas que oferecem redes e serviços de comunicações electrónicas;

f) Obrigações impostas às empresas nos termos dos capítulos III e IV do título IV, identificando os respectivos mercados, com salvaguarda das informações confidenciais ou que constituam segredo comercial;

g) Informação sobre os direitos no âmbito do serviço universal, incluindo os previstos no artigo 94.º, e condições de oferta de todos os serviços acessíveis ao público de modo a permitir aos consumidores avaliar as alternativas disponíveis, nomeadamente através de guias interactivos;

h) Um relatório relativo aos custos do serviço universal nos termos do artigo 98.º;

i) Resultado do cálculo do custo líquido do serviço universal e da auditoria efectuada nos termos do artigo 96.º;

j) Mecanismos de arbitragem e mediação existentes nos termos do n.º 1 do artigo 107.º

2 – As informações referidas no número anterior podem ser disponibilizadas, nomeadamente, em formato digital na Internet, na sede da ARN e em todas as suas delegações, bem como na sua publicação oficial, conforme a natureza da matéria o aconselhe.

3 – Para efeitos da alínea c) do n.º 1, quando as informações respeitarem a diferentes sectores da Administração Pública, compete à ARN realizar todos os esforços razoáveis para dar uma visão global dessas informações de modo acessível ao utilizador, especialmente tendo em vista facilitar a apresentação de pedidos de direitos de instalação de recursos, sempre que considere que tal é possível sem custos desproporcionados.

4 – Compete à ARN transmitir à Comissão Europeia o seguinte:

a) Cópia de todas as informações publicadas referidas na alínea f) do n.º 1;

b) Notificação das empresas que forem consideradas detentoras de poder de mercado significativo e respectivas alterações que ocorram;

c) Todas as informações que lhe sejam solicitadas pela Comissão Europeia, tendo em vista o reexame periódico da aplicação das directivas das comunicações electrónicas.

TÍTULO VIII
Disposições transitórias e finais

ARTIGO 121.º
Regularização de títulos

1 – Compete à ARN proceder às alterações e adaptações necessárias aos registos e licenças emitidos ao abrigo do Decreto-Lei n.º 381-A/97, de 30 de Dezembro, às autorizações emitidas ao abrigo do Decreto-Lei n.º 241/97, de 18 de Setembro, bem como aos procedimentos de declaração previstos no Decreto-Lei n.º 290-C/99, de 30 de Julho, com dispensa da correspondente taxa.

2 – Para efeitos do disposto no número anterior, devem todas as empresas por ele abrangidas prestar e fornecer à ARN todas as informações e documentos que lhes sejam solicitados.

3 – Mantêm-se em vigor todas as obrigações constantes das bases da concessão do serviço público de telecomunicações aprovadas pelo Decreto-Lei n.º 31/2003, de 17 de Fevereiro, salvo quando da aplicação da presente lei resulte um regime mais exigente, caso em que será este a vigorar.

4 – As empresas mantêm os direitos de utilização dos recursos de numeração e frequências atribuídos antes da publicação da presente lei até ao termo do prazo fixado no respectivo título de atribuição, quando tal prazo exista.

5 – Mantêm-se ainda aplicáveis todas as obrigações assumidas pelas empresas licenciadas em concursos realizados antes da publicação da presente lei, pelo que se mantêm em vigor na parte relevante os respectivos instrumentos de concurso.

6 – Se do processo de regularização de títulos a que se refere o n.º 1 resultar uma redução de direitos ou extensão de

obrigações, a ARN pode prorrogar a validade desses direitos e obrigações no máximo até 25 de Abril de 2004, desde que não sejam afectados os direitos de outras empresas, notificando dessa decisão a Comissão Europeia.

ARTIGO 122.º
Manutenção de obrigações

1 – Compete à ARN, logo após a publicação da presente lei, definir e analisar os mercados, declarar as empresas com poder de mercado significativo e determinar a imposição, manutenção, alteração ou supressão de obrigações nos termos da presente lei.

2 – Até à determinação da ARN nos termos do número anterior mantêm-se em vigor as seguintes obrigações:

a) Relativas à oferta de circuitos alugados constantes do artigo 23.º do Regulamento de Exploração de Redes Públicas de Telecomunicações, aprovado pelo Decreto-Lei n.º 290-A/99, de 30 de Julho, com a redacção que lhe foi dada pelo Decreto-Lei n.º 249/2001, de 21 de Setembro, bem como dos artigos 24.º, 26.º, 27.º e 28.º do mesmo diploma;

b) Relativas a preços de acesso e utilização das redes telefónicas fixas e do serviço fixo de telefone constantes do artigo 34.º do Regulamento de Exploração do Serviço Fixo de Telefone, aprovado pelo Decreto-Lei n.º 474/99, de 8 de Novembro;

c) Relativas à selecção e pré-selecção constantes do artigo 32.º do Decreto-Lei n.º 415/98, de 31 de Dezembro;

d) Relativas à partilha constantes do artigo 17.º do Decreto-Lei n.º 381-A/97, de 30 de Dezembro, e do artigo 8.º do Regulamento de Exploração de Redes Públicas de Telecomunicações, aprovado pelo Decreto-Lei n.º 290-A/99, de 30 de Julho;

e) Relativas ao acesso às redes constantes do n.º 2 do artigo 6.º do Decreto-Lei n.º 415/98, de 31 de Dezembro, e do artigo 33.º do Regulamento de Exploração do Serviço Fixo de Telefone, aprovado pelo Decreto-Lei n.º 474/99, de 8 de Novembro;

f) Relativas a interligação constantes ou resultantes da execução do n.º 1 do artigo 6.º e dos artigos 8.º, 9.º, 10.º, 11.º, 12.º, 13.º, 15.º, 21.º, 22.º, 23.º e 25.º do Decreto-Lei n.º 415/98, de 31 de Dezembro;

g) Relativas à desagregação do lacete local constantes do Regulamento CE n.º 2887/2000, do Parlamento Europeu e do Conselho, de 18 de Dezembro.

3 – Sem prejuízo do disposto no artigo 43.º, não devem ser mantidas as medidas legislativas ou administrativas que obriguem os operadores, ao concederem acesso ou interligação, a oferecerem condições diferentes a diferentes empresas por serviços equivalentes e ou imponham obrigações que não estejam relacionadas com o acesso e os serviços de interligação efectivamente prestados, neste caso sem prejuízo das condições fixadas nos artigos 27.º, 32.º e 34.º

ARTIGO 123.º
Normas transitórias

1 – Até ao início da vigência do Código de Processo nos Tribunais Administrativos é aplicável o regime de impugnação contenciosa actualmente em vigor, sem prejuízo da competência dos tribunais de comércio.

2 – Os municípios devem, no prazo de 90 dias a contar da publicação da presente lei, aprovar o percentual a aplicar no ano de 2004, conforme estipulado na alínea b) do n.º 2 do artigo 106.º

3 – A ARN publicará, no prazo máximo de 60 dias a contar da data de publicação da presente lei, um regulamento no qual definirá os procedimentos a adoptar pelas empresas que oferecem redes e serviços de comunicações electrónicas acessíveis ao público em local fixo, da cobrança e entrega mensais, aos municípios, das receitas provenientes da aplicação da TMDP.

ARTIGO 124.º
Concessionária

1 – É aplicável à concessionária do serviço público de telecomunicações o regime constante da presente lei, nos termos do n.º 3 do artigo 121.º

2 – A convenção de preços do serviço universal celebrada ao abrigo do Decreto-Lei n.º 458/99, de 5 de Novembro, vigora até à implementação do regime previsto no artigo 93.º e no máximo até 31 de Dezembro de 2003.

3 – No caso de em 31 de Dezembro de 2003 não estar implementado o regime previsto no artigo 93.º, mantêm-se em vigor as regras de fixação de preços constantes da convenção até à referida implementação.

ARTIGO 125.º
Regulamentos

1 – Compete à ARN publicar os regulamentos necessários à execução da presente lei, nomeadamente os que envolvem as matérias referidas no n.º 1 do artigo 21.º, no n.º 2 do artigo 27.º, no n.º 2 do artigo 32.º, no n.º 2 do artigo 34.º, no n.º 1 do artigo 35.º, no n.º 2 do artigo 40.º, no n.º 5 do artigo 54.º, no n.º 4 do artigo 84.º, nos n.ᵒˢ 2 e 4 do artigo 92.º e no n.º 4 do artigo 108.º, sem prejuízo da competência estatutária da ARN para emitir regulamentos sempre que tal se mostre indispensável ao exercício das suas atribuições.

2 – Sem prejuízo do disposto no número anterior, mantêm-se em vigor todas as medidas e determinações adoptadas pela ARN ao abrigo da legislação revogada pela presente lei.

ARTIGO 126.º
Contagem de prazos

À contagem de prazos previstos na presente lei aplicam-se as regras constantes do artigo 72.º do Código do Procedimento Administrativo.

ARTIGO 127.º
Norma revogatória

1 – São revogados os seguintes diplomas:

a) Lei n.º 91/97, de 1 de Agosto, com a redacção que lhe foi dada pelo artigo 1.º da Lei n.º 29/2002, de 6 de Dezembro, com excepção dos n.ᵒˢ 2 e 3 do artigo 12.º;

b) Decreto-Lei n.º 230/96, de 29 de Novembro;

c) Decreto-Lei n.º 241/97, de 18 de Setembro;

d) Decreto-Lei n.º 381-A/97, de 30 de Dezembro;

e) Decreto-Lei n.º 415/98, de 31 de Dezembro;

f) Decreto-Lei n.º 290-A/99, de 30 de Julho, com as alterações introduzidas pelo Decreto-Lei n.º 249/2001, de 21 de Setembro;

g) Decreto-Lei n.º 290-B/99, de 30 de Julho;

h) Decreto-Lei n.º 290-C/99, de 30 de Julho;

i) Decreto-Lei n.º 458/99, de 5 de Novembro;

j) Decreto-Lei n.º 474/99, de 8 de Novembro, com as alterações introduzidas pela Lei n.º 95/2001, de 20 de Agosto;

Regulação do Sector de Comunicações Electrónicas

l) Decreto-Lei n.º 287/2001, de 8 de Novembro;

m) Decreto-Lei n.º 133/2002, de 14 de Maio.

2 – O serviço de telefone é excluído do âmbito de aplicação da Lei n.º 23/96, de 26 de Julho, e do Decreto-Lei n.º 195/99, de 8 de Junho.

3 – A concessionária do serviço público de telecomunicações é excluída do âmbito de aplicação da alínea e) do n.º 1 do artigo 7.º do Decreto-Lei n.º 555/99, de 16 de Dezembro, na redacção que lhe foi dada pelo Decreto-Lei n.º 177/2001, de 4 de Junho.

4 – A Portaria n.º 791/98, de 22 de Setembro, aprovada ao abrigo do Decreto-Lei n.º 241/97, de 18 de Setembro, mantém-se em vigor.

Artigo 128.º
Entrada em vigor

1 – A presente lei entra em vigor no dia seguinte ao da sua publicação.

2 – A TMDP, consagrada no artigo 106.º, entra em vigor nos 90 dias seguintes à publicação da presente lei.

Aprovada em 11 de Dezembro de 2003.

O Presidente da Assembleia da República, *João Bosco Mota Amaral*.

Promulgada em 28 de Janeiro de 2004.

Publique-se.

O Presidente da República, Jorge Sampaio.

Referendada em 29 de Janeiro de 2004.

O Primeiro-Ministro, *José Manuel Durão Barroso*.

ANEXO
Parâmetros de qualidade do serviço

Parâmetros de tempo de fornecimento e qualidade do serviço, definições e métodos previstos nos artigos 40.º e 92.º
(ver tabela no documento original)

Nota. – O número da versão da ETSI EG 201 769-1 é 1.1.1 (Abril de 2000).

Parâmetro (¹)	Definição	Método de medição
Prazo de fornecimento da ligação inicial	ETSI EG 201 769-1	ETSI EG 201 769-1
Taxa de avarias por linha de acesso	ETSI EG 201 769-1	ETSI EG 201 769-1
Chamadas não concretizadas (²)	ETSI EG 201 769-1	ETSI EG 201 769-1
Tempo de estabelecimento de chamadas (²)	ETSI EG 201 769-1	ETSI EG 201 769-1
Tempos de resposta para os serviços de telefonista	ETSI EG 201 769-1	ETSI EG 201 769-1
Tempos de resposta para os serviços informativos	ETSI EG 201 769-1	ETSI EG 201 769-1
Percentagem de telefones públicos de moedas e cartão em boas condições de funcionamento	ETSI EG 201 769-1	ETSI EG 201 769-1
Queixas sobre incorrecções nas facturas	ETSI EG 201 769-1	ETSI EG 201 769-1

(¹) Os parâmetros deverão permitir que o desempenho seja analisado a nível regional [ou seja, não menos do que ao nível 2 da Nomenclatura de Unidades Territoriais (NUTS) estabelecida pelo Eurostat].

(²) Os Estados membros podem decidir não exigir a manutenção de informações actualizadas sobre o desempenho no que diz respeito a estes dois parâmetros, se existirem dados que comprovem que o desempenho nestes dois domínios é satisfatório.

Nota. — O número da versão da ETSI EG 201 769-1 é 1.1.1 (Abril de 2000).

Lei n.º 41/2004, de 18 de Agosto – **Transpõe para a ordem jurídica nacional a Directiva n.º 2002/ /58/CE, do Parlamento Europeu e do Conselho, de 12 de Julho, relativa ao tratamento de dados pessoais e à protecção da privacidade no sector das comunicações electrónicas**

Lei n.º 41/2004
de 18 de Agosto

Transpõe para a ordem jurídica nacional a Directiva n.º 2002/58/CE, do Parlamento Europeu e do Conselho, de 12 de Julho, relativa ao tratamento de dados pessoais e à protecção da privacidade no sector das comunicações electrónicas.

A Assembleia da República decreta, nos termos da alínea c) do artigo 161.º da Constituição, para valer como lei geral da República, o seguinte:

CAPÍTULO I
Objecto e âmbito

ARTIGO 1.º
Objecto e âmbito de aplicação

1 – A presente lei transpõe para a ordem jurídica nacional a Directiva n.º 2002/58/CE, do Parlamento Europeu e do Conselho, de 12 de Julho, relativa ao tratamento de dados pessoais e à protecção da privacidade no sector das comunicações electrónicas, com excepção do seu artigo 13.º, referente a comunicações não solicitadas.

2 – A presente lei aplica-se ao tratamento de dados pessoais no contexto das redes e serviços de comunicações electrónicas acessíveis ao público, especificando e complementando as disposições da Lei n.º 67/98, de 26 de Outubro (Lei da Protecção de Dados Pessoais).

3 – As disposições da presente lei asseguram a protecção dos interesses legítimos dos assinantes que sejam pessoas colectivas na medida em que tal protecção seja compatível com a sua natureza.

4 – As excepções à aplicação da presente lei que se mostrem estritamente necessárias para a protecção de actividades relacionadas com a segurança pública, a defesa, a segurança do Estado e a prevenção, investigação e repressão de infracções penais são definidas em legislação especial.

ARTIGO 2.º
Definições

1 – Para efeitos da presente lei, entende-se por:

a) «Comunicação electrónica» qualquer informação trocada ou enviada entre um número finito de partes mediante a utilização de um serviço de comunicações electrónicas acessível ao público;

b) «Assinante» a pessoa singular ou colectiva que é parte num contrato com uma empresa que forneça redes e ou serviços de comunicações electrónicas acessíveis ao público para fornecimento desses serviços;

c) «Utilizador» qualquer pessoa singular que utilize um serviço de comunicações electrónicas acessível ao público para fins privados ou comerciais, não sendo necessariamente assinante desse serviço;

d) «Dados de tráfego» quaisquer dados tratados para efeitos do envio de uma comunicação através de uma rede de comunicações electrónicas ou para efeitos da facturação da mesma;

e) «Dados de localização» quaisquer dados tratados numa rede de comunicações electrónicas que indiquem a posição geográfica do equipamento terminal de um assinante ou de qualquer utilizador de um serviço de comunicações electrónicas acessível ao público;

f) «Serviços de valor acrescentado» todos aqueles que requeiram o tratamento de dados de tráfego ou de dados de localização que não sejam dados de tráfego, para além do necessário à transmissão de uma comunicação ou à facturação da mesma;

g) «Chamada» qualquer ligação estabelecida através de um serviço telefónico acessível ao público que permite uma comunicação bidireccional em tempo real.

2 – São excluídas da alínea a) do número anterior as informações enviadas no âmbito de um serviço de difusão ao público em geral, através de uma rede de comunicações electrónicas, que não possam ser relacionadas com o assinante de um serviço de comunicações electrónicas ou com qualquer utilizador identificável que receba a informação.

CAPÍTULO II
Segurança e confidencialidade

ARTIGO 3.º
Segurança

1 – As empresas que oferecem redes e as empresas que oferecem serviços de comunicações electrónicas devem colaborar entre si no sentido da adopção de medidas técnicas e organizacionais eficazes para garantir a segurança dos seus serviços e, se necessário, a segurança da própria rede.

2 – As medidas referidas no número anterior devem ser adequadas à prevenção dos riscos existentes, tendo em conta a proporcionalidade dos custos da sua aplicação e o estado da evolução tecnológica.

3 – Em caso de risco especial de violação da segurança da rede, as empresas que oferecem serviços de comunicações electrónicas acessíveis ao público devem gratuitamente informar os assinantes desse serviço da existência daquele risco, bem como das soluções possíveis para o evitar e custos prováveis das mesmas.

Regulação do Sector de Comunicações Electrónicas

Artigo 4.º
Inviolabilidade das comunicações electrónicas

1 – As empresas que oferecem redes e ou serviços de comunicações electrónicas devem garantir a inviolabilidade das comunicações e respectivos dados de tráfego realizadas através de redes públicas de comunicações e de serviços de comunicações electrónicas acessíveis ao público.

2 – É proibida a escuta, a instalação de dispositivos de escuta, o armazenamento ou outros meios de intercepção ou vigilância de comunicações e dos respectivos dados de tráfego por terceiros sem o consentimento prévio e expresso dos utilizadores, com excepção dos casos previstos na lei.

3 – O disposto no presente artigo não impede as gravações legalmente autorizadas de comunicações e dos respectivos dados de tráfego, quando realizadas no âmbito de práticas comerciais lícitas, para o efeito de prova de uma transacção comercial nem de qualquer outra comunicação feita no âmbito de uma relação contratual, desde que o titular dos dados tenha sido disso informado e dado o seu consentimento.

4 – São autorizadas as gravações de comunicações de e para serviços públicos destinados a prover situações de emergência de qualquer natureza.

Artigo 5.º
Armazenamento e acesso à informação

1 – A utilização das redes de comunicações electrónicas para o armazenamento de informações ou para obter acesso à informação armazenada no equipamento terminal de um assinante ou de qualquer utilizador é apenas permitida quando estejam reunidas as seguintes condições:

a) Serem fornecidas ao assinante ou utilizador em causa informações claras e completas, nomeadamente sobre os objectivos do processamento, em conformidade com o disposto na Lei da Protecção de Dados Pessoais;

b) Ser dado ao assinante ou ao utilizador o direito de recusar esse processamento.

2 – O disposto no número anterior e no n.º 1 do artigo 4.º não impede o armazenamento automático, intermédio e transitório ou o acesso estritamente necessários para:

a) Efectuar ou facilitar a transmissão de uma comunicação através de uma rede de comunicações electrónicas;

b) Fornecer um serviço no âmbito da sociedade da informação que tenha sido explicitamente solicitado pelo assinante ou por qualquer utilizador.

Artigo 6.º
Dados de tráfego

1 – Sem prejuízo do disposto nos números seguintes, os dados de tráfego relativos aos assinantes e utilizadores tratados e armazenados pelas empresas que oferecem redes e ou serviços de comunicações electrónicas devem ser eliminados ou tornados anónimos quando deixem de ser necessários para efeitos da transmissão da comunicação.

2 – É permitido o tratamento de dados de tráfego necessários à facturação dos assinantes e ao pagamento de interligações, designadamente:

a) Número ou identificação, endereço e tipo de posto do assinante;

b) Número total de unidades a cobrar para o período de contagem, bem como o tipo, hora de início e duração das chamadas efectuadas ou o volume de dados transmitidos;

c) Data da chamada ou serviço e número chamado;

d) Outras informações relativas a pagamentos, tais como pagamentos adiantados, pagamentos a prestações, cortes de ligação e avisos.

3 – O tratamento referido no número anterior apenas é lícito até final do período durante o qual a factura pode ser legalmente contestada ou o pagamento reclamado.

4 – As empresas que oferecem serviços de comunicações electrónicas podem tratar os dados referidos no n.º 1 na medida e pelo tempo necessários à comercialização de serviços de comunicações electrónicas ou ao fornecimento de serviços de valor acrescentado desde que o assinante ou o utilizador a quem os dados digam respeito tenha para tanto dado o seu prévio consentimento, o qual pode ser retirado a qualquer momento.

5 – Nos casos previstos no n.º 2 e, antes de ser obtido o consentimento dos assinantes ou utilizadores, nos casos previstos no n.º 4, as empresas que oferecem serviços de comunicações electrónicas devem fornecer-lhes informações exactas e completas sobre o tipo de dados que são tratados, os fins e a duração desse tratamento, bem como sobre a sua eventual disponibilização a terceiros para efeitos da prestação de serviços de valor acrescentado.

6 – O tratamento dos dados de tráfego deve ser limitado aos trabalhadores e colaboradores das empresas que oferecem redes e ou serviços de comunicações electrónicas acessíveis ao público encarregados da facturação ou da gestão do tráfego, das informações a clientes, da detecção de fraudes, da comercialização dos serviços de comunicações electrónicas acessíveis ao público, ou da prestação de serviços de valor acrescentado, restringindo-se ao necessário para efeitos das referidas actividades.

7 – O disposto nos números anteriores não prejudica o direito de os tribunais e as demais autoridades competentes obterem informações relativas aos dados de tráfego, nos termos da legislação aplicável, com vista à resolução de litígios, em especial daqueles relativos a interligações ou à facturação.

Artigo 7.º
Dados de localização

1 – Nos casos em que sejam processados dados de localização, para além dos dados de tráfego, relativos a assinantes ou utilizadores das redes públicas de comunicações ou de serviços de comunicações electrónicas acessíveis ao público, o tratamento destes dados é permitido apenas se os mesmos forem tornados anónimos.

2 – É permitido o registo, tratamento e transmissão de dados de localização às organizações com competência legal para receber chamadas de emergência para efeitos de resposta a essas chamadas.

3 – O tratamento de dados de localização é igualmente permitido na medida e pelo tempo necessários para a prestação de serviços de valor acrescentado, desde que seja obtido consentimento prévio por parte dos assinantes ou utilizadores.

4 – As empresas que oferecem serviços de comunicações electrónicas acessíveis ao público devem, designadamente, informar os utilizadores ou assinantes, antes de obterem o seu consentimento, sobre o tipo de dados de localização que serão tratados, a duração e os fins do tratamento e a eventual transmissão dos dados a terceiros para efeitos de fornecimento de serviços de valor acrescentado.

5 – As empresas que oferecem serviços de comunicações electrónicas acessíveis ao público devem garantir aos assinan-

tes e utilizadores a possibilidade de, através de um meio simples e gratuito:

a) Retirar a qualquer momento o consentimento anteriormente concedido para o tratamento dos dados de localização referidos nos números anteriores;

b) Recusar temporariamente o tratamento desses dados para cada ligação à rede ou para cada transmissão de uma comunicação.

6 – O tratamento dos dados de localização deve ser limitado aos trabalhadores e colaboradores das empresas que oferecem redes e ou serviços de comunicações electrónicas acessíveis ao público ou de terceiros que forneçam o serviço de valor acrescentado, devendo restringir-se ao necessário para efeitos da referida actividade.

Artigo 8.º
Facturação detalhada

1 – Os assinantes têm o direito de receber facturas não detalhadas.

2 – As empresas que oferecem redes e ou serviços de comunicações electrónicas acessíveis ao público devem conciliar os direitos dos assinantes que recebem facturas detalhadas com o direito à privacidade dos utilizadores autores das chamadas e dos assinantes chamados, nomeadamente submetendo à aprovação da Comissão Nacional de Protecção de Dados propostas quanto a meios que permitam aos assinantes um acesso anónimo ou estritamente privado a serviços de comunicações electrónicas acessíveis ao público.

3 – A aprovação por parte da Comissão Nacional de Protecção de Dados a que se refere o número anterior está obrigatoriamente sujeita a parecer prévio da Autoridade Nacional de Comunicações (ICP-ANACOM).

4 – As chamadas facultadas ao assinante a título gratuito, incluindo chamadas para serviços de emergência ou de assistência, não devem constar da facturação detalhada.

Artigo 9.º
Identificação da linha chamadora e da linha conectada

1 – Quando for oferecida a apresentação da identificação da linha chamadora, as empresas que oferecem serviços de comunicações electrónicas acessíveis ao público devem garantir, linha a linha, aos assinantes que efectuam as chamadas e, em cada chamada, aos demais utilizadores a possibilidade de, através de um meio simples e gratuito, impedir a apresentação da identificação da linha chamadora.

2 – Quando for oferecida a apresentação da identificação da linha chamadora, as empresas que oferecem serviços de comunicações electrónicas devem garantir ao assinante chamado a possibilidade de impedir, através de um meio simples e gratuito, no caso de uma utilização razoável desta função, a apresentação da identificação da linha chamadora nas chamadas de entrada.

3 – Nos casos em que seja oferecida a identificação da linha chamadora antes de a chamada ser atendida, as empresas que oferecem serviços de comunicações electrónicas devem garantir ao assinante chamado a possibilidade de rejeitar, através de um meio simples, chamadas de entrada não identificadas.

4 – Quando for oferecida a apresentação da identificação da linha conectada, as empresas que oferecem serviços de comunicações electrónicas devem garantir ao assinante chamado a possibilidade de impedir, através de um meio simples

e gratuito, a apresentação da identificação da linha conectada ao utilizador que efectua a chamada.

5 – O disposto no n.º 1 do presente artigo é igualmente aplicável às chamadas para países que não pertençam à União Europeia originadas em território nacional.

6 – O disposto nos n.ºs 2, 3 e 4 é igualmente aplicável a chamadas de entrada originadas em países que não pertençam à União Europeia.

7 – As empresas que oferecem redes e ou serviços de comunicações electrónicas acessíveis ao público são obrigadas a disponibilizar ao público, e em especial aos assinantes, informações transparentes e actualizadas sobre as possibilidades referidas nos números anteriores.

Artigo 10.º
Excepções

1 – As empresas que oferecem redes e ou serviços de comunicações electrónicas acessíveis ao público devem, quando tal for compatível com os princípios da necessidade, da adequação e da proporcionalidade, anular por um período de tempo não superior a 30 dias a eliminação da apresentação da linha chamadora, a pedido, feito por escrito e devidamente fundamentado, de um assinante que pretenda determinar a origem de chamadas não identificadas perturbadoras da paz familiar ou da intimidade da vida privada, caso em que o número de telefone dos assinantes chamadores que tenham eliminado a identificação da linha é registado e comunicado ao assinante chamado.

2 – Nos casos previstos no número anterior, a anulação da eliminação da apresentação da linha chamadora deve ser precedida de parecer obrigatório por parte da Comissão Nacional de Protecção de Dados.

3 – As empresas referidas no n.º 1 devem igualmente anular, numa base linha a linha, a eliminação da apresentação da linha chamadora bem como registar e disponibilizar os dados de localização de um assinante ou utilizador, no caso previsto no n.º 2 do artigo 7.º, por forma a disponibilizar esses dados às organizações com competência legal para receber chamadas de emergência para efeitos de resposta a essas chamadas.

4 – Nos casos dos números anteriores, deve ser obrigatoriamente transmitida informação prévia ao titular dos referidos dados, sobre a transmissão dos mesmos, ao assinante que os requereu nos termos do n.º 1 ou aos serviços de emergência nos termos do n.º 3.

5 – O dever de informação aos titulares dos dados deve ser exercido pelos seguintes meios:

a) Nos casos do n.º 1, mediante a emissão de uma gravação automática antes do estabelecimento da chamada, que informe os titulares dos dados que, a partir daquele momento e pelo prazo previsto, o seu número de telefone deixa de ser confidencial nas chamadas efectuadas para o assinante que pediu a identificação do número;

b) Nos casos do n.º 3, mediante a inserção de cláusulas contratuais gerais nos contratos a celebrar entre os assinantes e as empresas que fornecem redes e ou serviços de comunicações electrónicas, ou mediante comunicação expressa aos assinantes nos contratos já celebrados, que possibilitem a transmissão daquelas informações aos serviços de emergência.

6 – A existência do registo e da comunicação a que se referem os n.ºs 1 e 3 devem ser objecto de informação ao público e a sua utilização deve ser restringida ao fim para que foi concedida.

Regulação do Sector de Comunicações Electrónicas

ARTIGO 11.º
Reencaminhamento automático de chamadas

As empresas que oferecem redes e ou serviços de comunicações electrónicas acessíveis ao público devem assegurar aos assinantes a possibilidade de, através de um meio simples e gratuito, interromper o reencaminhamento automático de chamadas efectuado por terceiros para o seu equipamento terminal.

ARTIGO 12.º
Centrais digitais e analógicas

1 – O disposto nos artigos 9.º, 10.º e 11.º é aplicável às linhas de assinante ligadas a centrais digitais e, sempre que tal seja tecnicamente possível e não exija esforço económico desproporcionado, às linhas de assinante ligadas a centrais analógicas.

2 – Compete ao ICP-ANACOM, enquanto autoridade reguladora nacional, confirmar os casos em que seja tecnicamente impossível ou economicamente desproporcionado cumprir o disposto nos artigos 9.º, 10.º e 11.º da presente lei e comunicar esse facto à Comissão Nacional de Protecção de Dados, a qual, por sua vez, notifica a Comissão Europeia.

ARTIGO 13.º
Listas de assinantes

1 – Os assinantes devem ser informados, gratuitamente e antes da inclusão dos respectivos dados em listas, impressas ou electrónicas, acessíveis ao público ou que possam ser obtidas através de serviços de informação de listas, sobre:

a) Os fins a que as listas se destinam;

b) Quaisquer outras possibilidades de utilização baseadas em funções de procura incorporadas em versões electrónicas das listas.

2 – Os assinantes têm o direito de decidir da inclusão dos seus dados pessoais numa lista pública e, em caso afirmativo, decidir quais os dados a incluir, na medida em que esses dados sejam pertinentes para os fins a que se destinam as listas, tal como estipulado pelo fornecedor.

3 – Deve ser garantida aos assinantes a possibilidade de, sem custos adicionais, verificar, corrigir, alterar ou retirar os dados incluídos nas referidas listas.

4 – Deve ser obtido o consentimento adicional expresso dos assinantes para qualquer utilização de uma lista pública que não consista na busca de coordenadas das pessoas com base no nome e, se necessário, num mínimo de outros elementos de identificação.

CAPÍTULO III
Regime sancionatório

ARTIGO 14.º
Contra-ordenação

1 – Constitui contra-ordenação punível com a coima mínima de (euro) 1500 e máxima de (euro) 25000:

a) A não observância das regras de segurança impostas pelo artigo 3.º;

b) A violação do dever de confidencialidade, a proibição de intercepção ou a vigilância das comunicações e dos respectivos dados de tráfego previstos no artigo 4.º;

c) A não observância das condições de armazenamento e acesso à informação previstas no artigo 5.º

2 – Constitui contra-ordenação punível com a coima mínima de (euro) 500 e máxima de (euro) 20000:

a) A não observância das condições de tratamento e armazenamento de dados de tráfego e de dados de localização previstas nos artigos 6.º e 7.º;

b) A violação das obrigações previstas nos n.ᵒˢ 1, 2 e 4 do artigo 8.º e nos artigos 9.º a 11.º;

c) A criação, organização ou actualização de listas de assinantes em violação do disposto no artigo 13.º

3 – Quando praticadas por pessoas colectivas, as contra-ordenações previstas no n.º 1 são puníveis com coimas de (euro) 5000 a (euro) 5000000 e as previstas no n.º 2 com coimas de (euro) 2500 a (euro) 2500000.

4 – A tentativa e a negligência são puníveis.

ARTIGO 15.º
Processamento e aplicação de coimas

1 – Compete à Comissão Nacional de Protecção de Dados a instauração, instrução e arquivamento de processos de contra-ordenação e a aplicação de coimas por violação do disposto no n.º 3 do artigo 4.º, nos artigos 5.º e 6.º, nos n.ᵒˢ 1 a 5 do artigo 7.º, nos n.ᵒˢ 2 e 4 do artigo 8.º, nos n.ᵒˢ 1 e 2 do artigo 10.º e no artigo 13.º

2 – A instauração e arquivamento de processos de contra-ordenação e a respectiva aplicação de coimas relativos aos restantes ilícitos previstos no artigo anterior são da competência do conselho de administração do ICP-ANACOM, cabendo a instrução dos mesmos aos respectivos serviços.

3 – As competências previstas no número anterior podem ser delegadas.

4 – O montante das coimas reverte para o Estado em 60% e para a Comissão Nacional de Protecção de Dados ou para o ICP-ANACOM, conforme os casos, em 40%.

ARTIGO 16.º
Legislação subsidiária

Em tudo o que não esteja previsto na presente lei, são aplicáveis as disposições sancionatórias que constam dos artigos 33.º a 39.º da Lei da Protecção de Dados Pessoais.

CAPÍTULO IV
Disposições finais e transitórias

ARTIGO 17.º
Características técnicas e normalização

1 – O cumprimento do disposto na presente lei não deve determinar a imposição de requisitos técnicos específicos dos equipamentos terminais ou de outros equipamentos de comunicações electrónicas que possam impedir a colocação no mercado e a circulação desses equipamentos nos países da União Europeia.

2 – Exceptua-se do disposto no número anterior a elaboração e emissão de características técnicas específicas necessárias à execução da presente lei, as quais devem ser comunicadas à Comissão Europeia nos termos dos procedimentos previstos no Decreto-Lei n.º 58/2000, de 18 de Abril.

Artigo 18.º
Disposições transitórias

1 – O disposto no artigo 13.º não é aplicável às edições de listas já elaboradas ou colocadas no mercado, em formato impresso ou electrónico fora de linha, antes da entrada em vigor da presente lei.

2 – No caso de os dados pessoais dos assinantes de serviços telefónicos acessíveis ao público fixos ou móveis terem sido incluídos numa lista pública de assinantes, em conformidade com a legislação anterior e antes da entrada em vigor da presente lei, os dados pessoais desses assinantes podem manter-se nessa lista pública nas suas versões impressa ou electrónica.

3 – No caso previsto no número anterior, os assinantes têm o direito de decidir pela retirada dos seus dados pessoais da lista pública em causa, devendo receber previamente informação completa sobre as finalidades e opções da mesma em conformidade com o artigo 13.º

4 – A informação referida no número anterior deve ser enviada aos assinantes no prazo máximo de seis meses a contar da data de entrada em vigor da presente lei.

Artigo 19.º
Revogação

É revogada a Lei n.º 69/98, de 28 de Outubro.

Artigo 20.º
Entrada em vigor

A presente lei entra em vigor no dia seguinte ao da sua publicação.

Aprovada em 1 de Julho de 2004.

O Presidente da Assembleia da República, *João Bosco Mota Amaral.*

Promulgada em 2 de Agosto de 2004.

Publique-se.

O Presidente da República, Jorge Sampaio.

Referendada em 5 de Agosto de 2004.

O Primeiro-Ministro, *Pedro Miguel de Santana Lopes.*

CAPÍTULO IV

REGULAÇÃO DO SECTOR DA ENERGIA

Decreto-Lei n.º 97/2002, de 12 de Abril, com as alterações introduzidas pelo Decreto-Lei n.º 200/2002, de 25 de Setembro – **Transforma a Entidade Reguladora do Sector Eléctrico em Entidade Reguladora dos Serviços Energéticos e aprova os respectivos Estatutos**

Decreto-Lei n.º 97/2002
de 12 de Abril

A Directiva n.º 96/92/CE, do Parlamento Europeu e do Conselho, de 19 de Dezembro, e a Directiva n.º 98/30/CE, do Parlamento Europeu e do Conselho, de 22 de Junho, que estabeleceram, respectivamente, as regras comuns relativas aos mercados internos da electricidade e do gás natural – baseados na abertura progressiva à concorrência, sem prejuízo das obrigações de serviço público e no direito de acesso de produtores e de consumidores às redes de transporte e distribuição -, conferiram às autoridades reguladoras um papel de crucial importância na garantia das obrigações de serviço público e na implementação dos mecanismos tendentes a assegurar a igualdade de tratamento, a transparência e a não discriminação no acesso às redes e no relacionamento entre os diversos operadores, no respeito pelas regras da concorrência consagradas no Tratado da União Europeia.

Na maior parte dos países, esses objectivos têm sido prosseguidos por meio da criação de entidades reguladoras sectoriais, destacadas da administração directa do Estado e dotadas de maior ou menor independência, tanto orgânica como funcional.

Essa solução das «entidades reguladoras independentes» foi ditada tanto pela preocupação de separar os papéis do «Estado regulador» e do «Estado operador» (dada a permanência de uma forte posição do Estado nos sectores em vias de liberalização), de modo a garantir a imparcialidade da regulação, como pelo objectivo de tornar a regulação independente dos ciclos e conjunturas político-eleitorais, reforçando assim a confiança dos operadores e consumidores.

Ao abrigo dessa filosofia e no que respeita ao sector eléctrico, o Decreto-Lei n.º 182/95, de 27 de Julho, que estabeleceu as disposições aplicáveis à organização do Sistema Eléctrico Nacional e ao exercício das actividades de produção, transporte e distribuição de energia eléctrica, determinou que a regulação do Sistema Eléctrico Público (SEP) e das suas relações com o Sistema Eléctrico não Vinculado (SENV) incumbiria a uma entidade reguladora independente. Na concretização deste preceito, pelo Decreto-Lei n.º 187/95, de 27 de Julho, veio a ser criada a Entidade Reguladora do Sector Eléctrico (ERSE), com a natureza de pessoa colectiva de direito público dotada de autonomia administrativa e financeira e de património próprio e com vincadas características de independência, sem paralelo entre nós, integrando-a seguramente no conceito das «entidades administrativas independentes» que viria a ser constitucionalizado na revisão constitucional de 1997.

A ERSE entrou em funcionamento no início de 1997, tendo vindo a exercer as suas funções de regulação no quadro das competências que lhe foram conferidas pela legislação do sector eléctrico, particularmente pelo Decreto-Lei n.º 187/95, de 27 de Julho, e pelos seus Estatutos aprovados pelo Decreto-Lei n.º 44/97, de 20 de Fevereiro.

Entretanto, no que respeita ao sector do gás natural, o Decreto-Lei n.º 14/2001, de 27 de Janeiro, que procedeu à transposição da Directiva n.º 98/30/CE, do Parlamento Europeu e do Conselho, de 22 de Junho, estabelecendo as regras comuns para a concretização de um mercado concorrencial de gás natural, prevê que a aplicação dos mecanismos regulatórios para a boa execução dos seus princípios, mormente no que respeita à garantia do cumprimento do adequado funcionamento do mercado do gás natural, seja atribuída a uma entidade reguladora independente.

Com efeito, a natureza de serviço público que a actividade do gás natural reveste no nosso país, prestado actualmente quase exclusivamente sob a forma de concessão, em regime de exclusivo (sendo que o actual quadro legislativo já prevê, em determinadas condições, a atribuição de licenças de distribuição de gás natural através de redes locais autónomas), a par da necessidade da sua evolução para a integração no mercado interno de energia, requer um sistema regulatório adequado. Este sistema, não podendo deixar de ter em conta a natureza e a especificidade do sector do gás natural em Portugal, ilustradas no seu estatuto de «mercado emergente», deverá assumir-se como um instrumento idóneo para compatibilizar o desenvolvimento sustentado de um sector de interesse estratégico para o País com a garantia das regras do serviço público e o equilíbrio entre os interesses dos operadores e os interesses dos consumidores.

Independentemente da necessidade de uma lei quadro para o sector do gás natural, anunciada no preâmbulo do mesmo Decreto-Lei n.º 14/2001, de 27 de Janeiro, o actual desenvolvimento do sector do gás natural em Portugal e a necessidade da sua preparação para um mercado comunitário de energia aberto e concorrencial justificam, desde já, que as funções de regulação do sector passem a competir a uma entidade reguladora independente, tal como no sector eléctrico, dentro dos parâmetros estabelecidos no actual quadro legislativo e dos respectivos contratos de concessão.

No contexto europeu, particularmente dos Estados-Membros da União Europeia, a regulação das actividades da electricidade e do gás natural tem, na grande maioria dos casos, evoluído no sentido da sua união numa mesma entidade reguladora. A adopção desta solução justifica-se plenamente, porquanto, existindo entre estas actividades um conjunto de

Regulação do Sector da Energia

afinidades relacionadas com o modo e a condição do seu exercício, importa conferir-lhe uma unidade e uma coerência harmonizadora na aplicação dos princípios que lhes são comuns, sem deixar de ter em conta as especificidades de cada um. Pelas mesmas razões, tem plena justificação que esta solução seja também adoptada entre nós para o sector energético nacional.

Presentemente, o sector do gás natural não está regulado em Portugal, o que constitui uma excepção no seio da União Europeia. Torna-se, pois, necessário e urgente regular este sector de actividade, tal como acontece nos outros países da União.

Nesta linha, e dando cumprimento ao estabelecido na Resolução do Conselho de Ministros n.º 154/2001, de 19 de Outubro, que aprova o Programa E4 – Eficiência Energética e Energias Endógenas, o presente diploma vem atribuir à Entidade Reguladora do Sector Eléctrico a regulação das actividades do gás natural, com o consequente alargamento das suas atribuições e competências, passando a denominar-se por Entidade Reguladora dos Serviços Energéticos, com a preservação da sigla ERSE.

Com efeito, a criação de raiz de uma nova entidade reguladora para os sectores da electricidade e do gás natural só se justificaria se a transformação e adaptação da ERSE, sendo por certo a solução mais simples e económica, não se revelasse satisfatória do ponto de vista regulatório ou institucional. Ora, nada aponta para isso. Além de mais, essa solução permite pôr ao serviço da regulação integrada dos dois sectores a experiência da ERSE na regulação do sector eléctrico, bem como os recursos humanos e logísticos entretanto reunidos.

A racionalidade e simplicidade desta solução não preclude, porém, a possibilidade de aproveitar a ocasião para introduzir na organização e no regime da entidade reguladora as alterações que se revelem necessárias, tanto para clarificar aspectos menos conseguidos como para aperfeiçoar as suas características de independência e reforçar a sua fiabilidade pública.

No essencial, as alterações legislativas ora introduzidas dizem respeito à nova designação da Entidade Reguladora, à extensão das suas atribuições quanto à regulação das actividades do gás natural e à definição das competências neste domínio, à partilha dos custos de funcionamento da Entidade Reguladora entre os dois sectores e à recomposição, competências e funcionamento dos seus órgãos. Neste aspecto destaca-se a reformulação do conselho consultivo e do conselho tarifário, os quais, tendo em conta a representação dos agentes dos sectores da electricidade e do gás natural, passam a organizar-se em secções específicas para cada uma destas actividades. Finalmente, pelo seu significado, importa sublinhar a expressa consagração de obrigações da entidade reguladora para com a Assembleia da República, reforçando a sua legitimação pública.

O que importa sublinhar especialmente é que a solução seguida não se traduz na «captura» da regulação do gás natural pela entidade reguladora da electricidade nem na homogeneização dos respectivos regimes regulatórios, antes consiste na reestruturação da entidade reguladora de modo a torná-la efectivamente uma entidade comum aos dois sectores, sem prejuízo, porém, das especificidades e peculiaridades dos regimes de regulação de cada um. A unicidade orgânica não se traduz em uniformidade regulatória.

O presente diploma é também urgente, porque importa considerar o protocolo, assinado em 14 de Novembro de 2001, entre os Ministros da Economia de Portugal e de Espanha. Este protocolo prevê que, paralelamente à criação do merca-

do ibérico de electricidade, processo já em andamento, tendo como meta temporal 1 de Janeiro de 2003, se inicie a reflexão conjunta sobre o mercado ibérico de gás natural e a ausência de um regulador português neste sector enfraquece a posição negocial do Estado Português.

A especificidade do sector do gás natural, designadamente a fase emergente que o caracteriza em Portugal, é, aliás, contemplada no presente diploma, mantendo na esfera do Governo e da Direcção-Geral da Energia as competências relativas a preços até que seja iniciado o processo de liberalização do sector.

Foram ouvidos os órgãos de governo próprio das Regiões Autónomas.

Assim:

Nos termos da alínea a) do n.º 1 do artigo 198.º da Constituição, o Governo decreta o seguinte:

Artigo 1.º
Transformação da ERSE

1 – A Entidade Reguladora do Sector Eléctrico (ERSE), criada pelo Decreto-Lei n.º 187/95, de 27 de Julho, e cujos Estatutos foram aprovados pelo Decreto-Lei n.º 44/97, de 20 de Fevereiro, passa a denominar-se por Entidade Reguladora dos Serviços Energéticos, conservando a sigla ERSE.

2 – A ERSE é a autoridade reguladora dos sectores do gás natural e da electricidade ao nível nacional, nos termos do presente diploma, ressalvada a competência das Regiões Autónomas.

3 – As referências feitas na legislação à ERSE passam a considerar-se feitas à Entidade Reguladora dos Serviços Energéticos.

4 – As competências da ERSE são exercidas nas Regiões Autónomas dos Açores e da Madeira nos termos definidos em diploma específico.

Artigo 2.º
Estatutos

São aprovados os novos Estatutos da ERSE, anexos ao presente diploma, que dele fazem parte integrante.

Artigo 3.º
Alterações ao quadro legislativo no sector do gás natural

1 – São transferidas para a ERSE ou passam a depender de parecer prévio da mesma, conforme os casos, as competências atribuídas ao Governo e à Direcção-Geral da Energia pela lei ou pelos contratos de concessão e licenças referidas nos artigos 12.º a 23.º dos Estatutos anexos ao presente diploma.

2 – Ficam sujeitas ao regime de homologação oficial, idêntico ao das tarifas de fornecimento de gás aos consumidores finais em baixa pressão, as taxas de ligação, activação e conversão de equipamento de queima e outras taxas cobradas aos mesmos consumidores.

3 – Os valores das tarifas a aplicar aos consumidores finais em baixa pressão, estabelecidos nos termos da lei, bem como as taxas referidas no número anterior, entram em vigor 30 dias após a sua publicação oficial.

4 – Passa a ser obrigatória para as entidades concessionárias da distribuição a elaboração de regulamentos de exploração e fornecimento com os elementos previstos na lei e nos contratos de concessão.

5 – Haverá para o sector do gás natural um regulamento tarifário, um regulamento da qualidade do serviço, um regu-

lamento das relações comerciais e um regulamento de acesso às redes, às interligações e às instalações de armazenamento.

Artigo 4.º
Exercício das competências da ERSE em relação ao sector do gás natural

1 – O exercício das competências da ERSE relativamente ao sector do gás natural só se inicia após a constituição da secção do conselho consultivo relativa ao gás natural, nos termos dos Estatutos, o qual deve estar formado no prazo de 60 dias após a entrada em vigor do presente diploma.

2 – A referida secção do conselho consultivo considera-se constituída quando estejam designados pelo menos dois terços dos seus membros.

Artigo 5.º
Órgãos da ERSE

1 – Os membros dos órgãos da ERSE em funções na data da publicação do presente diploma mantêm-se no exercício das mesmas até ao termo do prazo para que foram nomeados, sem prejuízo da possibilidade de renovação dos seus mandatos nos termos legalmente estabelecidos.

2 – As modificações introduzidas pelos novos estatutos no regime dos membros do conselho de administração não são aplicáveis aos membros em exercício da ERSE na data da publicação do presente diploma.

3 – Ao conselho de administração da ERSE compete promover a constituição do conselho consultivo e do conselho tarifário na nova composição resultante dos Estatutos da ERSE, anexos ao presente diploma.

Artigo 6.º
Disposições transitórias

As competências relativas a tarifas de fornecimento de gás natural mantêm-se atribuídas ao Governo ou à Direcção-Geral da Energia, nos termos dos respectivos contratos de concessão, até ao término do estatuto de mercado emergente, estabelecido nos termos da Directiva n.º 98/30/CE, de 22 de Junho.

Artigo 7.º
Revogação de legislação

São revogados os Estatutos da ERSE, aprovados pelo Decreto-Lei n.º 44/97, de 20 de Fevereiro, bem como o Decreto-Lei n.º 187/95, de 27 de Julho, na redacção do Decreto-Lei n.º 44/97, de 20 de Fevereiro, com excepção do seu artigo 4.º

Visto e aprovado em Conselho de Ministros de 7 de Fevereiro de 2002. – *António Manuel de Oliveira Guterres – Guilherme d'Oliveira Martins – Luís Garcia Braga da Cruz – José Sócrates Carvalho Pinto de Sousa – Alberto de Sousa Martins – António José Martins Seguro.*

Promulgado em 14 de Março de 2002.

Publique-se.

O Presidente da República, Jorge Sampaio.

Referendado em 21 de Março de 2002.

O Primeiro-Ministro, em exercício, *Jaime José Matos da Gama.*

ESTATUTOS DA ENTIDADE REGULADORA DOS SERVIÇOS ENERGÉTICOS

CAPÍTULO I
Disposições gerais

Artigo 1.º
Natureza, finalidade e sede

1 – A Entidade Reguladora dos Serviços Energéticos (ERSE) é uma pessoa colectiva de direito público dotada de autonomia administrativa e financeira e de património próprio.

2 – A ERSE tem por finalidade a regulação dos sectores do gás natural e da electricidade, nos termos dos presentes Estatutos e no quadro da lei, dos contratos de concessão e das licenças existentes.

3 – A ERSE tem sede em Lisboa.

Artigo 2.º
Regime e independência

1 – A ERSE rege-se pelos presentes Estatutos, pelas disposições legais que lhe sejam especificamente aplicáveis e, subsidiariamente, pelo regime jurídico das entidades públicas empresariais, ressalvadas as regras incompatíveis com a natureza daquela.

2 – A ERSE é independente no exercício das suas funções, no quadro da lei, sem prejuízo dos princípios orientadores de política energética fixados pelo Governo, nos termos constitucionais e legais, e dos actos sujeitos a tutela ministerial, nos termos previstos na lei e no presente diploma.

Artigo 3.º
Atribuições

1 – São atribuições gerais da ERSE:

a) Proteger os direitos e interesses dos consumidores em relação a preços, serviços e qualidade de serviço;

b) Implementar a liberalização do sector eléctrico, preparar a liberalização do sector do gás natural e fomentar a concorrência de modo a melhorar a eficiência das actividades sujeitas à sua regulação;

c) Assegurar a objectividade das regras de regulação e a transparência das relações comerciais entre operadores e entre estes e os consumidores;

d) Velar, sem prejuízo das competências atribuídas a outras entidades, designadamente à Direcção-Geral da Energia (DGE) e às direcções regionais do Ministério da Economia, pelo cumprimento por parte dos operadores dos sectores do gás natural e da electricidade das obrigações de serviço público e demais obrigações estabelecidas nas leis e nos regulamentos, bem como nos contratos de concessão e nas licenças;

e) Contribuir para a progressiva melhoria das condições técnicas, económicas e ambientais nos sectores regulados, estimulando, nomeadamente, a adopção de práticas que promovam a utilização eficiente da electricidade e do gás natural e a existência de padrões adequados de qualidade do serviço e de defesa do meio ambiente;

f) Contribuir para a progressiva adaptação do enquadramento regulatório ao desenvolvimento dos sectores da electricidade e do gás natural e ao atempado cumprimento da legislação comunitária aplicável, no sentido da realização do mercado interno da energia;

Regulação do Sector da Energia

g) Coordenar com a entidade competente a aplicação da lei da concorrência no sector da energia;

h) Promover a informação e o esclarecimento dos consumidores de energia, em coordenação com as entidades competentes;

i) Arbitrar e resolver os litígios que surjam no âmbito da electricidade e do gás natural, nos termos definidos na lei;

j) Acompanhar a actividade das entidades reguladoras afins, bem como as experiências estrangeiras de regulação da energia, e estabelecer relações com entidades reguladoras congéneres e com os organismos comunitários e internacionais relevantes;

k) Promover a investigação sobre o mercado da electricidade e do gás natural e sobre a sua regulação e desenvolver as iniciativas e estabelecer os protocolos de associação ou de cooperação que se revelarem adequados, sem prejuízo da sua independência.

2 – No âmbito específico do sector eléctrico, a ERSE, sem prejuízo das competências atribuídas a outras entidades, tem as seguintes atribuições:

a) Garantir a existência de condições que permitam satisfazer de forma eficiente a procura de energia eléctrica;

b) Garantir à entidade concessionária da Rede Nacional de Transporte (RNT) e aos titulares de licença vinculada de distribuição e de produção de energia eléctrica a existência de condições que lhes permitam, no âmbito de uma gestão adequada e eficiente, a obtenção do equilíbrio económico-financeiro necessário ao cumprimento das obrigações previstas no contrato de concessão e nas respectivas licenças.

3 – No âmbito específico do sector do gás natural, a ERSE, sem prejuízo das competências atribuídas a outras entidades, tem as seguintes atribuições:

a) Garantir a existência de condições que permitam satisfazer de forma eficiente a procura de gás natural;

b) Garantir às entidades concessionárias e licenciadas a existência de condições que lhes permitam, no âmbito de uma gestão adequada e eficiente, a obtenção do equilíbrio económico-financeiro necessário ao cumprimento das obrigações previstas no contrato de concessão e nas respectivas licenças.

4 – Incumbe ainda à ERSE:

a) Colaborar com a Assembleia da República e com o Governo na formulação das políticas e dos diplomas respeitantes ao sector energético;

b) Proceder à divulgação do quadro regulatório em vigor e das suas competências e iniciativas, bem como dos direitos e obrigações dos operadores e dos consumidores de gás natural e electricidade.

Artigo 4.º
Princípio da especialidade

1 – A capacidade jurídica da ERSE abrange os direitos e obrigações necessários à prossecução das suas atribuições.

2 – A ERSE não pode exercer actividades ou usar os seus poderes fora das suas atribuições nem dedicar os seus recursos a finalidades diversas das que lhe estão cometidas.

Artigo 5.º
Coadjuvação de outras autoridades

A ERSE dispõe da cooperação das autoridades e serviços competentes em tudo o que for necessário ao desempenho das suas funções, designadamente da DGE e da Direcção-Geral do Comércio e da Concorrência.

Artigo 6.º
Obrigações dos operadores

1 – Incumbe às entidades concessionárias ou licenciadas e aos demais operadores prestar à ERSE toda a cooperação que esta lhes solicite para o cabal desempenho das suas funções, designadamente as informações e os documentos que lhes sejam solicitados, os quais devem ser fornecidos no prazo máximo de 30 dias, salvo se outro prazo menor for estabelecido por motivos de urgência, devidamente fundamentados.

2 – Em especial, no âmbito das actividades reguladas, constitui obrigação das entidades concessionárias ou licenciadas de serviço público enviar à ERSE os seguintes documentos:

a) Os planos de investimento e de expansão a médio prazo;

b) Os orçamentos e planos de actividades, bem como os relatórios e as contas anuais;

c) Os contratos de fornecimento das entidades concessionárias das redes de transporte;

d) Os contratos tipo de fornecimento entre as entidades concessionárias e licenciadas das redes de distribuição e os respectivos clientes.

3 – No que respeita ao gás natural, incumbe ainda às entidades concessionárias e licenciadas de serviço público enviar à ERSE:

a) Um relatório trimestral sobre as quantidades e os preços do gás adquirido no trimestre anterior e um relatório semestral, em Julho e Dezembro de cada ano, sobre a previsão das quantidades e dos preços de gás que contam adquirir;

b) Um relatório anual sobre a evolução da cobertura territorial e populacional do abastecimento de gás natural.

4 – A ERSE pode proceder à divulgação da informação colhida nos termos deste artigo, sem prejuízo do respeito pelas informações que revelem segredo comercial ou industrial ou relativo à propriedade intelectual.

Artigo 7.º
Cooperação com outras entidades

A ERSE pode estabelecer relações de cooperação ou associação, no âmbito das suas atribuições, com outras entidades públicas ou privadas, nacionais ou estrangeiras, nomeadamente no quadro da União Europeia, desde que isso não implique delegação ou partilha das suas competências reguladoras ou potencial limitação à sua independência e imparcialidade.

CAPÍTULO II
Competências

SECÇÃO I
Competências relativamente ao sector eléctrico

Artigo 8.º
Competências em relação ao SEP

Compete à ERSE, em relação ao Sistema Eléctrico Público (SEP):

a) Preparar e emitir o regulamento tarifário, bem como proceder à sua revisão, ouvida a Direcção-Geral do Comércio e da Concorrência, no respeito pelos princípios estabelecidos no Decreto-Lei n.º 182/95, de 27 de Julho;

b) Estabelecer periodicamente, nos termos do regulamento tarifário, ouvida a Direcção-Geral do Comércio e da Concorrência, os valores das tarifas e dos preços a aplicar;

c) Proceder à publicação dos valores e preços a aplicar, nos termos do número anterior, no Diário da República, 2.ª série;

d) Apresentar uma proposta para as disposições de natureza comercial do regulamento da qualidade de serviço, bem como das suas alterações, sem prejuízo do disposto no artigo 41.º do Decreto-Lei n.º 182/95, de 27 de Julho, com consulta à entidade concessionária da RNT e às entidades titulares de licença vinculada de distribuição de energia eléctrica;

e) Verificar a integral aplicação do regulamento da qualidade de serviço;

f) Determinar que a entidade concessionária da RNT e as entidades titulares de licença vinculada de distribuição de energia eléctrica compensem os consumidores quando os padrões de qualidade de serviço não forem cumpridos;

g) Emitir parecer para a selecção de novos produtores vinculados ao SEP e para o estabelecimento do respectivo contrato de vinculação, no âmbito do processo de expansão da capacidade do sistema electroprodutor vinculado, nos termos do Decreto-Lei n.º 183/95, de 27 de Julho;

h) Emitir parecer para a modificação de contratos de vinculação ou para a prorrogação do seu prazo, nos termos do Decreto-Lei n.º 183/95, de 27 de Julho;

i) Dar parecer à DGE sobre os planos de expansão do sistema electroprodutor do SEP, preparados pela entidade concessionária da RNT;

j) Emitir parecer sobre o estado de necessidade que exige a contratação imediata de um produtor vinculado para os efeitos do previsto no artigo 14.º do Decreto-Lei n.º 182/95, de 27 de Julho, por forma a assegurar a continuidade do abastecimento de energia eléctrica aos clientes do SEP, nos termos do plano de expansão;

k) Emitir parecer sobre a minuta tipo do contrato de vinculação de distribuidores, sujeita a homologação da DGE, nos termos do Decreto-Lei n.º 184/95, de 27 de Julho;

l) Emitir parecer sobre o caderno de encargos preparado pela entidade concessionária da RNT para a selecção de novos distribuidores vinculados em média tensão (MT) e alta tensão (AT);

m) Estabelecer, em documento anexo à minuta do contrato de vinculação de novos distribuidores vinculados em baixa tensão (BT), as condições a que esse contrato deve obedecer, para cumprimento dos princípios estabelecidos no artigo 29.º do Decreto-Lei n.º 182/95, de 27 de Julho;

n) Estabelecer, para o mesmo efeito do número anterior, além da definição de condições contratuais específicas, mecanismos apropriados de regulação, nos termos do artigo 20.º do Decreto-Lei n.º 184/95, de 27 de Julho;

o) Emitir parecer sobre a construção de ligações transfronteiriças com tensão inferior ou igual a 110 kV por um distribuidor vinculado em MT e AT, para efeitos de autorização pela DGE, nos termos do Decreto-Lei n.º 184/95, de 27 de Julho;

p) Emitir parecer sobre a construção de linhas a tensão superior a 110 kV por distribuidor vinculado em MT e AT, quando não exista acordo entre este e a entidade concessionária da RNT, para os efeitos de autorização pela DGE;

q) Decidir sobre diferendos entre uma entidade titular de licença vinculada de distribuição de energia eléctrica em MT e AT e a entidade concessionária da RNT sobre a solução para realizar novas ligações entre as redes de ambas;

r) Emitir parecer sobre a transmissão para a entidade concessionária da RNT de relações jurídicas e de meios afectos ao exercício da actividade de distribuição vinculada em MT e AT, nos termos do Decreto-Lei n.º 184/95, de 27 de Julho;

s) Assegurar, por competência própria ou através das entidades competentes, nos casos em que considere ter havido uma infracção ao cumprimento das condições comerciais de funcionamento do SEP praticada pela entidade concessionária da RNT ou por uma entidade detentora de licença vinculada, que são tomadas as acções correctivas adequadas para a reposição da situação de normalidade;

t) Solicitar ao presumível infractor, para os efeitos do disposto na alínea anterior, a identificação das acções adequadas à reposição da situação de normalidade;

u) Definir à entidade em causa, quando considere que as acções propostas não são adequadas ao cumprimento das suas obrigações, por despacho sujeito a notificação, às entidades a quem possa respeitar, as acções que a mesma deve executar para a reposição da situação de normalidade;

v) Adoptar as medidas que considere apropriadas se as acções definidas nas alíneas anteriores não forem executadas ou não houver razoável cumprimento do calendário estabelecido para a sua execução;

w) Emitir parecer sobre os padrões de segurança de transporte estabelecidos pela entidade concessionária da RNT;

x) Exigir à entidade concessionária da RNT, se assim o entender, um relatório anual sobre a exploração do sistema de produção e transporte;

y) Emitir pareceres sobre os planos de expansão do sistema electroprodutor vinculado e sobre os planos de investimento na RNT.

ARTIGO 9.º
Competências em relação ao Sistema Eléctrico não Vinculado

Compete à ERSE, em relação ao Sistema Eléctrico não Vinculado (SENV):

a) Definir as regras de acesso ao SENV, de acordo com os princípios estabelecidos no Decreto-Lei n.º 182/95, de 27 de Julho;

b) Assegurar o cumprimento das regras de funcionamento do SENV;

c) Emitir parecer sobre a construção de linhas a tensão superior a 110 kV por um distribuidor não vinculado, para os efeitos de autorização pela DGE, nos termos do Decreto-Lei n.º 184/95, de 27 de Julho.

ARTIGO 10.º
Competências comuns aos dois subsistemas do sector eléctrico

Compete à ERSE, em relação ao SEP e ao SENV:

a) Preparar e emitir o regulamento de relações comerciais, bem como as suas actualizações, nos termos do Decreto-Lei n.º 182/95, de 27 de Julho;

b) Estabelecer as regras para definição da parcela das necessidades de potência e energia que as entidades titulares de licença vinculada de distribuição de energia eléctrica em MT e AT podem adquirir a entidades exteriores ao SEP, nos termos do Decreto-Lei n.º 184/95, de 27 de Julho;

c) Estabelecer o valor da quantidade mínima de energia consumida anualmente que permita a um consumidor pedir autorização de adesão ao SENV;

d) Definir os prazos de pré-aviso para passagem de um cliente do SEP ao SENV, ou vice-versa;

Regulação do Sector da Energia

e) Conceder autorização de adesão ao SENV aos clientes do SEP que tenham apresentado o respectivo pedido;

f) Preparar e emitir o regulamento do despacho, bem como as suas actualizações, sob proposta da entidade concessionária da RNT, por sua iniciativa ou desta entidade;

g) Fiscalizar o cumprimento do regulamento do despacho, podendo para o efeito solicitar o apoio da entidade concessionária da RNT ou de qualquer entidade titular de licença vinculada de produção;

h) Auditar o despacho dos centros electroprodutores que se encontrem sujeitos a despacho centralizado;

i) Preparar e emitir o regulamento do acesso às redes e às interligações, bem como as suas actualizações;

j) Fiscalizar o cumprimento do regulamento do acesso às redes e às interligações, podendo para o efeito solicitar o apoio da entidade concessionária da RNT, de qualquer entidade titular de licença vinculada de distribuição ou de entidades titulares de licença não vinculada;

l) Exigir à entidade concessionária da RNT ou a qualquer entidade detentora de licença informação que se integre no âmbito das suas atribuições e competências.

ARTIGO 11.º
Processamento de contra-ordenações e aplicação de coimas e sanções acessórias

1 – Compete à ERSE processar as contra-ordenações e aplicar as devidas coimas e sanções acessórias nas situações referidas:

a) Nas alíneas e), f), l) e m) do n.º 1 do artigo 50.º do Decreto-Lei n.º 183/95, de 27 de Julho;

b) Nas alíneas d), f), h), l) e m) do n.º 1 do artigo 50.º do Decreto-Lei n.º 184/95, de 27 de Julho;

c) Nas alíneas a), b), c), e) e f) do n.º 1 do artigo 24.º, nos termos dos n.ᵒˢ 1, alínea b), e 2 do artigo 25.º do Decreto-Lei n.º 185/95, de 27 de Julho;

d) Em qualquer outra disposição que preveja uma infracção punível com sanção administrativa e corresponda ao incumprimento das medidas determinadas pela ERSE.

2 – Compete igualmente à ERSE propor à DGE a suspensão da licença sempre que do julgamento de um processo de contra-ordenação da sua competência entenda haver lugar para a aplicação dessa sanção.

3 – Compete ainda à ERSE:

a) Participar aos organismos competentes as infracções às normas de defesa da concorrência de que tome conhecimento no desempenho das suas funções;

b) Participar às autoridades competentes outras infracções de que tome conhecimento no desempenho das suas funções.

SECÇÃO II
Competências relativamente ao sector do gás natural

ARTIGO 12.º
Competências genéricas

1 – Sem prejuízo das competências atribuídas a outras entidades, designadamente à DGE e às direcções regionais do Ministério da Economia, compete à ERSE velar pelo cumprimento por parte das empresas do sector do gás natural das obrigações estabelecidas na lei e nos regulamentos, bem como nos contratos de concessão e nas licenças, nomeadamente as obrigações de serviço público.

2 – Para os efeitos do número anterior, sem prejuízo do disposto na presente secção e tendo em conta a vigência do regime derrogatório previsto na Directiva n.º 98/30/CE, consideram-se conferidas à ERSE as competências para a aplicação e fiscalização das disposições de natureza tarifária e comercial, da qualidade de serviço e da regulamentação das condições de acesso às redes, às interligações e ao armazenamento de gás natural, incluindo o gás natural liquefeito.

3 – Compete à ERSE a aplicação dos mecanismos previstos no artigo 12.º do Decreto-Lei n.º 14/2001, de 27 de Janeiro, de acordo com uma regulação adequada e eficaz, em condições de controlo e transparência que permitam evitar qualquer abuso de posição dominante e qualquer comportamento predatório.

ARTIGO 13.º
Competências quanto às concessões e licenças de serviço público

1 – No que respeita às concessões, compete à ERSE dar parecer ao Governo, prévio à competente decisão governamental, sobre:

a) A atribuição de novas concessões de distribuição regional e as minutas dos cadernos de encargos e dos respectivos contratos de concessão;

b) A autorização de cessão, alienação ou oneração das concessões;

c) A rescisão dos contratos de concessão, bem como o eventual sequestro ou resgate da concessão;

d) O estabelecimento anual do valor mínimo do seguro obrigatório de responsabilidade civil das concessionárias;

e) A autorização às concessionárias para alterar o destino do fundo de reconversão e manutenção das infra-estruturas.

2 – A ERSE emite parecer sobre os planos de investimento das entidades concessionárias, especialmente do ponto de vista do cumprimento do contrato de concessão e da ampliação das prestações do serviço público.

3 – Compete ainda à ERSE, de acordo com as obrigações de serviço público e as necessidades de desenvolvimento do sector:

a) Determinar às concessionárias das redes de distribuição regional o início do abastecimento de gás natural aos respectivos utentes logo que o mesmo seja viável técnica e economicamente;

b) Determinar às mesmas concessionárias a expansão da cobertura da rede de abastecimento, de acordo com o previsto nos respectivos contratos de concessão.

4 – As competências previstas neste artigo são, com as necessárias adaptações, exercidas em relação às entidades titulares de licenças de redes locais autónomas de serviço público.

ARTIGO 14.º
Competências quanto a preços e tarifas

1 – Compete à ERSE em matéria de tarifas e preços:

a) Homologar os preços acordados entre a entidade concessionária da rede de transporte em alta pressão e as concessionárias das redes de distribuição regional, as entidades titulares de licenças de redes locais autónomas de serviço público, as entidades electroprodutoras e os grandes clientes;

b) Autorizar a revisão dos contratos de fornecimento da concessionária da rede de transporte de alta pressão;

c) Proceder à revisão dos contratos de fornecimento da entidade concessionária da rede de transporte quando se verifique que a respectiva taxa de rendibilidade excede a taxa prevista no contrato de concessão;

d) Homologar ou fixar, nos termos do regulamento tarifário, as tarifas propostas pelas entidades concessionárias das redes de distribuição regional ou das entidades titulares de licenças de redes locais autónomas de serviço público para o fornecimento de gás aos consumidores industriais, comerciais e domésticos;

e) Homologar as revisões dos preços efectuadas pelas entidades concessionárias ou licenciadas de serviço público;

f) Homologar as taxas de ligação, activação, conversão de equipamento de queima e outras taxas legalmente autorizadas ou previstas nos contratos de concessão ou nas licenças de serviço público cobradas aos consumidores finais em baixa pressão.

2 – Compete à ERSE velar pelo cumprimento das normas tarifárias estabelecidas nos contratos de concessão e nas licenças de serviço público.

3 – Compete ainda à ERSE definir as regras de contabilidade analítica adequadas à separação contabilística de actividades das concessionárias.

4 – A ERSE procede à aprovação e revisão do regulamento tarifário.

5 – As decisões da ERSE relativas a tarifas e preços são publicadas na 2.ª série do Diário da República e divulgadas através de brochuras e do website da ERSE.

ARTIGO 15.º
Competências sobre o relacionamento comercial dos operadores

1 – O relacionamento comercial entre as concessionárias e as entidades licenciadas de serviço público, e entre elas e os consumidores, processa-se nos termos da legislação aplicável ao sector do gás natural, nomeadamente das bases das concessões, bem como nos contratos de concessão e nas licenças.

2 – No quadro legal previsto no número anterior, compete à ERSE proceder à aprovação do regulamento de relações comerciais, assim como às suas revisões.

3 – As entidades concessionárias ou licenciadas podem apresentar à ERSE propostas de revisão do referido regulamento.

ARTIGO 16.º
Competência em matéria de qualidade do serviço

1 – Para garantir a qualidade do serviço compete especialmente à ERSE proceder à aprovação do regulamento da qualidade do serviço, assim como às suas revisões, no quadro da legislação aplicável e dos contratos de concessão, e velar pela sua execução.

2 – O regulamento da qualidade do serviço estabelecerá regras nomeadamente sobre:

a) Características técnicas do gás natural a fornecer aos consumidores;

b) Condições adequadas a uma exploração eficiente e qualificada das redes e das instalações de gás natural;

c) Atendimento dos clientes;

d) Interrupções do serviço;

e) Padrões mínimos de qualidade;

f) Informações a prestar aos clientes;

g) Compensações e penalizações por incumprimento dos padrões de qualidade estabelecidos no regulamento;

h) Auditorias e os relatórios de qualidade;

i) Os contratos tipo de fornecimento das entidades concessionárias das redes de distribuição;

j) Os modelos de facturas a fornecer aos clientes domésticos pelas concessionárias das redes de distribuição, tendo em conta a sua conformidade jurídico-fiscal.

3 – Compete também à ERSE aprovar os regulamentos de exploração e fornecimento elaborados pelas entidades concessionárias ou licenciadas de serviço público, nomeadamente quanto a padrões de qualidade e segurança.

4 – Por forma a ajuizar continuadamente a adequação dos padrões de segurança e qualidade em vigor, a ERSE deve receber das entidades concessionárias e licenciadas um relatório anual sobre a exploração do sistema de transporte e distribuição.

ARTIGO 17.º
Acesso às redes, às interligações e às instalações de armazenamento

1 – Compete à ERSE aprovar o regulamento de acesso às redes, às interligações e às instalações de armazenamento previsto no artigo 9.º do Decreto-Lei n.º 14/2001, de 27 de Janeiro, bem como proceder à sua revisão.

2 – O regulamento de acesso às redes, às interligações e às instalações de armazenamento estabelecerá, nomeadamente, segundo critérios objectivos, transparentes e não discriminatórios, tarifas, condições e obrigações para a utilização do direito de acesso à rede interligada e ao armazenamento a observar pelas empresas de gás natural e pelos clientes elegíveis.

3 – O regulamento previsto no presente artigo estabelece, ainda, as condições em que, nos termos do artigo 11.º do Decreto-Lei n.º 14/2001, de 27 de Janeiro, as empresas de gás natural podem recusar o acesso à rede, as interligações e às instalações de armazenamento.

4 – A publicação e a entrada em vigor do regulamento de acesso às redes, às interligações e às instalações de armazenamento deve obedecer aos prazos estabelecidos no artigo 14.º do Decreto-Lei n.º 14/2001, de 27 de Janeiro.

ARTIGO 18.º
Competência sancionatória

1 – Compete à ERSE em matéria sancionatória:

a) Proceder ao processamento das contra-ordenações e aplicação de coimas e de sanções acessórias nas situações referidas nas alíneas e), f), l) e m) do n.º 1 do artigo 50.º do Decreto-Lei n.º 183/95, de 27 de Julho;

b) Proceder ao processamento das contra-ordenações e aplicação de coimas e de sanções acessórias nas situações referidas nas alíneas d), f), h), l) e m) do n.º 1 do artigo 50.º do Decreto-Lei n.º 184/95, de 27 de Julho;

c) Proceder ao processamento das contra-ordenações e aplicação de coimas nas situações referidas nas alíneas a), b), c), e) e f) do n.º 1 do artigo 24.º, nos termos dos n.os 1, alínea b), e 2, do artigo 25.º do Decreto-Lei n.º 185/95, de 27 de Julho.

2 – Compete ainda à ERSE:

a) Propor ao Governo a aplicação das sanções previstas nos contratos de concessão ou nas licenças, bem como a punição das infracções às leis e regulamentos cuja implementação ou supervisão não caibam à ERSE;

b) Propor ao órgão competente a suspensão da licença sempre que do julgamento de um processo de contra-ordena-

Regulação do Sector da Energia

ção da sua competência entenda haver lugar para aplicação dessa sanção;

c) Participar aos organismos competentes as infracções às normas de defesa da concorrência de que tome conhecimento no desempenho das suas funções;

d) Participar às autoridades competentes outras infracções de que tome conhecimento no desempenho das suas funções.

SECÇÃO III
Competências comuns

ARTIGO 19.º
Competência consultiva

1 – A ERSE pronunciar-se-á sobre todos os assuntos da sua esfera de atribuições que lhe sejam submetidos pela Assembleia da República ou pelo Governo e pode, por sua iniciativa, sugerir ou propor medidas de natureza política ou legislativa nas matérias atinentes às suas atribuições.

2 – A ERSE responderá no prazo máximo de 60 dias às consultas que lhe sejam feitas pelas concessionárias ou entidades licenciadas sobre assuntos da sua competência.

ARTIGO 20.º
Queixas dos consumidores

1 – A ERSE deve regularmente inspeccionar os registos das queixas e reclamações dos consumidores apresentadas às entidades concessionárias ou licenciadas, as quais devem preservar adequados registos das mesmas.

2 – A ERSE pode ordenar a investigação das queixas ou reclamações dos consumidores que lhe sejam apresentadas ou que sejam apresentadas às entidades concessionárias ou licenciadas, desde que se integrem no âmbito das suas competências.

3 – A ERSE pode igualmente recomendar às entidades concessionárias ou licenciadas as providências necessárias à reparação das justas queixas dos utentes.

ARTIGO 21.º
Cumprimento das obrigações legais ou contratuais

1 – Nos casos em que considere haver incumprimento das obrigações do serviço público, das obrigações legais e contratuais em geral ou dos padrões de segurança e qualidade regulamentarmente definidas, a ERSE pode recomendar às entidades concessionárias ou licenciadas a adopção das competentes medidas correctivas.

2 – Se as acções definidas não forem executadas ou não houver cumprimento do calendário estabelecido para a sua execução, a ERSE pode, conforme os casos, accionar ou propor ao Governo o accionamento das medidas sancionatórias previstas para a violação da lei ou o incumprimento do contrato de concessão ou das condições da licença.

ARTIGO 22.º
Inquéritos

A ERSE pode determinar, por sua iniciativa ou mediante solicitação do Ministro da Economia, a realização de sindicâncias, inquéritos ou auditorias às entidades concessionárias ou licenciadas, desde que os mesmos tenham por objecto matérias que se enquadrem no âmbito das suas competências.

ARTIGO 23.º
Procedimento regulamentar

1 – Antes da aprovação ou alteração de qualquer regulamento cuja emissão seja da sua competência e sem prejuízo da consulta do conselho consultivo ou do conselho tarifário, a ERSE deve comunicar esse processo à DGE, às entidades concessionárias ou licenciadas e às associações de consumidores de interesse genérico, nos termos da Lei n.º 24/96, de 31 de Julho, facultando-lhes o acesso aos textos respectivos e disponibilizando-os no seu website.

2 – Para os efeitos do número anterior, é fixado um prazo de 30 dias durante o qual os interessados podem emitir os seus comentários e apresentar sugestões.

3 – As entidades previstas no n.º 1 podem ter acesso a todas as sugestões que tenham sido apresentadas nos termos do presente artigo.

4 – O relatório preambular dos regulamentos fundamenta as decisões tomadas, com necessária referência às críticas ou sugestões que tenham sido feitas ao projecto.

5 – Os regulamentos da ERSE que contenham normas de eficácia externa são publicados na 2.ª série do Diário da República e disponibilizados no website daquela.

ARTIGO 24.º
Arbitragem

1 – A ERSE deve fomentar a arbitragem voluntária para a resolução de conflitos de natureza comercial ou contratual entre as entidades concessionárias e licenciadas de produção, transporte e de distribuição e entre elas e os consumidores.

2 – Para cumprimento do disposto no número anterior, a ERSE pode cooperar na criação de centros de arbitragem e estabelecer acordos com centros de arbitragem.

ARTIGO 25.º
Prazos

1 – Os pareceres da ERSE previstos no presente diploma devem ser emitidos no prazo de 60 dias sobre a apresentação do respectivo pedido, salvo se o Governo estabelecer prazo menor por motivos de urgência, podendo a decisão ser tomada sem precedência de parecer se este não for emitido no prazo estabelecido.

2 – As decisões da ERSE que consistam na aprovação ou homologação de propostas das concessionárias ou entidades licenciadas devem ser tomadas no prazo de 60 dias, entendendo-se haver aprovação ou decisão favorável no caso de falta de pronúncia dentro desse prazo.

3 – Não existe o valor jurídico positivo para a omissão referida no número anterior quando existam contra-interessados ou quando as decisões vierem a consubstanciar actos administrativos nulos.

CAPÍTULO III
Organização da ERSE

SECÇÃO I
Enumeração dos órgãos

ARTIGO 26.º
Órgãos da ERSE

São órgãos da ERSE:

a) O conselho de administração;
b) O fiscal único;
c) O conselho consultivo;
d) O conselho tarifário.

SECÇÃO II
Conselho de administração

ARTIGO 27.º
Função

O conselho de administração é o órgão colegial responsável pela definição e pelo acompanhamento da actividade reguladora da ERSE.

ARTIGO 28.º
Composição, designação e estatuto

1 – O conselho de administração é composto por um presidente e dois vogais.

2 – O presidente e os vogais são nomeados por resolução do Conselho de Ministros, sob proposta do Ministro da Economia, de entre pessoas que possuam qualificações adequadas e reconhecida competência técnica e profissional.

3 – Os membros do conselho de administração são nomeados por um período de cinco anos, renovável por uma vez.

4 – Os membros do conselho de administração estão sujeitos ao estatuto do gestor público em tudo o que não resultar dos presentes Estatutos, e a sua remuneração será estabelecida por despacho conjunto dos Ministros das Finanças, da Economia e da Reforma do Estado e da Administração Pública.

ARTIGO 29.º
Impedimentos e incompatibilidades

1 – Não pode ser nomeado para o conselho de administração da ERSE quem seja ou tenha sido membro dos corpos gerentes das empresas dos sectores da electricidade ou do gás natural nos últimos dois anos ou seja ou tenha sido trabalhador ou colaborador permanente das mesmas com funções de direcção ou chefia no mesmo período de tempo.

2 – Os membros do conselho de administração não podem ter interesses de natureza financeira ou participações nas empresas reguladas dos sectores do gás natural e da electricidade.

3 – Os membros do conselho de administração estão sujeitos às incompatibilidades e aos impedimentos dos titulares de altos cargos públicos.

4 – Os membros do conselho de administração exercem as suas funções em regime de exclusividade, excepto no que se refere ao exercício de funções docentes no ensino superior em tempo parcial.

5 – Após o termo das suas funções, os membros do conselho de administração ficam impedidos, pelo período de dois anos, de desempenhar qualquer função ou prestar qualquer serviço às empresas dos sectores regulados.

6 – Durante o período de impedimento estabelecido no número anterior, a ERSE continuará a abonar aos ex-membros do conselho de administração em dois terços da remuneração correspondente ao cargo, cessando esse abono a partir do momento em que estes sejam contratados ou nomeados para o desempenho, remunerado, de qualquer função ou serviço público ou privado.

ARTIGO 30.º
Independência dos membros

1 – Sem prejuízo do disposto no n.º 2 do artigo 2.º, os membros do conselho de administração são independentes no exercício das suas funções, não estando sujeitos a instruções ou orientações específicas.

2 – Os membros do conselho de administração não podem ser exonerados do cargo antes de terminar o mandato, salvo nos casos de:

a) Incapacidade permanente ou incompatibilidade superveniente do titular;

b) Falta grave comprovadamente cometida pelo titular no desempenho das suas funções ou no cumprimento de quaisquer outras obrigações inerentes ao cargo;

c) Trânsito em julgado de sentença a que corresponda condenação pela prática de qualquer crime que ponha em causa a idoneidade para o exercício da função.

3 – O mandato dos membros do conselho de administração caducará caso esse órgão seja dissolvido ou a ERSE seja legalmente extinta ou fundida com outra entidade reguladora.

4 – O conselho de administração só pode ser dissolvido por resolução do Conselho de Ministros nos seguintes casos:

a) Graves irregularidades no funcionamento do órgão;

b) Considerável excesso das despesas realizadas sobre as orçamentadas sem justificação adequada.

5 – No caso de cessação do mandato, os membros do conselho de administração mantêm-se no exercício das suas funções até à efectiva substituição, salvo declaração ministerial de cessação de funções.

6 – Em caso de cessação individual de mandato, o novo membro é sempre nomeado pelo período de cinco anos.

7 – Em caso de cessação colectiva, por efeito de dissolução do conselho de administração, os novos membros são nomeados para os seguintes mandatos: o presidente, por cinco anos, e os vogais, por dois e três anos, respectivamente.

ARTIGO 31.º
Competência

1 – Compete ao conselho de administração:

a) Definir a orientação geral da ERSE e acompanhar a sua execução;

b) Aprovar os regulamentos externos necessários ao exercício das suas funções;

c) Elaborar os pareceres e tomar as deliberações previstas no presente diploma;

d) Praticar os demais actos necessários à prossecução dos fins da ERSE.

2 – Compete ao conselho de administração no que respeita ao funcionamento da ERSE:

a) Aprovar os regulamentos internos necessários ao exercício das suas funções;

b) Elaborar os planos de actividade e os orçamentos, bem como os relatórios de actividade e contas;

c) Definir a organização dos serviços e os quadros do respectivo pessoal e proceder ao seu recrutamento;

d) Administrar o património da ERSE, arrecadar as receitas e autorizar a realização de despesas;

e) Proceder à aquisição de bens e à contratação de serviços necessários ao exercício de funções da ERSE.

ARTIGO 32.º
Funcionamento

1 – O conselho de administração reúne ordinariamente uma vez por semana e extraordinariamente sempre que convocado pelo presidente, por iniciativa própria ou a solicitação dos vogais.

2 – As votações não admitem abstenção.

Regulação do Sector da Energia

3 – As actas são aprovadas e assinadas por todos os membros presentes.

ARTIGO 33.º
Competência do presidente

1 – Compete ao presidente do conselho de administração:

a) Coordenar a actividade do conselho de administração e as relações deste com os demais órgãos e serviços da ERSE;

b) Convocar e presidir às reuniões do conselho de administração;

c) Representar a ERSE quando a lei não exija outra forma de representação;

d) Assegurar as relações da ERSE com o Governo e demais autoridades.

2 – Nas suas ausências ou impedimentos, o presidente é substituído pelo vogal mais antigo.

3 – O presidente pode delegar o exercício de parte das suas competências em qualquer dos restantes membros do conselho de administração.

4 – Considera-se delegada no presidente ou no seu substituto legal a prática dos actos de gestão corrente, bem como dos que, pela sua urgência, não possam aguardar a reunião do conselho, carecendo estes últimos de ratificação do conselho na primeira reunião subsequente.

5 – Sem prejuízo do disposto no n.º 4 do artigo 14.º do CPA, o presidente ou o seu substituto legal poderão opor o veto às deliberações que reputem contrárias à lei, aos estatutos ou ao interesse público, com a consequente suspensão da eficácia da deliberação até que sobre ela se pronuncie o Ministro da Economia.

ARTIGO 34.º
Representação da ERSE

1 – A ERSE é representada pelo presidente do conselho de administração.

2 – A ERSE obriga-se através do seu conselho de administração, pela assinatura conjunta de dois dos seus membros, sendo um deles o presidente ou o seu substituto legal.

3 – Em assuntos de gestão corrente bastará a assinatura de um membro do conselho de administração.

4 – Sem prejuízo do disposto nos números anteriores, a ERSE pode ainda obrigar-se pela assinatura de mandatários, no âmbito restrito dos poderes que lhe hajam sido conferidos.

SECÇÃO II
Fiscal único

ARTIGO 35.º
Função

O fiscal único é o responsável pelo controlo da legalidade e economicidade da gestão financeira e patrimonial da ERSE e de consulta do conselho de administração nesse domínio.

ARTIGO 36.º
Nomeação

O fiscal único é nomeado por despacho conjunto dos Ministros das Finanças e da Economia, devendo ser designado um revisor oficial de contas ou uma sociedade de revisores oficiais de contas.

ARTIGO 37.º
Mandato e estatuto

1 – O mandato do fiscal único tem a duração de três anos e é renovável por iguais períodos mediante despacho dos membros do Governo competentes para a respectiva nomeação.

2 – No caso de cessação do mandato, o fiscal único mantém-se no exercício das suas funções até à efectiva substituição, salvo declaração ministerial de cessação de funções.

3 – A remuneração do fiscal único é estabelecida por despacho conjunto dos Ministros das Finanças, da Economia e da Reforma do Estado e da Administração Pública, ouvida a Câmara dos Revisores Oficiais de Contas.

ARTIGO 38.º
Competência

Ao fiscal único compete:

a) Acompanhar e controlar a gestão financeira da ERSE;

b) Examinar periodicamente as contas da ERSE e fiscalizar a observância das normas contabilísticas na sua preparação;

c) Dar parecer sobre o orçamento e sobre as contas anuais da ERSE;

d) Pronunciar-se sobre a aquisição, a oneração e a alienação ou o arrendamento de bens imóveis;

e) Pronunciar-se sobre qualquer assunto que lhe seja apresentado pelo conselho de administração.

ARTIGO 39.º
Cooperação dos órgãos e serviços da ERSE

O fiscal único pode obter dos demais órgãos e serviços da ERSE todos os documentos e informações que considere necessários para o exercício da sua competência.

SECÇÃO III
Conselho consultivo

ARTIGO 40.º
Função

O conselho consultivo é o órgão de consulta, apoio e participação na definição das linhas gerais de actuação da ERSE.

ARTIGO 41.º
Composição e nomeação

1 – O conselho consultivo tem a seguinte composição:

a) Um representante do Ministro da Economia, que preside;

b) Um representante do Ministro das Finanças;

c) Um representante do Ministro do Ambiente e do Ordenamento do Território;

d) Um representante do membro do Governo que tutele a defesa do consumidor;

e) Um representante da Associação Nacional dos Municípios;

f) Um representante do Instituto do Consumidor;

g) Um representante da DGE;

h) Um representante do Instituto do Ambiente;

i) Um representante do Conselho da Concorrência;

j) Dois representantes das associações de defesa do consumidor com representatividade genérica, nos termos da Lei n.º 24/96, de 31 de Julho;

Decreto-Lei n.º 97/2002

k) Um representante das entidades titulares de licença vinculada de produção de electricidade;

l) Um representante da entidade concessionária da RNT;

m) Um representante da entidade titular de licença vinculada de distribuição de energia eléctrica em MT e AT;

n) Um representante das entidades titulares de licença vinculada de distribuição de energia eléctrica em BT;

o) Um representante das entidades titulares de licença não vinculada de produção de electricidade;

p) Um representante dos clientes não vinculados de electricidade;

q) Um representante da entidade titular da concessão de serviço público de transporte e fornecimento de gás natural através da rede de alta pressão;

r) Um representante das entidades concessionárias das redes de distribuição regional de gás natural;

s) Um representante dos titulares de licença de distribuição de serviço público de gás natural;

t) Um representante dos grandes consumidores industriais de gás natural;

u) Um representante dos consumidores de gás natural para produção de electricidade.

2 – O conselho consultivo integra ainda:

a) Um representante do Governo Regional dos Açores;

b) Um representante do Governo Regional da Madeira;

c) Um representante das empresas do sistema eléctrico da Região Autónoma dos Açores;

d) Um representante das empresas do sistema eléctrico da Região Autónoma da Madeira;

e) Um representante dos consumidores da Região Autónoma dos Açores;

f) Um representante dos consumidores da Região Autónoma da Madeira.

3 – A nomeação dos membros do conselho consultivo é da competência das entidades representadas, e no caso dos representantes mencionados nas alíneas j), k, n) o), p), r), s) t) e u) do n.º 1 e e) e f) do n.º 2 as nomeações serão feitas em reunião dos interessados convocada pelo presidente do conselho de administração.

4 – A designação dos membros do conselho consultivo é da competência das entidades referidas nos números anteriores, devendo ser efectuada nos 30 dias anteriores ao termo do mandato dos membros cessantes ou nos 30 dias subsequentes à vagatura.

5 – A nomeação dos membros do conselho consultivo é feita por um período de três anos, renovável, sem prejuízo de poderem ser substituídos a qualquer momento pelas entidades que os nomeiam.

Artigo 42.º
Organização

1 – O conselho consultivo compreende duas secções:

a) A secção do sector eléctrico, composta pelos representantes mencionados nas alíneas a) a p) do n.º 1 e os mencionados no n.º 2, ambos do artigo anterior;

b) A secção do sector do gás natural, composta pelos representantes previstos nas alíneas a) a j) e q) a u) do n.º 1 do artigo anterior.

2 – O plenário e as secções do conselho consultivo são presididas pelo representante do Ministro da Economia.

Artigo 43.º
Competência

1 – Compete ao conselho consultivo, reunido em plenário, dar parecer sobre:

a) O plano de actividades e o orçamento da ERSE;

b) O relatório de actividades e as contas da ERSE;

c) Outras matérias comuns ao sector da electricidade e ao sector do gás natural.

2 – À secção do sector eléctrico compete pronunciar-se sobre as seguintes matérias:

a) Propostas dos pareceres da ERSE relativos à fixação dos padrões de segurança da produção e do transporte de energia eléctrica;

b) Propostas sobre a aprovação ou alteração dos regulamentos cuja emissão seja da competência da ERSE no âmbito do sector eléctrico, com excepção do regulamento tarifário;

c) Definição das regras para acesso ao SENV, nos termos do artigo 10.º do presente diploma;

d) Outras matérias relacionadas com o sector eléctrico que lhe sejam submetidas pelo conselho de administração, à excepção das compreendidas na competência do conselho tarifário.

3 – À secção do sector do gás natural compete pronunciar-se sobre as seguintes matérias:

a) Propostas sobre a aprovação ou alteração dos regulamentos cuja emissão seja da competência da ERSE no âmbito do gás natural, à excepção do regulamento tarifário;

b) Propostas relativas aos padrões de segurança e qualidade dos sistemas de transporte, armazenamento, distribuição e fornecimento de gás natural;

c) Propostas sobre a emissão de pareceres cuja competência seja da ERSE e que o conselho de administração entenda submeter-lhe;

d) Outras matérias que o conselho de administração entenda submeter-lhe, à excepção das compreendidas na competência do conselho tarifário.

4 – Os pareceres do conselho consultivo não são vinculativos.

Artigo 44.º
Funcionamento

1 – O conselho consultivo reúne ordinariamente uma vez por trimestre.

2 – Extraordinariamente, o conselho reúne sob convocação do seu presidente, por sua iniciativa, a pedido do presidente do conselho de administração ou de pelo menos um terço dos seus membros.

3 – Os membros do conselho de administração podem participar sem voto nas reuniões do conselho consultivo.

4 – O conselho aprova o seu regulamento interno.

5 – As funções do conselho consultivo não são remuneradas, sem prejuízo do pagamento das ajudas de custo e de senhas de presença.

6 – O valor das senhas de presença é estabelecido por despacho conjunto dos Ministros das Finanças, da Economia e da Reforma do Estado e da Administração Pública.

Regulação do Sector da Energia

SECÇÃO IV
Conselho tarifário

ARTIGO 45.º
Função

O conselho tarifário é o órgão consultivo específico para as funções da ERSE relativas a tarifas e preços.

ARTIGO 46.º
Composição

1 – O conselho tarifário tem a seguinte composição:

a) Um representante da entidade concessionária da RNT;

b) Um representante da entidade titular de licença vinculada de distribuição de energia eléctrica em MT e AT;

c) Um representante das entidades titulares de licença vinculada de distribuição de electricidade em BT;

d) Um representante da entidade titular da concessão do transporte de gás natural através da rede de alta pressão;

e) Um representante das entidades concessionárias de distribuição regional de gás natural;

f) Um representante das entidades licenciadas para distribuição de gás em regime de serviço público;

g) Um representante dos clientes não vinculados de electricidade;

h) Um representante dos grandes consumidores industriais de gás natural;

i) Três representantes das associações de defesa do consumidor com representatividade genérica, nos termos da Lei n.º 24/96, de 31 de Julho;

j) Um representante do Instituto do Consumidor.

l) Um representante da Associação Nacional de Municípios Portugueses. [1]

2 – O conselho tarifário integra ainda:

a) Um representante das empresas do sistema eléctrico da Região Autónoma dos Açores;

b) Um representante das empresas do sistema eléctrico da Região Autónoma da Madeira;

c) Um representante dos consumidores da Região Autónoma dos Açores;

d) Um representante dos consumidores da Região Autónoma da Madeira.

3 – A designação dos membros do conselho tarifário é da competência das entidades referidas nos números anteriores, devendo ser efectuada nos 30 dias anteriores ao termo do mandato dos membros cessantes ou nos 30 dias subsequentes à vagatura.

4 – A designação dos representantes referidos nas alíneas c), e), f), g), h) e i) do n.º 1 e c) e d) do n.º 2 é efectuada em reunião das entidades interessadas convocada pelo presidente do conselho de administração da ERSE.

5 – No caso de correspondência, os membros do conselho tarifário podem ser os mesmos do conselho consultivo.

6 – A nomeação dos membros do conselho tarifário é feita por um período de três anos, renovável, podendo ser substituídos a todo o tempo pelas entidades que os designaram.

ARTIGO 47.º
Organização

1 – O conselho tarifário compreende duas secções:

a) A secção do sector eléctrico, composta pelos membros indicados nas alíneas a), b), c), g), i) e j) do n.º 1 e os mencionados no n.º 2, ambos do artigo anterior;

b) A secção do sector do gás natural, composta pelos membros referidos nas alíneas d), e), f, h), i) e j) do n.º 1 do artigo anterior.

2 – Pode haver reuniões plenárias do conselho tarifário para tratar de questões comuns às duas secções.

3 – O conselho tarifário e as suas secções são presididas pelo representante do Instituto do Consumidor.

ARTIGO 48.º
Competência

1 – Compete ao conselho tarifário emitir parecer, através das suas secções especializadas, sobre a aprovação e revisão dos regulamentos tarifários, bem como sobre a fixação de tarifas e preços.

2 – As propostas para fixação de tarifas e preços são apresentadas pelo conselho de administração à secção competente do conselho tarifário com a antecedência prevista no regulamento tarifário relativamente à data prevista para a sua entrada em vigor.

3 – A secção competente do conselho tarifário emite parecer no prazo previsto no regulamento tarifário correspondente.

4 – Os pareceres referidos no presente artigo são aprovados por maioria, não sendo vinculativos.

5 – Os pareceres do conselho tarifário são publicitados pela ERSE e disponibilizados para consulta no seu website.

ARTIGO 49.º
Funcionamento

1 – As secções do conselho tarifário reúnem ordinariamente uma vez por ano, por convocação do seu presidente.

2 – Extraordinariamente, as secções do conselho tarifário reúnem por convocação do presidente, por sua iniciativa, a pedido de pelo menos um terço dos seus membros ou a pedido do presidente do conselho de administração.

3 – O conselho tarifário, em plenário, aprova o seu regulamento interno.

4 – As funções do conselho tarifário não são remuneradas, sem prejuízo do pagamento das ajudas de custo e de senhas de presença.

5 – O valor das senhas de presença é estabelecido por despacho conjunto dos Ministros das Finanças, da Economia e da Reforma do Estado e da Administração Pública.

CAPÍTULO IV
Receitas, orçamento e contas

ARTIGO 50.º
Receitas

1 – Constituem receitas da ERSE:

a) As contribuições da entidade concessionária da RNT e da entidade concessionária da rede de transporte de gás natural que sejam necessárias para financiar o orçamento da ERSE, na proporção que anualmente vier a ser fixada no mesmo, atendendo à relevância e impacte de cada um dos sectores regulados no respectivo funcionamento;

---

[1] *Redacção introduzida pelo Decreto-Lei n.º 200/2002, de 25 de Setembro*

b) 40% do produto das coimas, cuja aplicação seja da sua competência, nos termos da lei, revertendo os restantes 60% a favor do Estado;

c) As importâncias cobradas por trabalhos ou serviços prestados pela ERSE, bem como pela venda de estudos ou outras publicações;

d) Os rendimentos da alienação, oneração ou aplicação financeira de bens próprios;

e) Outras receitas que lhe caibam nos termos da lei.

2 – As entidades referidas na alínea a) do n.º 1 transferem para a ERSE, no início de cada trimestre, um quarto do respectivo montante anual previsto na alínea a) do número anterior.

3 – As contribuições referidas na alínea a) do n.º 1 são incluídas nas tarifas a praticar pela entidade concessionária da RNT e pela entidade titular da concessão de serviço público de transporte de gás natural através da rede de alta pressão.

4 – Em caso de incumprimento a cobrança das importâncias em dívida pode ser efectuada coercivamente pelo processo das execuções fiscais.

ARTIGO 51.º
Orçamento

1 – O conselho de administração elabora anualmente o projecto de orçamento da ERSE, que se integra no Orçamento do Estado.

2 – O projecto de orçamento da ERSE é submetido a apreciação do fiscal único e do conselho consultivo e à aprovação posterior do Ministro da Economia.

3 – O orçamento é publicado e disponibilizado no website da ERSE.

ARTIGO 52.º
Relatório e contas

1 – O conselho de administração elabora um relatório e as contas no final de cada ano, que submete a parecer do fiscal único e do conselho consultivo.

2 – Na elaboração das contas devem ser seguidas as normas do Plano Oficial de Contabilidade Pública.

3 – No caso de as despesas terem excedido o montante previsto no orçamento o conselho de administração deve justificar os desvios ocorridos.

4 – O relatório e as contas, com os pareceres referidos no n.º 1, são submetidos à aprovação dos Ministros das Finanças e da Economia, até ao final do mês de Março do ano seguinte àquele a que dizem respeito.

5 – O relatório e as contas são publicados e disponibilizados para consulta no website da ERSE.

CAPÍTULO V
Serviços e pessoal

ARTIGO 53.º
Serviços

A ERSE dispõe de serviços de apoio administrativo e técnico, definidos por regulamento submetido a aprovação dos Ministros das Finanças, da Economia e da Reforma do Estado e da Administração Pública.

ARTIGO 54.º
Estatuto do pessoal

1 – O pessoal da ERSE está sujeito ao regime jurídico do contrato individual de trabalho, com as ressalvas previstas neste diploma, sendo abrangido pelo regime geral da segurança social.

2 – As condições de prestação e de disciplina do trabalho são definidas em regulamento próprio da ERSE, com observância das disposições legais imperativas do regime do contrato individual de trabalho e das normas relativas à negociação colectiva.

3 – O regulamento de carreiras e o regime retributivo do pessoal da ERSE carece de homologação dos Ministros das Finanças, da Economia e da Reforma do Estado e da Administração Pública.

4 – A ERSE pode ser parte em instrumentos de negociação colectiva de trabalho.

5 – O pessoal da ERSE está abrangido pelas incompatibilidades do pessoal da função pública, não podendo em qualquer caso exercer funções nas empresas dos sectores da electricidade ou do gás natural.

ARTIGO 55.º
Outro pessoal

1 – A ERSE pode solicitar, nos termos da lei geral, a colaboração de pessoal pertencente aos quadros das empresas integrantes do SEP, das empresas concessionárias do gás natural e de empresas públicas, bem como de pessoal vinculado à Administração Pública, conforme os casos.

2 – O pessoal requisitado manterá o estatuto que tinha nos seus serviços ou empresas, podendo optar pelo vencimento de origem ou pelo correspondente às suas funções na ERSE e gozando das regalias inerentes, inclusive a contagem de tempo de serviço para todos os efeitos previstos na lei, como se continuasse no serviço ou emprego de origem.

3 – A opção pelo vencimento correspondente às funções na ERSE, ao abrigo do disposto no número anterior, não prejudica que os cálculos para a aposentação sejam feitos sobre a remuneração do lugar de origem.

4 – O pessoal destacado será necessariamente proveniente dos quadros do Ministério da Economia ou das empresas concessionárias do sector da electricidade ou do gás, os quais continuarão a assegurar as respectivas remunerações e demais direitos e regalias.

5 – O exercício de funções na ERSE por funcionários públicos apenas pode ser exercida mediante requisição ou destacamento, a solicitação da ERSE e autorizada nos termos gerais aplicáveis.

6 – A requisição ou o destacamento dos outros trabalhadores serão autorizados, a solicitação da ERSE, pela entidade de gestão das empresas que o trabalhador pertence e com a concordância deste.

ARTIGO 56.º
Actividade de fiscalização

1 – Os trabalhadores da ERSE que desempenham funções de fiscalização, quando se encontrem no exercício das suas funções, serão equiparados aos agentes de autoridade, tendo as seguintes prerrogativas:

Regulação do Sector da Energia

a) Podem identificar, para posterior actuação, as entidades que infrinjam as leis e regulamentos sujeitos à fiscalização da ERSE;

b) Podem reclamar o auxílio das autoridades administrativas quando o julguem necessário ao desempenho das suas funções;

c) Têm acesso às instalações eléctricas e de gás natural, assim como aos documentos e livros das entidades concessionárias e das entidades titulares de licenças de produção ou distribuição de energia eléctrica ou de distribuição de gás natural.

2 – Aos trabalhadores da ERSE que desempenhem as funções a que se refere o número anterior serão atribuídos cartões de identificação, cujo modelo e condições de emissão serão objecto de portaria do Ministro da Economia.

Artigo 57.º
Contratação de serviços externos e protocolos de cooperação

1 – A ERSE pode contratar, em regime de prestação de serviços, a cooperação de empresas ou especialistas para a elaboração de estudos, pareceres, auditorias ou outras tarefas necessárias ao exercício das suas funções.

2 – De igual modo a ERSE pode estabelecer protocolos de cooperação com centros de investigação públicos ou privados na área da regulação em geral, ou do gás natural e da electricidade em particular, ou bem assim com as empresas concessionárias do gás natural e as empresas integrantes do SEP.

3 – Os contratos e protocolos referidos nos números anteriores, quando os respectivos encargos excederem o valor de (euro) 5000 por entidade, devem ser aprovados pelo conselho de administração e referenciados expressamente nas contas do exercício a que respeitem.

CAPÍTULO VI
Tutela, responsabilidade e controlo judicial

Artigo 58.º
Tutela

1 – Sem prejuízo da sua independência orgânica e funcional, a ERSE está sujeita, nos termos dos presentes estatu-

tos, à tutela do Ministro da Economia e, quando for caso disso, do Ministro das Finanças.

2 – Carecem de aprovação ministerial:

a) O relatório de actividades e as contas;

b) O regulamento dos serviços;

c) O regulamento de recrutamento de pessoal e a tabela das respectivas remunerações.

Artigo 59.º
Relatório ao Governo e à Assembleia da República e audições parlamentares

1 – A ERSE enviará ao Governo, para ser presente igualmente à Assembleia da República, um relatório anual sobre as suas actividades de regulação.

2 – O presidente do conselho de administração corresponderá, sempre que lhe for solicitado, aos pedidos de audição que sejam dirigidos pela comissão competente da Assembleia da República, para prestar informações ou esclarecimentos sobre as suas actividades.

Artigo 60.º
Responsabilidade jurídica

Os titulares dos órgãos da ERSE e os seus funcionários e agentes respondem criminal e disciplinarmente pelos actos e omissões que pratiquem no exercício das suas funções, nos termos da lei em vigor.

Artigo 61.º
Controlo judicial

1 – A actividade da ERSE de natureza administrativa fica sujeita à jurisdição administrativa, nos termos da respectiva legislação.

2 – As sanções por infracções contra-ordenacionais são impugnáveis, nos termos gerais, junto dos tribunais judiciais.

Artigo 62.º
Fiscalização do Tribunal de Contas

A ERSE está sujeita à jurisdição do Tribunal de Contas, nos termos da legislação competente.

Decreto-Lei n.º 29/2006, de 15 de Fevereiro – **Estabelece as bases gerais da organização e funcionamento do Sistema Eléctrico Nacional (SEN), bem como as bases gerais aplicáveis ao exercício das actividades de produção, transporte, distribuição e comercialização de electricidade e à organização dos mercados de electricidade**

Decreto-Lei n.º 29/2006

de 15 de Fevereiro

O quadro organizativo do sistema eléctrico nacional foi aprovado em 1995 e estabeleceu a coexistência de um sistema eléctrico de serviço público e de um sistema eléctrico independente, sendo este último organizado segundo uma lógica de mercado.

Aquele quadro sofreu alterações em 1997, de forma a consagrar, na íntegra, os princípios da Directiva n.º 96/92/CE, do Parlamento Europeu e do Conselho, de 19 de Dezembro.

A Directiva n.º 2003/54/CE, do Parlamento Europeu e do Conselho, de 26 de Junho, revogou a Directiva n.º 96/92/CE e estabeleceu novas regras para o mercado interno da electricidade, implicando a alteração da legislação aprovada em 1995 e 1997.

As alterações legislativas ocorridas em 2003 e em 2004 assumiram um carácter meramente transitório, faltando-lhes a sua integração num quadro legislativo devidamente sistematizado e coerente.

A Resolução do Conselho de Ministros n.º 169/2005, de 24 de Outubro, que aprovou a estratégia nacional para a energia, estabelece como uma das linhas de orientação a liberalização e a promoção da concorrência nos mercados energéticos, através da alteração dos respectivos enquadramentos estruturais.

O presente decreto-lei, concretizando no plano normativo a orientação estratégica da Resolução do Conselho de Ministros n.º 169/2005, de 24 de Outubro, define para o sector eléctrico um quadro legislativo coerente e articulado com a legislação comunitária e os principais objectivos estratégicos aprovados na referida resolução. Neste sentido, são estabelecidos os princípios de organização e funcionamento do sistema eléctrico nacional, bem como as regras gerais aplicáveis ao exercício das actividades de produção, transporte, distribuição e comercialização, transpondo-se, desta forma, os princípios da Directiva n.º 2003/54/CE, do Parlamento Europeu e do Conselho, de 26 de Junho, tendo por finalidade o incremento de um mercado livre e concorrencial.

Em contraposição com o anterior regime, o novo quadro estabelece um sistema eléctrico nacional integrado, em que as actividades de produção e comercialização são exercidas em regime de livre concorrência, mediante a atribuição de licença, e as actividades de transporte e distribuição são exercidas mediante a atribuição de concessões de serviço público. Estas actividades são exercidas tendo em conta a racionalidade dos meios a utilizar e a protecção do ambiente, nomeadamente através da eficiência energética e da promo-

ção das energias renováveis e sem prejuízo das obrigações de serviço público.

A produção de electricidade integra a classificação de produção em regime ordinário e produção em regime especial. Ao exercício desta actividade está subjacente a garantia do abastecimento, no âmbito do funcionamento de um mercado liberalizado, em articulação com a promoção de uma política que confere grande relevância à eficiência energética e à protecção do ambiente, incrementando a produção de electricidade mediante o recurso a fontes endógenas renováveis de energia. O acesso à actividade é livre, cabendo aos interessados, no quadro de um mercado liberalizado, a respectiva iniciativa. Abandona-se, assim, a lógica do planeamento centralizado dos centros electroprodutores. Neste ambiente liberalizado, o Estado actua de forma supletiva à iniciativa privada, criando as condições de enquadramento para que a actividade desta se possa mover num ambiente profícuo ao desenvolvimento do mercado. Nestes termos, cabe ao Estado suprir as falhas de mercado, assumindo uma posição de garante do abastecimento de electricidade, através da monitorização permanente do sector eléctrico pelos órgãos competentes da Administração Pública, com a colaboração dos intervenientes no sector, nomeadamente das empresas reguladas. É neste quadro que, no caso de a iniciativa privada não estar a assegurar as capacidades de produção de electricidade que garantam o abastecimento, cabe ao Estado, através de concurso público, promover as condições possibilitadoras da produção, de acordo com as necessidades do consumo, da eficiência energética e da promoção da qualidade ambiental.

A actividade de transporte de electricidade é exercida mediante a exploração da rede nacional de transporte, a que corresponde uma única concessão exercida em exclusivo e em regime de serviço público. Esta actividade é separada jurídica e patrimonialmente das demais actividades desenvolvidas no âmbito do sistema eléctrico nacional, assegurando-se a independência e a transparência do exercício da actividade e do seu relacionamento com as demais. Considerando que a rede nacional de transporte assume um papel crucial no sistema eléctrico nacional, a sua exploração integra a função de gestão técnica global do sistema, assegurando a coordenação sistémica das instalações de produção e de distribuição, tendo em vista a continuidade e a segurança do abastecimento e o funcionamento integrado e eficiente do sistema.

A distribuição de electricidade processa-se através da exploração da rede nacional de distribuição, que corresponde à rede em média e alta tensões, e da exploração das redes de distribuição em baixa tensão. A rede nacional de distribuição é explorada mediante uma única concessão do Estado, exer-

535

Regulação do Sector da Energia

cida em exclusivo e em regime de serviço público, convertendo-se a actual licença vinculada de distribuição de electricidade em média e alta tensões em contrato de concessão, no respeito das garantias do equilíbrio de exploração da actual entidade licenciada. As redes de distribuição em baixa tensão continuam a ser exploradas mediante concessões municipais, sem prejuízo de os municípios continuarem a poder explorar directamente as respectivas redes. Esta actividade é juridicamente separada das actividades do transporte e das demais actividades não relacionadas com a distribuição, não sendo obrigatória esta separação quando os distribuidores de baixa tensão abasteçam menos de 100000 clientes. As actuais concessionárias de distribuição de baixa tensão continuam a explorar as respectivas concessões pelo prazo de duração das mesmas.

A actividade de comercialização de electricidade é livre, ficando, contudo, sujeita a atribuição de licença pela entidade administrativa competente, definindo-se, claramente, o elenco dos direitos e dos deveres na perspectiva de um exercício transparente da actividade. No exercício da sua actividade, os comercializadores podem livremente comprar e vender electricidade. Para o efeito, têm o direito de acesso às redes de transporte e de distribuição de electricidade, mediante o pagamento de tarifas reguladas. Os consumidores, destinatários dos serviços de electricidade, podem, nas condições do mercado, escolher livremente o seu comercializador, não sendo a mudança onerada do ponto de vista contratual. Para o efeito, os consumidores são os titulares do direito de acesso às redes. Tendo em vista simplificar e tornar efectiva a mudança do comercializador, é criada a figura do operador logístico de mudança de comercializador, sendo o seu regime de exercício objecto de legislação complementar.

No âmbito da protecção dos consumidores, define-se um serviço universal, caracterizado pela garantia do fornecimento em condições de qualidade e continuidade de serviço e de protecção quanto a tarifas e preços e de acesso a informação em termos simples e compreensíveis. As associações de defesa dos consumidores têm direito a participação e consulta quanto ao enquadramento das actividades que directamente se relacionem com os direitos dos consumidores. Ainda no âmbito da protecção dos consumidores, consagra-se a figura do comercializador de último recurso, sujeito a regulação, que assume o papel de garante do fornecimento de electricidade aos consumidores, nomeadamente aos mais frágeis, em condições de qualidade e continuidade de serviço. Trata-se de uma entidade que actuará enquanto o mercado liberalizado não estiver a funcionar com plena eficácia e eficiência, em condições de assegurar a todos os consumidores o fornecimento de electricidade segundo as suas necessidades. Neste sentido, as funções de comercializador de último recurso são atribuídas, provisoriamente, aos distribuidores de electricidade pelo prazo de duração da sua concessão.

Nos termos referidos no decreto-lei, as actividades de transporte, distribuição, comercialização de electricidade de último recurso e de operação logística de mudança de comercializador estão sujeitas a regulação. Sem prejuízo das competências de outras entidades administrativas, a regulação sectorial é da competência da Entidade Reguladora dos Serviços Energéticos, cabendo-lhe, na esfera das suas atribuições, elaborar, periodicamente, um relatório sobre o funcionamento do sector, a entregar ao Governo, para posterior envio à Assembleia da República e à Comissão Europeia.

A segurança do abastecimento é garantida pelo Estado, através da adopção de medidas adequadas ao equilíbrio entre a oferta e a procura, designadamente as respeitantes à gestão técnica global do sistema, à diversificação das fontes de abastecimento e ao planeamento, construção e manutenção das instalações necessárias. Compete à Direcção-Geral de Geologia e Energia a monitorização da segurança do abastecimento, com a colaboração da entidade concessionária da rede nacional de transporte. A Direcção-Geral de Geologia e Energia elaborará, periodicamente, um relatório de monitorização que será entregue ao Governo, à Assembleia da República e à Comissão Europeia.

No quadro da convergência do sistema eléctrico nacional, o decreto-lei é aplicável às Regiões Autónomas, através de diplomas regionais a adoptar pelos seus órgãos competentes, no respeito dos princípios dos seus estatutos.

Os regimes de exercício das actividades previstas neste decreto-lei, incluindo os procedimentos para atribuição das concessões e das licenças, são objecto de desenvolvimento em legislação complementar.

Foram ouvidos os órgãos de governo próprio das Regiões Autónomas, a Associação Nacional de Municípios Portugueses, o Conselho Nacional do Consumo e a Comissão Nacional de Protecção de Dados Pessoais.

Assim:

Nos termos da alínea a) do n.º 1 do artigo 198.º da Constituição, o Governo decreta o seguinte:

CAPÍTULO I

Disposições gerais

Artigo 1.º

Objecto

1 – O presente decreto-lei estabelece as bases gerais da organização e funcionamento do sistema eléctrico nacional (SEN), bem como as bases gerais aplicáveis ao exercício das actividades de produção, transporte, distribuição e comercialização de electricidade e à organização dos mercados de electricidade.

2 – O presente decreto-lei transpõe para a ordem jurídica nacional os princípios da Directiva n.º 2003/54/CE, do Parlamento Europeu e do Conselho, de 26 de Junho, que estabelece regras comuns para o mercado interno da electricidade e que revoga a Directiva n.º 96/92/CE.

Artigo 2.º
Âmbito de aplicação

1 – O presente decreto-lei aplica-se a todo o território nacional, sem prejuízo do disposto no capítulo VII.

2 – Salvo menção expressa no presente decreto-lei, as referências à organização, ao funcionamento e ao regime das actividades que integram o SEN reportam-se ao continente.

3 – O disposto no número anterior não prejudica, a nível nacional, a unidade e a integração do SEN.

Artigo 3.º
Definições

Para efeitos do presente decreto-lei, entende se por:

a) «Alta tensão (AT)» a tensão entre fases cujo valor eficaz é superior a 45 kV e igual ou inferior a 110 kV;

b) «Baixa tensão (BT)» a tensão entre fases cujo valor eficaz é igual ou inferior a 1 kV;

c) «Cliente» o comprador grossista e o comprador final de electricidade;

d) «Cliente doméstico» o consumidor final que compra electricidade para uso doméstico próprio, excluindo actividades comerciais ou profissionais;

e) «Cliente elegível» o consumidor livre de comprar electricidade ao fornecedor da sua escolha;

f) «Cliente final» o consumidor que compra electricidade para consumo próprio;

g) «Cliente grossista» a pessoa singular ou colectiva que compra electricidade para efeitos de revenda;

h) «Comercialização» a compra e venda de electricidade a clientes, incluindo a revenda;

i) «Comercializador» a entidade titular de licença de comercialização de energia eléctrica, cuja actividade consiste na compra a grosso e na venda a grosso e a retalho de electricidade;

j) «Comercializador de último recurso» a entidade titular de licença de comercialização de energia eléctrica sujeita a obrigações de serviço universal;

l) «Consumidor» o cliente final de electricidade;

m) «Distribuição» a veiculação de electricidade em redes de distribuição de alta, média e baixa tensões para entrega ao cliente, excluindo a comercialização;

n) «Distribuidor» a entidade titular de uma concessão de distribuição de electricidade;

o) «Empresa coligada» uma empresa filial, na acepção do artigo 41.º da Sétima Directiva n.º 83/349/CEE, do Conselho, de 13 de Junho, baseada na alínea g) do n.º 2 do artigo 44.º do Tratado da Comunidade Europeia e relativa às contas consolidadas, ou uma empresa associada, na acepção do n.º 1 do artigo 33.º da mesma directiva, ou ainda empresas que pertençam aos mesmos accionistas;

p) «Empresa horizontalmente integrada» uma empresa que exerce pelo menos uma das actividades de produção para venda, transporte, distribuição ou fornecimento de electricidade e ainda uma actividade não directamente ligada ao sector da electricidade;

q) «Empresa verticalmente integrada» uma empresa ou um grupo de empresas cujas relações mútuas estão definidas no n.º 3 do artigo 3.º do Regulamento (CEE) n.º 4064/89, do Conselho, de 21 de Dezembro, relativo ao controlo das operações de concentração de empresas, e que exerce, pelo menos, duas das seguintes actividades: produção, transporte, distribuição e comercialização de electricidade;

r) «Fontes de energia renováveis» as fontes de energia não fósseis renováveis, tais como: energia eólica, solar, geotérmica, das ondas, das marés, hídrica, biomassa, gás de aterro, gás proveniente de estações de tratamento de águas residuais e biogás;

s) «Interligação» o equipamento de transporte que atravessa ou transpõe uma fronteira entre Estados membros vizinhos, com a única finalidade de interligar as respectivas redes de transporte de electricidade;

t) «Linha directa» a linha eléctrica que liga um local de produção isolado a um cliente isolado, ou linha eléctrica que liga um produtor de electricidade e uma empresa de comercialização de electricidade para abastecer directamente os seus próprios estabelecimentos, filiais e clientes elegíveis;

u) «Média tensão (MT)» a tensão entre fases cujo valor eficaz é superior a 1 kV e igual ou inferior a 45 kV;

v) «Mercados organizados» os sistemas com diferentes modalidades de contratação que possibilitam o encontro entre a oferta e a procura de electricidade e de instrumentos cujo activo subjacente seja electricidade ou activo equivalente;

x) «Muito alta tensão (MAT)» a tensão entre fases cujo valor eficaz é superior a 110 kV;

z) «Operador da rede de distribuição» a pessoa singular ou colectiva que exerce a actividade de distribuição e é responsável, numa área específica, pelo desenvolvimento, exploração e manutenção da rede de distribuição e, quando aplicável, das suas interligações com outras redes, bem como por assegurar a garantia de capacidade da rede a longo prazo;

aa) «Operador da rede de transporte» a pessoa singular ou colectiva responsável que exerce a actividade de transporte e é responsável, numa área específica, pelo desenvolvimento, exploração e manutenção da rede de transporte e, quando aplicável, das suas interligações com outras redes, bem como por assegurar a garantia de capacidade da rede a longo prazo, para atender pedidos razoáveis de transporte de electricidade;

bb) «Produção distribuída» a produção de electricidade em centrais ligadas à rede de distribuição;

cc) «Produtor» a pessoa singular ou colectiva que produz electricidade;

dd) «Rede interligada» a rede constituída por várias redes de transporte e de distribuição ligadas entre si;

ee) «Rede Eléctrica de Serviço Público (RESP)» o conjunto das instalações de serviço público destinadas ao transporte e distribuição de electricidade que integram a Rede Nacional de Transporte de Electricidade (RNT), a Rede Nacional de Distribuição de Electricidade em Média e Alta Tensão (RND) e as redes de distribuição de electricidade em baixa tensão;

ff) «Rede Nacional de Distribuição (RND)» a rede nacional de distribuição de electricidade em média e alta tensão;

gg) «Rede Nacional de Transporte (RNT)» a rede nacional de transporte de electricidade, no continente;

hh) «Sistema eléctrico nacional (SEN)» o conjunto de princípios, organizações, agentes e instalações eléctricas relacionados com as actividades abrangidas pelo presente decreto-lei no território nacional;

ii) «Serviços de sistema» os meios e contratos necessários para o acesso e exploração, em condições de segurança, de um sistema eléctrico, mas excluindo aqueles que são tecnicamente reservados aos operadores da rede de transporte, no exercício das suas funções;

jj) «Sistema» o conjunto de redes, de instalações de produção, de pontos de recepção e de entrega de electricidade ligados entre si e localizados em Portugal e das interligações a sistemas eléctricos vizinhos;

ll) «Transporte» a veiculação de electricidade numa rede interligada de muito alta tensão e de alta tensão, para efeitos de recepção dos produtores e entrega a distribuidores, comercializadores ou a grandes clientes finais, mas sem incluir a comercialização;

mm) «Utilizador da rede» a pessoa singular ou colectiva que entrega electricidade à rede ou que é abastecida através dela.

Artigo 4.º
Objectivo e princípios gerais

1 – O exercício das actividades abrangidas pelo presente decreto-lei tem como objectivo fundamental contribuir para o desenvolvimento e para a coesão económica e social, assegurando, nomeadamente, a oferta de electricidade em termos adequados às necessidades dos consumidores, quer qualitativa quer quantitativamente.

2 – O exercício das actividades abrangidas pelo presente decreto-lei deve obedecer a princípios de racionalidade e efi-

Regulação do Sector da Energia

ciência dos meios a utilizar, desde a produção ao consumo, de forma a contribuir para a progressiva melhoria da competitividade e eficiência do SEN, no quadro da realização do mercado interno de energia desenvolvendo-se tendo em conta a utilização racional dos recursos, a sua preservação e a manutenção do equilíbrio ambiental.

3 – O exercício das actividades previstas no presente decreto-lei processa-se com observância dos princípios da concorrência, sem prejuízo do cumprimento das obrigações de serviço público.

4 – O exercício das actividades de produção e de comercialização de electricidade processa-se em regime de livre concorrência.

5 – O exercício das actividades de transporte e de distribuição de electricidade processa-se em regime de concessão de serviço público, em exclusivo, nos termos definidos em diploma específico.

6 – As actividades referidas no número anterior, bem como a actividade de comercialização de último recurso, estão sujeitas a regulação.

7 – Nos termos do presente decreto-lei, são assegurados a todos os interessados os seguintes direitos:

a) Liberdade de acesso ou de candidatura ao exercício das actividades;

b) Não discriminação;

c) Igualdade de tratamento e de oportunidades;

d) Imparcialidade nas decisões;

e) Transparência e objectividade das regras e decisões;

f) Acesso à informação e salvaguarda da confidencialidade da informação comercial considerada sensível;

g) Liberdade de escolha do comercializador de electricidade.

Artigo 5.º
Obrigações de serviço público

1 – Sem prejuízo do exercício das actividades em regime livre e concorrencial, são estabelecidas obrigações de serviço público.

2 – As obrigações de serviço público são da responsabilidade dos intervenientes no SEN, nos termos previstos no presente decreto-lei e na legislação complementar.

3 – São obrigações de serviço público, nomeadamente:

a) A segurança, a regularidade e a qualidade do abastecimento;

b) A garantia da universalidade de prestação do serviço;

c) A garantia da ligação de todos os clientes às redes;

d) A protecção dos consumidores, designadamente quanto a tarifas e preços;

e) A promoção da eficiência energética, a protecção do ambiente e a racionalidade de utilização dos recursos renováveis e endógenos;

f) A convergência do SEN, traduzida na solidariedade e cooperação com os sistemas eléctricos das Regiões Autónomas.

Artigo 6.º
Protecção dos consumidores

1 – Para efeitos do presente decreto-lei, entende-se por «consumidor» o cliente final de electricidade.

2 – No exercício das actividades abrangidas pelo presente decreto-lei, é assegurada a protecção dos consumidores, nomeadamente quanto à prestação do serviço, ao exercício do direito de informação, à qualidade da prestação do serviço, às tarifas e preços, à repressão de cláusulas abusivas e à resolução de litígios, em particular aos consumidores abrangidos pela prestação de serviços públicos considerados essenciais, nos termos da Lei n.º 23/96, de 26 de Julho.

3 – As associações de consumidores têm o direito de ser consultadas na definição do enquadramento jurídico das actividades previstas no presente decreto-lei.

Artigo 7.º
Protecção do ambiente

1 – No exercício das actividades abrangidas pelo presente decreto-lei, os intervenientes no SEN devem adoptar as providências adequadas à minimização dos impactes ambientais, observando as disposições legais aplicáveis.

2 – O Governo deve promover políticas de utilização racional de energia e incentivar a utilização dos recursos renováveis tendo em vista a eficiência energética e a promoção da qualidade do ambiente.

Artigo 8.º
Medidas de salvaguarda

1 – Em caso de crise energética como tal definida em legislação específica, nomeadamente de crise súbita no mercado ou de ameaça à segurança de pessoas e bens, o Governo pode adoptar medidas excepcionais de salvaguarda, comunicando essas medidas de imediato à Comissão Europeia, sempre que sejam susceptíveis de provocar distorções da concorrência e de afectar negativamente o funcionamento do mercado.

2 – As medidas de salvaguarda devem ser limitadas no tempo e restringir-se ao necessário para solucionar a crise ou ameaça que as justificou, minorando as perturbações no funcionamento do mercado de electricidade.

Artigo 9.º
Competências do Governo

1 – O Governo define a política do SEN e a sua organização e funcionamento, com vista à realização de um mercado competitivo, eficiente, seguro e ambientalmente sustentável, de acordo com o presente decreto-lei, competindo-lhe, neste âmbito:

a) Promover a legislação complementar relativa ao exercício das actividades abrangidas pelo presente decreto-lei;

b) Promover a legislação complementar relativa ao projecto, ao licenciamento, à execução e à exploração das instalações eléctricas.

2 – Compete, ainda, ao Governo garantir a segurança do abastecimento do SEN, designadamente através da:

a) Definição das participações dos vários vectores energéticos para a produção de electricidade;

b) Promoção da adequada diversificação das fontes de abastecimento;

c) Definição e promoção da contribuição dos recursos endógenos renováveis;

d) Promoção da eficiência e da utilização racional de electricidade;

e) Declaração de crise energética nos termos da legislação aplicável e da adopção das medidas restritivas nela previstas, de forma a minorar os seus efeitos e a garantir o abastecimento de electricidade às entidades consideradas prioritárias.

CAPÍTULO II
Organização, regime de actividades e funcionamento

ARTIGO 10.º
Sistema eléctrico nacional

Para efeitos do presente decreto-lei, entende-se por «SEN» o conjunto de princípios, organizações, agentes e instalações eléctricas relacionados com as actividades abrangidas pelo presente decreto-lei no território nacional.

ARTIGO 11.º
Rede Eléctrica de Serviço Público

1 – No continente, a RESP abrange o conjunto das instalações de serviço público destinadas ao transporte e distribuição de electricidade que integram a RNT, a RND e as redes de distribuição de electricidade em baixa tensão.

2 – Nas Regiões Autónomas, a estrutura das respectivas RESP é estabelecida pelos órgãos competentes regionais, nos termos definidos no capítulo VII.

3 – Os bens que integram a RESP só podem ser onerados ou transmitidos nos termos previstos em legislação complementar.

ARTIGO 12.º
Utilidade pública das instalações da RESP

1 – As instalações da RESP são consideradas, para todos os efeitos, de utilidade pública.

2 – O estabelecimento e a exploração das instalações da RESP ficam sujeitos à aprovação dos respectivos projectos nos termos da legislação aplicável.

3 – A aprovação dos projectos confere ao seu titular os seguintes direitos:

a) Utilizar, nas condições definidas pela legislação aplicável, os bens do domínio público ou privado do Estado e dos municípios para o estabelecimento ou passagem das partes integrantes da RESP, nos termos da legislação aplicável;

b) Solicitar a expropriação, por utilidade pública e urgente, nos termos do Código das Expropriações, dos imóveis necessários ao estabelecimento das partes integrantes da RESP;

c) Solicitar a constituição de servidões sobre os imóveis necessários ao estabelecimento das partes integrantes da RESP, nos termos da legislação aplicável.

ARTIGO 13.º
Actividades do sistema eléctrico nacional

O SEN integra o exercício das seguintes actividades:
a) Produção de electricidade;
b) Transporte de electricidade;
c) Distribuição de electricidade;
d) Comercialização de electricidade;
e) Operação de mercados de electricidade;
f) Operação logística de mudança de comercializador de electricidade.

ARTIGO 14.º
Intervenientes no SEN

São intervenientes no SEN:
a) Os produtores de electricidade;
b) O operador da rede de transporte de electricidade;
c) Os operadores das redes de distribuição de electricidade em MT e AT;

d) Os operadores das redes de distribuição de electricidade em BT;

e) Os comercializadores de electricidade, incluindo o comercializador de último recurso;

f) Os operadores de mercados de electricidade;

g) O operador logístico da mudança de comercializador de electricidade;

h) Os consumidores de electricidade.

SECÇÃO I
Produção de electricidade

SUBSECÇÃO I
Regime de exercício e classificação

ARTIGO 15.º
Regime de exercício

O exercício da actividade de produção de electricidade é livre, ficando sujeito à obtenção de licença junto das entidades administrativas competentes.

ARTIGO 16.º
Classificação

A produção de electricidade assume a seguinte classificação:
a) Produção em regime ordinário;
b) Produção em regime especial.

ARTIGO 17.º
Produção de electricidade em regime ordinário

1 – Considera-se produção de electricidade em regime ordinário a actividade de produção que não esteja abrangida por um regime jurídico especial de produção de electricidade com incentivos à utilização de recursos endógenos e renováveis, ou à produção combinada de calor e electricidade.

2 – O regime jurídico de produção em regime ordinário, que inclui os procedimentos para a atribuição das licenças, é estabelecido em legislação complementar.

ARTIGO 18.º
Produção de electricidade em regime especial

1 – Considera-se produção de electricidade em regime especial a actividade licenciada ao abrigo de regimes jurídicos especiais, no âmbito da adopção de políticas destinadas a incentivar a produção de electricidade, nomeadamente através da utilização de recursos endógenos renováveis ou de tecnologias de produção combinada de calor e electricidade.

2 – O regime jurídico de produção em regime especial, que inclui os procedimentos para a atribuição das autorizações administrativas, é estabelecido em legislação complementar.

SUBSECÇÃO II
Relacionamento comercial

ARTIGO 19.º
Relacionamento dos produtores de electricidade em regime ordinário

1 – Os produtores de electricidade em regime ordinário podem vender a electricidade produzida através das seguintes modalidades de relacionamento comercial:

Regulação do Sector da Energia

a) Celebração de contratos bilaterais com clientes finais e com comercializadores de electricidade;

b) Participação nos mercados organizados.

2 – Os produtores de electricidade em regime ordinário podem igualmente fornecer serviços de sistema, através da celebração de contratos com o operador de sistema, ou através da participação em mercados organizados para este efeito.

Artigo 20.º
Relacionamento dos produtores de electricidade em regime especial

1 – Os produtores de electricidade em regime especial gozam do direito de vender a electricidade que produzem ao comercializador de último recurso, nas condições estabelecidas na legislação específica aplicável.

2 – Os produtores de electricidade em regime especial podem igualmente fornecer serviços de sistema, através da celebração de contratos com o operador de sistema, ou através da participação em mercados organizados para este efeito.

SECÇÃO II
Exploração das redes de transporte de electricidade

SUBSECÇÃO I
Regime de exercício, constituição e operação

Artigo 21.º
Regime de exercício

1 – A actividade de transporte de electricidade, que integra a gestão global do sistema, é exercida em regime de concessão de serviço público, em exclusivo, mediante a exploração da RNT.

2 – A concessão da RNT é atribuída na sequência de realização de concurso público, salvo se for atribuída a uma entidade sob o controlo efectivo do Estado, mediante contrato outorgado pelo Ministro da Economia e da Inovação, em representação do Estado.

3 – A concessão referida no número anterior pode ser adjudicada por ajuste directo no caso do concurso ficar deserto.

4 – As bases da concessão da RNT, bem como os procedimentos para a sua atribuição, são estabelecidas em legislação complementar.

Artigo 22.º
Composição da RNT

A RNT compreende a rede de MAT, as interligações e as instalações para operação da rede de transporte.

Artigo 23.º
Gestão técnica global do SEN

1 – A gestão técnica global do SEN consiste na coordenação sistémica das instalações que o constituem, tendo em vista a segurança e a continuidade do abastecimento de electricidade.

2 – A gestão técnica global do SEN é da responsabilidade da entidade concessionária da RNT.

Artigo 24.º
Operador da RNT

1 – O operador da RNT é a entidade concessionária da respectiva rede.

2 – São deveres do operador da RNT, nomeadamente:

a) Assegurar a exploração e manutenção da RNT em condições de segurança, fiabilidade e qualidade de serviço;

b) Gerir os fluxos de electricidade na rede, assegurando a sua interoperacionalidade com as redes a que esteja ligada;

c) Disponibilizar serviços de sistema aos utilizadores da RESP, nomeadamente através de mecanismos eficientes de compensação de desvios de energia, assegurando a respectiva liquidação;

d) Assegurar a capacidade a longo prazo da RNT, contribuindo para a segurança do abastecimento;

e) Assegurar o planeamento, construção e gestão técnica da RNT, de forma a permitir o acesso de terceiros e gerir de forma eficiente as instalações e os meios técnicos disponíveis;

f) Assegurar a não discriminação entre os utilizadores ou categorias de utilizadores da RNT;

g) Facultar aos utilizadores da RNT as informações de que necessitem para o acesso à rede;

h) Fornecer ao operador de qualquer outra rede, com a qual esteja ligado, e aos intervenientes do SEN as informações necessárias ao desenvolvimento coordenado das diversas redes, bem como ao seu funcionamento seguro e eficiente;

i) Preservar a confidencialidade das informações comercialmente sensíveis obtidas no exercício das suas actividades;

j) Prever o nível de reservas necessárias à garantia de segurança do abastecimento, no curto e médio prazos;

l) Prever a utilização dos equipamentos de produção e, em especial, do uso das reservas hidroeléctricas;

m) Receber dos operadores de mercado e de todos os agentes directamente interessados toda a informação necessária à gestão técnica global de sistema.

3 – Para efeitos do disposto nas alíneas b) e c) do número anterior, devem ser aplicados mecanismos transparentes e competitivos, definidos no Regulamento de Operação das Redes.

4 – Não é permitido ao operador da RNT a aquisição de electricidade para efeitos de comercialização.

Artigo 25.º
Separação jurídica e patrimonial da actividade de transporte

1 – O operador da RNT é independente, no plano jurídico e patrimonial, das entidades que exerçam, directamente ou através de empresas coligadas, actividades de produção, distribuição ou comercialização de electricidade.

2 – De forma a assegurar a independência prevista no número anterior, devem ser garantidos os seguintes critérios mínimos:

a) Os gestores do operador da RNT não podem integrar os órgãos sociais nem participar nas estruturas de empresas que tenham por actividade a produção, distribuição ou comercialização de electricidade;

b) Os interesses profissionais dos gestores referidos na alínea anterior devem ficar devidamente salvaguardados, de forma a assegurar a sua independência;

c) O operador da RNT deve dispor de um poder decisório efectivo e independente de outros intervenientes do SEN, designadamente no que respeita aos activos necessários para manter ou desenvolver a rede;

d) O operador da RNT deve dispor de um código ético de conduta relativo à independência funcional da operação da rede e proceder à sua publicitação;

Decreto-Lei n.º 29/2006

e) Nenhuma pessoa singular ou colectiva pode deter, directamente ou sob qualquer forma indirecta, mais de 10% do capital social do operador da RNT, ou de empresa que o controle;

f) A limitação imposta na alínea anterior é de 5% para as entidades que exerçam actividades no sector eléctrico, nacional ou estrangeiro.

3 – O disposto nas alíneas e) e f) do número anterior não se aplica ao Estado, a empresa por ele controlada, ao operador da RNT ou a empresa que o controle.

ARTIGO 26.º
Qualidade de serviço

A prestação do serviço de transporte pela concessionária deve obedecer a padrões de qualidade de serviço estabelecidos no Regulamento da Qualidade de Serviço.

SUBSECÇÃO II
Ligação e acesso às redes de transporte

ARTIGO 27.º
Ligação às redes

1 – A ligação das instalações de produção, de distribuição ou de consumo à RNT deve ser efectuada em condições técnica e economicamente adequadas, nos termos estabelecidos no Regulamento de Relações Comerciais, no Regulamento da Rede de Transporte, no Regulamento de Operação das Redes e no Regulamento da Qualidade de Serviço.

2 – A ligação à RNT dos centros electroprodutores em regime especial efectua-se nos termos estabelecidos em legislação complementar.

3 – A responsabilidade pelos encargos com a ligação à RNT é estabelecida nos termos previstos no Regulamento de Relações Comerciais.

ARTIGO 28.º
Acesso à rede nacional de transporte

A concessionária da RNT deve proporcionar aos interessados, de forma não discriminatória e transparente, o acesso às respectivas redes, baseado em tarifas aplicáveis a todos os clientes, nos termos do Regulamento do Acesso às Redes e às Interligações.

SUBSECÇÃO III
Relacionamento comercial

ARTIGO 29.º
Relacionamento da concessionária da RNT

A concessionária da RNT relaciona-se comercialmente com os utilizadores das respectivas instalações, tendo direito a receber, pela utilização destas e pela prestação dos serviços inerentes, uma retribuição por aplicação de tarifas reguladas definidas no Regulamento Tarifário.

SUBSECÇÃO IV
Planeamento

ARTIGO 30.º
Planeamento da RNT

1 – O planeamento da RNT tem por objectivo assegurar a existência de capacidade na rede para a recepção e entrega de electricidade, com níveis adequados de segurança e de qualidade de serviço, no âmbito do mercado interno da electricidade.

2 – O planeamento da RNT deve ser coordenado com o planeamento das redes com que se interliga, nomeadamente com a rede de distribuição em MT e AT e com as redes de sistemas vizinhos.

3 – O planeamento da RNT, bem como os respectivos procedimentos, obedecem aos termos estabelecidos no Regulamento de Operação das Redes e em legislação complementar.

SECÇÃO III
Exploração das redes de distribuição de electricidade

SUBSECÇÃO I
Regime de exercício, instalações e operação

ARTIGO 31.º
Regime de exercício

1 – A actividade de distribuição de electricidade é exercida em regime de concessão de serviço público, em exclusivo, mediante a exploração da RND e das redes de BT.

2 – A concessão da RND é atribuída, mediante contrato outorgado pelo Ministro da Economia e da Inovação, em representação do Estado.

3 – As concessões das redes de BT são atribuídas mediante contratos outorgados pelos órgãos competentes dos respectivos municípios.

4 – O estabelecido no n.º 1 não prejudica a opção dos municípios entre a exploração directa e a atribuição de concessão das respectivas redes.

5 – As bases das concessões de distribuição de electricidade, bem como os procedimentos para a sua atribuição, são estabelecidas em legislação complementar.

ARTIGO 32.º
Composição da rede de distribuição em MT e AT

1 – A rede de distribuição em MT e AT compreende as subestações, as linhas de MT e de AT, os postos de seccionamento e de corte e os aparelhos e acessórios ligados à sua exploração.

2 – Os bens referidos no número anterior são identificados nas bases da respectiva concessão.

ARTIGO 33.º
Composição das redes de distribuição em BT

1 – As redes de distribuição em BT compreende os postos de transformação, as linhas de BT, os ramais, as instalações de iluminação pública e os aparelhos e acessórios afectos à sua exploração.

2 – Os bens referidos no número anterior são identificados nas bases da respectiva concessão.

ARTIGO 34.º
Operação da rede de distribuição

1 – A concessão de distribuição integra a operação da rede de distribuição.

2 – A operação da rede de distribuição é realizada pelo operador da rede de distribuição e está sujeita às disposições do Regulamento de Operação das Redes.

ARTIGO 35.º
Operador de rede de distribuição

1 – O operador de rede de distribuição é uma entidade concessionária da RND ou de redes em BT.

Regulação do Sector da Energia

2 – São deveres do operador de rede de distribuição, nomeadamente:

a) Assegurar a exploração e manutenção da rede de distribuição em condições de segurança, fiabilidade e qualidade de serviço;

b) Gerir os fluxos de electricidade na rede, assegurando a sua interoperacionalidade com as redes a que esteja ligada e com as instalações dos clientes, no quadro da gestão técnica global do sistema;

c) Assegurar a capacidade da respectiva rede de distribuição de electricidade, contribuindo para a segurança do abastecimento;

d) Assegurar o planeamento, construção e gestão da rede, de forma a permitir o acesso de terceiros e gerir de forma eficiente as instalações;

e) Assegurar que não haja discriminação entre os utilizadores ou categorias de utilizadores da rede;

f) Facultar aos utilizadores as informações de que necessitem para o acesso à rede;

g) Fornecer ao operador de qualquer outra rede com a qual esteja ligada, aos comercializadores e aos clientes as informações necessárias ao funcionamento seguro e eficiente, bem como ao desenvolvimento coordenado das diversas redes;

h) Preservar a confidencialidade das informações comercialmente sensíveis obtidas no exercício da sua actividade.

3 – Salvo nos casos previstos no presente decreto-lei, o operador de rede de distribuição não pode adquirir electricidade para comercialização.

Artigo 36.º
Separação jurídica da actividade de distribuição

1 – O operador de rede de distribuição é independente, no plano jurídico, da organização e da tomada de decisões de outras actividades não relacionadas com a distribuição.

2 – De forma a assegurar a independência prevista no número anterior, devem ser garantidos os seguintes critérios mínimos:

a) Os gestores do operador de rede de distribuição não podem integrar os órgãos sociais nem participar nas estruturas da empresa de electricidade integrada que tenha por actividade a exploração da produção, transporte ou comercialização de electricidade;

b) Os interesses profissionais dos gestores referidos na alínea anterior devem ficar devidamente salvaguardados, de forma a assegurar a sua independência;

c) O operador de rede de distribuição deve dispor de um poder decisório efectivo e independente de outros intervenientes do SEN, designadamente no que respeita aos activos necessários para manter ou desenvolver a rede;

d) O operador de rede de distribuição deve dispor de um código ético de conduta relativo à independência funcional da respectiva operação da rede e proceder à sua publicitação.

3 – Sem prejuízo da separação contabilística das actividades, a separação jurídica prevista no presente artigo não é exigida aos distribuidores de BT que abasteçam um número de clientes inferior a 100000 e não pertençam a um grupo ou empresa verticalmente integrada.

Artigo 37.º
Qualidade de serviço

A prestação do serviço de distribuição aos clientes ligados às redes de distribuição deve obedecer a padrões de qualidade de serviço estabelecidos no Regulamento da Qualidade de Serviço.

SUBSECÇÃO II
Ligação e acesso às redes de distribuição

Artigo 38.º
Ligação às redes de distribuição MT, AT e BT

1 – A ligação da rede de transporte, das instalações de produção e das instalações de consumo às redes de distribuição, bem como entre estas, deve ser efectuada em condições técnica e economicamente adequadas, nos termos estabelecidos no Regulamento da Qualidade de Serviço, no Regulamento de Relações Comerciais, no Regulamento da Rede de Distribuição e no Regulamento de Operação das Redes.

2 – A ligação das instalações de produção ou consumo à rede de distribuição em BT deve ser efectuada em condições técnica e economicamente adequadas, nos termos estabelecidos no Regulamento de Relações Comerciais e no Regulamento da Rede de Distribuição.

3 – A ligação às redes de distribuição dos centros electroprodutores em regime especial efectua-se nos termos de legislação complementar.

4 – A responsabilidade pelos encargos com a ligação à rede de distribuição é estabelecida nos termos previstos no Regulamento de Relações Comerciais.

Artigo 39.º
Acesso às redes de distribuição

Os operadores das redes de distribuição devem proporcionar aos interessados, de forma não discriminatória, o acesso às suas redes, baseado em tarifas aplicáveis a todos os clientes, nos termos do Regulamento do Acesso às Redes e às Interligações.

SUBSECÇÃO III
Relacionamento comercial

Artigo 40.º
Relacionamento das concessionárias das redes de distribuição

As concessionárias das redes de distribuição relacionam-se comercialmente com os utilizadores das respectivas instalações, tendo direito a receber, pela utilização destas e pela prestação dos serviços inerentes, uma retribuição por aplicação de tarifas reguladas definidas no Regulamento Tarifário.

SUBSECÇÃO IV
Planeamento das redes de distribuição

Artigo 41.º
Planeamento das redes de distribuição

1 – O planeamento da expansão das redes de distribuição tem por objectivo assegurar a existência de capacidade nas redes para a recepção e entrega de electricidade, com níveis adequados de qualidade de serviço e de segurança, no âmbito do mercado interno da electricidade.

2 – Para efeitos do disposto no número anterior, os operadores das redes de distribuição devem elaborar o plano de desenvolvimento das respectivas redes.

3 – O planeamento da rede de distribuição em MT e AT deve ser coordenado com o planeamento da rede de transporte, nos termos do Regulamento de Operação das Redes.

4 – O planeamento das redes de distribuição deve ter em conta e facilitar o desenvolvimento de medidas de gestão da procura e de produção distribuída de electricidade.

5 – O planeamento da rede de distribuição em MT e AT, bem como os respectivos procedimentos, obedecem aos termos estabelecidos no Regulamento de Operação das Redes e em legislação complementar.

SECÇÃO IV
Comercialização de electricidade

SUBSECÇÃO I
Regime do exercício

ARTIGO 42.º
Regime de exercício

1 – O exercício da actividade de comercialização de electricidade é livre, ficando sujeito a licença e às demais condições estabelecidas em legislação complementar.

2 – O exercício da actividade de comercialização de electricidade consiste na compra e venda de electricidade para comercialização a clientes finais ou outros agentes, através da celebração de contratos bilaterais ou da participação em outros mercados.

ARTIGO 43.º
Separação jurídica da actividade

A actividade de comercialização de electricidade é separada juridicamente das restantes actividades, sem prejuízo do disposto no n.º 3 do artigo 36.º.

SUBSECÇÃO II
Relacionamento comercial

ARTIGO 44.º
Relacionamento dos comercializadores de electricidade

1 – Os comercializadores de electricidade podem contratar a electricidade necessária ao abastecimento dos seus clientes através da celebração de contratos bilaterais ou através da participação em outros mercados.

2 – Os comercializadores de electricidade relacionam-se comercialmente com os operadores das redes às quais estão ligadas as instalações dos seus clientes, assumindo a responsabilidade pelo pagamento das tarifas de uso das redes e outros serviços, bem como pela prestação das garantias contratuais legalmente estabelecidas.

3 – O relacionamento comercial com os clientes decorre da celebração de um contrato de compra e venda de electricidade, que deve observar as disposições estabelecidas no Regulamento de Relações Comerciais.

4 – Os comercializadores de electricidade podem exigir aos seus clientes, nos termos da lei, a prestação de caução a seu favor, para garantir o cumprimento das obrigações decorrentes do contrato de compra e venda de electricidade.

5 – Compete aos comercializadores de electricidade exercer as funções associadas ao relacionamento comercial, nomeadamente a facturação da energia fornecida e a respectiva cobrança, bem como o cumprimento dos deveres de informação relativos às condições de prestação de serviço, na observância do Regulamento de Relações Comerciais e do Regulamento de Qualidade de Serviço.

6 – Constitui obrigação dos comercializadores de electricidade a manutenção de um registo actualizado dos seus clientes e das reclamações por eles apresentadas.

ARTIGO 45.º
Rotulagem da electricidade

1 – Os comercializadores de electricidade, nas facturas ou na documentação que as acompanhe e no material promocional posto à disposição dos clientes finais, devem especificar as seguintes referências:

a) A contribuição de cada fonte de energia para o total da electricidade adquirida pelo comercializador de electricidade no ano anterior;

b) As fontes de consulta em que se baseiam as informações facultadas ao público sobre o impacte ambiental, nomeadamente em termos de emissões de dióxido de carbono resultantes da produção de electricidade a partir das diversas fontes da energia comercializadas no decurso do ano anterior.

2 – No que respeita à electricidade adquirida através de um mercado organizado ou importada de uma empresa situada fora da União Europeia, podem ser utilizados os dados agregados disponibilizados pelo mercado ou pela empresa no ano anterior.

SUBSECÇÃO III
Comercializador de último recurso

ARTIGO 46.º
Exercício da actividade de comercialização de último recurso

1 – Considera-se comercializador de último recurso aquele que estiver sujeito a obrigações de serviço universal.

2 – O exercício da actividade de comercializador de último recurso está sujeito à atribuição de licença.

3 – O comercializador de último recurso fica sujeito à obrigação da prestação universal do fornecimento de electricidade, garantindo a todos os clientes que o solicitem a satisfação das suas necessidades, na observância da legislação aplicável, nomeadamente a relativa à protecção do consumidor.

4 – As actividades do comercializador de último recurso estão sujeitas à regulação prevista no presente decreto-lei.

ARTIGO 47.º
Separação jurídica da actividade de comercializador de último recurso

A actividade de comercialização de electricidade de último recurso é separada juridicamente das restantes actividades, incluindo outras formas de comercialização, sendo exercida segundo critérios de independência, definidos em legislação complementar.

ARTIGO 48.º
Obrigação de fornecimento de electricidade

1 – O comercializador de último recurso é obrigado a fornecer electricidade aos clientes que lha requisitem e que preencham os requisitos legais definidos para o efeito.

2 – A comercialização de electricidade deve obedecer às condições estabelecidas no presente decreto-lei, no Regulamento Tarifário, no Regulamento de Relações Comerciais e no Regulamento da Qualidade de Serviço.

3 – O fornecimento, salvo casos fortuitos ou de força maior, só pode ser interrompido por razões de interesse público, de serviço ou de segurança, ou por facto imputável ao cliente ou a terceiros, nos termos previstos no Regulamento de Relações Comerciais.

Regulação do Sector da Energia

ARTIGO 49.º
Relacionamento comercial
do comercializador de último recurso

1 – Sem prejuízo do disposto nos artigos 44.º e 45.º, ao relacionamento comercial do comercializador de último recurso aplica-se o disposto nos números seguintes.

2 – À aquisição de electricidade aplicam-se as seguintes regras:

a) O comercializador de último recurso deve adquirir a electricidade produzida pelos produtores em regime especial, nas condições estabelecidas na legislação complementar;

b) O comercializador de último recurso pode adquirir electricidade para abastecer os seus clientes em mercados organizados, ou através de contratos bilaterais mediante a realização de concursos ou através de outros procedimentos definidos em legislação complementar;

c) Os contratos estabelecidos de acordo com a alínea anterior carecem de aprovação nos termos do Regulamento de Relações Comerciais.

3 – À venda de electricidade aplicam-se as seguintes regras:

a) O comercializador de último recurso é obrigado a fornecer electricidade a quem lha requisitar, até ao limite de potência requisitada para efeitos de ligação, nos termos estabelecidos no Regulamento de Relações Comerciais e com observância das demais exigências regulamentares;

b) O comercializador de último recurso deve aplicar as tarifas de venda a clientes finais publicadas pela Entidade Reguladora dos Serviços Energéticos (ERSE), de acordo com o estabelecido no Regulamento Tarifário.

SECÇÃO V
Gestão de mercados organizados

ARTIGO 50.º
Regime de exercício

1 – O exercício da actividade de gestão de mercados organizados de electricidade é livre, ficando sujeito a autorização.

2 – O exercício da actividade de gestão de mercados organizados é da responsabilidade dos operadores de mercados, de acordo com o estabelecido em legislação complementar, sem prejuízo das disposições da legislação financeira que sejam aplicáveis aos mercados em que se realizem operações a prazo.

ARTIGO 51.º
Deveres dos operadores de mercados

São deveres dos operadores de mercados, nomeadamente:

a) Gerir mercados organizados de contratação de electricidade;

b) Assegurar que os mercados referidos na alínea anterior sejam dotados de adequados serviços de liquidação;

c) Divulgar informação relativa ao funcionamento dos mercados de forma transparente e não discriminatória, devendo, nomeadamente, publicar informação, agregada por agente, relativa a preços e quantidades transaccionadas;

d) Comunicar ao operador de rede de transporte toda a informação relevante para a gestão técnica do SEN e para a gestão comercial da capacidade de interligação, nos termos do Regulamento de Operação das Redes.

ARTIGO 52.º
Integração da gestão de mercados organizados

A gestão de mercados organizados integra-se no âmbito do funcionamento dos mercados constituídos ao abrigo de acordos internacionais celebrados entre o Estado Português e outros Estados membros da União Europeia.

CAPÍTULO III
Consumidores

ARTIGO 53.º
Direitos

1 – Todos os consumidores têm o direito de escolher o seu comercializador de electricidade, podendo adquirir a electricidade directamente a produtores, a comercializadores ou através dos mercados organizados.

2 – Os consumidores têm direito ao fornecimento de electricidade em observância dos seguintes princípios:

a) Acesso às redes a que se pretendam ligar;

b) Ausência de pagamento pelo acto de mudança de comercializador;

c) Informação sobre os seus direitos no que se refere ao serviço universal;

d) Disponibilização de procedimentos transparentes, simples e a baixo custo para o tratamento de queixas e reclamações relacionadas com o fornecimento de electricidade, permitindo que os litígios sejam resolvidos de modo justo e rápido, prevendo um sistema de compensação.

ARTIGO 54.º
Direitos de informação

Sem prejuízo do disposto na Lei n.º 24/96, de 31 de Julho, com as alterações introduzidas pelo Decreto-Lei n.º 67/2003, de 8 de Maio, e na Lei n.º 23/96, de 26 de Julho, que cria mecanismos destinados a proteger os utentes de serviços públicos essenciais, os consumidores, ou os seus representantes, têm direito a:

a) Informação não discriminatória e adequada às suas condições específicas, em particular aos consumidores com necessidades especiais;

b) Informação completa e adequada de forma a permitir a sua participação nos mercados de electricidade;

c) Informação, de forma transparente e não discriminatória, sobre preços e tarifas aplicáveis e condições normais de acesso e utilização dos serviços energéticos;

d) Informação completa e adequada de forma a promover a eficiência energética e a utilização racional dos recursos;

e) Acesso atempado a toda a informação de carácter público, de uma forma clara e objectiva, capaz de permitir a liberdade de escolha sobre as melhores opções de fornecimento;

f) Consulta prévia sobre todos os actos que possam a vir a pôr em causa os seus direitos.

ARTIGO 55.º
Deveres

Constituem deveres dos consumidores:

a) Prestar as garantias a que estejam obrigados por lei;

b) Proceder aos pagamentos a que estiverem obrigados;

c) Contribuir para a melhoria da protecção do ambiente;

d) Contribuir para a melhoria da eficiência energética e da utilização racional de energia;

e) Manter em condições de segurança as suas instalações e equipamentos, nos termos das disposições legais aplicáveis, e evitar que as mesmas introduzam perturbações fora dos limites estabelecidos regulamentarmente nas redes a que se encontram ligados;

f) Facultar todas as informações estritamente necessárias ao fornecimento de electricidade.

CAPÍTULO IV
Regulação

SECÇÃO I
Disposições e atribuições gerais

ARTIGO 56.º
Finalidade da regulação do sistema eléctrico nacional

A regulação do SEN tem por finalidade contribuir para assegurar a eficiência e a racionalidade das actividades em termos objectivos, transparentes, não discriminatórios e concorrenciais, através da sua contínua supervisão e acompanhamento, integrada nos objectivos da realização do mercado interno da electricidade.

ARTIGO 57.º
Incumbência da regulação

1 – As actividades de transporte, de distribuição e de comercialização de último recurso de electricidade, bem como as de operação logística de mudança de comercializador e de gestão de mercados organizados estão sujeitas a regulação.

2 – A regulação a que se refere o número anterior é atribuída à ERSE, sem prejuízo das competências atribuídas à Direcção-Geral de Geologia e Energia (DGGE), à Autoridade da Concorrência, à Comissão do Mercado de Valores Mobiliários e a outras entidades administrativas, no domínio específico das suas atribuições.

3 – A regulação exerce-se nos termos previstos no presente decreto-lei e da legislação que define as competências das entidades referidas no número anterior.

ARTIGO 58.º
Atribuições da regulação

Sem prejuízo das atribuições e competências das entidades referidas no artigo 57.º, são atribuições da regulação, nomeadamente:

a) Proteger os direitos e os interesses dos clientes em relação a preços, serviços e qualidade de serviço, promovendo a sua informação e esclarecimento;

b) Assegurar a existência de condições que permitam, às actividades reguladas, a obtenção do equilíbrio económico e financeiro, nos termos de uma gestão adequada e eficiente;

c) Velar pelo cumprimento, por parte dos agentes, das obrigações de serviço público e demais obrigações estabelecidas na lei e nos regulamentos, bem como nas bases das concessões e respectivos contratos e nas licenças;

d) Contribuir para a progressiva melhoria das condições técnicas e ambientais das actividades reguladas, estimulando, nomeadamente, a adopção de práticas que promovam a eficiência energética e a existência de padrões adequados de qualidade de serviço e de defesa do meio ambiente;

e) Cooperar com as outras entidades reguladoras nacionais, com as entidades reguladoras de outros países e exercer as funções que lhe são atribuídas no âmbito do mercado interno da energia, designadamente no mercado ibérico.

ARTIGO 59.º
Direito de acesso à informação

1 – As entidades referidas no artigo 57.º têm o direito de obter dos intervenientes no SEN a informação necessária ao exercício das suas competências específicas e ao conhecimento do mercado.

2 – As entidades referidas no artigo 57.º preservam a confidencialidade das informações comercialmente sensíveis, podendo, no entanto, trocar entre si ou divulgar as informações que sejam necessárias ao exercício das suas funções.

ARTIGO 60.º
Dever de informação

1 – A ERSE apresenta ao Ministro da Economia e da Inovação, em data estabelecida em legislação complementar, um relatório sobre o funcionamento do mercado de electricidade e sobre o grau de concorrência efectiva, indicando também as medidas adoptadas e a adoptar, tendo em vista reforçar a eficácia e a eficiência do mercado.

2 – A ERSE faz publicar o relatório referido no número anterior e dele dá conhecimento à Assembleia da República e à Comissão Europeia.

SECÇÃO II
Sistema tarifário

ARTIGO 61.º
Princípios aplicáveis ao cálculo e à fixação das tarifas

O cálculo e a fixação das tarifas aplicáveis às diversas actividades obedecem aos seguintes princípios:

a) Igualdade de tratamento e de oportunidades;

b) Uniformidade tarifária, de modo que o sistema tarifário se aplique universalmente a todos os clientes, promovendo-se a convergência dos sistemas eléctricos do continente e das Regiões Autónomas;

c) Transparência na formulação e fixação das tarifas;

d) Inexistência de subsidiações cruzadas entre actividades e entre clientes, através da adequação das tarifas aos custos e da adopção do princípio da aditividade tarifária;

e) Transmissão dos sinais económicos adequados a uma utilização eficiente das redes e demais instalações do SEN;

f) Protecção dos clientes face à evolução das tarifas, assegurando, simultaneamente, o equilíbrio económico e financeiro às actividades reguladas em condições de gestão eficiente;

g) Criação de incentivos ao desempenho eficiente das actividades reguladas das empresas;

h) Contribuição para a promoção da eficiência energética e da qualidade ambiental.

ARTIGO 62.º
Regulamento tarifário

1 – As regras e as metodologias para o cálculo e fixação das tarifas, bem como a estrutura tarifária, são estabelecidas no Regulamento Tarifário.

2 – As disposições do Regulamento Tarifário devem adequar-se à organização e funcionamento do mercado interno da electricidade.

Regulação do Sector da Energia

CAPÍTULO V
Segurança do abastecimento

ARTIGO 63.º
Monitorização da segurança do abastecimento

1 – Compete ao Governo, através da DGGE, com a colaboração da entidade concessionária da RNT, a monitorização da segurança do abastecimento do SEN, nos termos do presente artigo, do artigo 64.º e da legislação complementar.

2 – A monitorização deve abranger, nomeadamente, o equilíbrio entre a oferta e a procura no mercado nacional, o nível de procura prevista e dos fornecimentos disponíveis, a capacidade suplementar prevista ou em construção, bem como a qualidade e o nível de manutenção das redes e as medidas destinadas a fazer face aos picos de procura e às falhas de um ou mais produtores ou comercializadores.

3 – A DGGE apresenta ao Ministro da Economia e da Inovação, em data estabelecida em legislação complementar, uma proposta de relatório de monitorização, indicando, também, as medidas adoptadas e a adoptar tendo em vista reforçar a segurança do abastecimento do SEN.

4 – O Governo faz publicar o relatório sobre a monitorização da segurança do abastecimento previsto no número anterior e dele dá conhecimento à Assembleia da República e à Comissão Europeia.

ARTIGO 64.º
Segurança do fornecimento

1 – Sem prejuízo do regime geral de licenciamento, o Governo pode, em último recurso, pôr a concurso público a construção e exploração de centros electroprodutores destinados a assegurar as necessidades de energia e potência identificadas no relatório de monitorização da segurança do abastecimento.

2 – A licença de produção de electricidade dos centros electroprodutores previstos no número anterior é atribuída à entidade seleccionada na sequência da realização de concurso público.

3 – A organização e condução do processo de concurso público compete às entidades responsáveis pelo licenciamento das instalações com a colaboração do operador da rede de transporte.

4 – Os termos do concurso público devem ser homologados pelo Ministro da Economia e da Inovação.

5 – Aos centros electroprodutores abrangidos pela licença referida no n.º 2 podem ser impostas obrigações de serviço público, incluindo a obrigação de colocação de toda a sua produção no mercado organizado.

CAPÍTULO VI
Prestação de informação

ARTIGO 65.º
Deveres

1 – Os intervenientes no SEN devem prestar às entidades administrativas competentes e aos consumidores a informação prevista nos termos da regulamentação aplicável, designadamente no Regulamento do Acesso às Redes e às Interligações, no Regulamento de Operação das Redes, no Regulamento da Qualidade de Serviço, nos regulamentos das redes de transporte, nos regulamentos das redes de distribui-

ção, no Regulamento de Relações Comerciais e no Regulamento Tarifário, bem como nos respectivos contratos de concessão e títulos de licença.

2 – Sem prejuízo do estabelecido no número anterior, a DGGE e a ERSE, no âmbito das suas atribuições, em articulação com o Instituto Nacional de Estatística e nos termos previstos na Lei n.º 6/89, de 15 de Abril, podem solicitar aos intervenientes do SEN as informações necessárias ao exacto conhecimento do mercado.

3 – Os operadores e comercializadores do SEN devem comunicar às entidades administrativas competentes o início, a alteração ou a cessação da sua actividade, no prazo e nos termos dos respectivos contratos de concessão ou licenças.

CAPÍTULO VII
Regiões Autónomas

ARTIGO 66.º
Âmbito de aplicação e órgãos competentes

1 – Não se aplicam às Regiões Autónomas as disposições relativas ao mercado organizado, bem como as disposições relativas à separação jurídica das actividades de produção, transporte, distribuição e comercialização de electricidade, nos termos da derrogação prevista no artigo 26.º da Directiva n.º 2003/54/CE, do Parlamento Europeu e do Conselho, de 26 de Junho.

2 – As adaptações decorrentes da aplicação do disposto no número anterior são efectuadas mediante acto legislativo regional.

3 – Nas Regiões Autónomas, as competências cometidas ao Governo da República, à DGGE e a outros organismos da administração central são exercidas pelos correspondentes membros do Governo Regional e pelos serviços e organismos das administrações regionais com idênticas atribuições e competências, sem prejuízo das competências da ERSE, da Autoridade da Concorrência e de outras entidades de actuação com âmbito nacional.

ARTIGO 67.º
Extensão da regulação às Regiões Autónomas

1 – A regulação da ERSE exercida no âmbito do SEN é extensiva às Regiões Autónomas.

2 – A extensão das competências de regulação da ERSE às Regiões Autónomas assenta no princípio da partilha dos benefícios decorrentes da convergência do funcionamento do SEN, nomeadamente em matéria de convergência tarifária e de relacionamento comercial.

3 – A convergência do funcionamento do SEN por via da regulação tem por finalidade, ao abrigo dos princípios da cooperação e da solidariedade do Estado, contribuir para a correcção das desigualdades das Regiões Autónomas resultantes da insularidade e do seu carácter ultraperiférico.

ARTIGO 68.º
Aplicação da regulamentação

O Regulamento Tarifário, o Regulamento de Relações Comerciais, o Regulamento do Acesso às Redes e às Interligações e o Regulamento da Qualidade de Serviço são aplicáveis às Regiões Autónomas, tendo em conta as suas especificidades, nomeadamente as que estão relacionadas com a descontinuidade, a dispersão e a dimensão geográfica e do mercado.

CAPÍTULO VIII
Regime transitório

ARTIGO 69.º
Contrato de concessão da RNT

1 – A concessão da RNT, atribuída à REN – Rede Eléctrica Nacional, S. A., pelos Decretos-Leis n.os 182/95 e 185/95, ambos de 27 de Julho, e pelo respectivo contrato de concessão, mantém-se na titularidade desta entidade.

2 – A exploração da referida concessão passa a processar-se nos termos do presente decreto-lei e da legislação complementar.

3 – O actual contrato de concessão, celebrado entre o Estado e a REN – Rede Eléctrica Nacional, S. A., é, mediante aditamento, modificado por força das alterações decorrentes do presente decreto-lei e da legislação complementar, salvaguardando-se o princípio da reposição de equilíbrio contratual.

ARTIGO 70.º
Licença de distribuição de electricidade em MT E AT

1 – A licença de distribuição de electricidade em MT e AT, da titularidade da EDP Distribuição – Energia, S. A., é convertida em concessão, mediante a celebração do respectivo contrato.

2 – A exploração da concessão referida no número anterior passa a processar-se nos termos do presente decreto-lei e da legislação complementar, salvaguardando-se o princípio do equilíbrio da exploração.

ARTIGO 71.º
Concessões de distribuição de electricidade em BT

1 – As actuais concessões de distribuição de electricidade em BT, atribuídas e renovadas nos termos do Decreto-Lei n.º 344-B/82, de 1 de Setembro, mantêm-se na titularidade das respectivas concessionárias, sem prejuízo do estabelecido nos números seguintes.

2 – A exploração das concessões de electricidade em BT passa a processar-se nos termos do presente decreto-lei e da legislação complementar.

3 – Os actuais contratos de concessão, celebrados entre os municípios e as entidades concessionárias, são modificados por força das alterações decorrentes do presente decreto-lei e da legislação complementar, observando-se o prazo dos contratos actualmente em vigor, contado a partir da data da sua celebração ou da sua renovação, nos termos do diploma referido no n.º 1.

4 – A modificação dos contratos deve ocorrer no prazo e nos termos estabelecidos em legislação complementar.

ARTIGO 72.º
Manutenção do equilíbrio contratual dos contratos de aquisição de energia

1 – Os termos da manutenção do equilíbrio contratual dos contratos de aquisição de electricidade, celebrados entre a entidade concessionária da RNT e os produtores vinculados ao abrigo do Decreto-Lei n.º 183/95, de 27 de Julho, são estabelecidos em legislação específica.

2 – Enquanto não cessarem os contratos referidos no número anterior, cabe à entidade concessionária da RNT, ou à entidade que a venha a substituir na gestão destes contratos,

a aquisição e a entrega de electricidade, nos termos a definir em legislação complementar.

ARTIGO 73.º
Atribuição transitória da qualidade de comercializador de último recurso

1 – A licença prevista no n.º 2 do artigo 46.º é atribuída à sociedade, juridicamente independente das sociedades que exerçam as demais actividades previstas no presente decreto-lei, a constituir pela EDP Distribuição – Energia, S. A.

2 – A licença prevista no número anterior caduca na data da extinção do contrato de concessão da RND resultante da conversão prevista no n.º 1 do artigo 70.º

3 – A sociedade referida no n.º 1 deve estar constituída no prazo e nos termos estabelecidos em legislação complementar.

4 – É igualmente atribuída às demais entidades concessionárias, ao abrigo do Decreto-Lei n.º 344-B/82, de 1 de Setembro, a qualidade de comercializador de último recurso dentro da sua área de concessão, enquanto durar o correspondente contrato de concessão.

CAPÍTULO IX
Disposições finais

ARTIGO 74.º
Arbitragem

1 – Os conflitos entre o Estado ou os municípios e as respectivas entidades concessionárias, emergentes dos respectivos contratos, podem ser resolvidos por recurso a arbitragem.

2 – Os conflitos entre as entidades concessionárias e os demais interveniente no SEN, no âmbito das respectivas actividades, podem ser igualmente resolvidos por recurso à arbitragem.

3 – Das decisões dos tribunais arbitrais cabe recurso para os tribunais judiciais nos termos da lei geral.

4 – Compete ao Estado, através da ERSE, promover a arbitragem, tendo em vista a resolução de conflitos entre os agentes e os clientes.

ARTIGO 75.º
Garantias

Para garantir o cumprimento das suas obrigações, os operadores e os comercializadores devem constituir e manter em vigor um seguro de responsabilidade civil, proporcional ao potencial risco inerente às actividades, de montante a definir nos termos da legislação complementar.

ARTIGO 76.º
Regime sancionatório

O regime sancionatório aplicável às disposições do presente decreto-lei e da legislação complementar é estabelecido em decreto-lei específico.

ARTIGO 77.º
Regulamentação

1 – Os regimes jurídicos das actividades previstas no presente decreto-lei, incluindo as respectivas bases de concessão, e os procedimentos para atribuição das licenças e concessões são estabelecidos por decreto-lei.

2 – Para efeitos da aplicação do presente decreto-lei, são previstos os seguintes regulamentos:

Regulação do Sector da Energia

a) O Regulamento do Acesso às Redes e às Interligações;
b) O Regulamento Tarifário;
c) O Regulamento de Relações Comerciais;
d) O Regulamento da Qualidade de Serviço;
e) O Regulamento da Rede de Transporte;
f) O Regulamento da Rede de Distribuição;
g) O Regulamento de Operação das Redes.

3 – Enquanto não sejam aprovados os regulamentos referidos nos números anteriores, mantêm-se em vigor os regulamentos aprovados ao abrigo do Decreto-Lei n.º 182/95, de 27 de Julho, em tudo o que não seja incompatível com as disposições estabelecidas no presente decreto-lei.

ARTIGO 78.º
Operação logística de mudança de comercializador de electricidade

O regime de exercício da actividade de operação logística de mudança de comercializador de electricidade é estabelecido em legislação complementar.

ARTIGO 79.º
Norma revogatória

São revogados:
a) O Decreto-Lei n.º 182/95, de 27 de Julho, na redacção que lhe foi dada pelos Decretos-Leis n.os 56/97, de 14 de Março, 24/99, de 28 de Janeiro, 198/2000, de 24 de Agosto, 69/2002, de 25 de Março, e 85/2002, de 6 de Abril;
b) O Decreto-Lei n.º 69/2002, de 25 de Março;
c) O artigo 4.º do Decreto-Lei n.º 187/95, na redacção que lhe foi dada pelo Decreto-Lei n.º 44/97, de 20 de Fevereiro, que mantém a sua vigência até 31 de Dezembro de 2006.

ARTIGO 80.º
Entrada em vigor

O presente decreto-lei entra em vigor no dia seguinte ao da sua publicação.

Visto e aprovado em Conselho de Ministros de 22 de Dezembro de 2005. – *José Sócrates Carvalho Pinto de Sousa – João Titterington Gomes Cravinho – Manuel António Gomes de Almeida de Pinho.*

Promulgado em 2 de Fevereiro de 2006.

Publique-se.

O Presidente da República, JORGE SAMPAIO.

Referendado em 3 de Fevereiro de 2006.

O Primeiro-Ministro, *José Sócrates Carvalho Pinto de Sousa.*

Decreto-Lei n.º 172/2006, de 23 de Junho – **Desenvolve os princípios gerais relativos à organização e ao funcionamento do Sistema Eléctrico Nacional**

Decreto-Lei n.º 172/2006
de 23 de Agosto

O Decreto-Lei n.º 29/2006, de 15 de Fevereiro, que estabeleceu as bases da organização e do funcionamento do sector da electricidade, remeteu para legislação complementar um conjunto de matérias concretizadoras dessas bases, nomeadamente os regimes jurídicos procedimentais do exercício das actividades de produção, transporte, distribuição e comercialização de electricidade, bem como o regime do exercício da actividade de operação logística de mudança de comercializador de electricidade.

No desenvolvimento e na concretização dos princípios do referido decreto-lei, o presente decreto-lei estabelece, em especial, os procedimentos para a atribuição das licenças para produção em regime ordinário e para a comercialização de electricidade, bem como para a atribuição da concessão da Rede Nacional de Transporte de Electricidade (RNT) e das concessões de distribuição de electricidade em alta e média tensões e em baixa tensão.

A produção em regime ordinário, fundada no princípio da liberdade do exercício de actividade, fica apenas dependente de atribuição de uma licença que tem por finalidade compatibilizar o exercício da actividade com valores de interesse geral, como seja o ordenamento do território, a salvaguarda do ambiente e da segurança de pessoas e bens e o cumprimento dos objectivos da política energética nacional, designadamente quanto à natureza das fontes primárias a utilizar e ao cumprimento da lei da concorrência, em especial das quotas de mercado a observar. Para o efeito, estabelece-se um procedimento simples e expedito que assegura a objectividade das decisões e a garantia dos direitos dos interessados. Sendo a regra geral a atribuição da licença, os motivos para a recusa estão devidamente objectivados, fundamentando-se na inobservância dos valores acima referidos. Desta forma, quando os interessados formulam os seus pedidos, já têm conhecimento prévio dos motivos que podem fundamentar o indeferimento do seu pedido. Nesta actividade, são evidenciadas as situações em que o Estado, sem se substituir ao mercado, adopta os procedimentos que garantem a segurança do abastecimento de electricidade. Prevê-se, ainda, um regime transitório aplicável aos pedidos de atribuição de pontos de recepção e ou de licença anteriores à entrada em vigor do decreto-lei.

A actividade de transporte de electricidade é exercida em regime de concessão de serviço público, em exclusivo, através da exploração da RNT. A atribuição da concessão para o exercício desta actividade está sujeita a concurso público, observando-se os princípios da igualdade e da não discriminação. Esta regra não invalida a renovação da concessão à entidade em relação à qual o Estado detenha o controlo efec-

tivo. Sem prejuízo da modificação do actual contrato de concessão, por via da adaptação das novas regras que se aplicam ao funcionamento do sector, a concessão mantém-se na titularidade da Rede Eléctrica Nacional, S. A., nos termos das disposições do Decreto-Lei n.º 29/2006, de 15 de Fevereiro, do presente decreto-lei e das bases a este anexas, bem como do contrato de concessão modificado. Esta modificação ocorre com a salvaguarda da manutenção do equilíbrio do actual contrato de concessão. No anexo II do presente decreto-lei, estabelecem-se as novas bases da concessão da RNT.

A actividade de distribuição de electricidade é exercida em regime de concessão, nos termos estabelecidos no artigo 31.º do Decreto-Lei n.º 29/2006, de 15 de Fevereiro, salientando-se o princípio da sua atribuição por concurso público. No anexo III do presente decreto-lei estabelecem-se as bases da concessão da Rede Nacional de Distribuição de Electricidade em Alta e Média Tensão (RND). No anexo IV do presente decreto-lei estabelecem-se as bases das redes de distribuição de electricidade em baixa tensão (BT). Na decorrência dos princípios estabelecidos nos artigos 70.º e 71.º do Decreto-Lei n.º 29/2006, de 15 de Fevereiro, é fixado o prazo para a celebração dos novos contratos de concessão, considerando a natureza destas concessões. No que se refere às concessões de BT, cuja atribuição é da competência dos municípios, a atribuição e a exploração destas concessões ocorre tendo em consideração os direitos e as competências dos municípios, harmonizando-se com a uniformização dos princípios gerais do sector da electricidade à luz do mercado interno de electricidade.

Ainda no desenvolvimento dos princípios do Decreto-Lei n.º 29/2006, de 15 de Fevereiro, estabelecem-se procedimentos simples para a atribuição das licenças para a comercialização de electricidade, prevendo-se a sua harmonização com os princípios aplicáveis ao funcionamento do mercado ibérico de electricidade, no que se refere ao reconhecimento recíproco dos comercializadores. Dada a sua natureza, os comercializadores de último recurso ficam sujeitos a obrigações especiais, considerando o serviço universal a prestar e a defesa dos consumidores.

No âmbito da mudança de comercializador, estabelece-se o regime do exercício da actividade de operação logística da mudança do comercializador, sendo remetida para legislação complementar a concretização das regras e dos procedimentos que são aplicáveis à entidade que vai exercer esta actividade.

São também definidas disposições gerais que fixam o objecto, o sentido e o alcance de um conjunto de regulamentos essenciais para o exercício das actividades compreendidas no Sistema Eléctrico Nacional, bem como a repartição entre a DGGE e a ERSE das competências para a sua aprovação e aplicação.

Regulação do Sector da Energia

As disposições aplicáveis ao exercício das actividades contempladas neste decreto-lei e aos procedimentos nele previstos enquadram-se no âmbito do processo de liberalização do sector, resultante da Directiva n.º 2003/54/CE, do Parlamento Europeu e do Conselho, de 26 de Junho, que estabelece regras comuns para o mercado interno da electricidade e que revoga a Directiva n.º 96/92/CE, e no funcionamento do mercado ibérico de electricidade, resultante do acordo celebrado entre Portugal e Espanha em 1 de Outubro de 2004, relativo à constituição de um mercado ibérico da energia eléctrica.

Este decreto-lei, no desenvolvimento dos princípios gerais aplicáveis à organização e ao funcionamento do sector de electricidade, finaliza a transposição integral da Directiva n.º 2003/54/CE, do Parlamento Europeu e do Conselho, de 26 de Junho.

Foi promovida a audição da Comissão Nacional de Protecção de Dados e do Conselho Nacional do Consumo.

Foi ainda promovida a audição das associações e cooperativas de consumidores que integram o Conselho Nacional do Consumo.

Foram ouvidas a Associação Nacional de Municípios Portugueses, a Federação Nacional de Cooperativas de Consumidores, a Associação dos Consumidores da Região dos Açores e a Associação Portuguesa para a Defesa do Consumidor.

Assim:

Nos termos da alínea a) do n.º 1 do artigo 198.º da Constituição, o Governo decreta o seguinte:

CAPÍTULO I
Disposições gerais

ARTIGO 1.º
Objecto e âmbito de aplicação

1 – O presente decreto-lei, no desenvolvimento dos princípios constantes do Decreto-Lei n.º 29/2006, de 15 de Fevereiro, que aprovou as bases da organização e do funcionamento do sistema eléctrico nacional, estabelece o regime jurídico aplicável às actividades de produção, transporte, distribuição e comercialização de electricidade, bem como à operação logística de mudança de comercializador e aos procedimentos aplicáveis à atribuição das licenças e concessões.

2 – Excluem-se do âmbito de aplicação do presente decreto-lei:

a) A produção de electricidade em regime especial;

b) As situações de distribuição e comercialização abrangidas por legislação específica, nomeadamente em portos, aeroportos, parques de campismo, caminhos-de-ferro e instalações similares.

3 – No desenvolvimento dos princípios gerais estabelecidos no Decreto-Lei n.º 29/2006, de 15 de Fevereiro, o presente decreto-lei completa a transposição da Directiva n.º 2003//54/CE, do Parlamento Europeu e do Conselho, de 26 de Junho.

ARTIGO 2.º
Definições

Para os efeitos do presente decreto-lei, entende-se por:

a) «Alta tensão (AT)» a tensão entre fases cujo valor eficaz é superior a 45 kV e igual ou inferior a 110 kV;

b) «Baixa tensão (BT)» a tensão entre fases cujo valor eficaz é igual ou inferior a 1 kV;

c) «Capacidade de recepção» o valor máximo da potência aparente que pode ser recebida em determinado ponto da rede pública;

d) «Capacidade disponível» o valor máximo da potência aparente em determinado ponto da rede pública que é possível atribuir a centros electroprodutores;

e) «Centro electroprodutor» a designação genérica de central hidroeléctrica, central eléctrica que utilize fontes renováveis ou o processo de co-geração ou central termoeléctrica;

f) «Cliente» o comprador grossista e o comprador final de electricidade;

g) «Cliente doméstico» o consumidor final que compra electricidade para uso doméstico próprio, excluindo actividades comerciais ou profissionais;

h) «Cliente elegível» o consumidor livre de comprar electricidade ao fornecedor da sua escolha;

i) «Cliente final» o consumidor que compra electricidade para consumo próprio;

j) «Cliente grossista» a pessoa singular ou colectiva que compra electricidade para os efeitos de revenda;

l) «Cliente não doméstico» a pessoa singular ou colectiva que compra electricidade não destinada a utilização no seu agregado familiar, incluindo produtores e clientes grossistas;

m) «Comercialização» a compra e venda de electricidade a clientes, incluindo a revenda;

n) «Comercializador» a entidade titular de licença de comercialização de electricidade cuja actividade consiste na compra a grosso e na venda a grosso e a retalho de electricidade;

o) «Comercializador de último recurso» a entidade titular de licença de comercialização de energia eléctrica sujeita a obrigações de serviço universal;

p) «Consumidor» o cliente final de electricidade;

q) «Distribuição» a transmissão de electricidade em redes de distribuição de alta, média e baixa tensão para entrega ao cliente, mas sem incluir a comercialização;

r) «Distribuidor» a entidade titular de uma concessão de distribuição de electricidade;

s) «Eficiência energética/gestão da procura» a abordagem global ou integrada destinada a influenciar a quantidade e os períodos horários do consumo de electricidade por forma a reduzir o consumo de energia primária e os picos de carga, dando prioridade aos investimentos em medidas de eficiência energética ou outras – como contratos de fornecimento interruptível – sobre os investimentos no aumento da capacidade de produção, caso os primeiros constituam a opção mais eficaz e económica, tendo em conta o impacte ambiental positivo da redução do consumo de energia e os aspectos de segurança do fornecimento e dos custos de distribuição associados;

t) «Empresa coligada» uma empresa filial, na acepção do artigo 41.º da 7.ª Directiva, n.º 83/349/CEE, do Conselho, de 13 de Junho, baseada a alínea g) do n.º 2 do artigo 44.º do Tratado da Comunidade Europeia e relativa às contas consolidadas, ou uma empresa associada na acepção do n.º 1 do artigo 33.º da mesma directiva ou ainda empresas que pertençam aos mesmos accionistas;

u) «Empresa de electricidade integrada» uma empresa vertical ou horizontalmente integrada;

v) «Empresa horizontalmente integrada» uma empresa que exerce pelo menos uma das actividades de produção para venda, transporte, distribuição ou fornecimento de electricidade e ainda uma actividade não directamente ligada ao sector da electricidade;

x) «Empresa verticalmente integrada» uma empresa ou um grupo de empresas cujas relações mútuas estão definidas no n.º 3 do artigo 3.º do Regulamento (CEE) n.º 4064/89, do Conselho, de 21 de Dezembro, relativo ao controlo das operações de concentração de empresas, e que exerce, pelo menos, uma das actividades de transporte ou distribuição e, pelo menos, uma das actividades de produção ou de comercialização de electricidade;

z) «Entrega de electricidade» a alimentação física de energia eléctrica;

aa) «Entidade licenciadora» o serviço ou organismo do Ministério da Economia e da Inovação a quem esteja cometida a competência para a coordenação e a decisão do procedimento de licenciamento da produção de electricidade em regime ordinário, ou da comercialização, conforme o caso;

bb) «Fontes de energia renováveis» as fontes de energia não fósseis renováveis, tais como: energia eólica, solar, geotérmica, das ondas, das marés, hídrica, biomassa, gás de aterro, gás proveniente de estações de tratamento de águas residuais e biogás;

cc) «Fornecimento» a venda de energia eléctrica a qualquer entidade;

dd) «Interligação» o equipamento de transporte que atravessa ou transpõe uma fronteira entre Estados membros vizinhos com a única finalidade de interligar as respectivas redes de transporte de electricidade;

ee) «Interruptibilidade» o regime de contratação de electricidade que prevê a possibilidade de interrupção do fornecimento com a finalidade de limitar os consumos em determinados períodos considerados críticos para a exploração e a segurança do sistema eléctrico;

ff) «Ligação à rede» os elementos da rede que permitem que um determinado produtor ou cliente se ligue fisicamente às infra-estruturas de transporte ou distribuição de electricidade da rede pública;

gg) «Linha directa» a linha eléctrica que liga um local de produção isolado a um cliente isolado ou linha eléctrica que liga um produtor de electricidade e uma empresa de comercialização de electricidade para abastecer directamente os seus próprios estabelecimentos, filiais e clientes elegíveis;

hh) «Média tensão (MT)» a tensão entre fases cujo valor eficaz é superior a 1 kV e igual ou inferior a 45 kV;

ii) «Mercados organizados» os sistemas com diferentes modalidades de contratação que possibilitam o encontro entre a oferta e a procura de electricidade e de instrumentos cujo activo subjacente seja electricidade ou activo equivalente;

jj) «Muito alta tensão (MAT)» a tensão entre fases cujo valor eficaz é superior a 110 kV;

ll) «Operador da rede» a entidade titular de concessão ao abrigo da qual é autorizada a exercer a actividade de transporte ou de distribuição de electricidade, correspondendo a uma das seguintes entidades, cujas funções estão previstas no Regulamento de Relações Comerciais: a entidade concessionária da RNT, a entidade titular da concessão da RND e as entidades titulares da concessão de distribuição de electricidade em BT;

mm) «Operador da rede de distribuição» a pessoa singular ou colectiva que exerce a actividade de distribuição e é responsável, numa área específica, pelo desenvolvimento, pela exploração e pela manutenção da rede de distribuição e, quando aplicável, pelas suas ligações com outras redes, bem como por assegurar a garantia de capacidade da rede a longo prazo;

nn) «Operador da rede de transporte» a pessoa singular ou colectiva que exerce a actividade de transporte e é responsável pelo desenvolvimento, pela exploração e pela manutenção da rede de transporte e, quando aplicável, pelas suas ligações com outras redes, bem como por assegurar a garantia de capacidade da rede a longo prazo, para atender pedidos razoáveis de transporte de electricidade;

oo) «Ponto de interligação» o ponto da rede existente ou a criar onde se prevê ligar a linha que serve a instalação de um produtor, um cliente ou outra rede;

pp) «Ponto de recepção» o ponto da rede onde se faz a entrega ou a recepção de electricidade à instalação do cliente, produtor ou outra rede, localizado nos terminais, do lado da rede, do órgão de corte, que separa as instalações;

qq) «Potência garantida aparente» a potência nominal instalada, com excepção das fontes de energia eólica e hídrica, em que apenas se consideram 10% e 30%, respectivamente, da potência aparente instalada;

rr) «Produção» a produção de electricidade;

ss) «Produção em regime especial» a produção de electricidade tal como definida no artigo 18.º do Decreto-Lei n.º 29/2006, de 15 de Fevereiro;

tt) «Produção distribuída» a produção de electricidade oriunda de centros electroprodutores ligados à rede de distribuição;

uu) «Produtor» a pessoa singular ou colectiva que produz electricidade;

vv) «Produção em regime ordinário» a produção de electricidade tal como definida no artigo 17.º do Decreto-Lei n.º 29/2006, de 15 de Fevereiro;

xx) «Recepção de electricidade» a entrada física de electricidade na rede pública;

zz) «Rede interligada» a rede constituída por várias redes de transporte e de distribuição ligadas entre si;

aaa) «Rede Eléctrica de Serviço Público (RESP)» o conjunto das instalações de serviço público destinadas ao transporte e à distribuição de electricidade que integram a RNT, a RND e as redes de distribuição em baixa tensão;

bbb) «Rede interligada» a rede constituída por várias redes de transporte e de distribuição ligadas entre si;

ccc) «Rede Nacional de Distribuição de Electricidade (RND)» a rede nacional de distribuição de electricidade em alta e média tensão;

ddd) «Rede Nacional de Transporte de Electricidade (RNT)» a rede nacional de transporte de electricidade no continente;

eee) «Renda» a remuneração anual paga pela concessionária ao município concedente pela exploração de uma concessão de distribuição de electricidade em BT;

fff) «Sistema eléctrico nacional (SEN)» o conjunto de princípios, organizações, agentes e instalações eléctricas relacionados com as actividades abrangidas pelo presente decreto-lei e pelo Decreto-Lei n.º 29/2006, de 15 de Fevereiro, no território nacional;

ggg) «Serviços de sistema» os meios e contratos necessários para o acesso e a exploração em condições de segurança de um sistema eléctrico, mas excluindo aqueles que são tecnicamente reservados aos operadores da rede de transporte, no exercício das suas funções;

hhh) «Sistema» o conjunto de redes, de instalações de produção e de pontos de recepção de electricidade ligados entre si e localizados em Portugal e das interligações a sistemas eléctricos vizinhos;

Regulação do Sector da Energia

iii) «Transporte» a transmissão de electricidade numa rede interligada de muito alta tensão e de alta tensão, para os efeitos de recepção dos produtores e de entrega a distribuidores, comercializadores ou a grandes clientes finais, mas sem incluir a comercialização;

jjj) «Uso das redes» a utilização das redes de transporte e distribuição de electricidade nos termos do Regulamento de Acesso às Redes e Interligações;

lll) «Utilizador da rede» a pessoa singular ou colectiva que entrega electricidade à rede ou que é abastecida através dela.

ARTIGO 3.º
Princípios gerais

1 – O exercício das actividades previstas no presente decreto-lei fica subordinado aos princípios estabelecidos no Decreto-Lei n.º 29/2006, de 15 de Fevereiro, sendo assegurada igualdade de oportunidades e de tratamento.

2 – O exercício das actividades abrangidas pela aplicação do presente decreto-lei depende da obtenção de licenças e da atribuição de concessão nos termos dos procedimentos estabelecidos para cada uma das actividades.

3 – Sem prejuízo das competências de outras entidades administrativas, designadamente da Direcção-Geral de Geologia e Energia (DGGE), as actividades de exploração das concessões de transporte e de distribuição de electricidade, do comercializador de último recurso e do operador logístico de mudança de comercializador são objecto de regulação pela Entidade Reguladora dos Serviços Energéticos (ERSE).

4 – O presente decreto-lei aplica-se em todo o território nacional, sem prejuízo do disposto no artigo 2.º e no capítulo VII do Decreto-Lei n.º 29/2006, de 15 de Fevereiro.

CAPÍTULO II
Produção de electricidade em regime ordinário

SECÇÃO I
Disposição geral

ARTIGO 4.º
Condição de exercício

1 – O exercício da actividade de produção de electricidade em regime ordinário é livre, ficando sujeito à obtenção de licença de produção a atribuir pela entidade licenciadora, a solicitação do interessado.

2 – A actividade de produção de electricidade em regime ordinário é exercida em regime de concorrência.

3 – A cada centro electroprodutor corresponde uma licença de produção de electricidade.

4 – Sem prejuízo do cumprimento da legislação sobre concorrência e do estabelecido no presente decreto-lei, é autorizada a acumulação de licenças de produção de electricidade.

5 – O disposto no n.º 1 não obsta a que nas situações previstas neste decreto-lei possa ser atribuída licença de produção de electricidade na sequência de realização de concurso público.

ARTIGO 5.º
Articulação com o licenciamento
das instalações eléctricas

1 – O licenciamento das instalações eléctricas afectas à actividade de produção em regime ordinário é regido pelas disposições aplicáveis do Regulamento de Licenças para Instalações Eléctricas (RLIE) em tudo o que não contrarie o disposto neste capítulo.

2 – A atribuição de licença de produção de electricidade integra a licença de estabelecimento prevista no RLIE no que respeita às instalações por aquela abrangidas.

3 – A licença de exploração das instalações referidas nos números anteriores é emitida após verificação em vistoria da sua conformidade com os termos da respectiva licença de produção e com as normas legais e os regulamentos em vigor.

SECÇÃO II
Critérios de atribuição de licença de produção

ARTIGO 6.º
Critérios gerais de atribuição de licença

1 – São critérios gerais da decisão de atribuição de licença de produção:

a) O contributo do pedido para a concretização dos objectivos da política energética, em especial no âmbito da promoção da segurança do abastecimento, tendo em vista a diversificação das fontes primárias de energia;

b) O contributo do pedido para a concretização dos objectivos da política ambiental, nomeadamente os decorrentes do Protocolo de Quioto e o controlo de emissão de substâncias acidificantes;

c) A quota de capacidade de produção de electricidade em regime ordinário detida pelo interessado em 31 de Dezembro do ano anterior ao da apresentação do pedido, no âmbito do mercado ibérico de electricidade, a qual não pode ser superior a 40%;

d) A existência de condições de ligação à rede pública adequadas à gestão da sua capacidade de recepção de electricidade;

e) As tecnologias de produção, tendo em conta a sua contribuição para os objectivos da política ambiental e para a flexibilidade da operação do sistema eléctrico;

f) A fiabilidade e a segurança da rede eléctrica, das instalações e do equipamento associado, nos termos previstos no Regulamento da Rede de Transporte e no Regulamento da Rede de Distribuição;

g) O cumprimento da regulamentação aplicável à ocupação do solo e à localização, à utilização do domínio público e à protecção da saúde pública e da segurança das populações;

h) As características específicas do requerente, designadamente a sua capacidade técnica, económica e financeira.

2 – Para os efeitos da aplicação da alínea a) do número anterior, devem ser consideradas, nomeadamente:

a) As orientações resultantes dos relatórios de monitorização referidos no artigo 32.º;

b) A quota-parte de cada fonte primária de energia não renovável, quota esta que não deve ultrapassar 50% da potência garantida aparente instalada para a produção de electricidade no continente, na data prevista para a entrada em produção do centro electroprodutor objecto do pedido, salvo nos casos de substituição de um centro electroprodutor a fuelóleo por outro a gás natural, a instalar pelo mesmo titular, em que aquela percentagem pode ser ultrapassada até ao limite da potência desactivada;

c) A reserva, com a finalidade de diversificação das fontes de abastecimento, de uma capacidade de recepção de 800 MW no nó de Sines, a qual é utilizada nos termos a definir por portaria do ministro responsável pela área da energia.

3 – Para os efeitos da alínea d) do n.º 1, verifica-se inadequação à gestão da capacidade de recepção da rede pública quando a potência a injectar exceda a capacidade total no ponto de recepção, tal como indicada pelo respectivo operador de rede, tendo em conta os instrumentos de planeamento referidos nos artigos 36.º e 40.º

ARTIGO 7.º
Quota de capacidade de produção de electricidade no âmbito do mercado ibérico

1 – Para os efeitos da determinação da quota de capacidade de produção de electricidade no âmbito do mercado ibérico, a que se refere a alínea c) do n.º 1 do artigo anterior, deve ser considerada a potência garantida aparente instalada de:

a) Todas as instalações de produção de electricidade, excluindo as de fontes de energia renováveis sujeitas ao regime especial de produção de electricidade, que o requerente explore directamente ou através de terceiros, qualquer que seja a forma que revista esta exploração por terceiros;

b) Todas as instalações de produção de electricidade, excluindo as de fontes de energia renováveis sujeitas ao regime especial de produção de electricidade que sejam da titularidade do requerente, da titularidade de entidades por ele participadas, directa ou indirectamente, na proporção dessa participação, ou da titularidade do grupo a que ele pertença;

c) Todas as licenças ou autorizações de produção já concedidas ao requerente para instalações abrangidas nas alíneas anteriores mas ainda não operacionais.

2 – Ao requerente que detenha uma quota de produção de electricidade em regime ordinário no âmbito do mercado ibérico de electricidade superior à estabelecida nos termos do presente decreto-lei só pode ser atribuída licença de produção, desde que até à data da atribuição da licença de exploração encerre ou aliene explorações ou instalações de produção de electricidade de capacidade suficiente para não exceder a referida quota.

SECÇÃO III
Procedimento de atribuição de licença de produção

ARTIGO 8.º
Instrução do pedido de atribuição de licença de produção

1 – O procedimento para atribuição de licença de produção inicia-se com a apresentação, pelo interessado, de um pedido dirigido à entidade licenciadora, devidamente instruído nos termos previstos nos números seguintes.

2 – Com excepção dos pedidos de atribuição de licença para aproveitamentos hidroeléctricos, todos os demais que contemplem a exploração de centros electroprodutores mediante a utilização da rede pública devem ser apresentados no período de 1 a 15 dos meses de Janeiro, Maio e Setembro de cada ano.

3 – O pedido referido nos números anteriores deve ser instruído com os seguintes elementos:

a) Identificação completa do requerente;

b) Declaração, sob compromisso de honra, do requerente de que tem regularizada a sua situação relativamente a contribuições para a segurança social, bem como a sua situação fiscal;

c) Projecto do centro electroprodutor e os demais elementos estabelecidos no anexo I do presente decreto-lei, que dele faz parte integrante;

d) Informação sobre a existência de capacidade de recepção e as condições de ligação à rede quando o requerente pretenda ligar-se à rede pública;

e) Cronograma das acções necessárias para a instalação do centro electroprodutor, incluindo a indicação do prazo de entrada em exploração;

f) Declaração de impacte ambiental (DIA) favorável ou condicionalmente favorável e parecer de conformidade com a DIA, quando exigíveis nos termos do respectivo regime jurídico, ou, se for o caso, comprovativo de se ter produzido acto tácito favorável conforme o previsto no mesmo regime jurídico;

g) Licença ambiental, quando exigível, nos termos do respectivo regime jurídico;

h) Título de emissão de gases com efeito de estufa ou decisão de exclusão temporária do regime de comércio de emissões, quando exigíveis, nos termos do regime jurídico aplicável;

i) Prova do cumprimento da obrigação de notificação e cópia do relatório de segurança, nos termos do Decreto-Lei n.º 164/2001, de 23 de Maio, quando exigíveis;

j) Parecer favorável sobre a localização do centro electroprodutor emitido pela comissão de coordenação e desenvolvimento regional territorialmente competente, quando o projecto não esteja sujeito ao regime jurídico de avaliação de impacte ambiental;

l) Perfil da empresa requerente, dos sócios ou accionistas e das percentagens do capital social detido, quando igual ou superior a 5%, elementos demonstrativos da capacidade técnica, económico-financeira e experiência de que dispõe para assegurar a realização do projecto, bem como o cumprimento das obrigações legais e regulamentares e as derivadas da licença;

m) Quando o centro electroprodutor a instalar seja explorado mediante a utilização da rede pública, os elementos referidos na alínea anterior devem ser complementados com informação detalhada e elucidativa da quota de capacidade de produção de electricidade detida pelo requerente, nos termos do artigo 6.º, bem como declaração, sob compromisso de honra, de que aquando do pedido não se encontra abrangido pelo disposto na alínea c) do n.º 1 do mesmo artigo, ou, estando abrangido, em que medida lhe é o mesmo aplicável, indicando as medidas que se propõe tomar para os efeitos do disposto no n.º 2 do artigo anterior.

4 – Tratando-se de centros hidroeléctricos, o pedido deve ainda ser instruído com certidão do título de utilização do domínio hídrico atribuído pela administração da região hidrográfica competente, autorizando a utilização dos recursos hídricos para o fim pretendido, estando dispensada a apresentação do parecer de localização previsto na alínea j) do número anterior.

5 – A informação referida na alínea d) do n.º 3 é prestada pelo operador da RNT, ou pelo operador da RND, consoante o caso, tendo em conta o disposto no n.º 3 do artigo 6.º, devendo ser dada no prazo de 40 dias, ou de 90 dias para projectos que impliquem uma consulta a outro operador de rede com a qual a RNT esteja interligada, contados a partir da data da apresentação da solicitação do interessado e mediante o pagamento de um preço pelo serviço prestado, a estabelecer no Regulamento das Relações Comerciais.

6 – Para integral cumprimento do disposto nos números anteriores, o interessado deve promover atempadamente os

Regulação do Sector da Energia

procedimentos necessários para a obtenção dos elementos previstos nas alíneas f), g), h), i) e j) do n.º 3 e no n.º 4, cabendo à entidade licenciadora prestar a colaboração que lhe seja solicitada no âmbito da respectiva legislação aplicável.

ARTIGO 9.º
Verificação da conformidade da instrução do pedido

1 – No prazo máximo de 20 dias após a recepção do pedido ou do termo do período referido no n.º 2 do artigo anterior, conforme o caso, a entidade licenciadora verifica a conformidade da sua instrução à luz do disposto no artigo anterior e, se for caso disso, solicita ao requerente elementos em falta ou complementares, a juntar no prazo de 10 dias.

2 – A falta de apresentação no prazo fixado dos elementos solicitados nos termos do número anterior implica o indeferimento do pedido.

3 – Estando o pedido devidamente instruído, compete à entidade licenciadora:

a) Emitir as guias para pagamento das taxas referidas no artigo 68.º;

b) Promover a publicação de éditos, nos termos previstos no RLIE, quando o projecto não tenha sido sujeito a procedimento de avaliação de impacte ambiental em conformidade com o respectivo regime jurídico;

c) Enviar cópia do processo, ou das suas partes relevantes, às entidades a consultar, para os efeitos de emissão de informação, em conformidade e nos termos do artigo seguinte.

ARTIGO 10.º
Informação do operador da rede pública e de outras entidades

1 – Sem prejuízo de outras situações legalmente previstas ou dos casos em que a entidade licenciadora considere ser necessário solicitar informação a outras entidades, o operador da rede pública a que se liga o centro electroprodutor a licenciar deve ser solicitado a pronunciar-se sobre o pedido.

2 – O prazo para a emissão de informação ou de parecer solicitado referida no número anterior é de 30 dias contados a partir da data da recepção do pedido formulado pela entidade licenciadora.

3 – A entidade consultada dispõe de 10 dias após a recepção do pedido para pedir esclarecimentos ou informações complementares, caso em que o prazo referido no número anterior se suspende até à resposta da entidade licenciadora.

4 – As informações ou os pareceres prestados nos termos do presente artigo devem ser objectivos, fundamentados e conclusivos.

ARTIGO 11.º
Decisão do pedido de atribuição de licença de produção

1 – Concluída a instrução do procedimento nos termos previstos nos artigos anteriores, a entidade licenciadora profere decisão ou projecto de decisão do pedido no prazo de 30 dias, tendo em conta os critérios estabelecidos no artigo 6.º e as disposições do Código do Procedimento Administrativo relativas à audiência prévia, sem prejuízo do disposto nos artigos seguintes.

2 – Em caso de decisão final favorável ou condicionalmente favorável, considera-se atribuída a licença de produção.

3 – O disposto na parte inicial do n.º 1 não obsta a que a entidade licenciadora, em fase anterior do procedimento, possa indeferir liminarmente o pedido quando este seja apresentado

fora dos períodos referidos no n.º 2 do artigo 8.º, se aplicáveis, ou considere não estar preenchido qualquer dos critérios para a atribuição da licença estabelecidos no artigo 6.º, sem prejuízo da observância das disposições do Código do Procedimento Administrativo nos termos previstos na parte final do mesmo n.º 1.

4 – Em caso de indeferimento do pedido de atribuição de licença de produção, o requerente deve ser informado das razões determinantes da mesma, as quais devem ser objectivas e não discriminatórias.

5 – Sem prejuízo da notificação da decisão nos termos legalmente exigidos, a decisão proferida sobre o pedido de atribuição da licença deve ser dada a conhecer ao operador da rede relevante, bem como publicitada no sítio na Internet da entidade licenciadora.

ARTIGO 12.º
Concorrência de pedidos

1 – Se após a verificação do preenchimento dos critérios definidos no n.º 1 do artigo 6.º resultar uma situação de concorrência entre dois ou mais pedidos, em virtude do disposto na alínea b) do n.º 2 ou no n.º 3 do artigo 6.º, a entidade licenciadora procede à selecção destes, observando o estabelecido nos números seguintes.

2 – Para os efeitos do disposto no número anterior, a entidade licenciadora utiliza o critério do nível de harmonização da localização do centro electroprodutor com as indicações constantes dos instrumentos de planeamento previstos nos artigos 36.º e 40.º

3 – Quando não seja possível distinguir os pedidos com base no critério referido no número anterior, a entidade licenciadora utiliza o critério da quota de capacidade de produção do requerente no âmbito do mercado ibérico de electricidade, determinada nos termos do artigo 7.º, a qual não deve ser superior a 20%.

4 – Quando após a aplicação da percentagem referida no número anterior não seja possível seleccionar um ou mais pedidos concorrentes ou distinguir um ou mais dos seleccionados, a entidade licenciadora procede à escolha, mediante oferta em carta fechada, a entregar e abrir em sessão pública, nos termos previstos no artigo seguinte.

5 – A escolha mediante oferta em carta fechada realiza-se de entre os pedidos concorrentes não seleccionados ou de entre os seleccionados que não foi possível distinguir, consoante as circunstâncias, na sequência da aplicação do critério da quota de capacidade de produção do requerente no âmbito do mercado ibérico de electricidade referido no n.º 3.

ARTIGO 13.º
Selecção por oferta em carta fechada e por sorteio

1 – A oferta em carta fechada a que se refere o n.º 4 do artigo anterior consiste em valor monetário, que é repercutido na tarifa de uso global do sistema, devendo a entidade licenciadora reter até 1,5% do montante pago para custeio das despesas do processo.

2 – As ofertas são graduadas por ordem decrescente do valor oferecido.

3 – A oferta é realizada em sessão pública, convocada pela entidade licenciadora mediante aviso publicado na sua sede, e notificação, expedida sob registo postal, dirigida aos ofertantes, comunicando, com o mínimo de 10 dias de antecedência, a data, a hora e o local de realização da sessão pública.

4 – A notificação aos ofertantes referida no número anterior deve ainda indicar o valor de base da oferta fixado pela entidade licenciadora, devendo os mesmos ser portadores das respectivas ofertas, em carta inserida em envelope fechado.

5 – A sessão pública é dirigida pela entidade licenciadora ou por outra entidade por esta designada, podendo fazer-se coadjuvar por duas personalidades, uma das quais faz de relator.

6 – A sessão pública inicia-se com a identificação dos membros da mesa, seguindo-se a leitura do aviso e das convocatórias e a identificação dos ofertantes ou seus representantes especificamente credenciados, após o que são anunciadas as regras a observar no sorteio referido no n.º 11.

7 – Concluídas as formalidades referidas no número anterior, é solicitada a entrega dos envelopes com as ofertas para serem imediatamente abertos e lido o respectivo conteúdo, interrompendo-se a sessão por alguns minutos.

8 – Retomada a sessão, a mesa ordena as ofertas apresentadas por ordem decrescente do valor oferecido.

9 – Os requerentes seleccionados procedem, de imediato, ao pagamento do valor adjudicado, mediante cheque à ordem da entidade licenciadora, contra recibo provisório, lavrando-se acta e encerrando-se a sessão pública, após o que o procedimento prossegue de acordo com o estabelecido no artigo seguinte.

10 – A falta de comparência à sessão pública de ofertante devidamente notificado ou seu representante, a apresentação de proposta em branco ou a falta de pagamento do valor adjudicado na mesma sessão implicam a automática desistência do pedido.

11 – Se não for possível hierarquizar dois ou mais ofertantes, a sessão pública prossegue, realizando-se a selecção do pedido de atribuição de licença de produção por sorteio.

12 – As irregularidades relativas à sessão pública, à oferta, à sua apreciação e aceitação e ao sorteio são arguidas e decididas no próprio acto.

Artigo 14.º
Audição dos requerentes de pedidos concorrentes

1 – Concluído o apuramento dos requerentes, nos termos do disposto nos n.os 2 e 4 do artigo 12.º e do artigo anterior, a entidade licenciadora elabora relatório sobre a aplicação destes métodos de selecção e apuramento dos requerentes.

2 – O relatório referido no número anterior é notificado aos requerentes cujos pedidos foram sujeitos aos procedimentos previstos nos artigos 12.º e 13.º para se pronunciarem, por escrito, no prazo de cinco dias, disponibilizando-se, ainda, a consulta dos respectivos processos, sendo, ao mesmo tempo, comunicado aos apurados as condições em que a entidade licenciadora se propõe atribuir a licença.

3 – Apreciadas as respostas dos requerentes, a entidade licenciadora profere decisão sobre os pedidos, atribuindo ou indeferindo a atribuição da licença.

4 – Se algum dos requerentes seleccionados rejeitar o projecto de decisão de atribuição da licença ou não se pronunciar sobre a sua aceitação dentro do prazo fixado nos termos do n.º 2, o pedido é indeferido e são recuperados os requerentes excluídos, sucessivamente e por ordem da classificação obtida, começando-se pelo último método de selecção utilizado, até completo preenchimento da posição tornada vaga.

Artigo 15.º
**Conteúdo da licença de produção
e publicidade da decisão**

1 – A decisão de atribuição da licença de produção de electricidade em regime ordinário deve conter, nomeadamente, os seguintes elementos:

a) Identificação completa do titular;

b) Principais características do centro electroprodutor e sua localização, a indicação do ponto de interligação e da potência máxima injectável na rede, bem como as obras e os trabalhos de reforço da rede a suportar pelo titular da licença, se for o caso;

c) Prazo da licença de produção, no caso de centrais hidroeléctricas;

d) Outras obrigações ou condições especiais a que eventualmente fique sujeito o titular da licença, nomeadamente quanto ao prazo para a entrada em exploração do centro electroprodutor.

2 – A DIA, a licença ambiental, o título de emissão de gases com efeito de estufa ou outras licenças, autorizações, pareceres ou declarações de aceitação de entidades competentes que nos termos da legislação aplicável constituam requisito para o licenciamento da instalação ou exploração do centro electroprodutor ou condição a que aqueles devam ficar sujeitos, quando existam, integram o acervo de obrigações a cujo cumprimento se vincula o titular da licença de produção de electricidade.

Artigo 16.º
Encargos com os investimentos

Os investimentos para a criação de capacidade de recepção para centros electroprodutores, os investimentos para ligação dos centros electroprodutores à rede e os respectivos encargos a assumir pelas partes obedecem às seguintes regras gerais:

a) Os custos de investimento na rede suportados pelas concessionárias, deduzidos de eventuais comparticipações de fundos públicos, são considerados para os efeitos da fixação de tarifas de uso da rede;

b) O custo e a construção da ligação desde o centro electroprodutor até ao ponto de interligação são da responsabilidade do titular da licença de produção;

c) Se for possível ao operador da rede, a pedido da entidade interessada, antecipar a criação de condições para ligar um novo centro electroprodutor, esta paga os encargos decorrentes dessa antecipação junto do operador da rede, o qual define o seu valor;

d) No caso de antecipação de ligação ou nos casos em que se verifiquem atrasos por razões alheias ao operador da RNT, na concretização de reforços internos das redes decorrentes da ligação dos centros electroprodutores, o gestor da rede pode definir limitações de volume de produção e o recurso a disparos de grupos em caso de contingências de elementos das redes.

Artigo 17.º
**Princípios aplicáveis à recepção
de electricidade pela rede pública**

Na recepção de electricidade pela rede pública, proveniente dos centros electroprodutores em regime ordinário, aplicam-se os seguintes princípios:

Regulação do Sector da Energia

a) Consideração dos objectivos da política energética nacional, nomeadamente no que respeita à mobilização dos recursos endógenos renováveis e de eficiência energética para a produção de electricidade;

b) Salvaguarda do interesse público atribuído à rede pública nos termos da legislação e dos regulamentos relevantes para a exploração diária do sistema produtor e das redes;

c) Igualdade de tratamento e de oportunidades;

d) Racionalidade na gestão das capacidades disponíveis;

e) Transparência das decisões, designadamente através de mecanismos de informação e de publicitação.

SECÇÃO IV
Regime da licença de produção de electricidade em regime ordinário

ARTIGO 18.º
Duração da licença de produção

1 – A licença de produção de electricidade em regime ordinário não está sujeita a prazo de duração, sem prejuízo da extinção prevista no artigo 23.º e do disposto no número seguinte.

2 – A licença respeitante a centrais hidroeléctricas fica sujeita a prazo compatível com o título de utilização do domínio hídrico, a estabelecer na respectiva licença de produção de electricidade.

ARTIGO 19.º
Direitos do titular da licença de produção

1 – São direitos do titular da licença de produção em regime ordinário, no termos do presente decreto-lei e da respectiva licença:

a) Estabelecer e explorar o centro electroprodutor;

b) Vender energia eléctrica em mercados organizados ou através de contratos bilaterais e comprar energia eléctrica até ao limite da sua capacidade de produção;

c) Estabelecer e explorar linhas directas para a comercialização de electricidade a clientes finais.

2 – O exercício do direito de estabelecimento de linhas directas referido na alínea c) do número anterior fica condicionado à impossibilidade de abastecimento de clientes através do acesso às redes do SEN, salvo se for técnica e economicamente mais vantajoso para o SEN, de acordo com a avaliação feita pela entidade licenciadora da instalação eléctrica.

ARTIGO 20.º
Deveres do titular da licença de produção

1 – São deveres do titular da licença de produção de electricidade em regime ordinário, nomeadamente:

a) Prestar, no prazo de 30 dias contados a partir da atribuição da licença de produção, à ordem da entidade licenciadora, uma caução destinada a garantir o cumprimento de todas as obrigações do titular da licença de produção até à entrada em exploração do centro electroprodutor, nos termos previstos no número seguinte;

b) Efectuar todas as diligências necessárias à obtenção das autorizações legalmente previstas para a construção do centro electroprodutor, tendo em vista cumprir o cronograma de desenvolvimento e a implementação do projecto de acordo com os termos da respectiva licença;

c) Requerer a vistoria da instalação e a licença de exploração, tendo em vista a entrada em produção dentro do prazo estabelecido;

d) Iniciar a exploração do centro electroprodutor no prazo fixado na licença de produção, o qual não pode ultrapassar três anos contados da data da sua atribuição, salvo se este prazo for prorrogado nos termos do n.º 4;

e) Cumprir todas as disposições legais e regulamentares em vigor e as derivadas da licença de produção;

f) Cumprir, no que for aplicável, com as disposições do Regulamento de Relações Comerciais, do Regulamento de Operação das Redes, do Regulamento da Rede de Transporte, do Regulamento da Rede de Distribuição e do Regulamento de Acesso às Redes e às Interligações;

g) Enviar à DGGE e à ERSE os dados informativos referentes ao funcionamento e à exploração do centro electroprodutor:

i) Até ao final de cada mês, os dados mensais referentes ao penúltimo mês anterior;

ii) Até ao final do mês de Março de cada ano, os dados anuais referentes ao ano civil anterior;

h) Constituir e manter actualizado o seguro de responsabilidade civil exigido nos termos do artigo 29.º;

i) Permitir e facilitar o acesso das entidades fiscalizadoras às suas instalações, facultando-lhes as informações e os dados necessários ao exercício da sua actividade de fiscalização.

2 – A caução a prestar nos termos da alínea a) do número anterior deve ser idónea, autónoma, irrevogável e pagável à primeira solicitação e pelo valor correspondente a 2% do montante do investimento previsto para a instalação do centro electroprodutor, não podendo ultrapassar 10 milhões de euros.

3 – A caução referida no número anterior deve ser cobrada pela entidade licenciadora quando o titular não inicie a exploração no prazo estabelecido em conformidade com o disposto neste decreto-lei, caso em que o seu valor é entregue ao operador da RNT para ser repercutido na tarifa de uso global do sistema ou liberada logo que a exploração se concretize.

4 – O prazo previsto na alínea d) do n.º 1 pode ser prorrogado pela entidade licenciadora por prazos sucessivos de um ano e até ao máximo de seis anos, no caso de centrais hidroeléctricas, e de três anos, nos restantes casos, mediante solicitação do titular da licença devidamente fundamentada em motivo que não lhe seja imputável.

ARTIGO 21.º
Vistorias

1 – O titular da licença deve requerer à entidade licenciadora, nos termos do RLIE, a realização da vistoria, com o mínimo de 30 dias de antecedência relativamente à data prevista para a entrada em exploração, descrevendo, em relatório anexo ao pedido, o estado do cumprimento das condições derivadas da respectiva licença de produção, prova da celebração do seguro a que se refere o artigo 29.º e, quando exigível, declaração de aceitação do relatório de segurança, nos termos do Decreto-Lei n.º 164/2001, de 23 de Maio, e autorização ou licença de gestão de resíduos nos termos da legislação aplicável.

2 – A vistoria é realizada pela entidade licenciadora, que pode fazer-se acompanhar de representante do operador da rede e das demais entidades a quem tenha sido remetido o processo de licenciamento para se pronunciarem, podendo

ainda fazer-se coadjuvar por outros técnicos ou peritos tendo em vista a verificação da instalação ou exploração no que respeita ao cumprimento das condições de licenciamento, ou impostas em vistoria anterior.

3 – Para os efeitos do número anterior, a entidade licenciadora comunica aos acompanhantes referidos no número anterior e ao titular da licença, com a antecedência de oito dias, o dia e a hora agendados para a vistoria.

4 – Da vistoria é elaborado relatório nos termos previstos no RLIE, dele devendo constar, designadamente, a verificação de que a instalação se encontra, ou não, em condições de ser autorizada a exploração e, se for o caso, as medidas a tomar pelo titular da licença.

5 – Quando em vistoria anterior tenham sido impostas condições e fixado prazo para a sua realização, a entidade licenciadora realiza nova vistoria de verificação do seu cumprimento, podendo realizar-se mais uma e última vistoria caso persista o incumprimento de medidas anteriormente impostas.

Artigo 22.º
Transmissão da licença de produção

1 – A transmissão da licença de produção está sujeita a autorização da entidade licenciadora na sequência de pedido do titular, só podendo ser concedida desde que sejam observados os requisitos legais da sua atribuição.

2 – O pedido de transmissão deve indicar os motivos determinantes da mesma e fornecer todos os elementos relativos à identificação e ao perfil do candidato a transmissário, bem como ser acompanhado de declaração deste aceitando a transmissão e todas as condições da licença e, no caso de centrais hidroeléctricas, de documento comprovativo de ter sido autorizada a transmissão do título de utilização do domínio hídrico.

3 – Autorizada a transmissão da licença, o transmissário deve solicitar à entidade licenciadora, dentro do prazo nela fixado, não inferior a 30 dias, o averbamento em seu nome da licença de produção, juntando certidão do contrato que titulou a transmissão.

4 – O transmissário fica sujeito aos mesmos deveres, obrigações e encargos do transmitente, bem como a todos os demais que eventualmente lhe tenham sido impostos na autorização da transmissão.

5 – A autorização a que se refere o presente artigo caduca se não for celebrado o negócio jurídico que titula a transmissão no prazo fixado nos termos do n.º 3.

6 – A transmissão da licença de produção operada nos termos do presente artigo implica igualmente a transmissão automática da licença de exploração.

7 – O disposto no presente artigo aplica-se aos casos de reestruturação de sociedades por fusão ou cisão, bem como, com as necessárias adaptações, à cedência, a qualquer título, da gestão ou da exploração do centro electroprodutor.

Artigo 23.º
Extinção da licença de produção

1 – A licença de produção extingue-se por caducidade ou por revogação, nos termos dos artigos seguintes.

2 – A extinção da licença de produção implica a extinção automática da licença de exploração.

3 – Com a extinção da licença, o seu titular fica obrigado à remoção das instalações implantadas sobre bens do domínio público, nos termos da legislação aplicável.

4 – A reversão das instalações implantadas sobre bens do domínio público processa-se nos termos da legislação aplicável.

5 – A extinção da licença não exonera o titular do cumprimento de todas as obrigações decorrentes do exercício da actividade a que se encontre vinculado até à data em que a mesma produza efeitos nem prejudica o cumprimento das respeitantes ao encerramento e à remoção das instalações, designadamente em matéria de segurança, protecção e monitorização ambiental.

6 – Sem prejuízo do cumprimento do dever de notificação nos termos gerais, a extinção da licença de produção é divulgada no sítio na Internet da entidade licenciadora e comunicada ao operador da rede e, no caso de centrais hidroeléctricas, à entidade emitente do título de utilização do domínio hídrico.

Artigo 24.º
Caducidade da licença de produção

1 – A licença de produção de electricidade caduca nas seguintes situações:

a) Quando o seu titular não apresentar a caução a que se refere a alínea a) do n.º 1 do artigo 20.º, nos termos e prazos nele estabelecidos;

b) Quando o seu titular não iniciar a exploração do centro electroprodutor dentro do prazo estabelecido;

c) Quando, por qualquer forma, cessar o título de utilização do domínio hídrico ou cessar o prazo de vigência da licença de produção;

d) Quando o seu titular renuncie à licença, mediante declaração escrita dirigida à entidade licenciadora, com uma antecedência não inferior a seis meses relativamente à data pretendida para a extinção produzir efeitos, salvo se aquela entidade consentir expressamente um prazo diferente;

e) Em caso de dissolução, cessação da actividade ou aprovação da liquidação da sociedade em processo de insolvência e recuperação de empresas.

2 – A caducidade da licença nos termos da alínea b) do número anterior implica a perda da caução prevista na alínea a) do n.º 1 do artigo 20.º

3 – A caducidade da licença de produção, ouvido o titular, é declarada pela entidade licenciadora.

Artigo 25.º
Revogação da licença de produção

1 – A licença pode ser revogada pela entidade licenciadora nas seguintes situações:

a) Quando o seu titular faltar ao cumprimento dos deveres relativos ao exercício da actividade, nos termos da lei e da respectiva licença;

b) Quando o seu titular não cumprir as determinações impostas pela fiscalização técnica ao abrigo dos regulamentos em vigor;

c) Quando o seu titular não constituir ou não mantiver actualizado o seguro de responsabilidade civil referido no artigo 29.º;

d) Quando o seu titular não cumprir reiteradamente o envio à DGGE e à ERSE das informações referidas no artigo 20.º;

e) Quando o seu titular abandonar as instalações afectas à produção de electricidade ou interromper a actividade licenciada por razões não fundamentadas por período superior a um ano.

Regulação do Sector da Energia

2 – A decisão de revogação não pode ser proferida sem prévia notificação do titular da licença do incumprimento que a fundamenta e formulado convite para que se pronuncie, por escrito, em prazo fixado não inferior a 10 dias.

3 – A sanação do incumprimento imputado ao titular da licença até ao final do prazo fixado nos termos do número anterior ou outro aceite pela entidade licenciadora é devidamente ponderada por esta quando da decisão a proferir.

ARTIGO 26.º
Recurso hierárquico

Das decisões proferidas pela entidade licenciadora ao abrigo do presente decreto-lei cabe recurso hierárquico para o ministro responsável pela área da energia.

ARTIGO 27.º
Arquivo do processo de licenciamento

O titular da licença deve manter na instalação, devidamente organizado e actualizado, um arquivo contendo todos os documentos e registos relevantes respeitantes ao processo de licenciamento da produção, nomeadamente todas as licenças, todas as autorizações e todos os pareceres emitidos nesse âmbito, o projecto aprovado, os relatórios de vistoria e os demais elementos pertinentes, em condições de poderem ser disponibilizados para acesso e consulta da informação por parte das entidades fiscalizadoras e demais entidades intervenientes no processo de licenciamento.

SECÇÃO V
Responsabilidade e fiscalização

ARTIGO 28.º
Responsabilidade civil e criminal

1 – As entidades titulares de licença de produção são responsáveis, civil e criminalmente, nos termos legais, pelos danos causados no exercício da actividade licenciada.

2 – Sem prejuízo do disposto no artigo 509.º do Código Civil, a responsabilidade civil referida no número anterior é ressalvada nos casos fortuitos ou de força maior e nos casos devidamente comprovados de culpa ou de negligência exclusiva do lesado.

ARTIGO 29.º
Seguro

1 – O titular de licença de produção deve ter a sua responsabilidade civil coberta por um contrato de seguro de responsabilidade civil, nos termos dos números seguintes.

2 – O titular da licença deve fazer prova da existência da apólice aquando do pedido de vistoria e, subsequentemente, até 31 de Janeiro de cada ano, iniciando-se a cobertura efectiva do risco com a atribuição da licença da exploração ou o início desta.

3 – O contrato de seguro tem capitais mínimos, respeitantes a cada anuidade, independentemente do número de sinistros ocorridos e do número de lesados, de montante a fixar por despacho do director-geral de Geologia e Energia, em função da sua natureza, da sua dimensão e do grau de risco, actualizado automaticamente em 31 de Março de cada ano, de acordo com o índice de preços no consumidor do ano civil anterior, sem habitação, no continente, publicado pelo Instituto Nacional de Estatística.

4 – O contrato de seguro deve cobrir os sinistros ocorridos durante a vigência da apólice, desde que reclamados até dois anos após a sua ocorrência.

5 – O contrato de seguro pode incluir franquia não oponível a terceiros lesados.

6 – Em caso de resolução, a seguradora está obrigada a informar a entidade licenciadora, no prazo máximo de 30 dias após a data em que esta produziu efeitos, sob pena de inoponibilidade a terceiros.

7 – O capital seguro pode ser revisto em função de alterações que ocorram na natureza, na dimensão e no grau de risco.

ARTIGO 30.º
Participação de desastres e acidentes

1 – Os titulares de licença de produção são obrigados a participar à entidade licenciadora, bem como ao organismo responsável pela inspecção das condições do trabalho, todos os desastres e acidentes ocorridos nas suas instalações no prazo máximo de três dias a contar a partir da data da ocorrência.

2 – Sempre que dos desastres ou acidentes resultem mortes, ferimentos graves ou prejuízos materiais importantes, cumpre à entidade licenciadora promover o exame do estado das instalações eléctricas e a análise das circunstâncias da ocorrência, elaborando um relatório técnico.

3 – O inquérito promovido por quaisquer outras autoridades competentes sobre desastres ou acidentes deve ser instruído com o relatório técnico referido no número anterior.

4 – O relatório técnico previsto neste artigo só pode ser disponibilizado às autoridades administrativas competentes para a realização do inquérito previsto no número anterior ou às autoridades judiciais, quando solicitado pelas mesmas, bem como aos lesados.

5 – O disposto neste artigo não isenta o titular de licença de produção do cumprimento do disposto no Decreto-Lei n.º 164/2001, de 23 de Maio, e demais legislação aplicável.

ARTIGO 31.º
Fiscalização técnica

1 – A fiscalização técnica relativa ao exercício da actividade de produção de electricidade prevista neste decreto-lei e na demais regulamentação cabe à entidade licenciadora.

2 – A entidade concessionária da RNT e da RND pode, no âmbito das suas atribuições e competências, proceder à fiscalização das instalações de produção ligadas às respectivas redes, tendo especialmente em vista a sua adequada compatibilização.

3 – Para os efeitos do disposto no presente artigo, as entidades titulares de licença de produção de electricidade ficam obrigadas, em relação às entidades referidas nos números anteriores:

a) A permitir e facilitar o livre acesso do pessoal técnico às instalações e suas dependências, bem como aos aparelhos e instrumentos de medição;

b) A prestar ao pessoal técnico todas as informações e o auxílio de que careçam para o desempenho das suas funções de fiscalização.

4 – O disposto no presente decreto-lei não prejudica a fiscalização por outras entidades no âmbito das respectivas atribuições e competências.

SECÇÃO VI
Garantia do abastecimento e situações especiais

ARTIGO 32.º
Segurança do abastecimento

1 – A DGGE apresenta ao ministro responsável pela área da energia, de dois em dois anos, até ao final do 1.º quadrimestre, um relatório de monitorização da segurança do abastecimento.

2 – O relatório de monitorização deve conter as matérias previstas no artigo 63.º do Decreto-Lei n.º 29/2006, de 15 de Fevereiro, indicando também as medidas adoptadas e a adoptar com vista a reforçar a segurança do abastecimento e, nomeadamente, o tipo de fontes primárias e prioridades da sua utilização, assim como o seu peso na produção de electricidade.

3 – Na elaboração deste relatório, a DGGE tem em consideração os elementos necessários solicitados por esta entidade ao operador da RNT.

4 – Nos anos intercalares, é preparado um relatório de monitorização simplificado, indicando também as medidas adoptadas e a adoptar visando reforçar a segurança do abastecimento, o qual é dado a conhecer ao ministro responsável pela área da energia.

5 – O relatório de monitorização da segurança do abastecimento é publicitado no sítio na Internet da DGGE.

ARTIGO 33.º
Concursos públicos em situações especiais

1 – Para assegurar necessidades de instalação de novas capacidades de produção de electricidade identificadas nos relatórios de monitorização previstos no artigo anterior que não se mostrem possíveis de satisfazer através do regime geral de acesso a esta actividade previsto neste capítulo, o ministro responsável pela área da energia pode pôr a concurso público, nos termos do artigo 64.º do Decreto-Lei n.º 29/2006, de 15 de Fevereiro, a adjudicação de licenças para a instalação de novos centros electroprodutores, em especial nas seguintes situações:

a) Adopção de medidas de diversificação;

b) Promoção de tecnologias emergentes destinadas a proteger o ambiente e a melhorar a segurança e a flexibilidade da operação do sistema eléctrico.

2 – O ministro responsável pela área da energia pode, ainda, pôr a concurso público ou estabelecer, mediante portaria, medidas de eficiência e gestão da procura alternativas à construção e à exploração de novos centros electroprodutores.

3 – O procedimento de concurso segue o regime geral da contratação pública, tendo por base um programa e um caderno de encargos elaborado pela entidade licenciadora e homologado pelo ministro responsável pela área da energia.

4 – O procedimento de concurso é promovido pela entidade licenciadora, devendo ser publicitado nos termos do regime geral de contratação de empreitadas de obras públicas, incluindo no Jornal Oficial da União Europeia, pelo menos seis meses antes da data limite para a apresentação da candidatura.

CAPÍTULO III
Exploração da RNT

SECÇÃO I
Regime de exercício

ARTIGO 34.º
Regime de exercício da RNT

1 – A concessão para a exploração da RNT é atribuída mediante contrato de concessão, no qual outorga, em representação do Estado, o ministro responsável pela área da energia, na sequência de realização de concurso público, salvo se for atribuída a uma entidade sob o controlo efectivo do Estado.

2 – A concessão é exercida em regime de serviço público, sendo as suas actividades e as instalações que a integram consideradas, para todos os efeitos, de utilidade pública.

3 – As actividades da concessão são exercidas, nos termos do número anterior, em regime de exclusivo, o qual não prejudica o exercício por terceiros do direito de acesso à rede, nos termos do Regulamento de Acesso às Redes e às Interligações.

4 – A concessão tem a duração de 50 anos contados a partir da data da celebração do respectivo contrato.

5 – As actividades da concessão são exercidas de acordo com os princípios do Decreto-Lei n.º 29/2006, de 15 de Fevereiro, do presente decreto-lei, da regulamentação aplicável e das bases de concessão.

6 – As bases de concessão da RNT constam do anexo II do presente decreto-lei, que dele faz parte integrante.

ARTIGO 35.º
Concurso

O concurso para a atribuição da concessão da RNT processa-se de acordo com um caderno de encargos e o respectivo programa, aprovados por portaria do ministro responsável pela área da energia, tendo em conta os princípios gerais aplicáveis aos concursos públicos.

SECÇÃO II
Planeamento da RNT

ARTIGO 36.º
Planeamento da RNT

1 – Para os efeitos do disposto na alínea e) do n.º 1 do artigo 24.º e no artigo 30.º do Decreto-Lei n.º 29/2006, de 15 de Fevereiro, o planeamento da RNT integra os seguintes instrumentos:

a) A caracterização da RNT;

b) O plano de desenvolvimento e investimento da rede de transporte (PDIRT).

2 – No processo de elaboração do PDIRT, o operador da RNT deve observar as orientações de política energética contidas nos relatórios de monitorização, os padrões de segurança para planeamento da RNT e demais exigências técnicas e regulamentares, nomeadamente as resultantes do Regulamento de Operação das Redes (ROR), considerar as solicitações de reforço de capacidade de entrega e de painéis de ligação formulados pelo operador da RND e as licenças de produção atribuídas e ponderar outros pedidos de ligação à rede de centros electroprodutores, promovendo a consulta pública aos

Regulação do Sector da Energia

agentes de mercado e outras entidades interessadas, tendo em vista a sua participação no processo.

3 – O PDIRT é enviado para apreciação da DGGE, que o submete a parecer da ERSE.

4 – A caracterização da RNT deve conter informação técnica que permita conhecer a situação da rede, designadamente a capacidade instalada nas subestações, bem como informação sobre a efectiva utilização da capacidade de interligação disponível para fins comerciais.

5 – A entidade concessionária da RNT deve incluir no PDIRT a identificação dos principais desenvolvimentos futuros de expansão da rede e os valores previsionais da capacidade de interligação a disponibilizar para fins comerciais.

Artigo 37.º
Informação a disponibilizar nos PDIRT
e na caracterização da RNT

1 – Os documentos relativos aos instrumentos de planeamento referidos no artigo anterior devem ser disponibilizados aos agentes do SEN em geral e, em particular, aos interessados em novos meios de produção, designadamente através da sua publicitação no sítio na Internet do operador da RNT.

2 – O operador da RNT deve também disponibilizar nesses documentos:

a) Informação sobre as condições gerais dessas redes que possibilitem uma primeira análise das possibilidades de ligação;

b) Informação actualizada relativa às possibilidades de ligação de novos meios de produção tendo presente o mencionado nos relatórios de monitorização da segurança do abastecimento referidos no artigo 32.º;

c) Eventuais limitações, devidamente justificadas, de valores máximos de injecção de potência decorrentes de limitações técnicas relacionadas com a segurança, a estabilidade e a fiabilidade de funcionamento da rede e do sistema produtor.

3 – Sem prejuízo do disposto na alínea i) do n.º 2 do artigo 24.º do Decreto-Lei n.º 29/2006, de 15 de Fevereiro, o operador da RNT deve assegurar que a disponibilização de quaisquer informações relativas às suas próprias actividades que possam representar uma vantagem comercial seja feita de forma não discriminatória.

SECÇÃO III
Exploração das redes de distribuição

Artigo 38.º
Regime de exercício da RND

1 – A concessão para a exploração da RND, que integra a rede de AT e MT, é atribuída mediante contrato de concessão, no qual outorga, em representação do Estado, o ministro responsável pela área da energia, na sequência de realização de concurso público.

2 – A concessão é exercida em regime de serviço público, sendo as suas actividades e as instalações que a integram consideradas, para todos os efeitos, de utilidade pública.

3 – As actividades da concessão são exercidas em regime de exclusivo, o qual não prejudica o exercício por terceiros do direito de acesso à rede, nos termos do Regulamento de Acesso às Redes e às Interligações.

4 – A concessão tem a duração de 35 anos contados a partir da data da celebração do respectivo contrato.

5 – A concessão é exercida de acordo com os princípios do Decreto-Lei n.º 29/2006, de 15 de Fevereiro, do presente decreto-lei, da regulamentação aplicável e das bases da concessão.

6 – As bases da concessão da RND constam do anexo III do presente decreto-lei, que dele faz parte integrante.

Artigo 39.º
Concurso para atribuição da concessão da RND

O concurso para atribuição da concessão da RND processa-se de acordo com um caderno de encargos e o respectivo programa aprovados pelo ministro responsável pela área da energia, tendo em conta os princípios gerais aplicáveis aos concursos.

Artigo 40.º
Planeamento da RND

1 – Para os efeitos do disposto na alínea e) do n.º 1 do artigo 24.º e no artigo 30.º do Decreto-Lei n.º 29/2006, de 15 de Fevereiro, o planeamento da RND integra os seguintes instrumentos:

a) A caracterização da RND;

b) O plano de desenvolvimento e investimento da rede de distribuição (PDIRD).

2 – No processo de elaboração do PDIRD, o operador da RND deve observar as orientações de política energética contidas nos relatórios de monitorização, os padrões de segurança para planeamento da RND e as demais exigências técnicas e regulamentares, considerar as solicitações de reforço de capacidade de entrega formuladas pelos concessionários das redes BT e as licenças de produção atribuídas e ponderar outros pedidos de ligação à rede de centros electroprodutores, promovendo a consulta pública aos agentes de mercado e outras entidades interessadas, tendo em vista a sua participação no processo.

3 – O PDIRD é enviado para apreciação da DGGE, que o submete a parecer da ERSE.

4 – A caracterização da RND deve conter a informação técnica que permita conhecer a situação da rede, designadamente a capacidade instalada nas subestações.

5 – A entidade concessionária da RND deve incluir no PDIRD a identificação dos principais desenvolvimentos futuros da expansão da rede.

Artigo 41.º
Informação a disponibilizar no PDIRD
e na caracterização da RND

1 – Os documentos relativos aos instrumentos de planeamento referidos no artigo anterior devem ser disponibilizados aos agentes do SEN em geral e, mais especificamente, aos interessados em novos meios de produção, designadamente através da sua publicitação no sítio na Internet do operador da RND.

2 – O operador da RND deve também disponibilizar nesses documentos:

a) Informação sobre as condições gerais das redes que possibilitem uma primeira análise das possibilidades de ligação;

b) Informação actualizada relativa às possibilidades de ligação de novos meios de produção.

3 – Sem prejuízo do disposto na alínea h) do n.º 2 do artigo 35.º do Decreto-Lei n.º 29/2006, de 15 de Fevereiro, o

operador da RND deve assegurar que a disponibilização de quaisquer informações relativas às suas próprias actividades que possam representar uma vantagem comercial seja feita de forma não discriminatória.

ARTIGO 42.º
Regime das concessões de distribuição de electricidade em BT

1 – As concessões de distribuição de electricidade em BT correspondem a concessões dos municípios atribuídas pelos órgãos competentes de cada município ou de associações de municípios na sequência da realização de concurso público.

2 – A concessão é exercida em regime de serviço público, sendo as suas actividades e as instalações que a integram consideradas, para todos os efeitos, de utilidade pública.

3 – As actividades da concessão não prejudicam o exercício por terceiros do direito de acesso à rede, nos termos do Regulamento de Acesso às Redes e às Interligações.

4 – A concessão tem a duração de 20 anos contados a partir da data da celebração do respectivo contrato.

5 – As bases das concessões das redes de distribuição de electricidade em BT constam do anexo IV do presente decreto-lei, que dele faz parte integrante.

ARTIGO 43.º
Concurso para atribuição das concessões das redes municipais de distribuição em BT

1 – Os concursos para atribuição das concessões das redes municipais de distribuição em BT processam-se de acordo com um caderno de encargos e respectivo programa aprovados pelo concedente, ouvida a ERSE, tendo em conta os princípios gerais aplicáveis aos concursos públicos.

2 – No caso de o concurso público ficar deserto, a concessão pode ser atribuída mediante ajuste directo, nomeadamente à entidade concessionária da RND.

ARTIGO 44.º
Pagamento aos municípios

1 – Os municípios têm direito a uma renda, devida pela exploração da concessão, nos termos a estabelecer em decreto-lei, ouvida a Associação Nacional de Municípios Portugueses.

2 – A renda prevista no número anterior é incluída nas tarifas de uso das redes de distribuição em BT nos termos previstos no Regulamento Tarifário.

3 – A renda referida nos números anteriores pode ser substituída por outros mecanismos que não penalizem os direitos dos municípios, após audição da Associação Nacional de Municípios Portugueses e da ERSE.

CAPÍTULO IV
Comercialização de electricidade

SECÇÃO I
Disposição geral

ARTIGO 45.º
Condição de exercício

1 – A comercialização de electricidade processa-se segundo os princípios e os termos estabelecidos no Decreto-Lei n.º 29/2006, de 15 de Fevereiro.

2 – O exercício da actividade de comercialização de electricidade é livre, ficando sujeito ao regime de licença concedida nos termos previstos no presente capítulo.

3 – A actividade de comercialização de último recurso é regulada nos termos previstos no presente decreto-lei.

SECÇÃO II
Procedimentos para a atribuição da licença de comercialização

ARTIGO 46.º
Conteúdo da licença de comercialização

As licenças de comercialização de electricidade devem conter, nomeadamente, os seguintes elementos:
a) Identificação do titular;
b) Natureza da licença;
c) Direitos e obrigações do titular.

ARTIGO 47.º
Atribuição da licença de comercialização

1 – O acesso à actividade de comercialização de electricidade é feito mediante a obtenção, a pedido do interessado, de licença para o efeito.

2 – O procedimento para atribuição da licença de comercialização inicia-se com a apresentação do pedido à entidade licenciadora.

3 – O pedido referido no número anterior deve ser instruído com os seguintes elementos:
a) Identificação completa do requerente, que deve ser uma sociedade comercial registada em qualquer Estado membro da União Europeia;
b) Declaração, sob compromisso de honra, do requerente de que tem regularizada a sua situação relativa a contribuições para a segurança social, bem como a sua situação fiscal;
c) Elementos demonstrativos da sua capacidade técnica e económico-financeira, indicando, nomeadamente, a descrição da organização da empresa, os currículos dos gestores e responsáveis técnicos e comerciais, a relação dos meios humanos disponíveis, as suas habilitações e respectivas funções, a plataforma informática para o exercício da actividade e outros meios a utilizar para actuar nos mercados, quer ao nível de comunicação e interface quer de compensação e liquidação das suas responsabilidades.

4 – A entidade licenciadora verifica a conformidade da instrução do pedido à luz do disposto nos números anteriores e, se for caso disso, solicita ao requerente elementos em falta ou complementares, a juntar no prazo que fixar.

5 – Concluída a instrução do procedimento, a entidade licenciadora profere decisão, ou projecto de decisão, no prazo de 30 dias, podendo fixar as condições em que a mesma é atribuída.

6 – São aplicáveis ao regime previsto no presente artigo, subsidiariamente e com as necessárias adaptações, as disposições procedimentais constantes do artigo 9.º, à excepção das alíneas b) e c) do seu n.º 3, bem como do artigo 11.º

ARTIGO 48.º
Direitos e deveres dos comercializadores de electricidade

1 – Constitui direito do titular de licença de comercialização de electricidade o exercício da actividade licenciada, nos termos da legislação e da regulamentação aplicáveis.

Regulação do Sector da Energia

2 – O titular da licença de comercialização de electricidade tem os deveres estabelecidos na legislação e na regulamentação aplicáveis e, nomeadamente, os seguintes:

a) Enviar às entidades competentes a informação prevista na legislação e na regulamentação aplicáveis;

b) Garantir níveis elevados de protecção dos consumidores, tendo em conta o disposto nos artigos 6.º e 45.º do Decreto-Lei n.º 29/2006, de 15 de Fevereiro, e em especial as disposições relativas a clientes domésticos, de acordo com o previsto no anexo V do presente decreto-lei, que dele faz parte integrante.

ARTIGO 49.º
Extinção e transmissão da licença de comercialização

1 – A licença de comercialização de electricidade não está sujeita a prazo de duração, sem prejuízo da sua extinção nos termos do presente decreto-lei.

2 – A licença de comercialização de electricidade extingue-se por caducidade ou por revogação.

3 – A extinção da licença por caducidade ocorre em caso de dissolução, cessação da actividade ou aprovação da liquidação da sociedade em processo de insolvência e recuperação de empresas.

4 – A licença pode ser revogada pela entidade licenciadora quando o seu titular faltar ao cumprimento dos deveres relativos ao exercício da actividade, nomeadamente:

a) Não cumprir as determinações impostas pelas autoridades administrativas;

b) Violar reiteradamente o cumprimento das disposições legais e regulamentares aplicáveis ao exercício da actividade licenciada;

c) Não cumprir, reiteradamente, com o envio da informação estabelecida na legislação e na regulamentação aplicáveis.

5 – Aplica-se à extinção da licença de comercialização, com as necessárias adaptações, o disposto nos n.os 6 do artigo 23.º, 3 do artigo 24.º e 2 e 3 do artigo 25.º

6 – Aplica-se à transmissão da licença de comercialização, com as necessárias adaptações, o disposto no artigo 22.º, com excepção dos seus n.os 6 e 7.

ARTIGO 50.º
Informação sobre preços de comercialização de electricidade

1 – Os comercializadores ficam obrigados a enviar anualmente à ERSE, nos termos do Regulamento de Relações Comerciais, uma tabela dos preços de referência que se propõem praticar no âmbito da comercialização de electricidade.

2 – Os comercializadores ficam, ainda, obrigados a:

a) Publicitar os preços de referência que praticam, designadamente nos respectivos sítios na Internet e em conteúdos promocionais;

b) Enviar de três em três meses à ERSE os preços efectivamente praticados.

3 – As facturas de electricidade emitidas pelos comercizadores devem conter os elementos necessários a uma completa, clara e adequada compreensão dos valores facturados, nos termos fixados no Regulamento de Relações Comercias.

4 – A ERSE deve publicitar no seu sítio na Internet os preços de referência relativos aos fornecimentos em BT dos comercializadores, podendo complementar esta publicitação com outros meios adequados, designadamente folhetos, tendo em vista informar os consumidores das diversas opções ao nível de preços existentes no mercado por forma que estes, em cada momento, possam optar pelas melhores condições oferecidas pelo mercado.

ARTIGO 51.º
Reconhecimento de comercializadores

1 – No âmbito do funcionamento de mercados constituídos ao abrigo de acordos internacionais de que o Estado Português seja parte signatária, o reconhecimento da qualidade de comercializador por uma das partes significa o reconhecimento automático pela outra, nos termos previstos nos respectivos acordos.

2 – O reconhecimento da qualidade de produtor de electricidade no seu território por uma das partes significa, de igual forma, o reconhecimento automático pela outra, para os efeitos de venda de electricidade quer através de contratos bilaterais quer através da participação em mercados organizados.

3 – Compete à DGGE efectuar o registo dos comercializadores reconhecidos nos termos dos números anteriores, mediante protocolo a celebrar com as entidades administrativas dos países de origem, nos termos dos acordos realizados.

4 – Sem prejuízo do disposto nos números anteriores, o comercializador ou produtor registado tem os mesmos deveres do comercializador licenciado.

SECÇÃO III
Comercializador de último recurso

ARTIGO 52.º
Atribuição de licença de comercialização de último recurso

1 – Considera-se atribuída a licença de comercialização de último recurso às entidades referidas no artigo 73.º do Decreto-Lei n.º 29/2006, de 15 de Fevereiro.

2 – A sociedade a que se refere o n.º 1 do artigo 73.º do Decreto-Lei n.º 29/2006, de 15 de Fevereiro, deve estar constituída até 1 de Janeiro de 2007.

3 – As entidades às quais sejam atribuídas as licenças de comercialização de último recurso ficam obrigadas ao cumprimento das condições e dos deveres estabelecidos no presente decreto-lei e na demais legislação aplicável.

ARTIGO 53.º
Direitos e deveres do comercializador de último recurso

1 – Constitui direito dos titulares de licenças de comercialização de último recurso o exercício da actividade licenciada, nos termos da legislação e da regulamentação aplicáveis.

2 – Pelo exercício da actividade de comercialização de último recurso é assegurada uma remuneração, nos termos do Regulamento Tarifário, que assegure o equilíbrio económico e financeiro da actividade licenciada, em condições de uma gestão eficiente.

3 – São, nomeadamente, deveres dos titulares das licenças de comercialização de electricidade em último recurso:

a) Prestar, de forma universal, o fornecimento de electricidade a todos os clientes que lha requisitem nos termos da regulamentação aplicável;

b) Adquirir energia nas condições estabelecidas no presente decreto-lei;

c) Enviar às entidades competentes a informação prevista na legislação e na regulamentação aplicáveis;

Decreto-Lei n.º 172/2006

d) Cumprir todas as disposições legais e regulamentares aplicáveis ao exercício da actividade.

4 – O comercializador de último recurso deve observar os seguintes critérios de independência:

a) Os administradores e os quadros de gestão do comercializador de último recurso não podem integrar os órgãos sociais ou participar nas estruturas de empresas que exerçam quaisquer outras actividades do SEN, sem prejuízo do estabelecido no n.º 3 do artigo 36.º do Decreto-Lei n.º 29/2006, de 15 de Fevereiro;

b) Cada comercializador de último recurso deve dispor de um código de boa conduta que assegure princípios de independência funcional da gestão e proceder à sua publicitação.

5 – O comercializador de último recurso está sujeito à regulação da ERSE, nos termos do Regulamento de Relações Comerciais, do Regulamento da Qualidade de Serviço, do Regulamento Tarifário, do Regulamento de Acesso às Redes e às Interligações e da demais regulamentação aplicável.

Artigo 54.º
Extinção e transmissão de licença de comercialização de último recurso

Sem prejuízo da caducidade prevista no n.º 2 do artigo 73.º do Decreto-Lei n.º 29/2006, de 15 de Fevereiro, à extinção e transmissão da licença de comercialização de último recurso aplicam-se, com as devidas adaptações, as disposições referidas no artigo 49.º

Artigo 55.º
Aquisição de electricidade pelo comercializador de último recurso

1 – Com vista a garantir o abastecimento a preços razoáveis, fácil e claramente comprováveis e transparentes, o comercializador de último recurso, constituído ao abrigo do n.º 1 do artigo 52.º:

a) Deve adquirir a electricidade produzida pelos produtores em regime especial;

b) Deve dar preferência à aquisição da electricidade produzida por centros electroprodutores relativamente aos quais os actuais contratos de aquisição de energia ainda se mantenham a produzir efeitos;

c) Pode adquirir electricidade para abastecer os seus clientes em mercados organizados;

d) Pode adquirir electricidade em contratos bilaterais, previamente aprovados pela ERSE, nos termos estabelecidos no Regulamento de Relações Comerciais.

2 – A obrigação prevista na alínea a) do número anterior não se aplica aos distribuidores em BT, na sua qualidade de comercializadores de último recurso, nos termos do artigo 73.º do Decreto-Lei n.º 29/2006, de 15 de Fevereiro.

3 – O comercializador de último recurso deve gerir as diferentes formas de contratação referidas no n.º 1 e aprovadas pela ERSE para adquirir energia ao menor custo possível.

4 – A ERSE fixa, no princípio de cada ano, o custo estimado para a aquisição de electricidade a aplicar na definição das tarifas do comercializador de último recurso.

5 – A diferença entre os custos reais de aquisição de energia, que incluem as tarifas de produção em regime especial e o valor de referência actualizado, calculado nos termos do número anterior, é repercutida na tarifa de uso global do sistema nos termos a estabelecer no Regulamento Tarifário.

6 – Podem ser estabelecidas outras regras especiais ou obrigações de aquisição de electricidade pelo comercializa-

dor de último recurso no âmbito de acordos internacionais, nos termos a estabelecer em portaria do ministro responsável pela área da energia.

7 – O comercializador de último recurso que adquira electricidade em quantidade excedentária face às suas necessidades deve revendê-la no mercado organizado, em condições a definir no âmbito do Regulamento das Relações Comerciais.

SECÇÃO IV
Mercado organizado

Artigo 56.º
Regime

1 – O mercado organizado corresponde a um sistema com diferentes modalidades de contratação que possibilitam o encontro entre a oferta e a procura de electricidade e de instrumentos cujo activo subjacente seja electricidade ou activo equivalente.

2 – O mercado organizado em que se realizam operações a prazo sobre electricidade ou activo equivalente, que implica a criação de uma entidade gestora do mercado, está sujeito a autorização, mediante portaria conjunta do Ministro das Finanças e do ministro responsável pela área da energia, nos termos do n.º 2 do artigo 258.º do Código dos Valores Mobiliários.

3 – A entidade gestora do mercado deve ser autorizada pelo ministro responsável pela área da energia e, nos casos em que a legislação assim obrigue, pelo Ministro das Finanças.

4 – Para além dos membros que constam do artigo 203.º do Código dos Valores Mobiliários, podem ser admitidos como membros do mercado organizado os produtores em regime ordinário, os comercializadores e outros agentes, nos termos a regulamentar pela portaria referida no número anterior, desde que em qualquer dos casos tenham celebrado contrato com um participante do sistema de liquidação das operações realizadas nesse mercado.

Artigo 57.º
Operadores de mercado

1 – Os operadores de mercado são as entidades responsáveis pela gestão do mercado organizado e pela concretização de actividades conexas, nomeadamente a determinação de índices e a divulgação da informação.

2 – Compete aos operadores de mercado fixar os critérios para a determinação dos índices de preços referentes a cada um dos diferentes tipos de contratos.

3 – Os operadores de mercado são responsáveis pela divulgação de informação de forma transparente e não discriminatória.

4 – Cabe ainda aos operadores de mercado a comunicação ao operador da RNT de toda a informação relevante para a verificação das restrições técnicas do sistema e para a gestão da capacidade de interligação.

SECÇÃO V
Operador logístico de mudança de comercializador

Artigo 58.º
Definição

1 – O operador logístico de mudança de comercializador é a entidade que tem atribuições no âmbito da gestão da

Regulação do Sector da Energia

mudança de comercializador de electricidade, cabendo-lhe, nomeadamente, a gestão dos equipamentos de medida e a recolha de informação local ou a distância.

2 – O operador logístico de mudança de comercializador deve ser independente nos planos jurídico, organizativo e da tomada de decisões relativamente a entidades que exerçam actividades no âmbito do SEN e estar dotado dos recursos, das competências e da estrutura organizativa adequados ao seu funcionamento como fornecedor dos serviços associados à gestão da mudança de comercializador.

3 – As funções, as condições e os procedimentos aplicáveis ao exercício da actividade de operador logístico de mudança de comercializador, bem como a data da sua entrada em funcionamento, são estabelecidos em legislação complementar.

4 – O operador logístico de mudança de comercializador fica sujeito à regulação da ERSE, sendo a sua remuneração fixada nos termos do Regulamento de Relações Comerciais e no Regulamento Tarifário.

CAPÍTULO V
Regulamentação

ARTIGO 59.º
Regulamentos

Sem prejuízo de outros regulamentos previstos em legislação sobre o sector da electricidade, as actividades previstas no Decreto-Lei n.º 29/2006, de 15 de Fevereiro, e no presente decreto-lei estão sujeitas aos seguintes regulamentos:

a) Regulamento da Rede de Transporte;
b) Regulamento da Rede de Distribuição;
c) Regulamento de Acesso às Redes e às Interligações;
d) Regulamento de Operação das Redes;
e) Regulamento de Qualidade de Serviço;
f) Regulamento de Relações Comerciais;
g) Regulamento Tarifário.

ARTIGO 60.º
Regulamento da Rede de Transporte

1 – O Regulamento da Rede de Transporte especifica a constituição e a caracterização da rede de transporte e estabelece as condições da sua exploração, nomeadamente no que respeita ao controlo e operação, incluindo relacionamento com as entidades a ela ligadas, à realização de manobras e à execução de trabalhos e respectiva manutenção.

2 – O Regulamento da Rede de Transporte estabelece, ainda, as condições técnicas gerais e particulares aplicáveis à ligação das instalações a ela ligadas, bem como aos sistemas de apoio, medição, protecção e ensaios da rede de transporte e dessas mesmas instalações.

3 – Para os efeitos da efectiva ligação à rede de transporte, o Regulamento da Rede de Transporte deve prever o meio e a forma contratual adequados para a formalização das condições técnicas e de segurança de ligação à rede, assim como, no caso dos produtores em regime especial, das demais condições necessárias.

4 – Os utilizadores da RNT ficam obrigados ao cumprimento das disposições constantes do Regulamento da Rede de Transporte.

ARTIGO 61.º
Regulamento da Rede de Distribuição

1 – O Regulamento da Rede de Distribuição especifica a constituição e a caracterização da rede de distribuição e estabelece as condições da sua exploração, nomeadamente no respeitante ao controlo e operação, incluindo o relacionamento com as entidades a ela ligadas, à realização de manobras e execução de trabalhos e respectiva manutenção.

2 – O Regulamento da Rede de Distribuição estabelece, ainda, as condições técnicas gerais e particulares aplicáveis à ligação das instalações a ela ligadas, bem como aos sistemas de apoio, medição, protecção e ensaios da rede de transporte e dessas mesmas instalações.

3 – Os utilizadores das redes de distribuição ficam obrigados ao cumprimento das disposições constantes do Regulamento da Rede de Distribuição.

ARTIGO 62.º
Regulamento de Acesso às Redes e às Interligações

1 – O Regulamento de Acesso às Redes e às Interligações estabelece as condições técnicas e comerciais segundo as quais se processa o acesso às redes de transporte e de distribuição e às interligações.

2 – As entidades que tenham acesso às redes e às interligações, bem como os titulares destas instalações, ficam obrigadas ao cumprimento das disposições constantes do Regulamento de Acesso às Redes e às Interligações.

ARTIGO 63.º
Regulamento de Operação das Redes

1 – O Regulamento de Operação das Redes estabelece as condições que permitam a gestão dos fluxos de electricidade, assegurando a sua interoperacionalidade com as redes a que esteja ligada, bem como os procedimentos destinados a garantir as suas concretização e verificação.

2 – O Regulamento de Operação das Redes estabelece, também, as condições em que o operador da RNT monitoriza as indisponibilidades dos grandes centros electroprodutores e monitoriza as cotas das grandes albufeiras, podendo, nos casos em que a garantia de abastecimento esteja em causa, alterar os planos de indisponibilidades dos centros electroprodutores.

3 – O Regulamento de Operação das Redes deve, ainda, garantir o acesso dos operadores da rede à informação das características técnicas das instalações ligadas à RNT ou RND que os habilitem à realização de análises e estudos técnicos necessários para o desempenho das suas funções.

ARTIGO 64.º
Regulamento de Qualidade de Serviço

1 – O Regulamento de Qualidade de Serviço estabelece os padrões de qualidade de serviço de natureza técnica e comercial.

2 – Os padrões de qualidade de serviço referidos no número anterior podem ser globais ou específicos das diferentes categorias de clientes ou, ainda, variar de acordo com circunstâncias locais.

3 – Os intervenientes no SEN ficam obrigados ao cumprimento das disposições constantes do Regulamento de Qualidade de Serviço.

ARTIGO 65.º
Regulamento de Relações Comerciais

1 – O Regulamento de Relações Comerciais estabelece as regras de funcionamento das relações comerciais entre os vários intervenientes no SEN, bem como as condições comerciais para ligação às redes públicas.

2 – Os intervenientes no SEN ficam obrigados ao cumprimento das disposições constantes do Regulamento de Relações Comerciais.

ARTIGO 66.º
Regulamento Tarifário

1 – O Regulamento Tarifário estabelece os critérios e os métodos para a formulação de tarifas, designadamente as de acesso às redes e às interligações e aos serviços de sistema, bem como as tarifas de venda de electricidade do comercializador de último recurso, segundo os princípios definidos no Decreto-Lei n.º 29/2006, de 15 de Fevereiro.

2 – O Regulamento Tarifário estabelece, ainda, as disposições específicas aplicáveis à convergência tarifária dos sistemas eléctricos do continente e dos das Regiões Autónomas dos Açores e da Madeira.

3 – Sempre que os princípios definidos no artigo 61.º do Decreto-Lei n.º 29/2006, de 15 de Fevereiro, sejam postos em causa por alterações de titulares da concessão de distribuição em BT, a ERSE pode estabelecer os mecanismos de regulação necessários à reposição daqueles princípios.

4 – Os défices tarifários acumulados até 31 de Dezembro de 2006 são recuperados nas tarifas nos cinco anos seguintes.

ARTIGO 67.º
Competência para a aprovação e a aplicação dos regulamentos

1 – O Regulamento de Acesso às Redes e às Interligações, o Regulamento de Relações Comerciais, o Regulamento Tarifário e o Regulamento de Operação das Redes são aprovados pela ERSE.

2 – A aplicação dos regulamentos referidos no número anterior é da competência da ERSE.

3 – O Regulamento da Rede de Transporte e o Regulamento da Rede de Distribuição são aprovados por portaria do ministro responsável pela área da energia, sob proposta da DGGE, precedida de consulta às entidades concessionárias.

4 – A aplicação dos regulamentos referidos no número anterior é da competência da DGGE.

5 – O Regulamento da Qualidade de Serviço é aprovado por portaria do ministro responsável pela área da energia, sob proposta da DGGE, a qual, na sua preparação, deve solicitar proposta à ERSE, para as disposições de natureza comercial, e proposta às entidades concessionárias das redes, para as disposições de natureza técnica.

6 – A aplicação do regulamento referido no número anterior é da competência da ERSE, para as disposições de natureza comercial, e da DGGE, para as disposições de natureza técnica.

7 – Os regulamentos referidos no presente artigo devem ser aprovados e publicados no prazo de três meses a contar a partir da data da entrada em vigor do presente decreto-lei.

CAPÍTULO VI
Disposições finais e transitórias

ARTIGO 68.º
Taxas administrativas

1 – Pelos actos previstos neste decreto-lei relativos a licenças e a concessões são devidas taxas, sem prejuízo das previstas no Regulamento de Taxas de Instalações Eléctricas (RTIE), aprovado pelo Decreto-Lei n.º 4/93, de 8 de Janeiro.

2 – As taxas de exploração previstas no RTIE para as instalações eléctricas do 3.º grupo são cobradas pelo operador da RND aos respectivos comercializadores, que as reflectem na facturação aos respectivos clientes.

3 – O operador da RND e os comercializadores têm o direito de reter 1,5% e 0,5%, respectivamente, do montante das taxas referidas no número anterior.

4 – A indicação dos actos previstos neste decreto-lei sujeitos a taxa e os respectivos valores são estabelecidos em portaria do ministro responsável pela área da energia, quando esteja em causa o exercício de competências da administração central, ou por acto regulamentar dos órgãos competentes dos municípios nos demais casos.

5 – As taxas são liquidadas e cobradas mediante a emissão de guias de receita, devendo ser pagas no prazo de 30 dias contados a partir da data da notificação das guias a emitir pela entidade licenciadora, e é devolvido ao interessado um dos exemplares como prova do pagamento efectuado.

6 – A entidade licenciadora pode estabelecer formas de pagamento das taxas, nomeadamente através de meios electrónicos.

7 – Os montantes cobrados constituem receita do Estado em 60% e da entidade licenciadora em 40%, salvo nos casos da competência dos municípios, em que a receita cabe integralmente a estes.

8 – As receitas do Estado provenientes da cobrança das taxas são afectas a um fundo de eficiência energética, nos termos a definir por portaria dos ministros responsáveis pelas áreas das finanças e da energia.

9 – A cobrança coerciva das dívidas provenientes da falta de pagamento das taxas faz-se através do processo de execução fiscal, servindo de título executivo a certidão passada pela entidade que prestar os serviços.

ARTIGO 69.º
Rendas aos municípios

1 – Enquanto não for publicado o decreto-lei previsto no artigo 44.º, aplica-se, com as devidas adaptações, designadamente as que decorrem do actual regime das actividades de distribuição e de comercialização de electricidade, a Portaria n.º 437/2001, de 28 de Abril.

2 – Mediante proposta da ERSE e ouvida a Associação Nacional de Municípios Portugueses, o ministro responsável pela área da energia define, mediante portaria, as adaptações a que se refere o número anterior.

ARTIGO 70.º
Situações transitórias decorrentes dos contratos de aquisição de energia

1 – Até que o processo de extinção dos contratos de aquisição de energia (CAE) esteja concluído, os centros electroprodutores, relativamente aos quais os contratos vinculados

Regulação do Sector da Energia

ainda se mantenham a produzir efeitos, continuam a operar de acordo com o estabelecido no respectivo contrato e com o disposto no Decreto-Lei n.º 183/95, de 27 de Julho, na redacção que lhe foi dada pelos Decretos-Leis n.os 56/97, de 14 de Março, e 198/2000, de 24 de Agosto.

2 – Nos casos previstos no número anterior, a entidade concessionária da RNT, ou a entidade que a substituir para este efeito, deve efectuar a venda de toda a electricidade adquirida no âmbito dos CAE, prioritariamente ao comercializador de último recurso através de contratos bilaterais aprovados pela entidade reguladora, devendo recorrer aos mercados organizados sempre que tal se justifique para a optimização da gestão da energia dos contratos.

3 – O acerto entre os encargos totais a pagar pela entidade concessionária da RNT, ou pela entidade referida no número anterior, aos centros electroprodutores detentores de CAE e a receita proveniente da venda da totalidade da electricidade é efectuado nos termos previstos em decreto-lei específico.

4 – A cessação dos CAE e a sua substituição por custos de manutenção de equilíbrio contratual (CMEC) inicialmente previstos no Decreto-Lei n.º 240/2004, de 27 de Dezembro, só ocorre quando entrar em vigor o decreto-lei referido no número anterior.

Artigo 71.º
Pedidos pendentes para produção de electricidade em regime ordinário

1 – O regime previsto no presente decreto-lei aplica-se, com as necessárias adaptações e nos termos estabelecidos nos números seguintes, aos pedidos visando a produção de electricidade ao abrigo dos Decretos-Leis n.os 312/2001, de 10 de Dezembro, e 183/95, de 27 de Julho, que se encontrem pendentes à data da sua entrada em vigor, aproveitando-se as formalidades já praticadas.

2 – Os pedidos de informação prévia que à data da entrada em vigor do presente decreto-lei não tenham sido respondidos nos termos do Decreto-Lei n.º 312/2001, de 10 de Dezembro, consideram-se como tendo obtido resposta negativa, sem prejuízo de os respectivos promotores poderem apresentar pedido de atribuição de licença de produção nos termos do presente decreto-lei.

3 – Tendo em consideração o disposto no presente decreto--lei, designadamente o disposto nas alíneas a) e d) do n.º 1 do artigo 6.º, a DGGE deve actualizar a informação prestada aos requerentes com pedidos de atribuição de pontos de recepção pendentes, bem como aos promotores de centros produtores hidroeléctricos com informações prévias favoráveis e prazos a decorrer para requerer os respectivos pontos de recepção nos termos do Decreto-Lei n.º 312/2001, de 10 de Dezembro, notificando-os das alterações a que houverem de proceder.

4 – Para cumprimento do disposto no número anterior, os requerentes e promotores nele referidos devem apresentar à DGGE, no prazo de 15 dias contados a partir da data da entrada em vigor do presente decreto-lei, os elementos a que se referem as alíneas b), e) e l) do n.º 3 do artigo 8.º, esclarecendo, em especial, as datas de ligação pretendidas para cada grupo integrante dos centros electroprodutores a instalar em cada ponto de ligação objecto do respectivo pedido de informação prévia.

5 – A apreciação dos elementos instrutórios actualmente disponíveis nos processos a que se refere o n.º 3 e outros complementares a apresentar nos termos do número anterior é realizada, sucessivamente e segundo a ordem de antiguidade dos respectivos períodos de PIP, devendo a informação final da DGGE ter em conta os critérios previstos nas alíneas a) e d) do n.º 1 do artigo 6.º

6 – Quando o entender necessário, a DGGE solicita a colaboração do operador da RNT sobre a existência de condições de ligação à rede pública, devendo este pronunciar-se no prazo que lhe for fixado, o qual não pode ser inferior a 10 dias.

7 – Quando, observado o disposto no n.º 5, se verifique uma situação de concorrência de pedidos, a DGGE aplica os critérios de selecção referidos nos n.os 2, 4 e 5 do artigo 12.º e nos artigos 13.º e 14.º

8 – Os requerentes que tenham obtido informação favorável da DGGE e condições de ligação devem comunicar, no prazo de cinco dias, a expressa aceitação destas, ficando, em consequência, obrigados a apresentar, até 15 de Maio de 2007, ou, no caso de centros produtores hidroeléctricos, até 15 de Maio de 2009, os respectivos pedidos de atribuição de licença de produção, devidamente instruídos nos termos dos n.os 3 e seguintes do artigo 8.º, com excepção dos elementos já entregues ao abrigo do disposto no n.º 4.

9 – Os prazos previstos no número anterior podem ser prorrogados, mediante pedido fundamentado do requerente, por despacho do director-geral de Geologia e Energia, até ao máximo de quatro meses, caso não possam ser cumpridos por razões não imputáveis ao promotor.

10 – Estando os pedidos de atribuição de licença de produção de electricidade devidamente instruídos nos termos e nos prazos estabelecidos neste artigo, a entidade licenciadora profere decisão.

11 – A falta de apresentação dos elementos referidos no n.º 4 ou a inobservância do disposto nos n.os 8, 9, 10 e 12 determinam o indeferimento liminar do pedido.

12 – Com vista a garantir o cumprimento do disposto no n.º 8, os requerentes devem apresentar, no prazo de 30 dias após a comunicação da aceitação das condições de ligação, garantia bancária irrevogável, autónoma, automática e pagável à primeira solicitação, à ordem da DGGE e de valor correspondente a 50% do montante que resultar da aplicação do n.º 2 do artigo 20.º

13 – A garantia bancária é liberada com a atribuição da licença de produção ou accionada se a mesma não for requerida nos termos e nos prazos previstos no n.º 8.

14 – Para os efeitos do disposto no presente artigo, entendem-se por períodos de PIP os períodos para a apresentação dos pedidos de informação prévia a que se refere o n.º 2 do artigo 10.º do Decreto-lei n.º 312/2001, de 10 de Dezembro.

15 – A DGGE dá conhecimento ao operador da RNT das informações favoráveis prestadas aos requerentes e da aceitação destes.

Artigo 72.º
Licenças de produção de electricidade concedidas ao abrigo de legislação anterior

1 – Sem prejuízo do estabelecido no artigo 70.º, as licenças concedidas ao abrigo de legislação anterior passam a reger-se pelo regime estabelecido pelo presente decreto-lei.

2 – Sem prejuízo do estabelecido no número anterior, os títulos das licenças concedidas ao abrigo de legislação anterior não carecem de modificação.

Artigo 73.º
Atribuição das concessões

1 – As concessões previstas no presente decreto-lei consideram-se, nos termos estabelecidos no Decreto-Lei n.º 29/2006, de 15 de Fevereiro, atribuídas às entidades que à data da entrada em vigor do presente decreto-lei exerçam as correspondentes actividades.

2 – Os contratos de concessão e as licenças existentes antes da data da entrada em vigor do presente decreto-lei devem ser modificados em tudo o que contrarie o nele disposto.

3 – A modificação do actual contrato de concessão da RNT e a celebração do contrato de concessão da RND devem ocorrer no prazo de seis meses a contar a partir da data da entrada em vigor do presente decreto-lei.

4 – A modificação dos actuais contratos de concessão das redes de BT deve ocorrer no prazo de dois anos a contar a partir da data da entrada em vigor do presente decreto-lei.

Artigo 74.º
Participação no capital social do operador da RNT

1 – Nos termos e para os efeitos do disposto na alínea f) do n.º 2 do artigo 25.º do Decreto-Lei n.º 29/2006, de 15 de Fevereiro, as pessoas singulares ou colectivas que detenham uma participação directa ou indirecta no capital social do operador da RNT, ou de empresa que o controle, devem reduzir essa participação para uma percentagem não superior a 5% até 31 de Dezembro de 2006.

2 – Findo o prazo referido no número anterior, os direitos de voto e de natureza patrimonial da participação são imediatamente suspensos na proporção que supere 5% até que a mesma participação seja reduzida para uma percentagem não superior a 5%.

3 – Os direitos patrimoniais referidos no número anterior que caibam à participação afectada são depositados em conta especial aberta junto de instituição de crédito habilitada a receber depósitos em Portugal, sendo proibida a sua movimentação a débito enquanto durar a suspensão.

Artigo 75.º
Servidões administrativas de linhas eléctricas

1 – O regime das servidões administrativas de linhas eléctricas consta de legislação complementar, devendo o respectivo projecto ser submetido pela DGGE ao ministro responsável pela área da energia no prazo de um ano após a entrada em vigor do presente decreto-lei.

2 – Até à entrada em vigor da legislação referida no número anterior, mantêm-se em vigor as disposições do Decreto-Lei n.º 43335, de 19 de Novembro de 1960, na matéria relativa à implantação de instalações eléctricas e à constituição de servidões.

Artigo 76.º
Caracterização das redes e do plano de investimentos da RNT

Até à publicação do relatório de monitorização e dos instrumentos de planeamento referidos nos artigos 32.º e 36.º, mantêm-se como quadro de referência os actuais instrumentos de caracterização das redes e o plano de investimentos da RNT com as actualizações e adaptações a introduzir pelo respectivo operador tendo em vista assegurar a boa gestão da rede e a evolução do SEN entretanto verificadas.

Artigo 77.º
Relatório de monitorização da segurança de abastecimento

A DGGE apresenta, em 2007, ao ministro responsável pela área da energia o relatório de monitorização da segurança de abastecimento a que se refere o artigo 32.º

Artigo 78.º
Apresentação do PDIRT e do PDIRD

1 – O primeiro PDIRT, elaborado nos termos dos artigos 36.º e 37.º, é apresentado à DGGE em Julho de 2008, para vigorar a partir do ano 2009.

2 – O primeiro PDIRD, elaborado nos termos dos artigos 40.º e 41.º, é apresentado à DGGE até Julho de 2008, para vigorar a partir do ano 2009.

Artigo 79.º
Norma revogatória

1 – São revogados o Decreto-Lei n.º 183/95, de 27 de Julho, com excepção das disposições relativas à utilização do domínio hídrico constantes dos artigos 6.º, 7.º e 53.º, bem como os Decretos-Leis n.os 184/95 e 185/95, também de 27 de Julho, 184/2003 e 185/2003, ambos de 20 de Agosto, 36/2004, de 26 de Fevereiro, e 192/2004, de 17 de Agosto, sem prejuízo da vigência transitória do Decreto-Lei n.º 183/95 e do artigo 13.º do Decreto-Lei n.º 185/2003, para os efeitos do disposto no n.º 1 do artigo 61.º

2 – Fica excluída do âmbito de aplicação do Decreto-Lei n.º 312/2001, de 10 de Dezembro, com a redacção que lhe foi dada pelo Decreto-Lei n.º 33-A/2005, de 16 de Fevereiro, a produção de electricidade em regime ordinário.

Artigo 80.º
Entrada em vigor

O presente decreto-lei entra em vigor no dia seguinte ao da sua publicação.

Visto e aprovado em Conselho de Ministros de 8 de Junho de 2006. – *José Sócrates Carvalho Pinto de Sousa – Diogo Pinto de Freitas do Amaral – Fernando Teixeira dos Santos – Francisco Carlos da Graça Nunes Correia – António José de Castro Guerra.*

Promulgado em 4 de Agosto de 2006.

Publique-se.

O Presidente da República, Aníbal Cavaco Silva.

Referendado em 8 de Agosto de 2006.

O Primeiro-Ministro, *José Sócrates Carvalho Pinto de Sousa.*

Regulação do Sector da Energia

ANEXO I

(a que se refere a alínea c) do n.º 3 do artigo 8.º)

Elementos do projecto de centro electroprodutor em regime ordinário e outros elementos instrutórios do pedido

1 – O projecto, em triplicado, acompanhado pelo termo de responsabilidade pela sua elaboração, deve compreender:

a) Memória descritiva:

Memória descritiva e justificativa indicando a natureza, a importância, a função e as características das instalações e do equipamento, as condições gerais do seu estabelecimento e da sua exploração, os sistemas de ligação à terra, as disposições principais adoptadas para a produção de electricidade, sua transformação, transporte e utilização ou a origem e o destino da energia a transportar e as protecções contra sobre-intensidades e sobretensões e os seus cálculos, quando se justifique;

Descrição, tipos e características dos geradores de energia eléctrica, transformadores e aparelhagem de corte e protecção, bem como das caldeiras, das turbinas e de outros equipamentos;

Identificação das coordenadas rectangulares planas do sistema Hayford-Gauss referidas ao ponto central Melriça (Datum73) de todos os geradores.

b) Desenhos:

Planta geral de localização da instalação referenciada por coordenadas e em escala não inferior a 1:25000, de acordo com a respectiva norma, indicando a localização das obras principais, tais como centrais geradoras, subestações, postos de corte, postos de transformação, e referenciadas as vias públicas rodoviárias e ferroviárias, cursos de água, construções urbanas e linhas já existentes;

Plantas, alçados e cortes, em escala conveniente, escolhida de acordo com a EN-ISO 5455, dos locais da instalação, com a disposição do equipamento eléctrico e mecânico, em número e com o pormenor suficiente para poder verificar-se a observância das disposições regulamentares de segurança (para instalação de potência instalada superior a 1 MW, estes elementos apenas são apresentados com o pedido de vistoria);

Esquemas eléctricos gerais das instalações projectadas, com a indicação de todas as máquinas e de todos os aparelhos de medida e protecção e comando, usando os sinais gráficos normalizados.

Todas as peças do projecto são rubricadas pelo técnico responsável, à excepção da última peça escrita, em que devem constar a assinatura, o nome por extenso e as referências da sua inscrição na entidade competente.

As peças escritas e desenhadas que constituírem o projecto devem ter dimensões normalizadas, ser elaboradas e dobradas de acordo com as normas em vigor e as regras da técnica e ser numeradas ou identificadas por letras e algarismos.

2 – O projecto deve ainda ser acompanhado dos seguintes elementos:

a) Comprovativo de se achar constituído no requerente o direito de utilização dos terrenos necessários à implantação da instalação e dos seus acessórios, excepto no caso de centros hidroeléctricos;

b) Descrição sobre a localização precisa da instalação, indicando-se se ela está integrada em área protegida (Reserva Ecológica Nacional, Reserva Agrícola Nacional, reserva ou parque natural, Rede Natura, etc.), acompanhada de implantação sobre extracto das cartas de ordenamento e condicionantes do PDM.

ANEXO II

(a que se refere o n.º 6 do artigo 34.º)

Bases da concessão da Rede Nacional de Transporte de Electricidade

CAPÍTULO I
Disposições e princípios gerais

BASE I

Objecto da concessão

1 – A concessão tem por objecto o estabelecimento e a exploração da Rede Nacional de Transporte de Electricidade (RNT) em regime de serviço público e em exclusivo.

2 – Mediante autorização do ministro responsável pela área da energia, solicitada caso a caso, a concessionária pode exercer outras actividades com fundamento no proveito daí resultante para o interesse da concessão.

BASE II

Âmbito da concessão

A concessão da RNT abrange a exploração das infra-estruturas da rede de transporte, compreendendo o exercício da actividade de transporte de electricidade, que inclui a gestão técnica global do sistema.

A área da concessão abrange todo o território do continente.

BASE III

Gestão técnica global do SEN

Como gestor técnico global do SEN, a concessionária da RNT deve proceder à coordenação sistémica das infra-estruturas que constituem o SEN por forma a assegurar o seu funcionamento integrado e harmonizado e a segurança e a continuidade do abastecimento de electricidade, competindo-lhe, nomeadamente, nos termos do Regulamento da Operação das Redes:

a) Receber de todos os produtores em regime ordinário e do operador da rede de distribuição toda a informação necessária para gerir os fluxos de electricidade na rede, assegurando a sua interoperacionalidade com as redes a que esteja ligada;

b) Receber de todos os operadores de mercado e de todos os agentes que participam em sistemas de contratação bilateral com entrega física de electricidade a informação necessária para o estabelecimento dos programas de entrada e saída na rede;

c) Contratar, nos termos do Regulamento da Operação das Redes, serviços de sistema através de mecanismos eficientes, transparentes e competitivos para a reserva operacional do sistema e a compensação dos desvios de produção e de consumo de electricidade, assegurando a respectiva liquidação;

d) Determinar a capacidade disponível para fins comerciais das interligações e estabelecer os correspondentes programas de utilização em ligação com os operadores de sistemas vizinhos;

e) Prever a utilização dos equipamentos de produção e o nível das reservas hidroeléctricas necessários à garantia de segurança de abastecimento, no curto e no médio prazos;

f) Coordenar as indisponibilidades dos grandes centros electroprodutores e monitorizar as cotas das grandes albufeiras,

Decreto-Lei n.º 172/2006

podendo, nos casos em que a garantia de abastecimento esteja em causa, alterar os planos de indisponibilidade dos centros electroprodutores e propor à entidade responsável pela monitorização do abastecimento reservas mínimas para as albufeiras e verificar o seu cumprimento;

g) Gerir os mecanismos de resolução de congestionamentos na rede e nas interligações.

BASE IV
Prazo da concessão

1 – A concessão tem a duração de 50 anos, contados a partir da data da celebração do respectivo contrato.

2 – A concessão pode ser renovada se o interesse público o justificar.

3 – A intenção de renovação da concessão deve ser comunicada à concessionária, pelo concedente, através da DGGE, com a antecedência mínima de dois anos relativamente ao termo do prazo da concessão.

4 – O disposto no número anterior não impede que o concedente e a concessionária acordem, até ao termo do respectivo prazo, na renovação da concessão.

BASE V
Serviço público

1 – A concessão é exercida em regime de serviço público, sendo as suas actividades consideradas, para todos os efeitos, de utilidade pública.

2 – No âmbito da concessão, a concessionária deve desempenhar as actividades de acordo com as exigências de um regular, contínuo e eficiente funcionamento do serviço, devendo adoptar, para o efeito, os melhores meios e tecnologias geralmente utilizados no sector eléctrico.

3 – A concessão é atribuída mediante contrato de concessão, no qual outorga o ministro responsável pela área da energia, em representação do Estado.

BASE VI
Princípios aplicáveis às relações com os produtores, distribuidores, comercializadores e outros utilizadores das redes

1 – A concessionária não pode estabelecer diferenças de tratamento nas suas relações com os produtores, distribuidores, comercializadores e outros utilizadores da rede que não resultem de condicionalismos legais ou regulamentares ou da aplicação de critérios decorrentes de uma conveniente e adequada gestão técnica do SEN, bem como de condicionalismos de natureza contratual, desde que sancionados pela DGGE e pela ERSE, em função das suas competências.

2 – A concessionária deve manter um registo de queixas que lhe tenham sido apresentadas pelas entidades referidas no número anterior.

CAPÍTULO II
Bens e meios afectos à concessão

BASE VII
Bens da concessão

1 – Consideram-se afectos à concessão os bens que constituem a rede de muito alta tensão, as interligações e as instalações do despacho nacional, designadamente:

a) Linhas, subestações, postos de seccionamento e instalações anexas;

b) Os terrenos de que a concessionária é proprietária afectos aos sítios dos centros electroprodutores, identificados como vinculados nos Decretos-Leis n.os 183/95, de 27 de Julho, e 198/2003, de 2 de Setembro;

c) Instalações afectas ao despacho nacional, incluindo todo o equipamento indispensável ao seu funcionamento;

d) Instalações de telecomunicações, telecontagem e telecomando afectas ao transporte e à coordenação do sistema electroprodutor.

2 – Consideram-se ainda afectos à concessão:

a) Os imóveis pertencentes à concessionária em que se implantem os bens referidos no número anterior, assim como as servidões constituídas;

b) Outros bens móveis ou imóveis necessários ao desempenho das actividades objecto da concessão;

c) As relações jurídicas directamente relacionadas com a concessão, nomeadamente laborais, de empreitada, de locação, de prestação de serviços, de recepção e de entrega de electricidade, bem como os direitos de transporte através de redes situadas no exterior da área da concessão.

BASE VIII
Instalações da rede de muito alta tensão

1 – A rede de muito alta tensão é constituída pelas instalações de:

a) Recepção da electricidade produzida por centros electroprodutores a ela ligados e através das interligações;

b) Transmissão de electricidade;

c) Entrega de electricidade a distribuidores;

d) Entrega de electricidade a clientes finais abastecidos em muito alta tensão.

2 – Podem ser exploradas pela concessionária da RNT as linhas de alta tensão e as instalações de recepção em alta tensão da electricidade produzida em centros electroprodutores a ela ligados.

3 – Fazem igualmente parte da rede de muito alta tensão os equipamentos de controlo e medição instalados nos pontos de ligação de centros electroprodutores que tenham uma potência instalada superior a 10 MVA e que estejam ligados fisicamente a uma rede de distribuição.

4 – As instalações referidas no n.º 1 integram os bens a elas afectos, devendo os limites das instalações que se ligam à RNT ser especificados nos documentos que aprovam o respectivo projecto, nos termos do Regulamento de Licenças para Instalações Eléctricas.

BASE IX
Interligações da RNT

As interligações da RNT são constituídas pelas linhas de muito alta tensão que estabelecem as ligações na rede interligada.

BASE X
Instalações do despacho nacional

1 – O despacho nacional é constituído pelas instalações especificamente destinadas à realização do despacho de:

a) Centros electroprodutores;

b) Instalações da rede de muito alta tensão;

c) Interligações;

569

Regulação do Sector da Energia

d) Instalações providas de sistemas de interruptibilidade.

2 – As instalações do despacho nacional incluem ainda os equipamentos e as instalações de telesserviço e de telecomunicações.

BASE XI
Inventário do património

1 – A concessionária deve elaborar um inventário do património afecto à concessão, que mantém actualizado e à disposição do concedente.

2 – No inventário a que se refere o número anterior mencionam-se os ónus ou encargos que recaem sobre os bens afectos à concessão.

3 – Os bens e direitos patrimoniais tornados desnecessários às actividades concedidas são abatidos ao inventário da concessão, nos termos previstos no contrato de concessão.

BASE XII
Manutenção dos bens e meios afectos à concessão

A concessionária deve, durante o prazo de vigência da concessão, manter, a expensas suas, em bom estado de funcionamento, conservação e segurança os bens e os meios a ela afectos, efectuando para tanto as reparações, renovações e adaptações necessárias ao bom desempenho do serviço concedido.

BASE XIII
Propriedade ou posse dos bens

1 – A concessionária detém a propriedade ou posse dos bens que integram a concessão até à extinção desta.

2 – Com a extinção da concessão, os bens a ela afectos revertem para o Estado nos termos previstos nas presentes bases.

CAPÍTULO III
Obrigações, responsabilidades e fiscalização da concessionária

BASE XIV
Obrigações da concessionária

1 – A concessionária está obrigada ao cumprimento do estabelecido no Decreto-Lei n.º 29/2006, de 15 de Fevereiro, no corpo deste decreto-lei, nas presentes bases, na demais legislação e em regulamentação aplicável, bem como no contrato de concessão.

2 – A concessionária deve explorar a concessão mediante o exercício das actividades estabelecidas na base II e das funções que as integram, nos termos definidos no Regulamento de Relações Comerciais.

BASE XV
Obrigação de recepção e de entrega de electricidade

1 – A concessionária é obrigada a receber a electricidade produzida pelos produtores ligados à RNT e a entregar a electricidade ao distribuidor em AT e MT e aos clientes ligados à RNT nas condições estabelecidas no presente decreto-lei, no contrato de concessão, no Regulamento Tarifário, no Regulamento de Relações Comerciais e no Regulamento da Qualidade de Serviço.

2 – A recepção e a entrega de electricidade, salvo caso fortuito ou de força maior, só podem ser interrompidas por razões de interesse público ou de serviço ou por facto imputável ao produtor, ao distribuidor em AT e MT ou ao cliente ligado à RNT.

BASE XVI
Interrupções por razões de interesse público ou de serviço

1 – A recepção ou a entrega de electricidade pode ser interrompida por razões de interesse público, nomeadamente quando se trate da execução de planos nacionais de emergência energética declarada ao abrigo de legislação específica.

2 – A interrupção da recepção ou da entrega de electricidade por razões de serviço num determinado ponto de entrega tem lugar quando haja necessidade imperiosa de realizar manobras ou trabalhos de ligação e reparação ou conservação da rede, desde que tenham sido esgotadas todas as possibilidades de alimentação alternativa.

3 – Na situação prevista nos números anteriores, a concessionária deve avisar com a antecedência mínima de trinta e seis horas o distribuidor em AT e MT e os clientes ligados à RNT que possam vir a ser afectados, salvo no caso da realização de trabalhos que a segurança de pessoas e bens torne inadiáveis ou quando haja a necessidade urgente de deslastrar cargas, automática ou manualmente, para garantir a segurança do sistema eléctrico.

4 – A ocorrência das situações referidas nos n.os 1 e 2 dá origem a indemnização por parte da concessionária caso esta não tenha tomado as medidas adequadas para evitar tais situações, de acordo com a avaliação das entidades competentes.

BASE XVII
Interrupção por facto imputável ao distribuidor ou ao cliente

1 – A concessionária pode interromper a entrega de electricidade ao distribuidor ou a clientes ligados à RNT que causem perturbações que afectem a qualidade de serviço do SEN legalmente estabelecida quando, uma vez identificadas as causas perturbadoras, aquelas entidades, após aviso da concessionária, não corrijam as anomalias em prazo adequado, tendo em consideração os trabalhos a realizar.

2 – A concessionária pode ainda interromper a entrega de electricidade nos termos da regulamentação aplicável, nomeadamente do Regulamento de Relações Comerciais.

BASE XVIII
Interrupção da recepção de electricidade de centros electroprodutores

A concessionária pode interromper a recepção da electricidade produzida por produtores que causem perturbações que afectem a qualidade de serviço do SEN legalmente estabelecida quando, uma vez identificadas as causas perturbadoras, aqueles produtores, após aviso da concessionária, não corrijam as anomalias em prazo adequado, tendo em consideração os trabalhos a realizar.

BASE XIX
Projectos

1 – Constituem obrigação da concessionária a concepção e a elaboração dos projectos relativos a remodelação e a ex-

pansão da rede de transporte de acordo com o estabelecido nos planos de desenvolvimento da RNT.

2 – A aprovação de quaisquer projectos pelo concedente não implica qualquer responsabilidade para este derivada de erros de concepção ou da inadequação das instalações e do equipamento ao serviço da concessão.

3 – A aprovação dos projectos processa-se nos termos do Regulamento de Licenças para Instalações Eléctricas.

BASE XX
Normas gerais relativas ao atravessamento de terrenos públicos ou de particulares

No atravessamento de terrenos do domínio público ou de particulares, a concessionária deve adoptar os procedimentos estabelecidos na legislação aplicável e proceder à reparação de todos os prejuízos que resultem dos trabalhos executados.

BASE XXI
Cumprimento dos regulamentos

No estabelecimento e na exploração da concessão, a concessionária deve cumprir as normas e os regulamentos aplicáveis, designadamente o Regulamento da Rede de Transporte, o Regulamento de Operação das Redes, o Regulamento Tarifário, o Regulamento de Relações Comerciais, o Regulamento de Acesso às Redes e às Interligações e o Regulamento da Qualidade de Serviço.

BASE XXII
Informações

1 – A concessionária tem a obrigação de fornecer ao concedente, através da DGGE, todos os elementos relativos à concessão que esta entenda dever solicitar-lhe.

2 – A concessionária tem igualmente a obrigação de fornecer à ERSE a informação prevista no decreto-lei que integra as presentes bases e nos regulamentos nelas previstos.

BASE XXIII
Fiscalização

1 – Sem prejuízo dos poderes cometidos a outras entidades, nomeadamente à ERSE, cabe à DGGE a fiscalização da concessão, nomeadamente do cumprimento das disposições legais e do contrato de concessão.

2 – Para os efeitos do disposto no número anterior, a concessionária deve prestar todas as informações e facultar todos os documentos que lhe forem solicitados, bem como permitir o livre acesso das entidades fiscalizadoras a quaisquer instalações.

BASE XXIV
Auditoria

O operador da rede de transporte fica sujeito a auditoria da DGGE e da ERSE, em função das suas competências.

BASE XXV
Responsabilidade civil

1 – Para os efeitos do disposto no artigo 509.º do Código Civil, entende-se que a utilização das instalações integradas na concessão é feita no exclusivo interesse da concessionária.

2 – A concessionária fica obrigada à contratação de um seguro de responsabilidade civil para cobertura dos danos materiais e corporais causados a terceiros emergentes de facto ocorrido ao abrigo do número anterior, sendo o seu montante mínimo fixado por portaria do ministro responsável pela área da energia, actualizável anualmente de acordo com o índice de preços no consumidor, sem habitação, no continente, publicado pelo Instituto Nacional de Estatística.

3 – O capital seguro pode ser revisto em função de alterações que ocorram na natureza, na dimensão e no grau de risco.

4 – A concessionária deve apresentar na DGGE os documentos comprovativos da celebração do seguro, bem como da actualização referida no número anterior.

BASE XXVI
Medidas de protecção

1 – Quando se verifique uma situação de emergência que ponha em risco a segurança de pessoas e bens, deve a concessionária promover todas as medidas que entender necessárias para repor as adequadas condições de segurança.

2 – Em situações graves, a concessionária deve, de imediato, comunicar a situação e as medidas tomadas às entidades competentes, nomeadamente à DGGE, à câmara municipal e à autoridade policial da zona afectada, bem como, se for caso disso, ao Serviço Nacional de Bombeiros e Protecção Civil.

CAPÍTULO IV
Direitos da concessionária

BASE XXVII
Utilização do domínio público

1 – No estabelecimento de instalações da rede de transporte ou de outras infra-estruturas integrantes da concessão, a concessionária tem o direito de utilizar os bens do Estado e das autarquias locais, incluindo os do domínio público, nos termos da lei.

2 – A faculdade de utilização dos bens referidos no número anterior resulta da aprovação dos respectivos projectos ou de despacho ministerial, sem prejuízo da formalização da respectiva cedência nos termos da lei.

BASE XXVIII
Expropriações e servidões

A concessionária só pode solicitar a expropriação ou a constituição de servidões após a aprovação pelo director-geral de Geologia e Energia dos projectos ou anteprojectos das infra-estruturas ou instalações da rede de transporte, nos termos da legislação aplicável, cabendo à concessionária o pagamento das indemnizações a que derem lugar.

BASE XXIX
Remuneração

Pela exploração da concessão é assegurada à concessionária uma remuneração, nos termos do Regulamento Tarifário, que assegure o seu equilíbrio económico-financeiro nas condições de uma gestão eficiente.

CAPÍTULO V
Garantias do cumprimento do contrato de concessão

BASE XXX
Caução

1 – Para a garantia do cumprimento dos deveres emergentes do contrato de concessão, a concessionária deve, se o ministro responsável pela área da energia assim o determinar, prestar uma caução até ao valor de (euro) 50000000.

2 – Nos casos em que a concessionária não tenha pago e não tenha contestado as multas aplicadas por incumprimento das obrigações contratuais, pode ser determinado o recurso àquela caução, sem dependência de decisão judicial, mediante despacho do ministro responsável pela área da energia.

3 – A eventual diminuição da caução, por força de levantamentos que dela sejam feitos nos termos do número anterior, implica, para a concessionária, a obrigação de proceder à sua reconstituição no prazo de um mês contado a partir da data de utilização.

4 – A caução só pode ser levantada um ano após a data da extinção do contrato de concessão ou, por acordo com o concedente, após a extinção da concessão, mas antes do decurso daquele prazo.

5 – A caução pode ser prestada por depósito em dinheiro, por garantia bancária autónoma cujo texto deve ser previamente aprovado pela DGGE ou por qualquer outra forma prevista na lei.

6 – A obrigação de prestação da caução não é exigível à concessionária enquanto esta for detida ou se encontre no controlo efectivo do Estado.

BASE XXXI
Responsabilidade da concessionária por incumprimento

1 – Por violação do contrato de concessão, a concessionária incorre em responsabilidade perante o concedente.

2 – A responsabilidade da concessionária cessa sempre que ocorra caso fortuito ou de força maior, ficando a seu cargo apresentar prova da ocorrência.

3 – A concessionária deve informar a DGGE o mais rapidamente possível da ocorrência de qualquer facto previsto no número anterior, por qualquer meio de comunicação adequado, devendo confirmar por carta na qual indique as medidas essenciais que tomou ou pretende tomar para fazer face à situação ocorrida.

4 – Na situação prevista no número anterior, a concessionária deve tomar imediatamente as medidas que sejam necessárias para assegurar a retoma normal das obrigações suspensas.

BASE XXXII
Multas contratuais

1 – Pelo incumprimento de obrigações assumidas no âmbito do contrato de concessão, pode a concessionária ser punida com multa até (euro) 10000000, variando o respectivo montante em função do grau de culpa, dos riscos daí derivados para a segurança da rede ou de terceiros, dos prejuízos efectivamente causados e da diligência que tenha posto na superação das consequências.

2 – A aplicação das multas previstas no número anterior é da competência do director-geral de Geologia e Energia.

3 – As multas que não sejam pagas voluntariamente ou cuja reclamação não tenha sido atendida podem, decorridos

30 dias sobre a respectiva notificação, ser levantadas da caução a que se refere a base XXX, desde que o levantamento seja precedido de despacho do ministro responsável pela área da energia, sob proposta do director-geral de Geologia e Energia.

4 – O pagamento das multas não isenta a concessionária da responsabilidade civil, criminal ou contra-ordenacional em que incorrer.

BASE XXXIII
Sequestro

1 – O concedente, mediante despacho do ministro responsável pela área da energia, pode tomar conta da concessão quando se verificarem graves deficiências na respectiva organização e no funcionamento ou no estado geral das instalações e dos equipamentos que sejam susceptíveis de comprometer a regularidade ou qualidade do serviço.

2 – Verificado o sequestro, a concessionária suporta os encargos que resultarem para o concedente do exercício da concessão, bem como as despesas extraordinárias necessárias ao restabelecimento da normalidade.

3 – Logo que cessem as razões do sequestro e o concedente o julgar oportuno, é a concessionária notificada para retomar, na data que lhe for fixada, o normal exercício da concessão.

4 – Se a concessionária não quiser ou não puder retomar esse exercício, pode o ministro responsável pela área da energia determinar a imediata rescisão do contrato de concessão.

5 – No caso de a concessionária ter retomado o exercício da concessão e continuarem a verificar-se graves deficiências no mesmo, pode o ministro responsável pela área da energia ordenar novo sequestro ou determinar a imediata rescisão do contrato de concessão.

CAPÍTULO VI
Alteração e extinção do contrato de concessão

BASE XXXIV
Alteração do contrato de concessão

1 – As cláusulas do contrato de concessão podem ser alteradas por mútuo acordo desde que a alteração não envolva a violação do regime jurídico da concessão nem implique a derrogação das presentes bases.

2 – Com o objectivo de assegurar a permanente adequação da concessão às exigências da regularidade, da continuidade e da qualidade do serviço público ou por alteração do regime de exclusivo que decorra da transposição para o direito português de legislação da União Europeia, o concedente reserva-se o direito de alterar as condições da sua exploração.

3 – Quando, por efeito do número anterior, se alterem significativamente as condições de exploração, o concedente compromete-se a promover a reposição do equilíbrio contratual desde que a concessionária, neste último caso, faça a prova de não poder prover a tal reposição recorrendo aos meios resultantes de uma correcta e prudente gestão financeira e a prova seja aceite pelo concedente.

BASE XXXV
Extinção da concessão

1 – A concessão extingue-se por acordo entre o Estado e a concessionária, por rescisão, por resgate e por decurso do prazo.

Decreto-Lei n.º 172/2006

2 – A extinção da concessão opera a transmissão para o Estado dos bens e meios a ela afectos, nos termos das presentes bases.

3 – Da transmissão prevista no número anterior excluem-se, além dos bens e meios não afectos à concessão, os fundos consignados à garantia ou à cobertura de obrigações da concessionária de cujo cumprimento lhe seja dada quitação pelo concedente, a qual se presume se decorrido um ano sobre a extinção da concessão não houver declaração em contrário pelo ministro responsável pela área da energia.

4 – A tomada de posse da concessão pelo Estado é precedida de vistoria ad perpetuam rei memoriam, realizada pela DGGE, a que assistem representantes da concessionária.

BASE XXXVI
Rescisão do contrato por incumprimento

1 – O concedente, através do ministro responsável pela área da energia, pode rescindir o contrato quando ocorra qualquer dos seguintes factos:

a) Desvio do objecto da concessão;

b) Suspensão da actividade objecto da concessão;

c) Oposição reiterada ao exercício da fiscalização, repetida desobediência às determinações do concedente ou sistemática inobservância das leis e dos regulamentos aplicáveis à exploração, quando se mostrem ineficazes as sanções aplicadas;

d) Recusa em proceder às adequadas conservação e reparação das infra-estruturas ou ainda à necessária ampliação da rede;

e) Cobrança dolosa de preços com valor superior aos fixados;

f) Falência da concessionária;

g) Transmissão da concessão ou subconcessão não autorizada;

h) Violação grave das cláusulas do contrato;

i) Recusa da reconstituição atempada da caução.

2 – Não constituem causas de rescisão os factos ocorridos por motivos de força maior, os que o concedente, através do ministro responsável pela área da energia, aceite como justificados.

3 – Quando as faltas forem causadas por mera negligência e susceptíveis de correcção, o concedente não rescinde o contrato de concessão sem previamente avisar a concessionária para, num prazo razoável que lhe for fixado, cumprir integralmente as suas obrigações e corrigir ou reparar as consequências da sua negligência.

4 – No caso de pretender rescindir o contrato, designadamente pelo facto referido na alínea f) do n.º 1, o concedente deve ainda notificar os principais credores da concessionária que sejam conhecidos para, no prazo que lhes for determinado, nunca superior a três meses, proporem uma solução que possa sobrestar à rescisão, desde que o concedente com ela concorde.

5 – A concessionária não pode rescindir o contrato de concessão com fundamento na alteração do regime de exclusivo que decorra da transposição para o direito português de legislação da União Europeia.

6 – A rescisão do contrato de concessão produz os seus efeitos desde a data da sua comunicação à outra parte por carta registada com aviso de recepção.

7 – As penalidades por rescisão do contrato de concessão, bem como as eventuais indemnizações, são estabelecidas no contrato de concessão.

BASE XXXVII
Resgate da concessão

1 – O Estado pode resgatar a concessão sempre que motivos de interesse público o justifiquem, decorridos que sejam 10 anos sobre a data do início do respectivo prazo.

2 – O resgate da concessão processa-se mediante carta registada com aviso de recepção com, pelo menos, um ano de antecedência em relação à data da efectivação do resgate.

3 – Decorrido o período de aviso de resgate, o Estado assume todos os bens e meios que estejam afectos à concessão à data desse aviso e ainda aqueles que tenham sido adquiridos pela concessionária durante o período de aviso, desde que tenham sido autorizados pelo ministro responsável pela área da energia.

4 – A assunção de obrigações por parte do Estado é feita sem prejuízo do seu direito de regresso sobre a concessionária pelas obrigações por esta contraídas que tenham exorbitado da gestão normal da concessão.

5 – Pelo resgate, a concessionária tem direito a uma indemnização determinada por uma terceira entidade escolhida por acordo entre o concedente e a concessionária, devendo a fixação do montante da indemnização atender ao valor contabilístico, à data do resgate, dos bens revertidos para o concedente, livres de quaisquer ónus ou encargos e ao valor de eventuais lucros cessantes.

6 – O valor contabilístico dos bens referidos no número anterior entende-se líquido de amortizações e de comparticipações financeiras e subsídios a fundo perdido, incluindo-se nestes o valor dos bens cedidos pelo concedente.

7 – Para os efeitos do cálculo da indemnização prevista na presente base, o valor dos bens que se encontrem anormalmente depreciados ou deteriorados devido a deficiências da concessionária na sua manutenção ou reparação é determinado de acordo com o seu estado de funcionamento efectivo.

BASE XXXVIII
Extinção da concessão por decurso do prazo

1 – A concessão extingue-se pelo decurso do respectivo prazo, transmitindo-se para o Estado nos termos das presentes bases.

2 – Cessando a concessão pelo decurso do respectivo prazo, o Estado paga à concessionária uma indemnização correspondente ao valor contabilístico dos bens afectos à concessão por ela adquiridos com referência ao último balanço aprovado, nos termos dos n.os 6, 7 e 8 da base anterior.

BASE XXXIX
Procedimento para termo da concessão

1 – O Estado reserva-se o direito de tomar nos últimos dois anos do prazo da concessão as providências que julgar convenientes para assegurar a continuação do serviço no termo da concessão ou as medidas necessárias para efectuar, durante o mesmo prazo, a transferência progressiva das actividades exercidas pela concessionária que cessa o seu contrato para uma nova entidade encarregada da gestão do serviço.

2 – Se no termo da concessão o Estado não tiver ainda renovado o respectivo contrato ou não tiver decidido quanto ao novo modo ou à entidade encarregada da gestão do serviço, pode, se assim o desejar, acordar a continuação do contrato de concessão com a concessionária, até ao limite máximo de um ano, mediante arrendamento, prestação de serviços ou qualquer outro negócio jurídico.

Regulação do Sector da Energia

BASE XL
Transmissão e oneração da concessão

1 – Sob pena de nulidade dos respectivos actos ou contratos, a concessionária não pode, sem prévia autorização do ministro responsável pela área da energia, transmitir, subconceder ou onerar, por qualquer forma, a concessão.

2 – É equiparada à transmissão da concessão a alienação de acções contra o disposto nos respectivos estatutos.

3 – No caso de subconcessão, total ou parcial, quando autorizada, a concessionária mantém os direitos e continua sujeita às obrigações decorrentes do contrato de concessão.

4 – Se à data da extinção da concessão se mantiverem ónus ou encargos respeitantes aos contratos de aquisição de bens das respectivas infra-estruturas, o Estado assumi-los-á desde que o ministro responsável pela área da energia haja autorizado a sua contratação pela concessionária e não se trate de obrigações já vencidas e não cumpridas.

CAPÍTULO VII
Composição de litígios

BASE XLI
Litígios entre o concedente e a concessionária

O concedente e a concessionária podem celebrar convenções de arbitragem destinadas à solução legal ou segundo a equidade, conforme nelas se determinar, de quaisquer questões emergentes do contrato de concessão.

BASE XLII
Litígios entre a concessionária
e os utilizadores da rede de transporte

1 – A concessionária, os produtores, os distribuidores e os comercializadores de electricidade, bem como outras entidades que se encontrem ligadas à RNT, podem celebrar convenções de arbitragem para solução dos litígios emergentes dos respectivos contratos ou aderir a processos de arbitragem.

2 – Os actos da concessionária praticados por via administrativa, nos casos em que a lei, os regulamentos ou o contrato de concessão lhe confiram essa prerrogativa, são sempre imputáveis, para o efeito de recurso contencioso, ao respectivo conselho de administração.

3 – A responsabilidade contratual ou extracontratual da concessionária por actos de gestão privada ou de gestão pública efectiva-se nos termos e pelos meios previstos na lei.

BASE XLIII
Disposição transitória

A Rede Eléctrica Nacional, S. A., enquanto titular da concessão da RNT, fica autorizada a transmitir para os produtores os terrenos que constituem os sítios dos centros electroprodutores vinculados, nos termos previstos no Decreto-Lei n.º 198/2003, de 2 de Setembro, e na Portaria n.º 96/2004, de 23 de Janeiro, com excepção dos que integram o domínio público hídrico.

ANEXO III
(a que se refere o n.º 6 do artigo 38.º)

Bases da concessão da Rede Nacional de Distribuição de Electricidade em Média e Alta Tensão

CAPÍTULO I
Disposições e princípios gerais

BASE I
Objecto da concessão

1 – A concessão tem por objecto o estabelecimento e a exploração da Rede Nacional de Distribuição de Electricidade em AT e MT (RND) em regime de serviço público, em exclusivo.

2 – Mediante autorização do ministro responsável pela área da energia, solicitada caso a caso, a concessionária pode exercer outras actividades com fundamento no proveito daí resultante para o interesse da concessão.

BASE II
Âmbito da concessão

1 – A concessão da RND abrange a exploração das infra-estruturas das redes de distribuição de electricidade em AT e MT, compreendendo o exercício das seguintes actividades:
   a) Distribuição de electricidade;
   b) Comercialização das redes.

2 – As actividades previstas no número anterior e as funções que as integram são exercidas nos termos estabelecidos no Regulamento de Relações Comerciais.

3 – A área da concessão abrange todo o território do continente.

BASE III
Prazo da concessão

1 – A concessão tem a duração de 35 anos, contados a partir da data da celebração do respectivo contrato.

2 – A concessão pode ser renovada se o interesse público o justificar.

3 – A intenção de renovação da concessão deve ser comunicada à concessionária, pelo concedente, através da DGGE, com a antecedência mínima de dois anos relativamente ao termo do prazo da concessão.

4 – O disposto no número anterior não impede que o concedente e a concessionária acordem, até ao termo do respectivo prazo, na renovação da concessão.

BASE IV
Serviço público

1 – A concessão é exercida em regime de serviço público, sendo as suas actividades consideradas, para todos os efeitos, de utilidade pública.

2 – No âmbito da concessão, a concessionária deve desempenhar as actividades de acordo com as exigências de um regular, contínuo e eficiente funcionamento do serviço, devendo adoptar, para o efeito, os melhores meios e tecnologias geralmente utilizados no sector eléctrico.

3 – A concessão é atribuída mediante contrato de concessão, no qual outorga o ministro responsável pela área da energia, em representação do Estado.

BASE V
Princípios aplicáveis às relações com a concessionária da RNT, produtores, distribuidores em BT, comercializadores e outros utilizadores das redes

1 – A concessionária não pode estabelecer diferenças de tratamento nas suas relações com os produtores, distribuidores em BT, comercializadores e outros utilizadores da sua rede que não resultem de condicionalismos legais ou regulamentares ou da aplicação de critérios decorrentes de uma conveniente e adequada gestão técnica do SEN, bem como de condicionalismos de natureza contratual, desde que sancionadas pela DGGE, pelas direcções regionais de economia e pela ERSE em função das suas competências.

2 – A concessionária deve manter um registo das queixas que lhe tenham sido apresentadas pelas entidades referidas no número anterior.

CAPÍTULO II
Bens e meios afectos à concessão

BASE VI
Bens da concessão

1 – Consideram-se afectos à concessão os bens que constituem a rede de média e alta tensão e as interligações, designadamente:

a) Linhas, subestações e postos de seccionamento;

b) Instalações afectas ao despacho e à condução da rede de distribuição, incluindo todo o equipamento indispensável ao seu funcionamento;

c) Instalações de telecomunicações, telemedida e telecomando afectas à distribuição.

2 – Consideram-se ainda afectos à concessão:

a) Os imóveis pertencentes à concessionária em que se implantem os bens referidos no número anterior, assim como as servidões constituídas;

b) Outros bens móveis ou imóveis necessários ao desempenho das actividades objecto da concessão.

3 – As relações jurídicas directamente relacionadas com a concessão, nomeadamente laborais, de empreitada, de locação, de prestação de serviços, de recepção e de entrega de electricidade, bem como os direitos de distribuição através de redes situadas no exterior da área da concessão.

BASE VII
Instalações da rede de média e alta tensão

1 – A rede de média e alta tensão é constituída pelas instalações de:

a) Recepção da electricidade produzida por centros electroprodutores a ela ligados, da RNT e através das interligações;

b) Transmissão de electricidade;

c) Entrega de electricidade a distribuidores em BT, incluindo os equipamentos de controlo e medição;

d) Entrega de electricidade a clientes finais abastecidos em alta e média tensão, incluindo os equipamentos de controlo e medição.

2 – Fazem igualmente parte da rede de alta e média tensão os equipamentos de controlo e medição instalados nos pontos de ligação de centros electroprodutores que tenham uma potência instalada inferior a 10 MVA e que estejam ligados fisicamente à RND.

3 – As instalações referidas no n.º 1 integram os bens a elas afectos, devendo os limites das instalações que se ligam à RND ser especificados nos documentos que aprovam o respectivo projecto, nos termos do Regulamento de Licenças para Instalações Eléctricas.

BASE VIII
Interligações da RND

As interligações da RND são constituídas pelas linhas de AT e MT que estabelecem as ligações na rede interligada.

BASE IX
Inventário do património

1 – A concessionária deve elaborar um inventário do património afecto à concessão, que mantém actualizado e à disposição do concedente.

2 – No inventário a que se refere o número anterior, mencionam-se os ónus ou encargos que recaem sobre os bens afectos à concessão.

3 – Os bens e direitos patrimoniais tornados desnecessários às actividades concedidas são abatidos ao inventário da concessão, nos termos previstos no contrato de concessão.

BASE X
Manutenção dos bens e meios afectos à concessão

A concessionária deve, durante o prazo de vigência da concessão, manter, a expensas suas, em bom estado de funcionamento, conservação e segurança os bens e meios a ela afectos, efectuando para tanto as reparações, renovações e adaptações necessárias ao bom desempenho do serviço concedido.

BASE XI
Propriedade ou posse dos bens

1 – A concessionária detém a propriedade ou posse dos bens que integram a concessão até à extinção desta.

2 – Com a extinção da concessão, os bens a ela afectos revertem para o Estado nos termos previstos nas presentes bases.

CAPÍTULO III
Obrigações, responsabilidades e fiscalização da concessionária

BASE XII
Obrigações da concessionária

1 – A concessionária está obrigada ao cumprimento do estabelecido no Decreto-Lei n.º 29/2006, de 15 de Fevereiro, no corpo deste decreto-lei, nas presentes bases, na demais legislação e em regulamentação aplicável, bem como no contrato de concessão.

2 – A concessionária deve explorar a concessão mediante o exercício das actividades estabelecidas na base II e das funções que as integram, nos termos definidos no Regulamento de Relações Comerciais.

Base XIII
Obrigação de recepção e de entrega de electricidade

1 – A concessionária é obrigada a receber a electricidade produzida pelos produtores ligados à RND e a entregar electricidade aos distribuidores em BT e aos clientes ligados à RND nas condições estabelecidas no presente decreto-lei, no contrato de concessão, no Regulamento Tarifário, no Regulamento de Relações Comerciais e no Regulamento da Qualidade de Serviço.

2 – A recepção e a entrega de electricidade, salvo caso fortuito ou de força maior, só podem ser interrompidas por razões de interesse público ou de serviço ou por facto imputável ao produtor ligado à RND, à RNT, ao distribuidor em BT ou ao cliente ligado à RND.

Base XIV
Interrupções por razões de interesse público ou de serviço

1 – A recepção ou a entrega de electricidade pode ser interrompida por razões de interesse público, nomeadamente quando se trate da execução de planos nacionais de emergência energética declarada ao abrigo de legislação específica.

2 – A interrupção da recepção ou da entrega de electricidade por razões de serviço num determinado ponto de entrega tem lugar quando haja necessidade imperiosa de realizar manobras ou trabalhos de ligação, reparação ou conservação da rede, desde que tenham sido esgotadas todas as possibilidades de alimentação alternativa.

3 – Na ocorrência do disposto nos números anteriores, a concessionária deve avisar com a antecedência mínima de trinta e seis horas o distribuidor em BT e os clientes ligados à RND que possam vir a ser afectados, salvo no caso da realização de trabalhos que a segurança de pessoas e bens torne inadiáveis ou quando haja necessidade urgente de deslastrar cargas, automática ou manualmente, para garantir a segurança do sistema eléctrico.

4 – A ocorrência das situações referidas nos n.os 1 e 2 dá origem a indemnização por parte da concessionária, caso esta não tenha tomado as medidas adequadas para evitar tais situações, de acordo com a avaliação das entidades competentes.

Base XV
Interrupção por facto imputável ao distribuidor ou ao cliente

1 – A concessionária pode interromper a entrega de electricidade ao distribuidor ou a clientes ligados à RND que causem perturbações que afectem a qualidade de serviço do SEN legalmente estabelecida quando, uma vez identificadas as causas perturbadoras, aquelas entidades, após aviso da concessionária, não corrijam as anomalias em prazo adequado, tendo em consideração os trabalhos a realizar.

2 – A concessionária pode ainda interromper a entrega de electricidade nos termos da regulamentação aplicável, nomeadamente do Regulamento de Relações Comerciais.

Base XVI
Interrupção da recepção de centros electroprodutores

A concessionária pode interromper a recepção da electricidade produzida por produtores que causem perturbações que afectem a qualidade de serviço do SEN legalmente estabelecida quando, uma vez identificadas as causas perturbadoras, aqueles produtores, após aviso da concessionária, não corrijam as anomalias em prazo adequado, tendo em consideração os trabalhos a realizar.

Base XVII
Projectos

1 – Constituem obrigação da concessionária a concepção e a elaboração dos projectos relativos a remodelação e expansão da rede de distribuição de acordo com o estabelecido nos planos de desenvolvimento.

2 – A aprovação de quaisquer projectos pelo concedente não implica qualquer responsabilidade para este derivada de erros de concepção ou da inadequação das instalações e do equipamento ao serviço da concessão.

3 – A aprovação dos projectos é feita através do processo de licenciamento previsto no Regulamento de Licenças para Instalações Eléctricas.

4 – O planeamento das redes de distribuição em AT e MT processa-se nos termos estabelecidos na legislação aplicável e no Regulamento de Operação das Redes.

Base XVIII
Normas gerais relativas ao atravessamento de terrenos públicos ou de particulares

No atravessamento de terrenos do domínio público ou de particulares, a concessionária deve adoptar os procedimentos estabelecidos na legislação aplicável e proceder à reparação de todos os prejuízos que resultem dos trabalhos executados.

Base XIX
Cumprimento dos regulamentos

No estabelecimento e na exploração da concessão, a concessionária deve cumprir as normas e os regulamentos aplicáveis, designadamente o Regulamento da Rede de Distribuição, o Regulamento de Operação das Redes, o Regulamento Tarifário, o Regulamento de Relações Comerciais, o Regulamento de Acesso às Redes e às Interligações e o Regulamento da Qualidade de Serviço.

Base XX
Informações

1 – A concessionária tem a obrigação de fornecer ao concedente, através da DGGE, todos os elementos relativos à concessão que esta entenda dever solicitar-lhe.

2 – A concessionária tem igualmente a obrigação de fornecer à ERSE a informação prevista no decreto-lei que integra as presentes bases e nos regulamentos nelas previstos.

Base XXI
Fiscalização

1 – Sem prejuízo dos poderes cometidos a outras entidades, nomeadamente à ERSE, cabe à DGGE a fiscalização da concessão, nomeadamente do cumprimento das disposições legais e do contrato de concessão.

2 – Para os efeitos do disposto no número anterior, a concessionária deve prestar todas as informações e facultar todos os documentos que lhe forem solicitados, bem como permitir o livre acesso das entidades fiscalizadoras a quaisquer instalações.

BASE XXII
Auditoria

O operador da rede de distribuição fica sujeito a auditoria da DGGE e da ERSE, em função das suas competências.

BASE XXIII
Responsabilidade civil

1 – Para os efeitos do disposto no artigo 509.º do Código Civil, entende-se que a utilização das instalações integradas na concessão é feita no exclusivo interesse da concessionária.

2 – A concessionária fica obrigada à contratação de um seguro de responsabilidade civil para cobertura dos danos materiais e corporais causados a terceiros emergentes de facto ocorrido ao abrigo do número anterior, sendo o seu montante mínimo fixado por portaria do ministro responsável pela área da energia, actualizável anualmente de acordo com o índice de preços no consumidor, sem habitação, no continente, publicado pelo Instituto Nacional de Estatística.

3 – O capital seguro pode ser revisto em função de alterações que ocorram na natureza, na dimensão e no grau de risco.

4 – A concessionária deve apresentar na DGGE os documentos comprovativos da celebração do seguro, bem como da actualização referida no número anterior.

BASE XXIV
Medidas de protecção

1 – Quando se verifique uma situação de emergência que ponha em risco a segurança de pessoas e bens, deve a concessionária promover todas as medidas que entender necessárias para repor as adequadas condições de segurança.

2 – Em situações graves, a concessionária deve, de imediato, comunicar a situação e as medidas tomadas às entidades competentes, nomeadamente à direcção regional de economia respectiva, à câmara municipal e à autoridade policial da zona afectada, bem como, se for caso disso, ao Serviço Nacional de Bombeiros e de Protecção Civil.

CAPÍTULO IV
Direitos da concessionária

BASE XXV
Utilização do domínio público

1 – No estabelecimento de instalações da rede de distribuição ou de outras infra-estruturas integrantes da concessão, a concessionária tem o direito de utilizar os bens do Estado e das autarquias locais, incluindo os do domínio público, nos termos da lei.

2 – A faculdade de utilização dos bens referidos no número anterior resulta da aprovação dos respectivos projectos ou de despacho ministerial, sem prejuízo da formalização da respectiva cedência nos termos da lei.

BASE XXVI
Expropriações e servidões

A concessionária só pode solicitar a expropriação ou a constituição de servidões após a aprovação pela entidade licenciadora competente dos projectos ou anteprojectos das infra-estruturas ou instalações da rede de distribuição, nos termos da legislação aplicável, cabendo à concessionária o pagamento das indemnizações a que derem lugar.

BASE XXVII
Remuneração

Pela exploração da concessão é assegurada à concessionária uma remuneração, nos termos do Regulamento Tarifário, que assegure o seu equilíbrio económico-financeiro nas condições de uma gestão eficiente.

CAPÍTULO V
Garantias do cumprimento do contrato de concessão

BASE XXVIII
Caução

1 – Para a garantia do cumprimento dos deveres emergentes do contrato de concessão, a concessionária deve, se o ministro responsável pela área da energia assim o determinar, prestar uma caução no valor até (euro) 25000000.

2 – Nos casos em que a concessionária não tenha pago e não tenha contestado as multas aplicadas por incumprimento das obrigações contratuais, pode ser determinado o recurso àquela caução, sem dependência de decisão judicial, mediante despacho do ministro responsável pela área da energia.

3 – A eventual diminuição da caução, por força de levantamentos que dela sejam feitos nos termos do número anterior, implica, para a concessionária, a obrigação de proceder à sua reconstituição no prazo de um mês contado a partir da data de utilização.

4 – A caução só pode ser levantada um ano após a data da extinção do contrato de concessão ou, por acordo com o concedente, após a extinção da concessão, mas antes do decurso daquele prazo.

5 – A caução pode ser prestada por depósito em dinheiro, por garantia bancária autónoma cujo texto deve ser previamente aprovado pela DGGE ou por qualquer outra forma prevista na lei.

BASE XXIX
Responsabilidade da concessionária por incumprimento

1 – Por violação do contrato de concessão, a concessionária incorre em responsabilidade perante o concedente.

2 – A responsabilidade da concessionária cessa sempre que ocorra caso fortuito ou de força maior, ficando a seu cargo apresentar prova da ocorrência.

3 – A concessionária deve informar a DGGE o mais rapidamente possível da ocorrência de qualquer facto previsto no número anterior, por qualquer meio de comunicação adequado, devendo confirmar por carta na qual indique as medidas essenciais que tomou ou pretende tomar para fazer face à situação ocorrida.

4 – Na situação prevista no número anterior, a concessionária deve tomar imediatamente as medidas que sejam necessárias para assegurar a retoma normal das obrigações suspensas.

BASE XXX
Multas contratuais

1 – Pelo incumprimento de obrigações assumidas no âmbito do contrato de concessão, pode a concessionária ser punida com multa até (euro) 10000000, variando o respectivo montante em função do grau de culpa, dos riscos daí

Regulação do Sector da Energia

derivados para a segurança da rede ou de terceiros, dos prejuízos efectivamente causados e da diligência que tenha posto na superação das consequências.

2 – A aplicação das multas previstas no número anterior é da competência do director-geral de Geologia e Energia.

3 – As multas que não forem pagas voluntariamente ou cuja reclamação não tenha sido atendida podem, decorridos 30 dias sobre a respectiva notificação, ser levantadas da caução a que se refere a base XVIII, desde que o levantamento seja precedido de despacho do ministro responsável pela área da energia, sob proposta do director-geral de Geologia e Energia.

4 – O pagamento das multas não isenta a concessionária da responsabilidade civil, criminal ou contra-ordenacional em que incorrer.

BASE XXXI
Sequestro

1 – O concedente, mediante despacho do ministro responsável pela área da energia, pode tomar conta da concessão quando se verificarem graves deficiências na respectiva organização e no funcionamento ou no estado geral das instalações e dos equipamentos que sejam susceptíveis de comprometer a regularidade ou qualidade do serviço.

2 – Verificado o sequestro, a concessionária suporta os encargos que resultarem para o concedente do exercício da concessão, bem como as despesas extraordinárias necessárias ao restabelecimento da normalidade.

3 – Logo que cessem as razões do sequestro e o concedente o julgar oportuno, é a concessionária notificada para retomar, na data que lhe for fixada, o normal exercício da concessão.

4 – Se a concessionária não quiser ou não puder retomar esse exercício, pode o ministro responsável pela área da energia determinar a imediata rescisão do contrato de concessão.

5 – No caso de a concessionária ter retomado o exercício da concessão e continuarem a verificar-se graves deficiências no mesmo, pode o ministro responsável pela área da energia ordenar novo sequestro ou determinar a imediata rescisão do contrato de concessão.

CAPÍTULO VI
Alteração e extinção do contrato de concessão

BASE XXXII
Alteração do contrato de concessão

1 – As cláusulas do contrato de concessão podem ser alteradas por mútuo acordo, desde que a alteração não envolva a violação do regime jurídico da concessão nem implique a derrogação das presentes bases.

2 – Com o objectivo de assegurar a permanente adequação da concessão às exigências da regularidade, continuidade e qualidade do serviço público ou por alteração do regime de exclusivo que decorra da transposição para o direito português de legislação da União Europeia, o concedente reserva-se o direito de alterar as condições da sua exploração.

3 – Quando, por efeito do número anterior, se alterem significativamente as condições de exploração, o concedente compromete-se a promover a reposição do equilíbrio contratual desde que a concessionária, neste último caso, faça prova de não poder prover a tal reposição recorrendo aos meios resultantes de uma correcta e prudente gestão financeira e a prova seja aceite pelo concedente.

BASE XXXIII
Extinção da concessão

1 – A concessão extingue-se por acordo entre o Estado e a concessionária, por rescisão, por resgate e por decurso do prazo.

2 – A extinção da concessão opera a transmissão para o Estado, consoante os casos, dos bens e meios a ela afectos, nos termos das presentes bases.

3 – Da transmissão prevista no número anterior excluem-se, além dos bens e meios não afectos à concessão, os fundos consignados à garantia ou à cobertura de obrigações da concessionária de cujo cumprimento lhe seja dada quitação pelo concedente, a qual se presume se decorrido um ano sobre a extinção da concessão não houver declaração em contrário pelo ministro responsável pela área da energia.

4 – A tomada de posse da concessão pelo Estado é precedida de vistoria ad perpetuam rei memoriam, realizada pela DGGE, a que assistem representantes da concessionária.

BASE XXXIV
Rescisão do contrato por incumprimento

1 – O concedente, pelo ministro responsável pela área da energia, pode rescindir o contrato quando ocorra qualquer dos seguintes factos:

a) Desvio do objecto da concessão;

b) Suspensão da actividade objecto da concessão;

c) Oposição reiterada ao exercício da fiscalização, repetida desobediência às determinações do concedente ou sistemática inobservância das leis e dos regulamentos aplicáveis à exploração, quando se mostrem ineficazes as sanções aplicadas;

d) Recusa em proceder às adequadas conservação e reparação das infra-estruturas ou ainda à necessária ampliação da rede;

e) Cobrança dolosa de preços com valor superior aos fixados;

f) Falência da concessionária;

g) Transmissão da concessão ou subconcessão não autorizada;

h) Violação grave das cláusulas do contrato;

i) Recusa da reconstituição atempada da caução.

2 – Não constituem causas de rescisão os factos ocorridos por motivos de força maior, os que o concedente, pelo ministro responsável pela área da energia, aceite como justificados.

3 – Quando as faltas forem causadas por mera negligência e susceptíveis de correcção, o concedente não rescinde o contrato de concessão sem previamente avisar a concessionária para, num prazo razoável que lhe for fixado, cumprir integralmente as suas obrigações e corrigir ou reparar as consequências da sua negligência.

4 – No caso de pretender rescindir o contrato, designadamente pelo facto referido na alínea f) do n.º 1, o concedente deve ainda notificar os principais credores da concessionária que sejam conhecidos para, no prazo que lhes for determinado, nunca superior a três meses, proporem uma solução que possa sobrestar à rescisão, desde que o concedente com ela concorde.

5 – A concessionária não pode rescindir o contrato de concessão com fundamento na alteração do regime de exclu-

578

sivo que decorra da transposição para o direito português de legislação da União Europeia.

6 – A rescisão do contrato de concessão produz os seus efeitos desde a data da sua comunicação à outra parte por carta registada com aviso de recepção.

7 – As penalidades por rescisão do contrato de concessão, bem como as eventuais indemnizações, são estabelecidas no contrato de concessão.

Base XXXV
Resgate da concessão

1 – O Estado pode resgatar a concessão sempre que motivos de interesse público o justifiquem, decorridos que sejam 10 anos sobre a data de início do respectivo prazo.

2 – O resgate da concessão processa-se mediante carta registada com aviso de recepção, com, pelo menos, um ano de antecedência em relação à data da efectivação do resgate.

3 – Decorrido o período de aviso de resgate, o Estado assume todos os bens e meios que estejam afectos à concessão à data desse aviso e ainda aqueles que tenham sido adquiridos pela concessionária durante o período de aviso, desde que tenham sido autorizados pelo ministro responsável pela área da energia.

4 – A assunção de obrigações por parte do Estado é feita sem prejuízo do seu direito de regresso sobre a concessionária pelas obrigações por esta contraídas que tenham exorbitado da gestão normal da concessão.

5 – Pelo resgate, a concessionária tem direito a uma indemnização determinada por uma terceira entidade escolhida por acordo entre o concedente e a concessionária, devendo a fixação do montante da indemnização atender ao valor contabilístico, à data do resgate, dos bens revertidos para o concedente, livres de quaisquer ónus ou encargos, e ao valor de eventuais lucros cessantes.

6 – O valor contabilístico dos bens referidos no número anterior entende-se líquido de amortizações e de comparticipações financeiras e subsídios a fundo perdido, incluindo-se nestes o valor dos bens cedidos pelo concedente.

7 – Na determinação da indemnização apenas devem ser considerados os bens que tenham sido aprovados pela ERSE para os efeitos de fixação das tarifas de electricidade.

8 – Para os efeitos do cálculo da indemnização prevista na presente base, o valor dos bens que se encontrem anormalmente depreciados ou deteriorados devido a deficiências da concessionária na sua manutenção ou reparação é determinado de acordo com o seu estado de funcionamento efectivo.

Base XXXVI
Extinção da concessão por decurso do prazo

1 – A concessão extingue-se pelo decurso do respectivo prazo, transmitindo-se para o Estado nos termos das presentes bases.

2 – Cessando a concessão pelo decurso do respectivo prazo, o Estado paga à concessionária uma indemnização correspondente ao valor contabilístico dos bens afectos à concessão por ela adquiridos com referência ao último balanço aprovado, nos termos dos n.os 6, 7 e 8 da base anterior.

Base XXXVII
Procedimento para termo da concessão

1 – O Estado reserva-se o direito de tomar, nos últimos dois anos do prazo da concessão, as providências que julgar convenientes para assegurar a continuação do serviço no termo da concessão ou as medidas necessárias para efectuar, durante o mesmo prazo, a transferência progressiva das actividades exercidas pela concessionária que cessa o seu contrato para uma nova entidade encarregada da gestão do serviço.

2 – Se no termo da concessão o Estado não tiver ainda renovado o respectivo contrato ou não tiver decidido quanto ao novo modo ou à entidade encarregada da gestão do serviço, pode, se assim o desejar, acordar a continuação do contrato de concessão com a concessionária, até ao limite máximo de um ano, mediante arrendamento, prestação de serviços ou qualquer outro título contratual.

Base XXXVIII
Transmissão e oneração de concessão

1 – Sob pena de nulidade dos respectivos actos ou contratos, a concessionária não pode, sem prévia autorização do ministro responsável pela área da energia, transmitir, subconceder ou onerar, por qualquer forma, a concessão.

2 – É equiparada à transmissão da concessão a alienação de acções contra o disposto nos respectivos estatutos.

3 – No caso de subconcessão, total ou parcial, quando autorizada, a concessionária mantém os direitos e continua sujeita às obrigações decorrentes do contrato de concessão.

4 – Se à data da extinção da concessão se mantiverem ónus ou encargos respeitantes aos contratos de aquisição de bens das respectivas infra-estruturas, o Estado assumi-los-á desde que o Ministro da Economia haja autorizado a sua contratação pela concessionária e não se trate de obrigações já vencidas e não cumpridas.

CAPÍTULO VII
Composição de litígios

Base XXXIX
Litígios entre o concedente e a concessionária

O concedente e a concessionária podem celebrar convenções de arbitragem destinadas à solução legal ou segundo a equidade, conforme nelas se determinar, de quaisquer questões emergentes do contrato de concessão.

Base XL
Litígios entre a concessionária
e os utilizadores da rede de distribuição

1 – A concessionária, os produtores, os distribuidores em BT, os comercializadores de electricidade e a concessionária da RNT, bem como outras entidades que se encontrem ligadas à RND, podem celebrar convenções de arbitragem para solução dos litígios emergentes dos respectivos contratos ou aderir a processos de arbitragem, nos termos previstos no Regulamento de Relações Comerciais.

2 – Os actos da concessionária praticados por via administrativa, nos casos em que a lei, os regulamentos ou o contrato de concessão lhe confiram essa prerrogativa, são sempre imputáveis, para o efeito de recurso contencioso, ao respectivo conselho de administração.

3 – A responsabilidade contratual ou extracontratual da concessionária por actos de gestão privada ou de gestão pública efectiva-se nos termos e pelos meios previstos na lei.

ANEXO IV
(a que se refere o n.º 5 do artigo 42.º)

**Bases das concessões da rede
de distribuição de electricidade em baixa tensão**

CAPÍTULO I
Disposições e princípios gerais

BASE I
Objecto da concessão

1 – A concessão tem por objecto o estabelecimento e a exploração da rede municipal de distribuição de electricidade em BT em regime de serviço público, em exclusivo.

2 – Mediante autorização da câmara municipal, solicitada caso a caso, a concessionária pode exercer outras actividades com fundamento no proveito daí resultante para o interesse da concessão.

BASE II
Âmbito da concessão

1 – A concessão da rede municipal de distribuição de electricidade em BT integra a operação da respectiva rede e compreende:

a) A exploração e a manutenção da rede de distribuição;
b) A gestão dos fluxos de electricidade na rede;
c) O planeamento, a construção e a gestão técnica da rede.

2 – A área da concessão não pode ser superior à área de um município ou de um grupo de municípios agrupados nos termos da legislação em vigor.

BASE III
Prazo da concessão

1 – A concessão tem a duração de 20 anos contados a partir da data da celebração do respectivo contrato.

2 – O prazo de concessão é estabelecido no caderno de encargos do concurso para a atribuição da respectiva concessão.

BASE IV
Serviço público

1 – A concessão é exercida em regime de serviço público, sendo as suas actividades consideradas, para todos os efeitos, de utilidade pública.

2 – No âmbito da concessão, a concessionária deve desempenhar as actividades de acordo com as exigências de um regular, contínuo e eficiente funcionamento do serviço, devendo adoptar, para o efeito, os melhores meios e tecnologias geralmente utilizados no sector eléctrico.

BASE V
Princípios aplicáveis às relações com os produtores, o distribuidor em AT e MT, os comercializadores e outros utilizadores das redes

1 – A concessionária não pode estabelecer diferenças de tratamento nas suas relações com os produtores, os distribuidores em AT e MT, os comercializadores e outros utilizadores da sua rede que não resultem de condicionalismos legais ou regulamentares ou da aplicação de critérios decorrentes de uma conveniente e adequada gestão técnica do SEN, bem como de condicionalismos de natureza contratual, desde que sancio-

nadas pela DGGE, pelas direcções regionais de economia e pela ERSE, em função das suas competências.

2 – A concessionária deve manter um registo de queixas que lhe tenham sido apresentadas pelas entidades referidas no número anterior.

BASE VI
Contrato de concessão

1 – A concessão é atribuída mediante contrato de concessão celebrado entre o município concedente, outorgado pela respectiva câmara municipal, e a entidade adjudicatária seleccionada na sequência da realização de concurso público.

2 – O contrato de concessão tem por base um contrato tipo aprovado por portaria conjunta dos Ministros da Economia e da Inovação, das Finanças e da Administração Interna, ouvida a Associação Nacional dos Municípios Portugueses e a ERSE.

BASE VII
Remuneração das concessões

Os municípios concedentes têm direito, de acordo com os termos previstos no artigo 44.º do corpo do presente decreto-lei, a receber das concessionárias o pagamento de uma remuneração anual.

CAPÍTULO II
Bens e meios afectos à concessão

BASE VIII
Bens da concessão

1 – Consideram-se afectos à concessão os bens que constituem a rede de baixa tensão e as interligações, designadamente:

a) Linhas, cabos e ramais de BT;
b) Postos de transformação e instalações anexas;
c) Rede de iluminação pública;
d) Instalações de telecomunicações, telemedida e telecomando afectas à distribuição em BT.

2 – Consideram-se ainda afectos à concessão:

a) Os imóveis pertencentes à concessionária em que se implantem os bens referidos no número anterior, assim como as servidões constituídas;
b) Outros bens móveis ou imóveis necessários ao desempenho das actividades objecto da concessão.

3 – As relações jurídicas directamente relacionadas com a concessão, nomeadamente laborais, de empreitada, de locação, de prestação de serviços, de recepção e de entrega de electricidade, bem como os direitos de distribuição através de redes situadas no exterior da área da concessão.

BASE IX
Instalações da rede de baixa tensão

1 – A rede de baixa tensão é constituída pelas instalações de:

a) Recepção da electricidade produzida por produtores a ela ligados e da RND;
b) Transmissão de electricidade;
c) Entrega de electricidade a clientes abastecidos em baixa tensão.

2 – As instalações referidas no número anterior integram os bens a elas afectos, devendo os limites das instalações que se ligam à rede municipal de distribuição de electricidade em

BT ser especificados nos documentos que aprovam o respectivo projecto, nos termos do Regulamento de Licenças para as Instalações Eléctricas.

BASE X
Inventário do património

1 – A concessionária deve elaborar um inventário do património afecto à concessão, que mantém actualizado e à disposição do concedente.

2 – No inventário a que se refere o número anterior devem ser mencionados os ónus ou encargos que recaem sobre os bens afectos à concessão.

3 – Os bens e direitos patrimoniais tornados desnecessários às actividades concedidas são abatidos ao inventário da concessão nos termos do respectivo contrato.

BASE XI
Manutenção dos bens e meios afectos à concessão

A concessionária deve, durante o prazo de vigência da concessão, manter, a expensas suas, em bom estado de funcionamento, conservação e segurança os bens e meios a ela afectos, efectuando para tanto as reparações, renovações e adaptações necessárias ao bom desempenho do serviço concedido.

BASE XII
Propriedade ou posse dos bens

1 – Sem prejuízo dos bens do concedente afectos à concessão, a concessionária detém a propriedade ou posse dos bens que a integram até à extinção da concessão.

2 – Com extinção da concessão, os bens a ela afectos revertem para o município nos termos previstos nas presentes bases.

3 – Excluem-se da transmissão referida no número anterior os bens que integram o domínio do Estado.

CAPÍTULO III
Obrigações, responsabilidades e fiscalização da concessionária

BASE XIII
Obrigações da concessionária

A concessionária está obrigada ao cumprimento do estabelecido no Decreto-Lei n.º 29/2006, de 15 de Fevereiro, no corpo do decreto-lei, nas presentes bases, na demais legislação e em regulamentação aplicável, bem como no contrato de concessão.

BASE XIV
Obrigação de recepção e de entrega de electricidade

1 – A concessionária é obrigada a receber a electricidade produzida pelos produtores ligados à RMD e a entregar electricidade aos clientes ligados à RMD, nas condições estabelecidas no presente decreto-lei, no contrato de concessão, no Regulamento da Rede de Distribuição, no Regulamento Tarifário, no Regulamento de Relações Comerciais e no Regulamento da Qualidade de Serviço.

2 – A recepção e a entrega de electricidade, salvo caso fortuito ou de força maior, só podem ser interrompidas por razões de interesse público ou de serviço ou por facto imputável ao cliente.

BASE XV
Interrupções por razões de interesse público ou de serviço

1 – A recepção ou a entrega de electricidade podem ser interrompidas por razões de interesse público, nomeadamente quando se trate da execução de planos nacionais de emergência energética declarada ao abrigo de legislação específica.

2 – A interrupção da recepção ou da entrega de electricidade por razões de serviço num determinado ponto de entrega tem lugar quando haja necessidade imperiosa de realizar manobras ou trabalhos de ligação, reparação ou conservação da rede, desde que tenham sido esgotadas todas as possibilidades de alimentação alternativa.

3 – Na ocorrência do disposto nos números anteriores, a concessionária deve avisar com a antecedência mínima de trinta e seis horas os clientes ligados à rede municipal de distribuição de electricidade em BT que possam vir a ser afectados, salvo no caso da realização de trabalhos que a segurança de pessoas e bens torne inadiáveis ou quando haja necessidade urgente de deslastrar cargas, automática ou manualmente, para garantir a segurança do sistema eléctrico.

4 – A ocorrência das situações referidas nos n.os 1 e 2 dá origem a indemnização por parte da concessionária, caso esta não tenha tomado as medidas adequadas para evitar tais situações, de acordo com a avaliação das entidades competentes.

BASE XVI
Interrupção por facto imputável ao distribuidor ou ao cliente

1 – A concessionária pode interromper a entrega de electricidade a clientes ligados à rede municipal de distribuição de electricidade em BT que causem perturbações que afectem a qualidade de serviço do SEN legalmente estabelecida quando, uma vez identificadas as causas perturbadoras, aquelas entidades, após aviso da concessionária, não corrijam as anomalias em prazo adequado, tendo em consideração os trabalhos a realizar.

2 – A concessionária pode ainda interromper a entrega de electricidade nos termos da regulamentação aplicável, nomeadamente do Regulamento de Relações Comerciais, na observância do disposto na Lei n.º 23/96, de 26 de Julho.

BASE XVII
Interrupção da recepção de produtores em BT

A concessionária pode interromper a recepção da electricidade produzida por produtores que causem perturbações que afectem a qualidade de serviço do SEN legalmente estabelecida quando, uma vez identificadas as causas perturbadoras, aqueles produtores, após aviso da concessionária, não corrijam as anomalias em prazo adequado, tendo em consideração os trabalhos a realizar.

BASE XVIII
Planos de desenvolvimento

1 – A concessionária deve elaborar o plano de desenvolvimento da rede de distribuição em BT, nos termos estabelecidos no contrato de concessão.

2 – A concessionária deve observar, na remodelação e na expansão da rede, os prazos de execução adequados à satisfação das necessidades de comercialização de electricidade.

Regulação do Sector da Energia

BASE XIX
Projectos

1 – Constitui obrigação da concessionária a concepção e a elaboração dos projectos relativos a remodelação e expansão da rede de distribuição.

2 – A aprovação de quaisquer projectos pela entidade administrativa competente não implica qualquer responsabilidade para esta derivada de erros de concepção ou da inadequação das instalações e do equipamento ao serviço da concessão.

3 – A aprovação dos projectos é feita através do processo de licenciamento previsto no Regulamento de Licenças para Instalações Eléctricas.

BASE XX
Normas gerais relativas ao atravessamento de terrenos públicos ou de particulares

No atravessamento de terrenos do domínio público ou de particulares, a concessionária deve adoptar os procedimentos estabelecidos na legislação aplicável e proceder à reparação de todos os prejuízos que resultem dos trabalhos executados.

BASE XXI
Cumprimento dos regulamentos

No estabelecimento e na exploração da concessão, a concessionária deve cumprir as normas e os regulamentos aplicáveis, designadamente o Regulamento da Rede de Distribuição, o Regulamento de Operação das Redes, o Regulamento Tarifário, o Regulamento de Relações Comerciais, o Regulamento de Acesso às Redes e às Interligações e o Regulamento da Qualidade de Serviço.

BASE XXII
Informações

1 – A concessionária tem a obrigação de fornecer à câmara municipal do município concedente todos os elementos relativos à concessão que esta entenda dever solicitar-lhe.

2 – A concessionária tem igualmente a obrigação de fornecer à DGGE, às direcções regionais de economia e à ERSE a informação prevista no decreto-lei que integra as presentes bases e nos regulamentos nelas previstos.

BASE XXIII
Fiscalização

1 – Sem prejuízo dos poderes cometidos a outras entidades, cabe à câmara municipal do município concedente a fiscalização da concessão, nomeadamente do cumprimento das disposições legais e do contrato de concessão.

2 – Para os efeitos do disposto no número anterior, a concessionária deve prestar todas as informações e facultar todos os documentos que lhe forem solicitados, bem como permitir o livre acesso das entidades fiscalizadoras a quaisquer instalações.

BASE XXIV
Auditoria

O operador da rede de distribuição fica sujeito a auditoria da DGGE, da respectiva direcção regional de economia e da ERSE, bem como do concedente, em função das suas competências.

BASE XXV
Responsabilidade civil

1 – Para os efeitos do disposto no artigo 509.º do Código Civil, entende-se que a utilização das instalações integradas na concessão é feita no exclusivo interesse da concessionária.

2 – A concessionária fica obrigada à contratação de um seguro de responsabilidade civil para cobertura dos danos materiais e corporais causados a terceiros emergentes de facto ocorrido ao abrigo do número anterior, sendo o seu montante mínimo fixado por deliberação da câmara municipal, actualizável anualmente de acordo com o índice de preços no consumidor, sem habitação, no continente, publicado pelo Instituto Nacional de Estatística.

3 – O capital seguro pode ser revisto em função das alterações que ocorram na natureza, na dimensão e no grau de risco.

4 – A concessionária deve apresentar na câmara municipal os documentos comprovativos da celebração do seguro, bem como da actualização referida no número anterior.

BASE XXVI
Medidas de protecção

1 – Quando se verifique uma situação de emergência que ponha em risco a segurança de pessoas e bens, deve a concessionária promover todas as medidas que entender necessárias para repor as adequadas condições de segurança.

2 – Em situações graves, a concessionária deve, de imediato, comunicar a situação e as medidas tomadas às entidades competentes, nomeadamente à direcção regional de economia respectiva, à câmara municipal e à autoridade policial da zona afectada, bem como, se for caso disso, ao Serviço Nacional de Bombeiros e de Protecção Civil.

CAPÍTULO IV
Direitos da concessionária

BASE XXVII
Utilização do domínio público

1 – No estabelecimento de instalações da rede de distribuição ou de outras infra-estruturas integrantes da concessão, a concessionária tem o direito de utilizar os bens do domínio municipal e do Estado, nos termos da lei.

2 – A faculdade de utilização dos bens referidos no número anterior resulta da aprovação dos respectivos projectos, sem prejuízo da formalização da respectiva cedência nos termos da lei.

3 – As condições de utilização dos bens do município concedente constam do respectivo contrato de concessão.

BASE XXVIII
Expropriações e servidões

A concessionária só pode solicitar a expropriação ou a constituição de servidões após a aprovação pela entidade licenciadora competente dos projectos ou anteprojectos das infra-estruturas ou das instalações da rede de distribuição, nos termos da legislação aplicável, cabendo à concessionária o pagamento das indemnizações a que derem lugar.

BASE XXIX
Remuneração

Pela exploração da concessão é assegurada à concessionária uma remuneração, nos termos do Regulamento Tarifário, que assegure o seu equilíbrio económico-financeiro nas condições de uma gestão eficiente.

CAPÍTULO V
Garantias do cumprimento do contrato de concessão

BASE XXX
Caução

1 – Para a garantia do cumprimento dos deveres emergentes do contrato de concessão, a concessionária deve, se a respectiva câmara municipal assim o determinar, prestar uma caução até ao valor máximo de (euro) 250000, nos termos da portaria que aprovar o contrato tipo de concessão.

2 – Nos casos em que a concessionária não tenha pago e não tenha contestado as multas aplicadas por incumprimento das obrigações contratuais, pode ser determinado o recurso àquela caução, sem dependência de decisão judicial, mediante despacho do presidente da câmara municipal.

3 – A eventual diminuição da caução, por força de levantamentos que dela sejam feitos nos termos do número anterior, implica, para a concessionária, a obrigação de proceder à sua reconstituição no prazo de um mês contado a partir da data de utilização.

4 – A caução só pode ser levantada um ano após a data da extinção do contrato de concessão ou, por acordo com o concedente, após a extinção da concessão, mas antes do decurso daquele prazo.

5 – A caução pode ser prestada por depósito em dinheiro, por garantia bancária autónoma cujo texto deve ser previamente aprovado pela câmara municipal ou por qualquer outra forma prevista na lei.

6 – O estabelecido nesta base não se aplica aos contratos de concessão em vigor à data da entrada em vigor do presente decreto-lei.

BASE XXXI
Responsabilidade da concessionária por incumprimento

1 – Por violação do contrato de concessão, a concessionária incorre em responsabilidade perante o concedente.

2 – A responsabilidade da concessionária cessa sempre que ocorra caso fortuito ou de força maior, ficando a seu cargo apresentar prova da ocorrência.

3 – A concessionária deve informar a câmara municipal o mais rapidamente possível da ocorrência de qualquer facto previsto no número anterior, por qualquer meio de comunicação adequado, devendo confirmar por carta na qual indique as medidas essenciais que tomou ou pretende tomar para fazer face à situação ocorrida.

4 – Na situação prevista no número anterior, a concessionária deve tomar imediatamente as medidas que sejam necessárias para assegurar a retoma normal das obrigações suspensas.

BASE XXXII
Multas contratuais

1 – Pelo incumprimento de obrigações assumidas no âmbito do contrato de concessão, pode a concessionária ser punida com multa até (euro) 50000, variando o respectivo montante em função do grau de culpa, dos riscos daí derivados para a segurança da rede ou de terceiros, dos prejuízos

efectivamente causados e da diligência que tenha posto na superação das consequências.

2 – A aplicação das multas previstas no número anterior é da competência do presidente da câmara municipal.

3 – As multas que não forem pagas voluntariamente ou cuja reclamação não tenha sido atendida podem, decorridos 30 dias sobre a respectiva notificação, ser levantadas da caução a que se refere a base XVIII, desde que o levantamento seja precedido de despacho do presidente da câmara municipal.

4 – O pagamento das multas não isenta a concessionária da responsabilidade civil, criminal ou contra-ordenacional em que incorrer.

BASE XXXIII
Sequestro

1 – O concedente, mediante deliberação dos órgãos competentes do município, pode tomar conta da concessão quando se verificarem graves deficiências na respectiva organização e no funcionamento ou no estado geral das instalações e dos equipamentos que sejam susceptíveis de comprometer a regularidade ou qualidade do serviço.

2 – Verificado o sequestro, a concessionária suporta os encargos que resultarem para o concedente do exercício da concessão, bem como as despesas extraordinárias necessárias ao restabelecimento da normalidade.

3 – Logo que cessem as razões do sequestro e o concedente o julgar oportuno, é a concessionária notificada para retomar, na data que lhe for fixada, o normal exercício da concessão.

4 – Se a concessionária não quiser ou não puder retomar esse exercício, pode a câmara municipal determinar a imediata rescisão do contrato de concessão.

5 – No caso de a concessionária ter retomado o exercício da concessão e continuarem a verificar-se graves deficiências no mesmo, pode ser ordenado novo sequestro ou determinada a imediata rescisão do contrato de concessão.

CAPÍTULO VI
Alteração e extinção do contrato de concessão

BASE XXXIV
Alteração do contrato de concessão

1 – As cláusulas do contrato de concessão podem ser alteradas por mútuo acordo desde que a alteração não envolva a violação do regime jurídico da concessão nem implique a derrogação das presentes bases.

2 – Com o objectivo de assegurar a permanente adequação da concessão às exigências da regularidade, da continuidade e da qualidade do serviço público ou por alteração do regime de exclusivo que decorra da transposição para o direito português de legislação da União Europeia, o concedente reserva-se o direito de alterar as condições da sua exploração.

3 – Quando, por efeito do número anterior, se alterem significativamente as condições de exploração, o concedente compromete-se a promover a reposição do equilíbrio contratual desde que a concessionária, neste último caso, faça prova de não poder prover a tal reposição recorrendo aos meios resultantes de uma correcta e prudente gestão financeira e a prova seja aceite pelo concedente.

Regulação do Sector da Energia

BASE XXXV
Extinção da concessão

1 – A concessão extingue-se por acordo entre o município e a concessionária, por rescisão, por resgate e por decurso do prazo.

2 – A extinção da concessão opera a transmissão para o município dos bens e meios a ela afectos nos termos das presentes bases.

3 – Da transmissão prevista no número anterior excluem-se, além dos bens e meios não afectos à concessão, os fundos consignados à garantia ou à cobertura de obrigações da concessionária de cujo cumprimento lhe seja dada quitação pelo concedente, a qual se presume se decorrido um ano sobre a extinção da concessão não houver declaração em contrário pela câmara municipal.

4 – A tomada de posse da concessão pelo município é precedida de vistoria ad perpetuam rei memoriam, realizada pela câmara municipal, a que assistem representantes da concessionária.

BASE XXXVI
Rescisão do contrato por incumprimento

1 – O concedente, na sequência de deliberação dos seus órgãos competentes, pode rescindir o contrato quando ocorra qualquer dos seguintes factos:

a) Desvio do objecto da concessão;

b) Suspensão da actividade objecto da concessão;

c) Oposição reiterada ao exercício da fiscalização, repetida desobediência às determinações do concedente ou sistemática inobservância das leis e dos regulamentos aplicáveis à exploração, quando se mostrem ineficazes as sanções aplicadas;

d) Recusa em proceder às adequadas conservação e reparação das infra-estruturas ou ainda à necessária ampliação da rede;

e) Cobrança dolosa de preços com valor superior aos fixados;

f) Falência da concessionária;

g) Transmissão da concessão ou subconcessão não autorizada;

h) Violação grave das cláusulas do contrato;

i) Recusa da reconstituição atempada da caução.

2 – Não constituem causas de rescisão os factos ocorridos por motivos de força maior.

3 – Quando as faltas forem causadas por mera negligência e susceptíveis de correcção, o concedente não rescinde o contrato de concessão sem previamente avisar a concessionária para, num prazo razoável que lhe for fixado, cumprir integralmente as suas obrigações e corrigir ou reparar as consequências da sua negligência.

4 – No caso de pretender rescindir o contrato, designadamente pelo facto referido na alínea f) do n.º 1, o concedente deve ainda notificar os principais credores da concessionária que sejam conhecidos para, no prazo que lhes for determinado, nunca superior a três meses, proporem uma solução que possa sobrestar à rescisão, desde que o concedente com ela concorde.

5 – A concessionária não pode rescindir o contrato de concessão com fundamento na alteração do regime de exclusivo que decorra da transposição para o direito português de legislação da União Europeia.

6 – A rescisão do contrato de concessão produz os seus efeitos desde a data da sua comunicação à outra parte por carta registada e com aviso de recepção.

7 – As penalidades por rescisão do contrato de concessão, bem como as eventuais indemnizações, são estabelecidas no contrato de concessão.

BASE XXXVII
Resgate da concessão

1 – O concedente pode resgatar a concessão sempre que motivos de interesse público o justifiquem, decorridos que sejam cinco anos sobre a data de início do respectivo prazo.

2 – O resgate da concessão processa-se mediante carta registada e com aviso de recepção com, pelo menos, um ano de antecedência em relação à data da efectivação do resgate.

3 – Decorrido o período de aviso de resgate, o concedente assume todos os bens e meios que estejam afectos à concessão à data desse aviso e ainda aqueles que tenham sido adquiridos pela concessionária durante o período de aviso, desde que tenham sido autorizados pela câmara municipal.

4 – A assunção de obrigações por parte do concedente é feita sem prejuízo do seu direito de regresso sobre a concessionária pelas obrigações por esta contraídas que tenham exorbitado da gestão normal da concessão.

5 – Pelo resgate, a concessionária tem direito a uma indemnização determinada por uma terceira entidade escolhida por acordo entre o concedente e a concessionária, devendo a fixação do montante da indemnização atender ao valor contabilístico, à data do resgate, dos bens revertidos para o concedente, livres de quaisquer ónus ou encargos, e ao valor de eventuais lucros cessantes.

6 – O valor contabilístico dos bens referidos no número anterior entende-se líquido de amortizações e de comparticipações financeiras e subsídios a fundo perdido, incluindo-se nestes o valor dos bens cedidos pelo concedente.

7 – Na determinação da indemnização apenas devem ser considerados os bens que tenham sido aprovados pela ERSE para os efeitos de fixação das tarifas de electricidade.

8 – Para os efeitos do cálculo da indemnização prevista na presente base, o valor dos bens que se encontrem anormalmente depreciados ou deteriorados devido a deficiências da concessionária na sua manutenção ou reparação é determinado de acordo com o seu estado de funcionamento efectivo.

BASE XXXVIII
Extinção da concessão por decurso do prazo

1 – A concessão extingue-se pelo decurso do respectivo prazo, transmitindo-se para o concedente nos termos das presentes bases.

2 – Cessando a concessão pelo decurso do respectivo prazo, o concedente paga à concessionária uma indemnização correspondente ao valor contabilístico dos bens afectos à concessão por ela adquiridos com referência ao último balanço aprovado, nos termos dos n.os 6, 7 e 8 da base anterior.

BASE XXXIX
Procedimento para termo da concessão

1 – O concedente reserva-se o direito de tomar nos últimos dois anos do prazo da concessão as providências que julgar convenientes para assegurar a continuação do serviço no termo da concessão ou as medidas necessárias para efectuar,

durante o mesmo prazo, a transferência progressiva das actividades exercidas pela concessionária que cessa o seu contrato para uma nova entidade encarregada da gestão do serviço.

2 – Se no termo da concessão o concedente não tiver ainda renovado o respectivo contrato ou não tiver decidido quanto ao novo modo ou entidade encarregada da gestão do serviço, pode, se assim o desejar, acordar a continuação do contrato de concessão com a concessionária, até ao limite máximo de um ano, mediante arrendamento, prestação de serviços ou qualquer outro título contratual.

BASE XL
Transmissão e oneração de concessão

1 – Sob pena de nulidade dos respectivos actos ou contratos, a concessionária não pode, sem prévia autorização da câmara municipal, transmitir, subconceder ou onerar, por qualquer forma, a concessão.

2 – É equiparada à transmissão da concessão a alienação de acções contra o disposto nos respectivos estatutos.

3 – No caso de subconcessão, total ou parcial, quando autorizada, a concessionária mantém os direitos e continua sujeita às obrigações decorrentes do contrato de concessão.

4 – Se à data da extinção da concessão se mantiverem ónus ou encargos respeitantes aos contratos de aquisição de bens das respectivas infra-estruturas, o município assumi-los-á desde que tenha autorizado a sua contratação pela concessionária e não se trate de obrigações já vencidas e não cumpridas.

CAPÍTULO VII
Composição de litígios

BASE XLI
Litígios entre o concedente e a concessionária

O concedente e a concessionária podem celebrar convenções de arbitragem destinadas à solução legal ou segundo a equidade, conforme nelas se determinar, de quaisquer questões emergentes do contrato de concessão.

BASE XLII
Litígios entre a concessionária
e os utilizadores da rede de distribuição

1 – A concessionária, os produtores, o distribuidor em AT e MT, os comercializadores de electricidade e os consumidores, bem como outras entidades que se encontrem ligadas à rede municipal de distribuição de electricidade em BT, podem celebrar convenções de arbitragem para solução dos litígios emergentes dos respectivos contratos ou aderir a processos de arbitragem, nos termos previstos no Regulamento de Relações Comerciais.

2 – Os actos da concessionária praticados por via administrativa, nos casos em que a lei, os regulamentos ou o contrato de concessão lhe confiram essa prerrogativa, são sempre imputáveis, para o efeito de recurso contencioso, ao respectivo conselho de administração.

3 – A responsabilidade contratual ou extracontratual da concessionária por actos de gestão privada ou de gestão pública efectiva-se nos termos e pelos meios previstos na lei.

ANEXO V
[a que se refere a alínea b) do n.º 2 do artigo 48.º]
Medidas de protecção dos consumidores

1 – Sem prejuízo de outras medidas destinadas a assegurar a protecção dos consumidores decorrentes da legislação e dos regulamentos aplicáveis, os comercializadores devem garantir aos clientes domésticos o direito a um contrato de fornecimento de energia eléctrica que especifique, designadamente:

a) A identidade e o endereço do fornecedor;

b) Os serviços fornecidos e os níveis de qualidade dos serviços fornecidos, bem como a data de ligação inicial;

c) Se forem oferecidos serviços de manutenção, o tipo desses serviços;

d) Os meios através dos quais podem ser obtidas informações actualizadas sobre as tarifas e as taxas de manutenção aplicáveis;

e) A duração do contrato, as condições de renovação e termo dos serviços e do contrato e a existência de um eventual direito de rescisão;

f) Qualquer compensação e as disposições de reembolso aplicáveis, se os níveis de qualidade dos serviços contratados não forem atingidos; e

g) O método a utilizar para a resolução de litígios, que deve ser acessível, simples e eficaz.

2 – As condições contratuais devem ser equitativas e previamente conhecidas, devendo, em qualquer caso, ser prestadas antes da celebração ou da confirmação do contrato. Caso os contratos sejam celebrados através de intermediários, as referidas informações são igualmente prestadas antes da celebração do contrato.

3 – Os consumidores devem ser notificados de modo adequado de qualquer intenção de alterar as condições contratuais e ser informados do seu direito de rescisão ao serem notificados. Os prestadores de serviços devem notificar directamente os seus assinantes de qualquer aumento dos encargos, em momento oportuno, não posterior a um período normal de facturação após a entrada em vigor do aumento. Os clientes são livres de rescindir os contratos se não aceitarem as novas condições que lhes forem notificadas pelos respectivos fornecedores de serviços de electricidade.

4 – Os consumidores devem receber informações transparentes sobre os preços e tarifas aplicáveis e as condições normais de acesso e utilização dos serviços de electricidade.

5 – Os consumidores devem dispor de uma ampla escolha quanto aos métodos de pagamento. Qualquer diferença nos termos e nas condições deve reflectir os custos dos diferentes sistemas de pagamento para o fornecedor. As condições gerais devem ser equitativas e transparentes e ser redigidas em linguagem clara e compreensível. Os comercializadores não podem utilizar métodos de venda abusivos ou enganadores.

6 – Os consumidores não devem ser obrigados a efectuar qualquer pagamento por mudarem de fornecedor, sem prejuízo do respeito pelos compromissos contratualmente assumidos.

7 – Os consumidores devem dispor de procedimentos transparentes, simples e baratos para o tratamento das suas queixas. Tais procedimentos devem permitir que os litígios sejam resolvidos de modo justo e rápido, prevendo, quando justificado, um sistema de reembolso e de indemnização por eventual prejuízo.

Resolução do Conselho de Ministros n.º 50/2007, de 15 de Fevereiro de 2007, publicada no Diário da República, 1.ª série, N.º 62 de 28 de Março de 2007 – **Aprova medidas de implementação e promoção da Estratégia Nacional para a Energia**

Resolução do Conselho de Ministros n.º 50/2007

Um dos objectivos centrais da Estratégia Nacional para a Energia, aprovada pela Resolução do Conselho de Ministros n.º 169/2005, de 24 de Outubro, é a promoção da concorrência nos mercados energéticos, em particular no mercado de electricidade, tendo em vista a defesa dos consumidores e a eficiência das empresas.

O novo enquadramento do sector eléctrico nacional, consagrado no Decreto-Lei n.º 29/2006, de 15 de Fevereiro, e no Decreto-Lei n.º 172/2006, de 23 de Agosto, que transpõem para a ordem jurídica interna a Directiva n.º 2003/54/CE, do Parlamento e do Conselho, de 26 de Julho, introduz mais transparência e concorrência neste sector ao determinar a separação de todas as actividades da fileira eléctrica. Destaca-se, neste processo, a separação clara entre as actividades de exploração das infra-estruturas reguladas, por um lado, e as actividades de produção e de comercialização de electricidade, por outro, prevendo-se o exercício destas em regime livre sujeito a licença. Destaca-se, ainda, o facto de se prever a criação da figura do operador logístico de mudança de comercializador.

Se a Estratégia Nacional para a Energia aponta para mais concorrência no mercado doméstico, por força da construção do Mercado Ibérico de Electricidade (MIBEL), enquanto passo intermédio da construção do Mercado Interno da Energia, o mercado relevante é cada vez mais o mercado ibérico.

A relevância deste mercado determinou a adopção, pelo Governo, de medidas impulsionadoras da sua concretização e desenvolvimento.

Assim, o Acordo de Santiago de Compostela, assinado em 1 de Outubro de 2004 e ratificado por Portugal e Espanha, na sequência da Cimeira Luso-Espanhola realizada em Évora em 18 e 19 de Novembro de 2005, foi instrumental para a criação do MIBEL. Com efeito, em resultado desta Cimeira, o pólo português do MIBEL – o OMIP/OMIclear – entrou em funcionamento em 3 de Julho de 2006. Novos passos no sentido de um maior aprofundamento deste importante mercado regional foram dados na Cimeira de Badajoz de 24 e 25 de Novembro de 2006.

Em conformidade com a Estratégia Nacional para a Energia e tal como previsto no artigo 70.º do Decreto-Lei n.º 172/2006, de 23 de Agosto, importa criar as condições para a entrada em vigor do Decreto-Lei n.º 240/2004, de 27 de Dezembro, que prevê a extinção dos contratos de aquisição de electricidade (CAE) – que obrigam a que toda a electricidade gerada seja vendida pelos produtores à REN – e a sua substituição pelos custos de manutenção do equilíbrio contratual (CMEC).

A extinção dos CAE e sua substituição pelos CMEC é um passo fundamental para o desenvolvimento do MIBEL, na medida em que permite a venda directa em mercado da correspondente energia produzida.

Por sua vez, o processo de extinção dos CAE e sua substituição pelos CMEC impõe que sejam acautelados direitos, designadamente os associados à utilização do domínio público hídrico pela entidade concessionária da Rede Nacional de Transporte (RNT) e pelas empresas titulares dos centros electroprodutores, no âmbito da regulamentação da Lei da Água, aprovada pela Lei n.º 58/2005, de 29 de Dezembro.

Assim:

Nos termos da alínea g) do artigo 199.º da Constituição, o Conselho de Ministros resolve:

1 – Estabelecer medidas de implementação e promoção da Estratégia Nacional para a Energia, visando o aprofundamento do Mercado Ibérico de Electricidade (MIBEL) e a protecção dos consumidores no que respeita às tarifas de electricidade, de acordo com as seguintes orientações:

a) Tornar efectiva a extinção dos contratos de aquisição de electricidade (CAE) e sua substituição pelos custos de manutenção do equilíbrio contratual (CMEC), alterando o Decreto-Lei n.º 240/2004, de 27 de Dezembro, tal como previsto no artigo 70.º do Decreto-Lei n.º 172/2006, de 23 de Agosto;

b) Permitir a utilização do domínio público hídrico pela empresa concessionária da Rede Nacional de Transporte de Electricidade e pelas empresas titulares de centros electroprodutores, até à atribuição dos novos títulos de utilização do domínio público hídrico às empresas titulares de centros electroprodutores;

c) Prever que a transmissão dos direitos de utilização do domínio público hídrico a favor das empresas titulares dos centros electroprodutores fique sujeita ao pagamento de um valor de equilíbrio económico-financeiro;

d) Estabelecer que o valor do equilíbrio económico-financeiro de cada centro electroprodutor deva atender à diferença entre o valor de mercado da sua exploração desde o termo previsto no respectivo CAE, celebrado ao abrigo dos Decretos-Leis n.os 182/95 e 183/95, ambos de 27 de Julho, até ao termo do prazo da concessão de utilização do domínio público hídrico, utilizando, para o efeito, as taxas de desconto apropriadas para os respectivos fluxos financeiros;

e) Estabelecer que o valor de equilíbrio económico-financeiro para cada centro electroprodutor hídrico a fixar pelo Governo seja calculado tendo por base o valor identificado em duas avaliações realizadas por entidades financeiras independentes de elevada reputação, ser precedido de audição do

Regulação do Sector da Energia

respectivo titular e constar de contrato a celebrar entre o Estado, a entidade concessionária da Rede Nacional de Transporte e as empresas titulares dos centros electroprodutores;

f) Determinar que o valor de equilíbrio económico-financeiro, a pagar pelos titulares dos centros electroprodutores hídricos, se destinará a beneficiar os consumidores de energia eléctrica através da redução do défice tarifário, da estabilização das tarifas num horizonte plurianual e de outras medidas de política energética.

2 – Incumbir o Ministro da Economia e da Inovação da prossecução das acções necessárias para a concretização das orientações constantes da presente resolução, sem prejuízo da necessária articulação com os demais ministros competentes em razão da matéria.

Presidência do Conselho de Ministros, 15 de Fevereiro de 2007. – O Primeiro-Ministro, *José Sócrates Carvalho Pinto de Sousa.*

Decreto-Lei n.º 30/2006, de 15 de Fevereiro – **Estabelece as bases gerais da organização e do funcionamento do Sistema Nacional de Gás Natural (SNGN) em Portugal, bem como as bases gerais aplicáveis ao exercício das actividades de recepção, armazenamento, transporte, distribuição e comercialização de gás natural e à organização dos mercados de gás natural**

Decreto-Lei n.º 30/2006

de 15 de Fevereiro

O enquadramento e a introdução do gás natural em Portugal tiveram lugar na última década do século passado. Numa bem sucedida operação de implantação das infra-estruturas do gasoduto de transporte e das redes de distribuição, realizada com fortes apoios comunitários, tornou-se possível que o primeiro contrato comercial de fornecimento de gás natural ocorresse em Abril de 1997. Nos últimos 10 anos assistiu-se, ao nível nacional, ao desenvolvimento das infra-estruturas de recepção em terminal de gás natural liquefeito (GNL), de armazenamento subterrâneo, de transporte e de distribuição, bem como à utilização do gás natural como uma nova forma de energia. Criaram-se, assim, as condições necessárias ao aprovisionamento, à recepção, ao armazenamento, ao transporte, à distribuição e ao consumo de gás natural.

O quadro legislativo vigente, baseado no Decreto-Lei n.º 374/89, de 25 de Outubro, com as alterações que lhe foram sucessivamente introduzidas, e no Decreto-Lei n.º 14/2001, de 27 de Janeiro, organiza o funcionamento do sector do gás natural numa concessão de importação, aprovisionamento, recepção, armazenamento, transporte e fornecimento através da rede de alta pressão, em concessões de distribuição regional e em licenças de distribuição em redes locais autónomas de serviço público ou privativas. Salvo as licenças privativas, que têm uma expressão prática muito diminuta, cuja atribuição está sujeita a condições específicas, as concessões e as demais licenças são exercidas em regime de serviço público e em exclusivo. Neste quadro, está condicionado o acesso às actividades de comercialização de gás natural e, consequentemente, da escolha do comercializador, condicionamento que foi possível manter porque o mercado português de gás natural, nos termos da Directiva n.º 98/30/CE, do Parlamento Europeu e do Conselho, de 22 de Junho, foi considerado mercado emergente, beneficiando de derrogação quanto à liberalização do mercado.

Na linha da Cimeira de Lisboa, a Directiva n.º 2003/55//CE, do Parlamento Europeu e do Conselho, de 26 de Junho, estabeleceu as regras comuns para o mercado interno do gás natural, com vista à constituição de um mercado livre e concorrencial.

A Resolução do Conselho de Ministros n.º 169/2005, de 24 de Outubro, que aprovou a estratégia nacional para a energia, estabelece como uma das linhas de orientação a liberalização e a promoção da concorrência nos mercados energéticos, através da alteração dos respectivos enquadramentos estruturais.

O presente decreto-lei, concretizando no plano normativo a linha estratégica da Resolução do Conselho de Ministros n.º 169/2005, de 24 de Outubro, define para o sector do gás natural um quadro legislativo coerente e articulado com a legislação comunitária e os principais objectivos estratégicos aprovados na referida resolução. Neste quadro, são estabelecidos os princípios de organização e funcionamento do Sistema Nacional de Gás Natural, bem como as regras gerais aplicáveis ao exercício das actividades de recepção, armazenamento e regaseificação de GNL, armazenamento subterrâneo, transporte, distribuição e comercialização, transpondo-se, desta forma, os princípios da Directiva n.º 2003/55/CE, do Parlamento Europeu e do Conselho, de 26 de Junho, tendo por finalidade o incremento de um mercado livre e concorrencial.

A organização do Sistema Nacional de Gás Natural assenta fundamentalmente na exploração da rede pública de gás natural, constituída pela Rede Nacional de Transporte, Instalações de Armazenamento e Terminais e pela Rede Nacional de Distribuição de Gás Natural. A exploração destas infra-estruturas processa-se através de concessões de serviço público, ou de licenças de serviço público no caso de redes locais autónomas de distribuição. Simultaneamente, nas condições a estabelecer em legislação complementar, permite-se a distribuição privativa de gás natural através de licença para o efeito.

A exploração das infra-estruturas referidas relaciona-se com o exercício das actividades que integram o Sistema Nacional de Gás Natural, nos termos expressos no decreto-lei.

A actividade de transporte de gás natural é exercida mediante a exploração da Rede Nacional de Transporte de Gás Natural, que corresponde a uma única concessão do Estado, exercida em regime de serviço público. A actividade de transporte é separada jurídica e patrimonialmente das demais actividades desenvolvidas no âmbito do Sistema Nacional de Gás Natural, assegurando-se a independência e a transparência do exercício da actividade e do seu relacionamento com as demais.

Considerando que a Rede Nacional de Transporte de Gás Natural assume um papel crucial no Sistema Nacional de Gás Natural, a sua exploração integra a gestão global do sector, assegurando a coordenação sistémica das infra-estruturas de armazenamento, dos terminais e das redes de distribuição de gás natural, tendo em vista a continuidade e a segurança do abastecimento e o funcionamento integrado e eficiente do sistema de gás natural.

A distribuição de gás natural processa-se através da exploração da Rede Nacional de Distribuição de Gás Natural, mediante atribuição pelo Estado de concessões de serviço público, exercidas em exclusivo e em regime de serviço público, bem

589

Regulação do Sector da Energia

como por licenças de distribuição em redes locais autónomas, não ligadas ao sistema interligado de gasodutos e redes, igualmente exercidas em exclusivo e em regime de serviço público. Fora desta rede, prevê-se a atribuição de licenças de distribuição para utilização privativa de gás natural.

A actividade de distribuição é juridicamente separada da actividade de transporte e das demais actividades não relacionadas com a distribuição, não sendo obrigatória esta separação quando os distribuidores abasteçam um número de clientes inferior a 100000. As actuais concessionárias e licenciadas continuam a explorar as respectivas concessões e redes licenciadas pelo prazo de duração das mesmas.

A actividade de comercialização de gás natural é livre, ficando, contudo, sujeita a atribuição de licença pela entidade administrativa competente, definindo-se claramente o elenco dos direitos e dos deveres na perspectiva de um exercício transparente da actividade. No exercício da sua actividade, os comercializadores podem livremente comprar e vender gás natural. Para o efeito, têm o direito de acesso às instalações de armazenamento e terminais de GNL, às redes de transporte e às redes de distribuição, mediante o pagamento de uma tarifa regulada. O livre exercício de comercialização de gás natural fica sujeito ao regime transitório estabelecido para a abertura gradual do mercado, tendo em consideração o estatuto de mercado emergente e da derrogação que lhe está associada.

Os consumidores, destinatários dos serviços de gás natural, vão poder, nas condições do mercado e segundo um calendário de elegibilidade a estabelecer para a liberalização do sector, escolher livremente o seu comercializador, não sendo esta mudança onerada do ponto de vista contratual. Para o efeito, os consumidores são titulares do direito de acesso às instalações e às redes abrangidas pelo âmbito de aplicação deste decreto-lei. Com vista a simplificar e tornar efectiva a mudança do comercializador, é criada a figura do «operador logístico de mudança de comercializador», sendo o seu regime de exercício objecto de legislação complementar.

No âmbito da protecção dos consumidores, definem-se obrigações de serviço público, caracterizadas pela garantia de fornecimento, em condições de regularidade e de continuidade, de qualidade de serviço, de protecção quanto a preços e tarifas e de acesso a informação em termos simples e compreensíveis.

As associações de defesa do consumidor têm o direito de participação e de ser consultadas quanto ao enquadramento das actividades que directamente se relacionem com os direitos dos consumidores.

Relacionada com a protecção dos consumidores, consagra-se a figura do comercializador de último recurso, sujeito a regulação, assumindo o papel de garante do fornecimento de gás natural aos consumidores que não optem pela mudança de comercializador, nomeadamente dos consumidores mais frágeis, em condições de regularidade e continuidade e de qualidade de serviço. Trata-se de uma figura que actuará enquanto o mercado liberalizado não estiver a funcionar com plena eficácia e eficiência, em condições de assegurar a todos os consumidores o fornecimento de gás natural segundo as suas necessidades. Neste sentido, as funções de comercializador são atribuídas provisoriamente às actuais concessionárias, tendo em conta a natureza e o prazo de duração da sua concessão.

Nos termos referidos no decreto-lei, as actividades que se integram na rede pública de gás natural, a comercialização de gás natural de último recurso e a operação logística de

mudança de fornecedor estão sujeitas a regulação. Sem prejuízo das competências de outras entidades administrativas, a regulação sectorial é da competência da Entidade Reguladora dos Serviços Energéticos (ERSE), cabendo-lhe, na esfera das suas atribuições, elaborar periodicamente um relatório sobre o funcionamento do sector, que será entregue ao Ministro da Economia e da Inovação, à Assembleia da República e à Comissão Europeia.

A segurança do abastecimento do Sistema Nacional de Gás Natural cabe ao Governo, sendo atribuída à Direcção-Geral de Geologia e Energia (DGGE) a competência para a monitorização da segurança do abastecimento, com a colaboração da entidade concessionária da Rede Nacional de Transporte de Gás Natural. A DGGE elaborará periodicamente um relatório que deve apresentar ao Ministro da Economia e da Inovação para posterior envio à Assembleia da República e à Comissão.

No quadro da convergência do Sistema Nacional de Gás Natural, o decreto-lei é aplicável às Regiões Autónomas dos Açores e da Madeira através de acto legislativo regional pelos seus órgãos competentes, no respeito dos princípios dos seus Estatutos.

Os regimes de exercício das actividades previstas neste decreto-lei, incluindo os procedimentos para atribuição das concessões e das licenças, são objecto de desenvolvimento em legislação complementar. Finalmente, prevê-se um regime transitório que tem em consideração as actuais concessões e licenças e a abertura de mercado.

Foram ouvidos os órgãos de governo próprio das Regiões Autónomas e a Associação Nacional de Municípios Portugueses.

Assim:

Nos termos da alínea a) do n.º 1 do artigo 198.º da Constituição, o Governo decreta o seguinte:

CAPÍTULO I
Disposições gerais

Artigo 1.º
Objecto

1 – O presente decreto-lei estabelece as bases gerais da organização e do funcionamento do Sistema Nacional de Gás Natural (SNGN) em Portugal, bem como as bases gerais aplicáveis ao exercício das actividades de recepção, armazenamento, transporte, distribuição e comercialização de gás natural e à organização dos mercados de gás natural.

2 – O presente decreto-lei transpõe para a ordem jurídica nacional os princípios da Directiva n.º 2003/55/CE, do Parlamento e do Conselho, de 26 de Junho, que estabelece regras comuns para o mercado interno de gás natural e que revoga a Directiva n.º 98/30/CE.

Artigo 2.º
Âmbito

1 – O presente decreto-lei aplica-se a todo o território nacional, sem prejuízo do disposto no capítulo VII.

2 – Salvo menção expressa no presente decreto-lei, as referências à organização, ao funcionamento e ao regime das actividades que integram o SNGN reportam-se ao continente.

3 – O disposto no número anterior não prejudica, ao nível nacional, a unidade e a integração do SNGN.

ARTIGO 3.º
Definições

Para efeitos do presente decreto-lei, entende-se por:

a) «Alta pressão (AP)» a pressão superior a 20 bar;

b) «Armazenamento» a actividade de constituição de reservas de gás natural em cavidades subterrâneas ou reservatórios especialmente construídos para o efeito;

c) «Baixa pressão (BP)» a pressão inferior a 4 bar;

d) «Cliente» o comprador grossista ou retalhista e o comprador final de gás natural;

e) «Cliente doméstico» o consumidor final que compra gás natural para uso doméstico, excluindo actividades comerciais ou profissionais;

f) «Cliente elegível» o consumidor livre de comprar gás natural ao produtor ou comercializador de sua escolha;

g) «Cliente final» o cliente que compra gás natural para consumo próprio;

h) «Cliente grossista» a pessoa singular ou colectiva distinta dos operadores das redes de transporte e dos operadores das redes de distribuição que compra gás natural para efeitos de revenda;

i) «Cliente retalhista» a pessoa singular ou colectiva que compra gás natural não destinado a utilização própria, que comercializa gás natural em infra-estruturas de venda a retalho, designadamente de venda automática, com ou sem entrega ao domicílio dos clientes;

j) «Comercialização» a compra e a venda de gás natural a clientes, incluindo a revenda;

l) «Comercializador» a entidade titular de licença de comercialização de gás natural cuja actividade consiste na compra a grosso e na venda a grosso e a retalho de gás natural;

m) «Comercializador de último recurso» a entidade titular de licença de comercialização de energia eléctrica sujeita a obrigações de serviço universal;

n) «Conduta directa» um gasoduto de gás natural não integrado na rede interligada;

o) «Consumidor» o cliente final de gás natural;

p) «Distribuição» a veiculação de gás natural em redes de distribuição de alta, média e baixa pressão, para entrega ao cliente, excluindo a comercialização;

q) «Empresa coligada» uma empresa filial, na acepção do artigo 41.º da Sétima Directiva n.º 83/349/CEE, do Conselho, de 13 de Junho, baseada na alínea g) do n.º 2 do artigo 44.º do Tratado da Comunidade Europeia e relativa às contas consolidadas, ou uma empresa associada, na acepção do n.º 1 do artigo 33.º da mesma directiva, ou ainda empresas que pertençam aos mesmos accionistas;

r) «Empresa horizontalmente integrada» uma empresa que exerce pelo menos uma das seguintes actividades: recepção, transporte, distribuição, comercialização e armazenamento de gás natural e ainda uma actividade não ligada ao sector do gás natural;

s) «Empresa verticalmente integrada» uma empresa ou um grupo de empresas cujas relações mútuas estão definidas no n.º 3 do artigo 3.º do Regulamento (CEE) n.º 4064/89, do Conselho, de 21 de Dezembro, relativo ao controlo das operações de concentração de empresas, e que exerce, pelo menos, duas das seguintes actividades: recepção, transporte, distribuição, armazenamento e comercialização de gás natural;

t) «GNL» o gás natural na forma liquefeita;

u) «Interligação» uma conduta de transporte que atravessa ou transpõe uma fronteira entre Estados membros vizinhos com a única finalidade de interligar as respectivas redes de transporte;

v) «Média pressão (MP)» a pressão entre 4 bar e 20 bar;

x) «Mercados organizados» os sistemas com diferentes modalidades de contratação que possibilitam o encontro entre a oferta e a procura de gás natural e de instrumentos cujo activo subjacente seja gás natural ou activo equivalente;

z) «Operador da rede de distribuição» a pessoa singular ou colectiva que exerce a actividade de distribuição e é responsável, numa área específica, pelo desenvolvimento, exploração e manutenção da rede de distribuição e, quando aplicável, das suas interligações com outras redes, bem como por assegurar a garantia de capacidade da rede a longo prazo, para atender pedidos razoáveis de distribuição de gás natural;

aa) «Operador da rede de transporte» a pessoa singular ou colectiva que exerce a actividade de transporte e é responsável, numa área específica, pelo desenvolvimento, exploração e manutenção da rede de transporte e, quando aplicável, das suas interligações com outras redes, bem como por assegurar a garantia de capacidade da rede a longo prazo, para atender pedidos razoáveis de transporte de gás natural;

bb) «Recepção» a actividade de recepção, armazenamento e regaseificação de GNL;

cc) «Rede interligada» um conjunto de redes ligadas entre si;

dd) «Rede Nacional de Distribuição de Gás Natural (RNDGN)» o conjunto das infra-estruturas de serviço público destinadas à distribuição de gás natural;

ee) «Rede Nacional de Transporte de Gás Natural (RNTGN)» o conjunto das infra-estruturas de serviço público destinadas ao transporte de gás natural;

ff) «Rede Nacional de Transporte, Infra-Estruturas de Armazenamento e Terminais de GNL (RNTIAT)» o conjunto das infra-estruturas de serviço público destinadas à recepção e ao transporte em gasoduto, ao armazenamento subterrâneo e à recepção, ao armazenamento e à regaseificação de GNL;

gg) «Rede pública de gás natural (RPGN)» o conjunto que abrange as infra-estruturas que constituem a RNTIAT e as que constituem a RNDGN;

hh) «Serviços (auxiliares) de sistema» todos os serviços necessários para o acesso e a exploração de uma rede de transporte e de distribuição de uma instalação de GNL e de uma instalação de armazenamento, mas excluindo os meios exclusivamente reservados aos operadores da rede de transporte, no exercício das suas funções;

ii) «Sistema» o conjunto de redes e de infra-estruturas de recepção e de entrega de gás natural, ligadas entre si e localizadas em Portugal, e das interligações a sistemas de gás natural vizinhos;

jj) «Sistema nacional de gás natural (SNGN)» o conjunto de princípios, organizações, agentes e infra-estruturas relacionados com as actividades abrangidas pelo presente decreto-lei no território nacional;

ll) «Transporte» a veiculação de gás natural numa rede interligada de alta pressão para efeitos de recepção e entrega a distribuidores, a comercializadores ou a grandes clientes finais;

mm) «Utilizador da rede» a pessoa singular ou colectiva que entrega gás natural na rede ou que é abastecida através dela.

Regulação do Sector da Energia

Artigo 4.º
Objectivo e princípios gerais

1 – O exercício das actividades abrangidas pelo presente decreto-lei tem como objectivo fundamental contribuir para o desenvolvimento e para a coesão económica e social, assegurando, nomeadamente, a oferta de gás natural em termos adequados às necessidades dos consumidores, quer qualitativa quer quantitativamente.

2 – O exercício das actividades abrangidas pelo presente decreto-lei deve obedecer a princípios de racionalidade e eficiência dos meios a utilizar, desde a recepção ao consumo, de forma a contribuir para a progressiva melhoria da competitividade e eficiência do SNGN, no quadro da realização do mercado interno de energia, desenvolvendo-se tendo em conta a utilização racional dos recursos, a sua preservação e a manutenção do equilíbrio ambiental.

3 – O exercício das actividades previstas no presente decreto-lei processa-se com observância dos princípios da concorrência, sem prejuízo do cumprimento das obrigações de serviço público.

4 – O exercício da actividade de comercialização de gás natural processa-se em regime de livre concorrência.

5 – O exercício das actividades de recepção e armazenamento de GNL, de armazenamento subterrâneo, de transporte e de distribuição de gás natural processa-se em regime de concessão ou de licença, nos termos definidos neste decreto-lei e em legislação complementar.

6 – As actividades referidas no número anterior, exercidas em regime de serviço público, bem como a actividade de comercialização de último recurso, estão sujeitas a regulação.

7 – Nos termos do presente decreto-lei, são assegurados a todos os interessados os seguintes direitos:

a) Liberdade de acesso ou de candidatura ao exercício das actividades;

b) Não discriminação;

c) Igualdade de tratamento e de oportunidades;

d) Imparcialidade nas decisões;

e) Transparência e objectividade das regras e decisões;

f) Direito à informação e salvaguarda da confidencialidade da informação comercial considerada sensível;

g) Liberdade de escolha do comercializador de gás natural.

Artigo 5.º
Obrigações de serviço público

1 – Sem prejuízo do exercício das actividades em regime livre e concorrencial, são estabelecidas obrigações de serviço público, nos termos previstos no presente decreto-lei.

2 – As obrigações de serviço público são da responsabilidade dos intervenientes no SNGN, nos termos previstos no presente decreto-lei e em legislação complementar.

3 – São obrigações de serviço público, nomeadamente:

a) A segurança, a regularidade e a qualidade do abastecimento;

b) A garantia de ligação dos clientes às redes nos termos previstos nos contratos de concessão ou nos títulos das licenças;

c) A protecção dos consumidores, designadamente quanto a tarifas e preços;

d) A promoção da eficiência energética e da utilização racional e a protecção do ambiente.

Artigo 6.º
Protecção dos consumidores

1 – Para efeitos do presente decreto-lei, entende-se por consumidor o cliente final de gás natural.

2 – No exercício das actividades objecto do presente decreto-lei, é assegurada a protecção dos consumidores, nomeadamente quanto à prestação do serviço, ao exercício do direito de informação, à qualidade da prestação do serviço, às tarifas e preços, à repressão de cláusulas abusivas e à resolução de litígios, em particular aos consumidores abrangidos pela prestação de serviços públicos considerados essenciais, nos termos da Lei n.º 23/96, de 26 de Julho.

3 – As associações de consumidores têm o direito de ser consultadas quanto aos actos de definição do enquadramento jurídico das actividades previstas no presente decreto-lei.

Artigo 7.º
Protecção do ambiente

1 – No exercício das actividades abrangidas pelo presente decreto-lei, os intervenientes devem adoptar as providências adequadas à minimização dos impactes ambientais, observando as disposições legais aplicáveis.

2 – O Governo deve promover políticas de utilização racional de energia tendo em vista a eficiência energética e a promoção da qualidade do ambiente.

Artigo 8.º
Medidas de salvaguarda

1 – Em caso de crise energética como tal definida em legislação específica, nomeadamente de crise súbita no mercado ou de ameaça à segurança de pessoas e bens, enquadrada na definição do regime jurídico aplicável às crises energéticas, o Governo pode adoptar medidas excepcionais de salvaguarda, comunicando essas medidas de imediato à Comissão Europeia, sempre que sejam susceptíveis de provocar distorções de concorrência e afectem negativamente o funcionamento do mercado.

2 – As medidas de salvaguarda, tomadas nos termos do número anterior, devem ser limitadas no tempo, restringidas ao necessário para solucionar a crise ou ameaça que as justificou, minorando as perturbações no funcionamento do mercado de gás natural.

Artigo 9.º
Competências do Governo

1 – O Governo define a política do SNGN e a sua organização e funcionamento, com vista à realização de um mercado competitivo, eficiente, seguro e ambientalmente sustentável, de acordo com o presente decreto-lei, competindo-lhe, neste âmbito:

a) Promover a legislação complementar relativa ao exercício das actividades abrangidas pelo presente decreto-lei;

b) Promover a legislação complementar relativa ao projecto, ao licenciamento, à construção e à exploração das infra-estruturas de gás natural.

2 – Compete, ainda, ao Governo garantir a segurança do abastecimento do SNGN, designadamente através da:

a) Definição das obrigações de constituição e manutenção de reservas e da sua mobilização em situações de crise energética;

b) Promoção da adequada diversificação das fontes de aprovisionamento;

c) Promoção da eficiência energética e da utilização racional de gás natural;

d) Promoção da adequada cobertura do território nacional com infra-estruturas de gás natural;

e) Declaração de crise energética nos termos da legislação aplicável e adopção das medidas restritivas nela previstas, de forma a minorar os seus efeitos e garantir o abastecimento de gás natural às entidades consideradas prioritárias.

CAPÍTULO II
Organização, regime de actividades e funcionamento

SECÇÃO I
Composição do Sistema Nacional de Gás Natural

ARTIGO 10.º
Sistema Nacional de Gás Natural

Para efeitos do presente decreto-lei, entende-se por SNGN o conjunto de princípios, organizações, agentes e infra-estruturas relacionados com as actividades abrangidas pelo presente decreto-lei no território nacional.

ARTIGO 11.º
Rede pública de gás natural

1 – No continente, a RPGN abrange o conjunto das infra-estruturas de serviço público destinadas à recepção, ao armazenamento, ao transporte e à distribuição de gás natural que integram as concessões da RNTIAT e as concessões e licenças das redes de distribuição de gás natural de serviço público (RNDGN).

2 – Nas Regiões Autónomas dos Açores e da Madeira, a estrutura das respectivas RPGN é estabelecida pelos órgãos competentes regionais, nos termos definidos no artigo 2.º.

3 – Os bens que integram a RPGN só podem ser onerados ou transmitidos nos termos previstos em legislação complementar.

ARTIGO 12.º
Utilidade pública das infra-estruturas da RPGN

1 – As infra-estruturas da RPGN são consideradas, para todos os efeitos, de utilidade pública.

2 – O estabelecimento e a exploração das infra-estruturas da RPGN ficam sujeitos à aprovação dos respectivos projectos nos termos da legislação aplicável.

3 – A aprovação dos projectos confere ao seu titular os seguintes direitos:

a) Utilizar, nas condições definidas pela legislação aplicável, os bens do domínio público ou privado do Estado e dos municípios para o estabelecimento ou passagem das partes integrantes da RPGN;

b) Solicitar a expropriação, por utilidade pública urgente, nos termos do Código das Expropriações, dos imóveis necessários ao estabelecimento das partes integrantes da RPGN;

c) Solicitar a constituição de servidões sobre os imóveis necessários ao estabelecimento das partes integrantes da RPGN, nos termos da legislação aplicável.

ARTIGO 13.º
Actividades do SNGN

O SNGN integra o exercício das seguintes actividades:

a) Recepção, armazenamento e regaseificação de GNL;

b) Armazenamento subterrâneo de gás natural;

c) Transporte de gás natural;

d) Distribuição de gás natural;

e) Comercialização de gás natural;

f) Operação de mercados de gás natural;

g) Operação logística de mudança de comercializador de gás natural.

Artigo 14.º

Intervenientes no SNGN

São intervenientes no SNGN:

a) Os operadores das redes de transporte de gás natural;

b) Os operadores de terminal de recepção, armazenamento e regaseificação de GNL;

c) Os operadores de armazenamento subterrâneo de gás natural;

d) Os operadores das redes de distribuição de gás natural;

e) Os comercializadores de gás natural;

f) Os operadores de mercados organizados de gás natural;

g) O operador logístico da mudança de comercializador de gás natural;

h) Os consumidores de gás natural.

SECÇÃO II
Exploração de redes de transporte, de infra-estruturas de armazenamento subterrâneo e de terminais de GNL

SUBSECÇÃO I
Regime de exercício, composição e operação

ARTIGO 15.º
Regime de exercício

1 – As actividades de recepção, armazenamento e regaseificação de GNL, de armazenamento subterrâneo e de transporte, que integram a gestão técnica global do sistema, são exercidas em regime de concessão de serviço público, integrando, no seu conjunto, a exploração da RNTIAT.

2 – As concessões da RNTIAT são atribuídas na sequência de realização de concursos públicos, salvo se forem atribuídas a entidades sob o controlo efectivo do Estado, mediante contratos outorgados pelo Ministro da Economia e da Inovação, em representação do Estado.

3 – As concessões referidas no número anterior podem ser adjudicadas por ajuste directo no caso de os concursos ficarem desertos.

4 – As bases das concessões da RNTIAT, bem como os procedimentos para a sua atribuição, são estabelecidos em legislação complementar.

ARTIGO 16.º
Composição da rede de transporte, infra-estruturas de armazenamento subterrâneo e terminais de GNL

1 – A RNTIAT compreende a rede de alta pressão, as infra-estruturas para operação da rede de transporte, as interligações, os terminais de GNL e as infra-estruturas de armazenamento subterrâneo de gás natural.

2 – Os bens que integram a RNTIAT são identificados nas bases das respectivas concessões.

Regulação do Sector da Energia

Artigo 17.º
Gestão técnica global do SNGN

1 – A gestão técnica global do SNGN consiste na coordenação sistémica das infra-estruturas que o constituem, tendo em vista a segurança e a continuidade do abastecimento de gás natural.

2 – A gestão técnica global do SNGN é da responsabilidade da entidade concessionária da RNTGN.

Artigo 18.º
Operador de terminal de GNL

1 – O operador de terminal de GNL é a entidade concessionária do respectivo terminal.

2 – São deveres do operador de terminal de GNL, nomeadamente:

a) Assegurar a exploração e a manutenção do terminal e da capacidade de armazenamento em condições de segurança, fiabilidade e qualidade de serviço;

b) Gerir os fluxos de gás natural no terminal e no armazenamento, assegurando a sua interoperacionalidade com a rede de transporte a que está ligado, no quadro da gestão técnica global do sistema;

c) Assegurar a não discriminação entre os utilizadores ou as categorias de utilizadores do terminal;

d) Facultar aos utilizadores do terminal as informações de que necessitem para o acesso ao terminal;

e) Fornecer ao operador da rede com a qual esteja ligado e aos agentes de mercado as informações necessárias ao funcionamento seguro e eficiente do SNGN;

f) Preservar a confidencialidade das informações comercialmente sensíveis obtidas no exercício das suas actividades;

g) Receber dos operadores de mercados e de todos os agentes directamente interessados toda a informação necessária à gestão das infra-estruturas.

3 – Não é permitido ao operador de terminal a aquisição de gás natural para comercialização.

Artigo 19.º
Operador de armazenamento subterrâneo

1 – O operador de armazenamento subterrâneo é uma entidade concessionária do respectivo armazenamento.

2 – São deveres do operador de armazenamento subterrâneo, nomeadamente:

a) Assegurar a exploração e manutenção das capacidades de armazenamento, bem como das infra-estruturas de superfície em condições de segurança, fiabilidade e qualidade de serviço;

b) Gerir os fluxos de gás natural, assegurando a sua interoperacionalidade com a rede de transporte, no quadro da gestão técnica global do sistema;

c) Assegurar a não discriminação entre os utilizadores ou as categorias de utilizadores do armazenamento;

d) Facultar aos utilizadores as informações de que necessitem para o acesso ao armazenamento;

e) Fornecer ao operador da rede com a qual esteja ligado e aos agentes de mercado as informações necessárias ao funcionamento seguro e eficiente;

f) Preservar a confidencialidade das informações comercialmente sensíveis obtidas no exercício das suas actividades;

g) Receber dos operadores de mercados e de todos os agentes directamente interessados toda a informação necessária à gestão das infra-estruturas.

3 – Não é permitido ao operador do armazenamento subterrâneo adquirir gás natural para comercialização.

Artigo 20.º

Operador da rede de transporte

1 – O operador da RNTGN é a entidade concessionária da rede de transporte.

2 – São deveres do operador da RNTGN, nomeadamente:

a) Assegurar a exploração e a manutenção da RNTGN em condições de segurança, fiabilidade e qualidade de serviço;

b) Gerir os fluxos de gás natural na RNTGN, assegurando a sua interoperacionalidade com as redes a que esteja ligada;

c) Disponibilizar serviços de sistema aos utilizadores da RNTGN, nomeadamente através de mecanismos eficientes de compensação de desvios de energia, assegurando a respectiva liquidação;

d) Assegurar a oferta de capacidade a longo prazo da RNTGN, contribuindo para a segurança do fornecimento;

e) Assegurar o planeamento da RNTIAT e a construção e a gestão técnica da RNTGN, de forma a permitir o acesso de terceiros, e gerir de forma eficiente as infra-estruturas e os meios técnicos disponíveis;

f) Assegurar a não discriminação entre os utilizadores ou as categorias de utilizadores da rede;

g) Facultar aos utilizadores da RPGN as informações de que necessitem para o acesso à rede;

h) Fornecer ao operador de qualquer outra rede com a qual esteja ligado e aos intervenientes do SNGN as informações necessárias para permitir um desenvolvimento coordenado das diversas redes e um funcionamento seguro e eficiente do SNGN;

i) Preservar a confidencialidade das informações comercialmente sensíveis obtidas no exercício das suas actividades;

j) Prever o nível de reservas necessárias à garantia de segurança do abastecimento nos curto e médio prazos;

l) Prever a utilização das infra-estruturas da RNTIAT;

m) Receber dos operadores de mercados e de todos os agentes directamente interessados toda a informação necessária à gestão do sistema.

3 – Para efeitos do disposto nas alíneas b) e c) do número anterior, devem ser aplicados mecanismos transparentes e competitivos, definidos no Regulamento de Operação das Infra-Estruturas.

4 – Não é permitido ao operador de rede de transporte adquirir gás natural para comercialização.

Artigo 21.º
Separação jurídica e patrimonial das actividades

1 – O operador da RNTGN é independente, no plano jurídico e patrimonial, das entidades que exerçam, directamente ou através de empresas coligadas, as actividades de distribuição e comercialização de gás natural.

2 – O operador de armazenamento subterrâneo é independente, no plano jurídico, das entidades que exerçam, directamente ou através de empresas coligadas, qualquer das restantes actividades previstas no presente decreto-lei.

3 – O operador de terminal de GNL é independente, no plano jurídico, das entidades que exerçam, directamente ou através de empresas coligadas, qualquer das restantes actividades previstas no presente decreto-lei.

4 – De forma a assegurar a independência prevista nos números anteriores, devem ser garantidos os seguintes critérios mínimos:

a) Os gestores dos operadores referidos nos números anteriores não podem integrar os órgãos sociais nem participar nas estruturas de empresas que tenham o exercício de uma outra actividade de gás natural;

b) Os interesses profissionais dos gestores referidos na alínea anterior devem ficar devidamente salvaguardados, de forma a assegurar a sua independência;

c) O operador da RNTGN deve dispor de um poder decisório efectivo, independente de outros intervenientes no SNGN, designadamente no que respeita aos activos necessários para manter ou desenvolver a rede;

d) Cada operador da RNTIAT deve dispor de um código ético de conduta relativo à independência funcional da respectiva operação e proceder à sua publicitação;

e) Nenhuma pessoa singular ou colectiva pode deter, directamente ou sob qualquer forma indirecta, mais de 10% do capital social de cada empresa concessionária da RNTIAT, na actual configuração;

f) A limitação imposta na alínea anterior é de 5% para as entidades que exerçam actividades no sector do gás natural, nacional ou estrangeiro.

5 – O disposto nas alíneas *e)* e *f)* do número anterior não se aplica ao Estado directamente, a empresa por ele controlada, à empresa operadora da RNTGN ou à empresa que a controle.

6 – As restrições previstas nas alíneas *e)* e *f)* do n.º 4 não se aplicam às novas infra-estruturas de armazenamento subterrâneo e de terminal de GNL a concessionar após a entrada em vigor do presente decreto-lei.

ARTIGO 22.º
Qualidade de serviço

A prestação de serviços pelos operadores previstos na presente secção deve obedecer aos padrões de qualidade de serviço estabelecidos no Regulamento da Qualidade de Serviço.

SUBSECÇÃO II
Ligação e acesso às infra-estruturas da RNTIAT

ARTIGO 23.º
Ligação à RNTGN

1 – A ligação das infra-estruturas de armazenamento subterrâneo, de terminais de GNL, de distribuição e de consumo à RNTGN deve ser efectuada em condições técnica e economicamente adequadas, nos termos estabelecidos no Regulamento de Relações Comerciais, no Regulamento da Rede de Transporte, no Regulamento de Operação das Infra-Estruturas e no Regulamento de Qualidade de Serviço.

2 – A responsabilidade pelos encargos com a ligação à RNTGN é estabelecida nos termos previstos no Regulamento de Relações Comerciais.

ARTIGO 24.º
Acesso às infra-estruturas da RNTIAT

1 – As concessionárias da RNTIAT devem proporcionar aos interessados, de forma não discriminatória e transparente, o acesso às suas infra-estruturas, baseado em tarifas aplicáveis a todos os clientes, nos termos do Regulamento do Acesso às Redes, às Infra-Estruturas e às Interligações e do Regulamento Tarifário.

2 – O disposto no número anterior não impede a celebração de contratos a longo prazo, desde que respeitem as regras da concorrência.

SUBSECÇÃO III
Relacionamento comercial

ARTIGO 25.º
Relacionamento das concessionárias da RNTIAT

As concessionárias da RNTIAT relacionam-se comercialmente com os utilizadores das respectivas infra-estruturas, tendo direito a receber, pela utilização destas e pela prestação dos serviços inerentes, uma retribuição por aplicação de tarifas reguladas, definidas no Regulamento Tarifário.

SUBSECÇÃO IV
Planeamento

ARTIGO 26.º
Planeamento da RNTIAT

1 – O planeamento da RNTIAT tem por objectivo assegurar a existência de capacidade nas partes que a integram, com níveis adequados de segurança e de qualidade de serviço, no âmbito do mercado interno de gás natural.

2 – O planeamento da RNTIAT deve ser coordenado com o planeamento das redes com que esta se interliga, nomeadamente as redes de distribuição e as redes de sistemas vizinhos.

3 – O planeamento da RNTIAT bem como os respectivos procedimentos obedecem aos termos estabelecidos no Regulamento de Operação das Infra-Estruturas e em legislação complementar.

SECÇÃO III
Exploração das redes de distribuição de gás natural

SUBSECÇÃO I
Regime de exercício, composição e operação

ARTIGO 27.º
Regime de exercício

1 – A actividade de distribuição de gás natural é exercida em regime de concessão ou de licença de serviço público, mediante a exploração das respectivas infra-estruturas que, no seu conjunto, integram a exploração da RNDGN.

2 – As concessões da RNDGN são atribuídas mediante contratos outorgados pelo Ministro da Economia e da Inovação, em representação do Estado.

3 – As bases das concessões da RNDGN, bem como os procedimentos para a sua atribuição, são estabelecidas em legislação complementar.

4 – As licenças de distribuição de serviço público, bem como os procedimentos para a sua atribuição, são estabelecidas em legislação complementar.

5 – O disposto nos números anteriores não prejudica o exercício da actividade de distribuição de gás natural para utilização privativa, nos termos a definir em legislação complementar.

ARTIGO 28.º
Composição das redes de distribuição

1 – As redes de distribuição compreendem, nomeadamente, as condutas, as válvulas de seccionamento, os postos de redução de pressão, os aparelhos e os acessórios.

2 – Os bens referidos no número anterior são identificados nas bases da respectiva concessão ou nos termos da atribuição da licença.

Regulação do Sector da Energia

ARTIGO 29.º
Operação da rede de distribuição

1 – A concessão de distribuição integra a operação da respectiva rede de distribuição.

2 – A operação da rede de distribuição é realizada pelo operador da rede de distribuição e está sujeita às disposições do Regulamento de Operação das Infra-Estruturas.

ARTIGO 30.º
Operador de rede de distribuição

1 – O operador de rede de distribuição é uma entidade concessionária da RNDGN ou titular de uma licença de distribuição.

2 – São deveres do operador de rede de distribuição, nomeadamente:

a) Assegurar a exploração e a manutenção da rede de distribuição em condições de segurança, fiabilidade e qualidade de serviço;

b) Gerir os fluxos de gás natural na rede, assegurando a sua interoperacionalidade com as redes a que esteja ligada e com as infra-estruturas dos clientes, no quadro da gestão técnica global do sistema;

c) Assegurar a capacidade da respectiva rede de distribuição de gás natural, contribuindo para a segurança do abastecimento;

d) Assegurar o planeamento, a construção e a gestão da rede, de forma a permitir o acesso de terceiros, e gerir de forma eficiente as infra-estruturas;

e) Assegurar a não discriminação entre os utilizadores ou as categorias de utilizadores da rede;

f) Facultar aos utilizadores as informações de que necessitem para o acesso à rede;

g) Fornecer ao operador de qualquer outra rede com a qual esteja ligada, aos comercializadores e aos clientes as informações necessárias ao funcionamento seguro e eficiente, bem como ao desenvolvimento coordenado das diversas redes;

h) Preservar a confidencialidade das informações comercialmente sensíveis obtidas no exercício da sua actividade.

3 – Salvo nos casos previstos no presente decreto-lei, o operador de rede de distribuição não pode adquirir gás natural para comercialização.

ARTIGO 31.º
Separação jurídica da actividade de distribuição

1 – O operador de rede de distribuição é independente, no plano jurídico, da organização e da tomada de decisões de outras actividades não relacionadas com a distribuição.

2 – De forma a assegurar a independência prevista no número anterior, devem ser garantidos os seguintes critérios mínimos:

a) Os gestores do operador de rede de distribuição não podem integrar os órgãos sociais nem participar nas estruturas de empresas integradas que tenham o exercício de uma outra actividade de gás natural;

b) Os interesses profissionais dos gestores referidos na alínea anterior devem ficar devidamente salvaguardados, de forma a assegurar a sua independência;

c) O operador de rede de distribuição deve dispor de um poder decisório efectivo e independente de outros intervenientes no SNGN, designadamente no que respeita aos activos necessários para manter ou desenvolver as redes;

d) O operador de rede de distribuição deve dispor de um código ético de conduta relativo à independência funcional da respectiva operação da rede e proceder à sua publicitação.

3 – Sem prejuízo da separação contabilística das actividades, a separação jurídica prevista no presente artigo não é exigida aos distribuidores que sirvam um número de clientes inferior a 100000.

ARTIGO 32.º
Qualidade de serviço

A prestação do serviço de distribuição aos clientes ligados às redes de distribuição deve obedecer a padrões de qualidade de serviço estabelecidos no Regulamento da Qualidade de Serviço.

SUBSECÇÃO II
Ligação e acesso às redes de distribuição

ARTIGO 33.º
Ligação às redes de distribuição

1 – A ligação da rede de transporte e das infra-estruturas de consumo às redes de distribuição, bem como entre estas, deve ser efectuada em condições técnica e economicamente adequadas, nos termos estabelecidos no Regulamento da Qualidade de Serviço, no Regulamento de Relações Comerciais, no Regulamento da Rede de Distribuição e no Regulamento de Operação das Infra-Estruturas.

2 – A responsabilidade pelos encargos com a ligação às redes de distribuição é estabelecida nos termos previstos no Regulamento de Relações Comerciais.

ARTIGO 34.º
Acesso às redes de distribuição

Os operadores das redes de distribuição devem proporcionar aos interessados, de forma não discriminatória e transparente, o acesso às suas redes, baseado em tarifas aplicáveis a todos os clientes, nos termos do Regulamento de Acesso às Redes, às Infra-Estruturas e às Interligações.

SUBSECÇÃO III
Relacionamento comercial

ARTIGO 35.º
Relacionamento das concessionárias
e licenciadas das redes de distribuição

As concessionárias e licenciadas das redes de distribuição relacionam-se comercialmente com os utilizadores das respectivas infra-estruturas, tendo direito a receber, pela utilização destas e pela prestação dos serviços inerentes, uma retribuição por aplicação de tarifas reguladas, definidas no Regulamento Tarifário.

SUBSECÇÃO IV
Planeamento das redes de distribuição

ARTIGO 36.º
Planeamento das redes de distribuição

1 – O planeamento da expansão das redes de distribuição tem por objectivo assegurar a existência de capacidade nas redes para a recepção e entrega de gás natural, com níveis

adequados de qualidade de serviço e de segurança, no âmbito do mercado interno de gás natural.

2 – Para efeitos do disposto no número anterior, os operadores das redes de distribuição devem elaborar o plano de desenvolvimento das respectivas redes.

3 – O planeamento das redes de distribuição deve ser coordenado com o planeamento da rede de transporte, nos termos do Regulamento de Operação das Infra-Estruturas.

4 – O planeamento das redes de distribuição,bem como os respectivos procedimentos obedecem aos termos estabelecidos no Regulamento de Operação das Infra-Estruturas e em legislação complementar.

SECÇÃO IV
Comercialização de gás natural

SUBSECÇÃO I
Regime do exercício

ARTIGO 37.º
Regime do exercício

1 – O exercício da actividade de comercialização de gás natural é livre, ficando sujeito a licença e às demais condições estabelecidas em legislação complementar.

2 – O exercício da actividade de comercialização de gás natural consiste na compra e venda de gás natural, para comercialização a clientes finais ou outros agentes, através da celebração de contratos bilaterais ou da participação em outros mercados.

ARTIGO 38.º
Separação jurídica da actividade

A actividade de comercialização de gás natural é separada juridicamente das restantes actividades, sem prejuízo do disposto no n.º 3 do artigo 31.º.

SUBSECÇÃO II
Relacionamento comercial

ARTIGO 39.º
Relacionamento dos comercializadores de gás natural

1 – Os comercializadores de gás natural podem contratar o gás natural necessário ao abastecimento dos seus clientes, através da celebração de contratos bilaterais ou através da participação em outros mercados.

2 – Os comercializadores de gás natural relacionam-se comercialmente com os operadores das redes e demais infra-estruturas da RNTIAT, às quais estão ligadas as infra-estruturas dos seus clientes, assumindo a responsabilidade pelo pagamento das tarifas de uso das redes e outros serviços, bem como pela prestação das garantias contratuais legalmente estabelecidas.

3 – O relacionamento comercial com os clientes decorre da celebração de um contrato de compra e venda de gás natural, que deve observar as disposições estabelecidas no Regulamento de Relações Comerciais.

4 – Os comercializadores de gás natural podem exigir aos seus clientes, nos termos da lei, a prestação de caução a seu favor, para garantir o cumprimento das obrigações decorrentes do contrato de compra e venda de gás natural.

5 – Compete aos comercializadores de gás natural exercer as funções associadas ao relacionamento comercial, nomeadamente a facturação da energia fornecida e a respectiva cobrança, bem como o cumprimento dos deveres de informação relativos às condições de prestação de serviço, na observância do Regulamento de Relações Comerciais e do Regulamento da Qualidade de Serviço.

6 – Constitui obrigação dos comercializadores de gás natural a manutenção de um registo actualizado dos seus clientes e das reclamações por eles apresentadas.

SUBSECÇÃO III
Comercializador de último recurso

ARTIGO 40.º
Exercício da actividade de comercialização
de último recurso

1 – Considera-se comercializador de último recurso aquele que está sujeito a obrigações de serviço público nas áreas abrangidas pela RPGN.

2 – O exercício da actividade de comercializador de último recurso está sujeito à atribuição de licença.

3 – O comercializador de último recurso fica sujeito à obrigação de fornecimento, garantindo, nas áreas abrangidas pela RPGN, a todos os clientes que o solicitem, a satisfação das suas necessidades, na observância da legislação aplicável, nomeadamente a relativa à protecção do consumidor.

4 – As actividades do comercializador de último recurso estão sujeitas à regulação prevista no presente decreto-lei.

ARTIGO 41.º
Separação jurídica da actividade de comercializador
de último recurso

1 – A actividade de comercialização de gás natural de último recurso é separada juridicamente das restantes actividades, incluindo outras formas de comercialização, sendo exercida segundo critérios de independência definidos em legislação complementar.

2 – A separação referida no número anterior não se aplica enquanto a qualidade de comercializador de último recurso for atribuída ao distribuidor que se encontre nas condições do n.º 3 do artigo 31.º

ARTIGO 42.º
Obrigação de fornecimento de gás natural

1 – O comercializador de último recurso está obrigado a fornecer gás natural aos clientes que o requisitem, estejam situados nas áreas abrangidas pela RPGN e preencham os requisitos legais definidos para o efeito.

2 – A comercialização de gás natural deve obedecer às condições estabelecidas no presente decreto-lei, no Regulamento Tarifário, no Regulamento de Relações Comerciais e no Regulamento da Qualidade de Serviço.

3 – O fornecimento, salvo casos fortuitos ou de força maior, só pode ser interrompido por razões de interesse público, de serviço ou de segurança, ou por facto imputável ao cliente ou a terceiros, nos termos previstos no Regulamento de Relações Comerciais.

ARTIGO 43.º
Relacionamento comercial do comercializador
de último recurso

1 – O comercializador de último recurso é obrigado a adquirir o gás natural de que necessite nos termos definidos em legislação complementar.

Regulação do Sector da Energia

2 – O comercializador de último recurso é obrigado a fornecer gás natural a quem lho requisitar, de acordo com as características da instalação de consumo, nos termos estabelecidos no Regulamento de Relações Comerciais e com observância das demais exigências regulamentares.

3 – O comercializador de último recurso deve aplicar tarifas reguladas a clientes finais, de acordo com o estabelecido em legislação complementar e no Regulamento Tarifário.

SECÇÃO V
Gestão de mercados organizados

ARTIGO 44.º
Regime de exercício

1 – O exercício da actividade de gestão de mercados organizados de gás natural é livre, ficando sujeito a autorização.

2 – O exercício da actividade de gestão de mercados organizados é da responsabilidade dos operadores de mercados, de acordo com o estabelecido em legislação complementar, sem prejuízo das disposições da legislação financeira que sejam aplicáveis aos mercados em que se realizem operações a prazo.

ARTIGO 45.º
Deveres dos operadores de mercados

São deveres dos operadores de mercados, nomeadamente:

a) Gerir mercados organizados de contratação de gás natural;

b) Assegurar que os mercados referidos na alínea anterior sejam dotados de adequados serviços de liquidação;

c) Divulgar informação relativa ao funcionamento dos mercados de forma transparente e não discriminatória, devendo, nomeadamente, publicar informação, agregada por agente, relativa a preços e quantidades transaccionadas;

d) Comunicar ao operador da RNTGN toda a informação relevante para a gestão técnica global do SNGN e para a gestão comercial da capacidade de interligação, nos termos do Regulamento de Operação das Infra-Estruturas.

ARTIGO 46.º
Integração da gestão de mercados organizados

A gestão de mercados organizados integra-se no âmbito do funcionamento dos mercados constituídos ao abrigo de acordos internacionais celebrados entre o Estado Português e outros Estados membros da União Europeia.

CAPÍTULO III
Consumidores

ARTIGO 47.º
Direitos

1 – Todos os consumidores têm o direito de escolher o seu comercializador de gás natural, sem prejuízo do regime transitório previsto no presente decreto-lei, podendo adquirir gás natural directamente a comercializadores ou através dos mercados organizados.

2 – Os consumidores têm o direito ao fornecimento de gás natural em observância dos seguintes princípios:

a) Acesso às redes a que se pretendam ligar;

b) Ausência de pagamento pelo acto de mudança de comercializador;

c) Acesso à informação sobre os seus direitos quanto a obrigações de serviço público;

d) Disponibilização de procedimentos transparentes, simples e a baixo custo para o tratamento de queixas e reclamações relacionadas com o fornecimento de gás natural, permitindo que os litígios sejam resolvidos de modo justo e rápido, prevendo um sistema de compensação.

ARTIGO 48.º
Direitos de informação

Sem prejuízo do disposto na Lei n.º 24/96, de 31 de Julho, com as alterações introduzidas pelo Decreto-Lei n.º 67/2003, de 8 de Maio, e na Lei n.º 23/96, de 26 de Julho, que cria mecanismos destinados a proteger os utentes de serviços públicos essenciais, os consumidores, ou os seus representantes, têm direito a:

a) Informação não discriminatória e adequada às suas condições específicas, em particular os consumidores com necessidades especiais;

b) Informação completa e adequada de forma a permitir a sua participação nos mercados de gás natural;

c) Informação, de forma transparente e não discriminatória, sobre preços e tarifas aplicáveis e condições normais de acesso e utilização dos serviços energéticos;

d) Informação completa e adequada de forma a promover a eficiência energética;

e) Acesso atempado a toda a informação de carácter público, de uma forma clara e objectiva, capaz de permitir a liberdade de escolha sobre as melhores opções de fornecimento;

f) Consulta prévia sobre todos os actos que possam a vir a pôr em causa os seus direitos.

ARTIGO 49.º
Deveres

Constituem deveres dos consumidores:

a) Prestar as garantias a que estejam obrigados por lei;

b) Proceder aos pagamentos a que estiverem obrigados;

c) Contribuir para a melhoria da protecção do ambiente;

d) Contribuir para a melhoria da eficiência energética e da utilização racional de energia;

e) Manter em condições de segurança as suas infra-estruturas e equipamentos, nos termos das disposições legais aplicáveis, e evitar que as mesmas introduzam perturbações fora dos limites estabelecidos regulamentarmente nas redes a que se encontram ligados;

f) Facultar todas as informações estritamente necessárias ao fornecimento de gás natural.

CAPÍTULO IV
Regulação

SECÇÃO I
Disposições e atribuições gerais

ARTIGO 50.º
Finalidade da regulação do SNGN

A regulação do SNGN tem por finalidade contribuir para assegurar a eficiência e a racionalidade das actividades em termos objectivos, transparentes, não discriminatórios e concorrenciais, através da sua contínua supervisão e acompanhamento, integrada nos objectivos da realização do mercado interno do gás natural.

Decreto-Lei n.º 30/2006

ARTIGO 51.º
Incumbência da regulação

1 – As actividades de recepção, armazenamento e regaseificação de GNL e de armazenamento subterrâneo, transporte, distribuição e comercialização de último recurso de gás natural, bem como as de operação logística de mudança de comercializador e de gestão de mercados organizados, estão sujeitas a regulação.

2 – A regulação a que se refere o número anterior é atribuída à Entidade Reguladora dos Serviços Energéticos (ERSE), sem prejuízo das competências atribuídas à Direcção-Geral de Geologia e Energia (DGGE), à Autoridade da Concorrência, à Comissão do Mercado de Valores Mobiliários e a outras entidades administrativas, no domínio específico das suas atribuições.

3 – A regulação exerce-se nos termos previstos no presente decreto-lei e na legislação que define as competências das entidades referidas no número anterior.

ARTIGO 52.º
Atribuições da regulação

Sem prejuízo das atribuições e competências das entidades referidas no artigo 51.º, são atribuições da regulação, nomeadamente:

a) Proteger os direitos e os interesses dos clientes em relação a preços, serviços e qualidade de serviço, promovendo a sua informação e esclarecimento;

b) Assegurar a existência de condições que permitam, à actividade regulada, a obtenção do equilíbrio económico e financeiro, nos termos de uma gestão adequada e eficiente;

c) Velar pelo cumprimento, por parte dos agentes, das obrigações de serviço público e demais obrigações estabelecidas na lei e nos regulamentos, bem como nas bases das concessões e respectivos contratos e nas licenças;

d) Contribuir para a progressiva melhoria das condições técnicas e ambientais das actividades reguladas, estimulando, nomeadamente, a adopção de práticas que promovam a eficiência energética e a existência de padrões adequados de qualidade de serviço comercial e de defesa do meio ambiente;

e) Cooperar com as outras entidades reguladoras nacionais e com as entidades reguladoras de outros países e exercer as funções que lhe são atribuídas no âmbito do mercado interno de energia, designadamente no mercado ibérico.

ARTIGO 53.º
Direito de acesso à informação

1 – As entidades referidas no artigo 51.º têm o direito de obter dos intervenientes no SNGN a informação necessária ao exercício das suas competências específicas e ao conhecimento do mercado.

2 – As entidades referidas no artigo 51.º preservam a confidencialidade das informações comercialmente sensíveis, podendo, no entanto, trocar entre si ou divulgar as informações que sejam necessárias ao exercício das suas funções.

ARTIGO 54.º
Dever de informação

1 – A ERSE apresenta ao Ministro de Economia e da Inovação, em data estabelecida em legislação complementar, um relatório sobre o funcionamento do mercado de gás natural e sobre o grau de concorrência efectiva, indicando também as

medidas adoptadas e a adoptar, tendo em vista reforçar a eficácia e eficiência do mercado.

2 – A ERSE faz publicar o relatório referido no número anterior e dele dá conhecimento à Assembleia da República e à Comissão Europeia.

SECÇÃO II
Sistema tarifário

ARTIGO 55.º
Princípios aplicáveis ao cálculo e à fixação das tarifas

O cálculo e a fixação das tarifas aplicáveis às diversas actividades obedecem aos seguintes princípios:

a) Igualdade de tratamento e de oportunidades;

b) Harmonização dos princípios tarifários, de modo que o mesmo sistema tarifário se aplique igualmente a todos os clientes;

c) Transparência na formulação e fixação das tarifas;

d) Inexistência de subsidiações cruzadas entre actividades e entre clientes, através da adequação das tarifas aos custos e da adopção do princípio da aditividade tarifária;

e) Transmissão dos sinais económicos adequados a uma utilização eficiente das redes e demais infra-estruturas do SNGN;

f) Protecção dos clientes face à evolução das tarifas, assegurando, simultaneamente, o equilíbrio económico e financeiro às actividades reguladas em condições de gestão eficiente;

g) Criação de incentivos ao desempenho eficiente das actividades reguladas das empresas;

h) Contribuição para a promoção da eficiência energética e da qualidade ambiental.

ARTIGO 56.º
Regulamento Tarifário

1 – As regras e as metodologias para o cálculo e fixação das tarifas, bem como a estrutura tarifária, são estabelecidas no Regulamento Tarifário.

2 – As disposições do Regulamento Tarifário devem adequar-se à organização e ao funcionamento do mercado interno de gás natural.

CAPÍTULO V
Segurança do abastecimento

ARTIGO 57.º
Monitorização da segurança do abastecimento

1 – Compete ao Governo, através da DGGE, com a colaboração da entidade concessionária da RNTGN, a monitorização da segurança do abastecimento do SNGN, nos termos do número seguinte e da legislação complementar.

2 – A monitorização deve abranger, nomeadamente, o equilíbrio entre a oferta e a procura no mercado nacional, o nível de procura prevista e dos fornecimentos e das reservas disponíveis e a capacidade suplementar prevista ou em construção, bem como a qualidade e o nível de manutenção das infra-estruturas e as medidas destinadas a fazer face aos picos de procura e às falhas de um ou mais comercializadores.

3 – A DGGE apresenta ao Ministro da Economia e da Inovação, em data estabelecida em legislação complementar, uma proposta de relatório de monitorização, indicando, também, as medidas adoptadas e a adoptar tendo em vista reforçar a segurança de abastecimento do Sistema Eléctrico Nacional (SEN).

599

Regulação do Sector da Energia

4 – O Governo faz publicar o relatório sobre a monitorização da segurança de abastecimento previsto no número anterior e dele dá conhecimento à Assembleia da República e à Comissão Europeia.

ARTIGO 58.º
Reservas de segurança de gás natural

1 – Os operadores que introduzam gás natural no mercado interno nacional estão sujeitos à obrigação de constituição e de manutenção de reservas de segurança.

2 – O regime da constituição de reservas de segurança e das condições da sua utilização é objecto de legislação complementar.

3 – A utilização das reservas de segurança deve ter em consideração a legislação aplicável às crises energéticas.

CAPÍTULO VI
Prestação de informação

ARTIGO 59.º
Deveres

1 – Os intervenientes no SNGN devem prestar às entidades administrativas competentes e aos consumidores a informação prevista nos termos da regulamentação aplicável, designadamente no Regulamento do Acesso às Redes, às Infra-Estruturas e às Interligações, no Regulamento de Operação das Infra-Estruturas, no Regulamento da Qualidade de Serviço, no Regulamento da Rede de Transporte, no Regulamento da Rede de Distribuição, no Regulamento de Relações Comerciais e no Regulamento Tarifário, bem como nos respectivos contratos de concessão e títulos de licença.

2 – Sem prejuízo do estabelecido no número anterior, a DGGE e a ERSE, no âmbito das suas atribuições, em articulação com o Instituto Nacional de Estatística e nos termos previstos na Lei n.º 6/89, de 15 de Abril, podem solicitar aos intervenientes do SEN as informações necessárias ao exacto conhecimento do mercado.

3 – Os operadores e os comercializadores do SNGN devem comunicar às entidades administrativas competentes o início, a alteração ou a cessação da sua actividade, no prazo e nos termos dos respectivos contratos de concessão ou licenças.

CAPÍTULO VII
Regiões Autónomas

ARTIGO 60.º
Âmbito de aplicação do decreto-lei
às Regiões Autónomas

1 – O presente decreto-lei aplica-se às Regiões Autónomas dos Açores e da Madeira, sem prejuízo das suas competências estatutárias em matéria de funcionamento, organização e regime das actividades nele previstas e de monitorização da segurança do abastecimento de gás natural.

2 – Exceptuam-se do âmbito de aplicação estabelecido no número anterior as disposições relativas ao mercado organizado, bem como as disposições relativas à separação jurídica das actividades de transporte, distribuição e comercialização de gás natural, nos termos do capítulo VII da Directiva n.º 2003/55/CE, do Parlamento Europeu e do Conselho, de 26 de Junho.

3 – Nas Regiões Autónomas dos Açores e da Madeira, as competências cometidas ao Governo da República, à DGGE e a outros organismos da administração central são exercidas pelos correspondentes membros do Governo Regional e pelos serviços e organismos das administrações regionais com idênticas atribuições e competências, sem prejuízo das competências da ERSE, da Autoridade da Concorrência e de outras entidades de actuação com âmbito nacional.

ARTIGO 61.º
Extensão da regulação às Regiões Autónomas

1 – A regulação da ERSE exercida no âmbito do SNGN é extensiva às Regiões Autónomas.

2 – A extensão das competências de regulação da ERSE às Regiões Autónomas assenta no princípio da partilha dos benefícios decorrentes da convergência do funcionamento do SNGN, nomeadamente em matéria de convergência tarifária e de relacionamento comercial.

3 – A convergência do funcionamento do SNGN por via da regulação tem por finalidade, ao abrigo dos princípios da cooperação e da solidariedade do Estado, contribuir para a correcção das desigualdades das Regiões Autónomas resultantes da insularidade e do seu carácter ultraperiférico.

ARTIGO 62.º
Aplicação da regulamentação

O Regulamento Tarifário, o Regulamento de Relações Comerciais, o Regulamento do Acesso às Redes, às Infra-Estruturas e às Interligações e o Regulamento da Qualidade de Serviço são aplicáveis às Regiões Autónomas dos Açores e da Madeira.

ARTIGO 63.º
Adaptação específica às Regiões Autónomas

Nas Regiões Autónomas dos Açores e da Madeira, as bases das concessões e as condições de atribuição das licenças são aprovadas mediante acto legislativo regional dos seus órgãos competentes, tendo em conta os princípios estabelecidos no presente decreto-lei e legislação complementar sobre concessões e licenças.

CAPÍTULO VIII
Regime transitório

ARTIGO 64.º
Abertura do mercado

A liberdade de escolha do comercializador de gás natural por parte dos clientes, referida na alínea g) do artigo 4.º do presente decreto-lei, é introduzida gradualmente, nos termos estabelecidos em legislação complementar e considerando a derrogação de que beneficia o mercado nacional de gás natural.

ARTIGO 65.º
Modificação do actual contrato de concessão
da rede de alta pressão

O actual contrato do serviço público de importação de gás natural e do seu transporte e fornecimento através da rede de alta pressão, celebrado entre o Estado e a Transgás, S. A., deve ser modificado por força das alterações decorrentes do presente decreto-lei e da legislação complementar, salvaguardando-se o princípio do equilíbrio contratual nos termos nele previstos.

ARTIGO 66.º
Concessões e licenças de distribuição de gás natural

1 – As actuais concessões e licenças de distribuição de gás natural mantêm-se na titularidade das respectivas concessionárias e licenciadas, sem prejuízo do estabelecido nos números seguintes.

2 – A exploração das concessões e das licenças de gás natural passa a processar-se nos termos do presente decreto-lei e da legislação complementar.

3 – A modificação dos contratos decorrentes do presente decreto-lei deve ocorrer em prazo a definir em legislação complementar.

ARTIGO 67.º
Atribuição transitória da qualidade de comercializador de último recurso

Sem prejuízo do disposto no artigo 41.º, é atribuída às entidades concessionárias ou detentoras de licenças de distribuição a qualidade de comercializador de último recurso dentro das respectivas áreas de concessão ou licença, nos termos da legislação complementar.

CAPÍTULO IX
Disposições finais

ARTIGO 68.º
Arbitragem

1 – Os conflitos entre o Estado e as respectivas entidades concessionárias emergentes dos respectivos contratos podem ser resolvidos por recurso a arbitragem.

2 – Os conflitos entre as entidades concessionárias e os demais intervenientes no SNGN, no âmbito das respectivas actividades, podem ser igualmente resolvidos por recurso a arbitragem.

3 – Das decisões dos tribunais arbitrais cabe recurso para os tribunais judiciais, nos termos da lei geral.

4 – Compete ao Estado, através da ERSE, promover a arbitragem, tendo em vista a resolução de conflitos entre os agentes e os clientes.

ARTIGO 69.º
Garantias

Para garantir o cumprimento das suas obrigações, os operadores e os comercializadores devem constituir e manter em vigor um seguro de responsabilidade civil, proporcional ao potencial risco inerente às actividades, de montante a definir nos termos da legislação complementar.

ARTIGO 70.º
Regime sancionatório

O regime sancionatório aplicável às disposições do presente decreto-lei e da legislação complementar é estabelecido em decreto-lei específico.

ARTIGO 71.º
Regulamentação

1 – Os regimes jurídicos das actividades previstas no presente decreto-lei, incluindo as respectivas bases de concessão e procedimentos para atribuição das concessões e licenças, são estabelecidos por decreto-lei.

2 – Para efeitos da aplicação do presente decreto-lei, são previstos os seguintes regulamentos:

a) O Regulamento do Acesso às Redes, às Infra-Estruturas e às Interligações;

b) O Regulamento Tarifário;

c) O Regulamento de Relações Comerciais;

d) O Regulamento da Qualidade de Serviço;

e) O Regulamento da Rede de Transporte;

f) O Regulamento da Rede de Distribuição;

g) O Regulamento de Operação das Infra-Estruturas.

ARTIGO 72.º
Operação logística de mudança de comercializador de gás natural

O regime de exercício da actividade de operação logística de mudança de comercializador de gás natural é estabelecido em legislação complementar.

ARTIGO 73.º
Norma revogatória

São revogados os Decretos-Leis n.os 14/2001, de 27 de Janeiro, e 374/89, na redacção que lhe foi dada pelo Decreto-Lei n.º 8/2000, de 8 de Fevereiro, que manterão a sua vigência nas matérias que não forem incompatíveis com o presente decreto-lei até à entrada em vigor da legislação complementar.

ARTIGO 74.º
Entrada em vigor

O presente decreto-lei entra em vigor no dia seguinte ao da sua publicação.

Visto e aprovado em Conselho de Ministros de 22 de Dezembro de 2005. – *José Sócrates Carvalho Pinto de Sousa – João Titterington Gomes Cravinho – Manuel António Gomes de Almeida de Pinho.*

Promulgado em 2 de Fevereiro de 2006.

Publique-se.

O Presidente da República, JORGE SAMPAIO.

Referendado em 3 de Fevereiro de 2006.

O Primeiro-Ministro, *José Sócrates Carvalho Pinto de Sousa.*

Decreto-Lei n.º 140/2006, de 26 de Julho, com as alterações introduzidas pelo Decreto-Lei n.º 65/2008, de 9 de Abril – **Desenvolve os princípios gerais relativos à organização e ao funcionamento do Sistema Nacional de Gás Natural, aprovados pelo Decreto-Lei n.º 30/2006, de 15 de Fevereiro**

Decreto-Lei n.º 140/2006
de 26 de Julho

Na sequência da Resolução do Conselho de Ministros n.º 169/2005, de 24 de Outubro, que aprovou a estratégia nacional para a energia, o Decreto-Lei n.º 30/2006, de 15 de Fevereiro, veio estabelecer as bases gerais da organização e funcionamento do Sistema Nacional de Gás Natural (SNGN) em Portugal, bem como as bases gerais aplicáveis ao exercício das actividades de recepção, armazenamento e regaseificação de gás natural liquefeito (GNL), de armazenamento subterrâneo, transporte, distribuição e comercialização de gás natural, incluindo a comercialização de último recurso, e à organização dos mercados de gás natural, transpondo, assim, para a ordem jurídica nacional os princípios da Directiva n.º 2003/55/CE, do Parlamento Europeu e do Conselho, de 26 de Junho.

De acordo com o Decreto-Lei n.º 30/2006, de 15 de Fevereiro, compete ao Governo promover a legislação complementar relativa ao exercício das actividades abrangidas pelo referido decreto-lei, nomeadamente os regimes jurídicos das actividades nele previstas, incluindo as respectivas bases de concessão e procedimentos para atribuição das concessões e licenças. Compete, igualmente, ao Governo garantir a segurança do abastecimento do SNGN.

Deste modo, são estabelecidos no presente decreto-lei os regimes jurídicos aplicáveis às actividades reguladas de recepção, armazenamento e regaseificação de GNL em terminais oceânicos, de armazenamento subterrâneo, transporte e distribuição de gás natural, incluindo as respectivas bases das concessões, bem como os regimes jurídicos da comercialização de gás natural, incluindo a de último recurso. É, também, estabelecida a organização dos respectivos mercados e prevista a criação do operador logístico de mudança de comercializador. Neste decreto-lei procede-se, igualmente, à definição do tipo de procedimentos aplicáveis à atribuição das concessões e licenças, das regras relativas à gestão técnica global do SNGN e ao planeamento da rede nacional de transporte, infra-estruturas de armazenamento e terminais de GNL a cargo da entidade concessionária da rede nacional de transporte de gás natural.

Pela importância que assumem no SNGN, este decreto-lei estabelece as regras relativas à segurança do abastecimento e sua monitorização, bem como à constituição e manutenção de reservas de segurança de gás natural.

Nas matérias que constituem o seu objecto, o presente decreto-lei completa a transposição da Directiva n.º 2003/55/CE, do Parlamento Europeu e do Conselho, de 26 de Junho, iniciada com o Decreto-Lei n.º 30/2006, de 15 de Fevereiro, e procede ainda à transposição da Directiva n.º 2004/67/CE, do Conselho, de 26 de Abril.

Prevê-se, ainda, neste decreto-lei a atribuição da concessão da rede nacional de transporte de gás natural em alta pressão, de uma concessão de armazenamento subterrâneo de gás natural no sítio da Guarda Norte, Carriço, no concelho de Pombal, e da concessão da exploração do terminal de GNL de Sines, por ajuste directo, a três sociedades em relação de domínio total inicial com a REN – Rede Eléctrica Nacional, S. A., na sequência da separação dos respectivos activos e actividades e da transmissão dos mesmos às referidas sociedades pela TRANSGÁS – Sociedade Portuguesa de Gás Natural, S. A. Consequentemente, e em conformidade com o disposto no Artigo 65.º do Decreto-Lei n.º 30/2006, de 15 de Fevereiro, definem-se os termos em que é modificado o actual contrato de concessão do serviço público de importação de gás natural e do seu transporte e fornecimento através da rede de alta pressão, celebrado entre o Estado e esta última sociedade, mantendo-se numa sociedade em regime de domínio total pela TRANSGÁS a concessão de armazenamento subterrâneo de gás natural, ainda que alterada em conformidade com este decreto-lei.

Por último, estabelece-se o regime transitório, até à publicação da regulamentação prevista no Decreto-Lei n.º 30/2006, de 15 de Fevereiro, das actividades objecto das concessões e do sistema de acesso de terceiros à rede de transporte, ao armazenamento subterrâneo e ao terminal de GNL.

Foi promovida a audição do Conselho Nacional do Consumo e das associações e cooperativas de consumidores que integram o Conselho.

Foram ouvidas a Comissão Nacional de Protecção de Dados e a Associação Nacional de Municípios Portugueses.

Assim:

Nos termos da alínea a) do n.º 1 do Artigo 198.º da Constituição, o Governo decreta o seguinte:

CAPÍTULO I
Disposições gerais

ARTIGO 1.º
Objecto

1 – O presente decreto-lei estabelece os regimes jurídicos aplicáveis às actividades de transporte de gás natural, de armazenamento subterrâneo de gás natural, de recepção, armazenamento e regaseificação em terminais de gás natural liquefeito (GNL) e de distribuição de gás natural, incluindo as respectivas bases das concessões e a definição do tipo de procedimentos aplicáveis à respectiva atribuição, e, bem assim, as alterações da actual concessão do serviço público de importação de gás natural e do seu transporte e fornecimento através da rede de alta pressão da TRANSGÁS – Sociedade

603

Regulação do Sector da Energia

Portuguesa de Gás Natural, S. A., adiante designada por TRANSGÁS, na sequência do disposto no Artigo 65.º do Decreto-Lei n.º 30/2006, de 15 de Fevereiro.

2 – O presente decreto-lei determina a abertura do mercado de gás natural, antecipando os prazos estabelecidos para a sua liberalização, e define, ainda, o seu regime de comercialização e a organização dos respectivos mercados, bem como as regras relativas à gestão técnica global do sistema nacional de gás natural (SNGN), ao planeamento da rede nacional de transporte, infra-estruturas de armazenamento (subterrâneo) e terminais de GNL (RNTIAT), à segurança do abastecimento e à constituição e manutenção de reservas de segurança de gás natural.

3 – Nas matérias que constituem o seu objecto, o presente decreto-lei procede à transposição, iniciada com o Decreto-Lei n.º 30/2006, de 15 de Fevereiro, das Directivas n.ºs 2003/55/CE, do Parlamento Europeu e do Conselho, de 26 de Junho, que estabelece regras comuns para o mercado interno de gás natural, e 2004/67/CE, de 26 de Abril, do Conselho, relativa a medidas destinadas a garantir a segurança do aprovisionamento de gás natural.

ARTIGO 2.º
Âmbito de aplicação

O presente decreto-lei aplica-se a todo o território nacional, sem prejuízo do disposto no capítulo VII do Decreto-Lei n.º 30/2006, de 15 de Fevereiro.

ARTIGO 3.º
Definições

Para os efeitos do presente decreto-lei, entende-se por:

a) «Alta pressão (AP)» a pressão superior a 20 bar;

b) «Armazenamento» a actividade de constituição de reservas de gás natural em cavidades subterrâneas ou reservatórios especialmente construídos para o efeito;

c) «Baixa pressão (BP)» a pressão inferior a 4 bar;

d) «Cliente» o comprador grossista ou retalhista e o comprador final de gás natural;

e) «Cliente doméstico» o consumidor final que compra gás natural para uso doméstico, excluindo actividades comerciais ou profissionais;

f) «Cliente elegível» o consumidor livre de comprar gás natural ao produtor ou comercializador de sua escolha;

g) «Cliente final» o cliente que compra gás natural para consumo próprio;

h) «Cliente grossista» a pessoa singular ou colectiva distinta dos operadores das redes de transporte e dos operadores das redes de distribuição que compra gás natural para efeitos de revenda;

i) «Cliente retalhista» a pessoa singular ou colectiva que compra gás natural não destinado a utilização própria, que comercializa gás natural em infra-estruturas de venda a retalho, designadamente de venda automática, com ou sem entrega ao domicílio dos clientes;

j) «Comercialização» a compra e a venda de gás natural a clientes, incluindo a revenda;

l) «Comercializador» a entidade titular de licença de comercialização de gás natural cuja actividade consiste na compra a grosso e na venda a grosso e a retalho de gás natural;

m) «Comercializador de último recurso» a entidade titular de licença de comercialização de gás natural sujeito a obrigações de serviço público, designadamente a obrigação de for-

necimento, nas áreas abrangidas pela rede pública de gás natural (RPGN), a todos os clientes que o solicitem;

n) «Conduta directa» um gasoduto de gás natural não integrado na rede interligada;

o) «Consumidor» o cliente final de gás natural;

p) «Contrato de aprovisionamento de gás a longo prazo» um contrato de fornecimento de gás com uma duração superior a 10 anos;

q) «Distribuição» a veiculação de gás natural em redes de distribuição de alta, média e baixa pressões, para entrega ao cliente, excluindo a comercialização;

r) «Distribuição privativa» a veiculação de gás natural em rede alimentada por ramal ou por UAG destinada ao abastecimento de um consumidor;

s) «Empresa coligada» uma empresa filial, na acepção do Artigo 41.º da Sétima Directiva n.º 83/349/CEE, do Conselho, de 13 de Junho, baseada na alínea *g)* do n.º 2 do Artigo 44.º do Tratado da Comunidade Europeia e relativa às contas consolidadas, ou uma empresa associada, na acepção do n.º 1 do Artigo 33.º da mesma directiva, ou ainda empresas que pertençam aos mesmos accionistas;

t) «Empresa horizontalmente integrada» uma empresa que exerce, pelo menos, uma das seguintes actividades: recepção, transporte, distribuição, comercialização e armazenamento de gás natural e ainda uma actividade não ligada ao sector do gás natural;

u) «Empresa verticalmente integrada» uma empresa ou um grupo de empresas cujas relações mútuas estão definidas no n.º 3 do Artigo 3.º do Regulamento (CEE) n.º 4064/89, do Conselho, de 21 de Dezembro, relativo ao controlo das operações de concentração de empresas, e que exerce, pelo menos, duas das seguintes actividades: recepção, transporte, distribuição, armazenamento e comercialização de gás natural;

v) «GNL» o gás natural na forma liquefeita;

x) «Interligação» uma conduta de transporte que atravessa ou transpõe uma fronteira entre Estados membros vizinhos com a única finalidade de interligar as respectivas redes de transporte;

z) «Média pressão (MP)» a pressão entre 4 bar e 20 bar;

aa) «Mercados organizados» os sistemas com diferentes modalidades de contratação que possibilitam o encontro entre a oferta e a procura de gás natural e instrumentos cujo activo subjacente seja gás natural ou activo equivalente;

bb) «Operador de rede de distribuição» a pessoa singular ou colectiva que exerce a actividade de distribuição e é responsável, numa área específica, pelo desenvolvimento, exploração e manutenção da rede de distribuição e, quando aplicável, das suas interligações com outras redes, bem como por assegurar a garantia de capacidade da rede a longo prazo para atender pedidos razoáveis de distribuição de gás natural;

cc) «Operador de rede de transporte» a pessoa singular ou colectiva que exerce a actividade de transporte e é responsável, numa área específica, pelo desenvolvimento, exploração e manutenção da rede de transporte e, quando aplicável, das suas interligações com outras redes, bem como por assegurar a garantia de capacidade da rede a longo prazo para atender pedidos razoáveis de transporte de gás natural;

dd) «Operador de terminal de GNL» a entidade responsável pela actividade de recepção, armazenamento e regaseificação num terminal de GNL e pela sua exploração e manutenção;

ee) «Pólos de consumo» as zonas do território nacional não abrangidas pelas concessões de distribuição regional como tal reconhecidas pelo ministro responsável pela área da energia, para efeitos de distribuição de gás natural sob licença;

ff) «Postos de enchimento» as instalações destinadas ao abastecimento de veículos movidos por motores alimentados por gás natural;

gg) «Recepção» o recebimento de GNL para armazenamento, tratamento e regaseificação em terminais;

hh) «Rede de distribuição regional» uma parte da rede nacional de distribuição de gás natural (RNDGN) afecta a uma concessionária de distribuição de gás natural;

ii) «Rede interligada» um conjunto de redes ligadas entre si;

jj) «Rede nacional de distribuição de gás natural (RNDGN)» o conjunto das infra-estruturas de serviço público destinadas à distribuição de gás natural;

ll) «Rede nacional de transporte de gás natural (RNTGN)» o conjunto das infra-estruturas de serviço público destinadas ao transporte de gás natural;

mm) «Rede nacional de transporte, infra-estruturas de armazenamento e terminais de GNL (RNTIAT)» o conjunto das infra-estruturas de serviço público destinadas à recepção e ao transporte em gasoduto, ao armazenamento subterrâneo e à recepção, ao armazenamento e à regaseificação de GNL;

nn) «Rede pública de gás natural (RPGN)» o conjunto que abrange as infra-estruturas que constituem a RNTIAT e as que constituem a RNDGN;

oo) «Reservas de segurança» as quantidades armazenadas com o fim de serem libertadas para consumo, quando expressamente determinado pelo ministro responsável pela área da energia, para fazer face a situações de perturbação do abastecimento;

pp) «Ruptura importante no aprovisionamento» uma situação em que a União Europeia corra o risco de perder mais de 20% do seu aprovisionamento de gás fornecido por países terceiros e a situação a nível da União Europeia não possa ser adequadamente resolvida através de medidas nacionais;

qq) «Serviços (auxiliares) de sistema» todos os serviços necessários para o acesso e a exploração de uma rede de transporte e de distribuição de uma instalação de GNL e de uma instalação de armazenamento, mas excluindo os meios exclusivamente reservados aos operadores da rede de transporte, no exercício das suas funções;

rr) «Sistema» o conjunto de redes e de infra-estruturas de recepção e de entrega de gás natural, ligadas entre si e localizadas em Portugal, e de interligações a sistemas de gás natural vizinhos;

ss) «Sistema nacional de gás natural (SNGN)» o conjunto de princípios, organizações, agentes e infra-estruturas relacionados com as actividades abrangidas pelo presente decreto-lei no território nacional;

tt) «Terminal de GNL» o conjunto das infra-estruturas ligadas directamente à rede de transporte destinadas à recepção e expedição de navios metaneiros, armazenamento, tratamento e regaseificação de GNL e à sua posterior emissão para a rede de transporte, bem como o carregamento de GNL em camiões-cisterna;

uu) «Transporte» a veiculação de gás natural numa rede interligada de alta pressão para efeitos de recepção e entrega a distribuidores, comercializadores ou grandes clientes finais;

vv) «UAG» a instalação autónoma de recepção, armazenamento e regaseificação de GNL para emissão em rede de distribuição ou directamente ao cliente final;

xx) «Utilizador da rede» a pessoa singular ou colectiva que entrega gás natural na rede ou que é abastecida através dela.

Artigo 4.º
Princípios gerais

1 – O exercício das actividades abrangidas pelo presente decreto-lei deve processar-se com observância dos princípios de racionalidade económica e de eficiência energética, sem prejuízo do cumprimento das respectivas obrigações de serviço público, devendo ser adoptadas as providências adequadas para minimizar os impactes ambientais, no respeito pelas disposições legais aplicáveis.

2 – O exercício das actividades abrangidas pelo presente decreto-lei depende da atribuição de concessões, em regime de serviço público, ou de licenças, nos termos previstos no presente decreto-lei.

3 – Sem prejuízo das competências atribuídas a outras entidades administrativas, designadamente à Direcção-Geral de Geologia e Energia (DGGE) e à Autoridade da Concorrência, as actividades de transporte de gás natural, de armazenamento subterrâneo de gás natural, de recepção, armazenamento e regaseificação em terminais de GNL, de distribuição de gás natural e de comercialização de último recurso estão sujeitas a regulação pela Entidade Reguladora dos Serviços Energéticos (ERSE), nos termos previstos no capítulo IV do Decreto-Lei n.º 30/2006, de 15 de Fevereiro, no presente decreto-lei e demais legislação aplicável.

CAPÍTULO II
Regime de exercício das actividades da RNTIAT e RNDGN

Artigo 5.º
Regime de exercício

1 – As actividades de transporte de gás natural, de armazenamento subterrâneo de gás natural e de recepção, armazenamento e regaseificação de GNL em terminais de GNL são exercidas em regime de concessão de serviço público.

2 – As actividades referidas nos números anteriores integram, no seu conjunto, a exploração da RNTIAT.

3 – A actividade de distribuição de gás natural é exercida mediante a atribuição de concessão ou de licença de serviço público para a exploração de cada uma das respectivas redes, que, no seu conjunto, constituem a RNDGN.

4 – A exploração da RNTIAT e da RNDGN compreende as seguintes concessões:

a) Concessão da RNTGN;

b) Concessões de armazenamento subterrâneo de gás natural;

c) Concessões de recepção, armazenamento e regaseificação de GNL;

d) Concessões e licenças da RNDGN.

5 – As concessões referidas no número anterior regem-se pelo disposto no Decreto-Lei n.º 30/2006, de 15 de Fevereiro, e ainda pelo disposto no presente decreto-lei, na legislação e na regulamentação aplicáveis, nas respectivas bases de concessão anexas ao presente decreto-lei, e que dele fazem parte integrante, e nos respectivos contratos de concessão.

6 – A actividade da concessão da RNTGN é exercida em regime de exclusivo em todo o território continental, sendo as actividades das concessões de distribuição regional, ou das licenças de distribuição local, exercidas em regime de exclusivo nas áreas concessionadas ou pólos de consumo licenciados, respectivamente.

Regulação do Sector da Energia

ARTIGO 6.º
Seguro de responsabilidade civil

1 – Para garantir o cumprimento das suas obrigações, as entidades concessionárias e licenciadas, nos termos do presente decreto-lei, devem celebrar um seguro de responsabilidade civil em ordem a assegurar a cobertura de eventuais danos materiais e corporais sofridos por terceiros e resultantes do exercício das respectivas actividades.

2 – O montante do seguro mencionado no número anterior tem um valor mínimo obrigatório a estabelecer e a actualizar nos termos a definir por portaria do ministro responsável pela área da energia, ouvido o Instituto de Seguros de Portugal.

3 – O Instituto de Seguros de Portugal define, em norma regulamentar, o regime do seguro de responsabilidade civil referido no n.º 1.

ARTIGO 7.º
Regime de atribuição das concessões

1 – Compete ao Conselho de Ministros, sob proposta do ministro responsável pela área da energia, aprovar, por resolução, a atribuição de cada uma das concessões referidas no Artigo 5.º

2 – As concessões são atribuídas mediante contratos de concessão, nos quais outorga o ministro responsável pela área da energia, em representação do Estado, na sequência da realização de concursos públicos, salvo se forem atribuídas a entidades dominadas, directa ou indirectamente, pelo Estado ou se os referidos concursos públicos ficarem desertos, casos em que podem ser atribuídas por ajuste directo.

3 – O alargamento das áreas geográficas respeitantes a concessões da RNDGN já em exploração é igualmente aprovado por resolução do Conselho de Ministros, sob proposta do ministro responsável pela área da energia, mediante pedido da respectiva concessionária e após serem ouvidas as concessionárias das áreas de concessão confinantes com aquela para que seja pretendida a extensão da concessão.

4 – Os pedidos de criação de novas concessões de armazenamento subterrâneo, de recepção, armazenamento e regaseificação de GNL ou de distribuição regional devem ser dirigidos ao ministro responsável pela área da energia e ser acompanhados dos elementos e dos estudos justificativos da sua viabilidade económica e financeira.

5 – Os elementos referidos no número anterior, que devem instruir os requerimentos dos interessados, são estabelecidos por portaria do ministro responsável pela área da energia.

6 – Sem prejuízo de outros requisitos que venham a ser fixados no âmbito dos procedimentos de atribuição das concessões, só podem ser concessionárias das concessões que integram a RNTIAT e a RNDGN as pessoas colectivas que:

a) Sejam sociedades anónimas com sede e direcção efectiva em Portugal;

b) Tenham como objecto social principal o exercício das actividades integradas no objecto da respectiva concessão;

c) Demonstrem possuir capacidade técnica para a construção, gestão e manutenção das respectivas infra-estruturas e instalações;

d) Demonstrem possuir capacidade económica e financeira compatível com as exigências, e inerentes responsabilidades, das actividades a concessionar.

7 – Com excepção das concessões atribuídas nos termos do Artigo 68.º, os procedimentos para a atribuição de outras concessões da RNTIAT e da RNDGN, por concurso público ou por ajuste directo, são objecto de legislação específica.

ARTIGO 8.º
Direitos e obrigações das concessionárias

1 – São direitos das concessionárias, nomeadamente, os seguintes:

a) Explorar as concessões nos termos dos respectivos contratos de concessão, legislação e regulamentação aplicáveis;

b) Constituir servidões e solicitar a expropriação por utilidade pública e urgente dos bens imóveis, ou direitos a eles relativos, necessários ao estabelecimento das infra-estruturas e instalações integrantes das concessões, nos termos da legislação aplicável;

c) Utilizar, nos termos legalmente fixados, os bens do domínio público ou privado do Estado e de outras pessoas colectivas públicas para o estabelecimento ou passagem das infra-estruturas ou instalações integrantes das concessões;

d) Receber dos utilizadores das respectivas infra-estruturas, pela utilização destas e pela prestação dos serviços inerentes, uma retribuição por aplicação de tarifas reguladas definidas no regulamento tarifário;

e) Exigir aos utilizadores que as instalações a ligar às infra-estruturas concessionadas cumpram os requisitos técnicos, de segurança e de controlo que não ponham em causa a fiabilidade e eficácia do sistema;

f) Exigir dos utilizadores que introduzam gás no sistema que o gás natural introduzido nas instalações concessionadas cumpra ou permita que sejam cumpridas as especificações de qualidade estabelecidas;

g) Exigir aos utilizadores com direito de acesso às infra-estruturas concessionadas que informem sobre o seu plano de utilização e qualquer circunstância que possa fazer variar substancialmente o plano comunicado;

h) Aceder aos equipamentos de medição de quantidade e qualidade do gás introduzido nas suas instalações e aceder aos equipamentos de medição de gás destinados aos utilizadores ligados às suas instalações;

i) Recusar, fundamentadamente, o acesso às respectivas infra-estruturas com base na falta de capacidade ou se esse acesso as impedir de cumprir as suas obrigações de serviço público;

j) Todos os que lhes forem conferidos por disposição legal ou regulamentar referente às condições de exploração das concessões.

2 – Constituem obrigações de serviço público das concessionárias:

a) A segurança, regularidade e qualidade do abastecimento;

b) A garantia de acesso dos utilizadores, de forma não discriminatória e transparente, às infra-estruturas e serviços concessionados, nos termos previstos na regulamentação aplicável e nos contratos de concessão;

c) A protecção dos utilizadores, designadamente quanto a tarifas e preços dos serviços prestados;

d) A promoção da eficiência energética e da utilização racional dos recursos, a protecção do ambiente e a contribuição para o desenvolvimento equilibrado do território;

e) A segurança das infra-estruturas e instalações concessionadas.

3 – Constituem obrigações gerais das concessionárias:

a) Cumprir a legislação e a regulamentação aplicáveis ao sector do gás natural e, bem assim, as obrigações emergentes dos contratos de concessão;

Decreto-Lei n.º 140/2006

b) Proceder à inspecção periódica, à manutenção e a todas as reparações necessárias ao bom e permanente funcionamento, em perfeitas condições de segurança, das infra-estruturas e instalações pelas quais sejam responsáveis;

c) Permitir e facilitar a fiscalização pelo concedente, designadamente através da DGGE, facultando-lhe todas as informações obrigatórias ou adicionais solicitadas para o efeito;

d) Prestar todas as informações que lhe sejam exigidas pela ERSE, no âmbito das respectivas atribuições e competência;

e) Pagar as indemnizações devidas pela constituição de servidões e expropriações, nos termos legalmente previstos;

f) Constituir o seguro de responsabilidade civil referido no n.º 1 do Artigo 6.º

Artigo 9.º
Prazo das concessões

1 – O prazo das concessões é determinado pelo concedente, em cada contrato de concessão, e não pode exceder 40 anos contados a partir da respectiva data de celebração.

2 – Os contratos podem prever a renovação do prazo da concessão por uma única vez se o interesse público assim o justificar e as concessionárias tiverem cumprido as obrigações legais e contratuais.

Artigo 10.º
Oneração ou transmissão dos bens que integram as concessões e transferência dos bens no termo das concessões

1 – Sob pena de nulidade dos respectivos actos ou contratos, as concessionárias não podem onerar ou transmitir os bens que integram as concessões sem prévia autorização do concedente, nos termos estabelecidos nas respectivas bases das concessões anexas ao presente decreto-lei.

2 – No respectivo termo, os bens que integram as concessões transferem-se para o Estado, de acordo com o que seja estabelecido na lei e definido nos respectivos contratos de concessão.

CAPÍTULO III
Composição e planeamento da RNTIAT e da RNDGN e gestão técnica global do SNGN

Artigo 11.º
Composição da RNTIAT e da RNDGN

1 – A RNTIAT compreende a rede de transporte de gás natural em alta pressão, as infra-estruturas para a respectiva operação, incluindo as estações de redução de pressão e medida de 1.ª classe, as infra-estruturas de armazenamento subterrâneo de gás natural e os terminais de GNL e as respectivas infra-estruturas de ligação à rede de transporte.

2 – A RNDGN compreende as redes regionais de distribuição de gás natural em média e baixa pressão, a jusante das estações de redução de pressão e medida de 1.ª classe, e todas as demais infra-estruturas necessárias à respectiva operação e de ligação a outras redes ou a clientes finais.

3 – As infra-estruturas que integram a RNTIAT e a RND-GN são consideradas, para todos os efeitos, de utilidade pública.

4 – O projecto, licenciamento, construção e modificação das infra-estruturas que integram a RNTIAT e a RNDGN devem ser objecto de legislação específica.

5 – Os bens que integram cada uma das concessões da RNTIAT e da RNDGN devem ser identificados nos respectivos contratos.

6 – A ligação das infra-estruturas de armazenamento subterrâneo, de terminais de GNL e de redes de distribuição à RNTGN deve ser efectuada em condições técnica e economicamente adequadas, nos termos estabelecidos na lei e nos regulamentos aplicáveis.

Artigo 12.º
Planeamento da RNTIAT

1 – O planeamento da RNTIAT deve ser efectuado de forma a assegurar a existência de capacidade das infra-estruturas e o desenvolvimento sustentado e eficiente da rede.

2 – O planeamento da RNTIAT compete à DGGE e deve ser devidamente coordenado com o planeamento das infra-estruturas e instalações com que se interliga.

3 – Para os efeitos do planeamento referido nos números anteriores, devem ser elaborados pelo operador da RNTGN e entregues à DGGE os seguintes documentos:

a) Caracterização da RNTIAT, que deve conter informação técnica que permita conhecer a situação das redes e restantes infra-estruturas, designadamente as capacidades nos vários pontos da rede, a capacidade de armazenamento e dos terminais de GNL, assim como o seu grau de utilização;

b) Integração e harmonização das propostas de plano de desenvolvimento e investimento da RNTIAT (PDIR) elaboradas pelos operadores da RNTIAT e da RNDGN, observando, para além de critérios de racionalidade económica, as orientações de política energética, designadamente o que se encontrar definido relativamente à capacidade e tipo das infra-estruturas de entrada de gás natural no sistema, as perspectivas de desenvolvimento dos sectores de maior e mais intenso consumo, as conclusões e recomendações contidas nos relatórios de monitorização, os padrões de segurança para planeamento das redes e as exigências técnicas e regulamentares.

4 – As propostas de PDIR são submetidas pelos respectivos operadores ao operador da RNTGN e por este à DGGE, com a periodicidade de três anos, até ao final do 1.º trimestre.

5 – As propostas de PDIR, referidas no número anterior, devem ser submetidas pela DGGE à ERSE para parecer, a emitir no prazo de 60 dias.

6 – O PDIR final é elaborado pela DGGE no prazo de 30 dias e submetido ao ministro responsável pela área da energia, para aprovação, acompanhado do parecer da ERSE.

Artigo 13.º
Gestão técnica global do SNGN

1 – Compete à concessionária da RNTGN a gestão técnica global do SNGN.

2 – A gestão técnica global do SNGN consiste na coordenação sistémica das infra-estruturas que o constituem, de forma a assegurar o funcionamento integrado e harmonizado do sistema de gás natural e a segurança e continuidade do abastecimento de gás natural.

3 – Todos os operadores que exerçam qualquer das actividades que integram o SNGN ficam sujeitos à gestão técnica global do SNGN.

4 – São direitos da concessionária da RNTGN no âmbito da gestão técnica global do SNGN, nomeadamente:

a) Exigir e receber dos titulares dos direitos de exploração das infra-estruturas, dos operadores dos mercados e de todos

Regulação do Sector da Energia

os agentes directamente interessados a informação necessária para o correcto funcionamento do SNGN;

b) Exigir aos terceiros com direito de acesso às infra-estruturas e instalações a comunicação dos seus planos de entrega e de levantamento e de qualquer circunstância que possa fazer variar substancialmente os planos comunicados;

c) Exigir o estrito cumprimento das instruções que emita para a correcta exploração do sistema, manutenção das instalações e adequada cobertura da procura;

d) Receber adequada retribuição pelos serviços prestados.

5 – São obrigações da mesma concessionária no exercício desta função, nomeadamente:

a) Informar sobre a viabilidade de acesso solicitado por terceiros às infra-estruturas da RNTIAT;

b) Monitorizar e reportar à ERSE a efectiva utilização das infra-estruturas da RNTIAT, com o objectivo de identificar a constituição abusiva de reservas de capacidade;

c) Desenvolver protocolos de comunicação com os diferentes operadores do SNGN com vista a criar um sistema de comunicação integrado para controlo e supervisão das operações do SNGN e actuar como coordenador do mesmo;

d) Emitir instruções sobre as operações de transporte, incluindo o trânsito no território continental, de forma a assegurar a entrega de gás em condições adequadas e eficientes nos pontos de saída da rede de transporte, em conformidade com protocolos de actuação e de operação a estabelecer;

e) Informar a DGGE, a ERSE e os operadores do SNGN, com periodicidade trimestral, sobre a capacidade disponível da RNTIAT e, em particular, dos pontos de acesso ao sistema e sobre o quantitativo das reservas a constituir.

6 – A gestão técnica global do SNGN processa-se nos termos previstos no presente decreto-lei, na regulamentação aplicável e no contrato de concessão da RNTGN.

CAPÍTULO IV
Actividade de transporte de gás natural

Artigo 14.º
Âmbito

1 – A actividade de transporte de gás natural é exercida através da exploração da RNTGN.

2 – O operador da RNTGN é a entidade concessionária da rede de transporte de gás natural.

3 – Sem prejuízo do disposto nas respectivas bases da concessão, o exercício da actividade de transporte de gás natural compreende:

a) O recebimento, o transporte, os serviços de sistema e a entrega de gás natural através da rede de alta pressão;

b) A construção, manutenção, operação e exploração de todas as infra-estruturas que integram a RNTGN e das interligações às redes e infra-estruturas a que esteja ligada e, bem assim, das instalações que são necessárias para a sua operação.

4 – A concessão da RNTGN tem como âmbito geográfico todo o território continental e é exercida em regime de exclusivo, sem prejuízo do direito de acesso de terceiros às várias infra-estruturas que a integram, nos termos da legislação e da regulamentação aplicáveis.

5 – Excepcionalmente, mediante autorização do ministro responsável pela área da energia, a concessionária da RNTGN pode substituir a ligação à rede de distribuição por UAG, quando tal se justifique por motivos de racionalidade económica.

Artigo 15.º
Obrigações da concessionária da RNTGN

Sem prejuízo das outras obrigações referidas no presente decreto-lei, são obrigações da concessionária da RNTGN, nomeadamente:

a) Assegurar a exploração e a manutenção da RNTGN, em condições de segurança, fiabilidade e qualidade de serviço;

b) Gerir os fluxos de gás natural da RNTGN, assegurando a sua interoperacionalidade com as redes e demais infra-estruturas a que esteja ligada, no respeito pela regulamentação aplicável;

c) Disponibilizar serviços de sistema aos utilizadores da RNTGN, nomeadamente através de mecanismos eficientes de compensação de desvios, assegurando a respectiva liquidação, no respeito pelos regulamentos aplicáveis;

d) Assegurar a oferta de capacidade a longo prazo da RNTGN, contribuindo para a segurança do abastecimento, nos termos do PDIR;

e) Fazer o planeamento da RNTIAT e garantir a expansão e gestão técnica da RNTGN, para permitir o acesso de terceiros, de forma não discriminatória e transparente, e gerir de modo eficiente as infra-estruturas e meios técnicos disponíveis;

f) Assegurar a não discriminação entre os utilizadores ou as categorias de utilizadores da rede;

g) Facultar aos utilizadores da RNTGN as informações de que necessitem para o acesso à rede;

h) Fornecer ao operador de qualquer outra rede com a qual esteja ligada e aos intervenientes do SNGN as informações necessárias para permitir um desenvolvimento coordenado das diversas redes e um funcionamento seguro e eficiente do SNGN;

i) Assegurar o tratamento de dados de utilização da rede no respeito pelas disposições legais de protecção de dados pessoais e preservar a confidencialidade das informações comercialmente sensíveis obtidas no exercício das suas actividades;

j) Prestar informação relativa à constituição e manutenção de reservas de segurança;

l) Assegurar a gestão técnica global do SNGN nos termos definidos no Artigo 13.º

CAPÍTULO V
Actividade de armazenamento subterrâneo de gás natural

Artigo 16.º
Âmbito

1 – Os operadores de armazenamento subterrâneo são as entidades concessionárias do respectivo armazenamento.

2 – Sem prejuízo do disposto nas respectivas bases das concessões, o exercício da actividade de armazenamento subterrâneo de gás natural compreende:

a) O recebimento, a injecção, o armazenamento subterrâneo, a extracção, o tratamento e a entrega de gás natural, quer para constituição e manutenção de reservas de segurança quer para fins operacionais e comerciais;

b) A construção, manutenção, operação e exploração de todas as infra-estruturas e, bem assim, das instalações que são necessárias para a sua operação.

3 – A área e a localização geográfica das concessões de armazenamento subterrâneo são definidas nos respectivos contratos de concessão.

Decreto-Lei n.º 140/2006

ARTIGO 17.º
**Obrigações das concessionárias
tde armazenamento subterrâneo**

São obrigações das concessionárias de armazenamento subterrâneo, nomeadamente:

a) Assegurar a exploração das infra-estruturas e manutenção das capacidades de armazenamento, bem como das infra-estruturas de superfície, em condições de segurança, fiabilidade e qualidade do serviço;

b) Gerir os fluxos de gás natural, assegurando a sua interoperacionalidade com a rede de transporte a que está ligada, no quadro da gestão técnica global do SNGN;

c) Assegurar a não discriminação entre os utilizadores ou as categorias de utilizadores das instalações de armazenamento;

d) Facultar aos utilizadores das instalações de armazenamento as informações de que estes necessitem para o acesso ao armazenamento;

e) Fornecer ao operador da rede à qual esteja ligada e aos agentes de mercado as informações necessárias ao funcionamento seguro e eficiente do SNGN;

f) Solicitar, receber e tratar todas as informações de todos os operadores de mercados e de todos os agentes directamente interessados necessárias à boa gestão das respectivas infra-estruturas;

g) Assegurar o tratamento de dados de utilização do armazenamento no respeito pelas disposições legais de protecção de dados pessoais e preservar a confidencialidade das informações comercialmente sensíveis obtidas no exercício das suas actividades.

CAPÍTULO VI

**Actividade de recepção, armazenamento
e regaseificação de GNL em terminais de GNL**

ARTIGO 18.º
Âmbito

1 – Os operadores de terminais de GNL são as respectivas entidades concessionárias.

2 – Sem prejuízo do disposto nas respectivas bases das concessões, o exercício da actividade de recepção, armazenamento e regaseificação em terminais de GNL compreende:

a) A recepção, o armazenamento, o tratamento e a regaseificação de GNL e a emissão de gás natural para a RNTGN, bem como o carregamento de GNL em camiões cisternas ou navios metaneiros;

b) A construção, manutenção, operação e exploração das respectivas infra-estruturas e instalações.

3 – A área e a localização geográfica dos terminais de GNL são definidas nos respectivos contratos de concessão.

ARTIGO 19.º
Obrigações das concessionárias de terminais de GNL

São obrigações das concessionárias de terminais de GNL, nomeadamente:

a) Assegurar a exploração e manutenção do terminal e da capacidade de armazenamento associada em condições de segurança, fiabilidade e qualidade do serviço;

b) Gerir os fluxos de gás natural no terminal e no armazenamento associado, assegurando a sua interoperacionalidade com a rede de transporte a que está ligado, no quadro da gestão técnica global do SNGN;

c) Assegurar a não discriminação entre os utilizadores ou as categorias de utilizadores do terminal;

d) Facultar aos utilizadores do terminal as informações de que estes necessitem para o acesso ao terminal;

e) Fornecer ao operador da rede com a qual esteja ligada e aos agentes de mercado as informações necessárias ao funcionamento seguro e eficiente do SNGN;

f) Solicitar, receber e tratar todas as informações de todos os operadores de mercados e de todos os agentes directamente interessados necessárias à boa gestão das respectivas infra-estruturas;

g) Assegurar o tratamento de dados de utilização do terminal no respeito pelas disposições legais de protecção de dados pessoais e preservar a confidencialidade das informações comercialmente sensíveis obtidas no exercício das suas actividades.

CAPÍTULO VII

**Actividade de distribuição de gás natural
em regime de serviço público**

ARTIGO 20.º
Âmbito

1 – O operador de rede de distribuição é a entidade concessionária ou licenciada de uma infra-estrutura de distribuição de gás natural.

2 – Sem prejuízo do disposto nas respectivas bases da concessão ou nos termos de licença, o exercício da actividade de distribuição de gás natural compreende:

a) O recebimento, a veiculação e a entrega de gás natural a clientes finais através das redes de média e baixa pressão;

b) No caso de pólos de consumo, o recebimento, armazenamento e regaseificação de GNL nas UAG, a emissão de gás natural, a sua veiculação e entrega a clientes finais através das respectivas redes;

c) A construção, manutenção, operação e exploração de todas as infra-estruturas que integram a respectiva rede e das interligações às redes e infra-estruturas a que estejam ligadas, bem como das instalações necessárias à sua operação.

ARTIGO 21.º
**Obrigações das concessionárias ou licenciadas
de rede de distribuição**

1 – O disposto no n.º 1 do artigo 8.º do presente decreto-lei á aplicável, com as necessárias adaptações, às entidades titulares das licenças de serviço público de distribuição local de gás naural exercidas em regime de exclusivo público, nos termos do artigo 22.º.

2 – Sem prejuízo das outras obrigações referidas no presente decreto-lei, são obrigações da concessionária ou licenciada de rede de distribuição, nomeadamente:

a) Assegurar a exploração e a manutenção das respectivas infra-estruturas de distribuição em condições de segurança, fiabilidade e qualidade de serviço;

b) No caso de pólos de consumo, assegurar a exploração e manutenção das instalações de recepção, armazenamento e regaseificação de GNL, em condições de segurança, fiabilidade e qualidade de serviço;

c) Gerir os fluxos de gás natural na respectiva rede de distribuição, assegurando a sua interoperacionalidade com as redes e demais infra-estruturas a que esteja ligada, no respeito pela regulamentação aplicável;

---

[1] *Redacção introduzida pelo Decreto-Lei n.º 65/2008, de 9 de Abril.*

Regulação do Sector da Energia

d) Assegurar a oferta de capacidade a longo prazo da respectiva rede de distribuição, contribuindo para a segurança do abastecimento, nos termos do PDIR;

e) Assegurar o planeamento, a expansão e gestão técnica da respectiva rede de distribuição, para permitir o acesso de terceiros, de forma não discriminatória e transparente, e gerir de modo eficiente as infra-estruturas e meios técnicos disponíveis;

f) Assegurar a não discriminação entre os utilizadores ou as categorias de utilizadores da rede;

g) Facultar aos utilizadores da respectiva rede de distribuição as informações de que necessitem para o acesso à rede;

h) Fornecer ao operador de qualquer outra rede à qual esteja ligada e aos agentes de mercado as informações necessárias para permitir um desenvolvimento coordenado das diversas redes e um funcionamento seguro e eficiente do SNGN;

i) Assegurar o tratamento de dados de utilização da rede no respeito pelas disposições legais de protecção de dados pessoais e preservar a confidencialidade das informações comercialmente sensíveis obtidas no exercício da sua actividade.

ARTIGO 22.º
Licenças em regime de serviço público

1 – As licenças de distribuição local de gás natural são exercidas em regime de serviço público e em exclusivo, em zonas do território nacional não abrangidas pelas concessões de distribuição regional de gás natural e são atribuídas pelo ministro responsável pela área da energia na sequência de pedido dos interessados.

2 – Excepcionalmente, o ministro responsável pela área da energia pode conceder licenças de distribuição local de gás natural em zonas do território nacional abrangidas por concessões de distribuição regional no caso de a respectiva concessionária entender que não pode proceder à respectiva cobertura, de acordo com justificação técnica ou económica devidamente fundamentada e reconhecida pelo concedente.

ARTIGO 23.º
Licenças de distribuição local

1 – As actividades e as instalações que integram as licenças de distribuição local são consideradas, para todos os efeitos, de utilidade pública, devendo ser garantido pelos respectivos titulares o acesso às mesmas dos utilizadores de forma não discriminatória e transparente.

2 – As licenças de distribuição local compreendem:

a) A distribuição de gás natural, ou dos seus gases de substituição, a pólos de consumo;

b) A recepção, o armazenamento e a regaseificação em unidades autónomas afectas à respectiva rede.

3 – Os pólos de consumo podem ser considerados mercados isolados nos termos da Directiva n.º 2003/55/CE, do Parlamento Europeu e do Conselho, de 26 de Junho, depois de terem sido formalizados os requisitos nela previstos.

4 – A licença define o âmbito geográfico do pólo de consumo, bem como a calendarização da construção e expansão das instalações e sua exploração.

ARTIGO 24.º
Condições para a atribuição
de licenças de distribuição local

1 – As licenças de distribuição local devem ser atribuídas a sociedades que demonstrem possuir capacidade técnica,

financeira e de gestão adequada à natureza do serviço, e tendo em conta a área a desenvolver.

2 – O modelo da licença, os requisitos para a sua atribuição e transmissão e o regime de exploração da respectiva rede de distribuição são definidos por portaria do ministro responsável pela área da energia.

ARTIGO 25.º
Procedimentos da atribuição de licenças
de distribuição local

1 – Os pedidos para atribuição de licenças de distribuição da RNDGN para pólos de consumo são dirigidos ao ministro responsável pela área da energia e entregues na DGGE, que os publicita, através de aviso, na 2.ª série do Diário da República e no Jornal Oficial da União Europeia, bem como no respectivo sítio da Internet, durante um prazo não inferior a seis meses.

2 – Durante o prazo referido no número anterior podem ser apresentados outros pedidos para o mesmo pólo de consumo, caso em que se deve proceder a um concurso limitado entre os requerentes, sendo critérios de selecção e de avaliação das propostas a verificação ponderada dos seguintes factores:

a) Área geográfica compreendida na rede de distribuição;

b) Prazos de construção das infra-estruturas;

c) Compromissos mínimos de implantação e desenvolvimento das infra-estruturas da rede;

d) Demonstração de capacidade económica e financeira e respectivas garantias;

e) Demonstração de capacidade técnica na construção e exploração das infra-estruturas gasistas.

3 – Os factores de ponderação previstos no número anterior são definidos por portaria do ministro responsável pela área da energia.

4 – O disposto nos números anteriores não se aplica à atribuição de licenças cujo pedido seja anterior à data de entrada em vigor do presente decreto-lei.

ARTIGO 26.º
Duração das licenças de distribuição local

A duração da licença é estabelecida por um prazo máximo de 20 anos, tendo em conta, designadamente, a expansão do sistema de gás natural e a amortização dos custos de construção, instalação e desenvolvimento da respectiva rede.

ARTIGO 27.º
Transmissão da licença de distribuição local

1 – As licenças de distribuição local podem ser transmitidas, mediante autorização do ministro responsável pela área da energia, em condições a definir na portaria referida no n.º 2 do Artigo 24.º

2 – A transmissão das licenças fica sujeita à verificação e manutenção dos pressupostos que determinaram a sua atribuição.

ARTIGO 28.º
Extinção das licenças de distribuição local

1 – A licença extingue-se por caducidade ou por revogação.

2 – A caducidade da licença ocorre:

a) Pelo decurso do prazo por que foi atribuída;

b) Pela integração do pólo de consumo objecto de licença numa concessão de distribuição regional de gás natural.

Decreto-Lei n.º 140/2006

3 – No caso previsto na alínea *b*) do número anterior, a concessionária deve indemnizar a entidade titular da licença tendo em conta o período de tempo que faltar para o termo do prazo por que foi atribuída, considerando os investimentos não amortizados e os lucros cessantes.

4 – A revogação da licença pode ocorrer sempre que o seu titular falte, culposamente, ao cumprimento das condições estabelecidas, nomeadamente no que se refere à regularidade, à qualidade e à segurança da prestação do serviço.

ARTIGO 29.º
Transferência dos bens afectos
às licenças de distribuição local

1 – Com a extinção da licença de distribuição local, os bens integrantes da respectiva rede e instalação, incluindo as instalações de GNL, transferem-se para o Estado.

2 – A transferência de bens referida no número anterior confere à entidade licenciada o direito ao recebimento de uma indemnização correspondente aos investimentos efectuados que não se encontrem ainda amortizados, devendo os investimentos realizados durante o período de três anos que antecede a data da extinção da licença ser devidamente autorizados pelo ministro responsável pela área da energia.

3 – Por decisão do ministro responsável pela área da energia, os bens referidos nos números anteriores podem vir a integrar o património da concessionária de distribuição regional em cuja área a rede de distribuição local se situava.

CAPÍTULO VIII
Licenças para utilização privativa de gás natural
e para a exploração de postos de enchimento

ARTIGO 30.º
Licenças para utilização privativa de gás natural

1 – As licenças para utilização privativa são atribuídas pelo director-geral de Geologia e Energia e podem ser requeridas por quaisquer entidades que justifiquem interesse na veiculação de gás natural em rede, alimentada por ramal ou por UAG, destinada ao abastecimento de um consumidor, em qualquer das seguintes situações:

a) A actividade seja exercida fora das áreas concessionadas e cobertas pela rede de distribuição ou dos pólos de consumo abrangidos pela atribuição de licenças de serviço público;

b) A entidade concessionária ou licenciada para a área em que a licença para utilização privativa é pedida não garanta a ligação.

2 – A entidade requerente deve cumprir as condições impostas para a atribuição da licença, bem como respeitar a lei e os regulamentos estabelecidos para o exercício da actividade.

3 – No caso de a rede privativa ser abastecida por UAG, deve ligar-se à rede de distribuição quando a mesma se estender à respectiva área.

4 – À duração, transmissão e extinção das licenças privativas aplica-se, com as devidas adaptações, o estabelecido nos Artigos 26.º a 28.º

5 – Sem prejuízo do disposto no número seguinte, os bens integrantes das instalações licenciadas ao abrigo do presente Artigo não se transferem para o Estado com a extinção da licença, qualquer que seja a sua causa.

6 – O titular da licença fica obrigado, a expensas suas, a proceder, no prazo máximo de seis meses a contar a partir da data da extinção da licença, ao levantamento das instalações situadas em terrenos do domínio público, repondo, se for caso disso, a situação anterior.

7 – A obrigação a que se refere o número anterior não se verifica se houver lugar à transmissão das instalações para uma concessionária ou para uma entidade titular de licença de distribuição local.

ARTIGO 31.º
Licenças para a exploração de postos de enchimento

1 – As licenças para exploração de postos de enchimento, em regime de serviço público ou privativo, são concedidas pelo director regional de Economia territorialmente competente e podem ser requeridas por quaisquer entidades que demonstrem possuir capacidade técnica e financeira para o exercício desta actividade, devendo instruir o seu requerimento com:

a) Título de propriedade ou outro que legitime a posse do terreno em que pretendem instalar o posto;

b) Autorização da autarquia competente e, sendo caso disso, autorização de outras entidades administrativas com jurisdição na área de acesso ao terreno de implantação do posto de enchimento.

2 – O prazo inicial de duração das licenças referidas neste Artigo é de 10 anos, podendo ser prorrogado por sucessivos períodos de 5 anos.

CAPÍTULO IX
Comercialização de gás natural

ARTIGO 32.º
Regime de exercício

1 – A comercialização de gás natural processa-se nos termos estabelecidos no Decreto-Lei n.º 30/2006, de 15 de Fevereiro, no presente decreto-lei e demais legislação e regulamentação aplicáveis.

2 – A actividade de comercialização de gás natural é exercida em livre concorrência, ficando sujeita ao regime de licença concedida nos termos previstos no presente decreto-lei.

3 – O regime de licença deve ter em conta as normas de reconhecimento dos agentes de comercialização estrangeiros decorrentes de acordos em que o Estado Português seja parte, designadamente no âmbito do mercado interno de energia.

4 – Exceptua-se do disposto no n.º 2 a actividade de comercialização de gás natural de último recurso, que fica sujeita a regulação nos termos previstos no presente decreto-lei e em legislação e regulamentação complementares.

ARTIGO 33.º
Conteúdo da licença

As licenças de comercialização de gás natural devem mencionar expressamente os direitos e deveres dos comercializadores de gás natural, nomeadamente:

a) Transaccionarem gás natural através de contratos bilaterais com outros agentes do mercado de gás natural ou através dos mercados organizados, se cumprirem os requisitos que lhes permitam aceder a estes mercados;

b) Terem acesso à RNTIAT e à RNDGN, e às interligações, nos termos legalmente estabelecidos, para entrega de gás natural aos respectivos clientes;

611

Regulação do Sector da Energia

c) Contratarem livremente a venda de gás natural com os seus clientes;

d) Entregarem gás natural à RNTIAT e à RNDGN para o fornecimento aos seus clientes de acordo com a planificação prevista e cumprindo os regulamentos técnicos e procedimentos financeiros aprovados pelo gestor técnico global do SNGN e, se for o caso, pelo competente operador de mercado, de acordo com a regulamentação aplicável;

e) Colaborarem na promoção das políticas de eficiência energética e de gestão da procura nos termos legalmente estabelecidos;

f) Prestarem a informação devida aos clientes, nomeadamente sobre as opções tarifárias mais apropriadas ao seu perfil de consumo;

g) Emitirem facturação discriminada de acordo com as normas aplicáveis;

h) Proporcionarem aos seus clientes meios de pagamento diversificados;

i) Não discriminarem entre clientes e praticarem nas suas operações transparência comercial;

j) Manterem o registo de todas as operações comerciais, cumprindo os requisitos legais de manutenção de bases de dados;

l) Prestarem informações à DGGE e à ERSE sobre consumos e tarifas das diversas categorias de clientes, com salvaguarda do respectivo sigilo;

m) Manterem a capacidade técnica, legal e financeira necessárias para o exercício da função;

n) Constituírem e manterem actualizadas a garantia ou garantias exigidas.

Artigo 34.º
Atribuição de licença de comercialização

1 – O procedimento para atribuição da licença de comercialização inicia-se com a apresentação, pela entidade interessada, de requerimento à DGGE.

2 – O requerimento referido no número anterior deve ser instruído com os seguintes elementos:

a) Identificação completa do requerente, que deve ser uma sociedade comercial registada em Portugal e revestir uma das formas societárias permitidas pela lei portuguesa;

b) Documento em que o requerente declare que se encontra regularizada a sua situação relativa a contribuições fiscais e parafiscais;

c) Documentos demonstrativos de adequada capacidade técnica, nomeadamente perfil profissional do respectivo responsável e estrutura operacional da empresa;

d) Demonstração da adequada capacidade económico--financeira do requerente;

e) Certidão actualizada do registo comercial e cópia dos respectivos estatutos devidamente certificada pela gerência, direcção ou administração;

f) Declaração demonstrativa dos meios que vai utilizar para actuar nos mercados organizados, quer a nível de comunicação e interface quer de compensação e liquidação das suas responsabilidades.

3 – As declarações exigidas aos requerentes da licença devem ser assinadas sob compromisso de honra pelos respectivos representantes legais.

4 – Terminada a instrução do procedimento, o director--geral de Geologia e Energia deve emitir a licença no prazo de 30 dias, da qual devem constar as condições em que é atribuída.

5 – Pela apreciação do procedimento e emissão da licença é devida uma taxa que reverte a favor da DGGE, cujo montante é fixado por portaria do ministro responsável pela área da energia.

6 – Tratando-se de entidade não residente em território nacional, deve, ainda, apresentar os seguintes documentos:

a) Certidão actualizada da sua constituição e funcionamento de acordo com a lei do respectivo Estado e cópia dos respectivos estatutos devidamente certificados pela gerência, direcção ou administração;

b) Documento emitido pela autoridade competente do respectivo Estado de que se encontra habilitado a exercer e que exerce legalmente nesse Estado a actividade de comercialização de gás natural.

7 – O modelo da licença de comercialização é definido por portaria do ministro responsável pela área da energia.

Artigo 35.º
Direitos e deveres dos comercializadores de gás natural

1 – Constitui direito dos titulares de licenças de comercialização de gás natural o exercício da actividade, nos termos da legislação e da regulamentação aplicáveis.

2 – São deveres dos titulares das licenças de comercialização de gás natural, nomeadamente:

a) Enviar às entidades competentes a informação prevista na legislação e na regulamentação aplicáveis;

b) Cumprir todas as normas, disposições e regulamentos aplicáveis ao exercício da actividade.

Artigo 36.º
Relações com os clientes

1 – Sem prejuízo do disposto nos Artigos anteriores, os contratos dos comercializadores com os clientes devem especificar os seguintes elementos e oferecer as seguintes garantias:

a) A identidade e o endereço do comercializador;

b) Os serviços fornecidos, suas características e data do início de fornecimento de gás natural;

c) O tipo de serviços de manutenção, caso sejam oferecidos;

d) Os meios através dos quais podem ser obtidas informações actualizadas sobre as tarifas e as taxas de manutenção aplicáveis;

e) A duração do contrato, as condições de renovação e termo dos serviços e do contrato e a existência de um eventual direito de rescisão;

f) A compensação e as disposições de reembolso aplicáveis se os níveis de qualidade dos serviços contratados não forem atingidos;

g) O método a utilizar para a resolução de litígios, que deve ser acessível, simples e eficaz.

2 – As condições contratuais devem ser equitativas e previamente conhecidas, devendo, em qualquer caso, ser prestadas antes da celebração ou confirmação do contrato.

3 – Os clientes devem ser notificados de modo adequado de qualquer intenção de alterar as condições contratuais e informados do seu direito de rescisão quando da notificação.

4 – Os comercializadores devem notificar directamente os seus clientes de qualquer aumento dos encargos resultante de alteração de condições contratuais, em momento oportuno, que não pode ser posterior a um período normal de facturação após a entrada em vigor do aumento, ficando os clientes livres de rescindir os contratos se não aceitarem as novas conb-

dições que lhes sejam notificadas pelos respectivos comercializadores.

5 – Os clientes devem receber, relativamente ao seu contrato, informações transparentes sobre os preços e tarifas aplicáveis e as condições normais de acesso e utilização dos serviços do comercializador.

6 – As condições gerais devem ser equitativas e transparentes e ser redigidas em linguagem clara e compreensível, assegurando aos clientes escolha quanto aos métodos de pagamento e protegê-los contra métodos de venda abusivos ou enganadores.

7 – Qualquer diferença nos termos e condições de pagamento dos contratos com os clientes deve reflectir os custos dos diferentes sistemas de pagamento para o comercializador.

8 – Os clientes não devem ser obrigados a efectuar qualquer pagamento por mudarem de comercializador, sem prejuízo do respeito pelos compromissos contratualmente assumidos.

9 – Os clientes devem dispor de procedimentos transparentes, simples e acessíveis para o tratamento das suas queixas, devendo estes permitir que os litígios sejam resolvidos de modo justo e rápido, prevendo, quando justificado, um sistema de reembolso e de indemnização por eventuais prejuízos.

Artigo 37.º
Prazo, extinção e transmissão
da licença de comercialização

1 – As licenças de comercialização de gás natural são concedidas por prazo indeterminado, sem prejuízo da sua extinção nos termos do presente decreto-lei.

2 – A licença de comercialização de gás natural extingue-se por caducidade ou por revogação.

3 – A extinção da licença por caducidade ocorre em caso de dissolução, insolvência ou cessação da actividade do seu titular.

4 – A licença pode ser revogada quando o seu titular faltar ao cumprimento dos deveres relativos ao exercício da actividade, nomeadamente:

a) Não cumprir, sem motivo justificado, as determinações impostas pelas autoridades administrativas;

b) Violar reiteradamente o cumprimento das disposições legais e as normas técnicas aplicáveis ao exercício da actividade licenciada;

c) Não cumprir, reiteradamente, a obrigação de envio da informação estabelecida na legislação e na regulamentação aplicáveis;

d) Não começar a exercer a actividade no prazo de um ano após a sua emissão ou inscrição, ou, tendo-a começado a exercer, a haja interrompido por igual período, sendo esta inactividade confirmada pelo gestor técnico global do SNGN.

5 – A transmissão da licença de comercialização depende de autorização da entidade emitente, desde que se mantenham os pressupostos que determinaram a sua atribuição.

Artigo 38.º
Informação sobre preços
de comercialização de gás natural

1 – Os comercializadores ficam obrigados a enviar anualmente à ERSE, nos termos que venham a ser regulamentados por esta entidade, uma tabela de preços de referência que se propõem praticar no âmbito da comercialização de gás natural.

2 – Os comercializadores ficam ainda obrigados a:

a) Publicitar os preços de referência que praticam designadamente nos seus sítios da Internet e em conteúdos promocionais;

b) Enviar à ERSE trimestralmente os preços praticados nos meses anteriores.

3 – A ERSE deve publicitar os preços de referência relativos aos fornecimentos dos comercializadores no seu sítio da Internet, podendo complementar esta publicitação com outros meios adequados, tendo em vista informar os clientes das diversas opções ao nível de preços existentes no mercado, por forma que possam, em cada momento, optar pelas melhores condições oferecidas pelo mercado.

Artigo 39.º
Reconhecimento de comercializadores

No âmbito do funcionamento de mercados constituídos ao abrigo de acordos internacionais de que o Estado Português seja parte signatária, o reconhecimento de comercializador por uma das partes determina o reconhecimento automático pela outra, nos termos previstos nos respectivos acordos.

Artigo 40.º
Comercializador de último recurso

1 – A actividade de comercializador de último recurso é exercida nos termos estabelecidos no Decreto-Lei n.º 30/2006, de 15 de Fevereiro, e no presente decreto-lei, ficando sujeita à atribuição de licença.

2 – O exercício da actividade de comercialização de gás natural de último recurso é regulada pela ERSE.

Artigo 41.º
Direitos e deveres do comercializador de último recurso

1 – Constitui direito dos comercializadores de último recurso o exercício da actividade licenciada nos termos da legislação e da regulamentação aplicáveis.

2 – Pelo exercício da actividade de comercialização de último recurso é assegurada uma remuneração que assegure o equilíbrio económico e financeiro da actividade licenciada em condições de gestão eficiente, nos termos da legislação e da regulamentação aplicáveis.

3 – São, nomeadamente, deveres dos comercializadores de último recurso:

a) Prestar o serviço público de fornecimento de gás natural a todos os clientes abrangidos pela RPGN que o solicitem nos termos da regulamentação aplicável;

b) Adquirir gás natural para comercialização de último recurso nas condições previstas no presente decreto-lei;

c) Enviar às entidades competentes a informação prevista na legislação e na regulamentação aplicáveis;

d) Cumprir todas as normas previstas na respectiva regulamentação e as obrigações previstas nos termos das licenças.

Artigo 42.º
Aquisição de gás natural
pelos comercializadores de último recurso

1 – Com vista a garantir o abastecimento necessário à satisfação dos contratos com clientes finais, os comercializadores de último recurso, referidos no n.º 5 do Artigo 66.º e no n.º 2 do Artigo 67.º, devem adquirir gás natural no âmbito dos contratos de aprovisionamento referidos no n.º 11 do Artigo 66.º

Regulação do Sector da Energia

2 – Sem prejuízo do disposto no número anterior, o preço de aquisição pelos comercializadores de último recurso é estabelecido no regulamento tarifário e deve corresponder ao custo médio das quantidades de gás natural contratadas pela TRANSGÁS no âmbito dos contratos de aprovisionamento referidos no n.º 11 do Artigo 66.º do presente decreto-lei, acrescido das tarifas aplicáveis.

3 – No caso de as necessidades de abastecimento de gás natural destinadas à comercialização de último recurso excederem as quantidades previstas nos contratos de aprovisionamento referidos nos números anteriores, os comercializadores de último recurso podem efectuar novas aquisições em mercados organizados ou através de contratos bilaterais, cujas condições, em ambos os casos, sejam previamente aprovadas pela ERSE.

ARTIGO 43.º
Extinção e transmissão da licença
de comercialização de último recurso

À extinção e transmissão da licença de comercialização de último recurso aplicam-se, com as devidas adaptações, as disposições previstas no Artigo 37.º

ARTIGO 44.º
Operador logístico da mudança de comercializador

1 – O operador logístico de mudança de comercializador é a entidade que tem atribuições no âmbito da gestão da mudança de comercializador de gás natural, cabendo-lhe nomeadamente a gestão dos equipamentos de medida e a recolha de informação local ou à distância.

2 – O operador logístico de mudança de comercializador deve ser independente nos planos jurídico, organizativo e da tomada de decisões relativamente a entidades que exerçam actividades no âmbito do SNGN e estar dotado dos recursos, das competências e da estrutura organizativa adequados ao seu funcionamento como fornecedor dos serviços associados à gestão da mudança de comercializador.

3 – As funções, as condições e os procedimentos aplicáveis ao exercício da actividade de operador logístico de mudança de comercializador, bem como a data da sua entrada em funcionamento, são estabelecidos em legislação complementar.

4 – O operador logístico de mudança de comercializador fica sujeito à regulação da ERSE, sendo a sua remuneração fixada nos termos do regulamento de relações comerciais e no regulamento tarifário.

5 – O operador logístico de mudança de comercializador deve ser comum para o SNGN e para o Sistema Eléctrico Nacional (SEN).

CAPÍTULO X
Mercado organizado

ARTIGO 45.º
Mercado organizado

1 – O mercado organizado, a prazo e a contado corresponde a um sistema de diferentes modalidades de contratação que possibilitam o encontro entre a oferta e a procura de gás natural e de instrumentos cujo activo subjacente seja gás natural ou activo equivalente.

2 – O mercado organizado em que se realizem operações a prazo sobre gás natural está sujeito a autorização, mediante portaria conjunta do Ministro das Finanças e do ministro responsável pela área da energia, nos termos do n.º 2 do Artigo 258.º do Código dos Valores Mobiliários.

3 – A entidade gestora do mercado deve ser autorizada pelo ministro responsável pela área da energia e, nos casos em que a legislação assim obrigue, pelo Ministro das Finanças.

4 – A constituição, a organização e o funcionamento do mercado organizado devem constar de legislação específica.

5 – Para além dos que constam do Artigo 203.º do Código dos Valores Mobiliários, podem ser admitidos como membros do mercado organizado os comercializadores e outros agentes, nos termos a regulamentar por portaria conjunta do Ministro das Finanças e do ministro responsável pela área da energia, desde que, em qualquer dos casos, tenham celebrado contrato com um participante do sistema de liquidação das operações realizadas nesse mercado.

6 – Compete aos operadores de mercado fixar os critérios para a determinação dos índices de preço referentes a cada um dos tipos de contratos.

ARTIGO 46.º
Gestor de mercado

1 – O gestor de mercado é a entidade responsável pela gestão do mercado organizado e pela concretização de actividades conexas, nomeadamente a determinação de índices e a divulgação da informação.

2 – O gestor de mercado é responsável pela divulgação de informação de forma transparente e não discriminatória.

3 – Cabe ainda ao gestor de mercado a comunicação ao operador da RNTGN de toda a informação relevante para a gestão técnica global do sistema, designadamente para a monitorização da capacidade de interligação.

CAPÍTULO XI
Segurança do abastecimento

ARTIGO 47.º
Garantia da segurança do abastecimento de gás natural

1 – A promoção das condições de garantia e segurança do abastecimento de gás natural do SNGN, em termos transparentes, não discriminatórios e compatíveis com os mecanismos de funcionamento do mercado, é feita, nomeadamente, através das seguintes medidas:

a) Constituição e manutenção de reservas de segurança;

b) Promoção da eficiência energética;

c) Diversificação das fontes de abastecimento de gás natural;

d) Existência de contratos de longo prazo para o aprovisionamento de gás natural;

e) Desenvolvimento da procura interruptível, nomeadamente pelo incentivo à utilização de combustíveis alternativos de substituição nas instalações industriais e nas instalações de produção de electricidade;

f) Recurso a capacidades transfronteiriças de abastecimento e transporte, nomeadamente pela cooperação entre operadores de sistemas de transporte e coordenação das actividades de despacho;

g) Definição e aplicação de medidas de emergência.

614

2 – A DGGE deve elaborar e apresentar ao ministro responsável pela área da energia, no final do 1.º semestre de cada ano, um relatório de monitorização da segurança do abastecimento, incluindo no mesmo as medidas adoptadas e uma proposta de adopção das medidas adequadas a reforçar a segurança do abastecimento do SNGN.

3 – O relatório referido no número anterior deve incluir, igualmente, os seguintes elementos:

a) O nível de utilização da capacidade de armazenamento;

b) O âmbito dos contratos de aprovisionamento de gás a longo prazo, celebrados por empresas estabelecidas e registadas em território nacional e, em especial, o prazo de validade remanescente desses contratos e o nível de liquidez do mercado do gás natural;

c) Quadros regulamentares destinados a incentivar de forma adequada novos investimentos nas infra-estruturas de gás natural.

ARTIGO 48.º
Medidas de emergência

1 – Em caso de crise, de ameaça à segurança física, ou outra, de pessoas, equipamentos, instalações, ou à integridade das redes, designadamente por via de acidente grave ou razão de força maior, o ministro responsável pela área da energia pode tomar, a título transitório e temporariamente, as medidas de salvaguarda necessárias.

2 – Em caso de perturbação do abastecimento, o ministro responsável pela área da energia pode tomar, temporariamente, as medidas de salvaguarda necessárias, determinando, em particular, a utilização das reservas de segurança e impondo medidas de restrição da procura, nos termos previstos no presente decreto-lei e na legislação específica de segurança.

3 – As medidas de emergência são comunicadas à Comissão Europeia e devem garantir aos operadores de mercado, sempre que tal seja possível ou adequado, a oportunidade para darem uma primeira resposta às situações de emergência.

ARTIGO 49.º
Obrigação de constituição e manutenção
de reservas de segurança

1 – As entidades que introduzam gás natural no mercado interno nacional para consumo não interruptível estão sujeitas à obrigação de constituição e de manutenção de reservas de segurança.

2 – As reservas de segurança devem estar permanentemente disponíveis para utilização, devendo os seus titulares ser sempre identificáveis e os respectivos volumes contabilizáveis e controláveis pelas autoridades competentes.

3 – As reservas de segurança são constituídas prioritariamente em instalações de armazenamento de gás localizadas no território nacional, excepto em caso de acordo bilateral que preveja a possibilidade de estabelecimento de reservas de segurança noutros países.

4 – No caso de impossibilidade de constituição de reservas de segurança em território nacional, mediante autorização do ministro responsável pela área da energia, podem ser utilizadas instalações de armazenamento de gás localizadas no território de outros Estados membros com adequado grau de interconexão, mediante a celebração prévia de acordos bilaterais que garantam a sua introdução no mercado nacional.

5 – Sem prejuízo das competências da concessionária da RNTGN, compete à DGGE fiscalizar o cumprimento das obrigações de constituição e manutenção de reservas de segurança.

6 – Os encargos com a constituição e manutenção de reservas de segurança devem ser suportados pelas entidades referidas no n.º 1, nos termos da legislação e da regulamentação aplicáveis.

7 – Os comercializadores só podem deixar de constituir reservas de segurança relativamente a novos centros produtores de electricidade em regime ordinário desde que estes obtenham autorização da DGGE para celebrar contratos de fornecimento de gás natural que permitam a interrupção nas situações referidas no n.º 2 do Artigo 52.º

8 – Quando solicitada para os efeitos do número anterior, a DGGE deve obter o parecer prévio das entidades responsáveis pela gestão técnica global do SEN e do SNGN e decidir a pretensão no prazo de 30 dias.

9 – No caso de resposta favorável ou de falta de resposta da DGGE no prazo referido no número anterior, os centros produtores podem informar o respectivo comercializador de gás natural de que pode deixar de constituir reservas de segurança.

10 – As quantidades de reservas de segurança a constituir e a manter nos termos dos números anteriores não podem prejudicar a existência de capacidades livres e reservas operacionais necessárias à operação de cada uma das infra-estruturas e à gestão técnica global do SNGN, nos termos que venham a ser regulamentados.

11 – As entidades sujeitas à obrigação de constituição de reservas de segurança devem enviar à DGGE e à concessionária da RNTGN, até ao dia 15 de cada mês, as informações referentes aos consumos efectivos da sua carteira de clientes no mês anterior, discriminando as quantidades interruptíveis e não interruptíveis e fazendo prova dos respectivos contratos de interruptibilidade.

ARTIGO 50.º
Quantidades das reservas de segurança

1 – Com observância dos critérios de contagem estabelecidos no presente decreto-lei, a quantidade global mínima de reservas de segurança de gás natural é fixada por portaria do ministro responsável pela área da energia, não podendo ser inferior a 15 dias de consumos não interruptíveis dos produtores de electricidade em regime ordinário e a 20 dias dos restantes consumos não interruptíveis.

2 – As reservas de segurança são expressas em dias da quantidade média diária dos consumos não interruptíveis nos 12 meses anteriores ao mês de contagem, a cumprir com um mês de dilação.

3 – Para os novos produtores de electricidade em regime ordinário e para os primeiros 12 meses do respectivo funcionamento, é tomada como referência a média diária dos consumos verificados, a cumprir um mês após a entrada em funcionamento.

ARTIGO 51.º
Contagem das reservas de segurança

1 – Para o cumprimento das obrigações de constituição e manutenção das reservas de segurança, são considerados o gás natural e o GNL, desde que detidos em:

a) Instalações de armazenamento subterrâneo;

b) Instalações de armazenamento de GNL em terminais de recepção, armazenagem e regaseificação de GNL;

c) Navios metaneiros que se encontrem em trânsito devidamente assegurado para um terminal de GNL existente em território nacional, no máximo de nove dias de trajecto.

Regulação do Sector da Energia

2 – Não são considerados, para contagem das reservas, os volumes de gás natural detidos nas seguintes situações:

a) Em instalações de armazenamento em redes de distribuição (UAG);

b) Em reservatórios de consumidores ligados à rede de distribuição;

c) Em redes de transporte e de distribuição (line-pack);

d) Em camiões-cisterna de transporte.

3 – O cumprimento das obrigações de constituição e manutenção das reservas de segurança é verificado no final de cada mês, com um mês de dilação relativamente ao período de referência.

ARTIGO 52.º
Utilização das reservas de segurança

1 – A competência para autorizar ou para determinar o uso das reservas de segurança em caso de perturbação grave do abastecimento pertence ao ministro responsável pela área da energia, tendo em consideração o interesse nacional e as obrigações assumidas em acordos internacionais.

2 – Através de portaria do ministro responsável pela área da energia são definidas normas específicas destinadas a garantir prioridade na segurança do abastecimento dos clientes domésticos, dos serviços de saúde e de segurança e de outros clientes que não tenham a possibilidade de substituir o seu consumo de gás por outras fontes energéticas, em caso de:

a) Ruptura parcial do aprovisionamento nacional de gás durante um período determinado;

b) Temperaturas extremamente baixas durante um período de pico determinado;

c) Procura excepcionalmente elevada de gás natural.

3 – No caso de ocorrer uma situação de dificuldade de abastecimento, as decisões relativas à utilização de reservas de segurança que sejam tomadas pelo ministro responsável pela área da energia devem ser obrigatoriamente cumpridas por todas as entidades envolvidas na constituição de reservas.

ARTIGO 53.º
Obrigações da concessionária da RNTGN

1 – Enquanto responsável pela gestão técnica global do SNGN, compete à concessionária da RNTGN em matéria de segurança do abastecimento:

a) Monitorizar a constituição e a manutenção das reservas de segurança;

b) Proceder à libertação das reservas de segurança nos casos previstos no presente decreto-lei, quando devidamente autorizados pelo ministro responsável pela área da energia;

c) Enviar à DGGE, até ao dia 15 de cada mês, as informações referentes ao mês anterior relativas às quantidades constituídas em reservas de segurança, sua localização e respectivos titulares;

d) Reportar à DGGE as situações verificadas de incumprimento das obrigações de constituição de reservas, com vista à aplicação do respectivo regime sancionatório.

2 – As entidades concessionárias de armazenamento subterrâneo e de terminal de GNL devem dar prioridade, em termos de utilização da capacidade de armazenamento, à constituição e manutenção das reservas de segurança, sem prejuízo do disposto no n.º 10 do Artigo 49.º

CAPÍTULO XII
Regulamentação

ARTIGO 54.º
Regulamentação

Para os efeitos da aplicação do presente decreto-lei, são previstos os seguintes regulamentos:

a) Regulamento do acesso às redes, às infra-estruturas e às interligações;

b) Regulamento de operação das infra-estruturas;

c) Regulamento da RNTGN;

d) Regulamento tarifário;

e) Regulamento de qualidade de serviço;

f) Regulamento de relações comerciais;

g) Regulamento de armazenamento subterrâneo;

h) Regulamento de terminal de recepção, armazenamento e regaseificação de GNL.

ARTIGO 55.º
Regulamento do acesso às redes, às infra-estruturas e às interligações

1 – O regulamento do acesso às redes, às infra-estruturas e às interligações estabelece, segundo critérios objectivos, transparentes e não discriminatórios, as condições técnicas e comerciais segundo as quais se processa o acesso às redes de transporte e de distribuição, às instalações de armazenamento, aos terminais de recepção, armazenamento e regaseificação de GNL e às interligações.

2 – O regulamento do acesso às redes, às infra-estruturas e às interligações estabelece, ainda, as condições em que pode ser recusado o acesso às redes, às infra-estruturas e às interligações.

3 – As entidades que pretendam ter acesso às redes, às instalações de armazenamento, aos terminais de recepção, armazenamento e regaseificação de GNL e às interligações, bem como as entidades responsáveis pelas mesmas, ficam obrigadas ao cumprimento das disposições deste regulamento.

ARTIGO 56.º
Regulamento de operação das infra-estruturas

O regulamento de operação das infra-estruturas estabelece os critérios e procedimentos de gestão dos fluxos de gás natural, a prestação dos serviços de sistema e as condições técnicas que permitem aos operadores da RNTIAT a gestão destes fluxos, assegurando a sua interoperacionalidade com as redes a que estejam ligados, bem como os procedimentos destinados a garantir a sua concretização e verificação.

ARTIGO 57.º
Regulamento da RNTGN

1 – O regulamento da RNTGN estabelece as condições técnicas de ligação e de exploração da respectiva rede e ainda as condições técnicas e de segurança, incluindo os procedimentos de verificação, que asseguram o adequado fluxo de gás natural e a interoperabilidade com as redes a que esteja ligada.

2 – Este regulamento deve estabelecer, também, as disposições técnicas relativas à segurança de pessoas e bens relacionados com a exploração da RNTGN.

Decreto-Lei n.º 140/2006

ARTIGO 58.º
Regulamento tarifário

O regulamento tarifário estabelece os critérios e métodos para o cálculo e fixação de tarifas, designadamente as de acesso às redes, às instalações de armazenamento subterrâneo, aos terminais de recepção, armazenamento e regaseificação de GNL e às interligações e aos serviços de sistema, bem como as tarifas de venda de gás natural do comercializador de último recurso, segundo os princípios definidos no Decreto-Lei n.º 30/2006, de 15 de Fevereiro, no presente decreto-lei e tendo em conta o equilíbrio económico e financeiro das concessões e licenças.

ARTIGO 59.º
Regulamento de qualidade de serviço

1 – O regulamento de qualidade de serviço estabelece os padrões de qualidade de serviço de natureza técnica e comercial, designadamente em termos das características técnicas do gás a fornecer aos consumidores, das condições adequadas a uma exploração eficiente e qualificada das redes e das instalações e das interrupções do serviço.

2 – Os padrões de qualidade de serviço referidos no número anterior podem ser globais ou específicos das diferentes categorias de clientes ou, ainda, variarem de acordo com circunstâncias locais.

ARTIGO 60.º
Regulamento de relações comerciais

O regulamento de relações comerciais estabelece as regras de funcionamento das relações comerciais entre os vários intervenientes no SNGN, designadamente sobre as seguintes matérias:

a) Relacionamento comercial entre os comercializadores e os seus clientes;

b) Condições comerciais para ligação às redes públicas;

c) Medição de gás natural e disponibilização de dados aos agentes de mercado;

d) Procedimentos de mudança de comercializador;

e) Condições de participação e regras de funcionamento dos mercados organizados;

f) Interrupção do fornecimento de gás natural;

g) Resolução de conflitos.

ARTIGO 61.º
Regulamento de armazenamento subterrâneo

1 – O regulamento de armazenamento subterrâneo estabelece as condições técnicas de construção e de exploração das infra-estruturas de armazenamento subterrâneo.

2 – O regulamento de armazenamento subterrâneo estabelece, ainda, as condições técnicas e de segurança, incluindo os procedimentos de verificação, que asseguram o adequado funcionamento das infra-estruturas e a interoperabilidade com as redes a que estejam ligadas.

3 – O regulamento de armazenamento subterrâneo estabelece, também, as disposições técnicas relativas à segurança de pessoas e bens relacionados com a exploração das infra-estruturas de armazenamento subterrâneo.

4 – Os utilizadores das infra-estruturas de armazenamento subterrâneo e as respectivas concessionárias ficam obrigados ao cumprimento das disposições deste regulamento.

ARTIGO 62.º
Regulamento de terminal de recepção, armazenamento e regaseificação de GNL

1 – O regulamento de terminal de recepção, armazenamento e regaseificação de GNL estabelece as condições técnicas de construção e de exploração das infra-estruturas de terminais de GNL.

2 – O regulamento de terminal de recepção, armazenamento e regaseificação de GNL estabelece, ainda, as condições técnicas e de segurança, incluindo os procedimentos de verificação, que asseguram o adequado funcionamento das infra-estruturas e a interoperabilidade com as redes a que estejam ligadas.

3 – O regulamento do terminal de recepção, armazenamento e regaseificação de GNL estabelece, também, as disposições técnicas relativas à segurança de pessoas e bens relacionados com a exploração das infra-estruturas de terminais de GNL.

4 – Os utilizadores de terminais de recepção, armazenamento e regaseificação de GNL e as respectivas concessionárias ficam obrigados ao cumprimento das disposições deste regulamento.

ARTIGO 63.º
Competência para aprovação dos regulamentos

1 – A aprovação e aplicação do regulamento de acesso às redes, às infra-estruturas e às interligações, do regulamento das relações comerciais, do regulamento de operação das infra-estruturas, do regulamento de qualidade de serviço e do regulamento tarifário é da competência da ERSE, obtido o parecer da DGGE e ouvidas as entidades concessionárias e licenciadas das redes que integram a RPGN, nos termos da legislação aplicável.

2 – O regulamento de armazenamento subterrâneo, o regulamento de terminal de recepção, armazenamento e regaseificação de GNL e o regulamento da rede de transporte são aprovados por portaria do ministro responsável pela área da energia, sob proposta da DGGE, a qual na sua preparação deve solicitar o parecer da ERSE e propostas às respectivas entidades concessionárias.

3 – Os regulamentos referidos nos números anteriores devem ser aprovados e publicados no prazo de três meses a contar a partir da data da entrada em vigor do presente decreto-lei.

CAPÍTULO XIII
Disposições transitórias

ARTIGO 64.º
Abertura do mercado de gás natural

1 – Sem prejuízo do disposto no n.º 7 do Artigo 66.º quanto aos compromissos com quantidades mínimas de gás natural a adquirir, assumidos em contratos de fornecimento anteriormente celebrados, são considerados clientes elegíveis, para os efeitos do presente decreto-lei:

a) Os produtores de electricidade em regime ordinário, a partir de 1 de Janeiro de 2007;

b) Os clientes cujo consumo anual é igual ou superior a 1 milhão de metros cúbicos normais, a partir de 1 de Janeiro de 2008;

Regulação do Sector da Energia

c) Os clientes cujo consumo anual é igual ou superior a 10000 m3 normais, a partir de 1 de Janeiro de 2009;

d) Todos os demais clientes, a partir de 1 de Janeiro de 2010.

2 – Os clientes que não queiram usufruir do estatuto de cliente elegível podem optar por continuar a adquirir gás natural aos comercializadores de último recurso nos termos previstos neste decreto-lei.

Artigo 65.º
Transmissão de activos no âmbito do actual contrato de concessão do serviço público de importação, transporte e fornecimento de gás natural

1 – De forma a concretizar a separação das actividades de transporte de gás natural, armazenamento subterrâneo de gás natural e de recepção, armazenamento e regaseificação de GNL prevista no Decreto-Lei n.º 30/2006, de 15 de Fevereiro, a TRANSGÁS é autorizada a transmitir à REN – Rede Eléctrica Nacional, S. A., adiante designada por REN, ou a sociedades em relação de domínio total inicial com esta, o seguinte conjunto de bens e outros activos que se encontram afectos à actual concessão do serviço público de importação, transporte e fornecimento de gás natural:

a) A rede de transporte de gás natural em alta pressão, incluindo a estação de transferência de custódia existente em Valença do Minho e a estação de junção de Campo Maior;

b) O terminal de recepção, armazenamento e regaseificação de GNL de Sines;

c) Três cavidades de armazenamento subterrâneo de gás natural no sítio da Guarda Norte, Carriço, no concelho de Pombal, incluindo as inerentes instalações de superfície, estando duas já em operação e a terceira em construção, bem como os direitos de utilização do subsolo para a construção de pelo menos mais duas cavidades no mesmo local;

d) As instalações e equipamentos necessários à adequada operação de todas as infra-estruturas referidas nas alíneas anteriores;

e) Os direitos, obrigações e responsabilidades associados aos referidos bens e às actividades de transporte de gás natural em alta pressão, de armazenamento subterrâneo e de recepção, armazenamento e regaseificação de GNL, relativas ao terminal de GNL de Sines.

2 – A relação dos activos transmitidos, devidamente identificados, que faz parte integrante do contrato de compra e venda, serve de título bastante para o averbamento das novas proprietárias ou titulares de direitos para efeito de registo predial, comercial, automóvel ou de propriedade intelectual ou industrial.

3 – Inclui-se nos activos a ceder pela TRANSGÁS à REN ou à futura concessionária de transporte de gás natural a sua posição accionista nas sociedades Gasoduto Braga Tuy, S. A., e Gasoduto Campo Maior-Leiria-Braga, S. A.

4 – A TRANSGÁS, SGPS, S. A., e a GDP, SGPS, S. A., são autorizadas a transmitir à REN, ou a sociedade em relação de domínio total inicial com a REN, as acções representativas da totalidade do capital social da SGNL – Sociedade Portuguesa de Gás Natural Liquefeito, S. A.

5 – O contrato de compra e venda, que dá corpo à transferência dos activos referidos nos números anteriores, é negociado entre as partes.

6 – Os gasodutos de MP afectos à actual concessão da TRANSGÁS, bem como as UAG que ainda se mantêm sua

propriedade, devem ser alienados à concessionária de distribuição regional ou licenciada de distribuição local da respectiva área, no prazo de um ano a contar a partir da data da entrada em vigor do presente decreto-lei.

7 – O contrato de compra e venda destes activos é negociado entre as partes, devendo o preço ser fixado tendo em conta o valor contabilístico do activo alienado, líquido de amortizações e subsídios, e o valor da tarifa aplicável nos termos do regulamento tarifário.

8 – Os acordos relativos à partilha de infra-estruturas em vigor entre a TRANSGÁS e as distribuidoras regionais, que estabelecem direitos e obrigações relativos a gasodutos de MP e de BP, devem cessar em 1 de Janeiro de 2008.

9 – Pela cessação dos acordos referidos no número anterior, a TRANSGÁS deve receber das distribuidoras uma compensação calculada com base na sua comparticipação no investimento, líquida de amortizações e de subsídios, e no valor da tarifa aplicável nos termos do regulamento tarifário.

10 – Quaisquer conflitos entre as partes decorrentes do disposto nos números anteriores devem ser resolvidos por recurso a arbitragem, nos termos do Artigo 68.º do Decreto-Lei n.º 30/2006, de 15 de Fevereiro.

11 – Todas as declarações de utilidade pública prestadas a favor da TRANSGÁS, necessárias para a expropriação de terrenos ou para a constituição de servidões administrativas de gás natural relativas à implantação de infra-estruturas integradas nos activos a alienar, passam a beneficiar as concessionárias ou licenciadas das actividades a que se referem os activos transferidos, prosseguindo a realização dos fins de interesse público que as determinaram.

Artigo 66.º
Modificação do contrato de concessão da TRANSGÁS

1 – Conforme previsto no Artigo 65.º do Decreto-Lei n.º 30/2006, de 15 de Fevereiro, o objecto do actual contrato de concessão do serviço público de importação de gás natural e do seu transporte e fornecimento através da rede de alta pressão, celebrado entre o Estado e a TRANSGÁS, é alterado de acordo com os números seguintes, com salvaguarda do princípio do equilíbrio económico e financeiro decorrente do actual contrato de concessão, devendo essa alteração ser formalizada através de contrato a celebrar entre o Estado e a TRANSGÁS, no prazo máximo de 30 dias a contar a partir da data da entrada em vigor do presente decreto-lei.

2 – A TRANSGÁS, através de sociedade por ela detida em regime de domínio total, mantém a concessão de armazenamento subterrâneo de gás natural no sítio da Guarda Norte, Carriço, no concelho de Pombal, nas cavidades que detém, com exclusão das cavidades identificadas na alínea *c*) do n.º 1 do Artigo anterior, ou que venha a construir, devendo o respectivo contrato ser modificado de acordo com as bases constantes do anexo II do presente decreto-lei, que dele faz parte integrante.

3 – As cavidades de armazenamento subterrâneo, concessionadas à sociedade detida em regime de domínio total pela TRANSGÁS referida no número anterior, devem ser alienadas, em condições a acordar entre as partes, à concessionária de armazenamento subterrâneo a que se refere o n.º 1 do Artigo 68.º, após esgotada a capacidade de expansão de armazenamento subterrâneo da referida concessionária, conforme o previsto na alínea *c*) do n.º 1 do Artigo anterior, no caso de as mesmas virem a ser consideradas pelo ministro responsável

618

pela área da energia como necessárias ao reforço da capacidade de reservas de segurança.

4 – Podem manter-se na titularidade da TRANSGÁS as suas participações accionistas nas sociedades Europe Maghreb Pipeline Ltd., Gasoducto Al-Andaluz, S. A., e Gasoducto de Extremadura, S. A., titulares dos direitos de uso dos gasodutos a montante da fronteira portuguesa e, ainda, a titularidade da sua participação accionista na sociedade operadora do troço marroquino Société pour la Construction et l'Exploitation Technique du Gazoduc Maghreb-Europe, Metragaz, S. A.

5 – É atribuída a uma sociedade detida pela TRANSGÁS, em regime de domínio total, uma licença de comercialização de último recurso de todos os clientes que consumam anualmente quantidades de gás natural iguais ou superiores a 2 milhões de metros cúbicos normais, excluindo os produtores de electricidade em regime ordinário.

6 – Os termos da licença referida no número anterior são definidos no contrato a celebrar entre o Estado e a TRANSGÁS referido no n.º 1.

7 – Em 1 de Janeiro de 2007, passam para a titularidade da sociedade referida no n.º 5 os contratos de fornecimento em vigor celebrados com as actuais concessionárias de distribuição regional de gás natural e com os actuais titulares de licenças de distribuição local e, ainda, com os clientes com consumo anual igual ou superior a 2 milhões de metros cúbicos normais.

8 – Os contratos de fornecimento referidos no número anterior são revistos, no que se refere ao preço, de acordo com o regulamento tarifário, a partir de 1 de Janeiro de 2008.

9 – Os contratos de fornecimento em vigor com os clientes com consumo anual igual ou superior a 2 milhões de metros cúbicos normais, excluindo os produtores de electricidade em regime ordinário, podem ser rescindidos por qualquer das partes a partir de 1 de Janeiro de 2008.

10 – Mantêm-se na titularidade da TRANSGÁS os contratos de fornecimento em vigor com os produtores de electricidade em regime ordinário.

11 – Mantêm-se na titularidade da TRANSGÁS os contratos de aprovisionamento de gás natural de longo prazo e em regime de take or pay, celebrados antes da entrada em vigor da Directiva n.º 2003/55/CE, do Parlamento e do Conselho, de 26 de Junho, que são destinados, prioritariamente, à satisfação das necessidades dos comercializadores de último recurso e dos contratos referidos nos n.os 9 e 10.

12 – A partir de 1 de Janeiro de 2007, a TRANSGÁS passa a exercer, em regime de licença, a actividade de comercialização de gás natural em regime de mercado livre.

13 – A licença para o exercício da actividade de comercialização referida no número anterior é concedida pela DGGE, independentemente de qualquer formalidade, na data referida no número anterior.

14 – Os estatutos da TRANSGÁS devem ser alterados antes da outorga dos contratos a que se refere o n.º 8 do Artigo 68.º, devendo as alterações ser previamente aprovadas pelo ministro responsável pela área da energia.

Artigo 67.º
**Comercialização de último recurso
exercida transitoriamente pela TRANSGÁS
e pelas sociedades de distribuição**

1 – A licença referida no n.º 5 do Artigo anterior é concedida até 2028, independentemente de qualquer formalidade.

2 – São atribuídas a sociedades a constituir em regime de domínio total inicial pelas entidades concessionárias de distri-

buição regional ou pelas detentoras de licenças de distribuição local com mais de 100000 clientes, ou às sociedades concessionárias ou detentoras de licenças de distribuição com menos de 100000 clientes, licenças de comercialização de último recurso de todos os clientes que consumam anualmente quantidades de gás natural inferiores a 2 milhões de metros cúbicos normais e se situem nas áreas das respectivas concessões ou licenças.

3 – As licenças referidas no número anterior são concedidas independentemente de qualquer formalidade e têm uma duração correspondente à dos actuais contratos de concessão ou à das actuais licenças de distribuição.

4 – As sociedades em regime de domínio total inicial referidas no n.º 2 devem ser constituídas no prazo de um ano a contar a partir da data da entrada em vigor do presente decreto-lei.

Artigo 68.º
Atribuição das novas concessões da RNTIAT

1 – As concessões da RNTGN, de armazenamento subterrâneo de gás natural em três cavidades situadas em Guarda Norte, Carriço, no concelho de Pombal, e do terminal de GNL de Sines são atribuídas, respectivamente, a três sociedades em relação de domínio total inicial com a REN, de acordo com as bases constantes dos anexos I, II e III do presente decreto-lei, que dele fazem parte integrante, após a conclusão do processo de transmissão dos activos referidos no n.º 1 do Artigo 65.º

2 – Para os efeitos de regulação, o valor dos activos referidos no número anterior deve reflectir o correspondente valor de balanço da TRANSGÁS, à data do início das novas concessões, depois de reavaliados e líquidos de amortizações e subsídios a fundo perdido.

3 – A reavaliação referida no número anterior é promovida pelas respectivas entidades concessionárias e efectuada, no prazo máximo de 45 dias, por uma entidade financeira ou auditora, de reconhecido prestígio, designada pelo Ministro das Finanças.

4 – A reavaliação referida nos números anteriores deve ter em atenção a inflação ocorrida durante o período de vida útil dos activos já decorrido e está sujeita à aprovação do Ministro das Finanças.

5 – O processo de transmissão referido no n.º 1 do Artigo 65.º deve estar concluído no prazo máximo de 30 dias após a entrada em vigor do presente decreto-lei.

6 – A atribuição das concessões referidas no n.º 1 é feita directamente por resolução do Conselho de Ministros, que aprove as minutas dos respectivos contratos de concessão elaboradas de acordo com as bases anexas ao presente decreto-lei.

7 – As minutas do contrato que opera a modificação do actual contrato de concessão da TRANSGÁS e do contrato de concessão de armazenamento subterrâneo referido no n.º 2 do Artigo 66.º são aprovadas através de resolução do Conselho de Ministros.

8 – Os novos contratos de concessão a que se refere o presente Artigo, bem como os contratos que operam a modificação do actual contrato de concessão da TRANSGÁS, são celebrados, em simultâneo, no prazo máximo de 30 dias após a entrada em vigor do presente decreto-lei, devendo neles outorgar o ministro responsável pela área da energia, em representação do Estado.

9 – As minutas dos contratos referidos no número anterior devem ser apresentadas e negociadas com as várias entidades

Regulação do Sector da Energia

concessionárias e licenciadas no prazo de 30 dias após a entrada em vigor do presente decreto-lei.

Artigo 69.º
Regime provisório de exploração das novas concessões da RNTIAT

1 – Até à entrada em vigor do regime regulatório, a fixar pela ERSE, das actividades de transporte, de armazenamento subterrâneo e de recepção, armazenamento e regaseificação de GNL, as concessionárias, sem prejuízo dos direitos e demais obrigações fixados no presente decreto-lei, devem:

a) Contratar, em condições transparentes, o acesso às infra-estruturas e à prestação de serviços de sistema que se mostrem necessários;

b) Contratar, em condições transparentes, os preços e as tarifas de transporte, armazenamento subterrâneo, recepção, armazenamento e regaseificação de GNL, bem como de carregamento de GNL em camiões e, ainda, dos serviços de sistema;

c) Prestar os serviços contratados nas condições acordadas e de acordo com as directrizes da concessionária responsável pela gestão técnica global do sistema.

2 – As concessionárias, no período referido no número anterior, devem assegurar o regular funcionamento de todas as infra-estruturas para garantia da segurança do abastecimento e da qualidade de serviço.

3 – As concessionárias devem assegurar a resolução dos contratos celebrados ao abrigo do disposto no n.º 1 imediatamente após o início do regime regulatório e, relativamente aos contratos de longo prazo, assegurar a respectiva modificação, em conformidade com a regulamentação que venha a ser aprovada.

4 – As concessionárias devem publicitar as condições de acesso às infra-estruturas e aos serviços de sistema e remeter à DGGE e à ERSE, no prazo de 15 dias a contar a partir da respectiva celebração, cópia dos contratos celebrados transitoriamente ao abrigo do disposto no n.º 1.

Artigo 70.º
Modificação das concessões e licenças de distribuição de gás natural

1 – Os actuais contratos de concessão de distribuição regional devem ser alterados de acordo com o estabelecido no anexo IV do presente decreto-lei, que dele faz parte integrante, no prazo de um ano a contar a partir da data da entrada em vigor do presente decreto-lei, assegurando-se nos novos contratos o direito das concessionárias à manutenção do equilíbrio económico e financeiro das respectivas concessões.

2 – As actuais licenças de distribuição local devem ser alteradas de acordo com o estabelecido no Decreto-Lei n.º 30//2006, de 15 de Fevereiro, e no presente decreto-lei, no prazo de um ano a contar a partir da data da entrada em vigor do presente decreto-lei, sem prejuízo do respeito pelo princípio do equilíbrio económico e financeiro das entidades licenciadas.

3 – Para os efeitos de regulação, o valor dos activos de cada uma das redes da RNDGN deve reflectir o correspondente valor do balanço à data do início das novas concessões ou licenças, depois de reavaliados e líquidos de amortizações e subsídios a fundo perdido.

4 – A reavaliação referida no número anterior é promovida pelas entidades concessionárias ou licenciadas da RNDGN e efectuada no prazo máximo de 45 dias por uma entidade financeira ou auditora, de reconhecido prestígio, designada pelo Ministro das Finanças.

5 – A reavaliação referida nos números anteriores deve ter em atenção a inflação ocorrida durante o período de vida útil dos activos já decorrido e está sujeita à aprovação do Ministro das Finanças.

6 – As actuais sociedades concessionárias de distribuição regional ou titulares de licenças de distribuição local com mais de 100000 clientes devem exercer a actividade de comercialização através de sociedades autónomas a constituir por elas em regime de domínio total inicial.

7 – As sociedades referidas no número anterior devem ser constituídas no prazo de um ano a contar a partir da data da entrada em vigor do presente decreto-lei.

8 – Em 1 de Janeiro de 2008, passam para a titularidade das sociedades referidas no n.º 2 do Artigo 67.º os contratos de fornecimento em vigor celebrados com os respectivos clientes.

9 – Os contratos de fornecimento referidos no número anterior são revistos no que se refere ao preço, de acordo com o Regulamento Tarifário, a partir de 1 de Janeiro de 2008.

10 – Os contratos de fornecimento referidos nos números anteriores podem ser rescindidos por qualquer das partes a partir das datas em que os respectivos clientes se tornam elegíveis.

Artigo 71.º
Manutenção transitória do fornecimento de gás natural

1 – Até 1 de Janeiro de 2007, a TRANSGÁS é autorizada a manter os fornecimentos de gás natural às actuais concessionárias de distribuição regional e titulares das licenças de distribuição local, aos produtores de electricidade em regime ordinário e, bem assim, aos clientes com consumo anual igual ou superior a 2 milhões de metros cúbicos normais, ao abrigo do actual contrato de concessão e nos termos previstos nos respectivos contratos.

2 – Até 1 de Janeiro de 2008, as actuais concessionárias de distribuição regional e titulares das licenças de distribuição local são autorizadas a manter os fornecimentos de gás natural a todos os seus clientes, ao abrigo dos actuais contratos de concessão e licenças, nos termos previstos nos respectivos contratos.

CAPÍTULO XIV
Disposições finais

Artigo 72.º
Derrogação relacionada com novas infra-estruturas

1 – As novas infra-estruturas relativas a interligações, a armazenamento subterrâneo e a terminais de GNL, bem como os aumentos significativos de capacidade nas infra-estruturas existentes e as alterações das infra-estruturas que permitam o desenvolvimento de novas fontes de fornecimento de gás, podem beneficiar das derrogações previstas nos termos do Artigo 22.º da Directiva n.º 2003/55/CE, do Parlamento e do Conselho, de 26 de Junho, tendo em consideração o seguinte:

a) Que o investimento deve promover a concorrência e a segurança do abastecimento;

b) Que, face ao risco associado, o investimento não seria realizado se não fosse concedida a derrogação;

c) Que a infra-estrutura deve ser propriedade de pessoa separada, pelo menos no plano jurídico, dos operadores em cujas redes a referida infra-estrutura venha a ser construída;

d) Que devem ser cobradas taxas de utilização aos utilizadores dessa infra-estrutura;

e) Que a derrogação não prejudique a concorrência nem o funcionamento eficaz do mercado interno do gás ou o funcionamento eficiente do sistema regulado a que está ligada a infra-estrutura.

2 – As derrogações referidas no número anterior carecem de parecer prévio da DGGE e da ERSE.

3 – As derrogações podem abranger a totalidade ou parte da nova infra-estrutura, ou da infra-estrutura existente significativamente alterada ou ampliada, e impor condições no que se refere à duração da derrogação e ao acesso não discriminatório à interligação.

4 – A decisão de derrogação e quaisquer condições a que a mesma fique sujeita devem ser devidamente justificadas e publicadas e são imediatamente notificadas à Comissão Europeia, acompanhada das informações relevantes sobre a mesma, para que esta possa formular uma decisão bem fundamentada.

5 – Ao conceder uma derrogação, o ministro responsável pela área da energia pode decidir sobre a regulamentação e os mecanismos de gestão e repartição de capacidades desde que tal não impeça a realização dos contratos de longo prazo.

ARTIGO 73.º
Derrogação relacionada com compromissos assumidos no âmbito de contratos de take or pay

1 – Se uma empresa de gás natural se deparar, ou considerar que vem a deparar-se, com graves dificuldades económicas e financeiras devido aos compromissos inerentes a contratos de aquisição de gás em regime take or pay, celebrados antes da entrada em vigor da Directiva n.º 2003/55/CE, do Parlamento e do Conselho, de 26 de Junho, essa sociedade pode requerer ao ministro responsável pela área da energia a derrogação do acesso de terceiros, nos termos previstos no Artigo 27.º da mesma directiva.

2 – A derrogação solicitada nos termos do número anterior carece de parecer prévio da DGGE e da ERSE.

3 – O ministro responsável pela área da energia deve verificar da razoabilidade do pedido, tendo em conta os critérios previstos no n.º 3 do mesmo Artigo 27.º da Directiva e, caso o confirme, pode deferi-lo em decisão devidamente fundamentada.

4 – A decisão de derrogação deve ser comunicada à Comissão Europeia acompanhada de todas as informações relevantes para que esta possa tomar posição sobre a mesma.

5 – Em alternativa à decisão de derrogação, o ministro responsável pela área da energia pode decidir no sentido de facultar aos agentes do mercado a possibilidade de adquirirem gás natural dos contratos de take or pay, nas quantidades necessárias ao cumprimento dos referidos contratos, mediante leilão cujos termos são estabelecidos por portaria do ministro responsável pela área da energia.

ARTIGO 74.º
Relatório de monitorização da segurança de abastecimento

A DGGE apresenta, em 2007, ao ministro responsável pela área da energia o relatório de monitorização da segurança de abastecimento, a que se refere o n.º 2 do Artigo 47.º

ARTIGO 75.º
Apresentação do PDIR

O primeiro PDIR, elaborado nos termos do Artigo 12.º, é apresentado à DGGE até ao final do 1.º trimestre de 2008.

ARTIGO 76.º
Norma revogatória

São revogados os Decretos-Leis n.os 32/91 e 33/91, ambos de 16 de Janeiro, 333/91, de 6 de Setembro, 203/97, de 8 de Agosto, 274-B/93, de 4 de Agosto, e 274-C/93, de 4 de Agosto, sem prejuízo do disposto no n.º 1 do Artigo 71.º

ARTIGO 77.º
Entrada em vigor

O presente decreto-lei entra em vigor no dia seguinte ao da sua publicação.

Visto e aprovado em Conselho de Ministros de 22 de Junho de 2006. – *José Sócrates Carvalho Pinto de Sousa – Diogo Pinto de Freitas do Amaral – Fernando Teixeira dos Santos – António José de Castro Guerra.*

Promulgado em 14 de Julho de 2006.

Publique-se.

O Presidente da República, ANÍBAL CAVACO SILVA.

Referendado em 17 de Julho de 2006.

O Primeiro-Ministro, *José Sócrates Carvalho Pinto de Sousa.*

ANEXO I
(a que se refere o n.º 1 do Artigo 68.º)

Bases da concessão da actividade de transporte de gás natural através da Rede Nacional de Transporte de Gás Natural

CAPÍTULO I
Disposições e princípios gerais

BASE I
Objecto da concessão

1 – A concessão tem por objecto a actividade de transporte de gás natural em alta pressão, exercida em regime de serviço público, através da RNTGN.

2 – Integram-se no objecto da concessão:

a) O recebimento, o transporte e a entrega de gás natural em alta pressão;

b) A operação, a exploração e a manutenção de todas as infra-estruturas que integram a RNTGN e das interligações às redes a que esteja ligada e, bem assim, das instalações necessárias para a sua operação.

3 – Integram-se ainda no objecto da concessão:

a) O planeamento, o desenvolvimento, a expansão e a gestão técnica da RNTGN e a construção das respectivas infra-estruturas e, bem assim, das instalações necessárias para a sua operação;

b) A gestão da interligação da RNTGN com a rede internacional de transporte de alta pressão e da ligação com as infra-estruturas de armazenamento subterrâneo e com os terminais de GNL;

c) A gestão técnica global do SNGN;

Regulação do Sector da Energia

d) O planeamento da RNTIAT e da utilização das respectivas infra-estruturas;

e) O controlo da constituição e da manutenção das reservas de segurança de gás natural.

4 – A concessionária pode exercer outras actividades para além das que se integram no objecto da concessão, no respeito pela legislação aplicável ao sector do gás natural, com fundamento no proveito daí resultante para a concessão ou com vista a optimizar a utilização dos bens afectos à mesma, desde que essas actividades sejam acessórias ou complementares e não prejudiquem a regularidade e a continuidade da prestação do serviço público e sejam previamente autorizadas pelo concedente.

5 – A concessionária é desde já autorizada, nos termos do número anterior, a explorar, directa ou indirectamente, ou a ceder a exploração da capacidade excedentária da rede de telecomunicações instalada para a operação da RNTGN.

BASE II
Âmbito e exclusividade da concessão

1 – Sem prejuízo do disposto no número seguinte, a concessão tem como âmbito geográfico todo o território do continente e é exercida em regime de exclusivo, sem prejuízo do direito de acesso de terceiros às várias infra-estruturas que a integram nos termos previstos nas presentes bases e na legislação e na regulamentação aplicáveis.

2 – As actividades referidas nas alíneas *c*) e *e*) do n.º 3 da base anterior abrangem todo o território nacional, sem prejuízo das competências e dos poderes das autoridades regionais.

3 – O regime de exclusivo referido no n.º 1 pode ser alterado em conformidade com a política energética aprovada pela União Europeia e aplicável ao Estado Português.

BASE III
Prazo da concessão

1 – O prazo da concessão é fixado no contrato de concessão e não pode exceder 40 anos contados a partir da data da celebração do respectivo contrato.

2 – A concessão pode ser renovada se o interesse público assim o justificar e a concessionária tiver cumprido as suas obrigações legais e contratuais.

3 – A intenção de renovação da concessão deve ser comunicada à concessionária pelo concedente com a antecedência mínima de dois anos relativamente ao termo do prazo da concessão.

BASE IV
Serviço público

1 – A concessionária deve desempenhar as actividades concessionadas de acordo com as exigências de um regular, contínuo e eficiente funcionamento do serviço público e adoptar, para o efeito, os melhores procedimentos, meios e tecnologias utilizados no sector do gás com vista a garantir, designadamente, a segurança do abastecimento e a de pessoas e bens.

2 – Com o objectivo de assegurar a permanente adequação da concessão às exigências da regularidade, da continuidade e da eficiência do serviço público, o concedente reserva-se o direito de alterar, por via legal ou regulamentar, as condições da sua exploração.

3 – Quando, por efeito do disposto no número anterior, se alterarem significativamente as condições de exploração da concessão, o concedente compromete-se a promover a reposição do equilíbrio económico e financeiro da concessão, nos termos previstos na base XXXVI, desde que a concessionária não possa legitimamente prover a tal reposição recorrendo aos meios resultantes de uma correcta e prudente gestão.

BASE V
Direitos e obrigações da concessionária

A concessionária beneficia dos direitos e encontra-se sujeita às obrigações estabelecidas no Decreto-Lei n.º 30/2006, de 15 de Fevereiro, e demais legislação e regulamentação aplicáveis à actividade que integra o objecto da concessão, sem prejuízo dos demais direitos e obrigações estabelecidos nas presentes bases e no contrato de concessão.

BASE VI
Princípios aplicáveis às relações com os utilizadores da RNTGN

1 – A concessionária deve proporcionar aos utilizadores da RNTGN, de forma não discriminatória e transparente, o acesso às respectivas infra-estruturas, nos termos previstos nas presentes bases e na legislação e na regulamentação aplicáveis, não podendo estabelecer diferenças de tratamento entre os referidos utilizadores que não resultem da aplicação de critérios ou de condicionalismos legais, regulamentares ou técnicos, ou ainda de condicionalismos de natureza contratual desde que aceites pela ERSE.

2 – O disposto no número anterior não impede a concessionária de celebrar contratos a longo prazo, no respeito pelas regras da concorrência.

3 – A concessionária deve manter um registo das queixas ou reclamações que lhe tenham sido apresentadas pelos utilizadores.

CAPÍTULO II
Bens e meios afectos à concessão

BASE VII
Bens e meios afectos à concessão

1 – Consideram-se afectos à concessão os bens que constituem a RNTGN, designadamente:

a) O conjunto de gasodutos de alta pressão para transporte de gás natural em território nacional, com as respectivas tubagens e antenas;

b) As instalações afectas à compressão, ao transporte e à redução de pressão para entrega às redes de distribuição ou a clientes finais, incluindo todo o equipamento de controlo, regulação e medida indispensável à operação e funcionamento do sistema de transporte de gás natural e os postos de redução de pressão de 1.ª classe, nos quais se concretiza a ligação com as redes de distribuição ou com clientes finais;

c) As UAG quando excepcionalmente substituam ligações à rede de distribuição, nos termos do n.º 5 do Artigo 14.º do presente decreto-lei;

d) As instalações e os equipamentos de telecomunicações, telemedida e telecomando afectos à gestão de todas as instalações de recepção, transporte e entrega de gás natural;

e) As instalações e os equipamentos necessários à gestão técnica global do SNGN;

f) As cadeias de medida, incluindo os equipamentos de telemetria instalados nas instalações dos utilizadores da RNTGN.

Decreto-Lei n.º 140/2006

2 – Consideram-se ainda afectos à concessão:

a) Os imóveis pertencentes à concessionária em que estejam implantados os bens referidos no número anterior, assim como as servidões constituídas em benefício da concessão;

b) Os bens móveis ou direitos relativos a bens imóveis utilizados ou relacionados com o exercício da actividade objecto da concessão;

c) Os direitos privativos de propriedade intelectual e industrial de que a concessionária seja titular;

d) Quaisquer fundos ou reservas consignados à garantia do cumprimento das obrigações da concessionária, por força de obrigação emergente da lei ou do contrato de concessão e enquanto durar essa vinculação;

e) As relações e posições jurídicas directamente relacionadas com a concessão, nomeadamente laborais, de empreitada, de locação e de prestação de serviços.

BASE VIII
Inventário do património

1 – A concessionária deve elaborar e manter permanentemente actualizado e à disposição do concedente um inventário do património afecto à concessão.

2 – No inventário a que se refere o número anterior devem ser mencionados os ónus ou encargos que recaem sobre os bens afectos à concessão.

3 – Os bens e direitos patrimoniais tornados desnecessários à concessão são abatidos ao inventário, nos termos previstos no n.º 2 da base X.

BASE IX
Manutenção dos bens afectos à concessão

A concessionária fica obrigada a manter, durante o prazo de vigência da concessão, em permanente estado de bom funcionamento, conservação e segurança os bens e meios afectos à concessão, efectuando para tanto as reparações, renovações, adaptações e modernizações necessárias ao bom desempenho do serviço público concedido.

BASE X
Regime de oneração e transmissão
dos bens afectos à concessão

1 – A concessionária não pode onerar ou transmitir, por qualquer forma, os bens que integram a concessão, sem prejuízo do disposto nos números seguintes.

2 – Os bens e direitos que tenham perdido utilidade para a concessão são abatidos ao inventário referido na base VIII, mediante prévia autorização do concedente, que se considera concedida se este não se opuser no prazo de 30 dias contados da recepção do pedido.

3 – A oneração ou transmissão de bens imóveis afectos à concessão fica sujeita a autorização do ministro responsável pela área da energia.

4 – A oneração ou transmissão de bens e direitos afectos à concessão em desrespeito do disposto na presente base acarreta a nulidade dos respectivos actos ou contratos.

BASE XI
Posse e propriedade dos bens

1 – A concessionária detém a posse e propriedade dos bens afectos à concessão até à extinção desta.

2 – Com a extinção da concessão, os bens a ela afectos transferem-se para o concedente nos termos previstos nas presentes bases e no contrato de concessão.

CAPÍTULO III
Sociedade concessionária

BASE XII
Objecto social, sede e acções da sociedade

1 – O projecto de estatutos da sociedade concessionária deve ser submetido a prévia aprovação do ministro responsável pela área da energia.

2 – A sociedade concessionária deve ter como objecto social principal, ao longo de todo o período de duração da concessão, o exercício das actividades integradas no objecto da concessão, devendo manter ao longo do mesmo período a sua sede em Portugal e a forma de sociedade anónima, regulada pela lei portuguesa.

3 – O objecto social da concessionária pode incluir o exercício de outras actividades para além das que integram o objecto da concessão e, bem assim, a participação no capital de outras sociedades desde que seja respeitado o disposto nas presentes bases e na legislação aplicável ao sector do gás natural.

4 – Todas as acções representativas do capital social da concessionária são obrigatoriamente nominativas.

5 – A oneração e a transmissão de acções representativas do capital social da concessionária depende, sob pena de nulidade, de autorização prévia do concedente, a qual não pode ser infundadamente recusada e se considera tacitamente concedida se não for recusada, por escrito, no prazo de 30 dias a contar a partir da data da respectiva solicitação.

6 – Exceptua-se do disposto no número anterior a oneração de acções efectuada em benefício das entidades financiadoras da actividade que integra o objecto da concessão e no âmbito dos contratos de financiamento que venham a ser celebrados pela concessionária para o efeito desde que as entidades financiadoras assumam, nos referidos contratos, a obrigação de obter a autorização prévia do concedente em caso de execução das garantias de que resulte a transmissão a terceiros das acções oneradas.

7 – A oneração de acções referida no número anterior deve, em qualquer caso, ser comunicada ao concedente, a quem deve ser enviada, no prazo de 30 dias a contar a partir da data em que seja constituída, cópia autenticada do documento que formaliza a oneração e, bem assim, informação detalhada sobre quaisquer outros termos e condições que sejam estabelecidos.

BASE XIII
Deliberações da concessionária e acordos
entre accionistas

1 – Sem prejuízo de outras limitações previstas nas presentes bases e no contrato de concessão, ficam sujeitas a autorização prévia do concedente, através do ministro responsável pela área da energia, as deliberações da concessionária relativas à alteração do objecto social e à transformação, fusão, cisão ou dissolução da sociedade.

2 – Os acordos parassociais celebrados entre os accionistas da concessionária, bem como as respectivas alterações, devem ser objecto de aprovação prévia pelo concedente, dada através do ministro responsável pela área da energia.

3 – As autorizações e aprovações previstas na presente base não podem ser infundadamente recusadas e consideram-se tacitamente concedidas se não forem recusadas, por escrito, no prazo de 30 dias a contar a partir da data da respectiva solicitação.

Regulação do Sector da Energia

Base XIV
Financiamento

1 – A concessionária é responsável pela obtenção do financiamento necessário ao desenvolvimento do objecto da concessão, por forma a cumprir cabal e atempadamente todas as obrigações que assume no contrato de concessão.

2 – Para os efeitos do disposto no número anterior, a concessionária deve manter no final de cada ano um rácio de autonomia financeira superior a 20%.

CAPÍTULO IV
Construção, planeamento, remodelação e expansão das infra-estruturas

Base XV
Projectos

1 – A construção e a exploração das infra-estruturas da RNTGN ficam sujeitas à aprovação dos respectivos projectos nos termos da legislação aplicável.

2 – A concessionária é responsável, no respeito pelas legislação e regulamentação aplicáveis, pela concepção, pelo projecto e pela construção de todas as infra-estruturas e instalações da RNTGN, incluindo as necessárias à remodelação e à expansão da RNTGN.

Base XVI
Direitos e deveres decorrentes da aprovação dos projectos

1 – A aprovação dos respectivos projectos confere à concessionária, nomeadamente, os seguintes direitos:

a) Utilizar, de acordo com a legislação aplicável, os bens do domínio público ou privado do Estado e de outras pessoas colectivas públicas para o estabelecimento ou passagem das infra-estruturas ou instalações integrantes da RNTGN;

b) Constituir, nos termos da legislação aplicável, as servidões sobre os imóveis necessários ao estabelecimento das infra-estruturas ou instalações integrantes da RNTGN;

c) Proceder à expropriação, por utilidade pública e urgente, nos termos da legislação aplicável, dos bens imóveis ou dos direitos a eles relativos necessários ao estabelecimento das infra-estruturas ou das instalações integrantes da RNTGN.

2 – As licenças e autorizações exigidas por lei para a exploração das infra-estruturas da RNTGN consideram-se outorgadas à concessionária com a aprovação dos respectivos projectos, sem prejuízo da verificação por parte das entidades licenciadoras da conformidade na sua execução.

3 – Cabe à concessionária o pagamento das indemnizações decorrentes do exercício dos direitos referidos no n.º 1.

4 – No atravessamento de terrenos do domínio público ou dos particulares, a concessionária deve adoptar os procedimentos estabelecidos na legislação aplicável e proceder à reparação de todos os prejuízos que resultem dos trabalhos executados.

Base XVII
Planeamento, remodelação e expansão da RNTGN

1 – O planeamento da RNTGN deve ser coordenado com o planeamento da RNTIAT e da RNDGN, nos termos previstos na legislação e na regulamentação aplicáveis.

2 – Constitui encargo e responsabilidade da concessionária o planeamento, a remodelação, o desenvolvimento e a expansão da RNTGN, com vista a assegurar a existência permanente de capacidade nas infra-estruturas que a integram.

3 – A concessionária deve observar na remodelação e na expansão da RNTGN os prazos de execução adequados à permanente satisfação das necessidades do abastecimento de gás natural, identificadas no respectivo PDIR.

4 – A concessionária deve elaborar e apresentar ao concedente, nos termos previstos no contrato de concessão e de forma articulada com o PDIR, o plano de investimentos na RNTGN.

5 – Por razões de interesse público, nomeadamente as relativas à segurança, à regularidade e à qualidade do abastecimento, o concedente pode determinar a remodelação ou a expansão da RNTGN, nos termos fixados no contrato de concessão.

CAPÍTULO V
Exploração das infra-estruturas

Base XVIII
Condições de exploração

1 – A concessionária é responsável pela exploração das infra-estruturas que integram a RNTGN e as respectivas instalações, no respeito pelas legislação e regulamentação aplicáveis.

2 – A concessionária deve assegurar-se de que o gás natural a transportar na RNTGN cumpre as características técnicas e as especificações de qualidade estabelecidas e que o seu transporte é efectuado em condições técnicas adequadas, de forma a garantir a segurança de pessoas e bens.

Base XIX
Informação

A concessionária tem a obrigação de fornecer ao concedente todos os elementos relativos à concessão que este entenda dever solicitar-lhe.

Base XX
Participação de desastres e acidentes

1 – A concessionária é obrigada a participar imediatamente à DGGE todos os desastres e acidentes ocorridos nas suas instalações.

2 – Sem prejuízo das competências atribuídas às autoridades públicas, sempre que dos desastres ou acidentes resultem mortes, ferimentos graves ou prejuízos materiais importantes, a concessionária deve elaborar, e enviar ao concedente, um relatório técnico com a análise das circunstâncias da ocorrência e com o estado das instalações.

Base XXI
Ligação dos utilizadores à RNTGN

1 – A ligação dos utilizadores à RNTGN, quer nos pontos de recepção quer nos postos de redução de pressão e entrega às redes com as quais esteja ligada ou a clientes finais, faz-se nas condições previstas nos regulamentos aplicáveis.

2 – A concessionária pode recusar, fundamentadamente, o acesso às suas infra-estruturas com base na respectiva falta de capacidade ou de ligação ou se esse acesso a impedir de cumprir as suas obrigações de serviço público.

Decreto-Lei n.º 140/2006

3 – A concessionária pode ainda recusar a ligação dos utilizadores à RNTGN sempre que as instalações e os equipamentos de entrega ou recepção daqueles não preencham as disposições legais e regulamentares aplicáveis, nomeadamente as respeitantes aos requisitos técnicos e de segurança.

4 – A concessionária pode impor aos utilizadores da RNTGN, sempre que o exijam razões de segurança, a substituição, a reparação ou a adaptação dos respectivos equipamentos de ligação.

5 – A concessionária tem o direito de montar nas instalações dos utilizadores equipamentos para a recolha de dados e para a realização de operações de telecomando e de telecomunicação, bem como sistemas de protecção nos pontos de ligação da sua rede com as instalações daquelas entidades, e de aceder aos equipamentos de medição do gás dos utilizadores ligados às suas instalações.

6 – Os utilizadores devem prestar à concessionária todas as informações que esta considere necessárias à ligação dos utilizadores à RNTGN e à correcta exploração das respectivas infra-estruturas e instalações.

BASE XXII
Interrupção por facto imputável ao utilizador

1 – A concessionária pode interromper a prestação do serviço público concessionado aos utilizadores nos termos da regulamentação aplicável e nomeadamente nos seguintes casos:

a) Alteração não autorizada do funcionamento de equipamentos ou sistemas de ligação à RNTGN que ponha em causa a segurança ou a regularidade da entrega;

b) Incumprimento grave dos regulamentos aplicáveis ou, em caso de emergência, das suas ordens e instruções;

c) Incumprimento de obrigações contratuais pelo cliente final, designadamente em caso de falta de pagamento a qualquer comercializador de gás natural, incluindo o comercializador de último recurso.

2 – A concessionária pode, ainda, interromper unilateralmente a prestação do serviço público concessionado aos utilizadores da RNTGN que causem perturbações que afectem a qualidade do serviço prestado, quando, uma vez identificadas as causas perturbadoras, os utilizadores, após aviso da concessionária, não corrijam as anomalias em prazo adequado, tendo em consideração os trabalhos a realizar.

BASE XXIII
Interrupções por razões de interesse público ou de serviço

1 – A prestação do serviço público concessionado pode ser interrompida por razões de interesse público, nomeadamente quando se trate da execução de planos nacionais de emergência, declarada ao abrigo de legislação específica.

2 – As interrupções das actividades objecto da concessão por razões de serviço num determinado ponto de entrega têm lugar quando haja necessidade imperiosa de realizar manobras ou trabalhos de ligação, reparação ou conservação das instalações, desde que tenham sido esgotadas todas as possibilidades alternativas.

3 – Nas situações referidas nos números anteriores, a concessionária deve avisar os utilizadores da RNTGN que possam vir a ser afectados com a antecedência mínima de trinta e seis horas, salvo no caso da realização de trabalhos que a segurança de pessoas e bens torne inadiáveis ou quando haja necessidade urgente de trabalhos para garantir a segurança das infra-estruturas e instalações do SNGN.

BASE XXIV
Medidas de protecção

1 – Em situação de emergência que ponha em risco a segurança de pessoas ou bens, deve a concessionária promover imediatamente as medidas que entender necessárias em matéria de segurança.

2 – As medidas referidas no número anterior devem ser imediatamente comunicadas à DGGE, às respectivas autoridades concelhias, à autoridade policial da zona afectada e, se for caso disso, ao Serviço Nacional de Protecção Civil.

BASE XXV
Responsabilidade civil

1 – A concessionária é responsável, nos termos gerais de direito, por quaisquer prejuízos causados ao concedente ou a terceiros, pela culpa ou pelo risco, no exercício da actividade objecto da concessão.

2 – Para os efeitos do disposto no Artigo 509.º do Código Civil, entende-se que a utilização das infra-estruturas e instalações integradas na concessão é feita no exclusivo interesse da concessionária.

3 – A concessionária fica obrigada à constituição de um seguro de responsabilidade civil para cobertura dos danos materiais e corporais causados a terceiros e resultantes do exercício da respectiva actividade, cujo montante mínimo obrigatório é fixado por portaria do ministro responsável pela área da energia e actualizável de três em três anos.

4 – A concessionária deve apresentar ao concedente os documentos comprovativos da celebração do seguro, bem como da actualização referida no número anterior.

BASE XXVI
Cobertura por seguros

1 – Para além do seguro referido na base anterior, a concessionária deve assegurar a existência e a manutenção em vigor das apólices de seguro necessárias para garantir uma efectiva cobertura dos riscos da concessão.

2 – No âmbito da obrigação referida no número anterior, a concessionária fica obrigada a constituir seguros envolvendo todas as infra-estruturas e instalações que integram a RNTGN contra riscos de incêndio, explosão e danos devido a terramoto ou a temporal, nos termos fixados no contrato de concessão.

3 – O disposto nos números anteriores pode ser objecto de regulamentação pelo Instituto de Seguros de Portugal.

CAPÍTULO VI
Gestão técnica global do SNGN, planeamento da RNTIAT e segurança do abastecimento

BASE XXVII
Gestão técnica global do SNGN

1 – No âmbito da gestão técnica global do SNGN, a concessionária deve proceder à coordenação sistémica das infra-estruturas que constituem o SNGN, por forma a assegurar o seu funcionamento integrado e harmonizado e a segurança e a continuidade do abastecimento de gás natural.

2 – Todos os operadores que exerçam qualquer das actividades que integram o SNGN e, bem assim, os seus utilizadores ficam sujeitos à gestão técnica global do SNGN.

625

Regulação do Sector da Energia

3 – São direitos da concessionária, nomeadamente:

a) Supervisionar a actividade dos operadores e utilizadores do SNGN e coordenar as actividades dos operadores da RNTIAT;

b) Exigir aos titulares dos direitos de exploração das infra-estruturas e instalações a informação necessária para o correcto funcionamento do sistema;

c) Exigir aos terceiros com direito de acesso às infra-estruturas e instalações a comunicação dos seus planos de aprovisionamento e consumo e de qualquer circunstância que possa fazer variar substancialmente os planos comunicados;

d) Exigir o estrito cumprimento das instruções que emita para a correcta exploração do sistema, a manutenção das instalações e a adequada cobertura da procura;

e) Coordenar os planos de manutenção das infra-estruturas da RNTIAT, procedendo aos ajustes necessários à garantia da segurança do abastecimento;

f) Receber adequada retribuição pelos serviços prestados.

4 – São obrigações da concessionária, nomeadamente:

a) Actuar nas suas relações com os operadores e utilizadores do SNGN de forma transparente e não discriminatória;

b) Informar sobre a viabilidade de acesso solicitado por terceiros às infra-estruturas da RNTIAT;

c) Informar a DGGE, a ERSE e os operadores do SNGN, com periodicidade anual, sobre a capacidade disponível da RNTIAT e em particular dos pontos de acesso ao sistema e sobre o quantitativo das reservas a constituir;

d) Disponibilizar serviços de sistema aos utilizadores da RNTGN, nomeadamente através de mecanismos eficientes de compensação de desvios, assegurando a respectiva liquidação, no respeito pela regulamentação aplicável;

e) Proceder ao controlo da constituição e da manutenção das reservas de segurança, nos termos previstos na base XXX.

BASE XXVIII
Planeamento da RNTIAT

1 – No âmbito do planeamento de RNTIAT, compete à concessionária da RNTGN elaborar os seguintes documentos:

a) Caracterização da RNTIAT;

b) Proposta de PDIR.

2 – O projecto de PDIR deve ser submetido pela concessionária à DGGE, com a periodicidade de três anos, até ao final do 1.º trimestre do respectivo ano, com início em 2008.

BASE XXIX
Colaboração na monitorização
da segurança do abastecimento

A concessionária da RNTGN deve colaborar com o Governo, através da DGGE, na promoção das condições de garantia e segurança do abastecimento de gás natural do SNGN e respectiva monitorização, nos termos previstos na legislação e na regulamentação aplicáveis.

BASE XXX
Controlo da constituição e manutenção
das reservas de segurança

1 – Constitui obrigação da concessionária da RNTGN controlar a constituição e a manutenção das reservas de segurança de gás natural de forma transparente e não discriminatória e proceder à sua libertação nos termos previstos na legislação e na regulamentação aplicáveis.

2 – A concessionária da RNTGN deve enviar à DGGE, até ao dia 15 de cada mês, as informações referentes ao mês anterior relativas às quantidades constituídas em reservas, à sua localização e aos respectivos titulares.

3 – A concessionária da RNTGN deve reportar à DGGE as situações verificadas de incumprimento das obrigações de constituição e manutenção de reservas de segurança.

CAPÍTULO VII
Garantias e fiscalização do cumprimento
das obrigações da concessionária

BASE XXXI
Caução

1 – Para garantia do pontual e integral cumprimento das obrigações emergentes do contrato de concessão e da cobrança das multas aplicadas, a concessionária deve, antes da assinatura do contrato de concessão, prestar a favor do concedente uma caução no valor de (euro) 10000000.

2 – O concedente pode utilizar a caução sempre que a concessionária não cumpra qualquer obrigação assumida no contrato de concessão.

3 – O recurso à caução é precedido de despacho do ministro responsável pela área da energia, não dependendo de qualquer outra formalidade ou de prévia decisão judicial ou arbitral.

4 – Sempre que o concedente utilize a caução, a concessionária deve proceder à reposição do seu montante integral no prazo de 30 dias a contar a partir da data daquela utilização.

5 – O valor da caução é actualizado de três em três anos de acordo com o índice de preços no consumidor no continente, excluindo habitação, publicado pelo Instituto Nacional de Estatística.

6 – A caução só pode ser levantada pela concessionária um ano após a data da extinção do contrato de concessão, ou antes de decorrido aquele prazo por determinação expressa do concedente, através do ministro responsável pela área da energia, mas sempre após a extinção da concessão.

7 – A caução prevista nesta base bem como outras que a concessionária venha a estar obrigada a constituir a favor do concedente devem ser prestadas por depósito em dinheiro ou por garantia bancária autónoma, à primeira solicitação, cujo texto deve ser previamente aprovado pela DGGE.

BASE XXXII
Fiscalização e regulação

1 – Sem prejuízo das competências atribuídas a outras entidades públicas, cabe à DGGE o exercício dos poderes de fiscalização da concessão, nomeadamente no que se refere ao cumprimento das disposições legais e regulamentares aplicáveis e do contrato de concessão.

2 – Sem prejuízo das competências atribuídas a outras entidades públicas, cabe à ERSE o exercício dos poderes de regulação das actividades que integram o objecto da concessão, nos termos previstos na legislação e na regulamentação aplicáveis.

3 – Para os efeitos do disposto nos números anteriores, a concessionária deve prestar todas as informações e facultar todos os documentos que lhe forem solicitados pelas entida-

des fiscalizadora e reguladora no âmbito das respectivas competências, bem como permitir o livre acesso do pessoal das referidas entidades devidamente credenciado e no exercício das suas funções a todas as suas instalações.

CAPÍTULO VIII
Modificações objectivas e subjectivas da concessão

BASE XXXIII
Alteração do contrato de concessão

1 – O contrato de concessão pode ser alterado unilateralmente pelo concedente, sem prejuízo da reposição do respectivo equilíbrio económico e financeiro, nos termos previstos na base XXXVI.

2 – O contrato de concessão pode também ser alterado por força de disposição legal imperativa, designadamente decorrente das políticas energéticas aprovadas pela União Europeia e aplicáveis ao Estado Português.

BASE XXXIV
Transmissão e oneração da concessão

1 – A concessionária não pode, sem prévia autorização do concedente, onerar, subconceder, trespassar ou transmitir, por qualquer forma, no todo ou em parte, a concessão ou realizar qualquer negócio jurídico que vise atingir ou tenha por efeito, mesmo que indirecto, idênticos resultados.

2 – Os actos praticados ou os contratos celebrados em violação do disposto no número anterior são nulos, sem prejuízo de outras sanções aplicáveis.

3 – No caso de subconcessão ou de trespasse, a concessionária deverá comunicar ao concedente a sua intenção de proceder à subconcessão ou ao trespasse, remetendo-lhe a minuta do respectivo contrato de subconcessão ou de trespasse que se propõe assinar e indicando todos os elementos do negócio que pretende realizar, bem como o calendário previsto para a sua realização e a identidade do subconcessionário ou do trespassário.

4 – No caso de haver lugar a uma subconcessão devidamente autorizada, a concessionária mantém os direitos e continua sujeita às obrigações decorrentes do contrato de concessão.

5 – Ocorrendo trespasse da concessão, consideram-se transmitidos para o trespassário todos os direitos e obrigações da concessionária, assumindo aquele ainda os deveres, obrigações e encargos que eventualmente venham a ser-lhe impostos pelo concedente como condição para a autorização do trespasse.

6 – A concessionária é responsável pela transferência integral dos seus direitos e obrigações para o trespassário, incluindo as obrigações incertas, ilíquidas ou inexigíveis à data do trespasse, em termos em que não seja afectada ou interrompida a prestação do serviço público concessionado.

CAPÍTULO IX
Condição económica e financeira da concessionária

BASE XXXV
Equilíbrio económico e financeiro da concessão

1 – É garantido à concessionária o equilíbrio económico e financeiro da concessão, nas condições de uma gestão eficiente.

2 – O equilíbrio económico e financeiro baseia-se no reconhecimento dos custos de investimento, de operação e de manutenção e na adequada remuneração dos activos afectos à concessão.

3 – A concessionária é responsável por todos os riscos inerentes à concessão, sem prejuízo do disposto na legislação aplicável e nas presentes bases.

BASE XXXVI
Reposição do equilíbrio económico e financeiro

1 – Tendo em atenção a distribuição de riscos estabelecida no contrato de concessão, a concessionária tem direito à reposição do equilíbrio económico e financeiro da concessão nos seguintes casos:

a) Modificação unilateral, imposta pelo concedente, das condições de exploração da concessão, nos termos previstos nos n.os 2 e 3 da base IV, desde que, em resultado directo da mesma, se verifique, para a concessionária, um determinado aumento de custos ou uma determinada perda de receitas e esta não possa legitimamente proceder a tal reposição por recurso aos meios resultantes de uma correcta e prudente gestão;

b) Alterações legislativas que tenham um impacte directo sobre as receitas ou custos respeitantes às actividades integradas na concessão.

2 – Os parâmetros, termos e critérios da reposição do equilíbrio económico e financeiro da concessão são fixados no contrato de concessão.

3 – Sempre que haja lugar à reposição do equilíbrio económico e financeiro da concessão, tal reposição pode ter lugar através de uma das seguintes modalidades:

a) Prorrogação do prazo da concessão;

b) Revisão do cronograma ou redução das obrigações de investimento previamente aprovadas;

c) Atribuição de compensação directa pelo concedente;

d) Combinação das modalidades anteriores ou qualquer outra forma que seja acordada.

CAPÍTULO X
Incumprimento do contrato de concessão

BASE XXXVII
Responsabilidade da concessionária por incumprimento

1 – A violação pela concessionária de qualquer das obrigações assumidas no contrato de concessão fá-la incorrer em responsabilidade perante o concedente.

2 – A responsabilidade da concessionária cessa sempre que ocorra caso de força maior, ficando a seu cargo fazer prova da ocorrência.

3 – Consideram-se unicamente casos de força maior os acontecimentos imprevisíveis e irresistíveis cujos efeitos se produzam independentemente da vontade ou das circunstâncias pessoais da concessionária.

4 – Constituem, nomeadamente, casos de força maior actos de guerra, hostilidades ou invasão, terrorismo, epidemias, radiações atómicas, graves inundações, raios, ciclones, tremores de terra e outros cataclismos naturais que afectem a actividade objecto da concessão.

5 – A ocorrência de um caso de força maior tem por efeito exonerar a concessionária da responsabilidade pelo não cumprimento das obrigações emergentes do contrato de conces-

Regulação do Sector da Energia

são que sejam afectadas pela ocorrência do mesmo, na estrita medida em que o respectivo cumprimento pontual e atempado tenha sido efectivamente impedido.

6 – No caso de impossibilidade de cumprimento do contrato de concessão por causa de força maior, o concedente pode proceder à sua rescisão, nos termos fixados no mesmo.

7 – A concessionária fica obrigada a comunicar ao concedente a ocorrência de qualquer evento qualificável como caso de força maior, bem como a indicar, no mais curto prazo possível, quais as obrigações emergentes do contrato de concessão cujo cumprimento, no seu entender, se encontra impedido ou dificultado por força de tal ocorrência e, bem assim, se for o caso, as medidas que tomou ou pretende tomar para fazer face à situação ocorrida, a fim de mitigar o impacte do referido evento e os respectivos custos.

8 – A concessionária deve, em qualquer caso, tomar imediatamente as medidas que sejam necessárias para assegurar a retoma normal das obrigações suspensas, constituindo estrita obrigação da concessionária mitigar, por qualquer meio razoável e apropriado ao seu dispor, os efeitos da verificação de um caso de força maior.

BASE XXXVIII
Multas contratuais

1 – Sem prejuízo das situações de incumprimento que podem dar origem a sequestro ou rescisão da concessão nos termos previstos nas presentes bases e no contrato de concessão, o incumprimento pela concessionária de quaisquer obrigações assumidas no contrato de concessão pode ser sancionado, por decisão do concedente, pela aplicação de multas contratuais, cujo montante deve variar em função da gravidade da infracção cometida e do grau de culpa do infractor, até (euro) 10000000.

2 – A aplicação de multas contratuais está dependente de notificação prévia da concessionária pelo concedente para reparar o incumprimento e do não cumprimento do prazo de reparação fixado nessa notificação, nos termos do número seguinte, ou da não reparação integral da falta pela concessionária naquele prazo.

3 – O prazo de reparação do incumprimento é fixado pelo concedente de acordo com critérios de razoabilidade e tem sempre em atenção a defesa do interesse público e a manutenção em funcionamento da concessão.

4 – Caso a concessionária não proceda ao pagamento voluntário das multas contratuais que lhe forem aplicadas no prazo de 20 dias a contar a partir da sua fixação e da notificação pelo concedente, este pode utilizar a caução para pagamento das mesmas.

5 – O valor máximo das multas estabelecido na presente base é actualizado em Janeiro de cada ano de acordo com o índice de preços no consumidor no continente, excluindo habitação, publicado pelo Instituto Nacional de Estatística, referente ao ano anterior.

6 – A aplicação de multas não prejudica a aplicação de outras sanções contratuais, nem de outras sanções previstas na lei ou regulamento, nem isenta a concessionária de responsabilidade civil, criminal e contra-ordenacional em que incorrer perante o concedente ou terceiro.

BASE XXXIX
Sequestro

1 – Em caso de incumprimento grave pela concessionária das obrigações emergentes do contrato de concessão, o con-cedente, através de despacho do ministro responsável pela área da energia, pode, mediante sequestro, tomar conta da concessão.

2 – O sequestro da concessão pode ter lugar, nomeadamente, quando se verifique qualquer das seguintes situações por motivos imputáveis à concessionária:

a) Estiver iminente ou ocorrer a cessação ou interrupção, total ou parcial, do desenvolvimento da actividade objecto da concessão;

b) Deficiências graves na organização, no funcionamento ou no regular desenvolvimento da actividade objecto da concessão, bem como situações de insegurança de pessoas e bens;

c) Deficiências graves no estado geral das infra-estruturas, das instalações e dos equipamentos que comprometam a continuidade ou a qualidade da actividade objecto da concessão.

3 – A concessionária está obrigada a proceder à entrega da concessão no prazo que lhe seja fixado pelo concedente quando lhe seja comunicada a decisão de sequestro da concessão.

4 – Verificando-se qualquer facto que possa dar lugar ao sequestro da concessão, observar-se-á, com as devidas adaptações, o processo de sanação do incumprimento previsto nos n.os 4 e 5 da base XLIV.

5 – Verificado o sequestro, a concessionária suporta todos os encargos que resultarem para o concedente do exercício da concessão, bem como as despesas extraordinárias necessárias ao restabelecimento da normalidade.

6 – Logo que cessem as razões do sequestro e seja restabelecido o normal funcionamento da concessão, a concessionária é notificada para retomar a concessão no prazo que lhe seja fixado.

7 – A concessionária pode optar pela rescisão da concessão caso o sequestro se mantenha por seis meses após ter sido restabelecido o normal funcionamento da concessão, sendo então aplicável o disposto na base XLV.

8 – Se a concessionária não retomar a concessão no prazo que lhe seja fixado, pode o concedente, através do ministro responsável pela área da energia, determinar a imediata rescisão do contrato de concessão.

9 – No caso de a concessionária ter retomado o exercício da concessão e continuarem a verificar-se graves deficiências no mesmo, pode o concedente, através do ministro responsável pela área da energia, ordenar novo sequestro ou determinar a imediata rescisão do contrato de concessão.

CAPÍTULO XI
Extinção da concessão

BASE XL
Casos de extinção da concessão

1 – A concessão extingue-se por acordo entre o concedente e a concessionária, por rescisão, por resgate e pelo decurso do respectivo prazo.

2 – A extinção da concessão opera a transmissão para o concedente de todos os bens e meios a ela afectos, nos termos previstos nas presentes bases e no contrato de concessão, bem como dos direitos e das obrigações inerentes ao seu exercício, sem prejuízo do direito de regresso do concedente sobre a concessionária pelas obrigações por esta assumidas que sejam estranhas à actividade da concessão ou que hajam sido contraídas em violação da lei ou do contrato de concessão ou, ainda, que sejam obrigações vencidas e não cumpridas.

3 – Da transmissão prevista no número anterior excluem--se os fundos ou reservas consignados à garantia ou à cober-

tura de obrigações da concessionária de cujo cumprimento lhe seja dada quitação pelo concedente, a qual se presume se, decorrido um ano sobre a extinção da concessão, não houver declaração em contrário do concedente, através do ministro responsável pela área da energia.

4 – A tomada de posse da concessão pelo concedente é precedida de vistoria ad perpetuam rei memoriam, realizada pelo concedente, a que assistem representantes da concessionária, destinada à verificação do estado de conservação e manutenção dos bens, devendo ser lavrado o respectivo auto.

BASE XLI
Procedimentos em caso de extinção da concessão

1 – O concedente reserva-se no direito de tomar, nos últimos dois anos do prazo da concessão, as providências que julgar convenientes para assegurar a continuação do serviço no termo da concessão ou as medidas necessárias para efectuar, durante o mesmo prazo, a transferência progressiva da actividade objecto da concessão para a nova concessionária.

2 – No contrato de concessão são previstos os termos e os modos pelos quais se procede, em caso de extinção da concessão, à transferência para o concedente da titularidade de eventuais direitos detidos pela concessionária sobre terceiros e que se revelem necessários para a continuidade da prestação dos serviços concedidos e, em geral, à tomada de quaisquer outras medidas tendentes a evitar a interrupção da prestação do serviço público concessionado.

BASE XLII
Decurso do prazo da concessão

1 – Decorrido o prazo da concessão, transmitem-se para o Estado concedente todos os bens e meios afectos à concessão, livres de ónus ou encargos, em bom estado de conservação, funcionamento e segurança, sem prejuízo do normal desgaste do seu uso para os efeitos do contrato de concessão.

2 – Cessando a concessão pelo decurso do prazo, é paga pelo Estado à concessionária uma indemnização correspondente ao valor contabilístico dos bens afectos à concessão adquiridos pela concessionária com referência ao último balanço aprovado, líquido de amortizações e de comparticipações financeiras e subsídios a fundo perdido.

3 – Caso a concessionária não dê cumprimento ao disposto no n.º 1, o concedente promove a realização dos trabalhos e aquisições que sejam necessários à reposição dos bens aí referidos, correndo os respectivos custos pela concessionária e podendo ser utilizada a caução para os liquidar no caso de a concessionária não proceder ao pagamento voluntário e atempado dos referidos custos.

BASE XLIII
Resgate da concessão

1 – O concedente pode resgatar a concessão sempre que o interesse público o justifique, decorridos que sejam, pelo menos, 15 anos sobre a data do início do respectivo prazo, mediante notificação feita à concessionária, por carta registada com aviso de recepção, com pelo menos um ano de antecedência.

2 – O concedente assume, decorrido o período de um ano sobre a notificação do resgate, todos os bens e meios afectos à concessão anteriormente à data dessa notificação, incluindo todos os direitos e obrigações inerentes ao exercício da concessão e ainda aqueles que tenham sido assumidos pela con-

cessionária após a data da notificação, desde que tenham sido previamente autorizados pelo concedente, através do ministro responsável pela área da energia.

3 – A assunção de obrigações por parte do concedente é feita sem prejuízo do seu direito de regresso sobre a concessionária pelas obrigações por esta contraídas que tenham exorbitado da gestão normal da concessão.

4 – Em caso de resgate, a concessionária tem direito a uma indemnização cujo valor deve atender ao valor contabilístico à data do resgate dos bens revertidos para o concedente, livres de quaisquer ónus ou encargos, e ao valor de eventuais lucros cessantes.

5 – O valor contabilístico dos bens referidos no número anterior, à data do resgate, entende-se líquido de amortizações e de comparticipações financeiras e subsídios a fundo perdido, incluindo-se nestes o valor dos bens cedidos pelo concedente.

6 – Para os efeitos do cálculo da indemnização, o valor dos bens que se encontrem anormalmente depreciados ou deteriorados devido a deficiência da concessionária na sua manutenção ou reparação é determinado de acordo com o seu estado de funcionamento efectivo.

BASE XLIV
Rescisão do contrato de concessão pelo concedente

1 – O concedente pode rescindir o contrato de concessão no caso de violação grave, não sanada ou não sanável, das obrigações da concessionária decorrentes do contrato de concessão.

2 – Constituem, nomeadamente, causas de rescisão do contrato de concessão por parte do concedente os seguintes factos ou situações:

a) Desvio do objecto e fins da concessão;

b) Suspensão ou interrupção injustificada das actividades objecto da concessão;

c) Oposição reiterada ao exercício da fiscalização, repetida desobediência às determinações do concedente ou sistemática inobservância das leis e dos regulamentos aplicáveis à exploração, quando se mostrem ineficazes as sanções aplicadas;

d) Recusa em proceder aos investimentos necessários às adequadas conservação e reparação das infra-estruturas ou à necessária ampliação da rede;

e) Recusa ou impossibilidade da concessionária em retomar a concessão nos termos do disposto no n.º 8 da base XXXIX ou, quando o tiver feito, verificar-se a continuação das situações que motivaram o sequestro;

f) Cobrança dolosa das tarifas com valor superior aos fixados;

g) Dissolução ou insolvência da concessionária;

h) Transmissão ou oneração da concessão, no todo ou em parte, sem prévia autorização;

i) Recusa da reconstituição atempada da caução.

3 – Não constituem causas de rescisão os factos ocorridos por motivos de força maior.

4 – Verificando-se um dos casos de incumprimento referidos no número anterior ou qualquer outro que, nos termos do disposto no n.º 1, possa motivar a rescisão da concessão, o concedente, através do ministro responsável pela área da energia, deve notificar a concessionária para, no prazo que razoavelmente lhe seja fixado, cumprir integralmente as suas obrigações e corrigir ou reparar as consequências dos seus actos, excepto tratando-se de uma violação não sanável.

Regulação do Sector da Energia

5 – Caso a concessionária não cumpra as suas obrigações ou não corrija ou repare as consequências do incumprimento nos termos determinados pelo concedente, este pode rescindir o contrato de concessão mediante comunicação enviada à concessionária, por carta registada com aviso de recepção, sem prejuízo do disposto no número seguinte.

6 – Caso o concedente pretenda rescindir o contrato de concessão, designadamente pelos factos referidos na alínea *g*) do n.º 1, deve previamente notificar os principais credores da concessionária que sejam conhecidos para, no prazo que lhes seja determinado, nunca superior a três meses, proporem uma solução que possa sobrestar à rescisão, desde que o concedente com ela concorde.

7 – A comunicação da decisão de rescisão referida no n.º 5 produz efeitos imediatos, independentemente de qualquer outra formalidade.

8 – A rescisão do contrato de concessão pelo concedente implica a transmissão gratuita de todos os bens e meios afectos à concessão para o concedente sem qualquer indemnização e, bem assim, a perda da caução prestada em garantia do pontual e integral cumprimento do contrato, sem prejuízo do direito de o concedente ser indemnizado pelos prejuízos sofridos, nos termos gerais de direito.

Base XLV
Rescisão do contrato de concessão pela concessionária

1 – A concessionária pode rescindir o contrato de concessão com fundamento em incumprimento grave das obrigações do concedente se do mesmo resultarem perturbações que ponham em causa o exercício da actividade concedida.

2 – A rescisão prevista no número anterior implica a transmissão de todos os bens e meios afectos à concessão para o concedente, sem prejuízo do direito da concessionária a ser ressarcida dos prejuízos que lhe sejam causados, incluindo o valor dos investimentos efectuados e dos lucros cessantes calculados nos termos previstos anteriormente para o resgate.

3 – A rescisão do contrato de concessão produz efeitos reportados à data da sua comunicação ao concedente por carta, registada com aviso de recepção.

4 – No caso de rescisão do contrato de concessão pela concessionária, esta deve seguir o procedimento previsto para o concedente nos n.os 4 e 5 da base anterior.

CAPÍTULO XII
Disposições diversas

Base XLVI
Exercício dos poderes do concedente

Os poderes do concedente referidos nas presentes bases, excepto quando devam ser exercidos pelo ministro responsável pela área da energia, devem ser exercidos pela DGGE, sendo os actos praticados pelo respectivo director-geral ou pela ERSE, consoante as competências de cada uma destas entidades.

Base XLVII
Resolução de diferendos

1 – O concedente e a concessionária podem celebrar convenções de arbitragem destinadas à resolução de quaisquer questões emergentes do contrato de concessão, nos termos da Lei n.º 31/86, de 29 de Agosto.

2 – A concessionária e os operadores e utilizadores da RNTGN podem, nos termos da lei, celebrar convenções de arbitragem para solução dos litígios emergentes dos respectivos contratos.

ANEXO II
(a que se refere o n.º 2 do Artigo 66.º e o n.º 1 do Artigo 68.º)

**Bases das concessões da actividade
de armazenamento subterrâneo de gás natural**

CAPÍTULO I
Disposições e princípios gerais

Base I
Objecto da concessão

1 – A concessão tem por objecto a actividade de armazenamento subterrâneo de gás natural exercida em regime de serviço público.

2 – Integram-se no objecto da concessão:

a) O recebimento, a injecção, o armazenamento subterrâneo, a extracção, o tratamento e a entrega de gás natural;

b) A construção, a operação, a exploração, a manutenção e a expansão das respectivas infra-estruturas e, bem assim, das instalações necessárias para a sua operação.

3 – A concessionária pode exercer outras actividades para além das que se integram no objecto da concessão, no respeito pela legislação aplicável ao sector do gás natural, com fundamento no proveito daí resultante para a concessão ou com vista a optimizar a utilização dos bens afectos à mesma, desde que essas actividades sejam acessórias ou complementares e não prejudiquem a regularidade e a continuidade da prestação do serviço público e sejam previamente autorizadas pelo concedente.

Base II
Área da concessão

A área e a localização geográfica da concessão são definidas no contrato de concessão.

Base III
Prazo da concessão

1 – O prazo da concessão é fixado no contrato de concessão e não pode exceder 40 anos contados a partir da data da celebração do respectivo contrato.

2 – A concessão pode ser renovada se o interesse público assim o justificar e a concessionária tiver cumprido as suas obrigações legais e contratuais.

3 – A intenção de renovação da concessão deve ser comunicada à concessionária pelo concedente com a antecedência mínima de dois anos relativamente ao termo do prazo da concessão.

Base IV
Serviço público

1 – A concessionária deve desempenhar as actividades concessionadas de acordo com as exigências de um regular, contínuo e eficiente funcionamento do serviço público e adoptar, para o efeito, os melhores procedimentos, meios e tecnologias utilizados no sector do gás, com vista a garantir, designadamente, a segurança de pessoas e bens.

2 – Com o objectivo de assegurar a permanente adequação da concessão às exigências da regularidade, da continuidade e da eficiência do serviço público, o concedente reserva-se o direito de alterar, por via legal ou regulamentar, as condições da sua exploração.

3 – Quando, por efeito do disposto no número anterior, se alterarem significativamente as condições de exploração da concessão, o concedente compromete-se a promover a reposição do equilíbrio económico e financeiro da concessão, nos termos previstos na base XXXIV, desde que a concessionária não possa legitimamente prover a tal reposição recorrendo aos meios resultantes de uma correcta e prudente gestão.

BASE V
Direitos e obrigações da concessionária

A concessionária beneficia dos direitos e encontra-se sujeita às obrigações estabelecidas no Decreto-Lei n.º 30/2006, de 15 de Fevereiro, e demais legislação e regulamentação aplicáveis à actividade que integra o objecto da concessão, sem prejuízo dos demais direitos e obrigações estabelecidos nas presentes bases e no contrato de concessão.

BASE VI
Princípios aplicáveis às relações com os utilizadores

1 – A concessionária deve proporcionar aos utilizadores, de forma não discriminatória e transparente, o acesso às respectivas infra-estruturas nos termos previstos nas presentes bases e na legislação e na regulamentação aplicáveis, não podendo estabelecer diferenças de tratamento entre os referidos utilizadores que não resultem da aplicação de critérios ou de condicionalismos legais, regulamentares ou técnicos ou ainda de condicionalismos de natureza contratual, desde que aceites pela ERSE.

2 – O disposto no número anterior não impede a concessionária de celebrar contratos a longo prazo, no respeito pelas regras da concorrência.

3 – A concessionária pode recusar, fundamentadamente, o acesso às respectivas infra-estruturas com base na falta de capacidade ou se esse acesso a impedir de cumprir as suas obrigações de serviço público.

4 – Os utilizadores devem prestar à concessionária todas as informações que esta considere necessárias à correcta exploração das respectivas infra-estruturas e instalações.

5 – A concessionária deve manter um registo das queixas ou reclamações que lhe tenham sido apresentadas pelos utilizadores.

CAPÍTULO II
Bens e meios afectos à concessão

BASE VII
Bens e meios afectos à concessão

1 – Consideram-se afectos à concessão os bens que constituem o armazenamento subterrâneo de gás natural, designadamente:

a) As cavidades de armazenamento subterrâneo de gás natural;

b) As instalações afectas à injecção, à extracção, à compressão, à secagem e à redução de pressão para entrega à RNTGN, incluindo todo o equipamento de controlo, regulação e medida indispensável à operação e ao funcionamento das infra-estruturas e das instalações de armazenamento subterrâneo de gás natural;

c) As instalações e os equipamentos de lexiviação;

d) As instalações e os equipamentos de telecomunicações, telemedida e telecomando afectas à gestão de todas as infra-estruturas e instalações de armazenamento subterrâneo.

2 – Consideram-se ainda afectos à concessão:

a) Os imóveis pertencentes à concessionária em que estejam implantados os bens referidos no número anterior, assim como as servidões constituídas em benefício da concessão;

b) Outros bens móveis ou direitos relativos a bens imóveis utilizados ou relacionados com o exercício da actividade objecto da concessão;

c) Os direitos inerentes à construção de cavidades subterrâneas;

d) Os direitos de expansão do volume físico de armazenamento subterrâneo de gás natural necessários à garantia da segurança do abastecimento no âmbito do SNGN;

e) O cushion gas associado a cada cavidade;

f) Os direitos privativos de propriedade intelectual e industrial de que a concessionária seja titular;

g) Quaisquer fundos ou reservas consignados à garantia do cumprimento das obrigações da concessionária por força de obrigação emergente da lei ou do contrato de concessão e enquanto durar essa vinculação;

h) As relações e posições jurídicas directamente relacionadas com a concessão, nomeadamente laborais, de empreitada, de locação e de prestação de serviços.

BASE VIII
Inventário do património

1 – A concessionária deve elaborar e manter permanentemente actualizado e à disposição do concedente um inventário do património afecto à concessão.

2 – No inventário a que se refere o número anterior devem ser mencionados os ónus ou encargos que recaem sobre os bens afectos à concessão.

3 – Os bens e direitos patrimoniais tornados desnecessários à concessão são abatidos ao inventário, nos termos previstos no n.º 2 da base X.

BASE IX
Manutenção dos bens afectos à concessão

A concessionária fica obrigada a manter, durante o prazo de vigência da concessão, em permanente estado de bom funcionamento, conservação e segurança os bens e meios afectos à concessão, efectuando para tanto as reparações, renovações, adaptações e modernizações necessárias ao bom desempenho do serviço público concedido.

BASE X
Regime de oneração e transmissão
dos bens afectos à concessão

1 – A concessionária não pode onerar ou transmitir, por qualquer forma, os bens que integram a concessão, sem prejuízo do disposto nos números seguintes.

2 – Os bens e direitos que tenham perdido utilidade para a concessão são abatidos ao inventário referido na base VIII, mediante prévia autorização do concedente, que se considera concedida se este não se opuser no prazo de 30 dias contados a partir da recepção do pedido.

Regulação do Sector da Energia

3 – A oneração ou transmissão de bens imóveis afectos à concessão fica sujeita a autorização do ministro responsável pela área da energia.

4 – A oneração ou transmissão de bens e direitos afectos à concessão em desrespeito do disposto na presente base acarreta a nulidade dos respectivos actos ou contratos.

BASE XI
Posse e propriedade dos bens

1 – A concessionária detém a posse e propriedade dos bens afectos à concessão enquanto durar a concessão e até à extinção desta.

2 – Com a extinção da concessão, os bens a ela afectos transferem-se para o concedente nos termos previstos nas presentes bases e no contrato de concessão.

CAPÍTULO III
Sociedade concessionária

BASE XII
Objecto social, sede e forma

1 – O projecto de estatutos da sociedade concessionária deve ser submetido a prévia aprovação do ministro responsável pela área da energia.

2 – A concessionária deve ter como objecto social principal, ao longo de todo o período de duração da concessão, o exercício das actividades integradas no objecto da concessão, devendo manter ao longo do mesmo período a sua sede em Portugal e a forma de sociedade anónima, regulada pela lei portuguesa.

3 – O objecto social da concessionária pode incluir o exercício de outras actividades para além das que integram o objecto da concessão e, bem assim, a participação no capital de outras sociedades, desde que seja respeitado o disposto nas presentes bases e na legislação aplicável ao sector do gás natural.

BASE XIII
Acções da concessionária

1 – Todas as acções representativas do capital social da concessionária são obrigatoriamente nominativas.

2 – A oneração ou transmissão de acções representativas do capital social da concessionária depende, sob pena de nulidade, de autorização prévia do concedente, a qual não pode ser infundadamente recusada e se considera tacitamente concedida se não for recusada, por escrito, no prazo de 30 dias a contar a partir da data da respectiva solicitação.

3 – Exceptua-se do disposto no número anterior a oneração de acções efectuada em benefício das entidades financiadoras de qualquer das actividades que integram o objecto da concessão e no âmbito dos contratos de financiamento que venham a ser celebrados pela concessionária para o efeito, desde que as entidades financiadoras assumam, nos referidos contratos, a obrigação de obter a autorização prévia do concedente em caso de execução das garantias de que resulte a transmissão a terceiros das acções oneradas.

4 – A oneração de acções referida no número anterior deve, em qualquer caso, ser comunicada ao concedente, a quem deve ser enviada, no prazo de 30 dias a contar a partir da data em que seja constituída, cópia autenticada do documento que formaliza a oneração e, bem assim, informação detalhada sobre quaisquer outros termos e condições que sejam estabelecidos.

BASE XIV
Deliberações da concessionária e acordos entre accionistas

1 – Sem prejuízo de outras limitações previstas nas presentes bases e no contrato de concessão, ficam sujeitas a autorização prévia do concedente, através do ministro responsável pela área da energia, as deliberações da concessionária relativas à alteração do objecto social e à transformação, fusão, cisão ou dissolução da sociedade.

2 – Os acordos parassociais celebrados entre os accionistas da concessionária, bem como as respectivas alterações, devem ser objecto de aprovação prévia pelo concedente, através do ministro responsável pela área da energia.

3 – As autorizações a aprovações previstas na presente base não podem ser infundadamente recusadas e considerar-se-ão tacitamente concedidas se não forem recusadas, por escrito, no prazo de 30 dias a contar a partir da data da respectiva solicitação.

BASE XV
Financiamento

1 – A concessionária é responsável única pela obtenção do financiamento necessário ao desenvolvimento do objecto da concessão, por forma a cumprir cabal e atempadamente todas as obrigações que assume no contrato de concessão.

2 – Para os efeitos do disposto no n.º 1, a concessionária deve manter no final de cada ano um rácio de autonomia financeira superior a 20%.

CAPÍTULO IV
Construção, planeamento, remodelação e expansão das infra-estruturas

BASE XVI
Projectos

1 – A construção e a exploração das infra-estruturas de armazenamento subterrâneo ficam sujeitas à aprovação dos respectivos projectos nos termos da legislação aplicável.

2 – A concessionária é responsável, no respeito pelas legislação e regulamentação aplicáveis, pela concepção, pelo projecto e pela construção de todas as infra-estruturas e instalações de armazenamento subterrâneo que integram a concessão, incluindo as necessárias à sua remodelação e à sua expansão.

3 – A aprovação dos projectos pelo concedente não implica, para este, qualquer responsabilidade derivada de erros de concepção, de projecto, de construção ou da inadequação das instalações e do equipamento ao serviço da concessão.

BASE XVII
Direitos e deveres decorrentes da aprovação dos projectos

1 – A aprovação dos respectivos projectos confere à concessionária, nomeadamente, os seguintes direitos:

a) Utilizar, de acordo com a legislação aplicável, os bens do domínio público ou privado do Estado e de outras pessoas colectivas públicas para o estabelecimento ou para a passagem das respectivas infra-estruturas ou instalações;

b) Constituir, nos termos da legislação aplicável, as servidões sobre os imóveis necessários ao estabelecimento das respectivas infra-estruturas ou instalações;

c) Proceder à expropriação, por utilidade pública e urgente, nos termos da legislação aplicável, dos bens imóveis ou dos direitos a eles relativos necessários ao estabelecimento das respectivas infra-estruturas ou instalações.

2 – As licenças e autorizações exigidas por lei para a exploração das infra-estruturas da RNTGN consideram-se outorgadas à concessionária com a aprovação dos respectivos projectos, sem prejuízo da verificação por parte das entidades licenciadoras da conformidade na sua execução.

3 – Cabe à concessionária o pagamento das indemnizações decorrentes do exercício dos direitos referidos no n.º 1.

4 – No atravessamento de terrenos do domínio público ou dos particulares, a concessionária deve adoptar os procedimentos estabelecidos na legislação aplicável e proceder à reparação de todos os prejuízos que resultem dos trabalhos executados.

BASE XVIII
Planeamento, remodelação e expansão das infra-estruturas

1 – O planeamento das infra-estruturas está integrado no planeamento da RNTIAT, nos termos previstos na legislação e na regulamentação aplicáveis.

2 – Constitui encargo e responsabilidade da concessionária o planeamento, a remodelação e a expansão das infra-estruturas de armazenamento subterrâneo que integram a concessão, com vista a assegurar a existência permanente de capacidade de armazenamento.

3 – A concessionária deve observar na remodelação e na expansão das infra-estruturas os prazos de execução adequados à permanente satisfação das necessidades identificadas no PDIR.

4 – A concessionária deve elaborar e apresentar ao concedente, nos termos previstos no contrato de concessão e de forma articulada com o PDIR, o plano de investimentos nas infra-estruturas de armazenamento subterrâneo que integram a concessão.

5 – Por razões de interesse público, nomeadamente as relativas à segurança, à regularidade e à qualidade do abastecimento, o concedente pode determinar a remodelação ou a expansão das infra-estruturas de armazenamento subterrâneo que integram a concessão, nos termos fixados no contrato de concessão.

CAPÍTULO V
Exploração das infra-estruturas

BASE XIX
Condições de exploração

1 – A concessionária é responsável pela exploração das infra-estruturas que integram a concessão e pelas respectivas instalações, no respeito pela legislação e pela regulamentação aplicáveis.

2 – A concessionária deve assegurar-se de que o gás natural injectado, armazenado ou extraído cumpre as características técnicas e as especificações de qualidade estabelecidas e que o seu armazenamento subterrâneo é efectuado em condições técnicas adequadas, de forma a garantir a segurança de pessoas e bens.

BASE XX
Informação

A concessionária tem a obrigação de fornecer ao concedente todos os elementos relativos à concessão que este entenda dever solicitar-lhe.

BASE XXI
Participação de desastres e acidentes

1 – A concessionária é obrigada a participar imediatamente à DGGE todos os desastres e acidentes ocorridos nas suas instalações, e se tal não for possível no prazo máximo de três dias a contar a partir da data da ocorrência.

2 – Sem prejuízo das competências atribuídas às autoridades públicas, sempre que dos desastres ou acidentes resultem mortes, ferimentos graves ou prejuízos materiais importantes, a concessionária deve elaborar, e enviar ao concedente, um relatório técnico com a análise das circunstâncias da ocorrência e com o estado das instalações.

BASE XXII
Ligação das infra-estruturas à RNTGN

A ligação das infra-estruturas de armazenamento subterrâneo à RNTGN faz-se nas condições previstas nos regulamentos aplicáveis.

BASE XXIII
Relacionamento com a concessionária da RNTGN

A concessionária encontra-se sujeita às obrigações que decorrem do exercício por parte da concessionária da RNTGN das suas competências em matéria de gestão técnica global do SNGN, planeamento da RNTIAT e segurança do abastecimento, nos termos previstos na legislação e na regulamentação aplicáveis.

BASE XXIV
Interrupção por facto imputável ao utilizador

1 – A concessionária pode interromper a prestação do serviço público concessionado nos termos da regulamentação aplicável e, nomeadamente, nos seguintes casos:

a) Alteração não autorizada do funcionamento de equipamentos ou sistemas de ligação às infra-estruturas e instalações de armazenamento subterrâneo que ponha em causa a segurança ou a regularidade do serviço;

b) Incumprimento grave dos regulamentos aplicáveis ou, em caso de emergência, das suas ordens e instruções;

c) Incumprimento de obrigações contratuais que expressamente estabeleçam esta sanção.

2 – A concessionária pode, ainda, interromper unilateralmente a prestação do serviço público concessionado aos utilizadores que causem perturbações que afectem a qualidade do serviço prestado quando, uma vez identificadas as causas perturbadoras, os utilizadores, após aviso da concessionária, não corrijam as anomalias em prazo adequado, tendo em consideração os trabalhos a realizar.

Regulação do Sector da Energia

BASE XXV
Interrupções por razões de interesse público ou de serviço

1 – A prestação do serviço público concessionado pode ser interrompida por razões de interesse público, nomeadamente quando se trate da execução de planos nacionais de emergência declarada ao abrigo de legislação específica.

2 – As interrupções das actividades objecto da concessão por razões de serviço têm lugar quando haja necessidade imperiosa de realizar manobras ou trabalhos de ligação, reparação ou conservação das infra-estruturas ou instalações, desde que tenham sido esgotadas todas as possibilidades alternativas.

3 – Nas situações referidas nos números anteriores, a concessionária deve avisar os utilizadores das respectivas infra-estruturas e instalações que possam vir a ser afectados, com a antecedência mínima de trinta e seis horas, salvo no caso da realização de trabalhos que a segurança de pessoas e bens torne inadiáveis ou quando haja necessidade urgente de trabalhos para garantir a segurança das infra-estruturas ou instalações.

BASE XXVI
Medidas de protecção

1 – Sem prejuízo das medidas de emergência adoptadas pelo Governo, quando se verifique uma situação de emergência que ponha em risco a segurança de pessoas ou bens, deve a concessionária promover imediatamente as medidas que entender necessárias em matéria de segurança.

2 – As medidas referidas no número anterior devem ser imediatamente comunicadas à DGGE, às respectivas autoridades concelhias, à autoridade policial da zona afectada e, se for caso disso, ao Serviço Nacional de Protecção Civil.

BASE XXVII
Responsabilidade civil

1 – A concessionária é responsável, nos termos gerais de direito, por quaisquer prejuízos causados ao concedente ou a terceiros, pela culpa ou pelo risco, no exercício da actividade objecto da concessão.

2 – Para os efeitos do disposto no Artigo 509.º do Código Civil, entende-se que a utilização das infra-estruturas e instalações integradas na concessão é feita no exclusivo interesse da concessionária.

3 – A concessionária fica obrigada à constituição de um seguro de responsabilidade civil para a cobertura dos danos materiais e corporais causados a terceiros e resultantes do exercício da respectiva actividade, cujo montante mínimo obrigatório é fixado por portaria do ministro responsável pela área da energia e actualizável de três em três anos.

4 – A concessionária deve apresentar ao concedente os documentos comprovativos da celebração do seguro, bem como da actualização referida no número anterior.

BASE XXVIII
Cobertura por seguros

1 – Para além do seguro referido na base anterior, a concessionária deve assegurar a existência e a manutenção em vigor das apólices de seguro necessárias para garantir uma efectiva cobertura dos riscos da concessão.

2 – No âmbito da obrigação referida no número anterior, a concessionária fica obrigada a constituir seguros envolvendo todas as infra-estruturas e instalações que integram a concessão contra riscos de incêndio, explosão e danos devido a terramoto ou temporal, nos termos fixados no contrato de concessão.

3 – O Instituto de Seguros de Portugal pode estabelecer regulamentação nos termos e para os efeitos do disposto nos números anteriores.

CAPÍTULO VI
Garantias e fiscalização do cumprimento das obrigações da concessionária

BASE XXIV
Caução

1 – Para a garantia do pontual e integral cumprimento das obrigações emergentes do contrato de concessão e da cobrança das multas aplicadas, a concessionária deve, antes da assinatura do contrato de concessão, prestar a favor do concedente uma caução no valor de (euro) 5000000.

2 – O concedente pode utilizar a caução sempre que a concessionária não cumpra qualquer obrigação assumida no contrato de concessão.

3 – O recurso à caução é precedido de despacho do ministro responsável pela área da energia, não dependendo de qualquer outra formalidade ou de prévia decisão judicial ou arbitral.

4 – Sempre que o concedente utilize a caução, a concessionária deve proceder à reposição do seu montante integral no prazo de 30 dias a contar a partir da data daquela utilização.

5 – O valor da caução é actualizado de três em três anos de acordo com o índice de preços no consumidor no continente, excluindo habitação, publicado pelo Instituto Nacional de Estatística.

6 – A caução só pode ser levantada pela concessionária um ano após a data de extinção do contrato de concessão, ou antes de decorrido aquele prazo, por determinação expressa do concedente, através do ministro responsável pela área da energia, mas sempre após a extinção da concessão.

7 – A caução prevista nesta base bem como outras que a concessionária venha a estar obrigada a constituir a favor do concedente devem ser prestadas por depósito em dinheiro ou por garantia bancária autónoma à primeira solicitação, cujo texto deve ser previamente aprovado pelo concedente.

BASE XXX
Fiscalização e regulação

1 – Sem prejuízo das competências atribuídas a outras entidades públicas, cabe à DGGE o exercício dos poderes de fiscalização da concessão, nomeadamente no que se refere ao cumprimento das disposições legais e regulamentares aplicáveis e do contrato de concessão.

2 – Sem prejuízo das competências atribuídas a outras entidades públicas, cabe à ERSE o exercício dos poderes de regulação das actividades que integram o objecto da concessão, nos termos previstos na legislação e na regulamentação aplicáveis.

3 – Para os efeitos do disposto nos números anteriores, a concessionária deve prestar todas as informações e facultar todos os documentos que lhe forem solicitados pelas entidades fiscalizadora e reguladora no âmbito das respectivas competências, bem como permitir o livre acesso do pessoal das referidas entidades devidamente credenciado e no exercício das suas funções a todas as suas instalações.

CAPÍTULO VII
Modificações objectivas e subjectivas da concessão

BASE XXXI
Alteração do contrato de concessão

1 – O contrato de concessão pode ser alterado unilateralmente pelo concedente, sem prejuízo da reposição do respectivo equilíbrio económico e financeiro, nos termos previstos na base XXXIV.

2 – O contrato de concessão pode também ser alterado por força de disposição legal imperativa, designadamente decorrente das políticas energéticas aprovadas pela União Europeia e aplicáveis ao Estado Português.

3 – O contrato de concessão pode ainda ser modificado por acordo entre o concedente e a concessionária desde que a modificação não envolva a violação do regime jurídico da concessão nem implique a derrogação das presentes bases.

BASE XXXII
Transmissão e oneração da concessão

1 – A concessionária não pode, sem prévia autorização do concedente, através do ministro responsável pela área da energia, onerar, subconceder, trespassar ou transmitir, por qualquer forma, no todo ou em parte, a concessão ou realizar qualquer negócio jurídico que vise atingir ou tenha por efeito, mesmo que indirecto, idênticos resultados.

2 – Os actos praticados ou os contratos celebrados em violação do disposto no número anterior são nulos, sem prejuízo de outras sanções aplicáveis.

3 – No caso de subconcessão ou de trespasse, a concessionária deve comunicar ao concedente a sua intenção de proceder à subconcessão ou ao trespasse, remetendo-lhe a minuta do respectivo contrato de subconcessão ou de trespasse e indicando todos os elementos do negócio que pretende realizar, bem como o calendário previsto para a sua realização e a identidade do subconcessionário ou do trespassário.

4 – No caso de haver lugar a uma subconcessão devidamente autorizada, a concessionária mantém os direitos e continua sujeita às obrigações decorrentes do contrato de concessão.

5 – Ocorrendo trespasse da concessão, consideram-se transmitidos para o trespassário todos os direitos e obrigações da concessionária, assumindo aquele ainda os deveres, as obrigações e os encargos que eventualmente venham a ser-lhe impostos pelo concedente como condição para a autorização do trespasse.

6 – A concessionária é responsável pela transferência integral dos seus direitos e obrigações para o trespassário, incluindo as obrigações incertas, ilíquidas ou inexigíveis à data do trespasse, em termos em que não seja afectada ou interrompida a prestação do serviço público concessionado.

CAPÍTULO VIII
Condição económica e financeira da concessionária

BASE XXXIII
Equilíbrio económico e financeiro da concessão

1 – É garantido à concessionária o equilíbrio económico e financeiro da concessão, nas condições de uma gestão eficiente.

2 – O equilíbrio económico e financeiro baseia-se no reconhecimento dos custos de investimento, de operação e de manutenção e na adequada remuneração dos activos afectos à concessão.

3 – A concessionária é responsável por todos os riscos inerentes à concessão, sem prejuízo do disposto na legislação aplicável e nas presentes bases.

BASE XXXIV
Reposição do equilíbrio económico e financeiro

1 – Tendo em atenção a distribuição de riscos estabelecida no contrato de concessão, a concessionária tem direito à reposição do equilíbrio financeiro da concessão nos seguintes casos:

a) Modificação unilateral imposta pelo concedente das condições de exploração da concessão, nos termos previstos nos n.os 2 e 3 da base IV, desde que, em resultado directo da mesma, se verifique para a concessionária um determinado aumento de custos ou uma determinada perda de receitas e esta não possa legitimamente proceder a tal reposição por recurso aos meios resultantes de uma correcta e prudente gestão;

b) Alterações legislativas que tenham um impacte directo sobre as receitas ou custos respeitantes às actividades integradas na concessão.

2 – Os parâmetros, termos e critérios da reposição do equilíbrio económico e financeiro da concessão são fixados no contrato de concessão.

3 – Sempre que haja lugar à reposição do equilíbrio económico e financeiro da concessão, tal reposição pode ter lugar através de uma das seguintes modalidades:

a) Prorrogação do prazo da concessão;

b) Revisão do cronograma ou redução das obrigações de investimento previamente aprovadas;

c) Atribuição de compensação directa pelo concedente;

d) Combinação das modalidades anteriores ou qualquer outra forma que seja acordada.

CAPÍTULO IX
Incumprimento do contrato de concessão

BASE XXXV
Responsabilidade da concessionária por incumprimento

1 – A violação pela concessionária de qualquer das obrigações assumidas no contrato de concessão fá-la incorrer em responsabilidade perante o concedente.

2 – A responsabilidade da concessionária cessa sempre que ocorra caso de força maior, ficando a seu cargo fazer prova da ocorrência.

3 – Consideram-se unicamente casos de força maior os acontecimentos imprevisíveis e irresistíveis cujos efeitos se produzam independentemente da vontade ou das circunstâncias pessoais da concessionária.

4 – Constituem, nomeadamente, casos de força maior actos de guerra, hostilidades ou invasão, terrorismo, epidemias, radiações atómicas, graves inundações, raios, ciclones, tremores de terra e outros cataclismos naturais que afectem a actividade objecto da concessão.

5 – A ocorrência de um caso de força maior tem por efeito exonerar a concessionária da responsabilidade pelo não cumprimento das obrigações emergentes do contrato de concessão que sejam afectadas pela ocorrência do mesmo, na estrita medida em que o respectivo cumprimento pontual e atempado tenha sido efectivamente impedido.

Regulação do Sector da Energia

6 – No caso de impossibilidade de cumprimento do contrato de concessão por causa de força maior, o concedente pode proceder à sua rescisão, nos termos fixados no mesmo.

7 – A concessionária fica obrigada a comunicar ao concedente a ocorrência de qualquer evento qualificável como caso de força maior, bem como a indicar, no mais curto prazo possível, quais as obrigações emergentes do contrato de concessão cujo cumprimento, no seu entender, se encontra impedido ou dificultado por força de tal ocorrência e, bem assim, se for o caso, as medidas que tomou ou pretende tomar para fazer face à situação ocorrida a fim de mitigar o impacte do referido evento e os respectivos custos.

8 – A concessionária deve, em qualquer caso, tomar imediatamente as medidas que sejam necessárias para assegurar a retoma normal das obrigações suspensas, constituindo estrita obrigação da concessionária mitigar, por qualquer meio razoável e apropriado ao seu dispor, os efeitos da verificação de um caso de força maior.

Base XXXVI
Multas contratuais

1 – Sem prejuízo das situações de incumprimento que podem dar origem a sequestro ou rescisão da concessão nos termos previstos nas presentes bases e no contrato de concessão, o incumprimento pela concessionária de quaisquer obrigações assumidas no contrato de concessão pode ser sancionado, por decisão do concedente, pela aplicação de multas contratuais, cujo montante varia em função da gravidade da infracção cometida e do grau de culpa do infractor, até (euro) 5000000.

2 – A aplicação de multas contratuais está dependente de notificação prévia da concessionária pelo concedente para reparar o incumprimento, do não cumprimento do prazo de reparação fixado nessa notificação, nos termos do número seguinte, ou da não reparação integral da falta pela concessionária naquele prazo.

3 – O prazo de reparação do incumprimento é fixado pelo concedente de acordo com critérios de razoabilidade e tem sempre em atenção a defesa do interesse público e a manutenção em funcionamento da concessão.

4 – Caso a concessionária não proceda ao pagamento voluntário das multas contratuais que lhe forem aplicadas no prazo de 20 dias a contar a partir da sua fixação e notificação pelo concedente, este pode utilizar a caução para pagamento das mesmas.

5 – O valor máximo das multas estabelecido na presente base é actualizado em Janeiro de cada ano de acordo com o índice de preços no consumidor no continente, excluindo habitação, publicado pelo Instituto Nacional de Estatística, referente ao ano anterior.

6 – A aplicação de multas não prejudica a aplicação de outras sanções contratuais nem de outras sanções previstas na lei ou regulamento nem isenta a concessionária da responsabilidade civil, criminal e contra-ordenacional em que incorrer perante o concedente ou terceiro.

Base XXXVII
Sequestro

1 – Em caso de incumprimento grave, pela concessionária, das obrigações emergentes do contrato de concessão, o concedente, através de despacho do ministro responsável pela área da energia, pode, mediante sequestro, tomar conta da concessão.

2 – O sequestro da concessão pode ter lugar, nomeadamente, quando se verifique qualquer das seguintes situações, por motivos imputáveis à concessionária:

a) Estiver iminente, ou ocorrer, a cessação ou interrupção, total ou parcial, do desenvolvimento da actividade objecto da concessão;

b) Deficiências graves na organização, no funcionamento ou no regular desenvolvimento da actividade objecto da concessão, bem como situações de insegurança de pessoas e bens;

c) Deficiências graves no estado geral das infra-estruturas, instalações e dos equipamentos que comprometam a continuidade ou a qualidade da actividade objecto da concessão.

3 – A concessionária está obrigada a proceder à entrega da concessão no prazo que lhe for fixado pelo concedente quando do lhe for comunicada a decisão de sequestro da concessão.

4 – Verificando-se qualquer facto que possa dar lugar ao sequestro da concessão, observar se-á, com as devidas adaptações, o processo de sanação do incumprimento previsto nos n.os 4 a 5 da base XLII.

5 – Verificado o sequestro, a concessionária suporta todos os encargos que resultarem, para o concedente, do exercício da concessão, bem como as despesas extraordinárias necessárias ao restabelecimento da normalidade.

6 – Logo que cessem as razões do sequestro e seja restabelecido o normal funcionamento da concessão, a concessionária é notificada para retomar a concessão, no prazo que lhe for fixado.

7 – A concessionária pode optar pela rescisão da concessão caso o sequestro se mantenha por seis meses após ter sido restabelecido o normal funcionamento da concessão, sendo então aplicável o disposto na base XLIII.

8 – Se a concessionária não retomar a concessão no prazo que lhe for fixado, pode o concedente, através do ministro responsável pela área da energia, determinar a imediata rescisão do contrato de concessão.

9 – No caso de a concessionária ter retomado o exercício da concessão e continuarem a verificar-se graves deficiências no mesmo, pode o concedente, através do ministro responsável pela área da energia, ordenar novo sequestro ou determinar a imediata rescisão do contrato de concessão.

CAPÍTULO X
Suspensão e extinção da concessão

Base XXXVIII
Casos de extinção da concessão

1 – A concessão extingue-se por acordo entre o concedente e a concessionária, por rescisão, por resgate e pelo decurso do respectivo prazo.

2 – A extinção da concessão opera a transmissão para o concedente de todos os bens e meios a ela afectos, nos termos previstos nas presentes bases e no contrato de concessão, bem como dos direitos e das obrigações inerentes ao seu exercício, sem prejuízo do direito de regresso do concedente sobre a concessionária pelas obrigações assumidas pela concessionária que sejam estranhas às actividades da concessão ou hajam sido contraídas em violação da lei ou do contrato de concessão ou, ainda, que sejam obrigações vencidas e não cumpridas.

3 – Da transmissão prevista no número anterior excluem-se os fundos ou reservas consignados à garantia ou cobertura de obrigações da concessionária de cujo cumprimento lhe seja dada quitação pelo concedente, a qual se presume se

Decreto-Lei n.º 140/2006

decorrido um ano sobre a extinção da concessão não houver declaração em contrário do concedente, através do ministro responsável pela área da energia.

4 – A tomada de posse da concessão pelo concedente é precedida de vistoria ad perpetuam rei memoriam, realizada pelo concedente, a que assistem representantes da concessionária, destinada à verificação do estado de conservação e manutenção dos bens, devendo ser lavrado o respectivo auto.

BASE XXXIX
Procedimentos em caso de extinção da concessão

1 – O concedente reserva-se no direito de tomar, nos últimos dois anos do prazo da concessão, as providências que julgar convenientes para assegurar a continuação do serviço no termo da concessão ou as medidas necessárias para efectuar, durante o mesmo prazo, a transferência progressiva da actividade objecto da concessão para a nova concessionária.

2 – No contrato de concessão são previstos os termos e os modos pelos quais se procede, em caso de extinção da concessão, à transferência para o concedente da titularidade de eventuais direitos detidos pela concessionária sobre terceiros e que se revelem necessários para a continuidade da prestação dos serviços concedidos e, em geral, à tomada de quaisquer outras medidas tendentes a evitar a interrupção da prestação do serviço público concessionado.

BASE XL
Decurso do prazo da concessão

1 – Decorrido o prazo da concessão, transmitem-se para o concedente todos os bens e meios afectos à concessão, livres de ónus ou encargos, em bom estado de conservação, funcionamento e segurança, sem prejuízo do normal desgaste do seu uso para os efeitos do contrato de concessão.

2 – Cessando a concessão pelo decurso do prazo, é paga pelo Estado à concessionária uma indemnização correspondente ao valor contabilístico dos bens afectos à concessão, adquiridos pela concessionária, com referência ao último balanço aprovado, líquido de amortizações e de comparticipações financeiras e subsídios a fundo perdido.

3 – Caso a concessionária não dê cumprimento ao disposto no n.º 1, o concedente promove a realização dos trabalhos e aquisições que sejam necessários à reposição dos bens aí referidos, correndo os respectivos custos pela concessionária e podendo ser utilizada a caução para os liquidar no caso de a concessionária não proceder ao pagamento voluntário e atempado dos referidos custos.

BASE XLI
Resgate da concessão

1 – O concedente, através do ministro responsável pela área da energia, pode resgatar a concessão sempre que o interesse público o justifique, decorridos que sejam, pelo menos, 15 anos sobre a data do início do respectivo prazo, mediante notificação feita à concessionária, por carta registada com aviso de recepção, com pelo menos, um ano de antecedência.

2 – O concedente assume, decorrido o período de um ano sobre a notificação do resgate, todos os bens e meios afectos à concessão anteriormente à data dessa notificação, incluindo todos os direitos e obrigações inerentes ao exercício da concessão, e ainda aqueles que tenham sido assumidos pela concessionária após a data de notificação desde que tenham sido previamente autorizados pelo concedente, através do ministro responsável pela área da energia.

3 – A assunção de obrigações por parte do concedente é feita, sem prejuízo do seu direito de regresso sobre a concessionária, pelas obrigações por esta contraídas que tenham exorbitado da gestão normal da concessão.

4 – Em caso de resgate, a concessionária tem direito a uma indemnização cujo valor deve atender ao valor contabilístico, à data do resgate, dos bens revertidos para o concedente, livres de quaisquer ónus ou encargos, e ao valor de eventuais lucros cessantes.

5 – O valor contabilístico dos bens referidos no número anterior, à data do resgate, entende-se líquido de amortizações e de comparticipações financeiras e subsídios a fundo perdido, incluindo-se nestes o valor dos bens cedidos pelo concedente.

6 – Para os efeitos do cálculo da indemnização, o valor dos bens que se encontrem anormalmente depreciados ou deteriorados devido a deficiência da concessionária na sua manutenção ou reparação, é determinado de acordo com o seu estado de funcionamento efectivo.

BASE XLII
Rescisão do contrato de concessão pelo concedente

1 – O concedente pode rescindir o contrato de concessão no caso de violação grave, não sanada ou não sanável, das obrigações da concessionária decorrentes do contrato de concessão.

2 – Constituem, nomeadamente, causas de rescisão do contrato de concessão por parte do concedente, os seguintes factos ou situações:

a) Desvio do objecto e dos fins da concessão;

b) Suspensão ou interrupção injustificadas das actividades objecto da concessão;

c) Oposição reiterada ao exercício da fiscalização, repetida desobediência às determinações do concedente, ou sistemática inobservância das leis e dos regulamentos aplicáveis à exploração, quando se mostrem ineficazes as sanções aplicadas;

d) Recusa em proceder aos investimentos necessários à adequada conservação e reparação das infra-estruturas;

e) Recusa ou impossibilidade da concessionária em retomar a concessão nos termos do disposto no n.º 8 da base XXXVII ou, quando o tiver feito, verificar-se a continuação das situações que motivaram o sequestro;

f) Cobrança dolosa das tarifas com valor superior aos fixados;

g) Dissolução ou insolvência da concessionária;

h) Transmissão ou oneração da concessão, no todo ou em parte, sem prévia autorização;

i) Recusa da reconstituição atempada da caução.

3 – Não constituem causas de rescisão os factos ocorridos por motivos de força maior.

4 – Verificando-se um dos casos de incumprimento referidos no número anterior ou qualquer outro que, nos termos do disposto no n.º 1 desta base, possa motivar a rescisão da concessão, o concedente, através do ministro responsável pela área da energia, deve notificar a concessionária para, no prazo que razoavelmente lhe for fixado, cumprir integralmente as suas obrigações e corrigir ou reparar as consequências dos seus actos, excepto tratando-se de uma violação não sanável.

5 – Caso a concessionária não cumpra as suas obrigações ou não corrija ou repare as consequências do incumprimento nos termos determinados pelo concedente, este pode rescindir o contrato de concessão mediante comunicação enviada à

Regulação do Sector da Energia

concessionária, por carta registada com aviso de recepção, sem prejuízo do disposto no número seguinte.

6 – Caso o concedente pretenda rescindir o contrato de concessão, designadamente pelos factos referidos na alínea *g*) do n.º 1, deve previamente notificar os principais credores da concessionária que sejam conhecidos para, no prazo que lhes for determinado, nunca superior a três meses, proporem uma solução que possa sobrestar à rescisão, desde que o concedente com ela concorde.

7 – A comunicação da decisão de rescisão referida no n.º 5 produz efeitos imediatos, independentemente de qualquer outra formalidade.

8 – A rescisão do contrato de concessão pelo concedente implica a transmissão gratuita de todos os bens e meios afectos à concessão para o concedente sem qualquer indemnização e, bem assim, a perda da caução prestada em garantia do pontual e integral cumprimento do contrato, sem prejuízo do direito de o concedente ser indemnizado pelos prejuízos sofridos nos termos gerais de direito.

BASE XLIII
Rescisão do contrato de concessão pela concessionária

1 – A concessionária pode rescindir o contrato de concessão com fundamento em incumprimento grave das obrigações do concedente, se do mesmo resultarem perturbações que ponham em causa o exercício da actividade concedida.

2 – A rescisão prevista no número anterior implica a transmissão de todos os bens e meios afectos à concessão para o concedente, sem prejuízo do direito da concessionária a ser ressarcida dos prejuízos que lhe foram causados, incluindo o valor dos investimentos efectuados e lucros cessantes calculados nos termos previstos anteriormente para o resgate.

3 – A rescisão do contrato de concessão produz efeitos à data da sua comunicação ao concedente por carta registada com aviso de recepção.

4 – No caso de rescisão do contrato de concessão pela concessionária, esta deve seguir o procedimento previsto para o concedente nos n.os 4 e 5 da base anterior.

CAPÍTULO XI
Disposições diversas

BASE XLIV
Exercício dos poderes do concedente

Os poderes do concedente referidos nas presentes bases, excepto quando devam ser exercidos pelo ministro responsável pela área da energia, devem ser exercidos pela DGGE, sendo os actos praticados pelo respectivo director-geral, ou pela ERSE, consoante as competências de cada uma destas entidades.

BASE XLV
Resolução de diferendos

1 – O concedente e a concessionária podem celebrar convenções de arbitragem destinadas à resolução de quaisquer questões emergentes do contrato de concessão, nos termos da Lei n.º 31/86, de 29 de Agosto.

2 – A concessionária e os operadores e utilizadores da RNTGN podem, nos termos da lei, celebrar convenções de arbitragem para solução dos litígios emergentes dos respectivos contratos.

ANEXO III
(a que se refere o n.º 1 do Artigo 68.º)

Bases das concessões da actividade de recepção, armazenamento e regaseificação de gás natural liquefeito em terminais de GNL

CAPÍTULO I
Disposições e princípios gerais

BASE I
Objecto da concessão

1 – A concessão tem por objecto a actividade de recepção, armazenamento e GNL em terminal de GNL exercida em regime de serviço público.

2 – Integram-se no objecto da concessão:

a) A recepção, o armazenamento, o tratamento e a regaseificação de GNL;

b) A emissão de gás natural em alta pressão para a RNTGN;

c) A carga e expedição de GNL em camiões-cisterna e navios metaneiros;

d) A construção, a operação, a exploração, a manutenção e a expansão das respectivas infra-estruturas e, bem assim, das instalações necessárias para a sua operação.

3 – A concessionária pode exercer outras actividades para além das que se integram no objecto da concessão, no respeito pela legislação aplicável ao sector do gás natural, com fundamento no proveito daí resultante para a concessão ou com vista a optimizar a utilização dos bens afectos à mesma, desde que essas actividades sejam acessórias ou complementares e não prejudiquem a regularidade e a continuidade da prestação do serviço público e sejam previamente autorizadas pelo concedente.

BASE II
Área da concessão

A área e localização geográfica da concessão são definidas no contrato de concessão.

BASE III
Prazo da concessão

1 – O prazo da concessão é fixado pelo concedente no contrato de concessão e não pode exceder 40 anos contados a partir da data da celebração do respectivo contrato.

2 – A concessão pode ser renovada se o interesse público assim o justificar e a concessionária tiver cumprido as suas obrigações legais e contratuais.

3 – A intenção de renovação da concessão deve ser comunicada à concessionária pelo concedente com a antecedência mínima de dois anos relativamente ao termo do prazo da concessão.

BASE IV
Serviço público

1 – A concessionária deve desempenhar as actividades concessionadas de acordo com as exigências de um regular, contínuo e eficiente funcionamento do serviço público e adoptar, para o efeito, os melhores procedimentos, meios e tecnologias utilizados no sector do gás, com vista a garantir, designadamente, a segurança de pessoas e bens.

2 – Com o objectivo de assegurar a permanente adequação da concessão às exigências da regularidade, da continuidade e eficiência do serviço público, o concedente reserva-se no direito de alterar, por via legal ou regulamentar, as condições da sua exploração.

3 – Quando, por efeito do disposto no número anterior, se alterarem significativamente as condições de exploração da concessão, o concedente compromete-se a promover a reposição do equilíbrio económico e financeiro da concessão, nos termos previstos na base XXXIV, desde que a concessionária não possa legitimamente prover a tal reposição recorrendo aos meios resultantes de uma correcta e prudente gestão.

BASE V
Direitos e obrigações da concessionária

A concessionária beneficia dos direitos e encontra-se sujeita às obrigações estabelecidas no Decreto-Lei n.º 30/2006, de 15 de Fevereiro, e demais legislação e regulamentação aplicáveis à actividade que integra o objecto da concessão, sem prejuízo dos demais direitos e obrigações estabelecidos nas presentes bases e no contrato de concessão.

BASE VI
Princípios aplicáveis às relações com os utilizadores

1 – A concessionária deve proporcionar aos utilizadores, de forma não discriminatória e transparente, o acesso às respectivas infra-estruturas, nos termos previstos nas presentes bases e na legislação e na regulamentação aplicáveis, não podendo estabelecer diferenças de tratamento entre os referidos utilizadores que não resultem da aplicação de critérios ou de condicionalismos legais, regulamentares ou técnicos, ou ainda de condicionalismos de natureza contratual desde que aceites pela ERSE.

2 – O disposto no número anterior não impede a concessionária de celebrar contratos a longo prazo, no respeito pelas regras da concorrência.

3 – A concessionária pode recusar, fundamentadamente, o acesso às respectivas infra-estruturas com base na falta de capacidade, ou se esse acesso a impedir de cumprir as suas obrigações de serviço público.

4 – A concessionária deve manter um registo das queixas ou reclamações que lhe tenham sido apresentadas pelos utilizadores.

CAPÍTULO II
Bens e meios afectos à concessão

BASE VII
Bens e meios afectos à concessão

1 – Consideram-se afectos à concessão os bens necessários à prossecução da actividade de recepção, armazenamento e regaseificação de GNL, designadamente:

a) O terminal e as instalações portuárias integradas no mesmo;

b) As instalações afectas à recepção, ao armazenamento, ao tratamento e à regaseificação de GNL, incluindo todo o equipamento de controlo, regulação e medida indispensável à operação e funcionamento das infra-estruturas e instalações do terminal;

c) As instalações afectas à emissão de gás natural para a RNTGN, e à expedição e à carga de GNL em camiões-cisterna e navios metaneiros;

d) As instalações, e equipamentos, de telecomunicações, telemedida e telecomando afectas à gestão de todas as infra-estruturas e instalações do terminal.

2 – Consideram-se ainda afectos à concessão:

a) Os imóveis pertencentes à concessionária em que estejam implantados os bens referidos no número anterior, assim como as servidões constituídas em benefício da concessão;

b) Os bens móveis ou direitos relativos a bens imóveis utilizados ou relacionados com o exercício da actividade objecto da concessão;

c) Os direitos de expansão da capacidade do terminal necessários à garantia da segurança do abastecimento no âmbito do SNGN;

d) Os direitos privativos de propriedade intelectual e industrial de que a concessionária seja titular;

e) Quaisquer fundos ou reservas consignados à garantia do cumprimento das obrigações da concessionária, por força de obrigação emergente da lei ou do contrato de concessão e enquanto durar essa vinculação;

f) As relações e posições jurídicas directamente relacionadas com a concessão, nomeadamente laborais, de empreitada, de locação e de prestação de serviços.

3 – Os bens referidos no n.º 1 e na alínea *a)* do n.º 2 são considerados, para os efeitos da aplicação do regime de oneração e transmissão dos bens afectos à concessão, como infra-estruturas de serviço público que integram a concessão.

BASE VIII
Inventário do património

1 – A concessionária deve elaborar e manter permanentemente actualizado, e à disposição do concedente, um inventário do património afecto à concessão.

2 – No inventário a que se refere o número anterior devem ser mencionados os ónus ou encargos que recaem sobre os bens afectos à concessão.

3 – Os bens e direitos patrimoniais tornados desnecessários à concessão são abatidos ao inventário, nos termos previstos no n.º 2 da base X.

BASE IX
Manutenção dos bens afectos à concessão

A concessionária fica obrigada a manter, durante o prazo de vigência da concessão, em permanente estado de bom funcionamento, conservação e segurança, os bens e meios afectos à concessão, efectuando para tanto as reparações, renovações, adaptações e modernizações necessárias ao bom desempenho do serviço público concedido.

BASE X
Regime de oneração e transmissão
dos bens afectos à concessão

1 – A concessionária não pode onerar ou transmitir, por qualquer forma, os bens que integram a concessão, sem prejuízo do disposto nos números seguintes.

2 – Os bens e direitos que tenham perdido utilidade para a concessão são abatidos ao inventário referido na base VIII, mediante prévia autorização do concedente, que se considera concedida se este não se opuser no prazo de 30 dias contados da recepção do pedido.

3 – A oneração ou transmissão de bens imóveis afectos à concessão fica sujeita a autorização do ministro responsável pela área da energia.

Regulação do Sector da Energia

4 – A oneração ou transmissão de bens, e direitos, afectos à concessão em desrespeito do disposto na presente base acarreta a nulidade dos respectivos actos ou contratos.

BASE XI
Posse e propriedade dos bens

1 – A concessionária detém a posse e propriedade dos bens afectos à concessão até à extinção desta.

2 – Com a extinção da concessão, os bens a ela afectos transferem-se para o concedente nos termos previstos nas presentes bases e no contrato de concessão.

CAPÍTULO III
Sociedade concessionária

BASE XII
Objecto social, sede e forma

1 – O projecto de estatutos da sociedade concessionária deve ser submetido a prévia aprovação do ministro responsável pela área da energia.

2 – A sociedade concessionária deve ter como objecto social principal, ao longo de todo o período de duração da concessão, o exercício das actividades integradas no objecto da concessão, devendo manter ao longo do mesmo período a sua sede em Portugal e a forma de sociedade anónima, regulada pela lei portuguesa.

3 – O objecto social da concessionária pode incluir o exercício de outras actividades, para além das que integram o objecto da concessão, e bem assim a participação no capital de outras sociedades, desde que seja respeitado o disposto nas presentes bases e na legislação aplicável ao sector do gás natural.

BASE XIII
Acções da concessionária

1 – Todas as acções representativas do capital social da concessionária são obrigatoriamente nominativas.

2 – A oneração e a transmissão de acções representativas do capital social da concessionária depende, sob pena de nulidade, de autorização prévia do concedente, a qual não pode ser infundadamente recusada e se considera tacitamente concedida se não for recusada, por escrito, no prazo de 30 dias a contar a partir da data da respectiva solicitação.

3 – Exceptua-se do disposto no número anterior a oneração de acções efectuada em benefício das entidades financiadoras de qualquer das actividades que integram o objecto da concessão, e no âmbito dos contratos de financiamento que venham a ser celebrados pela concessionária para o efeito, desde que as entidades financiadoras assumam, nos referidos contratos, a obrigação de obter a autorização prévia do concedente em caso de execução das garantias de que resulte a transmissão a terceiros das acções oneradas.

4 – A oneração de acções referida no número anterior deve, em qualquer caso, ser comunicada ao concedente, a quem deve ser enviada, no prazo de 30 dias a contar a partir da data em que seja constituída, cópia autenticada do documento que formaliza a oneração e bem assim informação detalhada sobre quaisquer outros termos e condições que sejam estabelecidos.

BASE XIV
Deliberações da concessionária e acordos entre accionistas

1 – Sem prejuízo de outras limitações previstas nas presentes bases e no contrato de concessão, ficam sujeitas a autorização prévia do concedente, através do ministro responsável pela área da energia, as deliberações da concessionária relativas à alteração do objecto social, à transformação, fusão, cisão ou dissolução da sociedade.

2 – Os acordos parassociais celebrados entre os accionistas da concessionária, bem como as respectivas alterações, devem ser objecto de aprovação prévia pelo concedente, dada através do ministro responsável pela área da energia.

3 – As autorizações a aprovações previstas na presente base não podem ser infundadamente recusadas e consideram-se tacitamente concedidas se não forem recusadas, por escrito, no prazo de 30 dias a contar a partir da data da respectiva solicitação.

BASE XV
Financiamento

1 – A concessionária é responsável pela obtenção do financiamento necessário ao desenvolvimento do objecto da concessão, por forma a cumprir cabal e atempadamente todas as obrigações que assume no contrato de concessão.

2 – Para os efeitos do disposto no número anterior, a concessionária deve manter no final de cada ano um rácio de autonomia financeira superior a 20%.

CAPÍTULO IV
Construção, planeamento, remodelação e expansão das infra-estruturas

BASE XVI
Projectos

1 – A construção e a exploração das infra-estruturas que integram a concessão ficam sujeitos à aprovação dos respectivos projectos nos termos da legislação aplicável.

2 – A concessionária é responsável, no respeito pela legislação e regulamentação aplicáveis, pela concepção, projecto e construção de todas as infra-estruturas e instalações que integram a concessão de terminal de GNL, incluindo as necessárias à sua remodelação e expansão.

3 – A aprovação de quaisquer projectos pelo concedente não implica qualquer responsabilidade derivada de erros de concepção, de projecto, de construção ou da inadequação das instalações e do equipamento ao serviço da concessão.

BASE XVII
Direitos e deveres decorrentes
da aprovação dos projectos

1 – A aprovação dos respectivos projectos confere à concessionária, nomeadamente, os seguintes direitos:

a) Utilizar, de acordo com a legislação aplicável, os bens do domínio público ou privado do Estado e de outras pessoas colectivas públicas para o estabelecimento ou passagem das respectivas infra-estruturas ou instalações;

b) Constituir, nos termos da legislação aplicável, as servidões sobre os imóveis necessários ao estabelecimento das respectivas infra-estruturas ou instalações;

c) Proceder à expropriação, por utilidade pública e urgente, nos termos da legislação aplicável, dos bens imóveis, ou direitos a eles relativos, necessários ao estabelecimento das respectivas infra-estruturas ou instalações.

2 – As licenças e autorizações exigidas por lei para a exploração das infra-estruturas e instalações consideram-se outorgadas com a aprovação dos respectivos projectos, sem prejuízo da verificação por parte das entidades licenciadoras da conformidade na sua execução.

3 – Cabe à concessionária o pagamento das indemnizações decorrentes do exercício dos direitos referidos no n.º 1.

4 – No atravessamento de terrenos do domínio público ou dos particulares, a concessionária deve adoptar os procedimentos estabelecidos na legislação aplicável e proceder à reparação de todos os prejuízos que resultem dos trabalhos executados.

BASE XVIII
Planeamento, remodelação e expansão das infra-estruturas

1 – O planeamento das infra-estruturas está integrado no planeamento da RNTIAT, em particular com a RNTGN, nos termos previstos na legislação e na regulamentação aplicáveis.

2 – Constitui encargo e responsabilidade da concessionária o planeamento, remodelação e expansão das infra-estruturas que integram a concessão, com vista a assegurar a existência permanente de capacidade nas mesmas.

3 – A concessionária deve observar na remodelação e expansão das infra-estruturas os prazos de execução adequados à permanente satisfação das necessidades identificadas no PDIR.

4 – A concessionária deve elaborar periodicamente, nos termos previstos no contrato de concessão, e apresentar ao concedente, o plano de investimentos nas infra-estruturas.

5 – Por razões de interesse público, nomeadamente as relativas à segurança, regularidade e qualidade do abastecimento, o concedente pode determinar a remodelação ou expansão das infra-estruturas que integram a concessão, nos termos fixados no contrato de concessão.

CAPÍTULO V
Exploração das infra-estruturas

BASE XIX
Condições de exploração

1 – A concessionária é responsável pela exploração das infra-estruturas que integram a concessão, e respectivas instalações, no respeito pela legislação e regulamentação aplicáveis.

2 – A concessionária deve assegurar-se de que o gás recebido no terminal cumpre as características técnicas e as especificações de qualidade estabelecidas e que o seu armazenamento, tratamento, regaseificação e expedição é efectuado em condições técnicas adequadas, de forma a garantir a segurança de pessoas e bens.

BASE XX
Informação

A concessionária tem a obrigação de fornecer ao concedente todos os elementos relativos à concessão que este entenda dever solicitar-lhe.

BASE XXI
Participação de desastres e acidentes

1 – A concessionária é obrigada a participar imediatamente à DGGE todos os desastres e acidentes ocorridos nas suas instalações e, se tal não for possível, no prazo máximo de três dias a contar a partir da data da ocorrência.

2 – Sem prejuízo das competências atribuídas às autoridades públicas, sempre que dos desastres ou acidentes resultem mortes, ferimentos graves ou prejuízos materiais importantes, a concessionária deve elaborar, e enviar ao concedente, um relatório técnico com a análise das circunstâncias da ocorrência e com o estado das instalações.

BASE XXII
Ligação das infra-estruturas à RNTGN

A ligação das infra-estruturas do terminal de GNL à RNTGN faz-se nas condições previstas nos regulamentos aplicáveis.

BASE XXIII
Relacionamento com a concessionária da RNTGN no âmbito da gestão técnica global do SNGN, planeamento da RNTIAT e segurança do abastecimento

A concessionária encontra-se sujeita às obrigações que decorrem do exercício, por parte da concessionária da RNTGN, das suas competências em matéria de gestão técnica global do SNGN, planeamento da RNTIAT e segurança do abastecimento, nos termos previstos na legislação e na regulamentação aplicáveis.

BASE XXIV
Interrupção por facto imputável ao utilizador

1 – A concessionária pode interromper a prestação do serviço público concessionado nos termos da regulamentação aplicável, e nomeadamente nos seguintes casos:

a) Alteração não autorizada do funcionamento de equipamentos ou sistemas de ligação às respectivas infra-estruturas e instalações que ponha em causa a segurança ou a regularidade do serviço;

b) Incumprimento grave dos regulamentos aplicáveis ou, em caso de emergência, das suas ordens e instruções;

c) Incumprimento de obrigações contratuais que expressamente estabeleçam esta sanção.

2 – A concessionária pode, ainda, interromper unilateralmente a prestação do serviço público concessionado aos utilizadores que causem perturbações que afectem a qualidade do serviço prestado, quando, uma vez identificadas as causas perturbadoras, os utilizadores, após aviso da concessionária, não corrijam as anomalias em prazo adequado, tendo em consideração os trabalhos a realizar.

BASE XXV
Interrupções por razões de interesse público ou de serviço

1 – A prestação do serviço público concessionado pode ser interrompida por razões de interesse público, nomeadamente, quando se trate da execução de planos nacionais de emergência, declarada ao abrigo de legislação específica.

2 – As interrupções das actividades objecto da concessão, por razões de serviço, têm lugar quando haja necessidade imperiosa de realizar manobras ou trabalhos de ligação, reparação ou conservação das infra-estruturas ou instalações, des-

Regulação do Sector da Energia

de que tenham sido esgotadas todas as possibilidades alternativas.

3 – Nas situações referidas nos números anteriores, a concessionária deve avisar os utilizadores das respectivas infra-estruturas e instalações que possam vir a ser afectados, com a antecedência mínima de trinta e seis horas, salvo no caso da realização de trabalhos que a segurança de pessoas e bens torne inadiáveis ou quando haja necessidade urgente de trabalhos para garantir a segurança das infra-estruturas ou instalações.

BASE XXVI
Medidas de protecção

1 – Sem prejuízo das medidas de emergência adoptadas pelo Governo, quando se verifique uma situação de emergência que ponha em risco a segurança de pessoas ou bens, deve a concessionária promover imediatamente as medidas que entender necessárias em matéria de segurança.

2 – As medidas referidas no número anterior devem ser imediatamente comunicadas à DGGE, às respectivas autoridades concelhias, à autoridade policial da zona afectada e, se for caso disso, ao Serviço Nacional de Protecção Civil.

BASE XXVII
Responsabilidade civil

1 – A concessionária é responsável, nos termos gerais de direito, por quaisquer prejuízos causados ao concedente ou a terceiros, pela culpa ou pelo risco, no exercício da actividade objecto da concessão.

2 – Para os efeitos do disposto no Artigo 509.º do Código Civil, entende-se que a utilização das infra-estruturas e instalações integradas na concessão é feita no exclusivo interesse da concessionária.

3 – A concessionária fica obrigada à constituição de um seguro de responsabilidade civil para cobertura dos danos materiais e corporais causados a terceiros e resultantes do exercício da respectiva actividade, cujo montante mínimo obrigatório é fixado por portaria do ministro responsável pela área da energia e actualizável de três em três anos.

4 – A concessionária deve apresentar ao concedente os documentos comprovativos da celebração do seguro, bem como da actualização referida no número anterior.

BASE XXVIII
Cobertura por seguros

1 – Para além do seguro referido na base anterior, a concessionária deve assegurar a existência e manutenção em vigor das apólices de seguro necessárias para garantir uma efectiva cobertura dos riscos da concessão.

2 – No âmbito da obrigação referida no número anterior, a concessionária fica obrigada a constituir seguros envolvendo todas as infra-estruturas e instalações que integram a concessão, contra riscos de incêndio, explosão e danos devido a terramoto ou temporal, nos termos fixados no contrato de concessão.

3 – O disposto nos números anteriores pode ser objecto de regulamentação pelo Instituto de Seguros de Portugal.

CAPÍTULO VI
Garantias e fiscalização do cumprimento das obrigações da concessionária

BASE XXIX
Caução

1 – Para garantia do pontual e integral cumprimento das obrigações emergentes do contrato de concessão e da cobrança das multas aplicadas, a concessionária deve, antes da assinatura do contrato de concessão, prestar a favor do concedente uma caução no valor de (euro) 5000000.

2 – O concedente pode utilizar a caução sempre que a concessionária não cumpra qualquer obrigação assumida no contrato de concessão.

3 – O recurso à caução é precedido de despacho do ministro responsável pela área da energia, não dependendo de qualquer outra formalidade ou de prévia decisão judicial ou arbitral.

4 – Sempre que o concedente utilize a caução, a concessionária deve proceder à reposição do seu montante integral no prazo de 30 dias a contar a partir da data daquela utilização.

5 – O valor da caução é actualizado de três em três anos de acordo com o índice de preços no consumidor, no continente, excluindo habitação, publicado pelo Instituto Nacional de Estatística.

6 – A caução só pode ser levantada pela concessionária um ano após a data de extinção do contrato de concessão, ou, antes de decorrido aquele prazo, por determinação expressa do concedente, através do ministro responsável pela área da energia, mas sempre após a extinção da concessão.

7 – A caução prevista nesta base, bem como outras que a concessionária venha a estar obrigada a constituir a favor do concedente, devem ser prestadas por depósito em dinheiro ou por garantia bancária autónoma, à primeira solicitação, cujo texto deve ser previamente aprovado pela DGGE.

BASE XXX
Fiscalização e regulação

1 – Sem prejuízo das competências atribuídas a outras entidades públicas, cabe à DGGE o exercício dos poderes de fiscalização da concessão, nomeadamente no que se refere ao cumprimento das disposições legais e regulamentares aplicáveis e do contrato de concessão.

2 – Sem prejuízo das competências atribuídas a outras entidades públicas, cabe à ERSE o exercício dos poderes de regulação das actividades que integram o objecto da concessão, nos termos previstos na legislação e na regulamentação aplicáveis.

3 – Para os efeitos do disposto nos números anteriores, a concessionária deve prestar todas as informações e facultar todos os documentos que lhe forem solicitados pelas entidades fiscalizadora e reguladora, no âmbito das respectivas competências, bem como permitir o livre acesso do pessoal das referidas entidades, devidamente credenciado e no exercício das suas funções, a todas as suas instalações.

CAPÍTULO VII
Modificações objectivas e subjectivas da concessão

BASE XXXI
Alteração do contrato de concessão

1 – O contrato de concessão pode ser alterado unilateralmente pelo concedente, sem prejuízo da reposição do respectivo equilíbrio económico e financeiro nos termos previstos na base XXXIV.

2 – O contrato de concessão pode também ser alterado por força de disposição legal imperativa, designadamente decorrente das políticas energéticas aprovadas pela União Europeia e aplicáveis ao Estado Português.

3 – O contrato de concessão pode ainda ser modificado por acordo entre o concedente e a concessionária, desde que a modificação não envolva a violação do regime jurídico da concessão nem implique a derrogação das presentes bases.

BASE XXXII
Transmissão e oneração da concessão

1 – A concessionária não pode, sem prévia autorização do concedente, onerar, subconceder, trespassar ou transmitir, por qualquer forma, no todo ou em parte, a concessão ou realizar qualquer negócio jurídico que vise atingir ou tenha por efeito, mesmo que indirecto, idênticos resultados.

2 – Os actos praticados ou os contratos celebrados em violação do disposto no número anterior são nulos, sem prejuízo de outras sanções aplicáveis.

3 – No caso de subconcessão ou de trespasse, a concessionária deve comunicar ao concedente a sua intenção de proceder à subconcessão ou ao trespasse, remetendo-lhe a minuta do respectivo contrato de subconcessão ou de trespasse que se propõe assinar e indicando todos os elementos do negócio que pretende realizar, bem como o calendário previsto para a sua realização e a identidade do subconcessionário ou do trespassário.

4 – No caso de haver lugar a uma subconcessão devidamente autorizada, a concessionária mantém os direitos e continua sujeita às obrigações decorrentes do contrato de concessão.

5 – Ocorrendo trespasse da concessão, consideram-se transmitidos para o trespassário todos os direitos e obrigações da concessionária, assumindo aquele ainda os deveres, as obrigações e os encargos que eventualmente venham a ser-lhe impostos pelo concedente como condição para a autorização do trespasse.

6 – A concessionária é responsável pela transferência integral dos seus direitos e obrigações para o trespassário, incluindo as obrigações incertas, ilíquidas ou inexigíveis à data do trespasse, em termos em que não seja afectada ou interrompida a prestação do serviço público concessionado.

CAPÍTULO VIII
Condição económica e financeira da concessionária

BASE XXXIII
Equilíbrio económico e financeiro do contrato

1 – É garantido à concessionária o equilíbrio económico e financeiro da concessão, nas condições de uma gestão eficiente.

2 – O equilíbrio económico e financeiro baseia-se no reconhecimento dos custos de investimento, de operação e manutenção e na adequada remuneração dos activos afectos à concessão.

3 – A concessionária é responsável por todos os riscos inerentes à concessão, sem prejuízo do disposto na legislação aplicável e nas presentes bases.

BASE XXXIV
Reposição do equilíbrio económico e financeiro

1 – Tendo em atenção a distribuição de riscos estabelecida no contrato de concessão, a concessionária tem direito à reposição do equilíbrio económico e financeiro da concessão, nos seguintes casos:

a) Modificação unilateral, imposta pelo concedente, das condições de exploração da concessão, nos termos previstos nos n.os 2 e 3 da base IV, desde que, em resultado directo da mesma, se verifique, para a concessionária, um determinado aumento de custos ou uma determinada perda de receitas e esta não possa legitimamente proceder a tal reposição por recurso aos meios resultantes de uma correcta e prudente gestão;

b) Alterações legislativas que tenham um impacte directo sobre as receitas ou custos respeitantes às actividades integradas na concessão.

2 – Os parâmetros, termos e critérios da reposição do equilíbrio económico e financeiro da concessão são fixados no contrato de concessão.

3 – Sempre que haja lugar à reposição do equilíbrio económico e financeiro da concessão, tal reposição pode ter lugar através de uma das seguintes modalidades:

a) Prorrogação do prazo da concessão;

b) Revisão do cronograma ou redução das obrigações de investimento previamente aprovados;

c) Atribuição de compensação directa pelo concedente;

d) Combinação das modalidades anteriores ou qualquer outra forma que seja acordada.

CAPÍTULO IX
Incumprimento do contrato de concessão

BASE XXXV
Responsabilidade da concessionária por incumprimento

1 – A violação, pela concessionária, de qualquer das obrigações assumidas no contrato de concessão fá-la incorrer em responsabilidade perante o concedente.

2 – A responsabilidade da concessionária cessa sempre que ocorra caso de força maior, ficando a seu cargo fazer prova da ocorrência.

3 – Consideram-se unicamente casos de força maior os acontecimentos imprevisíveis e irresistíveis cujos efeitos se produzam independentemente da vontade ou circunstâncias pessoais da concessionária.

4 – Constituem, nomeadamente, casos de força maior actos de guerra, hostilidades ou invasão, terrorismo, epidemias, radiações atómicas, graves inundações, raios, ciclones, tremores de terra e outros cataclismos naturais que afectem a actividade compreendida na concessão.

5 – A ocorrência de um caso de força maior tem por efeito exonerar a concessionária da responsabilidade pelo não cumprimento das obrigações emergentes do contrato de concessão que sejam afectadas pela ocorrência do mesmo, na estrita

Regulação do Sector da Energia

medida em que o respectivo cumprimento pontual e atempado tenha sido efectivamente impedido.

6 – No caso de impossibilidade de cumprimento do contrato de concessão por causa de força maior, o concedente pode proceder à sua rescisão nos termos fixados no mesmo.

7 – A concessionária fica obrigada a comunicar ao concedente de imediato a ocorrência de qualquer evento qualificável como caso de força maior, bem como, no mais curto prazo possível, a indicar as obrigações emergentes do contrato de concessão cujo cumprimento, no seu entender, se encontra impedido ou dificultado por força de tal ocorrência e, bem assim, se for o caso, as medidas que tomou ou pretende tomar para fazer face à situação ocorrida, a fim de mitigar o impacte do referido evento e os respectivos custos.

8 – A concessionária deve, em qualquer caso, tomar imediatamente as medidas que sejam necessárias para assegurar a retoma normal das obrigações suspensas, constituindo estrita obrigação da concessionária mitigar, por qualquer meio razoável e apropriado ao seu dispor, os efeitos da verificação de um caso de força maior.

BASE XXXVI
Multas contratuais

1 – Sem prejuízo das situações de incumprimento que podem dar origem a sequestro ou rescisão da concessão nos termos previstos nas presentes bases e no contrato de concessão, o incumprimento pela concessionária de quaisquer obrigações assumidas no contrato de concessão pode ser sancionado, por decisão do concedente, pela aplicação de multas contratuais, cujo montante varia em função da gravidade da infracção cometida e do grau de culpa do infractor, até (euro) 5000000.

2 – A aplicação de multas contratuais está dependente de notificação prévia da concessionária pelo concedente para reparar o incumprimento e do não cumprimento do prazo de reparação fixado nessa notificação, nos termos do número seguinte, ou da não reparação integral da falta pela concessionária naquele prazo.

3 – O prazo de reparação do incumprimento é fixado pelo concedente de acordo com critérios de razoabilidade e tem sempre em atenção a defesa do interesse público e a manutenção em funcionamento da concessão.

4 – Caso a concessionária não proceda ao pagamento voluntário das multas contratuais que lhe forem aplicadas no prazo de 20 dias a contar a partir da sua fixação e notificação pelo concedente, este pode utilizar a caução para pagamento das mesmas.

5 – O valor máximo das multas estabelecido na presente base é actualizado em Janeiro de cada ano, de acordo com o índice de preços no consumidor no continente, excluindo habitação, publicado pelo Instituto Nacional de Estatística, referente ao ano anterior.

6 – A aplicação de multas não prejudica a aplicação de outras sanções contratuais nem de outras sanções previstas na lei ou em regulamento nem isenta a concessionária da responsabilidade civil, criminal e contra-ordenacional em que incorrer perante o concedente ou terceiro.

BASE XXXVII
Sequestro

1 – Em caso de incumprimento grave, pela concessionária, das obrigações emergentes do contrato de concessão, o concedente, através de despacho do ministro responsável pela área da energia, pode, mediante sequestro, tomar conta da concessão.

2 – O sequestro da concessão pode ter lugar, nomeadamente, quando se verifique qualquer das seguintes situações, por motivos imputáveis à concessionária:

a) Estiver iminente ou ocorrer a cessação ou interrupção, total ou parcial, do desenvolvimento da actividade objecto da concessão;

b) Deficiências graves na organização, no funcionamento ou no regular desenvolvimento da actividade objecto da concessão, bem como situações de insegurança de pessoas e bens;

c) Deficiências graves no estado geral das infra-estruturas, das instalações e dos equipamentos que comprometam a continuidade ou a qualidade da actividade objecto da concessão.

3 – A concessionária está obrigada a proceder à entrega da concessão no prazo que lhe for fixado pelo concedente quando lhe for comunicada a decisão de sequestro da concessão.

4 – Verificando-se qualquer facto que possa dar lugar ao sequestro da concessão, observar se-á, com as devidas adaptações, o processo de sanação do incumprimento previsto nos n.os 4 a 5 da base XLII.

5 – Verificado o sequestro, a concessionária suporta todos os encargos que resultarem, para o concedente, do exercício da concessão, bem como as despesas extraordinárias necessárias ao restabelecimento da normalidade.

6 – Logo que cessem as razões do sequestro e seja restabelecido o normal funcionamento da concessão, a concessionária é notificada para retomar a concessão, no prazo que lhe for fixado.

7 – A concessionária pode optar pela rescisão da concessão caso o sequestro se mantenha por seis meses após ter sido restabelecido o normal funcionamento da concessão, sendo então aplicável o disposto na base XLIII.

8 – Se a concessionária não retomar a concessão no prazo que lhe for fixado, pode o concedente, através do ministro responsável pela área da energia, determinar a imediata rescisão do contrato de concessão.

9 – No caso de a concessionária ter retomado o exercício da concessão e continuarem a verificar-se graves deficiências no mesmo, pode o concedente, através do ministro responsável pela área da energia, ordenar novo sequestro ou determinar a imediata rescisão do contrato de concessão.

CAPÍTULO X
Suspensão e extinção da concessão

BASE XXXVIII
Casos de extinção da concessão

1 – A concessão extingue-se por acordo entre o concedente e a concessionária, por rescisão, por resgate e pelo decurso do respectivo prazo.

2 – A extinção da concessão opera a transmissão para o concedente de todos os bens e meios a ela afectos, nos termos previstos nas presentes bases e no contrato de concessão, bem como dos direitos e das obrigações inerentes ao seu exercício, sem prejuízo do direito de regresso do concedente sobre a concessionária pelas obrigações por esta assumidas que sejam estranhas às actividades da concessão ou que hajam sido contraídas em violação da lei ou do contrato de concessão ou, ainda, que sejam obrigações vencidas e não cumpridas.

3 – Da transmissão prevista no número anterior excluem-se os fundos ou reservas consignados à garantia ou cobertura de obrigações da concessionária de cujo cumprimento lhe seja

Decreto-Lei n.º 140/2006

dada quitação pelo concedente, a qual se presume se decorrido um ano sobre a extinção da concessão não houver declaração em contrário do concedente, através do ministro responsável pela área da energia.

4 – A tomada de posse da concessão pelo concedente é precedida de vistoria ad perpetuam rei memoriam, realizada pelo concedente, à qual assistem representantes da concessionária, destinada à verificação do estado de conservação e manutenção dos bens, devendo ser lavrado o respectivo auto.

BASE XXXIX
Procedimentos em caso de extinção da concessão

1 – O concedente reserva-se o direito de tomar, nos últimos dois anos do prazo da concessão, as providências que julgar convenientes para assegurar a continuação do serviço no termo da concessão ou as medidas necessárias para efectuar, durante o mesmo prazo, a transferência progressiva da actividade objecto da concessão para a nova concessionária.

2 – No contrato de concessão são previstos os termos e os modos pelos quais se procede, em caso de extinção da concessão, à transferência para o concedente da titularidade de eventuais direitos detidos pela concessionária sobre terceiros e que se revelem necessários para a continuidade da prestação dos serviços concedidos e, em geral, à tomada de quaisquer outras medidas tendentes a evitar a interrupção da prestação do serviço público concessionado.

BASE XL
Decurso do prazo da concessão

1 – Decorrido o prazo da concessão, transmitem-se para o Estado todos os bens e meios afectos à concessão, livres de ónus ou encargos, em bom estado de conservação, funcionamento e segurança, sem prejuízo do normal desgaste do seu uso para efeitos do contrato de concessão.

2 – Cessando a concessão pelo decurso do prazo, é paga pelo Estado à concessionária uma indemnização correspondente ao valor contabilístico dos bens afectos à concessão, adquiridos pela concessionária, com referência ao último balanço aprovado, líquido de amortizações e de comparticipações financeiras e subsídios a fundo perdido.

3 – Caso a concessionária não dê cumprimento ao disposto no n.º 1, o concedente promove a realização dos trabalhos e aquisições que sejam necessários à reposição dos bens aí referidos, correndo os respectivos custos pela concessionária e podendo ser utilizada a caução para os liquidar no caso de a concessionária não proceder ao pagamento voluntário e atempado dos referidos custos.

BASE XLI
Resgate da concessão

1 – O concedente pode resgatar a concessão sempre que o interesse público o justifique, decorridos que sejam, pelo menos, 15 anos sobre a data do início do respectivo prazo, mediante notificação feita à concessionária, por carta registada com aviso de recepção, com, pelo menos, um ano de antecedência.

2 – O concedente assume, decorrido o período de um ano sobre a notificação do resgate, todos os bens e meios afectos à concessão anteriormente à data dessa notificação, incluindo todos os direitos e obrigações inerentes ao exercício da concessão, e ainda aqueles que tenham sido assumidos pela concessionária após a data da notificação desde que tenham sido previamente autorizados pelo concedente, através do ministro responsável pela área da energia.

3 – A assunção de obrigações por parte do concedente é feita, sem prejuízo do seu direito de regresso sobre a concessionária, pelas obrigações por esta contraídas que tenham exorbitado da gestão normal da concessão.

4 – Em caso de resgate, a concessionária tem direito a uma indemnização cujo valor deve atender ao valor contabilístico, à data do resgate, dos bens revertidos para o concedente, livres de quaisquer ónus ou encargos, e ao valor de eventuais lucros cessantes.

5 – O valor contabilístico dos bens referidos no número anterior, à data do resgate, entende-se líquido de amortizações e de comparticipações financeiras e subsídios a fundo perdido, incluindo-se nestes o valor dos bens cedidos pelo concedente.

6 – Para efeitos do cálculo da indemnização, o valor dos bens que se encontrem anormalmente depreciados ou deteriorados devido a deficiência da concessionária na sua manutenção ou reparação, é determinado de acordo com o seu estado de funcionamento efectivo.

BASE XLII
Rescisão do contrato de concessão pelo concedente

1 – O concedente pode rescindir o contrato de concessão no caso de violação grave, não sanada ou não sanável, das obrigações da concessionária decorrentes do contrato de concessão.

2 – Constituem, nomeadamente, causas de rescisão do contrato de concessão por parte do concedente, os seguintes factos ou situações:

a) Desvio do objecto e dos fins da concessão;

b) Suspensão ou interrupção injustificadas das actividades objecto da concessão;

c) Oposição reiterada ao exercício da fiscalização, repetida desobediência às determinações do concedente, ou sistemática inobservância das leis e dos regulamentos aplicáveis à exploração, quando se mostrem ineficazes as sanções aplicadas;

d) Recusa em proceder à adequada conservação e reparação das infra-estruturas ou ainda à sua necessária ampliação;

e) Recusa ou impossibilidade da concessionária em retomar a concessão, nos termos do disposto no n.º 8 da base XXXVII, ou, quando o tiver feito, continuação das situações que motivaram o sequestro;

f) Cobrança dolosa das tarifas com valor superior ao fixado;

g) Dissolução ou insolvência da concessionária;

h) Transmissão ou oneração da concessão, no todo ou em parte, sem prévia autorização;

i) Recusa da reconstituição atempada da caução.

3 – Não constituem causas de rescisão os factos ocorridos por motivos de força maior.

4 – Verificando-se um dos casos de incumprimento referidos no número anterior ou qualquer outro que, nos termos do disposto no n.º 1 desta base, possa motivar a rescisão da concessão, o concedente, através do ministro responsável pela área da energia, deve notificar a concessionária para, no prazo que razoavelmente lhe for fixado, cumprir integralmente as suas obrigações e corrigir ou reparar as consequências dos seus actos, excepto tratando-se de uma violação não sanável.

5 – Caso a concessionária não cumpra as suas obrigações ou não corrija ou repare as consequências do incumprimento nos termos determinados pelo concedente, este pode rescin-

645

Regulação do Sector da Energia

dir o contrato de concessão mediante comunicação enviada à concessionária, por carta registada com aviso de recepção, sem prejuízo do disposto no número seguinte.

6 – Caso o concedente pretenda rescindir o contrato de concessão, designadamente pelos factos referidos na alínea *g*) do n.º 1, deve previamente notificar os principais credores da concessionária que sejam conhecidos para, no prazo que lhes for determinado, nunca superior a três meses, proporem uma solução que possa sobrestar à rescisão, desde que o concedente com ela concorde.

7 – A comunicação da decisão de rescisão referida no n.º 5 produz efeitos imediatos, independentemente de qualquer outra formalidade.

8 – A rescisão do contrato de concessão pelo concedente implica a transmissão gratuita de todos os bens e meios afectos à concessão para o concedente sem qualquer indemnização e, bem assim, a perda da caução prestada em garantia do pontual e integral cumprimento do contrato, sem prejuízo do direito de o concedente ser indemnizado pelos prejuízos sofridos nos termos gerais de direito.

BASE XLIII
Rescisão do contrato de concessão pela concessionária

1 – A concessionária pode rescindir o contrato de concessão com fundamento no incumprimento grave das obrigações do concedente, se do mesmo resultarem perturbações que ponham em causa o exercício da actividade concedida.

2 – A rescisão prevista no número anterior implica a transmissão de todos os bens e meios afectos à concessão para o concedente, sem prejuízo do direito da concessionária ser ressarcida dos prejuízos que lhe foram causados, incluindo o valor dos investimentos efectuados e lucros cessantes calculados nos termos previstos anteriormente para o resgate.

3 – A rescisão do contrato de concessão produz efeitos à data da sua comunicação ao concedente por carta registada com aviso de recepção.

4 – No caso de rescisão do contrato de concessão pela concessionária, esta deve seguir o procedimento previsto para o concedente nos n.os 4 e 5 da base anterior.

CAPÍTULO XI
Disposições diversas

BASE XLIV
Exercício dos poderes do concedente

Os poderes do concedente referidos nas presentes bases, excepto quando devam ser exercidos pelo ministro responsável pela área da energia, devem ser exercidos pela DGGE, sendo os actos praticados pelo respectivo Director-Geral, ou pela ERSE, consoante as competências de cada uma destas entidades.

BASE XLV
Resolução de diferendos

1 – O concedente e a concessionária podem celebrar convenções de arbitragem destinadas à resolução de quaisquer questões emergentes do contrato de concessão, nos termos da Lei n.º 31/86, de 29 de Agosto.

2 – A concessionária e os operadores e utilizadores da RNTGN podem, nos termos da lei, celebrar convenções de arbitragem para solução dos litígios emergentes dos respectivos contratos.

ANEXO IV

(a que se refere o n.º 1 do Artigo 70.º)

Bases das concessões da actividade de distribuição de gás natural

CAPÍTULO I
Disposições e princípios gerais

BASE I
Objecto da concessão

1 – A concessão tem por objecto a actividade de distribuição regional de gás natural em baixa e média pressão exercida em regime de serviço público através da RNDGN na área que venha a ser definida no contrato de concessão.

2 – Integram-se no objecto da concessão:

a) O recebimento, veiculação e entrega de gás natural em média e baixa pressões;

b) A construção, operação, exploração, manutenção e expansão de todas as infra-estruturas que integram a RNDGN, na área correspondente à concessão e, bem assim, das instalações necessárias para a sua operação.

3 – Integram-se ainda no objecto da concessão:

a) O planeamento, desenvolvimento, expansão e gestão técnica da RNDGN e a construção das respectivas infra-estruturas e das instalações necessárias para a sua operação;

b) A gestão da interligação da RNDGN com a RNTGN.

4 – Sem prejuízo do disposto no Artigo 31.º do Decreto-Lei n.º 30/2006, de 15 de Fevereiro, a concessionária pode exercer outras actividades, para além das que se integram no objecto da concessão, no respeito pela legislação aplicável ao sector do gás natural, com fundamento no proveito daí resultante para a concessão ou com vista a optimizar a utilização dos bens afectos à mesma, desde que essas actividades sejam acessórias ou complementares e não prejudiquem a regularidade e a continuidade da prestação do serviço público e sejam previamente autorizadas pelo concedente.

5 – A concessionária é desde já autorizada, nos termos do número anterior, a explorar, directa ou indirectamente, ou ceder a exploração, da capacidade excedentária da rede de telecomunicações instalada para a operação da RNDGN.

BASE II
Âmbito e exclusividade da concessão

1 – A concessão tem como âmbito geográfico os concelhos indicados no contrato de concessão e é exercida em regime de exclusivo, sem prejuízo do direito de acesso de terceiros às várias infra-estruturas que a integram nos termos previstos nas presentes bases e na legislação e na regulamentação aplicáveis.

2 – O regime de exclusivo referido no n.º 1 pode ser alterado em conformidade com a política energética aprovada pela União Europeia e aplicável ao Estado Português.

BASE III
Prazo da concessão

1 – O prazo da concessão é fixado no contrato de concessão e não pode exceder 40 anos contados a partir da data da celebração do respectivo contrato.

Decreto-Lei n.º 140/2006

2 – A concessão pode ser renovada se o interesse público assim o justificar e a concessionária tiver cumprido as suas obrigações legais e contratuais.

3 – A intenção de renovação da concessão deve ser comunicada à concessionária, pelo concedente, com a antecedência mínima de dois anos relativamente ao termo do prazo da concessão.

BASE IV
Serviço público

1 – A concessionária deve desempenhar a actividade concessionada de acordo com as exigências de um regular, contínuo e eficiente funcionamento do serviço público e adoptar, para o efeito, os melhores procedimentos, meios e tecnologias utilizados no sector do gás, com vista a garantir, designadamente, a segurança de pessoas e bens.

2 – Com o objectivo de assegurar a permanente adequação da concessão às exigências da regularidade, da continuidade e eficiência do serviço público, o concedente reserva-se o direito de alterar, por via legal ou regulamentar, as condições da sua exploração.

3 – Quando, por efeito do disposto no número anterior, se alterarem significativamente as condições de exploração da concessão, o concedente compromete-se a promover a reposição do equilíbrio económico e financeiro da concessão, nos termos previstos na base XXXIV, desde que a concessionária não possa legitimamente prover a tal reposição recorrendo aos meios resultantes de uma correcta e prudente gestão.

BASE V
Direitos e obrigações da concessionária

1 – A concessionária beneficia dos direitos e encontra-se sujeita às obrigações estabelecidas no Decreto-Lei n.º 30/2006, de 15 de Fevereiro, e demais legislação e regulamentação aplicáveis à actividade que integra o objecto da concessão, sem prejuízo dos demais direitos e obrigações estabelecidos nas presentes bases e no contrato de concessão.

2 – A concessionária deve contribuir para a segurança do abastecimento de gás natural, assegurando nomeadamente a capacidade das respectivas redes e demais infra-estruturas.

BASE VI
Princípios aplicáveis às relações com os utilizadores

1 – A concessionária deve proporcionar aos utilizadores da RNDGN, de forma não discriminatória e transparente, o acesso às respectivas infra-estruturas, nos termos previstos nas presentes bases e na legislação e na regulamentação aplicáveis, não podendo estabelecer diferenças de tratamento entre os referidos utilizadores que não resultem da aplicação de critérios ou de condicionalismos legais, regulamentares ou técnicos, ou ainda de condicionalismos de natureza contratual desde que aceites pela ERSE.

2 – O disposto no número anterior não impede a concessionária de celebrar contratos a longo prazo, no respeito pelas regras da concorrência.

3 – A concessionária tem o direito de receber pela utilização das redes e demais infra-estruturas e pela prestação dos serviços inerentes uma retribuição por aplicação de tarifas reguladas definidas no Regulamento Tarifário.

4 – A concessionária deve preservar a confidencialidade das informações comercialmente sensíveis obtidas no seu relacionamento com os utilizadores, bem como a de quais-

quer outros dados no respeito pelas disposições legais aplicáveis à protecção de dados pessoais.

5 – A concessionária deve manter, por um prazo de cinco anos, um registo das queixas ou reclamações que lhe tenham sido apresentadas pelos utilizadores.

CAPÍTULO II
Bens e meios afectos à concessão

BASE VII
Bens e meios afectos à concessão

1 – Consideram-se afectos à concessão os bens que constituem a RNDGN na parte correspondente à área da mesma, designadamente:

a) O conjunto de condutas de distribuição de gás natural a jusante das estações de redução de pressão de 1.ª classe com as respectivas tubagens, válvulas de seccionamento, antenas e estações de compressão;

b) As instalações afectas à redução de pressão para entrega a clientes finais, incluindo todo o equipamento de controlo, regulação e medida indispensável à operação e funcionamento do sistema de distribuição de gás natural;

c) As instalações e equipamentos de telecomunicações, telemedida e telecomando afectas à gestão das instalações de distribuição e entrega de gás natural aos clientes finais.

2 – Consideram-se ainda afectos à concessão:

a) Os imóveis pertencentes à concessionária em que estejam implantados os bens referidos no número anterior, assim como as servidões constituídas em benefício da concessão;

b) Outros bens móveis ou direitos relativos a bens imóveis utilizados ou relacionados com o exercício da actividade objecto da concessão;

c) Os direitos privativos de propriedade intelectual e industrial de que a concessionária seja titular;

d) Quaisquer fundos ou reservas consignados à garantia do cumprimento das obrigações da concessionária, por força de obrigação emergente da lei ou do contrato de concessão e enquanto durar essa vinculação;

e) As relações e posições jurídicas directamente relacionadas com a concessão, nomeadamente laborais, de empreitada, de locação e de prestação de serviços;

f) Os activos incorpóreos correspondentes aos investimentos realizados pelas concessionárias associados aos processos de conversão de clientes para gás natural.

BASE VIII
Inventário do património

1 – A concessionária deve elaborar e manter permanentemente actualizado, e à disposição do concedente, um inventário do património afecto à concessão.

2 – No inventário a que se refere o número anterior devem ser mencionados os ónus ou encargos que recaem sobre os bens afectos à concessão.

3 – Os bens e direitos patrimoniais tornados desnecessários à concessão são abatidos ao inventário, nos termos previstos no n.º 2 da base X.

BASE IX
Manutenção dos bens afectos à concessão

A concessionária fica obrigada a manter, durante o prazo de vigência da concessão, em permanente estado de bom funcionamento, conservação e segurança, os bens e meios afec-

647

tos à concessão, efectuando para tanto as reparações, renovações, adaptações e modernizações necessárias ao bom desempenho do serviço público concedido.

BASE X
Regime de oneração e transmissão dos bens afectos à concessão

1 – A concessionária não pode onerar ou transmitir, por qualquer forma, os bens que integram a concessão, sem prejuízo do disposto nos números seguintes.

2 – Os bens e direitos que tenham perdido utilidade para a concessão são abatidos ao inventário referido na base VIII, mediante prévia autorização do concedente, que se considera concedida se este não se opuser no prazo de 30 dias contados da recepção do pedido.

3 – A oneração ou transmissão de bens imóveis afectos à concessão fica sujeita a autorização do ministro responsável pela área da energia.

4 – A oneração ou transmissão de bens, e direitos, afectos à concessão em desrespeito do disposto na presente base determina a nulidade dos respectivos actos ou contratos.

BASE XI
Posse e propriedade dos bens

1 – A concessionária detém a posse e propriedade dos bens afectos à concessão enquanto durar a concessão e até à extinção desta.

2 – Com a extinção da concessão, os bens a ela afectos transferem-se para o concedente nos termos previstos nas presentes bases e no contrato de concessão.

CAPÍTULO III
Sociedade concessionária

BASE XII
Objecto social, sede e forma

1 – O projecto de estatutos da sociedade concessionária deve ser submetido a prévia aprovação do ministro responsável pela área da energia.

2 – A concessionária deve ter como objecto social principal, ao longo de todo o período de duração da concessão, o exercício da actividade integrada no objecto da concessão, devendo manter ao longo do mesmo período a sua sede em Portugal e a forma de sociedade anónima, regulada pela lei portuguesa.

3 – O objecto social da concessionária pode incluir o exercício de outras actividades, para além das que integram o objecto da concessão e, bem assim, a participação no capital de outras sociedades, desde que seja respeitado o disposto nas presentes bases e na legislação aplicável ao sector do gás natural.

BASE XIII
Acções da concessionária

1 – Todas as acções representativas do capital social da concessionária são obrigatoriamente nominativas.

2 – A oneração ou transmissão de acções representativas do capital social da concessionária depende, sob pena de nulidade, de autorização prévia do concedente, a qual não pode ser infundadamente recusada e se considera tacitamente con-

cedida se não for recusada, por escrito, no prazo de 30 dias a contar a partir da data da respectiva solicitação.

3 – Exceptua-se do disposto no número anterior a oneração de acções efectuada em benefício das entidades financiadoras de qualquer das actividades que integram o objecto da concessão, e no âmbito dos contratos de financiamento que venham a ser celebrados pela concessionária para o efeito, desde que as entidades financiadoras assumam, nos referidos contratos, a obrigação de obter a autorização prévia do concedente em caso de execução das garantias de que resulte a transmissão a terceiros das acções oneradas.

4 – A oneração de acções referida no número anterior deve, em qualquer caso, ser comunicada ao concedente, a quem deve ser enviada, no prazo de 30 dias a contar a partir da data em que seja constituída, cópia autenticada do documento que formaliza a oneração e, bem assim, informação detalhada sobre quaisquer outros termos e condições que sejam estabelecidos.

BASE XIV
Deliberações dos órgãos da sociedade concessionária e acordos entre accionistas

1 – Sem prejuízo de outras limitações previstas nas presentes bases e no contrato de concessão, ficam sujeitas a autorização prévia do concedente, através do ministro responsável pela área da energia, as deliberações da concessionária relativas à alteração do objecto social, à transformação, fusão, cisão ou dissolução da sociedade.

2 – Os acordos parassociais celebrados entre os accionistas da concessionária, bem como as respectivas alterações, devem ser objecto de aprovação prévia pelo concedente, através do ministro responsável pela área da energia.

3 – As autorizações a aprovações previstas na presente base não podem ser infundadamente recusadas e considerar-se-ão tacitamente concedidas se não forem recusadas, por escrito, no prazo de 30 dias a contar a partir da data da respectiva solicitação.

BASE XV
Financiamento

1 – A concessionária é responsável pela obtenção do financiamento necessário ao desenvolvimento do objecto da concessão, de forma a cumprir cabal e atempadamente todas as obrigações que assume no contrato de concessão.

2 – Para os efeitos do disposto no n.º 1, a concessionária deve manter, no final de cada ano, um rácio de autonomia financeira superior a 20%.

CAPÍTULO IV
Construção, planeamento, remodelação e expansão das infra-estruturas

BASE XVI
Projectos

1 – A construção e a exploração da rede e demais infra-estruturas de distribuição de gás natural ficam sujeitas à aprovação dos respectivos projectos nos termos da legislação aplicável.

2 – A concessionária é responsável pela concepção, projecto e construção de todas as infra-estruturas e instalações

que integram a concessão, bem como pela sua remodelação e expansão.

3 – A aprovação dos projectos pelo concedente não implica, para este, qualquer responsabilidade derivada de erros de concepção, projecto, construção ou da inadequação das instalações e do equipamento ao serviço da concessão.

BASE XVII
Direitos e deveres decorrentes
da aprovação dos projectos

1 – A aprovação dos respectivos projectos confere à concessionária, nomeadamente, os seguintes direitos:

a) Utilizar, de acordo com a legislação aplicável, os bens do domínio público ou privado do Estado e de outras pessoas colectivas públicas para o estabelecimento ou passagem das respectivas infra-estruturas ou instalações;

b) Constituir, nos termos da legislação aplicável, as servidões sobre os imóveis necessários ao estabelecimento das respectivas infra-estruturas ou instalações;

c) Proceder à expropriação, por utilidade pública e urgente, nos termos da legislação aplicável, dos bens imóveis, ou direitos a eles relativos, necessários ao estabelecimento das respectivas infra-estruturas ou instalações.

2 – As licenças e autorizações exigidas por lei para a exploração das redes e demais infra-estruturas consideram-se outorgadas à concessionária com a aprovação dos respectivos projectos, sem prejuízo da verificação por parte das entidades licenciadoras da conformidade na sua execução.

3 – Cabe à concessionária o pagamento das indemnizações decorrentes do exercício dos direitos referidos no n.º 1.

4 – No atravessamento de terrenos do domínio público ou dos particulares, a concessionária deve adoptar os procedimentos estabelecidos na legislação aplicável e proceder à reparação de todos os prejuízos que resultem dos trabalhos executados.

BASE XVIII
Planeamento, remodelação e expansão
das redes e demais infra-estruturas

1 – O planeamento das redes e demais infra-estruturas está integrado no planeamento da RNDGN, nos termos previstos na legislação e na regulamentação aplicáveis.

2 – Constitui encargo e responsabilidade da concessionária o planeamento, remodelação e expansão das redes e demais infra-estruturas de distribuição de gás natural que integram a concessão, tendo em conta as condições exigíveis à satisfação do consumo na área da concessão de acordo a expansão previsional do mercado de gás natural.

3 – A concessionária deve observar na remodelação e expansão das infra-estruturas os prazos de execução adequados à permanente satisfação das necessidades identificadas no respectivo PDIR.

4 – A concessionária deve elaborar e apresentar ao concedente, nos termos previstos no contrato de concessão e de forma articulada com a gestão técnica global do sistema e com os utilizadores, o plano de investimentos nas redes e demais infra-estruturas que integram a concessão.

5 – Por razões de interesse público, nomeadamente as relativas à segurança, regularidade e qualidade do abastecimento, o concedente pode determinar a remodelação ou expansão das redes e infra-estruturas que integram a concessão, nos termos que venham a ser fixados no respectivo contrato.

CAPÍTULO V
Exploração das infra-estruturas

BASE XIX
Condições de exploração

1 – A concessionária, enquanto operadora da RNDGN na área da sua concessão, é responsável pela exploração e manutenção das redes e infra-estruturas que integram a concessão, no respeito pela legislação e regulamentação aplicáveis.

2 – Compete à concessionária gerir os fluxos de gás natural na rede, assegurando a sua interoperacionalidade com as outras redes a que esteja ligada e com as instalações dos consumidores, no quadro da gestão técnica global do sistema.

3 – A concessionária deve assegurar que a distribuição de gás natural é efectuada em condições técnicas adequadas, de forma a garantir a segurança de pessoas e bens.

BASE XX
Informação

A concessionária tem a obrigação de fornecer ao concedente todos os elementos relativos à concessão que este entenda dever solicitar-lhe.

BASE XXI
Participação de desastres e acidentes

1 – A concessionária é obrigada a participar imediatamente à DGGE todos os desastres e acidentes ocorridos nas suas instalações e, se tal não for possível, no prazo máximo de três dias a contar a partir da data da ocorrência.

2 – Sem prejuízo das competências atribuídas às autoridades públicas, sempre que dos desastres ou acidentes resultem mortes, ferimentos graves ou prejuízos materiais importantes, a concessionária deve elaborar, e enviar ao concedente, um relatório técnico com a análise das circunstâncias da ocorrência e com o estado das instalações.

BASE XXII
Ligações das redes de distribuição à RNTGN
e aos consumidores

1 – A ligação das redes de distribuição à RNTGN deve fazer-se nas condições previstas nos regulamentos aplicáveis.

2 – A ligação das redes de distribuição aos consumidores deve fazer-se nas condições previstas nos regulamentos aplicáveis.

3 – A concessionária pode recusar, fundamentadamente, o acesso às respectivas redes e infra-estruturas com base na falta de capacidade ou falta de ligação, ou se esse acesso a impedir de cumprir as suas obrigações de serviço público.

4 – A concessionária pode ainda recusar a ligação aos consumidores finais sempre que as instalações e os equipamentos de recepção dos mesmos não preencham as disposições legais e regulamentares aplicáveis, nomeadamente as respeitantes aos requisitos técnicos e de segurança.

5 – A concessionária pode impor aos consumidores, sempre que o exijam razões de segurança, a substituição, reparação ou adaptação dos respectivos equipamentos de ligação ou de recepção.

6 – A concessionária tem o direito de montar, nas instalações dos consumidores, equipamentos de medida ou de telemedida, bem como sistemas de protecção nos pontos de ligação da sua rede com essas instalações.

Regulação do Sector da Energia

BASE XXIII
Relacionamento com a concessionária da RNTGN

A concessionária encontra-se sujeita às obrigações que decorrem do exercício, por parte da concessionária da RN-TGN, das suas competências em matéria de gestão técnica global do SNGN, planeamento da RNTIAT e segurança do abastecimento, nos termos previstos na legislação e na regulamentação aplicáveis.

BASE XXIV
Interrupção por facto imputável ao consumidor

1 – A concessionária pode interromper a prestação do serviço público concessionado nos termos da regulamentação aplicável e, nomeadamente, nos seguintes casos:

a) Alteração não autorizada do funcionamento de equipamentos de queima ou sistemas de ligação às redes de distribuição de gás natural que ponha em causa a segurança ou a regularidade da entrega;

b) Incumprimento grave dos regulamentos aplicáveis ou, em caso de emergência, das suas ordens e instruções;

c) Incumprimento de obrigações contratuais pelo cliente final, designadamente em caso de falta de pagamento a qualquer comercializador de gás natural, incluindo o comercializador de último recurso.

2 – A concessionária pode, ainda, interromper unilateralmente a prestação do serviço público concessionado aos consumidores que causem perturbações que afectem a qualidade do serviço prestado quando, uma vez identificadas as causas perturbadoras, os consumidores, após aviso da concessionária, não corrijam as anomalias em prazo adequado, tendo em consideração os trabalhos a realizar.

BASE XXV
Interrupções por razões de interesse público ou de serviço

1 – A prestação do serviço público concessionado pode ser interrompida por razões de interesse público, nomeadamente quando se trate da execução de planos nacionais de emergência, declarada ao abrigo de legislação específica.

2 – As interrupções das actividades objecto da concessão, por razões de serviço, têm lugar quando haja necessidade imperiosa de realizar manobras ou trabalhos de ligação, reparação ou conservação das infra-estruturas ou instalações, desde que tenham sido esgotadas todas as possibilidades alternativas.

3 – Nas situações referidas nos números anteriores, a concessionária deve avisar os utilizadores das redes e os consumidores que possam vir a ser afectados, com a antecedência mínima de 36 horas, salvo no caso da realização de trabalhos que a segurança de pessoas e bens torne inadiáveis ou quando haja necessidade urgente de trabalhos para garantir a segurança das redes e demais infra-estruturas de distribuição de gás natural.

BASE XXVI
Medidas de protecção

1 – Sem prejuízo das medidas de emergência adoptadas pelo Governo, quando se verifique uma situação de emergência que ponha em risco a segurança de pessoas ou bens, deve a concessionária promover imediatamente as medidas que entender necessárias em matéria de segurança.

2 – As medidas referidas no número anterior devem ser imediatamente comunicadas à DGGE, às respectivas autoridades concelhias, à autoridade policial da zona afectada e, se for caso disso, ao Serviço Nacional de Protecção Civil.

BASE XXVII
Responsabilidade civil

1 – A concessionária é responsável, nos termos gerais de direito, por quaisquer prejuízos causados ao concedente ou a terceiros, pela culpa ou pelo risco, no exercício da actividade objecto da concessão.

2 – Para os efeitos do disposto no Artigo 509.º do Código Civil, entende-se que a utilização das infra-estruturas e instalações integradas na concessão é feita no exclusivo interesse da concessionária.

3 – A concessionária fica obrigada à constituição de um seguro de responsabilidade civil para cobertura dos danos materiais e corporais causados a terceiros e resultantes do exercício da respectiva actividade, cujo montante mínimo obrigatório é fixado por portaria do ministro responsável pela área da energia e actualizável de três em três anos.

4 – A concessionária deve apresentar ao concedente os documentos comprovativos da celebração do seguro, bem como da actualização referida no número anterior.

BASE XXVIII
Cobertura por seguros

1 – Para além do seguro referido na base anterior, a concessionária deve assegurar a existência e manutenção em vigor das apólices de seguro necessárias para garantir uma efectiva cobertura dos riscos da concessão.

2 – No âmbito da obrigação referida no número anterior, a concessionária fica obrigada a constituir seguros envolvendo todas as infra-estruturas e instalações que integram a concessão, contra riscos de incêndio, explosão e danos devido a terramoto ou temporal, nos termos fixados no contrato de concessão.

3 – O disposto nos números anteriores pode ser objecto de regulamentação pelo Instituto de Seguros de Portugal.

CAPÍTULO VI
Garantias e fiscalização do cumprimento das obrigações da concessionária

BASE XXIX
Caução

1 – Para a garantia do pontual e integral cumprimento das obrigações emergentes do contrato de concessão e da cobrança das multas aplicadas, a concessionária deve, antes da assinatura do contrato de concessão, prestar a favor do concedente uma caução a definir no contrato de concessão entre (euro) 1000000 e (euro) 5000000.

2 – O concedente pode utilizar a caução sempre que a concessionária não cumpra qualquer obrigação assumida no contrato de concessão.

3 – O recurso à caução é precedido de despacho do ministro responsável pela área da energia, não dependendo de qualquer outra formalidade ou de prévia decisão judicial ou arbitral.

4 – Sempre que o concedente utilize a caução, a concessionária deve proceder à reposição do seu montante integral

650

no prazo de 30 dias a contar a partir da data daquela utilização.

5 – O valor da caução é actualizado de três em três anos de acordo com o índice de preços no consumidor no continente, excluindo habitação, publicado pelo Instituto Nacional de Estatística.

6 – A caução só pode ser levantada pela concessionária um ano após a data da extinção do contrato de concessão ou antes de decorrido aquele prazo por determinação expressa do concedente, através do ministro responsável pela área da energia, mas sempre após a extinção da concessão.

7 – A caução prevista nesta base bem como outras que a concessionária venha a estar obrigada a constituir a favor do concedente devem ser prestadas por depósito em dinheiro ou por garantia bancária autónoma à primeira solicitação, cujo texto deve ser previamente aprovado pelo concedente.

BASE XXX
Fiscalização e regulação

1 – Sem prejuízo das competências atribuídas a outras entidades públicas, cabe à DGGE o exercício dos poderes de fiscalização da concessão, nomeadamente no que se refere ao cumprimento das disposições legais e regulamentares aplicáveis e do contrato de concessão.

2 – Sem prejuízo das competências atribuídas a outras entidades públicas, cabe à ERSE o exercício dos poderes de regulação das actividades que integram o objecto da concessão, nos termos previstos na legislação e na regulamentação aplicáveis.

3 – Para efeitos do disposto nos números anteriores, a concessionária deve prestar todas as informações e facultar todos os documentos que lhe forem solicitados pelas entidades fiscalizadora e reguladora no âmbito das respectivas competências, bem como permitir o livre acesso do pessoal das referidas entidades devidamente credenciado e no exercício das suas funções a todas as suas instalações.

CAPÍTULO VII
Modificações objectivas e subjectivas da concessão

BASE XXXI
ALTERAÇÃO DO CONTRATO DE CONCESSÃO

1 – O contrato de concessão pode ser alterado unilateralmente pelo concedente, sem prejuízo da reposição do respectivo equilíbrio económico e financeiro nos termos previstos na base XXXIV.

2 – O contrato de concessão pode também ser alterado por força de disposição legal imperativa, designadamente a decorrente das políticas energéticas aprovadas pela União Europeia e aplicáveis ao Estado Português.

3 – O contrato de concessão pode ainda ser modificado por acordo entre o concedente e a concessionária, desde que a modificação não envolva a violação do regime jurídico da concessão nem implique a derrogação das presentes bases.

BASE XXXII
Transmissão e oneração da concessão

1 – A concessionária não pode, sem prévia autorização do concedente, através do ministro responsável pela área da energia, onerar, subconceder, trespassar ou transmitir, por qualquer forma, no todo ou em parte, a concessão ou realizar qualquer negócio jurídico que vise atingir ou tenha por efeito, mesmo que indirecto, idênticos resultados.

2 – Os actos praticados ou os contratos celebrados em violação do disposto no número anterior são nulos, sem prejuízo de outras sanções aplicáveis.

3 – No caso de subconcessão ou de trespasse, a concessionária deve comunicar ao concedente a sua intenção de proceder à subconcessão ou ao trespasse, remetendo-lhe a minuta do respectivo contrato de subconcessão ou de trespasse e indicando todos os elementos do negócio que pretende realizar, bem como o calendário previsto para a sua realização e a identidade do subconcessionário ou do trespassário.

4 – No caso de haver lugar a uma subconcessão devidamente autorizada, a concessionária mantém os direitos e continua sujeita às obrigações decorrentes do contrato de concessão.

5 – Ocorrendo trespasse da concessão, consideram-se transmitidos para o trespassário todos os direitos e obrigações da concessionária, assumindo ainda aquele os deveres, as obrigações e os encargos que eventualmente venham a ser-lhe impostos pelo concedente como condição para a autorização do trespasse.

6 – A concessionária é responsável pela transferência integral dos seus direitos e obrigações para o trespassário, incluindo as obrigações incertas, ilíquidas ou inexigíveis à data do trespasse, em termos em que não seja afectada ou interrompida a prestação do serviço público concessionado.

CAPÍTULO VIII
Condição económica e financeira da concessionária

BASE XXXIII
Equilíbrio económico e financeiro da concessão

1 – É garantido à concessionária o equilíbrio económico e financeiro da concessão, nas condições de uma gestão eficiente.

2 – O equilíbrio económico e financeiro baseia-se no reconhecimento dos custos de investimento, de operação e manutenção e na adequada remuneração dos activos afectos à concessão.

3 – A concessionária é responsável por todos os riscos inerentes à concessão, sem prejuízo do disposto na legislação aplicável e nas presentes bases.

BASE XXXIV
Reposição do equilíbrio económico e financeiro

1 – Tendo em atenção a distribuição de riscos estabelecida no contrato de concessão, a concessionária tem direito à reposição do equilíbrio financeiro da concessão, nos seguintes casos:

a) Modificação unilateral, imposta pelo concedente, das condições de exploração da concessão, nos termos previstos nos n.os 2 e 3 da base IV, desde que, em resultado directo da mesma, se verifique, para a concessionária, um determinado aumento de custos ou uma determinada perda de receitas e esta não possa legitimamente proceder a tal reposição por recurso aos meios resultantes de uma correcta e prudente gestão;

b) Alterações legislativas que tenham um impacte directo sobre as receitas ou custos respeitantes às actividades integradas na concessão.

2 – Os parâmetros, termos e critérios da reposição do equilíbrio económico e financeiro da concessão são fixados no contrato de concessão.

Regulação do Sector da Energia

3 – Sempre que haja lugar à reposição do equilíbrio económico e financeiro da concessão, tal reposição pode ter lugar através de uma das seguintes modalidades:

a) Prorrogação do prazo da concessão;

b) Revisão do cronograma ou redução das obrigações de investimento previamente aprovadas;

c) Atribuição de compensação directa pelo concedente;

d) Combinação das modalidades anteriores ou qualquer outra forma que seja acordada.

CAPÍTULO IX
Incumprimento do contrato de concessão

BASE XXXV
Responsabilidade da concessionária por incumprimento

1 – A violação, pela concessionária, de qualquer das obrigações assumidas no contrato de concessão fá-la incorrer em responsabilidade perante o concedente.

2 – A responsabilidade da concessionária cessa sempre que ocorra caso de força maior, ficando a seu cargo fazer prova da ocorrência.

3 – Consideram-se unicamente casos de força maior os acontecimentos imprevisíveis e irresistíveis cujos efeitos se produzam independentemente da vontade ou circunstâncias pessoais da concessionária.

4 – Constituem, nomeadamente, casos de força maior actos de guerra, hostilidades ou invasão, terrorismo, epidemias, radiações atómicas, graves inundações, raios, ciclones, tremores de terra e outros cataclismos naturais que afectem a actividade objecto da concessão.

5 – A ocorrência de um caso de força maior tem por efeito exonerar a concessionária da responsabilidade pelo não cumprimento das obrigações emergentes do contrato de concessão que sejam afectadas pela ocorrência do mesmo, na estrita medida em que o respectivo cumprimento pontual e atempado tenha sido efectivamente impedido.

6 – No caso de impossibilidade de cumprimento do contrato de concessão por causa de força maior, o concedente pode proceder à sua rescisão, nos termos fixados no mesmo.

7 – A concessionária fica obrigada a comunicar ao concedente a ocorrência de qualquer evento qualificável como caso de força maior, bem como a indicar, no mais curto prazo possível, quais as obrigações emergentes do contrato de concessão cujo cumprimento, no seu entender, se encontra impedido ou dificultado por força de tal ocorrência e, bem assim, se for o caso, as medidas que tomou ou pretende tomar para fazer face à situação ocorrida, a fim de mitigar o impacte do referido evento e os respectivos custos.

8 – A concessionária deve, em qualquer caso, tomar imediatamente as medidas que sejam necessárias para assegurar a retoma normal das obrigações suspensas, constituindo estrita obrigação da concessionária mitigar, por qualquer meio razoável e apropriado ao seu dispor, dos efeitos da verificação de um caso de força maior.

BASE XXXVI
Multas contratuais

1 – Sem prejuízo das situações de incumprimento que podem dar origem a sequestro ou rescisão da concessão nos termos previstos nas presentes bases e no contrato de concessão, o incumprimento pela concessionária de quaisquer obrigações assumidas no contrato de concessão pode ser sancionado, por decisão do concedente, pela aplicação de multas contratuais, cujo montante varia em função da gravidade da infracção cometida e do grau de culpa do infractor, até (euro) 5000000.

2 – A aplicação de multas contratuais está dependente de notificação prévia da concessionária pelo concedente para reparar o incumprimento e do não cumprimento do prazo de reparação fixado nessa notificação, nos termos do número seguinte, ou da não reparação integral da falta pela concessionária naquele prazo.

3 – O prazo de reparação do incumprimento é fixado pelo concedente de acordo com critérios de razoabilidade e tem sempre em atenção a defesa do interesse público e a manutenção em funcionamento da concessão.

4 – Caso a concessionária não proceda ao pagamento voluntário das multas contratuais que lhe forem aplicadas no prazo de 20 dias a contar a partir da sua fixação e notificação pelo concedente, este pode utilizar a caução para pagamento das mesmas.

5 – O valor máximo das multas estabelecido na presente base é actualizado em Janeiro de cada ano, de acordo com o índice de preços no consumidor no continente, excluindo habitação, publicado pelo Instituto Nacional de Estatística, referente ao ano anterior.

6 – A aplicação de multas não prejudica a aplicação de outras sanções contratuais nem de outras sanções previstas na lei ou em regulamento nem isenta a concessionária da responsabilidade civil, criminal e contra-ordenacional em que incorrer perante o concedente ou terceiro.

BASE XXXVII
Sequestro

1 – Em caso de incumprimento grave pela concessionária das obrigações emergentes do contrato de concessão, o concedente, através de despacho do ministro responsável pela área da energia, pode, mediante sequestro, tomar conta da concessão.

2 – O sequestro da concessão pode ter lugar, nomeadamente, quando se verifique qualquer das seguintes situações por motivos imputáveis à concessionária:

a) Estiver iminente ou ocorrer a cessação ou interrupção, total ou parcial, do desenvolvimento da actividade objecto da concessão;

b) Deficiências graves na organização, no funcionamento ou no regular desenvolvimento da actividade objecto da concessão, bem como em situações de insegurança de pessoas e bens;

c) Deficiências graves no estado geral das redes e demais infra-estruturas que comprometam a continuidade ou a qualidade da actividade objecto da concessão.

3 – A concessionária está obrigada a proceder à entrega do estabelecimento da concessão no prazo que lhe for fixado pelo concedente quando lhe for comunicada a decisão de sequestro da concessão.

4 – Verificando-se qualquer facto que possa dar lugar ao sequestro da concessão, observar-se-á, com as devidas adaptações, o processo de sanação do incumprimento previsto nos n.os 4 e 5 da base XLII.

5 – Verificado o sequestro, a concessionária suporta todos os encargos que resultarem para o concedente do exercício da concessão, bem como as despesas extraordinárias necessárias ao restabelecimento da normalidade.

Decreto-Lei n.º 140/2006

6 – Logo que cessem as razões do sequestro e seja restabelecido o normal funcionamento da concessão, a concessionária é notificada para retomar a concessão no prazo que lhe for fixado.

7 – A concessionária pode optar pela rescisão da concessão caso o sequestro se mantenha por seis meses após ter sido restabelecido o normal funcionamento da concessão, sendo então aplicável o disposto na base XLIII.

8 – Se a concessionária não retomar a concessão no prazo que lhe for fixado, pode o concedente, através do ministro responsável pela área da energia, determinar a imediata rescisão do contrato de concessão.

9 – No caso de a concessionária ter retomado o exercício da concessão e continuarem a verificar-se graves deficiências no mesmo, pode o concedente, através do ministro responsável pela área da energia, ordenar novo sequestro ou determinar a imediata rescisão do contrato de concessão.

CAPÍTULO X
Suspensão e extinção da concessão

BASE XXXVIII
Casos de extinção da concessão

1 – A concessão extingue-se por acordo entre o concedente e a concessionária, por rescisão, por resgate e pelo decurso do respectivo prazo.

2 – A extinção da concessão determina a transmissão para o concedente de todos os bens e meios a ela afectos, nos termos previstos nas presentes bases e no contrato de concessão, bem como dos direitos e das obrigações inerentes ao seu exercício, sem prejuízo do direito de regresso do concedente sobre a concessionária pelas obrigações assumidas pela concessionária que sejam estranhas às actividades da concessão ou hajam sido contraídas em violação da lei ou do contrato de concessão ou, ainda, que sejam obrigações vencidas e não cumpridas.

3 – Da transmissão prevista no número anterior excluem-se os fundos ou reservas consignados à garantia ou cobertura de obrigações da concessionária de cujo cumprimento lhe seja dada quitação pelo concedente, a qual se presume se decorrido um ano sobre a extinção da concessão não houver declaração em contrário do concedente, através do ministro responsável pela área da energia.

4 – A tomada de posse do estabelecimento da concessão pelo concedente é precedida de vistoria ad perpetuam rei memoriam, realizada pelo concedente, à qual assistem representantes da concessionária, destinada à verificação do estado de conservação e manutenção dos bens, devendo ser lavrado o respectivo auto.

BASE XXXIX
Decurso do prazo da concessão

1 – Decorrido o prazo da concessão, transmitem-se para o concedente todos os bens e meios afectos à concessão, livres de ónus ou encargos, em bom estado de conservação, funcionamento e segurança, sem prejuízo do normal desgaste do seu uso para os efeitos do contrato de concessão.

2 – Cessando a concessão pelo decurso do prazo, é paga pelo Estado à concessionária uma indemnização correspondente ao valor contabilístico dos bens afectos à concessão adquiridos pela concessionária com referência ao último balanço aprovado, líquido de amortizações e de comparticipações financeiras e subsídios a fundo perdido.

3 – Caso a concessionária não dê cumprimento ao disposto no n.º 1, o concedente promove a realização dos trabalhos e aquisições que sejam necessários à reposição dos bens aí referidos, correndo os respectivos custos pela concessionária e podendo ser utilizada a caução para os liquidar no caso de a concessionária não proceder ao pagamento voluntário e atempado dos referidos custos.

BASE XL
Procedimentos em caso de extinção da concessão

1 – O concedente reserva-se o direito de tomar, nos últimos dois anos do prazo da concessão, as providências que julgar convenientes para assegurar a continuação do serviço no termo da concessão ou as medidas necessárias para efectuar, durante o mesmo prazo, a transferência progressiva da actividade objecto da concessão para a nova concessionária.

2 – No contrato de concessão são previstos os termos e os modos pelos quais se procede, em caso de extinção da concessão, à transferência para o concedente da titularidade de eventuais direitos detidos pela concessionária sobre terceiros e que se revelem necessários para a continuidade da prestação dos serviços concedidos e, em geral, à tomada de quaisquer outras medidas tendentes a evitar a interrupção da prestação do serviço público concessionado.

BASE XLI
Resgate da concessão

1 – O concedente, através do ministro responsável pela área da energia, pode resgatar a concessão sempre que o interesse público o justifique, decorridos que sejam, pelo menos, 15 anos sobre a data do início do respectivo prazo, mediante notificação feita à concessionária, por carta registada com aviso de recepção, com, pelo menos, um ano de antecedência.

2 – O concedente assume, decorrido o período de um ano sobre a notificação do resgate, todos os bens e meios afectos à concessão anteriormente à data dessa notificação, incluindo todos os direitos e obrigações inerentes ao exercício da concessão e ainda aqueles que tenham sido assumidos pela concessionária após a data da notificação desde que tenham sido previamente autorizados pelo concedente, através do ministro responsável pela área da energia.

3 – A assunção de obrigações por parte do concedente é feita, sem prejuízo do seu direito de regresso sobre a concessionária, pelas obrigações por esta contraídas que tenham exorbitado da gestão normal da concessão.

4 – Em caso de resgate, a concessionária tem direito a uma indemnização cujo valor deve atender ao valor contabilístico à data do resgate dos bens revertidos para o concedente, livres de quaisquer ónus ou encargos, e ao valor de eventuais lucros cessantes.

5 – O valor contabilístico dos bens referidos no número anterior, à data do resgate, entende-se líquido de amortizações e de comparticipações financeiras e subsídios a fundo perdido, incluindo-se nestes o valor dos bens cedidos pelo concedente.

6 – Para efeitos do cálculo da indemnização, o valor dos bens que se encontrem anormalmente depreciados ou deteriorados devido a deficiência da concessionária na sua manutenção ou reparação é determinado de acordo com o seu estado de funcionamento efectivo.

Regulação do Sector Financeiro – Seguros e Fundos de Pensões

Base XLII
Rescisão do contrato de concessão pelo concedente

1 – O concedente pode rescindir o contrato de concessão no caso de violação grave, não sanada ou não sanável, das obrigações da concessionária decorrentes do contrato de concessão.

2 – Constituem, nomeadamente, causas de rescisão do contrato de concessão por parte do concedente os seguintes factos ou situações:

a) Desvio do objecto e dos fins da concessão;

b) Suspensão ou interrupção injustificada da actividade objecto da concessão;

c) Oposição reiterada ao exercício da fiscalização, repetida desobediência às determinações do concedente ou sistemática inobservância das leis e dos regulamentos aplicáveis à exploração, quando se mostrem ineficazes as sanções aplicadas;

d) Recusa em proceder aos investimentos necessários à adequada conservação e reparação das redes e demais infra-estruturas ou à respectiva ampliação;

e) Recusa ou impossibilidade da concessionária em retomar a concessão, nos termos do disposto no n.º 8 da base XXXVII, ou, quando o tiver feito, verificar-se a continuação das situações que motivaram o sequestro;

f) Cobrança dolosa das tarifas com valor superior ao fixado;

g) Dissolução ou insolvência da concessionária;

h) Transmissão ou oneração da concessão, no todo ou em parte, sem prévia autorização;

i) Recusa da reconstituição atempada da caução.

3 – Não constituem causas de rescisão os factos ocorridos por motivos de força maior.

4 – Verificando-se um dos casos de incumprimento referidos no número anterior ou qualquer outro que, nos termos do disposto no n.º 1 desta base, possa motivar a rescisão da concessão, o concedente, através do ministro responsável pela área da energia, deve notificar a concessionária para, no prazo que razoavelmente lhe for fixado, cumprir integralmente as suas obrigações e corrigir ou reparar as consequências dos seus actos, excepto tratando-se de uma violação não sanável.

5 – Caso a concessionária não cumpra as suas obrigações ou não corrija ou repare as consequências do incumprimento nos termos determinados pelo concedente, este pode rescindir o contrato de concessão mediante comunicação enviada à concessionária, por carta registada com aviso de recepção, sem prejuízo do disposto no número seguinte.

6 – Caso o concedente pretenda rescindir o contrato de concessão, designadamente pelos factos referidos na alínea *g)* do n.º 1, deve previamente notificar os principais credores da concessionária que sejam conhecidos para, no prazo que lhes for determinado, nunca superior a três meses, proporem uma solução que possa sobrestar à rescisão, desde que o concedente com ela concorde.

7 – A comunicação da decisão de rescisão referida no n.º 5 produz efeitos imediatos, independentemente de qualquer outra formalidade.

8 – A rescisão do contrato de concessão pelo concedente implica a transmissão gratuita de todos os bens e meios afectos à concessão para o concedente sem qualquer indemnização e, bem assim, a perda da caução prestada em garantia do pontual e integral cumprimento do contrato, sem prejuízo do direito de o concedente ser indemnizado pelos prejuízos sofridos nos termos gerais de direito.

Base XLIII
Rescisão do contrato de concessão pela concessionária

1 – A concessionária pode rescindir o contrato de concessão com fundamento no incumprimento grave das obrigações do concedente se do mesmo resultarem perturbações que ponham em causa o exercício da actividade concedida.

2 – A rescisão prevista no número anterior implica a transmissão de todos os bens e meios afectos à concessão para o concedente, sem prejuízo do direito da concessionária ser ressarcida dos prejuízos que lhe foram causados, incluindo o valor dos investimentos efectuados e dos lucros cessantes calculados nos termos previstos anteriormente para o resgate.

3 – A rescisão do contrato de concessão produz efeitos reportados à data da sua comunicação ao concedente por carta registada com aviso de recepção.

4 – No caso de rescisão do contrato de concessão pela concessionária, esta deve seguir o procedimento previsto para o concedente nos n.os 4 e 5 da base anterior.

CAPÍTULO XI
Disposições diversas

Base XLIV
Exercício dos poderes do concedente

Os poderes do concedente referidos nas presentes bases, excepto quando devam ser exercidos pelo ministro responsável pela área da energia, devem ser exercidos pela DGGE, sendo os actos praticados pelo respectivo director-geral ou pela ERSE, consoante as competências de cada uma destas entidades.

Base XLV
Resolução de diferendos

1 – O concedente e a concessionária podem celebrar convenções de arbitragem destinadas à resolução de quaisquer questões emergentes do contrato de concessão, nos termos da Lei n.º 31/86, de 29 de Agosto.

2 – A concessionária e os operadores e consumidores da RNTGN podem, nos termos da lei, celebrar convenções de arbitragem para solução dos litígios emergentes dos respectivos contratos.

Decreto-Lei n.º 31/2006, de 15 de Fevereiro – **Estabelece as bases gerais da organização e funcionamento do Sistema Petrolífero Nacional (SPN), bem com as disposições gerais aplicáveis ao exercício das actividades de armazenamento, transporte, distribuição, refinação e comercialização e à organização dos mercados de petróleo bruto e de produtos de petróleo**

Decreto-Lei n.º 31/2006
de 15 de Fevereiro

Com a adesão de Portugal à então Comunidade Económica Europeia, o regime jurídico do sector petrolífero, basicamente unificado na Lei n.º 1947, de 12 de Fevereiro de 1937, viria a ser objecto de sucessivas reformas, meramente parcelares, cobrindo actividades como a refinação de petróleo bruto e o tratamento de produtos de petróleo, o armazenamento, o transporte, a distribuição e a comercialização, as quais passaram a reger-se por diplomas próprios. Paralelamente, foi publicada outra regulamentação maioritariamente de fonte comunitária, regulando matérias como a constituição, manutenção e gestão de reservas estratégicas e de segurança e, bem assim, numerosa outra regulamentação técnica dirigida à normalização e ao acompanhamento da evolução das especificações técnicas de produtos de petróleo.

Assim, vigora um quadro regulador do sector petrolífero marcadamente fragmentado, disperso e, em alguns casos, desactualizado, carecendo de um tratamento normativo de conjunto que cubra, no quadro de um regime geral, de forma estruturada, sistematizada e coordenada, o conjunto de princípios, organizações, agentes e instalações integrantes do sector petrolífero.

A Resolução do Conselho de Ministros n.º 169/2005, de 24 de Outubro, que aprovou a Nova Estratégia para a Energia, estabelece como principal linha de estratégia a liberalização e a promoção da concorrência nos mercados energéticos, através da alteração dos respectivos enquadramentos estruturais.

O presente decreto-lei, concretizando no plano normativo a linha estratégica da Resolução do Conselho de Ministros n.º 169/2005, de 24 de Outubro, define para o sector petrolífero um quadro legislativo coerente e articulado com a legislação comunitária, com as obrigações decorrentes da Agência Internacional de Energia e com os princípios e objectivos estratégicos aprovados na referida resolução.

Nestes termos, o presente decreto-lei define os princípios fundamentais orientadores das actividades e agentes, prevendo o livre acesso de terceiros às grandes instalações petrolíferas e às redes de distribuição locais, a não discriminação e transparência das metodologias e dos critérios de aplicação tarifária quando for o caso, sem esquecer os direitos dos consumidores e a possibilidade do estabelecimento de obrigações de serviço público.

Por outro lado, consagra, no âmbito dos compromissos internacionalmente assumidos, as disposições aplicáveis, nomeadamente, em termos de segurança do abastecimento e de partilha dos recursos disponíveis em caso de crise.

Estabelece o regime geral para o acesso ao exercício das várias actividades – tratamento e refinação, armazenamento, transporte por conduta, distribuição e comercialização – mantendo o princípio da sujeição a licenciamento das instalações petrolíferas a partir das quais aquelas são exercidas, mas prevendo para a comercialização um licenciamento próprio, considerando as realidades e a multiplicidade de situações específicas inerentes à comercialização de produtos petrolíferos.

Ao Estado cabe o papel supletivo de garantir a segurança do abastecimento de combustíveis, através da monitorização do mercado pela Direcção-Geral de Geologia e Energia e pela definição da obrigação de constituição de reservas pelos intervenientes. Por outro lado, para reduzir a dependência do exterior do nosso país dos produtos petrolíferos, integra-se a política do sector petrolífero no quadro da política energética nacional, promovendo-se a diversificação do aprovisionamento, da utilização de fontes de energia renováveis e da eficácia e da eficiência energética.

Considerando a importância da protecção do ambiente e dos compromissos internacionais assumidos, designadamente em matéria de emissões, condiciona-se o exercício das actividades ao respeito da política ambiental, promovendo-se simultaneamente a utilização racional de energia.

Finalmente, o presente decreto-lei remete para legislação complementar a formulação de soluções técnicas ou procedimentais.

Foram ouvidos os órgãos de governo próprio das Regiões Autónomas e a Associação Nacional de Municípios Portugueses.

Assim:

Nos termos da alínea a) do n.º 1 do artigo 198.º da Constituição, o Governo decreta o seguinte:

CAPÍTULO I
Disposições gerais

ARTIGO 1.º
Objecto

O presente decreto-lei estabelece as bases gerais da organização e funcionamento do Sistema Petrolífero Nacional (SPN), bem como as disposições gerais aplicáveis ao exercício das actividades de armazenamento, transporte, distribuição, refinação e comercialização e à organização dos mercados de petróleo bruto e de produtos de petróleo.

Regulação do Sector da Energia

Artigo 2.º
Âmbito de aplicação

1 – O presente decreto-lei aplica-se a todo o território nacional.

2 – Salvo menção expressa no presente decreto-lei, as referências à organização, ao funcionamento e ao regime das actividades que integram o SPN reportam-se ao continente.

3 – O disposto no número anterior não prejudica, a nível nacional, a unidade e a integração do SPN.

Artigo 3.º
Definições

Para efeitos do presente decreto-lei, entende-se por:

a) «Armazenamento» a manutenção de petróleo bruto e de produtos de petróleo, em reservatórios situados em instalações devidamente autorizadas, incluindo cavernas, para fins logísticos, de consumo ou de constituição de reservas de segurança, para uso próprio ou de terceiros, incluindo instalações de venda a retalho e com exclusão da manutenção de produtos em vias de fabrico nas refinarias ou noutras instalações petrolíferas industriais;

b) «Centros de operação logística» as grandes instalações de armazenamento ligadas a terminais marítimos ou a refinarias, através de sistemas de transporte de produtos de petróleo por conduta;

c) «Cliente» o cliente grossista ou retalhista e o cliente final de produtos de petróleo;

d) «Cliente doméstico» o cliente final que compra produtos de petróleo para consumo doméstico, excluindo actividades comerciais ou profissionais;

e) «Cliente final» o cliente que compra produtos de petróleo para consumo próprio;

f) «Comercializador grossista» a pessoa singular ou colectiva que introduza no território nacional petróleo bruto para refinação ou produtos de petróleo para comercialização, não incluindo a venda a clientes finais;

g) «Comercializador retalhista» a pessoa singular ou colectiva que comercializa produtos de petróleo em instalações de venda a retalho, designadamente de venda automática, com ou sem entrega ao domicílio dos clientes;

h) «Distribuição» a veiculação de produtos de petróleo através de equipamentos móveis (rodoviários, ferroviários e embarcações) ou fixos (redes e ramais de condutas) tendo em vista o abastecimento de clientes finais, ou de instalações de armazenamento destinado ao abastecimento directo de clientes finais;

i) «GPL» os gases de petróleo liquefeitos;

j) «Grandes instalações de armazenamento» as instalações de armazenamento de produtos de petróleo que pela sua capacidade e localização sejam definidos como de interesse estratégico, segundo os critérios que vierem a ser estabelecidos em legislação complementar;

l) «Grandes instalações petrolíferas» as refinarias, as grandes instalações de armazenamento e os sistemas de transporte de produtos de petróleo por conduta, integrados ou não em centros de operação logística;

m) «Instalação petrolífera» a infra-estrutura industrial ou logística destinada ao exercício de qualquer actividade prevista pelo presente decreto-lei;

n) «ISP» o imposto sobre os produtos de petróleo;

o) «Mercado petrolífero» o conjunto das operações comerciais e financeiras relativas ao petróleo bruto e aos produtos de petróleo transaccionados no território nacional, bem como as importações e exportações;

p) «Operador de instalações petrolíferas» a pessoa singular ou colectiva responsável pela gestão e exploração de uma instalação petrolífera;

q) «Outras actividades petrolíferas industriais, ou tratamento» as actividades de manipulação, designadamente, trasfegas ou enchimentos e as operações físicas simples, nomeadamente de rectificação e de mistura, podendo também incluir as operações químicas de purificação ou acabamento, efectuadas sobre produtos de petróleo;

r) «Petróleo bruto» o óleo mineral, tal como extraído das respectivas jazidas, formado essencialmente por hidrocarbonetos;

s) «Produtos de petróleo» os produtos obtidos por destilação do petróleo bruto e tratamentos subsequentes, designadamente GPL, gasolinas para automóveis e de aviação, nafta petroquímica, petróleos de iluminação e de motores, carborreactores, gasóleo, fuelóleos, lubrificantes, asfalto, solventes, parafinas, coque do petróleo e outros derivados do petróleo bruto destinados ao consumo;

t) «Refinação» a actividade que procede à transformação de petróleo bruto, de outros hidrocarbonetos líquidos naturais e de produtos semi-fabricados, para fabrico de produtos de petróleo;

u) «Reservas de segurança» as quantidades de produtos de petróleo armazenadas com o fim de serem introduzidas no mercado quando expressamente determinado pelo Governo, para fazer face a situações de perturbação do abastecimento;

v) «Reservas estratégicas» a parte das reservas de segurança constituídas e mantidas com fins estratégicos pela entidade pública empresarial constituída para o efeito;

x) «Sistema Petrolífero Nacional (SPN)» o conjunto de princípios, organizações, agentes e instalações relacionados com as actividades abrangidas pelo presente decreto-lei, no território nacional;

z) «Transporte» a veiculação de petróleo bruto ou de produtos de petróleo através de equipamentos móveis (rodoviários e ferroviários e embarcações) ou fixos (oleodutos), excluindo o abastecimento directo a clientes finais, ou de instalações de armazenamento destinadas ao abastecimento directo de clientes finais.

Artigo 4.º
Objectivo e princípios gerais

1 – O exercício das actividades abrangidas pelo presente decreto-lei tem como objectivo fundamental contribuir para o desenvolvimento e para a coesão económica e social, assegurando, nomeadamente, a oferta de produtos de petróleo em termos adequados às necessidades dos consumidores, quer qualitativa quer quantitativamente.

2 – O exercício das actividades abrangidas pelo presente decreto-lei deve obedecer a princípios de racionalidade e eficiência dos meios a utilizar, desde a recepção ou importação até ao consumo, de forma a contribuir para a progressiva melhoria da competitividade e eficiência do SPN, no quadro da realização do mercado interno, desenvolvendo-se tendo em conta a utilização racional dos recursos, a sua preservação e a manutenção do equilíbrio ambiental.

3 – O exercício das actividades previstas no presente decreto-lei processa-se com observância dos princípios da concorrência, sem prejuízo do cumprimento das obrigações de serviço público.

4 – Nos termos do presente decreto-lei, são assegurados a todos os interessados os seguintes direitos:

a) Liberdade de acesso ou de candidatura ao exercício das actividades;

b) Não discriminação;

c) Igualdade de tratamento e de oportunidades;

d) Imparcialidade nas decisões;

e) Transparência e objectividade das regras e decisões;

f) Acesso à informação e salvaguarda da confidencialidade da informação considerada sensível;

g) Liberdade de escolha do comercializador de produtos de petróleo.

Artigo 5.º
Obrigações de serviço público

1 – Sem prejuízo do exercício das actividades em regime livre e concorrencial, são estabelecidas obrigações de serviço público nos termos previstos no presente decreto-lei.

2 – As obrigações de serviço público são da responsabilidade dos intervenientes no SPN, nos termos previstos no presente decreto-lei e na legislação complementar.

3 – São obrigações de serviço público, nomeadamente:

a) A segurança, a regularidade e a qualidade do abastecimento;

b) A protecção dos consumidores;

c) A satisfação de necessidades de consumidores prioritários, nomeadamente nos sectores da saúde, protecção civil, Forças Armadas e assistência social;

d) Promoção da eficiência energética e da utilização racional dos meios e dos produtos de petróleo e protecção do ambiente.

Artigo 6.º
Protecção dos consumidores

1 – Para efeitos do presente decreto-lei, entende-se por consumidor o cliente final de produtos de petróleo.

2 – No exercício das actividades objecto do presente decreto-lei, é assegurada a protecção dos consumidores, nomeadamente quanto à prestação do serviço, ao exercício do direito de informação, à qualidade da prestação do serviço, à repressão de cláusulas abusivas e à resolução de litígios, em particular aos consumidores abrangidos pela prestação de serviços públicos considerados essenciais, nos termos da Lei n.º 23/96, de 26 de Julho.

3 – A distribuição, incluindo o armazenamento que lhe está directamente associado, e a comercialização de GPL canalizado integram o conceito de serviço público essencial nos termos da Lei n.º 23/96, de 26 de Julho.

Artigo 7.º
Protecção do ambiente

1 – No exercício das actividades abrangidas pelo presente decreto-lei, os intervenientes no SPN devem adoptar as providências adequadas à minimização dos impactes ambientais, observando as disposições legais aplicáveis.

2 – O Estado deve promover políticas de utilização racional de energia, tendo em vista a eficiência energética e a protecção da qualidade do ambiente.

Artigo 8.º
Medidas de salvaguarda

1 – Em caso de crise energética como tal definida em legislação específica, nomeadamente de crise súbita no mercado ou de ameaça à segurança de pessoas e bens, enquadrada na definição do regime jurídico aplicável às crises energéticas, o Governo pode adoptar medidas excepcionais de salvaguarda, comunicando essas medidas de imediato à Comissão Europeia, sempre que sejam susceptíveis de provocar distorções de concorrência e afectarem negativamente o funcionamento dos mercados.

2 – As medidas de salvaguarda, tomadas nos termos do número anterior, devem ser limitadas no tempo, restringidas ao necessário para solucionar a crise ou ameaça que as justificou, minorando as perturbações no funcionamento do mercado petrolífero.

Artigo 9.º
Competências do Governo

1 – O Governo define a política do SPN, a sua organização e funcionamento, com vista à realização de um mercado competitivo, eficiente, seguro e ambientalmente sustentável, de acordo com o presente decreto-lei, competindo-lhe, neste âmbito:

a) Promover a legislação complementar relativa ao exercício das actividades abrangidas pelo presente decreto-lei;

b) Promover a legislação complementar relativa às condições aplicáveis à construção, alteração e exploração das instalações de refinação, tratamento e armazenamento de petróleo bruto e de produtos de petróleo, bem como do transporte, da distribuição e da comercialização de produtos de petróleo;

c) Especificar as características dos produtos de petróleo e regulamenta a sua utilização.

2 – Compete, ainda, ao Governo garantir a segurança de abastecimento, designadamente através da:

a) Definição das obrigações de constituição e manutenção de reservas e das condições da sua mobilização em situações de crise energética;

b) Promoção da adequada diversificação das fontes de aprovisionamento, em articulação com a utilização de outras formas alternativas de energia;

c) Promoção da eficiência energética e da utilização racional dos meios e dos produtos de petróleo;

d) Constituição de um cadastro centralizado e actualizado das instalações petrolíferas localizadas em território nacional;

e) Declaração de crise energética nos termos da legislação aplicável e adopção das medidas restritivas nela previstas, de forma a minorar os seus efeitos e garantir o abastecimento de combustíveis às entidades consideradas prioritárias.

Artigo 10.º
Regime de preços

Sem prejuízo das regras de concorrência e das obrigações de serviço público, os preços a praticar integram-se no regime de preços livres.

CAPÍTULO II
Organização, regime de actividades e funcionamento

SECÇÃO I
Composição do SPN

ARTIGO 11.º
Sistema Petrolífero Nacional

Para efeitos do presente decreto-lei, entende-se por SPN o conjunto de princípios, organizações, agentes, actividades e instalações abrangidos pelo presente decreto-lei, no território nacional.

ARTIGO 12.º
Actividades do SPN

1 – O SPN integra o exercício das seguintes actividades:
a) Refinação de petróleo bruto e tratamento de produtos de petróleo;
b) Armazenamento de petróleo bruto e de produtos de petróleo;
c) Transporte de petróleo bruto e de produtos de petróleo;
d) Distribuição de produtos de petróleo;
e) Comercialização de petróleo bruto e de produtos de petróleo.

2 – O exercício das actividades referidas no número anterior é acumulável, desde que os intervenientes cumpram as condições para cada uma das actividades e não infrinjam a lei da concorrência.

3 – Os intervenientes no SPN devem obedecer a princípios de separação contabilística ou jurídica entre actividades, nos termos a definir em legislação complementar.

ARTIGO 13.º
Intervenientes no SPN

São intervenientes no SPN:
a) Os operadores de refinação de petróleo bruto e de tratamento de produtos de petróleo;
b) Os operadores de armazenamento de petróleo bruto e de produtos de petróleo;
c) Os operadores de transporte de petróleo bruto e de produtos de petróleo;
d) Os operadores de distribuição de produtos de petróleo;
e) Os comercializadores de petróleo bruto e de produtos de petróleo;
f) Os consumidores de produtos de petróleo.

SECÇÃO II
Refinação de petróleo bruto
e tratamento de produtos de petróleo

ARTIGO 14.º
Refinação

O exercício da actividade de refinação de petróleo bruto não carece de licenciamento autónomo, mas depende do licenciamento das instalações a conceder pelo Ministro da Economia e da Inovação, tendo em conta a idoneidade e capacidade técnica, económica e financeira do requerente, a conformidade do respectivo projecto com a política energética nacional, os planos de ordenamento do território e os objec-

tivos de política ambiental, nos termos a definir em legislação complementar.

ARTIGO 15.º
Tratamento de produtos de petróleo

O exercício da actividade de tratamento de produtos de petróleo não carece de licenciamento autónomo, mas depende do licenciamento das instalações, nos termos a definir em legislação complementar.

SECÇÃO III
Armazenamento

ARTIGO 16.º
Armazenamento

1 – O exercício da actividade de armazenamento não carece de licenciamento autónomo, mas depende do licenciamento das instalações.

2 – A atribuição da licença para as grandes instalações de armazenamento é concedida pelo Ministro da Economia e da Inovação.

3 – A atribuição da licença para as demais instalações de armazenamento cabe às entidades competentes para o licenciamento, nos termos do artigo 33.º

4 – Na atribuição da licença deve atender-se à idoneidade e capacidade técnica, económica e financeira do requerente, à conformidade do projecto das instalações com a política energética nacional, com os planos de ordenamento do território e com os objectivos de política ambiental e demais condições nos termos definidos em legislação complementar.

5 – O exercício da actividade de armazenamento inclui a operação de instalações de armazenamento destinadas ao abastecimento directo de clientes finais, nomeadamente de postos de abastecimento a veículos rodoviários, embarcações e aeronaves, de armazenamento de produtos de petróleo em taras e de instalações de venda a granel.

SECÇÃO IV
Transporte

ARTIGO 17.º
Transporte

1 – O exercício da actividade de transporte pode processar-se:
a) Por via marítima, fluvial, rodoviária e ferroviária;
b) Através de condutas.

2 – As condições a que deve obedecer o acesso, o licenciamento e o exercício da actividade de transporte pelos meios referidos na alínea a) do número anterior são estabelecidas no âmbito da legislação do sector dos transportes e demais legislação específica aplicável.

3 – O exercício da actividade de transporte por conduta não carece de licenciamento autónomo, mas depende do licenciamento das instalações a conceder pelo Ministro da Economia e da Inovação, tendo em conta a idoneidade e capacidade técnica, económica e financeira do requerente, a conformidade do respectivo projecto com a política energética nacional, o plano de ordenamento do território e os objectivos de política ambiental, nos termos a definir em legislação complementar.

Decreto-Lei n.º 31/2006

SECÇÃO V
Distribuição de produtos de petróleo

ARTIGO 18.º
Distribuição

1 – A distribuição de produtos de petróleo pode processar-se:
a) Por via marítima, fluvial, rodoviária e ferroviária;
b) Através de condutas, designadamente redes e ramais de gasodutos.

2 – As condições a que deve obedecer o acesso, o licenciamento e o exercício da actividade de distribuição de produtos de petróleo, pelos meios referidos na alínea a) do número anterior, são estabelecidas no âmbito da legislação do sector dos transportes e demais legislação específica aplicável.

3 – O exercício da actividade de distribuição de produtos de petróleo por conduta não carece de licenciamento autónomo, mas depende do licenciamento das instalações, tendo em conta a idoneidade e capacidade técnica, económica e financeira do requerente, e a conformidade do respectivo projecto com a política energética nacional, com os planos de ordenamento do território e com os objectivos de política ambiental, nos termos definidos em legislação complementar.

SECÇÃO VI
Comercialização

ARTIGO 19.º
Regime do exercício

1 – O exercício da actividade de comercialização de petróleo bruto e de produtos de petróleo é livre, ficando sujeito a licença, nos termos da regulamentação do presente decreto-lei, bem como às disposições legais em matéria fiscal e aduaneira.

2 – O exercício da actividade referida no número anterior consiste na compra e venda de petróleo bruto ou de produtos de petróleo para comercialização a clientes finais, ou outros intervenientes no SPN.

ARTIGO 20.º
Comercializadores

1 – São comercializadores de petróleo bruto e de produtos de petróleo:
a) Os comercializadores grossistas;
b) Os comercializadores retalhistas.

2 – As condições do exercício da actividade de comercialização são estabelecidas em legislação complementar, que determina os requisitos aplicáveis ao exercício da actividade, bem como as obrigações a que ficam sujeitos, nomeadamente, quanto:
a) À obrigação e regularidade do fornecimento;
b) À publicitação dos preços praticados;
c) À prestação de informação às entidades administrativas competentes.

ARTIGO 21.º
Recepção, expedição, importação e exportação

A recepção e expedição de e para o espaço da União Europeia, bem como a importação e exportação de petróleo bruto e de produtos de petróleo são livres, ficando sujeitas ao cumprimento das disposições estabelecidas no artigo 19.º, designadamente ao cumprimento das condições estabelecidas na legislação fiscal e aduaneira, bem como dos requisitos estabelecidos no n.º 2 do artigo 20.º

CAPÍTULO III
Consumidores

ARTIGO 22.º
Direitos

1 – Todos os consumidores têm o direito de escolher o seu comercializador de produtos de petróleo.

2 – São também direitos dos consumidores:
a) Acesso às instalações nos termos previstos nos artigos 24.º e 25.º;
b) Acesso à informação, nomeadamente, sobre preços e tarifas aplicáveis e condições normais de acesso aos produtos e aos serviços, de forma transparente e não discriminatória;
c) Ausência de pagamento por mudança de comercializador;
d) Acesso à informação sobre os seus direitos, designadamente no que se refere a serviços considerados essenciais;
e) Qualidade e segurança dos produtos e serviços prestados;
f) Disponibilização de procedimentos transparentes, simples e a baixo custo para o tratamento das suas queixas e reclamações relacionadas com o abastecimento de GPL canalizado, permitindo que os litígios sejam resolvidos de modo justo e rápido, prevendo um sistema de compensação.

ARTIGO 23.º
Deveres

Constituem deveres dos consumidores:
a) Prestar as garantias a que estiverem obrigados por lei;
b) Proceder aos pagamentos a que estiverem obrigados;
c) Contribuir para a melhoria da protecção do ambiente;
d) Contribuir para a melhoria da eficiência energética e da utilização racional dos meios e dos produtos de petróleo;
e) Manter em condições de segurança as suas instalações e equipamentos, nos termos das disposições legais aplicáveis;
f) Facultar todas as informações estritamente necessárias ao fornecimento de produtos de petróleo.

CAPÍTULO IV
Acesso de terceiros e regulação

ARTIGO 24.º
Acesso de terceiros às grandes instalações de armazenamento, de transporte e de distribuição

1 – Os titulares de grandes instalações de armazenamento, de transporte e distribuição por conduta, que tenham obtido a declaração de utilidade pública, ficam obrigados a ceder a capacidade disponível dessas instalações a terceiros, de modo não discriminatório e transparente.

2 – O disposto no número anterior é igualmente aplicável às instalações de armazenamento e distribuição de GPL canalizado para efeitos da comercialização ao cliente final, nos termos a definir em legislação complementar.

3 – Os critérios para a definição de capacidade disponível são estabelecidos em legislação complementar.

659

Regulação do Sector da Energia

4 – O acesso de terceiros às instalações previstas no n.º 1 é objecto de regulação, segundo critérios objectivos, transparentes e publicitados.

5 – O disposto nos números anteriores não prejudica que, em base voluntária, os operadores das demais instalações não previstas no n.º 1 e que queiram ceder o acesso a terceiros a essas instalações o façam, desde que sejam respeitadas as condições de segurança e de exploração, de modo não discriminatório e transparente.

6 – As condições do acesso às instalações referidas no número anterior são livremente estabelecidas entre os interessados, não podendo ser discriminatórias relativamente a outros utilizadores.

Artigo 25.º
Regulação

1 – O acesso de terceiros às instalações previstas nos n.os 1 e 2 do artigo 24.º é objecto de regulação, segundo critérios objectivos, transparentes e publicitados.

2 – Sem prejuízo do disposto no artigo 19.º, o armazenamento, a distribuição, incluindo o armazenamento que lhe está directamente associado, e a comercialização de GPL canalizado são, também, objecto de regulação que abrange:

a) As condições de relacionamento comercial entre os agentes e os clientes;

b) As condições de qualidade de serviço;

c) As condições e tarifas de acesso.

Artigo 26.º
Âmbito e competências de regulação

1 – O âmbito de regulação das actividades referidas no artigo 24.º é objecto de legislação complementar.

2 – As competências previstas no presente capítulo são repartidas entre a ERSE e a DGGE, em função das suas atribuições e em termos a definir em legislação complementar.

CAPÍTULO V
Segurança do abastecimento

Artigo 27.º
Monitorização da segurança do abastecimento

1 – Compete ao Governo, através da DGGE e com a colaboração da EGREP, a monitorização da segurança do abastecimento do SPN, nos termos dos números seguintes e da legislação complementar.

2 – Para efeitos do número anterior, a DGGE deve, nomeadamente:

a) Acompanhar as condições de aprovisionamento do País em petróleo bruto e produtos de petróleo, em função das necessidades futuras do consumo;

b) Acompanhar o desenvolvimento e a utilização das capacidades de refinação, armazenamento, transporte, distribuição e comercialização de produtos de petróleo.

3 – A DGGE apresenta ao Ministro da Economia e da Inovação, em data estabelecida em legislação complementar, uma proposta de relatório de monitorização, indicando, também, as medidas adoptadas e a adoptar tendo em vista reforçar a segurança de abastecimento do SPN.

4 – O Governo faz publicar o relatório sobre a monitorização da segurança de abastecimento e dele dá conhecimento à Assembleia da República.

Artigo 28.º
Garantia de abastecimento

1 – Compete ao Governo, sem prejuízo dos mecanismos de mercado, promover as condições destinadas a garantir o abastecimento de produtos de petróleo em todo o território.

2 – Para efeitos do número anterior, o Governo pode impor obrigações de serviço público, nos termos a definir em legislação complementar.

Artigo 29.º
Reservas de segurança de produtos de petróleo

1 – Para assegurar o abastecimento do mercado devem ser constituídas reservas de segurança.

2 – As entidades obrigadas a constituir reservas de segurança e o regime da sua constituição são objecto de legislação complementar.

3 – A constituição de reservas deve respeitar os compromissos internacionais assumidos por Portugal, designadamente, no âmbito da União Europeia e da Agência Internacional de Energia.

Artigo 30.º
Reservas estratégicas

1 – O Governo deve assegurar que parte das reservas de segurança seja mantida como reserva estratégica.

2 – Compete à EGREP assegurar a constituição, manutenção e gestão das reservas estratégicas.

Artigo 31.º
Utilização das reservas

1 – As reservas devem, em caso de perturbação grave ou de crise energética, ser mobilizadas para assegurar o abastecimento a entidades consideradas prioritárias.

2 – As condições de utilização das reservas são estabelecidas em legislação complementar.

Artigo 32.º
Centros de operação logística

1 – O Governo deve fomentar a criação, em locais estratégicos do território nacional, de centros de operação logística, conjugando grandes instalações de armazenamento e instalações de transporte por conduta, de molde a constituírem um sistema integrado de abastecimento do País em produtos de petróleo.

2 – A EGREP pode participar na sociedade ou sociedades proprietárias dos centros referidos no número anterior, em conjunto com outros operadores e comercializadores e com quaisquer outras entidades ainda que estranhas ao SPN.

3 – A operação destes centros deve garantir o acesso de terceiros, em condições não discriminatórias e transparentes, a definir em legislação complementar

CAPÍTULO VI
Licenciamento das instalações

Artigo 33.º
Licenciamento das instalações

O estabelecimento, a alteração e a exploração das instalações de petróleo bruto e de produtos de petróleo, bem como a sua transmissão, encerramento e desmantelamento, estão sujeitos a licenciamento pelas entidades administrativas competentes, nos termos da legislação complementar.

ARTIGO 34.º
Utilidade pública

1 – O Governo, através do Ministro da Economia e da Inovação, pode declarar a utilidade pública das instalações petrolíferas.

2 – A declaração de utilidade pública pressupõe o reconhecimento do interesse da instalação para a economia nacional e o seu carácter estruturante para a segurança ou para a autonomia do abastecimento, tendo por efeito a expropriação de bens imóveis, nos termos do Código das Expropriações, e a constituição de servidões e a utilização dos bens do domínio público, nas condições definidas pela legislação aplicável.

CAPÍTULO VI
Disposições finais e transitórias

ARTIGO 35.º
Continuação de actividade e pedidos pendentes

1 – As licenças ou autorizações concedidas à data da publicação do presente decreto-lei mantêm-se válidas, sem prejuízo do estabelecido no número seguinte.

2 – O exercício das actividades correspondentes às licenças ou autorizações referidas no número anterior passa a processar-se nos termos do presente decreto-lei e da legislação complementar.

ARTIGO 36.º
Instalações petrolíferas para uso das Forças Armadas

O licenciamento, a inspecção e a fiscalização das instalações petrolíferas para uso das Forças Armadas que se situem em zonas ou instalações de interesse para a defesa nacional são realizados pelos órgãos competentes de cada um dos ramos das Forças Armadas.

ARTIGO 37.º
Características e utilização dos produtos de petróleo

1 – Os produtos de petróleo colocados no mercado devem possuir a qualidade adequada à sua utilização e obedecer às características e às especificações técnicas estabelecidas em legislação complementar.

2 – Não é permitida a comercialização a clientes finais, nem a utilização, por estes clientes, de produtos de petróleo que não cumpram as especificações legais.

3 – A utilização de produtos de petróleo pode ser restringida ou condicionada por razões relacionadas com a protecção da saúde, do meio ambiente e do património arquitectónico e paisagístico.

ARTIGO 38.º
Arbitragem

1 – Os conflitos entre os operadores e os comercializadores e os clientes, no âmbito da prestação de serviços integrados na definição de serviços públicos essenciais, podem ser resolvidos por recurso a arbitragem.

2 – Das decisões dos tribunais arbitrais cabe recurso para os tribunais judiciais nos termos da lei geral.

3 – Compete ao Governo, através da ERSE e no âmbito dos serviços essenciais, promover a arbitragem, tendo em vista a resolução de conflitos entre os operadores, os comercializadores e os clientes.

ARTIGO 39.º
Garantias

1 – Os operadores e os comercializadores devem constituir e manter em vigor um seguro de responsabilidade civil, proporcional ao potencial risco inerente às actividades, de montante a definir nos termos da legislação complementar.

2 – Cumulativamente, aos operadores e aos comercializadores pode ser exigida a prestação de caução a definir em legislação complementar, destinando-se, nomeadamente:

a) A facilitar a reposição do equilíbrio ambiental;

b) A fazer face a situações de emergência relacionadas com a salvaguarda de pessoas e bens.

ARTIGO 40.º
Regime sancionatório

O regime sancionatório aplicável às disposições do presente decreto-lei e da legislação complementar é estabelecido em decreto-lei específico.

ARTIGO 41.º
Regime transitório

Enquanto não for publicada a legislação referida no presente decreto-lei, mantêm-se em vigor os diplomas legais e regulamentares respeitantes ao sector do petróleo no que não forem incompatíveis com as disposições estabelecidas no presente decreto-lei.

ARTIGO 42.º
Norma revogatória

É revogada a Lei n.º 1947, de 12 de Fevereiro de 1937.

ARTIGO 43.º
Entrada em vigor

O presente decreto-lei entra em vigor no dia seguinte ao da sua publicação.

Visto e aprovado em Conselho de Ministros de 22 de Dezembro de 2005. – *José Sócrates Carvalho Pinto de Sousa – João Titterington Gomes Cravinho – Manuel António Gomes de Almeida de Pinho.*

Promulgado em 2 de Fevereiro de 2006.

Publique-se.

O Presidente da República, JORGE SAMPAIO.

Referendado em 3 de Fevereiro de 2006.

O Primeiro-Ministro, *José Sócrates Carvalho Pinto de Sousa.*

TÍTULO VI

Incentivos a Actividades Económicas e Coordenação de Actividades Económicas

Decreto-Lei n.º 245/2007, de 25 de Junho – Cria a Agência para o Investimento e Comércio Externo de Portugal, E.P.E. (AICEP, E.P.E.) e aprova os respectivos estatutos

Decreto-Lei n.º 245/2007
de 25 de Junho

No quadro das orientações definidas pelo Programa de Re-estruturação da Administração Central do Estado (PRACE) e dos objectivos do Programa do Governo no tocante à moderni-zação administrativa e à melhoria da qualidade dos serviços públicos, com ganhos de eficiência, importa concretizar o esforço de racionalização estrutural consagrado no Decreto--Lei n.º 208/2006, de 27 de Outubro, que aprovou a Lei Orgânica do Ministério da Economia e da Inovação (MEI), avançando na definição dos modelos organizacionais dos ser-viços que integram a respectiva estrutura.

Dando corpo a este Programa, foram, através da Reso-lução do Conselho de Ministros n.º 39/2006, de 21 de Abril, definidas como missões operacionais a desenvolver no âmbito do MEI as promoções do investimento e do comércio externo.

O Decreto-Lei n.º 208/2006, de 27 de Outubro, que apro-vou a nova orgânica do MEI, tendo em vista a simplificação e modernização das estruturas públicas e a melhoria da com-petitividade das empresas, atribuiu a prossecução destas acti-vidades a uma única entidade pública focada em iniciativas de inserção económica internacional, a Agência para o Inves-timento e Comércio Externo de Portugal, E. P. E. (AICEP, E. P. E.), que assume a responsabilidade pela promoção da ima-gem global de Portugal, das exportações de bens e serviços e da captação de investimento directo estruturante, nacional ou estrangeiro, bem como do investimento directo português no estrangeiro.

A crescente integração da economia mundial apresenta grandes oportunidades para as empresas portuguesas, incum-bindo à AICEP, E. P. E., trabalhar em conjunto com as em-presas, suas associações e entidades públicas, em parcerias público-privadas, com o objectivo de criar aos níveis global, nacional e local as melhores condições para que as mesmas respondam com sucesso aos desafios da globalização e às opor-tunidades de um mundo em constante mudança.

O investimento estrangeiro, o comércio externo e a pre-sença internacional das empresas portuguesas trazem consigo vantagens para a economia nacional, permitindo que se con-centrem recursos onde as empresas são mais competitivas, aumentando assim a produtividade e competitividade.

Neste sentido, a AICEP, E. P. E., deverá criar as condições que tornem Portugal uma localização privilegiada para atrair novos projectos de investimento nacional ou estrangeiro ou para que as empresas estrangeiras já presentes em Portugal expandam os seus negócios no nosso país, bem como estimu-lar a crescente internacionalização do nosso tecido empresa-rial para permitir o seu contacto com novas tecnologias e novas formas de gestão que reforce a necessidade de inovarem os seus produtos.

Nestes termos, o Decreto-Lei n.º 244/2007, de 25 de Junho, determinou a extinção do ICEP Portugal, I. P., e a integração das suas atribuições na Agência Portuguesa para o Investi-mento, E. P. E., que é objecto de reestruturação e altera a sua denominação para AICEP, E. P. E.

Com o presente decreto-lei introduzem-se consequente-mente as necessárias alterações aos actuais Estatutos da Agên-cia Portuguesa para o Investimento, E. P. E., adequando-os à missão que lhe é agora atribuída.

Assim:

Nos termos da alínea a) do n.º 1 do artigo 198.º da Cons-tituição, o Governo decreta o seguinte:

Artigo 1.º
Agência para o Investimento e Comércio Externo de Portugal, E. P. E.

1 – É criada, com a natureza de entidade pública empre-sarial, a Agência para o Investimento e Comércio Externo de Portugal, E. P. E., abreviadamente designada por AICEP, E. P. E., sendo aprovados os respectivos Estatutos, publica-dos em anexo ao presente decreto-lei, que dele faz parte inte-grante.

2 – A AICEP, E. P. E., sucede à API – Agência Portuguesa para o Investimento, E. P. E., adiante abreviadamente desig-nada por API, E. P. E., mantendo a sua personalidade jurídica e assumindo a titularidade da universalidade dos direitos e obrigações que integram o património daquela.

3 – As referências legais feitas à API, E. P. E., consideram-se feitas à AICEP, E. P. E.

4 – O presente decreto-lei e os Estatutos em anexo consti-tuem título bastante para todos os efeitos legais, incluindo os de registo comercial.

Artigo 2.º
Transferência de atribuições e competências

1 – Ao abrigo do disposto no Decreto-Lei n.º 244/2007, de 25 de Junho, a AICEP, E. P. E., integra as atribuições e competências cometidas na lei e nos respectivos Estatutos ao ICEP Portugal, I. P., abreviadamente designado por ICEP.

2 – Ao abrigo do diploma referido no número anterior, a AICEP, E. P. E., integra, na totalidade, as representações e delegações do ICEP em território nacional e no estrangeiro.

Artigo 3.º
Sucessão de património

1 – Ao abrigo do disposto no Decreto-Lei n.º 244/2007, de 25 de Junho, a AICEP, E. P. E., assume a titularidade da

Incentivos a Actividades Económicas e Coordenação de Actividades Económicas

universalidade dos direitos e obrigações que constituem o património do ICEP.

2 – São assumidas pela AICEP, E. P. E., as posições contratuais do ICEP.

ARTIGO 4.º
Norma revogatória

É revogado o Decreto-Lei n.º 225/2002, de 30 de Outubro.

ARTIGO 5.º
Entrada em vigor

O presente decreto-lei entra em vigor no 1.º dia do mês seguinte ao da sua publicação.

Visto e aprovado em Conselho de Ministros de 11 de Janeiro de 2007. – *José Sócrates Carvalho Pinto de Sousa – Luís Filipe Marques Amado – Fernando Teixeira dos Santos – Manuel António Gomes de Almeida de Pinho.*

Promulgado em 11 de Junho de 2007.

Publique-se.

O Presidente da República, ANÍBAL CAVACO SILVA.

Referendado em 14 de Junho de 2007.

O Primeiro-Ministro, *José Sócrates Carvalho Pinto de Sousa.*

ANEXO
ESTATUTOS DA AGÊNCIA PARA O INVESTIMENTO E COMÉRCIO EXTERNO DE PORTUGAL, E. P. E.

CAPÍTULO I
Natureza, regime, sede e capital

ARTIGO 1.º
Natureza

1 – A Agência para o Investimento e Comércio Externo de Portugal, E. P. E., abreviadamente designada por AICEP, E. P. E., é uma pessoa colectiva de direito público com natureza empresarial, dotada de autonomia administrativa, financeira e patrimonial e dos poderes de autoridade pública administrativa inerentes à prossecução do seu objecto.

2 – A AICEP, E. P. E., exerce poderes de autoridade pública administrativa quando actua em representação do Estado, nos termos definidos no Decreto-Lei n.º 203/2003, de 10 de Setembro.

3 – Em matéria de diplomacia económica, a AICEP, E. P. E., fica sujeita à superintendência do membro do Governo responsável pela área da economia, em articulação com o membro do Governo responsável pela área dos negócios estrangeiros.

4 – A AICEP, E. P. E., utiliza a denominação de AICEP para fins de promoção e imagem em Portugal e no estrangeiro, podendo ser objecto de tradução ou de adaptação.

ARTIGO 2.º
Regime

1 – A AICEP, E. P. E., rege-se pelos presentes Estatutos, pelos seus regulamentos internos e, subsidiariamente, pelo regime jurídico das entidades públicas empresariais.

2 – A AICEP, E. P. E., está sujeita às normas de direito privado nas suas relações com terceiros, aplicando-se aos actos e contratos por si praticados ou celebrados o previsto na alínea a) do artigo 47.º da Lei n.º 98/97, de 26 de Agosto.

ARTIGO 3.º
Sede e delegações

A AICEP, E. P. E., tem sede no Porto, podendo ter delegações ou qualquer forma de representação em território nacional e no estrangeiro.

ARTIGO 4.º
Capital estatutário

1 – A AICEP, E. P. E., tem um capital estatutário de 110 milhões de euros, detido integralmente pelo Estado, a realizar em numerário ou em espécie, nos termos que vierem a ser definidos por despacho conjunto dos Ministros das Finanças e da Economia.

2 – O capital estatutário da AICEP, E. P. E., pode ser aumentado por deliberação da assembleia geral ou, verificando-se o previsto no n.º 3 do artigo 15.º, mediante despacho conjunto dos Ministros das Finanças e da Economia.

3 – Às entradas de capital que sejam realizadas em espécie são aplicáveis as regras do Código das Sociedades Comerciais, nomeadamente no que respeita à sua avaliação e verificação.

CAPÍTULO II
Objecto e atribuições

ARTIGO 5.º
Objecto

A AICEP, E. P. E., tem por objecto o desenvolvimento e a execução de políticas estruturantes e de apoio à internacionalização da economia portuguesa, englobando:

a) A promoção das condições propícias à captação, realização e acompanhamento de projectos de investimento, de origem nacional ou estrangeira, independentemente da natureza jurídica do investidor, cujo valor seja igual ou superior a 25 milhões de euros, a realizar de uma só vez ou faseadamente até três anos, ou que, não atingindo esse valor, sejam da iniciativa de uma empresa com facturação anual consolidada superior a 75 milhões de euros ou de uma entidade não empresarial com orçamento anual superior a 40 milhões de euros;

b) A promoção, captação e o acompanhamento de projectos de investimento não incluídos no número anterior que pelo seu mérito ou pelos efeitos que produzam na cadeia de valor possam contribuir para o desenvolvimento ou expansão das empresas nacionais através do desenvolvimento de actividades inovadoras em determinados sectores ou mercados, capital humano, centros tecnológicos e actividades de investigação e desenvolvimento, sem prejuízo das competências próprias de outros organismos;

c) O acolhimento dos projectos de investimento directo estrangeiro não incluídos nas alíneas anteriores, sem prejuízo das competências de outros organismos para o respectivo acompanhamento;

d) A promoção e divulgação das actividades económicas desenvolvidas em Portugal, nomeadamente na área do comércio de bens e serviços;

e) O apoio a projectos de internacionalização de empresas portuguesas, independentemente da sua dimensão e natureza jurídica;

Decreto-Lei n.º 245/2007

f) A promoção da imagem de Portugal no exterior e das marcas portuguesas de modo global e com impacte nas vertentes de promoção de exportações, internacionalização e captação de investimento, em colaboração com as entidades competentes.

ARTIGO 6.º
Atribuições

Com vista à realização do seu objecto, são atribuições da AICEP, E. P. E.:

a) Contribuir para a concepção, aplicação e avaliação das políticas de apoio e desenvolvimento das estratégias empresariais de investimento nacional e internacional;

b) Contribuir para a competitividade das empresas portuguesas através da sua internacionalização, da promoção e aumento das exportações e do investimento directo estrangeiro no País;

c) Contribuir para um contexto de eficiência propício e adequado ao investimento, internacionalização das empresas portuguesas e aumento das exportações;

d) Promover condições favoráveis à captação de investimento estrangeiro para Portugal, em parceria com os vários agentes públicos e privados;

e) Apoiar, coordenar e estimular o desenvolvimento de acções de cooperação externa no domínio do sector empresarial;

f) Apoiar, coordenar e estimular iniciativas de divulgação e promoção no exterior das competências, produtos e serviços das empresas portugueses;

g) Gerir e negociar, caso a caso, sistemas de incentivos ao investimento em Portugal e das empresas portuguesas no exterior;

h) Gerir e negociar programas de apoio relacionados com a promoção das marcas portuguesas e com a promoção da internacionalização da economia portuguesa;

i) Gerir e negociar, caso a caso, apoios de capital de risco;

j) Gerir fundos de apoio ao investimento constituídos pelas verbas provenientes dos reembolsos dos incentivos financeiros atribuídos ou a atribuir a projectos de investimento;

l) Acompanhar projectos de investimento em Portugal e projectos de internacionalização no exterior;

m) Conceber e propor acordos de cooperação económica empresarial em colaboração com outras entidades oficiais, participando na sua negociação e execução;

n) Promover, constituir e participar em empresas ou outras formas de associação que tenham por objecto o reforço da competitividade e da imagem de Portugal nos mercados externos e a internacionalização das actividades dessas empresas;

o) Constituir ou participar em entidades de direito privado e participar directa ou indirectamente na gestão de parques industriais e áreas de localização empresarial;

p) Colaborar, em articulação estratégica com o Ministério dos Negócios Estrangeiros, no desenvolvimento da cooperação económica externa, bilateral, regional e multilateral.

ARTIGO 7.º
Rede externa

1 – A rede externa da AICEP, E. P. E., deverá adequar-se às várias áreas de intervenção da Agência tendo em vista a prossecução do seu objecto e a satisfação das necessidades da sua base de clientes.

2 – A rede externa da AICEP, E. P. E., poderá assegurar a prestação de serviços para a realização de acções de promoção da oferta portuguesa em áreas de actividade não abrangidas pelo seu objecto.

3 – Os dirigentes da rede externa da AICEP, E. P. E., em cada país serão acreditados como conselheiros, adidos ou vice-cônsules, junto das missões diplomáticas e postos consulares portugueses, por despacho conjunto dos membros do Governo responsáveis pelas áreas dos negócios estrangeiros e da economia.

4 – A actividade da rede externa da AICEP, E. P. E., deverá ser articulada com os órgãos e serviços do Estado no estrangeiro, particularmente com a rede diplomática e consular, de acordo com a orientação estratégica estabelecida entre os Ministérios dos Negócios Estrangeiros e da Economia e da Inovação, e com vista ao aumento da eficácia da representação de Portugal no exterior.

ARTIGO 8.º
Contexto de eficiência

1 – A AICEP, E. P. E., tem como obrigação contribuir para um contexto de eficiência e de competitividade propício à internacionalização da economia portuguesa.

2 – Com vista ao cumprimento do disposto no número anterior, a AICEP, E. P. E., promoverá as diligências adequadas junto de todas as entidades públicas e equiparadas, identificando a existência de custos de contexto anticompetitivos, propondo soluções no sentido da sua eliminação.

3 – A AICEP, E. P. E., solicitará, e as entidades públicas e equiparadas têm o dever de prestar, em tempo útil, os esclarecimentos e a cooperação necessários à realização do fim definido no n.º 1.

4 – Para efeitos do disposto no presente artigo, a AICEP, E. P. E., actuará como interlocutor único, representando todas as entidades administrativas envolvidas, sem prejuízo das respectivas competências próprias.

ARTIGO 9.º
Incentivos ao investimento

1 – A AICEP, E. P. E., é o organismo responsável pela administração dos sistemas de incentivos aplicáveis, nos termos da legislação em vigor, aos projectos de investimento em Portugal e no exterior, à internacionalização das empresas e à promoção externa das marcas portuguesas enquadráveis no seu objecto.

2 – Os incentivos aos projectos podem, excepcionalmente, incluir específicas contrapartidas para atenuar custos de contexto, tais como a escassez de especialidades profissionais e a distância das fontes de saber e inovação, entre outras.

3 – As contrapartidas referidas no número anterior serão, quando necessário, sujeitas a prévia demonstração de cobertura orçamental e autorização dos competentes membros do Governo, bem como das competentes instâncias comunitárias.

4 – A AICEP, E. P. E., tem o dever de propor melhorias e inovações dos sistemas de incentivos vigentes em função da avaliação que faça da sua aplicação e do permanente confronto dos mesmos com as melhores práticas de países concorrentes.

ARTIGO 10.º
Capital de risco e de desenvolvimento

1 – Cabe à AICEP, E. P. E., negociar a intervenção do capital de risco e de desenvolvimento de origem pública

Incentivos a Actividades Económicas e Coordenação de Actividades Económicas

vocacionado para financiar projectos no âmbito do seu objecto, em coordenação com as sociedades de capital de risco da esfera de intervenção do MEI.

2 – A AICEP, E. P. E., pode ser titular de unidades de participação de fundos de capital de risco e similares e deter participações em entidades gestoras desses fundos, em sociedades de capital de risco ou similares e em sociedades gestoras de participações sociais ou similares desde que qualquer desses fundos ou sociedades seja instrumental para a prossecução da sua missão.

3 – A AICEP, E. P. E., pode administrar fundos de sindicação de capital de risco, constituídos ao abrigo do Decreto--Lei n.º 187/2002, de 21 de Agosto.

4 – A AICEP, E. P. E., pode estabelecer parcerias e alianças com quaisquer fundos e sociedades do mesmo tipo que os referidos no n.º 2, nacionais ou estrangeiros, com vista a reforçar os seus instrumentos de actuação na área do capital de risco e do capital de desenvolvimento.

Artigo 11.º
Localização empresarial

A AICEP, E. P. E., poderá participar em entidades especializadas na gestão de parques empresariais ou em sociedades gestoras de áreas de localização empresarial de modo a dispor de instrumentos que facilitem a disponibilização de espaços infra-estruturados para a implantação física de investimentos.

Artigo 12.º
Execução das atribuições da AICEP, E. P. E.

1 – A AICEP, E. P. E., poderá prosseguir as atribuições preferencialmente através dos seguintes meios:

a) Contratos de investimento no âmbito dos projectos de investimento em Portugal e no exterior;

b) Protocolos ou acordos preliminares no âmbito do apoio a projectos de investimento em Portugal e no exterior;

c) Contratos ou protocolos celebrados no âmbito da sua acção promocional externa e de apoio às exportações.

2 – Dos contratos de investimento referidos na alínea a) do número anterior constarão obrigatoriamente os seguintes elementos:

a) A fundamentada explicitação do interesse do projecto para a economia nacional;

b) A calendarização dos objectivos e das metas do projecto respeitantes às variáveis mais relevantes para o mérito do investimento, quer na óptica do investidor quer na óptica da economia portuguesa;

c) As eventuais contrapartidas do Estado, conforme disposto nos artigos 8.º e 9.º;

d) O acompanhamento e verificação pela AICEP, E. P. E., do cumprimento contratual, em particular nas fases de investimento e de produção dos projectos de investimento;

e) As implicações do incumprimento contratual por razões imputáveis a cada uma das partes.

CAPÍTULO III
Estrutura orgânica da AICEP, E. P. E.

Artigo 13.º
Órgãos

1 – São órgãos da AICEP, E. P. E., a assembleia geral, o conselho de administração e o fiscal único.

2 – O mandato dos órgãos da AICEP, E. P. E., tem duração de três anos.

Artigo 14.º
Representação e vinculação da AICEP, E. P. E.

1 – A AICEP, E. P. E., faz-se representar em juízo ou fora dele pelo presidente do conselho de administração.

2 – A AICEP, E. P. E., obriga-se:

a) Pela assinatura do presidente do conselho de administração;

b) Pela assinatura de dois administradores-delegados, no âmbito da respectiva delegação do conselho de administração;

c) Pela assinatura de dois administradores com funções executivas;

d) Pela assinatura de procurador legalmente constituído, nos termos e no âmbito do respectivo mandato.

SECÇÃO I
Assembleia geral

Artigo 15.º
Mesa da assembleia geral

1 – No caso de o capital da AICEP, E. P. E., ser detido por outras entidades públicas, para além do Estado, será constituída uma mesa da assembleia geral composta por um presidente e por um secretário.

2 – Aos aspectos relativos à convocação, ao funcionamento e às competências da assembleia geral são aplicáveis, com as devidas adaptações, as disposições do Código das Sociedades Comerciais.

3 – Não se verificando a constituição da mesa da assembleia geral nos termos previstos no n.º 1, as respectivas competências serão exercidas mediante despacho conjunto dos Ministros das Finanças e da Economia.

SECÇÃO II
Conselho de administração

Artigo 16.º
Composição

1 – O conselho de administração é composto pelo presidente e oito vogais, devendo a maioria ter relevante experiência empresarial.

2 – Podem ser nomeados para cargos no conselho de administração, desde que não assumam funções executivas, chefes de missões diplomáticas portuguesas, sob proposta do Ministro dos Negócios Estrangeiros.

3 – O presidente e os vogais do conselho de administração são nomeados mediante resolução do Conselho de Ministros, sob proposta dos Ministros das Finanças e da Economia.

4 – Os administradores poderão ser requisitados, nos termos da lei, às entidades, públicas ou privadas, a que tenham vínculo profissional.

Artigo 17.º
Competências do conselho de administração

1 – As competências do conselho de administração são as que decorrem do artigo 6.º dos presentes Estatutos e da lei aplicável, nomeadamente o Decreto-Lei n.º 558/99, de 17 de Dezembro, e a lei comercial.

2 – O conselho de administração pode delegar a gestão corrente da AICEP, E. P. E., numa comissão executiva, constituída por cinco administradores.

3 – O presidente do conselho de administração será por inerência o presidente da comissão executiva, a quem compete a atribuição dos pelouros do conselho de administração aos administradores que integram a comissão executiva.

4 – O conselho de administração deverá estabelecer o regulamento interno da comissão executiva, incluindo os limites da delegação e os termos em que a AICEP, E. P. E., se vincula no âmbito da delegação.

5 – Em alternativa ao previsto no n.º 2, pode o conselho de administração delegar a gestão corrente em administradores-delegados, até ao máximo de cinco, com expressa indicação dos limites da delegação e das áreas funcionais de actuação atribuídas a cada um deles.

6 – Com as devidas adaptações, não são susceptíveis de delegação nos termos dos números anteriores as matérias previstas nas alíneas a), b), c), d), f), l) e m) do artigo 406.º do Código das Sociedades Comerciais.

Artigo 18.º
Regime

Os membros do conselho de administração estão sujeitos ao Estatuto do Gestor Público.

Artigo 19.º
Funcionamento do conselho de administração

1 – O conselho de administração reúne ordinariamente uma vez por mês e, quando existam comissão executiva ou administradores-delegados, uma vez por semana.

2 – O conselho de administração reúne extraordinariamente sempre que o presidente o convocar, quer por iniciativa própria quer por solicitação do fiscal único ou de, pelo menos, três vogais.

3 – Consideram-se validamente convocadas as reuniões que se realizem periodicamente em local, dias e horas preestabelecidos e ainda as reuniões cuja realização tenha sido deliberada em reunião anterior, na presença ou com conhecimento de todos os membros do conselho de administração, com a indicação do local, do dia e da hora.

4 – As reuniões do conselho de administração podem ser realizadas por videoconferência ou outros meios análogos, sem prejuízo das formalidades legais e estatutárias aplicáveis, incluindo a prévia distribuição dos elementos necessários à análise de cada ponto da ordem de trabalhos.

5 – Ao presidente do conselho de administração é atribuído voto de qualidade nas deliberações do conselho.

SECÇÃO III
Fiscalização

Artigo 20.º
Fiscal único

1 – A fiscalização da AICEP, E. P. E., cabe a um fiscal único, que deve ser um revisor oficial de contas ou uma sociedade de revisores oficiais de contas, sendo nomeado por despacho do Ministro das Finanças, que designará ainda um suplente.

2 – O suplente do fiscal único, designado nos termos do número anterior, será igualmente um revisor oficial de contas ou uma sociedade de revisores oficiais de contas.

3 – A AICEP, E. P. E., poderá, em consonância com o fiscal único e sem prejuízo da competência deste, atribuir a auditoria das contas a uma entidade externa de reconhecido mérito, que coadjuvará aquele órgão no exercício das suas funções de verificação e certificação das contas.

Artigo 21.º
Competência

O fiscal único tem os poderes e deveres estabelecidos na lei comercial para os fiscais únicos previstos para as sociedades anónimas, com as devidas adaptações.

SECÇÃO IV
Órgãos consultivos

Artigo 22.º
Fórum de embaixadores

1 – A AICEP, E. P. E., poderá ter um órgão consultivo, designado por fórum de embaixadores, composto por embaixadores acreditados nos países potencialmente relevantes para as actividades da AICEP, E. P. E.

2 – A composição do fórum de embaixadores será fixada por despacho conjunto dos Ministros dos Negócios Estrangeiros e da Economia.

3 – O funcionamento do fórum de embaixadores será definido no regulamento interno da AICEP, E. P. E.

4 – Compete ao fórum de embaixadores a apresentação, por sua iniciativa ou a pedido do Ministro dos Negócios Estrangeiros, do Ministro da Economia ou do conselho de administração, de sugestões e propostas no âmbito da actividade da AICEP, E. P. E.

Artigo 23.º
Alto Conselho para o Investimento e Internacionalização

1 – O Alto Conselho para o Investimento e Internacionalização é composto por representantes de empresas líderes de investimento, empresas portuguesas com estratégias de internacionalização e entidades de reconhecido prestígio aos níveis nacional e internacional, sendo presidido pelo presidente do conselho de administração da AICEP, E. P. E.

2 – A composição do Alto Conselho para o Investimento e Internacionalização será fixado por despacho do Ministro da Economia, sob proposta do conselho de administração da AICEP, E. P. E.

3 – O funcionamento do Alto Conselho para o Investimento e Internacionalização será definido no regulamento interno da AICEP, E. P. E.

4 – Compete ao Alto Conselho para o Investimento e Internacionalização a apresentação de sugestões e propostas no âmbito da actividade da AICEP, E. P. E., que contribuam para o reforço das condições de atractividade do País e para o incremento da competitividade da economia portuguesa.

CAPÍTULO IV
Regime patrimonial e financeiro

Artigo 24.º
Receitas

1 – São receitas da AICEP, E. P. E., no exercício dos poderes de autoridade pública administrativa:

Incentivos a Actividades Económicas e Coordenação de Actividades Económicas

a) Uma comissão de gestão devida pelo Estado por serviços prestados, a fixar e regulamentar por despacho conjunto dos Ministros das Finanças e da Economia, incidente sobre o saldo do investimento acompanhado pela AICEP, E. P. E., entendendo-se como tal o somatório dos valores efectivamente investidos que hajam sido objecto de apoios e incentivos de qualquer natureza contratados, e que estejam em acompanhamento pela AICEP, E. P. E.;

b) Uma comissão de gestão resultante da acção da Agência, a fixar e regulamentar por despacho conjunto dos Ministros das Finanças e da Economia, calculada sobre o aumento das exportações;

c) Uma comissão de gestão resultante da acção promocional da Agência, designadamente pelos serviços de promoção externa da economia e manutenção da rede externa, e da prestação de serviços de informação, pré-investimento, aconselhamento e acompanhamento de empresas, identificação de parcerias e fornecedores, a fixar e regulamentar por despacho conjunto dos Ministros das Finanças e da Economia;

d) Comissões de gestão devidas por entidades participadas maioritariamente pela AICEP, E. P. E.

2 – São igualmente receitas da AICEP, E. P. E.:

a) Juros activos;

b) Dividendos e remunerações de capital;

c) Dotações do OE para projectos especiais a cargo da AICEP, E. P. E.;

d) Remunerações por serviços especiais prestados a empresas, por solicitação destas, institutos ou outras entidades

que se situem para além do âmbito corrente dos serviços da AICEP, E. P. E.;

e) Receitas, designadamente pelo produto da venda de publicações e outros documentos;

f) Rendimentos provenientes da gestão do seu património mobiliário e imobiliário e de outros bens próprios e do produto da sua alienação e da constituição de direitos sobre eles, designadamente os montantes de empréstimos ou outras operações financeiras que seja, nos termos legais, autorizada a contrair;

g) Quaisquer outras receitas que lhe sejam atribuídas por lei, acto ou contrato ou lhe possam advir do exercício das suas atribuições.

CAPÍTULO V
Disposições comuns

ARTIGO 25.º
Segredo profissional

1 – Os membros dos órgãos da AICEP, E. P. E., e o respectivo pessoal ficam sujeitos a segredo profissional sobre os factos cujo conhecimento lhes advenha do exercício das suas funções e, seja qual for a finalidade, não poderão divulgar nem utilizar, em proveito próprio ou alheio, directamente ou por interposta pessoa, o conhecimento que tenham desses factos.

2 – O dever de segredo profissional manter-se-á ainda que as pessoas ou entidades a ele sujeitas nos termos do número anterior deixem de prestar serviço à AICEP, E. P. E.

Decreto-Lei n.º 244/2007, de 25 de Junho – **Procede à extinção do ICEP Portugal, I.P., transferindo a totalidade das suas atribuições e competências para a AICEP, E.P.E.**

Decreto-Lei n.º 244/2007
de 25 de Junho

No âmbito do Programa de Reestruturação da Administração Central do Estado (PRACE), aprovado pela Resolução do Conselho de Ministros n.º 124/2005, de 4 de Agosto, e na sequência das orientações para a reorganização dos ministérios, definidas pela Resolução do Conselho de Ministros n.º 39/ /2006, de 30 de Março, que visam quer os serviços centrais quer os serviços desconcentrados dos níveis regional, subregional e local, foi, através do Decreto-Lei n.º 208/2006, de 27 de Outubro, aprovada a Lei Orgânica do Ministério da Economia e da Inovação (MEI).

Tendo em vista a simplificação e modernização das estruturas públicas e o favorecimento da melhoria competitiva das empresas, a nova orgânica deste Ministério contempla a criação de uma única estrutura dirigida às iniciativas de inserção económica internacional, a AICEP – Agência para o Investimento e Comércio Externo de Portugal, que integra a promoção da imagem global de Portugal, das exportações de bens e serviços e da captação de investimento directo estruturante, nacional ou estrangeiro, bem como do investimento directo português no estrangeiro.

Consequentemente, a Lei Orgânica do MEI determina ainda a extinção do ICEP Portugal, I. P., e a integração das suas atribuições na API – Agência Portuguesa para o Investimento, E. P. E., que para o efeito é reestruturada, passando a denominar-se Agência para o Investimento e Comércio Externo de Portugal, E. P. E.

Assim:

Nos termos da alínea a) do n.º 1 do artigo 198.º da Constituição, o Governo decreta o seguinte:

ARTIGO 1.º
Sucessão

1 – É extinto, com efeitos à data da entrada em vigor do presente decreto-lei, o ICEP Portugal, I. P., sendo a totalidade das suas atribuições e competências cometidas transferidas para a Agência para o Investimento e Comércio Externo de Portugal, E. P. E., abreviadamente designada por AICEP, E. P. E.

2 – A extinção do ICEP Portugal, I. P., nos termos do presente decreto-lei, implica a extinção dos serviços de apoio instrumental partilhados entre o ICEP Portugal, I. P., e o IAPMEI – Instituto de Apoio às Pequenas e Médias Empresas e ao Investimento, I. P.

ARTIGO 2.º
Representações e delegações

1 – É transferida para a AICEP, E. P. E., a totalidade das representações e delegações do ICEP Portugal, I. P., em Portugal e no estrangeiro.

2 – Ao pessoal do ICEP Portugal, I. P., a prestar serviço nas suas representações e delegações no estrangeiro é aplicável, com as devidas adaptações, o regime legal previsto para a cessação de funções dos funcionários do Ministério dos Negócios Estrangeiros colocados no estrangeiro, de acordo com o respectivo quadro.

ARTIGO 3.º
Património

A extinção do ICEP Portugal, I. P., determina a transmissão global de todo o património activo e passivo deste organismo para o património da AICEP, E. P. E., sendo o processo de fusão o determinado no presente decreto-lei.

ARTIGO 4.º
Transferências

1 – A titularidade dos direitos patrimoniais e não patrimoniais e obrigações que integrem o património do ICEP Portugal, I. P., qualquer que seja a sua natureza e forma, designadamente a dos direitos reais, é transmitida para a AICEP, E. P. E., para que o presente decreto-lei constitui título bastante, com dispensa de qualquer formalidade e com isenção de taxas e emolumentos, tendo em consideração o disposto no Decreto-Lei n.º 199/2004, de 18 de Agosto.

2 – São transferidas para a AICEP, E. P. E., as posições contratuais do ICEP Portugal, I. P.

3 – Todos os bens imóveis do domínio privado do ICEP Portugal, I. P., ou arrendados por este assim como todos os bens móveis e os veículos afectos ao referido Instituto são, por esta via, reafectos à AICEP, E. P. E.

4 – A biblioteca, o centro de documentação e os arquivos do ICEP Portugal, I. P., são, por esta via, reafectos à AICEP, E. P. E.

5 – São transferidos para a AICEP, E. P. E., os processos relativos a projectos de investimento que se encontram em fase de apreciação, acompanhamento ou já encerrados, no ICEP Portugal, I. P., bem como os processos que, devendo ser transferidos para este organismo, ainda não o tenham sido.

ARTIGO 5.º
Recursos financeiros

1 – O orçamento do ICEP Portugal, I. P., é integralmente transferido para a AICEP, E. P. E.

2 – As contas do ICEP Portugal, I. P., são encerradas nos termos da lei, sendo o respectivo saldo, incluindo, entre outros, o saldo das suas disponibilidades, transferido para a AICEP, E. P. E.

Incentivos a Actividades Económicas e Coordenação de Actividades Económicas

ARTIGO 6.º
Norma revogatória

É revogado o Decreto-Lei n.º 264/2000, de 18 de Outubro.

ARTIGO 7.º
Entrada em vigor

O presente decreto-lei entra em vigor no 1.º dia do mês seguinte ao da sua publicação.

Visto e aprovado em Conselho de Ministros de 11 de Janeiro de 2007. – *José Sócrates Carvalho Pinto de Sousa – Fernando Teixeira dos Santos – Manuel António Gomes de Almeida de Pinho.*

Promulgado em 11 de Junho de 2007.

Publique-se.

O Presidente da República, ANÍBAL CAVACO SILVA.

Referendado em 14 de Junho de 2007.

O Primeiro-Ministro, *José Sócrates Carvalho Pinto de Sousa.*

Decreto-Lei n.º 140/2007, de 27 de Abril – **Instituto de Apoio às Pequenas e Médias Empresas e à Inovação, I.P. (IAPMEI)**

Decreto-Lei n.º 140/2007
de 27 de Abril

No quadro das orientações definidas pelo Programa de Reestruturação da Administração Central do Estado (PRACE) e dos objectivos do Programa do Governo no tocante à modernização administrativa e à melhoria da qualidade dos serviços públicos com ganhos de eficiência, importa concretizar o esforço de racionalização estrutural consagrado no Decreto-Lei n.º 208/2006, de 27 de Outubro, que aprovou a Lei Orgânica do Ministério da Economia e da Inovação, avançando na definição dos modelos organizacionais dos serviços que integram a respectiva estrutura.

Nesse modelo, atenção especial é dada à simplificação e modernização das estruturas públicas de apoio à melhoria competitiva das empresas, promovendo, assim, entre outros objectivos, um ambiente económico que, estimulando a eficiência empresarial e a concorrência, crie as melhores condições para o desenvolvimento empresarial e o reforço da capacidade competitiva das empresas portuguesas nos mercados globalizados.

No quadro das novas responsabilidades institucionais, são redefinidas as funções do IAPMEI – Instituto de Apoio às Pequenas e Médias Empresas e ao Investimento, I. P., centrando as suas actividades na promoção da inovação, na dinamização do empreendedorismo qualificado e na qualificação dos recursos humanos das empresas, designadamente PME, concebendo e gerindo os instrumentos financeiros e de apoio, promovendo as parcerias adequadas e vocacionando os sistemas de incentivo ao investimento empresarial para as actividades e iniciativas que melhorem a capacidade competitiva das empresas através da inovação.

Neste contexto, os estatutos actuais do IAPMEI – Instituto de Apoio às Pequenas e Médias Empresas e ao Investimento, I. P., aprovados pelo Decreto-Lei n.º 387/88, de 25 de Outubro, são agora profundamente alterados por forma a habilitá-lo à prossecução das suas atribuições num quadro de referência actual, que se pretende promotor das condições favoráveis para o reforço do espírito empresarial e da competitividade das empresas portuguesas no contexto internacional, estimulando o espírito empreendedor e incentivando a criação e o desenvolvimento das empresas através da inovação, da qualidade, da qualificação dos recursos humanos e da inserção de quadros qualificados, bem como da valorização da produção e consequente estímulo à produtividade.

É assim ajustado o seu objecto estatutário, adequando as suas atribuições, ampliado o seu quadro de intervenção e alterada a sua denominação para IAPMEI – Instituto de Apoio às Pequenas e Médias Empresas e à Inovação, I. P.

Simultaneamente, introduzem-se outras mudanças estatutárias, nomeadamente ao nível da criação do conselho estratégico e do reforço de uma lógica de rede de produção de informação e conhecimento sobre empresas e ambientes de negócio, num quadro de colaboração estreita com outras entidades ou organizações.

A revisão agora concretizada procede, também, a uma profunda alteração visando a adaptação da nova lei orgânica às exigências legais decorrentes da publicação da Lei n.º 3/2004, de 15 de Janeiro, lei quadro dos institutos públicos.

Assim:

Ao abrigo do n.º 1 do artigo 9.º da Lei n.º 3/2004, de 15 de Janeiro, e nos termos da alínea a) do n.º 1 do artigo 198.º da Constituição, o Governo decreta o seguinte:

ARTIGO 1.º
Natureza

1 – O IAPMEI – Instituto de Apoio às Pequenas e Médias Empresas e à Inovação, I. P., abreviadamente designado por IAPMEI, é um instituto público integrado na administração indirecta do Estado, dotado de autonomia administrativa e financeira e património próprio.

2 – O IAPMEI prossegue atribuições do Ministério da Economia e da Inovação sob superintendência e tutela do respectivo ministro.

ARTIGO 2.º
Jurisdição territorial e sede

1 – O IAPMEI é um organismo central com jurisdição sobre todo o território nacional.

2 – O IAPMEI tem sede no Porto, dispondo de delegações regionais, definidas nos seus estatutos.

ARTIGO 3.º
Missão e atribuições

1 – O IAPMEI tem por missão promover a inovação e executar políticas de estímulo ao desenvolvimento empresarial, visando o reforço da competitividade e da produtividade das empresas, em especial das de pequena e média dimensão, que exerçam a sua actividade nas áreas sob tutela do MEI, com excepção do sector do turismo.

2 – São atribuições do IAPMEI:

a) Executar as medidas de estímulo ao desenvolvimento empresarial, nomeadamente as dirigidas à inovação e ao desenvolvimento tecnológico, à inovação organizacional e à melhoria da qualificação dos recursos humanos;

b) Prestar apoio técnico e financeiro às empresas, bem como a outras entidades públicas ou privadas, com vista à realização do seu objecto estatutário;

c) Promover a inserção de quadros qualificados nas empresas e o reforço da sua capacidade de gestão, prestando a assistência técnica e financeira adequada;

Incentivos a Actividades Económicas e Coordenação de Actividades Económicas

d) Desenvolver estratégias de eficiência colectiva por parte de PME, promovendo actuações articuladas de melhoria de condições de envolvente empresarial, nomeadamente de simplificação administrativa e de assistência técnica e tecnológica;

e) Colaborar com as entidades da administração pública na preparação de legislação relativa à regulação e regulamentação da actividade empresarial, nomeadamente a que tenha impacte nas PME;

f) Desenvolver iniciativas que promovam o investimento de base empresarial, orientado para a valorização da inserção internacional das empresas nacionais produtoras de bens e serviços;

g) Promover o empreendedorismo qualificado, nomeadamente o de base tecnológica e de dinamização da inovação empresarial;

h) Gerir os instrumentos de política de reestruturação empresarial, nomeadamente a que envolve o saneamento financeiro e a transmissão da propriedade e da gestão;

i) Desenvolver iniciativas de difusão de informação técnica, de actividades de assistência técnica e de formação especializada dirigida às PME;

j) Executar iniciativas que estimulem estratégias de desenvolvimento empresarial, nomeadamente através do diagnóstico de oportunidades de inovação e internacionalização;

l) Dinamizar uma rede nacional de produção e partilha de informação e conhecimento sobre empresas e ambientes de negócio, com vista a uma adequada formulação de medidas de política pública e de estratégia empresarial, num quadro de colaboração estreita com outras entidades ou organizações;

m) Emitir parecer e acompanhar as diversas medidas públicas no âmbito do reforço da competitividade da PME, assegurando a uniformidade dos seus critérios;

n) Participar na definição e acompanhar as iniciativas de política que se enquadrem no seu âmbito de competência, incluindo as que assumem a natureza de sistemas de incentivos, visando a sua harmonização e consistência;

o) Intervir como interlocutor privilegiado para as micro, pequenas e médias empresas, articulando as entidades administrativas envolvidas, sem prejuízo das respectivas competências próprias;

p) Participar em sedes e em redes internacionais de organizações congéneres, nomeadamente no âmbito da Comissão Europeia, promovendo o intercâmbio específico de iniciativas a favor das PME, em articulação com as entidades que tenham competências de coordenação geral das relações internacionais;

q) Emitir parecer, coordenar e acompanhar as medidas públicas de promoção de sistemas de gestão da inovação, nomeadamente no âmbito da sua certificação;

r) Coordenar a actuação das entidades do Ministério da Economia e da Inovação no sentido de assegurar uma intervenção articulada nas designadas infra-estruturas tecnológicas onde detenham participações de capital;

s) Intervir na gestão de áreas e parques empresariais vocacionadas para instalação de empresas, nomeadamente para promoção de dinâmicas de inovação, de agregação empresarial e de sinergia logística;

t) Coordenar as medidas públicas, no âmbito do Ministério da Economia e da Inovação, dirigidas ao financiamento das empresas, designadamente o refinanciamento do capital de risco, da titularização de créditos e da contra-garantia mútua;

u) Assegurar o enquadramento e controlo dos instrumentos de dinamização e disseminação das actividades de capital de risco, de titularização de créditos e de garantia mútua, bem como a gestão dos instrumentos de capitalização empresarial;

v) Promover estratégias concertadas com o sector financeiro de promoção da transparência, visibilidade e avaliação das empresas para acesso a financiamento.

Artigo 4.º
Órgãos

São órgãos do IAPMEI:

a) O conselho directivo;

b) O fiscal único;

c) O conselho estratégico.

Artigo 5.º
Conselho directivo

1 – O conselho directivo é composto por um presidente, um vice-presidente e três vogais.

2 – Sem prejuízo das competências que lhe forem conferidas por lei, compete, ainda, ao conselho directivo:

a) Deliberar sobre a participação do IAPMEI, em outras entidades, nos termos previstos no artigo 16.º, nomear os representantes nessas entidades e coordenar as respectivas actividades;

b) Deliberar sobre a celebração de contratos, protocolos ou outros instrumentos jurídicos de tipo contratual a outorgar pelo IAPMEI, sem prejuízo do cumprimento dos procedimentos e formalidades legalmente exigíveis;

c) Deliberar sobre a concessão de apoios financeiros e de incentivos ou estímulos ao investimento, nos termos da legislação aplicável;

d) Deliberar sobre a concessão de subsídios e patrocínios, nos termos da legislação aplicável;

e) Deliberar sobre a abertura ou o encerramento de delegações, núcleos ou outras formas de representação ou presença descentralizada, mediante autorização do ministro da tutela;

f) Deliberar sobre a aquisição, oneração ou alienação de quaisquer bens e direitos móveis e imóveis, sem prejuízo do cumprimento dos procedimentos e formalidades legalmente exigíveis;

g) Promover actividades de investigação com reflexo nas PME;

h) Pronunciar-se sobre medidas legislativas, regulamentares ou de planeamento que afectem as PME, sempre que solicitado para o efeito.

3 – O presidente do conselho directivo pode delegar, com ou sem poderes de subdelegação, competências em qualquer um dos seus membros ou em trabalhadores do IAPMEI, estabelecendo em cada caso os respectivos limites e condições.

Artigo 6.º
Órgão de fiscalização

O fiscal único tem as competências e é nomeado nos termos previstos na Lei n.º 3/2004, de 15 de Janeiro.

Artigo 7.º
Conselho estratégico

1 – O conselho estratégico é o órgão de consulta e apoio na definição e acompanhamento da estratégia do IAPMEI.

Decreto-Lei n.º 140/2007

2 – O conselho estratégico é composto pelo presidente do conselho directivo, que preside, e por um número par de elementos, até a um máximo de 10, a designar por despacho do ministro da tutela, de entre representantes de outros organismos do MEI, associações empresariais nacionais, confederações sectoriais, instituições de ciência e tecnologia e universidades.

3 – Os membros do conselho directivo e o fiscal único, bem como outras individualidades convidadas pelo presidente do conselho estratégico, podem assistir às reuniões deste conselho e participar nos trabalhos, sem direito a voto.

4 – Compete ao conselho estratégico:

a) Pronunciar-se sobre a estratégia global do Instituto;

b) Pronunciar-se sobre as questões que lhe sejam submetidas pelo conselho directivo ou pelo respectivo presidente.

ARTIGO 8.º
Organização interna

A organização interna do IAPMEI é a prevista nos respectivos Estatutos.

ARTIGO 9.º
Secretário-geral

O IAPMEI dispõe ainda de um secretário-geral nomeado pelo conselho directivo, em regime de comissão de serviço, cujas funções e estatuto remuneratório são definidas nos respectivos Estatutos.

ARTIGO 10.º
Estatuto dos membros do conselho directivo

1 – Aos membros do conselho directivo é aplicável o regime definido na lei quadro dos institutos públicos e, subsidiariamente, o fixado no estatuto do gestor público.

2 – Os membros do conselho directivo exercem por inerência funções não executivas de administração, não recebendo qualquer remuneração adicional, nas sociedades participadas em que o IAPMEI detenha, directa ou indirectamente, a maioria do capital ou dos direitos de voto, mediante designação do ministro da tutela.

ARTIGO 11.º
Regime de pessoal

Ao pessoal do IAPMEI é aplicável o regime do contrato individual de trabalho.

ARTIGO 12.º
Receitas

1 – O IAPMEI dispõe das receitas provenientes de dotações que lhe forem atribuídas no Orçamento do Estado.

2 – O IAPMEI dispõe ainda das seguintes receitas próprias:

a) O produto da venda de bens e serviços;

b) Os rendimentos de bens próprios e os provenientes da sua actividade;

c) O produto da venda de bens próprios e da constituição de direitos sobre eles;

d) O produto de aplicações financeiras no Tesouro;

e) Os subsídios e donativos ou comparticipações atribuídos por quaisquer entidades públicas ou privadas, nacionais ou estrangeiras;

f) Os reembolsos de empréstimos concedidos, bem como os respectivos juros e comissões;

g) Quaisquer receitas que por lei, contrato ou outro título lhe sejam atribuídas.

ARTIGO 13.º
Despesas

Constituem despesas do IAPMEI, as que resultem de encargos decorrentes da prossecução das respectivas atribuições.

ARTIGO 14.º
Património

O património do IAPMEI é constituído pela universalidade dos seus bens, direitos e obrigações.

ARTIGO 15.º
Execução das dívidas

1 – Os créditos devidos ao IAPMEI ficam sujeitos ao regime de processo de execução fiscal.

2 – Para cobrança coerciva dos créditos referidos no número anterior, constitui título executivo a certidão de dívida emitida pelo IAPMEI, acompanhada de cópia dos contratos ou outros documentos a ele referentes.

ARTIGO 16.º
Participação em outras entidades

1 – Para a prossecução das suas atribuições, designadamente as relacionadas com a execução de medidas de estímulo ao desenvolvimento empresarial, com a promoção dos sistemas de gestão da inovação e com a coordenação das medidas públicas dirigidas ao financiamento das empresas, respectivamente referidas nas alíneas a), l), q), r), s), t) e u) do artigo 3.º, pode o IAPMEI, mediante prévia autorização dos membros do Governo responsáveis pela área das finanças e da tutela, criar entidades de direito privado ou participar na sua criação, bem como adquirir participações em sociedades, associações, fundações e outras entidades públicas ou privadas, nacionais ou estrangeiras e internacionais.

2 – O aumento das participações de que o IAPMEI seja titular, está sujeita aos mesmos requisitos e formalidades referidas no número anterior para a entrada inicial.

ARTIGO 17.º
Regulamentos internos

Os regulamentos internos do IAPMEI são remetidos aos membros do Governo responsáveis pelas áreas da economia e da inovação e das finanças, para aprovação nos termos da alínea a) do n.º 4 do artigo 41.º da Lei n.º 3/2004, de 15 de Janeiro, no prazo de 90 dias a contar da entrada em vigor do presente decreto-lei.

ARTIGO 18.º
Norma revogatória

São revogados:

a) O Decreto-Lei n.º 387/88, de 25 de Outubro;

b) O Decreto-Lei n.º 129/99, de 21 de Abril;

c) O Decreto-Lei n.º 35-A/2003, de 27 de Fevereiro;

d) O Decreto-Lei n.º 191/2004, de 17 de Agosto.

Incentivos a Actividades Económicas e Coordenação de Actividades Económicas

ARTIGO 19.º
Entrada em vigor

O presente decreto-lei entra em vigor no 1.º dia do mês seguinte ao da sua publicação.

Visto e aprovado em Conselho de Ministros de 11 de Janeiro de 2007. – *José Sócrates Carvalho Pinto de Sousa – Emanuel Augusto dos Santos – Manuel António Gomes de Almeida de Pinho.*

Promulgado em 4 de Abril de 2007.

Publique-se.

O Presidente da República, ANÍBAL CAVACO SILVA.

Referendado em 5 de Abril de 2007.

O Primeiro-Ministro, *José Sócrates Carvalho Pinto de Sousa.*